Peter Köck / Hanns Ott
Wörterbuch für Erziehung und Unterricht

Informationsbestand

Peter Köck / Hanns Ott

Wörterbuch für Erziehung und Unterricht

2300 Begriffe aus den Bereichen

- Pädagogik
- Didaktik
- Psychologie
- Soziologie
- Sozialwesen

für

- Eltern und Erzieher
- Lehrer aller Schularten
- Ausbilder und Auszubildende
- Studenten und Studierende
- Führungskräfte im Personalbereich
- Berufs- und Bildungsberater
  u. a.

Verlag Ludwig Auer Donauwörth

4. Auflage. 1989
© by Ludwig Auer GmbH, Donauwörth. 1979
Alle Rechte vorbehalten
Gesamtherstellung: Ludwig Auer GmbH, Donauwörth
ISBN 3-403-00**980**-7

Vorwort

Die Autoren ließen sich in der Auswahl und in der Darstellung der Stichworte für dieses Wörterbuch von folgenden Gesichtspunkten leiten:
- Sie wenden sich gleicherweise an Eltern und Erzieher, Lehrer aller Schularten, Ausbilder und Auszubildende, Studenten und Studierende, Führungskräfte im Personalbereich, Berufs- und Bildungsberater u. a., die sich mit Problemen der Pädagogik, Didaktik, Psychologie, Soziologie und des Sozialwesens befassen.
- Sie verfolgen die Absicht, in 2300 Stichwörtern umfassende Auskunft über wichtige und gängige Fachausdrücke der genannten Bereiche zu geben.
- Verständliche Formulierung und Beispiele sollen den unmittelbaren Zugang auch zu komplexen Fachausdrücken erleichtern.
- Den Autoren liegt daran, die ausgewählten Stichwörter nicht nur dem aktuellen wissenschaftlichen Stand entsprechend zu erläutern, sondern auch die Bedeutung ihrer Aussage für die Praxis aufzuzeigen.
- Die in die Texte eingefügten bzw. ihnen nachgestellten Verweispfeile sollen zum Studium größerer Themenkreise anregen und auf ergänzende Informationen aufmerksam machen.
- Das Wörterbuch ist insofern als überschaubares Nachschlagewerk und als verläßlicher Studienbegleiter angelegt.
- Die Literaturhinweise geben Anregungen zum vertieften Studium eines Themenkomplexes. Um einer möglichst objektiven Information willen achteten die Autoren darauf, verschiedene Standpunkte in den Literaturhinweisen zusammenzustellen. Die Bedeutung der englischsprachigen Literatur in den Wissenschaftsbereichen dieses Wörterbuches ließ es angemessen erscheinen, dieselbe mit ihren wichtigsten Veröffentlichungen zu berücksichtigen.

Peter Köck
Hanns Ott

AAM → Angeborener Auslösemechanismus

Abendgymnasium
Das Abendgymnasium ist für Erwachsene gedacht, die ihren Beruf neben der Schultätigkeit während der ersten drei Ausbildungsjahre weiter ausüben. Für die Aufnahme ist nachzuweisen: Erfüllung der Volksschulpflicht, eine mindestens zweijährige Berufstätigkeit, ein Mindestalter von 18 Jahren und das Bestehen einer Aufnahmeprüfung. Die Ausbildung, die 4 Jahre dauert, gliedert sich in 2 Phasen. Vom 1. bis 3. Jahr findet der Unterricht an den Abenden und Samstagen statt, im 4. Jahr wird Vollzeitunterricht erteilt. Durch den erfolgreichen Abschluß wird die allgemeine Hochschulreife erworben. O

Abendrealschule
Abendrealschulen führen Berufstätige in Abend- und in Wochenendkursen zum sog. Realschulabschluß (→ Mittlerer Bildungsabschluß). Der Besuch dauert in der Regel drei Jahre. O

Abenteuerspielplatz → Kinderspielplatz

Aberration
bezeichnet im psychologischen und pädagogischen Bereich unbewußte veränderte Wiedergabe eines Vorganges, einer Beobachtung oder eines Ereignisses. Psychische Störungen, körperliche Schwächen können zu aberriertem Verhalten führen.
→ Dianetics → Chromosomen O

Abhängige Variable → Variable

Abhängigkeit, soziale
Als sozial abhängig gilt ein → Individuum, das existentiell auf die Betreuung oder Hilfe eines oder mehrerer anderer Individuen angewiesen ist. Von entwicklungspsychologisch besonderer Bedeutung ist die soziale Abhängigkeit des Kleinkindes, dessen › Sozialisationsprozeß vor allem dadurch gekennzeichnet ist, daß es unmittelbare → Bezugspersonen in ihren Verhaltensweisen imitiert und sich mit ihnen identifiziert. Die intakte soziale Abhängigkeit ist in diesem Falle also notwendige Voraussetzung für das soziale Lernen. Ein Mangel an sozialer Abhängigkeit von unmittelbaren Bezugspersonen im Kleinkindalter führt zu Verhaltensstörungen, die von teilweisen Defiziten im sozialen Verhalten bis zum psychischen Krankheitsbild des → Hospitalismus reichen können. Die Entwicklung der sozialen Abhängigkeit wird in der Psychologie meist auf die Wirkung sekundärer → Verstärkungen zurückgeführt, d. h. eine Bezugsperson, die regelmäßig primäre Bedürfnisse des Abhängigen stillt (z. B. die Mutter, die das Nahrungsbedürfnis des Kindes befriedigt), wird in ihrem gesamten Verhalten von diesem als positiv gesinnt empfunden.
Die allgemeine Ablösung des Jugendlichen z. B. von den Eltern führt auch

zu einem Abbau seiner sozialen Abhängigkeit. Wegen der erwünschten Einübung des Heranwachsenden in die Selbstbestimmung ist es notwendig, daß die bisherigen Bezugspersonen ihm den Weg aus der unmittelbaren sozialen Abhängigkeit erleichtern. K

Abitur
Das Abitur, auch als Reifeprüfung bezeichnet, stellt einen Bildungsabschluß dar, der zur Aufnahme eines Hochschulstudiums berechtigt. Nach der 12. bzw. 13. Klasse eines Gymnasiums wird die allgemeine Hochschulreife erworben, d. h. der Absolvent hat die Berechtigung, alle an den Hochschulen vertretenen Fächer zu studieren. Die sog. → Fakultätsreife oder Fachgebundene Hochschulreife, mit der vor allem Schulen des → berufsbezogenen Bildungsweges wie z. B. Berufsoberschulen abschließen, ermöglicht ein wissenschaftliches Hochschulstudium in bestimmten festgelegten Fachbereichen.
→ Fachhochschulreife O

Ablaufdiagramm → Flußdiagramm

Ablehnung, soziale
Die soziale Ablehnung richtet sich als vorwiegend emotionale Reaktion gegen Mitmenschen oder Erlebnissituationen, die für den Ablehnenden aufgrund eines übernommenen Vorurteils oder eigener schlechter Erfahrungen mit unangenehmen Erinnerungen verknüpft sind. So lehnt z. B. ein Schüler jeden Lehrer ab, weil ein extrem autoritärer Lehrer seine ganze Berufsgruppe etwa durch ungerechte Behandlung des Betroffenen bei diesem in Mißkredit gebracht hat. Oder eine Schulklasse lehnt einen Mitschüler ab, der durch Petzen bei den Lehrern Punkte sammelt. Auf → Vorurteilen und möglicherweise auch auf → Verdrängungen beruht die soziale Ablehnung ganzer Berufsgruppen (der Polizei, der Beamten usw.) oder von Menschen bestimmter Herkunft, Hautfarbe, Religion usw. K

Ablösung
Sie bedeutet den meist schrittweise erfolgenden Abbau von sozialer → Abhängigkeit bzw. einer starken emotionalen Bindung an eine → Bezugsperson. Der entwicklungspsychologisch normale Vorgang der Ablösung erreicht seinen Höhepunkt in der → Pubertät. Das Drängen der Jugendlichen nach freier Daseinsgestaltung und Selbstbestimmung wird von Eltern und Erziehern oft als undankbare Abwendung mißverstanden und die notwendige Ablösung durch Maßnahmen der Einschränkung und Bindung erschwert. Das pädagogisch wünschenswerte Verhalten bestünde in dem Angebot eines partnerschaftlichen Verhältnisses anstelle der bisherigen sozialen Abhängigkeit. Die Alternative heißt also nicht Halten um jeden Preis oder Verlust, sondern Veränderung des mitmenschlichen Bezuges.
In der psychoanalytischen Behandlung ist die Ablösung vom Therapeuten eine unabdingbare Voraussetzung für eine konfliktfreie Beendigung der Therapie. K

Abnehmer-Index,
ein Meßwert, der z. B. Sendeanstalten des Rundfunks oder Fernsehens die Zahl der Konsumenten einer bestimmten Sendung zurückmeldet. Der Abnehmer-Index gibt zunächst keinen Aufschluß über die Qualität einer Sendung, sondern lediglich über die Anzahl der interessierten Abnehmer. Ein niedriger Abnehmer-Index wird eine Sendeanstalt in der Regel dazu veranlassen, eine Sendeserie abzusetzen, wenn sie nicht wie bei den Bildungsprogrammen von vornherein für einen bestimmten, evtl. auch kleinen Adressatenkreis konzipiert ist. K

abnorm(al)
bezeichnet ein vom Normalen, von der Norm des Durchschnitts und des Üblichen abweichendes Verhalten. Die → Klinische Psychologie befaßt sich mit den Teilgebieten der → Psychologie, die sich mit abnormen, gestörten oder krankhaften Erscheinungen im Verhaltensbereich beschäftigen. O

Abstraktion
Sie ist die Bezeichnung für das Herauslösen oder Auswählen eines Aspektes oder einer Komponente aus einem komplexen Sachverhalt, aus einer Gesamtheit, zum Zwecke einer vereinfachten Bewertung, Kategorisierung oder Klassifizierung. Aus der konkreten Wirklichkeit wird die Verschiedenheit herausgeschält, um das verbleibende Allgemeine untersuchen zu können. Je weiter man sich vom Gegenständlichen entfernt, desto höher wird der Abstraktionsgrad (abgestufte Abstraktionsgrade). O

Abwehrmechanismen
Als Abwehrmechanismen bezeichnen S. und A. Freud Maßnahmen des Ich, mit denen es Triebansprüchen des Es (Lustprinzip) begegnet, wenn die Gefahr besteht, daß die ungehemmte Triebbefriedigung zu Konflikten mit dem Überich und der Realität (Realitätsprinzip) führt. So wird z. B. durch den Abwehrmechanismus der Sublimierung sexuelle Energie in die Bewältigung nichtsexueller Aufgaben abgeleitet, weil die normative Übereinkunft der Gesellschaft ein ungehemmtes Ausleben der Sexualität verbietet und gegebenenfalls mit → Sanktionen belegt
Die wichtigsten Abwehrmechanismen, die in eigenen Abschnitten erläutert werden, sind: Verdrängung, Rationalisierung, Regression, Sich-Zurückziehen, Isolierung, Verschiebung, Umschlagen ins Gegenteil, Projektion, Introjektion, Identifikation, Autismus, Ungeschehenmachen, Sublimierung.
→ Ich – Es – Überich K

Abweichendes Verhalten → Devianz → Verhalten

Acculturation
1. Synonym für → Sozialisation
2. Acculturation wird in der Ethnologie (= Völkerkunde) als Bezeichnung für einen Kulturwandel verwendet, der durch die wechselseitige Beein-

flussung kulturell verschiedenartiger Gruppen hervorgerufen wird. Die einseitige Angleichung der Kultur einer Völkergruppe z. B. an die eines Eroberers wird genauer Assimilation genannt.
→ Enkulturation K

Action Flexibility
oder Aktionsflexibilität ist die Fähigkeit, sich wechselnden Situationen anzupassen, Ereignisse und Geschehnisse rasch zu erfassen und sein Verhalten so auszurichten, um ein angestrebtes Ziel zu erreichen. Sie stellt eine wesentliche Grundlage der → Lokomotion dar. O

Action research
Wörtlich übersetzt bedeutet action research Untersuchung, Forschung durch Handeln. Die Methode des action research findet z. b. in der gruppendynamischen Forschung Verwendung, da Erfahrungen über das Kräftespiel in Gruppen letztlich nicht durch theoretische Reflexion, sondern nur durch das eigene Einlassen des Forschers in die Erfahrungssituation selbst gewonnen werden können. K

Adaptation
Sie bedeutet die Anpassung speziell der Sinnesorgane an länger dauernde veränderte Verhältnisse. Allgemein erfahrbar ist die Adaptation des Auges an die bestehenden Lichtverhältnisse durch Regulierung der Lichtempfindlichkeit.
Gelegentlich wird der Begriff Adaptation auch im Sinne der sozialen → Anpassung verwendet. K

Adaption → Adaptation → Assimilation

Additum
bezeichnet zusätzliche Lehrangebote im Rahmen innerer oder äußerer → Differenzierung im Unterricht, welche über die für alle Schüler verbindlichen Mindestanforderungen (= Fundamentum) hinausführen. Lernziele des Additum werden entsprechenden Lernzielkontrollen unterworfen, dürfen aber nicht in die für alle Schüler gleichermaßen gültige Leistungsbeurteilung einbezogen werden. K

Adoleszenz
wird in der entwicklungspsychologischen Fachliteratur sowohl gleichbedeutend mit → Jugendalter als auch als Oberbegriff für die Entwicklungsabschnitte → Pubertät und Jugendalter verwendet. K

Adoption
heißt seit der Neuregelung des Adoptionsrechts ab 1. 1. 1977 „Annahme als Kind".
Im einzelnen gilt folgendes:
1. Ein Kind adoptieren können unbeschränkt geschäftsfähige Personen, Ehepaare nur gemeinsam, Alleinstehende in Ausnahmefällen.
2. Ein Ehepartner bzw. der/die Alleinstehende muß mindestens 25 Jahre alt sein.
3. Das Kind erhält in vollem Umfang alle Rechte und Pflichten eines ehelichen Kindes, d. h. z. B. es wird seinen neuen Verwandten gegenüber erbberechtigt, aber auch unterhaltspflichtig und umgekehrt. Die Bindung an die bisherige Familie wird völlig aufgehoben.
4. Die vollzogene Adoption gilt für immer.
5. Die Zustimmung zur Adoption müssen geben
   – die Annehmenden
   – das Kind (über 14 Jahre alt und geschäftsfähig)
   – die Eltern des Kindes, bei nichtehelichen Kindern die Mutter des Kindes, in Ausnahmefällen (z. B. Verwahrlosung) das Vormundschaftsgericht.
6. Der Adoption geht eine meist einjährige Pflegezeit voraus, in der die Bindungen zwischen Kind und Adoptiveltern wachsen können.
7. Die Adoption erfolgt auf Antrag durch Beschluß des Vormundschaftsgerichts.
8. Für die Adoptionsvermittlung kommen ausschließlich die Adoptionsvermittlungsstellen der Jugendämter, der Inneren Mission, des Deutschen Caritasverbandes und der Arbeiterwohlfahrt in Frage.
9. Für die bis zum 1. 1. 1977 „an Kindes Statt" angenommenen Kinder gelten Übergangsregelungen, die bei den unter 8. genannten Stellen zu erfragen sind. K

Additive Gesamtschule → Gesamtschule

Adressat
Der Adressat im Schul- und Bildungswesen ist der Schüler, der Studierende, der Student oder Lernende als Zielperson geplanter und organisierter Lehr- und Lernprozesse.
→ Bezugsgruppe → Bezugsperson O

Äquilibration → Intelligenz

Affekt
Affekt wird sowohl als Bezeichnung für jede Art von → Emotionen als auch einschränkend für besonders intensive Emotionen bei gleichzeitig herabgesetzter rationaler Einflußnahme verwendet. Die letztere Bedeutung ist die gebräuchlichere. In diesem Sinne spricht man z. B. von Affekthandlungen, die durch einen plötzlichen, rational unkontrollierten Gefühlsausbruch verursacht werden. K

Affektive Hemmung

Unter affektiver Hemmung versteht man eine Beeinträchtigung von Gedächtnisleistungen durch starke gefühlsmäßige Erregungen nach Abschluß des zugehörigen Lernprozesses. Wenn z. B. ein Schüler in der 2. Unterrichtsstunde bei einer Leistungsmessung einen Mißerfolg erleidet, der ihn emotional sehr bedrückt, überlagert diese emotionale Erregung seine evtl. in der 1. Unterrichtsstunde gewonnenen Lernergebnisse derart, daß er in seinem Gedächtnis nicht mehr oder nur noch teilweise über sie verfügt.

→ Gedächtnishemmungen K

Affektiver Lernzielbereich

Durch die affektiven Lernziele werden im Rahmen der → Curricula emotionale Kräfte des einzelnen angesprochen wie z. B. das Verhalten in einer Gemeinschaft, einem anderen oder kulturellen Werten gegenüber. Es sind Lernziele, die sich aus dem Gefühls-, Einstellungs- und Interessenbereich herausentwickeln lassen.

Krathwohl 1975

→ Affekt → Affektivität → Taxonomie O

Affektives Lernziel → affektiver Lernzielbereich

Affektivität

Sie bezeichnet die Fähigkeit des Menschen schlechthin, auf Begegnendes (Situationen, Mitmenschen) mit → Gefühlen zu antworten. Die Affektivität ist als Anlage in ihm grundgelegt, bedarf aber wie jede andere seiner Anlagen der fördernden Einflußnahme durch die → Umwelt, um entfaltet zu werden. Daraus leitet sich der verpflichtende Auftrag für den vorschulischen und schulischen Bildungsbereich ab, der affektiven Komponente im Erziehungsprozeß gleichberechtigt neben der kognitiven Förderung Raum zu geben. Untersuchungen der Lernpsychologie haben ferner den Nachweis erbracht, daß die kognitiven Leistungen entscheidend von der affektiven Gestimmtheit des Lernenden beeinflußt werden. K

afferent

Nerven, die einen von einem Sinnesorgan (Rezeptor) aufgenommenen Impuls über Nervenbahnen nach innen zu einem entsprechenden Zentrum weitermelden, bezeichnet man als afferent. Die neuralen Verbindungen vom Rezeptor zum jeweiligen registrierenden Zentrum sind die sogenannten Afferenzen.

→ Efferenz → Sinnesrezeptor O

Afferenz → afferent

Affin

Als Relationsbegriff besagt Affin, daß zwei oder mehr Eigenschaften, Gegebenheiten oder Gleichheiten durch ihre innere Verwandtschaft dazu tendieren, gemeinsam aufzutreten. In der Mathematik bezieht er sich auf gleichbleibende Eigenschaften der Figuren. O

Affirmative Erziehung

heißt wörtlich übersetzt bejahende Erziehung.
H. Zöpfl und Mitarbeiter (1974 und 1975) erläutern in einer Kurzzusammenfassung ihren Entwurf einer „Erziehung zu kritischem Ja" folgendermaßen:
„– Sie ist Erziehung zu einer grundsätzlichen Lebens- und Sinnbejahung.
- Sie weiß sich verpflichtet einer ständig zu leistenden Besinnung auf den konkreten Menschen.
- Sie gesteht dem Kind das Recht auf sein Kind-sein-Dürfen zu, indem sie jedem Lebensalter dessen eigene qualitative Erfahrung zuerkennt.
- Sie berücksichtigt durchaus gesellschaftliche Bedingungen der Erziehung, stellt aber in Abrede, daß allein aus Produktionsverhältnissen, aus Arbeitsbedingungen, aus Merkmalen der Leistungsgesellschaft oder gar aus Gesellschaftstheorien die zentralen Ziele der Erziehung abgeleitet werden können; denn der Mensch darf nicht zum Funktionierenden gleich welchen Systems werden.
- Sie legt großen Wert auf kritisches und eigenständiges Denken (gegenüber jeder Indoktrination, Manipulation und anpassungsbereiten Standortlosigkeit) sowie auf reflektiertes und einsichtiges Handeln.
- Sie will den Lernenden helfen, sich selber besser zu verstehen, sich selbst anzunehmen und individuelle Ziele zu verfolgen (Aspekt der Ich-Stärke).
- Sie ist aber zugleich eine Erziehung zum andern, fördert soziale Sensibilisierung und befähigt zu sozialem Handeln (Aspekt der Sozial-Kompetenz).
- Sie versteht sich gegenüber Erziehungsutopien als realitätsbezogene Erziehung. Sie stellt den Lernenden vor angemessene Aufgaben, gibt Gelegenheit zur selbständigen Lösung und Bewältigung und ermöglicht damit Erfolgs- und „Werk"-Erfahrung.
Alle diese Aspekte gehören zusammen und bedingen sich gegenseitig." K

Aggression

Als Aggression wird in der Umgangssprache die Verhaltensweise eines Individuums bezeichnet, die von der Absicht getragen ist, zerstörend, schädigend oder verletzend auf andere einzuwirken. Sie kann tätlich sein, sie kann aber auch verbal erfolgen oder in Intrigen, Verleumdungen usw. bestehen.
Das gruppendynamische Verständnis der Aggressivität geht von der Annahme aus, daß es sich bei ihr um ein zunächst ungerichtetes Energiepotential handelt, das zur Entladung drängt. Diese Entladung erfolgt konstruktiv, wenn die Aggressionsenergie in die Bewältigung einer Aufgabe geleitet wird. Beim Mangel einer Möglichkeit zu konstruktiver Entladung

kann sie Leerlaufhandlungen (unmotiviertes Blödeln, Schattenboxen usw.) oder destruktive Handlungen auslösen.
Erklärungen zur Entstehung der Aggression bzw. Aggressivität versuchen folgende Theorien zu geben:
1. Die **trieb- und instinkttheoretischen Modelle** (v. a. S. Freud u. K. Lorenz) führen aggressives Verhalten auf einen eigenen, biologisch verankerten Trieb zurück, der in seiner Erscheinungsweise aber durchaus von Umweltgegebenheiten mitbestimmt wird. Seine grundsätzliche Verlaufsform als Energiestau und Energiereduktion kann aber durch Umweltfaktoren nicht beeinflußt werden.
2. **Die Frustrations-Aggressions-Hypothesen** (v. a. J. Dollard u. a.) behaupten, daß Frustrationen immer Reaktionen nach sich ziehen, deren eine die Aggression sein kann. Diese fällt um so stärker aus, je stärker die Frustration war und je öfter sie ungehemmt ausgelebt werden konnte.
3. Nach dem **lerntheoretischen Aggressions-Modell** beeinflussen Lernvorgänge nicht nur die Erscheinungsform der Aggressivität, sondern bauen sie auf. Über das Imitationslernen übernimmt das Kind aggressive Verhaltensweisen, die es durch das Lernprinzip des Lernens am Erfolg weiter ausbaut.

Die pädagogische Konsequenz ist das Ausbleiben von Verstärkungen für Aggressionen (aggressive Verhaltensweisen dürfen nicht zum Erfolg führen) und das Angebot alternativer kooperativer Verhaltensweisen, die in derselben Situation Erfolg bringen. Die → Imitation aggressiven Verhaltens wird unterbunden, wenn die entsprechenden „Vorbilder" (aggressives Verhalten von Familienmitgliedern, Film- u. Fernsehhelden usw.) ausgeschaltet werden. K

Ammon 1973; Dann 1972; Dollard u. a. 1973[5]; Friebel 1976; Redl/Wineman 1976; Schmidt-Mummendey 1972, 1976; Senghaas 1971; Stachiw/Spiel 1976; Ullmann 1974

Aggressivität → Aggression

Agogik

Das aus der griechischen Sprache übernommene Wort bedeutet Führung und wurde zunächst im Bereich der Musik verwendet. Im Rahmen der Pädagogik hilft sie nach Erhard Hischer (WS 1978/79, Forschungsgruppe: Klinische Pädagogik, GH Eichstätt) „als **Theorie der Begegnung und der Lebenshilfe** mit altersübergreifenden Perspektiven den komplexen Bereich des Umgangs mit dem Anderen" zu bewältigen. „Um das Grundprinzip, die am personalen Wert orientierte Partnerschaftlichkeit, gleichsam programmatisch zu markieren, müsse sie als entideologisierte emanzipatorische Agogik konzipiert werden." An anderer Stelle spricht Hischer – den Du- und Wir-Wert betonend – von „Sozial-Agogik" (Hischer 1978). Das differenzierte Bemühen um mehr Humanität äußert sich bereits 1954 und wird 1956 als kriminalpsychagogischer Ansatz erstmals zur wissenschaftlichen Diskussion gestellt (Hischer 1956). 1972 folgte in diesem Zusammenhang das Konzept von den → Begegnungsstilen.

→ Kriminalpsychagogik → Psychagogik O

Agoraphobie → Phobie

Agrammatismus
Agrammatismus ist eine Sprachbehinderung, wo der Sprecher zwar über die Wörter verfügt, die er gebrauchen will, und sie auch richtig aussprechen kann, aber nicht nach den grammatischen Regeln behandeln kann und in falscher Reihenfolge anordnet. Bei extremem Agrammatismus sind die Sätze nicht oder kaum mehr verständlich. Die Behandlung wird von Logopäden (Sprachheilpädagogen) und bei schulpflichtigen Kindern in Sonderschulen für Sprachbehinderte vorgenommen. Wünschenswert wäre eine Früherfassung sprachgestörter Kinder und ihre Betreuung in Sonderkindergärten, die noch nicht in ausreichender Zahl vorhanden sind.
→ Logopädie K

Aha-Erlebnis
Das Aha-Erlebnis bringt zum Ausdruck, daß ein Zusammenhang plötzlich erkannt wurde oder daß man in ein schwieriges, individuell anfangs kaum zu lösendes Problem schlagartig Einsicht gewinnt und dessen Abläufe begreift. O

Akademie für Lehrerfortbildung
Die Akademie für Lehrerfortbildung Dillingen/Donau wurde durch das Bayerische Staatsministerium für Unterricht und Kultus durch Verordnung vom 18. 2. 1971 errichtet und stellte ähnlich, nur im Aufbau und der Organisation verschieden, wie das → IPTS (Landesinstitut Schleswig-Holstein für Praxis und Theorie der Schule) ein Modell im Rahmen der 3. Phase der → Lehrerbildung dar. Sie ist fachbezogen vertikal strukturiert und hat die Aufgabe, Lehrer aller Schularten und Schulstufen sowohl in schulartübergreifenden als auch in schulartbezogenen Lehrgängen fortzubilden. Einen besonderen Schwerpunkt bildet die Aus- und Fortbildung von → ,,Multiplikatoren" wie z. B. Fortbildungsreferenten, Direktoren, Seminarlehrern. Die Inhalte der Lehrgänge befassen sich mit den Fachwissenschaften, → Fachdidaktiken, → Erziehungswissenschaften, unterrichtstechnologischen Erkenntnissen, schulstrukturellen und curricularen Veränderungen, soziologischen und psychologischen Aspekten und anderen → Innovationen des Schullebens. Organisatorisch ist die Akademie gegliedert in die wissenschaftlichen Bereiche und Verwaltungsbereiche. Die wissenschaftlichen Bereiche umfassen:
1. Die wissenschaftliche Leitung
2. Abteilung Redaktion, Disposition, Koordinierung
3. Referat Erziehungswissenschaften
4. Referat Mathematik und Naturwissenschaften
5. Referat Sprachen
6. Referat Wirtschaftswissenschaften, Datenverarbeitung, Recht und Schulverwaltung
7. Referat Musik, Kunsterziehung und Werken
8. Referat Geschichte und Geographie

9. Referat Politik- und Sozialwissenschaften, Sozialkunde, Volkswirtschaft
10. Referat Gewerbe, Technik und Arbeitswissenschaften
11. Referat Sonderpädagogik

Die Akademie ist verantwortlich für die Durchführung der gesamten Lehrerfortbildung in den Zentralinstituten und wirkt mit bei allen Maßnahmen der → regionalen Lehrerfortbildung. Sie arbeitet sehr eng zusammen mit dem → Staatsinstitut für Schulpädagogik (ISP).

Die Schwerpunkte und die Legenden der gesamten Fortbildungsveranstaltungen werden durch einen Koordinierungsausschuß unter Leitung des Ministeriums beraten.

Ein Redaktionsausschuß unter Verantwortung der Akademie legt danach das endgültige Programm fest. – Das kybernetische Ablaufschema zur Lehrerfort- und Lehrerweiterbildung kann folgendermaßen dargestellt werden: (Siehe Abb. S. 17!).

→ Lehrerfortbildung → Kontaktstudium → Lehrerweiterbildung → Quartärbereich O

Akkommodation
bezeichnet im biologischen Sinne die Veränderung der Krümmung der Augenlinse. Durch diese verlagert sich der Brennpunkt des Linsensystems so, daß verschieden weit entfernte Objekte scharf abgebildet und erkannt werden können.

Für die einzelnen Entwicklungsstadien des Heranwachsenden beschreibt Piaget zwei sich ergänzende Formen der Anpassung an die Umwelt: die → Assimilation und Akkommodation. Die Akkommodation stellt als passive Form der Anpassung den Prozeß dar, der dem Heranwachsenden in ungewohnten Situationen z. B. durch Umweltreize neue Reaktionsformen abverlangt. Die Anpassung erfolgt durch Modifizierung der beim einzelnen vorhandenen kognitiven Schemata (→ Schemata, kognitive).

Das Alter, in dem durch Akkommodation der Übergang zur nächsten Entwicklungsphase erfolgt, ist je nach Intensität der Einflüsse durch die soziokulturelle Umwelt, durch die den einzelnen ansprechenden Motivationen und entwickelten Eigenaktivitäten sehr verschieden.

Nach Piaget werden in die neuen Stadien kognitiver Entwicklung die vorher erworbenen kognitiven Schemata integriert. Eine erfolgreiche Akkommodation ergibt sich dann, wenn eine dazu gewonnene Erfahrung den bereits existierenden Schemata nicht vollkommen adäquat ist, sondern in geringem Maße widerspricht oder entgegenläuft.

Mitunter wird Akkommodation auch für die ständige gleichförmige Reizung eines Sinnesorgans verwendet, das durch Überbeanspruchung und Überreizung letzten Endes nicht mehr fähig ist, Sinneseindrücke zu vermitteln. O

Drever/Fröhlich 1972; Haberland/Hager/Paris 1973; Ipfling 1974; Joergen 1976

Akademie für Lehrerfortbildung

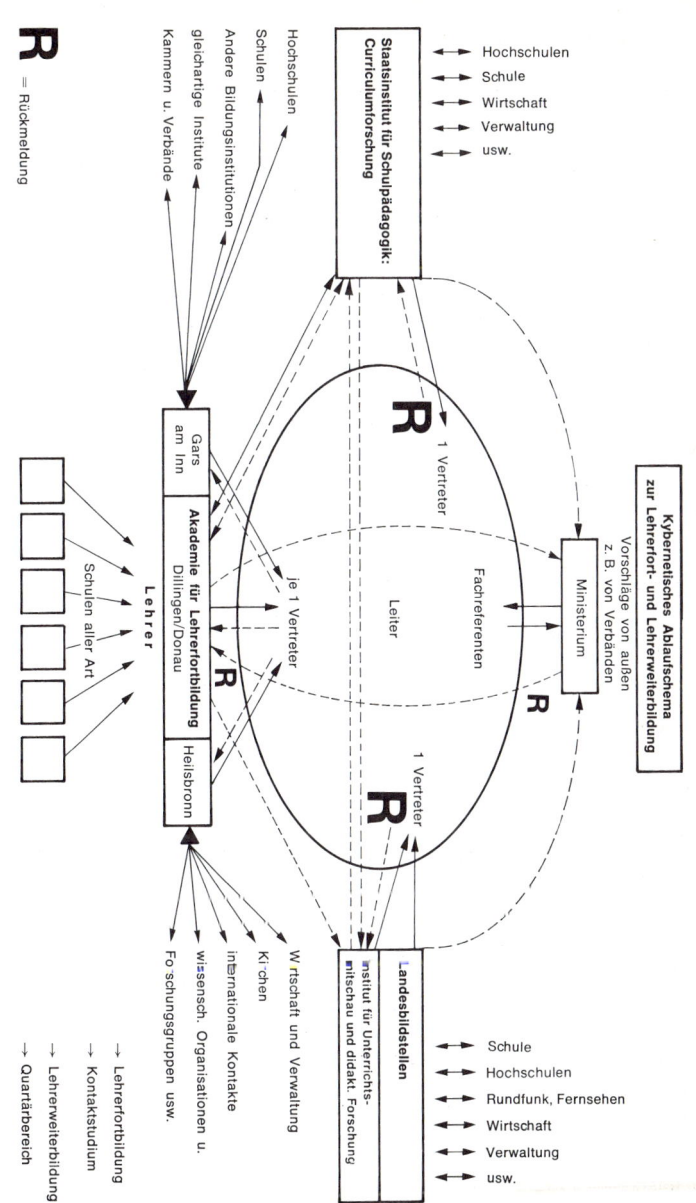

Akkommodation, informationelle
Akkommodation bedeutet allgemein Anpassung, Anpassungsfähigkeit. Die informationelle Akkommodation beschreibt dementsprechend einen Anpassungsvorgang, der sich auf Nachrichten (Informationen) bezieht. Nach H. Frank ist der Mensch fähig, „im Laufe der → Apperzeption seine subjektiven Wahrscheinlichkeiten an die entsprechenden Wahrscheinlichkeiten der Quelle anzunähern". Während der Informationsaufnahme stellt sich also der Empfänger der Information in zunehmendem Maße auf die „Eigenarten" des Senders ein, z. B. auf die bevorzugte Auswahl von Informationen, eine bestimmte Art der Übermittlung usw. Dieser Vorgang bewirkt sozusagen automatisch eine „Verkürzung der mittleren Apperzeptionszeit" bzw. eine „Vergrößerung des pro Zeiteinheit apperzipierbaren Informationsbetrages". Mit anderen Worten: Je besser ich eine Informationsquelle kenne (z. B. den Lehrer, die Lehrmaschine, die Zeitung X, den Kommentator Y), desto schneller kann ich einen größeren Informationsbetrag aufnehmen. Frank erwähnt als Beispiel den Prozeß, der im Sinne der informationellen Akkommodation von der Schulfremdsprache zur gesprochenen Alltagssprache führt. (Frank 1969, vor allem Band 2, Seite 89/90.)
→ Kybernetische Didaktik → Kybernetische Pädagogik → Lehrmaschinen → Programmierte Instruktion K

Akkulturation → Acculturation

Akroamatische Lehrform
Der → monologische Unterricht, der lehrerdominant ist und den Schüler als den Zuhörenden betrachtet, wird als akroamatisch bezeichnet.
→ Unterricht → Lehrform O

Aktionsflexibilität → Action Flexibility

Aktionsformen im Unterricht
bezeichnen die Art und Weise, auf welche Lehrer und Schüler im Unterricht tätig werden. Es ist zu beachten, daß grundsätzlich jede realisierbare Aktionsform von jedem Teilnehmer am Unterrichtsprozeß ausgeübt werden kann. Es muß sogar als vordringliches Erziehungsziel gesehen werden, vorwiegend vom Lehrer praktizierte Aktionsformen durch schrittweise Einübung auf die Schüler übergehen zu lassen. Es gibt beispielsweise keine stichhaltige Begründung dafür, weshalb nicht geeignete und interessierte Schüler – wo immer möglich – Lehrerfunktionen wie Kurzvortrag, Diskussionsleitung, Demonstration, Vorbereitung von Experimenten u. a. übernehmen sollten.
Häufige Aktionsformen sind außer der bereits genannten Anweisung, → Frage, → Impuls, → Gespräch in verschiedenen Varianten (z. B. offenes Rundgespräch, Diskussion, Debatte, Anhörkreis), Experiment, Lernspiele, → Rollenspiele, → Planspiele, → Simulationen, → Vortrag. K

Aktualität als Unterrichtsprinzip
→ Here and now problems → Unterrichtsprinzip

Aktivierung

Sie bezeichnet allgemein die Zustände der Aufmerksamkeit, die in einem Organismus durch Umweltreize verschiedenster Art hervorgerufen werden. Nach empirischen Untersuchungen ist die Aktivierung am größten bei mittlerer Reizstärke, während sie bei Abweichungen von dieser nach oben oder unten geringer bleibt. In schulischen Lernprozessen wird z. B. die zugehörige Aktivierung durch die allzu schnelle Bilderfolge einer Diaserie oder durch eine allzu große Anzahl von Dias herabgesetzt, im Extremfall sogar ausgelöscht und von andersartigen Aktivierungen überlagert. Für den Aufbau und die Erhaltung der Aktivierung im dargelegten Fall ist also eine sorgfältige Auswahl von Dias unter didaktischen und lernpsychologischen Gesichtspunkten nötig. K

Aktivitätscurriculum (activity curriculum)

Es betont Schulung und Lehren von Fertigkeiten und Haltungen in Hinsicht auf das gesellschaftliche Leben der Schüler unter Vernachlässigung und Verminderung des Fachwissens in den schulischen „Lernfächern".

→ Curriculum → Lernziel → Breitfeldcurriculum O

Akzeleration

Unter Akzeleration versteht man allgemein die Vorverlegung bzw. Beschleunigung der Entwicklung bei Kindern und Jugendlichen gegenüber einer Norm. Statistische Erhebungen lassen z. B. eine Vorverlegung der sexuellen Reifung der heutigen Jugend um etwa ein Jahr gegenüber jener der Jugendlichen zwischen 1940 und 1950 erkennen. Für dieses Phänomen der sogenannten epochalen Akzeleration werden die veränderten Umwelteinflüsse verantwortlich gemacht, wie verbesserte Ernährung, Reizüberflutung, größere Anforderungen durch Familie, Schule, Arbeitsplatz. Man nimmt an, daß alle diese Einflüsse zusammengenommen die Hypophyse (= Hirnanhangdrüse) zu einer Steigerung der Hormonproduktion veranlassen.

Von einer synchronen bzw. harmonischen Akzeleration spricht man, wenn alle Teilbereiche der Entwicklung betroffen sind, eine asynchrone bzw. disharmonische Akzeleration liegt vor, wenn z. B. nur die sexuelle Reifung verfrüht einsetzt, während z. B. Intelligenz und Sozialverhalten sich altersentsprechend, also der sexuellen Reifung gegenüber langsamer entwickeln.

Lenz/Kellner 1965

→ Retardierung K

ALGOL

ist eine Abkürzung aus den beiden englischen Wörtern „**ALGO**rithmic Language" und stellt eine problemorientierte und von der jeweiligen Datenverarbeitungsanlage unabhängige Programmiersprache dar. Sie dient zur Lösung technischer und wissenschaftlicher Aufgaben. O

Algorithmus

bezeichnet ein System eindeutig beschriebener, in der Reihenfolge des Ablaufs festgelegter und nach formalen Gesichtspunkten anwendbarer Lösungsverfahren oder Regeln, die geeignet sind, alle Aufgaben einer bestimmten Art zu bewältigen. Algorithmen gibt es nicht nur im Bereich der Mathematik. In der → Programmierten Instruktion unterscheidet H. Frank im Sinne von Lösungsstrategien folgende Algorithmen:
1. Der Skinner-Algorithmus ist ein Einweglösungsverfahren, bei dem die nachfolgende Operation sich zwangsläufig aus der vorausgegangenen Operation ergibt.
2. Der Iterations-Algorithmus verweist bei einem nicht oder mühsam durchlaufenden Lernschritt auf dessen Wiederholung, und zwar in Abhängigkeit von den aufgetretenen Schwierigkeiten.
3. Der Umweg-Algorithmus bietet für zwei aufeinanderfolgende Operationen alternativ eine mehrgliedrige Lernschrittserie mit dem Zweck zusätzlicher Informationen an.
4. Der Regelungs-Algorithmus rät je nach dem Lernverhalten des Schülers ein Wiederholen oder Überspringen eines Lernschrittes an.
5. Der Mehrweg-Algorithmus schlägt gleichwertige Wege der Problembewältigung alternativ vor.
6. Der Crowder-Algorithmus bietet leistungsorientierte und das aktuelle Lernverhalten des Schülers berücksichtigende Verfahrensalternativen an.

→ Lehrprogramm K

Allegorie

Die Allegorie, das Anderssagen, versucht Abstraktes, Begriffe oder geistige Abläufe durch gleichnishafte, rational faßbare Darstellungen zu veranschaulichen und begreiflich zu machen. Sie enthält eine gedankliche, nicht selten auch künstliche Beziehung zwischen dem Dargestellten und Gemeinten. O

Alleinarbeit

Im Gegensatz zur → Gruppenarbeit und Partnerarbeit steht die Alleinarbeit, die meist im Wechsel und in Kombination mit dem → Frontalunterricht oder auch anderen → Lehrformen durchgeführt wird. Sie kann innerhalb der inneren → Differenzierung des Unterrichts nach individuellem Arbeitstempo und unterschiedlichen Lernaufgaben eingeplant werden. Alleinarbeit ergibt sich z. B. im → Programmierten Unterricht oder im Rahmen eines Fernstudiums. Als Nachteile zu häufig eingesetzter Alleinarbeit, die den einzelnen aus der Lerngruppe herausnimmt, treten mitunter Vereinsamungseffekte auf, die zu Lernminderungen führen können.

→ Alleinunterricht → Stillarbeit → Selbsttätigkeit O

Alleinunterricht
Der Begriff Alleinunterricht weist eine Doppelbedeutung auf:
1. Ein Schüler wird von einer Lehrkraft einzeln unterrichtet bzw. durch Einzelunterricht gefördert.
2. Jeder Schüler arbeitet selbständig für sich an einem Problem, an einer gestellten Aufgabe, an einem Werkstück. Die Arbeit kann in Verbindung mit Medien erfolgen und durch entsprechende Programme ergänzt werden. Auch die Arbeit im → Sprachlabor kann Alleinunterricht darstellen.

→ Alleinarbeit → Lernorganisation → Selbsttätigkeit O

Allgemeine Hochschulreife → Abitur

Allgemeine Psychologie
Sie beschäftigt sich als Teilbereich der Psychologie mit der Erforschung und Beschreibung allgemeingültiger Gesetzmäßigkeiten psychischen Verhaltens und Erlebens. Ihre Forschungsergebnisse zur Wahrnehmung, zum Lernen, zu den Denkprozessen, zum emotionalen und motivationalen Verhalten und zum Handeln des Menschen verstehen sich als Aussagen über menschliche Verhaltensweisen, wie sie unter normalen Bedingungen von allen Menschen gleicherweise erwartet werden können. In der modernen Psychologie steht die Allgemeine Psychologie in enger wechselseitiger Beziehung zur → Differentiellen Psychologie, welche die individuellen Unterschiede im menschlichen Verhalten untersucht, zur → Sozialpsychologie, deren Forschungsgegenstand das menschliche Verhalten in Abhängigkeit zu den sozialen und kulturellen Gegebenheiten ist, und zur Vergleichenden Psychologie, die sich mit dem unterschiedlichen Verhalten verschiedener Tierarten beschäftigt.
Als empirische Wissenschaft bedient sich die moderne Allgemeine Psychologie streng empirischer Methoden wie systematischer Verhaltensbeobachtung, des → Experiments und der → Statistik.

→ Psychologie K

Allgemeine Schulordnung → ASchO → Schulordnung

Alpha – Typ → Soziodynamische Grundformel

ALSKINDI
ist die Abkürzung für **Algorithmische Skinn**erstil-**D**idaktik, eine Formaldidaktik, die 1967 von H. Frank entworfen wurde. Bei den mit Hilfe von ALSKINDI erstellten Programmen sind wie beim Buchprogramm vom Lernenden Lücken auszufüllen.

→ ALZUDI → COGENDI → Kybernetische Didaktik → Lehrmaschinen → Programmierte Instruktion K

Altersforschung → Gerontologie

Alterssegregation
bedeutet Trennung, Absonderung (= Segregation) nach Alter, z. B. die Einteilung von Schülern in Jahrgangsklassen. Gerade die schulische Alterssegregation mit ihren altershomogenen Klassenverbänden unterbindet gewichtige sozialerzieherische Effekte, welche die altersgemischte Gruppe mit sich bringt. So sind es auch vor allem sozialerzieherische Gesichtspunkte, die eine Trennung der Kinder bereits im Vorschulbereich in altershomogene Gruppen abraten. K

ALZUDI
ist die Abkürzung für **Al**gorithmische **Zu**ordnungs**di**daktik. ALZUDI entspricht den Anforderungen des vollalgorithmischen Lehralgorithmierens (→ Lernalgorithmus). Die Formaldidaktik ALZUDI 1 wurde 1966/1967 von H. Frank für den Siemensrechner 303 P programmiert. Der → Basaltext besteht hier aus höchstens 50 Zuordnungen. Als Medienträger dient ein Lehrstoffdarbietungsgerät, bei dem ein Papierstreifen lehrschrittweise in einem Sichtfeld vorbeitransportiert wird.
Nach ALZUDI gilt für die → Programmierte Instruktion grundsätzlich:
1. Der Basaltext ist nicht redundant, d. h. daß keine zusätzlichen Erläuterungen gegeben werden.
2. Der Basaltext muß demzufolge abgearbeitet werden, d. h. ein Voranschreiten im Programm ist nur möglich, wenn Lehrschritt für Lehrschritt in der vorgegebenen Form richtig gelöst wird.
3. Der Lernende kann also seinen Weg durch das Programm nicht beeinflussen, wenn man dabei vom Lerntempo absieht.

ALZUDI entspricht nach dem Gesagten dem Einwegprogramm (= → lineares Programm = Skinnerprogramm).

→ COGENDI → Kybernetische Didaktik → Kybernetische Lehrmaschinen → Kybernetische Pädagogik K

Ambiguitätstoleranz
Ambiguität bedeutet wörtlich Zweideutigkeit.
Die Ambiguitätstoleranz bezeichnet die erlernbare Fähigkeit des Menschen, gegenüber mehrdeutigen Erkenntnisinhalten bzw. gegenüber verschiedenen Meinungen zu ein und demselben Sachverhalt für die jeweiligen Argumente vor einem eigenen Urteil offen zu sein, evtl. ein abschließendes Urteil bis zur Gewinnung weiterer Argumente aufzuschieben. Von Natur aus fällt es dem Menschen schwer, zwischen mehrdeutigen Erkenntnisinhalten in vorläufiger oder endgültiger Unentschiedenheit zu verharren. Mannigfache → Vorurteile verleiten ihn oft zur Intoleranz gegenüber der Mehrdeutigkeit und lassen ihn vorschnelle Urteile fällen. Die Ambiguitätstoleranz ist bei jedem Lernprozeß unabdingbare Voraussetzung für die Veränderung bzw. Erweiterung des Verhaltensrepertoires. Vom Lehrer fordert z. B. jede erstmalige Begegnung mit einem neuen Lehrverfahren (gruppenorientierter Unterricht, → Programmierte Instruktion, → Teamteaching) die

Fähigkeit der Ambiguitätstoleranz, wenn überhaupt ein vorurteilsfreies Einlassen auf das neue Verfahren gelingen soll. Hier bedeutet Ambiguitätstoleranz also auch das Aushalten ungewohnter, verunsichernder Situationen. K

Ambivalenz
bedeutet wörtlich Doppelwertigkeit.
In der → Tiefenpsychologie beschreibt die Ambivalenz den emotionalen Zustand eines Individuums, einem anderen gegenüber einander entgegengesetzte Gefühle zu empfinden, z. B. Haßliebe. Im weiteren Sinne ist unter einem ambivalenten Verhalten ein schwankendes Verhalten zu verstehen, wenn eine Situation zwei oder mehrere verschiedenartige Reaktionen auslöst, der erzürnte Vater z. B. den unfolgsamen Sohn verprügelt und in Reue über seine unbeherrschte Reaktion ihm einen Zoobesuch verspricht.
→ Schizophrenie K

Anale Phase
Als anale Phase bezeichnete S. Freud den Entwicklungsabschnitt des Kindes im 2. und 3. Lebensjahr, in dem das Kind seine Aufmerksamkeit vor allem seinen Ausscheidungsfunktionen und der Erkundung des eigenen Körpers zuwendet. In die anale Phase fällt die Sauberkeitserziehung, in deren Verlauf das Kind durch Hergeben oder Behalten seine Machtposition gegenüber den Eltern erprobt. Eine repressive Sauberkeitserziehung kann nach Freud in späteren Jahren zu verschieden schweren psychischen Störungen führen, z. B. zur → Regression (Zurückfallen) auf die anale Phase durch Einnässen oder Einkoten und zu sexuellen Perversionen. Auch Geiz, übertriebene Sparsamkeit oder Pedanterie führt Freud auf eine autoritäre Sauberkeitserziehung zurück. K

Analer Charakter
wird Personen zugesprochen, die in überbetonter Form Eigenschaften in ihr Erwachsenenleben aus der → analen Phase übernommen haben. Solche Charaktereigenschaften sind z. B. übertriebene Reinlichkeit, Genauigkeit bis zur Pedanterie. O

Analogie
Im allgemeinen Sprachgebrauch bedeutet Analogie die Ähnlichkeit zwischen zwei oder mehreren Sachverhalten oder Situationen aufgrund eines oder mehrerer gemeinsamer Merkmale.
Das für Lernprozesse bedeutsame Analogiegesetz von E. L. Thorndike besagt, daß Menschen und Tiere sich in neuen Situationen so verhalten, wie sie sich in jeder ähnlichen Situation verhalten hätten. Ein Lernprozeß kann danach erleichtert werden, wenn der Lernende bei der Bewältigung eines Problems über früher vollzogene Problemlösungen verfügt, die eine mehr oder minder große Ähnlichkeit mit der neuen Aufgabe aufweisen. Jeder Lehrer verfährt z. B. bei seinen Aufgaben für die Leistungsmessung nach dem Analogiegesetz, abgesehen von Aufgaben zur bloßen Rekapitulation von Wissen.
→ Analogieprinzip K

Analogieprinzip

Erkenntnisse und Prinzipien werden von einem Wissensbereich ‚analog' in einen anderen übernommen, d. h. Methoden, Pläne, Ablaufskizzen, Theorien usw. werden in gleicher oder ähnlicher Form mit Abwandlungen übertragen. So wurde das → Planspiel, das im militärischen Bereich entstand, von Instituten der Wirtschaft und von der Schule ‚analog' angewandt.
→ Analogie   O

Analyse

Im Gegensatz zur → Synthese, die vom Einzelelement zum Ganzen schreitet, versteht man unter Analyse das Zerlegen von Gesamtkomplexen, einen Vorgang des Aufteilens von Vorstellungsinhalten, ein Zergliedern von Objekt- und Ablaufinhalten. Sie führt durch → Abstraktion zum Verstehen und entspricht im logischen Bereich der → deduktiven Unterrichtsmethode. Für den Lehrer sind drei Arten der Analyse von Bedeutung:
1. **Einfache Analyse:**
   Teile eines Ganzen werden benannt und herausgegliedert. Das Objekt, die Sache wird durch Zerlegen in Teile bekannt gemacht, z. B. Aufzählen der Teile einer Maschine oder Gliederung der Juraformationen.
2. **Kausale Analyse:**
   Die Zergliederung oder Aufteilung erfolgt in der Absicht, Beziehungen, Begründungen zu finden und Vergleiche anzustellen, z. B. das Herstellen ursächlicher Beziehungen zwischen Gesteinsschicht, Härte und Alter.
3. **Logische Analyse:**
   Das Erforschen und Loslösen der Teile geschieht mit Rücksicht auf abzuleitende Folgerungen, z. B. Warum ist Lias schwarz und Dogger bräunlich rot? Weil die Liasschicht humus- und die Doggerschicht eisenhaltig ist.   O

Analytische-imitative Methode
→Fremdsprachenmethodik

Analytische Methode → Analyse

Analytischer Verstand

stellt den Teil des menschlichen Denkapparates und des → Gedächtnisses dar, den der Mensch relativ umfassend kontrollieren kann.
→ Dianetics → Reaktiver Verstand → Vernunft   O

Anamnese

bedeutet wörtlich Rückerinnerung und umfaßt sämtliche Informationen, die zum Lebenslauf oder zur Krankengeschichte eines Menschen erhoben werden können, und die Methoden der Erhebung. Das Anamnesematerial wird vor allem durch Befragung des Betroffenen und seiner Bezugspersonen

gewonnen, wichtige Aufschlüsse geben aber auch Tagebücher, schriftlich fixierte Krankheitsverläufe, Bemerkungen in Schülerbögen usw.
Kemmler 1965; Schmidt/Keßler 1976

→ Katamnese K

Andragogik
ist streng genommen die Bezeichnung für die Theorie der → Erwachsenenbildung, sie wird aber häufig in definitorisch undifferenzierter Weise auch für die Praxis der Erwachsenenbildung verwendet. Die Eigenständigkeit der Andragogik gegenüber der → Pädagogik und ihr bedeutsamer Stellenwert im lebenslangen Bildungsprozeß des Menschen ist heute unumstritten. Als Wissenschaft von den grundlegenden Bedingungen des Bildungsprozesses Erwachsener steht sie noch am Anfang. K

Anerkennung, soziale
besteht für ein Individuum in der positiven Reaktion seiner Umgebung (Ehepartner, Eltern, Gruppenmitglieder, Klassenkameraden, Vorgesetzter, Institution usw.) auf erbrachte Leistungen bzw. bestimmte Verhaltensweisen. Sie ist für den Aufbau und die Aufrechterhaltung der → Leistungsmotivation und des Selbstwertgefühls unverzichtbar. Ihre Ausdrucksformen sind vielfältig, z. B. Lob, Beförderung, besondere Auszeichnungen, aber auch Aufnahme in eine Gesprächsrunde oder Clique, Wahl zum Klassensprecher oder Vereinskassierer, Zeichen der Zustimmung und Zuneigung usw. Die soziale Anerkennung hat auch die Funktion eines Regulativs für erwünschtes und unerwünschtes Verhalten. Wenn sie allerdings von einer bestimmten Seite über eine längere Zeitspanne hin versagt wird, sucht der Betroffene nach Möglichkeiten, sie sich bei anderen zu sichern. Ein Jugendlicher z. B., der keine genügende soziale Anerkennung im Elternhaus erfährt, versichert sich ihrer bei einem Lehrer etwa durch hervorragende Lernleistungen oder beständige Mitarbeit im Unterricht, vielleicht sucht und findet er sie aber auch durch negativ von der Norm abweichendes Verhalten bei den Klassenclowns oder einer Rockerbande. K

Anfangsverhalten → Eingangsverhalten

Angeborener Auslösemechanismus (AAM)
Der AAM ist bei Tieren die angeborene, instinktiv funktionierende Verhaltensdisposition, auf einen ganz bestimmten Reiz (Schlüsselreiz) mit einer genau darauf abgestimmten Reaktion zu antworten. Z. B. löst bei vielen Tierarten in einem Kampf mit Artgenossen die Demutsgebärde des Unterliegenden beim Sieger eine Tötungshemmung aus. AAM steuern aber auch das Sexual- und Brutpflegeverhalten der Tiere.

→ Reiz → Reaktion K

Angemessenheit

Das Unterrichtsprinzip Angemessenheit bezeichnet als Kriterium der Unterrichtsplanung und -führung die Aufbereitung des Lernangebotes auf eine bestimmte Lerngruppe, extrem auf einen einzelnen Lernenden hin. In der anhaltenden Diskussion um Leistungs- und Begabungsbegriff spielt das Prinzip Angemessenheit eine entscheidende Rolle.
Im einzelnen bedeutet Angemessenheit
1. die Orientierung des Lernangebotes an Eingangskönnen und -wissen der Lernenden,
2. die Berücksichtigung der jeweiligen Lerngeschichte, des Lernstils und des Lerntyps der Lernenden,
3. die Berücksichtigung anthropogener und soziokultureller Bedingtheiten.

Im Idealfall sollte anstelle von Über- oder Unterforderung des Lernenden die gerade noch erreichbare Forderung (= didaktischer Vorgriff) stehen. Als direkte Konsequenzen des Prinzips Angemessenheit in einem Lernverband mit Leistungsgefälle (z. B. Jahrgangsklassen) ergeben sich z. B. → Individualisierung und → Differenzierung des Unterrichts ebenso wie Maßnahmen der Veranschaulichung und Elementarisierung. Didaktische Überlegungen des Lehrenden unter dem Prinzip Angemessenheit erstrecken sich gleicherweise auf Lernziele, Lerninhalte, Methoden, Medien und Lernzielkontrollen.
→ Leistung K

Angewandte Psychologie

versucht Erkenntnisse der verschiedenen psychologischen Forschungsbereiche für die Alltagspraxis fruchtbar zu machen bzw. diese Alltagspraxis selbst wie Schule, Arbeit, Verkehr, Medizin, Politik u. a. auf die psychologische Seite ihrer Probleme hin zu untersuchen. Dementsprechend zählen zu ihren Anwendungsbereichen z. B. die Arbeits- und Wirtschaftspsychologie, die → Pädagogische Psychologie, deren speziellere Bereiche Erziehungsberatung und Schulpsychologie, die Forensische (Gerichts-)Psychologie, die Pharmakopsychologie, welche die Wirkungen chemischer Substanzen wie Drogen, Medikamente auf den Menschen untersucht, ferner die Werbepsychologie und die Meinungsforschung, die Verkehrspsychologie und die Wehrpsychologie.
Ihrem jeweiligen Aufgabenfeld entsprechend ist die Angewandte Psychologie auf die enge Zusammenarbeit mit anderen wissenschaftlichen Disziplinen auf der Basis streng empirischer Forschung angewiesen. K

Angst

kann als eine negative emotionale Reaktion des Menschen auf eine für ihn subjektiv existentielle Bedrohung beschrieben werden. Dabei ist es für die Angstauslösung unerheblich, ob der bedrohende Reiz bekannt oder unbekannt, gegenwärtig und wirklich gegeben, erinnert oder eingebildet ist.
Typische Angstreaktionen sind Vermeiden, manchmal aber auch herausforderndes Aufsuchen angstbesetzter Situationen, sich unauffällig machen, Flucht und aggressive Verhaltensweisen. Als körperliche Begleitumstände fallen z. B. heftiges Schwitzen, erhöhter Pulsschlag, unregelmäßiger Atem, Erbleichen, plötzlicher Harn- und Stuhldrang auf.

S. **Freud** schrieb in seinen späteren Schriften der Angst als einer Grundausstattung des Menschen die Funktion eines Signals bei äußerer (Realangst, Furcht) und innerer (Gewissensangst) Gefährdung zu. Die Angst bekommt in diesem Sinne eine existenzsichernde Bedeutung, sie kann aber auch durch einen ungesteuerten Verlauf zur Existenzbedrohung werden, indem sie neurotische Verhaltensweisen (der Situation unangepaßte Angstreaktionen) auslöst. Nach der **Lerntheorie** ist die Angst ein sekundärer, durch → Konditionierung gelernter Trieb. Viele Schüler und Studenten entwickeln z. B. eine generelle Prüfungsangst, weil sie in einer oder mehreren Prüfungssituationen oder auch prüfungsähnlichen Situationen versagt haben, wobei der Grund des Versagens von untergeordneter Bedeutung ist (z. B. Lerndefizit, autoritärer Prüfer, Undisponiertheit). Wesentlich ist, daß die an sich neutrale Prüfungssituation mit einem schädigenden Reiz (→ aversiver Stimulus, z. B. Mißerfolg, Demütigung) verbunden wurde.

Eine pädagogische Aufgabe von unabsehbarer Tragweite ergibt sich aus der Tatsache, daß Angst bewußt oder unbewußt durch den Einsatz zweifelhafter → Sanktionen als Mittel zur Durchsetzung pädagogischer Zwecke oder zur Aufrechterhaltung bestimmter normierter Verhaltensweisen (z. B. kritikloser Unterordnung in einer Hierarchie) ausgespielt wird. Angstabbau und repressionsfreie Erziehung bedingen sich also gegenseitig. K

Birbaumer 1977; Brody/Axelrad 1974; Cohen 1971; Ditfurth 1977; Grossmann/Winkel 1977; Levitt 1971; Schmidt 1975

Anhörkreis

Die Methode des Anhörkreises ist durch folgende Regeln bestimmt:
- Jeder der am Anhörkreis (= Hearing als Verfahren der Anhörung) Beteiligten äußert sich zu dem anstehenden Problem, und sei es lediglich durch ausdrückliche Zustimmung zu einer bereits dargelegten Meinung.
- Die verschiedenen Äußerungen werden vorläufig ohne Diskussion zur Kenntnis genommen. Eine vorzeitige Festlegung auf eine bestimmte Meinung soll ja gerade vermieden werden.
- Fragen, die lediglich der Herstellung eines besseren Verständnisses des Gesagten dienen, sind zulässig.
- An die Meinungsäußerungen schließt sich eine Phase stiller Reflexion an, die dem Überdenken der vorgetragenen Argumente und der Formulierung konstruktiver Beiträge für die anschließende Diskussion dient. Im Unterricht wird diese Denkpause in der Regel 5–10 Minuten dauern, bei Anhörkreisen z. B. im Parlament zu wichtigen politischen Entscheidungen kann ein Nachdenken über Wochen und Monate hinweg angemessen, ja erforderlich sein.
- Hauptzwecke des Anhörkreises sind also, den Mitläufereffekt abzubauen, ein breites Spektrum von Meinungen für die Denkpause zu gewinnen und jeden Beteiligten zu intensivem individuellem Hin- und Herbewegen von Argumenten zu veranlassen, bevor gewichtige Meinungsäußerungen in Geschwätz oder in der Manipulation durch dominative Redner untergehen. K

Animismus

J. Piaget bezeichnet den Animismus als ein Kennzeichen der geistigen Entwicklung im Kindesalter. Das animistische → Denken des Kindes schreibt allen Bewegungen in der Umgebung, aber auch unbewegten Gegenständen Bewußtsein und Intentionalität, also menschliche Eigenschaften zu. Das Kind beschimpft den Stuhl, an dem es sich gestoßen hat. Es ist auch der Meinung, daß seine Puppe es fühlt, wenn es ihr Schläge verabreicht. Animistisches Denken ist auch bei Völkern auf einer primitiven Entwicklungsstufe nachweisbar. K

Piaget 1972/1974/1976

Anlage

Das → Milieu, in dem der einzelne lebt, seine → Umwelt und insbesondere seine Anlagen, sein Insgesamt an Vererbtem, sind die seine Persönlichkeit bestimmenden Faktoren. Das Zusammenwirken und Ineinanderwirken all dieser Faktoren beeinflussen das Verhalten des Menschen, seine Leistungsfähigkeit, seine intellektuelle und psychische Entwicklung. Durch → Übung und in Wechselwirkung mit den Geschehnissen des sozialen Milieus prägen sich Mengen- und Leistungsanlagen aus, zu denen vor allem die → Begabung zählt.

Grundsätzlich bestimmen die Anlagen die Grenzen des erzieherisch Erreichbaren. O

Anpassung, soziale

kennzeichnet den kontinuierlichen Prozeß, in dem → Individuum und → Gruppe bzw. → Gesellschaft durch Veränderung von Verhaltensweisen und durch gegenseitige Einflußnahme einen möglichst konfliktfreien Gleichgewichtszustand anstreben. Pädagogisch bedeutsam ist also der Auftrag, die jungen Menschen über ein bloßes Sichangleichen an vorgefundene Verhältnisse hinaus zu befähigen, sich ihrerseits in realisierbare und zum Kompromiß bereite Methoden zur Durchsetzung berechtigter Ansprüche an die Gesellschaft einzuüben. Wird Kindern und Jugendlichen diese aktive Anpassung versagt, sind aggressive Opposition oder Fehlanpassung im Sinne einer resignierenden Überanpassung die unausweichliche Folge. K

Anschaulichkeit

besagt, daß ein Gegenstand oder eine Situation unmittelbar oder mittelbar (über Medien) der sinnlichen Wahrnehmung oder der Vorstellung zugänglich ist. Als spezifisches Kennzeichen des Lehrens ist Anschaulichkeit vor allem im vorschulischen Bildungsbereich und in der Grundschule gefordert. Für den Lehrer ergibt sich die didaktische Aufgabe, seine Schüler von der Neigung zur Anschaulichkeit schrittweise und zur rechten Zeit zum Erfassen abstrakter Sachverhalte zu führen. Es sei jedoch in diesem Zusammenhang daran erinnert, daß auch der der Abstraktion fähige Erwachsene durch anschauliche Beispiele aus der Praxis Zuflucht zur Anschaulichkeit nimmt, wenn es etwa ein schwieriges theoretisches Problem zu lösen gilt.

→ Anschauung, → Lehrmittel K

Anschauung

Als Anschauung gilt allgemein die unmittelbare sinnliche Wahrnehmung eines Sachverhalts im Unterschied zur Reflexion des Wahrgenommenen im Denkprozeß.
Nach J. Piaget sind Kinder vor allem zwischen dem vierten und siebten Lebensjahr an das anschauliche Denken gebunden. Die Begriffsbildung erfolgt in diesem Alter über die äußere und die innere (Vorstellung, innere Bilder) Anschauung. Das anschauliche Denken folgt eingleisig dem tatsächlichen Geschehensablauf und es ist phänomengebunden, d. h. die Kinder können noch nicht systematisierend und schlußfolgernd denken.

Flügge 1963; Petzelt 1933; Seidl/Hüffner 1967; Walcher 1975

→ Anschaulichkeit, → Lehr-, Lern-, Arbeitsmittel   K

Anschauungsmittel → Lehrmittel → Anschauung

Anschlußstudium

Es baut direkt auf ein abgeschlossenes Studium im gleichen Fachbereich auf oder schließt als Zweitstudium an dieses an.

→ Erweiterungsstudium → Kontaktstudium → Weiterbildung   O

Anspruchsniveau

gibt die Höhe der Erwartungen an, die jemand in seine eigene → Leistung setzt. Es wird u. a. von der allgemeinen → Leistungsmotivation, von Vorerfahrungen (Erfolg bzw. Mißerfolg) im betreffenden Aufgabenbereich, von dem Wunsch nach sozialer → Anerkennung und den Erwartungen der sozialen Umwelt bestimmt. Für die Organisation von Lernprozessen ist z. B. der Befund von Bedeutung, daß erfolgszuversichtliche Schüler zu einem realistischen Anspruchsniveau neigen, d. h. daß sie die Ansprüche an ihre Leistung mit Aussicht auf Erfolg schrittweise steigern. Mißerfolgsängstliche Schüler verfehlen dagegen oftmals eine realistische Selbsteinschätzung, indem sie ihr Anspruchsniveau so niedrig ansetzen, daß sie vor Mißerfolg verschont bleiben, oder extrem hoch wählen, so daß ihnen die Aussichtslosigkeit auf Erfolg ein Alibi für ihr Versagen liefert.
Die pädagogische Konsequenz besteht in einer → Differenzierung der Aufgabenstellungen, um Mißerfolgsängstlichkeit abzubauen und um die realistische Selbsteinschätzung bei der Bestimmung des jeweiligen Anspruchsniveaus zu stärken.

→ Ausgangslage → Eingangskönnen   K

Anthropologie, pädagogische

ist die Wissenschaft vom Menschen in umfassendem Sinne. Je nach dem besonderen Forschungsaspekt fragt z. B. die philosophische Anthropologie nach dem Wesen und Sinn des menschlichen Daseins überhaupt, während die naturwissenschaftliche Anthropologie den Menschen als biologisches Lebewesen zum Gegenstand hat und die Sozial- und Kulturanthropologie den Menschen als Sozialwesen erforscht.

Die pädagogische Anthropologie interessieren alle Erkenntnisse der Humanwissenschaften, insofern sie pädagogisch von Bedeutung, d. h. bestimmend für Bildungs- und Erziehungsprozesse sind. Umgekehrt fließen der Anthropologie Ergebnisse der empirischen → Pädagogik über den Menschen als eines bildungs- und erziehungsbedürftigen Wesens zu.
In einer Zeit fortschreitender Spezialisierung auch der den Menschen betreffenden wissenschaftlichen Disziplinen kommt der Anthropologie die Aufgabe zu, den Menschen in seiner komplexen und umfassenden Ganzheit zu erforschen und zu beschreiben. K

Gehlen 1961/1962/1963; Illies 1971; Portmann 1970; Roth 1968[2]

Antiautoritäre Erziehung
ist inhaltlich nicht eindeutig abzugrenzen. Sie reicht von der Absage an den autoritären → Erziehungsstil bis zum Entwurf in ihren Zielsetzungen wiederum divergierender Erziehungskonzepte (vgl. das Programm von A. S. Neill in Summerhill oder der → Kinderläden).
Gelegentlich wird die antiautoritäre Erziehung auch mit dem demokratisch-sozialintegrativen Erziehungsstil gleichgesetzt.
Es wäre der begrifflichen Klarheit förderlich, sie ihrem ursprünglichen Ansatz gemäß jenen Erziehungskonzepten vorzubehalten, die jede pädagogische Einflußnahme grundsätzlich zugunsten der uneingeschränkten Bedürfnisbefriedigung der Kinder und Heranwachsenden in Frage stellen und deren erklärtes Erziehungsziel in totaler → Emanzipation von den Zwängen und Normen der gegebenen Gesellschaftsordnung besteht. Empirische Untersuchungen haben den Nachweis erbracht, daß extrem antiautoritär erzogene Kinder in den meisten Fällen spätestens bei Schuleintritt durch die kompromißlose Konfrontation mit andersgearteten Erziehungskonzepten erhebliche Anpassungsschwierigkeiten haben, die oftmals zu schweren → Neurosen führen. K

Auchter 1973; Bernfeld 1970; Bott 1971; Brezinka 1976; Ehrhardt 1973; Engelmayer 1973; Kohl 1971; Neill 1969; Paffrath 1972; Saß 1972; Weber 1974; Werder 1977

Antimedienaffekt
ist eine Abwehrhaltung gegenüber → Medien und Medienangeboten, die beim Schüler aus der Erfahrung mehrmaliger Überforderung durch ein Medienangebot resultieren kann, aber ebenso aus der übertrieben häufigen Konfrontation mit Medien, die zu einer Einbuße an Motivationsbereitschaft führt.
Der Antimedienaffekt vieler Lehrer ist auf einen unbewußt gehegten Konkurrenzneid gegenüber dem informationstüchtigeren Medium zurückzuführen und/oder auf schlechte Erfahrungen mit dem medienorientierten Unterricht, wenn etwa mangelnde Einübung der Lernenden in das Lernen über Medien, organisatorische Schwierigkeiten und technische Mängel den Unterricht unökonomisch und ineffektiv werden ließen.
→ Medienerziehung K

Antipathie
stellt sich als elementares, oft rational nicht faßbares → Gefühl gegenüber Personen oder Situationen ein, die Abneigung oder Widerwillen hervorrufen. K

Antizipation
bedeutet die gedankliche Vorwegnahme eines Ereignisses oder des Endprodukts eines Handlungsverlaufes. Ein Lehrer antizipiert z. B. die Verhaltensweisen seiner Schüler, wenn er konkrete methodische Schritte für die Bewältigung eines Lernproblems plant. K

Antizipatorische Reaktion
Als antizipatorische Reaktion gilt eine Handlung, die unter den gegebenen Umständen verfrüht durchgeführt wird, z. B. die Lösung einer Rechenaufgabe aufgrund einiger bekannter Details in der Aufgabenstellung, bevor alle zur Lösung notwendigen vorbereitenden Schritte bewältigt sind. Die antizipatorische Reaktion erfolgt also aufgrund vertrauter Umstände vor dem zugehörigen auslösenden Reiz. K

Aphasie
bezeichnet eine Gruppe von Sprachstörungen, die auf eine Schädigung des Sprachzentrums im Gehirn zurückzuführen sind. Je nachdem welcher Teil des Sprachzentrums geschädigt ist, besteht die Folge in Wortverständnisschwierigkeiten oder in Sprechbeeinträchtigung oder im Vergessen von Bezeichnungen oder in Wortvertauschungen oder in kombinierten Erscheinungsformen der beschriebenen Sprachstörungen.
Luria 1966 und 1970; Ruge 1978
→ Agrammatismus K

Aphorismus
Sinnvoll und prägnant geformte, kurz hingeworfene, inhaltsreiche Gedanken in Form von in sich geschlossenen Sinnsprüchen in Prosaform oder als sog. Gedankensplitter werden als Aphorismen bezeichnet. Sie sollen zum Nachdenken anregen und führen nicht selten zu einer neuen Erkenntnis durch Widerspruch, Gegensatz oder Vergleich. O

Apparative Unterrichtshilfen → Medien

Appell
In der Umgangssprache wird der Appell als unmittelbare, bedrängende Aufforderung zum Handeln unter Verzicht auf eine sorgfältig abwägende Überlegung verstanden.
Im pädagogischen Bereich setzte sich O. F. Bollnows Definition des Appells durch, die sich gerade gegen die manipulierende Tendenz der umgangssprachlichen Bedeutung wendet. Beim Appell „erhebe nicht ich als zufälliger einzelner Mensch den Anspruch, sondern ich verweise auf eine in dem

anderen Menschen selber vorhandene Autorität, eben auf jene „höhere Instanz" (das Gewissen), die entscheiden soll". Der Appell stellt sehr hohe Ansprüche sowohl an den Erzieher als auch an den ihm anvertrauten jungen Menschen, denn immer „geht der Appell auf eine Unterscheidung von Oberfläche und Tiefe, von Uneigentlichkeit und Eigentlichkeit des Menschen", ja er „wendet sich an die Freiheit der Entscheidung selber (die sich auch im Inhaltlichen jeder vorherigen Festlegung entzieht), und der Appell ist um so reiner ein Appell, je weniger er von dem möglichen Inhalt der Entscheidung vorwegnimmt".

Bollnow 1965

→ Impuls K

Apperzeption

bezeichnet dem Wortsinn nach die Auffassung von Sinneseindrücken. Dem psychologischen Sprachgebrauch entsprechend setzt sie einen hohen Grad an Aufmerksamkeit und bewußter Zuwendung dem Begegnenden gegenüber voraus, wodurch Sinneseindrücke bzw. ein psychischer Inhalt zu klarer Auffassung strukturiert werden.

→ Sinnesrezeptoren → Wahrnehmung K

Appetenzkonflikt

bedeutet Annäherungskonflikt und ergibt sich, wenn zwei oder mehrere gleicherweise erstrebenswerte Ziele zur Wahl gegeben sind. Die Wahl des einen Zieles bedeutet notwendigerweise die Vernachlässigung eines anderen.

Die Psychologie unterscheidet genauer zwischen einem Appetenz-Aversions-Konflikt (Annäherungs-Vermeidungs-Konflikt; jedes von zwei gegebenen, aber nicht gleichzeitig erreichbaren Zielen wird gleichzeitig angestrebt und gemieden) und einem Aversions-Aversions-Konflikt (es besteht die Tendenz, beide gegebenen Ziele zu vermeiden, ohne aber letztlich einer Wahl ausweichen zu können).

→ Appetenzverhalten K

Appetenzverhalten

Es drückt ein Triebverhalten aus und bezeichnet nach W. Craig alles zweckgerichtete Verhalten höherer Organismen, das aktiv bestimmte Reizsituationen anstrebt und angeborene, oft dem Träger noch unbewußte Mechanismen auslöst.

Das Appetenzverhalten kann als die Spannungssteigerung, die Unruhe verstanden werden, die vor der Auslösung eines entsprechenden Instinktverhaltens liegt und dieses begleitet.

→ Appetenzkonflikt → Verhaltensforschung O

Approximation

bedeutet allgemein Näherung, Annäherung. Approximationslernen bezeichnet somit Lernvorgänge, durch deren Bewältigung die Aussicht auf erfolgreiche Bearbeitung ähnlicher oder nur in Details gleicher Lernsituationen steigt.
In der → Informationstheorie besteht „der Approximationsprozeß (oder Akkomodationsprozeß) darin, daß das subjektive Schema des Empfängers sich dem objektiven Sachverhalt des Senders immer genauer (bzw. vollständig) angleicht". Cube 1968
→ Akkomodation, informationelle → Schemata, kognitive   K

APT

stellt eine Abkürzung für **A**utomatic **P**rogramming for **T**ools dar. Sie ist eine verfahrensorientierte Programmiersprache zur numerischen Steuerung von Werkzeugmaschinen.
→ EXAPT   O

Arbeit

Der Begriff der Arbeit stellt einen komplexen Faktor dar und ist schwer zu definieren. Es haben sich eine Anzahl von Arbeitsbegriffen herausgebildet wie: geistige, technische, praktische, pädagogische Arbeit usw. Die Arbeit wird grundsätzlich von einem Ziel her bestimmt und steht unter einer bestimmten Aufgabe. Die auf ein angestrebtes Ziel gerichtete Arbeit verlangt stets ein planvolles Beginnen und Durchdenken des Ablaufes und Arbeitsprozesses, den gezielten Einsatz der geistigen, körperlichen und psychischen Kräfte, um den gesetzten ‚Sollzustand' der Arbeitserfüllung, das Arbeitsergebnis zu erreichen.
Schlieper (1956) findet folgende Begriffsbestimmung: „Menschliche Arbeit ist die auf die Vollendung eines für die Gemeinschaft objektiv wertvollen Werkes gerichtete körperlich-geistige Kraftbetätigung des Menschen." Böhrs bezeichnet sie als den „Einsatz der körperlichen und seelischen Kräfte des Menschen für die Befriedigung seiner materiellen und ideellen Bedürfnisse" und Seischab definiert sie als „zielbewußte Tätigkeit zur Verwirklichung der dem Betrieb gesetzten Zwecke".
Scott 1970 und Literatur bei Arbeitspädagogik
→ Arbeitspädagogik › Berufspädagogik → Arbeitsunterricht   O

Arbeitsauftrag

Die Effektivität eines Arbeitsauftrages innerhalb eines organisierten Lernprozesses (z. B. in einer Unterrichtsstunde, in einem Lehrprogramm, in mediengesteuertem Lernen) wird weitgehend davon bestimmt, inwiefern bei seiner Formulierung die nachfolgenden Kriterien Beachtung finden.
1. Der Arbeitsauftrag muß **zielorientiert** formuliert sein. Das Arbeitsziel muß für die Lernenden verständlich und erreichbar sein. In der Regel nehmen Arbeitsaufträge auf die operationalisierten → Lernziele Bezug, die für die betreffende Lerneinheit festgelegt wurden.

Arbeitsgemeinschaft 34

2. Der Arbeitsauftrag muß **problemorientiert** sein. Die Schüler werden einen Arbeitsauftrag nur dann gerne übernehmen, wenn die Fragestellung ihre Interessen trifft bzw. ihre Neugier weckt und wenn sie Einsicht in die Brauchbarkeit ihrer Arbeit gewinnen können.
3. Der Arbeitsauftrag muß **prägnant** formuliert sein, d. h. klar gegliedert, eindeutig und für jeden Lernenden durchschaubar. Zum Kriterium der Prägnanz gehört z. B. die umfassende Angabe der Arbeitsbedingungen wie Material, Hilfsmittel, Instrumente, Zeit usw. Ein Arbeitsauftrag ist um so besser formuliert, je weniger Rückfragen die Schüler nötig haben, und je weniger Mißverständnisse er auslöst.
4. Arbeitsaufträge sollten möglichst **variabel** in bezug auf die Aktivitäten der Schüler gestaltet sein, also verschiedene, u. U. auch arbeitsteilig zu leistende Tätigkeiten auslösen wie z. B. Beschreiben, Vergleichen, Beobachten, Beurteilen, Problemlösen, Erstellen von Graphiken und Wandbildern, Planen, Durchspielen einer Situation usw. Zur Variabilität zählt auch, daß die Arbeitsaufträge jeweils mit den unterschiedlichen Anforderungen der verschiedenen → **Lernzielstufen** verbunden werden (vgl. die ausführliche Darstellung beim Stichwort Lernzielstufen).
5. Arbeitsaufträge sollten die Möglichkeit anbieten, über die Arbeit an der Sache hinaus in einer kurzen Reflexionsphase zum → **Diskurs** bzw. zur → **Metakommunikation** vorzustoßen. Hier können z. B. nach einem kooperativ durchgeführten Arbeitsauftrag die Rollen der Gruppenmitglieder, ihre Leistung für das Ergebnis, ihre Gefühle und ihre Wirkung auf die anderen reflektiert werden. Auf diese Weise können Kooperationsverhalten und Kommunikationsstil im Laufe der Zeit verbessert werden.   K

Arbeitsgemeinschaft

Die Arbeitsgemeinschaft als Form des freiwilligen Zusammenwirkens zur gemeinsamen Durchführung und Erreichung von Aufgaben ist bereits in den Anfängen der → Erwachsenenbildung in den → Volkshochschulen zu finden. Ihre Bedeutung liegt in der Vertiefung des Gemeinschaftsbewußtseins und in der Entfaltung persönlicher Kräfte im Dienste einer zu lösenden sachlichen Aufgabe.
Die Arbeitsgemeinschaft stellt heute eine methodische Form im Bereich des Lehrens und Lernens dar. Sie befaßt sich mit einem Aufgabenkomplex, einem abgegrenzten zu untersuchenden Stoffbereich, mit der Erstellung praktischer Aufgaben oder orientiert sich an einem zu erreichenden Lernziel und versucht durch überlegte gemeinsame intensive Arbeit, die über längere Zeit, in der Schule auch über Jahrgangsstufen hinaus, andauern kann, die bestmögliche Lösung des Problems zu finden oder ein begründetes Ergebnis zu erstellen. In der Arbeitsgemeinschaft, deren Teilnehmerzahl auf etwa 20 begrenzt werden sollte, besteht eine rührige Interaktion zwischen Lehrenden und Lernenden. Die gleichberechtigten Teilnehmer pflegen geordneten Erfahrungsaustausch, sie bemühen sich um Bewußtmachung, Sichtung, Auswertung und Beurteilung ihrer eigenen und gemeinsamen Lebenserfahrung, versuchen gemeinsame → Erkenntnisse zu gewinnen, → Urteile zu bilden und → Schlüsse zu ziehen. Die Teilnehmer schließen sich in

einer aktiven Schaffensgemeinschaft auf arbeitsmäßiger und bei der Bearbeitung und Lösung weitreichender, komplizierter Aufgaben auch auf arbeitsteiliger Grundlage zusammen. O

Arbeitsgleiche Gruppen → Gruppenunterricht

Arbeitsmittel → Lehrmittel → Anschauung → Medien → Lernhilfen

Arbeitspädagogik
gewinnt ihre Erkenntnisse über die erzieherische Bedeutung von Arbeit und Beruf vorwiegend mit empirischen Methoden. Die Forschung ist v. a. durch zwei Fragestellungen bestimmt: Worin besteht die erzieherische Funktion der Arbeit und des Berufes für die Entwicklung und die Selbstverwirklichung des jungen Menschen und des Erwachsenen und wie müssen Arbeit und Beruf und die arbeits- und berufspädagogischen Maßnahmen beschaffen sein, um ein humangemäßes Hineinwachsen in diese Bereiche zu garantieren?
Die pädagogische Förderung eines sinnvollen Arbeitsverhaltens beginnt bereits im frühpädagogischen Bereich mit altersgemäßen kleinen Aufträgen in der Familie und im Kindergarten. Sie ist in enger Verbindung zur Weckung der → Leistungsmotivation zu sehen. Ein weiterer Schwerpunkt der Arbeitspädagogik ist mit dem schulischen Arbeiten gegeben, wo sie sich durch einige Unterrichtsfächer (z. B. Arbeitslehre, Wirtschaftslehre) und durch die Phase der Berufsfindung und Berufswahl mit dem Forschungsbereich der → Berufspädagogik überschneidet. Gegenstand der Berufspädagogik sind aber nicht nur die Berufswahl und die berufliche Bildung, sondern auch die Eingliederung in das berufliche Leben selbst einschließlich der → Fort- und → Weiterbildung und eines evtl. Berufswechsels und in neuerer Zeit in verstärktem Maße auch die Ausbildung der Ausbilder.
Büscher 1973; Riedel 1967
→ Pädagogik, → Betriebspädagogik, → Wirtschaftspädagogik K

Arbeitsprojektor → Overhead Projector

Arbeitsteiliger Gruppenunterricht → Gruppenunterricht

Arbeitsunterricht
Das Wort Arbeitsunterricht bezeichnet heute keine bestimmte Lehrform mehr. Der Arbeitsunterricht strebt die selbständige, selbstgewollte freie Tätigkeit des Lernenden an. Der Schüler soll durch Erlernen manueller und geistiger Arbeitstechniken zu größerer Selbständigkeit geführt und zu logischem, überlegtem, rascherem Auffassen, Begreifen und Handeln befähigt werden. Als Unterrichtsgrundsatz versteht der Arbeitsunterricht die Schüleraktivität in ihren unterschiedlichen Formen z. B. im Rahmen des → Gruppenunterrichts, des programmierten Unterrichts oder anderer aktiver → Lehrformen.
Kerschensteiner 1964[15]

→ Unterricht O

Archäologie → Kulturanthropologie

Archetyp

C. G. Jung bezeichnet in seiner Analytischen Psychologie als Archetypen die Inhalte des Kollektiven Unbewußten im Unterschied zu denen des persönlichen Unbewußten, welche durch den individuell verschiedenen Entwicklungsverlauf jedes Menschen entstehen.
Als Archetypen gelten z. B. Vater-Mutter-Kind, Anima – Animus, Gott, Tod. Sie betreffen als urmenschliche Gegebenheiten jeden Menschen gleicherweise, wenngleich die Art und Weise der Begegnung über ihre durchaus verschiedene Wirkung entscheidet. Der speziell pädagogische Auftrag besteht also darin, die unverfälschte Begegnung des Kindes mit den Archetypen zu ermöglichen und ihm nicht den Zugang zu ihrer eigentlichen Wesentlichheit durch Zerrbilder z. B. des Vaters, der Mutter, des Gottes zu verstellen. K

Balmer 1972; Jacobi 1957; Jung 1954

Artikulations-Schemata des Unterrichts

In der Folge von Herbarts → Artikulation des Unterrichts und in neuerer Zeit abgestützt durch empirische Befunde der Lernpsychologie wurden von der Methodik Artikulations-Schemata des Unterrichts definiert, die einen nach den Lernphasen der Schüler gegliederten Ablauf von Lernprozessen garantieren sollen. Damit erfolgte letztlich eine Ablösung von der Einteilung des Unterrichts in → Formalstufen, wo den einzelnen Unterrichtsschritten jeweils bestimmte Denkakte zugeordnet wurden, hin zum flexiblen Einsatz von Arbeitsschritten.

Artikulations-Schemata in Auswahl:
1. Kerschensteiner, G.:
   – Schwierigkeitsanalyse und -umgrenzung
   – Lösungsvermutung
   – Prüfung der Lösungskraft
   – Bestätigungsversuche
2. Bach, H. (1967[7]):
   – Hinwendung
   – Vorbereitung
   – Erarbeitung
   – Vertiefung
   – Befestigung
   – Gestaltung
   – Ablösung
   – Entspannung
3. Huber, F. (1972[11]):
   – Erschließung des Neuen
   – Besinnung
   – Bewältigung

4. Roth, H. (1968²):
   - Stufe der Motivation
   - Stufe der Schwierigkeiten
   - Stufe der Lösung
   - Stufe des Tuns und Ausführens
   - Stufe des Behaltens und Einübens
   - Stufe des Bereitstellens, der Übertragung, der Integration
5. Odenbach, K. (1974) referiert als Lernschritte neuerer Modelle des Lernprozesses
   - Initiationsphase
   - Explorationsphase
   - Objektivationsphase
   - Integrationsphase

Welchem Artikulations-Schema der Lehrende auch immer bei seiner Unterrichtsführung folgt, es muß bedacht werden, daß der gesicherte Lernerfolg wesentlich vom Durchlaufen **aller** Lernschritte abhängt.   K
Vogel 1973

ASchO

Die Abkürzung ASchO steht für Allgemeine Schulordnung. Sie berücksichtigt die Vielfalt des gegliederten Schulwesens und gilt für alle Schulen, die → Grundschule, → Hauptschule, → Realschule, → Wirtschaftsschule, → beruflichen Schulen und das → Gymnasium. Um den unterschiedlichen Aufgaben der Schulen und der Struktur des Schulwesens gerecht zu werden, bestehen zur ASchO ergänzende Bestimmungen für die einzelnen Schularten, z. B. EBASchO FAK = ergänzende Bestimmungen zur Allgemeinen Schulordnung für Fachakademien.
Der Geltungsbereich der ASchO bezieht sich gemäß Abschnitt I § 1 der Allgemeinen Schulordnung des Bayerischen Staatsministeriums für Unterricht und Kultus nicht nur auf staatliche, sondern auch auf kommunale Schulen, staatlich anerkannte → Ersatzschulen mit dem Charakter einer → öffentlichen Schule und auf private Ersatzschulen, die nicht staatlich anerkannt sind, im Rahmen der geltenden rechtlichen Bestimmungen.
→ Ergänzungsschule → Schule → Schulordnung   O

Asozialität

bezeichnet den Tatbestand eines Verhaltens, das gegen festgelegte, allgemeinverbindliche soziale Vorstellungen und Erwartungen der Gesellschaft in auffallender Weise verstößt. Der Asoziale verletzt also → Normen, die gemeinhin für ein möglichst konfliktfreies und gegenseitig förderliches Zusammenleben von Menschen einer bestimmten → Gesellschaft gelten. Diese Normen können in einem stillschweigenden Übereinkommen bestehen, aber auch in der Form von Gesetzen schriftlich niedergelegt sein. Je nachdem gilt z. B. der Kriminelle, der objektiv nachweisbare Straftaten begeht, aber auch der die Gesellschaft über Gebühr belastende Landstreicher als Asozialer. In die Beurteilung asozialen Verhaltens gehen zweifellos viele Vorurteile mit ein, wenn man nur an die unterschiedliche Bewertung z. B. der Landfahrer oder der Bewohner eines Obdachlosenheimes denkt.
→ Deprivation → Kriminalität → Verwahrlosung   K

Assimilation

Im allgemeinen Sprachgebrauch bedeutet Assimilation den Vorgang oder den Zustand des Ähnlichwerdens bzw. des Angleichens.
In der Denkpsychologie Piagets bezeichnet Assimilation den Prozeß der Anpassung der Gegebenheiten der Umwelt an die bestehenden kognitiven → Schemata. So ordnet z. B. ein Kind zunächst alle schwarzen Männer, auch Neger, solange seinem kognitiven Schema „alle schwarzen Männer sind Kaminkehrer" ein, bis es feststellen muß, daß diese Einordnung nicht mit der Wirklichkeit übereinstimmt.
In der Soziologie liegt der Schwerpunkt beim Assimilationsprozeß auf der Anpassung eines Einzelnen oder einer Gruppe an die → Normen und Verhaltensweisen einer anderen → Gruppe oder der → Gesellschaft, in der der Einzelne oder die Gruppe leben will.
→ Adaptation → Acculturation → Akkomodation   K

Assoziation

Seiner lateinischen Herkunft entsprechend bedeutet Assoziation allgemein Verbindung, Verknüpfung.
Eine große Rolle spielt die Assoziation in der modernen **Lernpsychologie** als gleichsam automatisch ablaufende Verknüpfung einer Reiz-Reaktions-Folge, womit sie mit dem Tatbestand der → Konditionierung gleichgesetzt wird. Folgerichtig wird die Assoziation für die verschiedenen Formen konditionierten Lernens in Dienst genommen. Die Assoziation erwünschter Verhaltensweisen kann z. B. durch wiederholte Erfolgserlebnisse bei ihrem Auftreten verstärkt werden. Umgekehrt sorgen gehäufter Mißerfolg und Unlusterlebnisse über die Assoziation für den Abbau unerwünschter Verhaltensweisen (→ Verhaltenstherapie). Umstände, die sich förderlich auf die Assoziation auswirken, sind in den **Assoziationsgesetzen** festgehalten: Gesetz der Ähnlichkeit, des Gegensatzes, der räumlichen und zeitlichen Nähe (Kontiguität), der Häufigkeit, der Intensität, der Bekanntheit, des Zusammenhangs usw. Die Wahrscheinlichkeit, daß z. B. bei einem mathematischen Problem die für die Problemlösung richtigen Reaktionen assoziiert werden, ist um so größer, je größer die Ähnlichkeit des Problems mit einem früher gelösten ist.
Die **freie Assoziation,** d. h. die ungesteuerte Produktion von Gedanken, Einfällen auf ein Stichwort, findet in der Psychoanalyse bei Assoziationstests oder auch bei der Methode des → Brainstorming Anwendung.
In Herbarts → Artikulation des Unterrichts bezeichnet Assoziation den Vorgang der Verknüpfung von Einzelergebnissen des Unterrichts zu einem umfassenden Ganzen.
→ Assoziationstheorie   K

Assoziationseffekt → S-R-Theorie

Assoziationstheorie

Sie erklärt das durch Reize zustandekommende Verhalten und Erleben und das Auftreten von Reaktionen aus den Assoziationsgesetzen.
→ Assoziation   O

Assoziative Hemmung → Gedächtnishemmungen

Atmosphäre, pädagogische
wird die gefühlsmäßige Grundstimmung im dialogischen Bezug von Erzieher und Kind bzw. Jugendlichem genannt. Eine positive pädagogische Atmosphäre wird ermöglicht durch Echtheit der Partner, gegenseitige → Wertschätzung, Offenheit und Vertrauen und durch einen sozialintegrativen → Erziehungsstil, der überhaupt Chancen für eine echte menschliche Begegnung im → pädagogischen Bezug eröffnet.
→ Gruppenatmosphäre K

Attitüde
ist die → Einstellung und Handlungsbereitschaft gegenüber einer besonderen Situation. In der Curriculumterminologie drückt sie das aus kognitiven, affektiven und psychomotorischen Handlungskomponenten zu bestimmende Verhalten gegenüber Lernabläufen und Informationen aus. O

Attitude → Einstellung

Audiothek
wird die katalogisierte und zum Verleih bzw. für den schnellen Zugriff durch den Lehrer bestimmte Sammlung von Lernprogrammen genannt, die von Schallplatte, Tonband oder Kassette abgehört werden können.
→ Mediothek → Videothek K

Audio-visual media → audiovisuelle Medien

Audiovisuelle Medien,
abgekürzt AVM, sind jene technischen Mittler im Unterrichtsgeschehen, die im Sinne der → Lehrobjektivierung auf akustische, optische oder kombinierte Weise dem Schüler einen Lerninhalt vermitteln: Je nach didaktischer Aufbereitung können sie punktuell an einem von Lehrer bestimmten Ort des Lernprozesses oder als selbständige Träger eines größeren Lernabschnittes eingesetzt werden. Zur Verwendung im Unterricht kommen v. a. Laufbild und Filmschleife (16 mm, 8 mm), Tonlaufbild (16-mm-Tonfilm), Stehbild (Dia), Tonstehbild (Ton-Dia-Reihe), Magnetband (Tonband und Videoband), Schallplatte, Hörfunk, Fernsehen, audiovisuell kombinierte Lehrautomaten und das Sprachlabor.
→ Medien K

Auffassungsstufen → Formalstufen → Lehrverfahren

Aufforderungscharakter → Valenz

Auffrischungslehrgang 40

Auffrischungslehrgang (Refresher Course)
Das früher Gelernte ist zu wiederholen und auf den gegenwärtig aktuellen Wissens- und Kenntnisstand zu bringen. Bei Lehrkräften sollen Fachwissen, didaktische, methodische und erziehungswissenschaftliche Kenntnisse reflektiert, vertieft und auf den jeweilig neuesten Stand erweitert werden.
→ Lehrerfortbildung → Lehrerweiterbildung O

Aufgabe
Im Unterrichtsablauf und Unterrichtsgeschehen stellt die Aufgabe im allgemeinen ein wesentliches Mittel zur Vertiefung, Übung und Intensivierung der dargebrachten Stoffe dar. Sie kann entsprechend ihrem Aufbau, Inhalt und ihrer Zielgerichtetheit initiieren, motivieren, stimulieren, Anregung zur → Spontaneität geben und den Schüler reaktivieren, sie kann aber auch durch überhöhte Forderungen, nicht genau geplantes Einfügen in den Unterrichtsprozeß Frustration, Ablehnung oder Gleichgültigkeit hervorrufen (→ aversive Stimuli). Der Arbeits- und Lernfortschritt, die Leistungsbeobachtung und der jeweilige Leistungsstand der Schüler sind mit Voraussetzungen zur Aufgabenplanung und -erstellung. Aufgaben können in verschiedensten Formen gestellt werden: für die Einzelarbeit und die → Gruppenarbeit durch → Lernprogramme, → Fallstudie, → Planspiel, → Tests usw. Zu den Aufgaben sind auch die in den Unterrichtsfächern anzusetzenden → Schul- und Stegreifaufgaben und → Hausaufgaben zu zählen.
→ Aufgabenanalyse → Lehrprogramm → Leistungsbewertung O

Aufgabenanalyse
Sie untersucht Konstruktion, Inhalt, Sinn und Wert einer zu einem gegebenen Zeitpunkt gestellten → Aufgabe in bezug zum durchgenommenen Stoff, Schüler-, Lernverhalten, Kenntnisstand der Klasse, zu den bereits erreichten und angestrebten → Lernzielen, den Reiz-Reaktionsverhältnissen der Aufgabe und den Lernbedingungen. So wird z. B. festgestellt, inwieweit Gesetze, Regeln und Begriffe vorher im Unterricht auswendig gelernt wurden, um in einer Schulaufgabe nur memoriert zu werden, oder welche negativen und positiven Reize in Form verbaler Instruktionen während der Aufgabenbearbeitung der Lehrer gegeben hat. Die Aufgabenanalyse versucht die für den Schüler jeweilig günstige, für seine Entwicklung effektivste Aufgabenstellung zu finden, die nicht Wissen abfragt, sondern auf Erkenntnisse, stoffliche Zusammenhänge usw. achtet.
→ Hausaufgabe → Schulaufgabe O

Aufgabenrolle → Rollenfunktionen in der Gruppe

Aufgabensynthese
In der Schule stellt die Aufgabensynthese die Zusammenschau, die Zusammenfassung oder Vereinigung der in einem Fache oder einer Schule während eines abgegrenzten Zeitraumes bearbeiteten Aufgaben zu überschau-

baren Einheiten dar. Sie dient der Feststellung, inwieweit gesetzte → Lernziele erreicht wurden und überprüft den ‚Ist-Zustand' im Vergleich zum angestrebten ‚Soll-Zustand'.

→ Aufgabenanalyse → Aufgabe → Hausaufgabe → Schulaufgabe → Leistungsbewertung O

Aufgebendes Verfahren → Erarbeitender Unterricht

Aufmerksamkeit
Nach Meinung der modernen Denk- und Wahrnehmungspsychologie kommt der Aufmerksamkeit die Aufgabe zu, unter den auf das Individuum einwirkenden → Reizen die attraktivsten auszuwählen und sie vor der Eingabe in die bewußte Informationsaufnahme und -verarbeitung gleichsam zu filtern. Die Aufmerksamkeit übt also zunächst einmal eine schützende Funktion für das Individuum aus, indem sie eine → Reizüberflutung verhindert. Darüber hinaus sorgt sie aber auch für eine entsprechende intensive Bearbeitung der ausgewählten Informationen. Geläufige Unterscheidungen werden **nach dem Umfang der Aufmerksamkeit** zwischen der eng begrenzten, aber präzisen fixierenden Aufmerksamkeit und der umfassenden, aber oberflächlicheren fluktuierenden Aufmerksamkeit und **nach der Art der Auslösung** zwischen willkürlicher und unwillkürlicher Aufmerksamkeit getroffen. Die **willkürliche Aufmerksamkeit** wird als bewußte, vom Willen gesteuerte Hinwendung zu einer Aufgabe verstanden, während die **unwillkürliche Aufmerksamkeit** von der Stärke des Reizes selbst, von der Häufigkeit seines Auftretens und von seiner unmittelbaren subjektiven Bedeutsamkeit für das Individuum bestimmt wird.
Für die **Organisation von Lernprozessen** ist die Vertrautheit mit den Faktoren wichtig, die geeignet sind, einen Lerngegenstand so attraktiv anzubieten, daß der Lernende wenn möglich seine unwillkürliche Aufmerksamkeit auf ihn richtet. Interessantheit des Lerngegenstandes und Neugierverhalten des Lernenden müssen miteinander korrespondieren. Andererseits wird der Lehrende darauf achten, einer Ablenkung des Lernenden entgegenzuwirken, indem er störende Alternativreize ausschaltet und das Verharren des Lernenden beim erwünschten Lerngegenstand z. B. durch Erfolgserlebnisse verstärkt.
→Apperzeption → Verstärkung → Wahrnehmung K

Auftreffschicht
Als topologischer Begriff bezeichnet sie in der Schule die Gruppe der Lernenden, die Basisschicht, auf der die → Intentionen des Lehrers auftreffen.
→ Basisfaktoren O

Augmenting
Der Schüler wird durch kleine Lernschritte, die eng aufeinander bezogen sind und die Möglichkeit zur stetigen Überprüfung mit vergleichbaren richtigen Antworten oder Ergebnissen bieten, zum Begreifen und Verstehen von Stoffen und Situationen geführt. Dieser Vorgang, der als „augmenting" bezeichnet wird, stellt eine konsequente Wissenserweiterung durch Informationszuwachs dar. Der Begriff taucht auch häufig im Rahmen der → programmierten Instruktion vor allem bei Direktprogrammen bzw. linear fortschreitenden → Lehrprogrammen auf.
→ Phaseneinheiten → Kriterienprogrammierung O

Ausbildungsberater
Beauftragte, z. B. von Handwerks- oder Industrie- und Handelskammern, welche die Ausbildenden und die Auszubildenden beraten und die Berufsausbildung selbst überwachen, sind Ausbildungsberater. O

Ausbildungsberuf
Ein bundesrechtlich anerkannter Beruf, für den nach einer festgelegten Ausbildungsordnung ausgebildet werden muß. Gegenwärtig gibt es etwa 480 verschiedene Ausbildungsberufe. O

Ausbildungsberufsbild
Für die → Ausbildungsberufe sind Ausbildungsberufsbilder vorhanden, in denen die Inhalte der zu erwerbenden Kenntnisse und Fertigkeiten für eine Berufsausbildung beschrieben sind. Das Ausbildungsberufsbild ist Bestandteil der → Ausbildungsordnung. O

Ausbildungsordnung
In der Ausbildungsordnung sind festgelegt: die jeweilige Bezeichnung des → Ausbildungsberufes, die Ausbildungsdauer, Prüfungsanforderungen, die für den zu erlernenden Beruf erforderlichen Kenntnisse und Fertigkeiten. Als Bestandteil der Ausbildungsordnung gibt der Ausbildungsrahmenplan Anleitungen zur sachlichen und zeitlichen Gliederung der Berufsausbildung. O

Ausbildungsrahmenplan → Ausbildungsordnung

Ausbildungsrichtung
Innerhalb einer → Schulart werden Schulen oder Abteilungen von Schulen, die einen bestimmten gemeinsamen Schwerpunkt des Lehrplanes in aufbauender Form anbieten, als Ausbildungsrichtungen bezeichnet. Solche sind z. B. → Fachakademie für Wirtschaft oder → Musisches Gymnasium. O

Außenseiter

Als Außenseiter gilt ein Gruppenmitglied, das den → Normen und Erwartungen der → Gruppe aufgrund mangelnder Anpassungsfähigkeit oder aktivem Opponieren nicht entspricht. Ein Gruppenmitglied kann aber auch zum Außenseiter gemacht werden, indem es ein Opfer von → Vorurteilen wird oder von der Gruppe wegen bestimmter Verhaltensweisen (extrem demütiges Gebaren, aggressives Verhalten, aber auch besonders korrektes Verhalten) die Sündenbock- oder Blitzableiterfunktion für unbewältigten gruppeninternen Zündstoff übertragen bekommt.
In konkreten Einzelfällen ist oft schwer auszumachen, ob die den Außenseiter kennzeichnenden Verhaltensweisen Ursache oder Folge seiner Außenseiter-Position sind. Es ist deshalb meist nötig, zur Aufdeckung der Hintergründe und um dem betroffenen Gruppenmitglied aus seiner mißlichen, negativ persönlichkeitsverändernden Position herauszuhelfen, eine Analyse der Entwicklung der aktuellen Gruppenstruktur vorzunehmen. Diese Analyse ist Bestandteil des gruppeninternen Bewußtmachens der individuellen psychischen und der gruppendynamischen Vorgänge in einer Gruppe. Es wäre allerdings wünschenswert, daß durch permanentes → Feedback, durch Arbeit an konstruktiven Konfliktlösungen und durch → Verhaltenstraining die Besetzung der Außenseiter-Position vermieden bzw. ihr im Ansatz bereits begegnet wird. K

Becker 1973; Schulz 1976

Ausgangslage

Die Ausgangslage bezeichnet das Wissen und Können, das der einzelne beim Schuleintritt oder später beim Eintritt in weitere Ausbildungs- und Weiterbildungsphasen mitbringt. Sie ist milieubedingt, geschlechts-, schichtenspezifisch und regional verschieden; von der bisherigen Erziehung, den geistigen, seelischen und körperlichen Anlagen des einzelnen mit abhängig.
→ Chancengleichheit → Eingangskönnen → Eingangsverhalten → Vermittlungsvariable O

Auswahl Antwort – System → multiple choice system

Authentie → Authentizität

Authentizität

Hierdurch wird die Echtheit, die Glaubwürdigkeit oder Zuverlässigkeit einer Sache, eines → Mediums zum Ausdruck gebracht. Die Authentizität eines Viedeobandes (→ Videorecorder) besagt, daß die Aufzeichnungen weder inhaltlich durch spätere Einblendungen oder nachheriges Überspielen variiert wurden noch technisch verändert werden. O

Autismus

Die Bezeichnung Autismus wird häufig undifferenziert und meist auch unzutreffend für jegliche Form in sich gekehrten, realitätsfernen Verhaltens des Menschen verwendet.

Das von L. Kanner 1943 beschriebene Krankheitsbild des frühkindlichen Autismus (= Kannersches Syndrom) kann in seiner klassischen Form äußerst selten diagnostiziert werden. Experten sprechen von einem Fall bei 25 000 Kindern. Nach Meinung Kanners ist der frühkindliche Autismus angeboren, B. Rimland „betrachtet Autismus als eine hemmende genetische Abweichung von der Anlage zu hoher Intelligenz". Neuere Untersuchungen lassen auf schwere Stoffwechselstörungen schließen.
Das **Erscheinungsbild** des frühkindlichen Autismus ist gekennzeichnet durch Teilnahmslosigkeit, Unfähigkeit zu sozialen Kontakten und zur Kommunikation, Stereotypie in Bewegung und Beschäftigung, Beunruhigung durch die geringste Veränderung der Umwelt. Etwa die Hälfte der autistischen Kinder lernt nach Rimland nie sprechen, die anderen verfügen nur über eine gestörte Sprache in meist monotoner Sprechweise. Intensive heilpädagogische Behandlung verspricht eine teilweise, seltener vollkommene Heilung. K

Bettelheim 1977; Coleman 1976; Fordham 1976; Frye 1968; Gorman 1976; Kehrer 1978; Weber 1970; Wing 1977; Wurst 1976

Autodidakt

ist eine Person, die sich durch Selbstlernen bildet und entsprechendes Wissen aneignet. O

Autoerotik

bezeichnet die mehr oder minder stark ausgeprägte Tendenz, den eigenen Körper als Quelle sexueller Lust zu sehen. Nach S. Freud ist die Autoerotik beim Kleinkind eine normale Entwicklungsphase, später kann sie krankhafte Züge annehmen, wenn durch sie der Partnerbezug auf die Dauer verfehlt wird.
→ Narzißmus K

Autogenes Training

Der Nervenarzt J. H. Schultz entwickelte das autogene Training als eine Methode der Entspannung durch Selbsthypnose. Fachkundige Einübung in die Methode und regelmäßiges Training sind unabdingbare Voraussetzungen für ihre erfolgreiche Anwendung. Schultz unterscheidet zwischen einer Unterstufe und einer Oberstufe des autogenen Trainings. Ziel der Übungen auf der Unterstufe sind Muskel- und Gefäßentspannung, Regulierung des Atems, der Tätigkeit des Herzens, der Bauchorgane und der Kopfregion. Die erwünschten Effekte der entspannenden und entkrampfenden Umstellung physiologischer Aktivitäten werden durch suggestive formelhafte Vorstellungen (z. B. das rechte Bein ist schwer) erzielt. Die Oberstufe des autogenen Trainings hat meditativen Charakter, insofern sie über bildhafte Vorstellungen zu intensiver „Selbstschau" und „Selbstklärung" führen soll. K

Biermann 1975; Boyes 1976; Kemmler 1975; Krapf 1976;Lindemann 1977; Postmeyer 1975; Schultz 1966[12]

Autorität

Autokinetisches Phänomen
bezeichnet eine Scheinbewegung, die einem festen Lichtpunkt in einem völlig dunklen Raum vom Betrachter nach einiger Zeit des Hinsehens zugeschrieben wird. In Wirklichkeit verursacht die ermüdende Augenmuskulatur eine Bewegung der Augen, die aber als solche wegen fehlender Bezugspunkte im dunklen Raum nicht identifiziert werden kann.
→ Wahrnehmung → Xenologie K

Autokratischer Unterrichtsstil → Unterrichtsstil → Erziehungsstile

Automatisierung
Sie bezeichnet die Umstellung eines Betriebes, einer Institution auf maschinell selbsttätige, zum Teil elektronische Verfahrensweisen. Der Mensch soll durch technische Entwicklungsvorgänge allmählich von repetitiver, ständig gleichförmiger, durch rhythmische Bedienung bedingte Arbeiten körperlicher und geistiger Art entlastet werden.
→ Arbeit O

Automatisch-methodische Spracherlernung → Fremdsprachenmethodik

Autonomie
bedeutet allgemein Eigengesetzlichkeit, Selbständigkeit. Die autonome Erziehung betont die Unabhängigkeit des Kindes von gesellschaftlichen Einflüssen und sein Heranwachsen ausschließlich auf Grund natürlicher Reifeprozesse und in ihm liegender Steuerungsmechanismen. Der Erzieher habe lediglich negative Einflüsse der Umwelt fernzuhalten.
→ Negative Erziehung K

Autoritär → Erziehungsstile

Autorität
Autorität bezeichnet formal den durch Führungsfunktionen und Kompetenzen unterschiedlicher Art hervorgehobenen Status einer Person gegenüber anderen. Nach gruppendynamischem Verständnis erhält die Autorität ihre Legitimation durch den Nutzen, den sie für eine Gruppe oder eine Institution hat. Autorität in diesem Sinne kommt also nur Personen zu, die durch besondere Sachkompetenz oder durch ausgeprägte Fähigkeiten zur Koordination, Vermittlung und Integration den Gruppenzielen bzw. dem Fortbestand der Gruppe dienen. Wer sich durch solche Leistungen als Autorität legitimiert hat, ist darüber hinaus aber immer auch noch auf die Anerkennung und das Vertrauen der übrigen Gruppenmitglieder angewiesen, d. h. niemand macht sich letztlich selbst zur Autorität. Er kann auch die durch Anerkennung gewonnene Fremdlegitimation seiner Autorität wieder einbüßen, wenn er die in Sachkompetenz und Gruppenvorteil liegende Eigenlegitimation nicht mehr oder nur unzureichend zu erbringen imstande ist. Wie alle Rollen in einer Gruppe ist auch die des Autorität Besitzenden nicht statisch, sondern dynamisch zu verstehen, d. h. sie wechselt unter Umstän-

den je nach Aufgabenstellung und den sozialen und emotionalen Gegebenheiten in der Gruppe.
Ein weiterer Aspekt der Autorität ergibt sich mit ihrer Entlastungsfunktion. Die durch Sachkompetenz und die damit verbundene Leistung für andere legitimierte Autorität besitzt Entscheidungsfähigkeit, die dem nicht oder noch nicht Kompetenten abgeht bzw. erst durch Lernprozesse und Einübung zuwachsen muß. Bei aller vorläufig notwendigen Entlastung des Nichtkompetenten und Lernenden von Entscheidungen darf Autorität aber nicht ihr eigentliches Ziel verfehlen, sich schrittweise überflüssig zu machen, indem sie dem Lernenden eigene Entscheidungen versagt, wo er sie zu fällen bereits in der Lage ist.
Von der durch persönliche Qualifikation und durch die Anerkennung einer Gruppe legitimierten Autorität ist die sog. Amtsautorität zu unterscheiden, die durch Verordnung innerhalb einer Hierarchie abgesichert und ihrem Träger zugeteilt wird. Nach dem Gesagten kann es eine Amtsautorität überhaupt nicht geben, vielmehr gewinnt ein Amt in dem Maße an Ansehen und Anerkennung, als sein Inhaber Autorität ist. Die sog. Amtsautorität kann zu einem schwerwiegenden sozialen Problem werden, wenn ihr Träger mangels persönlicher Qualifikationen und angesichts vielseitiger Ablehnung zur Aufrechterhaltung seiner von Amts wegen verliehenen Funktionen lediglich auf seine rechtliche Position verwiesen ist und im schlimmsten Fall eben nicht mehr Autorität, sondern Herrschaft und Zwang ausübt. Die unausbleibliche Folge sind in einem solchen Fall offene und versteckte Opposition, Ängste, mit Demutsgebärden behaftete Mitläufer und Jasager.
Beim Lehrer und Erzieher ergibt sich in besonderem Maße die Notwendigkeit, seine in Amt und Funktion gründende Überlegenheit durch eine in Erfahrungsvorsprung und Vertrauen gegründete Autorität zu ersetzen. Seine Aufgabe besteht ja u. a. gerade darin, seinen Schülern zu kritischer Unterscheidung zwischen echter Autorität, Herrschaft, Diktatur zu verhelfen und ihnen die Gelegenheit zu geben, sich in Ausübung und Anerkennung echter Autorität einzuüben. Das Endziel jeder Autorität muß die Entlassung von ihr in Selbständigkeit und selbstausgeübte Autorität, also → Emanzipation im eigentlichen Sinn sein.
Beeretz 1975; Neuhäusler 1972; Schmidt 1975; Weber 1974; weitere umfangreiche Literaturangaben bei Weber

→ Soziodynamische Grundformel → Erziehungsstile → Unterrichtsstil → antiautoritäre Erziehung → Lehrertypen   K

Autoritätskonflikt

Th. Wilhelm führt den Autoritätskonflikt auf ein ,,Mißverhältnis der Erlebnissphäre" zurück. Das Selbständigkeitsstreben der Kinder und Jugendlichen sieht sich der vor allem materiellen Abhängigkeit von den Eltern und ganz bestimmten Autoritätserwartungen der Eltern gegenüber; und dies um so mehr, je stärker Abhängigkeit und Autorität von den Eltern ausgespielt werden. Dabei ist den Heranwachsenden in den meisten Familien das berufliche Tätigkeitsfeld der Eltern verschlossen, in dem diese aufgrund ihres Könnens und ihrer Stellung → Autorität gewinnen. Es entfällt somit heute in den meisten Fällen die kontinuierliche Einübung der Heranwachsenden in die Gesellschaft über die Orientierung an gesellschaftlich bedeutsamen Aktivitäten des Vaters, eine Situation, die A. Mitscherlich als „vaterlose Gesellschaft" beschreibt. K

Aversiver Stimulus
Ständige Kritik, Beschimpfung, Infragestellen der Fähigkeiten, ständiges Bloßstellen eines Schülers vor der Klasse sind aversive Stimuli. Sie stellen Versagenserlebnisse dar und drängen den Schüler in eine negative Situation, in eine Abwehrstellung, in eine Interesselosigkeit an der Schule, in offene oder versteckte Opposition und können Anlaß für die Entstehung von → Minderwertigkeitskomplexen werden.
→ Reiz O

Axiom
ist eine unbewiesene grundlegende Aussage, die auf keine weitere Aussage dieser Art zurückgeführt werden kann und die anderen Axiomen desselben Systems (axiomatisches System) nicht widerspricht. Axiome sind nicht widerlegbare und nicht hinterfragbare Ausgangssätze. „Wäre der Ausgangssatz beweisbar, wäre er kein Axiom. Man muß ihn unbeweisbar hinnehmen, er ist evident." (Dauenhauer 1973)
Das axiomatische Denken schafft damit die Voraussetzung für jegliche wissenschaftliche Ableitung, für die Deduktion.
Ein in sich geschlossenes axiomatisches System hat drei Forderungen zu erfüllen: Widerspruchsfreiheit, Vollständigkeit und Unabhängigkeit.
Dauenhauer 1973; Seiffert 1969; Stegmüller 1969; Welte 1974
→ Axiomatik → deduktive Methode OK

Axiomatik
Unter Axiomatik ist die Lehre von den Axiomen zu verstehen. Sie befaßt sich mit denkerisch notwendigen Annahmen, die unbeweisbar aber einsichtig sind, und mit Ausgangssätzen, die eine Grundlage zur Deduktion (= zum Ableiten) bilden.
→ Axiom → deduktive Methode O

BAföG › Bundesausbildungsförderungsgesetz

Balintgruppe
M. Balint 1965[3], ein Londoner Arzt, schuf die nach ihm benannten Gruppen als Fallbesprechungsseminare für Ärzte. Diese sollten hier Gelegenheit bekommen, die sich aus dem Umfeld von Arzt und Patient, ihrem Bezug zur Krankheit und aus ihrer wechselseitigen Beziehung ergebenden Probleme (z. B. Gefühle, Voreingenommenheit) vorzutragen, zu besprechen und wenn möglich einer Lösung zuzuführen. Mittlerweile wird diese gruppendynamisch orientierte Technik der Fallbesprechung adressatenspezifisch auch in anderen Berufsfeldern praktiziert, z. B. in Betrieben, im sozialpäd-

agogischen und pädagogischen Bereich. Im Unterschied zu anderen gruppendynamischen → Trainingsformen oder gar zur → Gruppentherapie ist der Hauptzweck der Balintgruppen die **Fallbearbeitung**, wenn auch gruppenspezifische Probleme im Hier und Jetzt der Gruppensitzung und damit Phasen der Selbsterfahrung nicht ausgeschlossen werden können und sollen.

Zentralthema ist immer der in einem ganz konkreten Fall vorgetragene eigene problematische Umgang eines Gruppenmitgliedes (z. B. Lehrer, Arzt, Priester, Ehepartner) mit einer Person oder einer Gruppe.

So wurde z. B. in einer meiner Trainingsgruppen das mit Regelmäßigkeit jedes Jahr wiederkehrende Problem einer jungen Lehrerin bearbeitet, das darin bestand, nach einer relativ glücklich verlaufenen Phase des Kennenlernens und intensiver Bindung von der Klasse zurückgewiesen zu werden. Die Haltung der Lehrerin signalisierte tiefe Enttäuschung und Kränkung. Im Laufe der Sitzung stellte sich heraus, daß die Lehrerin aus einer generellen Bindungsangst Männern gegenüber ihre ganze Zuneigung und ihr Liebesbedürfnis auf ihre jeweilige Klasse warf, was nicht nur eine pädagogische Fehlhaltung vermuten läßt, sondern von seinem Anspruch her die Klasse (als Kompensationsobjekt) schlicht überfordert.

Die Balintgruppe besteht aus 8–12 Mitgliedern, die sich regelmäßig im Abstand von 2–4 Wochen über längere Zeit hin (meistens ein Jahr lang) jeweils zu einer 2–3 Stunden dauernden Sitzung treffen. Der Gruppenleiter hält sich zurück, achtet aber auf Fallbezogenheit des Sitzungsverlaufes. Im Vordergrund stehen die Erfahrungen und Meinungen der anderen Gruppenmitglieder zum vorgetragenen Fall. K

Basaltext

ist die notwendige Grund- bzw. Mindestinformation in einem Lernprozeß. Besonders sorgfältig wird der Basaltext in Lernprogrammen (→ Programmierte Instruktion) zusammengestellt.

→ ALZUDI → ALSKINDI → COGENDI K

Basisfaktoren

Basisfaktoren oder Basisphänomene sind Lehrern und Schülern eigene verhaltensbestimmende Gegebenheiten und subjektive Erkenntnisinhalte, die eine entsprechende Schicht bilden, auf die didaktische → Intentionen treffen. Sie sind in ihrer Gesamtheit Ausdruck der Selbständigkeit der jeweiligen → Bezugsperson. Diese wird auch durch gezielte Planmäßigkeit und hinzutretende weitere Faktorendeterminanten grundsätzlich nicht aufgehoben.

→ Faktorengefüge → Auftreffschicht O

Basisphänomene → Basisfaktoren

Baukastenprinzip → Baukastensystem

Baukastensystem
Der Begriff des Baukastensystems oder Baukastenprinzips wird im Bildungsbereich unterschiedlich verwendet:
1. In der → Erwachsenenbildung, im organisierten Bildungsangebot der → Weiterbildung und auch bei Kontaktstudien bezieht er sich auf Lehrgänge, Kurse oder Seminare, die ein in sich geschlossenes Stoffangebot machen, in der Regel mit einer Leistungsüberprüfung abschließen und auf Grund des gezielten abgegrenzten Stoffangebotes die Möglichkeit bieten, an einem sich zeitlich später anschließenden Lehrgang teilzunehmen. Lehrgänge dieser Art, an die sich entsprechende temporär versetzte Fortführungs- oder Aufbaulehrgänge anschließen, sind Bausteine im Baukastensystem. Einzellehrgänge eines solchen Aufbausystems werden als Moduln bezeichnet.
2. Beim Auf- und Ausbau von Mediensystemen oder → Mediotheken wird vom Baukastenprinzip gesprochen, wenn ein angeschafftes Grundsystem durch Zusatzgeräte, also durch „Einzelbausteine", erweitert werden kann oder wenn an ein selbständig arbeitendes Zentralgerät nach dem Baukastensystem mehrere periphere Geräte angeschlossen werden können.
3. Im Rahmen bildungsorganisatorischer, schulorganisatorischer Maßnahmen spricht man vom Baukastensystem, wenn mehrere Schulen, Schularten oder Schulformen in einem größeren Organisationsgebilde zusammengefaßt werden: z. B. Berufsschule, Berufsfachschule, Berufsaufbauschule, Fachoberschule, Fachakademie und Berufsoberschule wären ein nach dem Baukastenprinzip kooperativ gestaltetes Bildungsgefüge. Gebräuchlich ist auch der Begriff der Baukasten-Gesamthochschule.
→ Kontaktstudium → Weiterbildung → Fortbildung → Modultraining   O

Beamtenfachhochschule
An den Beamtenfachhochschulen studieren Beamte auf Widerruf im Rahmen des Vorbereitungsdienstes für die Laufbahn des gehobenen nichttechnischen Dienstes. Nach Verordnung vom Februar 1975 wurden von der Bayerischen Staatsregierung sechs Fachbereiche an der Bayerischen Beamtenfachhochschule errichtet
Diese sind:
– Allgemeine Innere Verwaltung mit dem Sitz in Hof
– Polizei mit dem Sitz in Fürstenfeldbruck
– Rechtspflege mit dem Sitz in Starnberg
– Bibliotheks- und Archivwesen mit dem Sitz in München
– Finanzwesen mit dem Sitz in Herrsching a. A.
– Sozialverwaltung mit dem Sitz in Wasserburg a. I.
→ Fachhochschule   O

Bedarfsanalyse

Sie befaßt sich im Bildungswesen, vor allem in der → Erwachsenenbildung und beruflichen → Weiterbildung damit, die Notwendigkeit von Ausbildungsgängen und Fachlehrgängen für potentielle Interessenten zu erkunden. Sie stellt z. B. detaillierte Untersuchungen an, um die Anpassung der beruflichen Bildung an die gesellschaftliche, technische und wirtschaftliche Entwicklung durch gezielte Planung entsprechender Bildungsveranstaltungen zu ermöglichen. O

Bedingte Reaktion → Konditionierung

Bedingter Reflex

Natürliche → Reflexe wie z. B. der Kniesehnenreflex werden mit haptischen (spürbaren), visuellen und akustischen → Signalen in Verbindung gebracht. Bei der Darbietung eines Signals tritt der jeweilige Reflex auch dann auf, wenn der Reiz, der den Reflex ursprünglich auslöste, nicht vorhanden ist.
→ Konditionierung O

Bedürfnis

bezeichnet einen physischen oder psychischen Spannungszustand, der eine Störung des gewohnten Gleichgewichts durch einen Mangel z. B. an Nahrung, Wärme, Zuneigung, Leistung, Erfolg, sexuellem Kontakt anzeigt. Dieser Spannungszustand mobilisiert im Organismus Kräfte, die auf eine Wiederherstellung des Gleichgewichts (→ Homöostase) abzielen (Bedürfnisreduktion bzw. Bedürfnisbefriedigung).
Unbefriedigte Bedürfnisse führen zu einem Spannungsstau, der auf Umwegen sein Ziel zu erreichen sucht oder sich in inadäquate Handlungen (Aggressionen, Leerlaufhandlungen) entlädt.
→ Motivation K

Beeinflussung

Im Kommunikationsvorgang der Beeinflussung versucht eine Person bewußt oder unbewußt andere zur Änderung von Ansichten oder Verhaltensweisen zugunsten der von ihr als richtig erachteten Ansichten oder Verhaltensweisen zu veranlassen. Die Beeinflussung wird vor allem dort problematisch, wo sie wie **im pädagogischen Bezug** z. B. zwischen Eltern–Kind oder Lehrer–Schüler von einer überlegenen Person ausgeht, die nicht nur einen Erfahrungsvorsprung an Wissen besitzt, sondern auch in überlegener Weise über die verschiedenen Methoden der Beeinflussung bis hin zur → Manipulation verfügt.
Dazu gesellt sich hier noch die allgemeine Statusüberlegenheit des Beeinflussenden und die soziale → Abhängigkeit des Beeinflußten.
Da die Beeinflussung ein wesentliches Merkmal eines jeden erzieherischen Prozesses ist, verpflichten ihre dargestellten Gefahren den Erzieher zu permanenter selbstkritischer Würdigung seiner Einflußnahme, die sich immer und in erster Linie an der Freiheit und an der erstrebten Selbstbestimmung des jungen Menschen orientieren muß. K

Begabtenprüfung
Das Bestehen der Begabtenprüfung, die grundsätzlich vor einem Prüfungsausschuß eines „Kultus- oder Unterrichtsministeriums" abzulegen ist, ermöglicht den Zugang zum Studium an Hochschulen. In Frage kommen Bewerber mit abgeschlossener Berufsausbildung und entsprechender Berufstätigkeit, die für ein Fachgebiet hervorragend befähigt sind und auf Grund ihres Entwicklungs- und Ausbildungsganges kein → Abitur ablegen konnten. Zulassungsvoraussetzungen und Prüfungsanforderungen für die Begabtenprüfung ergeben sich aus den Prüfungsordnungen der jeweiligen Bundesländer. O

Begabung
H. Aebli definiert Begabung „**als die Summe aller Anlage- und Erfahrungsfaktoren, welche die Leistungs- und Lernbereitschaft eines Menschen in einem bestimmten Verhaltensbereich bedingen**". Dieses Verständnis des Begabungsbegriffes vermag zwischen den **extremen Positionen der Erblehre und der Umwelttheorie** zu vermitteln. Während nämlich die Erblehre die Begabung ausschließlich als anlagebedingt, vererbt begreift, versteht sie die Umwelttheorie ebenso ausschließlich als Ergebnis von Lernerfahrungen im weitesten Sinne, als ein Begaben von außen her. Nach dem heutigen Stand der Begabungsforschung kommt den biogenetischen Faktoren für die Begabung zweifellos Bedeutung zu, aber diese Faktoren sind weder in ihrem Umfang bestimmbar noch pädagogisch beeinflußbar.
Die von Basil Bernstein auf breiter Grundlage eingeleiteten schichtenspezifischen Forschungen haben jedoch auch erkennen lassen, daß dem Menschen begegnende → Umwelt einen erheblichen Einfluß auf seine Leistungs- und Lernbereitschaft bzw. auf die Entfaltung seiner Fähigkeiten ausübt. „Untersuchungen haben ergeben, daß die Differenz der Leistungshöhe in einer Schulklasse im Durchschnitt zwei Drittel des mittleren Lebensalters beträgt, d. h. in einer 8. Jahrgangsstufe (vierzehnjährige Schüler) schwankt die Leistungshöhe um ± 4,7 Jahre. Dazu unterscheiden sich alle Schüler in bezug auf vorschulische Förderung, sie haben unterschiedliches Wissen und Können erworben, sie unterscheiden sich hinsichtlich Temperament, Selbstbewußtsein, hinsichtlich der sozialen Herkunft, der Familienkonstellation und zahlreicher anderer Faktoren. Begabung ist also auch ein Produkt der sozio-kulturellen Umwelt." (Merkle 1973)
W. Arnold versucht die Brücke zwischen → Anlage und Umwelt zu schlagen, indem er sagt: „**Begabung ist anlagebedingt, ihre Entfaltung ist umweltabhängig.**" (Lexikon der Psychologie. Freiburg-Basel-Wien. Band 1, Seite 242)
Die Chance der Pädagogik besteht in jedem Fall darin, die Umwelteinflüsse möglichst begabungsfördernd zu arrangieren, d. h. Lernprozesse einzuleiten, die eine optimale Entfaltung vererbter Anlagen ermöglichen. K

Piaget 1964; Roth 1970[5]; Schiefele 1971; Schiefele/Krapp 1973; Skowronek 1973; Süllwold 1976

Begegnung

Im pädagogischen Bereich wird Begegnung als freiheitliche, im Ergebnis offene Auseinandersetzung mit dem Anderen, d. h. mit der gegenständlichen Wirklichkeit, dem Mitmenschen und dem Transzendenten verstanden. Begegnung in diesem Sinne beinhaltet grundlegende, die menschliche Existenz berührende und verhaltensändernde Erlebnisse und Erfahrungen. Im pädagogischen Verhältnis kann eine Begegnung dieser Art nur auf dem Boden einer allseitigen, also die emotionale Komponente und das Werterleben einschließenden menschlichen → Kommunikation fruchtbar werden. Der herkömmliche einseitig auf Wissensvermittlung und Leistung ausgerichtete schulische Lernbetrieb verbaut den Zugang zu echter Begegnung sowohl mit der Sache als auch mit dem Vermittler. K

Gerner 1969; Guardini/Bollnow 1956

Begegnungsstil

Für die Arbeit mit schwierigen Kindern und Jugendlichen entwickelte Hischer unabhängig von den Erziehungs- und Führungsstilkonzepten Modi des personalen Umgangs. Er spricht von Begegnungsstilen und beschreibt den appellativen (nonrepressiv auffordernden), konektiven (auf Bindung abzielenden) und liberativen (in die Selbstentscheidung freigebenden, befreienden) Begegnungsstil. (Hischer 1972)

Sie können schwerpunktmäßig eingesetzt einzelne Phasen im Gesamtablauf heil- und sozialpädagogischer Maßnahmen sowie sozialtherapeutischer und altersübergreifender sozial-agogischer bzw. soziagogischer oder einfach agogischer Prozesse prägen, also auch situativ variiert und kombiniert werden. Mit dem Begriff Begegnungsstil wird generell ein humanes Prinzip des Umgangs mit dem Anderen gekennzeichnet. Hischer bemüht sich gleichzeitig um den Ansatz einer „emanzipatorischen (→) Agogik", allerdings mit der Absicht, dem ideologisierten Emanzipationsbegriff entgegenzuwirken.

Hischer 1968, 1970, 1978

→ Emanzipation → Kriminalpsychagogik O

Begleitprogramm

Begleitprogramme werden in der Unterweisung in Bildungsinstitutionen am häufigsten eingesetzt. Sie dienen dazu, den erarbeiteten Unterrichts- oder dargebotenen Vorlesungsstoff zu erweitern, zu ergänzen und zu vertiefen. Das Programm, → Lehr-, → Lernprogramm, läuft neben der traditionellen Unterweisung her.

→ Enrichmentfunktion der Medien O

Behaltwert

bezeichnet die meßbare Menge einer Information, die für kürzere (Kurzzeitgedächtnis) bzw. längere Zeit (Langzeitgedächtnis) verfügbar im Gedächtnis bleibt. „Nach R. S. Woodworth und H. Schlosberg ist das Behalten eine Form der vier Gedächtnisvorgänge: Einprägen, Behalten, Wiedergeben und

Wiedererkennen." (H. Aebli, in Lex. d. Psych. Freiburg-Basel-Wien, Band 1, Seite 246.)
Je nach Art der Informationsübermittlung ist der Behaltwert verschieden groß. Nach einer Darstellung von W. Milan wird etwa 10% dessen, was man liest, behalten. Vom Gehörten bleiben 20% im Gedächtnis verfügbar, vom Gesehenen 30%.
Der hohe Behaltwert von 70% ergibt sich bei Informationen, die durch Hören und Sehen gleichzeitig aufgenommen werden. Die Chance des Behaltens steigt weiter auf 80% bei Inhalten, die wir selber als Information verarbeiten und vortragen, und sie kulminiert mit 90% bei Informationseinheiten, die wir handelnd unter Einbezug aller Sinne erwerben bzw. weitergeben. Aus diesen Ergebnissen sind weitreichende Schlußfolgerungen für die Organisation von Lernprozessen zu ziehen. K

Behaviorismus
kennzeichnet einen extremen theoretischen Ansatz in der Psychologie, der eine möglichst objektive Untersuchung beobachtbarer menschlicher und tierischer Verhaltensweisen anstrebt. Die Objektivität der Ergebnisse soll dadurch garantiert werden, daß die psychologische Methode der → Introspektion ausgeschlossen bleibt und einzig und allein beobachtbare Reiz-Reaktions-Muster und Produkte des Verhaltens beschrieben werden. Als Begründer des klassischen Behaviorismus gilt J. B. Watson (1878–1958). E. C. Tolman und C. L. Hull modifizierten Watsons Standpunkt, während B. F. Skinner (*1904) wieder der strengen Richtung des Behaviorismus folgt. Eine Voraussage und Kontrolle des Verhaltens lassen sich nach Skinner allein durch bekräftigende → Reize verwirklichen.
Auf den Gesetzmäßigkeiten zielgerechter Bekräftigungen (→ Verstärkung) bauen Tierdressuren, die Skinnersche → Programmierte Instruktion und die → Verhaltenstherapie auf.
Skinner 1973 und 1974; Tolman 1958; Watson 1968

→ Reiz-Reaktions-Theoriker K

Behinderte Kinder
→ Sonderschule → Sondervolksschule → Sonderberufsschule → Weiterführende Sonderschulen → Sonderpädagogik

Behindertenbereiche → Sonderschule

Beispielprogramm
Soll festgestellt werden, ob ein angenommener Stoffbereich beherrscht wird, so kann dies auf Grund von Beispielprogrammen geschehen, die sachbezogene Teiltests beinhalten.

→ Kriterienprogrammierung → Programmierte Instruktion → Lehrprogramm O

Bekräftigung → Verstärkung

Beobachtung

ist „aufmerksame und planvolle Wahrnehmung und Registrierung von Vorgängen an Gegenständen, Ereignissen oder Mitmenschen in Abhängigkeit von bestimmten Situationen" (dtv Wörterbuch zur Psychologie, München 1972[6], Seite 63/64).
Die Beobachtung ist immer von der Absicht geleitet, eine neue Erkenntnis zu gewinnen.

Arten der Beobachtung:

1. Die **Selbstbeobachtung** (Erlebnisbeobachtung oder → Introspektion) ist für die empirische Forschung nur unter Vorbehalten brauchbar, da sie verändernd auf die Beobachtungssituation einwirkt und ihre Aussagen notwendigerweise subjektiv gefärbt sind.
2. Die **Fremdbeobachtung** (Verhaltensbeobachtung) muß als streng empirische Methode bestimmte Kriterien erfüllen:
   - Sie muß gezielt sein, also einen genau definierten Zweck verfolgen,
   - sie muß in ihrem methodischen Ablauf im voraus bis ins Detail geplant sein,
   - ihre Aussagen müssen überprüfbar, d. h. in der Vorstellung nachvollziehbar sein.
3. Die **mittelbare Beobachtung** wird von Laien durchgeführt, während
4. die **unmittelbare Beobachtung** vom Fachmann vorgenommen wird.
5. Hinsichtlich der Intensität, der Dauer und der systematischen Planung werden noch unterschieden die **Gelegenheitsbeobachtung,** die etwa bei aktuellen Ereignissen eingesetzt wird,
6. die **systematische Beobachtung,** die über längere Zeit unter exakt beschriebenen Bedingungen vollzogen wird,
7. die eine ganze Situation umfassende **Dauerbeobachtung,** die außerordentlich hohe Anforderungen an die Konzentration des Beobachters stellt,
8. die **Aspektbeobachtung,** die sich bestimmten auffälligen Verhaltensweisen widmet.
9. Eine Form der systematischen Beobachtung ist die Methode des → **time sampling** (= fraktionierte Beobachtung), eine → Längsschnittuntersuchung über einen längeren Zeitraum, in der z. B. jeden Tag zweimal zur immer gleichen Zeit 10 Minuten lang beobachtet wird.

Für eine möglichst objektive Bestandsaufnahme bei der Beobachtung ist es nötig, sofort ein lediglich die Tatsachen beschreibendes, nicht wertendes **Protokoll** anzufertigen bzw. die Aufzeichnung mit **Medien** (→ Videorecorder, Tonbandgerät) vorzunehmen. Für eng umgrenzte Beobachtungssituationen können unter bestimmten Gesichtspunkten auch vorbereitete **Strichlisten** oder Beobachtungsbögen nützlich sein. Selbstkritische Beobachtung muß der Beobachter auf den sog. → **Halo-Effekt** verwenden. K

Friedrichs 1973; Friedrichs/Lüdtke 1973; Hartmann 1973; Köck 1979; König 1975[8]; Reenpää 1967; Thomae 1976[12]

Beobachtungslernen → Modellernen

Beratung
→ Erziehungsberatung → Berufsberatung → Berufsbildungsberatung → Schullaufbahnberatung → Supervision

Beratungsgespräch → Gesprächsführung, partnerzentrierte

Beratungslehrer
Das Amt des Beratungslehrers ist einem Lehrer zu übertragen, der auf Grund seiner Vorbildung, seiner Erfahrung und charakterlichen Eigenschaften dazu geeignet ist. Die Tätigkeit des Beratungslehrers zählt zu den Dienstaufgaben des damit betrauten Lehrers. Für → Volksschulen werden Beratungslehrer durch das zuständige staatliche Schulamt, für die übrigen staatlichen Schulen durch den Schulleiter und für kommunale Schulen durch den jeweiligen Schulträger bestimmt.
Der Beratungslehrer hat enge Kontakte und Verbindungen zu halten mit Erziehungsberechtigten, Schülern, Kollegen, dem Schulleiter, → Schulpsychologen, → Schuljugendberater, → Verbindungslehrer, Berufsberater, anderen beratenden Personen, mit im → Vorbereitungsdienst tätigen Lehrern, wie z. B. Seminarvorständen und Seminarlehrern, mit den zuständigen Berufsberatern des Arbeitsamtes, mit Erziehungsberatungsstellen, dem Schularzt, den Jugend- und Sozialämtern, den Ämtern für Ausbildungsförderung u. a. Er berät vor allem in Fragen
– der Schullaufbahnwahl,
– der Durchlässigkeit zwischen den Schularten und innerhalb der verschiedenen Ausbildungsrichtungen einer Schulart,
– der Fächer- oder Kurswahl bei den Übergängen von einer zur anderen Stufe,
– der anzustrebenden schulischen Abschlüsse,
– der beruflichen Orientierung und Studienvorbereitung.
Im Einvernehmen mit den Lehrern hilft er Schülern bei Lern- und Leistungsschwierigkeiten und in besonderen Fällen bei Verhaltensauffälligkeiten, soweit er Möglichkeiten im pädagogischen Bereich sieht. Weitergehende Maßnahmen hierzu fallen in die Zuständigkeit des → Schulpsychologen oder bei Volksschülern in die des → Schuljugendberaters. Der Beratungslehrer hat Schülern, Eltern und Lehrern seiner Schule das seinen Arbeitsbereich betreffende Informationsmaterial aufzubereiten und zugänglich zu machen. Außerdem hat er bei Aufklärungsveranstaltungen, Elternversammlungen der Schule oder einzelner Klassen mitzuwirken und dafür zu sorgen, daß Eltern und Schüler rechtzeitig über das gesamte Schulwesen insbesondere auch über die Möglichkeiten des → beruflichen Schulwesens aufgeklärt werden.

Akademie für Lehrerfortbildung 1977; Cunningham/Peters 1973

→ Berufsberatung → Berufsbildungsberatung → Erziehungsberatung → Schulberatung → Schullaufbahnberatung O

Berliner Schule → Lerntheoretische Didaktik

Berufliche Ausbildung

erfolgt auf allen Ebenen, für den Absolventen einer → Realschule und eines → Gymnasiums ebenso wie für den einer → Hauptschule. Vor der beruflichen Ausbildung steht die → Berufswahl, die vom einzelnen zu treffen ist. Unter der beruflichen Ausbildung im allgemeinen Sinne wird zunächst die berufliche Erstausbildung verstanden, die im Rahmen der → Sekundarstufe II als beruflicher Bildungsgang zu einem ersten beruflichen Abschluß führt. Diese kann nach dem → dualen System (→ Berufsschule – → Betrieb) oder in schulorientierter Form (→ Berufsfachschule) erfolgen.

→ Berufsgrundschuljahr → Berufliches Schulwesen   O

Berufliches Gymnasium

Diese Bildungseinrichtung hat ihren Standort zwischen den üblichen Formen der → Gymnasien und den Schulen zur Berufsausbildung und vermittelt als Gymnasium in Aufbauform, das primär in Baden-Württemberg zu finden ist, Bewerbern mit → Mittlerem Bildungsabschluß eine allgemeine Bildung bis zur Hochschulreife und eine berufliche Grundbildung als Basis für eine weitere berufliche Ausbildung.

Folgende Formen des Beruflichen Gymnasiums werden unterschieden:
– Wirtschaftsgymnasium mit dem A-Zug (Vermittlung der allgemeinen Hochschulreife) und dem F-Zug (Vermittlung der fachgebundenen Hochschulreife)
– Technisches Gymnasium
– Frauenberufliches Gymnasium
– Landwirtschaftliches Gymnasium

Über die Beruflichen Gymnasien, die auch bereits in integrierter Form geführt werden, können folgende Abschlüsse erreicht werden:
1. mit dem Abschlußzeugnis des A-Zuges des Wirtschaftsgymnasiums die allgemeine Hochschulreife,
2. mit dem Abschlußzeugnis des F-Zuges des Wirtschaftsgymnasiums und der anderen Formen der Beruflichen Gymnasien die → fachgebundene Hochschulreife. Durch die Zusatzprüfung in einer zweiten Fremdsprache kann diese zur → allgemeinen Hochschulreife erweitert werden.
3. mit dem Versetzungszeugnis nach Klasse 13 eines Beruflichen Gymnasiums die → Fachhochschulreife.

Die Abschlüsse der Beruflichen Gymnasien beinhalten eine Grundausbildung in einem Berufsfeld und ermöglichen dem Absolventen, direkt in eine Berufstätigkeit einzutreten oder eine verkürzte Berufsausbildung im → dualen System anzuschließen.

Die nachfolgende Übersicht „Bildungswege in Baden-Württemberg" zeigt den Standort der Beruflichen Gymnasien im Schulwesen Baden-Württembergs.

→ Berufliches Schulwesen   O
(Siehe Abb. S. 57!)

Berufliche Rehabilitation → Rehabilitation

Berufliche Schulen → Berufliches Schulwesen

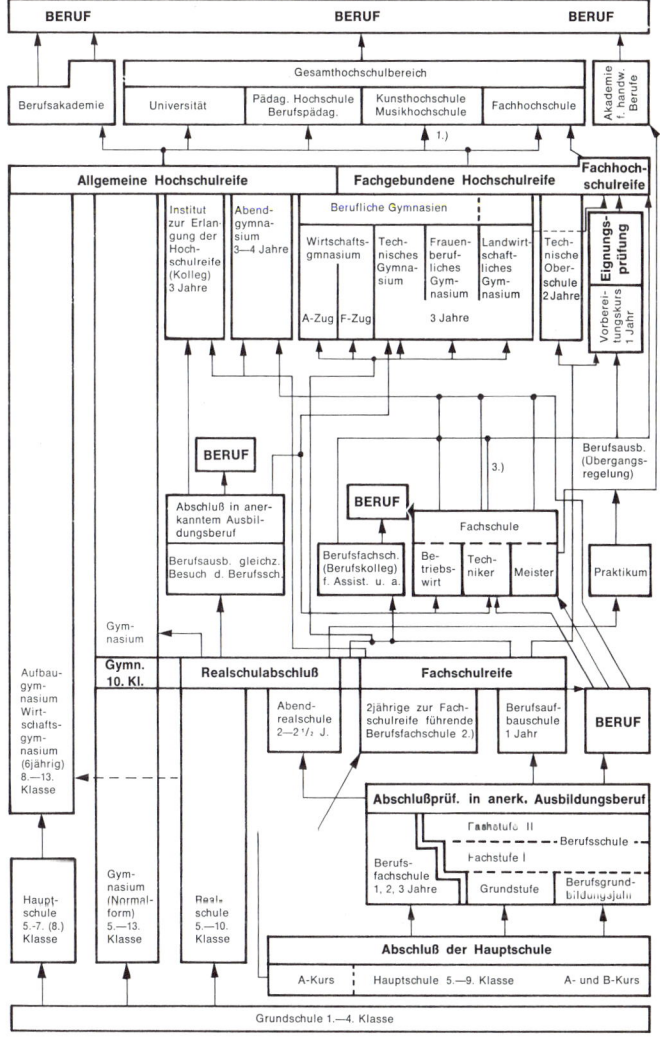

Berufliches Gymnasium

Bildungswege in Baden-Württemberg

[Diagramm: Bildungswege in Baden-Württemberg]

Struktur (von oben nach unten):

BERUF | BERUF | BERUF

- Berufsakademie
- Universität
- Gesamthochschulbereich: Päd. Hochschule Berufspädag. | Kunsthochschule Musikhochschule | Fachhochschule
- Akademie f. handw. Berufe

Allgemeine Hochschulreife | Fachgebundene Hochschulreife | Fachhochschulreife

- Institut zur Erlangung der Hochschulreife (Kolleg) 3 Jahre
- Abendgymnasium 3—4 Jahre
- Berufliche Gymnasien:
  - Wirtschaftsgymnasium (A-Zug, F-Zug)
  - Technisches Gymnasium
  - Frauenberufliches Gymnasium
  - Landwirtschaftliches Gymnasium
  - 3 Jahre
- Technische Oberschule 2 Jahre
- Eignungsprüfung
- Vorbereitungskurs 1 Jahr

BERUF
- Abschluß in anerkanntem Ausbildungsberuf
- Berufsausb. gleichz. Besuch d. Berufssch.

BERUF
- Berufsfachsch. (Berufskolleg) f. Assist. u. a.
- Betriebswirt
- Fachschule: Techniker | Meister
- Berufsausb. (Übergangsregelung) 3.)
- Praktikum

- Gymnasium
- Gymn. 10. Kl.
- **Realschulabschluß**
  - Abendrealschule 2—2½ J.
- **Fachschulreife**
  - 2jährige zur Fachschulreife führende Berufsfachschule 2.)
  - Berufsaufbauschule 1 Jahr
- **BERUF**

Abschlußprüf. in anerk. Ausbildungsberuf
- Berufsfachschule 1, 2, 3 Jahre
- Fachstufe II — Berufsschule
- Fachstufe I
- Grundstufe
- Berufsgrundbildungsjahr

- Aufbaugymnasium Wirtschaftsgymnasium (6jährig) 8.—13. Klasse
- Hauptschule 5.-7. (8.) Klasse
- Gymnasium (Normalform) 5.—13. Klasse
- Realschule 5.—10. Klasse

Abschluß der Hauptschule
A-Kurs | Hauptschule 5.—9. Klasse | A- und B-Kurs

Grundschule 1.—4. Klasse

1.) Mit besonderer Aufnahmeprüfung
2.) Bei Eintritt in eine Berufsausbildung wird 1 Jahr im entsprechenden Beruf angerechnet
3.) Mit Beiprogramm

(aus: Schulzeit Brevier, hrsg. Kultusministerium Baden-Württemberg)

Berufliches Schulwesen

Unter den Begriffen Berufliches Schulwesen, Berufliche Schulen oder Berufsbildende Schulen werden zusammengefaßt: → Berufsschulen, → Berufsaufbauschulen, → Berufsfachschulen, → Wirtschaftsschulen, außerhalb Bayerns → Handels- und Höhere Handelsschulen, → Fachschulen, → Fachoberschulen, → Berufsoberschulen, → Fachakademien und außerhalb Bayerns die sog. Berufsakademien. Werden mehrere Arten beruflicher Schulen auf Grund geographischer, fachlicher oder anderer Gegebenheiten zusammengeschlossen, so spricht man von einem → Beruflichen Schulzentrum.

Aus der nachfolgenden Übersicht ist die Durchlässigkeit im beruflichen Schulwesen von der → Hauptschule hin zur → Hochschule zu ersehen.

O

Präsident des Bundesinstituts für Berufsbildungsforschung 1977; Pütt 1976; Staatsministerium für Unterricht und Kultus in Bayern 1972; Stratmann 1970; Winterhager 1974

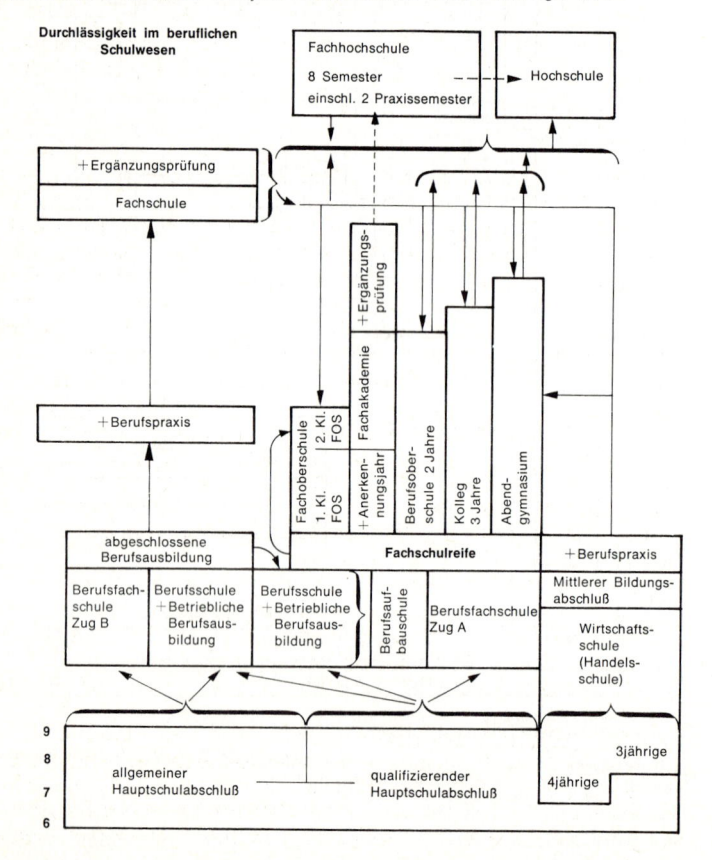

Durchlässigkeit im beruflichen Schulwesen

	Fachhochschule 8 Semester einschl. 2 Praxissemester	Hochschule

+Ergänzungsprüfung
Fachschule

+Berufspraxis

| Fachoberschule 1. Kl. FOS | 2. Kl. FOS | +Anerkennungsjahr | +Ergänzungsprüfung Fachakademie | Berufsoberschule 2 Jahre | Kolleg 3 Jahre | Abendgymnasium |

abgeschlossene Berufsausbildung · **Fachschulreife** · +Berufspraxis

| Berufsfachschule Zug B | Berufsschule +Betriebliche Berufsausbildung | Berufsschule +Betriebliche Berufsausbildung | Berufsaufbauschule | Berufsfachschule Zug A | Mittlerer Bildungsabschluß / Wirtschaftsschule (Handelsschule) |

9
8 allgemeiner Hauptschulabschluß   qualifizierender Hauptschulabschluß   4jährige   3jährige
7
6

→ Berufsakademie → Berufliches Gymnasium → Technische Oberschule O

Berufliches Schulzentrum
Durch die sinnvolle Zusammenfassung mehrerer Schularten in Ballungsräumen oder in einem größeren geographischen Raum entstehen Schulzentren. Diese können horizontal oder vertikal gegliedert sein. Von einer horizontalen Gliederung spricht man z. B. wenn gleichartige Schularten, die zu einem gleichwertigen Bildungsabschluß führen, zusammengefaßt werden. Unter der vertikalen Gliederung versteht man die Zusammenfassung mehrerer aufeinander aufbauender Schularten mit stufenbezogenen Bildungsabschlüssen.
Im → beruflichen Schulwesen sind Formen der horizontalen, vertikalen Gliederung und vor allem eine Anzahl von Mischformen aus diesen beiden üblich. Ein berufliches Schulzentrum, das z. B. eine Berufsschule, Berufsaufbauschule, Fachschule, Fachakademie und Berufsoberschule in der gleichen Ausbildungs- und Fachrichtung umfaßt, kann einen befähigten Schüler zur Meisterprüfung, zur Staatlichen Prüfung nach Abschluß der Fachakademie oder zur Hochschulreife führen.
Durch die Konzentration mehrerer Bildungseinrichtungen sowohl schulischer als auch außerschulischer Art zu organisatorischen Einheiten ergeben sich auch wirtschaftliche und pädagogische Vorteile. O

Berufsakademie
Berufsakademien bestehen seit Oktober 1974 in Baden-Württemberg. Sie vermitteln eine wirtschaftsbezogene und zugleich praxisorientierte berufliche Bildung, deren Abschlüsse denen der berufsqualifizierenden Hochschulabschlüsse gleichwertig sind. Als Eintrittsvoraussetzung in die Berufsakademie wird das Abitur gefordert, das in Baden-Württemberg nicht nur über die allgemein üblichen Formen des → Gymnasiums und den bekannten beruflichen Bildungsweg, sondern auch über → Berufliche Gymnasien erreicht werden kann.
Theoretische und berufspraktische Ausbildungsphasen wechseln in der Berufsakademie nach dem Prinzip des → dualen Systems. Die Ausbildung ist gestuft. Der erste berufsqualifizierende Abschluß wird nach zwei Jahren, die Zielqualifikation nach einem weiteren Jahr erworben.
Die Ausbildung gliedert sich in die drei Ausbildungsbereiche:
– Wirtschaft mit den Fachrichtungen:
  Bank, Datenverarbeitung, Handel, Industrie, Versicherung
– Technik mit den Fachrichtungen:
  Elektrotechnik (Fachgruppen: Automatisierungstechnik, Energietechnik, Nachrichtentechnik)
  Maschinenbau (Fachgruppen: Feinwerktechnik, Fertigungstechnik, Konstruktion, Verfahrenstechnik)
– Sozialwesen mit den Fachrichtungen Sozialtherapie und Sozialpädagogik
Nach erfolgreicher zweijähriger Ausbildung werden je nach Ausbildungsbereich die Bezeichnungen Wirtschaftsassistent, Ingenieurassistent, Erzieher mit dem Zusatz „Berufsakademie" verliehen. Nach der dreijährigen Ausbildung können die Bezeichnungen Betriebswirt (Berufsakademie), Ingenieur (Berufsakademie), Sozialpädagoge (Berufsakademie) erworben werden.
→ Fachakademie O

Berufsaufbauschule

Die Berufsaufbauschulen (BAS) stellen einen wesentlichen Bestandteil des beruflichen Bildungsweges dar. Ihre zur → Fachschulreife führende Ausbildung, die eine über das Ziel der Berufsschule hinausgehende allgemeine und fachtheoretische Bildung vermittelt, erfolgt unter Berücksichtigung der jeweiligen beruflichen Ausbildungsrichtung in folgenden Fachrichtungen:
1. gewerblich – technische Fachrichtung
2. allgemeine – gewerbliche Fachrichtung
3. kaufmännische Fachrichtung
4. hauswirtschaftlich – pflegerisch – sozialpädagogische Fachrichtung
5. landwirtschaftliche Fachrichtung.

Die BAS stehen grundsätzlich allen Jugendlichen offen, die das neunte Schuljahr erfolgreich abgeschlossen haben und in einem anerkannten Ausbildungsverhältnis stehen.

In Bayern werden gegenwärtig drei BAS-Formen unterschieden. Alle Jugendlichen, die in der Hauptschule den qualifizierenden Abschluß erworben haben oder die Berechtigung zum Eintritt in die 10. Klasse eines Gymnasiums, einer Wirtschaftsschule oder Realschule nachweisen können, werden in die Formen I und II der BAS aufgenommen. Jugendliche ohne qualifizierenden Hauptschulabschluß können in Form II der BAS Aufnahme finden, wenn sie eine Berufsausbildung mit entsprechendem Erfolg abgeschlossen haben.

Der Bildungsgang der BAS umfaßt im allgemeinen drei Schuljahre, von denen ein Schuljahr im Vollzeitunterricht erteilt wird. O

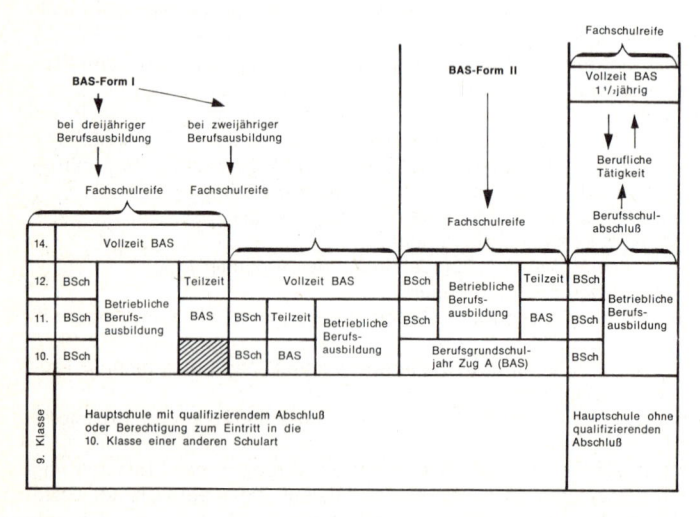

Berufsbegleitende Schule
Berufsbegleitende Schulen sind → Teilzeitschulen wie z. B. Berufsschulen, deren Schüler sich in einem Ausbildungs-, Anlern- oder Arbeitsverhältnis befinden. Schule und berufliche Ausbildung oder Berufstätigkeit laufen parallel nebeneinander. O

Berufsberatung
Die Schule bietet jedem Schüler in Zusammenarbeit mit Einrichtungen der Berufsberatung die Möglichkeit, vor Beendigung der Schulzeit mit Berufsberatern zu sprechen. Der Berufsberater unterrichtet über Entwicklungen am Arbeitsmarkt und informiert über berufliche Anforderungen und Aussichten und über Förderungsmöglichkeiten während der → beruflichen Ausbildung. Er berücksichtigt Wünsche und Fähigkeiten des Schülers, zeigt Alternativen auf, bezieht die Eltern mit in die Informationsgespräche ein und vermittelt auf Wunsch Jugendliche auch in berufliche Ausbildungsstätten. Die Beratung über → Berufswahl und Berufsfindung darf nicht erst kurz vor Schulabschluß erfolgen, sie hat bereits mit der → Schullaufbahnberatung zu beginnen und in der → Berufsbildungsberatung ihre Fortsetzung zu finden. Die nach dem „Strukturplan für das Bildungswesen" geschaffene Form der Bildungsberatung kümmert sich auch um den im → dualen System Auszubildenden. Sie beachtet nicht nur die fachliche, sondern auch die personale Entwicklung und Entfaltung des Jugendlichen, versucht ihm den Eintritt in die Berufs- und Betriebswelt zu erleichtern und gibt Hinweise für eine ihm gerechtwerdende Weiterbildung.
→ Berufliches Schulwesen → Erziehungsberatung → Schulberatung O

Berufsbezogener Bildungsweg
Jeder Staatsbürger, der nicht den üblichen konventionellen Weg Grundschule – Gymnasium – Hochschule zu einer akademischen Ausbildung einschlägt, kann nach erfolgreichem Berufsabschluß oder bereits während einer Berufsausbildung ihm gemäße Schulen wie z. B. → Berufsaufbauschule, → Berufsoberschule, → Erwachsenenkolleg, → Abendgymnasium oder eine gleichwertige Institution absolvieren und sich die Berechtigung für ein akademisches Studium erwerben. Dieser Bildungsweg, der auch als ‚Zweiter Bildungsweg' bezeichnet wird, kann nur in Verbindung mit beruflicher Tätigkeit gegangen werden. O

Berufsbild
Unter Berufsbild versteht man eine Zusammenstellung der Fertigkeiten und Kenntnisse, die ein Auszubildender (Lehrling) für seinen Beruf zu lernen und zu erwerben hat. Die Berufsbilder, die eingehende Schilderungen von zu erlernenden Berufen nach Aufgaben und Anforderungen beinhalten, stellen die Basis für die betriebliche Ausbildung und den Unterricht an den Berufsschulen dar. O

Berufsbildungsberatung
→ Schullaufbahnberatung in der → Sekundarstufe I steht in engem Zusammenhang mit der Berufsbildungsberatung. Durch die Berufsbildungsberatung, die versucht, Konflikte zwischen Bedürfnissen der Gesellschaft und den individuellen Interessen durchsichtiger zu gestalten, soll der Jugendliche zu eigenen Entscheidungen für seine → Berufswahl befähigt werden. Die Eltern werden im allgemeinen an dem Prozeß, der den zu Beratenden zur Entscheidungsfindung führt, beteiligt. Die Berufsbildungsberatung kann bei der Suche nach einem Beruf behilflich sein und berät den Jugendlichen auch in den ersten Jahren seiner Berufstätigkeit.
→ Berufsberatung → Erziehungsberatung → Schulberatung O

Berufsbildungsgesetz
Es regelt das Berufsbildungswesen, soweit dies in den Kompetenzbereich des Bundes fällt. O

Berufsbildungsprogramm
Es wurde im September 1974 von der Bayer. Staatsregierung veröffentlicht und gibt eine Darstellung des außerschulischen und schulischen Teils der beruflichen Bildung unter den Aspekten: Situation, Ziel, Maßnahmen. O

Berufsbildungszentrum
ist die Zusammenfassung mehrerer Bildungseinrichtungen schulischer und außerschulischer Art.
→ Berufliches Schulzentrum O

Berufsfachschule
Zum Eintritt in eine Berufsfachschule (BFS) bedarf es keiner vorherigen Berufsausbildung. Sie dient als Schule mit Vollzeitunterricht entweder der Vorbereitung auf eine Berufstätigkeit oder der Berufsausbildung selbst.
Die Ausbildungsgänge an den verschiedenen BFS dauern entsprechend den zu erreichenden Berechtigungen mindestens ein Schuljahr und höchstens drei Schuljahre. Zu den BFS zählen z. B. Berufsfachschule für Holzschnitzer und Holzbildhauer, Berufsfachschulen für Hauswirtschaft und Kinderpflege, Berufsfachschulen für Assistenten und Assistentinnen, u. a. O

Berufsfeld
Der Jugendliche entscheidet sich bei Eintritt in die Berufsschule für ein Berufsfeld. In einem Berufsfeld werden solche Berufe zusammengefaßt, bei denen sich in der Ausbildung theoretische und praktische Gemeinsamkeiten und Zusammenhänge ergeben. Die einzelnen Berufsfelder werden ihren Inhalten und Berufsbildungszielen entsprechend den jeweiligen Abteilungen der Berufsschulen zugeordnet. Nach den Bestimmungen über die

Anrechnung des → Berufsgrundschuljahres auf die Berufsausbildung vom 4. Juli 1972 geht der Bund vorläufig von folgenden Berufsfeldern aus: Wirtschaft und Verwaltung; Metall; Elektrotechnik; Bau und Holz; Textil und Bekleidung; Chemie, Physik und Biologie; Druck und Papier; Farbe und Raumgestaltung; Körper- und Gesundheitspflege; Ernährung und Hauswirtschaft; Landwirtschaft. O

Berufsfindungsjahr → Berufsgrundschuljahr

Berufsgrundbildungsjahr → **Berufsgrundschuljahr**

Berufsgrundschuljahr
Das Berufsgrundbildungs- bzw. Berufsgrundschuljahr vermittelt dem Jugendlichen als 10. Schuljahr mit Vollzeitunterricht Einblick in die Berufswelt und berufliche Ausbildungsmöglichkeiten. Es wird auch als Berufsfindungsjahr bezeichnet und steht in mehreren Bundesländern in der Erprobungsphase. Im Hinblick auf die Berufsausbildung des Schülers ist es so gestaltet, daß es entsprechend den Vorschriften des Bundes voll auf eine berufliche Ausbildungszeit angerechnet wird, d. h. es beinhaltet neben allgemeinbildenden auch fachtheoretischen und fachpraktischen Unterricht. Durch den Besuch des Berufsgrundschuljahres entscheidet sich der Jugendliche noch nicht für einen bestimmten Ausbildungsberuf, sondern für ein → Berufsfeld. O

Berufsidentität → Identität

Berufsoberschule
Die Berufsoberschule (BOS) wurde 1969 in Bayern als Oberstufe des → beruflichen Schulwesens errichtet und vermittelt durch ihren Abschluß die → fachgebundene Hochschulreife. Der Ausbildungsgang, der auf einer abgeschlossenen Berufsausbildung und einem → mittleren Bildungsabschluß (→ Fachschulreife) aufbaut, dauert mindestens zwei Schuljahre.
Die BOS ist in vier Ausbildungsrichtungen gegliedert: Wirtschaft, Technik und Gewerbe, Hauswirtschaft und Sozialpflege, Landwirtschaft. Die Absolventen erwerben mit bestandener Abschlußprüfung die fachgebundene Hochschulreife, die sie berechtigt, folgende Studiengänge in den jeweiligen Ausbildungsrichtungen an den Hochschulen aufzunehmen:
Wirtschaft: Höheres Lehramt für Wirtschaftsfächer, insbesondere an kaufmännischen und beruflichen Schulen, → Wirtschaftspädagogik, Betriebswirtschaft, Volkswirtschaft, Sozialwissenschaft, Wirtschaftsingenieurwesen, Wirtschaftswissenschaft
Technik und Gewerbe: Höheres Lehramt an beruflichen Schulen, Architektur, Bauingenieurwesen, Brauwesen und Getränketechnologie, Chemie und Chemieingenieurwesen, Elektrotechnik, Informatik, Lebensmitteltechnologie, Maschinenbau, Mathematik, Meteorologie, Physik, Vermessungswesen, Werkstoffwissenschaft, Wirtschaftsingenieurwesen
Hauswirtschaft und Sozialpflege: Höheres Lehramt an beruflichen Schulen, Lehramt an Volksschulen, Lebensmittelchemie, Lebensmitteltechnologie, Ökotrophologie (Haushalts- und Ernährungswissenschaft)

Landwirtschaft:
Höheres Lehramt an beruflichen Schulen, Agrarwissenschaft, Biologie, Forstwissenschaft, Gartenbauwissenschaft, Landespflege
Die allgemeine Hochschulreife kann an der BOS erreicht werden, wenn in dem angebotenen Wahlfach Latein eine zusätzliche Prüfung abgelegt wird.
→ Berufliches Gymnasium → Technische Oberschule → Fachhochschule
→ Hochschule   O

Berufspädagogik
Die Begriffe Berufs- und Wirtschaftspädagogik werden häufig synonym gebraucht. Die Berufspädagogik entwickelte sich von der gewerblichen Richtung (Ausbildung der Lehrer an Berufspädagogischen Instituten und Akademien), die Wirtschaftspädagogik von der kaufmännisch-wirtschaftlichen Richtung her. Berufspädagogik ist eine pragmatische Geisteswissenschaft, die sich mit Theorie-Praxis-Problemen; Interdependenzen von Technik, Wirtschaft und Politik; den durch die pluralistische Gesellschaft hindurchgehenden berufs- und arbeitsbeeinflussenden Ideologien; mit Theorien der Berufsfindung; den sich stets wandelnden Berufsbildern und änderndem Berufsverständnis; mit curricularen Entwicklungen und Fragen in bezug auf berufliche Bereiche auf allen Ebenen (Ausbildung, Berufsbildung, Berufsfindung, → Berufsberatung, → Weiterbildung, → Fortbildung, → Modultraining usw.) und → action research zu befassen hat.
Lempert/Franzke 1976; Lisop 1976; Preyer 1978; Schmiel 1976; Stratmann/Bartel 1975
→ Pädagogik → Wirtschaftspädagogik → Betriebspädagogik → Arbeitspädagogik   O

Berufsschulbeirat → Schulbeirat

Berufsschule
Das Gesetz über das berufliche Schulwesen (GbSch) des Freistaates Bayern vom 15. Juni 1972 beschreibt die Berufsschule wie folgt:
„Berufsschulen sind → berufsbegleitende Schulen für berufsschulpflichtige Jugendliche. Sie haben die Aufgabe, die Bildung der Schüler unter besonderer Berücksichtigung ihrer Berufsausbildung und ihrer beruflichen Tätigkeit zu vertiefen und die praktische Ausbildung zu ergänzen. Statt des → Teilzeitunterrichts ist Unterricht in zusammenhängenden Teilabschnitten (→ Blockbeschulung) anzustreben; im zehnten Schuljahr ist Teilzeitunterricht an einem oder mehreren Wochentagen oder → Vollzeitunterricht über das ganze Schuljahr (→ Berufsgrundschuljahr) zu erteilen. Im zweiten bzw. dritten Jahr erfolgt eine zunehmende berufsspezifische Differenzierung in Teilzeitform."
Auf Grund dieser Definition kann festgestellt werden, daß das → duale System im Rahmen der Berufsschulausbildung grundsätzlich beibehalten wird.
Die Berufsschulzeit umfaßt in der Regel drei Jahre. Jugendlichen mit → mittlerem Bildungsabschluß oder Abitur wird eine entsprechende Verkürzung der Ausbildungszeit eingeräumt. Die Berufsschulen gliedern sich in:

gewerbliche, hauswirtschaftliche, kaufmännische, landwirtschaftliche und gartenbauliche Abteilungen.
Berufe mit gemeinsamen Schwerpunkten werden in der Grundstufe der Ausbildung zu → Berufsfeldern zusammengefaßt. Auf die Grundstufe baut die berufsbezogene Ausbildung in der → Fachstufe auf.
Für → Splitterberufe werden größere → Fachsprengel gebildet. O

Berufsschulpflicht
Die → Schulpflicht dauert soweit gesetzlich nichts anderes bestimmt ist, zwölf Jahre. Die Berufsschulpflicht beginnt jeweils nach der endenden → Volksschulpflicht. Sie ist grundsätzlich an öffentlichen → Berufsschulen zu erfüllen, in deren Sprengel sich der Beschäftigungsort des Jugendlichen befindet. Ist kein Beschäftigungsverhältnis gegeben, so ist der Wohnort des Jugendlichen maßgebend. Der Besuch einer privaten Berufsschule wird von der Schulaufsichtsbehörde genehmigt, wenn es die Ausbildung des Jugendlichen erforderlich macht. Die Berufsschulpflicht kann auch an weiterführenden Schulen, an → Berufsfachschulen, → Fachschulen, → Ergänzungsschulen und Berufsförderungseinrichtungen abgeleistet werden, wenn diese mindestens das Bildungsziel der Berufsschule erreichen und schulaufsichtlich ihre Eignung bestätigt wird. Die Berufsschulpflicht endet im allgemeinen nach drei Jahren. Bei Berufen mit einer über drei Jahre hinausgehenden Ausbildungszeit verlängert sie sich auf die Dauer des Berufsausbildungsverhältnisses, höchstens jedoch auf dreieinhalb Jahre. Eine Verlängerung tritt auch dann ein, wenn ein Berufsschulpflichtiger den Beruf wechselt. In Berufen, in denen kürzere Ausbildungszeiten zugelassen sind, verkürzt sich die Dauer des Ausbildungsverhältnisses, höchstens jedoch auf zwei Schuljahre. Gehen Jugendliche, die nicht mehr schulpflichtig sind, ein Berufsausbildungsverhältnis ein, so können sie freiwillig die Berufsschule besuchen. Sie sind berufsschulberechtigt.
→ Sonderschulpflicht → Berufliches Schulwesen O

Berufsvorbereitende Schule
Berufsvorbereitende Schulen bereiten bei mindestens einjähriger Dauer und freiwilligem Schulbesuch auf einen Beruf vor.
→ Berufsfachschulen O

Berufswahl
Die Wahl des Berufs ist für die Weiterentwicklung des Menschen von höchster Bedeutung. Sie ist daher durch Schule und Elternhaus gut vorzubereiten. Der junge Mensch muß eine Berufswahlreife erreichen und durch zweckfreie Beratung zur eigenen Entscheidungsfindung fähig gemacht werden. → Schullaufbahnberatung, → Berufsbildungsberatung und Schule sollten eine Einführung in die Arbeitswelt und Theoretisierung didaktisch so anlegen, daß ein Erfahrungshorizont beruflicher Kenntnisse und Fähigkeiten gegeben wird. Wahl und Wechsel zum Beruf können somit rational vorbereitet werden. Für die Berufsfindung, bei der auch die → Berufsbera-

tung behilflich ist, sollte sich der Jugendliche vor allem informieren und Gedanken machen über:
- die zahlreichen beruflichen Bildungsangebote
- den Unterschied zwischen Ausbildung und Beruf
- Ausbildungswege und Berufsmöglichkeiten
- persönliche Voraussetzungen (Schulabschlüsse, Fähigkeiten, Noten usw.)
- persönliche Erwartungen
- jeweilige Berufs- und Arbeitsmarktbedingungen
- Ausbildungszeiten und Ausbildungsablauf
- Inhalt der Ausbildung
- Leistungs- und Prüfungsanforderungen
- Möglichkeiten der → Fort- und → Weiterbildung und des beruflichen Aufstiegs
- Verdienstmöglichkeiten usw. O

Bundesanstalt f. Arbeit 1973; Handwerkstag, Baden-Württembergischer 1975; Lange/ Büschges 1975; Schnuer 1977; Schultz-Wild 1975

Beschreibende Statistik

Bei den Methoden der beschreibenden Statistik handelt es sich um einfache Verfahren. Sie ermittelt Stichprobenkennwerte zur Feststellung, Interpretation und Charakterisierung von Stichproben-Beobachtungen und verzichtet hierbei auf Schlußfolgerungen bezüglich entsprechender → Parameter in der → Population.

→ Schließende Statistik → Statistik → Stichprobe → Zufallsstichprobe O

Bestandsmasse → Statistik

Beta-Typ → Soziodynamische Grundformel

Betrieb

Er stellt eine selbständige Wirtschaftseinheit dar, in der durch → dispositive Arbeit, durch planmäßig organisatorische Zusammenfassung der Elementarfaktoren wie z. B. menschliche Arbeitsleistung und Werkstoffe die Produktion von Gütern oder die Erstellung von Leistungen erfolgt. Der Betrieb ist örtlich fixiert und wird häufig als technische Einheit der Unternehmung bezeichnet. Er hat neben der organisatorischen und technischen Seite eine wirtschaftliche und soziale. Seine sozialrechtliche Struktur bezieht sich auf die Arbeitsverhältnisse der im Betrieb Beschäftigten. Der soziologische Aspekt eines Betriebes betrachtet neben dem hierarchisch-organisatorischen Aufbau die zwischenmenschlichen Beziehungen formaler und informaler Natur.

Betriebe werden im allgemeinen unterschieden nach
1. der Größe: Groß-, Mittel-, Kleinbetriebe
2. Art der wirtschaftlichen Leistung: Produktionsbetriebe wie z. B. Industrie- und Handwerksbetriebe; Dienstleistungsbetriebe wie z. B. Banken, Versicherungen und Handelsbetriebe; Verwaltungsbetriebe wie z. B. Krankenhäuser.

→ Betriebsbesichtigung → Betriebserkundung → Betriebspädagogik → Betriebspraktikum → Faktor O

Betriebsbesichtigung

Im Gegensatz zur didaktisch geplanten, durchgeführten und nachbereiteten → Betriebserkundung vermittelt die Betriebsbesichtigung einen allgemeinen Eindruck des jeweiligen → Betriebs, zeigt seinen Standort im Wirtschaftsgeschehen auf und gibt Auskunft über Betriebsabläufe. Betriebsbesichtigungen stehen im Zusammenhang mit im Unterricht durchgesprochenen Stoffbereichen und sind nicht intensiv lernzielorientiert vorbereitet. Die Klasse wird in ihrer Gesamtheit oder größeren Gruppen von einem Betriebsangehörigen durch das Werk geführt ohne vorbereitete Erkundungsaufgaben erfüllen zu müssen. Eine kurze Nachbesprechung im Unterricht findet grundsätzlich statt. O

Betriebserkundung

Der Begriff Betriebserkundung wurde erst Ende der sechziger Jahre geprägt und steht für die ehemals im Unterricht vorbereitete, gezielte, organisierte, mit Schülern sachlich und fachlich nachbereitete „Betriebsbesichtigung".

Im Rahmen des Unterrichtsablaufes ist die Betriebserkundung ein vom Lehrer mit den Schülern gemeinsam geplantes Unternehmen, das in den Unterrichtsablauf unter Zuhilfenahme geeigneter → Lehrformen eingebettet und lernzielorientiert aufgebaut ist. Sie kann in den Fächern durchgeführt werden, deren Unterrichtsstoffe das Arbeits- oder Betriebsgeschehen unter funktionalen, sozialen oder berufskundlichen Aspekten betrachten. So wird eine Betriebserkundung unter funktionalem Aspekt z. B. Einblick vermitteln in Betriebsaufbau, Produktionsverfahren und Arbeitsteilung; der soziale Aspekt weist z. B. auf die Hierarchie und Sozialordnung im Betrieb hin und der berufskundliche Aspekt führt z. B. in Ausbildungsprobleme, Berufsbilder und Berufsaussichten ein. Geeignete Fächer für Erkundungen dieser Art sind: Arbeitslehre, Wirtschaftskunde, Betriebswirtschaftslehre, Rechnungswesen, Informatik, Soziallehre u. a. Bei der Lernzielplanung für die Erkundung eines Industriebetriebes ist jeweils von den beruflichen, ökonomischen, sozialen und technologischen Aspekten als → Richtzielen auszugehen. Die → Grob- und Feinzielformulierungen haben in diesem Zusammenhang gesamtwirtschaftliche und bereichsspezifische Aspekte der Industrie zu berücksichtigen. Aus den im Unterricht vermittelten Kenntnissen sind Erkenntnisse und Einsichten zu gewinnen und entsprechende Fähigkeiten, Verhaltensweisen und Fertigkeiten zu entwickeln. Die Betriebserkundung gehört zu einem zeitgerechten Unterricht vor allem bei älteren Schülern und ist in die Curricula der entsprechenden Bezugsfächer mit einzuplanen. Paul Fricker bezeichnet Betriebserkundungen als Hilfsveranstaltungen im Dienste der Beobachtung, die nach Schlieper durch die psychologischen Faktoren des Wahrnehmens, Anschauens und Untersuchens zum Kennen führt.

Für eine Betriebserkundung ist vorzusehen:
- Genaueste stoffliche Vorbereitung mit den Schülern; Einteilen der Klasse in kleine Gruppen mit gefertigten Arbeitsaufträgen.
- Vorheriges Kennenlernen des Betriebes durch den Lehrer; Führen von Vorgesprächen mit den im Betrieb Verantwortlichen, Vorbe-

reitung der Erkundung mit den Beschäftigten, die die Gruppen betreuen werden; Ermittlung von Erkundungsschwerpunkten und Absprache über wesentliche Themen.
- Zeitplanung, welche die Erkundungsphasen nicht zu knapp bemessen darf.
- Nachbereitung durch ausgearbeitete Gruppenberichte, die im → Unterrichtsgespräch ausgewertet und anschließend zusammengefaßt und lernzielorientiert in den Gesamtablauf des Unterrichts eingefügt werden.

Ott 1966

→ Betrieb → Beobachtung → Curriculum → Lernziel → Gruppenunterricht
→ Wahrnehmung O

Betriebspädagogik
Die Betriebspädagogik stellt keinen fest umrissenen Begriff dar und kann im Rahmen der → Berufs- und → Wirtschaftspädagogik gesehen werden. Sie hat sich zu befassen mit: dem Verständlichmachen und den Funktionen betrieblicher Handlungs- und Ablaufprozesse, der Erschließung des Berufsverständnisses für den einzelnen, der Notwendigkeit der betrieblichen Flexibilität, internem Betriebsgeschehen, externen Einflüssen auf den Betrieb in bezug auf Arbeitsgestaltung, mit den den Betriebsablauf und auch das Betriebsklima beeinflussenden Ideologien; der beruflich-betrieblichen Situation des Beschäftigten und dessen Bildungs- und Aufstiegsstreben u. a.

Bunk 1972; Dörschel 1975; Freyer 1974; Preyer 1978

→ Pädagogik → Berufspädagogik → Wirtschaftspädagogik O

Betriebspraktikum
Betriebspraktika werden grundsätzlich im Zusammenhang mit schulischen Abläufen abgeleistet und sollen einen allgemeinen Einblick in das Arbeits- und Wirtschaftsleben vermitteln. Sie werden in allen Bereichen und Abteilungen der verschiedenen Wirtschaftsbetriebe durchgeführt. Ein Betriebspraktikum wird z. B. im ersten Jahr der → Fachoberschule (11. Klasse) von den Schulen in Form einer fachpraktischen Ausbildung verlangt, die unter Betreuung und Steuerung durch die Schule erfolgt. Auch im Rahmen von Studiengängen werden Betriebspraktika gefordert.

Beinke 1977; Groth/Lemke/Werner 1971; Weiß 1970

→ Betrieb O

Betriebspsychologie
Im weiteren Sinne wendet sie Methoden und Ergebnisse der → Psychologie auf den → Betrieb und das Betriebsgeschehen an. Entsprechend ihren praktischen Aufgaben befaßt sie sich mit Eignungspsychologie, → Berufsberatung, Berufsauslese, Berufskunde und Arbeitsleistungspsychologie. Betriebspsychologie im engeren Sinne führt Untersuchungen über soziale Verhältnisse von einzelnen und Gruppen im Betrieb durch und erstellt psychologische Analysen der Arbeitenden in einem Betrieb. Arbeitshemm-

nisse menschlicher-persönlicher Art, zwischenmenschliche Beziehungen, das Verhältnis zwischen Arbeitenden und Maschinen und Geräten werden auf psychologischer und sozialpsychologischer Basis erforscht.
Bass/Barrett 1972; DuBrin 1972; Mayer/Herwig 1970; Müller-Bader 1977; Neuberger 1977; von Haller/Glaser 1969
→ Arbeitspädagogik, → Industrial Engeneering, → Wirtschaftspädagogik O

Bettnässen → Enuresis, Enkopresis

Bewegungsmasse → Statistik

Bewußtsein
Das Verständnis des äußerst vieldeutigen Phänomens Bewußtsein ist jeweils abhängig vom wissenschaftlichen Standort dessen, der den Begriff gebraucht.
Als einigermaßen allgemeinverbindliche **Merkmale des Bewußtseins** als eines Zustandes eines Individuums gelten das Wissen um eigenständige leibseelische Subjektivität und um die Identität mit sich selbst (→ Ich-Identität), die Fähigkeit zu unterscheidender, d. h. abwägender und wählender Reaktion und zu zielgerichtetem Handeln (→ Intentionalität), die Bezugnahme auf frühere Erfahrungen, das Wissen um die Zeitlichkeit alles Existierenden und die Fähigkeit, Bewußtseinsinhalte anderen mitzuteilen. Das auch im pädagogischen Bereich neuerdings gebräuchliche Schlagwort **Bewußtseinsveränderung** nimmt Bezug auf die Tatsache der Entwicklung des Bewußtseins und auf den pädagogischen Auftrag, dem jungen Menschen bei der Strukturierung und Erweiterung seines Bewußtseins durch möglichst umfassende und intensive Begegnung mit seiner Umwelt beizustehen. Diesem Vorgang gegenüber ist dann Argwohn angebracht, wenn Bewußtseinsveränderung als Ergebnis manipulierender, meist ideologisch gefärbter Einflußnahme auf den Menschen verstanden wird, sei es über direkte verbale Propaganda, über das Arrangement der Lebensumstände, über die Massenmedien usw. K
Bohmann 1977; Gmelin 1972; Klement 1975; Lefebvre 1977; Leont'ev 1977; Ornstein 1974

Bewußtseinsveränderung → Bewußtsein

Bezugsgruppe
Bezugsgruppen sind solche Gruppen, von denen ein Individuum Einstellungen, Normen, Verhaltensweisen übernimmt, ohne ihnen unbedingt selbst angehören zu müssen. Wichtige Kriterien für eine Übernahme sind die Feststellung, daß die Bezugsgruppe Bedürfnissen des übernehmenden Individuums entgegenkommt und ihm insofern auch eine gewisse emotionale Beheimatung verspricht, und die Erfahrung, daß ihm die übernommenen Normen, Einstellungen, Verhaltensweisen nützen. Die Bezugsgruppen sind individuell sehr verschieden; während etwa die Familie, die Kindergartengruppe und die Schulklasse relativ feste und für jeden jungen Menschen gültige Bezugsgruppen sind, gibt es darüber hinaus eine Vielzahl individuell

bevorzugter formeller und informeller Bezugsgruppen wie Arbeitsgemeinschaften, Cliquen, Vereine, Freundschaften, auch Banden. Der Kontakt zu Bezugsgruppen wird aufgehoben, wenn sie die angegebenen Kriterien nicht mehr erfüllen.

Clark 1972; Huber 1973; Ulich 1972

→ Gruppe K

Bezugsperson
ist eine Person, die zum Vorbild dient oder mit der man sich vergleicht, identifiziert und von der man z. B. auch Verhaltensweisen, Meinungen und ideelle Einstellungen übernimmt.

→ Bezugsgruppe O

Bild als Unterrichtsmedium
Folgende Erscheinungsformen des Bildes finden im Unterricht je nach Fach und Gelegenheit Verwendung:
– Das künstlerische Bild,
– die in didaktischer Absicht erstellte Buchillustration,
– das Wandbild (naturalistische Darstellung, schematische Zeichnung, Großphoto),
– dokumentarische Bilder wie Flugblätter, Plakate, Karikaturen, Photographien,
– symbolhaltige Darstellungen,
– Illustrationsmaterial verschiedener Art und Qualität aus Zeitungen, Illustrierten, Fachzeitschriften,
– die Lehrerzeichnung,
– das von Schülern gefertigte Bild (Zeichnung, Graphik, Photo).

Je nach Eigenart wird das Bild (Einzelbild oder Serie) dem Lernenden direkt oder über Medienträger (Diaprojektor, Epidiaskop, Tageslichtprojektor) dargeboten. Bei der Auswahl für Unterrichtsprozesse sollten Bilder anhand folgender **Kriterien** überprüft werden:
– Die Aussage des Bildes muß **wissenschaftlich einwandfrei** sein, es sei denn, es käme dem Lehrer darauf an, durch eine überholte oder einseitige Bildaussage die Schüler zu Zweifel oder Widerspruch zu provozieren. Abgesehen von dieser speziellen didaktischen Überlegung begegnen wir hier einem nicht geringen Problem, wenn wir bedenken, daß z. B. bei Erscheinen von Schulbüchern für Geographie, Biologie oder Sozialkunde Teile des Text- und Bildmaterials schon wieder überholt sind.
– Ferner muß das Bild von Inhalt und Gestaltung her **aussagekräftig** sein; es sollte von besonderem dokumentarischem oder exemplarischem Wert sein. Es ist eine Frage der Unterrichtsökonomie, ob sich der Lehrer aussageschwache oder einen unwesentlichen Aspekt des Lernprozesses abdeckende Bilder leisten will.
– Je nach didaktischer Absicht und je nach Fach wird es von unterschiedlicher Bedeutung sein, wie hoch die **künstlerische Qualität** eines Bildes veranschlagt wird. Von provozierenden Effekten wieder abgesehen sollte hier der geschmacksbildende Auftrag nicht geringgeschätzt werden.

Andererseits leidet bei anspruchsvollen Schülern auch der Inhalt des Abgebildeten, wenn die Form unästhetisch oder kitschig ist. So manche Bücher des Elementarbereichs oder des Primarschulbereichs und v. a. Religionsbücher aller Schulstufen verdienten unter diesem Gesichtspunkt eine gründliche Überarbeitung. Der Lehrer wird mittlerweile auf andere Quellen künstlerisch anspruchsvollen Bildmaterials ausweichen.

- Aus motivationspsychologischen Gründen ist es der Überlegung wert, ob das Bild nach Aussagegehalt und Gestaltung für eine bestimmte Lerngruppe **altersgemäß** ist. Dieses Kriterium orientiert sich an entwicklungspsychologischen Erkenntnissen, die dem Lehrer ein sicheres Urteil über Aufnahmekapazität, Konzentrationsfähigkeit und Denkstrukturen einer Altersgruppe erlauben. Kinder im Elementarbereich und im Primarschulbereich kapitulieren in der Regel vor aussagemäßig überladenen Bildern oder vor statischen Aussagen wie Landschaften oder Porträts, während sie Bilder mit klaren Zusammenhängen und mit dynamischem Inhalt bevorzugen; diese können in Handlung aufgelöst werden, und sie kommen der egozentrischen und realistischen Denkweise dieser Altersgruppe entgegen. Der Abstraktionsgrad eines Bildangebotes muß also jeweils dem altersspezifischen Abstraktionsvermögen entsprechen.
- Wenn das Bild den bisher genannten Kriterien gerecht wird, erhebt sich wie bei allen Medienangeboten selbstverständlich noch die fundamentale didaktische Frage, inwieweit es überhaupt für den aktuellen Lernprozeß als bestmögliches Medium gelten kann, und an welchem Platz des Lernverlaufs es einzusetzen ist. Die letzte Entscheidung ist eine methodische, die gleicherweise vom Aussagegehalt des Bildes wie von den beherrschten geistigen Arbeitstechniken der Lernenden abhängt. K

Köck 1977[2]

Bilderbuch

Abgesehen von ihrem großen Vorläufer, dem orbis pictus des A. Comenius (1592–1670) treten Bilderbücher erst im 18. Jahrhundert in Erscheinung, und zwar als Lernbücher, die nach dem Prinzip der Anschaulichkeit gestaltet wurden (vgl. z. B. das Elementarwerk von Basedow und das Abc-Büchlein von Campe). Zu diesen bebilderten Lernbüchern gesellten sich im 19. Jahrhundert die **Bilderbogen** mit populärwissenschaftlicher Aufmachung (z. B. Ansicht einer Burg mit all ihren Funktionen) und die **Bildgeschichten,** die meistens der Vermittlung moralisch-sittlicher Verhaltensregeln dienten (vgl. Struwwelpeter).

Seit Anfang des 20. Jahrhunderts ist der Bilderbuchmarkt durch zwei Entwicklungslinien gekennzeichnet: Das sog. „gute Bilderbuch" wird vor allem unter künstlerischen Gesichtspunkten gestaltet. Die auf Massenproduktion abgestellten Comic strips versuchen sich demgegenüber auf Bedürfnisse und Geschmack möglichst großer Abnehmerkreise einzustellen.

Als Kommunikationsmittel kann ein Bilderbuch in bezug auf seine Qualität immer nur vom Leser bzw. Betrachter her beurteilt werden. Nach A. C. Baumgärtner sind dabei vor allem folgende drei Kriterien zu beachten:
1. Gegenwartsbedeutung für das Kind
2. Zukunftsbezug (Aufbau von Qualifikationen)

3. Funktionsgerechtheit (Welcher Stil ist angemessen für welche Absicht?)
(Welt des Kindes, Heft 4, München 1974, Seite 164–172)
Nach H. Hinkel (1972) ist es für das Kind bedeutsam, ob und inwieweit durch das Bild bzw. die Bilderserie seine Wißbegierde geweckt wird, ob es emotional angesprochen wird und das Dargestellte wiedererkennt. K

Vgl. die Stichworte Bilderbuch und Comic, in: Kritisches Lexikon der Erziehungswissenschaft und Bildungspolitik, rororo-TB 6190, Reinbek 1976[2]. Doderer/Müller 1973; Metzger 1971

Bildfrequenz

Die Bildfrequenz gibt die Anzahl vollständiger Bilder pro Sekunde an, beim öffentlichen Fernsehen z. B. 25 Bilder/sec. O

Bildmeditation

Das herkömmliche Verständnis von → Meditation ruft möglicherweise in der Verbindung mit einer Unterrichtsmethode Erwartungen hervor, die nicht eingelöst werden können. Die Bezeichnungen Bildmeditation und → Schreibmeditation haben sich aber als gruppendynamische Übungsformen so eingebürgert und bewährt, daß eine modifizierte Übertragung in den unterrichtlichen Bereich sinnvoll erscheint.
Als Unterrichtsmethode bezeichnet die Bildmeditation den Vorgang, daß die Schüler auf dargebotene symbolhaltige Bilder (am besten Dias – höhere Konzentration wegen der Verdunklung!) mit assoziativen und spontanen Aussagen reagieren, wobei die ausgelösten Gefühle und nicht die Inhalte der Bilder von vorrangiger Bedeutung sind.
Die erste Phase der Bildmeditation, die Bildbetrachtung, erfordert um der vollen Wirkung der Bilder willen Zeit und absolute Ruhe. Eine Beschränkung auf ein Bild oder wenige Bilder ist anzuraten. Es empfiehlt sich, registrierte Gefühle stichwortartig schriftlich festzuhalten, da das sofortige Ausplaudern erfahrungsgemäß die anderen Betrachter „blickverengend" beeinträchtigt.
Die zweite Phase der Bildbetrachtung gehört dem immer noch unreflektierten Austausch und der Fixierung der festgestellten Gefühlsäußerungen.
Erst in der dritten Phase wird in freier Diskussion oder anhand von Leitfragen den Ursachen und den in diesen versteckten Wertvorstellungen und Erfahrungen nachgespürt, die individuell ganz bestimmte Gefühle bei der Bildbetrachtung hervorgerufen haben. K

Bildreportage

Die **Reportage** unterscheidet sich von der Nachricht oder Meldung dadurch, daß in ihr der Reporter seine subjektive Meinung in eine Information einbringt. Der **Bildreportage** bedienen sich vor allem illustrierte Zeitungen, Filmwochenschau und das Fernsehen. Das vorhandene Bildmaterial z. B. zu einem aktuellen Ereignis wird in den genannten Fällen meist im nachhinein unter einem bestimmten Aspekt arrangiert und mit einem Kommentar versehen. Im schulischen Bereich können einzelne Schüler oder eine Gruppe Bildreportagen in fast allen Unterrichtsfächern aus eigener Fotoproduktion oder aus Bildern aus Zeitungen und Illustrierten zu einem bestimmten Thema erstellen. Die Produktion bzw. die Auswahl des Bildmaterials und die Abfassung eines Kommentars fördern in hohem Maße die → Selbsttätigkeit und → Kreativität der Schüler. K

Bildsamkeit
bezeichnet die dem Menschen wesentlich eigene Disposition zur → Bildung. Sie bezieht sich gleicherweise auf seine Anlagen und auf jene Umwelt- und Lernbedingungen, die eine Entfaltung seiner Anlagen erst ermöglichen. Ihre volle Verwirklichung findet sie im → Pädagogischen Bezug, in dem die Bildungsabsicht einer Gesellschaft – konkretisiert in der des Erziehers – mit dem Bildungswillen des jungen Menschen zusammentrifft. Neuere Forschungen verweisen auf den Zusammenhang der Bildsamkeit als einer Ausgangsdisposition für Lern- und Bildungsprozesse mit dem konkreten soziokulturellen Umfeld des Zöglings. Um den natürlichen Bildungs- und Lernwillen des Zöglings zu erhalten, bedarf es einer alters- und zeitgemäßen Festlegung curricular definierter Lernziele, sorgfältiger didaktischer Analyse der geplanten Lernprozesse und nicht zuletzt einer – effektive Lernprozesse erst ermöglichenden – positiven emotionalen Grundstimmung im pädagogischen Bezug.

Eigler 1967; Hammel 1970; Hornstein 1959; Mierke 1973

→ Begabung, → Bildungsfähigkeit K

Bildung
bedeutet in der Umgangssprache den Prozeß des Gebildetwerdens und das Endergebnis dieses Prozesses sozusagen als festen Besitz und als Kennzeichen des Gebildeten. In der pädagogischen Diskussion ist allein Bildung als Prozeß bedeutsam, da sie als lebenslanger Vorgang aufgefaßt wird. Neben den extremen Positionen individualistischer und kollektivistischer Bildungstheorien ist in der Pädagogik eine starke Tendenz zu der Auffassung erkennbar, daß im Bildungsprozeß sich **personale Selbstverwirklichung des Menschen in Verantwortlichkeit gegenüber seiner Umwelt** vollzieht. Bildung wird damit formal als Prozeß verstanden, der die Begegnung von Mensch und Umwelt ermöglicht. Die Aufgabe eines jeden Menschen besteht darin, sich durch diese Begegnung in seiner Umwelt zu orientieren, sie in den Griff zu bekommen und einen sicheren Standort in ihr und ihr gegenüber zu finden. Die Begegnung mit der Umwelt im Bildungsprozeß bedeutet aber auch verantwortungsbewußten Einsatz im Sinne der Bereitschaft zu kreativer konstruktiver Veränderung und Weiterentwicklung der Umwelt- und Lebensbedingungen. Die → Didaktik als Teilbereich der → Erziehungswissenschaft versucht, dem Erzieher Hilfen zu geben, die ihn in die Lage versetzen, speziell dem jungen Menschen eine vielseitige und intensive Auseinandersetzung mit der Wirklichkeit zu ermöglichen.

Die **inhaltliche Bestimmung der Bildung** ergibt sich aus dem jeweiligen Bildungsideal einer Zeit, nach heutiger Terminologie aus den Leitzielen (→ Lernziel) einer Gesellschaft. In einer → pluralistischen Gesellschaft ist die Übereinstimmung in der Definition solcher Leitziele kaum zu erreichen, im Sinne einer Mindestübereinstimmung in der Regel nur durch den Rückbezug auf Grundgesetz und Verfassung zu leisten.

Bildungsdefizit 74

Dieses Fehlen eines allgemein anerkannten und gültigen Weltbildes, das seinen Stand in weltanschaulichen oder ideologischen Überzeugungen hat, ist zweifellos als Grund der weithin beklagten **Bildungskrise** als Orientierungslosigkeit anzusehen.
Für den Humanismus beispielsweise bedeutet Bildung die Entfaltung der Persönlichkeit nach dem Vorbild der Antike, also in Anlehnung an das Klassische.
Für E. Spranger ist „Bildung die durch Kultureinflüsse erworbene, einheitliche und gegliederte, entwicklungsfähige Wesensformung des Individuums, die es zu objektiv wertvollen Kulturleistungen befähigt und für objektive Kulturwerte erlebnisfähig macht."
Nach G. Kerschensteiner ist „Bildung ein durch die Kulturgüter geweckter, individuell organisierter Wertsinn von individuell möglicher Weite und Tiefe."
Endziel ist die autonome sittliche Persönlichkeit innerhalb der Gemeinschaft.
Max Müller schließlich definiert Bildung als „grundsätzliche Orientierung des ganzen Menschen im Ganzen des Seins." Nach seiner Ansicht ist eine Theorie der Bildung zugleich der Entwurf einer Theorie des freien Menschseins und seiner Möglichkeiten, einer Theorie der Bildung und Erfahrung als Welterfahrung und Freiheitserfahrung.
Adorno 1967; Ballauf 1953; Böhme 1976; Braun 1974; Dohmen 1964; Hammel 1970; Pleines 1971; Maier 1973; Scheler 1947; Stippel 1966; Weber 1976
→ Erziehung → Unterricht K

Bildungsdefizit
kann angenommen werden, wenn ein Individuum oder eine Gruppe hinter meßbaren erwarteten Leistungen ständig zurückbleibt. → Bildung ist in dieser Wortverbindung auf Intelligenzleistungen eingeschränkt zu verstehen. Die statistische Ermittlung des Bildungsdefizits ist nicht unproblematisch, da die jeweiligen Bezugsgrößen schwer eindeutig festzulegen sind. Bildungsdefizite werden z. B. im Vergleich der schulischen Anforderungen verschiedener Länder nachgewiesen oder als Folge der Herkunft aus bestimmten sozialen Gruppierungen wie aus Arbeiter- oder Bauernfamilien abgeleitet. Auch die Institution Schule selbst stellte sich als Ursache für Bildungsdefizite heraus, insofern z. B. lange Zeit hindurch Mädchen nicht die gleichen Bildungschancen hatten wie Knaben und das schulische Anspruchsniveau auf Kinder der sozialen Mittelschicht ausgerichtet war und weitgehend immer noch ist.
→ Chancengleichheit → Intelligenz K

Bildungsfernsehen
Vermittlung von Bildung von inhaltlich für bestimmte Altersgruppen und Jahrgangsstufen aufbereiteten Stoffbereichen in Form von einzelnen, aufbauenden Lektionen oder Serien, die über Fernsehen gesendet werden, vollzieht sich im Rahmen des Bildungsfernsehens. Durch Sendungen des

Bildungsfernsehens wie z. B. → Telekolleg, → Lehrerkolleg, → Teleberuf wurden Möglichkeiten eröffnet, auch außerhalb von organisierten, lokal festgelegten Bildungsinstitutionen an Unterrichtslektionen teilzunehmen und Zertifikate zu erwerben. Häufig bietet das Bildungsfernsehen für Zertifikatskurse ein entsprechendes → Medienverbundsystem an. Es ist von besonders großer Bedeutung für die → Erwachsenenbildung.

→ Kontaktstudium → Fernuniversität → Weiterbildung O

Bildungsforschung

In der Bildungsforschung werden mit Hilfe empirischer Methoden bildungsrelevante Erkenntnisse gewonnen, welche die Grundlage für eine langfristige realistische → Bildungsplanung und für bildungspolitische Entscheidungen liefern sollen. In Modellversuchen werden z. B. alternative didaktische Konzepte frühpädagogischer Bildung überprüft, um Anhaltspunkte für eine allgemeinverbindliche optimale Förderung der Kinder im Vorschulalter zu gewinnen (→ vgl. Modellkindergarten, → Eingangsstufe). Bildungsforschung bereitet also Bildungsreformen unterschiedlichster Art wissenschaftlich vor. Sie wird meistens von eigens für diesen Zweck geschaffenen staatlichen Instituten wahrgenommen, in denen Wissenschaftler verschiedener Disziplinen an gemeinsamen Projekten arbeiten. K

Becker 1971; Roth/Friedrich 1975; Weinacht 1971

Bildungsgerechtigkeit → Chancengerechtigkeit

Bildungsgesamtplan

Der Bildungsgesamtplan bis 1985 wurde von der Bund-Länder-Kommission für Bildungsplanung am 15. Juni 1973 vorgelegt. Er stellt einen langfristigen Rahmenplan für die Entwicklung des Bildungswesens sowie das Bildungsbudget dar.

„Der Bildungsgesamtplan gibt als erster gemeinsamer Rahmenplan der Länder und des Bundes für den Ausbau des Bildungswesens die Grundsätze an, nach denen die organisatorischen und inhaltlichen Reformen eingeleitet werden. Die inhaltliche Reform vollzieht sich vor allem durch die notwendige Erneuerung der Lernziele, Lerninhalte, Methoden, Arbeitsformen, Beurteilungskriterien und -verfahren (Curricula). Sie verlangt neue Formen des Arbeitens und Zusammenlebens in den Institutionen des Bildungswesens, demokratische Zusammenarbeit von Schulträgern und Öffentlichkeit und nicht zuletzt ein verstärktes Mitspracherecht für Lehrende, Eltern und Lernende. Ein System individueller Bildungsberatung muß zur Verfügung stehen." (Bildungsgesamtplan, Band I, Stuttgart 1973, S. 8)

Nach dem Bildungsgesamtplan gliedert sich das Bildungswesen nicht mehr nach Institutionen, sondern nach folgenden Bereichen: → Elementarbereich, → Primarbereich, → Sekundarbereich I, → Sekundarbereich II, → Tertiärer Bereich, → Weiterbildung.

Dieser Plan erhebt keinen Anspruch auf unkorrigierbare Festlegungen. Er soll vielmehr eine Fortschreibung und ständige Überprüfung des Bildungswesens ermöglichen. O

Bund-Länder-Kommission für Bildungsplanung 1973; Deutscher Bildungsrat 1972

Bildungsinhalt

Als Bildungsinhalt gilt jeder Lerngegenstand, insofern er sich in seinem Gehalt (Bildungsgehalt) für den Lernenden als bedeutsam, d. h. fördernd und kompetenzerweiternd erweist. In → Curricula kommt der Aspekt der Qualifikation des Lernenden in der Art der Lernzielformulierung zum Ausdruck. Leitende Kriterien bei der Festlegung von Bildungsinhalten – ob in Stoffplänen oder in Curricula – müssen ihre Bedeutung für die Bewältigung aktueller, an den Bedürfnissen der Lernenden orientierter Lernprobleme und ihr mutmaßlicher Nutzen für die Meisterung zukünftiger, für die Lernenden aber absehbarer Lern- und Lebensprobleme sein. Es ergibt sich als Konsequenz des Gesagten, daß die von einer bestimmten Gesellschaft als erstrebenswert formulierten Bildungsinhalte permanenter Veränderung unterliegen wie die Gesellschaft selbst, woraus sich der grundsätzliche Auftrag ständiger Revision der Curricula ableitet.

Im Bereich des institutionalisierten Lernens hat der Lehrende die schwere Aufgabe zu bewältigen, vorgegebene Bildungsinhalte unter den genannten Kriterien und mit stoff- und adressatengemäßen Methoden an die Lernenden so heranzutragen, daß ihnen eine motivierte Auseinandersetzung mit ihnen möglich ist.

→ Lernziel → Lerninhalt K

Bildungskatastrophe

Von einer „deutschen Bildungskatastrophe" bzw. einem „Bildungsnotstand" sprach G. Picht 1964 in einer Artikelserie in der Wochenzeitung Christ und Welt. Gestützt auf statistisches Material, u. a. auf die „Bedarfsfeststellung 1961 bis 1970" der Kultusminister der Länder der Bundesrepublik Deutschland vom 14. März 1963 berechnete er als Folge eines Defizits an Abiturienten einen Lehrermangel, der sich in den späten 60er Jahren katastrophal auf das Bildungswesen auswirken würde. Ferner beklagte Picht einen „erschreckenden Qualitätsschwund" in den Schulen, den er auf das ungünstige Verhältnis von Lehrer- zur Schülerzahl zurückführte. Als Effekt einer überholten Bildungspolitik beschrieb er einen Mangel an Chancengleichheit, der „Staatsbürger erster bis vierter Klasse" produziere. Auch im Bereich von Raum- und Mittelausstattung der Schulen machte Picht auf ein vorausberechenbares erhebliches Defizit aufmerksam. Angesichts dieses Bildungsnotstandes schlug Picht folgende Sofortmaßnahmen vor:

1. Reform des ländlichen Schulwesens, u. a. durch Einrichtung von Mittelpunktschulen, um die ungleichen Bildungschancen im Stadt-Land-Vergleich zu beseitigen und um die vor allem auf dem Lande noch vorhandenen Begabungsreserven auszuschöpfen.
2. Verdoppelung der Abiturientenzahl innerhalb von 10 Jahren durch den Ausbau des zweiten Bildungsweges.
3. Vermehrung der Lehrer, u. a. über Kurzstudiengänge, und Reform der Lehrerausbildung, die Picht stufenbezogen, aber ausbaufähig anzulegen empfahl.
4. Ausbau der Kooperation zwischen Bund und Ländern in den Bereichen der Bildungsplanung und Bildungsfinanzierung.

In völlig anderer Weise als Picht gewichtet H. Frank die Ursachen der „Bildungskatastrophe", wenn er sagt, daß nicht der Lehrermangel sie verursache, sondern der „Lehrorganisationsmangel", der die → Zeitadaptivität der Lernwege nach wie vor verhindere. K

Frank 1969. Band 2, Seite 179

Bildungsökonomie
Sie betrachtet das Bildungswesen (→ Bildung, Ausbildung, Forschung) unter volkswirtschaftlichen Gesichtspunkten.
Aufgabenbereiche bildungsökonomischer Forschung sind
− Verhältnis von Bildung und Wirtschaft
− Bildungsaufwand und wirtschaftliches Wachstum
− Finanzen der Bildungseinrichtungen
− Wirtschaftlichkeit und Rationalisierung
− Nachfrage (Nachwuchsbedarf)
− Vorausberechnung und Planung
− internationale Vergleiche
− Sozioökonomische und kulturpolitische Aspekte (F. Edding, 1963).
Im Zentrum bildungsökonomischer Forschung standen bisher die Fragen, welchen Anteil Bildung an der Entstehung des Sozialproduktes hat und inwiefern größerer Bildungsaufwand sich auf die Höhe des individuellen Einkommens auswirkt. Größeres Gewicht dürfte in Zukunft die → Bildungsplanung als Entscheidungshilfe für die Bildungspolitik bekommen, wenn beispielsweise die Expansion der Studienzugänge an Hochschulen sinnvoll und gerecht bewältigt werden soll. K

Combe/Petzold 1977

Bildungsplanung
Eine zukunftsorientierte Bildungsplanung hat im Rahmen der Bildungspolitik eine dem Schüler und Studierenden gerechtwerdende Planung zu verfolgen, die eine ständige → Curriculum-Revision einbezieht. Alle organisatorischen Fragen der Bildungsplanung sind im Zusammenhang von Kultur-, Sozial-, Wirtschafts- und Finanzpolitik zu sehen.
Seit dem Verwaltungsabkommen vom 25. Juni 1970 besteht die → Bund-Länder-Kommission für Bildungsplanung (BLK). Dieses beruht auf dem im Jahre 1969 in das Grundgesetz eingefügten Artikel 91 b, wonach Bund und Länder auf Grund von Vereinbarungen bei der Bildungsplanung zusammenwirken.

Edding 1970; Hüfner/Naumann 1971; Straumann 1974; Wehle 1968

→Bildungsforschung O

Bildungstechnologie
befaßt sich mit Inhalten und Methoden der → Bildung, Ausbildung, → Fort- und → Weiterbildung im öffentlichen und privaten Bereich, insofern sie von technischen → Medien getragen werden. Dabei interessieren den Bildungstechnologen Planung, Produktion, Verteilung und Einsatz einschließlich der

Erfolgskontrolle technischer Geräte (hardware) ebenso wie die von ihnen vermittelten Medienangegobte (software). Zum rein technischen Aspekt gesellen sich heute in zunehmendem Maße Betrachtungsweisen lernzielorientierter curricularer Planung und solche der Lernpsychologie, insbesondere der Informations- und Kommunikationspsychologie und der entsprechenden soziologischen Wissenschaftsbereiche. K

Mensing/Ubbens 1975

Bildungstheorien → Didaktik als Theorie der Lehr- bzw. Bildungsinhalte

Bildungsurlaub
bedeutet Anspruch auf Freistellung von anderer Arbeit, der die Teilnahme an Weiterbildungsveranstaltungen gewährleisten muß. Die Festlegung der Mindestdauer für den Bildungsurlaub sollte eine Zeitspanne vorsehen, die eine effektive → Weiterbildung ermöglicht. Die Einführung des Bildungsurlaubs wurde überwiegend mit berufsbezogenen Argumenten begründet.

Deutscher Bildungsrat 1973; Hafenegger/Kesselgruber 1976; Kuhlenkamp 1975; Siebert 1972; Urbach/Winterhager 1976

→ Life-long Learning → Erwachsenenbildung → Fortbildung → Modultraining O

Bildungsziel
Als Bildungsziel gilt die normative Beschreibung letzter anzustrebender Verwirklichung des Menschseins im Sinne einer Idealvorstellung oder eines → Leitbildes. Gesellschaften mit verhältnismäßig einheitlicher ideologischer Ausrichtung fällt die Formulierung solcher letzter Bildungsziele leicht, wie z. B. den Gesellschaften des christlichen Mittelalters, der Aufklärung oder des bis in unsere Zeit wirkenden Humanismus, aber auch den diktatorischen Gesellschaftssystemen der Gegenwart. Sie alle leiten ihre obersten Bildungsziele aus einer für alle Mitglieder des betreffenden gesellschaftlichen Systems geltenden weltanschaulichen Übereinstimmung ab, gleichgültig ob diese Übereinstimmung gewachsen und freiwillig oder aufoktroiert und erzwungen ist. In einer pluralistischen Gesellschaft kann ein allgemeingültiges letztes Bildungsziel nicht formuliert werden, es sei denn in Form einer formalen, abstrakten Bestimmung, die offen ist für eine verschiedenartige inhaltliche Konkretisierung. In diesem Sinne werden in neuerer Zeit die Bildungsziele z. B. in → Curricula von Leitzielen wie Selbstbestimmung, Emanzipation abgelöst, die ohne konkrete inhaltliche Bestimmung den Stellenwert von Leerformeln haben.

Benden 1977

→ Lernziel → Pluralismus K

Bilinguismus
bedeutet Zweisprachigkeit. Grenzlandbewohner z. B. sind vielfach zweisprachig. Zumindest besitzen sie für die Zweitsprache umfangreiches passives Wissen. O

Binärsystem

Im Gegensatz zum Dezimalsystem, das auf der Basis 10 aufbaut, hat das Binärsystem nur zwei Ziffern, nämlich 0 und 1 und beruht auf Potenzen der Basis 2.

→ Bit → Enkodierung   O

Binetarium

heißt das von A. Binet und Th. Simon entwickelte Testinstrumentarium zur Überprüfung der → Intelligenz von Kindern und Jugendlichen.

→ Intelligenztest   K

Binnendifferenzierung

Für den → Unterricht, insbesondere den → Gruppenunterricht wird die Binnendifferenzierung als die Herausbildung von Strukturen innerhalb einer Gruppe z. B. in Form unterschiedlicher → Rollen verstanden.

→ Differenzierung   O

Biogenetisches Grundgesetz → Ontogenese

Biorhythmus

bezeichnet nach Duden den rhythmischen, periodischen (= regelmäßig wiederkehrenden) Ablauf des Lebens von Organismen.
Rutenfranz (1977) referiert u. a. folgende Biorhythmen des Kindes:
1. Der angeborene Schlaf-Wach-Rhythmus ist auf 25 Stunden verteilt. Erst Umwelteinflüsse (Verhalten der Mitmenschen, Zeit, Tag-Nacht-Rhythmus) sorgen nach und nach für die Umstellung auf die 24-Stunden-Periode des Tages. (Kleitman 1963; Kleitman/Engelmann 1953; Hellbrügge u. a. 1959).
2. Ebenso sind die Systeme der Temperaturregulation und der Kreislaufregulation nach der Tagesperiodik gegliedert. (Hellbrügge 1963).
3. Von großer Bedeutung für die zeitliche Verteilung von Lernphasen ist der Tagesrhythmus der physiologischen Leistungsbereitschaft von Kindern (siehe Abb. S. 80).

(Rutenfranz/Hellbrügge 1957; Graf/Rutenfranz 1968; Hellbrügge u. a. 1960; Schmidtke 1965)

Biorhythmen mit längerer Ablaufzeit als die Tagesperiodik liegen z. B. bei der Menstruation (= Monatsblutung der Frau) und bei der Zellerneuerung des Körpers vor.   K

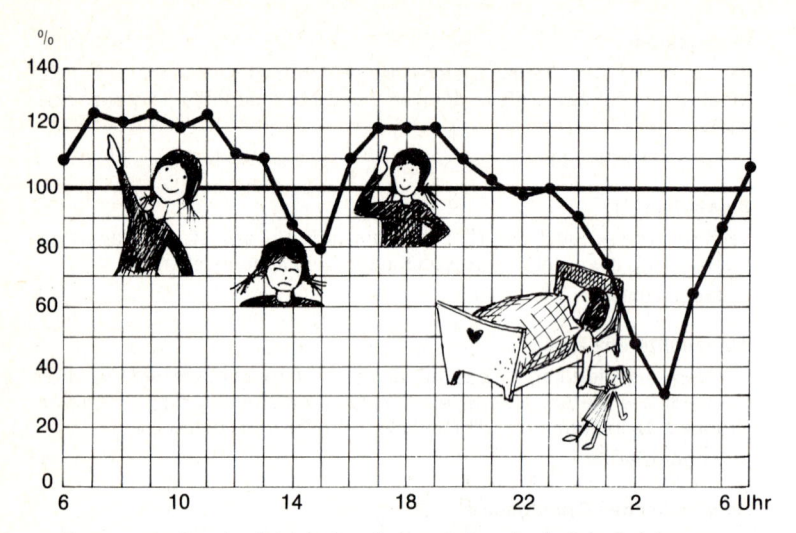

Tagesgang der physiologischen Leistungsbereitschaft in Anlehnung an Untersuchungen von Biemer et al.

Bit

Bit stellt eine binäre Ziffer dar und ist ein aus „binary digit" zusammengezogener Begriff. 0 und 1 sind die beiden Formen eines Bits. Außerdem bezeichnet „Bit" im Rahmen der → Informationstheorie.die jeweils kleinste Einheit.

→ Binärsystem O

Black Box

Der Begriff Black Box (dunkler Kasten) stammt aus der Fernmeldetechnik, wo er für komplexe elektronische Systeme steht, von denen zwar die Funktion, der innere Aufbau aber überhaupt nicht oder nicht im Detail bekannt ist. Watzlawick u. a. berichten, daß der Begriff im Krieg auch für „erbeutetes Feindmaterial verwendet wurde, das wegen der darin möglicherweise enthaltenen Sprengladungen nicht zur Untersuchung geöffnet werden konnte". Wofür auch das Modell der Black Box angewendet wird, immer sind die Eingangs- und Ausgangsgröße (Input – Output) bekannt, nicht aber die Struktur des Systems selbst bzw. die Vorgänge zwischen Input und Output. Durch den Vergleich verschiedener Input- und Outputgrößen können aber Beziehungen (Input-Output-Relations) zwischen denselben festgestellt und evtl. als gesetzmäßige Veränderungen beschrieben werden. Aus diesen Beobachtungen können dann in einem zweiten Schritt Hypothesen über die innere Struktur des Systems abgeleitet werden.
Die Vorstellungs- und Erkenntnishilfe Black Box bewährt sich vor allem in

der psychologischen Forschung, insofern für die Erhellung der Funktion des psychischen Systems (z. B. Kommunikationsvorgang) nicht unbedingt die innere Struktur bekannt sein muß. K

Watzlawick u. a. 1974[4]

Blinder Fleck → Johari-Fenster

Blockbeschulung
Durch die Blockbeschulung oder den Blockunterricht wird die Ausbildungszeit bei der Berufsausbildung in sog. ‚Blöcke' zerlegt, d. h., daß z. B. ein zusammenhängender Schulunterricht von 4 Wochen durchgeführt wird, dem eine achtwöchige Ausbildung im Betrieb folgt. Auf Grund dieser aneinandergereihten Form von Schulunterrichts- und betrieblichen Ausbildungsblöcken läßt sich für den Auszubildenden sowohl Unterricht als auch Berufsausbildung effektiver gestalten. Die theoretischen und berufspraktischen ‚Blöcke' lassen sich entsprechend der Notwendigkeit der Ausbildung verlängern oder verkürzen.
→ Berufsschule O

Blockdiagramm
Im Blockdiagramm werden stehende oder liegende Blöcke, Säulen oder Rechtecke zur Unterscheidung und Verdeutlichung von Beziehungen und Zusammenhängen verwendet. In bezug auf die Programmierung stellt es eine Verfeinerung eines → Flußdiagramms dar.
→ Statistik O

Blockunterricht → **Blockbeschulung**

Bolzplatz → Kinderspielplatz

Brainstorming
Wörtlich übersetzt heißt Brainstorming das Gehirn stürmen, Sturmangriff auf das Gehirn, sammeln von Geistesblitzen.
Gemeint ist eine Methode der Stoffsammlung zu einem Stichwort oder einem Thema auf dem Wege der assoziativen Gedankenverbindungen.
Die Methode des Brainstormings schreibt zwei Phasen vor:
In der ersten Phase werden sämtliche Einfälle zum Thema zusammengetragen, ohne vom Sprecher oder den anderen am Brainstorming Beteiligten auf Brauchbarkeit und Zugehörigkeit reflektiert oder gar kritisiert zu werden. Erst wenn der assoziative Gedankenfluß zum Stillstand kommt, werden **in der zweiten Phase** die gesammelten Einfälle von den Beteiligten kritisch reflektiert, geordnet und gegliedert. Unbrauchbare Vorschläge werden ausgeschieden.
Brainstorming eignet sich besonders gut als Methode des Einstiegs in ein neues Thema, zum Warmlaufen einer um eine gemeinsame Aufgabe versammelten Gruppe, als Möglichkeit kreativer Überwindung festgefahre-

ner Lernsituationen. Bei der Einübung in die Methode ist strikt auf die Einhaltung der Regeln zu achten. Anfänger neigen vor allem in der ersten Phase dazu, ihre Einfälle aus Gewohnheit oder aus Angst vor Blamage auf ihre Brauchbarkeit zu überprüfen, bevor sie eine Äußerung wagen. K

Branching System

Das verzweigte Programm nach N. A. Crowder geht beim Aufbau davon aus, daß Lernende nach Vorbildung und Begabung verschieden sind. Es versucht durch fortlaufende Überprüfung in Form des „Mehrfachwahlsystems" (→ Multiple Choice System) das Gelernte zu sichern, bevor neue Aufgaben gestellt werden. Dies geschieht durch das „Branching System", eine Technik, durch die das Programm in eine vorwärtsweisende Verzweigung (→ wash-ahead) bei richtiger Antwort und in eine rückwärtsweisende Verzweigung (wash-back) bei falscher Antwort münden kann. Die Schleifen im „Branching System" führen nach richtiger Lösung immer wieder ins Hauptprogramm zurück.

→ Lehrprogramm → Programmierte Instruktion O

Brauch

„ist eine Art des Handelns oder Verhaltens, das durch Tradition von Kulturelementen in einem bestimmten Raum und innerhalb einer bestimmten Epoche von einer Gruppe von Menschen oder von einzelnen als normativ, verpflichtend oder verbindlich empfunden wird. Häufig handelt es sich dabei um Verhaltensformen, die nicht mehr mit besonderen Entscheidungshandlungen verbunden sind oder von besonderen Informationen ausgelöst werden." K

Steinmetz 1977, Seite 272

Breitfeldcurriculum (broad field curriculum)

Bei dieser Organisationsform des Curriculums sind die Einzelfächer und Einzeldisziplinen aufgehoben. An Stelle der einzelnen Fächer entstehen breite Lerngebiete, die sich um Erkenntnisgebiete, um Kernbereiche herumgruppieren.

→ Curriculum → Lernziel → Aktivitätscurriculum O

Bürowirtschaftliche Zentren

Sie finden sich in erster Linie an Schulen, in denen wirtschaftsbezogene Unterrichtsfächer wie Betriebswirtschaftslehre, Rechnungswesen, Informatik, Maschinenschreiben und Kurzschrift erteilt werden. Bürowirtschaftliche Zentren bilden großräumige Organisationskomplexe und ermöglichen durch ihre Funktionen die Ausbildung im maschinellen Rechnen und Buchen, Maschinenschreiben mit Phonotypie, in der Kurzschrift und auf Grund der dort befindlichen Computer im Fache Informatik einschließlich elektronischer Datenverarbeitung (EDV).

→ Wirtschaftsschule → Wirtschaftswissenschaftliches Gymnasium → Berufliches Schulwesen O

Bumerang-Effekt

bezeichnet in der Kommunikationsforschung den Vorgang, daß große oder gar extreme Meinungsunterschiede (= Meinungsdiskrepanzen) zwischen Gesprächspartnern in der Regel einen Meinungswandel eines Gesprächspartners ausschließen oder ihn sogar zu einem unerwünschten bzw. der Absicht des anderen nicht angemessenen Meinungswandel veranlassen. Geringfügige Meinungsunterschiede führen zu geringem Meinungswandel, während mittlere Meinungsunterschiede noch am ehesten die Chance in sich bergen, auch einen erwünschten Meinungswandel nach sich zu ziehen.

Dröge u. a. 1969

→ Dissonanz, kognitive K

Bundesausbildungsförderungsgesetz

Ausbildungsförderung erhalten nach dem Bundesausbildungsförderungsgesetz (BAföG) Schüler, Studierende und Studenten.
Schüler und Studierende können gefördert werden, wenn folgende Bildungseinrichtungen besucht werden:
- weiterführende allgemeinbildende Schulen, z. B. → Gymnasien ab Klasse 11 (eine Förderung kann ab der 10. Klasse erfolgen, wenn der Auszubildende nicht bei den Erziehungsberechtigten lebt, weil von deren Wohnung aus eine entsprechende zumutbare Ausbildungsstätte nicht erreichbar ist)
- → Berufsfachschulen, z. B. → Wirtschaftsschulen, Berufsfachschulen für Hauswirtschaft und Kinderpflege ab Klasse 11 (eine Förderung ab der 10. Klasse ist unter den gleichen Gegebenheiten wie bei Gymnasien möglich)
- → Berufsaufbauschulen
- → Fachoberschulen
- → Fachschulen
- → Höhere Fachschulen
- → Berufsoberschulen
- → Kollegs
- Akademien, z. B. → Fachakademien, → Berufsakademien
- Abendhauptschulen
- → Abendrealschulen
- → Abendgymnasien
- Studenten werden gefördert beim Besuch von → Fachhochschulen
- Akademien, z. B. Kunstakademien
- → Hochschulen, Universitäten

Weiterhin können Fernunterrichtslehrgänge und über Fernsehen ausgestrahlte Bildungslehrgänge förderungswürdig sein, wenn sie auf einen Abschluß der obengenannten Bildungsinstitutionen vorbereiten. Geforderte Praktikumszeiten, die im Zusammenhang mit einer anerkannten Ausbildung stehen, werden im BAföG berücksichtigt.
Ein Studium im Ausland wird gefördert, wenn es der Ausbildung förderlich ist, wenn es auf Grund eines Stipendiums erfolgt und zumindest ein Teil auf die vorgeschriebene Studiendauer angerechnet werden kann.

Die Förderung wird für Schüler und Studierende regelmäßig als Zuschuß, für Studenten teilweise als Zuschuß und als Darlehen gewährt. In Ausnahmefällen können nach dem BAföG auch reine Darlehen vergeben werden. Der Zeitraum der Ausbildungsförderung als Förderungshöchstdauer bemißt sich nach Art und Länge der einzelnen Studiengänge, so ist z. B. für das Studium Informatik, für das eine Mindeststudienzeit von 8 Semester vorgesehen ist, die Förderungshöchstdauer mit 10 Semestern festgelegt. Bei der Berechnung des Förderungsbetrages ist zu berücksichtigen, ob der Auszubildende bei seinen Eltern wohnt oder nicht, ob er ein eigenes Einkommen hat, verheiratet ist, Kinder hat, evtl. der Ehepartner verdient und Vermögen vorhanden ist. Als Basis zur Berechnung wird grundsätzlich das gesamte Nettoeinkommen abzüglich Steuern, Versicherungsbeiträge und Werbungskosten angesehen. Nachdem sich häufig Änderungen in bezug auf Höhe und Durchführung der Förderung ergeben und die einzelnen Bundesländer im allgemeinen Ergänzungsgesetze zum BAföG bzw. deren Neufassungen erlassen, wird empfohlen, sich bei evtl. Fragen direkt an die Schule und die zuständigen Ämter für Ausbildungsförderung im jeweiligen Stadt- oder Landkreis zu wenden. Anträge auf Förderung nach BAföG sind von Studenten beim Studentenwerk der besuchten Hochschule zu stellen. Studienanfänger können ihre Förderung bereits nach dem Abitur beantragen. O

Bundeswehrhochschule → Hochschule

Bund-Länder-Kommission
Die Länderregierungen der Bundesrepublik Deutschland schlossen mit der Bundesregierung auf der Grundlage des Artikels 91 b des Grundgesetzes ein Verwaltungsabkommen zwischen Bund und Ländern über die Errichtung einer gemeinsamen Kommission für Bildungsplanung vom 25. Juni 1970. Damit entstand die Bund-Länder-Kommission, die ein ständiges Gesprächsforum für alle Bund und Länder gemeinsam berührenden Fragen des Bildungswesens und der Forschungsförderung bildet.
Die Bund-Länder-Kommission gliedert sich in Ausschüsse, die ihrerseits in Arbeitsgruppen unterteilt werden.
Diese sind:
1. Ausschuß Bildungsgesamtplan
   Arbeitsgruppen: Elementar-, Primar- und Sekundarbereich; Tertiärer Bereich; Weiterbildung; Personal im Bildungswesen; Bauten und Sachmittel; Fragenkatalog.
2. Ausschuß Bildungsbudget
   Arbeitsgruppen: Standardkostenprogramm; Gliederung des Bildungsbudgets.
3. Ausschuß Forschungsförderung
   Arbeitsgruppen: Forschungsbudget; Königsteiner Staatsabkommen.
4. Ausschuß Innovationen im Bildungswesen
   Arbeitsgruppen: Modellversuche; Wissenschaftliche Begleitung; Modellversuche im Hochschulbereich.

→ Bildungsplanung → Bildungsforschung   O

Cancrophobie → Phobie

Case method → Fallstudie

case problem method → Fallstudie

case study method → Fallstudie

Casework (= Einzelfallhilfe) → Erziehungsberatung

Chancengerechtigkeit → Chancengleichheit

Chancengleichheit
Mit dem Begriff der Chancengleichheit sind je nach der Situation und Position derer, die sie fordern oder diskutieren völlig unterschiedliche Zielvorstellungen verbunden. Im allgemeinen wird die Chancengleichheit unter folgenden Gesichtspunkten gesehen:
- allen Kindern haben alle Schulen offenzustehen
- allen ist die Möglichkeit zu geben, ihre Begabungen und Fähigkeiten zu entwickeln und ihre Persönlichkeit zu entfalten
- eine Benachteiligung von Gruppen oder eines einzelnen auf Grund regionaler, sozialer und individueller Gegebenheiten ist auszuschließen
- Kinder und Heranwachsende sind soweit zu fördern, daß sie die Voraussetzungen besitzen, die Gleichheit der Bildungschancen wahrzunehmen.

Zu berücksichtigen ist hierbei, daß eine Chancengleichheit nicht durch Nivellierung von Stoffangeboten und Anforderungen erreicht wird. Eine einheitlich geplante und gewollte ‚Chancengleichheit', die allen das Gleiche anbietet, gelangt immer wieder zu ungleichen Ergebnissen und entpuppt sich letzten Endes auf Grund der Unterschiedlichkeit der Person als ungerecht und findet nicht den Weg zur sozialen Gleichheit. Um eine etwaige Chancengleichheit im Sinne einer Chancengerechtigkeit erreichen zu können, ist es notwendig, jedem, auch dem älteren Menschen, die Bildungsmöglichkeiten anzubieten, die seinen Anlagen und Neigungen entsprechen. Erst durch gezielte, auf die durch die jeweilige Zeit und ihre Umwelt geprägten Adressaten abgestellte differenzierte und individualisierte Bildungsangebote in vertikaler und horizontaler Richtung mit größtmöglicher Durchlässigkeit und dem Angebot gleichwertiger, aber durchaus unterschiedlicher Bildungsinhalte und gestuften Anforderungsformen im allgemeinen und beruflichen Bereich wird eine Art Chancengleichheit und Chancengerechtigkeit erzielt, die dem einzelnen auch eine von ihm angestrebte Lebensqualität ermöglicht. O

Child-centered Curriculum
ist die Organisationsform eines → Curriculums, das die Interessen und Bedürfnisse der Schüler erstrangig berücksichtigt.
→ Lernziel O

Chromosomen
sind die Bestandteile des Zellkerns. Sie bestehen hauptsächlich aus → Desoxyribonucleinsäure, durch deren Anordnung die Erbinformationen festgelegt sind. Der Mensch besitzt 23 Chromosomenpaare, wovon 22 Paare Autosomen und ein Paar Hetero-Chromosomen (die Geschlechtschromosomen X und Y) sind.
Abweichungen von der normalen Chromosomenzahl 46 oder in der Gestalt einzelner Chromosomen werden als Chromosomenaberrationen bezeichnet.
→ Genommutation → Trisomie K

Chromosomenaberration → Chromosomen

Circadianperiodik → Biorhythmus

Claustrophobie → Phobie

Clique
kann als eine kleine Gruppe Gleichgesinnter bezeichnet werden. Ihr Vorhandensein wird dann negativ beurteilt, wenn sie als Untergruppe innerhalb einer größeren Gruppe Anlaß gehäufter Störungen der Aktivität und des Wohlbefindens der Gesamtgruppe wird und damit die Gefahr ihrer Auflösung heraufbeschwört.
Der Cliquenbildung z. B. in einer Klasse wird vor allem Vorschub geleistet durch mangelnde Motivierung der Gesamtgruppe und ihrer Arbeitsgruppen und durch einen die Opposition herausfordernden autoritären Führungsstil.
→ Erziehungsstile K

Closed circuit television (CCTV) → schulinternes Fernsehen → Medienverbundsystem

Cluster
Bilden verschiedene Merkmale, die nicht unabhängig voneinander auftreten und in mehr oder weniger engem Zusammenhang stehen, eine Merkmalsgruppe, so bezeichnet man diese als ein Cluster. Die Merkmale eines Clusters weisen untereinander eine Korrelation auf, während sie mit anderen nicht korrelieren.
→ Cluster-Analyse → Cluster-Diagramm O

Cluster-Analyse
ist ein mathematisch-statistisches Verfahren, nach dem auf Grund bestimmter korrelierender Merkmale homogene Gruppen, → Cluster, gebildet werden können.
Die Korrelation und die Ähnlichkeit der Merkmale innerhalb der einzelnen Gruppen muß größer sein als zwischen den verschiedenen Gruppen O

Cluster-Diagramm
Empirisch ermittelte Merkmals- → Cluster lassen sich im Koordinatensystem als Diagramm darstellen. So lassen sich z. B. der Cluster einer sozial-emotionalen Dimension, einer Lenkungs-Dimension und einer dritten Dimension, die die anregende Aktivität zum Ausdruck bringt, zueinander in einem Diagramm in Beziehung setzen.

→ Cluster → Cluster-Analyse   O

COBOL
setzt sich als Abkürzung aus den Anfangsbuchstaben von Common Business Oriented Language zusammen und bezeichnet eine problemorientierte → Programmiersprache, die für die Programmierung von Aufgaben und Abläufen im Wirtschafts- und Verwaltungsbereich geeignet ist.   O

COGENDI
ist die Abkürzung für Computer-generierte Didaktik. Sie zielt auf das halbalgorithmische Lehralgorithmieren ab (→ Lernalgorithmus). Dies bedeutet für die → Programmierte Instruktion im einzelnen:
1. Der → Basaltext ist redundant, d. h. es werden dem Lernenden nötigenfalls Zusatzinformationen angeboten.
2. Der Lernende kann demzufolge durch seine Antworten seinen Weg durch das Programm mitbestimmen.
3. Neben dem Rückverweis an den Anfang eines falsch beendeten Lernschritts (vgl. → ALZUDI) sind Übungs- und Wiederholungsschleifen, Umwegschleifen mit ergänzenden Erläuterungen, Alternativwege mit unterschiedlichen Anforderungen u. a. m. möglich. In vereinfachter Form soll dies die folgende Graphik an den Schritten 1 bis 6 eines Lehrprogramms erläutern.
Der Programmaufbau läßt die Entsprechung zum verzweigten Programm (= Crowder-Programm; → Lehrprogramm) erkennen.

Siehe Abb. S. 88!

→ ALSKINDI
→ Kriterienprogrammierung
→ Kybernetische Didaktik → Kybernetische Lehrmaschinen
→ Kybernetische Pädagogik   K

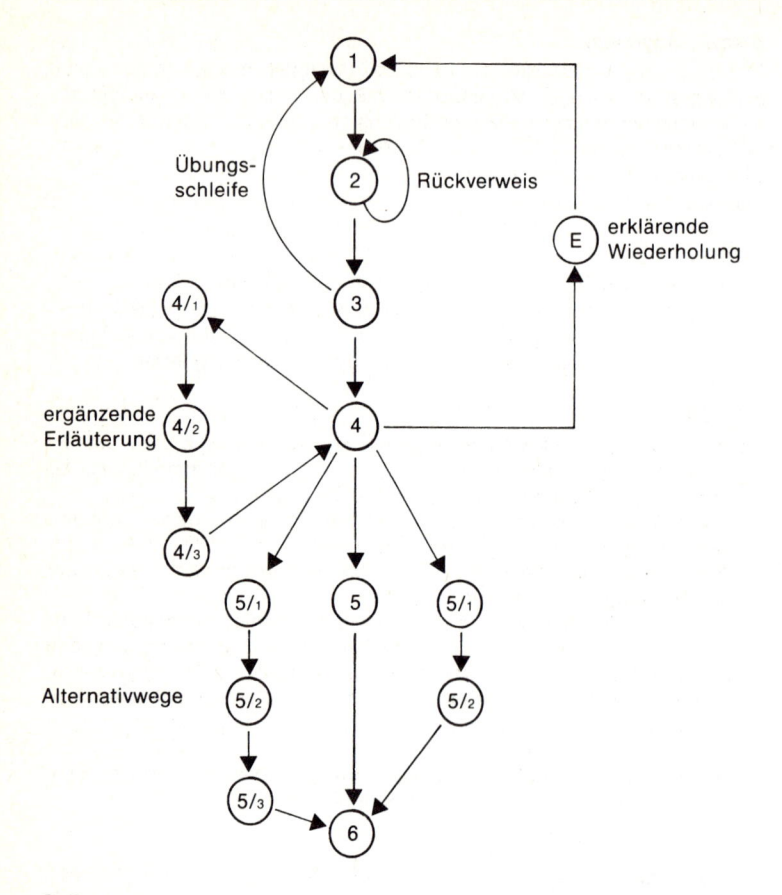

Collage

Diagramm-Beschriftungen:
- Übungsschleife
- Rückverweis
- E erklärende Wiederholung
- ergänzende Erläuterung
- Alternativwege

Collage
ist eine Klebearbeit aus schwarzweißen und/oder farbigen Druckvorlagen oder Papieren, wobei verschiedene Schrifttypen, Ziffern, Bilder, Bildausschnitte und farbige Papiere unter einem gestellten Thema oder zur graphisch und/oder farblich rhythmischen Gliederung und Strukturierung einer Fläche kombiniert werden.

Kennzeichen einer gelungenen Collage sind ein gewisser Verfremdungseffekt und die optische Spannung in der inhaltlichen Aussage und in der Art der Gestaltung. Bevorzugte Themen für Collagen sind solche mit stark gesellschaftskritischem, politisch provokativem Aussagegehalt, z. B. die Themen: Krieg, Gewalt, Dritte Welt, Umweltverschmutzung, Liebe. Kindern gelingen oftmals aus der Freude am optischen Spannungseffekt und im

spielerischen Umgang mit dem Material ausgezeichnete Collagen. Die reflektierte Erstellung einer Collage setzt künstlerisches Können und kritische Auseinandersetzung mit dem Thema und mit den Möglichkeiten des Materials voraus. K
Farnworth 1976; Laliberté/Mogelon 1971; Wescher 1974

Comment

ist eine Erklärung, Bemerkung, Stellungnahme, Erläuterung oder Anmerkung, durch welche die eigene Meinung entweder schriftlich oder mündlich z. B. zu einem gegebenen Text, Vortrag oder Gespräch zum Ausdruck gebracht wird. Es tritt haufig als Prüfungsteil im Rahmen eines → Comprehension auf. O

Composition

ist eine schriftliche Übungsarbeit in Form eines Aufsatzes für Schüler und Studierende, die eine Fremdsprache erlernen. Es ist nicht selten ein Prüfungsteil des → Comprehension. O

Comprehension

Das Comprehension stellt eine in sich abgerundete Prüfungsform für Sprachen, insbesondere für die englische Sprache dar. Es überprüft durch entsprechende Formen der Textbearbeitung die Texterfassung durch den Lernenden, die Erkenntnisse der Zusammenhänge im Text und die fremdsprachlichen Fertigkeiten. Die sich an den Text anschließenden Übungsarten sind unterschiedlich. Sie reichen von Fragen zum Text, Übungen zum Wortschatz und zur Grammatik, von Übersetzungen, Inhaltsangaben und Stellungnahmen bis zur kurzen Zusammenfassung eines Textes. Als Prüfungsform spielt das Comprehension vor allem bei Abschlußprüfungen eine bedeutende Rolle.
Im allgemeinen besteht es aus folgenden fünf Teilen:
1. Text
2. Questions on the Text (Fragen zum Text)
3. Vocabulary (Fragen und Erklärungen zum im Text verwendeten Wortschatz)
4. Grammar (Fragen zu grammatikalischen Strukturen und deren Bearbeitung in bezug auf den Text)
5. A Written Exercise (eine schriftliche Übung in Verbindung zum gegebenen Text),
z. B. → summary → comment → composition
Mitunter wird eine Übersetzung von Textausschnitten mit einbezogen. O

Computerlinguistik

Bei der Bearbeitung sprachlicher Probleme werden elektronische Rechenanlagen mit herangezogen, z. B. bei Sprachübersetzungen.
→ Computerunterstützter Unterricht → Bürowirtschaftliche Zentren O

Computerunterstützter Unterricht (CUU)

Der Schüler tritt im CUU mit dem Computer in einen Lerndialog, indem er z. B. bei der Kombination einer Datensichtstation zur Informationsausgabe (Monitor) und einer Schreibmaschinentastatur zur Antworteingabe das gewünschte Programm abruft und seinem Lerntempo, seinen individuellen Fähigkeiten und den richtigen oder falschen Lernergebnissen entsprechend bearbeitet. Seine Überlegenheit gegenüber anderen Medien beweist der CUU erst mit seiner Leistung, aufgrund der Speicherung aller Lerndaten des Schülers die nachfolgenden Aufgaben jeweils auf das gesamte Lernverhalten des Schülers abstimmen zu können und nicht etwa nur auf die letzte Schülerreaktion. Über die dem Lernverhalten des Schülers angemessene Steuerung des Lerndialogs hinaus ermöglicht die Speicherfähigkeit des Computers auch eine detaillierte Diagnose über den Stand der Fähigkeiten und des Wissens der Schüler. K

Ellis 1974; Eyferth 1974; Freibichler 1974

Constructed Response

ist eine aufgrund eines vorangegangenen Ablaufes oder Prozesses erwartete Antwort oder → Reaktion. Sie tritt als konstruierte Antwort vor allem in → Lehrprogrammen linearer Art auf und ist häufig als Ergänzung in Leerstellen von Buchprogrammen oder Laborprogrammen einzufügen.

→ Programmierte Instruktion O

Content Validity

befaßt sich mit Verfahren, die die → Validität von Leistungskontrollen, auch der Zwischentests und Einzelaufgaben, in bezug auf vorgegebene stoffliche Inhalte gewährleisten. O

Creaming

befaßt sich mit Problemen von Begabungsabschöpfungen. Bei den Volksschulen ergibt sich das erste creaming nach der vierten Klasse der Grundschule durch den Übertritt einer Anzahl geeigneter Schüler ins Gymnasium. Das zweite creaming findet nach der sechsten Klasse der Hauptschule statt, wenn weitere Begabungen durch → Realschule und → Wirtschaftsschule abgezogen werden. O

Prell 1976

Creative Education Foundation

ist eine Institution, die 1954 von Alex F. Osburn als Organisationszentrum zur Kreativitätsforschung und Verbreitung entsprechender Informationen, Schriften und empirischen Materials in bezug auf → Kreativität und der mit ihr verbundenen Methoden gegründet wurde. O

Creative Practice

stellt Gestaltungsübungen im Rahmen von → Lehrprogrammen dar, insbesondere von Sprachlaborprogrammen. Die Gestaltungsübung regt den Lernenden an, aufgrund verschiedenartiger→ Patterns nachzuschaffen und umzugestalten. Sie verfolgt nicht das freie Gespräch, sondern ein systematisches, auf Teillernziele ausgerichtetes, anhaltendes Üben. Die Übung ist im allgemeinen nach den Regeln der → linearen Programmierung erstellt.

→ Lehrprogramm → Phaseneinheiten → Sprachlabor O

Creativity → Kreativität

Criterion Programming → Kriterienprogrammierung

CuLP → Curricularer Lehrplan → Curriculum

Curricularer Lehrplan

Der Curriculare Lehrplan bietet dem Lehrer im allgemeinen einen für den Unterricht systematisch aufgegliederten und geplanten Lehrstoff, eine geordnete Folge von Lernsituationen an. Er befaßt sich mit Zielangaben wie z. B. → Lernzielen, Auswahl und Organisation von Inhalten und Arbeitsformen, mit der Beschreibung von Lehrstrategien und Aussagen über Evaluationsverfahren (→ Evaluation).
Nach Westphalen (1976) ergibt sich folgende Definition: ,,Curricularer Lehrplan heißt ein Lehrplan, der nach curricularen Grundsätzen gestaltet ist. Er umfaßt in vier Kategorien konkrete Lernziele, Lerninhalte, Unterrichtsverfahren und Lernzielkontrollen, verzichtet aber auf verbindliche Festlegung von Feinzielen und vermeidet so eine Gängelung von Lehrern und Schülern. Er wird durch Unterrichtsmodelle ergänzt." Entsprechend dieser Definition wird der curriculare Lehrplan grundsätzlich in folgende vier Kategorien eingeteilt:

1. Lernziel
1.1 Richtziele
1.2 Grobziele

2. Lerninhalt
2.1 Stoffe
2.2 Themen
2.3 Projekte
2.4 Lektüre
2.5 Übungen
und weitere

3. Unterrichtsverfahren
3.1 Lernorganisation
3.2 Methodik
3.3 Medien
3.4 Zeitplanung

Curricularer Lehrplan

Strategie zur Entwicklung curricularer Lehrpläne

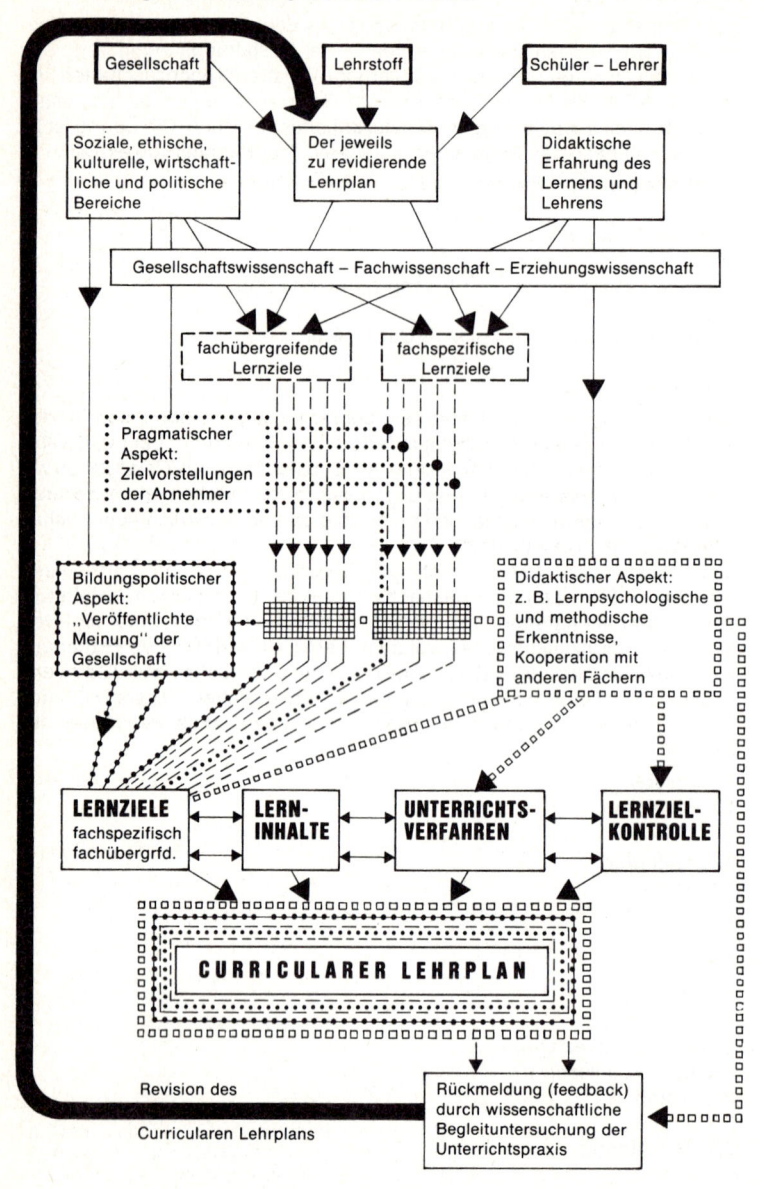

- Gesellschaft
- Lehrstoff
- Schüler – Lehrer

- Soziale, ethische, kulturelle, wirtschaftliche und politische Bereiche
- Der jeweils zu revidierende Lehrplan
- Didaktische Erfahrung des Lernens und Lehrens

Gesellschaftswissenschaft – Fachwissenschaft – Erziehungswissenschaft

- fachübergreifende Lernziele
- fachspezifische Lernziele

Pragmatischer Aspekt: Zielvorstellungen der Abnehmer

Bildungspolitischer Aspekt: „Veröffentlichte Meinung" der Gesellschaft

Didaktischer Aspekt: z. B. Lernpsychologische und methodische Erkenntnisse, Kooperation mit anderen Fächern

LERNZIELE fachspezifisch fachübergrfd. — **LERN-INHALTE** — **UNTERRICHTS-VERFAHREN** — **LERNZIEL-KONTROLLE**

CURRICULARER LEHRPLAN

Revision des Curricularen Lehrplans

Rückmeldung (feedback) durch wissenschaftliche Begleituntersuchung der Unterrichtspraxis

4. Lernzielkontrolle
4.1 mündlich
4.2 schriftlich
4.3 praktisch

Die vier Kategorien sind soweit wie möglich einander zuzuordnen und aufeinander abzustimmen.
Bezüglich der Erarbeitung und ständigen Überarbeitung folgt der Curriculare Lehrplan folgender Strategie: siehe Abb. S. 92!
Quelle: ISP (Hrsg.): Curriculumarbeit in Bayern – eine Zwischenbilanz. München 1971

→ Curriculum → Curriculumrevision → Lernziel → Lernzielstufen → Lerninhalt → Unterrichtsverfahren → Lernzielkontrolle   OK

Curricularer Stoffplan → Curricularer Lehrplan

Curriculum
Aus der immer noch wachsenden Zahl der Definitionen zum Begriff Curriculum sei die Beschreibung im Bildungsgesamtplan 1973 ausgewählt:
Unter Curriculum wird ein System für den Vollzug von Lernvorgängen in bezug auf definierte und operationalisierte Lernziele verstanden. Es umfaßt:
– Lernziele (Qualifikationen, die angestrebt werden sollen)
– Inhalte (Gegenstände, die für das Erreichen der Lernziele Bedeutung haben)
– Methoden (Mittel und Wege, um die Lernziele zu erreichen)
– Situationen (Gruppierung von Inhalten und Methoden)
– Strategien (Planung von Situationen)
– Evaluation (Diagnose der Ausgangslage, Messung des Lehr- und Lernerfolgs mit objektivierten Verfahren).

Im Curriculum werden vier Ebenen von → Lernzielen in Form einer Lernzielpyramide unterschieden:

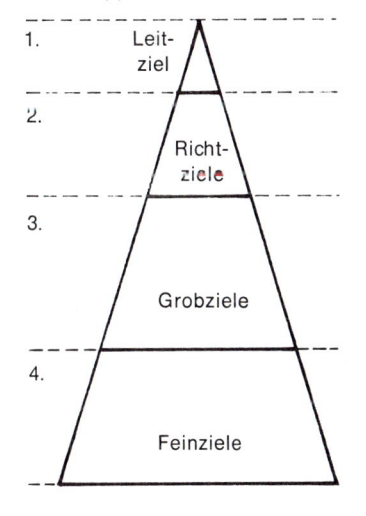

1. Leitziel = das oberste pädagogische Ziel einer Gesellschaft, z. B. Mündigkeit, Selbstbestimmung...

2. Richtziele = die für einen Lernbereich angestrebten Fähigkeiten, z. B. in der politischen Bildung Kritikfähigkeit, Selbstverantwortung

3. Grobziele = das Endverhalten nach einer größeren Lerneinheit in einem bestimmten Lernbereich, z. B. die Fähigkeit, Information von Propaganda unterscheiden zu können.

4. Feinziele = die elementaren (d. h. eindeutigen und als konkretes Handeln formulierten) Lernziele einer Lerneinheit, z. B. die drei Kernaussagen einer auf Tonband festgehaltenen Nachrichtensendung bestimmen und in Stichworten schriftlich notieren können (→ Operationalisierung)

In der Praxis wird zwischen Formen des geschlossenen und offenen Curriculums unterschieden. Das **geschlossene Curriculum** ist bis in die Feinzielebene (→ Lernziel) hinein und durch bis ins Detail präzisierte Angaben zum Lerninhalt, den Methoden, Medien und Lernzielkontrollen ausformuliert. Häufig wird es in Gestalt vorgefertigter Lernpakete für den Unterricht aufbereitet.

Das **offene Curriculum** beschränkt sich in der Lernzielangabe meist auf verbindliche Richt- und Grobziele und alternativ verbindlich angegebene Lerninhalte. Hinweise auf Unterrichtsverfahren und Lernzielkontrollen sind als Empfehlungen aufzufassen. Das offene Curriculum läßt also die didaktische Freiheit des Lehrenden wenigstens teilweise unangetastet, insofern er die Feinzielformulierungen und die Aufbereitung, oft sogar auch die Auswahl der Lerninhalte zu leisten hat. Seine methodische Freiheit bleibt im Konzept des offenen Curriculums ohnehin voll erhalten (vgl. z. B. → Curricularer Lehrplan). K

Becker u. a. 1977; Frey o. J.; Haft u. a. 1975; Potthoff 1973; Robinsohn 1967, 1974; Rülcker 1976; Stifterverband ... 1972; Thiel 1973; Westphalen 1978

Curriculumdeterminanten

Die für die Erstellung eines Curriculums bestimmenden Faktoren werden als Determinanten bezeichnet. Im wesentlichen orientiert man sich bei der Findung von → Lernzielen an den drei Curriculumdeterminanten: Individuum (Lernender) – Wissenschaft – Gesellschaft.
Darüber hinaus sind z. B. als weitere Determinanten zu berücksichtigen: fachwissenschaftliche Forschung, fachdidaktische Diskussion und Unterrichtsbedingungen.
→ Curriculum O

Curriculuminnovation → Innovation → Curriculumrevision

Curriculumkonstruktion

Die Curriculumkonstruktion durchläuft drei Hauptabschnitte:
1. Durch die Analyse der aktuellen gesellschaftlichen Situation sollen in einem möglichst breiten Spektrum (z. B. politisch, ökonomisch, beruflich, familiär ...) **Situationen des Lebens** beschrieben werden, denen der zu Bildende in der Gegenwart und Zukunft ausgesetzt ist bzw. sein wird.
2. Aus den beschriebenen Situationen des Lebens sind konkrete **Qualifikationen** (nach Robinsohn = Befähigungen zum erfolgreichen Umgang mit Welt) abzuleiten. Neben den gesellschaftlichen Bedürfnissen sind hierbei als bestimmende Faktoren (→ Curriculumdeterminanten) noch die Fachwissenschaften und der Lernende mit seinen individuellen Bedürfnissen und mit seiner Aufnahme- und Verarbeitungskapazität zu berücksichtigen. Die so formulierten Qualifikationen werden nach den drei Lernzielbereichen (kognitive, affektive, instrumental bzw. psychomotorische → Lernziele) differenziert.
3. Nach dieser Vorarbeit kann das konkrete → Curriculum für ein bestimmtes Fach unter weiterer Berücksichtigung der Curriculumdeterminanten

erstellt werden, d. h. die **Curriculumelemente** Lernziele, Lerninhalte, Verfahren, Lernzielkontrollen, evtl. Unterrichtseinheiten, Medienpakete, Projekte usw. werden festgelegt.
4. Jede Curriculumkonstruktion mündet in die → **Curriculumrevision**.
Vgl. z. B. Robinsohn 1967
→ Curricularer Lehrplan (Graphik als Beispiel). K

Curriculumrevision
Die Curriculumrevision befaßt sich mit der ständigen Überarbeitung bereits vorhandener Curricula im Hinblick auf
– veränderten Wissens- und Erkenntnisstand der Fachwissenschaften,
– wechselnde Lernbedürfnisse des sich eventuell ändernden Adressatenkreises,
– sich verändernde allgemein- und mediendidaktische Unterrichtsbedingungen,
– wirtschaftlich und gesellschaftlich bedingte Veränderungen,
– sonstige das Bildungswesen betreffende → Innovationen, die die curriculare Gestaltung beeinflussen.
Sie nimmt als eine stetige innere Reform des gesamten Unterrichts eine bedeutende Stelle im schulischen Reformprozeß ein. O

Achtenhagen/Meyer 1975; Brügelmann 1975

Dalton-Plan (DP)
Der von Helen Parkhurst in Dalton (Mass.) erstmals verwirklichte und bis heute weiterentwickelte DP verfolgt die Absicht, die Effizienz von Lernprozessen durch Maßnahmen konsequenter Individualisierung und Differenzierung zu steigern. Die Jahrgangsklassen sind im DP durch Fachklassen und Arbeitsgruppen ersetzt, die sich an Neigung, Interesse und Fähigkeiten der Schüler orientieren. Die Schüler können unter alternativen Angeboten unterschiedlichen Schwierigkeitsgrades ihren schriftlich fixierten Arbeitsplan auswählen. In den Fachräumen finden sie alle für ihren Lernplan nötigen Hilfsmittel. Der Lehrer erfüllt im wesentlichen die Funktion eines Helfers und Beraters. Der Selbstverwaltung und -regulierung der Gruppe wird hoher Wert beigemessen.
→ Winnetka-Plan, → Jena-Plan K

Darstellender Unterricht
In gleicher Form wie der → entwickelnde Unterricht wird auch der darstellende Unterricht wesentlich durch die Tätigkeiten und die Aktivität des Lehrers bestimmt. Planung und Steuerung des Unterrichtsablaufes liegen beim Lehrenden. Die Lehrer-Schüler-Interaktionen erschöpfen sich zum großen Teil in Rezeptivitäts-Reaktivitätsphasen.
Der darstellende Unterricht geht den synthetischen Weg. Er hat Vorstellungen zu erzeugen und versucht zu veranschaulichen und über die Sinne zu verbildlichen.

→ Anschaulichkeit → Anschauung → Lehrform → monologischer Unterricht → Unterricht → Unterrichtsformen O

Darwinsche Reflexe
Als Darwinsche Reflexe werden eine Anzahl von Primitivreflexen bezeichnet, von denen vermutet wird, daß sie in der früheren Stammesgeschichte des Menschen einmal von lebensnotwendiger Bedeutung waren, die heute aber als überflüssig etwa ab dem 3. Lebensmonat verschwinden. Solche Reflexe sind z. B. der → Moro-Klammerreflex, der → Palma-Reflex, der Babinski-Reflex. Bei letzterem spreizt der Säugling die große Zehe ab, wenn die Fußsohle berührt wird. K

Datenbank
In einer Datenbank werden alle interessierenden Daten z. B. über den Personenkreis der Lehrer eines Bundeslandes zentral gespeichert. Mit Hilfe eines Computers (Terminal) ist es jederzeit möglich, in kürzester Frist umfassende Informationen zu gezielten Fragen zu bekommen, z. B. welche Lehrer der Sekundarstufe I während eines genau beschriebenen Zeitraumes eine staatliche Fortbildungsveranstaltung besucht haben. Bis zum heutigen Zeitpunkt werden Datenbanken ausschließlich für die Erfassung organisatorischer Daten verwendet. Darüber hinaus wäre es z. B. bei den für den einzelnen Lehrer nicht mehr überschaubaren Medienangeboten zweckmäßig, die Daten sämtlicher verfügbaren Medienangebote in Datenbanken einzuspeisen, um mit Hilfe eines → Terminals in Sekunden erfahren zu können, welche Medienangebote für ein bestimmtes Fach und eine spezielle Lerngruppe vorhanden sind und wo sie greifbar sind. K

Dating
stellt eine vor allem in den USA praktizierte Spielregel der unverbindlichen Kontaktaufnahme verschiedengeschlechtlicher jugendlicher Partner durch Verabredung dar. Die Mädchen, die über ihre „dates" Buch führen, sehen in der Anzahl ihrer „dates" einen Gradmesser für ihre Attraktivität.
→ Petting K

Debatte
Der Debatte, die einen strengeren Aufbau als die → Diskussion hat, sind Elemente und Grundsätze des → Gesprächs zu eigen. Sie ist dadurch gekennzeichnet, daß sich in ihr grundsätzlich nur zwei Meinungen gegenüberstehen und man versucht, den jeweiligen Meinungsgegner durch gewichtige, anzuerkennende und einsichtsvolle Argumente vom eigenen Standpunkt zu überzeugen. Am Ende der Debatte steht die Abstimmung. In einer Debatte, die vor einer Zuhörerschaft stattfindet, zielt jede Gruppe mit geeigneten Begründungen und Darstellungen darauf ab, die Zustimmung der Zuhörer zu gewinnen.
Die Debatte ist sachlich und klar vom Leiter zu führen. Es können sich zwischen Gruppen und einzelnen regelrechte Schlachtphasen ergeben, die jedoch keine persönliche Feindschaften auslösen dürfen. Da die Debatte eine sehr schwierige Form der sozialen Organisation in der Schule darstellt, sollte der Lehrende sie erst dann einüben, wenn Gespräch und Diskussion beherrscht werden. O

Debilität

kennzeichnet die leichteste Form angeborenen oder erworbenen Schwachsinns, einem → IQ von 50 bis 70 entsprechend. Die Ursachen der Debilität sind vielfältig. Sie können z. B. in einem extremen Mangel an Förderung der Intelligenzentwicklung, in Sauerstoffmangel beim Geburtsvorgang oder in einer Gehirnentzündung zu suchen sein. Der Debile ist zu selbständiger Gestaltung seines Lebens nicht fähig. Eine möglichst frühzeitig einsetzende heilpädagogische Betreuung in schulvorbereitenden Einrichtungen und in Sonderschulen für Geistigbehinderte und die vorbehaltlose Integration des Debilen in die gegebene Umwelt ermöglichen ihm durchaus das Erlernen lebenspraktischer Tätigkeiten. Für die Entwicklung des Sprachvermögens und der sozialen Kontakte des Debilen erweist sich die Gemeinschaft von Nichtbehinderten und Behinderten als äußerst günstig, von dem Gewinn für die sozialen Verhaltensweisen der Nichtbehinderten einmal ganz abgesehen. K

Deduktive Methode, Deduktion

geht von einer bereits bewiesenen Gesetzmäßigkeit oder Regel aus und erklärt mit ihr Einzelphänomene der Alltagserfahrung. Es handelt sich also bei der Deduktion um einen Schluß vom Allgemeinen auf das Besondere, Konkrete.
Beispiel:
Mangelnde Mutterliebe führt zu Fehlentwicklungen der Kinder. Es liegt nahe, die Kontaktarmut eines bestimmten Kindes daraufhin zu untersuchen, ob es nicht vielleicht die Folge mangelnder Mutterliebe ist, sich im konkreten Einzelfall also eine formulierte Gesetzmäßigkeit bestätigt. K

Deduktive Unterrichtsmethode

Der deduktive Unterricht führt im Gegensatz zur → induktiven Unterrichtsmethode von der Regel zum Beispiel, vom Gesetz zur Fallentscheidung. Der Schüler wird vom Allgemeinen zum Besonderen geleitet.
→ Deduktion O

Definition

stellt die Bezeichnung für eine umfassende, begreifliche Erläuterung eines Begriffes und seine Abgrenzung von anderen Begriffen und Aussagen dar. O

Dekodierung → Kodierung

Delinquenz → Asozialität

Demenz

bezeichnet den Zustand verminderter Intelligenz aufgrund somatischer oder psychischer Erkrankungen oder als Folge des Alters (Altersdemenz); sie ist also erworben, nicht angeboren. K

Demokratischer Erziehungsstil → Erziehungsstile → Unterrichtsstil

Demokratisierung der Schule

Die Forderung der Demokratisierung der Schule geht zunächst von der undifferenzierten Annahme aus, daß der hierarchische Aufbau der Institution Schule und der in der Schule weithin praktizierte autoritäre → Erziehungsstil einer Verwirklichung der demokratischen Grundprinzipien Gleichheit, Freiheit, Selbstbestimmung entgegenstünden. Sie verfolgt konsequenterweise die Absicht, die Schulwirklichkeit derart umzugestalten, daß sie zu einem echten Einübungsfeld für demokratische Verhaltensweisen werden kann. Die pädagogischen Vorstellungen für eine Verwirklichung dieser Forderungen reichen je nach ideologischem Standort von totalem Herrschaftsabbau und kämpferischer Solidarisierung gegen die bestehende, vermeintlich verfälschte demokratische Gesellschaftsform bis zum zögernden Zugeständnis einer auf Organisationsfragen beschränkten Schülermitverwaltung.

Eine wünschenswerte, aber zugleich realistische Demokratisierung der Schule muß sich an Zweck und Aufgabe der Schule als ihrem Bezugspunkt orientieren. Nach E. Weber ist „die Schule nicht primär eine Institution zur Austragung von genuin kontroversen Gruppeninteressen, schon gar nicht eine Instanz, in der radikale Minderheiten um die Macht zu kämpfen haben, sondern ein soziales System, in dem Lernende und Lehrende sich gemeinsam um optimale Erziehung und Bildung bemühen sollen."

Aus dieser Zweckbestimmung der Schule werden mit Recht die Forderungen „gleicher Bildungschancen für jedermann", einer Lockerung der „hierarchisch-bürokratischen Schulverwaltung und -aufsicht", einer Stärkung der Lehrerposition durch den Ausbau des Kollegialitätsprinzips in der Schulleitung, die Verwirklichung des sozial-integrativen Erziehungsstils und eine kompetente Schülermitbestimmung abgeleitet. Für eine realistische Demokratisierung der Schule ist es bedeutsam, auch ihre Grenzen unmißverständlich abzustecken, die sich aus der unterschiedlichen Sachkompetenz von Lehrern und Schülern, aus den im Grundgesetz verankerten bildungspolitischen Pflichten des Staates und aus den Rechten und Pflichten der Lernenden selbst ergeben. K

Friedl 1971; Kuper 1977; Lenhart 1972; Meyer 1973; Roth 1976; Weber 1974

Denken, in psychologischer Sicht

Im Prozeß des Denkens werden die begegnende Welt und die Beziehungen innerhalb dieser geordnet und zwar nach den Kriterien der Gleichheit, der Ähnlichkeit und der Unterschiedlichkeit. Dabei stützt sich das Denken immer auf Wahrnehmungen, Vorstellungen oder Zeichen, z. B. auf die Symbolik der Sprache. Die Sprache fungiert also nicht lediglich als Mittel zum Ausdruck und zur Mitteilung von Gedanken, sondern sie ist selbst elementarer Träger des Denkens, insofern mit ihrer Hilfe vom unmittelbar Gegenständlichen abstrahiert gedacht werden kann.

S. Freud beschrieb das Denken als **Probehandeln mit herabgesetztem Risiko,** das dem Ernstfall vorgelagert ist. In der Pädagogischen Psychologie wird zwischen verschieden anspruchsvollen Denkleistungen unterschieden, so das anschauliche Denken vom abstrakten, begrifflichen Denken, das rezeptive Denken vom produktiven, problemlösenden bzw. vom kritischen Denken. Nach Guilford wird ein Denken in bekannten Bahnen oder

nachvollziehender Art **konvergentes** Denken genannt. In Tests wird es durch Aufgaben geprüft, die nur eine einzige richtige Lösung zulassen. Im Unterschied dazu zeichnet sich das **divergente** Denken durch hohe Flexibilität, Originalität und Wort- und Gedankenflüssigkeit aus. Dieser Art des Denkens wird unter dem Terminus **kreatives Denken** in schulischen Lernprozessen steigende Bedeutung beigemessen. Bezüglich der **Entwicklung des Denkens** verdient gegenwärtig besondere Beachtung das Konzept von J. Piaget, der mit Hilfe seiner eigenwilligen → Klinischen Methode u. a. den → Egozentrismus und Realismus im Denken des Kleinkindes und Kindes untersuchte. Als Formen egozentrischen Denkens wies er den **Animismus** (allen Bewegungen liegt Bewußtsein wie den eigenen Bewegungen zugrunde), die **finalistische Deutung von Vorgängen** (hinter allem Geschehendem steckt eine Absicht), das **magische Denken** (Gegenstände, Tiere, Pflanzen und deren Zeichen sind ebenso handlungsfähig wie Menschen) und den **Artifizialismus** (alles ist von den Menschen oder von Gott gemacht) nach. Denken ist nach J. Piaget gekennzeichnet durch die Fähigkeit zur **Operation**. Die Operation ist die zuerst am anschaulichen Objekt, später in der Vorstellung mit Hilfe von Symbolen vollzogene Handlung, die Einsicht in Zusammenhänge und Gesetzmäßigkeiten ermöglicht. Von dieser Art des Denkens unterscheidet sich wesentlich das Lernen durch → Konditionierung, am Modell (→ Modell-Lernen) oder durch Versuch und Irrtum (→ Trial and error learning). Operationen sind reversibel (umkehrbar) und assoziativ (in der Vorstellung beliebigen Verknüpfungen zugänglich), im Gegensatz etwa zu Gewohnheiten, die stereotyp und meistens nur in derselben Situation anwendbar sind, in der sie erworben wurden.
Bezüglich des Grundkonzepts Piagets zum Denken als höchster und beweglichster Anpassung des menschlichen Organismus an die Umwelt und bezüglich der Entwicklungsstufen des Denkens → Intelligenz. K

Heidegger 1969; Lüer 1973; McGuigan/Schoonover 1973; Oerter 1974[4]; Pask 1975; Piaget 1972; Skowronek 1968; Stachowiak 1969; Vester 1975

Denkpsychologie

erforscht die Bedingungen und den Verlauf von Denkprozessen je nach der Komplexität der gestellten Aufgabe. Richtungsweisende Erkenntnisse brachten in die Denkpsychologie vor allem die → Würzburger Schule, die → Gestaltpsychologie und bezüglich der Entwicklung des Denkens die Untersuchungen von J. Piaget ein.

Bruslinskij/Tichomirov 1975; Graumann 1965; Oerter 1974; Piaget 1948; Radford/Burton 1974; Vinacke 1974; Wertheimer 1957

→ Denken K

Denotation

Unter Denotation versteht man die logische Bezeichnung für den Inhalt und die Bedeutung eines Begriffes. Außerdem ist Denotation die formale Beziehung zwischen einem Zeichen und dem bezeichneten Gegenstand (Referenzobjekt).

Beisbart/Dobnig-Jülch/Eroms/Koß 1976; Eppert 1973; Sowinski 1975

→ Konnotation → Kontext → Kontextmaterial O

Depersonalisation → Entpersönlichung

Depression

Depression ist eine von Gefühlen getragene negative Einstellung und ein krankhafter Verhaltenszustand, der geprägt sein kann durch konstante Niedergeschlagenheit, Lust- und Hoffnungslosigkeit, pessimistische, schwermütige Stimmungslagen, Verzagtheit, Einsamkeit, Isolation, Angst oder Minderwertigkeit bis hin zur Selbsttötungsneigung (→ Suizid). Bei Menschen, die an stärkeren Depressionszuständen leiden, werden im allgemeinen alle anderen Funktionen beeinträchtigt. Ihre körperlichen und auch geistigen Aktivitäten werden geringer. Sie fallen einer Antriebslahmheit anheim, können ihre Aufgaben in Familie und Beruf nicht mehr erfüllen und bedürfen einer ambulanten oder stationären Behandlung. Nach Schwidder (1951) und Roth (1972) werden, obwohl nicht in allen Fällen exakte Unterscheidungen möglich sind, grundsätzlich zwei Depressionsformen voneinander abgegrenzt, und zwar die
reaktive oder neurotische Depression von der **endogenen oder psychotischen Depression.**
Ist ein äußerer Anlaß zur Depression gegeben, wie z. B. ständige Frustrationen eines Schülers durch die Schule und dadurch zu starker Druck der Eltern auf das Kind, so bezeichnet man diese als eine reaktive oder neurotische Depression.
Werden für eine Depression keine von außen kommenden Einflußfaktoren und Gründe erkannt, sondern wird angenommen, daß eine depressive Verstimmung oder Erkrankung auf erbliche Belastung oder frühkindliche Erlebnisse zurückzuführen ist, diese häufiger in Zeitabständen wiederkehren oder durch das Bild der → Manie abgelöst wird, so spricht man von einer endogenen oder psychotischen Depression.
Die Ursachen von Depressionen sind sehr unterschiedlich und können auf mehreren Gründen beruhen.
Adler (1965) führt die Depression auf Organminderwertigkeit und Verwöhnung zurück. Die Depression stellt sich aus seiner Sicht als Arrangement dar, um weiter verwöhnt zu werden.
Die deutschen Neopsychoanalytiker nehmen an, daß eine Bereitschaft zu depressiven Reaktionen gelegt wird, wenn entscheidende Verdrängungen im ersten Lebensjahr erfolgten.
Kuiper (1968) stellt fest, daß die Depression dann auftritt, wenn die Kind-Mutter-Beziehung nicht fortgesetzt werden kann, wenn Schutz und Anerkennung wegfallen, jemand im Stich gelassen oder ständig gekränkt wird.
Weitere Ursachen depressiven Verhaltens können z. B. auch sein:
- jegliche Störung von Gefühlsbeziehungen,
- schwierige persönliche Situationen,
- psychotische Erkrankungen (→ Psychose),
- Hirnarterienverkalkung,
- Hirnverletzungen.

Häufig wird von Depressiven ihnen zuerkannte und entgegengebrachte Hilfe mit Gleichgültigkeit und Abwendung belohnt. Ihre Apathie ist damit zu

erklären, daß sie während ihrer depressiven Stimmungslage unfähig sind, Gefühle zu äußern und ihre Umwelt für sie eintönig, bedeutungslos, uninteressant, kalt und sinnlos geworden ist. Sie befassen sich mit Sterbe- und Todesgedanken. Die Stimmung des Depressiven kann seine → Motorik beeinflussen, so daß seine Bewegungen sich verlangsamen, schwerfällig und unbeholfen werden.
Nach Erfahrung von Remschmidt (1972, S. 266) „brauchen Depressive gerade im Krankheitsstadium, in dem sie zu einer Kommunikation unfähig sind, ein hohes Maß an Zuwendung. Gespräche mit ihnen in der Rekonvaleszenzphase zeigen, daß sie im Stadium der tiefsten Depression Interesse, Zuwendung und Anteilnahme als sehr wohltuend empfunden haben, obschon sie nicht in der Lage waren, irgend etwas von sich aus in dieser Richtung zu tun." O

Dunham 1959; Hoch/Zubin 1954; Loch 1967; Riemann 1965; Waelder 1963; Zulliger 1966

Deprivation, soziale

bezeichnet einen Verlust bzw. Mangel an sozialen Kontakten, der vor allem im frühkindlichen und kindlichen Alter meist zu schwerwiegenden Verhaltensstörungen führt, wie sie sich im Phänomen des → Hospitalismus besonders deutlich darstellen. Um Extremformen sozialer Deprivation handelt es sich bei den Kaspar Hauser Schicksalen oder bei den Experimenten des Hohenstauferkaisers Friedrich II., der Kinder ohne sprachliche und emotionale Kontakte mit der Umgebung aufwachsen ließ, um die Ursprache der Menschen zu erforschen. Die extreme soziale Deprivation führte bei diesem zweifelhaften Experiment zum Tode der Versuchspersonen.
Nach einer Kurzdefinition der „Deutschen Liga gegen Deprivation" ist unter „Deprivation Mutterentbehrung und emotionale Vernachlässigung in der frühen Kindheit zu verstehen.
Folgen: Emotionale Unterentwicklung des Kindes bis zur Verkümmerung von erblich vorhandenen Anlagen.
Dadurch bedingte Spätfolgen: Gestörtes soziales Verhalten, Kontaktarmut, Schulversagen, Aggressivität, Apathie, verstärkte Anfälligkeit gegenüber Sucht und Kriminalität."
Die genannte Liga weist in einem Informationsblatt zum Nachweis der Notwendigkeit ihrer Aktivitäten (1977) z. B. auf folgende Fakten hin:
In der Bundesrepublik Deutschland
— sind 800 000 Kinder unter drei Jahren von außerhäuslicher Erwerbstätigkeit beider Eltern betroffen,
— gibt es jährlich 90 000 Scheidungswaisen,
— sind 25% aller Kinder verhaltensgestört oder verhaltensauffällig,
— werden jährlich 150 000 Jugendliche straffällig,
— erweisen sich mangelhaft betreute Kinder 10mal eher gefährdet, asozial, süchtig oder kriminell zu werden als gut betreute Kinder.

Moog/Moog 1973; Langmeier/Matejcek 1975

→ Asozialität → Jugendkriminalität → Schwererziehbarkeit → Verwahrlosung K

Desensibilisierung

bezeichnet den Vorgang, bei dem ein Organismus gegenüber Reizen unterschiedlicher Art (z. B. Krankheitserreger, Medikamente, angstbesetzte Situationen) unempfindlich bzw. weniger empfindlich gemacht wird. In der Verhaltenstherapie werden mit Desensibilisierung die Maßnahmen zusammengefaßt, die helfen sollen, die fixierte Verbindung von angsteinflößenden Reizen mit Angstreaktionen zu löschen. K

Desensitivierung → Desensibilisierung (syn.)

Desillusionierung

Illusion bedeutet allgemein Vorspiegelung, Schein. In der Psychologie ist mit Illusion eine nicht der Wirklichkeit entsprechende Wahrnehmung gemeint, sei es daß Wirklichkeit den aufnehmenden Sinnen bereits verfälscht begegnet oder daß der Wahrnehmende die objektiven Gegebenheiten durch Fehlleistungen beim Wahrnehmungsakt falsch aufnimmt. So begünstigen z. B. die Massenmedien Film und Fernsehen den Aufbau einer Scheinwelt. Maßnahmen der Desillusionierung erweisen sich in solchen Fällen als wichtiger pädagogischer Auftrag. In unserem Beispiel ginge es bei der Desillusionierung um einen Abbau der Illusion durch eine der Realität entsprechende Information über Absichten und Produktionsmethoden der betreffenden Medien.

→ Apperzeption → Wahrnehmung K

Deskriptive Pädagogik

stützt sich in ihren Aussagen einzig und allein auf Ergebnisse der Deskription als Methode, worunter die bloße Beschreibung erzieherisch bedeutsamer Gegebenheiten und Zusammenhänge ohne Interpretation zu verstehen ist. Die deskriptive Methode ist vor allem auf exakte → Beobachtung in allen ihren Formen angewiesen. Sie gilt heute als eine Methode neben anderen innerhalb der → Empirischen Erziehungswissenschaft. Eine nur auf Deskription beschränkte Pädagogik, wie Dilthey sie in Ablehnung allgemeingültiger normativer pädagogischer Zielsetzungen verstand, ist von ihrem methodischen Ansatz her und in ihrem Aufgabenverständnis zu einseitig und eng. K

Desoxyribonucleinsäuren

abgekürzt DNS, sind chemische Substanzen, aus denen zum Großteil die → Chromosomen bestehen. Sie sind die Träger der Erbinformationen. K

Destruktion, Destruktionstrieb

bedeutet wörtlich Zerstörung, Zersetzung und wird in der Psychologie als zerstörerische bzw. behindernde Einflußnahme auf die Bedürfnisbefriedigung anderer oder seiner selbst (Selbstdestruktion) verstanden. Eine Form der Destruktion in diesem Sinne ist z. B. destruktive Kritik, die den Handlungsvollzug eines anderen durch herabsetzende oder zweifelnde Stellungnahmen behindert oder völlig zerstört, anstatt mit der Kritik aufbauende

und fördernde Hilfen für eine befriedigende Vollendung der Aktion zu geben (konstruktive Kritik). Die Neigung zu destruktiven Verhaltensweisen kann ihrerseits die Folge ähnlicher eigener Erfahrungen und anderer Versagungen sein.
Als **Destruktionstrieb** bezeichnete S. Freud eine grundlegende Energiequelle des menschlichen Verhaltens, die er als Gegenkraft gegen die aufbauende Energiequelle der → Libido verstand. Ohne Ableitung des Destruktionstriebes in → Aggressionen würde er zur Selbstdestruktion, d. h. zum Tode führen (Todestrieb). K

Fromm 1974

Deszendenztheorie → Ontogenese

Determinante
Eine Determinante wird als zwingende Ursache eines Vorgangs oder eines Zustandes von bestimmter Art verstanden. So bestimmen z. B. Erbdeterminanten die Vererbung bestimmter Merkmale und Anlagen. Oder nach Auffassung der Frustrations-Aggressions-Hypothese Dollards u. a. sind Frustrationen Determinanten der Aggressionen (→ Aggression). Abgesehen von der Richtigkeit dieser Hypothese geht die Psychologie überhaupt von der determinierenden Wirkung der Verhaltensweisen aus, anders bliebe sie auf reine Beschreibung psychischer Phänomene beschränkt.
→ Curriculumdeterminanten K

Deutsches Gymnasium → Gymnasium

Deutsches Institut für Fernstudien (DIFF)
Es ist der Universität Tübingen angegliedert und in Zusammenarbeit mit dieser und dem Kultusministerium Baden-Württemberg am 28. 2. 1967 von der Stiftung Volkswagenwerk als rechtsfähige Stiftung bürgerlichen Rechts gegründet worden. In Übereinstimmung mit den Grundsätzen des Staatsabkommens der Länder der Bundesrepublik Deutschland über die Finanzierung wissenschaftlicher Forschungseinrichtungen vereinbarten die Länder, die Anschlußfinanzierung der Stiftung DIFF zu gewährleisten.
Auf Grund der am 5./6. 5. 1977 zwischen der Bundesregierung und den Regierungen der Länder geschlossenen „Ausführungsvereinbarung zur Rahmenvereinbarung über die gemeinsame Förderung von Einrichtungen der wissenschaftlichen Forschung" (Art. 91 b GG) beteiligt sich seit 1. Januar 1977 der Bund zu 50% an der Grundfinanzierung des DIFF. Das Institut befaßt sich mit Forschung und Lehre, entwickelt und erprobt Fernstudienlehrgänge in mehreren Fachbereichen und führt diese auch durch. Darüber hinaus organisiert und entwickelt es in Verbindung mit den Rundfunkanstalten SDR (Süddeutscher Rundfunk), SR (Saarländischer Rundfunk) und SWF (Südwestfunk) Fernstudienlehrgänge im Medienverbund. Die Projekte des DIFF befassen sich schwerpunktmäßig mit der → Lehrerbildung (→ Lehrerfort-, Lehrerweiterbildung), dem Hochschul-Erststudium und der wissenschaftlichen Erwachsenenbildung.

Nach einem Aufsatz von G. Dohmen (1977, Seite 371–373) hat „in den Jahren 1967 bis 1977 das DIFF an insgesamt 55 Fernstudienprojekten (einschließlich der 11 Funkkollegs), und zwar schwerpunktmäßig in den Bereichen
- Erziehungswissenschaften,
- Sprach- und Literaturwissenschaften,
- Mathematik,
- Sozialwissenschaften und
- Naturwissenschaften

gearbeitet. 30 dieser Projekte sind inzwischen bis zur Einsatzreife entwickelt, praktisch erprobt und z. T. auch schon evaluiert, revidiert, weiterentwickelt worden... Etwa 300 000 Fernstudenten in der Bundesrepublik Deutschland haben sich bisher mit Hilfe der vom DIFF herausgebrachten Fernstudienbriefe wissenschaftlich aus- und weitergebildet."
Zunächst intensiv vorangetriebene Versuche, das DIFF zu einem „überregional koordinierten bzw. kooperativen Fernstudiensystem in der Bundesrepublik Deutschland" weiterzuentwickeln, sind mittlerweile wegen unterschiedlich motivierter Bedenken auf Seiten der staatlichen Organe (Kulturhoheit der Länder), der Hochschullehrer (Konkurrenzbefürchtungen) und der Studenten (Vereinzelung im Studium und mangelnde Gelegenheit zu solidarischen Aktivitäten in der Lerngruppe) ins Stocken geraten.

→ Fernstudium → Medienverbundsystem OK

Devianz, Deviation

bedeutet in der Soziologie und Psychologie eine Abweichung konkreter Verhaltensweisen von bestehenden, in einer bestimmten Gesellschaft allgemein anerkannten Normen. Von Devianz ist gleicherweise die Rede z. B. bei gelegentlicher geringfügiger Nichtübereinstimmung, bei sexuellen Perversionen, bei permanent asozialem und kriminellem Verhalten. K

Abels/Keller 1974; Bonstedt 1977; Brusten/Hurrelmann 1973; Cohen 1975; Domke 1973; Homfeldt 1974; Iben 1974; Keckeisen 1976; Keupp 1972; Lüdersen/Sack 1975; Opp 1974; Schur 1974

Diagnose → Prognose

Diagnostik, pädagogische und psychologische → Psychodiagnostik → Test

Dialektik

Die Dialektik war bei den Sophisten (Weisheitslehrer; Wanderlehrer, die in Philosophie, Redekunst und Wissenschaft ausbildeten) eine besonders entwickelte Kunst der Gesprächsführung. Sokrates und Platon erhoben sie zur Methode der Philosophie. Im heutigen Sprachgebrauch versteht man unter Dialektik eine Methode, die Probleme und Aussagen durch gegensätzliche Behauptungen oder durch Widersprüche in Frage stellt. Der Widerspruch oder die Negation ist in der dialektischen Methode durchaus konstruktiv zu verstehen als Anreiz, eine These weiter differenzierend und damit präzisierend zu belegen oder aber in Frage zu stellen. Behauptung und Gegenbehauptung (These und Antithese) zu einem Problem versucht man anschließend auf einer höheren Abstraktionsebene zu integrieren (Synthese), um evtl. Erkenntnisse höherer oder anderer Art zu gewinnen. Die Synthese stellt also hier qualitativ mehr dar als die bloße Addition von These und Antithese. Gerade aus der Gegensätzlichkeit von Behauptungen bzw. durch das kritische Hinterfragen von Behauptungen lassen sich u. U. Lösungsmöglichkeiten für ein Problem erschließen, die bis dahin überhaupt nicht gesehen wurden. In der Pädagogik fand zur Erkenntnisgewinnung die dialektische Methode Eingang durch Fr. Schleiermacher. OK

Vgl. z. B. Röhrs 1968

Dialogischer Unterricht

→ Entdeckender Unterricht → Lehrform → Dialogisches Verhältnis → Dialogisches Verfahren → Unterrichtsformen

Dialogisches Verfahren

Der dialogische Unterricht oder das dialogische Verfahren ist eine Lehrform zweipoliger, intentionaler, gegenseitiger Lehrer-Schüler-Beziehung. Der Unterricht ist so aufgebaut, daß zu einem Thema, zu einem Gegenstand Stellung bezogen wird, Lehrer und Schüler abwechselnd Fragen stellen, Einwände bringen und Schlüsse ziehen können. Damit ergibt sich ein Lehrer-Schüler-Verhältnis, das häufig zwischen lehrer- und schülergeleiteter Unterrichtsform wechselt und den Schüler aktiv ins Unterrichtsgeschehen mit einbezieht.

→ Dialogisches Verhältnis → Entdeckender Unterricht → Lehrform → Unterricht → Unterrichtsformen O

Dialogisches Verhältnis

Das dialogische Verhältnis spielte in der Pädagogik als spezifische Kennzeichnung des pädagogischen Bezuges immer eine große Rolle. Formal beschreibt es die wechselseitige Einflußnahme von Erzieher und Zögling. Wenn das dialogische Verhältnis im pädagogischen Bezug den Stellenwert eines Lippenbekenntnisses überwinden will, muß die grundsätzliche Gleichwertigkeit der Dialogpartner auch im praktischen Umgang anerkannt sein. Konsequenzen eines ernstgenommenen dialogischen Verhältnisses sind z. B. sozialintegrativer → Erziehungsstil, jederzeit reversibles (= umkehrbares) Erzieherverhalten, Orientierung der Aktionen von Erzieher und Zögling an den Rechten, Pflichten und Kompetenzen der Dialogpartner. Mit anderen Worten: Der Erzieher muß sich als zugehöriges Mitglied z. B. einer Gruppe von Schülern verstehen.

→ Autorität → Gruppe → Dialogisches Verfahren K

Dianetics

oder Dianoetik bezieht sich nach Aristoteles auf Verstandestugenden wie Klugheit, Einsicht. Als humanwissenschaftlicher Bereich befaßt sie sich heute mit der Anatomie und den Funktionen des menschlichen Verstandes und dem Verstehen durch Beobachtung und Wahrnehmung. Jeder wahrgenommene Eindruck wird nach Feststellung der Dianetics in seinen Einzelheiten als geistiges Vorstellungsbild festgehalten. Vorkommnisse, Geschehnisse, Ereignisse, Eindrücke, die mit kurzzeitigen Bewußtseinsausfällen oder gar mit Bewußtlosigkeit in Verbindung stehen, sind dem Menschen, auch wenn er wieder bei Bewußtsein und im Besitz seiner geistigen Kräfte ist, nicht in ihrer Gesamtheit und ihrem Ablauf korrekt nachvollziehbar und dem → analytischen Denken nicht voll zugänglich. Werden ähnliche oder gleiche Vorkommnisse später noch einmal erlebt, so zeigt sich häufig irrationales, aberriertes Verhalten. Diese menschliche → Aberration, durch geistige Eindrucksbilder (→ Engramme) im → reaktiven Verstand hervorgerufen, beruht grundsätzlich auf einer schmerzlichen Erfahrung (wie z. B. Bewußtseinsausfall), die dem → analytischen Verstand unzugängliche Daten enthält.

Hubbard 1950

→ Scientology O

Diaprojektor

Der Diaprojektor ist ein Bildwerfer für durchsichtige Bilder (Dias). Diese werden entweder einzeln durch Wechselschieber oder durch Diamagazine über nichtautomatische, halbautomatische, automatische oder vollautomatische Projektoren auf die Projektionswand geworfen. Können die in einem Magazin des Diaprojektors befindlichen Dias mit Hilfe einer Wahleinrichtung oder einer Schaltautomatik einzeln in beliebiger Reihenfolge gewählt und abgerufen werden, so spricht man von einer selektiven Diaauswahl. O

Dianoetik → Dianetics

Dichotomie

bedeutet Zweiteilung und ist eine Methode, die einem Begriff zwei andere unterstellt, die grundsätzlich einander ausschließende Ereignisse betreffen oder auf dem Gegensatz nur zweier Größen basieren. So kann z. B. das Marx'sche Gesellschaftsmodell als dichotom angesehen werden, wenn man ihm Bourgeoisie und Proletariat als grundsätzliche Begriffe unterordnet. O

Didaktik

Während in der herkömmlichen Didaktik die Theorie der Bildungsinhalte und Fragen der Methodik im Zentrum der Überlegungen standen, liegt neuerdings der Akzent mehr auf der Erforschung der psychischen Vorgänge beim Lernprozeß und auf der Erhellung der Bedingungen des Informationsumsatzes. Didaktik als die Wissenschaft vom → Lernen und Lehren hat somit die Aufgabe, Lernen in optimaler Weise zu organisieren, indem
- die → Lernziele (Fähigkeiten, Kenntnisse, Fertigkeiten) durch umfassende Kooperation von Fachleuten präzise definiert werden,
- die den Lernzielen zugeordneten Lerninhalte in logischer Abfolge beschrieben und differenziert werden,

- die den Lernzielen und Lerninhalten adäquaten Unterrichtsverfahren nach lernpsychologischen und sachlogischen Gesichtspunkten bestimmt und
- geeignete Maßnahmen zur → Lernzielkontrolle und zur → Evaluation des zugrundeliegenden → Curriculums getroffen werden.

Dabei herrscht Übereinstimmung unter den Didaktikern, daß das Kriterium der Effektivität eines didaktischen Systems nicht länger der Umfang der Wissensvermittlung und die Schulung kognitiver Fertigkeiten allein sein kann. Vielmehr ist das Anliegen jeglicher moderner Didaktik Verhaltensaufbau und Verhaltensschulung in umfassendem Sinn, also soziales, emotionales, ästhetisches, instrumentales Verhalten mit einschließend. Die Überbetonung reproduktiver kognitiver Leistungen tritt mehr und mehr hinter der Förderung produktiver und kreativer Leistungen und Verhaltensweisen zurück. Auf eine Kurzformel gebracht, befaßt sich also Didaktik mit der Definition von Lernzielen und mit der Organisation von Lernprozessen durch die Ermittlung optimaler Lernstrategien auf der Basis lernpsychologischer und soziologischer Erkenntnisse und der vorhandenen technischen Möglichkeiten.

Ausgewählte Definitionen zu Didaktik:
1. „Didaktik versteht sich als Theorie des Unterrichts, der Unterricht als Ort, wo die ungelösten Fragen der didaktischen Gesamtsituation als konkret zu lösende Lehr- und Lernprobleme auftreten." (Heimann 1975)
2. „Die Didaktik als Disziplin der Erziehungswissenschaft hat Lehre und insbesondere Unterricht einschließlich seiner Voraussetzungen und seiner Folgen wissenschaftlich zu erforschen und ihre Ergebnisse in Theorien der Lehre und des Unterrichts überhaupt (Allgemeine Didaktik) und spezifischer Unterrichtsaufgaben, differenziert etwa nach Schulstufen, Sachgebieten oder Lernkapazität (Spezielle Didaktik) zusammenzufassen." (Schulz: Ebenda, Seite 22)
Aus dieser Definition läßt sich eine auf Gleichheit beruhende Wechselwirkung ableiten zwischen Allgemeiner Didaktik, welcher es um „Strukturmerkmale von Unterricht an sich" geht, und den Fachdidaktiken, welche diese allgemeinen Strukturmerkmale in der Unterrichtspraxis konkretisieren und damit verifizieren, gegebenenfalls auch modifizieren (— ihren speziellen Erfordernissen anpassen).
3. „Didaktik ist die Theorie der Bildungsinhalte, ihrer Struktur und Auswahl."
Aufgabe der Didaktik ist die „Auswahl und Konzentration der Lehrinhalte auf das Exemplarische hin im Sinne des Elementaren als das doppelseitig Erschließende". (Klafki; vgl. zur Erläuterung → Didaktik als Theorie der Lehr- bzw. Bildungsinhalte).
4. „Didaktik ist somit pädagogischer Entwurf des Menschentums auf die Zukunft hin — im Horizont dessen, was die gegenwärtige geschichtliche Situation vorgibt an Möglichkeiten und sich zeigenden Lösungen..." (Möller 1971[9])
5. „Didaktik als **Wissenschaft** untersucht, wie die Lernprozesse eines Lernsystems zu initiieren und zu steuern sind, um **vorgegebene** Lernziele in optimaler Weise zu erreichen."

Didaktik als Theorie der Lehr- bzw. Bildungsinhalte

„Unter Didaktik verstehen wir die Wissenschaft von den prinzipiellen Eingriffsmöglichkeiten und Konstruktionsmöglichkeiten im Bereich menschlichen Lernens."

„Entweder man beläßt – wie bei der hermeneutischen Auffassung von Didaktik, bei der ja tatsächlich Ziele aufgestellt werden – der Didaktik eine normative Funktion, dann verzichtet man auf ihre Wissenschaftlichkeit, oder man schränkt die Didaktik auf ein wissenschaftliches Aussagensystem ein, dann muß man auf eine normensetzende Funktion verzichten." (Von Cube 1968², Seiten 9 und 185)

Aebli 1970, 1974; Borowski u. a. 1976; Dohmen/Maurer 1976; Eigler u. a. 1977; Flechsig/Haller 1975; Heinrichs o. J.; Klingberg 1973; Odenbach 1970; Stöcker 1970

→ Strukturmodelle der Didaktik K

Didaktik als Theorie der Lehr- bzw. Bildungsinhalte
entstammt der geisteswissenschaftlichen Bildungstheorie. Sie wurde von E. Weniger grundgelegt und vor allem von W. Klafki weiterentwickelt. Sie ist an der Erziehungswirklichkeit orientiert und der → Ideologiekritik aufgeschlossen.
Sie fragt schwerpunktmäßig
1. nach Auswahlkriterien für die Inhalte einer zeitgemäßen Bildung,
2. nach Wesen, Sinn, Möglichkeiten und Grenzen von Bildung überhaupt,
3. nach Unterrichtsfächern und Lerninhalten in bezug auf ihre Bedeutsamkeit und Übersetzbarkeit für Bildung,
4. nach bildungsrelevanten Methoden, jedoch unter dem Primat der Didaktik.

Nach Ansatz und Zielrichtung sind zu unterscheiden:
1. **Materiale Bildungstheorien** definieren „Bildung von den Inhalten und ihrer objektiven Bedeutung her". Wer sich die definierten und in einem Bildungsideal verkörperten Kulturinhalte angeeignet hat, gilt als gebildet. Bildungsideale in diesem Sinne waren z. B. der Civis Romanus (der politisch voll aktive Bürger Roms), der Christ des Mittelalters, der uomo universale der Renaissance, der Gentleman altangelsächsischer Prägung. Das inhaltlich klar Erfaßte und im Bildungsprozeß Überlieferte war in allen genannten Fällen als Vorbildliches, Bewährtes zu verstehen, dessen Aneignung Bildung bedeutete.
2. **Formale Bildungstheorien,** wie sie z. B. von Rousseau, Pestalozzi und Humboldt vertreten wurden, definierten demgegenüber „Bildung vom Subjekt her, von seiner Entwicklung und Förderung". Als Ziel der Bildung wird die dem Individuum angemessene Entfaltung seiner Anlagen und Kräfteschulung gesehen. Die Inhalte werden nicht um ihrer selbst willen angeeignet, sie werden vielmehr Mittel zum Zweck.
3. **Die kategoriale Bildungstheorie** W. Klafkis versucht zwischen den beiden genannten Ansätzen zu vermitteln, insofern über das → Elementare als ausgewähltem Bildungsinhalt „allgemeine Inhalte auf der Seite der Welt sichtbar werden" und damit gleichzeitig „Kategorien auf der Seite des Subjekts" gebildet werden, die wiederum erst den Umgang mit Welt und die weitere Erschließung neuer Bereiche von Welt ermöglichen. Das für den Bildungsprozeß auszuwählende Elementare wirkt also „doppel-

seitig erschließend": Es ermöglicht den Zugang zur Welt und öffnet gleichzeitig den Lernenden für die Welt, indem er durch die Aneignung von Kategorien für den Zugriff auf diese Welt befähigt wird. (Vgl. Klafki 1964[4] und 1974)

Zum gesamten Abschnitt vgl. Blankertz 1972[5]

→ Didaktik → Formale Bildung → Strukturmodelle der Didaktik   K

Didaktische Analyse

Die didaktische Analyse als sog. Kern der Unterrichtsvorbereitung dient zur Ermittlung der thematisch gebundenen Lernstruktur. Die in der Schule zu erschließende Wirklichkeit besteht aus Bildungsinhalten und der Erschließung der in ihnen befindlichen Bildungsgehalte. Der Bildungsinhalt ist nach Klafki dadurch charakterisiert, ,,daß er als einzelner Inhalt immer stellvertretend für viele Kulturinhalte steht; immer soll ein Bildungsinhalt Grundprobleme, Grundverhältnisse, Grundmöglichkeiten, allgemeine Prinzipien, Gesetze, Werte, Methoden sichtbar machen. Jene Momente nun, die eine solche Erschließung des Allgemeinen im Besonderen oder am Besonderen bewirken, meint der Begriff des Bildungsgehalts." Nach der didaktischen Analyse hat sich der Lehrer zunächst Klarheit über Gehalt der Bildungsinhalte zu verschaffen und den Stoff für die von ihm zu unterrichtenden Schüler transparent aufzubereiten. Die Bildungstheorie Klafkis gewinnt durch seine fünf Hauptfragen Bedeutung für die Praxis: Erschließungsrichtung eines Themas; Bedeutung für das Kind; Bedeutung des Themas für die Zukunft des Kindes; Struktur des Inhalts; altersgerechte Aufbereitung der Inhalte zum Zwecke leichteren Aufnehmens und Begreifens.

Klauer 1974; Kramp u. a. 1974

→ Didaktik → Kategoriale Didaktik   O

Didaktische Funktion

bedeutet einen ins Lehrgeschehen eingeplanten oder unvorhergesehenen Vorgang, der durch seine Wirkung dazu beitragen soll, das vorgenommene curriculare Lernziel zu erreichen.

→ Didaktik → Lernziel   O

Didaktische Innovation → Innovation

Didaktische Reduktion

Aufgabe der didaktischen Reduktion ist Vereinfachung wissenschaftlicher Aussagen und Unterrichtsstoffe unter quantitativer und qualitativer Anpassung an die konkret gegebenen Lernmöglichkeiten. Die Produktivität der didaktischen Leistung ergibt sich dadurch, daß dem Lernenden durch die Reduktion ein adressatenbemessener Lernstoff aus dem Stoffganzen heraus angeboten wird, der für sein Lernvorhaben am effektivsten ist. Wesentlich ist, daß aus den Komplexen der Grundgedanke erfaßt, das Prinzip erkannt wird und der Lehrstoff für den Schüler einfach begreifbar wird. Auch → exemplarisches Lernen bedeutet Reduktion auf einen Sachverhalt unter Einbeziehung des Analogieschlusses.

Bei der didaktischen Reduktion, die Gustav Grüner als „Kernstück der Didaktik" bezeichnet, hat der Lehrer zumindest folgendes zu beachten:
- ein Lehrstoff ist auf die Grundgedanken, wesentlichsten Merkmale zu reduzieren
- die Leistungserfassung und das Leistungsvermögen sind Gradmesser für die Vereinfachung
- die Reduktion darf keinen Sinn- und Definitionsverlust mit sich bringen; die simplifizierten Aussagen müssen wissenschaftlich und unverfälscht erweiterungsfähig sein
- vereinfachte Aussagen sind auf ihren verschiedenen Ebenen für die spezifischen Altersgruppen so aufzubereiten, daß sie über den Lehr- und Lernprozeß zur Erkenntnis führen.

→ Analogie → Analogieprinzip → Didaktik O

Didaktischer Planungsfilter
Im Bereich der curricularen Lern- und Unterrichtsplanung werden Strukturgitter und Planungsfilter verwendet. Das Gitter des didaktischen Planungsfilters soll dem Lehrenden Anhaltspunkte geben, welche Aspekte bei einem auf vorgegebenen Lernzielen beruhenden Unterricht zu berücksichtigen sind. Kenntnisse der Fachwissenschaften, der Didaktik, der curricularen Ablaufprozesse, der wesentlichen unterrichtsbestimmenden Teile der → Psychologie und → Pädagogik, Theorie-Praxis-Strukturen und der entsprechenden den Lernstoff beeinträchtigenden Einflußfaktoren müssen vorhanden sein. Das nachfolgende Gitter zeigt die einzelnen Ebenen des Filters und die das Gitter durchdringenden Einflußfaktoren, die bei der Aufbereitung von Unterrichtseinheiten von Bedeutung sind. Die Graphik ist von oben nach unten zu lesen. Siehe Abb. S. 111! O

Didaktisches Material im Kindergarten
wird unter dem Gesichtspunkt der gezielten Förderung der Kinder eingesetzt. Aufgrund seiner didaktischen und methodischen Aufbereitung ist es geeignet, bestimmte, vor allem kognitive Fähigkeiten der Kinder entwickeln und sichern zu helfen (z. B. Logische Blöcke, Konstruktionsmaterial).
Es sind allerdings Bedenken gegenüber einer grundsätzlichen Unterscheidung zwischen Spielmaterial und didaktischem Material aufgrund der bloßen Materialbeschaffenheit angebracht. Jedes Spielmaterial (Bauklötze, Spielautos, Bälle usw.) kann als didaktisches Material betrachtet werden und jedes didaktische Material kann zu bloßen Spielzwecken verwendet werden. Entscheidend für die Lerneffizienz des jeweiligen Materials ist also nicht seine Beschaffenheit, seine von vornherein festgelegte didaktische Struktur oder gar seine Etikettierung durch die Lehrmittel- oder Spielzeugindustrie, sondern die Absicht, mit welcher der Erzieher oder das Kind selbst es benützt.
Wenn z. B. ein vierjähriges Kind mit einfachen Bauklötzen „spielt" in der Absicht, durch eine Brückenkonstruktion eine kreuzungsfreie Fahrt für seine Spielautos zu schaffen, erweisen sich die Bauklötze als didaktisches Material von hohem Wert, weil sie das Kind dazu anregen, ein Problem unter Ausschöpfung der Materialeigenschaften kreativ zu lösen.

→ Kindergarten K

DIFF → Deutsches Institut für Fernstudien

Didaktischer Planungsfilter

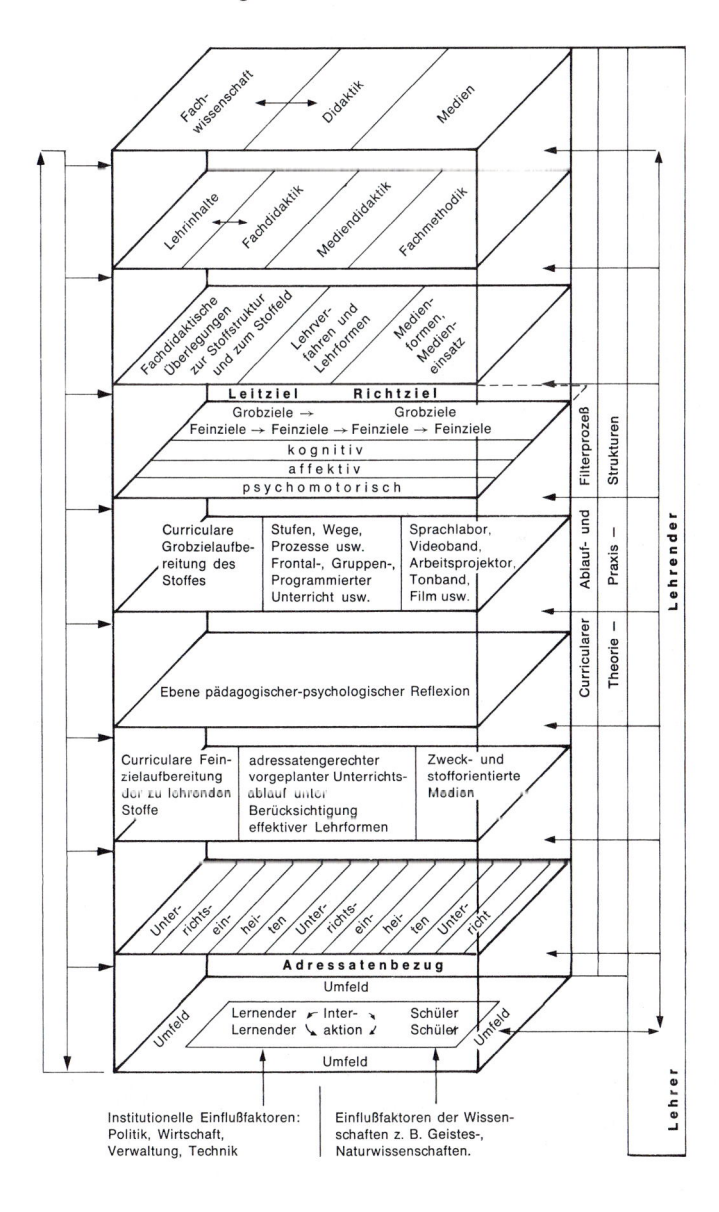

Ebenen (von oben nach unten):

- Fachwissenschaft — Didaktik — Medien
- Lehrinhalte — Fachdidaktik — Mediendidaktik — Fachmethodik
- Fachdidaktische Überlegungen zur Stoffstruktur und zum Stoffeld — Lehrverfahren und Lehrformen — Medienformen, Medieneinsatz

Leitziel — **Richtziel**
Grobziele → Grobziele
Feinziele → Feinziele → Feinziele → Feinziele
kognitiv
affektiv
psychomotorisch

| Curriculare Grobzielaufbereitung des Stoffes | Stufen, Wege, Prozesse usw. Frontal-, Gruppen-, Programmierter Unterricht usw. | Sprachlabor, Videoband, Arbeitsprojektor, Tonband, Film usw. |

Ebene pädagogischer-psychologischer Reflexion

| Curriculare Feinzielaufbereitung der zu lehrenden Stoffe | adressatengerechter vorgeplanter Unterrichtsablauf unter Berücksichtigung effektiver Lehrformen | Zweck- und stofforientierte Medien |

Unterrichtseinheiten — Unterrichtseinheiten — Unterricht

Adressatenbezug
Umfeld
Lernender → Interaktion ← Schüler
Lernender   Schüler
Umfeld

Rechts: Filterprozeß — Strukturen; Ablauf- und Curricularer — Praxis — Theorie; **Lehrender**, **Lehrer**

Institutionelle Einflußfaktoren: Politik, Wirtschaft, Verwaltung, Technik

Einflußfaktoren der Wissenschaften z. B. Geistes-, Naturwissenschaften.

Differentielle Psychologie
befaßt sich mit der Untersuchung und Beschreibung individueller Eigenarten des tierischen und menschlichen Verhaltens. Im Gegensatz zur → Allgemeinen Psychologie geht es ihr also gerade um die individuellen Unterschiede im Verhalten. Bezugspunkte für die Messung der Unterschiede sind durch empirische Methoden ermittelte Durchschnittswerte. Die differentielle Psychologie ist aber nicht nur an der Feststellung individueller Unterschiede interessiert, sondern auch an der Erforschung ihrer Bedingungen. Sie fragt also z. B. danach, warum bezüglich der Intelligenzleistungen einzelner Individuen Unterschiede je nach Geschlechts- und Gruppenzugehörigkeit oder aufgrund der Zugehörigkeit zu einem bestimmten Kulturkreis bestehen.

Anastasi 1976; Blass 1977; Hofstätter 1971; Tyler 1956

→ Psychologie K

Differenzierung
1. **Die allgemeine Didaktik** unterscheidet zwischen der äußeren Differenzierung (= Aufteilung von Lernenden in homogene Leistungsgruppen oder -klassen) und der inneren Differenzierung (= Individualisierung von Lernprozessen innerhalb einer gegebenen Lerngruppe mit Leistungsgefälle, wobei von Fach zu Fach wechselnd Kleingruppen je nach Leistungsstand, Fähigkeiten, Neigungen gebildet werden bis hin zur totalen Differenzierung in einzelne Lernende).
Innere Differenzierung kann vor allem durch Anwendung unterschiedlicher Methoden (→ Aktionsformen, → Sozialformen) und → Medien betrieben werden.
Vor allem die technischen → Medien vermögen hinsichtlich der inneren Differenzierung im Sinne einer konsequenten Individualisierung von Lernprozessen und im Zuge kompensierender Lernprozesse unschätzbare Dienste zu leisten, die nicht zuletzt in einer Entlastung des Lehrers von umfangreicher, die individuellen Bedürfnisse seiner Schüler berücksichtigender Vorbereitungszeit bestehen. Eine wichtige Aufgabe des Lehrers ist es, die Schüler zum rechten Zeitpunkt aus den mediengesteuerten Individualphasen des Lernens in → Sozialphasen des Lernens zusammenzuführen.
Eine innere Differenzierung nach Lernzielen ist grundsätzlich möglich, aber mit Rücksicht auf die für alle Schüler gleicherweise verbindlichen Lernziele (= Fundamentum) nur zur Zieldefinition von Nachholkursen zum Abbau von Defiziten oder von gelegentlichen Zusatzangeboten über das Allgemeinverbindliche hinaus (= → Additum) vertretbar.
Bei den Versuchen zur **äußeren Differenzierung** wird eine Differenzierung nach Interessen (Möglichkeit verschiedener Fächer- oder Themenwahl) und nach → Leistung unterschieden. Für die Leistungsdifferenzierung wiederum haben sich die Formen des → Setting (= Differenzierung nach einzelnen Fächern) und des → Streaming (= fächerübergreifende

Differenzierung) herausgebildet. Zur Rechtfertigung der äußeren Differenzierung nach Leistung wird vor allem immer wieder das Argument herangezogen, daß die leistungshomogene Lerngruppe mit dem ihr genau angemessenen Lernangebot ohne Über- und Unterforderung bedient werden könnte. Dadurch würden gleichzeitig Dauerfrustrationen leistungsschwächerer Schüler vermieden.

Modellversuche mit äußerer Differenzierung nach Leistung haben demgegenüber übereinstimmend durch empirische Untersuchung eine Reihe von Bedenken formuliert, von denen die gewichtigsten im folgenden genannt seien:
- Es konnten keine zufriedenstellenden Zuteilungskriterien für die verschiedenen Leistungsgruppen gefunden werden. Eine Zuteilung der Schüler etwa ausschließlich nach Noten baut auf Zufälligkeiten (unterschiedliche Benotungspraxis der Lehrer) und ist damit im höchsten Maße unpädagogisch.
- Eine eventuelle entwicklungs- oder milieubedingte kognitive Benachteiligung von Kindern im Vorschulalter wird durch äußere Differenzierung nach Leistung fortgeschrieben.
- Leistungsgruppen führen zur Diffamierung der leistungsschwächeren Gruppen, deren Mitglieder allzu oft die Möglichkeit schwinden sehen, jemals in die davoneilenden leistungsstärkeren Gruppen überwechseln zu können. Resignation und weiterer Leistungsabfall sind oft die Folge.
- Leistungsgruppen führen zur Verschärfung der Rivalität unter den Schülern.

2. **In der Entwicklungspsychologie** bezeichnet Differenzierung den kontinuierlich ablaufenden Prozeß der Aufgliederung und Verfeinerung von Fähigkeiten und Fertigkeiten, z. B. die aus ganzkörperlichen, grobmotorischen Bewegungen über langwierige Lernprozesse führende Entwicklung der feinmotorischen Fähigkeit, zu zeichnen oder zu schreiben. Parallel zur fortschreitenden Differenzierung verläuft der Vorgang der Zentralisation, der das bewußt gesteuerte und planende Verfügen über differenzierte Fähigkeiten und Kenntnisse ebenso wie ihre mechanisierte Beherrschung signalisiert.

Dönsch 1972, Burzer 1976; Correll 1969; Der Hessische Kultusminister 1976; Fischer 1971; Fischer/Michael 1970; Oeppert/Preuß 1978; Glogauer 1976; Helbock u. a. 1976; Hopf 1976; Hurrelmann 1971; Kasper 1974; Keim 1973; Mastmann 1971; Merkle 1972, 1973; Prell u. a. 1972; Prouß 1970; Rang/Schulz 1969; Staatsinstitut für Schulpädagogik 1976; Teschner 1971, 1975; Wiederhold 1975; Winkeler 1975; Yates 1972

→ Flexible Differenzierung → Interessendifferenzierung → Kern- und Kursunterricht K

Dimorphismus
bedeutet wörtlich übersetzt Zweigestaltigkeit. Der Begriff bezeichnet z. B. das Vorkommen von zwei verschiedenen Verhaltensmustern in der gleichen Situation (= Verhaltensdimorphismus) oder die verschiedenartige Organisation zweier Clubs mit derselben Zielsetzung oder den verschiedenartigen Aufbau von Truppen in militärischen und polizeilichen Formationen (= Strukturdimorphismus).

Man könnte also z. B. das Verhalten eines Jugendlichen als dimorph bezeichnen, der das eine Mal der körperbehinderten Nachbarin die Einkaufstasche die Treppe hinaufträgt, das andere Mal aber in derselben Situation achtlos an ihr vorbeiläuft.
K

Diplomökotrophologe → Ökotrophologie

Diplompädagoge

Der Diplompädagoge, dessen Studiengang seit 1969 in verschiedenen wissenschaftlichen Hochschulen eingeführt worden ist, wird nicht für ein besonderes Lehramt ausgebildet. Gemäß der Rahmenordnung für die Diplomprüfung in Erziehungswissenschaft vom Dezember 1968 soll der Diplomstudiengang „in allen Bereichen der angewandten Erziehungswissenschaft wissenschaftlich ausgebildete Experten" bringen. Im Mittelpunkt des Studiums steht die Pädagogik, obligatorisch kommen hinzu Teile der Psychologie und der Soziologie. Inhalte und Organisation der Studienrichtung des Diplompädagogen wurden bisher fast unverändert von bestehenden Studiengängen übernommen, abgesehen von den vier- bis achtwöchigen Hospitationen in den Schwerpunktbereichen des Studiums. Der Abschluß des Studiums wird für eine anschließende Promotion grundsätzlich anerkannt. Absolventen des Studienganges „Diplompädagoge" fanden bisher in erster Linie Anstellungen im Hochschul- und Schulbereich, in der Schul- und Kultusverwaltung. Darüber hinaus deuten sich neuerdings in zunehmendem Maße Einsatzmöglichkeiten an in Einrichtungen für Fünfjährige (Übergang vom Vorschul- zum Schulbereich, wo allerdings mit der Konkurrenz der Erzieher und Sozialpädagogen zu rechnen ist), in der Erwachsenenbildung (Weiterbildung, Umschulung, Fortbildung), in der außerschulischen Bildung, im Beratungswesen des Bildungsbereiches, zur Durchsetzung von Neuerungen im Bildungsbereich und im Bereich der → Freizeiterziehung.
OK

Müller 1977

Direkte Methode → Fremdsprachenmethodik

Direktivität

kennzeichnet zusammenfassend das autoritär lenkende, meist auch irreversible (= nicht umkehrbare) Verhalten von Erziehern. Sie führt im Unterricht zu Disziplinschwierigkeiten, oppositionellem Verhalten der Schüler und Passivität und verhindert kreatives Lernverhalten.
→ Dirigismus → Permissivität
K

Dirigismus

Als Begriff der Schulpädagogik bezieht sich Dirigismus auf die bewußte, autoritäre Lenkung des Unterrichts, um das beabsichtigte → Lernziel plangemäß zu erreichen. Ein Abweichen vom vorgesehenen Lernweg durch die Schüler ist kaum möglich. Eine Abwandlung bzw. Neufassung des intendierten Zieles wird nicht zugelassen.
→ Direktivität
O

Discovery Learning
bezeichnet ein → Lernen, das mit eigenem Erfahren verbunden ist. Es ist das entdeckende Lernen im Gegensatz zum → guided discovery. O

Diskontinuitätstheorie → Kontinuitätstheorie

Diskriminationslernen
bedeutet Unterscheidungslernen und bezeichnet die Fähigkeit, dargebotene Reize in ihrer Unterschiedlichkeit präzis wahrnehmen und das für die augenblickliche Aufgabenbewältigung Wesentliche auswählen (= diskriminierende Auswahl) zu können. Erfahrungsgemäß fällt es z. B. vierjährigen Kindern schwer, Kreis, Dreieck und Rechteck sicher zu unterscheiden, selbst wenn ihnen keine begriffliche Zuordnung geometrischer Formen, sondern eine nach vorgegebenen Mustern abverlangt wird. Die steigende Komplexität der zu bewältigenden Lernprobleme fordert eine ständige Verfeinerung dieser Fähigkeit des Unterscheidens. Die Einübung in das Diskriminationslernen führt von → Reizen mit deutlich betonter Unterschiedlichkeit in einem Merkmal (siehe Beispiel) zu vielseitiger Unterscheidung (= multiple Diskrimination) in mehreren Merkmalen bei Reizangeboten, deren Unterschiedlichkeit auf Anhieb nicht sofort ins Auge fällt. K

Diskriminierende Auswahl → Diskriminierungslernen

Diskurs
ist nach dem Fremdwörterduden eine „eifrige Erörterung, Verhandlung". In den Sozialwissenschaften wird der Diskurs als „Instanz der Kritik aller unreflektierten sozialen Normen" (Apel) verstanden. Die neuere pädagogische Literatur betont – v. a. in Anlehnung an die → Kritische Theorie der Frankfurter Schule – die Diskursfähigkeit als wesentliches Lernziel des selbstverantwortlichen, mündigen Menschen. Möglichkeiten zur Verwirklichung des Diskurses im pädagogischen Bereich ergeben sich vor allem im Vollzug der → **Metakommunikation** (= kritisch reflektierende Kommunikation über Kommunikation) und des → **Metaunterrichts,** in dem z. B. Lerninhalte, Unterrichtsmethoden, Medien, Verhaltensnormen kritisch untersucht werden. K

Habermas 1974; Mollenhauer 1976[3]; Watzlawick u. a. 1974[4]

Diskurs-Modelle → Inhaltsanalyse

Diskursives Denken → Denken

Diskussion
Der Begriff Diskussion entstammt dem Bereich der Politik und unterscheidet sich von der → Debatte, dem → Gespräch, dem → Vortrag und dem → Referat. Die Diskussion ist eine Auseinandersetzung, ein Streitgespräch vieler oder einer Gruppe zur Information anderer z. B. in Form der Podiumsdiskussion, um einen Sachverhalt auf Grund mehrerer Meinungen zu überprüfen. Jede Diskussion zielt auf einen Lösungsversuch ab, was nicht

bedeutet, daß alle einer Meinung sind. Auch wenn sich eine kleine Opposition nicht für die von der Mehrheit gefundene bestmögliche Lösung bekennt, toleriert die Minderheit die Mehrheitsentscheidung, macht sich diese aber nicht zu eigen. Somit kann bei jeder Diskussion eine Meinungsdifferenz bestehen bleiben. Die gegenseitigen Meinungen sind zu achten und die sich in einer Diskussion bildenden Meinungsgruppen haben sich loyal zueinander zu verhalten. Eine sachliche, objektive Diskussion verlangt Selbstbeherrschung, Selbstentsagung, die Kunst zuhören zu können und über das Gehörte klar und logisch nachzudenken. Wer diskutiert, muß diszipliniert, redegewandt und schlagfertig sein. Er sollte treffsicher argumentieren und Begriffsartistik, Polemik und nichtssagende Rhetorik vermeiden.

Die Diskussion ist für die Schule unter dem Aspekt der → Kommunikation und der sozialen Lernziele zu einer wesentlichen in den Unterricht einzubeziehenden Arbeitsform geworden, die den Schüler in seiner Arbeit und in seinem Denken aufschließt, zur Objektivität, zur Anerkennung des Mitmenschen erzieht und ihm den Weg zur Entscheidungs- und → Urteilsfindung zeigt. O

Böttcher/Zielinski 1974; Fabian 1977; Keil 1975; Rössner 1967

Disponibilität

bezeichnet die zuverlässige Verfügbarkeit z. B von Wissen, Fertigkeiten, Arbeitstechniken. K

Dissemination

bezeichnet alle Vorbereitungs-, Planungs-, Durchführungsmaßnahmen und Prozesse, die dazu dienen, erstellte Curricula in einem Bildungssystem in bestimmten Fächern auf entsprechenden Schulstufen oder für vorgesehene Jahrgangsstufen in dafür ausgesuchten Schularten oder Bildungsinstitutionen pflichtgemäß einzuführen.

→ Curriculum O

Dissonanz, kognitive

Eine kognitive Dissonanz liegt vor, wenn in ein und derselben Person bzw. zwischen mehreren Personen zwei oder mehrere verschiedene Erkenntnisse, Meinungen oder gar grundlegende Einstellungen zu einem Sachverhalt unvereinbar gegeneinander stehen. Je nach ihrer Bedeutsamkeit wird die kognitive Dissonanz als eine mehr oder minder schwerwiegende Störung empfunden, die die Tendenz in sich birgt, in eine kognitive Konsonanz, also in ein Zusammenpassen der Erkenntnisse, Meinungen, Einstellungen übergeführt zu werden. Der störungsfreie kognitive Gleichgewichtszustand wird erreicht durch sorgfältige Reflexion der widerstreitenden Elemente und durch zusätzliche Informationsbeschaffung, welche zusammen die Revision eines Elementes zugunsten des entgegengesetzten oder eine Entscheidung zugunsten des Elementes mit der größeren Zahl zusammenstimmender Argumente ergeben. Nach der Dissonanztheorie von L. A. Festinger (1962) resultieren Einstellungsänderungen immer aus der Notwendigkeit,

kognitive Dissonanzen zu überwinden. Nach dem heutigen Stand der Theorie der kognitiven Dissonanz bestimmen vor allem folgende Faktoren die Wirkung einer Aussage in Richtung der Übereinstimmung oder Nichtübereinstimmung:
1. Die bisherige Meinung des Empfängers zur Aussage bzw. zum Aussagenbereich,
2. die positive oder negative Bewertung dessen, der die Aussage macht (= Kommunikator), durch den Empfänger,
3. die Meinung, die durch die Aussage zum Ausdruck gebracht wird bzw. dahinter vermutet wird.

Nichtübereinstimmung kann demzufolge dadurch abgebaut werden, daß
1. entweder der Empfänger seine bisherige Meinung zur Aussage revidiert,
2. oder der Empfänger den Kommunikator neu bewertet,
3. oder die bislang evtl. falsch interpretierte Meinung hinter der Aussage ins rechte Licht gerückt wird.

Kognitive Konsonanz wird also immer dadurch erreicht, daß die drei genannten Faktoren zur Übereinstimmung gebracht werden. K

Brehm/Cohen 1962; Dröge u. a. 1969; Köck 1977 (Kommunikation); Zimbardo 1969

Dissonanztheorie → Dissonanz, kognitive

Dissoziation

bedeutet Trennung, z. B. in der Betrachtung und Beurteilung sexuellen Verhaltens die Trennung von Fortpflanzungsfunktion und sexueller Aktivität. K

Distanz, soziale

Als soziale Distanz wird der mehr oder minder große Abstand bezeichnet, den einzelne Personen oder Gruppen zueinander einnehmen. Sie kann von unreflektierter Uninteressiertheit bis zu feindseliger Ablehnung reichen und ist bedingt durch grundsätzliche Einstellungen, Interessenrichtungen, sozialen → Status, berufliche Position, aber auch durch räumliche Entfernung und die mögliche Häufigkeit sozialer Kontaktaufnahmen. Oftmals erfüllt die soziale Distanz schlicht eine Schutzfunktion gegenüber allzu vielen und zu intensiven Kontakten, die angemessen wahrzunehmen eine Person ohne Verlust an Echtheit und Tiefe nicht in der Lage ist. K

Distribution

Im täglichen Leben, im Unterricht und in vielen Berufen ist es heute von großer Bedeutung, die → Fähigkeit zur rasch wechselnden objektorientierten Kurzkonzentration, zur Distribution, zu besitzen. Sie ist ein reaktionsschnelles Verteilenkönnen von → Konzentration und → Aufmerksamkeit im Nebeneinander und raschen Nacheinander von Abläufen und Geschehnissen. Die Distribution als blitzschnelles Konzentrieren auf verschiedene Einzelheiten zeugt von geistiger Kraft und ist für viele Berufe unerläßlich geworden, z. B. für den Chauffeur, Arzt, Dirigenten, Lehrer u. a.

Der Grad der Distributionsfähigkeit hängt im allgemeinen vom Typ ab. So stellte man z. B. fest, daß der visuelle Typ geringe, der akustische Typ mittlere und der motorische Typ große Distributionsfähigkeit besitze.

→ Begabung → Tenazität O

Disziplin

ist eine Verhaltensweise, die geprägt wird von der jeweiligen Gesellschaft; den angelegten Ordnungsmaßstäben; den Autoritäten, in deren Spannungsfeld sich der einzelne befindet; den gestellten Lern-, Berufs- und privaten Anforderungen; der Zugehörigkeit zu → Klein- und → Großgruppen und den geistigen, seelischen und körperlichen Komponenten der einzelnen Person. Häufig wird äußere Disziplin von innerer Disziplin unterschieden, wobei die innere Disziplin z. B. die Beherrschung von Gefühlen; humanes Verhalten in Problemsituationen, klares, sachliches Denken und das Zügeln von Gedanken zum Ausdruck bringt und die äußere Disziplin z. B. ruhiges Sitzen, ordentliches Aussehen, Einfügen und Einordnen in die Gemeinschaft betrifft. Schuldisziplin ist im allgemeinen die Einhaltung der von der Schule in vielen Bereichen für die Schule geforderte Ordnung. Sie wird bedeutend gekennzeichnet durch die Einstellung des Schülers zum Lehrer, zu dessen Autoritätsverhalten und zur Qualität seines Unterrichts. Lochner stellt fest, ,,daß jeder Lehrer die Klasse hat, die seinem Spiegelbild entspricht". Gemäßigte Unruhe in einer Klasse drückt noch keine Disziplinlosigkeit aus. Von seiten des Lehrers ist zu berücksichtigen, daß kranke nervöse Schüler als undiszipliniert erscheinen können, daß bei der Anwendung freierer → Lehrformen wie → Gruppenunterricht usw. eine aktive Unruhe gegeben ist und Kinder nach längerem Sitzen unruhig werden.

Clarizio 1976; Domke 1973; Dreikurs/Cassel 1975; Ipfling 1976; Röhrs 1968; Rückriem 1975; Sloane 1976

→ Autorität → Antiautoritäre Erziehung → Disziplinierung → Erziehungsstile O

Disziplinierung

Fehlerhaftes gegen eine gegebene Ordnung verstoßendes, beleidigendes oder bedrohendes Verhalten führt zu strafenden, behindernden oder evtl. die Freiheit beschränkenden Eingriffen durch dazu befugte Personen oder Institutionen. Die Disziplinierung kann direkte Straffolgen haben oder sich z. B. auch der Diskriminierung Gleichgestellter bedienen.

→ Disziplin O

Divergentes Denken → Denken

DNS → Desoxyribonucleinsäure

Dominanz

Im psychologischen Sprachgebrauch meint Dominanz in der Regel ein Verhalten, das durch übersteigertes Selbstbewußtsein und durch die Absicht, andere beeinflussen und beherrschen zu wollen, gekennzeichnet ist.

Dominanz wird in durchaus positivem Sinne aber auch einer Person zugeschrieben, die z. B. eine Diskussionsrunde durch fachkompetente Argumentation beherrscht. Von einer störenden Dominanz wäre die Rede, wenn diese Person ihr aufgrund berechtigter Fachkompetenz in einem bestimmten Bereich dominantes Verhalten zu einem generellen Rollenverhalten ausweiten würde. K

Dominativer Unterrichtsstil → Unterrichtsstil → Erziehungsstile

Double-bind-Situation
– wörtlich Doppelbindungssituation – bezeichnet den Sachverhalt eines in sich widersprüchlichen Kommunikationsverhaltens, das Watzlawick u. a. 1974[4] folgendermaßen beschreiben:
„1. Zwei oder mehrere Personen stehen zueinander in einer engen Beziehung, die für einen oder auch alle von ihnen einen hohen Grad von physischer und/oder psychischer Lebenswichtigkeit hat . . .
2. In diesem Kontext wird eine Mitteilung gegeben, die a) etwas aussagt, b) etwas über ihre eigene Aussage aussagt und c) so zusammengesetzt ist, daß diese beiden Aussagen einander negieren bzw. unvereinbar sind . . .
3. Der Empfänger dieser Mitteilung kann der durch sie hergestellten Beziehungsstruktur nicht dadurch entgehen, daß er entweder über sie metakommuniziert (sie kommentiert) oder sich aus der Beziehung zurückzieht . . . (S. 196).
4. Wo Doppelbindungen von längerer oder sogar chronischer Dauer sind, werden sie zu gewohnheitsmäßigen und schwer beeinflußbaren Erwartungen hinsichtlich der Natur menschlicher Beziehungen und der Welt im allgemeinen, und diese Erwartungen bedürfen schließlich keiner weiteren Verstärkungen.
5. Das durch Doppelbindungen verursachte paradoxe Verhalten hat selbst doppelbindende Rückwirkungen, und dies führt zu sich selbst verewigenden Kommunikationsstrukturen (S. 199) – sofern nicht durch Interventionen der Zirkel aufgebrochen wird."
→ Kommunikation K

Down-Syndrom → Mongolismus

Dramaturgie des Unterrichts
G. Hausmann (1959) führte den an der literarischen Dramaturgie orientierten Ansatz in die → Didaktik ein. Lernprozeß, Unterrichtsverlauf und die in diesen agierenden „Mitspieler", Schüler und Lehrer, werden unter dramaturgischen Aspekten in Anlehnung an die unterschiedlichen Verlaufsformen klassischer und moderner Dramaturgie gesehen. Der Unterrichtsverlauf wäre z. B. im Sinne des „tektonisch geschlossenen Dramas . . . anzusehen als ein Fortgang von einer ‚Einleitung' über eine durch ein ‚erregendes Moment' hervorgerufene ‚Steigerung' bis zu einem ‚Höhepunkt', nach dem die Unterrichtshandlung im Anschluß an ein ‚Moment der letzten Spannung' mit einer ‚Lösung' zum Abschluß kommt". Hausmann stellt diesem

„geschlossenen Regeltypus" ausdrücklich den am modernen „tektonisch offenen Drama" orientierten Unterrichtsverlauf mit variablen Schwerpunktsetzungen gegenüber.
Letztlich ist die Dramaturgie des Unterrichts als ein – auch durch die in der Didaktik ungewohnte Terminologie betonter – Versuch anzusehen, den Unterricht vom starren Ablauf nach → Formalstufen in Richtung eines lernprozeß-, sach- und adressatenorientierten Unterrichts zu befreien. K

Dressat
Dressate sind das Ergebnis einer → Dressur bzw. → Konditionierung und stellen anerzogene Verhaltensweisen dar, die zur automatischen Gewohnheit wurden. Verhaltensweisen dieser Art sind z. B. das Grüßen von Vorgesetzten, das Aufstehen eines Jugendlichen im Bus oder in der U-Bahn, wenn ältere Leute stehen. O

Dressur
bedeutet Abrichtung und erzeugt durch → Übung, → Wiederholung und Gewöhnung Verhaltensweisen verschiedener Art. Von Dressur wird im Gegensatz zur → Erziehung dann gesprochen, wenn äußere Abläufe wie z. B. entsprechende Umgangs- oder Gesellschaftsformen mechanisch eingeübt werden. Das Ergebnis der Dressur wird als → Dressat bezeichnet.
→ Konditionierung O

Drill
Der Drill unterscheidet sich von der → Dressur durch sein eindeutig zweckgerichtetes mechanisches Einüben von Handgriffen und Bewegungen, die bei Bedarf genau und rasch ohne langes Nachdenken ausgeführt werden. Es handelt sich hierbei meist um mechanisch eingedrillte Verhaltensweisen im handwerklichen oder militärischen Bereich.
→ Sprachlabor O

Drive → Motivation → Stimulus Intensity Model

Drogenmißbrauch → Sucht

Duales System
Das duale System stellt ein Ausbildungssystem dar, in dem betrieblich-praktische und schulisch-theoretische Ausbildung gleichzeitig nebeneinander ablaufen.
Theoretische Lehrstoffe und Erkenntnisse können durch unmittelbare praktische Anschaulichkeit beruflicher Arbeit erklärt, begründet und vertieft werden.
→ Berufsschule O

dysfunktional

Als dysfunktional wird eine Tätigkeit oder ein Vorgang bezeichnet, die bzw. der sich störend, an seiner eigentlichen Aufgabe (= Funktion) vorbei oder ihr entgegen auswirkt. Dysfunktional verhält sich z. B. ein Lehrer, der sein berufliches Tätigkeitsfeld in erster Linie zur Selbstdarstellung mißbraucht.

→ Rollenfunktionen in der Gruppe K

Echolalie

auch Echosprache oder Echophasie genannt, bezeichnet das nachahmende, stereotype Wiederholen sprachlicher Äußerungen anderer. Die Echolalie ist meistens ein → Symptom für psychische Erkrankungen bestimmter Art, z. B. für → Schizophrenie. K

Educational television (ETV) → Bildungsfernsehen → Telekolleg

Éducation Permanente → Life-long Learning → Weiterbildung → Fortbildung → Erwachsenenbildung

Effektgesetz

Das Effektgesetz des Lerntheoretikers Thorndike besagt, daß eine Reiz-Reaktions-Verbindung, der eine befriedigende Wirkung (Belohnung, Erfolg) folgt, durch ebendiese als angenehm empfundene Wirkung verstärkt wird; d. h. daß z. B. von Erfolg gekrönte Lernprozesse in einem bestimmten Fachgebiet die Motivationsbereitschaft für dieses Fachgebiet steigern. Gehäufte Mißerfolge ziehen dagegen eine Vermeidungshaltung nach sich. Die Konsequenz für den Lehrenden als Organisator von Lernprozessen besteht darin, diese für die Lernenden differenziert mit Aussicht auf Erfolg zu gestalten. Dies gilt um so mehr bei bereits mißerfolgsängstlichen Schülern, die dazu neigen, ihr Leistungsniveau in falscher Selbsteinschätzung extrem niedrig bzw. unerreichbar hoch anzusetzen.

→ Anspruchsniveau → Lernprozeß K

Effektivität

Sie bezeichnet den Grad der Wirksamkeit, der angesichts bestimmter Normen, gegebener oder gesetzter Ziele erreicht wurde. In jedem Arbeitsablauf lassen sich Ergebnisse durch vollzogene → Operationen erkennen. Ebenso ergeben sich in jedem geplanten, lernzielorientierten Unterrichtsablauf und in Lernprogrammen Effekte, das sind Veränderungen in den Ergebnissen oder Leistungen der Schüler, die aus dem Unterrichtsgeschehen oder der Programmverwendung resultieren. Die Effektivität läßt sich in bezug auf die → Ausgangslage der Adressaten feststellen. Zusammengefaßt bezeichnet Effektivität in unserem Zusammenhang also immer das Verhältnis von Aufwand und Nutzen in Lernprozessen, als Formel:

$$\text{Effektivität} = \frac{\text{Lernziel}}{\text{Zeit} \times \text{methodischer Aufwand} \times \text{Medien}}$$

Efferenz

Unter dem Gesichtspunkt der Beurteilungspraxis wirft die Feststellung der Effektivität besondere Probleme auf, insofern sie immer unter subjektiven oder objektiven Aspekten gemessen werden kann, d. h. welcher Lernzuwachs in bezug auf den individuellen Lernfortschritt des einzelnen Lernenden bzw. in bezug auf den genormten Lernzuwachs einer Lerngruppe zu verbuchen ist.

→ Leistungskurve → Leistungskontrolle → Effizienztraining OK

Efferenz

Als Efferenz wird der Vorgang bezeichnet, in dem ein Impuls von einem Zentrum (z. B. Gehirn) über Nervenbahnen an die Peripherie (z. B. Muskeln) geführt wird.

→ Afferenz K

Effizienztraining

Hauptanliegen des Effizienztrainings ist das „. . . Training zur Teamfähigkeit unter Einbeziehung des Leistungsaspekts". Ebenso werden Formen der Einflußnahme eingeübt, „die der zeitgemäßen Änderung sozialer Normen und Rollen entsprechen" (Däumling u. a. 1974).
Zur Bearbeitung im Effizienztraining bieten sich nach A. M. Däumling u. a. vor allem an:
1. Arbeit an einem Führungsstil, der den affektiven Gegebenheiten Rechnung trägt.
2. Förderung der persönlichen Flexibilität.
3. Normenbildung.
4. Konfliktbearbeitung im Sinn fairer Konfrontation.
5. Bearbeitung konkreter Kooperationsprobleme. K

Egozentrismus

bedeutet totale bzw. überwiegende Ichbezogenheit. Abgesehen von krankhaften Ausformungen des Egozentrismus ist vor allem das frühkindliche → Denken durch ihn bestimmt. Er äußert sich hier ganzheitlich im Selbstbewußtsein, in der Wahrnehmung, im Denken und in der Sprache. Das Selbst steht für das Kleinkind im Mittelpunkt aller Beziehungen und alles Existierende hat seiner Meinung nach Sinn und Zweck auf dieses sein Selbst hin. K

Aebli u. a. 1968

Eichung → Standardisierung

Eidetik

Unter Eidetik versteht man besondere Anschauungserlebnisse, angenommene, nacherlebte oder durch einen → Reiz ausgelöste sehr anschauliche Vorstellungen, die von Personen mit tatsächlichen Anschauungsbildern verwechselt und grundsätzlich als echt empfunden werden. Sie wird häufig

bei Kindern und Jugendlichen festgestellt und tritt mitunter auch bei Erwachsenen auf.
Für den Erzieher und Lehrer ist es wichtig, über die Vorstellungs- und Wahrnehmungswelt eines Eidetikers informiert zu sein, um z. B. die unterschiedliche Zuverlässigkeit von Kinderaussagen zu verstehen.

→ G-Methode → T-Methode O

Eidetiker
Der Begriff wird für Personen, insbesondere für Kinder und Jugendliche verwendet, die früher wahrgenommene Situationen, Erlebnisse, Ereignisse oder Objekte auch nach einer längeren Zeit als eine für sie noch einmal erlebte Wirklichkeit empfinden oder ziemlich gleiche Vorstellungen und innere Anschauungsbilder erzeugen.

→ Eidetik → G-Methode → T-Methode O

Eignung
Der Begriff dient sowohl zur Beschreibung einer bereits nachgewiesenen → Fähigkeit für bestimmte Aktivitäten als auch als Bezeichnung für ein Leistungsvermögen, dessen volle Entfaltung durch Lernprozesse aufgrund von → Beobachtungen und → Tests angenommen werden kann. Eignungsfeststellungen erfordern wegen ihrer schullaufbahn- und berufsentscheidenden Wirkung die Entwicklung und ständige Verbesserung eines zuverlässigen Meßinstrumentariums und ein hohes Verantwortungsbewußtsein derer, die Eignung in bestimmte Richtungen feststellen.

→ Eignungstest K

Eignungstest
Eignungstests verfolgen den Zweck, durch Messung des bereits erworbenen Leistungsvermögens bzw. des aktuellen Ausprägungsgrades der dem Leistungsvermögen zugrundeliegenden → Fähigkeiten die weitere Entfaltung dieser Fähigkeiten vorherzusagen. Sie werden zur Schullaufbahn- und Berufsentscheidung, aber auch in vermehrtem Maße bei Bewerbungen vor allem um leitende Positionen in der Industrie und Verwaltung verwendet.
Triebe 1976; Triebe/Ulich 1977

→ Eignung → Schulleistungsmessung K

Einfache Analyse → Analyse

Einfache Wiederholung→ Rekapitulation

Einfühlung→ Empathie

Eingangskönnen
Es bezeichnet den jeweiligen Wissens- und Kenntnisstand zu Beginn einer Ausbildungs-, Fort- oder Weiterbildungsphase in bezug auf die Anforderungen in den Fachgebieten, die von der aufnehmenden Schule oder Insti-

tution gefordert werden. Die → Ausgangslage der einzelnen zum notwendigen oder geforderten Eingangskönnen ist grundsätzlich unterschiedlich. Der Ausgleich sollte durch die Einflußnahme eines adressatengerechten Unterrichts und durch entsprechende → Vermittlungsvariablen ermöglicht werden.
Mit Hilfe der → Kriterienprogrammierung läßt sich das Eingangskönnen im allgemeinen überprüfen.

→ Eingangsverhalten O

Eingangsstufe

Die Eingangsstufe ist in Bayern der alternative Modellversuch zur gezielten Förderung Fünf- und Sechsjähriger gegenüber den Versuchen in → Modellkindergärten.
Sie umfaßt zwei Jahre, wobei im ersten Jahr (E_1) 15–18 zu einer altershomogenen Gruppe zusammengefaßte Fünfjährige zu $^2/_3$ der 15–20 Stunden umfassenden pädagogischen Förderung von Sozialpädagogen oder Erziehern betreut werden, im verbleibenden Drittel von einem Grundschullehrer. Die Gruppen der E_1 werden von Sozialpädagogen oder Erziehern verantwortlich geleitet. Im zweiten Jahr der Eingangsstufe (E_2) werden zwei Gruppen der E_1 zur ersten Grundschulklasse unter der verantwortlichen Leitung des Grundschullehrers zusammengefaßt. Die Betreuung der Kinder entfällt nun zu $^2/_3$ auf den Grundschullehrer, zu $^1/_3$ auf den Sozialpädagogen oder Erzieher. Zur Betreuung durch letztere wird die Klasse der E_2 wieder in zwei Gruppen zu je 15–18 Kindern geteilt. Organisatorisch ist die gesamte Eingangsstufe der zuständigen Schule zugeordnet und auch räumlich in dieser untergebracht. Die Hauptziele des Modellversuchs Eingangsstufe sind die kompensatorische Förderung von Kindern mit Defiziten in den verschiedenen Verhaltensbereichen und die Erprobung eines gleitenden Übergangs der Kinder vom Elementarbereich in den Grundschulbereich. Die pädagogische Förderung orientiert sich an „Richtlinien für den Modellversuch Eingangsstufe in Bayern".

Wittmann 1977

→ Elementarerziehung, → Kindergarten, → Vorschule K

Eingangsverhalten

kennzeichnet das Verhalten, die → Einstellung eines Schülers zu Beginn einer Unterrichtslektion oder eines anderen Lernprozesses. Es wird bestimmt durch die → Lernpotenz, die → Lernmotivation, den sachstrukturellen Entwicklungsstand des Lernenden. Der Lehrer sollte vor Beginn des Lernprozesses die
1. Binnenkriterien (bekannte Stoffe und Inhalte)
2. Außenkriterien (Intelligenz, Disposition des Schülers; Motivation, usw.) prüfen. O

Einheit
Einteilungsgrößen zur Differenzierung des Komplexes Unterricht wie z. B. → Lehr-, → Lernsequenz, Zeit-, Sinn-, Kontakteinheit, Micro-, Macroeinheit oder → Phaseneinheit werden mit dem Begriff Einheit bezeichnet.
Micro- und Macroeinheit sind formale Einteilungsgrößen und beziehen sich sowohl auf temporäre als auch auf inhaltliche Kriterien.
Zeiteinheit ist eine rein temporäre Kategorie, und Sinneinheit umschreibt den stofflich-inhaltlichen Zusammenhang. Kontakteinheit erfaßt die Dauer von Interaktionen wie zwischen Lehrer-Schüler oder Schüler-Schüler.
→ Lernschritt → Unterrichtseinheit O

Einkoten → Enuresis, Enkopresis

Einprägen
→ Einprägendes Lernen → Überlernen

Einprägendes Lernen
Für einprägendes Lernen und Üben (= Langzeitlernen) empfiehlt es sich, folgende Hinweise zu beachten:
1. Richtige Verteilung der Übungsgänge:
   Frühzeitig vor der Prüfung beginnen und den Prüfungsstoff in überschaubaren Abschnitten über längere Zeit verteilen. Kurzfristiges Einprägen in Torschlußpanik führt zu Prüfungspsychosen!
2. Entweder ausschließlich lernen oder ausschließlich entspannen! Radio- und Fernsehberieselung und die Geräuschkulisse plaudernder Mitmenschen setzen die Effektivität von Lernen und Üben herab.
3. Sinnvolle, geordnete und verstandene Informationen werden sehr viel schneller und dauerhafter behalten als sinnlose, ungeordnete und unverstandene.
4. Versuchen Sie, neue Informationen untereinander und mit bereits bekannten möglichst vielfältig zu verbinden (Im Notfall, aber nur dann: ,,Eselsbrücken").
5. Am leichtesten werden solche Informationen gelernt, die mit angenehmen Emotionen verbunden sind, die persönliche Anteilnahme oder doch wenigstens sachliches Interesse hervorrufen. Die Entstehung affektiver Lernhemmungen, z. B. durch Übersättigung, sollte vermieden werden.
6. Wichtig ist ferner eine angenehme Lernatmosphäre (Lernteam, Partner, Arbeitsplatz, Bereinigung von Konflikten, Konzentration auf die Übungsphase, Klärung von Unlustgefühlen . . .).
7. Ganzheitliches Lernen erhöht den Behaltwert: Handeln, laut sprechen, Skizzen entwerfen usw.
8. Neue Lernprozesse in der übungsfreien Zeit sollten unterbleiben. (Problem der vor- und rückwirkenden → Gedächtnishemmung; auch durch einen sofort anschließenden Krimi gegeben.)
9. Auch beim Üben ist Verstärkung wichtig.

10. Ständige Kontrolle des Gelernten erhöht den Behaltwert und verhindert die Festigung von Falschem (Falsches ist schwer zu löschen).
11. Von grundsätzlicher Bedeutung ist es, sich Klarheit darüber zu verschaffen, welchem Lerntyp man zugehört.

Für die rationelle Organisation des Langzeitlernens kann eine **Lernkartei** etwa der folgenden Art von Nutzen sein: siehe Abb. S. 127!

→ Überlernen → Übung K

Einschulung

Aufgrund gesetzlicher Bestimmungen werden in der Bundesrepublik Deutschland alle Kinder, die am 31. Juni eines Jahres sechs Jahre alt sind, zum Schuljahresbeginn im Herbst desselben Jahres eingeschult. Kinder, die zwischen dem 31. Juni und 31. Dezember sechs Jahre alt werden, können auf Antrag der Eltern eingeschult werden. In diesem Fall ist die Schulfähigkeit durch den Schulleiter, im Zweifelsfall auch durch den → Schuljugendberater und den Schularzt festzustellen. Bei beiden erwähnten Gruppen von Kindern kann eine **Zurückstellung** vom Schulbesuch erfolgen, wenn sich ein Kind als nicht schulfähig erweist. Gegen eine diesbezügliche Entscheidung der Schule kann Widerspruch bei der vorgesetzten Dienstbehörde (Staatliches Schulamt) eingelegt werden. Eine begründete Zurückstellung sollte aber eher zum Anlaß gezielter Förderung genommen werden, wenn sie nicht schlicht das Ergebnis verzögerter Entwicklung ist.

→ Schulkindergarten → Schulreife K

Einsicht

In der Denkpsychologie ist unter Einsicht das unmittelbare Erfassen von Bedeutungen, Begriffen und Sinnzusammenhängen in meist schwierigen Problemsituationen zu verstehen. Im bayerischen Modell des → Curricularen Lehrplans bezeichnet Einsicht im Lernzielbereich Erkennen „die zweite Stufe der Problemdurchdringung. Auf dieser Stufe werden eine Lösung bzw. Lösungen des Problems ausgearbeitet."

Westphalen 1978[6]. Neufassung der Lernzielmatrix auch in: Pädagogische Welt, Heft 8. Donauwörth 1977.

→ Aha-Erlebnis K

Einstellung

Einstellungen sind erworbene, relativ beständige, das aktuelle Verhalten wesentlich mitbestimmende Dispositionen, wie z. B. verfestigte Meinungen, Vorurteile, Werthaltungen. Sie sind als → hypothetische Konstrukte zu bezeichnen, da sie nur aus dem aktuellen, beobachtbaren Verhalten, also aus ihren Auswirkungen erschlossen werden können.

Da Einstellungen auf der vielfältigen Erfahrung beruhen, daß sie sich für ein bestimmtes Individuum zur Bewältigung der Realität als nützlich bewährt haben, sind sie kaum bzw. sehr schwer veränderbar. Zur Verfestigung der Einstellungen trägt auch die Tatsache bei, daß ihre Brauchbarkeit in seltenen Fällen kognitiv kritisch erhellt wird, sondern emotional und in existen-

Einstellung

```
┌─────────────────────────────────┐
│      Information lernen         │
│ Siehe Prinzipien „Langzeitlernen"│
└─────────────────────────────────┘
              │
              ▼
┌─────────────────────────────────┐
│      mindestens 2 Tage warten   │
└─────────────────────────────────┘
              │
              ▼
         1. Lernkontrolle:              nein
   Ist Information im Langzeitgedächtnis? ────►
              │ ja
              ▼
┌─────────────────────────────────┐
│      mindestens 4 Tage warten   │
└─────────────────────────────────┘
              │
              ▼
         2. Lernkontrolle:              nein
   Ist Information im Langzeitgedächtnis? ────►
              │ ja
              ▼
┌─────────────────────────────────┐
│      mindestens 8 Tage warten   │
└─────────────────────────────────┘
              │
              ▼
         3. Lernkontrolle:              nein
   Ist Information im Langzeitgedächtnis? ────►
              │ ja
              ▼
           ( usw. )
              │
              ▼
```

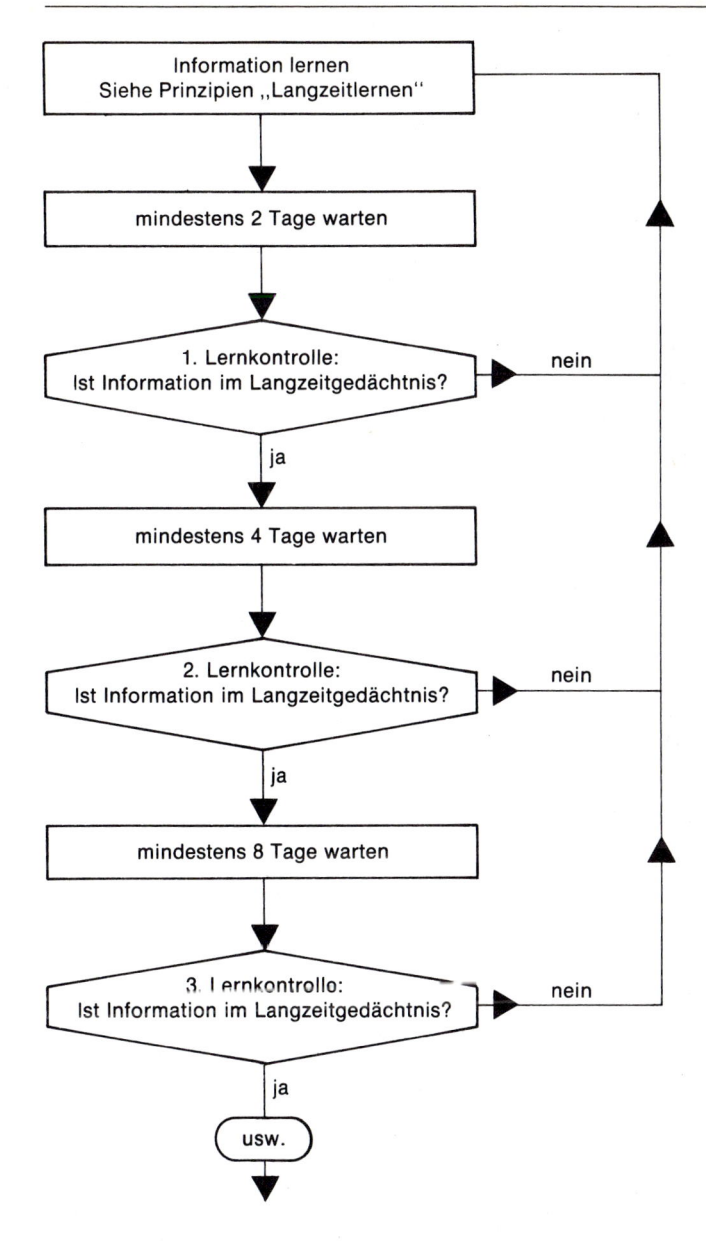

tiellen und alltäglichen Handlungsvollzügen erlebt wird. Einstellungen sorgen nach dem bisher Gesagten für Entlastung des Menschen von der Aufgabe, in der Begegnung mit der Wirklichkeit in allen Bereichen immer wieder neu sich eine Meinung bilden zu müssen; insofern wirken sie stabilisierend auf die Persönlichkeitsstruktur. Da sie sich aber in Form verfestigter Auslegungen immer in gleicher Weise auf ganz bestimmte Wirklichkeitsbereiche beziehen, wirken sie gleichzeitig einengend (selektiv) und steuernd auf → Erfahrung und → Bewußtsein des Menschen. Der Erzieher sieht sich dieser Doppelwirkung der Einstellungen z. B. konfrontiert, wenn sie in einer Lerngruppe Einfluß nehmen auf die soziale → Wertschätzung der Gruppenmitglieder untereinander, auf seine eigenen Beurteilungsmaßstäbe oder auf die Bevorzugung bestimmter Lernbereiche durch die Lernenden. Als Auftrag ergibt sich für den Erzieher, seine eigenen Einstellungen und die der Mitglieder seiner Lerngruppe an ihren Auswirkungen bewußt werden zu lassen und damit die Möglichkeit zu eröffnen, gegebenenfalls an ihrer Veränderung zu arbeiten. K

Benninghaus 1976; Chisman 1976; Meinefeld 1977; Roth 1967; Triantes/Triandis 1975

Einwegfenster

Unter Einwegfenster ist eine nur von einer Seite aus durchsichtige Scheibe zu verstehen. Sie wird meist als abtrennende Wand oder als Teilstück einer Trennwand in Räume eingebaut, die für Verhaltensbeobachtungen verwendet werden. Beobachter, deren Anwesenheit sich auf das Verhalten einer zu beobachtenden Person oder Gruppe störend auswirken kann, halten sich hinter dem Einwegfenster auf und können somit von den zu Beobachtenden nicht wahrgenommen werden. Solche Einwegfenster bzw. Einwegscheiben werden im Bildungsbereich dort in Räume eingebaut, wo z. B. Unterrichtsstunden, Schüler- und Lehrerverhalten, → Microteaching oder auch Selbsttätigkeit von Schülern beobachtet werden sollen. O

Einwegprogramm → Programmierte Instruktion

Einwortsatz

Der Einwortsatz kennzeichnet in der Sprachentwicklung des Kleinkindes dessen meistens im Alter von 1 bis 18 Monaten geübte Ausdrucksform, die Aussage eines Satzes in einem einzigen Wort zusammenzufassen. ,,Auto!" kann z. B. bei einem entsprechenden vernehmbaren Geräusch bedeuten: ,,Ein Auto fährt vorbei." In anderem Zusammenhang will das Kind vielleicht zum Ausdruck bringen, daß es mit dem Auto fahren oder auch sein Spielzeugauto haben möchte. Einwortsätze sind also nur im Kontext der konkreten Situation eindeutig verstehbar. Dies gilt auch für Einwortsätze, die ältere Kinder oder Erwachsene in Ausnahmesituationen des Erlebens (Angst, Schreck, Gefahr, Zorn . . .) gebrauchen. K

Einzelarbeit im Unterricht → Sozialformen des UR

Einzelfallhilfe → Erziehungsberatung

Einzelunterricht → Alleinunterricht → Sozialformen des Unterrichts

Eknoia

bezeichnet die während der Pubertätszeit nicht selten auftretenden scheinbar sinnlosen affektiven Erregungen und ist als krankhafte Reizbarkeit Jugendlicher den Pubertätskrisen zuzurechnen.

→ Affekt → Pubertät → Reiz O

Ekphorische Hemmung → Gedächtnishemmungen

Elaboration

Eine aus mehreren Ergebnissen, schriftlichen Vorlagen, empirischen Erkenntnissen, Evaluationsresultaten usw. planmäßig zusammengestellte und gegliederte Ausarbeitung wird als Elaboration bezeichnet. Im Rahmen der → Kreativität wird sie als Phase bzw. als Faktor angesehen, der die Fähigkeit ausdrückt, nach gegebenen Informationen eine entsprechende logische Struktur aufzubauen.

→ Evaluation O

Electronic Video Recording (EVR)

Das EVR-Verfahren dient der Aufzeichnung und Vervielfältigung von Fernsehaufnahmen, vor allem für die Speicherung in Kassetten. Als Speichermaterial benutzt es einen Spezialfilm. Mit dem EVR-Verfahren können Bilder für beliebige Dauer zum Stehen gebracht werden. Eine Beschädigung des Standbildes durch langes Projizieren ist ausgeschlossen.

→ Filmabtastung O

Elektrakomplex → Ödipuskomplex

Elektro-Enzephalogramm (EEG)

In der Physiologie werden mittels EEG durch gehirnelektrische Registrierung elektrische Spannungsschwankungen in der Großhirnrinde festgestellt und Hirnfunktionen erforscht. O

Elementare, das

Das Elementare bezeichnet als Lehr- und Lernprinzip zunächst die logische Organisation von Lernprozessen vom Einfachen zum Komplizierten bzw. die → Reduktion komplexer Lerninhalte auf ihre elementaren Bestandteile, auf ihre Elemente. So sehr Pestalozzi, der Vater der ,,Methode der Elementarbildung", diesem Verständnis des Elementaren mit seiner Lehre von den ,,lückenlosen Reihenfolgen" als der vom Einfacheren zum Komplizierteren fortschreitenden Abfolge von Lernprozessen folgte, ebenso deutlich stellte er das Elementare als das Wesentliche, Allgemeingültige an Lerninhalten, Methoden und Erfahrungen heraus. Damit war die pädagogische Frage nach der Art und Weise der Lerninhalte gestellt, durch welche sie eigentlich erst zu Bildungsinhalten werden. W. Klafki (1959) differenzierte in unserer Zeit das Prinzip des Elementaren in sieben Erscheinungsformen: das **Fundamentale,** das Grunderfahrungen und -erlebnisse bezeichnet, die nur durch entsprechende „Stimmung" oder „Atmosphäre" ausgelöst werden können; beim **Exemplarischen** wird das Allgemeine, die Gesetzmäßigkeit **am** Besonderen sichtbar, während das **Typische** das Allgemeine **im** Besonderen erschließt. Das Elementare als **Klassisches** muß in der Form individueller vorbildlicher Haltung oder Leistung als **Wert** erfahren und erlebt werden, um ein Bildungsinhalt werden zu können. Das Elementare als **Repräsentatives** bedeutet „Vergegenwärtigung" im Sinne der Verlebendigung der für das Individuum bedeutsamen Geschichte, und es bedeutet „symbolische Verdichtung" als Sichtbarmachen großer geschichtlicher Zusammenhänge und Wirkungen an ihren Höhepunkten. Die **einfachen Zweckformen** als Elementares ermöglichen den Gewinn des Allgemeinen „im Vollzug des Besonderen". Die **einfachen ästhetischen Formen** als Elementares werden „allein in der gestaltenden oder hingebenden Vertiefung in das ganz Individuelle um des Individuellen willen (**diese** Melodie usw.)... erschlossen", wobei das Ästhetisch-Elementare durchaus Eigenständigkeit besitzt und nicht nur etwa im Vorfeld hohen künstlerischen Schaffens angesiedelt gesehen werden darf.

Elementarerziehung

umfaßt als Teilbereich der Erziehungswissenschaft die Theorie und Praxis der Erziehung von Kindern im vorschulischen Bereich, also von der Geburt bis zum Schuleintritt. Sie gewinnt in neuerer Zeit zunehmend an Bedeutung, nachdem Entwicklungspsychologie und Lernpsychologie den Nachweis erbracht haben, daß aufgrund der großen Lernkapazität der Kinder im Vorschulalter und ihrer beschleunigten Intelligenzentwicklung entscheidende Verhaltens- und Lerndispositionen in diesem Alter erworben werden müssen. Lern- und Verhaltensdefizite, die die Kinder aus dem Vorschulalter mit in die Schule bringen, sind erfahrungsgemäß um so schwerer auszugleichen, je später ihnen mit kompensatorischen Maßnahmen begegnet wird.

Die Diskussion um die bildungsmäßige → Chancengleichheit hat sich in diesem Zusammenhang zum Teil von der → Grundschule in den Elementarbereich verlagert.

Arbeitsgruppe Vorschulerziehung 1974–1976; Bennwitz/Weinert 1973; Höltershinken 1977; Hundertmarck 1975; Hundertmarck/Ulshöfer 1971; Lamprecht 1976; Neidhardt 1975; Schmalohr 1975; Schwerdt 1975; Zimmer 1973

→ Eingangsstufe, → Kindergarten, → Modellkindergarten, → Vorschule   K

Eliminationsverfahren

Aus einem komplexen Bereich oder Sachverhalt werden einzelne Elemente oder Faktoren, die für die jeweilige Betrachtungsweise nicht zentral oder nicht von Bedeutung sind, nach vorher festgelegten Regeln ausgesondert.   O

Elternarbeit in Kindergarten und Schule

Aufgrund seiner familienergänzenden pädagogischen Funktion und seiner entsprechenden rechtlichen Beschreibung ist der → Kindergarten zweifellos familienoffener als die → Schule, die praktischen Möglichkeiten der

Zusammenarbeit mit dem Elternhaus gelten für beide Institutionen aber in gleicher Weise.
In den in Bayern angebotenen „Richtlinien zum Übergang vom Kindergarten zur Grundschule" werden z. B. folgende Möglichkeiten aufgeführt:
1. **Informieren** über die geleistete und noch zu leistende „Arbeit", z. B. durch Elternabende in verschiedener Gestaltung, durch Protokolle, Elternbriefe, Anschläge, Dokumentationen, Ausstellungen, Tage der offenen Türe.
2. **Einladen** zur Mitgestaltung von Festen, Spielnachmittagen, Reisen . . .
3. **Übereinstimmung herstellen** über Erziehungsverständnisse und -ziele vor allem durch Diskussionsgruppen.
4. **Aktivieren** der Eltern z. B. zur Materialbeschaffung, zur Gründung von Kontaktgruppen . . .
5. **Besuchen** der Eltern und anregen von Besuchen der Eltern untereinander. Vor allem im Kindergarten kommen dazu noch evtl. Besuche bei Vater und Mutter am Arbeitsplatz, Besuche von Kinderfesten durch die Erzieherin u. a. m.
6. **Beraten** der Eltern in der Sprechstunde, durch Ausstellungen, Materialien, Spezialisten.
7. **Fördern** der Eltern-Kind-Beziehung z. B. durch Eltern-Kind-Turnen, Hospitation der Eltern im Kindergarten (in der Schule nur mit Genehmigung der vorgesetzten Behörde erlaubt), durch Diskussion von Erziehungs- und Lehrmethoden bei Elternabenden, durch Selbsterfahrungsgruppen und Elternverhaltenstraining, durch Absprache über den Einsatz von Förderprogrammen . . .

Büchner 1976; DuBois-Reymond 1977; Rössner 1967; Schleicher 1973; Walther 1976

→ Elternbeirat   K

Elternbeirat
Beim Elternbeirat, der die Vertretung aller Erziehungsberechtigten jeweils einer Schule darstellt, handelt es sich um eine selbständige öffentlich-rechtliche Einrichtung ohne eigene Rechtspersönlichkeit. Für alle Schularten, die überwiegend von Minderjährigen besucht werden, ist jeweils ein Elternbeirat vorgesehen, z. B. an öffentlichen und privaten → Volks- und → Sonderschulen, → Realschulen, → Wirtschaftsschulen, → Fachoberschulen und → Gymnasien. Bei → Berufs- und → Berufsaufbauschulen tritt anstelle des Elternbeirats der Berufsschulbeirat
Der Elternbeirat wird gewählt. Die Zahl der aus dem Kreis der Eltern zu wählenden Mitglieder wird durch die für die einzelnen Schularten maßgebenden Rechtsvorschriften bestimmt.
Die vom Elternbeirat wahrzunehmenden Aufgaben sind im allgemeinen (vgl. Art. 56 VoSchG, § 69 ASchO)
– das Vertrauensverhältnis zwischen den Erziehungsberechtigten und den Lehrern, die gemeinsam für Erziehung und Bildung der Schüler verantwortlich sind, zu vertiefen,
– das Interesse und die Verantwortung der Erziehungsberechtigten für die Erziehung und Bildung ihrer Kinder zu wahren und zu pflegen,

Elternsprechstunde

- den Erziehungsberechtigten aller Schüler oder der Schüler einzelner Klassen in besonderen Veranstaltungen Gelegenheit zur Unterrichtung und Aussprache zu geben,
- Wünsche, Anregungen und Vorschläge der Erziehungsberechtigten zu beraten.

Außerdem kann der Elternbeirat insoweit beratend mitwirken, wie dies gesetzlich in Schulordnungen und anderen Bestimmungen vorgesehen ist.

→ Schulbeirat → Schülermitverantwortung O

Elternsprechstunde

Der Lehrer hat die Verpflichtung, enge Kontakte mit den Erziehungsberechtigten zu pflegen und sie über den Leistungsstand und das Verhalten ihrer Kinder zu unterrichten. Es gehört nach den einschlägigen Gesetzen, → Schul- und → Dienstordnungen zu den Dienstpflichten des Lehrers, den Eltern und bei Schülern → beruflicher Schulen, die in einem Beschäftigungsverhältnis stehen, auch deren Ausbildenden, Arbeitgebern und Arbeitnehmervertretern in Sprechstunden und an → Sprechtagen für Fragen mit Auskunft und Rat zur Verfügung zu stehen. Hauptamtliche und hauptberufliche Lehrer haben wöchentlich eine Elternsprechstunde außerhalb ihres Unterrichts anzusetzen, nebenamtliche und nebenberufliche Lehrer legen diese nach Vereinbarung fest. Über die Abhaltung der Elternsprechstunde hinaus sind die Lehrer verpflichtet, immer dann mit den Erziehungsberechtigten Verbindung aufzunehmen, wenn dies für die Weiterentwicklung, für den Erziehungs- und Unterrichtserfolg ihres Kindes notwendig erscheint.

→ ASchO → Elternbeirat → Elternversammlung → Hausaufgabe → Klassenelternversammlung → Schulaufgabe O

Elternsprechtag

Einmal in jedem Schulhalbjahr oder Ausbildungsabschnitt muß von seiten der Schule ein Elternsprechtag bzw. Elternsprechabend eingeplant werden, an dem alle Lehrer der jeweiligen Schule den Erziehungsberechtigten gleichzeitig zu Auskünften zur Verfügung stehen. Der Schulleiter teilt spätestens eine Woche vor Durchführung den Erziehungsberechtigten schriftlich mit, wann und an welchem Ort eine Aussprache mit den Lehrern stattfinden kann. Die Elternsprechtage sind so anzusetzen, daß kein Pflichtunterricht entfällt und auch Berufstätige daran teilnehmen können.

→ ASchO → Elternbeirat → Elternsprechstunde → Elternversammlung → Hausaufgabe → Klassenelternversammlung → Schulaufgabe O

Elternversammlung

Die → Schule lädt die Erziehungsberechtigten aller Schüler oder der Schüler verschiedener Klassen oder Jahrgangsstufen gemeinsam ein, wenn es sich um Angelegenheiten von besonderer Bedeutung handelt, die die Schule insgesamt oder mehrere Klassen betreffen. So sind z. B. bei der Umstrukturierung einer Schule oder bei der Einführung neuer → Curricula

Elternversammlungen einzuberufen. Auf begründeten Wunsch des → Elternbeirats kann ebenfalls eine Elternversammlung anberaumt werden. Für besondere Anlässe werden Elternversammlungen auch von mehreren Schulen verschiedener Schularten gemeinsam durchgeführt, z. B. zur Aufklärung der Eltern über Aufnahme- und Übertrittsverfahren in weiterführende Schulen.

→ ASchO → Elternsprechstunde → Elternsprechtag → Klassenelternversammlung → Schule O

Emanzipation, Emanzipatorische Pädagogik

Emanzipation kennzeichnet – zunächst ohne nähere Zielangabe – einen Akt der Befreiung eines Individuums oder einer Gruppe zu eigenverantwortlichem Handeln. Aufgabe einer **emanzipatorischen Erziehung** ist – ebenso allgemein gefaßt – „in die Gesellschaft einzuüben und gegen sie zu immunisieren, wo diese zwingen will, Stereotypen des Denkens und Handelns zu folgen statt kritischer Einsicht". (Mitscherlich 1963, Seite 29) Die emanzipatorische Pädagogik sieht diesen ihren Auftrag als grundsätzlich realisierbar an aufgrund des wissenschaftlich gesicherten Nachweises von der „Veränderbarkeit und der relativen Beherrschung natürlicher, v. a. aber gesellschaftlicher Grundlagen menschlicher Existenz". (Jouhy 1972, S. 148) Wesentlich für das Verständnis **praktizierter emanzipatorischer Erziehung** und ihrer jeweiligen theoretischen Grundlagen ist über die beschriebene allgemeine Bedeutung hinaus ihre **ideologische Interpretation.** Diese zielt in der gegenwärtigen Diskussion meist auf eine emanzipatorische Erziehung als politische Praxis, als Anleitung zur Solidarität und Parteilichkeit zum Zweck der Systemveränderung. Maßstab der Befreiung und der erstrebten Freiheiten ist der Mensch, der von Natur aus gut sei und deshalb auch dazu befähigt, in befriedeten Beziehungen zu leben. Als Leitziele der emanzipatorischen Pädagogik fungieren z. B. kritische Rationalität, Mündigkeit, Fähigkeit zur Selbstbestimmung, Selbstverwirklichung, allseitige Entfaltung der individuellen Möglichkeiten, Bewußtsein des Rechts auf individuelles Glück, emanzipierte Identität, das kritische Individuum mit der Bereitschaft zum Widerstand (vgl. Brezinka 1972), zusammenfassend die weitgehende Autonomie des Individuums, Befreiung von Entfremdung und das von Mißtrauen getragene Hinterfragen alles Überlieferten, geschichtlich Gewordenen. Da eine Emanzipation innerhalb der bestehenden „Systemzwänge" nicht möglich sei, wird für die emanzipatorische Erziehung eine → pädagogische Provinz angestrebt, eine Absonderung der Betroffenen also aus der gewohnten Umgebung, gegen die sie ja gerade zum Widerstand bereit gemacht werden sollen. K

Bath 1974; Braun 1977; Freire 1974; Hartfiel 1975; Jouhy 1972; Kerstiens 1975; Mitscherlich 1963; Rogers 1974; Rohrmoser 1970; Schiek 1975; Seiffert 1975; Weber 1974; Wilhelm 1975; Winkler 1976

Emanzipatorische Pädagogik → Emanzipation

Embryo → pränatal

Embryonalstadium → pränatal

Emotion → Gefühl

Empathie

Ursprünglich bezeichnete Empathie den Vorgang, Gefühle und Stimmungen in Gegenstände, Kunstwerke, Situationen zu projizieren, um auf diese Weise deren eigentliche Qualitäten zu erfahren. Die Identifikation mit Handlungsvollzügen von Menschen in der Absicht, deren Handlungsmotive zu verstehen, bedeutete bereits eine Ausweitung des Begriffes. In neuester Zeit spielt Empathie eine große Rolle in gruppendynamischen Trainingsmethoden, durch welche vor allem soziale Empathie, man könnte sagen Fingerspitzengefühl für zwischenmenschliche Beziehungen und emotionale Zustände, geübt werden soll. Aber auch in der individuellen psychotherapeutischen Praxis, bei der Erziehungsberatung, in der Praxis der Rechtssprechung und in allen pädagogischen Berufen ist die Fähigkeit zur Empathie von großer Bedeutung.

→ Sensitivity Training → Sensitivität → Trainingsmethoden, gruppendynamische K

Empirie

bedeutet Erfahrung. Empirisch verfahren die Wissenschaften, die Aspekte sozialer Komplexe mittels naturwissenschaftlich orientierter Methoden untersuchen und sich auf die Erfahrung, besonders auf → Beobachtung, → Experiment und Messung gründen.

→ Empirische Erziehungswissenschaft O

Empirische Erziehungswissenschaft

Die empirische Erziehungswissenschaft unterzieht theoretische pädagogische Aussagen und Hypothesen ebenso wie die vorgefundene Erziehungswirklichkeit der Untersuchung mit empirischen Methoden, d. h. mit Methoden der exakten Beobachtung und Messung und des Experiments. Ihre Ergebnisse müssen logisch widerspruchsfrei und nachprüfbar sein.
Die empirische Erziehungswissenschaft steht somit nicht in einem Widerspruch zur geistes-wissenschaftlichen Pädagogik, vielmehr vermag sie als Korrektiv für diese zu fungieren und die für pädagogische Theorien nötigen empirisch gesicherten Daten zu liefern.

Heller u. a. 1974; Klauer 1973; Petersen/Erdmann 1976; vgl. auch die Literaturhinweise bei →
Erziehungswissenschaft

→ Empirie K

Encounter-Training

Zum Encounter-Training (= Begegnungsgruppe) treffen sich 10 bis 20 Personen unterschiedlicher sozialer und beruflicher Herkunft wöchentlich zu einer ein- bis dreistündigen Sitzung. Die Gesamtzahl der Sitzungen ist meistens festgelegt. Das Hauptziel des Encounter-Trainings besteht darin, den Teilnehmern die Möglichkeit zu eröffnen, durch verbale und nonverbale Übungen, Rollenspiele, Kreativitätsübungen usw., also durch eine breite Palette von Übungsangeboten die eigene Persönlichkeit voll zu entfalten, Unsicherheiten zu überbrücken, Kommunikationsschwierigkeiten abzubauen, schlicht auch Kraft für die Bewältigung des Alltags zu schöpfen. Vom Trainer werden Maßnahmen erwartet, die einer positiven, aufbauenden Atmosphäre in der Gruppe förderlich sind. Die engagierte Aktivität des Trainers schließt in entscheidenden Phasen modellhaftes Verhalten mit ein.

→ Trainingmethoden, gruppendynamische K

Endogen
bedeutet in den Anlagen ruhend, auf dem Wege der Vererbung weitergegeben, im Unterschied zu exogen = durch Umweltfaktoren bedingt. K

Endogene Depression → Depression

Endokrinologie
ist die Lehre von der Wirkung endokriner Drüsen und der von diesen produzierten Hormone. Endokrine Drüsen sind Drüsen mit innerer Sekretion, wie z. B. Nebenschilddrüse, Bauchspeicheldrüse, Eierstöcke, Hoden, welche die jeweiligen Hormone direkt in das Blut zur zielgerichteten Verteilung im Körper abgeben. Als Steuerorgan für die endokrinen Drüsen fungiert die Hypophyse, die ihrerseits ebenfalls zu den endokrinen Drüsen zählt.

→ Psychoendokrinologie K

Endverhalten
zeigt den durch eine abgeschlossene Lehr- oder Lerneinheit erreichten Lerneffekt beim Lernenden. Das beobachtbare Verhalten nach einer unterrichtlichen Einflußnahme auf einen Schüler ermöglicht dem Lehrer, Rückschlüsse auf die Gestaltung seines Unterrichts zu ziehen.

→ Eingangsverhalten O

Engramm
Geistige Eindrucksbilder, bewußtes und unbewußtes Einprägen, stetiges Wiederholen, Üben und → Überlernen sollen nach Semon (1920[5]), Hubbard (1950) und Lochner (1964) Spuren bzw. funktionelle → Dispositionen im Gehirn hinterlassen, die sog. Engramme darstellen. Diese schaffen die Grundlagen des → Gedächtnisses und sollen vererbbar sein. Die Summe der ererbten und erworbenen Engramme wird als → Mneme bezeichnet.

→ Dianetics → Mnemotechnik O

Enkodierung
bedeutet das Verschlüsseln einer Information in Zeichen oder Signale nach einem festgesetzten Schlüssel (Kode). Für Rechner z. B. wird der Binärkode verwendet, der nur die zwei Kode-Elemente 0 und 1 enthält.

→ Binärsystem → Kodierung K

Enkopresis → Enuresis, Enkopresis

Enkulturation
bezeichnet den von jedem Menschen unabdingbar zu leistenden Lernprozeß, in die Kultur seines Lebenskreises – zugleich sich anpassend und Neues mitgestaltend – hineinzuwachsen. Kultur ist hier im weitesten Sinne als Inbegriff aller Fähigkeiten, alles Wissens, aller Normen und Verhaltensweisen zu verstehen, durch welche einem Menschen eine Lebensbewältigung in seinem je spezifischen soziokulturellen Umfeld überhaupt erst möglich wird. In diesem Verständnis schließt die Enkulturation die Vorgänge der → Sozialisation und der → Personalisation ein.
→ Acculturation K

Enrichmentfunktion der Medien
Damit ist die Bereicherung bzw. die Ergänzung eines Lernprozesses durch den punktuellen Einsatz von technischen Medien gemeint. Der Lehrende ordnet also ein Medienangebot in das didaktische Konzept seiner Unterrichtseinheit ein, z. B. als Einstieg, als Informationsquelle zu einem Teilziel der Lernsequenz, als Zusammenfassung, wobei das mediale Angebot auch im arbeitsteiligen Verfahren einer Kleingruppe zur Bearbeitung mit anschließender Berichterstattung über die Ergebnisse im Gesamtlernverband übergeben werden kann. Selten genützt wird in der Unterrichtspraxis die Möglichkeit, durch einzelne Schüler bzw. durch Kleingruppen mit Hilfe technischer Medien Vorbereitungsarbeit zu Teilproblemen der Lernsequenz leisten zu lassen. Bei dieser Methode müssen allerdings die Schüler mit klar formulierten Lernzielen und Arbeitsaufträgen versehen werden.
→ Medien K

Entdeckender Unterricht
Diese Unterrichtsform wird auch als entdecken-lassende Unterrichtsform bezeichnet und unterscheidet:
– das schülerkooperierende Verfahren
– das schülerzentrierte/kooperierende Verfahren
– das dialogische Verfahren
Der entdeckende Unterricht ist stufenweise klar, übersichtlich, lernzielorientiert, schüler- und mediengerecht, präzise vorzubereiten und zu planen, da lehrer- und schülergeleitete Phasen einander ergänzend ablösen. Vorauszusetzen ist, daß nicht nur der Lehrer die Verfahren beherrscht, zur rechten Zeit die Schüler aktiv werden läßt, seinen Stoff hervorragend beherrscht und die Zusammenhänge erkennt, sondern daß die Schüler auf die entdeckende Unterrichtsform rechtzeitig in bezug auf die anzuwendenden Formen und die von ihnen zu übernehmenden Sequenzen vorbereitet werden. Sie müssen z. B. in Lern-, Arbeitstechniken und Interaktionsformen eingeführt und befähigt werden, selbständig und gründlich zu arbeiten, Thesen, Erkenntnisse und Zusammenfassungen zu formulieren und Diskussionen und Zwiegespräche zu führen.
Das schülerkooperierende Verfahren bezieht wohlvorbereitete, kurzphasi-

ge sozial-integrative Kooperationsformen ein, die den Schülern freie Aktivitätsentfaltung im Rahmen des jeweiligen Themas und der genau gegebenen Arbeitsanweisungen ermöglichen. Der Lehrende tritt in dieser Phase voll zurück. Durch das schülerzentrierte/kooperierende Verfahren werden längerphasige Abschnitte, auch eine → Unterrichtseinheit, von den Schülern in Eigensteuerung unter Berücksichtigung der gestellten → Lernziele übernommen. Auf Grund der Selbstfindung von Lösungen, Diskussion von Problemen, Durchführung von Experimenten usw. sind Gruppenergebnisse, die erarbeitet wurden, dem Plenum vorzutragen. Wesentlich ist wiederum, daß der Lehrer zurücktritt und in Wartestellung verharrt, damit sich die Schüleraktivität entwickeln kann. Das dialogische Verfahren ist kein ,,Frage-Antwort-Spiel" und geht weit über das → ,,Impulse-setzende Verfahren" hinaus. Lehrender und Lernender stehen sich hier als Partner über eine längere Zeitspanne in einem Aktivitätsfeld gegenüber. Der zielgerichtete Dialog über vorher gegebene Probleme oder Situationen hat Aussagen, Feststellungen und Stellungnahmen schrittweise zu klären, zu verdeutlichen, zu konkretisieren und Einsichten und Erkenntnisse gewinnen und in bezug zu anderem setzen zu lassen. Die Anforderungen, die das dialogische Verfahren an Lehrer und Schüler stellen, liegen sehr hoch vor allem in der Kultivierung des Ausdrucks, Präzisierung, Verdeutlichung der Gedankenführung und der unmittelbaren Präsenz des notwendigen Wissens und Könnens.

Brunnhuber/Czinczoll 1974; Eliade 1975; Keeton 1976; Kozdon 1977; Neber 1975; Riedel 1973

→ Gruppenunterricht → Lehrform → Unterricht → Unterrichtsformen   O

Entfremdung

als anthropologisches Grundphänomen bezeichnet in der langen Tradition der Philosophie – freilich je nach Denkansatz bezüglich des Ursache-Wirkung-Zusammenhangs verschieden – immer eine Entfernung der Person von dem menschlich Wesentlichen durch Zwänge der bestehenden Realität.
Im psychologischen Sprachgebrauch kennzeichnet die Entfremdung den als → Konflikt empfundenen Zustand des Verlustes von → Identität, der durch eine Überformung durch nicht erfüllbare bzw. nicht akzeptierbare → Normen und Leistungsanforderungen verursacht wird. Das derart überforderte Individuum paßt sich – meist unbewußt – an oder wird handlungsunfähig.
Eine Überwindung der Entfremdung kann nur gelingen durch ein Bewußtmachen des beschriebenen Identitätsverlusts und durch eine kritische Reflexion und gegebenenfalls eine Eliminierung der entfremdenden Faktoren.

K

Davydov 1964; Israel 1972; Kaplan 1976; Mandel/Novack 1973; Schrey 1975

Enthymem

bedeutet aus dem Griechischen übersetzt Einfall, Gedanke. In der philosophischen Fachsprache bezeichnet Enthymem einen Wahrscheinlichkeitsschluß bzw. einen verkürzten logischen Schluß.

→ Schluß(-regeln) K

Entpersönlichung

Der von der Entpersönlichung Betroffene erlebt sich als fremd. Sein → Ich kann weit oder vollkommen verloren gehen. Es stellt sich ein Gefühl der Unwirklichkeit ein. Eigene Handlungen werden automatenhaft ausgeführt und wie die eines anderen empfunden. Solche Zustände der Selbstentfremdung treten nicht nur bei → Schizophrenie oder bei denjenigen Geisteskranken auf, die glauben, eine andere Person zu sein, sondern ansatzweise oder kurzfristig auch bei seelisch gesunden Menschen in Augenblicken größter körperlicher und geistiger Erschöpfung.

→ Streß O

Entwickelnder Unterricht

Im Rahmen der → Lehrformen ist der entwickelnde Unterricht eine primär lehrergeleitete Unterrichtsform. Gegenüber der → monologischen Unterrichtsform weist sie eine bedeutend stärkere Dynamik auf, da sie sich bei der Darbietung neuer Unterrichtsstoffe ständig der Fragemethode bedient, um die Schüler zu aktivieren, zu motivieren und zur → Selbsttätigkeit anzuregen. Durch geschicktes Fragen und Unterrichten unter Zuhilfenahme entsprechender → Lernhilfen und → Medien soll der Schüler zum Begreifen und Erkennen geführt und der beabsichtigte Bewußtseinsinhalt in seinem Bewußtsein aufgebaut werden. Ein echter Erfolg kann sich allerdings nur dann zeigen, wenn der Schüler genügend Vorerfahrung hat oder die benötigten Wissensgrundlagen zumindest latent bereitliegen und der Lehrer vorhandene Lücken unmittelbar schließt. Der im Schüler aufzubauende Bewußtseinsinhalt ist vom Lehrer vorweg genauestens zu konzipieren (→ Lehrdisposition → Lehrskizze → Lehrdarstellung) in bezug z. B. auf das mit den Schülern gemeinsam zu entwickelnde Tafelbild, die im Ablauf des Unterrichts einzusetzenden Medien und auf das Frageverfahren. Durch dieses soll der Schüler in eine Rezeptivität-Reaktivitätsphase gebracht werden, in der er positiv stimuliert und in ihm eine über die Unterrichtseinheit sich erstreckende Aufmerksamkeitshaltung erzeugt wird. Eine wesentliche Aufgabe sieht der entwickelnde Unterricht auch darin, daß der Schüler durch die methodische Funktion der Entwicklung im → Unterricht zu einer logischen Folge von Urteilen im Sinne einer zur Lösung gestellten Aufgabe angeleitet wird.

Von der Herbartschen Schule wurde der entwickelnde Unterricht zum entwickelnd-darstellenden und von Dinter und anderen zum entwickelnd-fragenden Unterricht abgewandelt.

→ Lehrverfahren → Erarbeitender Unterricht → Unterricht → Unterrichtsformen O

Entwicklung

bezeichnet den Vorgang kontinuierlicher Veränderung der körperlichen Erscheinungsform und der Verhaltensweisen von Lebewesen. Die Veränderung ist hierbei sowohl als quantitativ meßbares Wachstum (Größe, Gewicht, Anzahl möglicher Reaktionen und Verhaltensweisen usw.) als auch als qualitative Veränderung (vom Krabbeln zum sicheren Laufen, vom Einwortsatz zu flüssigem Sprachgebrauch usw.) zu verstehen. Wenngleich nach der modernen → Entwicklungspsychologie die Entwicklung des Menschen von der Zeugung bis zum Tode reicht, liegt der Schwerpunkt der Forschung nach wie vor bei Abschnitten der Entwicklung, in denen sich Veränderungen nach bestimmten genetischen und umweltbedingten Gesetzmäßigkeiten forciert vollziehen (z. B. vorgeburtliche Entwicklung, Entwicklung des Säuglings und Kleinkindes, Reifezeit usw.). Die Forscher interessiert dabei insbesonders, welchen Anteil → Reifung und → Lernen, also genetische Einflüsse und Einflüsse der Umwelt über die Erfahrung, an der Entwicklung haben. Nachdem heute Extremtheorien wie die → Präformationstheorie und die → Tabula-rasa-Theorie überwunden sind, neigt die moderne Entwicklungspsychologie dazu, eine wechselseitige Abhängigkeit zwischen Reifungs- und Lernprozessen anzunehmen. An einem Beispiel konkretisiert bedeutet das, daß die Fähigkeit zu sprechen einen bestimmten Mindestreifegrad erreicht haben muß, bevor Umweltangebote überhaupt erfolgversprechende Lernprozesse auslösen können. Andererseits hängt der Fortgang des Reifungsprozesses entscheidend von der rechtzeitigen und ausreichenden Einleitung von Lernprozessen ab. H. Werner beschreibt die Entwicklung als einen fortschreitenden Prozeß der → Differenzierung und → Zentralisation. Die selektierende Art und Weise der Umweltbegegnung erklärt das Phänomen der → Kanalisierung.

Melsen van 1965; Schiefele/Krapp 1974

→ Entwicklungsabschnitte K

Entwicklungsabschnitte

Die Einteilung der Entwicklung in Abschnitte hat einzig und allein den Zweck, Anhaltspunkte für den Vergleich einer bestimmten Ausprägung von Verhaltensmerkmalen mit einer → Norm zu geben, die aufgrund von Erfahrungswerten oder durch Übereinkunft festgesetzt ist. Als übliche Einteilung der Entwicklung in Abschnitte unter biologischem Aspekt gilt: Säuglingsalter (bis zum Ende des 1. Lebensjahres), frühe Kindheit (2.–6. Lebensjahr), mittleres Kindesalter (6.–10. Lebensjahr), spätes Kindesalter (10.–12. Lebensjahr), Pubertät, Adoleszenz (Jugendalter), Erwachsenenalter, Greisenalter. Die in manchen Publikationen noch gebräuchliche Zusammenfassung des mittleren und späten Kindesalters zum Schulalter ist bei den heute geltenden, sehr unterschiedlichen Schulbesuchszeiten nicht mehr sinnvoll. K

Entwicklungsphasen → Entwicklungsstufen

Entwicklungspsychologie

Die Aufgabe der Entwicklungspsychologie ist die Erforschung der Verlaufsformen der Entwicklung von Individuen einer bestimmten Art, vor allem der Gesetzmäßigkeiten, die diese Entwicklung kennzeichnen. Sie analysiert menschliches Verhalten und Erleben nach Thomae unter den Aspekten der „Konstanz und Veränderlichkeit". Die Erkenntnisse der Entwicklungspsychologie liefern u. a. wichtige Richtdaten für alters- und entwicklungsgemäße erzieherische Handreichungen, für die Diagnose entwicklungsbedingter Abweichungen vom „Normverhalten" und für die Vorhersage möglichen künftigen Verhaltens.
Das Hauptproblem der Entwicklungspsychologie stellt nach wie vor das Anlage-Umwelt-Problem dar, d. h. die Frage, welchen Anteil Anlage (= endogene Einflüsse) bzw. Umwelt (= exogene Einflüsse) als bedingende und verändernde Faktoren an der Entwicklung haben und in welchem Wechselwirkungsverhältnis beide zueinander stehen.

Ausubel/Sullivan 1974; Biermann 1975; Erikson 1977; Freud 1971; Hetzer 1970; Kay 1975; Mussen 1974, 1976; Nickel 1975; Oerter 1976; Petter 1966; Piaget 1976; Schenk-Danzinger 1969; Schraml 1972; Spitz 1967

→ Entwicklung → Entwicklungsabschnitte K

Entwicklungsstörungen

Als Entwicklungsstörungen gelten Fehlformen der → Entwicklung, die genetisch bedingt sind oder die z. B. durch Komplikationen während der Schwangerschaft (z. B. Erkrankung der Mutter an Röteln, Blutgruppenunverträglichkeit) und/oder bei der Geburt (z. B. Sauerstoffmangel) oder durch Stoffwechselstörungen verursacht sind.
Eine Abweichung von der normalen Chromosomenzahl (= Chromosomenaberration, ein Verlust bzw. Überschuß an Genen) führt z. B. zum Erscheinungsbild des Down-Syndroms (Mongolismus), die Aberration XXY (statt XY) bedingt das Klinefeldter-Syndrom, Männer mit stark weiblichem Einschlag.
Um Entwicklungsstörungen auszuschließen bzw. einer Therapie optimale Bedingungen zu schaffen, ist eine möglichst frühzeitige Erfassung einer Entwicklungsstörung bzw. ungünstiger Entwicklungsbedingungen durch Vorsorgeuntersuchungen, Blutgruppenuntersuchung usw. nötig. K

Bracken 1965; Carver/Carver 1972; Göllnitz/Schulz-Wulf 1973; Josef u. Josef 1971

Entwicklungsstufen, Entwicklungsphasen

Verschiedene Entwicklungstheorien unternahmen immer wieder den Versuch, den gesamten Entwicklungsprozeß des Menschen durch Einteilung in Stufen oder Phasen zu systematisieren. Die relativ gesetzmäßige Aufeinanderfolge bestimmter Verhaltensweisen oder körperlicher Veränderungen während der Gesamtentwicklung wurde durch statistische Methoden zu untermauern versucht. Busemann z. B. vertrat in seiner Entwicklungstheorie ein periodisch abwechselndes Auftreten emotionaler und intentionaler Phasen, d. h. von Entwicklungsabschnitten der Erregung/Lösung (Trotzalter, Einschulungskrise, Schwatzalter, Flegeljahre, Jugendkrise) und der Beruhigung/Bindung, die er namentlich nicht kennzeichnete. Freud orien-

tierte seine Einteilung der → Entwicklung in die orale, anale und genitale Phase an seiner Theorie der sexuellen Entwicklung.
Stufen- und Phasentheorien kommen zwar dem menschlichen Bedürfnis nach überschaubarer Systematik entgegen, sie bergen aber auch die Gefahr der Schematisierung in sich und bleiben vor allem als Beschreibungsmodelle von Zuständen eine Klärung der Ursache-Wirkungs-Beziehungen schuldig. K

Entwicklungstests
messen den Entwicklungsstand eines Individuums, verglichen mit der → Norm der entsprechenden Altersgruppe. Es werden allgemeine und spezifische Entwicklungstests unterschieden. Durch spezifische Entwicklungstests werden die Ausprägungsgrade ganz bestimmter Funktionen gemessen (Entwicklung der Intelligenz, der sozialen, motorischen Fähigkeiten usw.) oder sie dienen einem bestimmten Zweck (Schulfähigkeitstest, Schulleistungstest, Berufsberatungstest).
Allgemeine Entwicklungstests fassen Einzeltests zu sog. Testbatterien zusammen, die eine möglichst verläßliche Gesamtdiagnose des Entwicklungsstandes gewährleisten sollen.
→ Entwicklung → Intelligenzquotient – Intelligenztest K

Enuresis, Enkopresis
Enuresis bezeichnet allgemein den Vorgang des Einnässens, also der Blasenentleerung ohne Kontrolle durch die Schließmuskulatur. Meist wird der Begriff auf das Einnässen nach der Reinlichkeitsgewöhnung über das 3. Lebensjahr hinaus eingeschränkt verwendet. Die Enuresis tritt dabei viel häufiger nachts auf (E. nocturna) als während des Tages (E. diurna).
Körperliche Ursachen sind selten (5%–10%), sollten aber auf alle Fälle durch fachärztliche Untersuchungen ausgeschlossen werden. Meistens kommen nachgewiesenermaßen psychische Ursachen infrage, die in einer mehr oder weniger tiefgreifenden Störung des Kind-Umwelt-Verhältnisses bestehen (z. B. mangelhafte Zuwendung der Mutter oder der ständigen Kontaktperson zum Kind, häufiger Wechsel der Kontaktpersonen, verfrüht einsetzende Reinlichkeitsgewöhnung oder die Reinlichkeitsgewöhnung als Machtkampf zwischen Kind und Kontaktperson, der von Spott, Ungeduld, Strafen, Prügel begleitet ist). Oft ist die Enuresis mit anderen Arten normabweichenden Verhaltens wie Nägelbeißen, übersteigerte Ängste, Lernstörungen verbunden, worin ein weiteres Indiz eines gestörten Kind-Umwelt-Verhältnisses gesehen werden muß.
Auf dieselben Ursachen ist die Enkopresis, das Einkoten, zurückzuführen, wenngleich sie seltener als die Enuresis auftritt.
Vorbeugende Maßnahmen zur Vermeidung einer Enuresis bzw. Enkopresis bestehen in dem Arrangement einer möglichst störungsfreien Entwicklung, u. a. in der Aufklärung der Eltern über die Art und Weise einer sinnvollen Reinlichkeitsgewöhnung. Die Therapie einer bestehenden Enuresis oder Enkopresis muß darauf bedacht sein, nicht an den Symptomen, sondern an den Ursachen zu arbeiten, d. h. an der Beseitigung des gestörten Kind-Umwelt-Verhältnisses. K

Epidiaskop
Es vereint die Eigenschaften von → Episkop und → Diaprojektor. Als Unterrichtsgerät dient es zur Projektion von durchsichtigen (Dias) und undurchsichtigen Bildern. O

Episkop
Mit einem Episkop lassen sich undurchsichtige Vorlagen wie z. B. Bilder oder Textvorlagen aus Büchern projizieren. Die auf das Objektfeld gebrachte Vorlage wird von einer Halogenlampe so intensiv angestrahlt, daß auf der Projektionsfläche ein klar erkennbares Bild entsteht. O

Epochalunterricht
Der Epochal- oder Epochenunterricht ist eine auf einen fächerübergreifenden Bereich bezogene Konzentrationsform des → Unterrichts, die für einen gewissen Zeitraum, für eine Epoche, das Nebeneinander der Fächer zugunsten eines Nacheinanders auflöst. Diese Unterrichtsform, die für längere Zeit bei einem Unterrichtsgegenstand verweilt und in andere Fächer hineingreift, entspricht dem pädagogischen Prinzip und der pädagogischen Forderung, daß nichts schädlicher für den Schüler sei, als Vielerlei auf einmal und daher nicht mehr als eine Sache zur gleichen Zeit gelehrt werden solle. Durch das konzentrierte Bleiben und Verweilen bei einem Gegenstand, einem Projekt, wird das Aufnehmen, Begreifen, Erfassen und Behalten der Stoffe beim Schüler gesichert. Der Epochalunterricht gewinnt durch seine geplante Projektarbeit an Geschlossenheit und Effektivität. Nach Lochner bezweckt der Epochalunterricht:
„1. einem Lehrfach einen Vorlauf (Vorsprung) vor anderen Fächern zu sichern, für die es einen Grund vorbereiten soll (Beispiel: die Betriebslehre als Grundlage für Buchführung, Rechnen, Schriftverkehr) oder
2. für einen Lehrgegenstand eine besonders ihn treffende Situation unter deren Motiv auszunützen (Der Nordsee-Einbruch übernahm alle Stunden der Geographie und der Geschichte) oder
3. verschiedene Fächer auf ein gemeinsames Thema zwecks allseitiger Beleuchtung zu beziehen (Thema EG übernimmt die Unterrichtsstunden der Wirtschaftsgeographie, der Volkswirtschaftslehre, der Gemeinschaftskunde und der Wirtschaftsgeschichte)."

Lochner1964
→ Lehrform → Projektunterricht → Unterricht → Unterrichtsformen   O

Epochenunterricht → Epochalunterricht

Erarbeitender Unterricht
Die erarbeitende Lehrform ist ein lehrergeleiteter → Unterricht, bei dem der Lehrende zeitweise auf Grund anderer eingeschobener → Lehrformen zurücktritt, die für kurze Phasen schüler- oder mediengeleitet sind. Bei der erarbeitenden Lehrform finden sich nach Vogel (1974) drei Verfahren, die sich in einer Unterrichtseinheit gegenseitig ergänzen oder ablösen können:

1. **das fragend-entwickelnde Verfahren**
2. **das Impulse setzende Verfahren**
3. **das aufgebende Verfahren**

Das **fragend-entwickelnde Verfahren** zeigt alle Merkmale des → entwikkelnden Unterrichts. Im **Impulse setzenden Verfahren** wird die Denkleistung der Schüler stärker stimuliert, da auf die an sie herankommenden Impulse mehrere Antworten möglich sind und diese, soweit sie voneinander abweichend sind, diskutiert, geklärt oder berichtigt werden müssen. Das **aufgebende Verfahren** läßt den Lehrer während der Unterrichtsstunde phasenweise zurücktreten, wenn von der Lerngruppe Aufgaben zu lösen sind. Die Außensteuerung des Lehrers bleibt während der selbsttätigen Aufgabenbearbeitung durch Hinweise, durch Zeitbestimmung usw. bestehen.

→ Lehrform → Impuls → Unterrichtsformen O

Erfahrung

Von einer Erfahrung kann gesprochen werden, wenn Reize über das Stadium bloßer Wahrnehmung hinaus analysiert, interpretiert, miteinander und mit dem bereits bestehenden Erfahrungsschatz verbunden werden und so ein neuer Bestandteil desselben werden. Erfahrung schließt also ebenso wie das Verbum erfahren ein aktives persönliches Interesse und Engagement bei der Verarbeitung des Begegnenden mit ein. Das Erfahrene zeichnet sich durch einen wesentlich höheren → Behaltwert als das lediglich Wahrgenommene aus.

So zeitigt konsequenterweise die Erfahrung, sich mit Hilfe einer Fremdsprache in lebenspraktischen Situationen verständigen zu können, größere Lernerfolge als das bloße Wahrnehmen der Fremdsprache über Medien oder gar durch Vokabellernen. K

Hunt 1961; Husserl 1972; Metraux/Graumann 1975; Müller 1971.

Erfolgsgesetz → Law of effect

Ergänzungsschule

Ergänzungsschulen „ergänzen" das öffentliche Schulwesen durch noch nicht bestehende oder nicht im öffentlichen Schulwesen vorgesehene Schultypen. Sie gehören wie die → Ersatzschulen zu den → Privatschulen. Eine Ergänzungsschule kann errichtet werden, wenn bei der zuständigen Schulaufsichtsbehörde die Anzeige über Errichtung und Inbetriebnahme der Schule rechtzeitig, im allgemeinen drei Monate vor Aufnahme des Unterrichts, erfolgt.

Mit der Anzeige sind vorzulegen:
- Nachweis über den Schulträger,
- Curricula über die zu unterrichtenden Fächer,
- Plan über Schuleinrichtung und Schulausstattung,
- Ausbildungs- und Vorbildungsnachweise des Leiters und der Lehrer.

„Die Errichtung oder Fortführung einer Ergänzungsschule kann von der Schulaufsichtsbehörde nur dann untersagt werden, wenn Schulträger, Lei-

Ergänzungsstudium 144

ter, Lehrer oder Einrichtungen der Ergänzungsschule den Anforderungen nicht entsprechen, die durch Gesetz oder aufgrund von Gesetzen vorgeschrieben oder die zum Schutz der Schüler an sie zu stellen sind, und wenn den Mängeln trotz Aufforderung der Schulaufsichtsbehörde innerhalb einer bestimmten Frist nicht abgeholfen worden ist." (Amberg/Schiedermair 1974)
Absolventen von Ergänzungsschulen können einen staatlich anerkannten Abschluß erwerben, wenn sie sich einer Fremden- oder Externenprüfung vor einer staatlichen Kommission unterziehen.

→ Öffentliche Schule → Schule O

Ergänzungsstudium → Erweiterungsstudium → Lehrerausbildung

Ergebnisevaluation
Mit Hilfe empirischer Mittel werden Informationen gesammelt, verarbeitet, geprüft und in Vergleich zum Geplanten gesetzt. Die Ergebnisse können kurz- oder langfristig der Verbesserung von Reformprojekten und Innovationen dienen. Zu den angewandten Methoden zählen z. B. Interviews, statistische Erhebungen, Fragebogen aller Art, Tests, Prüfungen, Beobachtungen, Diskussionen, Urteile und Ansichten von Experten. Sowohl die → formative als auch die → summative Evaluation bedienen sich der Methoden der → intrinsischen – und Ergebnisevaluation.

→ Evaluation O

Erkenntnisleitendes Interesse
Auf die dialektische Einheit von Erkenntnis und Interesse wies Habermas 1965 hin. Immer in der Geschichte gab es Erkenntnisse, die den herrschenden Interessen, d. h. den Besitzern der Macht, Institutionen, tonangebenden Gesellschaftsschichten nicht in ihr Konzept paßten (vgl. Sokrates, Christus, Galilei). Die herrschenden Interessen lösten solche Probleme stets auf die gleiche Weise, auch wenn es letztenendes des öfteren nicht gelang, die unbequemen Erkenntnisse auf Dauer zu unterdrücken. Eine besondere Note bekommt die Dialektik zwischen Interesse und Erkenntnis, wenn die Erkenntnis produzierende Forschung im Auftrag der herrschenden Interessen handelt und in dieser Position nicht genehme Erkenntnisse zu Tage fördert. Die moderne Form, solche Probleme zu lösen, besteht darin, die gewonnenen Erkenntnisse auf Eis zu legen, Institute zu schließen, Wissenschaftler in die Wüste zu schicken.
Eine doppelte Wechselwirkung ist nicht zu übersehen: Eine zwischen den Ergebnissen der Wissenschaft und deren Wirkungen auf die bestehende Gesellschaft und eine zwischen den Interessen und Bedürfnissen der Gesellschaft und den Zielsetzungen der Wissenschaft. Diese offenen Wechselwirkungen werden meistens richtungweisend eingeschränkt durch den marktwirtschaftlichen oder auch politischen Effekt als erkenntnisleitendem Interesse bei Forschungen. Als erkenntnisleitendes Interesse zählt also in der Regel nicht das Interesse der Adressaten und Konsumenten, sondern

das des Profits in umfassendem Sinne. Bei dieser Art des Vorgehens werden die Folgelasten nicht berücksichtigt, die sich verhängnisvoll auswirken können. K

Habermas 1968

Erkenntnisse

Durch Lernen, Aneignen, Üben, Wiederholen gelangt der Schüler zu Wissen, zu Kenntnissen. Erfahrungen, Denken, Beurteilen, Kombination von Kenntnissen usw. führt ihn zum Erkennen, zur Erkenntnis, zur Feststellung von Neuem.

→ Aha-Effekt → Lernen → Lernprozeß　　　　O

Erogene Zonen

sind Körperstellen, deren Reizung sexuelle Erregung auslöst. Welche Körperstellen als erogene Zonen empfunden werden, ist individuell verschieden, im allgemeinen aber werden als solche z. B. die Geschlechtsorgane, Brustwarzen, Hals, Mundschleimhaut u. a. bezeichnet. K

Eromatische Lehrform

Sie wird auch als katechetische Lehrform bezeichnet und weist im Gegensatz zum → monologischen Unterricht eine stärkere Dynamik auf. Sie bedient sich des Frageverfahrens, vor allem der sog. entwickelnden Frage.

→ Entwickelnder Unterricht → Lehrform → Unterricht → Unterrichtsformen　　　　O

Ersatzschule

Ersatzschulen und → Ergänzungsschulen sind → Privatschulen und erweitern das schulische Angebot in allen Schularten. In ihren Erziehungs- und Bildungszielen entsprechen Ersatzschulen → öffentlichen Schulen. Sie werden mit staatlicher Genehmigung errichtet und dürfen dann ihren Betrieb aufnehmen, wenn
- sie nicht gegen die verfassungsmäßige Ordnung verstoßen,
- sie in ihren Lehrzielen, ihrer Einrichtung und Ausstattung nicht hinter gleichartigen öffentlichen Schulen zurückstehen,
- die Ausbildung der verpflichteten Lehrer den allgemeinen Anstellungsvorschriften des Staates für die jeweilige Schulart entspricht,
- die angestellten Lehrer rechtlich und wirtschaftlich entsprechend abgesichert sind,
- es sich um keine nach Besitzverhältnissen der Eltern ausgerichtete Institutionen handelt.

→ Schule　　　　O

Erwachsenenbildung

Die Erwachsenenbildung gehört nach der Formulierung des Strukturplanes des Bildungsrates als organisierte → Weiterbildung dem → Quartärbereich an. Sie befaßt sich mit Lern- und Bildungsbemühungen von Erwachsenen, die eine schulische und berufliche Ausbildung abgeschlossen haben. Eine Anzahl von Bundesländern haben Gesetze für die ,,Erwachsenenbildung" erlassen, darunter Bayern, Niedersachsen, Saarland, Hessen. Nordrhein-

Erwachsenenpädagogik

Westfalen besitzt bereits seit 1953 ein Erwachsenenbildungsgesetz. In Art. 1 zum bayerischen „Gesetz zur Förderung der Erwachsenenbildung" werden Begriff und Aufgaben wie folgt definiert:
„Erwachsenenbildung (Weiterbildung) ist ein eigenständiger, gleichberechtigter Hauptbereich des Bildungswesens. Sie verfolgt das Ziel, zur Selbstverantwortung und Selbstbestimmung des Menschen beizutragen. Sie gibt mit ihren Bildungsangeboten Gelegenheit, die in der Schule, in der Hochschule oder in der Berufsausbildung erworbene Bildung zu vertiefen, zu erneuern und zu erweitern; ihr Bildungsangebot erstreckt sich auf persönliche, gesellschaftliche, politische und berufliche Bereiche. Sie ermöglicht dadurch den Erwerb von zusätzlichen Kenntnissen und Fähigkeiten, fördert die Urteils- und Entscheidungsfähigkeit, führt zum Abbau von Vorurteilen und befähigt zu einem besseren Verständnis gesellschaftlicher und politischer Vorgänge als Voraussetzung eigenen verantwortungsbewußten Handelns. Sie fördert die Entfaltung schöpferischer Fähigkeiten."
Mit der Festlegung der Erwachsenenbildung in Gesetzen und im Strukturplan des Bildungsrates sind Neuüberlegungen vor allem in bezug auf Bildungswerbung, Bildungsberatung, eine erwachsenen- und kursgerechte → Didaktik, ein systematisiertes durchlässiges Baukastensystem für die Durchführung von Zertifikatslehrgängen, Erweiterung und Anerkennung des Zertifikatswesens und auf entsprechende schwerpunktmäßige Berücksichtigung der Arbeits-, Berufs- und Sozialwelt angestellt worden.
Träger und Förderer der Erwachsenenbildung, → Weiterbildung sind grundsätzlich Volkshochschulen, Volksbildungswerke, Hochschulen, Bildungszentren und andere Einrichtungen der öffentlichen Hand. O

(Literatur siehe bei Andragogik!)
→ Andragogik

Erwachsenenpädagogik → Andragogik → Erwachsenenbildung → Weiterbildung

Erwartung, Erwartungsverhalten

Eine Erwartung gegenüber Vorgängen, Situationen oder Verhaltensweisen von Mitmenschen beruht auf Erfahrungen, die in ähnlichen Situationen gewonnen wurden. Zu → Einstellungen verfestigt nehmen Erwartungen in der Vorstellung den mutmaßlichen Ablauf von Begegnungen, Ereignissen und Situationen vorweg (→ Antizipation). Das Erwartungsverhalten schränkt die Begegnung mit der Umwelt und mit Mitmenschen in ihrer möglichen vollen Entfaltung ein, da es wie ein Filter wirkt, der aufgrund vertrauter positiver oder negativer Anhaltspunkte ein bestimmtes Verhalten gegenüber dem Begegnenden angeraten erscheinen läßt. Das z. B. als Mißtrauen gegenüber Vorgesetzten sich manifestierende Erwartungsverhalten rührt meistens von einer entscheidenden negativ ausgefallenen Begegnung mit einem Vorgesetzten her. In seiner beschriebenen Filterfunktion stellt es eine wirklichkeitsverengende Belastung für jeden künftigen Umgang mit Vorgesetzten dar. 2. Beispiel: Jeder Pädagoge kennt die mißerfolgsbegünstigende Wirkung eines Erwartungsverhaltens, das ein Schüler aufgrund schlechter Erfahrungen mit Schulaufgaben in einem bestimmten Fach aufgebaut hat. Der pädagogische Auftrag heißt in solchen Fällen, auf eine unverkürzte, originale Begegnung mit der Realität hinzuwirken.

Nicht jedes Erwartungsverhalten bedeutet aber eine Verkürzung der Realitätsbegegnung, sondern oftmals kommt ihm auch eine von immer wieder neuem Lernen entlastende Funktion zu, manchmal sogar eine existentiell bedeutsame Schutzfunktion (gefährliche oder bedrohliche Situation in zwischenmenschlichen Begegnungen, im Straßenverkehr usw.). Der Lerntheoretiker Tolman definiert Erwartung als ein Verhalten, mit dem sich der Lernende auf ein bestimmtes Lernziel hin an bekannten Zeichen, Reizen, Umweltgegebenheiten ausrichtet, die während seines Lernprozesses auftauchen. Der Lernende orientiert sich also mit seinem Erwartungsverhalten in seinem Lernfeld wie auf einer „Kognitiven Landkarte". K

Erwartungsnetz
Jedes Individuum ist Erwartungen von verschiedenen Seiten ausgesetzt. Dies gilt in besonderem Maße vom Kind, das sich beständig in Lernprozessen befindet. Je mehr bei diesem Vorgang die Erwartungen übereinstimmen, desto größer ist die Wahrscheinlichkeit, daß das Folgeverhalten des Kindes den Erwartungen entspricht. Widersprüche in den Erwartungen ziehen demgegenüber beim Kind Unsicherheit, damit aber auch die Chance kritisch abwägender Stellungnahme und der Entwicklung selbständigen Verhaltens nach sich.

Hanke und Mandl (1976) stellen das Erwartungsnetz und seine Wirkungsweise in Anlehnung an Finn folgendermaßen dar:

Das Erwartungsnetz und seine Wirkungsweise (n. FINN 1972, S. 395)

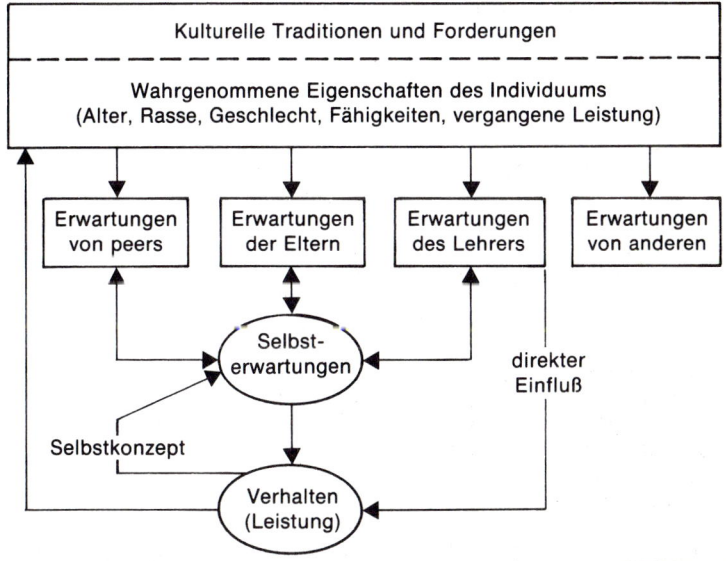

```
┌─────────────────────────────────────────────────────────────┐
│           Kulturelle Traditionen und Forderungen            │
│ ─ ─ ─ ─ ─ ─ ─ ─ ─ ─ ─ ─ ─ ─ ─ ─ ─ ─ ─ ─ ─ ─ ─ ─ ─ ─ ─ ─ ─ ─ │
│          Wahrgenommene Eigenschaften des Individuums         │
│    (Alter, Rasse, Geschlecht, Fähigkeiten, vergangene Leistung) │
└─────────────────────────────────────────────────────────────┘
   │           │           │            │
   ▼           ▼           ▼            ▼
 Erwartungen  Erwartungen  Erwartungen  Erwartungen
 von peers    der Eltern   des Lehrers  von anderen

          Selbst-                  direkter
          erwartungen              Einfluß
 Selbstkonzept
          Verhalten
          (Leistung)
```

Schiefele 1974

→ Erwartung → Hypothesen- und Erwartungstheorie → Kausalattribuierungstheorie → Pygmalion-Effekt   K

Erwartungstheorie → Hypothesen- und Erwartungstheorie

Erweiterungsstudium
Der Begriff des ‚Erweiterungs- oder Ergänzungsstudiums' bedeutet, daß ein Student nach Abschluß eines von ihm studierten Faches sein Wissen durch zusätzliche Studien in diesem Fach intensivieren und ‚erweitern' kann oder daß er sich in einem ‚weiteren' Fachgebiet durch ergänzende Studien qualifiziert. Innerhalb des Grundkonzepts der → Lehrerbildung ist das ‚Erweiterungsstudium' von beachtlicher Bedeutung, da hierdurch die Durchlässigkeit innerhalb der Lehrämter verstärkt wird. Jedes Lehramt könnte somit schon während des Studiums oder nach der 2. Staatsprüfung im Rahmen der → Lehrerweiterbildung z. B. folgendermaßen stufenimmanent oder stufenübergreifend erweitert werden:
– das Lehramt der → Primarstufe durch das Studium eines weiteren Faches,
– das Lehramt der → Sekundarstufe I durch das Studium der Primarstufendidaktik oder durch ein weiteres Fach oder durch das vertiefte Studium eines der bereits für die Sekundarstufe I studierten Faches,
– das Lehramt der Sekundarstufe II durch das vertiefte Studium des zweiten Faches oder durch das Studium eines weiteren Faches. O

Erythrophobie → Phobie

Erzieher (-in)
1. Der Erzieher widmet sich von Berufs wegen der die ganze Persönlichkeit umfassenden Förderung von Kindern und Jugendlichen mit dem Ziel, ihnen Hilfestellungen beim Prozeß ihrer → Personalisation, → Sozialisation und → Enkulturation zu leisten. Jeder Erzieher weiß sich bestimmten Erziehungszielen verpflichtet, auf die hin er den zu Erziehenden gegenüber seine pädagogische Einflußnahme geltend macht. Die Zielorientierung darf den Erzieher aber nicht soweit bestimmen, daß er zu ihren Gunsten die individuellen Rechte und Bedürfnisse der jungen Menschen durch manipulierende Maßnahmen unterdrückt und ihnen den Weg zur Selbstbestimmung verbaut. Der Erzieher muß also jede seiner erzieherischen Maßnahmen im Sinne eines echten dialogischen Bezuges zwischen ihm und dem zu Erziehenden als offenes Angebot, nicht als Zwang verstehen und darauf bedacht sein, sich selbst rechtzeitig überflüssig zu machen und den jungen Menschen in die Selbstbestimmung zu entlassen.
Während man in der Vergangenheit zu der Annahme neigte, man müsse zum Erzieher geboren sein, hat sich heute die Erkenntnis durchgesetzt, daß auch die für die erzieherische Tätigkeit notwendigen Kenntnisse und Verhaltensweisen durch Studium und Verhaltenstraining gelernt werden können und müssen.
Als müßiges Unterfangen muß der Versuch betrachtet werden, Erziehung und Lehrtätigkeit in der Person des Lehrers zu trennen und den Lehrberuf auf bloße Wissensvermittlung zu beschränken. Diese könnten Medien ebenso gut wenn nicht besser alleine leisten. Nachdem aber

jeder Lernprozeß dem Erwerb von Fähigkeiten, dem Aufbau bzw. der Festigung von Verhaltensweisen und Einstellungen dient, kann er auf den erzieherischen Einfluß des Lehrenden nicht verzichten, ganz abgesehen davon, daß im schulischen Unterricht nicht nur kognitive, sondern gleichberechtigt auch emotionale und soziale Lernziele zu verfolgen sind.
2. Neben der Bezeichnung jeglicher beruflich ausgeübten erzieherischen Tätigkeit wird der Name Erzieher auch als Berufsbezeichnung für die Absolventen der Fachakademien für Sozialpädagogik verwendet, die vordem Kindergärtnerin oder je nach Berufsfeld Heimerzieher, Familienpfleger, Altenpfleger, Dorfhelfer, Jugendleiter genannt wurden. K

Derschau 1974; vgl. auch die Literaturhinweise bei Diplompädagoge!

Erzieherische Situation → Situation, erzieherische

Erziehung

Die inhaltliche Bestimmung der Erziehung ist von der jeweiligen Gesellschaft immer wieder neu zu leisten. Formal kann Erziehung als Handreichung für den Menschen bei der von ihm selbst zu bewältigenden Aufgabe der Verwirklichung seiner selbst und der Orientierung in seiner Welt verstanden werden oder umfassender als Hilfe beim Prozeß seiner → Personalisation, → Enkulturation und → Sozialisation.
Die funktionale Erziehung bezeichnet die von selbst gegebenen Einwirkungen eines Kulturkreises, einer Gesellschaft mit ihrem spezifischen Lebensstil, ihren Normen und Erwartungen auf die Person. Im Unterschied dazu umfaßt die **intentionale Erziehung** alle absichtlichen Maßnahmen der pädagogischen Beeinflussung einer Person. In diesem Sinne läßt sich Erziehung als ein dialogisches Geschehen auffassen, als eine wechselseitige soziale Einflußnahme, wobei das Korrektiv z. B. für die erzieherischen Aktivitäten des Lehrers in den Rechten, Bedürfnissen und Interessen des Lernenden zu sehen ist. In der neueren pädagogischen Literatur zeichnet sich die Tendenz ab, den Erziehungsbegriff auf die intentionalen erzieherischen Maßnahmen einzuschränken. Die nach herkömmlicher Auffassung als funktionale Erziehung beschriebenen Vorgänge scheinen präziser und logisch einwandfrei durch den Begriff der Sozialisation erfaßt zu sein.
Im Gefolge des → Symbolischen Interaktionismus, der → Kritischen Theorie der Frankfurter Schule und des Marxismus sieht z. B. K. Mollenhauer (1976³) Erziehung bestimmt durch folgende drei Aspekte:
1. **Erziehung ist kommunikatives Handeln** aller, die im jeweiligen → pädagogischen Feld – ausgerüstet mit je eigenen Handlungsabsichten und bestimmten Vorverständnissen der Situation – aufeinandertreffen. Diesem kommunikativen Handeln ist immer eine ,,lernbezogene Zielorientierung" (Seite 134) eigen. Im Idealfall besteht das Ziel darin, durch die eingeführte Kommunikationsstruktur den im pädagogischen Feld Befindlichen die Chance einzuräumen, ihre Fähigkeit zum → Diskurs zu erwerben und anzuwenden.

2. **Erziehung ist → Interaktion** bzw. „Organisierung oder Umorganisierung des Interaktionsfeldes" (Seite 101). Letztes Ziel ist auch hier wieder, das pädagogische Feld so anzulegen, daß die Beteiligten (z. B. Lehrer und Schüler) ihre wechselseitige Abhängigkeit in der Interaktion und ihre „Reaktionsspielräume" erkennen und reflektieren können.

3. **Erziehung ist Reproduktion,** insofern die herrschenden gesellschaftlichen und ökonomischen Verhältnisse wesentlich die Beziehungen der Einzelnen zueinander bestimmen und über diesen Vorgang ihren Fortbestand sichern.

„Erziehung kann (deshalb) nicht mehr sein als organisierte Aufklärung; darin liegt ihre Macht wie ihre Ohnmacht" (Seite 81). K

Brezinka 1971; Buber 1964; Eggersdorfer 1962; Hentig 1969; Klauer 1973

Erziehungsberatung

Ziel der institutionalisierten Erziehungsberatung ist es, aufgrund fachkundiger Untersuchung und Diagnose von Verhaltensauffälligkeiten bei Kindern und Jugendlichen deren Eltern und Erziehern im Beratungsgespräch Einsicht in die Ursachen der Verhaltensauffälligkeit zu vermitteln und ihnen Empfehlungen für eine Therapie zu geben. Die vielfältigen Störungen (Lernschwierigkeiten, sozial auffälliges Verhalten, körperliche und geistige Behinderungen, Milieuschädigungen usw.) erfordern eine Erziehungsberatung im **Team,** dem je nach der Eigenart des Falles Ärzte, Psychologen, Heilpädagogen, Sozialarbeiter, Psychotherapeuten, Juristen, Berufsberater usw. angehören. Bei der Untersuchung der Verhaltensauffälligkeit bedienen sich die Mitarbeiter an einer **Erziehungsberatungsstelle** aller Methoden, die zur Erhellung der Ursachen beitragen können wie → Anamnese, Exploration, → Tests. Im **Beratungsgespräch** kommt es vor allem darauf an, falsche Einstellungen bei den Eltern oder Erziehern gegenüber der Verhaltensauffälligkeit des Kindes oder Jugendlichen abbauen zu helfen. Oftmals läßt sich damit bereits eine Lösung des vorliegenden Problems erreichen, das einsichtsvolle Mitgehen der Eltern und Erzieher ist aber auch unabdingbar, wenn spezielle therapeutische Maßnahmen ergriffen werden müssen, wie z. B. psychotherapeutische Behandlung, Verhaltenstherapie, Gruppentherapie, spezielle Förderungsmaßnahmen usw. Angesichts der wachsenden Zahl von Kindern und Jugendlichen, die ihrer Verhaltensauffälligkeiten wegen einer planmäßigen Erziehungsberatung bedürfen, ist es beklagenswert, daß viel zu wenig Erziehungsberatungsstellen zur Verfügung stehen und die vorhandenen mit fachkundigem Personal derart unterbesetzt sind, daß Wartefristen bis zu einem Jahr und länger nicht selten sind.

Aichhorn 1972; Barclay 1971; Bernard/Fullmer 1969; Bornemann 1963; Brandt 1967; Cunningham 1973; Ertle 1971; Friedrich 1975; Kell 1975; Leinenbach/Helstin 1975; Lückert 1964; Mollenhauer/Müller 1965; Redl 1978; Seiss 1976; Siegfried 1969; Stefflre/Grant 1972; Stone/Shertzer 1968

→ Berufsberatung, → Berufsbildungsberatung, → Schullaufbahnberatung
K

Erziehungskunde

als Unterrichtsfach verfolgt z. B. nach der Formulierung des Curricularen Lehrplans für die 8. und 9. Jahrgangsstufe der Hauptschule in Bayern folgende Richtziele:
1. Durch Selbstreflexion sollen die Heranwachsenden dazu befähigt werden, „über Erziehungsziele und Wertorientierungen sowie über ihre Entwicklung nachzudenken."
2. Die Heranwachsenden sollen die „Gelegenheit bekommen, sozial verständiges Handeln einzuüben", was durch „die Fähigkeit zur Wahrnehmung und Berücksichtigung von grundlegenden Bedürfnissen und berechtigten Anliegen der Mitmenschen" ermöglicht wird.
3. Die Heranwachsenden sollen informiert werden „über Verhaltensweisen und Einstellungen der Erzieher, die für die Entwicklung des Kindes förderlich oder nachteilig sind", um auf diesem Wege die „Befähigung zu späterem einsichtigen und verantworteten Erzieherverhalten ... anzubahnen".
4. „Die Heranwachsenden ... sollen angeleitet und ermutigt werden, sich über Erziehungsfragen mehr und mehr selbständig zu orientieren."

Es liegt nahe, Erziehungskunde, das als Fach in einem → pädagogischen Feld unterrichtet wird, inhaltlich an dem dort ablaufenden Erziehungsprozeß und an den für die Lernenden überschaubaren familiären Erziehungsprozessen zu orientieren. Dies erfordert zweifellos Mut vom Lehrenden, da bei diesem Vorgehen nicht nur das Verhalten der Heranwachsenden, sondern auch sein eigenes und das der Eltern kritisch zu hinterfragen ist, und dies in der Gewißheit, daß durchaus nicht alle als veränderungsbedürftig erkannten erzieherischen Situationen verändert werden können. Trotz der angedeuteten Schwierigkeiten liegt die Chance dieses Faches aber einzig und allein in der Reflexion der selbsterlebten erzieherischen Situationen; sie würde verspielt durch den Rückzug auf das Referieren theoretischer erzieherischer Konzepte, so wichtig diese im Sinne klärender und erklärender Information sein können. K

Erziehungslehre → Pädagogik

Erziehungsmittel

Alle Beeinflussungen, die auf eine Person von ihrem unmittelbaren Milieu her auf diese einwirken, alle auf sie absichtlich und unabsichtlich gerichteten und gesteuerten Aktionen jeglicher Art stellen im Rahmen der Erziehung und Persönlichkeitsbildung Mittel der → Erziehung dar. Sie können Positiv- oder Negativcharakter haben.

Die Wahl der Erziehungsmittel einer Gesellschaft wird durch das jeweilige System geprägt.

Erziehungsmittel wie Gewöhnung, Belohnung und Strafe können sich der unterschiedlichsten → Methoden, → Reize, → Erziehungsstile (→ Autorität, → Antiautoritäre Erziehung), intensiv lenkender und gegenwirkender Erziehungspraktiken oder → Unterrichtsstile bedienen. Die Steuerung der Anwendung von Erziehungsmitteln erfolgt durch Personen oder Institutionen.

Geißler 1976

→ Bildung → Emanzipatorische Pädagogik → Impuls → Pädagogik → Psychologie O

Erziehungsstile

bezeichnen die dominante Form konkreten erzieherischen Verhaltens in der → Interaktion mit Kindern. Die Wirkungen solcher erzieherischer Verhaltensweisen in Gestalt der Reaktionen der Betroffenen gehen als bestimmende Faktoren in die Klassifikation der Erziehungsstile mit ein.

Der **autoritäre Erziehungsstil** weist sich dadurch aus, daß der Erzieher zu übermäßig lenkenden und kontrollierenden Maßnahmen neigt, Eigeninitiativen der Kinder oder Jugendlichen kaum oder überhaupt nicht aufkommen läßt und viele, meist unnötige Sanktionen wie Tadel, Verbote, Drohungen, Spott, im Extremfall auch körperliche Züchtigung bevorzugt. Die Gegenreaktionen der Betroffenen reichen von massiver Aggressivität und offener wie versteckter Opposition über Mitläufertum und eine allgemein niedrige Leistungsmotivation zu ständigem Rivalisieren und Machtkämpfen untereinander. Der Zusammenhalt einer autoritär geführten Gruppe ist gering.

Der **antiautoritäre Erziehungsstil,** verwandt dem früher gängigen laissez-faire-Stil, ist vor allem dadurch gekennzeichnet, daß der Erzieher die Kinder grundsätzlich gewähren läßt (permissiv), auf die totale Selbstverantwortung und Selbstregulierung der Gruppe baut und für ein frustrationsfreies, auch auf sexuellem Gebiet freies Sichausleben der jungen Menschen plädiert. Er greift nur ein, wenn er gefragt ist bzw. wenn die Kinder für sie selbst und/oder für andere existentiell gefährliche Situationen heraufbeschwören.

A. S. Neill, der den antiautoritären Erziehungsstil in seinem Modell „Summerhill" praktizierte, betont allerdings unmißverständlich, daß die Freiheit des Einzelnen dort ihre Grenzen finde, wo die Freiheit anderer beeinträchtigt wird.

Die extreme Form des antiautoritären Erziehungsstils, wie ihn beispielsweise die → Kinderläden erproben, führt in der Regel zu Anarchie, Lustlosigkeit und Orientierungslosigkeit bei den betroffenen Kindern und zu mangelhafter Gruppenstrukturierung.

Empirische Untersuchungen führten zu dem alarmierenden Ergebnis, daß antiautoritär erzogene Kinder spätestens bei ihrer Einschulung aufgrund erheblicher Anpassungsschwierigkeiten an die gegebene soziale Realität bedeutend häufiger schwere neurotische Störungen davontragen als die nicht antiautoritär erzogenen Gleichaltrigen. Der **sozialintegrative,** auch **demokratische oder partnerschaftliche oder emanzipatorische Erziehungsstil** zielt auf die verantwortete Selbstbestimmung und emanzipierte Mündigkeit des Menschen ab. Er versucht dieses Ziel durch Lernhilfen für Eigenaktivitäten des Lernenden, für problemlösendes und kreatives Denken, für Fähigkeit zu konstruktiver Kritik und für eine Haltung der Verantwortlichkeit in und für Freiheit zu erreichen. Der sozialintegrative Erziehungsstil läßt Raum für die Spontaneität und Kreativität der jungen Menschen, fördert ihr Engagement an der Sache und für die Gruppe und hat eine erhöhte Kooperationsbereitschaft der Gruppenmitglieder und eine spannungsfreiere Atmosphäre zur Folge. Die Interaktionen zwischen Erzieher und zu Erziehendem sind durch gegenseitiges Verständnis, durch Offenheit und Echtheit und echte Wertschätzung gekennzeichnet.

Gerner 1976; Lukesch 1975 und 1976; Stapf 1972; Weber 1974[5]

→ Kinderladen, → Emanzipation, → Unterrichtsstil K

Erziehungswirklichkeit → Merkmalszuschreibung → Situation, erzieherische

Erziehungswissenschaft
Aufgabe der Erziehungswissenschaft ist es, sich in Forschung und Lehre an der Praxis der Erziehung zu orientieren, d. h. die Erziehungswirklichkeit mit empirischen Methoden zu erschließen und auf der Grundlage der Ergebnisse empirischer Untersuchungen und der aktuellen Anforderungen der Gesellschaft Leitlinien für ein verantwortetes erzieherisches Handeln zu beschreiben. Das zentrale Thema der Erziehungswissenschaft sind also → Bildung und → Erziehung in den gegebenen verschiedenen → pädagogischen Feldern.
Nach K. Mollenhauer (1976[3]) ist der Gegenstandsbereich der Erziehungswissenschaft
– Kommunikation, insofern „Erziehungshandeln immer intersubjektive Verständigung ist",
– die „materiellen Konstitutionsbedingungen von Lebenswelten und pädagogischen Feldern".
Im Anschluß an T. Husén ergibt sich folgende Übersicht für die Aufgliederung der Erziehungswissenschaft in Teildisziplinen:

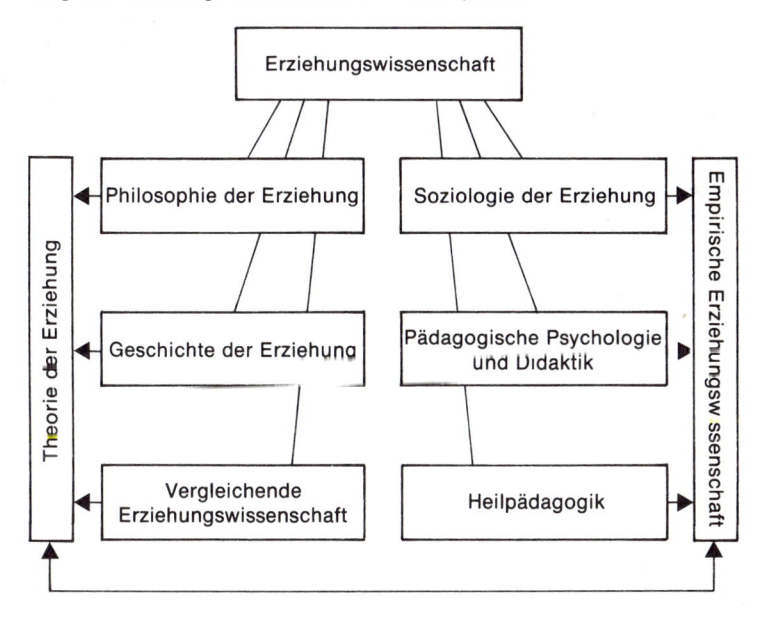

```
                        Erziehungswissenschaft
        ┌──────────────────────┬──────────────────────┐
   ←── Philosophie der Erziehung    Soziologie der Erziehung ──→
T                                                              E
h                                                              m
e                                                              p
o                                                              i
r  ←── Geschichte der Erziehung    Pädagogische Psychologie ──→ r
i                                  und Didaktik                i
e                                                              s
                                                               c
d                                                              h
e  ←── Vergleichende               Heilpädagogik          ──→  e
r      Erziehungswissenschaft
E                                                              E
r                                                              r
z                                                              z
i                                                              .
e                                                              w
h
u
n
g
```

Die Erziehungswissenschaft ist wie kaum eine andere Wissenschaft bei der Erkenntnisgewinnung auf die Aussagen ihrer Nachbarwissenschaften angewiesen, u. a. auf Aussagen der Biologie, Psychologie, Soziologie, Informationstheorie und Kybernetik, Politische Wissenschaften, Wirtschaftswissenschaften, Geschichtswissenschaft, Rechtswissenschaft, Medizin, Theologie und Philosophie.

Benner 1973; Berg u. a. 1976; Flitner/Scheuerl 1974; Gamm 1974; Nicklis/Wehrmeyer 1976; Oppolzer 1974; Skowronek/Schmied 1977; Suchodolski 1972; Travers 1972; Ulich 1974

→ Empirische Erziehungswissenschaft → Pädagogik K

Erziehungsziel

W. Brezinka definiert ein Erziehungsziel als „eine → Norm, die einen vorgestellten Zustand der Persönlichkeit beschreibt, der durch → Erziehung verwirklicht werden soll". Dieser Zustand der Persönlichkeit kann jedoch nicht im Sinne eines ein für allemal Erreichten verstanden werden, das der Veränderung nicht mehr bedarf. Seine dauernde Veränderung erweist sich vielmehr als eine an den Anforderungen der Realität orientierte lebenslange Aufgabe für den Menschen. Erziehungsziele beschreiben also den Zustand der Persönlichkeit, den der junge Mensch nach den Vorstellungen einer bestimmten Zeit und Gesellschaft erreicht haben soll, wenn er aus der Erziehung entlassen wird. Diese allgemeine Definition der Erziehungsziele deutet bereits auf die viel größeren Schwierigkeiten hin, die mit ihrer inhaltlichen Bestimmung aufgegeben sind.

Die Pluralität in weltanschaulich orientierten Zielbestimmungen hat in der heutigen Pädagogik zu einem Rückzug auf neutrale, inhaltlich variabel auszulegende Erziehungsziele geführt wie z. B. Selbstbestimmung, Mündigkeit, → Emanzipation, womit es allerdings auch keineswegs gelang, ideologische Überformungen und Interpretationen der pädagogischen Praxis fernzuhalten. Es wird die immer wieder neu zu leistende Aufgabe jeder Zeit und Gesellschaft sein, ihre Erziehungsziele neu zu bestimmen und zu beschreiben.

Bailey 1976; Benden 1977; Brunnhuber/Zöpfl 1975[2]; Harrington 1974; Kerstiens 1978; Schofnegger/Zöpfl 1977; Tröger 1976[2].

→ Unterricht, → Unterrichtsziel K

Es → Ich – Es – Überich

Eskalation

Ursprünglich fand der Begriff Eskalation vor allem Verwendung im Zusammenhang mit dem stufenweise verstärkten Einsatz militärischer Mittel oder politischer → Sanktionen bei zwischenstaatlichen Auseinandersetzungen. In übertragenem Gebrauch bezeichnet heute Eskalation die Ausweitung eines Vorganges nach Umfang und/oder Intensität aufgrund sich wechselseitig bedingender Faktoren dieses Vorganges. So führt z. B. die Anwendung eines extrem autoritären Führungsstiles in einer Lerngruppe in der Regel zu einer Eskalation hinsichtlich der Verschlechterung der Gruppenatmosphäre.

→ Erziehungsstil K

Ethnographie → Kulturanthropologie → Ethnologie

Ethnologie
wird mit allgemeiner **Völkerkunde** oder **Völkerforschung** übersetzt. Sie verarbeitet die Ergebnisse der Ethnographie (→ Kulturanthropologie) und erforscht als vergleichende Wissenschaft im Gegensatz zur → Sozialanthropologie Einzelkulturen bzw. Völker und Rassen in Verbindung mit den von ihnen entwickelten Kulturen unter besonderer Berücksichtigung primitiver Entwicklungsformen. O

Ethologie
Die Ethologie, eine Spezialdisziplin der → Verhaltensforschung, befaßt sich mit der Erforschung vererbter und erlernter Verhaltensweisen von Tieren.
→ Instinkt K

Etikettierungseffekt → Stigmatisierungseffekt

Evaluation
Die Evaluation ist die wissenschaftliche Erprobung und Kontrolle von → Curricula, insbesondere der operationalisierten (= unmißverständlich beschriebenen und überprüfbaren) → Lernziele und der vorgeschlagenen Verfahrensweisen und Lernzielkontrollen in Curricula durch Testläufe. Darüber hinaus kann aber unter Evaluation jegliche wissenschaftliche Begleituntersuchung konkreter Abläufe von Lernprozessen, z. B. des Einsatzes von Medien unter verschiedenen Bedingungen verstanden werden. Als Instrument der empirischen Unterrichtsforschung stellt die Evaluation das unverzichtbare Verbindungsglied und Regulativ zwischen pädagogischer Theorie und Unterrichtspraxis dar. Ihre Ergebnisse gehen beispielsweise in die notwendige permanente Revision der Curricula ein.
→ Ergebnisevaluation → Formative Evaluation → Intrinsische Evaluation → Operationalisierung → Summative Evaluation K

Evaluierung → Evaluation → Operationalisierung

Evolution
Als Evolution bezeichnet man z. B. die Entwicklung von Lebewesen von einfacheren zu komplizierteren Organismen oder Verhaltenscodices, die sich über Generationen hinweg als kontinuierliche Veränderung vollzieht. Auslöser der Veränderungen sind vor allem Mutationen (= spontane Veränderungen in den genetischen Informationen) und Selektionen (= Auswahlvorgänge z. B. hinsichtlich organismischer Leistungen durch Anpassung an die Umweltgegebenheiten). K

EVR → Electronic Video Recording

EXAPT

Das Programmiersystem EXAPT, das auf der Basis des Automatic Programming for Tools (→ APT) entwickelt wurde, ist eine verfahrensorientierte → Programmiersprache wie APT. Im Gegensatz zu APT, mit dem Programme für ein-, zwei- und dreidimensionale Bearbeitung von Werkstücken erstellt werden können, beschränkt sich EXAPT in der letzten Ausbaustufe auf die zweidimensionale Steuerung, jedoch unter Berücksichtigung technologischer Gegebenheiten. O

Löbel/Müller/Schmid 1969[4]

Exeligmologie

Sie bezeichnet als Sammelname die Wissenschaften, die sich mit der Entstehung des Weltalls, der Weltordnung und der Geschichte befassen.
→ Zätetik → Zätetische Taxonomie O

Exemplarisches Lehren und Lernen

1. Nach herkömmlicher Auffassung reduziert der Lehrende beim exemplarischen Lehren die durch die Einzelwissenschaften angereicherten und oft unübersichtlichen Stoffgebiete auf einige wenige relevante Sachverhalte, die beispielhaft, vorbildlich und gültig als Ersatz, als Exempel, für alle anderen stehen. Ein größeres Sachgebiet soll also aus ökonomischen Gründen für den Schüler über **ein** Beispiel erschlossen werden. F. v. Cube (1968[2]) wendet demgegenüber ein, ,,daß ein einziges Beispiel für den Lernenden noch kein solches ist – es ist vielmehr ein Sachverhalt, der an keiner Stelle (von der Sache her) über sich selbst hinausgeht. Etwas ‚Gemeinsames' kann erst anhand von mindestens zwei dieses Gemeinsame enthaltenden Sachverhalten erkannt werden." Den → Transfer (= Übertragung) auf andere Sachverhalte, die durch das bearbeitete Beispiel miterschlossen werden sollen, kann der Schüler bestenfalls deshalb leisten, weil er das Beispiel der fachlichen Autorität des Lehrers als solches abnimmt. Die eigene Einsicht in den beispielhaften Charakter des einen ausgewählten Sachverhalts stellt sich bei diesem Verfahren erst bei der Anwendung auf andere Sachverhalte sozusagen im nachhinein ein.
2. Nach F. v. Cube ist es wünschenswert, das exemplarische Verfahren dem Schüler selbst in die Hand zu geben bzw. ihn zum exemplarischen Lernen zu befähigen.
,,Im einzelnen gliedert sich dieses zweite Verfahren der exemplarischen Methode in drei Schritte:
a) Vom Lehrer werden mindestens zwei Beispiele ausgewählt und dargestellt. (Dabei ist zu beachten, daß es sich hier nur vom Standpunkt des Lehrers aus um ,,Beispiele" handelt.)
b) Der Lernende arbeitet aus diesen Sachverhalten den gemeinsamen Oberbegriff oder – wie wir auch sagen können – das gemeinsame → Superzeichen heraus . . .
c) Das jetzt bekannte Superzeichen wird auf weitere Beispiele des gesamten Forschungsbereiches angewandt. (Nunmehr handelt es sich ja auch vom Standpunkt des Lernenden aus um Beispiele.)

So sollten z. B. bei der Besprechung des Blutkreislaufes beim Menschen und bei höheren Säugetieren am Menschen und parallel dazu z. B. am Biber, Wisent oder Eichhörnchen gleiche Gesetzmäßigkeiten gezeigt, erklärt und gelernt werden. Dadurch werden die gemeinsam erarbeiteten Regeln, Lösungsmethoden und Kausalzusammenhänge leichter erkannt, und es wird deutlich, daß für Gleiches derselbe Grundbegriff oder dasselbe Gesetz Gültigkeit hat bzw. ein gemeinsames Superzeichen gesetzt werden kann, das transfergeeignet ist.

Anstelle des Begriffes Exemplarisches Lehren und Lernen wird im didaktischen Sprachgebrauch für den gleichen Vorgang auch der Ausdruck horizontale → Reduktion verwendet.

Barthel u. a. 1968; Wagenschein 1977

→ Analogieprinzip → Lehrform → Lernen → Unterricht → Elementare, das OK

Exhibismus → Exhibitionismus

Exhibitionismus

Im weiteren Sinne sind unter Exhibitionismus, auch Exhibismus genannt, auffällige Verhaltensweisen zu verstehen, mit denen eine Person versucht, sich besonders in den Vordergrund zu rücken.

Im engeren Sinne bezeichnet Exhibitionismus eine infantile Form sexueller Abartigkeit, die sich im Trieb zur Entblößung der Geschlechtsteile ohne Verlangen nach Sexualverkehr äußert. Die Psychoanalyse sieht in diesem Verhalten eine Ersatzhandlung für sexuelle Befriedigung.

→ Perversion O

Exogen → endogen

Experiment

Ein Experiment ist ein Versuch im Sinne planmäßiger, systematischer → Beobachtung bei vorher definierter Zielangabe und unter festgelegten Versuchsbedingungen. Es werden zwei Hauptgruppen von Experimenten unterschieden: das **Erkundungsexperiment** fragt danach, was sich überhaupt unter bestimmten arrangierten oder gegebenen Bedingungen ereignet. Das **Entscheidungsexperiment** dagegen dient bei mehreren vorgegebenen Hypothesen zu einem Bedingungszusammenhang der Entscheidung für eine dieser Hypothesen oder zugunsten einer neu aufgestellten.

Wesentliche **Kennzeichen eines Experiments sind Willkürlichkeit, Variierbarkeit und Wiederholbarkeit.** Es soll der Zusammenhang zwischen vorgegebenen **unabhängigen Variablen** – vom Versuchsleiter systematisch und willkürlich variiert – und der von ihnen **abhängigen Variablen** untersucht werden. Gefragt ist also: Wie verändern sich die abhängigen Variablen durch Veränderung der unabhängigen? Wie z. B. verändert sich die Leistungsmotivation oder die Tendenz zu aggressiven Verhaltensweisen bei 10jährigen Schülern durch einen Wechsel des Unterrichtsstils des Lehrers, etwa vom autoritären zum sozialintegrativen Unterrichtsstil? Die Ergebnisse eines Experiments sind meßbar, d. h. quantitativ faßbar.

Eine dritte Gruppe von Variablen, die **Störvariablen,** die umwelt- und personbedingt sind, müssen im Experiment möglichst konstant gehalten werden, um nicht verfälschend auf den gefragten Bedingungszusammenhang zwischen unabhängigen und abhängigen Variablen einwirken zu können. Um sicher zu gehen, daß der hypothetisch angenommene Bedingungszusammenhang nicht auch ohne das experimentelle Arrangement erreicht werden kann, läuft parallel zur Versuchsgruppe meist eine Kontrollgruppe, die nicht diesem experimentellen Arrangement unterliegt. Grenzen erwachsen dem Experiment mit Menschen aus dem unter Umständen Voreingenommenheit produzierenden → Erwartungsverhalten des Versuchsleiters, aus ethischen und juristischen Einwänden und einer möglichen Verfälschung des Verhaltens der Versuchsperson durch entsprechende Einstellung auf die Experimentalsituation. K

Boesch/Eckensberger 1969; Bredenkamp 1969; Brown u. a. 1975; Fietkau 1973; Holzkamp 1964; Klauer 1973; Maschewsky 1977; Mertens 1975; Mittenecker 1958; Pepinsky/Patton 1971; Robson 1974

Exploration → Anamnese

Extemporale → Schulaufgabe

Extinktion
bedeutet die Auslöschung von Gelerntem, von erworbenen Fähigkeiten und Verhaltensformen im Sinne des Verlernens, Vergessens, und zwar weil die bisher nach bestimmten Verhaltensweisen gewohnte → Verstärkung nur noch sehr selten oder überhaupt nicht mehr folgt.
→ Konditionierung K

Extraprozessual
Als extraprozessual werden die Komponenten bezeichnet, die außerhalb des Unterrichtsprozesses bestehen und von diesem nicht veranlaßt wurden, z. B. Intelligenzhöhe, regionale Herkunft und andere soziale → Determinanten.
→ intraprozessual O

Extraversion
beschreibt die nach außen, auf die Umwelt und andere Menschen gerichtete Wesensart eines Menschen. Sie kennzeichnet einen Einstellungstypus, der nach C. G. Jung und H. J. Eysenck zu schnellen, aber oberflächlichen Kontaktaufnahmen neigt und sich leicht der gegebenen Realität anpaßt.
→ Introversion K

extrinsisch
bedeutet von außern her und bezeichnet solche Eigenschaften, die an ein Objekt, ein Subjekt von außen herangebracht werden. In der Motivationspsychologie versteht man unter extrinsisch, daß mit Handlungen und der

Durchführung irgendwelcher Angelegenheiten Zwecke und Ziele verfolgt werden.
→ extrinsische Motivation → intrinsisch → intrinsische Evaluation → intrinsische Motivation O

Extrinsische Motivation
bedeutet ein Verhalten, Benehmen oder Handeln, das durch von außen kommende Reize, → Stimuli oder → Impulse veranlaßt wird.
→ extrinsisch → intrinsisch → intrinsische Motivation → Reiz O

exzessiv
bedeutet je nach Sinnzusammenhang übertrieben, maßlos, ausschweifend. K

Fachabitur → Abitur → Sekundarbereich

Fachakademie
Die Fachakademien (FAK) sind berufliche Bildungseinrichtungen und vermitteln eine höhere berufliche Qualifikation. Sie setzen einen mittleren Bildungsabschluß und eine dem Ausbildungsziel dienende berufliche Ausbildung oder praktische Tätigkeit bzw. die Fachschulreife voraus und schließen mit einer Staatlichen Abschlußprüfung (Staatlich geprüfter . . .).
Durch eine staatliche Ergänzungsprüfung zur Abschlußprüfung kann die Berechtigung zum Studium an einer → Fachhochschule einschlägiger Fachrichtung erworben werden.
Der Ausbildungsgang dauert bei Vollzeitunterricht mindestens vier Halbjahre (vier Semester).
Die Fachakademien lösten zum Teil die in den Fachhochschulbereich überführten ‚Höheren Fachschulen' und Ingenieurschulen ab. Man erwartet, daß die Absolventen der Fachakademien auf Grund ihrer gezielten und intensiven erweiterten Ausbildung den stets wachsenden Anforderungen der Fachpraxis in gehobenen Positionen genügen können.
Die Einführung der Fachakademien wurde in Bayern durch das Gesetz über das → berufliche Schulwesen vom 15. Juni 1972 ermöglicht. In anderen Bundesländern bestehen gleichartige und gleichwertige Einrichtungen wie z. B. die → Berufsakademien in Baden-Württemberg.
Die Fachakademien gliedern sich ihren Zielsetzungen entsprechend in unterschiedliche Ausbildungs- und Fachrichtungen, solche sind z. B. Fachakademien für Fremdsprachen, Hauswirtschaft, Sozialpädagogik, Musik, Landwirtschaft, Bauwesen, Augenoptik, Wirtschaft. O

Fachdidaktik
Die Fachdidaktik ist der allgemeinen → Didaktik nicht untergeordnet. Sie konkretisiert allgemeine Beziehungen, Abläufe und Elemente. Außerdem verbindet sie die Fachwissenschaft mit der Erziehungswissenschaft und den relevanten Bereichen der Gesellschaftswissenschaft unter Berücksichtigung von Schule und Unterricht.

Sie steht als eigene Disziplin in engstem Zusammenhang mit ihrer Fachwissenschaft und ist nicht auf ein anderes Fach übertragbar. Die fachdidaktische Wissenschaft wirkt an der Curriculumentwicklung mit, untersucht und analysiert Leistungsmeßverfahren, Unterrichtsabläufe, Theorie-Praxis-Probleme, Schüler-Lehrer-Bezug, berücksichtigt im Rahmen der Unterrichtsbezogenheit und Unterrichtswirklichkeit Schulart und geistige, psychische und soziale Situation des Schülers in den jeweiligen Jahrgangsstufen. Die Fachdidaktik stellt einen wesentlichen Bereich in der → Lehrerbildung dar und bezieht Erfahrungen und Erkenntnisse der Schulpraxis in das Universitätsstudium mit ein.

→ Curriculum → Erziehungswissenschaft → Lehrerausbildung → Lernen → Schulpädagogik   O

Fachgebundene Hochschulreife → Abitur

Fachhochschule (FH)
Im Jahre 1970/71 erfolgte eine Umbenennung und Umstrukturierung der ehemaligen Ingenieurschulen, Höheren Wirtschaftsfachschulen und anderer Höherer Fachschulen in Fachhochschulen (FH). Für die Zulassung zu den Fachhochschulen bedarf es entweder des → Abiturs oder der an der → Fachoberschule zu erwerbenden → Fachhochschulreife.
Die FH vermitteln durch anwendungsbezogene Lehre eine Bildung, die zu selbständiger Anwendung wissenschaftlicher Methoden und zu künstlerischen Tätigkeiten in der Berufspraxis befähigt. Der den FH zugedachte Bildungsauftrag, eine praxisbezogene Ausbildung auf wissenschaftlicher Grundlage durchzuführen, ermöglicht es und drängt gerade dazu, den Dualismus ,,Theorie oder Praxis" in der Synthese ,,Theorie **und** Praxis" aufzulösen.
Von der FH werden unterschiedliche Studiengänge angeboten, die als Ausbildungsrichtungen bezeichnet werden. Solche sind z. B.: Technik, Wirtschaft, Sozialwesen, Gestaltung, Religionspädagogik und Kirchliche Bildungsarbeit.
Die Ausbildungsrichtungen untergliedern sich in Fachbereiche bzw. Fachrichtungen. So werden in Bayern allein in der Ausbildungsrichtung Technik folgende 24 Fachrichtungen angeboten: Architektur, Bauingenieurwesen, Druckereitechnik, Elektrotechnik, Fahrzeugtechnik, Feinwerktechnik, Forstwirtschaft, Gartenbau, Holztechnik, Innenarchitektur, Kunststofftechnik, Landbau, Landespflege, Lebensmitteltechnologie, Maschinenbau, Milch- und Molkereiwirtschaft, Physikalische Technik, Stahlbau, Technische Chemie, Textiltechnik, Verfahrenstechnik, Vermessungswesen, Versorgungstechnik und Werkstofftechnik.
Die einzelnen Fachrichtungen spezialisieren sich im dritten Studienabschnitt des Studiums (6.–8. Semester) auf Studienschwerpunkte. Die Fachrichtung Betriebswirtschaft bietet z. B. Studienschwerpunkte an wie: Fremdenverkehr, Logistik, Marketing, Organisation und Datenverarbeitung, Personalwirtschaft, Rechnungswesen u. a. m.
Der erfolgreiche Abschluß des Studiums in den jeweiligen Fachrichtungen führt zu akademischen Graden, die je nach Bundesland entweder eine

Diplomierung oder Graduierung verleihen wie z. B. Betriebswirt (grad.) bzw. Diplombetriebswirt,
Designer (grad.) bzw. Diplomdesigner,
Informatiker (grad.) bzw. Diplominformatiker,
Ingenieur (grad.) bzw. Diplomingenieur,
Mathematiker (grad.) bzw. Diplommathematiker,
Sozialpädagoge (grad.) bzw. Diplomsozialpädagoge,
Religionspädagoge (grad.) bzw. Diplomreligionspädagoge,
Wirtschaftsingenieur (grad.) bzw. Diplomwirtschaftsingenieur.
Die Übersicht auf S. 162 zeigt, über welche Bildungswege die Fachhochschule mit ihren 8semestrigen Studiengängen erreicht werden kann.

→ Beamtenfachhochschule O

Fachhochschulreife

Sie wird nach erfolgreichem Abschluß der Fachoberschule und unter bestimmten Voraussetzungen nach Besuch von Fachakademien verliehen und berechtigt zur Aufnahme des Studiums an einer → Fachhochschule.

O

Fachliches Lernziel → Lernziel

Fachoberschule

Die Fachoberschulen (FOS) stellen einen jungen Schultyp dar. Sie wurden 1969/1970 in der Bundesrepublik Deutschland gegründet, bereiten auf den Eintritt in die → Fachhochschule vor und vermitteln auf einen → Mittleren Bildungsabschluß aufbauend nach mindestens zwei Schuljahren die → Fachhochschulreife.
Die Studienpläne der FOS enthalten allgemeine und fachbezogene Unterrichtsfächer. In der 11. Klasse wird der Unterricht durch eine fachpraktische Ausbildung ergänzt.
Die FOS gliedert sich in die Ausbildungsrichtungen: Wirtschaft, Technik, Sozialwesen, Gestaltung.

→ Berufliches Gymnasium O

Fachpraktische Ausbildung

Eine fachpraktische Ausbildung ist grundsätzlich eng verbunden mit einem fachbezogenen Unterricht. Die fachpraktische Ausbildung soll dem Schüler, dem Auszubildenden (Lehrling) konkrete Vorstellungen und praktische Kenntnisse vermitteln. Sie dient der Gesamtbildung der Persönlichkeit. Jede berufliche Ausbildung im gewerblichen, technischen, kaufmännischen, landwirtschaftlichen, hauswirtschaftlichen oder sozialen Bereich beruht auf praktischen und theoretischen Bildungsinhalten und besitzt → dualen Charakter.

→ duales System. O

Fachhochschule 162

Fachhochschule (8 Semester)						

Bildungswege zur Fachhochschule:

- **Fachhochschule** → Fachoberschule (fachpraktische Ausbildung 11. Schuljahr)
- **Allgemeine Hochschulreife** → Kolleg
- **Fachgebundene Hochschulreife** → Berufsoberschule
- **Fachhochschulreife – fachrichtungsgebunden Ergänzungsprüfung** → Fachakademie

Vorbildung:
- Vorpraxis / Allgemeine Hochschulreife → Gymnasien
- Mittlerer Bildungsabschluß → Realschule / Wirtschaftsschule
- Fachschulreife → Berufsaufbauschule / Berufsfachschule
- Berufsausbildung / Telekolleg → Hauptschule
- einschlägige Berufsausbildung

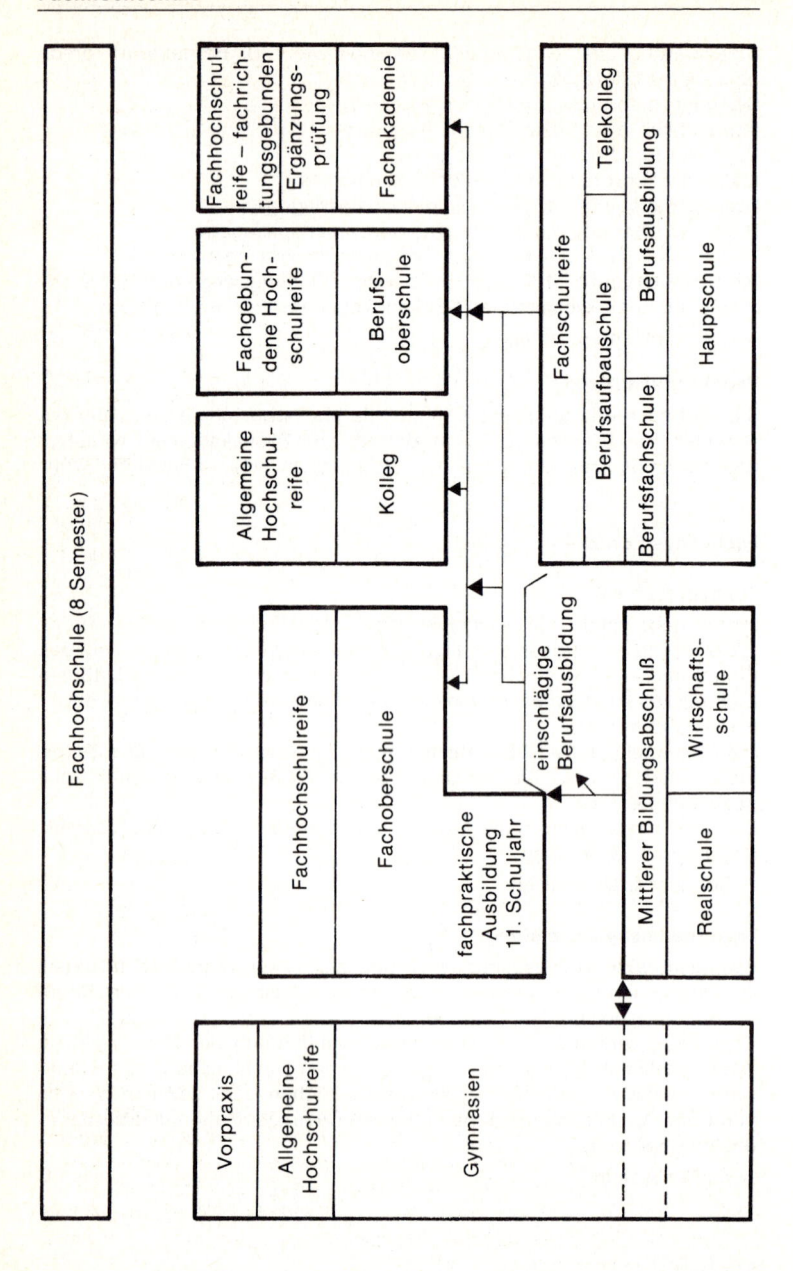

Fachprogramm
Es bezieht sich auf einen abgegrenzten Fachbereich, z. B. auf Fernmeldewesen, Algebra, Rechtslehre u. a. und vermittelt wesentliches Grundwissen.

→ Lehrprogramm → Programmierte Instruktion   O

Fachschule
Der Besuch einer Fachschule setzt jeweils entsprechende Berufskenntnisse voraus und ist grundsätzlich altersmäßig nach oben begrenzt. Auf Grund der Vielzahl von Fachschulen, deren Träger häufig Kommunen oder Wirtschaftsorganisationen sind, weichen Aufnahmevoraussetzungen, Ausbildungsdauer und Lehrziele erheblich voneinander ab.
Für eine Anzahl von Fachschulen sind Aufnahmebedingungen, Ziel, Dauer der Ausbildung und Abschlußprüfung auf Bundes- oder Landesebene geregelt. Solche sind z. B. Fachschulen für das Bekleidungsgewerbe, Technikerschulen oder Frauenfachschulen.
Alle Fachschulen dienen einer vertieften beruflichen Aus- und Fortbildung oder → Umschulung und fördern die Allgemeinbildung. Als Beispiel sei ein Überblick über die Fachschulen nach ‚Chancen durch berufliche Bildung', 1974, veröffentlicht durch das Bayer. Staatsministerium für Unterricht und Kultus, gegeben:

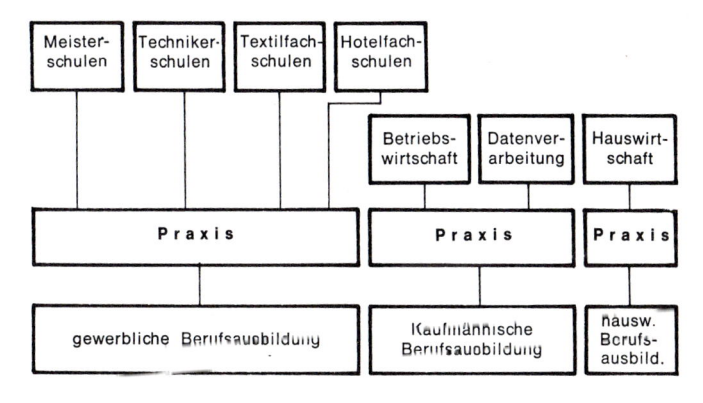

Meisterschulen	Technikerschulen	Textilfachschulen	Hotelfachschulen		
			Betriebswirtschaft	Datenverarbeitung	Hauswirtschaft
Praxis			Praxis		Praxis
gewerbliche Berufsausbildung			Kaufmännische Berufsausbildung		hausw. Berufsausbild.

O

Fachschulreife
Die Fachschulreife beinhaltet sowohl den mittleren Bildungsabschluß, die sog. ‚mittlere Reife', als auch einen Berufsabschluß. Sie wird nach Absolvierung der → Berufsaufbauschule, durch das → Telekolleg oder andere Zusatzkurse, die sich an die Berufsausbildung anschließen, erworben.
Schüler mit Fachschulreife haben die Möglichkeit, in folgende Schulen überzutreten: → Fachoberschule, → Berufsoberschule, → Kolleg, → Fachakademie, → Abendgymnasium, Übergangsklassen an entsprechenden Gymnasien in Großstädten.   O

Fachspezifisches Lernziel → Lernziel

Fachsprengel

In Berufen, bei denen die Nachwuchszahlen so stark zurückgegangen sind, daß es sich nicht lohnt, für die Auszubildenden in den jeweiligen Berufsschulen eigene Klassen einzurichten, werden z. B. auf Regierungs- oder Landesebene Fachklassen gebildet. Kleinere oder größere abgegrenzte Regionen, in denen Auszubildende von → Splitterberufen zusammengefaßt werden, bezeichnet man als Fachsprengel. O

Fachstufe

Das berufliche Ausbildungsverhältnis gliedert sich dort, wo dieses mit einem nach → Berufsfeldern geordneten → Berufsgrundschuljahr beginnt, in Stufen. Im Anschluß an die berufsfeldbezogene Grundstufe folgt die über ein Jahr oder zwei Jahre dauernde Fachstufe der Ausbildung. In der Fachstufe erfolgt die Vermittlung des eigentlich fachspezifischen Wissens und Könnens für den gewählten Beruf. O

Fading

Werden beim Ablauf des programmierten Lehrens und Lernens die Lernhilfen verringert, so spricht man vom Verfahren des Fadings. Die Schüler werden allmählich von der direkten Bindung an das Programm befreit und zu selbständigem Denken geführt.
F. v. Cube (1968, Seite 200) beschreibt den „fading-Effekt" mit folgendem Beispiel:
„Zunächst wird ein Satz in der zu lernenden Sprache (in geschriebener Form) dargeboten. Der Schüler tippt den Satz sodann Buchstaben für Buchstaben auf einer mit der Lehrmaschine verbundenen Schreibmaschine nach. Hat er dies richtig durchgeführt, wird der Satz ein zweites Mal vorgezeigt – jetzt aber unter Auslassung einzelner Buchstaben oder Wörter. Der Schüler hat nun die Aufgabe, die Lücken zu ergänzen und den Satz wieder vollständig niederzuschreiben. Gelingt ihm dies nicht, wird der ganze Satz noch einmal gezeigt, gelingt es hingegen, wird das Verfahren des sukzessiven Abbauens der Information so lange fortgesetzt, bis der Schüler den ganzen Satz auswendig schreiben kann." OK

Fächergruppenspezifisches Lernziel → Lernziel

Fähigkeit

Grundsätzlich stellt die Fähigkeit eine allgemeine und umfassende Bezeichnung für die Bereitschaft dar, zu einem bestimmten Zeitpunkt unter gegebenen Bedingungen eine Leistung entsprechender Höhe und Stärke zu erreichen oder die dafür notwendigen Kenntnisse und → Operationen zu erlernen. Das jeweilige Leistungsniveau wird entweder auf Erziehung und Übung oder auf Anlagen, auf grundlegende, weitgehend erfahrungsunabhängige Leistungsdispositionen zurückgeführt. Fähigkeiten werden somit als Lern- und Leistungsbereitschaften aufgefaßt und sollen zur Lösung von

Problemen durch gedankliche Arbeit führen. Man betrachtet sie als →
Faktoren und Bezugseinheiten. So legt Thurstone der → Intelligenz primäre
Fähigkeiten zugrunde, die zusammenwirken müssen, um intelligentes Verhalten entstehen zu lassen. Guilford setzt z. B. vor das „kritische" Denken
die Fähigkeiten der Bewertung, die er wie folgt definiert: „Die Bewertungsfähigkeiten haben es mit der Bewertung der Informationen und Schlüsse zu
tun. Sie stellen ihre Eignung, Annehmbarkeit, ihre Qualität und ihre Konkretheit fest. Dies schließt die Frage der Kriterien und Normen ein." O

Correll 1974c

Fähigkeitstest

→ Tests, die primär Aufgaben enthalten, welche die Aktualisierung von
gelernten Fertigkeiten und Informationen erforderlich machen und die →
Fähigkeiten erfassen sollen, sind sog. Fähigkeitstests. Sie unterscheiden
sich nur gradmäßig von den → Leistungstests.

→ Lernzielorientierter Test → Test O

Faktor

kann im Bereich der → Didaktik synonym für Bedingung oder Variable, z. B.
Lehrer, Stoff, Medium und den Begriff der Einzelfähigkeit stehen.

→ Faktorenanalyse → Faktorengefüge O

Faktorenanalyse

Die Faktorenanalyse verfolgt das Ziel, die Wechselbeziehungen einer größeren Zahl von Variablen (veränderbaren Größen) z. B. der → Intelligenz
festzustellen, sie zu analysieren und ihr Zustandekommen auf eine möglichst kleine Zahl grundlegender bedingender → Faktoren (Grundfähigkeiten) zurückzuführen. Zur Darstellung dieser Beziehungen und kausalen
Abhängigkeiten bedient sich die Faktorenanalyse mathematischer Methoden.

Cattell 1972; Gorsuch 1974; Harman 1976; Jahn/Vahle 1970; Mulaik 1972; Ritsert u. a. 1976;
Scholl 1976; Überla 1968

→ Faktorengefüge K

Faktorengefüge

Ein Faktorengefüge setzt sich aus einer bestimmten Anzahl kontaktsensibler, voneinander abhängiger → Faktoren zusammen. So ergibt sich z. B.
bei Dauenhauer zur Bestimmung der pädagogischen Situation folgendes
Faktorengefüge:
„1. Lehrer, 2. Schüler, 3. Stoffe, 4. Erziehungs- und Bildungsziel, 5. das
faktische und normative Schülerbild des Lehrers, 6. soziale Interaktion
zwischen Schüler-Schüler, 7. Unterrichtsmittel, 8. Unterrichtszeit, 9. Lehrmethode, 10. Elternhaus, 11. Betrieb (bei berufsbildenden Schulen), 12.
Schulatmosphäre, 13. die Gesellschaft (als realer und Normen setzender
Faktor über die Schule: ‚Die Schule muß . . .'), 14. Fachwissenschaften, 15.
der Stand der pädagogischen Psychologie und Anthropologie".

Dauenhauer 1970

→ Faktorenanalyse → Pädagogik → Pädagogische Feldforschung O

Fakultätsreife → Abitur → Sekundarbereich

Fallmethode → Fallstudie

Fallstudie
Die Fallstudie, die bei der Aufzählung → klinischer Methoden in der Pädagogik erwähnt wird, entwickelte sich als ‚case method', Fallmethode zuerst in Amerika. Ihren Ursprung hatte sie an der Graduate School of Business Administration der Harvard University in Boston im Jahre 1908. Durch diese praxisnahe Gegebenheiten einbeziehende Methode sollen vor allem zwei Ziele realisiert werden:
1. Die Formung der Persönlichkeit durch Förderung bestimmter Eigenschaften.
2. Die Vermittlung der Technik des Entscheidungsprozesses unter Anwendung des theoretischen Wissens auf konkrete Situationen.

Dabei spielt die Bearbeitung des Falles in der Kleingruppe, im team-work, eine entscheidende Rolle. Die Anwendung der Fallmethode setzt Wissen und Kenntnisse voraus. Es ist grundsätzlich Aufgabe der Fallmethode, vorhandenes Wissen anzuwenden, einzuordnen und noch eventuell zur Fallösung fehlendes Wissen sich durch Fragen, Lesen und Nachschlagen selbst anzueignen.

Die Fallstudie, bei der man sich für eine Lösungsmöglichkeit zu entscheiden hat, ermöglicht den Lernenden das Aktivwerden in wirklichkeitsnaher, praxisähnlicher Form. Selbständigkeit und Kritikfähigkeit werden gefördert.

Bei der Lösung eines schriftlich vorgelegten Falles, der in gemeinsamer Gruppenarbeit und Diskussion aufgegliedert und gelöst werden soll, sind drei Bereiche von grundlegender Bedeutung:
1. Art und Umfang der Information über die Daten, die für die Fallentscheidung notwendig sind.
2. Herausfinden des Kernproblems bzw. des bereits vorhandenen Kenntnisstandes über dieses Problem.
3. Die Problemlösung durch Untersuchen, Gliedern und Analysieren der vorhandenen und gegebenen Daten, die auf eine Entscheidung abzielt.

Somit ergeben sich die drei Aufgaben:
Information, Problemfindung, Problemlösung.
Entsprechend der jeweiligen graduellen Schwerpunktverlagerung auf die einzelnen Aufgaben lassen sich folgende unterschiedliche Arten der Fallmethode aufführen:
Entscheidungsfall, Problemfindungsfall, Beurteilungsfall, Informationsfall und Untersuchungsfall.
Die folgende Übersicht versucht die genannten Arten der Fallmethode zu entschlüsseln.

		Information	Problemfindung	Problemlösung
1	Entscheidungs-fall - case method -	alle Informationen werden gegeben	das Problem wird aufgezeigt und genannt	Aufgabe ist die Lösung des Problems
2	Problemfindungsfall - case study method -	alle Informationen werden gegeben	das Problem muß gefunden werden	Aufgabe ist die Lösung des Problems
3	Beurteilungsfall -case problem-method -	alle Informationen werden gegeben	das Problem wird aufgezeigt und genannt	die Lösung des Problems wird zur Beurteilung mit den übrigen Daten oder nach der Selbstlösung zum kritischen Vergleich gegeben
4	Informationsfall - incident method -	es werden keine oder nur unzureichende Informationen gegeben. Der Diskussions- oder Gruppenleiter erfragt diese	das Problem wird aufgezeigt und genannt	Aufgabe ist die Lösung des Problems
5	Untersuchungsfall - project method -	es werden keine Informationen gegeben — Daten sind durch entsprechende Untersuchungen zu finden	das Problem wird aufgezeigt und genannt	Aufgabe ist die Lösung des Problems

→ Planspiel → Rollenspiel   O

Falsifikation → Verifikation

familial
bedeutet zur → Familie gehörig, mit der Familie in Zusammenhang stehend.   O

Familie
Das Wort Familie, das gegenwärtig im Sinne eines abstrakt-allgemeinen Begriffes verstanden wird, bedeutete in der vorindustriellen Zeit im Rahmen des sog. ‚Haushaltsystems' eine Lebens-, Produktions-, Erwerbs- und Verbrauchergemeinschaft mehrerer in einem Besitztum lebender verwandter Generationen. Sie löste sich zugleich nach Form und Stellung bei den einzelnen Völkern und Kulturen sehr unterschiedlich (→ Matriarchat, → Patriarchat)

Familienerziehung

die Aufgaben der Erziehung der Kinder, Berufsausbildung oder Berufsfindung, der Gesunderhaltung und Altenversorgung der Familienmitglieder. Durch die rasche Wendung hin zur modernen pluralistischen Industriegesellschaft, insbesondere nach Beendigung des zweiten Weltkrieges, wurde das Leben in der Familie entscheidend verändert. Die Industrialisierung führte zur Trennung von Wohn- und Arbeitsplatz und bewirkte den Wechsel von der Groß- bzw. Mehrgenerationenfamilie zur → Kernfamilie, die heute die Keimzelle und das Element der sozialen Ordnung darstellt. Obwohl die ehemals von der Mehrgenerationenfamilie getragenen Funktionen heute von Industrie, Staat und anderen außerhalb der Familie liegenden Einrichtungen und Organisationen übernommen worden sind, ist die Kernfamilie der fundamentale Träger der → Sozialisation. Sie trägt bei zur Regeneration der Arbeitskraft, Stabilisierung der Gesellschaft, zur → Soziabilisierung des einzelnen in der Familie, zur Kindererziehung, wirtschaftlichen Versorgung und gemeinsamen Freizeitgestaltung und soll darüber hinaus den Familienmitgliedern eine gewisse Sicherheit in der anonymen Gesellschaft bieten. In der Kernfamilie, die in den letzten Jahren eine Tendenz zu abnehmender Haushaltsgröße zeigte, ergeben sich in der Familienkonstellation dadurch Verschiebungen, daß neben den Vätern auch Mütter in immer stärkerem Maße außerhäuslichen Tätigkeiten nachgehen und daher von den Eltern immer häufiger zur Betreuung ihrer schulpflichtigen Kinder Fremdinstitutionen wie → Kindergarten, → Horte oder Heime in Anspruch genommen werden.

Die Kernfamilie droht bei innerer Desorganisation zur reinen Verbraucherfamilie und Schlafinstitution zu werden. Nicht selten ergeben sich in solchen Familien, in denen dazu noch beide Eltern berufstätig sind, und in sog. → unvollständigen Familien, in denen keine → Familienerziehung für das Kind möglich ist, Erziehungs- und Eheschwierigkeiten, um die sich die → Sozialpsychologie und soziale Medizin durch → Familientherapie kümmern. O

Familienerziehung

Die → Familie ist trotz des ständigen gesellschaftlichen Wandels eine entscheidende Sozialinstanz für ihre Mitglieder geblieben. An die Stelle einer problemlosen Selbstverständlichkeit der Kindererziehung ist in der → Kernfamilie die gezielte, bewußte, auf die Ansprüche der Gesellschaft und Schule ausgerichtete Beschäftigung mit Erziehungs- und Ausbildungsfragen getreten.

Für das Kind und seine Entwicklung ist die Familie als erster und engster Erfahrungsbereich von bleibender Bedeutung. Die Mutter-Kind-Bindung bzw. Eltern-Kind-Beziehung in der frühesten Kindheit ist für ein störungsfreies, körperliches, seelisches und geistiges Gedeihen des Kindes unabdingbar notwendig. Jedes Kind braucht in seiner ersten Entwicklungsphase eine enge symbiotische Beziehung zur Mutter oder zumindest zu einer bleibenden verantwortlichen Bezugsperson. Es benötigt einen absoluten Schonraum, um ein ‚Urvertrauen' entwickeln zu können. Entbehrt das Kind in seiner ersten Lebensphase eine sorgende, verständnisvolle Bezugsperson, so treten Schädigungen auf, die zur frühkindlichen → Deprivation führen.

Familienerziehung

Die Gesellschaft mit ihren Institutionen, insbesondere den Schulen, erwartet von der Familie grundlegende, verwertbare Erziehungsergebnisse. Da der Grad der Sozialisation der Kinder jedoch in außerordentlichem Maße von ihren Herkunftsfamilien abhängig ist, besteht die Gefahr, daß Familien je nach sozialer Lage und Bildungsstand in inner- und außerfamiliäre Schwierigkeiten geraten, die u. a. eine Ursache zu → Leistungsdruck und Leistungsstreß sein können.

Grundsätzlich hat jedoch die ‚gesunde' Kernfamilie erhebliche Bedeutung für die Entstehung der um die Bewältigung schulischer Anforderungen zentrierten Leistungsmotivation. Nach Skowronek (1969) lassen die zahlreichen Befunde zur Genese der Leistungsmotivation folgende Verallgemeinerungen zu:

„1. Allgemeine Grundlage der Entstehung von Leistungsmotivation ist ein positives Eltern-Kind-Verhältnis. Die Eltern ermutigen leistungsmotiviertes Verhalten; sie haben selbst hohe Leistungserwartungen und das Kind verhält sich leistungsorientiert, um den Eltern zu gefallen.
2. Die Eltern sind selbst effektive Modelle für (intellektuelles) Leistungsstreben; das Kind identifiziert sich mit ihnen.
3. Die Eltern heben im Gesamt der konkurrierenden Werte das Leistungsmotiv besonders hervor."

Eltern von hoch-leistungsmotivierten Schülern idendifizieren sich im allgemeinen mit den Aktivitäten ihrer Kinder und engagieren sich zusammen mit ihnen in Richtung auf die erfolgreiche Bewältigung ihrer Aufgaben. Nach bisherigen Erfahrungen scheint hierbei die leistungsaktivierende Funktion der Mutter von besonderer Bedeutung zu sein. (Dietrich 1972)
In der Kernfamilie ist die Ausprägung emotionaler Binnen-Beziehung zwischen Mitgliedern der Familie, die z. B. durch Gattenabhängigkeit, betonte Kinderzentriertheit, → Egozentrismus und Egoismus eines Partners veranlaßt werden, besonders intensiv. Dies kann durch Verstärkung ‚innerfamiliarer Beziehungsmuster' insbesondere im affektiven Bezugsbereich zu Verschiebungen des interpersonellen Verhaltens im Eltern-Kind-System führen und eine ‚ansteigende Anfälligkeit für psychische Probleme' hervorrufen (→ Familientherapie).
Trotz mancher Kritik an der Familienerziehung bleibt es unumstritten, daß für das Heranwachsen und die Erziehung neuer Generationen zumindest in der ‚Phase der Primärsozialisation Kleingruppen erforderlich sind, die sich aus mindestens zwei Generationen und erwachsenen Mitgliedern verschiedenen Geschlechts zusammensetzen' (Mollenhauer 1974).
Der Familienerziehung sind Grenzen gesetzt, wenn die Kleinfamilie keine Kernfamilie mehr darstellt, es sich um eine → unvollständige Familie handelt, die Berufstätigkeit von Vater und Mutter keine Zeit für eine erfolgversprechende Kindererziehung erübrigt, eine soziale Vereinsamung eintritt und die Lernumwelt in der Familie anregungsarm ist. In diesen Fällen bedarf die Sozialisation der Kinder neben der Schule weiterer familienergänzender Erziehungseinrichtungen, wie z. B. → Kindergarten, → Kinderhort oder entsprechende Heime. O

Baldwin 1974; Caesar 1976; Funk 1964, Goode 1976; Liegle 1977; Lukesch 1975; Mollenhauer u. a. 1975; Mühlfeld 1976; Neidhardt 1971; Plake 1975; Redaktion „betrifft: erziehung" 1976; Rosen 1959; Stauch 1977; Teahan 1963; Wurzbacher 1969

Familientherapie

Die Familientherapie geht davon aus, daß bei Behandlungen psychischer Erkrankungen die Stellenkonstellation des jeweiligen Patienten in seiner → Familie zu untersuchen ist. Der im Familienverbund befindliche Mensch steht mit seinen nächsten Angehörigen in einem so engen, gewachsenen Beziehungsgeflecht, daß bei ihm auftretende psychische Störungen nur vor dem Hintergrund der Rollenverteilung in der Familie verstanden und analysiert werden können. Besondere Probleme der Familientherapie sind z. B. Vereinsamung oder Verwahrlosung von Kindern bei Berufstätigkeit beider Elternteile, überbetontes → Matriarchat oder → Patriarchat, Abkapselung der Familie als Kleinstgruppe gegenüber der Umwelt, Generationskonflikte, Überforderung der Eltern bei der Erziehung der Kinder, Ehescheidungen, Arbeitsüberlastung eines Familienpartners u. a. m.

→ Familienerziehung → Kernfamilie → Soziabilisierung → Unvollständige Familie O

Fatalismus

Als Fatalismus wird die völlige Ergebung in die Macht des Schicksals bezeichnet. Der **Fatalist,** der Schicksalsgläubige, fühlt sich dem Schicksal **(Fatum)** ausgeliefert und glaubt, die auf ihn zukommenden Ereignisse und Geschehnisse in keiner Weise mitgestalten, mitbestimmen oder vorbereiten zu können. O

Fatum → Fatalismus

Feature

Eine Fernseh- oder Hörfunksendung, die ein Thema sachlich-informatorisch darstellt und kritisch untersucht, wird als feature bezeichnet. O

Feedback

Im kybernetischen Sprachgebrauch bezeichnet Feedback die Funktion der laufenden Rückmeldung von Ist-Werten in einem → Regelkreissystem, wodurch wieder ihre sofortige Angleichung an vorgegebene Soll-Werte ermöglicht wird oder evtl. der begründete Anlaß zu einer Veränderung der Soll-Werte geschaffen wird. Die Gruppendynamik versteht Feedback als vor allem verbale Verarbeitung von Informationen und Signalen zwischen Personen zum Zweck der Steuerung oder Veränderung von Verhaltensweisen. Da Feedback eine Methode zur konstruktiven Bearbeitung der emotionalen Befindlichkeiten und der sozialen Bezüge in einer Gruppe ist, setzt es zu einer wirksamen Entfaltung gegenseitiges Vertrauen bei den Betroffenen und eine positive Grundhaltung füreinander voraus. Unter den genannten Voraussetzungen ist Feedback eine zuverlässige Methode, die Lernbedingungen in einer Gruppe oder für Einzelne günstig zu beeinflussen, psychisch bedingte Lernstörungen zu beheben und mögliche → Eskalationen von Ablehnung, Aggression, Unterdrückung, Angst usw. zu verhindern.

Für den Lehrenden muß klar sein, daß er durch bloße Stoffvermittlung seinem pädagogischen Auftrag nicht genügen kann. Er kann vielmehr seine

Lehrziele nur optimal erreichen, wenn er fähig und bereit ist, die Reaktionen und Signale der Lernenden sensibel aufzunehmen und sie zusammen mit den Lernenden situationsgerecht zu verarbeiten, auch wenn sich für ihn selbst die Notwendigkeit einer Korrektur seines Verhaltens, seiner Methode, seines Lehrzieles ergeben sollte.

→ Feedback – Regeln → Kommunikation K

Feedback – Regeln

Wenn → Feedback im Sinne einer ernstgemeinten Förderung von → Kommunikation wirksam werden soll, erweist es sich als günstig, folgende Regeln zu beachten:
1. Ein nützliches Feedback kann nur aus einer **positiven Grundhaltung** der Betroffen erwachsen. Der Feedback-Gebende sollte sich selbstkritisch prüfen, ob seine Motive zum Feedback aufbauend, kommunikationsfördernd sind oder ob sich hinter ihnen nicht etwa die Lust zu destruktiver Kritik oder zum bloßen Abreagieren seiner Unmutsgefühle verbirgt.
2. Feedback muß **brauchbar** sein, d. h. auf veränderbare Verhaltensweisen bezogen und nicht etwa auf unveränderbare körperliche Merkmale.
3. Feedback sollte **konkret und präzis** sein, also das aktuelle Geschehen, die die Reaktion hier und jetzt auslösende Verhaltensweise ansprechen.
4. Es ist günstig, wenn das Feedback **erbeten** ist, weil damit eine positive Aufnahmebereitschaft angenommen werden kann. Auf keinen Fall aber darf Feedback aufgezwungen werden oder gar mit der Forderung nach einer Verhaltensänderung verbunden werden. Ob der Angesprochene das Feedback annimmt und welche Konsequenzen er daraus zieht, ist einzig und allein seine Sache.
5. Feedback **beschreibt** Wirkungen bestimmter Verhaltensweisen und eigene Reaktionen auf dieselben. Es teilt das tatsächlich Wahrnehmbare mit. Es vermeidet moralische Wertungen, Interpretationen und Analysen von Verhaltensweisen, die den Betroffenen in Abwehr- und Verteidigungshaltung treiben.
6. Feedback ist am wirksamsten, wenn es **in unmittelbarer Verbindung mit dem auslösenden Verhalten** gegeben wird, evtl. auch durch andere Signale als durch direkte Anrede. Im Einzelfall entscheidet freilich die gegebene Situation darüber, ob ein sofort gegebenes Feedback nicht einen augenblicklich wichtigeren Vorgang stört.
7. Feedback sollte **angemessen** sein, d. h. ehrlich, aber taktvoll, die Aufnahmefähigkeit des Angesprochenen und seine Möglichkeiten zur Feedbackverarbeitung berücksichtigend.
8. Feedback sollte so gegeben werden, daß die **Subjektivität** der wiedergegebenen Eindrücke außer Zweifel steht und wenn möglich anderen Gruppenmitgliedern als **Kontrollinstanzen** zur Prüfung übergeben wird.
9. Der Feedback-Empfangende sollte **aufmerksam zuhören,** evtl. **klärend nachfragen** und das **Gehörte in Ruhe verarbeiten,** nicht aber argumentieren und sich verteidigen. K

Feinlernziel
ist ein Lernziel mit großem Genauigkeitsgrad und beschreibt präzis ein Endverhalten, das operationalisierbar ist.
→ Lernziel → Operationalisierung O

Feinziel → Lernziel

Feld
Im Sprachgebrauch der Sozialpsychologie und Verhaltensforschung ist ein **Feld** bestimmt durch alle tatsächlich wahrnehmbaren Bedingungen und Fakten, die für einen aktuellen Vorgang (z. B. eine Leistung wie Problemlösung, Bewertung, Beurteilung, Orientierung) von Bedeutung sind. Sorgfältige Beobachtung kann Aufschluß darüber geben, inwieweit ein bestimmtes Verhalten feldabhängig ist, also von den wahrnehmbaren Umweltgegebenheiten des Beobachteten bestimmt ist oder ob feldunabhängige Bedingungen des Verhaltens angenommen werden müssen.
Bei der **Feldstudie** kommt es entscheidend darauf an, daß die Beobachtung in der natürlich gegebenen Umwelt des Beobachteten stattfindet im Gegensatz etwa zur künstlich geschaffenen Experimentalsituation oder zu Beobachtungen in laborähnlichen Verhältnissen.
Die vor allem in der Sozialpsychologie übliche **Feldforschung** sieht als methodische Bedingung vor, daß der Forscher seine Beobachtungen z. B. über gruppeninterne Interaktionen nicht von außerhalb der Gruppe vornimmt, sondern sich seinerseits in die beobachtete Situation begibt, also sozusagen seine Beobachtungen im Gruppengeschehen stehend macht. Von pädagogischer Feldforschung kann in diesem Sinne gesprochen werden, wenn z. B. der Lehrer gezielte Beobachtungsaufträge innerhalb seiner Klasse erfüllt. K

Feldforschung → Feld

Feldpsychologie → Feld

Feldstudie → Feld

Feldtheorie
Für den pädagogischen Bereich wurde vor allem der von K. Lewin in Anlehnung an die → Gestalttheorie vertretene Ansatz der Feldtheorie bedeutsam. Lewins Feldtheorie erklärt das konkrete Verhalten als von gerichteten Kräften (Vektoren) bedingt, die im „psychischen → Feld" für die handelnde Person wahrnehmbar existieren und die in Form aktueller Erfahrungen den „Lebensraum" des Individuums bestimmen. Entscheidend für die Verhaltensanalyse im Sinne Lewins ist die Untersuchung der konkreten Situation vom Standpunkt des erfahrenden und erlebenden Individuums aus. K
Lewin 1963

Fernsehuniversität → Fernuniversität → Fernstudium

Fernstudium

Der Fernunterricht, der Fernlehrgang oder das Fernstudium, ist in erster Linie im Rahmen der → Erwachsenenbildung zu finden. Durch diese Art der Fernunterweisung erhält bei relativ hoher → Effizienz jeder Interessent ohne große Organisationsprobleme und unabhängig von Ort und Zeit eine Chance zur → Weiterbildung bzw. → Fortbildung. Der Fernunterricht wird überwiegend von privaten Fernlehrinstituten übernommen, die ein differenziertes System des Lehrgangsaufbaues (→ Baukastensystem) und der Arbeitsmittel entwickelt haben. Im Mittelpunkt eines Fernlehrganges steht meist der Fernbrief oder Fernstudienbrief, die Lehr- und Lernkassette, aufbereitet nach lernintensiven Prinzipien wie z. B. der programmierten Unterweisung als Kommunikationsmittel zwischen Lehrendem und Lernendem. Häufig werden als weitere Arbeitsmaterialien auf den Fernstudienlehrgang ausgerichtete Bücher, Tonbänder und andere Medien empfohlen und in das Studium mit einbezogen. Neben privaten Fernlehrinstitutionen bieten staatliche Institutionen in Verbindung mit Rundfunk- und Fernsehstationen Fernstudien im Medienverbund an, die den Teilnehmer zu einer Qualifikation führen können (→ Telekolleg → Teleberuf → Lehrerkolleg). Erfolgskontrolle und → Leistungsbewertung erfolgen meist durch einen Kontaktlehrer, der Fernstudienbriefe, Programme, Kassetten usw. korrigiert, bewertet und dem Lernenden, der sein Lerntempo mehr oder weniger selbst bestimmen kann, auch berät. Vertiefung, Wiederholung und Berücksichtigung der Individuallage werden bei Fernlehrgängen im Medienverbund besonders beachtet. Vielfach ergänzen den Fernunterricht Kurzlehrgänge oder Wochenendseminare.
Durch die → Zentralstelle für Fernunterricht in Köln ist eine Kontrollmöglichkeit der Fernstudienlehrgänge gegeben.
→ Deutsches Institut für Fernstudien → Fernuniversität → Fernunterrichtsschutzgesetz → Kontaktstudium → Medienverbundsystem → Modultraining O

Fernuniversität

Fernuniversitäten wie z. B. die ,,Open University" bei London in England oder die Fernuniversität in Nordrhein-Westfalen ermöglichen berufstätigen Erwachsenen bei entsprechenden von Universität zu Universität unterschiedlichen Voraussetzungen ein volles wissenschaftliches Studium in Form des → Fernstudiums im → Medienverbundsystem, das durchwegs auch Direktkurse am Hochschulort mit einbezieht. → Faktoren, die das Studium bestimmen, sind z. B. Bücher, Lehrbriefe, → Lehr- und Lernprogramme, Hörfunk, Tonband/Kassette, Fernsehen, Film, Videoband, Gruppenarbeit, Tutorensystem. Die Fern- und ,,Fernsehuniversitäten" dürfen nicht unter dem Aspekt der Kapazitätserweiterung gesehen werden, sondern im Rahmen der → Chancengerechtigkeit und der erforderlichen Einführung von → Kontaktstudien. Die Studiengänge an den Fernuniversitäten schließen grundsätzlich mit anerkannten Examina ab.

→ Fernstudium → Fortbildung → Weiterbildung O

Fernunterricht → Fernstudium

Fernunterrichtsschutzgesetz (FernUSG)

Der Fernunterricht, das → Fernstudium bietet unabhängig von Vorbildung und bisherigen Bildungsabschlüssen jedem Lern- und Aufstiegswilligen die Möglichkeit zur → Weiterbildung in berufsbildenden-, allgemeinbildenden und Hobby-Lehrgängen. Fast jede staatlich anerkannte schulische Abschlußprüfung kann durch die Teilnahme an Fernstudienlehrgängen erreicht werden, wobei der Fernstudienteilnehmer die angestrebte Prüfung als Externer an den entsprechenden Bildungsinstituten ablegt. Um irreführende Werbeversprechen, unseriöse Geschäftsgebahren und finanzielle Überforderung eines Weiterbildungswilligen durch Ferninstitute zu vermeiden, verabschiedete der Deutsche Bundestag am 06. Mai 1976 ein Fernunterrichtsschutzgesetz, das am 01. Januar 1977 in Kraft trat. Das FernUSG regelt in 4 Abschnitten den Fernunterrichtsvertrag; die Veranstaltung von Fernunterricht; Organisation, Auskunftspflicht, Ordnungswidrigkeiten, Übergangsvorschriften und Änderung von Bundesgesetzen.
Von besonderer Bedeutung ist, daß nach § 3 Abs. 2 jedem Kursteilnehmer eine Vertragsurkunde ausgehändigt werden muß, die zumindest folgende Punkte zu enthalten hat:

„1. Name und Anschrift des Veranstalters und des Teilnehmers,
2. die Angabe von Gegenstand, Ziel, Beginn und voraussichtlicher Dauer des Fernstudienlehrgangs sowie von Art und Geltung des Lehrgangsabschlusses, dabei muß erkennbar sein, ob es sich um einen Abschluß des Veranstalters handelt oder ob und inwieweit der Fernlehrgang dazu vorgesehen ist, auf eine öffentlich-rechtliche oder eine sonstige bestimmte Prüfung vorzubereiten,
3. die Angabe des Gesamtbetrags der vom Teilnehmer zu entrichtenden Vergütung; hat der Fernunterrichtsvertrag die Lieferung einer beweglichen Sache zum Gegenstand, die nicht Teil des schriftlichen oder audiovisuellen Fernlehrmaterials ist, so muß erkennbar sein, welcher Teil der Vergütung auf die Lieferung dieser Sache entfällt,
4. die Angabe von Betrag, Zahl und Fälligkeit der auf die Vergütung zu entrichtenden Teilzahlungen und sonstigen Pflichten des Teilnehmers,
5. eine drucktechnisch deutlich gestaltete Belehrung über das Recht des Teilnehmers zum Widerruf (§ 4) sowie Name und Anschrift des Widerrufsempfängers,
6. die Kündigungsbedingungen."

Darüber hinaus soll die Urkunde z. B. auch Hinweise geben über die Gliederung des Fernstudienlehrgangs; über zusätzliche Arbeitsmittel, die nicht vom Veranstalter zur Verfügung gestellt werden; über Vorbildungsnotwendigkeiten und Zulassungsvoraussetzungen für angestrebte Prüfungen.

Bundesminister für Bildung und Wissenschaft 1976

→ Deutsches Institut für Fernstudien → Fernuniversität
→ Kontaktstudium → Modultraining → Weiterbildung O

Fertigkeiten

sind spezielle → Fähigkeiten und gelernte, anwendungsbereite Reaktionsweisen. Sie dienen der Erledigung von Aufgaben durch manuelles, technisches, künstlerisches und geistiges Handeln.

→ Geschicklichkeit → Skill O

Fetischismus
bezeichnet die Auslösung von Lustempfinden und sexuellen Gefühlen insbesondere durch Kleidungsstücke und Gegenstände sexuell begehrter Personen.
→ Perversion O

Fiche → **Mikrofiche**

Field Research → Feldstudie

Filmabtastung
Eine Geräteeinheit, die einen Film mit opto-elektronischen Einrichtungen Punkt für Punkt abtastet und dabei ein elektrisches Signal erzeugt, das die Bildinformation enthält, wird als elektronischer Filmabtaster bezeichnet. Parallel dazu wird auch das Tonsignal entweder optisch (Lichtton) oder magnetisch (Magnetton) abgetastet. Im allgemeinen stellt die Filmabtastung ein Verfahren dar, bei dem Fernsehkameras Filme elektronisch abtasten, um sie über Fernsehen wieder auszustrahlen.
→ Electronic video recording O

Flexibilität
bezeichnet allgemein die Anpassungsfähigkeit des Organismus an veränderte Situationen. Als wesentliches Kennzeichen kreativen Verhaltens bedeutet Flexibilität aber auch die Fähigkeit, z. B. ein Problem auf vielen verschiedenen Lösungswegen anzugehen.
→ Kreativität K

Flexible Differenzierung
Bei der flexiblen Differenzierung, einer Form des → Setting, wird die Einteilung der Schüler in Niveaugruppen auf das augenblicklich notwendige Maß eingeschränkt. Die Zusammensetzung der Gruppen wechselt in jeder Unterrichtsstunde nach den jeweiligen Erfordernissen. Die Lernenden durchlaufen bei flexibler Differenzierung meistens 5 Lernphasen:
1. Einführung in die Thematik im Klassenverband oder in der Großgruppe
2. Bearbeitung der Thematik in heterogenen Kleingruppen
3. Lernzielkontrolle bezüglich des allgemeinverbindlichen Fundamentum (vgl. → Additum).
4. Je nach Notwendigkeit Differenzierung in homogene Kleingruppen, z. B. zur Wiederholung, zur Nachholung fehlender Grundlagen, aber auch zur Bearbeitung zusätzlicher Aufgabenstellungen (= Additum).
→ Differenzierung K

Flow Chart
Der Begriff wird für → Flußdiagramm aber auch für → Blockdiagramm verwendet. O

Fluency

bezeichnet als wesentliches Merkmal der → Kreativität die Fähigkeit eines Individuums, durch schnelles Assoziieren Situationen und Probleme sprachlich geläufig und ideen- und einfallsreich anzugehen. Fluency kann durch Kreativitätstraining, z. B. durch die Methode des → Brainstorming gefördert werden. K

Flußdiagramm

Flußdiagramme werden der Verdeutlichung und klaren Übersicht wegen in Schule, Wirtschaft, Technik und Verwaltung verwendet. In der Datenverarbeitung zeigen sie den Datenfluß mit allen damit zusammenhängenden Tätigkeiten in den entsprechenden Bezugsbereichen. In der Schule entstehen z. B. im → entwickelnden Unterricht Flußdiagramme, die den Ablauf eines Vorganges in einem Fache (Sozialkunde, Arbeitslehre, Betriebswirtschaftslehre usw.) verdeutlichen. Sie werden an der Tafel entwickelt oder als Zusammenfassung über den Tageslichtprojektor gezeigt. Häufig werden geometrische Formen (Kreis, Rechteck, Quadrat, Raute usw.) für Fluß- bzw. Ablaufdiagramme als Symbole verwendet, um Arbeitsschritte, Verzweigungen, Verflechtungen oder Einflußkomponenten besser zu veranschaulichen.

→ Blockdiagramm → Statistik O

Förderungsmaßnahmen

Es gehört im Schulbereich mit zu den wesentlichen pädagogischen Aufgaben, Lernende in jeder Hinsicht zu fördern, insbesondere Schüler mit speziellen Lernschwierigkeiten. Entsprechend geplante auf bestimmte Adressatengruppen abzielende oder individuelle Förderungsmaßnahmen tragen dazu bei, Sprachbarrieren abzubauen, Schreib-Leseschwächen und Verhaltensstörungen zu überwinden und Leistungsschwächen auszugleichen. Förderungsmaßnahmen müssen vor allem bei behinderten Kindern so frühzeitig wie möglich einsetzen und jeweils alters- und personengerecht gestaltet sein. Zu den Förderungsmaßnahmen gehören z. B. die → Schullaufbahnberatung, die Beratung durch den → Schulpsychologen, die → Berufsberatung, Aufbaukurse, Stützkurse (dienen dazu, durch gezielte Lernhilfen Leistungsschwächen auszugleichen), Förderkurse und Sprachkurse für Kinder ausländischer Arbeitnehmer, Kurse zur Beseitigung von Lernschwierigkeiten, die durch Verhaltensstörungen bedingt sind, Hilfen für → Legastheniker und Aufgabenbetreuung. O

Fötalstadium → pränatal

Fötus → pränatal

Forensische Psychologie

Sie befaßt sich als angewandte Psychologie mit den Fragen und der Beurteilung der Aussagetüchtigkeit, die durch → Gedächtnis, → Intelligenz oder Wahrnehmung mitbestimmt wird, und der Glaubwürdigkeit von Aussagen im Bereich des Gerichtswesens. Ihre Untersuchungsergebnisse in bezug auf kindliche und jugendliche Zeugen sind für den Pädagogen von Bedeutung und Interesse.

→ Eidetiker O

Formale Bildung
Das Verhältnis von formaler und materialer Bildung im Bildungsprozeß bestimmte als ein zentrales Thema immer die Diskussion in der Erziehungswissenschaft. Während die formale Bildung die Priorität im Bildungsgeschehen der Entwicklung und dem Training der im Menschen ruhenden potentiellen Kräfte, seiner Fähigkeiten und Fertigkeiten zuweist, legt die materiale Bildung den Schwerpunkt auf die Vermittlung der Bildungsinhalte, extrem formuliert auf Wissensanhäufung durch Stoffvermittlung. Neuere Bildungstheorien versuchen in unterschiedlicher Weise den skizzierten Gegensatz von formaler und materialer Bildung zu überwinden, indem sie Subjekt und Objekt im Bildungsgeschehen, Kräfteentfaltung und Wissensaneignung als wechselseitig und unaufhebbar aufeinander angewiesene Bedingungsfaktoren menschlichen Daseins, speziell des Bildungsprozesses sehen. K

Formale Lernhilfe → Lernhilfen

Formales Lernprogramm
Ein formales Lernprogramm befaßt sich mit Art, Form und Ablauf des Lernens und Lehrens. Es gibt dem Schüler, dem Studenten z. B. Anleitungen in der Technik des wissenschaftlichen Arbeitens, Hinweise für die Vorbereitung und das Anfertigen eines → Referates, einer Klausur, einer Fach- oder Diplomarbeit.

→ Lehrprogramm → Programmierte Instruktion O

Formalstufen
Zu allen Zeiten bemühte sich die Schulmethodik, gangbare Auffassungswege für die Schüler zu finden. Die → Methode, das → Lehrverfahren, soll der Planung dienen, dem Unterrichtsablauf eine bestimmte Ordnung geben und die Auffassung des Schülers erleichtern. Mit dem Entdecken von Gesetzmäßigkeiten im menschlichen Erleben und Verhalten hat die Pädagogik unter entscheidendem Einfluß von Johann Friedrich Herbart die sog. Auffassungsstufen, Formalstufen bzw. Lehrstufen entwickelt, die auch als „Innere Lehrform" bezeichnet wurden. Herbart war nicht nur Theoretiker, sondern auch Praktiker und sah im Unterrichten, ausgehend von seiner Bewußtseinspsychologie, einen Wechsel zwischen Vertiefung (Klarheit und Assoziation) und Besinnung (System und Methode), der sich auf vier Stufen des Erkenntniserwerbs vollziehen solle. Tuiskon Ziller versuchte die Herbartschen Formalstufen weiterzuführen und kam zu einer fünfstufigen Fassung. Die Methodiker suchten weitere Möglichkeiten und gelangten zu einer Vereinfachung mit drei Stufen. Im folgenden Schema sind nur einige

Formalstufensysteme angeführt, die für die Entwicklung im Schulwesen charakteristisch waren:

Formalstufen (Lehrstufen)

Herbart:	1. Vertiefung	Klarheit
		Assoziation
	2. Besinnung	System
		Methode
Ziller:	1. Analyse	
	2. Synthese	
	3. Assoziation	
	4. System	
	5. Methode	
Rein:	1. Vorbereitung	
	2. Darbietung	
	3. Verknüpfung	
	4. Zusammenfassung	
	5. Anwendung	
Dörpfeld:	1. Anschauen	
	2. Denken	
	3. Anwenden	
Willmann:	1. Auffassung	
	2. Verständnis	
	3. Anwendung	
Lay:	1. Anschauung und Beobachtung	
	2. geistige Verarbeitung	
	3. Darstellung	
Kerschensteiner:	1. Schwierigkeitsanalyse	
	2. Lösungsvermutungen	
	3. Prüfung der Lösungskraft	
	4. Bestätigungsversuche	

Die Formalstufen können nicht in starrer Form angewendet werden. Sie stellten ein Ordnungsprinzip dar, trennten → Lehr- und Lernsequenzen nicht scharf und schematisierten Unterrichtsvorgänge, während sich im Gegensatz davon die Strukturen von Lernfeldern unterscheiden.

→ Artikulations-Schemata des Unterrichts → Dramaturgie des Unterrichts → Lernverfahren → Unterrichtsformen   O

Formative Evaluation

Im Gegensatz zur → summativen Evaluation bezieht sie sich unmittelbar auf den Ablauf, auf die ständigen Zwischenergebnisse eines Verfahrens, auf den laufenden Reformprozeß. Sie dient dazu, die am Evaluationsprozeß Beteiligten kontinuierlich über positive und negative Ergebnisse zu informieren. Damit trägt sie als Hilfsmittel bei der Erprobung und Einführung von Innovationen wesentlich mit zum Erfolg bei, da sie stets Anlaß zu punktuellen Korrekturen und rasch veranlaßten Verbesserungen werden kann.

→ Evaluation   O

Formell

In der → Sozialpsychologie ist formell die geläufige Bezeichnung für festgefügte, offizielle Kommunikationsstrukturen innerhalb von Institutionen und → Gruppen.
→ Gruppe, formelle und informelle O

Formelle Gruppe → Gruppe, formelle und informelle

Fortbildung

Fortbildung wird nach dem ‚Strukturplan für das Bildungswesen' der → Weiterbildung im weiteren Winne und dem → Quartärbereich zugeordnet. Im Rahmen der → Lehrerbildung stellt sie als → Lehrerfortbildung die dritte Phase dar. Sie befaßt sich mit der ‚Höherbildung' in den Fächern, die der einzelne studiert hat und knüpft an eine abgeschlossene berufliche, theoretische und praktische Ausbildung an, d. h. Fortbildung erfolgt im erlernten Bereich, vermittelt in diesem neues Fachwissen und Fachdidaktik und macht mit Innovationen z. B. struktureller, organisatorischer, gesellschaftlicher Art vertraut. O

Fortbildungsreferent → Multiplikator → Quartarstufenlehrer

FORTRAN

zusammengesetzt aus den ersten Buchstaben der Wörter **FOR**mula und **TRAN**slation ist sie eine problemorientierte Programmiersprache, die auf der mathematischen Formelschreibweise aufbaut und im technisch-wissenschaftlichen Bereich Anwendung findet. O

Frage im Unterricht

Die Lehrerfrage als dominierende Unterrichtsmethode im Frage-Antwort-Unterricht hat ihre Berechtigung aufgrund empirischer Untersuchungen längst eingebüßt, leider aber nicht ihre tatsächliche Existenz im Unterricht aller Schularten. Der lehrerzentrierte Frage-Antwort-Unterricht ist vor allem dadurch gekennzeichnet, daß er die → Produktivität und → Kreativität der Schüler einschränkt bzw. hommt, unnötig lenkend in die Lernprozesse Schüler eingreift und eingleisigen Denkspuren bei den Schülern Vorschub leistet.
Wonn wir von problemstrukturierenden, impulsartigen Fragen des Lehrers absehen, ist die Frage eigentlich Sache des Unsicheren, des Nichtwissenden, des Suchenden, also des Schülers. Aufgabe des Lehrers muß es sein, problemorientierte Lernprozesse zu organisieren, die Wißbegier und Neugier als wesentliche Lernmotive herausfordern und die Schüler zum Fragen veranlassen. Die Frage hat also ihre Bedeutung im Unterricht keineswegs verloren, sie nimmt lediglich einen anderen didaktischen Ort ein als im überkommenen Frage-Antwort-Unterricht. Dem Schüler muß der Aufbau einer echten, Probleme erkennenden Fragehaltung ermöglicht werden, die ihm auch außerhalb vom Lehrer organisierter Lernprozesse eine ständige Erweiterung seines Problembewußtseins ermöglicht. Im Unterricht nützen

ihm in dieser Hinsicht problemgeladene, für ihn interessante Lernsituationen und eine Atmosphäre des Lernens, die suchende Fragen ohne Imageverlust durch Ironie oder Nichternstgenommenwerden zuläßt.

Bloch 1969; Köck 1972; Petzelt 1957; Ritz-Fröhlich 1973; Salzmann 1974[4]

→ Impuls → Unterrichtsformen K

Fragend-entwickelndes Verfahren → Erarbeitender Unterricht → Frage im Unterricht → Unterrichtsformen

Frame
Im Rahmen der → programmierten Instruktion bedeutet frame eine → Lerneinheit, einen einzelnen Programmschritt, der grundsätzlich eine Information und z. B. eine zu lösende Frage enthält. Auch die Informationsmenge, die den Rahmen des Programmausgabefensters eines Lehrgerätes ausfüllt, wird als frame bezeichnet. Frame wird manchmal auch gleichbedeutend für → item verwendet. O

Frankfurter Schule → Kritische Theorie

Frauenberufliches Gymnasium → Berufliches Gymnasium

Freiheit
Philosophisch wird Freiheit als anthropologisches Wesensmerkmal verstanden, als Handlungsvoraussetzung und -befähigung, die den Menschen als solchen kennzeichnet und auszeichnet. Nach M. Buber hat der Mensch die Freiheit nicht als natürliche Ausstattung oder Besitz, er muß sie vielmehr erwerben, indem er sie verwirklicht.
B. Schleißheimer (1976) referiert Bubers Auffassung der Freiheit als Entscheidung und Verantwortung **für** etwas **vor** etwas folgendermaßen:
„Freiheit ist, negativ genommen, Sich-Frei-Machen vom Bewußtsein des Verursachtseins und von den Bindungen durch Besitz und gesellschaftliche Geltung. Freiheit ist, positiv genommen, Entscheidung aus der Tiefe und Verantwortung. Ich entscheide mich, indem ich die ‚Wesenstat‘, ‚die Tat, die mich meint‘, vollbringe, indem ich mich zu einer Lebensform und zu ihren Konsequenzen verpflichte. Ich binde mich in der Entscheidung selbst. Ich trage Verantwortung, indem ich mich zweifach binde: an den, vor dessen Angesicht ich trete, und an das (den), wofür ich Verantwortung trage. Freiheit kann also nie nur ‚Emanzipation‘, nur Sich-Frei-Machen von Bindung sein." (etwa im Sinne eines Sich-Losmachens von Bindung und Bestimmung, z. B. durch Produktionsmittel oder Familie; d. Verf.)
„Nur wenn ich mich selbst binde, gewinne ich Freiheit gegenüber allem Verursachtsein und von allem Gebundensein." Freiheit ist somit letztlich Entscheidung vor dem Ewigen, dem Gott. Als solche bedeutet sie „eine Uminterpretation, eine Neuinterpretation des eigenen Daseins, der Welt. In dieser Interpretation aus dem Glauben wird das Widerfahrende als Schicksal verstehbar und gewinnt das Ganze, das Dasein, Sinn." K

Buber 1962; Müller 1971 und 1974

Freizeiterziehung

Im Sinne einer Idealdefinition ist Freizeit bestimmt durch ihre eindeutige Abgrenzung zur Erwerbsarbeit und durch die → Freiheit von Fremdbestimmung. Zu einem pädagogischen Problem wurde die Freizeit nicht nur durch ihre quantitative Zunahme im Gefolge fortschreitender Arbeitszeitverkürzung, sondern gerade auch durch die Verfehlung ihres Merkmales der Freiheit von Fremdbestimmung. Freizeitindustrie und Massenmedien nützen das ständig größer werdende Freizeitvakuum für Manipulationen, die echter Selbstbestimmung in der Freizeit kaum mehr eine Chance lassen. Eine Sinnverfehlung der Freizeit liegt gewiß auch vor, wenn die frei gewordene Zeit – in welcher Form auch immer – wieder mit Erwerbsarbeit gefüllt wird oder wenn Jugendliche – nicht befähigt zu konstruktiver Freizeitbewältigung – sich in Leerlaufhandlungen ergehen oder in Banden ihre aufgestauten → Aggressionen destruktiv ausleben. Der Zweck der Freizeit ist neben der Erholung von der Erwerbsarbeit vor allem darin zu sehen, ureigenen Bedürfnissen und Interessen nachzugehen und sich auch außerhalb des beruflichen Feldes selbst zu verwirklichen. Das Ziel der Freizeiterziehung besteht deshalb darin, dem Jugendlichen und dem Erwachsenen Hilfen zu geben, seine Freizeit in die eigene Regie zu nehmen, d. h. kritisch Widerstand gegen die manipulierende Fremdbestimmung seiner Freizeit zu entwickeln, Erholung als Fähigkeit zur Muße zu erlernen, eigene Bedürfnisse und Interessen zu erkennen, zu artikulieren und soweit als möglich zu realisieren.

Für die Freizeitforschung, welche die bislang vernachlässigten Freizeitwissenschaften in ihrem Selbstverständnis festigen soll, gelten nach H. W. Opaschowski (1977) vorläufig folgende Kriterien:

„– gesellschaftsrelevant;
– problembezogen;
– innovationsträchtig;
– anwendungsorientiert;
– erfolgswahrscheinlich; – regelmäßig überprüfbar;
– unmittelbar für die Allgemeinheit nützlich;
– notwendig und dringlich („Forschungslücke");
– lehrrelevant (in vorhandene Ausbildungs- und Studiengänge integrierbar)."

Die Zukunftsbedeutung der Freizeiterziehung verdeutlicht Opaschowski im selben Aufsatz durch die nachfolgende Aufzählung von Tätigkeitsbereichen der Freizeitpädagogik:

„**1. Hauptzielgruppe Kinder**
1.1 Pädagogisch betreute Spielplätze (Erlebnis-, Aktiv-, Abenteuer-, Bauspielplätze)
1.2 Kinderspielhäuser (einschließlich mobiler „Spielbusse")
1.3 Kindertagesstätten, -horte
1.4 Kinderheime, -dörfer
1.5 Kinderkrankenhäuser
1.6 Ganztags-, Musik-, Kunst-, Kreativitätsschulen
1.7 Schullandheime, Internate
1.8 Außerunterrichtliche Freizeitkurse („Modell Hamburg") in Halbtagsschulen

2. **Hauptzielgruppe Jugendliche**
2.1 Jugendzentren, Freizeithäuser, -stätten, Häuser der Jugend
2.2 Jugendwohnheime, -gruppen
2.3 Jugendorganisationen
2.4 Sportvereine, -verbände, außerdem: 1.6, 1.7 und 1.8
3. **Hauptzielgruppe Erwachsene**
3.1 Freizeiteinrichtungen in Betrieben
3.2 Bürgerhäuser, -beratungsstellen, -dienste
3.3 Stadtteilarbeit, Bürgerinitiativen
3.4 Altenheime, -tagesstätten, -werkstätten
3.5 Seniorenzentren, -clubs
3.6 Ausländerwohnheime, -tagesstätten, -clubs
3.7 Behindertenclubs, -werkstätten
3.8 Museen, Kunstgalerien, Ausstellungen, Sammlungen, Kulturreferate
3.9 Volkshochschulen, Bildungszentren
3.10 Familienfreizeitflächen, -einrichtungen
3.11 Spiel- und Sportstätten
3.12 Gesundheitszentren
3.13 Kulturelle, sportliche (u. a.) Freizeitvereinigungen." K

Nahrstedt 1974; Opaschowski 1973, 1976

Fremdsprachenmethodik

Seit Beginn der pädagogischen Bewegung machen sich Sprachwissenschaftler, Pädagogen und Psychologen Gedanken, mit welchen Methoden Fremdsprachen und deren grammatische Erscheinungen gelehrt werden sollen.

Hierbei wurden mehrere Methoden entwickelt, von denen folgende genannt seien:
a) Die synthetisch-konstruktive Methode ist ein künstliches Gebilde aus Zusammensetzungen von Wörtern und Regeln. Für sie ist die systematisch gegliederte Grammatik Vorbild.
b) Die automatisch-methodische Spracherlernung. Hier wird die Sprache in der automatisch-methodischen Kombination als Verbindung von Wort und Regel gesehen. Beides soll unbewußt durch mechanische Übung erlernt werden. An ein Gespräch ist nicht gedacht. Wilhelm Rein (1847–1929), ein Vertreter dieser Methode, sagte: „Die Fertigkeit im Gebrauch der Sprache ist etwas der Schule Unwürdiges."
c) Die analytische imitative Methode versucht von der gesprochenen Sprache auszugehen und lehnt das nur mechanisierte Verfahren ab. Der Lehrer bespricht einen Text, erklärt die dazugehörende Grammatik und vertieft diese durch Übungen. Anschließend wird das System der Interlinearversion angewandt, d. h. man versucht das Deutsche Wort für Wort unter den Originaltext zu schreiben. Auf Grund dieser Niederschrift bemüht man sich erst, eine sinngemäße Übersetzung zu finden.
d) Die genetische Methode verfolgt die Wörter und grammatischen Eigenheiten bis auf ihren Ursprung zurück.
e) Die Methode der unmittelbaren Verknüpfung soll eine Verbindung der Sach- und Sprachvorstellung schaffen. Die Sprache soll nicht mehr von

der Grammatik her gelernt werden, sondern aus dem Schriftgut bekannter Schriftsteller. Den Regeln sind die Beispiele voranzustellen.
f) Die Methode der Reformbewegung rückt bei der Spracherlernung die mündliche Sprachbeherrschung gegenüber dem Schriftlichen in den Vordergrund. 1898 lehnten Vertreter dieser Methode auf dem Philologentag in Wien Übersetzungen in die Fremdsprache ab und traten dafür ein, die Grammatik im Englischunterricht weitgehend zu beschränken.
g) Die vermittelnde Methode fordert vom neusprachlichen Unterricht, der humanistisches Bildungsgut beinhaltet, stofflich etwas zu vermitteln und formal zu bilden. Bei ihr bestimmt in den Unterklassen die Grammatik den Gang des Unterrichts. Die Hinübersetzung wird von ihr abgelehnt, die Herübersetzung besonders auf Mittel- und Oberstufe gefordert.
h) Die direkte Methode geht nicht von der Muttersprache aus, sondern vermittelt von Anfang an die gesprochene Fremdsprache in natürlichen Sätzen und an Hand der Anschauung. Das Schriftbild tritt zunächst in den Hintergrund. Die Methode soll in erster Linie dazu führen, die gesprochene Sprache zu verstehen und mündlich zu gebrauchen. (Ott 1965, S. 80)

Selbstverständlich darf sich der Fremdsprachenunterricht nicht nur an einer Methode orientieren, sondern muß unter Berücksichtigung der zur Verfügung stehenden → Medien und in bezug auf Schüleralter, Schulform und Schülertyp – je nachdem, ob das visuelle, auditive oder motorische Aufnahmemoment vorherrscht – flexibel in der Methodenwahl variieren. Durch die Einbeziehung des → Sprachlabors in den Fremdsprachenunterricht erweitern sich Lehr- und Lernmöglichkeiten.

Als Hauptziel des neusprachlichen Unterrichts steht das Sprachkönnen im Mittelpunkt.
Vier wesentliche Fähigkeiten sollen hierdurch erzielt werden:
- die gesprochene Sprache soll verstanden werden,
- der Schüler soll befähigt werden, sich selbst in der Fremdsprache auszudrücken,
- der Lernende soll sich in der Fremdsprache schriftlich ausdrücken und Vorgänge festhalten können (Summary, Comment, Report etc.),
- mittelschwere fremdsprachliche Texte sollen übersetzt werden können (Version),
- in bestimmten Schulformen sind die Schüler auch zu befähigen, deutsche Texte in die Fremdsprache zu übersetzen (Translation).

→ Didaktik → Unterricht → Unterrichtsmethodik   O

Friedenserziehung

C. F. v. Weizsäcker bezeichnet „ . . . den bewußt gewollten, geplant herbeigeführten Weltfrieden als Lebensbedingung des technischen Zeitalters" (1963).
Friede als Erziehungsziel muß dynamisch verstanden werden, also nicht nur als anzustrebender Zustand, sondern als andauernder Prozeß geschichtlicher Veränderungen, selbst wieder als Mittel der Konfliktregelung ohne physische und psychische Gewaltanwendung. Die Aufgabe der Frie-

denserziehung muß demnach die realistische Erziehung zum Frieden im beschriebenen Sinne und zur Friedensfähigkeit sein. Um dieser Aufgabe gerecht werden zu können, muß Friedenserziehung
1. umfassende Information über Bedingungen, konkrete Ursachen und Auswirkungen von Aggressionen im weitesten Sinne ermöglichen. Diese Information bedeutet z. B.
1.1 Einsicht in Kriegsursachen, Kenntnis der sozioökonomischen und sozialpsychologischen Voraussetzungen von Kriegen, welche letztere u. a. in repressiven Sozialisationsbedingungen (autoritärer → Erziehungsstil) und im aggressiven Konkurrenz- und Rivalitätsverhalten unserer extrem leistungsorientierten Gesellschaft ihre Wurzel haben.
1.2 Das Wahrnehmen und Aufnehmen von friedensgefährdenden Fakten bedarf der Ergänzung durch die Einübung in eine wache → Ideologiekritik, die sich mit gesellschaftspolitischen Strömungen und mit wissenschaftlichen Aussagen der Gegenwart auseinandersetzt, z. B. mit den verschiedenen Denkmodellen von Aggressionstheorien (→ Aggression).
1.3 Die Information rundet sich ab durch die fundierte Kenntnis realisierbarer Friedensmöglichkeiten auf der internationalen, der gesellschaftlichen und der individuellen Ebene.
2. Friedenserziehung muß aber über die bloße Information hinausführen. Das Wissen muß in Gesinnung, Haltung umgesetzt werden als Einübung in die Friedensfähigkeit. Diese Einübung in die Friedensfähigkeit bedeutet
2.1 Bewußtseins- und Verhaltensänderung aufgrund der genannten Informationsprozesse.
2.2 Sie geschieht durch sensibles Wahrnehmen und durch selbstkritisches Erkennen der eigenen Affekte, Vorurteile, Wirkungen auf andere und der eigenen Aggressionen.
2.3 Sie zielt ab auf das Erlernen und Beherrschen von Interaktions- und Kooperationsformen zur Konfliktbewältigung im konkreten Alltag und in der Arena öffentlicher Auseinandersetzungen.

Esser 1976; Gamm 1968; Heitkämper 1976; Köck 1971; Lobner 1970; Montessori 1973; Nähring 1977; Pfister/Wolf 1972; Röhrs 1970; Roth 1967; Unesco 1975; Wulf 1973.

→ Friedensforschung K

Friedensforschung

Solange die Menschheit existiert, hat sie einen positiven, d. h. bewußt gestalteten Frieden noch nie erlebt, weil der Friede – herkömmlich verstanden als Abwesenheit des Krieges – nie über einen provisorischen Zustand hinauskam. Zu den vorrangigen Aufgaben der Friedensforschung gehören aus diesem Grund zunächst die wissenschaftliche Untersuchung der Bedingungsfaktoren und der historisch belegten wie der in Zukunft möglichen Auswirkungen von Krieg und Frieden und die Konflikt- und Aggressionsforschung. Friedenforschung bemüht sich aber auch um die Erhellung der friedensfördernden Chancen bzw. der friedensgefährdenden Faktoren, die bestimmte Ausformungen der zwischenstaatlichen Beziehungen heute in sich bergen, wie z. B. die auf militärischer Stärke beruhende Abschrekkungspolitik, Übereinkommen zur Rüstungsbeschränkung und/oder Abrüstung, vertraglicher Verzicht auf bestimmte Waffensysteme (z. B. biologische Waffen), internationale Einrichtungen wie die UNO oder das Modell einer übernationalen Regierung z. B. für ein vereinigtes Europa. Der Friedensforschung geht es also gleicherweise um Bestandsaufnahme, Ursachenforschung, spekulative Fortschreibung gegenwärtiger gesellschaftlicher und politischer Tendenzen in die Zukunft und um den Entwurf friedenssichernder Modelle des Zusammenlebens. Von ihrer breitgefächerten Aufgabenstellung her versteht sich die Friedensforschung als eine wissenschaftliche Disziplin, deren Ergebnisse von der gut funktionierenden interdisziplinären Kooperation v. a. der Soziologie, Psychologie, Politikwissenschaft, Geschichtswissenschaft und Erziehungswissenschaft abhängen.

Eberwein/Reichel 1976; Funke 1975; Galtung 1975; Kabel 1971; Krippendorff 1968; Picht/Huber 1971; Schierholz 1977; Senghaas 1971 und 1974

→ Aggression, → Konflikt, → Friedenserziehung   K

Friktion

Als technischer Begriff bedeutet Friktion Reibung. In der → Didaktik stellt Friktion die teilweise oder gänzliche Verhinderung der Auswirkung didaktischer → Intentionen auf die Basisschicht (z. B. Schüler) dar.
B. Louis (1976) beschreibt folgende Erscheinungsformen unterrichtlicher Friktionen:
1. Zu den **offenen Friktionsformen** zählen offener Widerspruch, passiver Widerstsnd, unterrichtsfremde Unterhaltungen, unterrichtsfremde Aktivitäten als Ersatzhandlungen (z. B. Kritzeln, Malen, Schießen mit Papierklumpen).
2. **Verdeckte Friktionsformen** sind Scheinanpassung (oft als Folge von Resignation), Passivität und Überanpassung.
Als **Ursachen** für unterrichtliche Friktionen nennt B. Louis
1. auf Seiten der Schüler z. B. „Mündigkeit, Konzentrations- und Leistungsschwäche . . ., ein sehr schnelles oder ein ausgesprochen langsames Denktempo", ablenkende außerschulische Ereignisse;
2. **in äußeren Umständen liegend** aktuelle Freignisse, ungünstige räumliche oder zeitliche Bedingungen, hohe Klassenfrequenz, Störungen von außen;
3. **beim Lehrer** unangemessene didaktische und methodische Entscheidungen, persönliche Fehlhaltungen oder Eigenarten.

→ Basisfaktoren   OK

Frontalunterricht

Der Frontalunterricht stellt in erster Linie einen Lehrprozeß dar, der durch den Lehrer gesteuert wird und stoffzentriert ist. Er zielt im wesentlichen auf Gedächtnisleistung ab und versucht durch eine relativ straffe Führung den Lernenden in einer begrenzten Zeit gleiche theoretische Kenntnisse, Informationen und Lehrstoffe zu vermitteln. Der aufgezwungene Lehr- und Lernprozeß des Frontalunterrichts schaltet die unterschiedlich begabten Schüler gleich, isoliert den Einzelschüler, verzichtet auf Individualisierung der Stoffvermittlung und schließt die Lehrer-Schüler- und Schüler-Schüler-Interaktion aus. Das angestrebte Ziel des nur autoritären Frontalunterrichts ist die zu erbringende Leistung. Umsetzungsprozesse des Gelehrten und Gelernten in die Realität und in praktisches Tun erfolgen im allgemeinen nicht.

Der Frontalunterricht vernachlässigt Aktivität und Beteiligung der Lernenden am Unterrichtsgeschehen, er verzichtet auf Motivation zur gedanklichen Wendigkeit, selbständigem Denken und Handeln, zur Kooperation und → Kreativität. Der Schüler wird nicht befähigt, Entscheidungen zu treffen und zu revidieren.

Der Frontalunterricht, der in erster Linie bei der Vermittlung für den Schüler neuartiger Informationen verwendet wird und noch eine häufig angewendete Lehrform im Unterrichtsgeschehen darstellt, sollte wegen seiner Nachteile für den Schüler in den Lehr- und Lernprozeß jeweils nur kurzphasig eingefügt werden und sich mit anderen Formen wie Partnerarbeit, → Gruppenarbeit, → darstellendem Unterricht usw. abwechseln.

→ Lehrformen → Lernorganisation → Sozialformen des Unterrichts O

Frühförderung → Elementarerziehung

Frühlesen

Von Frühlesen spricht man, wenn Kinder vor ihrem Schuleintritt lesen lernen. Die Befürworter des Frühlesens stützen sich auf Ergebnisse der Entwicklungspsychologie und Lernpsychologie, wonach die Entwicklung der Kinder im Vorschulalter durch besonders hohe Lernkapazität und den beschleunigten Aufbau der Intelligenz gekennzeichnet ist. Im Zusammenhang mit dem rasch voranschreitenden Sprachaufbau biete sich gerade in dieser Zeit parallel dazu das Lesenlernen an. Entsprechende Versuche im angelsächsischen Raum wurden seit etwa 1966 in Deutschland übernommen.

Die mit dem Frühlernen verbundene Gefahr einer einseitigen kognitiven Förderung der Kinder im Vorschulalter rief eine gegenläufige Bewegung auf den Plan, die eine Überforderung der Kinder durch übertriebene Leselernübungen befürchtet und statt dessen für eine ausgewogene alle Verhaltensbereiche umfassende Förderung der Kinder mit altersgemäßen Lernangeboten eintritt. Bedenken gegen das Frühlesen wurden auch von seiten der Grundschule angemeldet, die beim Schuleintritt der speziell geförderten Kinder ein weiteres Ansteigen des Leistungsgefälles in der ersten → Grundschulklasse verzeichnete. Die anfänglich unumgängliche Unterforderung der im Frühlesen geschulten Kinder wirkte sich zu ungunsten ihres weiteren Lernverhaltens aus. K

Frühpädagogik → Elementarerziehung

Frustration

bezeichnet die Tatsache, daß ein → Individuum ganz oder teilweise, vorübergehend oder endgültig daran gehindert wird, ein erwünschtes Ziel zu erreichen. Diese „Versagung" (S. Freud), z. B. Mißerfolg bei bestimmten

Lernprozessen, versetzt das Individuum in einen Spannungszustand. Wenn es ihm durch gesteigerten Kräfteeinsatz nicht gelingt, den Spannungszustand abzubauen und damit auch die Frustration durch direkte konstruktive Reaktion zu überwinden, zieht sie nach Dollard u. a. (1939) zwangsläufig Aggressionen nach sich (Frustrations-Aggressions-Hypothese, → Aggression). R. C. Barker u. a. (1941) sind mit ihrer Frustrations-Regressions-Hypothese der Meinung, daß Frustration eine → Regression, also ein Zurückgreifen auf längst überwundene und abgelegte Verhaltensweisen zur Folge habe (z. B. Bettnässen bei versagter Zuwendung durch die Bezugsperson). Für die erzieherische Praxis erscheint es jenseits der kontroversen wissenschaftlichen Diskussion um Ursache und Wirkung der Frustration angeraten, sowohl Aggressionen wie Regressionen, Fixierungen, Leerlaufhandlungen und offensichtlich entmutigtes Aufgeben daraufhin zu überprüfen, ob ihnen nicht für den Betroffenen nicht mehr zu bewältigende frustrierende Situationen zugrundeliegen (z. B. andauernde Überforderung in einem Lernbereich).
Entsprechende pädagogische Maßnahmen wie z. B. → Differenzierung und → Verstärkung könnten sich als geeignet erweisen, einer grundsätzlichen Mißerfolgsängstlichkeit vorzubeugen und die → Frustrationstoleranz zu stärken. K

Dollard u. a. 1973[5]; Denker 1974; Stäcker 1977

Frustrationstoleranz

bezeichnet die bei verschiedenen Individuen unterschiedlich ausgeprägte Fähigkeit, → Frustrationen zu ertragen. Die Stärke der Frustrationstoleranz hängt wesentlich vom psychophysischen Gesamtzustand einer Person ab, also vom körperlichen Befinden wie von der augenblicklichen emotionalen Gestimmtheit, von der Lerngeschichte wie der Summe aller bisherigen Erfahrungen in der Auseinandersetzung mit frustrierenden Situationen, vom erworbenen Wissen wie vom Potential der verfügbaren Lern- und Problemlösungsstrategien, von der Eigenart des Selbstbewußtseins und der Ichstärke.
Erziehungsziel kann es angesichts der existentiellen und alltäglichen Konflikte, denen jeder Mensch ständig ausgesetzt ist, nicht sein, die damit verbundenen Frustrationen vermeiden oder immer nur sublimieren zu lernen. Das Ziel muß vielmehr die schrittweise Erweiterung der Frustrationstoleranz sein, d. h. die Fähigkeit, für den Augenblick oder überhaupt unlösbare Konfliktsituationen aushalten zu können und aus dem Spannungszustand des Konflikts heraus nach konstruktiven Lösungsmöglichkeiten zu suchen. Für den Erzieher ist die leider oft vernachlässigte Sachlage von besonderer Bedeutung, daß er erfolgsgewohnte und mißerfolgsängstliche Schüler gleichen Leistungsanforderungen aussetzt. Ohne die wenigstens ungefähre Kenntnis der unterschiedlichen Frustrationstoleranz seiner Schüler und ohne entsprechende darauf abgestimmte differenzierende pädagogische Maßnahmen gerät er leicht in Gefahr, statt Hilfen für die Stärkung der Frustrationstoleranz Fußangeln zu ihrer Schwächung anzubieten. K

Führerrolle → Soziodynamische Grundformel

Führungsstile → Erziehungsstile → Unterrichtsstil

Fundamentale, das → Elementare, das

Fundamentum → Additum

Funkkolleg
ist eine Sendereihe des Hessischen, Saarländischen, Süddeutschen Rundfunks und des Südwestfunks (Quadriga), die mit Wissenschaftlern mehrerer Fachrichtungen zusammenarbeitet und die Möglichkeit bietet, durch eine Prüfung eine Qualifikation, ein Zertifikat zu erwerben. Die Sendungen werden seit 1969 im → Medienverbundsystem ausgestrahlt.
 → Lehrerkolleg → Teleberuf → Telekolleg O

Funktionale Bildung
Im Gegensatz zur → intentionalen Bildung geht die funktionale Bildung regellos, unsystematisch, ohne gezielten Unterricht durch die den Menschen umgebende Umwelt vor sich.
 → Formale Bildung → Bildung → Milieu O

Funktionsziel → Prozeßziel

G-Methode (Ganzheitsmethode)
Diese Methode zielt beim Auswendiglernen darauf ab, daß ganze Abläufe oder große Teilabschnitte in ihrer Gesamtheit gelesen, erfaßt und geübt werden. So wird z. B. ein Klavierstück oder ein Gedicht solange im Gesamtablauf geübt, bis es voll beherrscht wird. Diese Art des Lernens läßt → Lernerfolge im allgemeinen später sichtbar werden als bei der → T-Methode. Ganzlerner sind häufig Kinder bis zum siebten Lebensjahr und → Eidetiker.
 → Lernen O

Ganzlerner → G-Methode

Ganztagsschule
Erstreckt sich das für alle Schüler verbindliche schulische Programm auf Vormittage und Nachmittage, so spricht man von Ganztagsschulen. Im Vergleich zur Bundesrepublik Deutschland hat sich die Ganztagsschule in vielen Ländern, vor allem in den englischsprechenden Staaten, durchgesetzt. Der → Unterricht findet im allgemeinen in der Zeit von 9.00 Uhr vormittags bis etwa 16.30 Uhr nachmittags statt. Der Stundenwechsel geht nicht abrupt vor sich und die Stundenfolge vermeidet einen zu extremen Fächerwechsel, z. B. Mathematik, Deutsch, Chemie, Musik. Nach Beendigung einheitlicher längerer Unterrichtsphasen werden jeweils Erholungsphasen eingeschoben, die der geistigen und körperlichen Entspannung

dienen. Die erlernten Stoffe werden unmittelbar anschließend geübt und vertieft. Der Sinn für die Gemeinschaft, Verständnis für die Soziallage, Rücksichtnahme auf den anderen, selbständiges Denken und Handeln, Entscheidungsfreude usw. werden beachtlich gefördert. Dadurch, daß die Schüler der Ganztagsschule keine → Hausaufgaben großen Umfangs zu erledigen haben, ergeben sich kaum Spannungsverhältnisse zwischen Schule und Elternhaus.

In einem Bericht vor dem bayerischen Landtag (1977) über die Ergebnisse von 11 Schulversuchen mit der Ganztagsschule äußerte Kultusminister Prof. H. Maier folgende Bedenken:
- Die für die vertiefende Einübung des Unterrichtsstoffes maximal einplanbaren 8 bis 10 Zeiteinheiten (1 Zeiteinheit = 45 Minuten) pro Woche sind zu knapp bemessen.
- Außerschulische Aktivitäten der Schüler (z. B. privater Musikunterricht, Betätigung in Sportvereinen) kommen wegen des Unterrichtsschlusses um 16.30 Uhr zwangsläufig zum Erliegen.
- Kinderpsychologen bringen den grundsätzlichen Einwand, daß Kinder erst jenseits des 10. Lebensjahres in der Lage sind, eine außerhäusliche Erziehungseinrichtung für mehr als die Hälfte des Tages ohne Schaden zu besuchen.
- Der Zwang zur Gruppe benachteiligt jene Schüler, die lieber allein und bei freier Zeiteinteilung lernen.
- Bezüglich einer Verbesserung oder Verschlechterung der Schülerleistungen brachten die Versuchsschulen keine eindeutigen Befunde.
- Die Schulaufwandsträger werden mit erheblichen Mehrkosten belastet.
- Der Lehrerbedarf liegt um 0,5 Lehrer pro Klasse höher als in der Vormittagsschule.
- An einigen Versuchsschulen sprachen die Eltern von einer Verschärfung des Schulstreß.

→ Heimschule → Schule → Tagesheimschule   OK

Gastschüler

Der Begriff des Gastschülers wird sehr unterschiedlich verwendet. Im allgemeinen Sprachgebrauch versteht man hierunter den Schüler, der in einer ihm fremden Klasse zeitweilig den → Unterricht besucht und an diesem unverbindlich teilnimmt. Nach dem Schulrecht sind in den Pflichtschulen diejenigen Gastschüler, die eine → Schule außerhalb des → Schulsprengels, in dem sie wohnen, besuchen. Nach dem Schulfinanzierungsrecht sind Schüler, die außerhalb des Gebietes ihres zuständigen Schul- bzw. Sachaufwandträgers wohnen, Gastschüler.   O

Gedächtnis

ist die Fähigkeit eines Organismus, Informationen je nach Art und Umständen des Aufnahmevorganges und der Wiederholungen über kürzere oder längere Zeit zu speichern und nach Bedarf aus dem Gedächtnisspeicher wieder abrufen und wiedergeben zu können. Die informationstheoretische Forschungsrichtung innerhalb der Gedächnispsychologie unterscheidet ein Kurzzeitgedächtnis, dessen Speicherzeit bei höchstens 30 Sekunden liegt, und ein Langzeitgedächtnis mit größerer Widerstandsfähigkeit gegen das Vergessen von Gedächtnisinhalten. Die Speicherkapazität wird hier in bit/sec., d. h. Anzahl der aufgenommenen Informationseinheiten pro Sekunde, gemessen. Für die Organisation von Lernprozessen ist bedeutsam, jenen Bedingungsfaktoren nachzuspüren, die eine Aufnahme von Informationen in das Langzeitgedächtnis günstig beeinflussen. Von den zahlreichen experimentellen Befunden der Gedächtnispsychologie sind für den Praktiker vor allem folgende wichtig:

1. Es wird um so mehr von einer Information vergessen, je größer der zeitliche Abstand zwischen der Informationsaufnahme (Lernen) und ihrer Wiedergabe ist.
2. → Interferenz, d. h. Überlagerung einer Information durch eine andere, erschwert ihre Aufnahme in den Gedächtnisspeicher.
3. Bei der ersten Wiederholung wird von der Gesamtinformation mehr behalten als bei nachfolgenden Wiederholungen.
4. Pausen zwischen den Wiederholungen verringern deren notwendige Anzahl bis zur fehlerlosen Wiedergabe der Information.
5. Eine Fortsetzung der Wiederholungen über die fehlerlose Wiedergabe der Information hinaus wirkt sich nicht zusätzlich hemmend auf das Vergessen aus.
6. Je differenzierter eine Information angeboten wird, desto leichter wird sie gespeichert. Je komplexer bzw. umfangreicher eine Information ist, desto mehr wächst überproportional der Lernaufwand.
7. Eine Information wird um so leichter behalten, je sinnerfüllter sie für den Lernenden ist.
8. Anfang und Ende von Informationen werden vorrangig gelernt.
9. Gedächtnisleistungen sind wesentlich abhängig von affektiven Gegebenheiten und dem psychischen und physischen Gesamtzustand des Individuums.

Brown 1976; Cermak 1972; Foppa 1975; Ginet 1975; Loftus 1976; Murdock 1974; Normann 1973; Piaget/Inhelder 1974; Rapaport 1977; Sinz 1976; Smirnov 1973; Underwood 1976

→ Behaltwert → Extinktion → Gedächtnishemmungen → Vergessen   K

Gedächtnishemmungen

Bestimmte Lernanforderungen und affektive Gestimmtheiten unmittelbar vor oder nach einem Lernprozeß können diesen hemmend beeinflussen. Nach Rohracher werden folgende Gedächtnishemmungen unterschieden:
1. Retroaktive (rückwirkende) Hemmung: Ein neuer Lernprozeß, der unmittelbar auf einen anderen folgt, setzt den Behaltwert des ersten herab.
2. Proaktive (vorauswirkende) Hemmung: Ein eben abgeschlossener Lernprozeß wirkt sich hemmend auf die Aufnahme unmittelbar folgender Informationen aus.
Die volle Problematik der je nach Lernsituation auftretenden, unter 1. und 2. beschriebenen Gedächtnishemmungen wird auf dem Hintergrund der Anforderungen schulischen Lernens deutlich, das gleich hohe Gedächtnisleistungen über eine Vielzahl von Lernprozessen hinweg erwartet.

3. Ähnlichkeits- oder Ranschburgsche Hemmung: Die wechselseitigen Hemmungen zwischen zwei aufeinanderfolgenden Lernprozessen auf die Gedächtnisleistungen sind besonder groß, wenn die Lerninhalte sich ähnlich sind.
4. Assoziative oder reproduktive Hemmung: Wenn z. B. ein bestimmter Aufgabentypus aufgrund vielfältiger positiver Lernerfahrungen assoziativ mit einer bestimmten Lösungsstrategie verbunden ist, wird er vom Lernenden zögernder mit neuen Lösungsmöglichkeiten angegangen als ein anderer, der noch nicht mit routinemäßig ablaufenden Lösungswegen verknüpft ist. Konsequenz: Übertrieben mechanistische Übungen hemmen die Entfaltung der → Kreativität.
5. Ekphorische Hemmung (Ekphorie = Vorgang der Erinnerung): Wenn z. B. kurz vor einer Lernzielkontrolle oder Leistungsmessung, also einer Wiedergabe früher verarbeiteter Informationen eine neue Information im Gedächtnis gespeichert werden muß, wirkt sich dieser Vorgang hemmend auf die Wiedergabe der früher verarbeiteten Information aus.
6. Affektive Hemmung: Jeder kognitive Lernprozeß wird bezüglich seines Verlaufs und seiner Effektivität von den affektiven Begleitumständen beeinflußt. So wirken starke affektive Erregungen zwischen der Aufnahme einer Information und ihrer Wiedergabe negativ beeinflussend auf letztere.
→ Gedächtnis K

Gefühl

bezeichnet allgemein die komplexe affektive Komponente menschlichen Erlebens. Es drückt sich aus durch Lust oder Unlust, Anteilnahme oder Ablehnung, Annäherung oder Vermeidung, Liebe oder Haß usw., immer mit der Aufforderung zu Aktivität in einer bestimmten Richtung verbunden. Starke Gefühle sind von körperlichen Veränderungen wie erhöhtem Pulsschlag, verändertem Blutdruck, Wechsel der Gesichtsfarbe, Zittern usw. begleitet. Entsprechend bewirken sie auch Veränderungen des Verhaltens, die im Gesichtsausdruck, der Art der verbalen Äußerung und der Gestik manifest werden. Dabei ist die Tendenz beobachtbar, daß die Wahrscheinlichkeit, die rationale Kontrolle über Aktivitäten einzubüßen, um so größer ist, je stärker die Gefühle sind.
Über solche bloße Beschreibungen von Gefühl hinaus bemühen sich verschiedene Forschungsrichtungen mit neurophysiologischem, behavioristischem bis hin zu einem spekulativ philosophischen Ansatz, die eigentlichen Ursachen der Gefühle, ihr Zustandekommen in konkreten Situationen des Erlebens, ihre Entwicklung und ihre Funktionen aufzudecken. In der modernen Forschung ist eine Tendenz zu diesbezüglichen Erklärungen mit Hilfe des Modells kybernetischer → Rückkoppelungsmechanismen zu verzeichnen. Gefühle werden in diesem Sinne als Regulative verstanden, speziell als Regler von Wahrnehmungen, Kontaktaufnahmen und Antrieben.
Für den erzieherischen Bereich sind bei der unübersehbar großen Bedeutung des emotionalen Aspekts für das menschliche Verhalten folgende Anregungen und Fakten bedenkenswert:

1. Ausschlaggebend für die Entwicklung der Gefühle scheint vor allem die enge und kontinuierliche Mutter-Kind-Beziehung während der ersten Lebensjahre des Menschen zu sein (→ Hospitalismus).
2. Gefühle spielen eine nicht zu unterschätzende Rolle bei dem Aufbau des Selbstwertgefühls und des Selbstbewußtseins, mit einem Wort bei der Gewinnung und Erhaltung der → Ich-Identität.
3. Gefühle sind die unabdingbare Voraussetzung für die Kontaktnahme mit der Umwelt, wobei der gefühlsmäßig erfaßte individuelle Bedeutungsgehalt des Begegnenden über das nachfolgende Engagement entscheidet.
4. Gefühle sind Gradmesser der emotionalen Atmosphäre, sie können Regulative bei Konflikten sein. Das eigentliche Problem in der erzieherischen Praxis besteht darin, Konflikte zur Bearbeitung zuzulassen und die Fähigkeit zu trainieren, aktuelle Gefühle situationsangemessen ausdrücken zu können.
5. Aus den vorangegangenen Punkten ergibt sich die Notwendigkeit, in der Schule eine Integration affektiver und kognitiver Lernziele durch problemorientiertes Lernen und durch Bearbeitung der emotionalen Sphäre herzustellen und auf diese Weise den Abbau eines überzogenen Leistungsprinzip und des – eine humane Kommunikation blockierenden – Rivalitätsprinzips einzuleiten. Eine positive Beeinflussung der emotionalen Atmosphäre gewährleisten ferner die Einübung und taktvolle Beherrschung von → Feedback-Regeln, Einbezug von → Gruppenarbeit und von Entfaltungsmöglichkeiten für kreative Eigeninitiative, die Praxis des sozialintegrativen → Erziehungsstils, das → Spiel in all seinen Formen, regelmäßige informelle Tests als Stimmungsbarometer usw.

Bottenberg 1972; Cofer 1975; Ipfling 1974; Mander 1975; Oerter/Weber 1975[2]; Reykowsky 1973; Rivera 1977; Strongman 1973; Wiedemann 1974

→ Gemüt K

Gegenkonditionierung
bedeutet den Versuch, durch → Konditionierung neuen Verhaltens unerwünschtes früher konditioniertes Verhalten zu löschen und damit eine Verhaltensänderung herbeizuführen.
Beispiel: Ein Kind hat sich angewöhnt, durch Schreien und Zornesausbrüche die Aufmerksamkeit der Eltern auf sich zu ziehen. Dieses unerwünschte Verhalten kann nun dadurch gelöscht werden, daß es durch Ignorieren (= Nichtbeachtung) übergangen wird und gleichzeitig ruhiges Verhalten durch Zuwendung verstärkt und damit aufgebaut wird (= Gegenkonditionierung). K

Gegenübertragung → Psychoanalyse → Übertragung

Gehorsam
bedeutet ein aufmerksames Hinhören auf einen Anspruch und die bewußte und nach kritischer Prüfung bejahte folgeleistende Antwort auf diesen Anspruch. Gehorsam in diesem Sinne ist eine Fähigkeit, die eingeübt werden muß und deshalb eine Aufgabe im erzieherischen Feld darstellt, um so mehr als Autoritäten, auch die Autorität des Erziehers, ihre Legitimation im

Gehorsam der Bezugspartner finden. Da Gehorsam eine Fähigkeit ist, die Entwicklung und schließlich selbstverantwortliche Reife voraussetzt, sind im Erziehungsprozeß Situationen unvermeidbar, in denen der Erzieher dem jungen Menschen ein Folgeleisten zur Abwendung existentieller Gefahr (z. B. Einhalten von Straßenverkehrsregeln, Forderung von Triebverzichten) oder zur bestmöglichen Förderung seiner personalen Entfaltung (z. B. Durchstehen ungeliebter Lernprozesse) abverlangen muß. Um allerdings den pädagogischen Bezug und die Anerkennung seiner Autorität nicht zu belasten, sollte der Erzieher in solchen Fällen den Folgeleistungen über seine Motive und Absichten nicht im unklaren lassen.

Es kann in keinem Fall mehr von Gehorsam gesprochen werden, wenn ein Folgeleisten mit physischer oder psychischer Gewalt erzwungen wird.

→ Autorität → Erziehungsstile K

Gemischtes Programm → Lehrprogramm

Gemüt

wird einerseits als umfassende Bezeichnung für alle emotionalen Erlebnisweisen des Menschen verstanden, andererseits als Inbegriff vertiefter und/ oder relativ überdauernder Gefühlsstimmungen und Werthaltungen als personaler Grundhaltung.

→ Gefühl K

Generalisation → Generalisierung

Generalisierung

bezeichnet den Vorgang der Verallgemeinerung von Aussagen, die in der Regel auf einer geringen Anzahl gleichlautender Erfahrungen beruhen.
Bei den Lerntheoretikern bedeutet Generalisierung die Tatsache, daß → Reaktionen, die sich auf bestimmte → Reize hin als erfolgreich erwiesen haben, auch auf ähnliche Reize hin vorrangig auftreten.
Ein Schüler wird in diesem Sinne z. B. eine Mathematikaufgabe, die einer erfolgreich bewältigten ähnelt, mit derselben Lösungsstrategie angehen wie jene. K

Generationskonflikt

bezeichnet formal den Vorgang der Auseinandersetzung zwischen der heranwachsenden jugendlichen Generation und der Erwachsenengeneration. Der viel zitierte Ausspruch von Sokrates „Die Jugend ist unhöflich, sie achtet die Autorität nicht, sie schwätzt anstatt zu arbeiten" spricht stellvertretend für unzählige ähnliche historische Zeugnisse dafür, daß der Generationskonflikt eine Erscheinungsform menschlichen Zusammenlebens ist, die auf nachweisbaren Gesetzmäßigkeiten beruht.
Als Gründe des offensichtlich verschärften Generationskonflikts in der heutigen Gesellschaft werden genannt:
1. Vom entwicklungspsychologischen Standpunkt aus stellt sich der Generationskonflikt als notwendiges Ablösungs- und Trennungsritual von der

elterlichen Autorität dar, welches in der Regel mit der → Pubertät beginnt.
2. Die mit der hochindustrialisierten Gesellschaft verbundene Auflösung der überschaubaren und durchschaubaren Einheit Familie und die Abkoppelung des beruflichen Bereiches vom Familienbereich brachte einen Schwund an Verständnis der Generationen füreinander mit sich, welches an das Miterleben des jeweils anderen gebunden ist.
3. Das neue → Autoritäts- und Gesellschaftsverständnis der jugendlichen Generation, das vor allem Sachkompetenz und → Emanzipation gegenüber Amtsautorität und fragloser Anpassung fordert, muß zwangsläufig auf den Widerspruch der älteren Generation stoßen.
4. Die Phase der Abhängigkeit und eingeschränkter Rechte ist für die heranwachsende Generation mit der steigenden Ausweitung der Lernphasen immer länger geworden bei gleichzeitiger Beschleunigung der sexuellen Reifung. K

Genese
bezeichnet allgemein den Vorgang des Werdens, der Entwicklung oder Entstehung, z. B. eines Individuums oder auch einer Situation oder einer Verhaltensweise.
Von **multifaktorieller Genese** wird gesprochen, wenn verschiedene Faktoren verursachend und bestimmend an einer Entwicklung Anteil haben. So ist z. B. die Entwicklung von Verhaltensstörungen in der Regel auf das kombinierte Auftreten ungünstiger Einflüsse zurückzuführen, etwa auf das Zusammentreffen beengter Wohnverhältnisse mit großer Geschwisterzahl und autoritärem Erziehungsstil der Eltern. K

Genetik
bezeichnet die Wissenschaft von der Vererbung physischer und psychischer Merkmale. Die klassische Genetik wurde 1865 von dem Augustinermönch G. Mendel begründet, der grundlegende Vererbungsgesetze durch Kreuzungsversuche mit Pflanzen entdeckte. Ihre entscheidende Wende im Forschungsansatz erfuhr die Genetik durch die Entdeckung der → Desoxyribonucleinsäure 1934 (molekulare Genetik), wodurch in den Mittelpunkt der Forschung die Frage rückte, wie die Entwicklung von Merkmalen durch die biochemische Zusammensetzung der → Chromosomen beeinflußt bzw. festgelegt wird.
Becker 1964; Bodmer/Cavalli-Sforza 1976; Böhme 1976; Gottschalk 1978; Bresch/Hausmann 1970; Günther 1969; Jacob 1972; Kalmus 1966; King 1974; Kollmann 1977; Levine 1966; McKusick 1968; Nigon 1976; Stern 1968
→ Humangenetik K

Genetische Methode
Sie befaßt sich mit dem Werden, mit dem Entstehen einer Gegebenheit. Der Lehrer entwickelt schrittweise ein Thema zusammen mit den Schülern, vor allem mit Mitteln der → Anschauung. Problembezogene Hinweise des Lehrers schaffen Spielraum für produktive Aktivität der Schüler. Das vor Augen

des Schülers entstehende Wandtafelbild z. B. in Form eines → Flußdiagramms oder einer Zeichnung, aus der Entstehung und sich ergebende Veränderungen zu erkennen sind, vermittelt ihm Zusammenhänge und raschere Erkenntnis des Geschehens.
Zur genetischen Methode im Fremdsprachenunterricht → Fremdsprachenmethodik → Entwickelnder Unterricht → Lehrform → Unterricht OK

Genetisches Lehren → Genetische Methode

Genitale Phase
Die genitale Phase ist nach S. Freuds Auffassung die letzte Stufe der psychischen Entwicklung des Menschen. Sie beginnt mit der Pubertät und ist durch das stark sexuell gefärbte Interesse am anderen Geschlecht gekennzeichnet. K

Genommutation
Durch die Genommutation ist die normale Chromosomenzahl eines Individuums (46) entweder durch eine Überzahl (→ Trisomie) oder durch eine Minderzahl (Monosomie) der → Chromosomen verändert.
→ Klinefelter-Syndrom → Mongolismus → Turner-Syndrom K

Genotyp (Genotypus)
Der Begriff Genotyp ist eine hypothetische (angenommene) Bezeichnung für die Gesamtheit aller erbmäßig verankerten Anlagen in einem Lebewesen. Nach der → Zwillingsforschung wird angenommen, daß der Genotyp bei eineiigen Zwillingen identisch und bei zweieiigen Zwillingen wie bei den sonstigen Geschwistern zur Hälfte identisch ist. Der Genotyp ist zu unterscheiden vom → Phänotyp (ein durch Erbanlagen und Umwelteinflüsse geprägter Organismus). In der Literatur wird, wie z. B. bei Rohracher, mitunter der Begriff Persönlichkeit dem Phänotypischen zugeordnet. O

Geriatrie
bezeichnet den Gegenstandsbereich der Altersmedizin (Synonym)

Germinalstudium → pränatal

Gerontologie
ist die Wissenschaft vom Altern. Sie etablierte sich als Zweig der Psychologie erst seit Beginn des 20. Jahrhunderts aufgrund der stetig steigenden durchschnittlichen Lebenserwartung des Menschen. Die Gerontologie als empirische Wissenschaft untersucht die biologischen, individual- und sozialpsychologischen Veränderungen, denen der alternde Mensch ausgesetzt ist. K
Bila 1974; Böhlau 1973

Gesamthochschule → Hochschule

Gesamtnote → Leistungsbewertung → Leistung

Gesamtschule
Der Begriff kennzeichnet allgemein die Zusammenfassung verschiedener Schularten und Schulformen in einem Schulkomplex. Dem Aufbau entsprechend wird nach der ‚integrierten Gesamtschule' und der ‚kooperativen Gesamtschule' – auch ‚additive Gesamtschule' genannt – unterschieden.
Als ‚integrierte Gesamtschulen' bezeichnet man Schulen, die mindestens die Klassen 5 bis 10 der drei bisher organisatorisch und inhaltlich voneinander getrennten Formen des allgemeinbildenden Schulwesens – Hauptschule, Realschule und Gymnasium – in einem nach Kern- und Kursfächern gegliederten Unterricht zusammenführen (→ Kern- und Kursunterricht).
‚Kooperative Gesamtschulen' fügen bisher voneinander getrennter Schulformen und Schularten räumlich in einer lockeren Schulorganisation zusammen und geben die Möglichkeit zur Kooperation zwischen Schülern, Lehrern, Eltern und Schulleitern. Sie bemühen sich um größtmögliche Durchlässigkeit und haben, um den Schülern den Wechsel von Schulzweig zu Schulzweig zu erleichtern, Förderstufen eingerichtet. O
Bernhardt 1974; Butschkau/Tillmann 1972; Keim 1973; Kuhnen 1977; Rolff 1975

Gesamtunterricht
Der Gesamtunterricht ist ein sich auf → Konzentration gründender, ungefächerter Unterricht, bei dem Stoffteile verschiedener Sachgebiete zu unterrichtlichen Einheiten vereinigt werden. Didaktisch gesehen, versucht er Kind und Umwelt in Beziehung zu setzen. Von der psychologischen Seite her ist der Gesamtunterricht der Versuch, Eindruck und Ausdruck des Kindes zu einer Einheit werden zu lassen. Der Gesamtunterricht als Anfangsunterricht setzt voraus, daß der Schulanfänger seine eigene Person und seine Umwelt noch als eine Einheit betrachtet. Berthold Otto und Johannes Kretschmann gehen von einem freien Gesamtunterricht aus, in dem das Kind auch im freien Gespräch auf Grund der von ihm gestellten Fragen als Ausgangspunkt unter der Führung eines Lehrers Erkenntnisse gewinnt und Einblick in Kultur, Natur usw. vermittelt bekommt.
Durch den Gesamtunterricht wird ein Verweilen in einem bestimmten Lebenskreis bewirkt. Maßgebend sind hierbei nicht die Fachstoffe, sondern die Themen, die Sacheinheiten. Jedoch hat jeder Gesamtunterricht ein Leitfach, von dem aus bestimmt wird, inwieweit Stoffe anderer Fächer einzubeziehen sind. So wäre z. B. das Leitfach zum Thema ,,Landkreisreform" die Sozialkunde, wobei Stoffbereiche der Erdkunde, der Geschichte, der Betriebswirtschaftslehre, des Deutschen mit einbezogen werden müßten.
→ Lehrform → Unterricht O

Geschicklichkeit
Motorische → Fertigkeiten und Handlungen, die mühelos, rasch, genau und wendig durchgeführt werden, sind Geschicklichkeiten.
→ Skill O

Geschlechterrolle

bezeichnet das Insgesamt typischer geschlechtsspezifischer Verhaltensweisen von Mann und Frau, welche diese Verhaltensweisen aufgrund ihrer unterschiedlichen psycho-sexuellen Entwicklung erworben haben und verwirklichen.

Die überkommenen stereotypen Vorstellungen (→ Stereotyp) vom geschlechtsangemessenen Verhalten sorgen während des Sozialisationsprozesses in Kindheit und Jugendalter grundlegend dafür, daß bei Mädchen und Jungen durch die Verstärkung unterschiedlicher Interessenrichtungen auch unterschiedliche Verhaltensweisen begünstigt werden. Während z. B. Mädchen aufgrund entsprechender männlicher Vorliebe eher in Richtung von Anpassung, Anschmiegsamkeit, Abhängigkeit, also aggressionsgebremst erzogen werden, „zielt das Aggressionstraining der Jungen auf soziale Durchsetzung" (Schmidtchen 1978). Wie Schmidtchen weiter ausführt, „interessieren sich Männer mehr für Technik, Sport und Naturwissenschaften, Frauen mehr für den gesamten häuslichen Bereich, wozu auch die Liebe zu Pflanzen gehört, ferner für Mode, die Selbstpräsentation, für Kinder, gesundheitliche und medizinische Fragen. Frauen werden auf Einfühlung, Interesse für andere Menschen, auch im pädagogischen Sinne, trainiert und für alle musischen Dinge: Bücherlektüre, kulturelles Leben, Musik und Tanz eingeschlossen. Frauen tanzen viel lieber als Männer. Die religiöse Sozialisation ist bei Frauen wesentlich ausgeprägter, die Zahl der Kirchenbesucherinnen liegt höher als die Zahl der männlichen Kirchenbesucher. Daß Frauen sogar in den gleichen Familien anders behandelt werden als Männer, zeigt die Rückerinnerung an das Elternhaus." Aus der geschlechtsspezifischen Sozialisation folgt zwingend, daß sich auch die Statuspositionen von Mann und Frau in unserer Gesellschaft unterscheiden. Entsprechende Untersuchungen lassen einen Statusneid der Frauen erkennen, der daher rührt, daß „Männer mehr Zugang zum Belohnungssystem der Gesellschaft haben". Nach Schmidtchen heißt aber „Abhängigkeit in einer Gesellschaft, die Autonomie predigt, Streß für das Persönlichkeitssystem. Dieser Streß wird bei Frauen auf eine vielfältige, bis heute nicht konsequent untersuchte Weise manifest. So haben Frauen mehr Angstträume als Männer. Sie somatisieren offenbar Konflikte. Hinweise darauf erhalten wir durch den hohen Arzneimittelgebrauch der Frauen. Das Persönlichkeitssystem der Frauen scheint also unter erschwerten Bedingungen funktionieren zu müssen." Dem Gesagten gegenüber dürfen nicht die Tendenzen übersehen werden, die gerade in der heutigen Zeit in bezug auf die Emanzipation der Frau erkennbar sind. Die total veränderte Einstellung von jungen Frauen und Männern zum beruflichen und politischen Engagement der Frau oder gegenüber dem praktizierten sexuellen Verhalten wie vorehelicher Verkehr, Empfängnisverhütung und Schwangerschaftsunterbrechung möge hier nur als Beispiel stehen. K

Gesellschaft

Der Begriff Gesellschaft wird in vielerlei Bedeutungen und Wortzusammensetzungen verwendet, z. B. Gesellschaftsspiel, Aktiengesellschaft, Gesellschaft als Bezeichnung für das gemütliche Beisammensein von Menschen,

Gesellschaftsschicht, Gesellschaft als Oberbegriff der Gattung Mensch. Im Zusammenhang mit dem erzieherischen → Feld bezeichnet Gesellschaft den mittelbar und unmittelbar wirkenden Bezugsrahmen des Individuums, innerhalb dessen sich die Prozesse der → Sozialisation, → Enkulturation und → Personalisation des Einzelnen in Wechselwirkung mit den Gegebenheiten und Anforderungen der Gesellschaft ereignen. Als Merkmale der Gesellschaft in diesem Sinne gelten das örtliche, meist institutionell organisierte Zusammenleben von Menschen, die arbeitsteilige Struktur dieser sozialen Großgebilde und eine Mindestübereinstimmung bezüglich gemeinsamer kultureller Werte wie Sprache, Normen, Spielregeln des alltäglichen Zusammenseins usw.

Die Art und Weise der Integration des Einzelnen in die Gesellschaft durch Anpassung und kritische Auseinandersetzung und die Veränderung bestehender Gesellschaftsverhältnisse durch den Abbau von Fremdbestimmungen stellen das zentrale Problem der Erziehung heute schlechthin dar. K

Bellebaum 1977; Bolte 1963, 1971; Bosl/Weis 1976; Erikson 1971; Horkheimer 1972; Link 1973; Nickles/Weiß 1975; Parsons 1975; Rösel 1972; Rosnay 1977; Tönnies 1972

Gesetz zum Schutz der Teilnehmer am Fernunterricht → Fernunterrichtsschutzgesetz

Gespräch

Die Lautartikulation, das Aneinanderreihen von Gesprochenem in Form des Sinnvollen führt zum Sprechen, das die Urform der Sprache darstellt. Die Formgebung, die Strukturierung des Sprechens und die überlegte, gezielte Wortwahl, die Verwendung und Gliederung von Sätzen ergibt die für den Menschen so bedeutende Kommunikationsform des Gesprächs, das auch im Unterricht eine wesentliche Rolle spielt. Das Gespräch dient der Gedankenübermittlung, der geistigen Auseinandersetzung, der Vermittlung optischer Information und ist für die menschliche Bildung konstitutiv. Es legt den Grund für sachliche, selbständige Meinungsäußerung und kann als Mittel zur Eingliederung in die Gemeinschaft und soziale Organisation verstanden werden.

Im Gegensatz zum freien, täglichen Gespräch steht das gebundene, sich an bestimmte Aussagen oder Betrachtungen anschließende Gespräch. Es erfordert Interesse, innerliches Dabeisein, Selbstdisziplin, Anstand und Verständnis dem anderen gegenüber, sachliche Einschätzung der Probleme, die Kunst des Zuhören-Könnens, den Mut, die eigene Überzeugung darzulegen, die Fähigkeit das Wichtige vom Unwichtigen zu trennen, die richtigen Worte im Verlauf des Gespräches zu wählen und logisch denken zu können.

Ethik, Technik und Methodik des Gesprächs werden durch den Gesprächsführer und die Gesprächspartner bestimmt. Das Niveau des Gesprächs resultiert aus Vorbildung, Begabung, Kenntnissen, Erkenntnissen, Urteilsfähigkeit, rhetorischer Begabung, Beruf, Erfahrung und Alter des Adressatenkreises. Sobald der Gesprächskreis zahlenmäßig zu groß ist und sich mehr als dreißig Teilnehmer zusammenfinden, ist das auf Nähe, Kontakt und persönlichem Bezug aufgebaute Gespräch nicht mehr möglich. Der

Gesprächsführer wird abgelöst vom Redner oder Vortragenden. In Theorie und Praxis wurden eine Anzahl von Schemata entwickelt, die für das Gespräch angewendet werden können. E. Müller stellt z. B. folgende fünf Gesprächsstufen auf: Auslösung, Entfaltung, Ordnung, Klärung und Entscheidung. Für jede Gesprächsart lassen sich eigene gesprächsformspezifische Ordnungs- und Stufungsformen aufstellen.
Die üblichen, sich unterscheidenden Gesprächsformen faßt Franz Pöggeler (1964) wie folgt zusammen:

„I. Informations- und Lehrformen des Gesprächs:
a) Das gewöhnliche Lehrgespräch
b) Das Erfahrungsgespräch
c) Das Erkundungsgespräch (u. U. Interview)
d) Das Wiederholungs- oder Erinnerungsgespräch
e) Die Sachverständigenbefragung
f) Die Aussprache oder das Kommentargespräch
g) Das Erkenntnis- und Bekenntnisgespräch

II. Kampfformen des Gesprächs:
a) Das freie Streitgespräch
b) Die Diskussion
c) Die Debatte
d) Die Disputation

III. Spielformen des Gesprächs:
a) Das Stegreifgespräch
b) Das Rollengespräch
c) Das Quiz
d) Das Puppenspiel

IV. Sozialformen des Gesprächs:
a) Das Zwiegespräch
b) Das Gruppengespräch
c) Das Rundgespräch
d) Das Podiumsgespräch
e) Das Publikumsgespräch ...
→ Diskussion → Debatte → Gruppe → Planspiel → Referat → Rollenspiel → Vortrag
O

Gesprächsführung, partnerzentrierte

Die partnerzentrierte Gesprächsführung verfolgt die Absicht, einem Menschen in einer problemhaltigen Situation durch eine entsprechende Gesprächshaltung die Möglichkeit anzubieten, sich aussprechen zu können und dabei sich selbst in seiner besonderen Situation evtl. besser erkennen und annehmen zu können. Der in erster Linie zuhörende Gesprächspartner leistet also **Hilfe zur Selbsthilfe in einer partnerschaftlichen Begegnung.** Dies schließt Verhaltensweisen aus, die den das Gespräch Suchenden in Abhängigkeit vom Gesprächsführer bringen. Ebenso blockieren Ratschläge oder Identifikationen mit dem Problem des Gesprächspartners (→ Übertragung) den Prozeß der Selbstwahrnehmung und Selbsterkenntnis.

Demgegenüber sind für die partnerzentrierte Gesprächsführung v. a. folgende Verhaltensweisen förderlich:
1. Aktives Zuhören, womit ein voll aufmerksames, dem Gesprächspartner zugewandtes Zuhören gemeint ist, das dem Sprechenden (auch durch Gestik und Mimik) anzeigt, daß er verstanden und angenommen wird.
2. Einfühlung (→ Empathie) in die Situation des Sprechenden und Verbalisieren (= in Worten ausdrücken) der wahrgenommenen Gefühle des Sprechenden.
3. Akzeptieren des Sprechenden in seiner Situation ohne Vorbehalte, d. h. ohne zu werten oder gar zu moralisieren.
4. Paraphrasieren der Aussagen des Sprechenden, worunter die sinngemäße Wiederholung des Gehörten zu verstehen ist. Das Paraphrasieren hilft Wahrnehmungsfehler zu beseitigen und es hält evtl. den Berichtenden an, seine Aussagen und damit seine Selbstwahrnehmung zu präzisieren.
5. Grundsätzliche positive Wertschätzung des Gesprächspartners und Echtheit jeder Verhaltensweise, die der Gesprächsführer in das Gespräch einbringt. → Gespräch K

Funkkolleg Beratung in der Erziehung 1975 f.; Gordon 1972; Junker 1973; Mucchielli o. J.; Rogers 1974; Schmid 1973; Schwäbisch/Siems 1977[8]; Tausch 1968; Weber 1976

Gestaltpsychologie

Während die verschiedenen Richtungen der atomistischen Psychologie (z. B. Assoziationspsychologie und Neo-Behaviorismus) psychische Vorgänge aus ihren isoliert betrachteten Elementen zu erklären versuchen, geht die Gestaltpsychologie davon aus, daß das Ganze mehr sei als die Summe seiner Teile. Das Einzelne bzw. das Element erhält Erklärung und Bedeutung von seinem Ort im Funktionszusammenhang des Ganzen.
Als Begründer der Gestaltpsychologie wird Christian von Ehrenfels (1859–1932) gesehen, der die Gestaltqualitäten der **Übersummativität** (das Ganze ist mehr als die Summe seiner Teile) und der **Transponierbarkeit** formulierte. Transponierbarkeit bedeutet, daß eine Gestalt auch bei Veränderungen im Detail erhalten bleibt, wenn ihre Struktur, d. h. die Gesetzmäßigkeit ihres Aufbaus und ihr Funktionszusammenhang erhalten bleibt. Ehrenfels verdeutlicht diese beiden Gestaltqualitäten am Beispiel der Melodie, die als bestimmte Gestalt nicht lediglich Summe von Tönen sei (= Übersummativität) und die auch als diese Melodie erhalten bleibe, wenn Instrumente, Tonart, Arrangement usw. verändert werden (= Transponierbarkeit + Invarianzcharakter). In der Folgezeit bildeten sich zwei Schulen der Gestaltpsychologie heraus.
Die **Ganzheitspsychologie der Leipziger Schule** wurde von F. Krueger, F. Sander, H. Volkelt und A. Wellek getragen, die **Gestalttheorie der Berliner Schule** wurde seit 1910 von M. Wertheimer, W. Köhler, K. Koffka entwickelt und wird heute vor allem von W. Metzger vertreten. Beide Schulen betonen Ganzheit und Ordnung im Verhalten und Erleben und in der zugeordneten Umwelt. Nach Auffassung der Gestalttheorie unterliegen Wahrnehmung, Denken, Verhalten, Erleben der **Tendenz zur Strukturierung, d. h. der Tendenz zum Aufbau von „guten Gestalten".** Der Gestaltprozeß wird als

"schöpferische Synthese" beschrieben, die am → **Prägnanzgesetz** und an weiteren untergeordneten Gesetzen zur Strukturierung von Gestalten orientiert ist. Z. B. wird im Denkprozeß eine „unvollständige" bzw. „defekte" Struktur in eine „ausgeglichene", „spannungsfreie", d. h. in eine „gute Gestalt" übergeführt. Wie v. a. M. Wertheimer nachgewiesen hat, zieht diese Tendenz des Organismus zur Strukturierung gelegentlich um der erwünschten „guten Gestalt" willen auch Wahrnehmungstäuschungen nach sich. (Vgl. z. B. → autokinetisches Phänomen oder die Tatsache, daß ein und dieselbe Gerade kürzer oder länger erscheint, je nachdem in welche Gestalt sie eingebaut ist = geometrisch-optische Täuschung.) K

Amin 1973; Brown 1975; Bühler 1960; Ehrenstein 1934; Ertel u. a. 1975; Guss 1975, 1977; Henle 1961; Katz 1948; Klemm u. a. 1934; Köhler 1968, 1971; Koffka 1936; Krueger 1953; Petermann 1929; Sander/Volkelt 1967; Walter 1977; Wellek 1954, 1969

Gestalttherapie

wird eine neue Form der Psychotherapie genannt, die von F. S. Perls (†1970) in Amerika (Esslen-Institut) seit 1964 entwickelt wurde. Nach Stella Resnick (1975) sind die Hauptziele der Gestalttherapie: „Sie will dem einzelnen helfen, a) seiner selbst bewußter und b) selbstverantwortlicher zu werden."
Nachdem nach der Auffassung der Schule von F. S. Perls „das Ganze die Teile bestimmt", geht es in den gestalttherapeutischen Trainingsseminaren vor allem darum, dieses Ganze soweit wie möglich bewußt und verfügbar zu machen. Dies bedeutet die Betonung des bei den meisten Menschen verkümmerten oder doch zumindest vernachlässigten emotionalen Bereichs gegenüber einseitig kognitiv ausgerichteter Weltbewältigung. Es wird streng darauf geachtet – z. B. im Gegensatz zur psychoanalytischen Therapie (→ Psychoanalyse) –, dss Wahrnehmungsvermögen in der Hier- und Jetzt-Situation zu schulen und auch die Auseinandersetzung in intra- und interpersonalen Konflikten sofort in der gegebenen Situation zu suchen. Neben der kritischen Reflexion von Situationen und Prozessen bedient sich die Gestalttherapie nonverbaler Übungen zur Verdeutlichung von Gefühlen und Vorgängen und zur Schulung ganzheitlichen (also auch Körpersprache einbeziehenden) Verhaltens.

Fagan/Shepherd 1970; Perls 1969, 1972, 1973, 1974, 1976; Petzold 1973; Polster 1975; Resnick 1975; Stevens 1975; Wyss 1973; Zinker 1977

→ Gestaltpsychologie → Gruppendynamik → Trainingsmethoden, gruppendynamische   K

Gestaltwandel

Nach W. Zeller werden als 1. und 2. Gestaltwandel die Streckungsphasen in der körperlichen Entwicklung des Menschen bezeichnet, die im 6./7. Lebensjahr und während der Vorpubertät und Pubertät deutliche Proportionsverschiebungen zwischen Kopf, Rumpf und Gliedmaßen bewirken.   K

Gesteuertes Lehren und Lernen

Unter gesteuertem Lehren und Lernen oder dem „Guided Teaching" kann einmal das Lehren und Lernen verstanden werden, das durch curriculare

Lernziele bis hinein in die einzelnen Feinziele festgelegt und institutionell vorgeschrieben ist und zum anderen der durch → Lehr- und Lernprogramme vorgegebene Stoff.

→ Programmierte Instruktion → Lernen → Unterricht O

Gewissen und Gewissensbildung

Das Gewissen kann als die jedem einzelnen Menschen je eigene Art beschrieben werden, seine eigenen Verhaltensweisen kritisch beurteilend und wertend an Normen, Werten, moralischen Vorstellungen zu messen, die von seiner Bezugsgesellschaft gesetzt und allgemein geachtet werden und die er für sich selbst als gültig anerkennt. Die als Orientierungsrahmen gültigen Normen eignet sich der Mensch durch Lernprozesse im Zusammenhang mit seiner → Sozialisation an. Eine Rolle spielen hierbei gleicherweise → Konditionierungen von Vermeidungsverhalten in bezug auf sozial unerwünschte Verhaltensweisen, das → Modell-Lernen und Erfahrungen über Einsicht. Emotionale Befindlichkeiten wie Angst, Scham, Schuld signalisieren den Konflikt mit den normativen Systemen.

Die Aufgabe der Gewissensbildung ist es, dem jungen Menschen den Aufbau eines normativen Systems zu ermöglichen, dabei aber nicht einseitig den Weg der bloßen Anpassung zu beschreiten oder gar zu manipulieren, sondern die eigenständige und eigenverantwortete kritische Konfrontation mit den überkommenen normativen Systemen zuzulassen.

Nur auf diese Weise hat eine Sensibilisierung des Gewissens als einer echt urteilenden Instanz eine Chance. K

Baumhauer 1970; Benda 1970; Blühdorn 1976; Chadwick 1974; Dittert u. a. 1970; Engelmayer u. a. 1970[2]; Gründel 1975; Heinen 1971; Hofmeier 1977; Kuhn 1954; Oser 1976; Pfürtner 1976; Zullinger 1953 und 1969

Gewöhnung

Durch → Lernen, Aufnehmen, Erkennen und vor allem sich stets wiederholende Übungsvorgänge werden Gewohnheiten entwickelt. Diese können automatische Reaktionsabläufe im motorischen Bereich oder im übertragenen Sinne auch eingefahrene Denkgewohnheiten sein, die beide durch Gewöhnungsabläufe, durch Gewohnheitsbildung entstanden sind.

Lochner (1964) bezeichnet Gewöhnung und Einsicht als dem Unterricht entstammende Wissensmotive, wobei er der Gewöhnung nur dann einen Dauerhalt zuspricht, wenn die Einsicht mit ihr zusammen Willen und Triebleben regelt. Als wesentliche Wege und Ergebnisse der Gewöhnung werden z. B. bezeichnet: Entwicklung eines gesunden Arbeitsgeistes durch Forderung von Mitarbeit und Verantwortung in der Klassen- oder → Gruppenarbeit; Übung von Genauigkeit und Exaktheit in der Ausführung; Erzeugen von Zuverlässigkeit, Pflichterfüllung, Ehrlichkeit. Die Gewöhnung bahnt als recht verstandenes → Erziehungsmittel den Weg zur Selbsterziehung, zur Selbständigkeit, da sie durch erworbene, sicher beherrschte Verhaltensweisen Unabhängigkeit von direkter Lenkung ermöglicht und Kräfte freisetzt für die kreative Bewältigung ungewohnter und neuartiger Lebenssituationen und Verhaltensanforderungen.

→ Erziehungsmittel → habit O

Gewohnheit → Gewöhnung

Gleichwertige Tests → Paralleltestmethode

Globalisation
stellt ein Verfahren der Theoriebildung dar, das bei der Curriculumentwicklung von der anfänglichen Entscheidung für die Erstellung eines → Curriculums bis zur endgültigen → Evaluation und zur → Operationalisierung alle für den Curriculumprozeß notwendigen Aspekte berücksichtigt und erfaßt. O

Globalziel → Lernziel

Graduierung
In angelsächsischen Ländern weist die Graduierung nach Abschluß eines wissenschaftlichen Studiums auf den Erwerb einer akademischen Würde hin. In der Bundesrepublik Deutschland schließen die Studiengänge an den → Fachhochschulen mit einer Graduierung ab. Studenten einer Fachhochschule haben nach bestandenem Examen die Berechtigung, ihre Graduierung durch das Wort „graduiert", abgekürzt grad., in ihrer Titelbezeichnung zum Ausdruck zu bringen.
Beispiel: graduierter Betriebswirt = Betriebswirt grad. O

Greifreflex
auch Palmareflex genannt, tritt beim Säugling während der ersten beiden Lebensmonate auf. Er bezeichnet den Vorgang, daß der Säugling Gegenstände, die mit seiner Handfläche in Berührung kommen, sofort so fest umklammert, daß er daran hochgehoben werden kann. Mit der zunehmenden willkürlichen Beherrschung der Gliedmaßen verschwindet der Greifreflex spätestens im 4. Lebensmonat, andernfalls liegt ein krankhafter Befund vor, dem mit eingehenden Untersuchungen nachgegangen werden muß. K

Grobziel → Lernziel

Großgruppe
Es kann nicht eindeutig festgelegt werden, ab welcher Mitgliederzahl von einer Großgruppe zu sprechen ist. Entscheidend für die Abgrenzung zur Kleingruppe ist auch nicht die Anzahl der Mitglieder, sondern die Intensität ihrer → Interaktion und Bindung untereinander. Eine Großgruppe ist in ihrem Bestand also nicht so sehr durch die persönliche Kontaktnahme ihrer einzelnen Mitglieder gesichert, sondern durch gemeinsame Ziele und Aufgaben (z. B. Berufsverbände, große militärische Formationen, evtl. auch Schulklassen, wenn die Integration zur Kleingruppe nicht gelingt) oder durch eine gemeinsame Weltanschauung oder → Ideologie (z. B. religiöse Gemeinschaften, Parteien) oder im weitesten Sinne durch eine gemeinsame kulturelle Tradition (z. B. Volk, Nation). Großgruppen sind wegen des Mangels unmittelbar und jederzeit korrektiv wirkender Organe eher als

Grundgesamtheit 204

Kleingruppen in Gefahr, zur → Masse oder → Menge zu entarten (vgl. die Verbindung von nationalsozialistischer Ideologie und Nationalismus zum Rassismus).
Kreeger (Hrsg.) 1977
→ Gruppe, → Bezugsgruppe, → Gruppenunterricht, → Soziodynamische Grundformel K

Grundgesamtheit → Statistik

Grundprogramm
Es nimmt die Fachgebiete auf, die dem raschen Wandel der Zeit nicht unterliegen. Nachdem in einer beachtlichen Anzahl von Fächern – vor allem im technischen und wirtschaftswissenschaftlichen Bereich – keine Stabilität des Stoffes gegeben ist, entwickelt man Grundprogramme, die das festgelegte, bewiesene, unveränderliche, zum Teil historisch gewordene Wissen vermitteln. Diese Grundprogramme, mitunter auch Basisprogramme genannt, werden jeweils mit den entsprechenden wechselnden Stoffbereichen und Aufgabenmaterialien kombiniert.
→ Kriterienprogrammierung → Lehrprogramm → Programmierte Instruktion → Phaseneinheiten O

Grundschule
Die Grundschule – auch Primarbereich (→ Primarstufe) genannt – ist ein Teil der → Volksschule und bildet die Basis der → Hauptschule und des weiterführenden Schulwesens. Sie schließt an die → Elementarerziehung an und umfaßt im allgemeinen die ersten vier Jahrgangsstufen. Die Grundschule hat wesentliche erzieherische Aufgaben. Sie hat das Kind in Gemeinschaft und → Gesellschaft mit kindgerechten Methoden einzuführen. Die schulischen Angebote sind der Erfahrungswelt und Lernveranlagung der Kinder anzupassen. → Curricula dürfen durch ihre gesetzten → Lernziele keine überhöhten Forderungen stellen. Durch Hinführen zu entdeckendem Lernen, zur gemeinschaftlichen Arbeit und durch langsame → Gewöhnung an die Anforderungen der Schule ist eine gemeinsame → Ausgangslage anzustreben. O
Bauer u. a. 1971; Bosch 1973; Denzel 1960; Götze/Hahnemann 1975; Halbfas 1972; Herb 1975; Moeller-Andresen 1974; Muth 1974; Seidl/Hüffner 1970; Silberer 1976; Thalmann 1974

Gruppe
Eine Gruppe ist ein „hochorganisiertes soziales Gebilde" (Battegay 1967). Sie ist durch folgende Merkmale gekennzeichnet:
1. Dem gruppendynamischen Ansatz folgend wird Gruppe als Kleingruppe verstanden, deren Mitglieder sich persönlich (face to face) kennen und die jederzeit miteinander Kontakt aufnehmen können.
2. Die Gruppenmitglieder fühlen sich gemeinsamen Wertvorstellungen verpflichtet und sie verfolgen gemeinsame Ziele.
3. Gruppennormen, ein bestimmter Gruppenkodex und bestimmte Methoden der Arbeitsleistung und des Umgangs sorgen dafür, daß der Bestand

der Gruppe gesichert bleibt, solange sie der Verfolgung bestimmter Zwecke dienlich ist, und daß → Interaktion und → Kommunikation innerhalb der Gruppe funktionieren können.
4. Die wechselseitige Angewiesenheit der Gruppenmitglieder aufeinander wird dadurch deutlich, daß die → Rollen innerhalb der Gruppe je nach Aufgabenstellung verteilt sind und somit jedes Gruppenmitglied eine bestimmte Funktion im Gruppenverband ausübt. Diese aus dem Rollenkonflikt erwachsenen Funktionen sind stabil, solange sie im positiven Sinne gruppenbezogen sind und die Erwartungen der Gruppe nicht enttäuschen.
5. Jede Gruppe bedarf einer Reihe von Korrektivfunktionen, die im Idealfalle im Sinne der Selbststeuerung der Gruppe wechselweise von jedem Gruppenmitglied wahrgenommen werden und die situationsabhängig regelnd eingreifen, wenn das verfolgte Gruppenziel oder Belange der Gruppe oder eines einzelnen Gruppenmitgliedes vernachlässigt werden.

Gegenüber diesem Verständnis der Gruppe ist es zweckmäßig, folgende spezielle Bedeutungen der Gruppe abzugrenzen, ohne daß sie die beschriebene Bestimmung der Gruppe ausschließen müssen:
1. Als → **Primärgruppe** gilt die Familie, die durch dauernden physischen Kontakt ihrer Mitglieder gekennzeichnet ist und innerhalb welcher die entscheidenden Sozialisationsprozesse und Prägungen des Menschen stattfinden.
2. → **Sekundärgruppen** werden alle Gruppen genannt, in denen sich außerhalb der Familie Menschen zusammenschließen (z. B. Schulklasse, Verein, Spielgruppe).
3. Die → **Bezugsgruppe** weist bestimmte Merkmale, Normen, Ziele auf, mit denen sich eine Anzahl von Menschen (Lehrer, Offiziere, Hippies, usw.) identifiziert.
4. → **Großgruppe**
5. → Formelle und informelle Gruppe

Battegay 1967; Berker 1969; Buchinger 1975; Hartford 1971; Mills 1974; Rice 1971; Richter 1972; Zoll/Binder 1970; Zullinger o. J.

→ Soziodynamische Grundformel, → Gruppenunterricht, → Gruppenatmosphäre, → Gruppenbildung K

Gruppe, formelle und informelle

Die formelle Gruppe ist institutionell, manchmal auch gesetzlich geregelt, sie dient einem genau definierten Zweck und ist straff organisiert. Formelle Gruppen sind demzufolge z. B. Schulklassen, betriebliche Arbeitsteams, militärische Gruppe usw. Dem Einzelnen bleibt für eine Entscheidung für oder wider eine Gruppenmitgliedschaft kaum oder überhaupt kein Spielraum. Die informelle Gruppe gründet dagegen auf freiwilliger Mitgliedschaft. Als Motive des Zusammenschlusses dominieren persönliche Interessen, emotionale Neigungen und das Bedürfnis nach → Kommunikation. Informelle Gruppen begegnen uns in Spielgruppen, Freundeskreisen, „Banden", Vereinen usw.
Sie reichen in der Regel in die formellen Gruppen hinein bzw. bestehen

innerhalb derselben, wo sie im Aufeinanderprallen der meist sehr unterschiedlichen Kommunkationsstrukturen und -stile so manche Konflikte heraufbeschwören und im Extremfall sogar eine formelle Gruppe in ihrer Funktion lahmlegen können.
→ Gruppe, → Gruppenbildung, → Soziodynamische Grundformel, → Feedback, Feedbackregeln K

Gruppe, Rollenfunktionen in der → Rollenfunktionen in der Gruppe

Gruppe, typische Verhaltensweisen in der
In jeder → Gruppe werden typische Verhaltensweisen (pattern) ausgespielt, die in dieser oder in anderen Gruppen erworben wurden. Als typische Verhaltensstile gelten nach Bion (1971):
1. Kampf (fight)
2. Flucht (flight)
   Kampf und Flucht treten meistens gemeinsam, oft sogar in ein und derselben Person gekoppelt auf.
3. Abhängigkeit (dependence) und Gegenabhängigkeit (counterdependence) im Sinne von Auflehnung. Die Lösung von diesen kommunikationsstörenden Verhaltensstilen gelingt durch die Anerkennung einer kritisch reflektierten gegenseitigen Abhängigkeit im Sinne des wechselseitigen aufeinander Angewiesenseins (interdependence).
4. Die Tendenz zur Paarbildung (pairing) bzw. zur Bildung von → Cliquen.

Wenn die beschriebenen Verhaltensweisen nicht in den konkreten Situationen ihres Auftretens mit der Absicht ihrer Überwindung bearbeitet werden, können sie die Qualität von Dressaten bekommen, d. h. als Eigenschaft der betreffenden Person verfestigt werden. K

Gruppenarbeit → Gruppenunterricht

Gruppenatmosphäre
bezeichnet die emotionale Befindlichkeit der Gruppenmitglieder in bezug auf die Interaktions- und Kommunikationsformen innerhalb der → Gruppe. Sie wird von einer sehr großen Zahl von Faktoren beeinflußt, wie dem biographischen und soziokulturellen Hintergrund des einzelnen Gruppenmitgliedes, der Zahl der Gruppenmitglieder, der Sitzanordnung, dem in der Gruppe vorherrschenden → Führungsstil, der sozialen Stellung in der Gruppe, von dem Grad wechselseitiger Anerkennung oder Abneigung in der Gruppe usw. (→ Gruppenbildung).
Als Möglichkeiten einer aktiv förderlichen Beeinflussung der Gruppenatmosphäre bieten sich an:
1. Testung der augenblicklichen Gruppenatmosphäre z. B. durch → Brainstorming, durch Metapherfragen (der Lehrer behandelt uns augenblicklich wie . . .), durch Atmosphäretests im Koordinatensystem.
2. Gruppenatmosphäre wird faßbar und damit bearbeitbar, wenn sie artikuliert wird, also durch die jeweiligen Sprecher oder als Ergebnis eines Tests (vgl. 1.).

3. Gruppenatmosphäre wird faßbar durch die Art der Gruppensprache (höflich, sachlich distanziert, aggressiv, verletzend usw.).
4. Die Gruppenatmosphäre ist über die veränderbaren Größen in der Gruppenstruktur konkret beeinflußbar, z. B. durch Reflexion der Ergebnisse der Punkte 1. bis 3., durch eine Veränderung der Sitzordnung, durch Pausen, wenn sich Ermüdungserscheinungen negativ auf die Gruppe auszuwirken beginnen, durch entsprechende Motivation (ein schlecht vorbereiteter Unterricht hat meist auch eine schlechte Gruppenatmosphäre zur Folge) usw.
5. Es wirkt sich nachgewiesenermaßen positiv auf die Gruppenatmosphäre aus, wenn der Selbstregulierung der Gruppe auf der rationalen und emotionalen Ebene eine echte Chance gegeben wird.
6. Entscheidend für die Gruppenatmosphäre ist die bewußte Arbeit der Gruppenmitglieder an ihrer Grundeinstellung zueinander, die im positiven Sinne durch Anerkennung, Offenheit, Echtheit und emotionale Wärme gekennzeichnet sein sollte.

→ Feedback → Feedback-Regeln   K

Gruppenbezogene Konkurrenzmessung

→ Vergleichende Bezugsmessung → Schulstreß   O

Gruppenbildung, Phasen der

Jede Gruppe durchläuft bei ihrer Entstehung und während der Dauer ihres Bestandes verschiedene Phasen, deren Aufeinanderfolge gesetzmäßig feststeht:
1. Die Anfangssituation der Gruppenbildung zeigt sich als **Orientierungsphase,** die z. B. durch Anonymität, emotionale Sperren, Vertrauensvorbehalt gekennzeichnet ist.
2. Eine erste Ablösesituation aus der Unsicherheit der Orientierung ergibt sich mit der **Sicherheitsphase,** in der das Suchen nach Stabilität, Offenheit, Vertrauen, Sympathie im Vordergrund steht.
3. Die erste Stabilisierungssituation führt in die **Vertrautheitsphase** hinein, in der Offenheit, Kooperation, Vertrauen wahrgenommen und praktiziert werden.
4. Eine neue Ablösung, diesmal aus der Sicherheit des Vertrautseins, ergibt sich mit der Wahrnehmung z. B. von Dominanz, Aggression, Angst, Unsicherheit in der Gruppe, wodurch eine **Unsicherheits- und Konfliktphase** signalisiert wird.
5. Durch Bearbeitung der wahrgenommenen Konflikte wird eine neue Stabilisierung verfolgt, deren Ziel die Wiederherstellung der **Vertrautheitsphase** auf einer neuen Ebene ist. Für den weiteren Fortbestand der Gruppe ist der ständige Wechsel von 4) und 5) bedeutsam. Das Fehlen von Konfliktphasen läßt blockierte Wahrnehmung intra- und interpersoneller Konflikte um einer vorgetäuschten Gruppenharmonie willen vermuten, die ebenso wie ein Verharren in Konflikten ohne Suchen nach Bearbeitungsmöglichkeiten die Auflösung der Gruppe nach sich zieht.   K

Gruppendynamik

bedeutet das **Kräftespiel in** → **Gruppen,** d. h. die Gesamtheit oder je nach Aspekt auch nur einen Teil all der zwischenmenschlichen Vorgänge, die sich ergeben, wenn Menschen in einer Gruppensituation zusammenleben. Der Begriff Gruppendynamik ist aber vor allem als Bezeichnung für die **wissenschaftliche Reflexion und Theorie über das Kräftespiel in Gruppen** geläufig. Brocher (1967) definiert Gruppendynamik in diesem Sinne als „Lehre von der Gesetzlichkeit vorbewußter und unbewußter Prozesse in Gruppen". Aufgabe dieser von K. Lewin (z. B. 1953, 1963) begründeten Forschungsrichtung der Sozialpsychologie ist Forschung v. a. bezüglich der Entstehung, Entstehungsursachen, Verlaufsformen und Funktion von Gruppen und im Hinblick auf Möglichkeiten gezielter Einflußnahme auf Veränderungen von Gruppenstrukturen.

Schließlich bezeichnet Gruppendynamik noch bestimmte **Trainingspraktiken,** also die gezielte Anwendung gruppendynamischer Methoden in Gruppen verschiedener Größe und Zusammensetzung.

Antons 1973; Buchinger u. a. 1975; Casriel 1975; Däumling u. a. 1974; Eckstein/Hrabowski 1973; Ernsperger 1973; Fritz 1973, 1974, 1975; Hofstätter 1976; Huber 1976; Köck 1977; Köck/Rohmer 1975; Luft 1972; Lutz/Ronellenfitsch 1973; Maisonneuve 1974; Meyer 1977; Prior 1970; Rittelmeyer/Wartenberg 1975; Rogers 1974; Sbandi 1975; Sbandi/Vogl 1978; Schwarz 1974; Ulich 1975; Vopel – Kirsten 1974; Zeitschrift Gruppendynamik ab 1970

→ Trainingsmethoden, gruppendynamische K

Gruppenegoismus

bezeichnet die in Gruppen gegebene Tendenz, ihre Ziele einzelnen Personen außerhalb der → Gruppe gegenüber (z. B. Klasse gegenüber Lehrer, Kollegium gegenüber Chef) oder anderen Gruppen gegenüber (z. B. Arbeitgeber gegenüber Arbeitnehmer und umgekehrt, Verband gegenüber Institution) oder gar der Gesamtgesellschaft gegenüber (z. B. extremistische Gruppen, Hippies) mit Absolutheitsanspruch und ohne Kompromißbereitschaft zu verfolgen. Es ist Aufgabe einer jeden Gruppe, durch eigene funktionierende Korrektivorgane dem Gruppenegoismus dort Grenzen zu setzen, wo er sich zum Nachteil oder Schaden gruppenexterner Personen oder anderer Gruppen auswirken könnte. K

Gruppenerfahrung

bedeutet für den einzelnen Menschen zum einen die im Verlauf seines Sozialisationsprozesses gegebene Notwendigkeit, in konkreten Situationen das Zusammenleben von Menschen in Gruppen zu erfahren und sich in gruppenadäquate Verhaltensweisen einzuüben. Zum anderen besagt Gruppenerfahrung die aufgrund der beschriebenen Lernprozesse erworbene Fähigkeit, sich in Gruppen integrieren und in → Kooperation erfolgreich handeln zu können. Die Kompetenz der Gruppenerfahrung kann durch gruppendynamische → Trainingsmethoden erheblich erweitert werden.

→ action research → Gruppendynamik → Gruppe K

Gruppenführer → Soziodynamische Grundformel

Gruppenjargon

oder Gruppensprache bezeichnet die einer bestimmten → Gruppe eigene Art, verbal miteinander umzugehen. Der Gruppenjargon einer bestimmten Gruppe (Wissenschaftler, Manager, Halbstarke...) ist für Nichtmitglieder u. U. nicht ohne weiteres zugänglich. K

Gruppenkohäsion

bezeichnet nach L. Festinger und seiner Schule das zusammengefaßte Ergebnis all jener Kräfte, das ein Gruppenmitglied letztlich dazu veranlaßt, in einer bestimmten Gruppe zu bleiben. Der innere Zusammenhalt einer → Gruppe wird u. a. von folgenden Kohäsionsfaktoren bestimmt:
1. Räumliche Nähe,
2. die Attraktivität der → Interaktion, welche die grundsätzliche Möglichkeit jederzeitiger Kontaktaufnahme voraussetzt,
3. individuelle Motivationen für die Gruppenmitgliedschaft (Nutzen, Anerkennung),
4. innere Übereinstimmungen, bezogen auf Einstellungen, Werte, Normen, Ziele, Persönlichkeitseigenschaften,
5. Gegensätze nach der Theorie der komplementären Bedürfnisse.

Je fester die Gruppenkohäsion ist, desto belastbarer ist auch die → Konformität der Gruppenmitglieder, d. h. ihre Bereitschaft, trotz → Sanktionen für nicht konformes Verhalten in der Gruppe zu bleiben.

Festinger/Schachter/Back 1950

→ Kohäsion → Lokomotion K

Gruppenleistungen

Nach P. R. Hofstätter werden folgende Gruppenleistungen unterschieden:
1. Leistungen der Kräfte-Addition bzw. ,,vom Typ des Hebens und Tragens": Die möglichen Einzelleistungen der Gruppenmitglieder werden gebündelt, um eine die Kraft Einzelner übersteigende Aufgabe zu bewältigen oder die Einzelleistungen ergänzen sich im Sinne des arbeitsteiligen Verfahrens.
2. Leistungen des Fehlerausgleichs bzw. ,,vom Typ des Suchens". Die Durchschnittswerte von Gruppen bei Aufgaben des Schätzens oder Abwägens liegen statistisch näher bei den richtigen Ergebnissen als die Meinungen und Lösungen der einzelnen Gruppenmitglieder, da Extrempositionen sich ausgleichen und mehrere Positionen auch eine größere Anzahl von Aspekten des Problems sehen.
3. ,,vom Typ des Bestimmens": Entscheidungen zu treffen, die für die Gesamtgruppe verbindlich sind, gehört zu den wichtigsten, aber auch schwierigsten Aufgaben der → Gruppe. Gruppenentscheidungen sollen eben nicht autoritär von dominierenden Gruppenmitgliedern oder durch Majoritäten mittels Abstimmung getroffen werden, sondern aufgrund sorgfältigen und geduldigen Abwägens aller vorgebrachten Argumente.

Die beschriebenen Gruppenleistungen können nur zustandekommen, wenn die Gruppe als solche funktioniert, d. h. wenn die Gruppenmitglieder sich gegenseitig in ihrer Leistungsfähigkeit und als Person anerkennen und die Regeln der → Kommunikation und → Kooperation beherrscht und befolgt werden und eine grundsätzlich repressionsfreie Atmosphäre in der Gruppe gegeben ist.

K

Gruppenmoral
bezeichnet die Gesamtheit der Einstellungen der einzelnen Gruppenmitglieder gegenüber der jeweils akutellen → Gruppe, ihrem normativen System, ihren Zielen, der Art der Rollenverteilung. Je nach der Intensität der Bindung der Einzelnen an die Gruppe und ihrer davon beeinflußten Selbstbeherrschung und -kontrolle um der Gruppe willen spricht man von einer hohen oder niedrigen Gruppenmoral. Da jede Gruppe ihre spezifische Gruppenmoral entwickelt, kann ein und dasselbe Individuum in verschiedenen Gruppen durchaus eine unterschiedliche Gruppenmoral praktizieren (vgl. die Gruppenmoral eines Jugendlichen in der Familie, in der Schule, am Arbeitsplatz, in einer Rockerbande). Die Verletzung der Gruppenmoral wird mit → Sanktionen bis zum Ausschluß aus der Gruppe geahndet.
→ Gruppennorm

K

Gruppennorm
Gruppennormen sind formulierte und ungeschriebene übereinstimmende Vorstellungen der Gruppenmitglieder darüber, wie man in der → Gruppe handeln, fühlen und sein Gefühl ausdrücken sollte, also Regeln des sozialen Verhaltens im Sinne von Verhaltenserwartungen (z. B. Bräuche, Gewohnheiten, Spielregeln des Umgangs, Sitten, Klassengesetze).
Die → Position der einzelnen Gruppenmitglieder wird nicht zuletzt dadurch bestimmt, inwieweit sie die Gruppennormen erfüllen. Besonders hohe Anforderungen werden in dieser Hinsicht an den Gruppenführer gestellt. Veränderungen von Gruppennormen, die um der flexiblen Weiterentwicklung der Gruppe willen gelegentlich notwendig sind, bedürfen der Zustimmung aller Gruppenmitglieder. Abweichungen von den Gruppennormen werden mit → Sanktionen belegt, z. B. Entzug einer bestimmten Funktion, Versagung von Zuwendung oder sozialer Anerkennung, Ausschluß aus der Gruppe.
→ Gruppenmoral

K

Gruppenpädagogik
Gegenstand der Gruppenpädagogik ist die Theorie und Praxis der Erziehung in der → Gruppe, der Erziehung durch die Gruppe im Sinne eines Erziehungsmittels und der Erziehung zur Gruppenfähigkeit. Die Gruppenpädagogik gewinnt ihre Erkenntnisse und Handlungsstrategien vor allem aus den Forschungsergebnissen und Theorien der → Sozialpsychologie und der → Gruppendynamik, die sie auf ihre Praktizierbarkeit im erzieherischen → Feld, konkret für das soziale Lernen zu befragen hat. Spezielle Anliegen der Gruppenpädagogik sind z. B. Vermittlung von → Gruppenerfahrung, Verwirklichung des sozialintegrativen → Erziehungsstils, Einübung in praktiziertes demokratisches Handeln. Gruppenpädagogik setzt

grundsätzlich die Gleichberechtigung der Gruppenmitglieder voraus, auf die Realisierbarkeit der Selbststeuerung, Eigeninitiative und Eigenverantwortung von Gruppen bauend.

Ihr erstes Betätigungsfeld fand die Gruppenpädagogik in der Sozialarbeit, und hier wieder vor allem in der Jugendarbeit, wo das Prinzip der freiwilligen Gruppenzugehörigkeit von der Eigenart der Gruppen her gewahrt ist. Eine wirkungsvolle Entfaltung der Gruppenpädagogik in Zwangsgruppen wie z. B. Schulklassen oder Arbeitsteams setzt die Veränderung des überkommenen autoritären → Kommunikationsstils und die Überwindung der ebenso autoritären hierarchischen Strukturen im Zusammenleben von Menschen voraus. K

Kreckl 1973[5]; Meyer 1972, 1977; Müller 1970; Schiller 1963; Seidelmann 1975; Spangenberg 1974[5]

Gruppentherapie

ist eine Sammelbezeichnung für psychotherapeutische Methoden, die im Unterschied zur Individualtherapie in Therapiegruppen mit durchschnittlich 5–12 Patienten angewendet werden. Die Therapiegruppe wird von einem Psychotherapeuten betreut und besteht über längere Zeit, die Sitzungen werden in regelmäßigen Abständen anberaumt.

Die Gruppentherapie nutzt das Kräftespiel in → Gruppen (→ Gruppendynamik), um vor allem Probleme psychologischer Isolierung und sozialer Unangepaßtheit zu bearbeiten. Neben analytischen Gruppen finden heutzutage Encountergruppen, Psychodrama bzw. Soziodrama (J. L. Moreno), bei Kindern vor allem die Gruppenspieltherapie verstärkt Beachtung.

Ammon 1969 und 1976; Argelander 1972; Battegay 1963; Bion 1971; Gibbard u. a. 1974; Hansen u. a. 1976, Hardy/Cull 1974; Harris 1977; Heigl-Evers 1971, 1972; Knoll 1977; Moreno 1951, 1959; Preuss 1966; Rattner 1972; Richter 1974; Rosenbaum/Snadowsky 1976; Ruitenbeck 1974; Sager/Kaplan 1973; Sbandi/Vogl 1978; Shaffer/Golinsky 1977; Yalom 1974

→ Vgl. zur Abgrenzung Trainingsmethoden, gruppendynamische K

Gruppenunterricht

Über das Lernen und Arbeiten in Gruppen auf den unterschiedlichen Schulstufen wird seit der Arbeitsschulbewegung viel geschrieben, diskutiert und nachgedacht. Bildungsdidaktisch und lernpsychologisch ist der Gruppenunterricht anderen Lehrformen überlegen. Er fördert die Schüleraktivität, fördert unterrichtliche und erzieherische Wirksamkeit, steigert gegenüber der Individualleistung die Leistung durch gemeinsames Arbeiten an einem Problem oder Gegenstand und gleicht im allgemeinen soziale Differenzierungen aus. In der Regel erfordert er mehr Vorbereitung als der reine → Frontalunterricht z. B. durch gezielten Medieneinsatz und Aufgabendifferenzierung. Man unterscheidet nach der Art und Weise des Zustandekommens der Schülergruppen: spontane Gruppen, autoritative Gruppen und Kombinationsgruppen.

Den einzelnen Gruppen können gleiche oder verschiedene Aufgaben zugewiesen werden, d. h. es besteht die Möglichkeit zur Bildung arbeitsgleicher und arbeitstelliger Gruppen. Die arbeitsgleiche Gruppenarbeit versucht jede Gruppe zum gleichen Lernziel zu führen. Der arbeitsteilige Gruppenunterricht zerlegt ein Stoffgebiet in Teilprobleme, in Teillernziele (→ Lernziele) und beauftragt jede einzelne Gruppe mit der Lösung einer Teilfrage. Die Gruppenarbeit läßt sich im Rahmen der → Lehrorganisation in den Ablauf anderer Unterrichtsformen eingliedern.

Gruppenarbeit lockert die Disziplin in der Klasse. Die Gruppenangehörigen müssen sich gegenseitig aussprechen und verständigen, um die Problemlösung zu finden. Der Lehrer greift in die Gruppenarbeit nur ein, wenn das zu bearbeitende Problem Schülerfragen auslöst und er echte Fehlentscheidungen erkennen kann.

Hinsichtlich der Gruppengröße gibt es keine festgelegten Zahlen. Auf Grund von Untersuchungen sollte eine → Gruppe 3 bis 8 Schüler umfassen. Zu große Gruppen erschweren die Beurteilung.

„1. Die Vorbereitungen zur Gruppentätigkeit geschehen unter Lehrerführung
1.1 Die Planung
1.1.1 Festlegung des Gesamtzieles
1.1.2 Die fachlich-stoffliche Hinführung zur Sache und Gliederung in Teilziele für die Einzelgruppen
1.1.3 Überlegungen über Arbeitshilfen und deren Bereitstellung
1.1.4 Die Verteilung der Aufgaben (Teilziele) an die Gruppen nach Schwierigkeitsgraden der Teilziele, nach dem Arbeitstempo der Gruppen etc.
1.1.5 Verteilung der Arbeitshilfen

2. Die Gruppenarbeit unter Leitung des Gruppenführers
2.1 Planung in der Gruppe; Überlegungen über Arbeitsteile und Arbeitsfolge (Disposition); evtl. Arbeitsverteilung
2.2 Der Arbeitsversuch in Einzel- oder Zusammenarbeit
2.3 Zusammenschau, Ordnung und Kritik
2.4 Berichtigung, Ergänzung, evtl. Neufassung
2.5 Anerkennung der Lösung von allen Mitgliedern der Gruppe

Diese Arbeitsanordnung ist mit den Schülern eingehend zu besprechen, evtl. ist sie an Beispielen zu üben.

3. Übergabe der gelösten Aufgaben an die Klasse unter Lehrerführung
3.1 Vorlesen, Vortragen durch einen Beauftragten der Gruppe
3.2 Kritik der Klasse – Verbesserungsvorschläge in Form des freien Schülergesprächs – Verbesserung
4. Übernahme der Teilarbeiten durch die Klasse. Die Übernahme muß bewiesen werden.
Festhalten der Ergebnisse und Zusammenschau.
5. Eventuelle Verwertung und Übung." (Lochner)

Forsberg/Meyer 1976; Lochner 1964; McLeish 1975; Vettiger 1977

→ Gruppenpädagogik O

Guided Discovery

bezeichnet das durch Unterricht oder anderweitige Planung gelenkte → Lernen. O

Guided teaching → Gesteuertes Lehren und Lernen

Gymnasium
Die Aufnahme ins Gymnasium erfolgt grundsätzlich nach dem vierten bzw. fünften Schuljahr, umfaßt neun Jahrgangsklassen und schließt in allen Fachrichtungen mit dem → Abitur ab, das zum Studium aller an den Hochschulen vertretenen Fachrichtungen berechtigt. Durch den Unterricht am Gymnasium werden Schülerinnen und Schüler in die Denkformen und Arbeitsmethoden aller Wissensgebiete eingeführt, deren Kenntnisse es ihnen erleichtern, sich in Gegenwart und Zukunft zurechtzufinden.
Die Schüler können sich für folgende Arten von Gymnasien entscheiden:
1. **Humanistisches Gymnasium**
Es befaßt sich mit allgemeinen, geisteswissenschaftlichen, naturwissenschaftlichen, musischen Bereichen und betont antike Sprachen und die damit verbundenen Kulturbereiche.
Die Fremdsprachenfolge ist: Latein (5. Klasse), Englisch (7. Klasse), Griechisch (9. Klasse). In den meisten Schulen ist es möglich, anstatt Griechisch Französisch zu wählen und in das Neusprachliche Gymnasium überzuwechseln.
2. **Neusprachliches Gymnasium (früher Realgymnasium)**
Besondere Berücksichtigung finden in dieser Form des Gymnasiums, das sich nach drei folgenden Typen unterscheidet, die modernen Fremdsprachen:
2.1 Typ E (Englisch) – Sprachenfolge: Englisch (5. Klasse), Latein (7. Klasse), Französisch (9. Klasse).
2.2 Typ F (Französisch) – Sprachenfolge: Französisch (5. Klasse), Englisch oder Latein (7. Klasse), Latein oder Englisch (9. Klasse die nicht in der 7. Klasse gewählte Sprache).
2.3 Typ L (Latein) – Sprachenfolge: Latein (5. Klasse), Englisch (7. Klasse), Französisch (9. Klasse).
3. **Mathematisch-naturwissenschaftliches Gymnasium (früher Oberrealschule).**
Der Schwerpunkt in diesem Gymnasialzweig liegt auf der Mathematik und den Naturwissenschaften. Die Fremdsprachenfolge ist: Englisch (5. Klasse), Französisch oder Latein (7. Klasse). Zu Beginn der 9. Klasse kann in mehreren Schulen dieser Form eine dritte Fremdsprache gewählt werden. Ein Wechsel in das Neusprachliche Gymnasium ist möglich.
4. **Musisches Gymnasium (früher Deutsches Gymnasium)**
Neben Deutsch bilden die Fächer Musik und Kunsterziehung Schwerpunkte, die auch im Abitur geprüft werden. Das Musische Gymnasium besteht in der neunjährigen Form aufbauend auf die 4. Klasse der Grundschule und in der siebenjährigen Form aufbauend auf die 6. Klasse der Hauptschule. Fremdsprachenfolge in der neunjährigen Form: Latein (5. Klasse), Englisch (7. Klasse) – in der siebenjährigen Form: Englisch (7. Klasse), Latein (8. Klasse).
5. **Wirtschaftswissenschaftliches Gymnasium (früher Wirtschaftsgymnasium)**
Es bezieht schwerpunktmäßig wirtschaftswissenschaftliche Fachberei-

che neben den allgemeinen mathematischen, naturwissenschaftlichen Fächern mit ein.
Die Fremdsprachenfolge ist: Englisch (5. Klasse), Französisch (7. Klasse), eine weitere Fremdsprache kann in einer höheren Klasse dazu gewählt werden.

6. **Sozialwissenschaftliches Gymnasium**
Diese Form des Gymnasiums ist für Mädchen gedacht und befaßt sich in besonderem Maße mit Soziallehre, Erziehungslehre und Fragen des modernen Haushalts.
Die Fremdsprachenfolge ist:
Englisch (5. Klasse), Latein oder Französisch (7. Klasse).
→ Berufliches Gymnasium O

Habit
Der Begriff habit wird nicht selten mit → Gewöhnung und Gewohnheit synonym verwendet. Er trifft den Inhalt dieser beiden Ausdrücke nur teilweise und zwar dann, wenn wir ihn auf erlernte, eingeübte Reaktions- und Denkgewohnheiten beziehen. Habit bezeichnet nicht nur eine auf Grund von Gewöhnung erworbene Verhaltensweise, sondern bringt auch die prozessuale Stufenentwicklung von einer Verhaltensweise zur anderen zum Ausdruck. Nach J. Dewey beinhaltet habit „das Insgesamt der Wünsche, Neigungen und Dispositionen", wobei diese durch „habits" in der jeweiligen gegenwärtigen Form durch hinzukommende Erfahrungen und Erkenntnisse veränderbar sind. E. Rothacker schlägt vor, den weitreichenden Begriff habit mit „gelebte Lebensform" zu übersetzen.
→ Verhalten O

Hackordnung → Rangordnung, soziale

Häufigkeitsverteilung → Statistik

Halbierungsmethode
Bei der Halbierungsmethode bzw. Halbierungs-Reliabilität wird einer Gruppe von Versuchspersonen ein in zwei gleichwertige Hälften geteilter Test einmal zur Bearbeitung vorgelegt. Das Testergebnis wird für jede Testhälfte gesondert ermittelt, wobei die Resultate der beiden Hälften zur Feststellung der → Reliabilität in wechselseitige Beziehung gesetzt werden.
→ Test-Parallelform → Reliabilitätskoeffizient O

Halo-Effekt
Der Halo-Effekt, gelegentlich auch Hof-Effekt genannt, bezeichnet den Vorgang, daß eine Person bei der Beurteilung von Persönlichkeitsmerkmalen einer anderen Person sich von einem vagen Gesamteindruck, von der vermittelten Kenntnis einzelner Verhaltensweisen oder von Ergebnissen eigener Teilbeobachtungen beeinflussen läßt. Diese unzulässigen Übertragungen stellen eine Fehlerquelle dar, die bei bestimmten subjektiv gefärbten diagnostischen Verfahren einkalkuliert werden muß. Um Halo-Effekte

besonders grober Art handelt es sich z. B., wenn ein Erzieher sein Urteil über die intellektuellen Fähigkeiten eines Schülers von dessen unordentlicher Heftführung beeinflussen läßt oder wenn gar Ableitungen der Art „wer lügt, der stiehlt auch" vorgenommen werden. K

Handelsschule
Die Handelsschule ist eine → berufsvorbereitende Schule und befähigt ihre Schüler in erster Linie zur Übernahme kaufmännischer Berufe. Sie ist grundsätzlich 2 oder 3jährig, schließt im allgemeinen an die Hauptschule an und führt zum ‚Mittleren Bildungsabschluß'.
In Bayern wurden die ehemaligen 3jährigen Handelsschulen in 3 bzw. 4jährige → Wirtschaftsschulen umgewandelt. Neben den Handelsschulen bestehen in mehreren Bundesländern die Höheren Handelsschulen, die Schüler mit Mittlerem Bildungsabschluß gezielt auf die Tätigkeiten im Wirtschaftsleben vorbereiten und z. T. die Möglichkeit zum Erwerb höherer, über dem Mittleren Bildungsabschluß liegender Qualifikationen anbieten. O

Handlungsforschung
sieht die unmittelbare Verbindung von Forschung und Praxis vor. Dies bedeutet:
1. Der Forschungsgegenstand wird unter dem Gesichtspunkt gesellschaftlicher Bedeutsamkeit aus der aktuellen sozialen Wirklichkeit gewonnen.
2. Wissenschaftler und (betroffene) Praktiker arbeiten beim Erkenntnisprozeß unmittelbar zusammen.
3. Der methodische Forschungsansatz ist nicht experimentell mit unveränderbaren Versuchsbedingungen angelegt, sondern seinerseits für Veränderungen je nach dem Forschungsverlauf im aktuellen Praxisfeld offen.
4. Handlungsforschung zielt über den Erkenntnisgewinn hinaus auf dessen sofortige Umsetzung in der befragten Praxis ab, was allein schon dadurch erreicht wird, daß die im betroffenen Praxisfeld Lebenden und Arbeitenden am Forschungs- und Erkenntnisprozeß beteiligt sind.
Um Handlungsforschung im erziehungswissenschaftlichen Bereich – im Einzelfall mehr oder weniger konsequent durchgeführt – handelt es sich z. B.
– bei den Versuchen, offene Curricula (→ Curriculum) mit den im Praxisfeld Schule lebenden Schülern und Lehrern zu entwerfen (z. B. am BTZ in Wiesbaden, Projektgruppe um W. Klafki in Marburg),
– teilweise auch bei dem Vorgehen der sog. Streetworkers (= Sozialarbeiter, die vor allem mit gefährdeten, meist in „Banden" organisierten Kindern und Jugendlichen Kontakt in ihrer gewohnten Umgebung – und nicht im Freizeitheim – suchen),
– bei einer berufsbegleitend durchgeführten und projektorientierten sozialpädagogischen Zusatzausbildung für Erzieherinnen, welche der Verfasser an der Akademie für Lehrerfortbildung von 1972–1975 betreute,

- bei der projektorientierten Lehrerausbildung z. B. in Bremen,
- bei manchen wissenschaftlichen Begleituntersuchungen an Gesamtschulen (z. B. Projektgruppe um H. v. Hentig in Hannover) u. a. m.

Vgl. Stichwort Handlungsforschung in Kritisches Lexikon der Erziehungswissenschaft und Bildungspolitik, rororo-Tb 6190. Reinbek 1976[2]; Haag u. a. 1975[2]; Heinze u. a. 1975; Klafki 1973; Zinnecker u. a. 1975

→ Forschung K

Hardware

bezeichnet im Bereich der technischen → Medien die Medienträger, also die Geräte und Lehranlagen wie Dia-, Overhead-, Filmprojektor, Fernseh- und Rundfunkgerät, Plattenspieler und Tonbandgerät, Experimentiergerät, Sprachlaboranlagen, Simulatoren und Lehrmaschinen.

→ Software K

Hauptschule

Die Hauptschule umfaßt grundsätzlich die Klassen 5 bis 9 (in den Stadtstaaten ist der Hauptschulbeginn auch mit dem 7. Schuljahr möglich) und ist für alle, die keine andere weiterführende Schule besuchen, Pflichtschule. Die 5. und 6. Klasse der Hauptschule sind in einigen Ländern der Bundesrepublik Deutschland bereits zur → Orientierungsstufe ausgebaut.

Das Abschlußzeugnis der Hauptschule ist Eingangsvoraussetzung für eine Anzahl beruflicher Bildungsgänge. In einigen Ländern wurden Differenzierungsformen in den Bildungsangeboten und Abschlüssen der Hauptschule entwickelt, die zu einem → „Qualifizierenden Hauptschulabschluß" führen und somit weitere Bildungsmöglichkeiten und neue Wege der Durchlässigkeit eröffnen sollen.

In einigen Ländern der Bundesrepublik Deutschland wird den Hauptschülern in 10. Schuljahr angeboten.

Ein fachbezogener, in → konzentrischen Kreisen curricular von der Hauptschule zur → beruflichen Schule hinführender, den Adressaten berücksichtigender Aufbau des Unterrichtsstoffes ist von dringender Notwendigkeit. O

Nowey 1978

Hausaufgabe

In den meisten Schulfächern erhalten die Schüler regelmäßig Aufgaben, die sie zu Hause zu bearbeiten und zu überdenken haben. Nach den Schulordnungen haben die Hausaufgaben Unterrichtsergebnisse zu sichern, Lehrstoffe einzuüben, die Schüleraktivität anzuregen, den Unterricht vorzubereiten und „zu selbständiger, verantwortungsvoller Arbeit, zu häuslichem Fleiß und zu einer sinnvollen Zeiteinteilung" zu erziehen. Die Hausaufgaben können Leistungsbeweise sein, wenn etwas Zusätzliches und Neues gefordert wird. Grundsätzlich besteht ihr Zweck darin, sich bestimmte wesentliche Teile des in der Schule Gelehrten einzuprägen und darüber zu reflektieren und Geläufigkeit und Verständnis durch Übung zu erwerben. Hausaufgaben haben in Beziehung und in innerem Zusammenhang mit den Unterrichts- und Arbeitsformen der Schule zu stehen und sollen Rücksicht auf Alter, Entwicklung von Verantwortungsbewußtsein und Arbeitsfreude und auf Neigungen und Begabungen der Schüler Rücksicht nehmen. Der Lehrer hat Hausaufgaben entsprechend vorzubereiten, den Schüler über Arbeits- und Lernmethoden zu informieren und über Lerngewohnheiten zu sprechen. So sollte er z. B. darauf hinweisen, daß gehäuftes Lernen zu weniger Erfolg führt als mehrere in sich abgeschlossene, kürzere Lernphasen, die von Freizeitphasen unterbrochen werden. Die Hausaufgaben sind von seiten der Schule so zu bemessen, daß täglich entsprechend der Jahrgangsstufe grundsätzlich nicht mehr als etwa ein bis drei Stunden häuslicher Arbeit für diese verwendet werden müssen. Von der Schule gestellte Hausaufgaben sind im allgemeinen erst dann pädagogisch zweckmäßig, wenn der Schüler Sinn und Wert der Aufgaben erkennt und diese vom Lehrer, auch wenn es nur stichprobenweise ist, überprüft werden.

Entsprechend den ,,Richtlinien für die Erteilung von Aufgaben zur häuslichen Bearbeitung" des Bayerischen Staatsministeriums für Unterricht und Kultus sind die Erziehungsberechtigten von der Schule in den → Klassenelternn-, → Elternversammlungen und → Elternsprechstunden hinzuweisen auf

- ,,die Bedeutung eines positiven Interesses der Erziehungsberechtigten an den Hausaufgaben
- die Notwendigkeit einer störungsfreien Arbeitsatmosphäre und der Wahl der richtigen Arbeitszeit
- die den verschiedenen Aufgabenformen angemessenen Arbeitsmethoden
- die Vorzüge einer Hausaufgabenplanung über längere Zeiträume (z. B. Aufsätze, Langzeit-Wiederholung)
- die Bedeutung ausreichend langer Spiel- und Entspannungspausen".

Ein Hinweis dieser Art von seiten der Schule ist in Zusammenarbeit mit dem Elternhaus zur Unterstützung der Schüler begrüßenswert.

Einen Vorschlag zum Überdenken der Hausaufgabe für Lehrer fassen Barsig/Berkmüller/Sauter (1978) wie folgt zusammen:

,,Hausaufgabe

Rechtlicher Aspekt
- vorbereitende und nachbereitende Hausaufgabe
- Schüler ist zur Hausaufgabe verpflichtet
- Jahrgangsstufen 5–9 führen Aufgabenheft
- Durchschnittliche Schüler müssen die Aufgabe selbständig in angemessener Zeit erledigen können (Grundschule 1 Stunde, Hauptschule 1–2 Stunden)
- Sonntage, Feiertage und Ferien sind von Aufgaben freizuhalten.

Pädagogischer Aspekt der Hausaufgaben
Aufgabe der Hausaufgabe
- Erziehung zur Selbständigkeit durch Übertragen eigenverantwortlicher Aufgaben
- Anbahnen von Arbeitstugenden (Regelmäßigkeit, Sauberkeit, Zeiteinteilung, Ausdauer . . .)
- Sinnvolle Ergänzung einseitiger Spielhaltung

- Verbindungsglied zwischen Schule und Elternhaus: Realistische Einschätzung der Arbeitshaltung und Leistungsfähigkeit der Kinder
- Steigerung der Arbeitsfreude durch individualisiertes Arbeitstempo
- Arbeitsfreude durch Rückblick auf Geleistetes
- Ästhetische Erziehung
- Stärkung der Gruppenbindung durch gemeinsame „Aktionen im Freizeitbereich"

Gefahr der Hausaufgaben
- Verstärken milieubelastender Faktoren (unzureichender Arbeitsplatz, mangelndes Verständnis und Interesse verstärken die Differenzen in den Ergebnissen und können zu schichtenspezifischen Nachteilen führen)
- Begrenzung des engen Freizeitraumes bei überehrgeizigen Eltern
- Quelle von Verhaltensauffälligkeiten (Lügen, Abschreiben, Täuschung, Unsauberkeit durch mangelnde Hilfestellung, die durch Verstärkung generalisiert werden kann ...)
- Lehrer als Aufgabensteller kann bei Schülern, die z. B. überfordert werden, emotional negativ „beladen" werden.

Forderungen an eine pädagogisch effektive Hausaufgabe
- Zusammenhang zwischen Unterricht und Hausaufgaben Schülern transparent werden lassen (intrinsische Motivation)
- Beratung der Eltern (vom Helfen zum Anerkennen!)
- Variation in der Aufgabenstellung sichert Motivation und Problembewußtsein
- Rückmeldung über die Erledigung der Aufgaben muß unmittelbar erfolgen (Problem des Einsammelns)
- Leistungsdifferenzierung sichert optimale Passung und steigert damit das individuelle Anspruchsniveau

Lit.: Geißler, Hausaufgaben-Hausarbeiten, Bad Heilbrunn 1970."

Eigler/Krumm 1972

→ Lernen → Schulaufgabe → Schulordnung → Schulstreß → Unterricht   O

Hawthorne-Effekt

Das Phänomen, wonach das Verhalten einer Person allein durch die Teilnahme an einem → Experiment maßgebend beeinflußt wird, bezeichnet man als Hawthorne-Effekt. Versuchspersonen können durch ein Experiment, an dem sie teilzunehmen haben, aus einem Gefühl ihrer Wichtigkeit heraus besonders stark motiviert oder aus einem Gefühl der Angst vor Bewertung und Leistungsvergleich verunsichert werden. Als motivationssteigernde Gründe sind z. B. anzusehen: Ehrgeiz, Interesse an neuen Methoden und Techniken, Prestigegewinn, finanzielle Versprechungen u. a. Durch die Situation des Experiments ergeben sich Änderungen im Status und Selbstkonzept der Versuchsperson, welche die experimentellen Ergebnisse beeinflussen.   O

„Hear and say" method → Hör- und Sprechmethode

Hearing → Anhörkreis

Heilpädagogik → Sonderpädagogik

Heimberufsschule
Schule und Heim bilden in Form der Heimberufsschule eine Einheit. Sowohl die schulische als auch die berufliche Ausbildung der Schüler erfolgt in der Heimberufsschule.
→ Heimschule → Schule   O

Heime
Es sind verschiedene Arten von Heimen, die von seiten des Staates, der Kommunen, kirchlicher und anderer Institutionen getragen werden können, zu unterscheiden:
– Säuglings- und Kleinstkinderheime, in denen Kinder unter drei Jahren aufgenommen werden,
– Kinderheime, die Kinder bis zur Beendigung der Volksschulpflicht beherbergen,
– Heime für schulentlassene Minderjährige in Form von Heimen für Erziehungsschwierige und Jugendwohnheimen,
– Sonderheime, z. B. Heime für Lernbehinderte, Heilpädagogische Heime oder auch Berufsförderungsheime,
– Erholungsheime,
– Schülerheime.
Alle Heime, ausgenommen die Erholungs- und Jugendwohnheime sind in Erziehungsgruppen zu gliedern. Heimen für schulpflichtige Kinder ist eine Heimschule anzugliedern, wenn die dort untergebrachten Kinder für den Bereich öffentlicher Schulen nicht geeignet sind.
Unter Schülerheimen werden die mit öffentlichen Schulen verbundenen Heime (Heimschulen) verstanden. Schule und Heim unterstehen einer gemeinsamen Leitung. Die Schülerheime werden großteils vom Staat getragen und nehmen grundsätzlich nur Schüler der betreffenden Schule auf.
Bäuerle/Markmann 1976; Kupffer 1977; Muss 1975
→ Ganztagsschule → Landschulheim   O

Heimkinder → Hospitalismus

Heimschule → Heime

Helfersystem
bezeichnet die organisierte Hilfestellung gleichaltriger bzw. nicht wesentlich älterer Schüler gegenüber ihren Mitschülern bei der Bewältigung ihrer Lernprozesse. Das Helfersystem hat eine lange Tradition, in einklassigen bzw. weniggegliederten Schulen war es zur Freisetzung des Lehrers für die notwendigerweise geforderte äußere → Differenzierung nach Jahrgangsgruppen zwingend geboten.
Im nach Jahrgangsklassen gegliederten Schulwesen von heute bedeutet

die Entlastung des Lehrers nach wie vor einen wesentlichen Vorteil des Helfersystems, allerdings mit der Akzentverschiebung möglicher Intensivierung individuell betreuter Lernprozesse. Dazu gesellen sich aber jetzt noch die bewußt genutzten Vorteile des Helfersystems, die sich aus der Abwendung vom lehrerzentrierten Unterricht und der Zuwendung zum gruppenorientierten Unterricht für das soziale Lernen ergeben. Helfersystem versteht sich im gruppenorientierten Unterricht nicht als ein festgeschriebenes System verteilter Rollen, das für den einen ständige Überlegenheit, für den anderen aber frustierende Unterlegenheit bedeutet. Das Helfersystem regelt sich vielmehr nach der je nach Lerngebieten anderen Kompetenzverteilung im Sinne der wechselnden Führerschaft. Die Akzeptierung der wechselnden Rollen in Lernprozessen setzt allerdings geduldiges Einüben voraus. Ein auf diese Weise funktionierendes Helfersystem festigt den Binnenkontakt der Gruppe. Die jeweiligen Helfer sind davon zu überzeugen, daß ihre Aufgabe Wegweisung, Besprechung der Verständnisschwierigkeiten ist, nicht aber durch die Lösung der eigentlichen Lernprobleme dem Fragenden die Arbeit abzunehmen.

Der beschriebenen Art des Helfersystems ähnlich ist das an Hochschulen da und dort übliche Tutorensystem. Pädagogische Assistenten als Hilfskräfte des Lehrers leisten ebenfalls Hilfestellung bei Lernvorgängen, aufgrund ihrer generellen alters- und wissensmäßigen Überlegenheit unterscheiden sich ihre Einsatzmöglichkeiten jedoch erheblich von denen des Schülerhelfersystems.

→ Tutor K

Hemmung

bezeichnet allgemein im psychologischen Sprachgebrauch den Vorgang, daß eine bestimmte Aktivität des Organismus durch eine andere vorausgehende, nachfolgende oder überlagernde Aktivität oder durch ein situatives Ereignis unterbunden bzw. mehr oder weniger beeinträchtigt wird.

→ Gedächtnishemmungen K

Here and Now Problems

sind Fragestellungen von hohem Aktualitätsgrad. Als Auswahlkriterien für Probleme, die im Mittelpunkt organisierter Lernprozesse in der Schule oder im Kindergarten stehen, gelten Verwertbarkeit und Brauchbarkeit, Aktualität und Bezug zu den Interessen der Lernenden. Die Teilnehmer an einem Fortbildungslehrgang unter Leitung des Autors erarbeiteten z. B. folgenden Katalog von Here and Now Problems, die vor allem in der Grundschule zum Tragen kommen:

1. Angst beim Fernsehen bei bestimmten Inhalten
2. Streit vor dem Fernseher über die Programmwahl
3. Zeitspanne und Zeitpunkt
4. Durchschauen des Werbefernsehens
5. Kaufmann gibt mir zuwenig Geld heraus
6. Kinder können beim Kaufmann warten
7. Lockende Waren in der Nähe der Kasse

8. Was mache ich in der Freizeit, wenn mir langweilig ist?
9. Streit in der Familie
10. Scheidungsprobleme
11. Ich darf mir ein Gartenbeet anlegen
12. Warum treiben die Bäume in Herbst schon Knospen?
13. Wie der Specht die Larve aus dem Baum herausholt
14. Wie funktioniert das Licht am Fahrrad?
15. Wie flickt man einen defekten Fahrradschlauch?
16. Wie funktionieren eigentlich die Bremsen beim Fahrrad?
17. Wie funktioniert die Luftpumpe?
18. Uta hat Zahnweh
19. Schade, unser Schneemann schmilzt
20. Wielange ist es noch bis Weihnachten?
21. Telefonieren
22. Warum sind Verkehrszeichen notwendig?
23. Gabi schreibt einen Brief an ihre Freundin
24. Warum der Griff der Pfanne nicht heiß wird
25. Warum wird das Handtuch trocken?
26. Warum ist der Pauseplatz am Montag so schnell getrocknet?
27. Warum finden wir heute am Fenster Wassertröpfchen?
28. Warum kann es immer wieder regnen?
29. Wir machen beim Wandertag eine Regatta mit Papierschiffchen.
    (Materialanalyse Papier)
30. Wir basteln eine Laterne für den Lichterzug
    (lichtdurchlässig, -undurchlässig)
31. In der Turnstunde: Warum bleiben immer dieselben Bälle im Regal?
    (Luft federt)
32. Warum schenkte mir die Polizei zum Schulbeginn das gelbe Kopftuch?
    (Helle Farben sieht man bei Dämmerung u. Dunkelheit besser)
33. Warum können sich H. u. P. nicht leiden?
34. In der Klasse
    Helferprobleme
    Kann ich eine Bitte, Aufforderung auch ablehnen, in welcher Form?
35. Biologie
    Ich darf mir ein Gartenboot anlegen.
    Manche Bohnen gingen nicht auf.
    Angst vor dem Hund – sein Verhalten verstehen lernen
    Wie bring ich meinem Hund das Gehorchen bei?
36. Peters Meerschweinchen ist krank geworden
37. Warum wird die Kerze kleiner, wenn sie brennt?
38. Bekleidungsprobleme
39. Belastbarkeit von Brücken
40. Kleintierhaltung
41. Spritze
42. Reinlichkeitsprobleme
43. Fahrrad
44. elektr. Geräte
45. Verdauung, Ausscheidung, Sexualität

46. Pauseordnung
47. Mietordnung
48. Haarlänge/Friseur
49. Zu-Bett-Gehen
50. Einpacken – Verreisen – Lebensmittel lagern
51. Planung für einen Raum
52. Wasserversorgung
53. Molkereiprodukte K

Hermeneutik
bezeichnet im engeren Sinne das wissenschaftliche Verfahren zur Auslegung, Erklärung und zum Verstehen von Texten, Abläufen und Gesamtzusammenhängen. Ihre Methoden sind die Textauslegung und die Analyse und Reflexion über historisch-gesellschaftliche Situationen.
Das hermeneutische Verfahren, das in der Pädagogik vor allem innerhalb der geisteswissenschaftlichen Richtung Anwendung fand, zeigt sich also als Verstehen im Sinne der „Interpretation des subjektiv Wahrgenommenen und von Texten" (Röhrs 1968), z. B. von Tagebüchern, ideologischen und normativen Aussagen, bis hin zum Infragestellen des Interpretationsaktes selbst. Schleiermachers Bestimmung der Hermeneutik als „philosophische Sachkritik" und „philologische Auslegungskunst" weitete W. Dilthey durch die verstehende Interpretation der erzieherischen Grunderscheinungen aus. Dilthey und Max Weber, die namhaftesten Vertreter des hermeneutischen Verfahrens, gehen davon aus, daß menschliches Erleben auf einem Motivationszusammenhang beruht, nicht nur auf einem Kausalzusammenhang (= Ursache-Wirkungs-Verhältnis). Das menschliche Erleben darf also nicht nur von außen beobachtet und beurteilt werden, sondern muß im „geistigen Nachvollzug" auch von innen her gesehen werden (= nachfühlendes Verstehen bzw. „erlebnismäßige" Identifikation). Nur so können geeignete Erklärungen für menschliches Handeln gefunden werden.
W. Stegmüller (1969) schließt dieser sinngemäß wiedergegebenen Darstellung folgende grundsätzliche Kritik an: Das hermeneutische Verfahren ist allemal hypothetisch und bedarf der empirischen Nachprüfung. Als Verifikationsverfahren (= Beweisverfahren für die Richtigkeit einer Aussage) ist es ungeeignet, weil es wegen seiner Abhängigkeit von der subjektiven Erfahrung und deren Verallgemeinerung zu unsicher ist. Es kann bestenfalls als „ein heuristisches (= der Auffindung dienendes) Verfahren zur Gewinnung, aber nicht zur Verifikation von Hypothesen" dienen.
H. Röhrs betont als **Gefahren des hermeneutischen Verfahrens**
1. theoretische Spekulation bei Verlust des Praxisbezugs,
2. Beschränkung in der Forschung auf historische Quellen und damit Realitätsferne,
3. den Irrtum, vom Verstehen einzelner Aspekte das Ganze erschließen zu können,
4. mangelnde Objektivierbarkeit hermeneutisch gewonnener Aussagen, die allemal entscheidend vom inhaltlichen Vorverständnis und vom Selbstverständnis des Interpretierenden bestimmt werden. OK

Krambeck/Lorenzer 1974; Mollenhauer/Rittelmeyer 1977

heuristisch

werden Verfahren genannt, von denen im Sinne von Arbeitshypothesen angenommen wird, daß sie zur Lösung eines schwierigen Problems geeignet sind. **Heuristik** bedeutet in der Übersetzung aus dem Griechischen Erfindungskunst, im weiteren Sinne aber auch die methodische Anleitung zum möglichen (Er-)Finden von Neuem oder zum Lösen schwieriger Probleme. K

heterogen

Im Gegensatz zu → homogen bedeutet heterogen ungleichartig aus verschiedenen oder verschiedenartigen Komponenten zusammengesetzt. Eine Gruppe von Personen z. B., die auf Grund ihrer Vorbildung sehr unterschiedliche Kenntnisse nachweisen, aus verschiedenen sozialen Schichten kommen und gegensätzliche Meinungen haben, kann als heterogen bezeichnet werden. O

Hochschuldidaktik

Aufgabe der Hochschuldidaktik im weiteren Sinne ist es, sich mit quantitativen und qualitativen Aspekten des Hochschulbereiches zu befassen, ein rationales Verhältnis zwischen Lehre, Forschung und Studium anzustreben, die Lehr- und Lernakte, Bildungsinhalte in historischer Sicht und gegenwärtiger Entwicklung, → Lehrverfahren, → Lehrformen, Lehrorganisation und Lehrtechnologie unter lernziel- und adressatengerechter Sicht zu berücksichtigen. Das weite Feld einer Hochschuldidaktik wird von vielen → Faktoren wie Student, Lehrender, der jeweiligen Hochschulorganisation, der Struktur des Faches, der Art der Wissensvermittlung wie z. B. Vorlesung, Seminar, Arbeitsgruppe, Kurs, Zulassungs- und Prüfungsarbeiten, Medien, Theorie-Praxis-Bezug während des Studiums, Berufszielorientierung bestimmt. Diese Faktoren werden von dem sich stets wandelnden gesellschaftlichen Spannungsfeld, der Sozialisation, Ideologisierung, wirtschaftlichen, ökomenischen und politischen Prozessen beeinflußt und können Entscheidungsregulative bei der Erarbeitung von Hochschulcurricula darstellen.
Für die einzelnen Fächer entwickeln die Hochschulen und entsprechende Arbeitskreise → Fachdidaktiken als eigene Disziplinen.
L. Huber (1970) sieht in seiner Hochschuldidaktik folgende sechs Arbeitsansätze:
- Unterrichtstechnologischer Ansatz –
- Sozialpsychologischer Ansatz –
- Curricularer Ansatz –
- Wissenschaftstheoretischer Ansatz –
- Berufspraxis-Ansatz –
- Sozialisationstheoretischer Ansatz –

H. v. Hentig prägte den Begriff der Wissenschaftsdidaktik, in der er vor allem die Notwendigkeit der Vermittlung zwischen Wissenschaft und Gesellschaft und die erkenntnistheoretische Selbstreflexion der Wissenschaft betont.

→ Curriculum → Didaktik → Hochschule → Lernziel O

Hochschule

Der erfolgreiche Abschluß eines studienbezogenen Bildungsganges, das sog. → Abitur, verleiht die Berechtigung zum Studium aller Studiengänge im Hochschulbereich. Die fachgebundene Hochschulreife oder Fakultätsreife berechtigt zur Aufnahme eines Studiums in bestimmten Fachbereichen. Zu den Aufgaben der Hochschulen gehört im wesentlichen die Vorbereitung auf Tätigkeiten, die die Anwendung wissenschaftlicher Erkenntnisse und Methoden oder die Fähigkeit zu künstlerischer Gestaltung erforderlich machen.
Wegen seiner besonderen Rechtsstruktur ist der Hochschulbereich weniger durch Gesetze und Verordnungen festgelegt und gebunden als der übrige Schulbereich. Durch die im Jahre 1969 erfolgte Änderung des Artikels 91 b im Grundgesetz ergab sich die Möglichkeit stärkerer Mitwirkung des Bundes in der Hochschul- und Forschungspolitik. Durch das Zusammenwirken von Bund und Ländern im Hochschulbereich entstanden bereits mehrere gemeinsame aufeinander abgestimmte Beschlüsse und Festlegungen. Nach dem → Bildungsgesamtplan soll z. B. die Intensivierung des Hochschulbetriebes im einzelnen durch folgende Maßnahmen erreicht werden:
1. Reduzierung überlanger Studierzeiten durch Einführung der Regelstudienzeit, insbesondere durch dreijährige Studiengänge.
2. Neufestlegung von Ziel und Inhalt der Studiengänge.
3. Fortentwicklung und Einrichtung neuer dreijähriger Studiengänge in Zusammenarbeit von staatlichen Stellen und Hochschulen.
4. Erstellung von Studienordnungen durch die Hochschulen für jeden Studiengang einschließlich der Kontaktstudien sowie Koordination der Studienordnungen unter den Fachbereichen.
5. Bildung gemeinsamer Studienreformkommissionen durch die Länder unter Beteiligung der Hochschulen, der zuständigen staatlichen Stellen und Sachverständiger aus der Berufspraxis.
6. Gegenseitige Anerkennung der Zulassungsvoraussetzungen und Studienabschlüsse zur Erleichterung des Übergangs zwischen Hochschulen und Studiengängen im Bundesgebiet.
7. Erprobung neuer Modelle zur intensiveren Nutzung der Hochschulen (neunmonatige Vorlesungszeit).
8. Errichtung von hochschuldidaktischen Fachzentren, die mit der Zentralstelle für Curriculumforschung zusammenarbeiten.
9. Einrichtung von Kontaktstudien für Hochschulabsolventen, um diesen in geeigneten Abständen den neuesten Stand der Wissenschaft oder Spezialkenntnisse zu vermitteln (Roth 1975).

Die Neuordnung des Hochschulbereiches soll ein durchlässiges System von abgestuften, aufeinander bezogenen Studiengängen und Studienabschlüssen ergeben.
Gegenwärtig werden die einzelnen Studiengänge in folgenden Hochschulformen durchgeführt:

– Wissenschaftliche Hochschulen –
Hier ist das Verhältnis von Studium und Berufsvorbereitung unterschiedlich. Eine Berufsentscheidung erfolgt häufig erst nach Abschluß des Studiums, ausgenommen z. B. in den klassischen Fakultäten wie Medizin und Theologie.

– Pädagogische Hochschulen –
Die Ausbildung zum Beruf des Grund- und Hauptschullehrers wird in verschiedenen Bundesländern an wissenschaftlichen Hochschulen durchgeführt. In Bayern z. B. wurden die ,,Pädagogischen Hochschulen'' als ,,Erziehungswissenschaftliche Fachbereiche'' in die Universitäten eingegliedert.

– Hochschulen mit direktem Berufsbezug –
Sie setzen das Abitur nicht in jedem Falle voraus. Hierzu zählen Kunst- und Musikhochschulen.

– Spezialhochschulen der Bundeswehr und der Verwaltung –
Sie heben sich vom übrigen Hochschulwesen besonders dadurch ab, daß der Zugang zu ihnen nur über den Beruf erfolgen kann und ihre Studiengänge berufsbezogen sind.

– Fachhochschulen –
Die → Fachhochschulen sind auf bestimmte Berufsbereiche ausgerichtet. Eingangsvoraussetzung ist die → Fachhochschulreife bzw. die allgemeine Hochschulreife.

– Gesamthochschulen –
Sie sind den Reformabsichten entsprechend angelegt und sollen ein System abgestufter und aufeinander bezogener Studiengänge allgemein wissenschaftlicher und berufsorientierter Art nachweisen und die Forschung berücksichtigen.
→ Bund-Länder-Kommission → Kontaktstudium → Tertiärbereich → Lehrerausbildung → Weiterbildung → Fernuniversität O

Höhere Fachschule → **Fachhochschule**

Höhere Handelsschule → **Handelsschule**

Höhere Wirtschaftsfachschule → **Fachhochschule**

Höhlengleichnis
Platon versucht mit dem Höhlengleichnis, in seinem Werk Politeia (Der Staat) enthalten, den Vorgang der Bildung und Erziehung zu erläutern. Sokrates vergleicht im Dialog mit Glaukon das Individuum am Beginn seiner Bildung mit Menschen, die in einer unterirdischen Höhle hausen. Sie sind von Kindheit an so gefesselt, daß sie ihren Blick nur zur Rückwand der Höhle richten können. Auf dieser sehen sie die Schatten von Menschen und Gegenständen, die hinter ihrem Rücken am Eingang der Höhle erscheinen und durch das Licht des Feuers, das sich wiederum hinter diesen befindet, auf der Höhlenwand abgebildet werden. Solange die in der Höhle befindlichen Menschen nicht entfesselt werden und schrittweise die Stufen der Erkenntnis bis ins Licht geführt werden – ein schmerzhafter Vorgang für die

an Dämmerung und Schatten gewöhnten Augen –, werden sie die Schatten an der Höhlenwand für die volle Realität halten. Der Aufstieg ins Licht hat langsam zu erfolgen, um den Augen Zeit zu lassen, sich den jeweils veränderten Lichtverhältnissen durch Gewöhnung anpassen zu können. Endlich zur Erkenntnis des Lichts, des Guten, gelangt, dürfen die dorthin Geführten aber nicht im erreichten Zustand verharren, sondern sie sind vielmehr verpflichtet, ihre Erkenntnisse denen zugute kommen zu lassen, die den Weg der Bildung nicht oder noch nicht zu gehen in der Lage sind. Folgerichtig vertritt Sokrates die Meinung, daß gerade die in ihrer Bildung am weitesten fortgeschrittenen Philosophen selbst gegen ihre Neigung angehalten werden müßten, sich um die Belange des Staates zu kümmern. K

Hör- und Sprechmethode

Diese Methode kann im → Frontal- und Gruppenunterricht mit und ohne Medien und im Einzelunterricht im Sprachlabor eingesetzt werden. Der Unterricht gliedert sich im allgemeinen vor allem bei der Erlernung von Fremdsprachen in kurze Vorsprechphasen durch den Lehrenden oder eine auf Band aufgenommene Stimme und in eine Nachsprechphase durch den Lernenden. Besonders häufig wird die Hör- und Sprechmethode im Sprachlaborunterricht des fremdsprachlichen Anfangsunterrichts angewendet, um den Schüler mit dem Sprechen, der Sprachmelodie und einfachen Sprachstrukturen vertraut zu machen. Meistens sind diese Programme zur vertieften Übung in vier Phasen angelegt.

→ Phaseneinheiten → Lehrprogramm O

Hörspiel, selbst gestaltetes

Aus Zeitgründen wird es meist freiwilligen Arbeitsgruppen des Faches ,,Schulspiel" vorbehalten bleiben, Hörspiele für einen größeren Zuhörerkreis auf Tonband selbst zu produzieren. Da sich bei solchem künstlerischen Gestalten zur Sprechtechnik noch die besonderen Schwierigkeiten des Verfassens eines Drehbuches und das Gestalten nach dramaturgischen Regeln gesellen, kommen für diese Arbeitsgruppen nur Schüler in Frage, die aufgrund ihres Interesses entsprechend motiviert sind, das erforderliche Engagement aufzubringen. Am Beginn der gemeinsamen Arbeit wird das Nachgestalten von Hörspielen, Sketches, von Ausschnitten aus dem klassischen und modernen Repertoire des Schauspiels nach den Wünschen der Schüler im Vordergrund stehen. W. Klose (1968) empfiehlt für die Anfangsphase der Gestaltung von Hörspielen durch Schüler folgende Regeln, die einer Überforderung entgegensteuern:

,,1. Wenige, eindeutig typisierte Personen
2. Einbahnige Handlung
3. Eindeutig realistischer oder eindeutig phantastischer Stoff, noch keine Mischung zwischen realer und irrealer Welt
4. Einfache Blenden durch chronologischen Zeitablauf (keine Rückblenden) und sparsamen, durch Geräusche gut markierten Ortswechsel
5. Einfache Dialoge mit nur zwei Personen, erste Versuche mit dem Monolog (Figur eines Erzählers)"

Erst nach der mühevollen Aneignung des notwendigen dramaturgischen und sprechtechnischen Rüstzeugs anhand von Vorbildern und im Nachgestalten werden die Arbeitsgruppen in der Lage sein, ihren Hörern Eigenproduktionen anzubieten, die ihnen entmutigende Kritik ersparen. Trotz des einsichtigen enormen Aufwandes kann sich der Lehrende aber des Effektes sicher sein, daß er die sprachgestaltende Kreativität und die Sprechtechnik seiner Schüler auf keine andere Art so zu fördern imstande ist wie durch die dargestellte eigene Produktion von Sprachwerken. K

Köck 1977[2]

Hof-Effekt → Halo-Effekt

Homöostase

Im medizinischen Sprachgebrauch bezeichnet Homöostase das Gleichgewicht aller Organfunktionen, das durch körpereigene Mechanismen erhalten bzw. bei Abweichungen wiederhergestellt wird (z. B. Körpertemperatur, Blutdruck, Pulsschlag).

Die Kybernetik verwendet den Begriff Homöostase allgemein als Bezeichnung für die Funktionen, die für den Ausgleich zwischen Ist- und Sollwerten in einem → Regelkreissystem sorgen (vgl. z. B. die Funktion des Thermostaten).

In der Psychologie bedeutet Homöostase in übertragenem Sinne sowohl den psychischen Gleichgewichtszustand bei gewohnten Verhaltensanforderungen als auch das durch ständige Anpassungsveränderungen immer wieder neu zu gewinnende und veränderten Anforderungen genügende psychische Gleichwicht.

→ Kybernetische Pädagogik K

Homogamie

besagt in der Psychologie, daß sich Personen verschiedenen Geschlechts, vor allem Ehepaare, nicht zufällig, sondern im allgemeinen auf Grund ähnlicher Merkmale zusammenfinden. O

homogen

Als homogen wird Gleichartiges oder zumindest Ähnliches bezeichnet. Eine homogene Gruppe ergibt sich z. B. dann, wenn ihre Mitglieder in etwa den gleichen Wissensstand, gleiche Lerngeschwindigkeit, sehr ähnliche Fähigkeiten und gleiches Intelligenzniveau besitzen. Werden Klassen auf Grund solcher oder ähnlicher Merkmale gebildet, die ein einheitliches Klassenniveau und bei den Schülern einheitliche Leistungsergebnisse anstreben, so spricht man von **homogener Leistungsdifferenzierung**.

→ heterogen O

Homosexualität

Unter Homosexualität versteht man gleichgeschlechtliche Liebe. Die sexuelle Zuneigung zwischen Personen des weiblichen Geschlechts wird außerdem als lesbisch bezeichnet.

→ Perversion O

Horizontaler Transfer → Transfer

Hormone
sind körpereigene Wirkstoffe, die in endokrinen Drüsen (Drüsen mit inner Sekretion) oder in bestimmten Zellsystemen gebildet werden. „Hormone regulieren das Gleichgewicht der verschiedensten Organsysteme und erfüllen, global charakterisiert, vorwiegend folgende Aufgaben:
1. Regulation des Stoffwechsels (z. B. Kohlehydratstoffwechsel durch Insulin),
2. Morphogenese, d. h. Wachstum und Reifung,
3. Erregung und Dämpfung des VNS (vegetatives Nervensystem) und ZNS (Zentralnervensystem),
4. Regulation des inneren Milieus im Hinblick auf eine Umweltanpassung (synergistisch zum Nervensystem."
(W. Janke, in: Lexikon der Psychologie, Band 2, S. 97, Freiburg-Basel-Wien 1971)
Die Hormone werden eingeteilt nach dem Ort ihrer Entstehung, nach ihrer Wirkungsweise oder nach ihrer chemischen Zusammensetzung. Die verschiedenen Hormonsysteme wirken entweder gegeneinander (antagonistisch) oder einander ergänzend (synergistisch) oder sich gegenseitig regulierend (Regelkreis). Über- oder Unterproduktion von Hormonen führt zu krankhaften Veränderungen des Organismus. K

Flechtner 1968; Greene 1970; Hanke 1969[3]; Venzmer 1971

Hospitalismus
Der Begriff Hospitalismus dient als Sammelbezeichnung für körperliche und psychische Folgeschäden nach längerem oder dauerndem Aufenthalt von Kleinkindern und Kindern in Krankenhäusern und Heimen bzw. bei Vernachlässigung der Kinder in der Familie. Ursache des Hospitalismus ist der Mangel bzw. zeitweilige Entzug der körperlichen und emotionalen Zuwendung von seiten der primären → Bezugsperson. Bei Kleinkindern kann bereits eine dreimonatige Trennung von der gewohnten Bezugsperson zu irreversiblen (= nicht umkehrbaren) Schädigungen führen. Der Hospitalismus wird in mannigfachen Erscheinungsformen beschrieben:
Als allgemein verlangsamt verlaufende Entwicklung bzw. als nicht mehr aufholbarer Entwicklungsrückstand z. B. im Intelligenzbereich, als herabgesetztes Interesse an der Umwelt, als erhöhte Tendenz zu aggressiven Verhaltensweisen, als verminderte Fähigkeit zu tiefer emotionaler Zuneigung, als meist gering ausgebildete Fähigkeit zu sozialer → Distanz.
Vom Hospitalismus betroffene Kinder neigen oft auch zu einer erhöhten Anfälligkeit für Infektionen, zum Nägelbeißen, Kopfschaukeln und anderen Leerlaufhandlungen.
Die einzige Möglichkeit einer wenigstens teilweise erfolgreichen Therapie besteht darin, dem geschädigten Kind eine ständige Bezugsperson zu verschaffen, die es mit nur wenigen teilen muß (Pflege- oder Adoptivfamilie, Kinderdorffamilie u. ä.) K

Hischer 1979; Robertson 1974; Troschke 1974

Hospitant → Hospitation

Hospitation
Sie ist das Zuhören bei Vorlesungen, Unterricht usw., das passive Teilnehmen an vorbereiteten Veranstaltungen, das Orientieren und Kennenlernen von Sozialabläufen in Bildungsinstitutionen, politischen und anderen Gremien. Ein Hospitant ist z. B. Gasthörer an einer Hochschule oder Zuhörer in einer Schulklasse, um Einblick in die Unterrichtspraxis und das wirkliche Schulleben zu erhalten. O

Humangenetik
ist die Lehre von der Vererbung beim Menschen. Neben der Erforschung erblich bedingter Unterschiede zwischen einzelnen Menschen und Menschengruppen beschäftigen die Humangenetik die Anteile von Erbfaktoren an der Entwicklung des Menschen überhaupt und an fehlerhaften Entwicklungsabläufen im besonderen. Forschungsschwerpunkte der Humangenetik heute sind z. B. die Verbesserung von Methoden zur Bestimmung von → Chromosomenaberrationen aus dem Fruchtwasser, die vor- und nachgeburtliche Beeinflussung von Erbkrankheiten, die Beeinflussung der Auswahl des Erbgutes. Mit dem zuletzt genannten Beispiel ist der Grenzbereich zur Ethik angesprochen, in den die Humangenetik aufgrund ihrer Aufgabenstellungen oftmals gerät.
Literaturhinweise bei → Genetik K

Humanistisches Gymnasium → **Gymnasium**

Human-Relations-Training (HRT)
Hauptanliegen des HRT ist die Verbesserung zwischenmenschlicher Beziehungen. Das HRT bearbeitet also vorrangig Probleme, die sich aus der Rollenverteilung, mit Autoritäten, aus Kommunikations- und Delegationsschwierigkeiten ergeben. In der Regel arbeiten mehrere Gruppen parallel mit einem Trainer-Team. Ein Zeitplan bestimmt die Folge von Intergruppenveranstaltungen, Kleingruppen-, Arbeitsgruppen- und Plenumsarbeit. Dazu kommt gelegentlich eine Institutionsvoranstaltung, an der neben den Trainingsgruppen und dem Trainerteam auch das gesamte Hilfspersonal teilnimmt.
Besondere Gruppen sind für Situations- und Prozeßanalysen sowie für Anwendungsprozesse zuständig. Die Trainer haben überwiegend beratende Funktionen; die praktizierte Zurückhaltung läßt sie meist zu Projektionsflächen v. a. für Autoritätsphantasien werden.
→ Trainingsmethoden, gruppendynamische K

Hylenergetika
Der Begriff bezieht sich auf Materie, Stoff und Energie. Als Grundlagenwissenschaften hierzu sind zu nennen: Geologie, Mineralogie, Physik, Chemie, Astronomie.
→ Zätetik → Zätetische Taxonomie O

Hypermotorik → Motorik

Hypertrophie
bezeichnet das außergewöhnliche Größenwachstum von Muskeln und Organen ohne krankhafte Zellvermehrung. Ursache der Hypertrophie ist andauernde bzw. langzeitige Überbeanspruchung (vgl. Bodybuilding, Wachstum der Gebärmutter bei der Schwangerschaft). K

Hypochondrie → Phobie

Hypothalamus-Theorie
Die Motivationspsychologie kennt mehrere Gefühlstheorien, die versuchen, die Entstehung von Gefühlen zu erklären und Gefühlserlebnisse auf körperliche Geschehen zurückführen. Eine der bekannten Theorien ist die von Cannon-Bard entwickelte Hypothalamus-Theorie.
Der Hypothalamus ist ein Unterabschnitt des Zwischenhirns, der die oberste Instanz des autonomen (selbständigen) → vegetativen Nervensystems darstellt. Von hier aus werden der Wasserhaushalt, das Wärmegleichgewicht, die Herzschlagfolge, die Nahrungsaufnahme und Stoffwechselvorgänge reguliert. Erst in den letzten Jahrzehnten wurde der Hypothalamus in seiner Wichtigkeit erkannt.
Die Hypothalamus-Theorie geht davon aus, daß in den Zentren des Hypothalamus mehrere Verhaltensmuster gespeichert sind. Das Wirksamwerden dieser Verhaltensmuster wird durch hemmende Einflüsse der Hirnrinde gebremst oder ganz verhindert.
Wird ein entsprechend intensiver Reiz zur Hirnrinde weitergegeben, so kommt es zu einer Verringerung, zu einem Nachlassen, vielleicht sogar zu einer Aufhebung der durch das Zwischenhirn veranlaßten Hemmung. Hierdurch kann bewirkt werden, daß
1. das durch einen Reiz hervorgerufene Gefühl in der Peripherie des Körpers zum Ausdruck kommt, z. B. durch ein Stirnrunzeln, ein Lächeln, einen Wutausbruch;
2. der Hirnrinde eine Information über diesen Impuls zur Peripherie gegeben wird, wodurch das entsprechende Gefühl wahrgenommen wird.
Das bedeutet, daß Gefühle zeitweise durch die Großhirnrinde abgehalten werden und erst dann zum Durchbruch kommen und in Erscheinung treten, wenn das Hindernis durch Reize übersprungen oder vorübergehend beseitigt wird.
Aus nachfolgendem Schema, das die vier vom Hypothalamus gesteuerten Komponenten nach Seller (S. 11, 1978) zeigt (die subjektive Empfindung, die motorische Reaktion, die hormonale Reaktion, die nerval-vegetative Reaktion), ist die zentrale Stellung des Hypothalamus bei der Auslösung emotionaler Verhaltensweisen zu ersehen: O

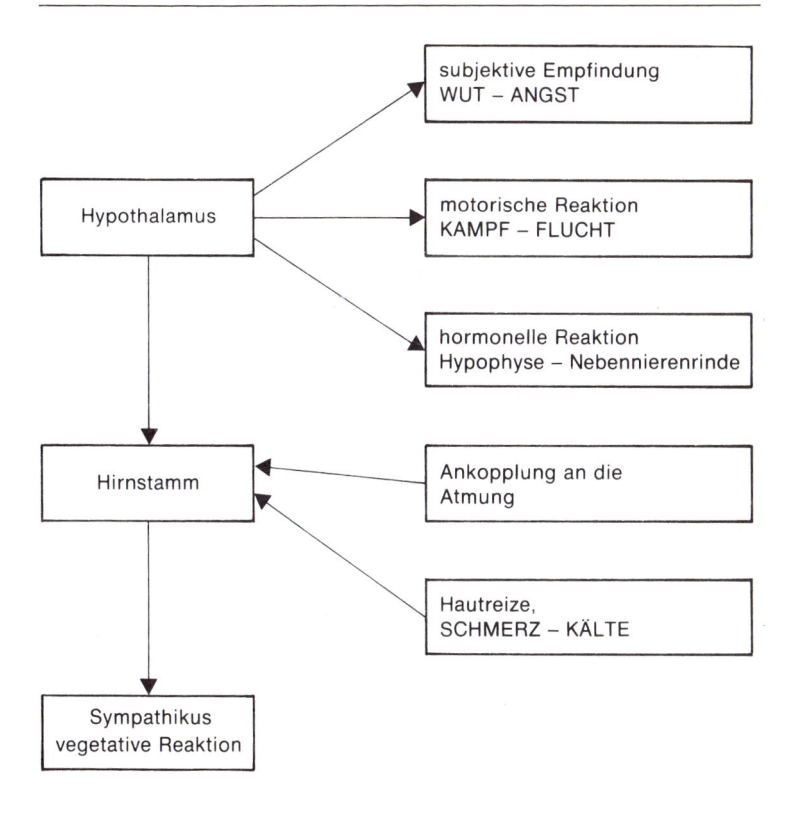

```
┌──────────────┐         ┌─────────────────────────┐
│              │────────▶│ subjektive Empfindung   │
│              │         │ WUT – ANGST             │
│              │         └─────────────────────────┘
│ Hypothalamus │────────▶┌─────────────────────────┐
│              │         │ motorische Reaktion     │
│              │         │ KAMPF – FLUCHT          │
│              │         └─────────────────────────┘
└──────┬───────┘         ┌─────────────────────────┐
       │        ────────▶│ hormonelle Reaktion     │
       │                 │ Hypophyse – Nebennierenrinde │
       ▼                 └─────────────────────────┘
┌──────────────┐         ┌─────────────────────────┐
│  Hirnstamm   │◀────────│ Ankopplung an die Atmung│
│              │         └─────────────────────────┘
└──────┬───────┘         ┌─────────────────────────┐
       │        ◀────────│ Hautreize,              │
       │                 │ SCHMERZ – KÄLTE         │
       ▼                 └─────────────────────────┘
┌──────────────────┐
│ Sympathikus      │
│ vegetative Reaktion │
└──────────────────┘
```

Brandt 1975[10]; Seller 1978

Hypothesen- oder Erwartungstheorie

Nach der Hypothesen- oder Erwartungstheorie (z. B. J. S. Bruner) wird jede soziale → Wahrnehmung von beobachtbaren und beschreibbaren Gegebenheiten der Umwelt, also vom Wahrnehmungsgegenstand in seiner tatsächlichen Erscheinungsform, und von Erwartungen des Wahrnehmenden gegenüber dem Wahrnehmungsgegenstand bestimmt. In jede soziale Wahrnehmung werden also vorgeformte Erwartungen und hypothetische Annahmen über das Verhalten eines Einzelnen oder einer Gruppe hineingenommen, womit bei der Beurteilung des Wahrgenommenen eine mehr oder minder weittragende Verfälschung derselben verbunden ist. Diese Erkenntnis wurde vor allem in den Bereichen der Psychopathologie und Kriminologie weitergeführt zur Beschreibung des **Labeling Approach.** Danach wird normabweichendes Verhalten von der Umwelt mit einem Etikett (Label) belegt, das dem Betroffenen in Form von Verhaltenserwartungen angezeigt wird. So wird z. B. oftmals ein wegen seiner Kleidung als Rocker etikettierter Jugendlicher u. a. unter dem Druck der ihm entgegengebrachten Verhaltenserwartungen dazu gedrängt, sein Verhalten dem vorgeprägten Verhaltensmuster des Rockers anzugleichen.

Laing u. a. 1973; Rubington u. a. 1968; Watzlawick u. a. 1974[4]

→ Kausalattribuierungstheorie → Pygmalion-Effekt K

Hypothetisches Konstrukt

Als hypothetisches Konstrukt wird ein angenommener, vermuteter Zustand oder Vorgang bezeichnet, der selbst nicht unmittelbar beobachtet werden kann, sondern hinsichtlich der Richtigkeit oder Falschheit der Annahme lediglich aus seinen Wirkungen und Folgen erschlossen werden kann. K

Hysterie

Die Bezeichnung Hysterie wurde noch bis ins 19. Jahrhundert als Krankheitsbegriff verwendet, der, vermutlich schon im Altertum geprägt, sich in erster Linie auf Störungen bezog, deren Ursachen in der Gebärmutter (= hystera) vermutet wurden. Die Annahme, daß nur das weibliche Geschlecht für Hysterie anfällig sei, ist fallengelassen worden.

Im heutigen medizinischen, pädagogischen und psychologischen Sprachgebrauch bezeichnet Hysterie körperlich-psychische Erkrankungen, die auf einen bestimmten Zweck hin ausgerichtet sind und deren Symptome durchwegs demonstrativen Charakter zeigen. Der Hysterische selbst nimmt seine Krankheit als solche ernst. Er erkennt meistens nicht ihren demonstrativen Charakter. Auffällige Verhaltensweisen hysterischer Personen sind z. B. planlose Aktivität, häufige Erregbarkeit, Affektausbrüche, Sprunghaftigkeit, die Neigung zu Szenen mit Jammer, Weinen und Schreien. „Sie suchen, ganz im Gegensatz zur zwangsneurotischen Persönlichkeit, ständig nach neuen Reizen, Erlebnissen und Abenteuern. Sie wollen das Gefühl der Unverbindlichkeit und Freiheit haben und streben daher nach Freiheit bis zur Willkür" (Brandt 1968). Neben diesen psychischen Verhaltensweisen treten bei Hysterie auch körperliche Symptome auf, wie z. B. Lähmungen, Krämpfe oder Sinnesstörungen.

Nach der → Psychoanalyse sind verdrängte → Konflikte mit Anlaß zu hysterischen Symptomen und führen zur Hysterie bzw. zur Psychoneurose.

→ Neurose → Zwangsneurose O

Ich – Es – Überich

Nach S. Freud kommt dem **Ich** in der Person die Steuerungsfunktion zwischen dem Überich und dem Es und den Ansprüchen der Außenwelt zu. Er beschreibt das Ich als Träger des Realitätsprinzips, der Realitätsorientierung und -anpassung. In dieser Funktion bedient es sich einer Reihe erworbener → Abwehrmechanismen und Mechanismen der aktiven Auseinandersetzung mit der begegnenden Umwelt und mit dem im Es verkörperten Lustprinzip. Da das Ich seinerseits in wechselseitiger Abhängigkeit zu Überich, Es und Außenwelt steht, ist es eine vordringliche Erziehungsaufgabe, den Aufbau der Ichstärke für eine erfolgversprechende Übernahme seiner Steuerungsfunktionen zu unterstützen.

Das **Überich** verkörpert das Prinzip der Hemmung von Triebbefriedigung. Es verdankt seine Entstehung allen → Identifikationen des Individuums zusammengenommen, d. h. den Versagungen, → Frustrationen, Verboten, die es v. a. in der Kindheit erfahren und als Normenkatalog übernommen hat. Das Überich kann nicht mit dem → Gewissen gleichgesetzt werden, vielmehr ist die Bildung des Gewissens eine Funktion des Überich neben der Bildung von Idealen, Wertvorstellungen und der Befähigung zur Selbstbeobachtung.

Das **Es** repräsentiert das Prinzip der Triebbefriedigung, das Lustprinzip, das in einem ständigen Widerstreit mit dem im Ich verankerten Realitätsprinzip liegt. Im Es agieren die vererbten Triebe ebenso wie die Verdrängungen, und zwar unbewußt. K

Drews/Brecht 1975; Fliess 1972; Freud 1968; Göppert 1968; Guettler 1971; Hartmann 1972; Jung 1950[5]; Kutter/Roskamp 1974

Ich-Identität

besagt das Verständnis und die bewußte Bejahung seiner selbst in der gegebenen kulturellen und sozialen Bezogenheit. Es kann geradezu als besonderer Auftrag zur Findung und Sicherung der Ich-Identität betrachtet werden, seinen ureigenen Standort innerhalb der kulturellen und sozialen Bedingtheiten und Abhängigkeiten zu erkennen und nach eigenem Lebensentwurf zu gestalten und zu verteidigen. Seine Ich-Identität zu behaupten, ist die lebenslange Aufgabe eines jeden Menschen. Als besonders hervorstechende krisenhafte Phase der Ichfindung können das Innewerden des Ich-Seins im 2. Lebensjahr und der bewußte Aufbau des Ich-Bewußtseins in der Vorpubertät und in der → Pubertät bezeichnet werden. Verpflichtung des Erziehers ist es, dem Kind bzw. Jugendlichen den nötigen repressionsfreien Spielraum für die Entfaltung seiner Ich-Identität zu lassen.

Seit Erving Goffman, einem amerikanischen Soziologen, wird präzisierend zwischen sozialer und persönlicher Identität unterschieden. Die **soziale Identität** bezeichnet Verhaltenskategorien und -muster, die wir uns und anderen in bestimmten Interaktionssituationen zuschreiben, und die in diesen Situationen von den Beteiligten auch als gültig anerkannt werden. So wird z. B. vom Lehrer, Richter, Finanzbeamten, Offizier in seinem Berufsfeld die Erfüllung bestimmter Verhaltensmuster erwartet. Das Ausmaß der sozialen Identität wird also von der Übereinstimmung eigener und fremder Verhaltenszuschreibungen in einer sozialen Situation bestimmt. Demgegenüber bezeichnet die **persönliche Identität** unsere Einmaligkeit und Unverwechselbarkeit, die wir in die verschiedenen Interaktionen einbringen und die wir auch nicht ohne weiteres um sozialer Anpassung willen aufzugeben bereit sind. Dieses Aufeinandertreffen von sozialer und persönlicher Identität führt zu einem ständigen „**Handel um Identität**" (McCall und Simmons), der in der Regel in mehr oder minder gelungenen Kompromissen von Bildern der Interaktionspartner von sich selbst und den anderen, von gegenseitigen Erwartungen und Verhaltenszuschreibungen usw. endet (≙ Identitätsbalance). Das unversöhnliche Aufeinanderprallen von sozialer und persönlicher Identität zieht dagegen zwangsläufig **Identitätskrisen** nach sich.

Auwärter u. a. 1976; Brody/Axelrod 1974; Döbert/Nunner-Winkler 1975; Döbert u. a. 1977; Dubiel 1973; Erikson 1974 und 1975; Gamm 1977; Goffman 1967; Krappmann 1973; Loevinger 1976; Mead 1968; McCall/Simmons 1974; Neubauer 1976; Perry 1975; Rumpf 1976; Vesey 1974; Wellendorf 1973

→ Ichstärke K

Ichstärke

bezeichnet das Ausmaß an Selbstbewußtsein und Selbstsicherheit, mit dem sich ein Individuum in den Aufbau seiner→ Ich-Identität einbringt bzw. einbringen kann. Merkmale einer ausgeprägten Ichstärke sind z. B. Aktivität, Kreativität, Entschlußfähigkeit, Sicherheit, Ausgeglichenheit, Toleranz. K

Ulich/Mertens 1974

idealtypisch

werden z. B. menschliche Verhaltensweisen oder Eigenschaften genannt, die in das normativ gesetzte, gelegentlich auch durch Vorurteile geprägte oder empirisch erhobene Gesamtbild (Idealtypus) etwa einer bestimmten Berufsgruppe oder sozialen Gruppe passen (der typische Lehrer, die typische Ehefrau usw.). Idealtypische Vorstellungen bergen die Gefahr pauschalierenden Wertens und Einordnens in sich, sie dienen aber auch als Anhaltspunkte zur Feststellung von Abweichungen vom Idealtypus. K

Ideation

bezeichnet den Vorgang und das Ergebnis des Fragens nach dem letzten Sinn des Lebens, nach ideellen Orientierungsdaten und nach dem Transzendenten (d. h. nach dem, was jenseits sinnlicher Erfahrung liegt). Vor allem der pubertierende Jugendliche ist bei seiner Suche nach ureigenen Standpunkten der Ideation im Sinne des nachdenkenden, planenden, organisierenden Entwurfs einer Lebensleitlinie aufgeschlossen.

→ Jugendalter → Pubertät K

Ideenkonzentration → Konzentration

Identifikation

Im Identifikationsprozeß übernimmt eine Person Verhaltensweisen, Eigenschaften oder Normen einer anderen Person oder einer Gruppe. Durch die Identifikation werden insbesondere Versagungen und Frustrationen (unerfüllbare Wünsche und Bedürfnisse) kompensiert. So identifizieren sich z. B. Schüler durch Übernahme bestimmter Führungseigenschaften oder anderer Eigenarten mit ihrem Lehrer, wenn ihnen aufgrund ihres sozialen → Status in der Klasse und ihrer persönlichen Eigenarten eine Entfalung ihres Dominanzverhaltens durch den Lehrer versagt bleibt. Ziel der Identifikation ist in erster Linie Reduzierung von Angst, eine erwünschte Position oder ein

erwünschtes Gut nicht erlangen oder halten zu können, Angst vor versagter Belohnung oder vor Prestigeverlust usw. In existentiellen Angstzuständen kann es bis zu einer Identifikation mit dem Aggressor kommen (Kapo im KZ, der unmenschliche Vorgesetzte, der seinerseits ständig von einem Vorgesetzten gedemütigt wird).
Nach Freud bestimmen alle Identifikationen zusammengenommen das Überich (→ Ich-Es-Überich).
Von relativ beständigen, die Persönlichkeit verändernden Identifikationen sind die zeitlich begrenzten Identifikationen v. a. bei Kindern und Jugendlichen mit → Idolen (Sportler, Film- oder Schlagerstar) zu unterscheiden. Diesen kurzfristigen Identifikationen kommt in der Regel keine große Bedeutung für die Persönlichkeitsentwicklung zu.
→ Identität → Ich-Identität K

Identifikationsfigur
wird eine meist über Medien vermittelte oder nur in der Vorstellung existierende, seltener auch wirkliche Figur genannt, mit der sich ein Individuum in Erscheinung und Verhalten identifiziert. Nicht selten wird die Identifikationsfigur im Verlauf des Identifikationsprozesses mit Eigenschaften ausgestattet, die das ursprüngliche Vorbild überhaupt nicht besitzt.
Identifikation → Idol → Vorbild K

Identität
bedeutet die völlige Gleichheit von zwei Gegenständen, die Übereinstimmung einer Person mit den über diese vorhandenen schriftlichen Unterlagen z. B. in Form eines Ausweises. Von Identitätsgefühl spricht man, wenn sich eine Person in ihren Einstellungen und Verhaltenszielen in Übereinstimmung weiß mit bestimmten Gruppen wie z. B. rassischen, nationalen, beruflichen oder anderen. Eine Berufsidentität ergibt sich, wenn sich die Tätigkeiten eines Berufsausübenden mit dem jeweiligen Berufsbild und den sich daraus ergebenden Anforderungen und Erwartungen decken.
→ Identifikation → Ich-Identität O

Ideologie
Allgemein bezeichnen Ideologien Einstellungen, Überzeugungen und Normensysteme, deren Verfechter ihnen weltanschauliche Bedeutung mit dem Anspruch sozialer und politischer Veränderung zumessen, z. B. Kommunismus, Sozialismus, Liberalismus, Nationalsozialismus. Oftmals dienen Ideologien mißbräuchlich mit dem Hinweis auf die absolute Gültigkeit ihrer normativen Aussagen der Verschleierung veränderungsbedürftiger gesellschaftlicher Zustände und der Erhaltung bestehender Macht- und Herrschaftsverhältnisse.
Im abwertendem Sinne wird mit Ideologie eine wirklichkeitsfremde Theorie oder auch der Versuch bezeichnet, einmal erworbene Grundsätze und Zielvorstellungen als (scheinbar) in sich schlüssiges normatives System zu formulieren und an ihnen – evtl. um den Preis der Selbsttäuschung – konsequent festzuhalten, auch wenn sie sich als nicht realisierbar erweisen sollten.

In abwertendem Sinne verwendete den Ideologiebegriff bereits **Francis Bason** (1561-1626), der unter „Idola" Vorurteile verstand, die einerseits durch die Eigenart menschlicher Wahrnehmung und Erkenntnisgewinnung, andererseits durch unreflektierte Tradition, Irrtümer usw. bedingt seien. In der Zeit der **Aufklärung** wurde Ideologie wörtlich als Lehre von den Ideen, Gedanken und als Erforschung derselben mit exakten wissenschaftlichen Methoden verstanden.
Eine bis heute wirkende Wende im Ideologieverständnis brachte **Karl Marx** (1818-1883). Er bezeichnet Ideologie als „falsches Bewußtsein", in dem die eigentliche Wirklichkeit des Seins in ihrer Totalität durch die vordergründige Erscheinung des Seins verdeckt bzw. verkürzt und verfälscht wird. Ursache einer solchen verengenden Sichtweite ist die jeweilige gesellschaftliche Bedingtheit des Individuums, die sich aus den herrschenden Verhältnissen ergibt und sozusagen über deren Grenzpfähle nicht hinausblicken läßt.
Nach **Karl Mannheim** (1893-1947), dem Begründer der Soziologie des Wissens, ist Ideologie wertneutral als ideologische Selbstauslegung der jeweiligen Gesellschaft zu verstehen. Ideologische Aussagen entziehen sich dem wissenschaftlichen Zugriff, da sie als Wertentscheidungen, Glaubenssätze, Sollensforderungen usw. nicht beweisbar sind. → Ideologiekritik kann bei diesem Ideologieverständnis konsequenterweise nur dort ansetzen, wo ideologische Aussagen ihren Bereich verlassen, d. h. sich auf Sachverhalte beziehen, die der wissenschaftlichen Forschung zugänglich sind.
Nach **W. Hofmann** (1969) soll „Ideologie" verstanden werden als gesellschaftliche Rechtfertigungslehre. Ideologische Urteile wollen soziale Gegebenheiten absichern, legitimieren, aufwerten. Sie sind von konservierender Natur." (Seite 54) „Ideologie behauptet, sie beweist nicht. Ideologie tritt affirmativ auf. Wissenschaft ist methodisierter Zweifel. Ideologie rechtfertigt, Wissenschaft deutet. Wo Ideologien herrschen, wird Wissenschaftlichkeit zum gesellschaftlichen Oppositionsprinzip." (Seite 59)
Barion 1971; Feuer 1975; Lichtheim 1973; Lieber 1976; Salamun 1975

→ Ideologiekritik K

Ideologiekritik

Das Anliegen der Ideologiekritik besteht in der Aufgabe, → Ideologien aller Art permanent in Frage zu stellen, auch und gerade in der Form der Selbstkritik der Ideologien. Ihren Maßstab bezieht jede Ideologiekritik aus den tatsächlich gegebenen gesellschaftlichen und politischen Verhältnissen, an denen die normativen Aussagen und Zielvorstellungen einer Ideologie in Richtung konstruktiver und realisierbarer, also nicht utopischer Veränderungen nach den Regeln der Logik zu verifizieren bzw. zu falsifizieren sind.
Nach K. Marx kann die Aufgabe der Ideologiekritik nicht allein die bloße Aufdeckung „falschen Bewußtseins" sein, sie strebt darüber hinaus die entsprechende Veränderung der Wirklichkeit an. W. Hofmann (1969) beschreibt für das Aufdecken von Ideologie zwei Schritte:
„(1) die Wahrheitsprobe: ‚Den Fehler einer Aussage zu erschließen ist Aufgabe der immanenten Kritik.' Die immanente Kritik prüft:

1. den Inhalt der Aussage an der Wirklichkeit;
2. die Entstehungsgeschichte des Fehlurteils.
Dabei können folgende ‚Fehler' aufgedeckt werden:
1. Deutungen werden als Tatsachen ausgegeben.
2. Den Tatsachen werden Werte als inhärente Eigenschaften beigemessen.
3. Der Begriff verselbständigt sich gegenüber der Sache.
4. Man geht von falschen Voraussetzungen aus.
5. Zirkelschlüsse: Unbewiesene Voraussetzungen gehen in den Beweis mit ein.
6. Fehlschlüsse.
7. Aussagen werden als der ‚Natur der Sache' entsprechend erklärt. Unerwünschtes wird durch Werturteile (‚böse') als ‚falsch' denunziert.
(2) Die soziologische Kritik prüft folgende Punkte:
1. Welche Interessen stehen hinter der ideologischen Aussage?
2. Besteht zwischen den Aussagen und dem Verhalten der Ideologieträger eine Diskrepanz?
3. Widersprechen die ideologischen Aussagen einander?
4. Welche offenen und verborgenen Konsequenzen hat eine Aussage?" K

Heuß 1975; Konz 1972 und 1974; Münch 1973; Ritsert 1975; Salamun 1975; Stüttgen 1972

Idiotie

bezeichnet den stärksten Grad von Schwachsinn. Das Verhalten des Idioten entspricht bestenfalls dem eines zweijährigen Kindes, sein → Intelligenzquotient liegt höchstens bei 25 Punkten. Er ist unfähig zu sprechen und Gesprochenes zu verstehen und sich selbsttätig seine Existenz zu erhalten. In den meisten Fällen ist Anstaltsunterbringung zu empfehlen. K

Idol

Im Sinne der ursprünglichen griechischen Bedeutung „Trugbild" bezeichnet ein Idol – tatsächlich existent oder vorgestellt – eine Person, einen Gegenstand oder einen Zustand, die bzw. der konsequenter Nachahmung und Verehrung subjektiv und gefühlsmäßig für wert erachtet wird. In diesem Verständnis eines Idols als Ersatz für Ideale, die in rationaler Ableitung oder weltanschaulicher Überzeugung gründen, agieren z. B. Stars der Film-, Schlager- und Showbranche oder auch ein bestimmter, meist durch hohen Konsum gekennzeichneter Lebensstil. Jugendliche neigen während einer kurzen Zeit ihrer Entwicklung, vor allem im Zusammenhang mit der Ablösung von der Familie dazu, sich Idole zu schaffen, besonders wenn nachahmenswerte Vorbilder in ihrer Umgebung fehlen. Die Verehrung der Idole kann gelegentlich fanatische Züge annehmen. Sie reicht dann von originalgetreuer Nachahmung des Idols in Kleidung, Gang, Sprechweise über Bilderwände des Idols bis zur Gründung von Clubs, die sich ihrem Idol gleichsam kultisch verschreiben, aber selten von langer Lebensdauer sind. K

Image

ist ein vor allem in der Werbung geläufiger Begriff, der das Vorstellungsbild von einer Person, Gruppe oder Sache sozusagen im Sinne des jeweiligen „Marktwertes" bezeichnet. Das Image ist in seiner Aussage über den zugehörigen Träger vordergründig, über seinen wirklichen Wert bzw. über die eigentliche Persönlichkeit eines Menschen sagt es nichts oder wenig aus. Das Image wendet sich vor allem an → Emotionen. Nicht selten wird das Image z. B. eines Konsumgegenstandes oder einer auf die öffentliche Meinung angewiesenen Person nach den Prinzipien der Werbung manipuliert, d. h. den Vorstellungen oder Wunschbildern der Adressaten entsprechend aufgebaut bzw. von Konkurrenten zerstört. K

Antonoff 1975; Henseler 1978; Zankl 1971

Imbezillität

bezeichnet die Formen mittelgradigen Schwachsinns zwischen → Debilität und → Idotie. Imbezillität kann vererbt oder während der ersten Lebensjahre z. B. durch Gehirnentzündung erworben sein. Der Intelligenzquotient eines Imbezillen liegt zwischen 20 und 50 Punkten, die Intelligenzentwicklung entspricht also der eines 2- bis 7jährigen Kindes. Imbezille sind nicht fähig, die → Kulturtechniken zu erlernen und ihr Leben selbständig zu gestalten. Unter Aufsicht (z. B. in beschützenden Werkstätten) sind manche unter ihnen jedoch durchaus in der Lage, einfache, mechanische Tätigkeiten auszuführen.

→ Intelligenztest K

Imitation → Modell-Lernen

Immanente Wiederholung → Rekapitulation

Imperativplanung

Bei der Curriculumerstellung werden im Rahmen der Imperativplanung → Lernziele erarbeitet und festgelegt, die für die gesamte Adressatengruppe verpflichtend sind.

→ Indikativplanung O

Implementation

bedeutet die Anwendung, Verwirklichung und praktische Umsetzung von Theorien und Handlungskonzepten.
Der Begriff wird häufig im Bereich der Curriculumtheorie verwendet und bezeichnet dort die Umsetzbarkeit eines → Curriculums in die Praxis unter Berücksichtigung der jeweils in den Lehr- und Lernprozeß mit einzubeziehenden technischen Möglichkeiten. O

Impuls

Der Impuls kann als ein Auslösefaktor von verschieden großer Intensität und Tragweite — weil dem Interesse und der Freiheit des Lernenden anvertraut — für einen Lernprozeß bezeichnet werden.

Impuls

Der **Impuls im weiteren Sinne** ist als Anregung, Anstoß für einen überschaubaren Lern- und Denkprozeß anzusehen, als Handreichung von seiten des Lehrers, eines Mitschülers oder des Lerngegenstandes selbst, die den Schüler dazu veranlassen soll, einen Lerngegenstand oder eine Situation zum Objekt seines Interesses zu erklären und die derart bejahte Problematik in **produktiver Selbsttätigkeit** bewältigen zu wollen. Die direkte → Frage führt den Schüler bei seiner Antwortsuche in der Regel auf eine eingleisige Denkspur; trotzdem aber kann zwischen Impuls und Frage nicht eindeutig unterschieden werden, wenn die Frage echtem produktivem Denken Raum läßt. Der sorgfältig formulierte Impuls zieht aber in jedem Fall eine größere Sprechbereitschaft bei den Schülern nach sich, ja bei entsprechend konsequenter Schulung eine größere Sprachgewandtheit bzw. eine größere Variabilität im Ausdruck. Ebenso wird der Denkfreiheit mehr Spielraum gelassen, insofern der Impuls mehrere Lösungsmöglichkeiten zuläßt und eine jeweils individuell selbst zu bestimmende geistige Arbeitstechnik und ein quantitativ wie qualitativ durchaus verschiedenes Ergebnis geradzu fordert.

Der **Impuls im engeren Sinne** zeichnet sich dadurch aus, daß er an entscheidender Stelle eines methodischen Gesamtkonzepts in bewußt lernzielorientiertem Einsatz einen erzieherischen oder unterrichtlichen Prozeß in seiner ganzen Komplexität auszulösen und durchzutragen vermag. Die Voraussetzung hierfür ist in der Regel ein fruchtbarer und tragfähiger dialogischer Bezug zwischen Lehrendem und Lernendem und die Formulierung des Impulses als Ergebnis einer kritischen didaktischen Analyse. Die durchdachte Formulierung verleiht dem Impuls zugleich eine klare und durchschaubare Zielgerichtetheit, die den Lernenden zur selbsttätigen Bewältigung des Problems ermuntert. Die Intention eines solchen Impulses ist erst erfüllt, wenn der im Lernenden angesprochene Lösungswille das gesteckte Ziel tatsächlich erreicht hat.

Im erzieherischen Bereich kann von einem solchen Impuls im engeren Sinne nur gesprochen werden, wenn er – sich an die im anderen verankerte Autorität und Freiheit wendend – diesen zu einer entscheidenden Handlung oder Verhaltensweise anregt, die Rückwirkungen auf die die ganze Persönlichkeit bestimmende Haltung zeitigt. Für den Erzieher stellt sich mit dieser Definition des Impulses die schwierige Aufgabe, den Lernenden gezielt auf ein selbständiges Vernehmen der Impulse seiner vielschichtigen Lebenssphäre einzuschulen und ihn zur rechten Zeit auch in dieses freiheitliche Vernehmen des Impulses zu entlassen.

Dem Impuls sind in seiner Herkunft wie in seinem Ansatz kaum Grenzen gesetzt. So kann ein Wort, ein Satz, eine Geste Impuls-Charakter besitzen. Erwähnt seien aber auch die vielfältigen Möglichkeiten eines stummen Impulses oder die Impulshaftigkeit einer besonderen Situation, des Vorbildlichen, eines Lernprogramms, der Massenmedien, eines größeren Klasse oder einen einzelnen Schüler betreffenden Vorhabens oder aktueller Ereignisse. Dem Erzieher ist es anheimgestellt, die aus der Situation geborenen Impulse ebenso aufzugreifen wie sie als Ergebnis einer didaktischen Analyse zu formulieren. **K**

Köck 1972; Ritz-Fröhlich 1973; Salzmann 1977

Impulse setzendes Verfahren
→ Erarbeitender Unterricht → Impuls

Impulsverfahren → Erarbeitender Unterricht → Impuls

incident method → Fallstudie

Indikativplanung
Im Gegensatz zur → Imperativplanung werden durch die Indikativplanung curriculare → Lernziele erarbeitet, die nicht unbedingt und nicht von allen der Adressatengruppe angehörenden Schülern erreicht werden müssen, jedoch erreicht werden können.

→ Curriculum O

Individualisierung
In der heutigen Gesellschaft ist der Begriff der Individualisierung in engstem Zusammenhang mit der → Differenzierung und deren verschiedenen Formen und Maßnahmen zu sehen. Im Rahmen des Lehrens und Lernens ist die Individualisierung, Rücksichtnahme auf den einzelnen, Stoffaufbereitung für heterogene Lerngruppen, Berücksichtigung unterschiedlicher Lernvoraussetzungen bei den → Adressaten usw. besonders zu beachten. Das Individuum, der Lernende, ist primär zu berücksichtigen bei jeglichen Differenzierungsbestrebungen, ob sie sich mit der Verbesserung der Durchlässigkeit zwischen mehreren Bildungsangeboten, Abbau sozialer Diskriminierung, Erstellung von → Curricularen Stoffplänen, schulorganisatorischen Maßnahmen oder anderen Differenzierungsvariablen beschäftigen.

→ Setting → Niveaukurs → Individualpädagogik O

Individualpädagogik
Gegenstand der Individualpädagogik ist der Mensch in seiner Einmaligkeit. Um Einseitigkeiten im pädagogischen Engagement zu begegnen und um dem jungen Menschen Hilfestellung bei seiner vollen Entfaltung als unverwechselbares Einzelwesen **und** als Sozialwesen zu garantieren, bedarf die Individualpädagogik der unverzichtbaren Wechselbeziehung zur → Sozialpädagogik. Die spezielle Aufgabe der Individualpädagogik besteht innerhalb dieser Wechselbeziehung darin, mit pädagogischen Maßnahmen an der Einmaligkeit eines jeden Menschen anzusetzen, seinen Anlagen durch entsprechende Lernangebote zur Entfaltung zu verhelfen und ihm die echte Chance zu eröffnen, selbständig und mündig als je einzelner im Sinne konstruktiv kritischer Auseinandersetzung den Umweltgegebenheiten begegnen zu können. Die logische Konsequenz dieser Aufgabenstellung der Individualpädagogik ist in allen Bereichen organisierter Lernprozesse eine → Differenzierung der Lernangebote und Methoden und die Einübung vor allem in problemlösendes, kreatives Lernen als Möglichkeit aktiver und selbstbewußter Umweltbewältigung, → Individualisierung K

Individuation

Nach C. G. Jung bezeichnet Individuation den Reifungs- und Differenzierungsprozeß der Person, dessen erklärtes oberstes Ziel Selbstverwirklichung und Ichfindung ist im Gegensatz etwa zur Ich-Aufgabe im Kollektiv oder in dauerndem unreflektiertem Anpassungsverhalten.
Die verfehlte Ichfindung führt zwangsläufig in die → Neurose, die zu überwinden nur der Verwirklichung des Ich gelingen kann. K

Goldbrunner 1949; Jacobi 1965; Jung 1950; Mahler u. a. 1975

Individuum

bezeichnet den Menschen als einzelne, einzigartige Person mit je unverwechselbaren Merkmalen. Aus dieser Beschreibung ist für die Erziehung ein Auftrag im Sinne der → Individualpädagogik abzuleiten, der sich gegen ihr einseitiges Verständnis als bloße Sozialisationshilfe wendet.
Andererseits wird das Individuum nur zur Persönlichkeit im Dialog mit anderen Individuen. → Individuation und → Sozialisation stellen also keine Gegensätze dar, sondern sind als wechselseitig sich bedingende Vorgänge zur vollen Selbstverwirklichung des Menschen zu verstehen. K

Baden 1973; Behrendt 1973; Hofstätter 1973; Kwant 1967; Laufer 1977; Medawar 1969; Munitz 1971; Rösel 1972; Roth 1975; Schaff 1970

Indoktrination

Als Indoktrination wird die auf einer → Ideologie beruhende Durchdringung und Beeinflussung einer Gesellschaft, eines Gesellschaftsbereiches oder Systems verstanden. O

Indolenz

bezeichnet allgemein Unempfindlichkeit, Gleichgültigkeit gegenüber Reizen aller Art, z. B. gegenüber Schmerz, Werten, Meinungen. In bezug auf die Annahme bzw. Ablehnung vorgetragener Meinungen kam die **Kommunikationsforschung** zu dem Ergebnis, daß die Indolenz (= Ablehnung) gegenüber solchen Meinungen am stärksten ist, die mit besonderem Nachdruck vertreten werden und den Angesprochenen stark engagieren. K

Dröge u. a. 1969; Sherif u. a. 1965

Induktion

Als wissenschaftliche Methode schließt sie vom bekannten Einzelfall oder von mehreren Einzelfällen auf das Allgemeine bzw. ein generelles Gesetz. Dieser Weg des logischen Schließens führt zur Festlegung von Regeln und Gesetzmäßigkeiten. Er stellt eine Umkehrung der → Deduktion dar.
→ Induktive Unterrichtsmethode O

Induktive Unterrichtsmethode

Durch die induktive Unterrichtsmethode wird die Wahrnehmungswelt des Schülers verarbeitet. Sie ist ein Verfahren, das Einzelerfahrungen durch weitere Elemente, durch negative und positive Beispiele vermehrt, um eine Grundeinsicht zu vermitteln. Besonders bei Kindern und Jugendlichen ist das induktive Verfahren, das zugleich den Weg des → entwickelnden Unterrichts darstellt, vorzuziehen, da es von Erfahrung und dem jeweiligen Einzelfall ausgeht und zur Regel, Definition oder anderen Gesetzmäßigkeiten führt. In der Übungsphase wird die → Induktion wiederum durch die → Deduktion ergänzt, wenn der Beweis für die Richtigkeit der gefundenen Regel durch Übungsaufgaben angetreten wird. O

Industrial Engineering

Alle Faktoren, einschließlich des menschlichen Faktors, die bei der Produktion und Verteilung von Erzeugnissen und Leistungen beteiligt sind, werden nach ingenieurmäßigen Gesichtspunkten betrachtet. Industrial Engineering befaßt sich mit Teilbereichen der angewandten Psychologie, insbesondere mit der Gestaltung von Maschinen und Arbeitsplätzen im Sinne des Systems Mensch-Maschine und untersucht die psychologische Wirkung der maschinellen Arbeit auf den Menschen. Auch Fragen über die zu erbringende Arbeitsmenge und die optimale Arbeitszeit sind Forschungsbereiche des Industrial Engineering.
→ Betriebspsychologie O

infantil

bedeutet kindlich, frühkindlich. Das Wort wird meist in Verbindung mit retardierter Entwicklung (→ Retardation) oder abwertend im Zusammenhang mit Verhaltensweisen verwendet, die einem Kind oder Kleinkind entsprechen. K

Information

Allgemein bedeutet Information Nachricht, Mitteilung. In der → Informationstheorie und → Kybernetik wird unter Information jede Art von Zeichen verstanden, die als Nachricht aufgefaßt werden kann, eine Einengung des Verständnisses von Information auf sprachliche Information wird also ausdrücklich vermieden. Informationen und ihre Weitergabe stellen das Grundproblem jeder → Kommunikation dar.
Im Vordergrund der Forschung im Bereich der Informationstheorie stehen:
1. die Problematik der → Kodierung und → Dekodierung von Informationen,
2. die quantitative Bestimmung verschiedener Arten des Informationsflusses, womit die Menge der Information gemeint ist, die auf einem Informationskanal in einer bestimmten Zeit (bit/sec.) übertragen werden kann,
3. die Bestimmung der durch die individuelle Unterschiede gekennzeichneten Informationskapazität der Sinnesorgane, die z. B. die mögliche Leistung des Informationsflusses nach oben begrenzt,
4. der allgemeine Verlauf der Informationsübertragung von einem Sender mit Hilfe vereinbarter Signale zu einem Empfänger und die vielfältigen störenden Einflüsse bei diesem Vorgang. K

Informationelle Akkommodation → Akkommodation, informationelle

Informationelle Approximation → Approximation

Informationsfluß → Information

Informationskapazität → Information

Informations- und Orientierungslehrgang
Er hat die Aufgabe, z. B. über letzte Forschungsergebnisse, Gesetzgebung, Prüfungsordnungen, Curricula, neue Schularten, Schulstufen (Orientierungs-, Kollegstufe) oder Fächer zu informieren. Hierzu zählen auch Zusammenkünfte mit Repräsentanten aus Wirtschaft, Technik und Verwaltung; Betriebs- und Werkserkundungen, die der Information und fachlichen Orientierung dienen.

→ Lehrerfortbildung → Lehrerweiterbildung O

Informationspsychologie
ist eine spezielle Forschungsrichtung der → Psychologie und ein „Abkömmling" der → Kybernetik. Nach H. Frank geht die Informationspsychologie von der Annahme aus, daß psychologische Prozesse vor allem Nachrichtenverarbeitungsprozesse sind, und das Nervensystem ein komplexes Nachrichtenverarbeitungsnetz ist. K

Informationstheorie
Die Informationstheorie umfaßt die mathematische Theorie der Informationsübertragung und -verarbeitung. Demgegenüber bezieht sich die Informationswissenschaft auf die Anwendung der Erkenntnisse der Informationstheorie z. B. auf die Psychologie, Soziologie, Didaktik.
Im Bereich der Didaktik ist die Informationstheorie u. a. eine enge Verbindung zur → Kybernetik eingegangen, womit die theoretische Grundlage der → Programmierten Instruktion über Lehrcomputer gelegt wurde. Die Forschung der Informationsdidaktik ist v. a. durch zwei Schwerpunkte gekennzeichnet:
1. durch die Erforschung des Informationsflusses und der Informationsverarbeitung bei Lernprozessen und die Ermittlung kleinster, von subjektiven Einflüssen relativ unabhängiger Lernschritte (z. B. bei den Dualsystemen von Lehrmaschinen und Computern die Reduktion auf kleinste Informationsmengen, sog. „Bits", z. B. nur mit ja – nein zu beantworten) und
2. durch die Schaffung einer weitgehenden Automatisierung der Lernprozesse, die „auf der Antizipation möglicher Verhaltensweisen des Lernenden, deren automatischer Erfassung, der Programmierung der jeweiligen Optimalstrategien im Regler und der Automatisierung der entsprechenden Steuerung" (F. v. Cube) beruht.

Abromeit 1973; Cube 1968; Escarpit 1976; Fey 1968; Frank 1969; Fuchs 1972; Langer 1962; Meyer-Eppler 1969[2]; Neidhardt 1964; Neuburger 1970; Peters 1967; Raisbeck 1970; Schultze 1969; Shannon/Weaver 1976; Weltner 1970; Wiener 1968; Young 1975

→ Information K

Informationsträger

Als Informationsträger kommen im weiteren Sinne **alle Mittler** in Frage, die Informationen in einer für die → Bezugsperson verständlichen Weise weitergeben können. Im didaktischen Sinne werden Mittler aller Art erst dann brauchbare Informationsträger, wenn ihnen als → Medien bestimmte lernprozeßunterstützende Funktionen zukommen. Im allgemeinen wird in diesem Zusammenhang von **personalen Medien** (z. B. Lehrer, Vortragender, Diskussionsleiter, Betriebsangestellter, der mit Schülern eine → Betriebserkundung durchführt) und von **nichtpersonalen Medien** (z. B. das → Lehrprogramm im Sprachlabor, die Folie auf dem Tageslichtprojektor, das Videobild über das Fernsehgerät) gesprochen.

→ Information → Informationstheorie O

Informationsübertragung → Information

Informationsziel

Im Kommunikationsprozeß wird keine → Information um ihrer selbst willen gegeben. Die Wahrscheinlichkeit, daß eine Information den Adressaten in der gewünschten Weise erreicht, ist um so größer, je eindeutiger die Absicht der Informationsgabe signalisiert wird. Umgekehrt wächst die Wahrscheinlichkeit von Mißverständnissen mit der Verschleierung der Zielangabe von Informationen. So sagt z. B. die Information ,,Oh, welch eine Krawatte!" für sich allein nichts über ihr Ziel aus. Erst Tonfall und Mimik des Sprechers verschaffen dem Adressaten Klarheit darüber, ob ihm diese Information Freude, Ärger oder Verunsicherung bescheren soll. Auch → Lernprozesse jeglicher Art verlaufen um so effektiver, je unmißverständlicher die → Lernziele beschrieben sind, auf die hin → Lerninhalte (Informationen) erst ihre Legitimation erhalten.

→ Kommunikation → Operationalisierung K

Informell

Als Gegensatz zu → formell bedeutet informell zunächst formlos, zwanglos. In der → Sozialpsychologie wird informell als Bezeichnung für lose, lockere und schwer greifbare soziale Beziehungen verwendet.

→ Gruppe, formelle und informelle O

Informelle Gruppe → Gruppe, formelle und informelle

Informeller Test → Test

Ingenieurschule → Fachhochschule

Inhaltsanalyse

bezeichnet nach Mollenhauer/Rittelmeyer (1977) als Methode erziehungswissenschaftlicher Forschung ,,die Analyse von Kommunikations-Inhalten" im weitesten Sinne, also sowohl verbale als auch nonverbale Äußerungen umfassend.

"Zwar sind verbale Einheiten wie z. B. Zeitungstexte, Propagandareden, psychotherapeutische Interviews, Schulbücher, Liedertexte etc. typische Gegenstände der Inhaltsanalyse, aber es sind mit derartigen Verfahren z. B. auch antike griechische Vasenmalereien, Melodien, Gebärden, Filme und Intonationsmerkmale der Sprache untersucht worden."
Mollenhauer/Rittelmeyer stellen „zwei Prototypen der Inhaltsanalyse" vor:

1. „Modelle der inhaltsanalytischen Auswertung einzelner Text- und Bildelemente":
Bei diesem Vorgehen werden bestimmte Elemente des Gesamtmaterials „nach der Häufigkeit, Seltenheit, Intensität oder nach Korrelationen ein zelner Wörter, Themen, Motive etc." bestimmt. Für die Untersuchung sind verbindliche Regeln festgelegt, die einen evtl. Nachvollzug ermöglichen.

2. „Modelle, in denen das Material in seinem Gesamtzusammenhang auf Argumentationsfiguren, logische Strukturen, linguistische Muster, rhetorische Strategien ..., konsistente und variierende Urteilsmuster, gesamtkommunikative Taktiken, semantische Grundmuster usw. hin untersucht wird" (= Diskurs-Modelle der Inhaltsanalyse nach Krippendorff 1969).

→ Beobachtung → Diskurs → Hermeneutik → Interaktion, soziale (dort v. a. Interaktionsanalyse)
→ Kategoriensystem → Metakommunikation   K

Inkompatibilität → Kompatibilität

Inkubation
In der Medizin bezeichnet Inkubation den Vorgang der Einnistung von Krankheitserregern im Körper. In der Kommunikationstheorie wird der Begriff in übertragener Weise für den Prozeß verwendet, in dem die empfangenen Signale in Verbindung mit gespeicherten Informationen zu eindeutig faßbaren Gedanken werden, die dann für den Fortgang der → Kommunikation wieder in bestimmte → Signale bzw. Symbole (z. B. Wörter) verschlüsselt (→ Enkodierung) werden können.
Barker/Wiseman 1966
→ Latenzperiode   K

Inkubationszeit → Latenzperiode

Innere Differenzierung→ Differenzierung → Flexible Differenzierung

Innere Lehrform → Formalstufen

Innovation
Unter schulischer Innovation sind Neuerungen zu verstehen, die den Unterrichtsverlauf, das Unterrichtsgeschehen und schulische Strukturen aller Art beeinflussen, verändern, verbessern oder an gesellschaftliche, kulturelle, für die Schule technisch wertvolle Entwicklungen anpassen. Innovationen

im schulischen Bereich ergeben sich z. B. durch curriculare Entwicklungen, Einbeziehung neuer technischer Medien wie → Sprachlabor, → Videorecorder usw., durch neue Formen der → Leistungsmessung und Leistungskontrolle oder durch schulorganisatorische Umstrukturierungen wie Einführung der Kollegstufe, Orientierungsstufe usw. Werden Innovationen größeren Umfanges durch gezielte, systematische, kontrollierte und planvolle Maßnahmen in einem Schulsystem mit der Absicht der Veränderung, Anpassung oder Erneuerung eingeführt, so spricht man von einer → Schulreform. Innovation im Rahmen der Lehrplanentwicklung in Form von Curriculum-Revision wird auch als → didaktische Innovation oder → Curriculum-Innovation bezeichnet. Hierbei geht es neben der Findung der → Lernziele auch darum, die Planung und die Ausführung sich ergebender Veränderungen nach bestimmten beispielhaft vorgegebenen Wegen und Strategien in sich aneinanderreihenden Schritten darzustellen.

Bei der Einführung von Innovationen im Schulbereich ist stets zu überprüfen, inwieweit Lehr- und Lernqualität erhöht werden können und ob der → Adressat berücksichtigt ist, dem sie dienen sollen. O

Innovationslehrgang

Er macht mit Neuerungen, → Innovationen, im jeweiligen Amtsbereich und dessen Umfeld bekannt. Lehrer werden z. B. mit dem Strukturwandel und Veränderungen, die für das Schulwesen von Bedeutung sind, mit Medientechnik und neuen Fachgebieten vertraut gemacht und zur Anwendung der neu gewonnenen Erkenntnisse im Bereich der Unterrichtsorganisation motiviert.

→ Lehrerfortbildung → Lehrerweiterbildung O

Inokulationseffekt

Inokulation bedeutet Impfung und Einimpfung. Im pädagogischen und psychologischen Bereich bezeichnet man mit **Inokulation** eine besonders eindringliche oder sehr wirksame Erst- oder Anfangsinformation über einen Gegenstand, eine Person oder ein Problem. Der **Inokulationseffekt** bezieht sich auf die Auswirkungen, die eine solche Anfangsinformation auf eine Person hat und auf die Widerstandsfähigkeit, die in derselben Person gegen anders lautende Argumente gelegt worden ist. Wenn z. B. eine Person durch eine gezielte vielleicht auch werbepsychologisch gut gestaltete Anfangsinformation überzeugt wird, daß Tee der Gesundheit zuträglicher sei als Kaffee, so kann sich bei ihr ein Inokulationseffekt dahin ergeben, daß sie alle anderen Versuche, die sie zum Kaffeetrinken überreden wollen, ablehnt oder ihnen längere Zeit widersteht. Die Dauer des Widerstehens und Ablehnens bis zu einer evtl. Einstellungsänderung stellt die **Inokulationswirksamkeit** dar.

→ Kommunikation O

Input

Die Begriffe „Input", Eingabe, und „Output", Ausgabe, sind eng miteinander verbunden. Sie werden auch, vor allem im Bereich der Wirtschaft, mit Einsatz (z. B. bewertete Güter und Dienstleistungen, die im Produktionsprozeß aufgewendet wurden) und Ausstoß (z. B. das bewertete Ergebnis der Produktion, Fertigwaren) übersetzt. In der Datenverarbeitung stellen die dem Computer eingegebenen Zahlen bzw. Programme den Input und die computererrechneten Ergebnisse oder Analysen den Output dar. Die Curriculumtheorie spricht vom Input und meint die Eingangsvoraussetzungen der Lernenden, die Leistungen der Lehrenden, die verwendeten → Lehr-, Lern- und Arbeitsmittel und andere für den Lehr- und Lernprozeß notwendige Faktoren. Erst durch die Rückkoppelung, durch die Rückmeldung der Ergebnisse kann der Input überprüft werden und gewinnt seine Gültigkeit.

→ Curriculum → Lernziel O

Input-Output-Prozeß Modell
Durch dieses Modell soll nicht die Form eines Curriculums zum Ausdruck gebracht werden, sondern ein System des Curriculumprozesses gegeben werden. → Input und Output werden nicht miteinander gekoppelt. Der Input unterliegt der Zeitkomponente und wird in verschiedene Formen und Determinanten des Prozesses übergeführt (Frey 1972), d. h. daß die Eingangsinformationen, wie z. B. aufbereitete Unterrichtsstoffe, mögliche Leistungen der Schüler und Lehrer, verwendete Lehr- und Hilfsmittel u. a. nicht direkt in das durch den Output erbrachte Resultat eingehen, sondern stufenweise immer wieder überprüft und sog. → Validierungen und retroaktive (zurückgreifende, rückwirkende) → Evaluationen eingeplant werden. In den Ablauf dieses Prozesses werden bis zur endgültigen Überprüfung der angestrebten Lernziele, des Outputs bzw. der Ausgangsinformationen mehrere Tests sinnvoll eingefügt.

→ Curriculum O

Instinkt
Als Instinkt werden angeborene artspezifische Reaktions- und Verhaltensweisen bzw. biologische Bedürfnisse, Triebe bezeichnet, die unmittelbar selektiv (auswählend) und zielgerichtet auf bestimmte → Reize ansprechen. Der Instinkt dient vor allem der Selbst- und Arterhaltung. Unter dem Einfluß der → Verhaltensforschung ist es heute strittig, ob er angeboren oder gelernt ist. Die Erforschung des Instinktverhaltens bei Tieren ist u. a. Gegenstand der → Ethologie. K

Heusser 1976, Spandl 1972, Tinbergen 1972

Institut für Praxis und Theorie der Schule → IPTS

Instrumentalisierung des Lehrberufs
Mit dem Begriff „Instrumentalisierung des Lehrberufs" wird zum Ausdruck gebracht, daß dem Lehrenden der von ihm durchzunehmende Stoff und sein Lehrverhalten bis ins Detail, z. B. durch bis in die einzelnen Bereiche hineingreifende curriculare Feinstziele vorgeschrieben werden.

→ Curriculum → Lehrerrolle O

Integrated teaching → Lernsystem

Integration, soziale
bezeichnet die Verbindung einzelner Personen oder Gruppen oder deren Aktivitäten zu einer Einheit bzw. zu einem Ganzen neuer, evtl. höherer Ordnung. Die soziale Integration meint sowohl den Vorgang dieser Verbindung als auch deren Endprodukt. Sie ist eine Grundbedingung für die Funktionstüchtigkeit der Einzelperson als soziales Wesen. Als solches muß der Mensch verschiedene soziale → Rollen in sich vereinbaren (integrieren) können, → Normen sozialer Gebilde zum Zweck einer Mindestübereinstimmung übernehmen (= normative Integration) und der → Kooperation in → Gruppen und als Gruppenmitglied wieder in größeren sozialen Verbänden fähig sein.
Es wäre jedoch eine verhängnisvolle Fehldeutung, soziale Integration mit fragloser Anpassung oder gar Gleichschaltung zu verwechseln. Sie ermöglicht vielmehr ein funktionsfähiges gegliedertes Ganzes (z. B. Gruppe, Gesellschaft, Staat) bei aller Verschiedenartigkeit der „Teile". Sie zielt auch nicht auf die Beseitigung von Konflikten, ohne die es keine Veränderungen gäbe, sondern auf die Ermöglichung humaner und konstruktiver Methoden zu ihrer Bewältigung.
T. Parsons (1968) unterscheidet kulturelle, normative, kommunikative und funktionelle Integration. K

Integration des Bildungsvorganges
Mitunter wird auch von der Integration des Bildungsablaufes gesprochen. Gemeint ist ein Bildungssystem, das die Forderungen der → Chancengleichheit und Chancengerechtigkeit erfüllt. Die Integration des Bildungsvorganges wendet sich gegen ein nur vertikal aufgebautes Schulwesen, das in Säulen nebeneinander besteht, sie tritt für ein absolut durchlässiges in erster Linie horizontales Bildungssystem ein. O

Integrierte Gesamtschule → Gesamtschule

Integriertes Lernsystem → Lernsystem

Intelligenz
Für den Intelligenzbegriff liegen je nach Forschungsansatz divergierende Definitionen vor. So ist nach **Terman** (1921) die „**Intelligenz die Fähigkeit, in abstrakten Begriffen denken zu können**". **Wechsler** (1944) definierte „**Intelligenz als das Aggregat oder die globale Fähigkeit des Menschen, zielbewußt zu handeln, rational zu denken und erfolgreich mit seiner Umwelt umzugehen**". Einigkeit besteht heute in der psychologischen Forschung über die Annahme, daß es sich bei der Intelligenz um die **Bedingungsfaktoren für bestimmte Leistungen** handelt, problematisch aber ist die Beantwortung der Frage, welches denn typische Intelligenzleistungen sind.
In der Intelligenzforschung dominiert heute die → Faktorenanalyse, deren Ziel eben die Definition der die Intelligenz kennzeichnenden grundlegen-

den Fähigkeiten ist. Spearman (1927) nahm in seiner Zwei-Faktoren-Theorie einen allen geistigen Leistungen zugrundeliegenden allgemeinen Faktor g an und einen jeweils spezifischen Faktor s für die verschiedenen geistigen Leistungen. Guilford (1967) geht in seinem dreidimensionalen System der Intelligenzstruktur von 120 Faktoren aus. **Thurstone** (1938) definierte als grundlegende intellektuelle Fähigkeiten (= **Primärfähigkeiten)** folgende: **Verbales Verständnis, Wortflüssigkeit, numerisches Denken, räumliches Denken, assoziatives Gedächtnis, Wahrnehmungsgeschwindigkeit und allgemeines Denken.** Meili beschrieb seit 1946 als Primärfähigkeiten Komplexität, Plastizität, Globalisation und Fluency.
Für J. **Piaget** ist die Intelligenz die höchste und beweglichste Form der Anpassung des menschlichen Organismus an die Umwelt, und zwar durch die ständige Veränderung der kognitiven Schemata durch → Assimilation (Angleichung der Umwelt an die bestehenden kognitiven Schemata, solange sie ausreichen) und → Akkommodation (Anpassung der kognitiven Schemata an die Umwelt, wenn sie zu deren Bewältigung nicht mehr ausreichen) mit dem Ziel, das zwischen Umwelt und kognitiven Schemata gestörte Gleichgewicht (= Äquilibration) auf immer höheren und vollkommeneren Stufen wieder herzustellen.
Die Entwicklung der Intelligenz durchläuft nach Piaget fünf Stufen: Sensumotorische Intelligenz (bis etwa 20 Monate), symbolisch-vorbegriffliches Stadium (3./4. Lj.), anschauliches Stadium (4.–7. Lj.), Stadium der konkreten Denkoperationen (7.–11. Lj.), Stadium der logisch formalen Operationen (ab 11. Lj.).
Wie Längsschnittuntersuchungen nachgewiesen haben, ist die Entwicklung der Intelligenz nicht nur anlage-, sondern auch umweltbedingt.   K

Brody/Brody 1976; Guilford 1967; Guilford/Hoepfner 1974; Montpellier 1977; Petter 1966; Piaget 1975, 1975, 1976[6]; Piaget/Inhelder 1974; Roth, E. u. a. 1972; Schmid 1978; Wechsler 1974; Zimmer 1975

Intelligenzquotient (IQ) → Intelligenztest

Intelligenztest

Intelligenztests messen die Unterschiede, die im Bereich der menschlichen → Intelligenz zwischen verschiedenen Individuen gleichen Alters bestehen, wobei die meisten Intelligenztests auf eine Prüfung der **allgemeinen Intelligenz** abzielen.
Als Maßeinheit dient der **Intelligenzquotient** (IQ), mit dessen Hilfe die Abweichung der gemessenen Intelligenz von einem Durchschnittswert nach oben oder unten ermittelt wird. Der IQ wird nach der Formel Intelligenzalter (in Monaten) : Lebensalter (in Monaten) $\times$ 100 errechnet. Wenn also z. B. ein sechsjähriger Proband durch entsprechende Aufgabenlösungen das Intelligenzalter eines Siebenjährigen nachweist, ergibt sich für ihn folgende IQ-Berechnung: $\frac{84}{72} \times 100 = 116$.
Da 100 Punkte als ungefährer Durchschnittswert gelten, besagt das Ergebnis, daß der Proband überdurchschnittliche Leistungen erbracht hat.
Moderne Intelligenztests basieren meist auf **Testbatterien.** Bei diesen Verfahren wird die quantitative Aussage z. B. über die allgemeine Intelligenz

oder über die Eignung für eine bestimmte schulische Ausbildung oder für einen bestimmten Beruf auf das Gesamtergebnis gestützt, das verschiedene Tests zu untergeordneten Fähigkeiten ergeben. Die Ergebnisse solcher Testbatterien können graphisch in **Testprofilen** (psychologisches Profil) festgehalten werden, die in übersichtlicher Form die Beziehungen der Einzelergebnisse untereinander und zum Gesamtergebnis darstellen.
Die fehlerfreie Auswertung von Intelligenztests erfordert in der Regel den Psychologen als Fachmann. In der pädagogischen Diagnostik sind Intelligenztests als wertvolle Hilfsmittel zu werten, sie bedürfen aber für sichere diagnostische Aussagen unbedingt der Ergänzung durch langfristige Beobachtungen, Anamnesen usw. K

Eysenck 1973; Guilford/Hoepfner 1974; Heller 1976; Liungman 1973; Wechsler 1944 und 1974; Wendeler 1974; Wewetzer 1972

Intention

bezeichnet eine Absicht, die Gerichtetheit auf Konkretes oder Abstraktes. Sie gibt die kognitive und die emotionale Zielrichtung an, die der Lehrer im → Unterricht auf Grund seiner didaktischen, pädagogischen Vorstellungen anstrebt.
→ Intentionalität → Erziehung O

Intentionale Bildung

Eine gezielte, geplante, systematisch ausgerichtete Vermittlung von Lehr- und Lernstoffen mit Hilfe entsprechender Medien stellt intentionale Bildung dar. Merkmale der intentionalen Bildung sind Absicht, Planmäßigkeit, Auswahl und die Anwendung von Regeln und Gesetzen. Im Gegensatz hierzu steht die → funktionale Bildung.
→ Bildung → Erziehung O

Intentionale Erziehung → Erziehung

Intentionalität

bezeichnet die Tatsache des Sich-Richtens-auf-etwas und die Lehre von der Zielgerichtetheit psychischer Verhaltensweisen und des Erkennens und Handelns in bezug auf wirkliche oder ideale Ziele.
→ Intention → Einstellung → Unterricht O

Interaktion, soziale

bezeichnet die umfassende, also nicht nur auf sprachlicher → Kommunikation beruhende Wechselbeziehung zwischen zwei oder mehreren Personen mit verhaltensbeeinflussender Wirkung. Um soziale Interaktion handelt es sich also, wenn zwei oder mehrere Personen ein Gespräch miteinander führen, aber ebenso wenn z. B. ein Reisender in einem besetzten Zugabteil für Nichtraucher eine Zigarette entzündet oder ein Lehrer seine Schüler durch Gesten und Mimik zur Mitarbeit auffordert.
Mit Hilfe der **Interaktionsanalyse** (syn. Interaktionsprozeßanalyse) wird ver-

sucht, Aufschluß über Details der Kommunikation zu erhalten, die verhaltensbeeinflussende Wirkung besitzen und damit soziale Interaktion auslösen. Um die oftmals verfälschenden Elemente freier Beobachtung möglichst auszuschalten, wurden von verschiedenen Forschern **Kategoriensysteme** (syn. Kategorienschemata) entworfen, die einen repräsentativen Teilbereich der Interaktion, meistens das verbale Verhalten der Beteiligten, durch vorgegebene → Items (= hier präzis formulierte Beobachtungsaufgaben) zu erfassen versuchen. Nach Medley und Mitzel ist ein Beobachtungsitem dann brauchbar, wenn es folgenden Anforderungen gerecht wird:
1. Es soll in der Gegenwart (Präsens) formuliert sein.
2. Es soll positiv formuliert sein.
3. Es soll in der Einzahl (Singular) formuliert sein.

Die Aussage „Lehrer trug wichtige Informationen nicht vor" verstößt gegen alle drei Konstruktionsregeln, während die Formulierung „Lehrer trägt wichtige Information vor" alle drei erfüllt.

Die Handhabung von Kategoriensystemen bereitet dem Anfänger wegen der Zeittakte und der meist großen Anzahl von Items Schwierigkeiten, die am ehesten durch schrittweises Einüben in Itemgruppen (z. B. direkte Lehreraktivitäten oder indirekte Lehreraktivitäten usw.) überwunden werden können. Das Kategoriensystem OScAR (Observation Schedule and Record) von Medley und Mitzel enthält z. B. 70 Items.

Demgegenüber sind die im folgenden wiedergegebenen Kategoriensysteme von R. L. Ober und von N. A. Flanders überschaubarer.

Das reziproke Kategoriensystem von R. L. Ober
(In: Graumann/Hofer 1974)

Lehrer-Kategorien		Schüler-Kategorien
1	trägt zur „Erwärmung" der Klassenatmosphäre bei	11
2	akzeptiert	12
3	erweitert die Beiträge eines anderen	13
4	fordert heraus, provoziert	14
5	gibt Antwort	15
6	legt nahe, bringt in Gang	16
7	steuert, ordnet an	17
8	korrigiert	18
9	trägt zur „Abkühlung" der Klassenatmosphäre bei	19
10	Schweigen oder Durcheinander	20

Das Interaktionsanalyse-System von N. A. Flanders
(In: Hanke/Mandl/Prell)

Kategorien zur Interaktionsanalyse – Die Zahlen sind nicht als Punkte auf einer Skala zu verstehen, sondern dienen lediglich zur Kennzeichnung der einzelnen Kategorien.

(1) Akzeptiert Gefühle: akzeptiert und klärt die Gefühlshaltung der Schüler, ohne zu drohen. Die Gefühle können positiv oder negativ sein. Das Voraussagen von oder Sich-Erinnern an Gefühlshaltungen ist eingeschlossen.

(2) Lobt oder ermutigt: lobt den Schüler für seine Handlungsweise oder sein Verhalten oder ermutigt ihn; Scherze zur Verminderung der Spannung, jedoch nicht auf Kosten eines anderen, Kopfnicken und Äußerungen wie „Hm" oder „weiter" sind eingeschlossen.

(3) Geht auf Gedanken (Ideen) von Schülern ein: klärt und entwickelt Anregungen von Schülern; wenn der Lehrer mehr eigene Ideen verwendet, benutzt man Kategorie 5.

(4) Stellt Fragen: stellt Fragen nach Inhalt und Verfahren, die die Schüler beantworten sollen.

(5) Trägt vor (doziert): nennt Tatsachen oder Meinungen über Inhalte und Verfahren; äußert seine eigenen Gedanken, stellt rhetorische Fragen.

(6) Gibt Anweisungen: befiehlt, ordnet an, steuert den Unterricht und erwartet, daß die Schüler Folge leisten.

(7) Kritisiert oder rechtfertigt Maßnahmen: will mit seinen Äußerungen das Verhalten des Schülers in seinem Sinne verändern, schreit einen Schüler an, gibt die Gründe für sein Verhalten an, extreme Selbstdarstellung.

(8) Schüler antwortet: Schüler antworten dem Lehrer: Lehrer initiiert den Kontakt oder bittet um Schüleräußerung.

(9) Schüler spricht freiwillig (aus eigener Initiative): Schüler sprechen auf eigenen Wunsch hin. Wenn der Lehrer nur aufruft, um die Reihenfolge der Sprecher festzulegen, muß der Beobachter entscheiden, ob der Schüler etwas sagen wollte. Wenn ja, wird diese Kategorie verwendet.

(10) Schweigen oder Durcheinander: Pausen, kurze Perioden der Ruhe und Perioden des Durcheinanders, in denen der Beobachter nichts verstehen kann.

Biggs 1977; Fritz u. a. 1975; Graumann/Hofer 1974; Grell 1976[6]; Grundke, P. u. a. 1975; Gudjohns 1978; Hanke u. a. 1974[2]; Ingenkamp 1970

→ Verbal Interaction Category System

Interaktionsanalyse → Interaktion, soziale

Interaktionsprozeßanalyse → Interaktion, soziale

Interdependenz
ist die Bezeichnung für eine wechselseitige und gegenseitige Abhängigkeit. Sie wird nicht nur im Zusammenhang mit wirtschaftlichen und politischen Gegebenheiten (z. B. zwischen Preisen oder Gütern; Abhängigkeit der Politik eines Landes von anderen), sondern auch im Erziehungsbereich und der Schulpolitik verwendet (z. B. Interdependenz zwischen → Interaktion und → Kommunikation; gegenseitige Abhängigkeit der Bundesländer in Entscheidungen der Schulpolitik). O

Interesse
meint allgemein Anteilnahme, Aufmerksamkeit, Neigung zu etwas. Im kommerziellen Bereich bedeutet sein Interesse wahren, einen bestimmten Nutzen zu verfolgen.

Einem Interesse liegt also in jedem Falle eine erwartungsvolle → Einstellung zugrunde, aus der heraus ein → Individuum einem bestimmten Detail seiner Umwelt bevorzugt seine Aufmerksamkeit widmet.

Der Erziehung stellt sich die Aufgabe, offenkundige Interessen zu fördern, darüber hinaus aber in umfassender Weise neue Interessensrichtungen durch entsprechende Umwelt- und Lernangebote anzubahnen.

Thorndike 1970

→ Erkenntnisleitendes Interesse K

Interessendifferenzierung
Die Interessendifferenzierung, neben der Leistungsdifferenzierung eine Form der äußeren Differenzierung, verfolgt durch die Anknüpfung an den Neigungen und Begabungen der Lernenden die Ziele, einerseits zur Persönlichkeitsentfaltung und andererseits zu der von der Gesellschaft geforderten Spezialistenausbildung beizutragen. Im schulischen Unterricht werden zwei Formen der Interessendifferenzierung verwirklicht: Die **Differenzierung durch Fächerwahl** sieht eine für alle Schüler eines Jahrgangs verbindliche Grundausbildung in Pflichtfächern und Wahlpflichtfächern vor und eine spezialisierte Ausbildung durch Wahlfächer, Arbeitsgemeinschaften, Interessengruppen usw. Die **Differenzierung durch Themenwahl** innerhalb der Fächer setzt die Auflösung der Klassenverbände voraus, so daß die Schüler sich je Fach einem Themenkreis zuordnen können, der aus einer Liste infrage kommender Themen zu wählen ist.

Winkeler 1975. Zur Geschichte der Differenzierung vgl. Fischer 1971

→ Differenzierung → Flexible Differenzierung K

Interferenz
bedeutet Überlagerung, in der Physik von zwei Wellenbewegungen (z. B. Lichtquellen, Schallwellen), im psychologischen Sprachgebrauch von zwei Lernvorgängen (→ Gedächtnishemmung).

Interferenzneigung, eine Persönlichkeitsvariable, besagt, daß ein Individuum Umweltanforderungen, die es mit seinen gewohnten Erfahrungen nicht sofort bewältigen kann, beunruhigt und mit meist erheblichen Anpassungsschwierigkeiten begegnet. K

Intermittenz → Intermittierende Beobachtung

Intermittierende Beobachtung
Der Begriff Intermittenz wird für jede Art von Unterbrechung oder Form des zeitweiligen Aussetzens von Erscheinungen, z. B. Krankheitserscheinungen, Reizdarbietungen, Verhaltensweisen oder Tätigkeiten verwendet. Somit stellt die intermittierende Beobachtung eine nicht kontinuierliche Beobachtung dar, die entweder systematisch-rhythmisch in bestimmten Zeitabständen oder unsystematisch-spontan erfolgen kann. O

Internalisation, Internalisierung
bezeichnet die Verinnerlichung von Werten, Normen und Verhaltensmustern einer Bezugsgruppe bzw. der Bezugsgesellschaft im Verlauf des → Sozialisationsprozesses. Verinnerlichen bedeutet hierbei nicht nur ein Akzeptieren als Annehmen und sich Anpassen, sondern es beinhaltet auch die Bereitschaft zum Vollzug des Übernommenen.
Internalisation ist notwendig, wenn ein Individuum überhaupt eine Chance haben soll, den Rollenerwartungen seiner Gesellschaft gerecht werden zu können. Mit der Internalisation ist aber auch der pädagogische Auftrag aufgegeben, ein kritisches Hinterfragen dessen, das internalisiert werden soll, zuzulassen und zu einem solchen Hinterfragen zu befähigen. Kritiklose Internalisation würde die Festschreibung und den Stillstand des Bestehenden ohne die Möglichkeit evtl. wünschenswerter Veränderung bedeuten. K
Schafer 1968

Interne Validität
Interne → Validität wird den Inhalten eines → Curriculums und den sich auf das Curriculumziel beziehenden Curriculumkomponenten zugesprochen, die sich auf Grund einer Prüfung (z. B. Testlauf) als gültig erwiesen haben. O

Interpersonell
bezeichnet die Beziehung einer Person zu ihren Mitmenschen. O

Interrollenkonflikt
Eine Person, die mehreren, verschiedenen → Bezugsgruppen angehört und an die unterschiedliche Verhaltenserwartungen gestellt werden, gerät in einen Konflikt, der als Interrollenkonflikt bezeichnet wird.
→ Lehrerrolle → Rolle → Intrarollenkonflikt O

Intervenierende Variable
ist eine veränderbare Größe, die bei einer Reiz-Reaktions-Folge bzw. in einem Verhaltensablauf eine mehr oder minder steuernde Rolle spielt. Die intervenierende Variable ist ein Konstrukt (→ hypothetisches Konstrukt), das durch Abstraktion operational definiert ist, dessen tatsächliche Wirkung aber nicht eindeutig vorherbestimmt werden kann (vgl. z. B. Ablenkungen bzw. Störungen bei einem Lernprozeß).
→ Variable K

Intervention, soziale

Im völkerrechtlichen Sinne bedeutet Intervention die Einmischung eines Staates oder einer internationalen Organisation durch diplomatische Vermittlung oder durch militärische oder wirtschaftliche → Sanktionen in die innenpolitische Auseinandersetzung eines anderen Staates bzw. in die politischen, militärischen oder wirtschaftlichen Auseinandersetzungen zweier oder mehrerer anderer Staaten.

Die soziale Intervention stellt die entsprechende Übertragung des Gesagten auf soziale Kleingebilde wie Kleingruppen, Klassen, Arbeitsteams usw. dar. Vor allem der Erzieher ist von seinem pädagogischen Auftrag her zu sozialen Interventionen legitimiert, es ist aber ebenso seiner pädagogischen Verantwortung anheimgestellt, seine Interventionen auf das notwendige Mindestmaß zu beschränken, wenn sein Engagement nicht in Gängelung umschlagen soll. Eine spezielle Bedeutung kommt der sozialen Intervention bei gruppendynamischen → Trainingsmethoden und bei psychotherapeutischen Maßnahmen zu. Sie bezeichnet hier das weiterführende, klärende Eingreifen und Denkanstöße von seiten des Trainers bzw. Psychotherapeuten. K

Argyris 1970; Gerlach 1967; Loth 1966; Moore 1974; Schwarz 1971

Interview

heißt die Befragung von Personen mit dem Zweck, Informationen zu einem vorgegebenen Thema zu erhalten. Interviews werden als Methode, z. B. bei der → Anamnese, der → Erziehungsberatung in anderen Beratungssituationen und zur Aufdeckung von Einstellungen und Meinungen (politisches Interview, Markt- und Meinungsforschung) verwendet.

Je nach Interviewziel und -situation wird zwischen folgenden Hauptformen des Interviews unterschieden:
1. Beim **standardisierten Interview** sind die Fragen bis ins Detail vorgegeben. Die schriftliche Form des standardisierten Interviews kennt entweder Fragen, die nur ein Ja oder Nein erfordern, oder solche Fragestellungen, wo unter mehreren Fragen oder Feststellungen die zutreffende anzukreuzen ist. Schließlich sind noch Fragen mit freier Antwort möglich.
2. Im **halbstandardisierten Interview** kann der Befragende in entsprechenden Situationen vom Wortlaut der Fragestellung abweichen, dieselbe erklären oder das Fragefeld durch Zusatzfragen ausweiten. Ein vorgegebenes Fragegerüst liegt allerdings auch hier vor.
3. Dagegen stehen beim **Tiefeninterview** lediglich Ziel und Thema fest, der Verlauf bleibt offen.

Bei der Auswertung von Interviewdaten sind allemal verhaltens- und ergebnisbeeinflussende Faktoren auf seiten beider Interviewpartner mit zu berücksichtigen wie z. B. Vorurteile, Wahrnehmungsfähigkeit, Stimmung, Beherrschung der Interviewmethode. K

Anger 1969

Intonation

bezeichnet in der Sprachwissenschaft die Veränderung von Tonhöhe und -stärke beim Sprechen. Eine der jeweiligen Situation und der Absicht des Gesprochenen möglichst angemessene Intonation trägt mit dazu bei, Mißverständnisse bei Mitteilungen zu vermeiden. Besonderes Gewicht erhält die Intonation z. B. bei den → Einwortsätzen von Kleinkindern, die mit ein- und demselben Wort je nach Betonung verschiedene Absichten verbinden. K

Intrapersonal

Die Zusammenschau, das Zusammenfassen, das Umformen, Gestalten und Finden von Erkenntnissen, die durch inneres Reflektieren in ein und derselben Person auf Grund des Aufeinandertreffens von subjektiv Erlebtem bzw. von Erlebnissen oder Interessen entstehen und von der Person selbst zu verarbeiten sind, wird als intrapersonelle bzw. intrapersonale Auseinandersetzung bezeichnet. Die den Menschen beeinflussenden, an ihn von außen herangetragenen Gegebenheiten und Faktoren werden intrapersonell verarbeitet und können diesen zu positiven Tätigkeiten, zur → Kreativität motivieren, aber auch negativ beeinflussen und frustrieren. Mitunter führt bei schwierigeren, nicht leicht zu überschauenden Problemen und im Inneren des Subjekts sich widerstreitenden Erlebnissen der intrapersonelle Prozeß beim einzelnen auch zum → Konflikt. O

Intrapersonell → Intrapersonal

Intraprozessual

Im Gegensatz zu → extraprozessualen Komponenten des Unterrichts sind intraprozessuale z. B. die → Spontaneität, Motiviertheit, Ermüdungsgrad des Schülers oder andere individualpsychologische → Determinanten. O

Intrarollenkonflikt

Zu einem Intrarollenkonflikt kommt es dann, wenn eine Person z. B. zwei gegensätzliche, nicht miteinander im Einklang stehende, ihr widerstrebende Anordnungen ausführen oder Meinungen weitervermitteln muß. So kann der Lehrer im Unterricht in einen Intrarollenkonflikt zwischen Curriculum und Leistungsforderung einerseits und die für die Kinder notwendige erzieherische Fürsorge und Betreuung andererseits gebracht werden.
→ Lehrerrolle → Rolle → Dissonanz, kognitive O

intrinsisch

Als intrinsisch werden Faktoren bezeichnet, die von innen her wirken und sich nicht aus einem Objekt-Objekt- oder Objekt-Subjektbezug ergeben.
→ Intrinsische Motivation O

Intrinsische Evaluation
Sie überprüft, beurteilt und analysiert erstelltes Curriculummaterial. Hierbei bedient sie sich hermeneutisch-analytischer (→ Hermeneutik), mitunter auch ideologiekritischer Verfahren, um Einsichten und Auskünfte zu erzielen, die zur Beurteilung von Kriterien von Reformprojekten dienen.
→ Evaluation O

Intrinsische Motivation
Die intrinsische Motivation wird von innen her veranlaßt, z. B. durch Empfindungen, Eigenüberlegungen oder persönliche Entscheidungen.
→ intrinsisch → Motivation → extrinsische Motivation O

Introjektion
Der Vorgang, Gebote, Verbote oder Wertvorstellungen anderer zu übernehmen oder sich zu eigen zu machen, wird als Introjektion bezeichnet. Sie reicht bis zum Vorgang der → Identifikation und wird mit dieser meist sinngleich verwendet. O

Introspektion
bezeichnet den Vorgang der Selbstbeobachtung bzw. der Erlebnisbeobachtung. Gegenstand der Aufmerksamkeit ist also das eigene Verhalten des Beobachters. Es wird die Introspektion, die gleichzeitig mit einem aktuellen Ereignis erfolgt, unterschieden von der Introspektion, die unmittelbar nach Ablauf eines Ereignisses vorgenommen wird. Aussagen aufgrund der Introspektion sind subjektiv und schwer überprüfbar. Deshalb wird der Introspektion als Methode der psychologischen Forschung geringeres Gewicht beigemessen als der objektiveren Methode der Verhaltens- bzw. Fremdbeobachtung.
→ Beobachtung K

Introversion
Nach C. G. Jung kennzeichnet Introversion den Verhaltenstyp, der sein Interesse überwiegend auf die eigenen psychischen, also intrapersonalen Vorgänge richtet. Der Introvertierte zeigt sich vorsichtig bis mißtrauisch bei Kontaktnahmen mit der Umwelt, nachgiebig bei Konflikten, nachdenklich. Im Gegensatz dazu ist der extravertierte Verhaltenstyp (→ Extraversion) mit seinen Interessen überwiegend nach außen gerichtet, umweltbezogen, aktions- und kontaktfreudig. K

Eysenck 1970; Flückinger 1975; Hillinger 1971; Shapiro 1975; Trostorff 1970

Intuition
bedeutet den Vorgang, bei welchem Wirklichkeit ohne detaillierte Beobachtung und ohne Zwischenschaltung kritisch abwägenden Reflektierens mehr ahnend und gleichsam schlagartig in ihrer wesentlichen Aussage erfaßt wird. Solche „Eingebungen" können für ein Individuum bei Kontaktnahmen mit anderen Individuen oder in existentiell kritischen Situationen

durchaus wertvoll und bedeutsam sein. Die Subjektivität ihrer Aussagen schließt aber auch die Gefahr von Fehldeutungen und ein vorschnelles Werten aufgrund von Vorurteilen mit ein. K
Möhlig 1965; Rothacker/Thyssen 1963

Invarianz
bedeutet wörtlich Unveränderlichkeit. In der Entwicklungspsychologie z. B. kennzeichnet die Fähigkeit des Invarianzerlebnisses bei Kindern den Übergang vom anschaulichen Denken zu konkreten Denkoperationen. Im Alter von 7 Jahren sind Kinder meistens fähig, die Invarianz eines Gegenstandes festzuhalten, wenn er in Form, Lage oder in seiner Beziehung zu anderen Gegenständen verändert wird. J. Piaget wies in zahlreichen Experimenten nach, daß dagegen jüngere Kinder die Invarianz von Gegenständen nicht festzuhalten in der Lage sind. Wenn z. B. eine Kugel aus Knetmasse vor den Augen der Kinder zu einer Walze verformt wird, behaupten sie, daß die Knetmasse mehr geworden sei. Dasselbe Ergebnis bringen Umfüllversuche mit einer bestimmten Menge von Holzperlen oder von Flüssigkeiten aus Gläsern mit größerem Durchmesser in solche mit kleinerem Durchmesser. K
Adam 1977

IOP-Modell → Input-Output-Prozeß Modell

IPTS (Institut für Praxis und Theorie der Schule)
Die zweite und dritte Phase der → Lehrerbildung ist nicht bundeseinheitlich geregelt. In manchen Ländern wie z. B. in Schleswig-Holstein übernimmt ein staatliches Institut, hier das ‚Landesinstitut Schleswig-Holstein für Praxis und Theorie der Schule', sowohl den → Vorbereitungsdienst als auch die → Lehrerfort- und Lehrerweiterbildung.
Das IPTS gliedert sich in die Institutsverwaltung, in die Seminare zur Berufseinführung und regionalen Lehrerfortbildung, in die Zentralstelle für Physik, die Zentralstelle für technologische Pädagogik und die Zentralstelle für Information und Arbeitsplanung. Die Schwerpunkte des Instituts werden bezeichnet mit:
– Einheitliche phasenübergreifende Konzeption der → Lehrerbildung
– Herausbilden eines neuen Berufsbildes des → Quartarstufenlehrers
– Kooperative Zusammenarbeit der Lehrer verschiedener Lehrämter
– Einbeziehen der Unterrichtstechnologie
– Fragen der Lehrerweiterbildung.
→ Akademie für Lehrerfortbildung → ISP (Staatsinstitut für Schulpädagogik) O

IQ → Intelligenztest

Irreversibilität
heißt Nichtumkehrbarkeit. Mit irreversiblen Lehreräußerungen und Erzieherverhalten sind nicht geeignete, geringschätzige Äußerungsformen gemeint, die ein Lehrender oder Erziehender als vermeintlich Überlegener

Kindern und Jugendlichen gegenüber ausspricht. Verwenden Schüler ihren Lehrern oder Kinder ihren Eltern gegenüber dieselben Äußerungen und Ausdrücke wieder, so werden sie als unhöflich, unverschämt oder gegen den Anstand verstoßend bezeichnet und nicht selten bestraft. Irreversibilität ist oft eng verknüpft mit Taktlosigkeit und Geringschätzung. O

Isolierung

1. In der Psychologie bezeichnet Isolierung einen → Abwehrmechanismus. Wenn ein Individuum sich nicht in der Lage sieht, einer komplexen Anforderung durch die Realität als ganzer zu begegnen, wird ein Teilproblem aus der schwierigen Gesamtproblematik herausgelöst (isoliert) und zum Gegenstand ausschließlicher Beschäftigung. Ein Lehrer mit Kommunikationsschwierigkeiten z. B. würde sich selbst existentiell infragestellen, wenn er sich seine evtl. erheblichen Defizite auf diesem Gebiet eingestünde. Deshalb wird er eher dazu neigen, als Ursache seiner Schwierigkeiten die für ihn unverständliche Gruppensprache der Jugendlichen oder die fehlende Zeit für persönliche Kontakte zu beklagen, und zwar losgelöst von dem viel komplexeren Problem seiner mangelnden Kommunikationsfähigkeit.
2. In der Pädagogik wird von Isolierung gesprochen, wenn Kinder oder Jugendliche in Absonderung von ihrer gegebenen Umwelt gezielten pädagogischen Maßnahmen ausgesetzt werden. Gemeint sind → „pädagogische Provinzen" im weitesten Sinne, wie z. B. Internate zur Unterbringung und gezielten Förderung in schulischer oder beruflicher Ausbildung befindlicher Kinder oder Jugendlicher, von milieugeschädigten, gefährdeten, straffällig gewordenen oder behinderten Kindern oder Jugendlichen. Die Gefahr der Realitätsentfremdung bei dieser Art Isolierung im pädagogischen Bereich legt den besonderen erzieherischen Auftrag nahe, jede verantwortbare Öffnung zur umgebenden Realität in der Internatserziehung, im Jugendstrafvollzug usw. zu suchen. K

ISP → Staatsinstitut für Schulpädagogik

Istwert → Regelkreis

Item

Der Begriff ‚Item' bezieht sich auf klar gestellte Einzelaufgaben im Rahmen von Abhandlungen, Prüfungs-, Testverfahren und Experimenten. Bei der → Programmierten Instruktion werden einzelne Programmschritte als items bezeichnet. Foltz (1965) faßt die von R. F. Gilbert vorgeschlagenen items wie folgt zusammen:

1. lead-in items: einführende Programmschritte (PSch)
2. augmenting items: zusätzliche PSch
3. interlocking items: ineinandergreifende PSch
4. rote review items: gedächtnisprüfende PSch
5. restated review items: neu gestellte Wiederholungsschritte
6. delayed review items: aufgeschobene Wiederholungsschritte
7. fading items: schwindende PSch

Itembank

8. generalizing items: verallgemeinernde PSch
9. specifying items: spezifizierende PSch
10. dovetailing items: auseinanderhaltende PSch
→ Lehrprogramm, → Test, → Test-Item O

Itembank
bezeichnet eine Sammelstelle für Testaufgaben (= → Items), die z. B. je nach Bedarf vom Lehrer für die Zusammenstellung informeller Tests auf herkömmliche Weise oder über ein Datensichtgerät (= Monitor) abgerufen werden können.
→ Test K

Jahrgangsstufensprecher → Schülervertretung

Jenaplan
Der Jenaplan geht auf P. Petersen zurück, der damit eine Form schulischen Lernens vorschlug, welche die offenkundigen Nachteile der traditionellen, einseitig auf Wissensvermittlung ausgerichteten und hohe Sitzenbleiberzahlen aufweisenden Schule überwinden sollte. Die wichtigsten Vorschläge des Jenaplans sind:
1. Auflösung der Jahrgangsklassen in Stammgruppen mit je drei Tischgruppen, die drei Jahrgänge umfassen. Petersen wollte mit dieser Organisation die natürliche Dynamik der altersgemischten Gruppe für Erziehung und Lernen in der Schule ausnutzen, ein Vorteil, der im Vorschulbereich (Kindergarten usw.) längst bekannt ist und genutzt wird.
2. Der nach Fächern geordnete Stundenplan wird von einem Wochenarbeitsplan abgelöst, der den inhaltlichen Rahmen für ein stark gruppenbezogenes Lernen absteckt.
3. Statt der Zeugnisse werden Berichte über die bewältigten Lernvorgänge unter Einbezug der Schülermitbeurteilung erstellt. K

Petersen 1927 und 1972[53]

Johari-Fenster
Das Johari-Fenster (Johari-window) ist nach Joe Luft und Harry Ingham benannt. Es dient dazu, den Stand und mögliche sowie wünschenswerte Veränderungen der Selbst- und Fremdwahrnehmung in einer Gruppe graphisch zu veranschaulichen.

	mir selbst bekannt	mir selbst unbekannt
anderen bekannt	A Bereich der freien Aktivität	B Bereich des blinden Flecks
anderen unbekannt	C Bereich des Vermeidens oder Verbergens	D Bereich der unbekannten Aktivität

Im Verlauf eines Gruppenprozesses ist durch eine zunehmende Atmosphäre des Vertrauens, durch offene Informationen über die eigene Person und durch → Feedback die Chance gegeben, A auf Kosten der anderen drei Bereiche auszuweiten, während dagegen zu Beginn des Gruppenprozesses der Bereich A zwangsläufig den geringsten Spielraum hat. K

Luft 1972

Jugendalter

kennzeichnet den Entwicklungsabschnitt zwischen der → Pubertät und dem Erwachsenenalter. Während des Jugendalters vollziehen sich starke Veränderungen im Körperlichen, die Intelligenzentwicklung stabilisiert sich, Werthaltungen und neue Verhaltensformen werden aufgebaut. Bei letzteren spielen vor allem die kritische Auseinandersetzung mit der → Primärgruppe und die schrittweise für Ichfindung und Autonomie nötige Ablösung von ihr eine entscheidende Rolle. Ebenso kritisch steht der Jugendliche seiner bisher bestimmenden Sekundärgruppe Schule gegenüber. Er neigt nun dazu, sein Verhalten an Gleichaltrigen, aber auch an → Idolen zu orientieren. Auch die Bildung von Subkulturen (z. B. Hippies, Gammler, Rocker) als Protest gegen meist nicht klar definierte Erscheinungsformen der herrschenden Gesellschaft liegt im Jugendalter nahe. Die Notwendigkeit, sich neu orientieren zu müssen, führt beim Jugendlichen oft zu widersprüchlichen Verhaltensweisen, aber auch zu kompromißlosem Beharren auf Standpunkten, die er für richtig hält.
Besondere Probleme des Jugendalters stellen dar
1. die Phänomene der → Akzeleration und der → Retardation,
2. in Schule und Beruf an den Leistungsnormen der Erwachsenen gemessen zu werden bei gleichzeitig eingeschränktem Freiheitsspielraum, geringerer Erfahrung und geringerem Leistungsvermögen,
3. in der Zeit höchster sexueller Potenz zur Enthaltsamkeit bzw. zu starker Einschränkung der sexuellen Aktivität angehalten zu sein. K

Ausubel 1974; Baacke 1976; Blos 1973; Gruber 1961; Hetzer 1970; Hornstein 1972, 1975; Muuss 1971; vgl. auch die Literaturhinweise bei → Entwicklungspsychologie!

Jugendbewegung

Die Jugendbewegung als Protestbewegung gegen die autoritäre Gesellschaftsordnung des ausklingenden 19. Jahrhunderts. Sie betonte die Autonomie des Individuums in der Gemeinschaft (vgl. Wandervogel, Fest der Freideutschen Jugend auf dem Hohen Meißner 1913). Teilweise von überzogenen romantischen Vorstellungen und Schwärmerei geprägt, zeigte sich die Jugendbewegung den Ereignissen des 1. Weltkrieges, der Unsicherheit der Weimarer Republik und der Ideologie wie der politischen Praxis des Nationalsozialismus nicht gewachsen. K

Heer 1974; Jantzen 1972; Karl 1973; Kindt 1963-1975; Korn u. a. 1963; Rosenbusch 1973; Seidelmann 1966

Jugendgerichtsgesetz

Das Jugendgerichtsgesetz regelt die strafrechtliche Verantwortlichkeit der verschiedenen Altersstufen und die möglichen Rechtsfolgen:

Alter	Strafverantwortung	Rechtsfolgen
bis 14 Jahre: **Kind**	Nicht strafrechtlich verantwortlich, aber Bestrafung der Eltern wegen Vernachlässigung der Aufsichtspflicht möglich.	Einschaltung des Vormundschaftsgerichtes und des Jugendamtes möglich.
14–18 Jahre: **Jugendlicher**	Strafrechtlich verantwortlich, wenn eine dem Alter entsprechende geistige Einsicht vorliegt. Auch Jugendliche können demnach strafrechtlich zur Verantwortung gezogen werden.	Nach Regelung des Jugendgerichtsgesetzes: **Erziehungsmaßregeln:** Rauch-, Trinkverbot, Teilnahme am Verkehrsunterricht, Arbeit im Krankenhaus oder beim Roten Kreuz, Anordnung eines Erziehungsbeistandes oder einer Fürsorgeerziehung. **Zuchtmittel:** Verwarnung, Verpflichtung zur Schadenswiedergutmachung, zur Entschuldigung beim Geschädigten, zur Zahlung einer Geldsumme an eine gemeinnützige Vereinigung, Freizeitarrest oder Kurzarrest (bis zu 6 Tage) oder Dauerarrest (höchstens 4 Wochen). **Jugendstrafe:** Verurteilung zu ungewisser Dauer (6 Monate bis 4 Jahre), falls „schädliche Neigungen" vorliegen. Verurteilung zu einer Strafe zwischen 6 Monaten und 10 Jahren bei besonders schweren Verbrechen.
18–21 Jahre: **Heranwachsender**	Voll strafrechtlich verantwortlich. Nur dann Anwendung des Jugendstrafrechts, wenn sittliche und geistige Entwicklungskräfte wie bei einem Jugendlichen vorliegen.	Bei bestimmten Voraussetzungen Anwendung des Jugendstrafrechts, sonst normales Strafrecht.
ab 21 Jahre: **Erwachsener**	Voll strafrechtlich verantwortlich	Normales Strafrecht.

Die Übersicht ist aus Heft 6 (1978) der Zeitlupe entnommen, herausgegeben von der Bundeszentrale für politische Bildung, Bonn.

→ Jugendkriminalität → Jugendstrafvollzug K

Jugendhilfe

Sie ist im Rahmen der sozialen Hilfen, die sich in Fürsorge (Sozialhilfe), Gesundheitshilfe und Jugendhilfe untergliedern, zu sehen. Neben → Familie, → Schule und → beruflicher Ausbildung soll sie durch unterstützende, ergänzende und ersetzende Maßnahmen und Einrichtungen dazu beitragen, die Entwicklung von Kindern und Jugendlichen positiv zu fördern. Als Erziehungsziele der Jugendhilfe bestimmte der „Ausschuß zur Erarbeitung grundlegender Vorstellungen über Inhalt und Begriff moderner Jugendhilfe" folgende (Novak, Priller, Schendl, Vogg 1978, S. 207):
„Selbstverwirklichung und Selbstbestimmung (Autonomie), Leistungsfähigkeit (Produktivität), Humane Liebesfähigkeit (Sexualität), Kommunikations- und Kooperationsfähigkeit (Soziabilität), Phantasie und Spontaneität (Kreativität)."
Nach Wilhelm (1961) umfaßt die Jugendhilfe die drei großen Bereiche:
1. **Jugenderziehungshilfe,** die den Eltern beratend zur Seite steht oder das Elternhaus z. B. durch Adoptionsvermittlung, Vormundschaftsübernahme oder Heimerziehung ersetzen soll.
2. **Jugendberufshilfe** in Form der Beratung, berufsfördernder Maßnahmen oder durch Unterbringung Jugendlicher in Wohnheimen.
3. **Jugendkulturhilfe,** die z. B. Freizeitprogramme für Jugendliche anbietet, Jugendsport oder die Teilnahme an Kulturreisen und Ferienlagern ermöglicht.

Für die Bundesrepublik Deutschland kann nach Wolf (1977, S. 231) nachstehendes Schema als Orientierungshilfe für die organisatorische Differenzierung der Jugendhilfe dienen:

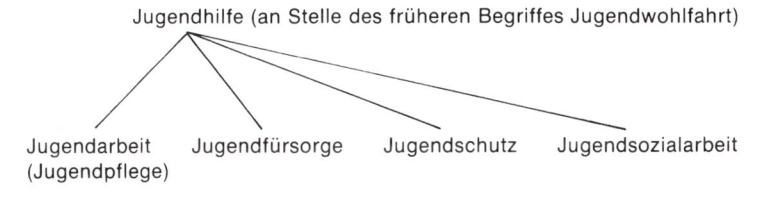

Jugendhilfe (an Stelle des früheren Begriffes Jugendwohlfahrt)

Jugendarbeit   Jugendfürsorge   Jugendschutz   Jugendsozialarbeit
(Jugendpflege)

Für die Jugendhilfe, deren Grundlage die → Sozialpädagogik ist, und die bei der Ausbildung zum Sozialpädagogen (grad.) oder Sozialarbeiter (grad.) einen umfangreichen Teilbereich darstellt, wurden folgende Arbeitsfelder von der Bundesarbeitsgemeinschaft der Landesjugendämter niedergelegt (Bundesanstalt für Arbeit 1978[4]):
„1.   Bezirksfürsorge (Familienfürsorge)
1.1   Allgemeine Jugendhilfe
1.11 Beratung in Fragen der Erziehung (funktionale Erziehungsberatung)
1.12 Heim- und Familienpflege
1.2   Mitwirkung bei Freiwilliger Erziehungshilfe (FEH) und Fürsorgeerziehung (FE)
1.3   Jugendgerichtshilfe
1.4   Vormundschaftsgerichtshilfe
1.5   Betreuung gefährdeter Jugendlicher
1.6   Jugendsozialhilfe

2. Besondere Arbeitsbereiche
2.1 Heim- und Kindertagesstattenaufsicht
2.2 Adoptions- und Pflegekinderwesen
2.3 Erziehungsbeistandschaft, Vormundschafts- und Pflegeschaftswesen
2.4 Bewährungshilfe für Jugendliche und Heranwachsende
2.5 Beratung und Bildung in der Kinder- und Familienhilfe, z. B. Erziehungs- und Jugendberatungs-, Ehe- und Familienberatungsstätten, Familienbildungsstätten (Mütterschulen usw.)
2.6 Jugendpflege und Jugendschutz
2.7 Praxisberatung
2.8 Öffentlichkeitsarbeit
3. Einrichtungen der Jugendhilfe
3.1 Jugendfreizeitstätten (Jugendbildungsstätten, Häuser der Jugend, Heime der offenen Tür usw.)
3.2 Tageseinrichtungen für Kinder (Krippe, Kindergarten, Hort einschl. Sondereinrichtungen)
3.3 Erziehungsheime
3.4 Heime für Kinder und Jugendliche
3.5 Jugendwohnheime
3.6 Sonder- und heilpädagogische Heime.
3.7 Erholungs- und Kurheime für Kinder und Jugendliche

Wesentliche rechtliche Grundlagen für die Jugendhilfe bilden neben zahlreichen Verordnungen vor allem das Bürgerliche Gesetzbuch und das Jugendwohlfahrtsgesetz.

Bayerisches Staatsministerium für Arbeit und Sozialordnung 1978
Bauer u. a. 1976; Birke u. a. 1975; Böhnisch 1973; Damm 1975; Derschatta 1974; Deutsches Jugendinstitut 1973; Ehlers u. a. 1970; Giesecke 1975; Jordan 1975; Jugendwohnkollektive 1973; Liebel/Swoboda 1972; Mollenhauer 1976; vgl. auch die Literaturhinweise bei Sozialarbeit!

→ Familienerziehung → Familientherapie → Freizeiterziehung → Heime → Jugendschutz → Sozialisation → Verwahrlosung   O

Jugendkriminalität

bezeichnet das gegen das Strafrecht verstoßende Verhalten Jugendlicher. Bei der Erforschung der **Ursachen** der Jugendkriminalität stößt man neben der gelegentlichen Aufdeckung anlagebedingter Ursachen (z. B. → Chromosomenaberration, Hirnschädigungen verschiedener Ausmaße) in den meisten Fällen auf Ursachen, die aus der Umwelt bzw. der → Sozialisation der Kinder und Jugendlichen zu erklären sind. Der Weg in die Kriminalität führt beim Jugendlichen meistens über → Verhaltensstörungen und → Verwahrlosung. Gegensteuernde Maßnahmen (z. B. → Diskurs, → Bearbeitung durch Rollenspiele, therapeutische Maßnahmen) versprechen in diesem Vorfeld der Kriminalität noch am ehesten Erfolg. In der Reihe der die Jugendkriminalität verursachenden Sozialisationsfaktoren stehen die → Massenmedien, der Konsumzwang, mangelnde Wertorientierung (→ Werte) und der Isolierungseffekt der fortschreitenden Verstädterung obenan. Neuerdings gesellen sich dazu noch der Trend zu Massenschulen in Beton, der permanente Leistungsdruck und die Jugendarbeitslosigkeit. Die Experten sprechen übereinstimmend von einer explosionsartigen Entwicklung der Kinder- und Jugendkriminalität. Die folgenden Übersichten sind aus Heft 6 (1978) der Zeitlupe entnommen (Hrsg.: Bundeszentrale für politische Bildung, Bonn).

1. Diebstahlsdelikte

Diebstahlsdelikte stehen an erster Stelle der Straftaten, die von Kindern und Jugendlichen begangen werden.

	Altersgruppen in %			
Schwerer Diebstahl	Kinder	Jugendliche	Heranwachs.	Erwachsene
1954	9,1	17,9	16,3	56,7
1964	10,9	19,2	16,8	53,1
1975	9,1	27,2	22,5	41,2
Einfacher Ladendiebstahl				
1954	9,3	15,5	12,7	62,5
1964	11,5	17,8	12,2	58,5
1975	12,3	18,4	10,7	58,6

	Altersgruppen in %			1976
	Kinder	Jugendliche	Heranwachs.	Erwachsene
Diebstahl in/aus Wahrenhäusern, Selbstbedienungsläden	12,8	15,7	6,4	65,1
Diebstahl von Mopeds	12,4	56,2	19,7	11,7
Diebstahl von Fahrrädern	35,0	31,0	10,3	23,7

2. Raubkriminalität

Raubkriminalität, wie auch Körperverletzungs- und Zerstörungskriminalität nehmen bei Kindern und Jugendlichen bedrohlich zu. Abenteuergeist und das Sich-Hervortunwollen spielen hier ebenso eine Rolle wie das Nachahmen von Heldenfiguren aus Film und Fernsehen.

	Altersgruppen in %			1976
	Kinder	Jugendliche	Heranwachs.	Erwachsene
Raub gesamt	7,3	19,2	21,0	52,5
Zechanschlußraub	0,1	9,5	20,7	69,7
Handtaschenraub	10,7	38,9	20,7	29,7
Straßenraub	11,9	23,8	23,5	40,8
vorsätzliche Brandstiftung	18,2	15,7	12,2	53,9
Sachbeschädigung	13,1	21,1	17,6	48,2
Notzucht	0,3	8,1	16,1	75,5
gefährliche und schwere Körperverletzung	1,7	11,0	16,4	70,9

Jugendrecht

3. Rauschgiftdelikte

Rauschgiftdelikte spielen nach wie vor eine große Rolle auf der jugendlichen Szene. An Konsum, Handel und Beschaffung sind Minderjährige in erheblichem Maße beteiligt. Bedrohlich ist besonders der Trend weg von sogenannten leichteren Mitteln wie Haschisch und LSD hin zu den harten Drogen.

Rauschgiftdelikte	Altersgruppen in %			
	Kinder	Jugendliche	Heranwachs.	Erwachsene
1954	0,6	1,2	1,3	96,9
1964	0,1	1,7	3,7	94,5
1975	0,2	13,3	36,4	50,1

Eigentumsdelikte stellen bei ca. 10% der einschlägig straffälligen Kinder und Jugendlichen die Einstiegskriminalität in schwerere Straftaten dar. Die Betroffenen selbst nennen als häufige Motive für Eigentumsdelikte
- Mutproben, womit meist Minderwertigkeitsgefühle kompensiert werden,
- Mangel an festen Beziehungen und Anerkennung,
- Langeweile (Wohlstandsklau),
- Gruppenzwang,
- Konsumzwang.

Bei der Gewalt- und Rauschgiftkriminalität kommt noch der Konsum von Alkohol und Drogen als gewichtige Ursache hinzu.

Bohnsack 1973; Deimling/Lenzen 1974; Haferkamp 1975; Hellmer 1966; Kaiser 1977; Kerscher 1977; Moser 1976

→ Jugendgerichtsgesetz → Jugendstrafvollzug K

Jugendrecht

Die Zeitschrift „Zeitlupe" Nr. 8, 1978, herausgegeben von der Bundeszentrale für politische Bildung, Berliner Freiheit 7, 5300 Bonn 1 veröffentlichte folgende Übersicht über die Rechtsstellung der Kinder, Jugendlichen und heranwachsenden Jugendlichen in der Bundesrepublik Deutschland: K

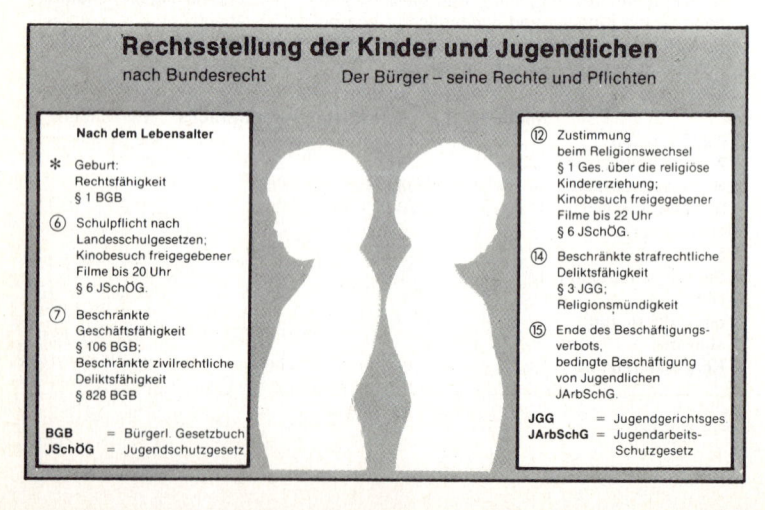

Rechtsstellung der Kinder und Jugendlichen
nach Bundesrecht — Der Bürger – seine Rechte und Pflichten

Nach dem Lebensalter

✱ Geburt:
Rechtsfähigkeit
§ 1 BGB

⑥ Schulpflicht nach Landesschulgesetzen;
Kinobesuch freigegebener Filme bis 20 Uhr
§ 6 JSchÖG

⑦ Beschränkte Geschäftsfähigkeit
§ 106 BGB;
Beschränkte zivilrechtliche Deliktsfähigkeit
§ 828 BGB

⑫ Zustimmung beim Religionswechsel
§ 1 Ges. über die religiöse Kindererziehung;
Kinobesuch freigegebener Filme bis 22 Uhr
§ 6 JSchÖG

⑭ Beschränkte strafrechtliche Deliktsfähigkeit
§ 3 JGG;
Religionsmündigkeit

⑮ Ende des Beschäftigungsverbots, bedingte Beschäftigung von Jugendlichen
JArbSchG

BGB = Bürgerl. Gesetzbuch
JSchÖG = Jugendschutzgesetz
JGG = Jugendgerichtsges
JArbSchG = Jugendarbeits-Schutzgesetz

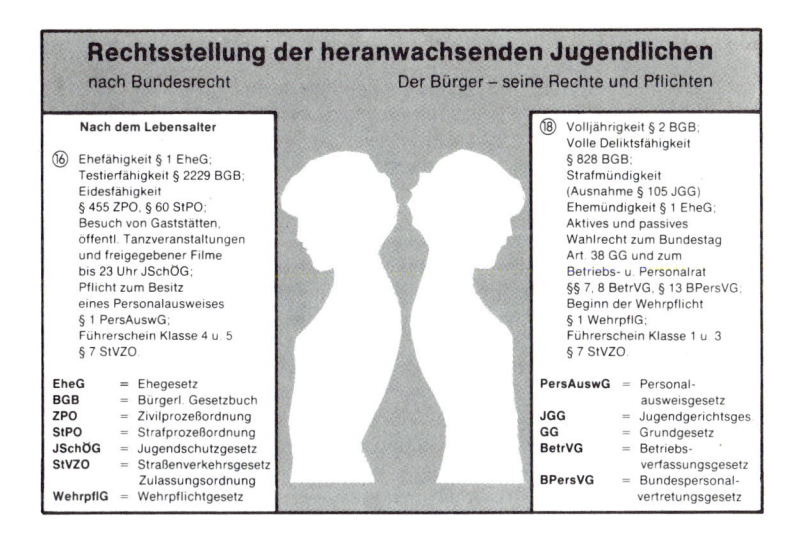

Jugendstrafvollzug

Rechtsstellung der heranwachsenden Jugendlichen
nach Bundesrecht   Der Bürger – seine Rechte und Pflichten

Nach dem Lebensalter

⑯ Ehefähigkeit § 1 EheG;
Testierfähigkeit § 2229 BGB;
Eidesfähigkeit
§ 455 ZPO, § 60 StPO;
Besuch von Gaststätten,
öffentl. Tanzveranstaltungen
und freigegebener Filme
bis 23 Uhr JSchÖG;
Pflicht zum Besitz
eines Personalausweises
§ 1 PersAuswG;
Führerschein Klasse 4 u. 5
§ 7 StVZO.

⑱ Volljährigkeit § 2 BGB;
Volle Deliktsfähigkeit
§ 828 BGB;
Strafmündigkeit
(Ausnahme § 105 JGG)
Ehemündigkeit § 1 EheG;
Aktives und passives
Wahlrecht zum Bundestag
Art. 38 GG und zum
Betriebs- u. Personalrat
§§ 7, 8 BetrVG, § 13 BPersVG;
Beginn der Wehrpflicht
§ 1 WehrpflG;
Führerschein Klasse 1 u. 3
§ 7 StVZO.

EheG	= Ehegesetz		PersAuswG	= Personalausweisgesetz
BGB	= Bürgerl. Gesetzbuch			
ZPO	= Zivilprozeßordnung		JGG	= Jugendgerichtsges.
StPO	= Strafprozeßordnung		GG	= Grundgesetz
JSchÖG	= Jugendschutzgesetz		BetrVG	= Betriebsverfassungsgesetz
StVZO	= Straßenverkehrsgesetz Zulassungsordnung			
WehrpflG	= Wehrpflichtgesetz		BPersVG	= Bundespersonalvertretungsgesetz

Jugendschutz

versteht sich als Sammelbegriff für pädagogische Maßnahmen gegenüber Gefährdungen, denen Jugendliche in einem bestehenden Gesellschaftssystem ausgesetzt sind.
Es wird beim Jugendschutz unterschieden zwischen
1. präventiven (vorbeugenden) Maßnahmen, also einer Pädagogik der Bewahrung im Sinne des Abschirmens der Jugendlichen gegen gefährdende Einflüsse (vgl. vor allem die Jugendschutzgesetze)
2. und pädagogischen Maßnahmen, welche die schrittweise und altersgemäße Einübung in die gesellschaftliche Realität durch kritische Auseinandersetzung zum Ziel haben. K

Becker 1958; Grundsatzentscheidungen 1972; Jugendschutzgesetze 1961; Klatt 1968; Maier-Diewald 1966; Potrykus 1971; Steffen 1974 und 1976

Jugendstrafvollzug

stellt eine strafrechtliche Sonderbehandlung jugendlicher oder heranwachsender Rechtsbrecher dar. Jugendlicher nach dem Gesetz ist, wer zur Zeit der Tat 14, aber noch nicht 18 Jahre alt ist. Heranwachsender, wer zur Zeit der Tat 18, aber noch nicht 21 Jahre ist.
Die Jugendstrafe, die aus Freiheitsentzug in einer Jugendstrafanstalt besteht, wird grundsätzlich nur bei Vorliegen schädlicher Neigungen und bei schwerer Schuld verhängt. Sie soll so bemessen sein, daß erforderliche erzieherische Einwirkungen möglich sind.
Das Mindestmaß der Jugendstrafe beträgt 6 Monate, das Höchstmaß ist mit 5 Jahren angesetzt. Begeht ein Jugendlicher ein Verbrechen, für das entsprechend der Schwere der Tat nach dem allgemeinen Strafrecht eine Höchststrafe von mehr als zehn Jahren verhängt werden müßte, so beträgt das Höchstmaß seines Freiheitsentzuges 10 Jahre.

Jugendverwahrlosung

Eine Jugendstrafe von unbestimmter Dauer kann vom Richter verhängt werden, „wenn wegen der schädlichen Neigungen des Jugendlichen, die in der Tat hervorgetreten sind, eine Jugendstrafe von höchstens vier Jahren geboten ist und sich nicht voraussehen läßt, welche Zeit erforderlich ist, um den Jugendlichen durch den Strafvollzug zu einem rechtschaffenen Lebenswandel zu erziehen." (Jugendgerichtsgesetz § 19)
Der Jugendstrafvollzug, der die Resozialisierung des Täters versucht, leistet wesentliche erzieherische Hilfen durch:
- Berufsausbildung (während der Strafzeit), um eine Eingliederung in das Berufs- und Gesellschaftsleben nach der Entlassung zu erleichtern
- psychologische und soziale Betreuung in der Jugendstrafanstalt
- Individualisierung der Strafzeit
- Betreuung nach der Entlassung
- Abbauen und Abhalten gesellschaftlicher Vorurteile.

Nach dem JGG können Verfehlungen Jugendlicher auch geahndet werden durch Erziehungsmaßregeln oder Zuchtmittel.
Erziehungsmaßregeln sind die Erteilung von Weisungen in Form von Geboten oder Verboten zur Regelung der Lebensführung (z. B. eine Arbeitsstelle anzunehmen, keine alkoholischen Getränke zu sich zu nehmen), die Anordnung der Erziehungsbeistandschaft oder Fürsorgeerziehung. Zuchtmittel sollen dem Jugendlichen, der eine Straftat beging, eindringlich bewußt werden lassen, daß er für das von ihm begangene Unrecht voll einzustehen hat. Sie sollen an das Ehrgefühl eines im Grunde gutartigen Jugendlichen oder Heranwachsenden appellieren. Nach § 13 JGG sind Zuchtmittel die Verwarnung, die Auferlegung besonderer Pflichten (z. B. Wiedergutmachung eines veranlaßten Schadens oder Zahlung eines Geldbetrages an eine Hilfsorganisation), der Jugendarrest in Form des Freizeitarrests, eines Kurzarrests von höchstens 6 Tagen oder eines Dauerarrestes von mindestens einer Woche und höchstens 4 Wochen.

Deimling 1969; Gönner 1971; Harrer 1977; Heckel/Seipp 1976; Heinz/Korn 1973; Hofmann 1967; Hohmeier 1973; Moser/Künzel 1970; Novak u. a. 1978

→ Jugendgerichtsgesetz → Jugendhilfe → Jugendkriminalität → Verwahrlosung O

Jugendverwahrlosung → Verwahrlosung

Junior Motivation Index (JMI)

ist ein → Test, der aus etwa 50 → Test-Items und 30 Füll-Items besteht. Die Items werden durch Ankreuzen beantwortet, wobei folgende Möglichkeiten gegeben sind:
+ 1 leichte Zustimmung
+ 2 starke Zustimmung
− 1 leichte Ablehnung
− 2 starke Ablehnung.
Die entsprechende Antwort kann sich z. B. auf folgendes Item beziehen:
Die Schüler sollten die Möglichkeit haben, bei der Gestaltung ihres Stundenplanes mitzuwirken.
+ 1   + 2   − 1   − 2   (Bewertungsstufe ankreuzen).
→ Schulmotivation → Leistungsmotivation O

Kanalisierung

Der in der neueren Entwicklungspsychologie gebräuchliche Begriff beschreibt den Prozeß stetig fortschreitender Verfestigung bestimmter Verhaltensweisen des Menschen, die aufgrund intra- und interpersoneller Einflüsse unter alternativen Verhaltensweisen bevorzugt werden. Die ausgewählten Verhaltensweisen haben die Tendenz, im weiteren Verlauf der Kanalisierung verfestigt zu erstarren, während die nicht gewählten Verhaltensweisen nicht oder nur spärlich entwickelt werden. Eine Kanalisierung liegt beispielsweise vor, wenn im Rahmen des Sozialisationsprozesses in einer bestimmten Lebensgemeinschaft übliche Tischsitten oder Umgangsformen gelernt und verfestigt werden, während andere Möglichkeiten des Verhaltens bei Tisch oder im täglichen Umgang mit Mitmenschen, die in anderen Kulturkreisen durchaus üblich sein können, überhaupt nicht gesehen werden und damit auch gar keine Chance haben, gelernt zu werden. Ähnlich verhält es sich mit dem Erlernen der Muttersprache oder mit der Berufswahl. K

Kapazität

bedeutet Aufnahmefähigkeit, Fassungsvermögen.
Die Speicherkapazität des Gedächtnisses bezeichnet z. B. diejenige Informationsmenge, die das Gedächtnis maximal behalten kann.
→ Information (Informationskapazität) K

Kassette

Die vor allem von der Schlagerindustrie bereits seit längerer Zeit geübte Praxis, ihre Produktionen in Kassettenform auf den Markt zu bringen, findet in zunehmendem Maße auch im schulischen und außerschulischen Bildungsbereich Anklang. Das in Kassettenform auf Videoband bzw. Tonband gespeicherte Film- bzw. Tonmaterial ist besonders durch den Vorteil seiner unkomplizierten Bedienung gekennzeichnet. K

Katamnese

heißt in der medizinischen Fachsprache der Abschlußbericht einer Krankengeschichte.
Im psychologischen Sprachgebrauch wird unter Katamnese der Bericht über die Langzeitwirkung einer psychotherapeutischen Behandlung bzw. eines gruppendynamischen Trainings aufgrund von Daten der Fremd- und Selbstbeobachtung verstanden.
→ Anamnese → Beobachtung K

Katechetische Lehrform → Eromatische Lehrform

Kategoriale Bildung

Eine Kategorie ist eine Grundaussage, eine Klasse von grundlegenden, das Wesen eines Sachverhalts betreffenden Einsichten. Der Zweck von Kategorien kann in der ordnenden Gliederung der Realität gesehen werden. Das Ziel der kategorialen Bildung ist es, durch pädagogische Maßnahmen Hilfestellung zu bieten, daß die Realität mit den ihr immanenten Gesetzmäßigkeiten und die rationale, emotionale und pragmatische Antwort des Menschen auf sie sich in steigendem Maße entsprechen können. Realität und Antwort des Menschen stehen dabei nicht in einem einseitigen Kausalitätsverhältnis (= Ursache-Wirkungs-Verhältnis) zueinander, sondern sie erschließen sich gegenseitig in einem fortlaufenden Wechselwirkungsverhältnis.

Klafki 1964[4]; Preul 1973

→ Elementare, das K

Kategoriale Didaktik

Die kategoriale Didaktik zielt primär nicht auf lernzielorientierte Curricula und Fragen des Lehrplanes ab, sondern versucht im Rahmen der allgemeinen → Didaktik ein Instrumentarium von Struktureinsichten didaktischen Denkens und Handelns zu finden und dadurch etwas über den Gesamtzusammenhang der den Unterricht beeinflussenden Faktoren und Dimensionen auszusagen. Als Beispiel sei das siebendimensionale Modell von Erich Dauenhauer angeführt, das den Lern- und Bildungsakt unter folgenden sieben Kategorien sieht:
„1. Die erziehungswissenschaftlich-inhaltliche Fragerichtung.
 2. Die erziehungswissenschaftlich-wissenschaftstheoretische Fragerichtung (Bildungskategoriallehre).
 3. Die erziehungspraktische Fragerichtung.
 4. Die nachbar- und fachwissenschaftliche Fragerichtung.
 5. Die Fragerichtung von den „Mächten" her.
 6. Die stoffkategoriale Fragerichtung.
 7. Die Fragerichtung vom Schüler (Selbst) her."

Dauenhauer 1970

→ Curriculum → Fachdidaktik → Kategoriale Bildung O

Kategoriensystem (-schema)

Im Rahmen der systematischen Verhaltensbeobachtung stellt das Kategoriensystem eine Registrierung von Verhaltensweisen dar. Die Beobachtung wird auf einen bestimmten Aspekt oder Ausschnitt des Verhaltens begrenzt und gerichtet. Für diese Verhaltenausschnitte werden Verhaltenseinheiten und Kategorien so festgelegt, daß jede beobachtete Einheit nur unter einer einzigen Kategorie gesehen und eingeordnet werden kann.
Beispiele von Kategoriensystemen siehe unter → Interaktion, soziale.

→ Beobachtung O

Kaufmännisches Schulwesen → Berufliches Schulwesen

Kausalattribuierungstheorie

Die Kausalattribuierungstheorie beschreibt den Vorgang der Ursachenzuschreibung. Diese entspringt dem menschlichen Bedürfnis nach Erklärung und Verstehen, d. h. für alles Geschehende, Situationen und Verhaltensweisen (bei sich und anderen) zugrundeliegende Ursachen aufzudecken bzw.

vorzugeben. Die Motivationsforschung gewann z. B. die Erkenntnis, daß mißerfolgsängstliche Schüler ihre Flucht vor der Aufgabe bzw. ihr Versagen eher mangelndem eigenem Können zuschreiben. Erfolgsgewohnte Schüler machen für einen Mißerfolg dagegen eher zufällige Umstände, wie Leichtsinn, Zeitmangel, Pech usw., verantwortlich.
Nach B. Weiner und anderen (1971) sind es vor allem vier Faktoren, auf die Erfolg und Mißerfolg der Schüler von diesen selbst und den Lehrern zurückgeführt werden: Fähigkeit, Aufgabenschwierigkeit, Anstrengung und Zufall (Glück oder Pech). Dazu gesellen sich tatsächlich bei der ursächlichen Einschätzung des Leistungsverhaltens der Schüler noch weitere Gegebenheiten wie Milieuzugehörigkeit, äußeres Erscheinungsbild usw.
Für die schulische Praxis ist neben der Aufdeckung unbewußter und unreflektierter Ursachenzuschreibungen die Erkenntnis bedeutsam, daß das Erwartungsverhalten der Schüler an die eigene Leistung in hohem Maße von der Art der Kausalattribuierungen der Lehrer abhängig ist (vgl. hierzu auch → Sich selbst erfüllende Prophezeiung).

Heckhausen 1974

→ Hypothesen- oder Erwartungstheorie → Milieu → Pygmalion-Effekt   K

Kausale Analyse → Analyse

Kernfach → **Kern- und Kursunterricht**

Kernfamilie
Im Gegensatz zur Sippe, Großfamilie oder Mehrgenerationenfamilie stellt die Kernfamilie eine Zwei-Generationen-Familie dar, die aus den Eltern und deren Kindern besteht.
→ Familie → Familienerziehung   O

Kern- und Kursunterricht
Der Kern- und Kursunterricht soll durch die stoffliche Differenzierung die Auflösung der starren Jahrgangsklassen bewirken und soweit wie möglich die Begabung der einzelnen Schüler berücksichtigen.
Der Kernunterricht bezieht sich auf Fächer (Kernfächer), die für alle Schüler aufgrund des → Curriculums über eine oder mehrere Jahrgangsklassen hinweg verbindlich festgelegt sind. Nach Plänen der Gesamtschule umfaßt der Kernunterricht z. B. Gesellschaftslehre, Erdkunde, Geschichte, Sozialkunde, Deutsch, fächerübergreifenden naturwissenschaftlichen Unterricht. Gruppenbildung bzw. → Individualisierung sind als → Binnendifferenzierung des Unterrichts hier möglich.
Der Kursunterricht stellt einen differenzierten Unterricht in Bereichen dar, die nicht durch den Kernunterricht abgedeckt sind. Er kann in den Formen des wahlfreien Unterrichts, des Wahlpflichtunterrichts oder des → Fachleistungsunterrichts, der im allgemeinen nach Niveau oder Eignung der Schüler gegliedert wird, auftreten.
Die also an sich leistungsheterogen (= nach Leistung gemischt) geführten Klassen eines Schülerjahrganges werden nur in den differenziert zu

unterrichtenden Fächern in homogene (= nach Leistung gleiche) Fachleistungskurse aufgelöst. In diesen getrennt unterrichteten Fachleistungskursen wird ein für alle Lerngruppen verbindliches → Fundamentum vermittelt, das von den Spitzengruppen durch ein nach Anforderungen gestaffeltes → Additum überschritten wird. Durch Liftkurse soll das Überwechseln in die Lerngruppe mit den nächsthöheren Anforderungen ermöglicht werden.
Bezüglich der Nachteile des Kern- und Kursunterrichts als einer Form der äußeren Differenzierung siehe → Differenzierung.
Die ausführliche Beschreibung eines nach Kern- und Kursunterricht geführten Schulmodells an der Walter-Gropius-Gesamtschule in Berlin enthalten z. B. OK

Bönsch 1972[2]; Keim 1973; Schulz 1969.

Kindergarten

Im Kindergarten werden 3- bis 6jährige Kinder in altersgemischten Gruppen zu gemeinsamer Erziehung zusammengefaßt. Die Forderung einer familienergänzenden Erziehung von Kleinkindern geht bis auf A. Comenius (1592–1670) zurück, ihre Realisierung auf breiter Basis gelang aber erst Fr. Fröbel (1782–1852), der den ersten Kindergarten 1840 unter diesem Namen gründete, und M. Montessori (1870–1952). Beide sahen den Kindergarten bereits unter dem Aspekt einer gezielten Förderung der Kinder, wofür sie eigene Spiel- und Lernmaterialien entwickelten.
Die moderne Konzeption des Kindergartens beruht auf empirisch gesicherten Aussagen der Entwicklungspsychologie und Lernpsychologie, die auf die besonders hohe Lernkapazität der Kinder im Elementarbereich, auf die in diesem Alter beschleunigte Entwicklung ihrer Intelligenz und die grundzulegenden Lerndispositionen hinweisen. Den äußeren Anstoß für die Neuorientierung des erzieherischen Konzepts des Kindergartens gab die bildungspolitische Diskussion über die Benachteiligung der Kinder unterprivilegierter Schichten bei der Einschulung und in ihrem weiteren schulischen Bildungsgang.
Das **didaktische Konzept** des modernen Kindergartens wird also vor allem durch kompensatorische Maßnahmen zur Behebung von Verhaltens- und Lerndefiziten der Kinder und durch eine gezielte Vorbereitung auf den Übergang zur Grundschule bestimmt. In beiden Fällen wird auf eine allseitige, die ganze Persönlichkeit des Kindes erfassende Förderung Wert gelegt.
In seinem **methodischen Konzept** unterscheidet sich der Kindergarten deutlich vom schulischen Lernen, indem die gezielten Förderungsmaßnahmen vor allem über das → Modell-Lernen und die vielfältigen Formen spielerischen Lernens ohne Leistungszwang an die Kinder herangetragen werden. In → Modellkindergärten werden gegenwärtig verschiedene didaktische Konzepte auf ihre Entwicklungsgemäßheit und ihre Lerneffizienz hin wissenschaftlich getestet. K

Bader 1977; Bayerisches Kindergartengesetz 1976[3]; Colberg-Schrader/Krug 1977; Deißler 1973; Grossmann 1974; Hederer 1968[3]; Heinsohn/Knieper 1975; Read 1975; Röhrs 1976; Schmitt-Wenkebach 1976; vgl. auch Literatur bei Elementarerziehung!

Kinderhort

Wie → Kindergarten und Kinderkrippe ist der Kinderhort eine besondere Art von Kindertagesstätte. In ihm werden Kinder untergebracht, die tagsüber nicht durchgehend in ihrer Familie versorgt werden können. Während der Kindergarten in der Regel 3- bis 6jährige Kinder aufnimmt, besuchen den Kinderhort Schulkinder außerhalb der Unterrichtszeiten und/oder in Freistunden. In der Kinderkrippe werden Säuglinge, in der Krabbelstube 1- bis 3jährige versorgt. In allen genannten Kindertagesstätten betreut pädagogisches Fachpersonal (Sozialpädagogen, Erzieher, Kinderpfleger) die Kinder. Träger sind in den meisten Fällen die Kommunen oder freie Träger. K

Becker u. a. 1979; Hederer 1967 und 1978; Hemmer 1967; Jans/Müller 1979; Maurer/Lockfisch 1979; Rappen 1977; Schulke 1977; Stauch 1977

Kinderkrippe → Kinderhort

Kinderladen

Der Begriff Kinderladen geht auf die Initiative von Elternvereinigungen zurück, die in Berlin in den sechziger Jahren leerstehende Ladenlokale für die Gruppenbetreuung ihrer Kinder mieteten. Kinderläden setzen sich bewußt in Widerspruch zu den herkömmlichen → Kindergärten, an denen sie die Überfüllung der Gruppen ebenso wie das weltanschauliche und methodische Konzept kritisieren. Die Betreuung der Kinder nehmen die Eltern selbst oder Betreuer wahr, die mit den erzieherischen Vorstellungen der Eltern übereinstimmen. Das **Erziehungskonzept** der Kinderläden wird von den Eltern selbst in Diskussionen festgelegt. Es verfolgt eine repressionsfreie Erziehung, deren Ziele die Selbstregulierung und → Emanzipation der Gruppe und des einzelnen Gruppenmitgliedes und meist auch der Aufbau einer Gruppensolidarität in marxistisch-leninistischem Sinne sind. Den Kindern wird auf dem Wege zu diesen Zielen die Gelegenheit geboten, ihre durch konventionelle gesellschaftliche Normen aufgebauten Aggressionen unbehindert auszuleben und ihre Bedürfnisse, auch die sexuellen, zu befriedigen. Ein Widerspruch im Erziehungskonzept der Kinderläden ergibt sich aus ihrer Verpflichtung zur → antiautoritären Erziehung und aus ihrem Erziehungsziel, in höchstem Maße disziplinierte gesellschaftsverändernde Verhaltensweisen bei den Kindern grundzulegen. K

Kinderspielplatz

Für die Anlage von Kinderspielplätzen – ob allgemein zugänglich oder innerhalb bestimmter Einrichtungen wie z. B. → Kindergärten gelegen – wurden seit etwa Mitte der 60er Jahre neue Maßstäbe entwickelt. Ausgehend vom Bewegungs- und Tätigkeitsbedürfnis der Kinder und anknüpfend an ihre eigenen Vorstellungen von Spielplätzen setzt sich heute in zunehmendem Maße der Trend zu „Bolzplätzen", die genügend Platz vor allem für Ballspiele bieten, und zu Abenteuerspielplätzen durch. Auf letzteren werden den Kindern Baumaterial (meistens Balken und Bretter) und Werkzeug zur kreativen Eigengestaltung und fortwährenden Um- und Neugestaltung ihres Spielplatzes nach ihren aktuellen Spielideen angeboten. Die – wünschens-

wertorweise fachlich als Erzieher oder Sozialpädagoge ausgebildete – Aufsichtsperson sollte sich ausschließlich auf die gofragte Beratung und die Verhinderung gefährlicher Situationen beschränken.
Für die kleineren Kinder bis ca. 6 Jahre haben nach wie vor Spielplätze mit einer gewissen Vorstrukturierung (Sandkasten, Schaukel, Kletterturm u. a.) ihre Berechtigung, aber auch hier sollte das Angebot zur Selbstgestaltung der Anlage durch die Kinder zumindest gleichgewichtig neben dem Fertigangebot stehen. Es sei hier nur die Möglichkeit erwähnt, z. B. graue Betonwände, Bretterzäune, Säulen und Masten von den Kindern bemalen zu lassen. K

Bayerisches Kindergartengesetz 1976; Jerney 1977

Klasse, soziale

Die Bezeichnung soziale Klasse wird zur Grobgliederung vergangener oder gegenwärtiger Gesellschaften nach Merkmalsgruppen verwendet. Eine soziale Klasse stellen z. B. jene Mitglieder einer Gesellschaft dar, die über den Löwenanteil an Bildungsmöglichkeit, beruflichem Aufstieg, Prestige, ökonomischen Mitteln, Macht usw. verfügen. Die konträre soziale Klasse faßt jene Mitglieder einer Gesellschaft zusammen, die keinen oder nur geringen Anteil an den Statusmerkmalen der herrschenden Schicht haben. Das moderne Verständnis der sozialen Klasse wurde entscheidend von K. Marx geprägt. Allerdings führen bei Marx nicht empirisch feststellbare Merkmalsgruppen zu einer Einteilung in soziale Klassen, sondern seiner Meinung nach sind es allein die ungleiche Verteilung der ökonomischen Mittel und die ebenso ungleiche Verfügung über sie, die zwei sich widerstreitende soziale Klassen schaffen. K

Bottomore 1967; Dahrendorf 1957; Eder 1973; Giddens 1973; Herrnstadt 1965; Lawton 1968; Pulantzas 1973; Seidel/Jenkner 1968

Klassenelternversammlung

In den ersten Jahrgangsstufen der Schularten, an denen die Schulpflicht erfüllt wird, sind Klassenelternversammlungen durchzuführen. Ihre Aufgabe ist es, die Erziehungsberechtigten mit Anforderungen, Erziehungs- und Unterrichtszielen der jeweiligen Schulart vertraut zu machen.
Demnach sind Klassenelternversammlungen vor allem abzuhalten in den Anfangsklassen der → Grundschule, → Realschule, Wirtschaftsschule, → Sonderschule jeder Art und des Gymnasiums. Auf begründeten Wunsch des → Elternbeirats können zusätzliche Klassenelternversammlungen angeboten werden.

→ ASchO → Elternsprechstunde → Elternsprechtag → Elternversammlung → Schule → Schulordnung O

Klassensprecher → Schülervertretung

Klassensprecherversammlung → Schülervertretung

Klassifikation, Klassifizierung

bezeichnet sowohl den Vorgang als auch das Ergebnis ordnender Gliederung der Realität nach bestimmten Merkmalen bzw. Merkmalsgruppen. Ein Lehrer kann als Mitglied seines Berufsstandes z. B. nach den Merkmalen Beamtenstatus, erzieherischer Auftrag, Art der Lehrtätigkeit, Schulstufe und dgl. klassifiziert werden. Allerdings wird aus diesem Beispiel die Problematik deutlich, die mit Klassifikationen von Personen im Unterschied zur nichtmenschlichen Wirklichkeit verbunden ist. Einmal abgesehen von damit möglicherweise festgeschriebenen zu hohen gesellschaftlichen Erwartungen und Vorurteilen verstellen Klassifikationen von Personen oder Personengruppen den Zugang zur persönlichen Eigenart und Einmaligkeit eines Menschen. K

Dahlberg 1974; Engelien 1971; Sodeur 1974; Soergel 1969

Klassifikation von Lernzielen → Lernziele → Taxonomie

Kleingruppe → Gruppe

Kleptomanie → Manie

Klimakterium → Wechseljahre

Klinefelter-Syndrom

bezeichnet eine → Trisomie der Geschlechtschromosomen in der Form XXY. Der → Phänotyp ist männlich, durch eine Unterfunktion der Keimdrüsen gekennzeichnet. Diese zieht eine Beeinträchtigung der Spermiogenese (Entwicklung der männlichen Samenzellen) bis zur Sterilität (Unfruchtbarkeit), eine mangelhafte Entwicklung bzw. die Verkümmerung der sekundären Geschlechtsmerkmale und geistige → Retardation nach sich.

Koch/Neuhäuser 1978; Murken 1973; Theilgaard 1971; Zuppinger 1967

→ Chromosomen K

Klinische Methode

Diese Methode zur Untersuchung eines psychologischen Sachverhalts geht auf J. Piaget zurück. Er kennzeichnet mit der klinischen Methode die gründliche Analyse eines einzigen oder nur weniger Fälle in ganz bestimmten Situationen. Durch gezieltes Arrangement der experimentellen Situation und durch ebenso gezielte Fragen an den Probanden versucht er beispielsweise Aufschluß für die Analyse der abgelaufenen Denkoperationen bei dem Probanden zu erhalten. Piagets klinische Methode ist von seiten der klassischen experimentellen Psychologie nicht unumstritten, er mißt allerdings den mit ihrer Hilfe erzielten Aussagen größere Gültigkeit zu als den sehr aufwendigen und oft oberflächlich durchgeführten massenstatistischen Untersuchungen.
Als klinische Methoden im Rahmen der Didaktik werden → Fallstudie, → Planspiel und → Rollenspiel bezeichnet. K

Klinischer Pädagoge → Klinische Pädagogik

Klinische Pädagogik
Gegenstand der klinischen Pädagogik ist das pädagogische Feld des Spiels, der Beschäftigungstherapie, Freizeitgestaltung, Jugendarbeit und Unterrichtserteilung im Krankenhaus. Nach Erhard Hischer ist die Pädagogik gerade dabei, die Klinik als Aufgabenfeld und Kompetenzbereich zu entdecken. Seiner Meinung entsprechend hat institutionalisierte pädagogische Aktivität in ihrer Differenziertheit soziale Aktion, komplexes humanitäres Engagement dem „psychischen → Hospitalismus" entgegenzusetzen und „die sozialpädagogische Wirklichkeit des Krankenhauses mit erziehungswissenschaftlicher Systematik empirisch-analytisch zu erschließen" (Hischer 1979).
Ein überregionales Hochschulprojekt für Sondererziehung und Rehabilitation Kranker der Gesamthochschule Eichstätt bezieht sich schwerpunktmäßig „auf den komplexen pädagogischen Auftrag am Kranken, wobei auch altersübergreifende Gesichtspunkte berücksichtigt werden." (Hischer 1977) 1976 prägte Hischer den Begriff des **Klinischen Pädagogen,** dessen Aufgabenkatalog von systematischen ermutigenden Kurzkontakten, differenzierter Spiel- und Beschäftigungspädagogik bis hin zum regelrechten Unterricht für Kranke unter Einbeziehung von früh-, schulpädagogischen und multidimensionalen sozialpädagogischen Strategien reicht. (Hischer 1978)
→ Pädagogik → Sozialpädagogik   O

Klinische Psychologie
Die Klinische Psychologie ist eine Disziplin der angewandten Psychologie. Sie bezieht Erkenntnisse der Forschung aus allen Bereichen der Psychologie und ihrer Nachbarwissenschaften auf die Praxis, speziell auf Maßnahmen der Diagnose und Therapie in Krankenhäusern, Heimen, Beratungsstellen u. ä. Einrichtungen.
Bastine 1970; Orme 1975; Petermann/Schmook 1977–; Pongratz 1977–; Reisman 1976; Schraml 1969, 1970, 1974; Toman 1954; Wolman 1965
→ Klinische Methode   O

KMK → Ständige Konferenz der Kultusminister

Kode → **Kodierung**

Kodierung
bzw. Enkodierung bezeichnet den Vorgang der Umsetzung einer → Information in ein Zeichen bzw. Signal nach einem bestimmten Schlüssel (= Kode).
Die Rückübersetzung der Information aus dem Signal wird Dekodierung genannt.
Kodierung ereignet sich beim Sprechen, Morsen oder bei Rechnern, welch letztere z. B. mit dem Binärkode (zwei Zeichen: 0 und 1) auskommen. Das

Hauptanliegen der Informationsforschung auf diesem Gebiet ist es, den mit jeder Kodierung verbundenen Informationsverlust auf seine Ursachen zu untersuchen und auf ein Mindestmaß einzuschränken. K

Koedukation
bezeichnet die gemeinsame Erziehung von Knaben und Mädchen in Heimen und in vorschulischen (z. B. → Kindergarten) und außerschulischen (z. B. Jugendgruppen) Einrichtungen. Die gemeinsame Unterrichtung von Knaben und Mädchen in Schulen wird im Unterschied zur Koedukation exakt Koinstruktion genannt. K

Kognition
bedeutet Kenntnis, → Erkenntnis. Sie befaßt sich mit Funktionen und Erkenntnisvorgängen, die zur → Wahrnehmung, zum Begreifen eines Objektes oder zum Wissen über dieses beitragen, wie z. B. Hören, Sehen, Vorstellen, → Denken, → Lernen.
Logisch werden von der Kognition Leistungen des Willens und des Gefühls unterschieden, die in der Praxis der Erkenntnisgewinnung allerdings untrennbar und stark beeinflussend mit den kognitiven Leistungen verbunden sind.
Nach J. Piaget (1972, 1976), werden folgende Entwicklungsphasen der Kognition unterschieden:
- Phase der sensumotorischen → Intelligenz
  (bis 2 Jahre)
- Phase des vorbegrifflichen, symbolischen Denkens
  (2 bis 4 Jahre)
- Phase des anschaulichen Denkens
  (4 bis 7 Jahre)
- Phase der konkreten → Operationen
  (7 bis 11 Jahre)
- Phase der formalen Operationen
→ Affektivität → Gefühl → Kognitiver Lernzielbereich → Sensumotorik   OK

Kognitive Dissonanz → Dissonanz, kognitive

Kognitiver Lernzielbereich
Er umfaßt Lernziele aus dem Bereich des Wahrnehmens, Erinnerungsvermögens, Gedächtnisses und Denkens. Durch sie werden primär intellektuelle Funktionen angesprochen. Alle → Lernziele haben eine kognitive Dimension (→ Taxonomie).
Beispiele zu kognitiven Lernzielen: Wissen von Fakten, Regeln, Gesetzen, didaktischen Abläufen;
Fähigkeit zur Synthese, Analyse, Interpretation, Herstellung und zum Erkennen von Zusammenhängen und Grenzbereichen und zum Reflektieren über Vorstellungen und Problembereiche. O

Kognitives Lernziel → Kognitiver Lernzielbereich

Kohärenz
bedeutet den Zusammenhalt von einzelnen Elementen in einem sie verbindenden Ganzen.
→ Gruppenkohäsion K

Kohäsion
und → Lokomotion sind Grundaufgaben der Führung. Die Kohäsion zielt darauf ab, die Zusammengehörigkeit und den Bestand einer Gruppe herbeizuführen und aufrecht zu erhalten. Sie soll in einem ausgewogenen Verhältnis zur Lokomotion stehen. Lehrer oder Führungskräfte werden als kohäsiv bezeichnet, wenn sie über soziale Sensibilität (→ social sensibility) verfügen.
Bass 1965; Schubert 1971
→ Gruppenkohäsion → Sensibilität O

Koinstruktion → Koedukation

Kolleg
Das Kolleg ist eine Bildungsinstitution zur Erlangung der allgemeinen Hochschulreife für Erwachsene mit → mittlerem Bildungsabschluß und abgeschlossener Berufsausbildung oder einer Berufstätigkeit von mindestens 3 Jahren bzw. mit Fachschulreife. Die Ausbildung erfolgt im Vollzeitunterricht und dauert $2^{1}/_{2}$ Jahre (5 Semester). Ein Beruf kann nebenher nicht ausgeübt werden. O

Kollegstufe
Bei der Kollegstufe handelt es sich um eine Neugestaltung der gymnasialen Oberstufe der Klassen 11 bis 13. Die Jahrgangsklassen werden in ein System halbjährlicher, themenbestimmter Grund- und Leistungsklassen umgewandelt. Der Schüler bleibt an einen Pflichtbereich zentraler Fächer gebunden, der z. B. das sprachlich-literarisch-künstlerische, das mathematisch-naturwissenschaftlich-technische Aufgabenfeld umfassen kann. Daneben bleibt für ihn die Möglichkeit von Wahlbereichen. Das → Abitur als Abschlußprüfung mit Zugangsberechtigung zur → Hochschule bleibt erhalten. In Verbindung mit der Aufgliederung in Grund- und Leistungskurse wird auch die Leistungsbeurteilung anders gestaltet. Sie beruht ab der 12. Jahrgangsstufe auf einem Punktesystem, von dem aus eine Umsetzung in Noten erfolgt. Damit strebt man eine gerechtere Beurteilung an.
Durch die Einführung der Kollegstufe soll im Rahmen der Leistungskurse eine fachliche Vertiefung ermöglicht werden, nicht um einer frühzeitigen Spezialisierung wegen, sondern um eine Verbesserung der allgemeinen Studierfähigkeit zu erreichen. Die Grundkurse dienen im Gegensatz zu den Leistungskursen der Breitenorientierung in bestimmten Wissensbereichen. Durch Differenzierung und Spezialisierung sollen die individuellen Neigungen und Fähigkeiten der Schüler stärker berücksichtigt und besser angesprochen werden.

Der Lehrer der Kollegstufe, der sich um eine gezielte fachliche und didaktische → Fortbildung in seinen Fächern bemühen sollte, um den an ihn gestellten hohen Ansprüchen gerecht zu werden, wird vor allem für die Unterrichtserteilung im Leistungskurs in geringerem Maße auf den Lehrervortrag zurückgreifen können. Die Schüler müssen durch unterschiedliche und wechselnde Lehr- und Lernmethoden aktiviert, zur Selbsttätigkeit angeregt und mit neuen Arbeitsverfahren vertraut gemacht werden.
Um einheitliche Wege im Unterricht und in den Prüfungsanforderungen annähernd zu garantieren, wurden für die einzelnen Fächer → Normenbücher entwickelt, die von den Lehrkräften zu berücksichtigen sind. O

Flößner 1975

Kollektiv, Kollektivverhalten

Der Begriff Kollektiv ist vor allem in der kommunistischen Gesellschaftslehre geläufig. Er bezeichnet Gruppen, deren Mitglieder auf der Grundlage gleicher ideologischer Anschauungen miteinander zum Wohle des Kollektivs und der Gesamtgesellschaft gleichberechtigt ihrer individuellen Leistungsfähigkeit entsprechend arbeiten. Ein förderliches Kollektivverhalten in diesem Sinne bedeutet freiwillige Einschränkung individueller Freiheit zugunsten der gemeinsamen Ziele des Kollektivs. Letztlich wird die Entsprechung der individuellen und der gesellschaftlichen Interessen erstrebt. Als Merkmale eines richtigen Kollektivverhaltens gelten z. B. Kameradschaftlichkeit, Hilfsbereitschaft, Solidarität. Der Weg zu diesem angestrebten Kollektivverhalten führt über die Kollektiverziehung, die vor allem von A. S. Makarenko programmatisch formuliert wurde. Makarenkos Kinder- und Jugendkollektive sind unter dem Gesichtspunkt der schrittweisen Einübung in das erwartete Kollektivverhalten und der ständigen Bewährung in die drei Gruppen Aktiv, Reserve und Rest eingeteilt. K

Launer 1962; Mannschatz 1968; Rüttenauer 1972; Wiese 1967

Kollektiverziehung → Kollektiv

Kommunale Schulen

Sie gehören wie die → staatlichen Schulen zu den → öffentlichen Schulen. Träger kommunaler Schulen sind Gemeinden, Landkreise, Bezirke oder Zweckverbände. Die kommunale Körperschaft ist Dienstherr des Personals und verantwortlich für den gesamten Aufwand des Unterhalts und Betriebs der Schule, die Einrichtung und Ausstattung, den Personalaufwand.
Vom Staat werden grundsätzlich entsprechend der Schulart Zuschüsse gegeben für Lehrpersonal, Gastschüler, Beschaffung von → Lehr- und → Lernmitteln und für Baumaßnahmen.
Die erlassenen → Schulordnungen gelten für kommunale Schulen in gleicher Weise wie für staatliche Schulen.
→ ASchO → Ergänzungsschule → Ersatzschule → Privatschule → Schule O

Kommune

Der Begriff Kommune wird im geschichtlichen Sprachgebrauch für eine Gemeinde mit eigenem Verwaltungsapparat, für den mittelalterlichen italienischen Stadtstaat mit republikanischer Verfassung und für den 1871 gewählten Pariser Gemeinderat verwendet, der zur Zeit des Aufstandes der Arbeiterschaft und Nationalgarde gegen die konservative Nationalversammlung in Versailles im Amte war. In der russischen pädagogischen Literatur ist der Begriff unter der Bedeutung des Zusammenlebens mehrerer Personen zur Erreichung eines Zweckes oder eines gesteckten Zieles zu finden. Die Kommune soll nach dem russischen Schulreformer Blonskij neben der Fabrik, neben der Industriearbeit Aufgaben der Schule übernehmen und in gemeinschaftlicher Erziehung größeren Wert auf die Erkenntnisbildung legen als auf das funktionsmäßige Beherrschen vieler technischer Handgriffe. „Blonskij setzt voraus, daß die guten Naturanlagen des Kindes mit dem Bewußtsein des klassenlosen Menschen übereinstimmen und daß sich in der Kommune und in der Fabrik die Anlagen des Kindes zur kommunistischen Lebenshaltung und Bewußtseinshaltung entwickeln" (Kaiser 1974). In der Pädagogik der westlichen Welt versteht man unter Kommune sowohl eine freie Lebens- und Wohngemeinschaft antibürgerlich und sozialistisch eingestellter junger Menschen als auch eine zweckgebundene Wohn- und Lebensgemeinschaft mehrerer Einzelpersonen und/oder Ehepaare mit und ohne Kinder zur leichteren Bewältigung des Lebens. Die letztgenannte Form der Kommune ist nur selten ideologisch (→ Ideologie) geprägt. O

Kommunikation

bezeichnet den Austausch von → Informationen zwischen zwei oder mehreren Personen, wobei die Mitteilung sprachlich (verbal) oder/und nichtsprachlich (nonverbal) erfolgen kann. Für das Verständnis des nachfolgenden Kommunikationsmodells ist die Erkenntnis bedeutsam, daß Kommunikation niemals ein einfaches Ursache-Wirkungsverhältnis darstellt, sondern daß sie sich in Wechselwirkung zwischen den Kommunikationspartnern im Sinne des → Regelkreissystems ereignet. Der tatsächliche Verlauf einer Kommunikation wird also durch die Aktionen und → Feedbacks aller Beteiligten bestimmt.

Watzlawick, Beavin, Jackson formulierten bezüglich der Kommunikation fünf pragmatische Axiome:
1. Es gibt keine Situation, in der sich der Mensch der Kommunikation entziehen könnte. Auch Schweigen oder die erklärte Unlust zur Kommunikation sind Signale mit Aussage und Absicht.
2. Jede Kommunikation hat eine Inhalts- und eine Beziehungsstruktur, welch letztere bestimmend für die Kommunikation ist. Die inhaltlich simple Aussage „Wo haben Sie denn die Krawatte gekauft?" kann je nach Grundeinstellung des Sprechers gegenüber dem Angesprochenen, je nach Tonlage, Betonung und Mimik eine sehr verschiedene Beziehung zwischen den Kommunikationspartnern signalisieren.
3. „Die Natur einer Beziehung ist durch die Interpunktion der Kommunikationsabläufe seitens der Partner bedingt", also dadurch, welche Details der Kommunikation z. B. sich streitende Eheleute als für ihre jeweilige Reaktion entscheidend wahrnehmen.

Kommunikationsmodell:

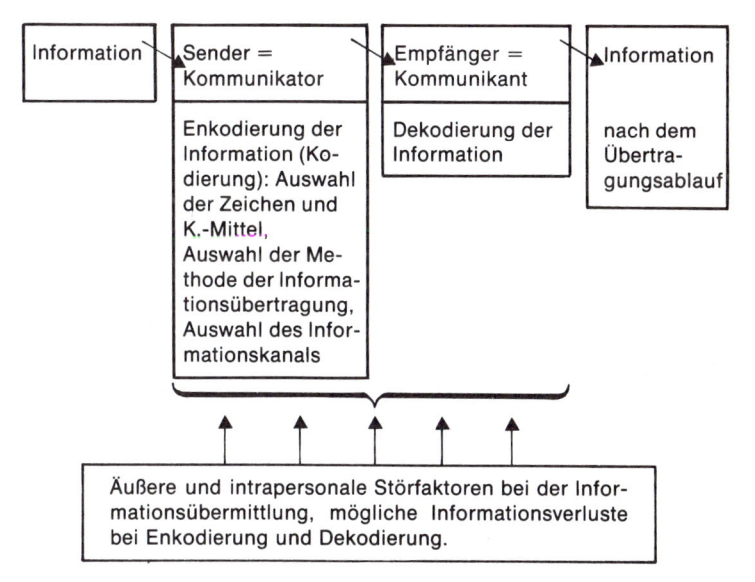

Information	Sender = Kommunikator	Empfänger = Kommunikant	Information
	Enkodierung der Information (Kodierung): Auswahl der Zeichen und K.-Mittel, Auswahl der Methode der Informationsübertragung, Auswahl des Informationskanals	Dekodierung der Information	nach dem Übertragungsablauf

Äußere und intrapersonale Störfaktoren bei der Informationsübermittlung, mögliche Informationsverluste bei Enkodierung und Dekodierung.

4. Es sind digitale und analoge Vorgänge bei Kommunikationen zu unterscheiden. Digitale Kommunikation (eng. digit = Dezimalstelle, Ziffer) ermöglicht aufgrund ihrer „komplexen und vielseitigen logischen Syntax" die exakte Übermittlung von Informationen, die analoge Kommunikation steuert bezüglich der Beziehung der Kommunikationspartner die Bedeutung z. B. durch Mimik, Gestik, Tonfall bei. Im konkreten Kommunikationsprozeß vollzieht sich eine dauernde Übersetzung der digitalen Kommunikation in die analoge und umgekehrt mit allen damit verbundenen Nachteilen des Informationsverlustes und der Fehldeutung der Beziehungen.
5. „Zwischenmenschliche Kommunikationsabläufe sind entweder symmetrisch oder komplementär, je nachdem, ob die Beziehung zwischen den Partnern auf Gleichheit oder Unterschiedlichkeit beruht." Die symmetrische Form der Kommunikation birgt die Tendenz zur → Eskalation z. B. einer Meinungsverschiedenheit in sich, während die komplementäre Form der Kommunikation aufgrund der unterschiedlichen Positionen der Kommunikationspartner auf Über- und Unterordnung beruht (z. B. Eltern – Kind, Lehrer – Schüler), die Gefahr mit einschließend, daß der Übergeordnete immer dominanter, der Untergeordnete immer unterwürfiger wird.

Auwärter u. a. 1976; Baake 1975; Badura/Gloy 1972; Barker 1971; Bledjian/Stosberg 1972; Cicourel 1975; Dröge u. a. 1969; Flader 1976; Geissner 1975; Graumann 1972; Grundke 1975; Held 1973; Köck 1977; Krappmann 1973; Lerg 1970; Mandel u. a. 1971; Maser 1971; Mead 1968; Merten 1977; Neuburger 1970; Reimann 1968; Schäfer/Schaller 1971; Scherer 1970; Schnabl 1972; Shannon/Weaver 1949; Steinert 1973; Stosberg 1972; Ungeheuer 1972; Watzlawick u. a. 1974[4]; Wiener 1968

→ Interaktion, → Massenkommunikationsmittel, → Metakommunikation   K

Kommunikationstechnologie

Jede → Kommunikation (= Mitteilung, bei Jaspers z. B. das verstehende Miteinander von Mensch zu Mensch) ist auf allgemein verständliche und verbindliche Zeichen angewiesen, mit deren Hilfe sich Menschen Informationen geben können. Solche Zeichen sind z. B. die Sprache, Gesten, Mimik, Symbole wie Verkehrszeichen usw. Die Kommunikationstechnologie umfaßt sämtliche technische Möglichkeiten, also Medien, die als Träger einer Information kommunikationsstiftend wirken können, das Telefon also ebenso wie ein Bild oder das Fernsehen. Um die Erforschung der Art des Informationsflusses in einer Kommunikation und seiner Regelung und um allgemeinverbindliche Zeichensetzungen bemühen sich vor allem die → Informationstheorie und die → Kybernetik. K

Penland 1974

Kommunikationstheoretische Didaktik

Die kommunikationstheoretische Didaktik geht in ihrer Forschung schwerpunktmäßig die sozialen unterrichtlichen Interaktionen in ihrer → Interdependenz zum Inhalts- und Methodenproblem an. Sie bedient sich hierbei vor allem der Erkenntnisse und Forschungsmethoden der Kommunikationstheorie (→ Kommunikation) und der Rollentheorie (→ Rolle).

Popp 1976; Schäfer/Schaller 1971

→ Didaktik → Strukturmodelle der Didaktik K

Kommunikationstraining

ist eine zusammenfassende Bezeichnung für gruppendynamische → Trainingsmethoden, deren Zielsetzung schwerpunktmäßig in Bearbeitung und Verbesserung zwischenmenschlicher Beziehungen besteht. Kommunikationstrainings werden von authorisierten Institutionen in der Regel für bestimmte Adressatengruppen angeboten (z. B. Lehrer, Schulräte, Ärzte, Theologen, Paare), um deren spezielle Kommunikationsprobleme (z. B. Autorität, Beratung, Konfliktregelung, Sexualität) auf gemeinsamem Erfahrungshintergrund der Gruppenmitglieder einer intensiven Bearbeitung zuführen zu können. Die Langzeitwirkung derartig adressatenspezifisch angelegter Kommunikationstrainings scheint außerordentlich groß zu sein, wie eine Erhebung des Autors an der Akademie für Lehrerfortbildung in Dillingen (Bayern) erkennen läßt. K

Fittkau u. a. 1977[2]; Köck 1975, 1977; Lutz/Ronellenfitsch 1973; Mandel, A. u. a. 1971; Zöchbauer/Hoekstra 1974

Kommunikativer Kontext → Kontext O

Kompatibilität

Der in der Medientechnik gebräuchliche Begriff besagt die Vereinbarkeit verschiedener technischer Systeme oder Apparaturen. In Ermangelung firmenübergreifender und international genormter Bandbreiten z. B. im

Bereich der → Videotechnik ist es nicht möglich, alle Sorten von Videobändern in jedem beliebigen → Videorecorder zu verwenden, d. h. sie sind u. U. nicht kompatibel. Bei der Einrichtung von Videoanlagen ist deshalb darauf zu achten, daß alle installierten Geräte die gleiche Bandbreite aufweisen. → Software auf inkompatiblen (nicht vereinbaren) Bandbreiten muß mit Hilfe eines passenden Gerätes auf die Bandbreite überspielt werden, die für das Wiedergabegerät zutrifft. Vor einem kleineren Problem der Inkompatibilität steht der Lehrer aber bereits, wenn eine Diaserie in einem nicht für den Projektor passenden Diakasten verwahrt ist. Bei der Verwendung des Projektors eines anderen Fabrikats muß er die Dias in eigens dafür vorgesehene Kasten umstecken, weil der Aufbewahrungskasten mit dem fremden Projektor nicht kompatibel ist. K

Kompendium

bezeichnet ein auf wesentliche Aussagen beschränktes Lehrbuch, das die Darstellung und Diskussion unterschiedlicher wissenschaftlicher Ansichten oder Forschungen zu einem Problem in den Hintergrund stellt bzw. überhaupt vermeidet. Kompendien verstehen sich oft – z. B. im Bereich von Erziehung und Unterricht – als kurzgefaßte, manchmal auch regelhafte Praxisanleitungen. K

Kompensation

Als Kompensation wird jeglicher Ausgleich verstanden, der individuelle Schwächen oder Defekte zu verdecken versucht. Nach A. Adler stellt sie das Streben nach Ersatzbefriedigung als Ausgleich von Minderwertigkeitsgefühlen dar.
→ Kompensatorische Erziehung O

Kompensatorische Erziehung

bemüht sich um gezielte pädagogische Maßnahmen, die geeignet sind, Entwicklungsdefizite, die vor allem durch eine bestimmte Schichtenzugehörigkeit und mangelnde erzieherische Forderung verursacht sind, im Vorschul- und im Schulalter ausgleichen zu helfen. Mit der kompensatorischen Erziehung stellt sich die Frage nach der → Norm, an der Normabweichungen gemessen werden. Es erscheint zunehmend fragwürdig, das Maß an den Leistungen und Erwartungen der sogenannten Mittelschicht zu gewinnen.

Compensatory Education 1974; Bronfenbrenner 1974; Müller 1976
→ Chancengleichheit → Differenzierung → Kompensation K

Komplementarität

bezeichnet den Tatbestand der gegenseitigen Ergänzung in einer dinglichen oder personalen Beziehung. So wird z. B. in der → Didaktik Komplementarität der drei Lernzielarten (kognitive, affektive, instrumentelle Lernziele) bei der Unterrichtsplanung und -durchführung gefordert. K

Komplex

1. Im allgemeinen psychologischen Sprachgebrauch werden Verhaltensweisen als komplex bezeichnet, die nicht schlicht als Reiz-Reaktions-Folgen beschrieben werden können, sondern die von vielen, meist nicht gänzlich erschließbaren Faktoren bestimmt werden.
2. In der → Psychoanalyse werden unter Komplexen meist stark affektbeladene Gedanken oder Vorstellungen verstanden, die das Individuum als unerlaubt, d. h. nicht normentsprechend oder peinlich verdrängt, d. h. in das Unbewußte abschiebt. Komplexe lösen nicht selten → Neurosen, Zwangs- oder Fehlhandlungen und -vorstellungen aus.
→ Minderwertigkeitskomplex K

Komplexkapazität

bezeichnet die mehr oder minder große Anzahl von sich bedingenden und wechselseitig miteinander in Beziehung stehenden Faktoren, die alle zusammengenommen z. B. eine Situation, ein Phänomen oder eine Verhaltensweise bestimmen. So ist z. B. die Komplexkapazität der zu beobachtenden Verhaltensweisen bei einer Unterrichtsanalyse derartig hoch, daß die einzelnen verhaltensbestimmenden Faktoren nur aspektweise oder nacheinander mit Hilfe einer filmischen Dokumentation erschlossen und bearbeitet werden können. K

Konditionierung

Der Begriff Konditionierung, fester Bestandteil der modernen Lernpsychologie, geht auf experimentelle Arbeiten J. P. Pawlows zurück. Im Tierversuch unterschied Pawlow zwischen primären und sekundären Reizen. Der primäre Reiz = unkonditionierter, unbedingter Reiz (z. B. Futter) löst einen unkonditionierten Reflex aus (z. B. Speichelfluß beim Hund). Der sekundäre Reiz (z. B. ein oftmals mit der Futtergabe gekoppelter Glockenton) löst als konditionierter (= bedingter) Reiz für sich allein denselben Effekt aus, der jetzt aber konditionierter Reflex genannt wird, da er sich nicht auf den „natürlichen" Reiz hin (Futter) einstellt.

Beim operanten Konditionieren Skinners, das bei der → Programmierten Instruktion eine wesentliche Rolle spielt, kommt es v. a. auf eine regelmäßige oder in genau festgelegten Abständen wiederkehrende Verstärkung eines Lernverhaltens an, also auf die Bekräftigung der Reaktion in einem Frage-Antwort-Prozeß. Den Begriff operante Konditionierung rechtfertigt Skinner mit dem Argument, daß Verhalten gleichsam auf die Umwelt „einwirke", um Bekräftigung hervorzurufen. Das Lernverhalten verstärkend wirkt also nicht die Reaktion auf einen Reiz, sondern die mit der Reaktion verbundene angenehme Wirkung (Lob, Erfolg). Entsprechend führt eine unangenehme Wirkung (Strafe, Mißerfolg) auf eine Verhaltensweise zur Vermeidung oder Löschung des Verhaltens. K

Liebermann 1974; McGuigan 1973; Wyrwicka 1972

Konflikt

Als Konflikt wird die spannungsgeladene Auseinandersetzung zwischen sich widerstreitenden Motiven, Einstellungen, Interessen bezeichnet. Ein Konflikt kann sowohl intrapersonal aufgrund des gleichzeitigen Aufeinandertreffens z. B. zweier oder mehrerer subjektiv gleich bedeutsamer Motive in ein und derselben Person ausgetragen werden als auch interpersonal zwischen zwei oder mehreren Personen, Gruppen, Institutionen usw. (= sozialer Konflikt).
Bei den sozialen Konflikten handelt es sich meist um folgende drei Konflikt-Typen:
1. **Ein zu knappes Gut** reicht nicht für die Befriedigung der Bedürfnisse aller an ihm Interessierten aus. Beispiel: Ein Kind unter Geschwistern bekommt ein Spielauto, sein Bruder möchte genau dasselbe Auto auch haben. Als mögliche Lösung des Konflikts bieten sich (ohne Wertung) an:
   a) Aus den Augen, aus dem Sinn (Auto weg)
   b) Gütervermehrung (jeder bekommt ein Auto)
   c) Anleitung zur → Kooperation
2. In einem **Zielkonflikt** stoßen sich widersprechende Motive, Interessen usw. aufeinander.
   Beispiel: In einer Gruppe bilden sich zwei Lager, die unterschiedliche Themen bearbeiten möchten. Konflikte dieser Art führen zu folgenden „Lösungsmöglichkeiten":
   a) Teilung der Gruppe in Untergruppen
   b) Kompromiß
   c) Kreative Synthese (es werden z. B. beide Themen arbeitsteilig angegangen und die Ergebnisse für ein übergeordnetes gemeinsames Ziel eingebracht)
   d) → Repression, Kampf, Zwang
3. Beim **Identitätskonflikt** kann die konstruktive Konfliktbewältigung nur in einem fortwährenden Infragestellen und Inbezugsetzen von sozialer und persönlicher Identität bestehen (vgl. hierzu → Ich-Identität).

Jeder Konflikt kann also in die Destruktion oder Unterdrückung führen, er kann auch unproduktiv in → Leerlaufhandlungen oder einem unentschiedenen Verhalten enden, er kann aber auch in jedem Fall konstruktiv bearbeitet werden.
Konflikte sind ein bedeutsamer Steuerungsfaktor für intrapersonale und soziale Lernprozesse, ja sie erweisen sich als notwendige Voraussetzung für jegliche Art von Veränderung. Ebenso können sie z. B. für eine Gruppe als Auseinandersetzung mit einer Fremdgruppe auch stabilisierend und die → Gruppenkohäsion vertiefend wirken.

Friedrich 1975; Goffman 1970; Junker 1976; Kaschik 1977; Köck 1977; Rapaport 1976; Rogers 1974; Thomae 1974; Ulich 1971; Wellendorf 1974

→ Kognitive Dissonanz → Konflikterziehung   K

Konflikterziehung

Das Ziel der Konflikterziehung kann nicht die Fähigkeit zur Konfliktvermeidung in jedem Fall und um jeden Preis sein, etwa in der Form ständiger Anpassung oder eines Fluchtverhaltens. Ihr Ziel ist vielmehr die Fähigkeit,

gegebene Konflikte zulassen und human mit ihnen umgehen zu können. Dieses Ziel ist ohne Training nicht zu erreichen, wobei mit Training sowohl die Bearbeitung aktueller, die Beteiligten also tatsächlich betreffender Konflikte gemeint ist als auch eine systematische Einübung z. B. von Erziehern in den Umgang mit Konflikten mit Hilfe spezieller Trainingsmethoden. Gerade Erziehern muß klar sein, daß weder der autoritäre noch der extrem verstandene antiautoritäre → Erziehungsstil eine geeignete Voraussetzung zur Bearbeitung von Konflikten in repressionsfreier Atmosphäre darstellen.
Eine besondere Aufgabe ist der Konflikterziehung im Rahmen der beschriebenen allgemeinen Zielsetzung mit dem Aufbau einer angemessenen Konflikttoleranz aufgetragen. Es lohnt sich nicht, jeden Konflikt zu bearbeiten, es ist auch nicht jeder Konflikt lösbar, und es ist bestimmt nicht möglich, Konflikte grundsätzlich zu vermeiden. Dieser Realität des Konflikts zunächst mit bloßem abwartendem Ertragen zu begegnen, ist Sache der Konflikttoleranz. Sie soll sowohl eine vorschnelle Verdrängung von Konflikten verhindern, die zu → Neurosen führt, als auch der Anwendung repressiver Maßnahmen (vor allem gegen sogenannte Sündenböcke) vorbeugen.

Becker u. a. 1976; Deutsch 1976; Gold u. a. 1973; Mertens 1974

→ Konflikt, → Metakommunikation K

Konflikttoleranz → Konflikterziehung

Konformität

bezeichnet die Übereinstimmung von Einstellungen und Verhaltensweisen mit den Erwartungen und Normen einer Bezugsgruppe bzw. der Gesellschaft (= soziale Angepaßtheit). Die Bereitschaft eines Individuums zur Konformität ist z. B. abhängig von konkreten Erfahrungen persönlichen Nutzens (Bedürfnisbefriedigung, Schutz vor Gefahren), von der Dichte der → Gruppenkohäsion, von → Verstärkungen (Anerkennung) auf gezeigtes konformes Verhalten hin. Der einzelne ist allerdings auch einem Konformitätsdruck von seiten der Bezugsgruppe bzw. der Gesellschaft ausgesetzt, durch den Konformität sozusagen als Preis für die Aufnahme dieses einzelnen in die Gruppe und für die ihm zuerkannte Anerkennung gefordert wird. Seine Grenze findet konformes Verhalten dort, wo es in Überangepaßtheit, Botmäßigkeit, Autoritätsgläubigkeit umzuschlagen droht.

Peukert 1975; Wiswede 1976

→ Konvention K

Konformitätsdruck → Konformität

Kongruenz

bedeutet allgemein Übereinstimmung, in der interpersonellen Kongruenz-Theorie von Secord und Backman (1972, 1976) die Übereinstimmung zwischen der Selbstauffassung eines Individuums, seiner Interpretation seines Verhaltens und seiner Meinung über die Fremdeinschätzung der beiden erstgenannten Vorgänge. K

Konkretismus
bezeichnet das vor allem dem kindlichen → Denken eigene Verharren beim Gegenständlichen und Anschaulichen. K

Konkurrenz
bedeutet Wettbewerb, z. B. im Ringen um Anerkennung, Geltung, Prestige, Position, Noten, Studienplatz. Konkurrenz wird dort zu einer bedrohlichen Belastung sozialer Beziehungen, wo sie nicht der notwendigen Auslese unter Leistungsgesichtspunkten dient, sondern vom Rivalitätsprinzip unter Anwendung sachfremder und inhumaner Methoden diktiert wird. Ein oft nicht gerade humanes, auf alle Fälle aber in der Streßsituation überforderndes Ausleseverfahren liegt mit der Konkurrenzauslese vor, in der unter mehreren Bewerbern die für eine bestimmte Tätigkeit geeignetsten durch → Tests, → Planspiele, → Beobachtungen ermittelt werden. K

Konkurrenzauslese → Konkurrenz

Konnotation
Jedes Wort besitzt einen rein begrifflichen Wortinhalt, eine Grundbedeutung (→ Denotation). In Verbindung mit jedem Wort ergeben sich bei seiner Verwendung in einem entsprechenden Zusammenhang oder durch einen Sprachbenutzer (Redner, Vortragender) unterschiedliche Vorstellungen, Empfindungen, Assoziationen, Gefühle oder Bewertungen. Diese bei der Verwendung eines Wortes auftretenden Nebenbedeutungen, Stimmungswerte oder assoziativen Vorstellungen werden als Konnotation bezeichnet.
→ Kontext → Kontextmaterial → Semantisches Differential O

konsistentes Verhaltensmuster → Verhalten

Konsonanz, kognitive → Dissonanz, kognitive

Konstanz
bedeutet Stetigkeit und Unveränderlichkeit. Bei wiederholten Testungen derselben Personen mit gleichen → Tests bezeichnet Konstanz das Gleichbleiben der Ergebnisse.
→ Reliabilität → Test-Parallelform O

Konstellation
bedeutet allgemein das Zusammentreffen oder die Gruppierung von verschiedenen Faktoren zu einem funktionalen Ganzen eigener Art.
→ Reiz K

Konstrukt
Eine Aussage, ein Satz oder ein Begriff, der Beziehungen, Inhalte und Zusammenhänge klar und verständlich gliedert, ist ein Konstrukt.
→ Hypothetisches Konstrukt → Intervenierende Variable O

Konstruktive Synthese → Synthese

Konsulent

Ein Berater oder Beratungslehrer für Teilnehmer an Fernstudien, der informiert und für Fragen der Lernenden zur Verfügung steht, wird als Konsulent bezeichnet. O

Kontaktfähigkeit

bezeichnet die Fähigkeit und Bereitschaft eines Individuums zu körperlicher und psychischer Berührung. Sie wird im Säuglings- und Kleinkindalter durch Befriedigung des Kontaktbedürfnisses, also durch Hautkontakt und sonstige Vermittlung von Geborgenheit grundgelegt. Das Säuglings- und Kleinkindalter stellen in dieser Beziehung eine → kritische Phase dar, d. h. Versäumnisse können später kaum mehr ausgeglichen werden. Die Folgeerscheinungen nichtbefriedigter Kontaktbedürfnisse können von allgemeinen Kontaktschwierigkeiten über Berührungsangst bis zu Liebesunfähigkeit reichen.

Speer 1965³; Kirchhoff/Pietrowicz 1961

→ Hospitalismus → Kontaktkapazität K

Kontaktkapazität

Der Lehrer besitzt die → Fähigkeit, seine Aufmerksamkeit auf eine größere oder geringere Anzahl von Schülern, Kontaktpartnern, zu richten. Sie ist bei den einzelnen unterschiedlich ausgeprägt. Lehrende mit sehr hoher Kontaktkapazität sind fähig, alle Schüler einer Klasse zu überblicken, zu erfassen, in den Ablauf des Geschehens und in ihre steuernden Kontakte einzubeziehen.

→ Kontaktfähigkeit → Distribution O

Kontaktstudium

Das Kontaktstudium wendet sich als → Fort- oder → Weiterbildung vorwiegend an ehemalige Absolventen von Hochschulen und gleichwertigen Bildungsinstitutionen. Es umfaßt grundsätzlich Kontaktlehrgänge, das Kompaktstudium und das Teilzeitstudium. Die beiden letzteren untergliedern sich einerseits in das Blockform- oder Phasenstudium und das Fernstudium. Kontaktstudien werden von Hochschulen, Einrichtungen des → Quartärbereiches und auch von Instituten, die sich mit → Lehrerfort- und → Lehrerweiterbildung befassen, angeboten. Unter den Aspekten Zeit und Organisation ergeben sich für das Kontaktstudium folgende Möglichkeiten: O

	Kontaktstudium	

Kontaktlehrgänge von einem Tag bis mehrere Wochen	Kompaktstudium	Teilzeitstudium

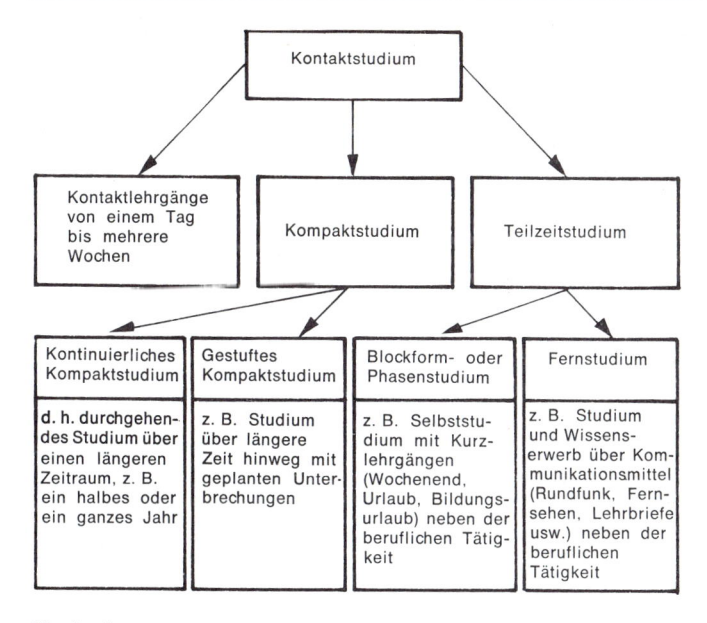

Kontinuierliches Kompaktstudium	Gestuftes Kompaktstudium	Blockform- oder Phasenstudium	Fernstudium
d. h. durchgehendes Studium über einen längeren Zeitraum, z. B. ein halbes oder ein ganzes Jahr	z. B. Studium über längere Zeit hinweg mit geplanten Unterbrechungen	z. B. Selbststudium mit Kurzlehrgängen (Wochenend-, Urlaub, Bildungsurlaub) neben der beruflichen Tätigkeit	z. B. Studium und Wissenserwerb über Kommunikationsmittel (Rundfunk, Fernsehen, Lehrbriefe usw.) neben der beruflichen Tätigkeit

Kontext

Der Begriff Kontext bezieht sich sowohl auf die ein Wort, einen Ausdruck, eine Phrase oder Wendung umgebenden Worte, die eine Sinnverdeutlichung oder ein Sinnverständnis ermöglichen, als auch auf den Gesamtzusammenhang einer schriftlichen bzw. auch mündlichen Darstellung oder Abhandlung. Als Kontext wird somit der Zusammenhang verstanden, in dem sich ein Wort, ein Abschnitt, ein Kapitel in bezug auf die vorausgehenden und nachfolgenden Textteile befinden. Die echte, richtige und zutreffende Inhaltsaussage eines Wortes, einer Wendung oder eines längeren eingefügten Textes läßt sich nur aus dem Kontext bzw. der Textzusammengehörigkeit erkennen. So wird z. B., wie aus den folgenden Sätzen zu ersehen ist, das Wort „Zug" in seinem Sinn erst durch die es umgebenden anderen Wörter klar erkennbar: Als er zum Bahnhof kam, war der **Zug** schon abgefahren. Er gehörte dem zweiten **Zug** der dritten Kompanie an. Peter leerte den Krug in einem **Zug**. Sie bereiteten ihr Vorhaben **Zug** um **Zug** vor. Nachdem sie gestern zwei Stunden auf dem Balkon im **Zug** gesessen war, hat sie heute eine starke Erkältung.
Brendel (1977, S. 20) unterscheidet folgende sieben Kontextformen:
„● den **personalen Kontext** (Er betrifft die Personen, die Menschen, die Sprecher, Schreiber, Hörer und Leser. Deren Einstellung, Absicht, Erwartung, Alter, Abstammung, Erfahrungen u. a. wirken auf ihren Gebrauch von Sprache.);
● den **sachlichen Kontext** (Er betrifft die Sachverhalte, Wissensbereiche, Arbeitsfelder usw., über die mit mehr oder weniger Sachkompetenz

gesprochen und geschrieben wird. Zu beachten ist, daß sich hinter sachlicher Darstellung [dem Denotat] auch Meinung, Zuneigung, Ablehnung, Verführung [das Konnotat] verbergen kann!);
- den **normativen Kontext** (Er betrifft die Tatsache, daß für viele Handlungen, Verhaltensweisen, Wertungen gewisse Regeln und „Normen" gelten, die auch im entsprechenden Sprachgebrauch ihren Niederschlag finden.);
- den **sozialen Kontext** (Er betrifft die Tatsache, daß wir als soziale Wesen auf die Gemeinschaft angewiesen sind, in Gruppen leben, für und mit anderen denken, arbeiten, feiern, sprechen usw.);
- den **situativen Kontext** (Er betrifft die Umstände, die Gegebenheiten, die Gelegenheiten örtlicher, zeitlicher, personeller, gesellschaftlicher, gewollter oder zufälliger Art, unter und in denen wir sprachlich handeln.);
- den **kommunikativen Kontext** (Er bezieht sich auf die konkrete Verständigung, die Fähigkeit, Sprache zum Zwecke der Verständigung sach-, ziel- und leseradäquat einsetzen zu können.);
- den **sprachlichen Kontext** (Er betrifft den Gebrauch der Sprache als solche und im einzelnen, das Sprachvermögen [= Sprachkompetenz] und die Sprachverwendung [= Sprachperformanz] derer, die sprachlich handeln und sich verständigen)."

Beisbart/Dobnig-Jülch/Eroms/Koß 1976; Bohusch 1972; Brendel/Brack-v. Wins/Schmitz 1977; Hockett 1960³; Leisinger 1971; Sowinski 1973, 1975.

→ Denotation → Konnotation → Kontextmaterial   O

Kontextmaterial

Entsprechendes zu einer audiovisuellen Darbietung im Verbund angefertigtes Medienmaterial als begleitendes, ergänzendes, schriftliches Studien- bzw. Arbeitsmaterial oder zusätzliche → Lehrprogramme auch optischer und akustischer Art wird als Kontextmaterial bezeichnet. Begleitprogramme als integrierende Bestandteile von → Unterrichtseinheiten oder in der Verwendung im Verbund mit anderen Medien stellen sog. Kontextprogramme dar.

→ Medienverbundsystem → Kontext   O

Kontextprogramm → Kontextmaterial

Kontiguität

In der Kontiguitätstheorie von Guthrie bedeutet Kontiguität den Vorgang, daß zwei verschiedene Reize, Erfahrungen, emotionale Befindlichkeiten, Erlebnisinhalte, die in räumlicher und/oder zeitlicher Nähe bzw. gleichzeitig auftreten, miteinander gekoppelt erinnert werden, wenn einer bzw. eine wieder begegnet. Für Lernprozesse ergibt sich daraus die Erkenntnis, daß Neues leichter gelernt und behalten wird, wenn es an bereits vollzogene Lernprozesse angekoppelt wird.   K

Kontinuitätstheorie

Kontinuitätstheorien behaupten die stetige schrittweise Entwicklung (= Evolution) von tierischer zu menschlicher Existenz, z. B. in bezug auf Intelligenz oder Kommunikationsfähigkeit. Demgegenüber nehmen die Diskontinuitätstheorien an, daß bei aller stammesgeschichtlicher Gemeinsamkeit z. B. die sprachliche Kommunikationsfähigkeit des Menschen nicht im Sinne einer fortlaufenden Entwicklungsreihe erklärt werden kann, sondern das einmalige und komplexe Ergebnis des Zusammentreffens einer Vielfalt von Faktoren darstellt, deren Eigenart und Wechselbeziehung noch nicht endgültig aufgeklärt sind. K

Lenneberg 1972; Ploog 1972

Kontrolle, soziale

Unter sozialer Kontrolle versteht man Maßnahmen der Prüfung und Überwachung gegenüber einzelnen von seiten ihrer Primär- und Sekundärgruppen, um normentsprechendes Verhalten zu garantieren bzw. normabweichendes Verhalten mit → Sanktionen zu belegen. Als Sanktion im Sinne der sozialen Kontrolle ist z. B. die als Disziplinierungsmittel in der Schule verbotene physische Gewalt unter Schülern selbst durchaus geläufig. Soziale Kontrolle wird aber auch durch – oftmals mit List und Manipulation erzielte – Mehrheitsentscheidungen, durch Ironie, durch Lächerlichmachen, durch Vorenthaltung von Informationen oder gar durch Isolierung als Ausschluß aus einer Gruppe ausgeübt. Um negativen Auswüchsen der sozialen Kontrolle begegnen zu können, ist die permanent gegebene Gelegenheit zu korrigierender Reflexion etwa im Sinne der → Metakommunikation unverzichtbar. Die Ausübung sozialer Kontrolle in positiver und negativer Form erfolgt in erster Linie durch folgende Gruppen, Verwaltungsapparate, Institutionen und Medien aller Art des jeweiligen Gesellschaftssystems:
1. Familie
2. Schule und andere Bildungsinstitutionen
3. Vereine und Klubs, z. B. Trachtenverein, Schachklub
4. Behörden in erster Linie durch Gesetze, Verordnungen, Erlasse und Anweisungen
5. Kirchen
6. Politische Parteien
7. Gewerkschaften
8. Fernsehen, Rundfunk, Presse und andere Organe, z. D. durch Werbung, Aufklärung, Information OK

Kontrollgruppe

Die Kontrollgruppe wird bei → Experimenten parallel zur Versuchsgruppe eingerichtet. Die Mitglieder der Kontrollgruppe werden nach denselben Gesichtspunkten wie die der Versuchsgruppe ausgewählt, sie sind lediglich nicht den speziellen experimentellen Bedingungen ausgesetzt. Die Aussage des Experiments ist nur dann von Bedeutung, wenn sich ein deutlicher Unterschied zwischen den beiden Gruppen in der → Variable ergibt, die Gegenstand des Experiments war. K

Kontrollprogramm

Es wird in Zusammenhang mit → Validierungs- und → Evaluationsprozessen als zusammenfassendes Testprogramm eingesetzt und stellt fest, ob der dargebotene Stoff in der vorgesehenen und erhofften Weise verarbeitet wurde. Außerdem dient es z. B. auch der Überprüfung notwendiger Kenntnisse vor Antritt qualifizierter Stellen in der Wirtschaft oder beim Eintritt in bestimmte Kurse, die Fachwissen voraussetzen.

→ Kriterienprogrammierung → Lehrprogramm O

Konvention

bedeutet eine sozial selbstverständliche Vereinbarung bezüglich allgemein üblicher Verhaltensweisen innerhalb einer Gruppe bzw. in einer bestimmten Gesellschaft. Die konventionelle Haltung wird als förmlich, hergebracht, den Bräuchen entsprechend, bewahrend beschrieben. Gerade das Konventionelle, das die alltäglichen → Interaktionen zwischen Individuen Bestimmende bedarf des gelegentlichen Hinterfragens und in dessen Gefolge evtl. auch der Veränderung, wenn es nicht unreflektiert aus dem Bewahren in Erstarrung im Vordergründigen und Formalen umschlagen soll.

→ Konformität K

Konvergentes Denken → Denken

Konvergenzverhalten

In der Medizin bezeichnet das Konvergenzverhalten die Tatsache, daß sich die Sehachsen der Augen überschneiden, wodurch das Schielen verursacht wird. Im psychologischen Sprachgebrauch kommt dem Konvergenzverhalten vor allem in der Konvergenztheorie von W. Stern (1950[2]) Bedeutung zu. Dort bedeutet es das Zusammenstimmen der ererbten und erworbenen Verhaltensweisen mit der begegnenden Realität und die wechselseitige beeinflussende Abhängigkeit zwischen beiden. In der Sozialpsychologie bezeichnet Konvergenz den Vorgang, bei dem durch gesteigerte → Kommunikation die Meinungsunterschiede zwischen Gruppenmitgliedern weniger werden, im Extremfall sogar ganz verschwinden. Dem hartnäckigen Abweichler droht Ausschluß oder Nichtbeachtung, es sei denn, es gelänge ihm mit anderen Gruppenmitgliedern zusammen, durch → Polarisation wiederum Konvergenz für die abweichende Meinung zu schaffen. K

Konzentration

Zunächst bedeutet Konzentration eine Bündelung von Kräften, z. B. als Konzentration militärischer Verbände, oder in der Chemie eine Zusammenballung von Molekülen in einer Lösung.
In der Psychologie bezeichnet Konzentration die hohe, gebündelte → Aufmerksamkeit, die in ihrem Bestand allerdings sehr gefährdet ist, da sie von individuellen → Variablen wie Interesse, Ermüdung, Motivation und von äußeren Gegebenheiten wie Ruhe, Stoffmenge, zur Verfügung stehende Zeit, Hilfsmittel sehr abhängig ist.
Im pädagogischen und didaktischen Bereich stellt die Konzentration einmal

das Verbinden von Vorstellungsinhalten und das Kombinieren von Vorstellungen dar zur Erleichterung der Auffassung und zur Sicherung des Behaltens und zum anderen die Gruppierung des Unterrichts um einzelne Fächer oder Stoffgebiete mit dem Ziel, diese nach einheitlichen Gesichtspunkten zu durchdringen und zu ordnen. Der Konzentrationsgedanke im didaktischen Sinne wurde von Herbart angebahnt und von seinen Nachfolgern Ziller und Rein unter der Betonung der Gesinnungsstoffe weiter ausgebaut. Die Absicht ist eine innere Verbindung der auseinanderstrebenden Fächer.
Im allgemeinen werden zwei Arten der Konzentration unterschieden:
1. Äußere Konzentration
2. Innere Konzentration
Die äußere Konzentration gliedert sich in die Stoffkonzentration, z. B. gleichzeitiges Lehren aufeinander beziehbarer Stoffe in verschiedenen Fächern, und die Personalkonzentration, z. B. ein Lehrer erteilt alle Unterrichtsfächer in einer Klasse. Anstelle des Begriffes „Innere Konzentration" tritt häufig „Ideenkonzentration". Durch diese Art der Konzentration soll eine innere Gleichartigkeit der Denkrichtung erzeugt werden. Die Ideenkonzentration bezweckt vor allem die Erhaltung der Werte, die eine Gemeinschaft für ihren Bestand benötigt. In diesem Sinne findet sich z. B. im Mittelalter das scholastische, im Dritten Reich das nationale und heute das demokratische Bildungsideal.

Brem-Gräser 1967; Brockert 1972; Isbert 1972; Knehr/Krüger 1976; Mierke 1957; Schmidt 1977; Werneck/Ullmann 1972

→ Gesamtunterricht → Entwickelnder Unterricht → Konzentrische Kreise OK

Konzentrische Kreise

Wird der Stoff eines Unterrichtsfaches dem Schwierigkeitsgrad entsprechend gestuft, auf Jahrgangsstufen adressatenbezogen orientiert und innerhalb der Schulzeit mehrfach auf unterschiedlichem Niveau mit anderen Schwerpunkten durchlaufen, um ihn den Schülern verständlich und begreiflich zu machen, so ergeben sich konzentrische Kreise der Stoffvermittlung. Der Stoff wird auf jeder Stufe erweitert und kann sich in Form fachinterner oder fachintegraler Stoffzentrierung wiederholen. Die konzentrischen Kreise schaffen ein vertieftes, zeitliches Nacheinander in der Stoffdarbietung und verteilen Schwierigkeiten gemäß dem Schüleralter auf verschiedene Jahre. Durch die Stoffaufnahme im „neuen" Kreis auf der nächsten Stufe ist der Zwang zur konzentrierten Wiederholung gegeben. Es ist eine Anknüpfung zu finden. Dadurch bildet sich jeweils ein Wiederholungsbogen z. B. K – K1, K1 – K2, wie er aus dem Diagramm auf Seite 294 zu ersehen ist, der die Einprägung sichert.

→ Konzentration O

Konzentrische Kreise im Stoffbereich eines Faches

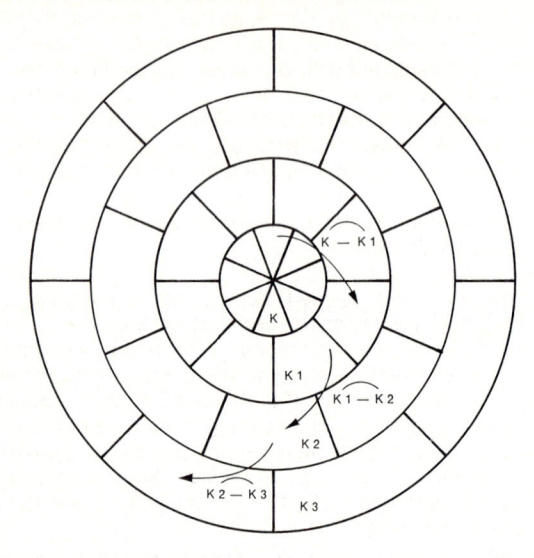

O

Kooperation

bedeutet wörtlich übersetzt Zusammenarbeit. Die Kooperation ist ein unverzichtbarer grundlegender gruppendynamischer Vorgang, in dem meist arbeitsteilig organisierte, aber aufeinander bezogene und als gleichwertig und gleichberechtigt anerkannte Aktivitäten auf ein gemeinsames Ziel hin gebündelt werden.
Kooperation muß darüber hinaus die größtmögliche Rücksichtnahme auf die individuellen Bedürfnisse der an ihr Beteiligten praktizieren. Als Grundbedingungen echter Kooperation sind weiterhin zu beachten:
1. Jeder einzelne muß das Gesamtproblem verstehen.
2. Jeder Beteiligte muß über die Kenntnis und Beherrschung der Methoden verfügen, mit denen er zur Lösung des Problems beitragen kann.
3. Jeder einzelne muß sich der potentiellen Beiträge der anderen Gruppenmitglieder bewußt sein und ihnen Raum lassen, sich darzustellen.
4. Jedes Gruppenmitglied muß darum bemüht sein, die sach-, person- und gruppenbezogenen Probleme der anderen Gruppenmitglieder zu erkennen, um diesen zu helfen, ihren höchstmöglichen Beitrag leisten und sich auch emotional in der Kooperation wohlfühlen zu können.

Gruppendynamisch kultivierte Kooperation ist gerade in einer Zeit fortschreitender Spezialisierung und Differenzierung von Berufen und Wissenschaftszweigen und angesichts der Pluralität weltanschaulicher und gesellschaftlicher Grundkonzepte eine Notwendigkeit für ein sinnerfülltes humanes Zusammen- und Überleben der Menschen.

Bennett 1977; Dietrich u. a. 1974; Gröschel 1973; Ulshöfer 1971

→ Gruppenleistung

Kreativität

Kooperative Gesamtschule → Gesamtschule

Kooptation

bezeichnet eine Ergänzungswahl, bei der ein neues Mitglied in eine Gruppe durch jene aufgenommen wird, die der Gruppe bereits angehören. Dabei hat der Neuling bestimmte Auflagen zu erfüllen, z. B. Mutproben zu leisten bei der Aufnahme in eine Rockergang, sich bestimmten Ritualen zu beugen beim Habilitationsverfahren, Bedingungen wie gesellschaftlicher Rang, Adel, Alter, Finanzkraft usw. zu genügen bei der Aufnahme in bestimmte Vereine, Verbindungen oder Clubs u. dgl. m. K

Korrelation

bezeichnet die Wechselbeziehung bzw. den Zusammenhang von statistischen Meßwerten und zwar unter dem besonderen Gesichtspunkt, aus einer ermittelten Meßreihe Schlußfolgerungen für einen mit ihr gekoppelten Bereich ziehen zu können. So interessiert z. B. die mögliche Korrelation zwischen Schichtzugehörigkeit und Schulleistung oder zwischen Intelligenz und Schulleistung oder zwischen bestimmten sozioökonomischen Verhältnissen und normabweichenden Verhaltensweisen. Der Korrelationskoeffizient ist der durch Messungen ermittelte, in Zahlen ausgedrückte Wert, der einen Schluß auf den Grad der Wechselbeziehung zweier oder mehrerer Merkmale oder Merkmalsgruppen zuläßt.
Ist der Korrelationskoeffizient gleich $-1,0$ ($r = -1,0$), so ist die Korrelation total negativ, bei $r = +1,0$ ist die Korrelation total positiv, bei $r = 0$ ist keinerlei Korrelation gegeben. Das Ausmaß des Zusammenhangs wird deutlicher, wenn es durch Multiplikation des Korrelationskoeffizienten mit sich selbst ohne Berücksichtigung des Kommas in Prozent ausgedrückt wird. Ein Korrelationskoeffizient von $r = +0,7$ würde in Prozenten ausgedrückt also eine Entsprechung von 49% bedeuten, bei 51% der untersuchten Fakten wäre der gefragte Zusammenhang nicht nachweisbar.
Es muß bedacht werden, daß die Berechnung von Korrelationen lediglich eine statistische Meßmethode darstellt, über die Ursachen der Zusammenhänge sagt sie nichts aus. K

Baggaley 1964; Hofstätter 1966; Humell/Ziegler 1976–

Korrelationskoeffizient → Korrelation

Kreativität

Der Begriff Kreativität, der allgemein schöpferisches Handeln, Denken und Verhalten kennzeichnet, fand ursprünglich im künstlerischen Bereich Verwendung und wurde im Laufe der Zeit auf → Leistung, Leistungsformen, Leistungsbedingungen ausgedehnt und wird auch in der Abfolge der → Lernzielstufen verwendet. Kreativität stellt keine eigenständige kognitive Funktion dar; sie ist eng mit emotionalen und auf → Motivation beruhenden Faktoren verknüpft. Im Sinne schöpferischer Produktivität ist im Rahmen der Kreativität die Fähigkeit und Aufgeschlossenheit zur → Innovation erkenntlich, was auf die → Interdependenz bestimmter gesellschaftlich geprägter

Lebensformen und ihrer Bedingungen mit der Kreativität hinweist. – Fähigkeit und Bereitschaft, mit Begriffen, Definitionen oder Elementen zu spielen, Offenheit für Erfahrungen und neue Aspekte können als Grundgegebenheiten einer konstruktiven Kreativität angesehen werden.
Als Funktionen der Kreativität werden besonders hervorgehoben: Bereitschaft zur Flexibilität, Aufgeschlossenheit gegenüber neuen Ideen in allen Bereichen des Lebens (Originalität), gute und gezielte Wortwahl, Ausdrucks- und Gedankenflüssigkeit, → Spontaneität, Fähigkeit zur Gliederung von Gedanken, zur Formulierung von Definitionen und zur Lösung von Problemen.
Zur Lösung von Problemen und für den Ablauf kreativer Prozesse wurden Stufen als Hilfsmittel entwickelt. So kommt z. B. Guilford in Anlehnung an informationstheoretische Konzepte zu folgenden Phasen: → Information – → Intuition – → Evaluation – → Elaboration.
Methoden des Kreativitätstrainings sind im → Unterricht nur begrenzt einsetzbar. Sie finden jedoch Anwendung im berufsbezogenen Bereich wie z. B. an → Fachhochschulen und auch an → Universitäten. Solche Methoden sind z. B. das → Brainstorming oder die → synektische Methode. O

Beer/Erl 1972; Schiffler 1973; Ulmann 1970

Kreativitätstraining → Kreativität

Kriminalität → Jugendkriminalität

Kriminalpsychagogik

Adolf Martin Däumling (1951) prägte den Begriff vom ,,sozialpsychagogischen Strafvollzug". Er sieht die → Psychagogik als eine ,,seelische Lebenshilfe", die sich ergebende Aufgaben zwischen → Psychotherapie und → Pädagogik wahrnimmt. Daraus zieht Erhard Hischer die Konsequenzen, indem er die von Däumling allgemein umrissenen psychagogischen Möglichkeiten und Erfordernisse der ,,individuellen Lebenshilfe", der ,,Menschenführung in der Gemeinschaft" sowie ,,Förderung der Persönlichkeitsreife" wegen ihrer hervorragenden Bedeutung für die Arbeit mit jungen Rechtsbrechern zur ,,Kriminalpsychagogik" weiterentwickelt (Hischer 1968, 1972).
Eine Vorrangstellung nehmen hierbei Einzel- und Gruppengespräche ein, die der retrospektiven Problemverarbeitung, der situativen Konfliktbewältigung und antizipierend der Meisterung konkreter Lebensgegebenheiten dienen. Nonrepressiv appellierend, Gespür für den berechtigten natürlichen Anspruch vermittelnd, motivierend und für den eigenen Einsatz gewinnend sowie Bindungen aufbauend wird auf individuelle Eigenwerterlebnisse, neue Selbst-, Du- und Wir-Erfahrungen, aber auch auf größere Frustrationstoleranz und vielseitig auf Freiheitsfähigkeit hingearbeitet. So erhält ,,Kriminalpsychagogik als spezieller methodischer Ansatz, . . . über den Vollzug hinaus (auch) im Rahmen der Bewährungshilfe" (Hischer 1970, S. 69) außerordentliche Bedeutung. Ein → Begegnungsstil-Konzept gibt dieser Arbeitsweise noch ein besonderes Gepräge als progressives Verfahren des engagierten humanen Umgangs mit dem konfliktbelasteten Anderen. (Hischer 1979) O

Kriterienorientierter Test → Lernzielorientierter Test

Kriterienprogrammierung

Die Kriterienprogrammierung ermöglicht die Feststellung des jeweiligen Kenntnisstandes eines vorprogrammierten Fachstoffes. In Form eines Phasenprogrammes wird herausgefunden, welche Kenntnisse beim einzelnen über einen abgegrenzten Fachstoff vorliegen. Werden keine Kenntnisse festgestellt, so wird dem Adressaten ein Lernprogramm, bei unklaren Kenntnissen ein Übungsprogramm und bei Stoffbeherrschung ein Kontrollprogramm oder programmierter Schlußtest vorgelegt. Nachfolgendes Schema veranschaulicht die Phasen der Kritierienprogrammierung:

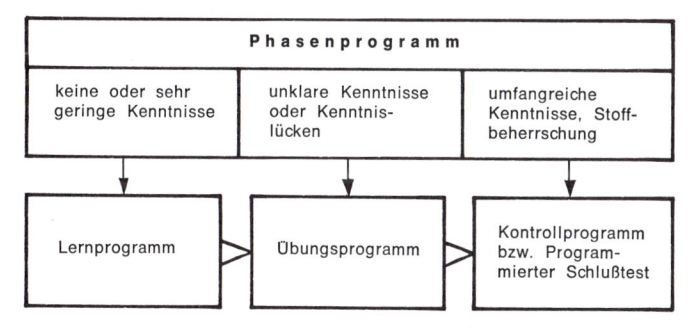

Phasenprogramm		
keine oder sehr geringe Kenntnisse	unklare Kenntnisse oder Kenntnislücken	umfangreiche Kenntnisse, Stoffbeherrschung

Lernprogramm	Übungsprogramm	Kontrollprogramm bzw. Programmierter Schlußtest

→ Phaseneinheiten → Programmierte Instruktion → Lehrprogramm   O

Kritik

Destruktive (= zerstörende, bösartige) Formen der Kritik treten im umgangssprachlichen Verständnis als Urteile und Tadel, auch als Verriß in Form von Theater- oder Literaturkritiken auf. Demgegenüber versteht sich konstruktive (aufbauende) Kritik immer als eine an wissenschaftlichen Maßstäben und Methoden orientierte Prüfung und Erörterung eines vorgegebenen Sachverhalts. Umgekehrt ist konsequenterweise jedes wissenschaftliche Vorgeben auch kritisch, andernfalls wäre es nicht wissenschaftlich   K

Kritische Theorie

Die kritische Theorie wird von der Frankfurter Schule vertreten, hier vor allem von Th. Adorno, J. Habermas, M. Horkheimer, H. Marcuse. Sie setzt eine totale Gesamtsicht der → Gesellschaft in ihrem gegenwärtigen Zustand und in ihrem zukünftigen Entwurf voraus, innerhalb derer jegliche Wissenschaft als integrierter Teil des Gesellschaftssystems aufzufassen ist und nicht wie die empirische Forschung sozusagen von außen über Gesellschaft als ihren Gegenstand befindet. Die vor allem mit Hilfe der hermeneutischen (= verstehenden) Methode in gesellschaftskritischer Diskussion entworfenen Idealvorstellungen von Gesellschaft dienen als Kriterien, an denen die reale Gesellschaft gemessen und in bezug auf ihre notwendige Veränderung beschrieben wird. Der kritischen Theorie geht es folgerichtig um permanente → Ideologiekritik des Bestehenden, um Bewußtmachen der Diskrepanz zwischen der Realität und bereits entworfenen Idealvorstellungen wie z. B. den Menschenrechten oder von ihr selbst entwickelten Idealvorstellungen, um Bewußtmachen der bestehenden Herrschaftsverhältnisse mitsamt ihren → erkenntnisleitenden Interessen und der daraus resultierenden Abhängigkeiten.

Als ihre erklärten Ziele sieht die kritische Theorie die → Emanzipation des Individuums und der Gesellschaft „. . . zur Selbstbestimmungsfähigkeit, zur Kritikfähigkeit, zur freien Wahl individueller Möglichkeiten, zur Anerkennung jedes anderen Menschen als gleichberechtigte Person . . ." (Klafki 1971) K

Adorno 1971 und 1972; Die Frankfurter Schule . . . 1971; Habermas 1970; Habermas/Luhmann 1971; Horkheimer 1970 und 1974; Horkheimer/Adorno 1970; Löwisch 1974; Mittelstraß 1975; Münch 1973; Rohrmoser 1970; Schmidt 1976; Slater 1977; Staehr 1973; Tar 1977; Theunissen 1969; Vincent 1976; Zima 1974

Kulturanthropologie

Die Kulturanthropologie, die neben der **physischen Anthropologie** (Studium der biologischen Evolution und Erforschung der menschlichen Rasse), der **Archäologie** (Altertumskunde, Erforschung vorgeschichtlicher Kulturen), → **Linguistik** u. a. ein Teilgebiet der → Anthropologie darstellt, wird in die → **Ethnologie** und **Ethnographie** (Beschreibung von Einzelkulturen), mitunter auch in die Ethnologie und **Sozialanthropologie** (kulturvergleichende Disziplin unter besonderer Berücksichtigung sozialer Strukturen) untergliedert. Sie befaßt sich mit Kulturformen, gleichen und ähnlichen Entwicklungen in verschiedenen Kulturen und versucht Gründe und Ursachen zu erforschen, die den Menschen veranlaßten, Kulturgüter und Kulturwerte zu entwickeln. Jede durch den Menschen geschaffene Kulturform bedeutet für die Kulturanthropologie zunächst eine einmalige kulturelle Einheit, deren Funktion sie in bezug auf die Gesamtkultur untersucht. Aus den Ergebnissen lassen sich entsprechende Wertungen ableiten. O

Kultusministerkonferenz (KMK) → Ständige Konferenz der Kultusminister

Kursunterricht → Kern- und Kursunterricht

Kybernetik

ein Begriff, der in der heute üblichen Bedeutung zuerst 1947 von dem Mathematiker Norbert Wiener gebraucht wurde, wird häufig mit dem Begriff „allgemeine Steuerungslehre" oder mit „Kunst des Steuerns" erklärt. Sie befaßt sich mit Steuerungs-, Regelungs- und Kontrollproblemen in biologischen, pädagogischen, psychologischen, soziologischen, technischen, wirtschaftlichen und anderen Systemen. Lew Pawlowitsch Teplow definiert die Kybernetik als die Wissenschaft, „die Zielstrebigkeit und automatische Steuerung (Automatismus) in Natur und Technik mit Hilfe von Mathematik und Experiment untersucht".

Unter Automat versteht Teplow ein Gesamtsystem, das sich aus untereinander verbundenen Teilsystemen aufbaut, die einander steuern, wobei sich unter diesen Teilsystemen zumindest eines befindet, das eine automatische

Steuerung besitzt. Ein Automat in diesem kybernetischen Sinne ergäbe sich z. B., wenn das System Auto von dem System Mensch gesteuert wird.
Nach F. v. Cube (1968) versteht man „unter Kybernetik im engeren Sinne die Wissenschaft und Technik von den informationsverarbeitenden Maschinen, wie programmgesteuerte Rechenautomaten, lernende Automaten, Übersetzungsmaschinen, Lehrmaschinen usw.;
unter Kybernetik im weiteren Sinne versteht man die mathematische und konstruktive Behandlung allgemeiner struktureller Beziehungen, Funktionen und Systeme, die verschiedenen Wirklichkeitsbereichen gemeinsam sind."
Helmar Frank (1969[2]) definiert folgendermaßen: „Die Kybernetik ist die kalkülisierende (= an mathematischen Regeln und Methoden orientierte / der Verf.) Theorie und konstruierende Technik der Nachrichten, der Nachrichtenverarbeitung und der Nachrichtenverarbeitungssysteme." Ihr Ziel ist die „Objektivierung geistiger Arbeit".
Zur Veranschaulichung des kybernetischen Modells führt H. Frank folgendes Beispiel aus:
„Der Kapitän (1. Funktion) gibt das Ziel an, dem das Schiff zusteuern soll; der Lotse = Κυβερνήτης (2. Funktion) nimmt den vom Kapitän vorgegebenen Sollwert auf und entwirft unter Berücksichtigung der empirischen Bedingungen, also Zustand und Position des Schiffes sowie Wetterlage, Wassertiefe usw., das Programm, mit dem das Ziel erreicht werden kann; der Steuermann (3. Funktion) setzt das Programm in die Praxis um, indem er den Befehlen des Lotsen die entsprechenden Steuerstellungen zuordnet; das so gesteuerte Antriebssystem schließlich (4. Funktion), die Ruderer, der Wind oder die Kraftmaschine, verändert die empirischen Bedingungen durch die Ortsveränderung – diese Veränderungen werden als ‚Nachrichten' vom Lotsen aufgenommen (= Rückmeldung) und wirken modifizierend auf das Steuerprogramm ein. Dieses Modell eines Regelkreises, das sich zwischen den Funktionen 2 bis 4 darstellt, ist, sofern man es als System auffaßt, ein selbstregulierendes und selbstorganisierendes mit weitreichenden Übertragungsmöglichkeiten. Es ist realisiert in lebenden Organismen, in Maschinen und in biologischen Vergesellschaftungsformen." (Hier zitiert nach Blankertz 1972, Seite 54)

Wiener 1900

→ Kybernetische Didaktik → Kybernetische Pädagogik   OK

Kybernetische Didaktik

Felix von Cube (1968[2]), ein namhafter Vertreter der kybernetischen Didaktik, beschreibt diese Disziplin folgendermaßen: „Didaktik als **Wissenschaft** untersucht, wie die Lernprozesse eines Lernsystems zu initiieren und zu steuern sind, um vorgegebene Lernziele in optimaler Weise zu erreichen. Unter Didaktik verstehen wir die Wissenschaft von den prinzipiellen Eingriffsmöglichkeiten und Konstruktionsmöglichkeiten im Bereich menschlichen Lernens."
Bezüglich der Wissenschaftlichkeit der → Didaktik stellt von Cube fest: „Entweder man beläßt – wie bei der hermeneutischen Auffassung von Didaktik, bei der ja tatsächlich Ziele aufgestellt werden – der Didaktik eine

normative Funktion, dann verzichtet man auf ihre Wissenschaftlichkeit, oder man schränkt die Didaktik auf ein wissenschaftliches Aussagensystem ein, dann muß man auf eine normensetzende Funktion verzichten." (Seite 9 und 185)
Didaktik im Sinne der Kybernetik ist also die Theorie der gezielten Eingriffe in Lernprozesse, wobei Lernen als „Informationsverdichtung" bzw. „Informationsabbau" zu verstehen ist. Dies bedeutet, daß dem Lernenden in einem Lernvorgang immer bisher unbekannte Informationen begegnen. Wenn diese Informationen mit ihrem Neuigkeitsgehalt abgebaut sind, kann der Lernprozeß als erfolgreich beendet betrachtet werden.
Der Lernprozeß selbst ist nach der kybernetischen Didaktik als → Regelkreis anzusehen und dementsprechend auch für unterrichtliche Zwecke zu planen.
Entscheidende Entwicklungsanstöße verdankt der kybernetischen Didaktik die → Programmierte Instruktion. (Vgl. hierzu auch die Stichworte → ALZUDI und → COGENDI.)

→ Informationstheorie → Kybernetik → Kybernetische Pädagogik → Regelkreis → Strukturmodelle der Didaktik K

Kybernetische Lehrmaschinen

verbinden die Möglichkeiten des Computers (= elektronische Rechenanlage), die vor allem in hoher Speicherkapazität für Informationen und schneller Bearbeitung von Eingaben bestehen, mit den Anforderungen von Lehr- und Lernprozessen. Moderne kybernetische Lehrmaschinen bestehen aus einer Geräteeinheit, bei der ein Datensichtgerät (Monitor) und eine elektrische Schreibmaschine mit einem Computer verbunden sind. Der Lernende kann sozusagen über Schreibmaschine (Abruf von Programmen, Eingabe von Antworten) und Monitor (Darbietung des Programms, Kontrolle der Eingabe, Bewertung der Antwort) mit dem Computer in ein Zwiegespräch eintreten. Nach Felix von Cube (1968[2]) weisen kybernetische Lehrmaschinen neben den üblichen Vorzügen der Programmierten Instruktion mindestens 5 spezielle Vorteile auf:
„1. Die kybernetische Lehrmaschine gibt dem Adressaten ständig Auskunft über seine Fehlerquote: sie kann frühere und augenblickliche Leistungen des Adressaten miteinander vergleichen und unter Umständen auch das Verhältnis zum Klassendurchschnitt angeben.
2. Kybernetische Lehrmaschinen können mit einem Pseudozufallsgenerator arbeiten. Gunzenhäuser (1968) macht hierzu folgende Bemerkung: „Mit Hilfe solcher Zufallszahlen kann man in die Aufgabenfolge eines Programms Abwechslung hineinbringen... Wie beim Roulettespiel kann durch das Zufallszahlenprogramm eine bestimmte Frage aus einem Vorrat gleichwertiger Fragen bestimmt werden, so daß keine zwei Schüler dieselbe Fragenfolge zu beantworten haben. Mit Hilfe dieses Zufallszahlengenerators können auch (z. B. mathematische) Probleme selbst variiert werden, indem man die bestimmten Zahlengrößen, mit denen eine bestimmte Rechenoperation durchgeführt werden soll, zufallsmäßig variiert. Dadurch wird einem eventuellen Abschreiben vorgebeugt – ohne daß der beaufsichtigende Lehrer Mehrarbeit hat."

3. Moderne Rechenanlagen können Hunderte von Schülern in verschiedenen Programmen gleichzeitig unterrichten. Diese Leistung wird in den nächsten Jahren zweifellos noch verbessert werden: man rechnet damit, daß in einer künftigen Anlage mindestens fünfzig Programme zur Verfügung stehen. Über Telefonleitungen werden sich dann mehrere tausend Schüler dieser Programme bedienen können.
4. Als besonders vorteilhaft erweisen sich kybernetische Maschinen für Prüfungen. Hier können die Antworten im → „multiple-choice"-Verfahren oder in Form von Lückentests unmittelbar in die Maschine eingegeben werden. Da der Vergleich mit den richtigen Antworten praktisch keine Zeit benötigt, liegt das Prüfungsergebnis sofort nach erfolgter Prüfung vor.
5. Durch die Möglichkeit, sämtliche Informationseingaben des Adressaten zu speichern und zu verarbeiten, kann die Maschine jeweils eine optimale Programmdarbietung errechnen; d. h. kybernetische Lehrmaschinen sind (der Möglichkeit nach) volladaptiv" (= dem Lernweg des Lernenden voll angepaßt, der Verf.). (Seite 226/227)
→ Kybernetik → Kybernetische Didaktik → Kybernetische Pädagogik   K

Kybernetische Pädagogik

In der kybernetischen Pädagogik finden mathematische Methoden mit letzter Konsequenz Eingang in die Pädagogik. Ihr erklärtes Ziel ist „die Objektivierung pädagogischer Arbeit, d. h. deren Übertragung an technisch erzeugte Systeme (z. B. Lehrautomaten)". Dabei gilt ein Ausspruch von H. Schmidt: „Alles regeln, was regelbar ist, und das nicht Regelbare regelbar machen." Den eine eigene wissenschaftliche Disziplin, nämlich die kybernetische Pädagogik legitimierenden Schnittpunkt zwischen Pädagogik und Kybernetik sieht H. Frank (1969) dort, wo ein Teilbereich der Pädagogik die drei Kriterien der Kybernetik erfüllt:
„Es muß in ihm ein
1. informationeller Gegenstand mit einer
2. kalkülisierenden (= mit mathematischen Regeln arbeitenden, d. Verf.) Methode erforscht werden, und dies
3. mit dem Ziel einer Objektivation." (Band 1, Seite 42)
Als bevorzugtes pädagogisches Forschungsfeld erweist sich diesen Kriterien entsprechend der Bereich des Lehrens und Lernens. „Die kybernetische Pädagogik ist in drei Stufen wachsender Komplexität gegliedert. Auf der ersten Stufe werden die sechs Komponenten (Dimensionen) des Unterrichts getrennt analysiert, auf der zweiten Stufe wird ihre wechselseitige Abhängigkeit und auf der dritten Stufe die Abhängigkeit von der soziokulturellen Umwelt und die Rückwirkung auf diese zum Gegenstand kybernetischer Forschung. Die sechs kybernetisch-pädagogischen Disziplinen erster Stufe (päd. Grundwissenschaften) sind:
1. die Theorie der Lehrstoffe, 2. die Theorie der → Medien (insbesondere der Lehrautomaten einschließlich des rechnergestützten Unterrichts), 3. die Psychostrukturtheorie (Informationspsychologie; Psychostrukturmodell),
4. die (erst im Programm existierende) Soziostrukturtheorie,

Labeling approach

5. die Theorie der Lehrzielpräzisierung und 6. die → Lehralgorithmentheorie. Durch die → Informationstheorie kann man quantitative Aussagen über den Lehrstoff machen und mit der Lernfähigkeit in Verbindung bringen. Die abstrakte Automatentheorie bildet die kybernetische Basis der Medien- und Lehralgorithmentheorie.

Die Disziplinen zweiter Stufe werden als „didaktische Disziplinen" bezeichnet. Insgesamt sind 62 solcher Disziplinen kombinatorisch möglich. Sie betrachten jeweils gewisse andere der sechs genannten Dimensionen als vorgegebene „Bedingungsfelder" und fragen, welche didaktischen Entscheidungen in den restlichen Dimensionen („Entscheidungsfelder") noch damit verträglich sind. Beispielsweise sucht die Didaktik der → Programmierten Instruktion nach Lehralgorithmen (Entscheidungsfeld!), welche einen gegebenen Lehrstoff mit einem gegebenen Medium einer psychologisch gekennzeichneten Gruppe von Lernenden während einer statistisch voraussehbaren soziokulturellen Zusatzbeeinflussung gemäß einem gegebenen Zielkriterium (5 Bedingungsfelder!) zu vermitteln gestatten.

Zu den weitgehend programmatischen kybernetisch-pädagogischen Disziplinen dritter Stufe gehört u. a. die Bildungsökonomie, die pädagogische Organisatorik, die (zu mathematisierende) Pädagogikgeschichte und Bildungsgeographie und – darauf aufbauend – die pädagogische Zukunftsforschung.

Die kybernetische Pädagogik hat eigene Methoden für die → Programmierte Instruktion entwickelt, die sich auf die Informationspsychologie stützen und den Einsatz von Rechnern für die Erzeugung von Lehralgorithmen anstreben" (Frank 1971).

→ Kybernetik → Kybernetische Didaktik K

Labeling approach → Hypothesen- oder Erwartungstheorie

Labilität

bedeutet allgemein leichte Beeinflußbarkeit, d. h. daß der Labile Beeinflussungen geringen oder gar keinen Widerstand entgegensetzt und geforderte Änderungen in seinem Verhalten ohne kritische Reflexion vollzieht. K

Längsschnittuntersuchung

Der Zweck von Längsschnittuntersuchungen ist die Untersuchung des Entwicklungsverlaufs bestimmter körperlicher oder/und psychischer Ausprägungen und Fähigkeiten über längere Zeit. Die berühmte Längsschnittuntersuchung von L. M. Terman mit 1000 Kindern mit einem → IQ (Intelligenzquotienten) über 140 Punkten reicht mittlerweile schon über 40 Jahre zurück.

Längsschnittuntersuchungen verfolgen v. a. zwei Aspekte:
1. Sie untersuchen die Veränderung bzw. Konstanz von Fähigkeiten oder Verhaltensweisen oder sog. Persönlichkeitseigenschaften. Hier wird z. B. gefragt, ob und gegebenenfalls auf welche Weise (individuell verschieden oder Durchschnittskurve, Tempo, usw.) sich die → Intelligenz der Individuen einer → Versuchsgruppe – ausgedrückt in IQ – entwickelt.

2. Ferner fragen Längsschnittuntersuchungen nach der langzeitlichen Einflußnahme bestimmter soziokultureller und sozioökonomischer Umstände auf die Entwicklung von Menschen. In welcher Weise z. B. beeinflußt die Schichtzugehörigkeit eines Individuums seine Schulleistung und damit weiter seine Berufschancen? Oder welchen Einfluß übt ein bestimmter → Erziehungsstil auf die Gesamtentwicklung eines Individuums oder auf seine Intelligenzentwicklung oder auf das Auftreten bestimmter normabweichender Verhaltensweisen aus? Oder welche langzeitlichen Wirkungen ergeben sich aus mangelnder emotionaler Zuwendung im Säuglings- und Kleinkindalter?

→ Querschnittuntersuchung K

Laktation
bezeichnet je nach Zusammenhang den biologischen Vorgang der Absonderung von Milch aus der Brustdrüse, den Vorgang des Stillens und die Stillzeit. K

Laissez – faire → Erziehungsstile → Unterrichtsstil

Landerziehungsheim → Landschulheim

Landschulheim
Landerziehungsheime bzw. Landschulheime sind im Gegensatz zu → Schullandheimen, in denen Schüler mit ihren Lehrern nur kurzfristig verweilen, eigenständige Schulen oder Schulsysteme außerhalb größerer Städte, die Schüler ganzjährig oder für ihre ganze Schulzeit aufnehmen. In den meisten Landschulheimen können staatlich anerkannte Berechtigungen wie z. B. ein → Mittlerer Bildungsabschluß oder das → Abitur erworben werden. Landschulheime können von privaten, kommunalen oder staatlichen Trägern unterhalten werden. O

Landwirtschaftliches Gymnasium → Berufliches Gymnasium

Latenzperiode
Die Latenzperiode reicht nach S. Freud etwa vom 6. bis zum 12. Lebensjahr. Die Kinder zeigen in diesem Alter keine sexuellen Interessen bzw. bearbeiten dieselben nach Freuds Auffassung innerhalb der Familie (→ Ödipuskomplex).
Von der Latenzperiode oder Latenzphase ist die Latenzzeit zu unterscheiden, die gleichbedeutend mit Inkubationszeit verwendet wird und den zeitlichen Abstand beschreibt, der zwischen der Ansteckung mit einer Krankheit und ihrem Ausbruch liegt. K

Latenzphase → Latenzperiode

Latenzzeit → Latenzperiode

Lateraler Transfer → Transfer

Law of effect → Effektgesetz

Learning → Lernen

Leasing

Der Begriff ist von dem englischen Wort ‚to lease' (vermieten, überlassen) abgeleitet und stellt eine besondere Art der Vermietung oder Verpachtung von Investitionsgütern, in seltenen Fällen auch von Konsumgütern durch eigens dafür zuständige Leasing-Gesellschaften dar.
Im Bildungsbereich wird vom Leasing mitunter in bezug auf Schulbauten und teure Maschineneinrichtungen Gebrauch gemacht. Im Falle eines Schulbaues übernimmt die Leasing-Gesellschaft auf Grund der Wünsche des späteren Mieters Planung und Bau. Der Mieter kann nach Ablauf der mit der Gesellschaft festgelegten Mietzeit das Mietobjekt zurückgeben, einen neuen Mietvertrag über dieses oder ein moderneres Objekt abschließen oder die Mietsache käuflich erwerben. Im allgemeinen erhöht Leasing die Liquidität des Mietenden. Es setzt jedoch eine gute Rentabilität des Mietobjekts voraus. Häufig wird dieses Verfahren bei der Anschaffung rasch durch die technische Entwicklung veralternder Maschinen und Computer angewendet. O

Lebenshilfe

Im Bereich der → Erwachsenenbildung versteht man unter Lebenshilfe Maßnahmen
1. zur Bewältigung konkreter psychischer Krisen,
2. zur Vervollständigung des Allgemeinwissens oder speziellen fachlichen Wissens und Könnens (→ Fortbildung),
3. zum Erwerb neuer Befähigungen (bestimmte schulische Abschlüsse, Lehrbefähigungen, Umschulung; → Weiterbildung).

In der → Sonderpädagogik fallen unter Lebenshilfe alle Maßnahmen von der Früherfassung über die gezielte Förderung bis zur u. U. lebenslangen Betreuung behinderter Menschen. K

Eisele/Lindner 1975; Moser 1976; Schmidt 1970; Stevens 1970; Wolff 1972

Lebenslanges Lernen → Lifelong-Learning

Lebenslaufanalyse

Unter Lebenslaufanalyse versteht man die von Fachleuten vorgenommene psychologische Untersuchung und Beschreibung des bisherigen Lebenslaufs eines Menschen. Während hierbei die → Psychoanalyse vor allem Wert legt auf die individuelle Analyse, aus der wichtige Daten für die Therapie gewonnen werden, dient die Lebenslaufanalyse in der Entwicklungspsychologie der Ermittlung allgemeingültiger Erkenntnisse über die Entwicklung des Menschen.

Bühler 1959^2; Husselmann 1976; Roff/Richs 1970–

Leerlaufreaktion

kann als Handlung beschrieben werden, die keinen sinnvollen Zusammenhang mit gegebenen → Reizen oder Anforderungen aufweist. Sie ergibt sich, wenn für aufgestaute Kräfte eines Individuums keine angemessenen Aufgaben vorhanden sind, in die diese Kräfte investiert werden könnten. Ein Schüler z. B., der durch Über- oder Unterforderung keine Gelegenheit hat, ein Lernziel im Rahmen seiner Fähigkeiten und seiner allgemeinen Belastbarkeit zu erreichen, reagiert seine ungenutzten Kräfte in Aktivitäten ab, die mit der gestellten Aufgabe nichts zu tun haben, u. a. in Leerlaufreaktionen (Grimassieren, Schattenboxen usw.)
K

Legasthenie

bezeichnet den Sachverhalt der Lese- und Rechtschreib-Schwäche. Sie gilt als partielle → Lernstörung. Die betroffenen Schüler weisen in der Regel einen durchschnittlichen oder guten → Intelligenzquotienten auf, ebenso gut oder durchschnittlich fallen ihre meisten Schulleistungen aus. Sie haben lediglich Schwierigkeiten, Texte sinnerfassend und flüssig zu lesen und Wörter grammatikalisch richtig zu schreiben. Typische Lese- und Schreibfehler sind z. B. wortentstellende Buchstaben- und Silbenvertauschungen, Hinzufügungen, Weglassungen. Bezüglich der Ursachen der Legasthenie liegen bis heute noch keine endgültig gesicherten Aussagen vor. Herkömmlich, aber nicht bewiesen ist die Annahme, daß sie durch Hirnschädigungen bzw. durch hirnorganische Reifeverzögerung verursacht sei. Neuere Untersuchungen neigen dazu, die Ursache in den heute üblichen Lese- und Schreiblernmethoden zu sehen. Sie stützen sich dabei auf die Feststellung, daß Legastheniker – von Ausnahmen abgesehen – keine anderen Fehler machen als andere Schüler; sie unterlaufen ihnen lediglich häufiger, was auf Überforderung (z. B. eben durch eine falsche Methode) hindeuten könnte. Zu den unsicheren Aussagen der noch am Beginn stehenden Ursachenforschung gesellen sich noch die besonderen Schwierigkeiten einer verläßlichen Frühdiagnose, die in der Lage sein müßte, die Gesamtpersönlichkeit der Testperson zu erfassen.
Nach dem bisherigen Stand der Forschung sind unterschiedliche Ursachen für die einheitliche Symptomatik der Legasthenie wahrscheinlich. Verhältnismäßig gesicherte Aussagen sind zu den Sekundärfolgen der Legasthenie möglich:
Hier fallen vor allem auf:
- Gedächtnisspeicherschwäche, v. a. bei selten vorkommenden Wörtern und für Sätze und Bedeutungen; die weitere Folge ist ein geringerer Wortschatz als möglich wäre;
- sprachliche Entwicklungsverzögerung;
- durch besonders große Mißerfolgshäufigkeit allgemein herabgesetzte Lernmotivation und Aufmerksamkeit; Konzentrationsschwäche;
- Verhaltensstörungen aufgrund permanenter Mißerfolge und/oder → Sanktionen, evtl. Hänselei durch Kameraden usw.
K

Angermaier 1976 und 1977; Dummer 1977; Henke 1976; Holzner 1977; Kowarik 1977; Malmquist/Valtin 1973, 1974; Müller 1974; Schenk-Danzinger 1974; Schlee 1976; Valtin 1972

Lehralgorithmus → Lernalgorithmus

Lehramt
→ Lehrerbildung → Lehrerausbildung → Mindeststudiendauer

Lehrbüro → Bürowirtschaftliches Zentrum

Lehrdarstellung
Im Gegensatz zur → Lehrskizze bietet die Lehrdarstellung eine gründliche und ausführliche Betrachtung z. B. der psychologischen Problematik, der Sozialformierung, der soziologischen Struktur und des Leistungsstandes der Klasse. Die schriftliche Ausarbeitung sollte sich befassen mit:
1. **Vorerwägungen: Struktur der Klasse**, z. B. Knaben, Mädchen, Alter, Vorpubertät, Bildungsgefälle, Gruppenbildungen, Leistungsstand, Erfahrungsbereich der Schule;
2. **Arbeitsbedingungen**, z. B. Ausstattung der Schule, Kollegialität;
3. **Didaktische Erwägungen: Unterrichtsstoff**, z. B. Themeneingliederung, Anknüpfung und Fortführung im Stoff; Stoffbegrenzung; Stoffgliederung; → **Bildungsziel**, z. B. Erziehung zur Mündigkeit;
   → **Lernziele**, z. B. kognitive, affektive und psychomotorische;
   → **Lehrverfahren**, z. B. Verwendung von Lehrstufen, Unterrichtsphasen;
   → **Lehrformen**, orientiert an der Organisation: z. B. Frontalunterricht, → Gruppenunterricht; orientiert an Lehrkriterien: z. B. → entwickelnder, darstellender Unterricht.
4. **Medien**, z. B. Einsatz von Band- und Plattengeräten, Tageslichtprojektor mit der jeweiligen → Software;
5. **Unterrichtsablauf:** er ist modellhaft in Phasen darzustellen unter Bezugnahme auf die ‚didaktischen Erwägungen' und Einbeziehung der Unterrichtsgespräche und des vorgesehenen Tafelbildes, das in übersichtlicher Form das Wesentliche enthalten soll.
6. **Inhaltsverzeichnis, Quellennachweis:** Jeder Lehrdarstellung ist eine sachgerechte Gliederung voranzusetzen und am Ende ist ein Quellennachweis anzufügen.
7. **Arbeitsblätter:** sind in Form von Tests, Lektionspaß, Aufgabenblättern (Hausaufgabe) usw. anzuheften.
   → Unterrichtsplanung → Unterricht → Didaktische Analyse   O

Lehrdisposition
Die Lehrdisposition untergliedert sich in die
− Kurzdisposition
− Schemadisposition
− Netzplandisposition.
Die **allgemeine Kurzdisposition** bildet als schriftliche Unterrichtsvorbereitung nur eine den → Lernzielen entsprechende Gliederung des durchzunehmenden Stoffes. Sie dient als Erinnerungshilfe und ist zu empfehlen, wenn der Lehrende auf eine längere praktische Schulerfahrung zurückblicken kann.

Die **Schemadisposition** beinhaltet das Fach, das Thema, Klasse, Zahl der Schüler, Ort und Tag der Durchführung; die anzuwendenden → Lehrverfahren oder Unterrichtsstufen, die hierzu lernzielgerecht aufgegliederten Stoffinhalte, die in Frage kommenden → Lehrformen, den Medieneinsatz und die für die einzelnen Lehrphasen vorgesehene Zeit. Daneben befindet sich eine Spalte ‚Sonstiges' für besondere Hinweise. Gut angelegte, systematisch gegliederte Schemadispositionen (DIN A 4) ersparen dem Lehrer zusätzliche Arbeit, wenn sie gesammelt und ergänzt werden.

Durch die **Netzplandisposition** soll für den Ablauf der Lektion die Bedeutung der Zeit herausgestellt und entstehende Leerlaufzeiten sollen überprüft und entsprechend mit Inhalt versehen werden. Sie befaßt sich nicht nur mit exaktem Durchdenken der Stoffbearbeitung, der Lehrer- und Schüleraktivitäten und mit der Zeitmessung, sondern darüber hinaus mit dem Nebeneinander verschiedener Aktivitäten, der Möglichkeit des Zeitgewinns, der Zeitausschöpfung und Erreichung eines gemeinsamen Zieles. Sie findet Anwendung, wenn
1. eine Arbeitsteilung erfolgt,
2. mehrere Aktivitäten gleichzeitig nebeneinander laufen,
3. diese Aktivitäten auf ein gemeinsames Ziel ausgerichtet sind.

Diese Art der Disposition gewinnt für die Vorausplanung des Unterrichts an Aktualität, wenn Lehrformen wie → Fallmethode, → Planspiel, → Gruppenarbeit oder → Team-Teaching häufigere Berücksichtigung im Unterrichtsablauf finden.

→ Unterrichtsplanung → Unterricht → Netzplantechnik O

Lehreinheit → Lehrsequenz → Einheit

Lehrerausbildung

Die Lehrerausbildung, die im Rahmen der → Lehrerbildung die 1. Phase darstellt, erfolgt entsprechend der Regelung der einzelnen Bundesländer entweder an Universitäten, Pädagogischen Hochschulen oder anderen staatlichen hochschulähnlichen Einrichtungen meist noch schulartbezogen, d. h. für Grund- und Hauptschulen, Realschulen, Gymnasien, Berufliche Schulen (Berufsbildende Schulen). Nach dem Grundkonzept der neuen Lehrerbildung wird die Ausbildung für alle Lehrämter an wissenschaftlichen Hochschulen stufenbezogen durchgeführt. Es ergeben sich dadurch folgende Lehrämter mit stufenbezogenem Schwerpunkt:
– Lehramt mit Schwerpunkt in der Primarstufe
– Lehramt mit Schwerpunkt in der Sekundarstufe I
– Lehramt mit Schwerpunkt in der Sekundarstufe II

Die Studiengänge umfassen grundsätzlich Fachwissenschaften und Erziehungswissenschaft und sind nach einer bestimmten → Mindeststudiendauer abzuschließen. Das erziehungswissenschaftliche Studium beinhaltet gesellschaftswissenschaftliche Studien. Die Fachwissenschaften werden durch die jeweilig dazugehörigen Fachdidaktiken ergänzt. In den Ablauf dieser Ausbildung werden fachbezogene Praktika einbezogen. Die Studiendauer richtet sich im allgemeinen nach dem angestrebten Lehramt. Alle Studiengänge werden mit einer ersten Staatsprüfung abgeschlossen. In

Lehrerbildung

bestimmten Fächerverbindungen soll die Möglichkeit gegeben werden, durch eine fachliche, geprüfte Zusatzleistung ein Diplom zu erwerben, das den Einsatz in Wirtschaft, Verwaltung oder Technik ermöglicht. → Erweiterungsstudien sind sowohl stufenimmanent als auch stufenübergreifend möglich, d. h. ein Lehrer, der für die Sekundarstufe I stufenimmanent ausgebildet ist, kann die Lehrbefähigung für ein weiteres Fach in der Sekundarstufe I erwerben oder er kann ein bereits abgeschlossenes Studienfach durch zusätzliche Studien erweitern und durch eine ergänzende Prüfung in diesem Fach auch die Lehrbefähigung für die Sekundarstufe II erwerben. Erweiterungsstudien können im Anschluß an die erfolgte Ausbildung durch Anhängen einiger Semester an der Universität oder später nach Bestehen der 2. Phase der → Lehrerbildung im Rahmen der → Lehrerweiterbildung durchgeführt werden.
Nachfolgende Übersicht stellt die stufenbezogene Lehrerausbildung modellhaft dar:

1. Phase der Lehrerbildung/Lehrerausbildung

Stufenbezogene Lehrämter	Jahrgangsstufen	Studien, die alle Lehrämter betreffen	Studienfächer	Erweiterungsstudien
Primarstufe	1 bis 4	Erziehungswissenschaften einschließlich gesellschaftswissenschaftlicher Studien / Fachdidaktik / fachbezogene Praktika	Didaktik der Primarstufe; Studium eines Studienfaches, z. B. Deutsch	z. B. Qualifizierung in einem weiteren Studienfach
Sekundarstufe I	5 bis 10		Studium von zwei Studienfächern, z. B. Mathematik und Physik	z. B. Qualifizierung in einem weiteren Studienfach, Studium der Primarstufendidaktik oder vertieftes Studium eines der bereits abgeschlossenen Studienfächer
Sekundarstufe II	11 bis 13		Studium eines vertieften Studienfaches; Studium eines Studienfaches z. B. Chemie als vertieftes Studienfach (d. h. Lehrbefähigung bis zur 13. Jahrgangsstufe); Biologie als Studienfach	z. B. vertieftes Studium des zweiten Studienfaches oder Studium eines weiteren Faches

Von Bedeutung ist, daß die drei stufenbezogenen Lehrämter nicht hermetisch voneinander abgeschlossen sind, sondern jeweils mit einem Schwerpunkt stufenbezogen (stufenimmanent) und darüber hinaus auch stufenübergreifend angelegt sind. O
Haller 1977

Lehrerbildung
Die Lehrerbildung umfaßt folgende drei Phasen:
1. Phase: → Lehrerausbildung an Universitäten und Hochschulen
2. Phase: → Referendarzeit bzw. Vorbereitungsdienst
3. Phase: → Lehrerfort- und → Lehrerweiterbildung O

Lehrerfortbildung

Lehrerfort- und Lehrerweiterbildung haben ihren festen Standort im Rahmen der → Lehrerbildung als deren 3. Phase gefunden. Ihr Standort kann wie folgt verdeutlicht werden:

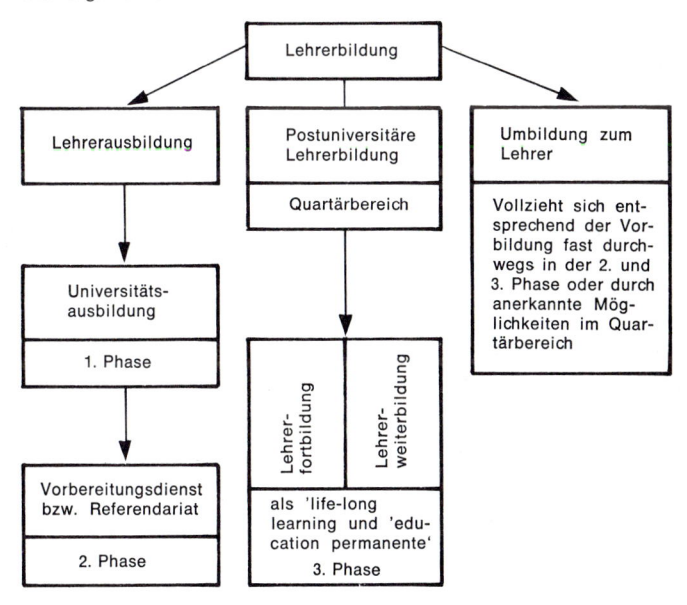

```
                          Lehrerbildung
        ┌─────────────────────┼─────────────────────┐
  Lehrerausbildung      Postuniversitäre       Umbildung zum
                         Lehrerbildung            Lehrer

                         Quartärbereich       Vollzieht sich ent-
                                              sprechend der Vor-
                                              bildung fast durch-
                                              wegs in der 2. und
  Universitäts-                                3. Phase oder durch
  ausbildung                                   anerkannte Mög-
                                               lichkeiten im Quar-
  1. Phase                                     tärbereich

                     Lehrer-      Lehrer-
                     fortbildung  weiterbildung
  Vorbereitungsdienst
  bzw. Referendariat  als 'life-long
                      learning und 'edu-
  2. Phase            cation permanente'
                      3. Phase
```

Die organisierte dritte Phase der Lehrerbildung nach Studium und Vorbereitungsdienst soll den Lehrer in regelmäßigen Abständen fortbilden und den Kontakt mit der Wissenschaft aufrechterhalten. Ihre Inhalte, die in ihren Schwerpunkten durch wissenschaftliche, wirtschaftliche, technische, gesellschaftliche und politische Entwicklungen mitbestimmt werden, befassen sich nicht nur mit den jeweiligen Fachwissenschaften, deren Fachdidaktiken und Erziehungswissenschaften, sondern auch mit unterrichtstechnologischen Erkenntnissen, schulstrukturellen und curricularen Veränderungen, mit soziologischen und psychologischen Aspekten. Lehrerfortbildung zielt im Gegensatz zur → Lehrerweiterbildung stets nur auf die Höherbildung in den Fächern, in denen eine Lehrbefähigung erworben wurde, und auf die Anpassung der beruflichen Tüchtigkeit an die veränderten Bedingungen des jeweiligen Arbeitsbereiches ab. – In einer flexiblen Lehrerfort- und Lehrerweiterbildung ist es notwendig, zeit- und systemgerechte Prioritäten zu setzen. Aus der Vielzahl der verschiedenen Lehrgangsformen sind als die wesentlichsten folgende zu nennen:
- → Informations- und Orientierungslehrgänge
- → Auffrischungslehrgänge
- → Rückgliederungslehrgänge

Lehrerpersönlichkeit 310

- → Innovationslehrgänge
- → Spezialisierungslehrgänge

Planung und Durchführung von Lehrerfort- und Lehrerweiterbildung werden in den einzelnen Bundesländern grundsätzlich entweder von Staatlichen Institutionen oder noch unmittelbar von Kultusministerien wahrgenommen. Institute, die sich mit Lehrerfort- und Lehrerweiterbildung zu befassen haben, sind z. B. → Akademie für Lehrerfortbildung Dillingen (Bayern); Schulpraktisches Institut der Freien Hansestadt Bremen; Institut für Lehrerfortbildung (Hamburg); Hessisches Institut für Lehrerfortbildung; Landesinstitut für schulpädagogische Bildung Nordrhein-Westfalen; Staatliches Institut für Lehrerfort- und -weiterbildung des Landes Rheinland-Pfalz; Staatliches Institut für Lehrerfortbildung (STIL-Saarland); → Landesinstitut Schleswig-Holstein für Praxis und Theorie der Schule (→ IPTS); → Deutsches Institut für Fernstudien O

Landesinstitut für Schulpädagogische Bildung – Nordrhein Westfalen [Hrsg.] 1976; Ott, H. 1971, 1972, 1973

Lehrerpersönlichkeit

Zu dem Begriff der Lehrerpersönlichkeit, für den keine klare Definition vor allem auf Grund des durch die Gesellschaft bedingten Wandels der → Lehrerrolle möglich ist, kann knapp folgendes gesagt werden:
1. Von einer Lehrerpersönlichkeit wird gleichmäßiges, gerechtes Handeln im Unterricht, Stabilität der Anschauungen und Stetigkeit im Verfolgen der Ziele erwartet.
2. Der Lehrer soll Überzeugungskraft, Urteilsfähigkeit besitzen und den Mut zur eigenen Meinungsäußerung haben, wenn diese sachlich und fachlich berechtigt ist.
3. Zur Persönlichkeit gehört weitreichendes fachliches, didaktisches, pädagogisches Wissen, Können und entsprechende Erfahrung und Menschenkenntnis. Das Wissen ist adressatengerecht und lernzielorientiert aufzubereiten und den Schülern nach den jeweils günstigsten Methoden zu vermitteln.
4. Die Lehrerpersönlichkeit soll echte → Autorität, die auf Anerkennung durch den Schüler beruht, besitzen und im Unterricht erzieherisch wirksam werden.

→ Lehrertypen O

Lehrerrolle

Der Lehrer befindet sich in der gegenwärtigen pluralistischen und dynamischen Gesellschaft in einem stets seine Grenzen verändernden Spannungsfeld, das durch viele Gruppen- und Einzelinteressen, durch Verwaltungsvorschriften, Bürokratie, Technologie und Medien, Ideologien, fachwissenschaftliche und für seinen Beruf spezifisch wesentliche gesellschaftliche Innovationen und festgeschriebene Curricula beeinflußt wird. Es werden an ihn viele und unterschiedliche Verhaltenserwartungen gestellt. Er vertritt mehrere Rollen und wird in diese zum Teil hineingedrängt. So erwartet z. B. die Verwaltungsbehörde von ihm ein anderes Verhalten als seine Schüler, die Eltern, sein Lehrerverband, seine Gemeinde, das Lehrerkollegium oder seine Familie. Der Lehrer befindet sich somit in einer Rollendiffusion und wird nicht selten durch den Widerstreit nicht übereinstimmender Verhaltenserwartungen in einen → Interrollenkonflikt gebracht. Günter Hartfiel (in Wulf 1974) stellt als Soziologe zur Rollensituation der Lehrer fest: „Empirische Untersuchungen über ihre Gesellschaftsbilder, Herkunftsprägungen, sozialen Selbstinterpretationen und Rollendefinitionen haben die Lehrer weitgehend als Gefangene ihrer herrschaftsstrukturell vorgegebenen Verhältnisse erwiesen. Im Schnittpunkt organisierter sozialer Interessen stehend, scheitern die Lehrer der sogenannten ‚pluralistischen Gesellschaft' in der Regel gegenüber dem Problem, die Forderungen von Parteien, Wirtschafts- und Berufsverbänden, Ehrenorganisationen, Kirchen, vor- und nachgelagerten Bildungseinrichtungen, aber auch der (untereinander höchst uneinigen) wissenschaftlichen Theorien sowie der Schulbürokraten und der Vorgesetztenhierarchie in ihrem pädagogischen Handeln ‚vor Ort' zu versöhnen."

Die immer stärker werdende Bürokratisierung, teilweise autokratische Verhaltensweisen von Behörden und die Freiheitseinengung durch ein Netz von Reglementierungen bringen den Lehrer, der hierdurch immer weniger auf die sozialen Wünsche und subjektiven Bedürfnisse des Lernenden, des Schülers, des Kindes eingehen und kaum das erzieherische Moment berücksichtigen kann, in einen → Intrarollenkonflikt. Um sich vor der Gefahr zu schützen, zum meinungslosen, fachwissenschaftlichen Lehrtechniker zu werden, müssen sich der Lehrerstand und der einzelne Lehrer eine durch die Erziehungswissenschaften unterstützte Selbstrolle geben, die das Kind, den Schüler in den Mittelpunkt aller erzieherischen und unterrichtlichen Bestrebungen stellt. Durch die Festigung seiner Selbstrolle hat er kritischen Abstand gegenüber nicht vertretbaren Rollenzumutungen zu gewinnen und schulische Sozialisationsprozesse vor unpädagogischen Verfremdungen zu bewahren.

Direkt auf die unterrichtliche Situation bezogen, ermittelten auf dem Wege der Handlungsforschung Richard Mann und andere (1970) **6 Rollentypen des Lehrerverhaltens,** die der einzelne Lehrer in unterschiedlicher Schwerpunktsetzung und Ausprägung verwirklicht:
1. Der Lehrer als Fachmann
2. der Lehrer als formale Autorität (Amtsautorität) innerhalb einer hierarchisch geordneten Bildungseinrichtung, deren Vollzugsorgan er ist.
3. Der Lehrer als Sozialisationsvermittler (→ Sozialisation).
4. Der Lehrer als Förderer der Schülerindividualität (Förderung individueller Anlagen, Interessen, Bedürfnisse der Schüler).
5. Der Lehrer als ideales → Vorbild.
6. Der Lehrer als Privatperson mit eigenen Bedürfnissen, Interessen, Schwächen usw.

Gerstenmaier 1975; Grace 1973; Hänsel 1976; Nave-Herz u. a. 1975; Schmitt 1973; vgl. auch die Literaturangaben bei Lehrerverhalten!

→ Rolle → Rollenflexibilität → Rollenfunktion in der Gruppe → Rollenmuster
OK

Lehrer-Schüler-Interaktion → Pädagogischer Bezug, → Erziehungsstile

Lehrertypen

Jede Lehrerin, jeder Lehrer sollte sich als Typus kennen und bemüht sein, für seinen Beruf nachteilige Charakterzüge durch Selbsterziehung zu überdecken. Auf Grund der vorhandenen Typenlehren, z. B. von Jaensch, Kretschmer, Jung, Pfahler u. a. kann eine Zuordnung zu einem Typus oder Mischtypus erfolgen. Abgesehen von den allgemein bekannten psychologischen, physiologischen und kosmobiologischen → Typologien unterscheidet Vowinkel die Lehrer nach folgenden vier Typen:
1. Typus der Indifferenz
2. Typus der Autorität
3. Typus der Individualität
4. Typus der Persönlichkeit

zu 1. Der Typus der Indifferenz bezeichnet den gleichgültigen, den Unterrichtsproblemen teilnahmslos gegenüberstehenden Lehrer, der grundsätzlich auf eigene Stellungnahme verzichtet, seinen Unterricht geschäftsmäßig und lehrtechnisch betreibt und seinen Beruf als „job" im schlechten Sinne des Wortes betrachtet.

zu 2. Der Typus der → Autorität befiehlt, ist strikt, genau, konsequent und berücksichtigt kaum das Emotionale. Der von ihm darzubietende Unterrichtsstoff ist lernzielgerecht und gut vorbereitet und wird mit Gewissenhaftigkeit an die Lernenden herangebracht. Vowinkel meint mit diesem Typus nicht den Lehrer, der sich die Autorität mit allen Mitteln erzwingt und sich diese im schlechten Sinne zunutze macht. Der Begriff der Autorität kann sehr unterschiedlich verstanden werden, als amtliche Autorität, falsche oder echte Autoriät. Der sowjetische Pädagoge Makarenko führt unter anderen zu den verschiedenen Arten der falschen Autorität folgende auf: die Autorität der Unterdrückung, der Distanz, der Pedanterie, des Hochmuts, der Nörgelei und der Bestechung.

zu 2. Der Typus der Individualität ist durchwegs bei den Schülern erfolgreich, deren Art er entspricht. Bei den Lernenden, die mit den Eigenarten dieses Typus nicht zurechtkommen, ist nicht selten ein Leistungsabfall festzustellen.

zu 4. Der Typus der Persönlichkeit ist ein objektiv ausgerichteter und ausgeglichener Mensch mit gesundem Humor. Er besitzt sprachliche Befähigung, hat gutes Auftreten, beherrscht seinen Stoff, hat didaktisches und pädagogisches Geschick und läßt den Schülern Gerechtigkeit widerfahren.

→ Lehrerrolle → Lehrerpersönlichkeit → Autorität O

Lehrerverhalten

In neuerer Zeit wird in Abkehr von Merkmalsbeschreibungen versucht, das Lehrerverhalten, das sich beeinflussend auf das Verhalten der Lernenden auswirkt, nach **Dimensionen** einzuschätzen.
Von R. und A.-M. Tausch (1970[5]) und anderen werden beim gegenwärtigen Forschungsstand als Dimensionen angeführt:

1. **Emotionale Dimension,** die durch untergeordnete Gegensatzpaare deutlicher beschrieben wird:
   - Wertschätzung/Wärme/ Zuneigung
   - Verständnis
   - soziale → Reversibilität
   - Ermutigung
   - ruhiges Verhalten
   - Optimismus
   - Freundlichkeit
   - Höflichkeit

   gegenüber Geringschätzung/ Kälte/Abneigung
   gegenüber Verständnislosigkeit
   gegenüber soziale Irreversibilität
   gegenüber Entmutigung
   gegenüber erregtes Verhalten
   gegenüber Pessimismus
   gegenüber Unfreundlichkeit
   gegenüber Unhöflichkeit

2. **Lenkungsdimensionen**
   - Maximale Lenkung/Dirigierung/Kontrolle
   - Förderung der Selbständigkeit der Schüler

   gegenüber minimaler Lenkung/ Dirigierung/Kontrolle
   gegenüber Förderung der Unselbständigkeit der Schüler

3. Dimension der **Verständlichkeit bei der Wissensvermittlung**
   - Einfachheit
   - Ordnung/Gliederung

   - Kürze/Prägnanz
   - zusätzliche Anregung (z. B. witzig)

   gegenüber Kompliziertheit
   gegenüber Ungegliedertheit/ Zusammenhanglosigkeit
   gegenüber Weitschweifigkeit
   gegenüber keine zusätzliche Anregung
   (z. B. humorlos)

4. **Echtheit gegenüber Unechtheit** des Lehrerverhaltens, womit die Glaubwürdigkeit des verbalen und nonverbalen Verhaltens des Lehrers erfaßt werden soll.

5. **Engagierte Aktivität gegenüber desinteressierter Passivität,** welch letztere z. B. durch gelangweiltes Verhalten oder Übersehen von Arbeitsleistungen der Schüler gezeigt wird.

6. **Haltung des Lernens gegenüber der Haltung des Lehrens,** woran erkennbar ist, ob sich der Lehrer als ständig Mit- und Weiterlernender oder aber als der überlegene, alles wissende Macher begreift. K

Döring 1977; Grell 1976; Minsel u. a. 1976; Schulz von Thun u. a. 1972; vgl. auch die Literaturhinweise bei Lehrerrolle!

Lehrervortrag

Der Vortrag wird vom Lehrenden in der → Schule in allen Jahrgangsstufen und auch in der → Erwachsenenbildung verwendet. Je nach Art und Struktur des Vortrages und nach der Ansprechgruppe versteht man unter Lehrervortrag alle Erklärungen, Stoffaufbereitungen und Anregungen durch den Lehrer in Form von Erzählungen, Rezitationen, erklärende verdeutlichende Aneinanderreihungen, Darbietungen und den in sich gegliederten und geplanten → Vortrag. Er wird vor allem dort angewendet, wo eine zusammenhängende, eindringliche Darbietung und Veranschaulichung notwendig ist, die nicht durch Erarbeiten der Schüler erreicht werden kann. Der Lehrervortrag muß den Schüler begeistern, interessieren und beeindrucken. Er ist gut vorzubereiten, hat den sozialen Bezug, die Lehrer-Schüler-Interaktion zu berücksichtigen und darf keinesfalls zur → Vorlesung werden. Im → darstellenden und → entwickelnden Unterricht findet er häufig Anwendung. O

Lehrerweiterbildung
Die Lehrerweiterbildung ist im Rahmen der → Lehrerbildung als Teil der 3. Phase (→ Lehrerfort- und Lehrerweiterbildung) zu sehen. Sie befaßt sich grundsätzlich mit Maßnahmen, die den Erwerb zusätzlicher Qualifikationen anstreben in Form der Ausweitung einer Lehrbefähigung oder des Erwerbs eines weiteren Lehramtes durch Absolvieren und Bestehen eines → Erweiterungsstudiums. Auch Studien, mit denen nach Erhalt der Lehrbefähigung akademische Grade erworben werden, zählen zur → Weiterbildung. Auf Grund der von der → Lehrerfortbildung unterschiedlichen Zielsetzung kommen für die Lehrerweiterbildung in erster Linie über längere Zeit durchzuführende Lehrgänge bzw. Kontaktstudien in Frage.
→ Kontaktstudium O

Lehrfassung → Lehrform

Lehrformen → Unterrichtsformen

Lehrgestalt → Unterrichtsformen

Lehrmittel
Die Begriffe Arbeits-, Lehr-, Lern- und Unterrichtsmittel werden mitunter synonym verwendet, aber auch nach bestimmten Kriterien auseinandergehalten. Sie können Informationsträger zwischen Lehrendem und Lernendem sein oder der Selbstbildung dienen. Die Grenzen zwischen den Begriffen sind fließend. So wie → Lehrsequenzen grundsätzlich → Lernsequenzen nach sich ziehen und jede Lernsequenz bereits in der Phase der Lehrsequenz ihren Anfang nimmt, so sind z. B. auch Lehrmittel von Lernmitteln nicht klar und deutlich zu trennen (ein Atlas oder ein Bild kann je nach Einsatz im Unterricht beides sein). Der Begriff Lernmittel wird durch Gesetze und Verordnungen zur → Lernmittelfreiheit meistens dahingehend ausgelegt, daß er sich mit Schulbüchern, schulbuchzugehörigen und schulbuchersetzenden Arbeitsbögen, Arbeitsheften und Arbeitsmitteln befaßt und somit den Begriff Arbeitsmittel mit einbezieht oder zumindest eng an sich bindet. In Anlehnung an diese Festlegung sei zwischen Lehr- und Lernmittel unterschieden:
1. **Lehrmittel** sind vorwiegend für die Hand des Lehrers gedacht, dienen der Veranschaulichung durch den Lehrer und werden als Hilfsmittel in den Lehrprozeß eingefügt, um das Vorgetragene und Dargestellte zu verdeutlichen und zu erklären. Solche Lehrmittel sind z. B. Abbildungen, Dias, Landkarten, Modelle, Gesteins- und Tiersammlungen, Zeitschriften, Filme, Fernsehsendungen. Es handelt sich in erster Linie um Informationen akustischer oder visueller Art, die der Lehrer vor der Klasse einsetzt, um eine Lernhilfe zu geben und zum Lernen anzuregen.

2. **Lernmittel** sind alle Gegenstände, die überwiegend vom Lernenden selbst verwendet werden, um sich in Eigenarbeit, durch Übung oder Wiederholung Kenntnisse anzueignen. Der Schüler arbeitet mit dem Lernmittel oder er verändert bzw. bearbeitet es. Bietet ein Lernmittel die Möglichkeit zur Veränderung oder Bearbeitung, so wird es auch als **Arbeitsmittel** (z. B. Experimentier- und Arbeitskästen, Knetmasse) bezeichnet. Vom Lernenden benützte Lernmittel sind z. B. Bücher, Lernprogramme, Nachschlagewerke, Fernbriefe im Rahmen eines Studiums im → Medienverbundsystem.
Nach Kopp (1974) sind Lern- bzw. Arbeitsmittel gekennzeichnet durch: Individualisierung, Selbstkontrolle, Planmäßigkeit und Anreizcharakter.
Der Begriff der **Unterrichtsmittel** wird häufig für alle in einem Unterrichtsablauf eingesetzten Lehr- und Lernmittel verwendet.

Heinrichs 1972 (2×); Holstein o. J.

→ Unterrichtsmedium   O

Lehrobjektivierung → Objektivierung des Unterrichts

Lehrplan

Der Begriff → Curriculum hat die Bezeichnungen Lehrplan, Rahmenlehrplan, Richtlinie bisher nicht verdrängen können. Der Lehrplan hat als Ordnungsmittel der Schule grundsätzlich die Aufgabe, Lehrstoffe in ihrer Auswahl, ihrem Aufbau und ihrer Abfolge nach leitenden Ideen der Entwicklung und dem Verständnis der Schüler entsprechend für die Lehrer zielorientiert und jahrgangsweise aufzubereiten. Der Lehrplan stellt einen ausführlichen Katalog von verbindlichen Stoffen dar und kann Hinweise geben auf eine innere Differenzierung des Unterrichts. Er kann ein entsprechendes Kurssystem empfehlen und zu erreichende Ziele angeben. Beim Curriculum dominieren im Unterschied zum Lehrplan z. B. die → Lernziele, Lern- und → Leistungskontrollen. Lehrpläne werden von den jeweils zuständigen Ministerien erlassen und bilden Machtinstrumente. Sie beinhalten nicht nur bildungs- und schulpolitische Ideen, sondern sind auch beeinflußt von → Ideologien, Interessenverbänden und anderen Gruppen der Gesellschaft. Die amtlich erschienenen Lehrpläne können als → Rahmenlehrpläne oder → Stoffverteilungspläne konzipiert sein. Für die Schulpraxis hat sich eine Mischform von beiden herausgebildet. Nach Erich Dauenhauer versteht sich ein Lehrplan als „Verdichtung des gesamten didaktischen Horizonts", dem folgende fünf Bereiche, auf denen er sich aufbaut, vorgelagert sind:
1. Die Stoffstrukturlehre
2. Die Wissenschaften vom Menschen
3. Die Bildungstheorie
4. Die Vorstellungen zur Bildungsorganisation
5. Die Methodenlehre
Mit dem Vorwissen über diese fünf Bereiche sollen die Lehrplangestalter fähig sein, die vier einem Lehrplan zuzuschreibenden Aufgaben zu lösen:
1. Auswahl und Umfang der Bildungsgüter
2. Die Beschreibung des Bildungssinns

3. Die Angabe der Anordnung der Bildungsgüter
4. Die Beschreibung der Stoffkoordination. (Vgl. Erich Dauenhauer, Kategoriale Didaktik, Rinteln) O

Lehrplantheorie

Nach H. Blankertz (1972) sind zwei Ansätze zum Verständnis der Lehrplantheorie zu beachten.
1. Josef Dolch (1974[4]) sah als die Aufgabe der Lehrplantheorie, die jeweiligen Inhalte eines Lehrplans bezüglich ihrer Auswahl zu begründen.
2. Demgegenüber begründete Georg Kerschensteiner (1901[2]) ein Verständnis der Lehrplantheorie, wonach es ihre Aufgabe ist, „die Bedingungen für die Aufstellung eines Lehrplanes in den Griff zu nehmen, also kritisch zu durchdenken, an welche Voraussetzungen ein Lehrplan gebunden ist, welche Schritte für eine Lehrplankonstruktion zu durchlaufen sind, welche Ansprüche an die Begründungen gestellt werden müssen, welche Methoden anwendbar sind und welchen Kriterien der fertige Lehrplan zu genügen hat". K

Weniger 1965[8]

Lehrprogramm

Lehrprogramme werden als Buchprogramme, als Texte für Lehrmaschinen, wie z. B. das → Sprachlabor, für den Medienverbund (→ Medienverbundsystem) erstellt und vor allem als → Lernprogramme in den fortschreitenden Unterricht mit einbezogen. Lehr- und Lernprogramme verfolgen das Ziel, die Lernenden zur aktiven Mitarbeit im Unterricht zu führen und in verschiedenen Bereichen und Situationen das Lernen zu individualisieren. Lernprogramme können zum programmierten Lernen in Form des Selbststudiums führen, das durch programmierte Lehrmittel geleitet wird.

Grundsätzlich werden drei Programmierungsmethoden für Lehr- und Lernprogramme unterschieden:
1. Lineare Programme
2. Verzweigte Programme
3. Gemischte Programme

Lineare Programme, auch als direkte oder direkt fortlaufende Programme bezeichnet, werden von B. F. Skinner vertreten und sind in minuziös aufeinander bezogenen → Lernschritten so aufgebaut, daß der Lernende das gesamte Programm direkt ohne Umwege und Schleifen durcharbeiten muß und jeweils nur eine Antwort möglich ist. Durch den unmittelbaren Vergleich mit der richtigen Antwort im Rahmen der → Phaseneinheiten lernt der Schüler in kleinen Schritten und wird langsam zum nächst schwierigeren Schritt geführt. Durch den dosierten Informationszuwachs und dadurch, daß eine Anzahl von → Lernhilfen, Hinweise und Stimuli in das Lineare Programm eingebaut sind, die den Lernenden direkt zur richtigen Antwort führen sollen, wird die Gefahr des Versagens auf ein Minimum beschränkt. Beispiel hierzu aus einem linearen Programm über Kühlschrank und Tiefkühltruhe:

1. Lebensmittel verderben bei hohen Temperaturen schneller als bei tiefen Temperaturen. Lebensmittel bleiben bei ..... Temperaturen länger frisch. (Lösung → tiefen)
2. Die Kühlmittelflüssigkeit Frigen (sprich: Frigeen) verdampft sehr schnell. Dabei entsteht Verdunstungskälte. – Im Kühlschrank verdampft das Frigen in einem Behälter. Dieser heißt Verdampfer. – Im V ..... entsteht die Verdunstungskälte. (Lösung → Verdampfer). Vgl. auch → Alzudi!

Verzweigte Programme (branching system), auch Umweg-, Schleifen- oder Sprungprogramme genannt, werden vor allem von Norman Crowder und S. L. Pressey vertreten und sind nicht in kleinste Teile, sondern in größere Einheiten gegliedert. Sie gehen von der unterschiedlichen Vorbildung und Begabung der Lernenden aus. In einem verzweigten Programm antwortet der Schüler durch Auswahl einer der ihm vorgelegten verschiedenen, sorgfältig ausgesuchten Fragen, von denen jeweils nur eine richtig ist und die übrigen typische Fehler beinhalten, die in dem vorgegebenen Zusammenhang häufig auftreten. Wird die ,,Mehrfachwahlfrage", → multiple choice question, richtig beantwortet, so wird man zum nächsten Abschnitt des Programms geleitet. Ist die Frage nicht richtig beantwortet oder nicht sogleich verstanden worden, so wird der Lernende im Programm durch eine Reihe von Wiederholungsschritten, durch nebengeschaltete Zweige, durch Schleifen (loops) zurückverwiesen, die ihm einen erneuten Einstieg in das Programm mit Zusatzerläuterungen ermöglichen. Beispiel hierzu aus einem englischen Wiederholungsprogramm:
1. **Begin here:** Do you think ... get well soon?
für die Auswahl stehen zur Verfügung:
the patient will (5)
will the patient (3)
can the patient (12)
Wählt der Lernende: ‚the patient will (5)' so kann er bei Schritt (5) weiterfahren, der lautet: **(5) Right: Go ahead.**
He needed a major ...
Wahlmöglichkeiten: operated (8) operation
Wurde jedoch ,,will the patient" gewählt, so wird der Schüler auf Schritt 3 verwiesen, der für ihn eine rückweisende Verzweigung, ein → wash-back, darstellt in folgender Form: **(3) Wrong, Study these:** Will the patient feel better tomorrow? I'm sure the patient will get well soon. ... get well soon? Will He (7); He will (15) usw. Vgl. auch → Cogendi!

Gemischte Programme, die beide obengenannte Arten in geeigneter Weise vereinigen oder verbinden, treten im Unterrichtsablauf und → Medienbundsystem immer häufiger auf und bieten die Möglichkeit, neben der fortschreitenden gezielten zeitlichen Unterweisung die → Individualisierung des Lernens, abgestimmt auf die Adressatengruppe, entsprechend lernfördernd einzubauen. Lineare, verzweigte und gemischte Programmiermethoden werden in den verschiedenen Programmstrukturen wie → Begleit-, → Beispiel-, → Fachprogrammen, → Formalen Lernprogrammen, → Grund-, → Kontroll-, → Lern-, → Übungs- und → Vorprogrammen verwendet.
→ Programmierte Instruktion → Phaseneinheiten → Kriterienprogrammierung. O

Lehrrahmen → Unterrichtsformen

Lehrsequenz
Lehr- und Lernsequenz sind eng miteinander verbunden und stellen durch den Lehrer gegebene Stoff- oder Lehreinheiten und durch den Schüler aufzunehmende und zu verarbeitende Lerneinheiten dar. Beide erwachsen auseinander, sind nicht identisch und gegeneinander verschoben, z. B.

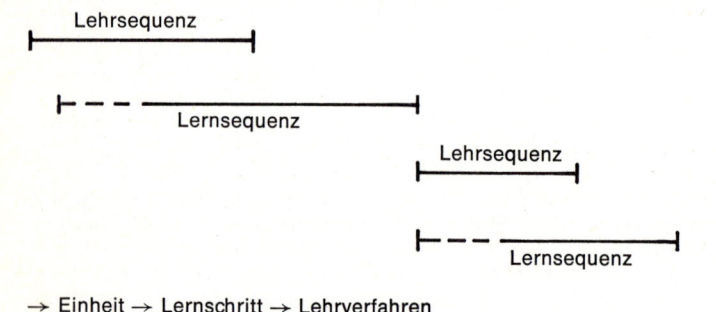

|—— Lehrsequenz ——|

|— — — ———— Lernsequenz ————|

                  |—— Lehrsequenz ——|

                  |— — — ———— Lernsequenz

→ Einheit → Lernschritt → Lehrverfahren   O

Lehrskizze
Sie hat den im allgemeinen in einer Unterrichtseinheit darzubietenden Stoff schriftlich, zweckmäßig gegliedert vorzubereiten und didaktisch altersgerecht aufzubereiten. Hierbei sind zu berücksichtigen:
- Einfügung und Eingliederung des Themas in die Stoffolge unter Berücksichtigung der durch das Curriculum festgelegten Lernziele
- Feststellung der fachlichen und methodischen Einheit
- Beispiele, Hinweise, Fälle, Aufgaben usw., die in den Unterrichtsablauf eingefügt werden
- Maßnahmen zur Sicherung des → Lernerfolgs
- → Lehrverfahren einschließlich der Unterrichtsstufen bzw. Unterrichtsphasen und Unterrichtsformen, die im Rahmen der Unterrichtseinheit zur Anwendung gelangen
- Mediendidaktische Überlegungen, durch die die jeweils zweckmäßigsten Medien zeitsparend und lernfördernd eingesetzt werden
- Überlegungen zur → Leistungs- und Lernzielkontrolle
- Zeitfixierungen
- Möglichkeiten zur Wissenssicherung, Wiederholung und Vertiefung des Erarbeiteten und Gelernten durch schülergerechte Hausaufgaben.

Aus der Skizze müssen die fortschreitenden Unterrichtsphasen ersichtlich sein. Das in der Lehrskizze vorgegebene Tafelbild muß im Unterricht mit entstehen und eine entsprechende sachlogische Gliederung aufweisen.
→ Unterrichtsplanung → Unterricht → Didaktischer Planungsfilter   O

Lehrstufen → Formalstufen

Lehrsystem

Unter Lehrsystem kann die strukturierte Ganzheit der Personen und Objekte (z. B. Lehrer, Unterrichtsmaterial, Medien) verstanden werden, die auf Grund vorgeplanter → Lernziele auf die Lernenden, die Schüler, das → Lernsystem einwirken. O

Lehrverfahren

Lehrverfahren und → Unterrichtsform sind inhaltlich miteinander verwoben. Der Begriff Lehrverfahren bezieht sich auf den methodischen Ablauf, auf die Aufeinanderfolge von → Lehreinheiten und das Nacheinander von → Lernschritten in unterschiedlicher Weise. In ähnlicher Bedeutung oder synonym zum Wort Lehrverfahren werden in der pädagogischen und didaktischen Literatur z. B. folgende Begriffe verwendet:
→ Formalstufen, Lehr- und Lernstufen, Unterrichtsverfahren, Unterrichtsstufen oder Wegmodelle. In diese Theorie der Lernstufen gliedern sich auch die Abfolge von → Lehr- und Lernsequenzen ein und die sog. programmierten, computerunterstützten Lehrverfahren.
→ Lernschritt → Lehrprogramm O

Lehr- und lernzielbezogene Ergebnismessung

Als Bemessungsrichtwerte dienen die zu erreichenden Lernziele. Der Schüler hat seine Arbeit geleistet und ein Teilziel im Ablauf seines Kenntniserwerbs erreicht, wenn er den ihm dargebotenen Stoff gelernt, verarbeitet hat und diesen transferieren bzw. reproduzieren kann. Bei der Benotung, dem Messen seiner Leistung, spielt es dabei keine Rolle, ob andere Schüler und wie viele von ihnen das Unterrichtsziel auch erreicht haben. Eine Gauß'sche Kurve oder ein vorher errechneter Prozentsatz, nach dem die Anzahl der guten und schlechten Noten festgelegt sind, darf es für eine Kleingruppe, die ja nur eine Klasse innerhalb einer Jahrgangsstufe darstellt, nicht geben.
Grundsätzlich sind so viele Arbeiten mit guten Noten zu bewerten wie gute Lernergebnisse vorhanden sind.
→ Lernzielkontrolle → Lernzielstufen → Personenbezogene Erfolgsmessung → Schulstreß → Schulleistungsmessung → Vergleichende Bezugsmessung O

Leistung

bezeichnet allgemein das meßbare und beurteilbare Ausmaß der Erreichung eines bestimmten Zieles unter bestimmten Voraussetzungen. Im technischen Bereich kann Leistung auf die Formel gebracht werden: Leistung = $\frac{Arbeit}{Zeit}$. Leistung wird also hier als Arbeit in Abhängigkeit von der verbrauchten Zeit gemessen. Im unterrichtlichen Bereich muß in die Beurteilung der Leistung eingehen, unter welchen Bedingungen vorgegebene Lernziele vom Schüler erreicht wurden. Solche Bedingungen sind Anforderungsniveau der Lernziele, Anstrengung des Schülers, zur Verfügung stehende Zeit, Materialien, Medien, Aufwand und Hilfen durch den Lehrer, Methoden, Art der Lernzielkontrollen. Darüber hinaus ist bei der Beurteilung von Schülerlei-

stungen grundsätzlich zwischen subjektiv und objektiv möglicher Leistung zu unterscheiden.
Der Begriff Leistung tritt in den verschiedensten Lebensbereichen mit unterschiedlicher Bedeutung auf.
Grundsätzlich lassen sich folgende Differenzierungen treffen:
1. Leistung als beamtenrechtlicher Begriff
2. Industrieller Leistungsbegriff
3. Leistung als allgemeine Bezeichnung
4. Leistung, motiviert durch Leistungsforderungen, durch gesetzte Lernziele
5. Leistung als Lernprozeß
6. Leistung als positive Tätigkeit und Aktivität für die Gesamtheit der Gesellschaft.

Zu 1. Die Leistung als beamtenrechtlicher Begriff ist persönlichkeitsorientiert, da diese neben dem zu erreichenden Arbeitsergebnis und dem Fachwissen andere persönliche Komponenten wie Vertrauenswürdigkeit, Ehrlichkeit, Fleiß, Bildung, Erfahrung, inner- und außerdienstliches Verhalten, Zuverlässigkeit, Bereitschaft zur Fortbildung u. a. m. berücksichtigt.
Besonders bei Lehrkräften wird deutlich, daß es bei einer Beurteilung der Leistung um eine → Leistungskontrolle der Gesamtpersönlichkeit geht, wobei Leistung und Erfolg nicht adäquat zu sein brauchen. Auch nicht der Schulbehörde angehörende Personen wie z. B. Eltern, Ausbilder oder Schüler können z. B. durch gerechtfertigte Beschwerden die → Leistungsbewertung beeinflussen.

Zu 2. Der industrielle Leistungsbegriff ist mit dem des Beamtenrechts nicht identisch. Er kommt eher dem, der auf Grund von festgesetzten → Lernzielen von einem Lernenden gefordert wird, gleich und bezeichnet den Grad, in dem der Arbeitende bestimmte Aufgaben innerhalb einer meist vorgegebenen Zeit erfolgreich zu Ende führen kann. Es steht hier eindeutig das verselbständigte Leistungsergebnis im Vordergrund.

Zu 3. Die Leistung als allgemeine Bezeichnung stellt die Erledigung von Aufgaben unter erhöhtem Krafteinsatz dar. Der Leistungsantrieb kann aus Existenzbedürfnissen, aus ansprechbarer sachlicher Leistungsbereitschaft oder durch die anziehende Wirkung eines Leistungszieles resultieren. Die erbrachte Leistung mag einen → Leistungserfolg erbringen, unterliegt jedoch nicht einer gesteuerten Leistungsprüfung mit Kontrolle und Bewertung.

Zu 4. Leistung, die durch vorgegebene festgelegte Lernziele innerhalb einer vorgeschriebenen Zeitspanne zu erreichen ist, um durch eine Leistungskontrolle gemessen zu werden, gehört im Bereich der Schule in die Curriculumproblematik. Schüler und Studierende haben sich Leistungsanforderungen zu unterwerfen, wie z. B. standardisierten Aufgaben (→ Tests), Schulaufgaben und Abschlußprüfungen, die bewertet werden und die der Leistungsmessung und dem → Leistungsvergleich in bezug auf die Mitschüler oder Mitstudierenden dienen. Mitunter stellen sich bei → Leistungsanforderungen, welche die Bedürfnisse der → Adressaten nicht entsprechend berücksichtigen, Überforderung und → Leistungsdruck ein. In diesem Zusammenhang wird häufig der Begriff der → Leistungsschule im negativen Sinne gebraucht.

Zu 5. Leistung als Prozeß bezieht sich auf länger anhaltende Abläufe und Lernprozesse, die einen Lernerfolg und Lernertrag anstreben, der zu gegebener Zeit durch eine Leistungskontrolle gemessen wird. Sie bezieht sich z. B. auf ein Studium, das keine zeitlich gebundenen, durch absolute Lernziele festgelegte Leistungskontrollen einbaut.

Zu 6. Von Leistung als positiver Tätigkeit und Aktivität für die Gesamtheit spricht man, wenn sich z. B. eine Person oder Gruppe durch ihr zielbewußtes Arbeiten oder durch ihr tatkräftiges Wirken an der Schaffung eines der Gesellschaft nützlichen Projektes anzuerkennende Verdienste erwirbt. OK

Dann 1972; Furck 1966

Leistungsangst

bezeichnet die grundsätzliche Neigung eines Individuums, in allen (also auch außerschulischen) Situationen, die Leistung abverlangen, mißerfolgsängstlich zu reagieren, d. h. dem Mißerfolg durch Flucht vor der Aufgabe auszuweichen bzw. die Ursache eines erlittenen Mißerfolgs in eigenen mangelnden Fähigkeiten zu suchen (,,Ich wußte es von vornherein, daß ich das nicht kann.") Diese Einstellung gegenüber Leistung fordernden Situationen wird in den meisten Fällen im Vorschulalter aufgrund erzieherischer Fehlhaltungen erworben.

Heckhausen 1965; Herrmann 1967; Krohne 1975

→ Lernmotivation → Motivation → Schulangst K

Leistungsanforderung

Die Leistungsanforderungen, die an die Schüler gestellt werden, sind identisch mit den in den Stoffplänen (→ Curriculum) geforderten → Lernzielen. Sind die an den einzelnen gerichteten Forderungen zu hoch, so kommt es zum → Leistungsdruck. O

Leistungsantrieb › Leistungsmotivation → Motivation

Leistungsbewertung

Eine Leistungsbewertung ist von verschiedenen Faktoren abhängig: von dem Lernenden selbst (z. B. Leistungsfähigkeit; physische, psychische Belastbarkeit, → Intelligenz), dem Lehrenden (z. B. → Persönlichkeit; Berufseinstellung; Verhältnis Lehrender – Lernender), von äußeren Gegebenheiten (z. B. Lehrraum; Arbeitsbedingungen; Zusammensetzung und Stärke der Klasse, Art der Stoffvermittlung), vom sozialen Raum (z. B. → Mileu des Elternhauses; Leistungserwartung durch Eltern und andere; eigener Arbeitsplatz; sozialer Rangplatz in der Klasse, im Freundeskreis). Die Schulleistungsbeurteilung bzw. -bewertung bedient sich der herkömmlichen schriftlichen und mündlichen Prüfung, der standardisierten und informellen Schulleistungstests.

Leistungsdifferenzierung

Die normorientierte Schülerbeurteilung erfährt stärkere Betonung durch koordinierte Prüfungen, durch → curriculare Stoffpläne, einheitliche Beurteilungsvorschläge, → Normenbücher, vorgegebene Prüfungsformen mit Fehler-, Punkte- und Notenskala wie z. B. im → Comprehension. Wenn jedoch die Feststellung von Leistungsunterschieden zwischen mehreren Schülergruppen, Klassen und Schulen gleicher Jahrgangsstufen nicht notwendig ist oder wenig interessiert, wird der Maßstab der Leistungsbewertung in erster Linie die Durchschnittsleistung der kleineren Bezugsgruppe Klasse sein.

Bei schriftlichen Leistungen erfolgt die Leistungsbewertung im allgemeinen in drei Phasen: Feststellung der Fehlerzahl oder erreichten Punktzahl; absolute oder objektive Wertung; Beurteilung der Leistung im Rahmen der geltenden Notenskala. Schwieriger ist die Bewertung mündlicher Leistungen und praktischer Leistungen z. B. im musischen Bereich. Auch hier können Fehler- und Punkteskalen eine Hilfe sein, jedoch beruht die Notenfestlegung als Schätzung beachtlich mit auf den persönlichen, fachlichen und praktischen Erfahrungen des Lehrers.

Entsprechend der KMK-Vereinbarung vom 28. 10. 1964 werden durch Schüler in Unterrichtsfächern erbrachte Leistungen nach folgenden Notenstufen bewertet: 1 = sehr gut, 2 = gut, 3 = befriedigend, 4 = ausreichend, 5 = mangelhaft, 6 = ungenügend.

Einzelbewertungen in schriftlichen Arbeiten und in mündlichen und praktischen Leistungen sind für die Gesamtbeurteilung in einem Fache in einer Gesamtnote auszudrücken. Hierbei ist der Umfang und Wert der jeweiligen Einzelleistungen zu berücksichtigen, wobei die Leistungsentwicklung des Lernenden beachtet werden muß und den zuletzt erzielten Leistungen größeres Gewicht beizumessen ist.

→ Leistung → Schülerbeurteilung → Schulleistungsmessung   O

Leistungsdifferenzierung

als Form äußerer → Differenzierung tritt als → Setting (= fachspezifische Differenzierung) und → Streaming (= fächerübergreifende Differenzierung) auf. Das kennzeichnende Auswahlkriterium bei der Leistungsdifferenzierung für die Gruppenzugehörigkeit der Schüler ist einzig und allein die nachgewiesene Leistung.   K

Leistungsdruck

Überhöhte Leistungsforderungen, die den Adressaten überfordern, führen zum Leistungsdruck. Dort, wo → Bildung, → Lernziel, → Lernergebnis und → Lernerfolg im Rahmen einer bildungsökonomischen Bedarfsplanung lediglich als Faktoren eines Produktionsprozesses in einem institutionalisierten Schulwesen gesehen werden, stellt dieses – wie Hartmut von Hentig es ausdrückt – „die große Abrichtung des Kindes durch das eingebaute Curriculum der totalen Anstalt Schule" dar, die sich als eine „Unmenschlichkeit der Gegenwart" zeigt und zur → Frustration des Kindes und zur bedrückenden Prüfungsangst führt. Die Schule entwickelt sich damit zur → Leistungsschule im negativen und abwertenden Sinne. Es erfolgt die Abwendung und Abkehr von den erzieherischen Aufgaben, die als primäre Faktoren im Bildungsgeschehen vorhanden sein müssen. Die Schule wird damit zur intellektualisierten Bildungsinstitution, die dem Kinde unangemessene → Motivationen zumutet und es weiterhin in einen Leistungsdruck zwängt, wenn sie nicht den Weg zum Erzieherischen zurückfindet. O

Leistungskontrolle

Die Überprüfung und Kontrolle von durchgenommenen Stoffen und durch ein → Curriculum festgelegten Lernzielen erfolgt durch mündliche und schriftliche Prüfungsformen.
Mündliche Feststellungsformen sind z. B. Schülerreferate; Beteiligung an Unterrichtsgesprächen und Streitgesprächen; → Fallstudien, → Planspiele und → Rollenspiele; Berichte.
Schriftliche Kontrollformen sind z. B. → Multiple-choice-tests, → True-false-tests, programmierte Aufgaben (→ Programmierte Instruktion), Wiedergaben in Form von Beschreibungen und Darstellungen; Interpretationen, Stegreifaufgaben oder → Schulaufgaben.
→ Kontrolle, soziale → Lernzielkontrolle O

Leistungskurve

Die Leistungs- oder Lernkurve ist eine graphische Darstellung der Beziehung zwischen Aufnahmefähigkeit zusätzlichen Wissens und dem zeitlichen Ablauf des Lernprozesses. Leistungskurven sind individuell verschieden und abhängig von einer Anzahl unterschiedlicher Faktoren und sie variieren bereits in ihrem anfänglichen Verlauf. Bei Lernenden, die für das Begreifen eines neuen Fachgebietes langsamer und intensiver arbeiten müssen, bis entsprechende positive Lernfortschritte zu verzeichnen sind, sieht die Leistungskurve (Darstellung 1) anders aus als bei denen, die das Neue sofort aufnehmen und Lernfortschritte erzielen (Darstellung 2). Jeder der beiden wird sich jedoch seiner sog. momentanen Bestleistung nähern.

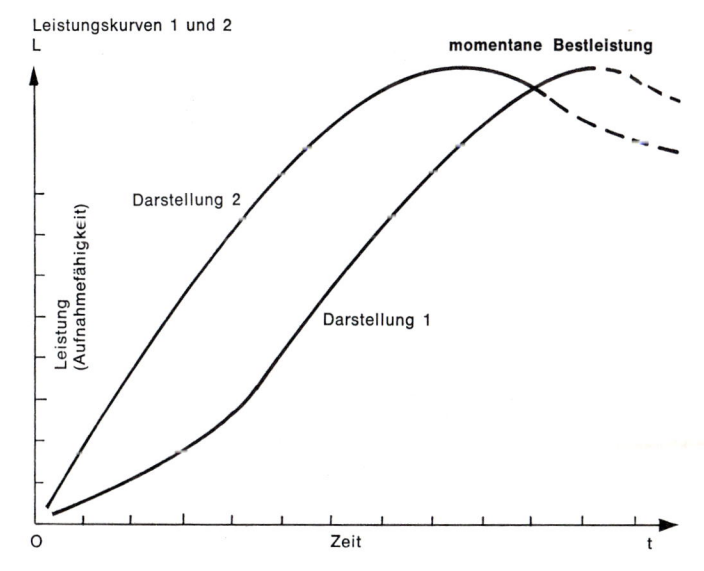

Leistungskurven 1 und 2

Leistungsmessung

Bei gleichartiger Kräftebeanspruchung kann die individuell zu erreichende Leistungsfähigkeit für eine entsprechende Zeit konstant gehalten werden, geht aber dann bei ständiger erhöhter Kräftenutzung und eintretender Ermüdung mehr oder weniger rasch zurück. Die Leistungskurve wird schneller zurückgehen, wenn dasselbe Lernverfahren zum selben Lerngegenstand über den gesamten Lernzeitraum beibehalten wird.

Es ist daher notwendig, wenn die Leistungskurve nicht stetig abfallen soll, den Lerngegenstand und das Lernverfahren häufiger zu ändern. Der ablaufende intensive Lernprozeß, in den gezielte Übungsphasen einzuplanen sind, darf über keine zu lange Zeit angesetzt werden. Während einer Lernpause werden Ermüdungserscheinungen abgebaut.

Die nachfolgenden Leistungskurven zeigen, bezogen auf dieselbe Person, die Unterschiedlichkeit bei wechselndem Lerngegenstand bzw. Lernverfahren (L 1), bei gleichbleibendem Lerngegenstand bzw. Lernverfahren (L 2) und bei gezieltem Einbau von Übungsphasen und Lernpausen bei wechselndem Lernverfahren (L 3).

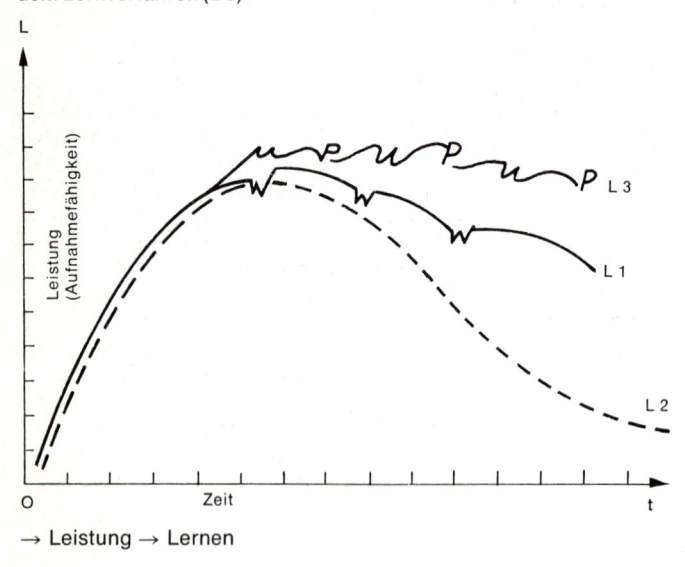

→ Leistung → Lernen

Leistungsmessung → Schulleistungsmessung

Leistungsmotivation

ist „das Bestreben, die eigene Tüchtigkeit in allen jenen Tätigkeiten zu steigern oder möglichst hoch zu halten, in denen man einen Gütemaßstab für verbindlich hält und deren Ausführung daher gelingen oder mißlingen kann." (Heckhausen 1968, Seite 194).

Die Leistungsbereitschaft wird je nach biologischen und psychologischen Voraussetzungen während des Sozialisationsprozesses erworben, also gelernt.
In allen technisierten und industrialisierten Gesellschaften versucht man, den Menschen durch unterschiedliche Formen der → Motivation zur Leistung anzuregen. Das Bedürfnis des einzelnen soll geweckt werden, Aufgaben bis zu ihrer erfolgreichen Lösung zu bearbeiten. Anlässe und Faktoren zur Leistungsmotivation können sehr zahlreich und unterschiedlich sein (primäre und sekundäre → Motivation). Im allgemeinen spricht man bei der Leistungs- und Schulmotivation von direkter → Verstärkung und indirekter Verstärkung.
Direkte Verstärker sind z. B. Lob, Anerkennung, Belohnung. Jedoch dürfen Leistungs- und Verhaltensformen nicht zu oft verstärkt werden, da gleiche häufig wiederkehrende Verstärkerformen an Verstärkerwert verlieren und nicht mehr zur Leistung motivieren.
Indirekte Verstärker sind z. B. beobachtete Verhaltensformen an Mitmenschen, in der Schule ein gutes Lehrer-Schüler-Verhältnis, ein gutes Schüler-Schüler-Verhältnis, Erfolge.
Die echte Leistungsmotivation erzieht durch soziale Einstellung und durch die Hilfe zur sachlichen Meisterung von Problemen zu einem angemessenen Leistungsverständnis. Sie vermeidet, daß sich durch → Leistungsdruck, dem falsche Verstärker vorausgestellt werden, bei unterlegenen Schülern Frustrationen und Leistungsangst herausbilden.

Krapp 1973; Meyer 1973

→ Extrinsische Motivation → Intrinsische Motivation OK

Leistungsschule

Die → Schule ist als Institution, die für das Erziehungs-, Bildungs- und Unterrichtsgeschehen verantwortlich ist, engstens mit dem jeweiligen Kultur- und Gesellschaftssystem verflochten. In jeder Art von Leistungsgesellschaft hat sie Leistung zu fordern, um den Lernenden, den jungen Staatsbürger, für seine späteren Aufgaben fachlich zu qualifizieren. Für die einzelnen Schularten, Schulformen und Schulstufen werden daher → Curriculare Stoffpläne entwickelt, die durch → Lernziele für die allgemeinen und beruflichen Fächer die zu erreichenden → Leistungen angeben. Der Leistungserfolg wird durch differenzierte Prüfungsformen ermittelt. Obgleich die Schule von gesellschaftlichen Entwicklungen und politischen Zielsetzungen abhängig ist, darf sie nicht zum Tummelplatz politischer Parteien, zum Ort klassenkämpferischer Konflikte oder zum Spielfeld von → Ideologien sein. Sie ist kein Experimentierfeld gesellschaftlicher Konfliktaustragungen, sondern hat als Bildungsinstitution neutrale, sachliche, bildungspolitische, fachwissenschaftliche und erzieherische Aufgaben zu erfüllen. Nur so kann sie echte Leistungsschule werden und bleiben. Die Erziehung und → Motivation zur Leistung gehört mit zu den Aufgaben der Schule. Als wesentliche Motivation in der gegenwärtigen Gesellschaft ist das Wettbewerbs- und Leistungsstreben, von dem die Schule mit beeinflußt ist, anzusehen. Diese Schule mit ihren Leistungsanforderungen tritt damit in Gegensatz zu all den Bestrebungen, nach denen sich Kinder und Jugend-

liche nach ihren Bedürfnissen selbst entfalten und wachsen sollen und die die Schularbeit und den → Lernerfolg dem zufälligen Erlebnis der Schüler überlassen.
Der Begriff Leistungsschule wird allerdings auch im negativen, abwertenden Sinne für Schulen verwendet, die ihre Schüler überfordern, zuviel und zu hohe Leistungen verlangen und die Lehrstoffe zu stark intellektualisieren. O

Leistungstest

Genau umschriebene motorische, sensorische oder intellektuelle → Fertigkeiten werden durch Leistungstests gemessen. Sie können auf unterschiedlich gesetzte Maßstäbe (kriterienbezogen) oder auf letztlich zu erreichende → Normen (normenbezogen) hin angelegt sein.

→ Fähigkeitstest → Lernzielorientierter Test → Test O

Leitbild

Beim Jugendlichen ist ein Leitbild der Entwurf eines persönlichen Verhaltenskonzepts aufgrund bestimmter konkreter Lebenserwartungen (in bezug auf Familie, Beruf, Image, Status . . .), aufgrund von Wertvorstellungen, von erlebten oder abstrakten → Vorbildern (z. B. Vater, Mutter, Lehrer, Religionsstifter, Marx), auch evtl. aufgrund nicht oder nur teilweise realisierbarer → Ideale. Es kommt entscheidend darauf an, daß die beschriebene Art der Leitbildsuche zu einer Zielsetzung in Leitbildern weiterentwickelt wird, die im konkret Realisierbaren zwischen den Anforderungen zur Daseinsbewältigung und Idealen vermittelt.

→ Idol K

Leitfunktion im Medienverbundsystem

Die im → Medienverbundsystem kombinierten Medien sind ihrer spezifischen didaktischen Funktion entsprechend aufeinander abgestimmt. Dabei wird von einem Medium, gegebenenfalls auch in Abwechslung mit einem anderen, die Leitfunktion im Lernprozeß übernommen. So werden beispielsweise die wesentlichen Grundinformationen einer Lerneinheit vom → Schulfernsehen getragen, während die davon abgeleiteten Erarbeitungs-, Vertiefungs- und Übungsphasen von anderen Medien z. B. Tonbandkassette, Diaserie, Transparente für den Tageslichtprojektor, Lehrprogramm usw. unterstützt werden. K

Leitziel → Lernziel

Lernalgorithmus

wird ein vom Lernenden beherrschter und selbsttätig anzuwendender → Algorithmus genannt, worunter wiederum ein „allgemeines eindeutiges Verfahren zur automatischen Lösung von Aufgaben eines bestimmten Problemkreises" zu verstehen ist (Lexikon der Kybernetik, 1964, Seite 6).
G. Meyer (1966) führt z. B. folgenden Lernalgorithmus zur → induktiven Methode an:

„1. Untersuche Einzelfälle, die einzelnen konkreten Erscheinungen, und analysiere sie!
2. Suche die einzelnen Beziehungen, die Einflußfaktoren auf!
3. Beobachte zunächst qualitativ und weitergehend quantitativ die Einzelbeziehungen!
4. Stelle die Einzelbeziehungen zusammen (vielfach in tabellarischer Anordnung)!
5. Fasse zusammen (Synthese) und verallgemeinere die Einzelbeziehungen zu einem Gesetz, einer Regel, einem Formelausdruck (induktiver Schluß)!
6. Überprüfe an Beispielen, durch Experimente, in der Praxis das Gefundene." (Seite 99)

Die perfekte Beherrschung möglichst vieler Lernalgorithmen setzt den Lernenden frei für die kreative Bewältigung von Lernproblemen.

Demgegenüber bezeichnet **Lehralgorithmus** einen solchen Algorithmus, den der Lehrende bzw. ein Programm zur Vermittlung von Lerninhalten verwendet. Es ist die erklärte Absicht der → kybernetischen Didaktik, jeweils jene Lehr- und Lernalgorithmen ausfindig zu machen, welche eine störungsfreie und die individuell schnellste Informationsverarbeitung in einem Lernprozeß garantieren. K

Lerneinheit → Lehrsequenz → Einheit

Lernen

Die moderne Lernpsychologie definiert Lernen als relativ überdauernde Veränderung von Einstellungen und Verhaltensweisen aufgrund von Erfahrungen. Der mit dem Begriff Erfahrung angesprochene Faktor aktiver Auseinandersetzung mit dem Begegnenden hebt den Lernbegriff deutlich ab
1. von Reifungsvorgängen und
2. von Veränderungen des Verhaltens aufgrund von physischen, medikamentösen und hormonalen Einflüssen
3. sowie von Veränderungen des Verhaltens durch kurzfristige Stimmungs- und Motivationsschwankungen. (Murphy 1951; Dewey 1959; Guyer 1960; Foppa 1966)
Die Informationspsychologie beschreibt den Lernvorgang mit folgenden 4 Schritten:
1. Input (= Eingabe) von Informationen
2. Dekodierung (= Entschlüsselung, z. B. der sprachlichen Signale)
3. Speicherung
4. Verarbeitung zu verändertem Verhalten und gegebenenfalls Output (= Ausgabe).
Nach Auffassung der → kybernetischen Didaktik ist Lernen im Sinne der Redundanztheorie (→ Redundanz) des Lernens „Informationsverdichtung" bzw. „Informationsabbau", extrem Informationszusammenbruch.

Lernen, einprägendes 328

Der Lernende kann Redundanz erzeugen durch
- → informationelle Approximation,
- Speicherung (im Gedächtnis),
- → Superzeichenbildung

(Vgl. zur Erläuterung den Artikel → kybernetische Didaktik).

Biggs 1974; Bloom 1976; Correll 1972; Feldmann 1974; Eigler/Straka 1978; Gagné 1970; Grzesik 1976; Kampmüller 1977; Kugemann 1974; Lunzer/Morris 1972; Morris/Lunzer 1972; Reulecke 1977; Rogers 1974; Roth 1970[6]; Schmidt 1977; Sinz 1976; Skowronek 1972; Spandl 1972; Strom 1976; Travers 1975; Vester 1975; Willmann-Institut 1969

→ Lerninhalt, → Lernerfolg, → Lernmotivation, → Lernziel, → Life-Long-Learning, → Leistungskurve, → Lernorganisation, → Lernhilfen, → Lerntheorien   K

Lernen, einprägendes → Einprägendes Lernen → Übung

Lernerfolg

Der durch Lernprozesse erreichte → Leistungszuwachs wird als Lernerfolg bezeichnet. Er wird durch empirische Erfolgskriterien im Rahmen einer → Leistungsmessung bzw. → Schulleistungsmessung ermittelt.   O

Lernhilfen

Dem Schüler können durch die Schule und das Elternhaus zahlreiche Lernhilfen in Form psychischer Unterstützung, Ermunterung, Ermutigung, direkter Aufgabenhilfe, durch sachliche Hinweise, → Medien aller Art, die als Lehr-, Lern- und Arbeitsmittel zum Begreifen und Lösen schulfachlicher Probleme eingesetzt werden können, und durch → Lehr- bzw. Lernprogramme gegeben werden. Hinweise, die an allgemeine beim Schüler bereits vorhandene Kenntnisse anknüpfen, werden als thematische Lernhilfen bezeichnet. Sie schließen z. B. die Verwendung von Analogien und Gegensätzen ein.

Hinweise hingegen, die sich auf nicht schon vorhandene Kenntnisse, sondern auf die in einem durchzuarbeitenden Lernprogramm für den Lernenden neue hinzugekommene Sachzusammenhänge beziehen, bezeichnet man als formale Lernhilfen. Hierzu gehören z. B. vorhergegangene oder vorangehende Definitionen, Reimhinweise, teilweise Angaben gefragter Worte, Begriffe und Ausdrücke.

Lernhilfen sollten in den Lernablauf und das Lerngeschehen eingebaut werden, um dem Lernenden das Erreichen des geplanten Zieles durch eine Reihe von Annäherungen zu erleichtern.   O

Lerninhalt

Lerninhalte geben das wieder, was allgemein mit Lehrstoff, Unterrichtsstoff bezeichnet wird, z. B. ein Projekt im Erdkundeunterricht, grammatische Strukturen zu einer Englischlektion, ein Thema aus Astrophysik usw. Sie sind nicht isoliert zu betrachten, sondern stehen in engem Zusammenhang mit vorgegebenen Lernzielen. Lerninhalte stellen Bildungsinhalte dar, mit deren Hilfe gewünschte Lernziele erreicht werden können. Der Begriff Lerninhalt gehört neben → Lernziel, → Unterrichtsverfahren, → Lernzielkontrolle mit zu den Kategorien eines → Curricularen Lehrplans. O

Lernkartei → Einprägendes Lernen

Lernkontrolle
Durch Lernvorgänge ergeben sich Verhaltensänderungen. Der Zugewinn an → Wissen, Können und → Erkenntnissen von einem Lernschritt zum nächsten kann durch Selbstüberprüfung, Selbstevaluation oder in Form der Überprüfung durch andere erfolgen. Mit Hilfe entsprechender Maßnahmen wie → Beobachtung, → Vergleich, Arbeit an einem bezugnehmenden Programm, → Tests, Gespräch usw. werden realisierte Verhaltensänderungen festgestellt.
→ Leistungskontrolle und Leistungsmessung beziehen in ihre Kontrollweisen leistungsspezifische Aspekte und → Lernzielkontrolle mit ein.
Durch die Lernkontrolle wird allein das sich durch die Verhaltensänderung ergebende Resultat, der Lerneffekt einer objektiven, zuverlässigen und gültigen Überprüfung unterzogen.
→ Lernen → Reliabilität → Schulleitungsmessung → Validität O

Lernkurve → Leistungskurve

Lernmittel → Lehrmittel

Lernmittelfreiheit
Grundsätzlich besteht die Lernmittelfreiheit in Deutschland seit der Weimarer Verfassung von 1919. In der Bundesrepublik Deutschland werden den entsprechenden Gesetzen und Verordnungen gemäß Schülern öffentlicher Schulen, in denen sie Schulgeldfreiheit genießen, auch die von den Schulbehörden zugelassenen Schulbücher sowie schulbuchzugehörige oder schulbuchersetzende Lern- und Arbeitsmittel vom Schulträger im allgemeinen kostenfrei zur Verfügung gestellt. Diese Vergünstigung wird als Lernmittelfreiheit bezeichnet. Soweit vom Staat anerkannte Privatschulen Lernmittelfreiheit gewähren, können sie von diesem für die dadurch entstehenden Aufwendungen Zuschüsse erhalten.
→ Lehrmittel O

Lernmotivation
ist das Bedürfnis, der Beweggrund, der Antrieb oder Auslöser zu lernen. Sie wird weniger durch → primäre als durch → sekundäre Motivationen beeinflußt, wie z. B. durch Neuigkeitsgehalt von Lehrstoffen, Furcht vor Mißerfolg, Hoffnung auf Erfolg, Prestigegewinn, Bedürfnis nach Strafvermeidung oder → Identifikation mit einem Vorbild. O
Knörzer 1976; Meister 1977; Schiefele 1974

Lernorganisation
Sie bezieht sich auf die äußere Form des Lehrens und Lernens im Unterricht. Unter ihr versteht man, mit welchen Methoden und Medien der Lehrstoff dem Schüler erschlossen werden soll, z. B. durch den → Frontalunterricht, → Gruppenunterricht, → die Diskussion, das Schulspiel usw. O

Lernökonomie, Lehrökonomie
wird vom Verhältnis zwischen Aufwand und Nutzeffekt bei Lehr- und Lernprozessen bestimmt. Der Gesamtaufwand für Lehr- und Lernprozesse setzt sich nach Reinhardt (1974) aus folgenden Faktoren zusammen: Kräfteaufwand (physischer und psychischer Kräfteeinsatz beim Lehrenden und beim Lernenden)
+ Zeitaufwand (Lehrzeit und Lernzeit)
+ Mittelaufwand (Lehr- und Lernmittel, Finanz- und Sachmittel).
Dabei ist zusätzlich zu beachten, daß nicht ein und dieselbe ökonomische Gestaltung von Lernprozessen für alle Mitglieder einer Lerngruppe gleich gültig ist, da jeweils die spezifischen individuellen Begabungen und Vorerfahrungen mit einzuplanen sind. Je größer also z. B. die Begabung und/oder die Leistungsmotivation des einzelnen Schülers für ein bestimmtes Lernfeld ist, desto geringer wird von vornehereinder Lernaufwand für die Bewältigung einer Aufgabe in eben diesem Lernfeld zu veranschlagen sein. Umgekehrt stellt es eine andauernde Belastung für die Lernökonomie dar, wenn z. B. ein Schüler eine Schulform durchläuft, deren spezifische Anforderungen nicht seinen Anlagen und/oder Neigungen entsprechen.
H. Frank (1969, Band 1, Seite 372) beschränkt die Definition der Lernökonomie allein auf den Zeitfaktor, wenn er sagt: „Lernen ist nur ökonomisch, wenn der Zeitaufwand T_e für das Lernen kleiner ist als der Zeitgewinn T_g, den derjenige, der sich zum Lernen entschließt, im Laufe der späteren Anwendungen gegenüber demjenigen zu erwarten hat, der nicht lernt, sondern im Notfalle die Sachverhalte und Verfahren zeitraubend nachschlägt, erfragt oder einem Fachmann überläßt . . ."
Bei Lernschwierigkeiten aufgrund vermuteter unzureichender Lernökonomie schlägt Reinhardt vor, folgende Gesichtspunkte abzufragen (Seite 95–98):
– Lernaufwand
– Lernzeitpunkt
– Lernorganisation
– Lernkonzentration
– Lernverteilung
– Lernvertiefung
– Lernhandeln
– Lernhilfen
– Lernwechsel
– Lernpausen
→ Exemplarisches Lehren und Lernen → Unterrichtsökonomie K

Lernpotenz

bezeichnet sowohl das vermutete bzw. das aufgrund von Tests für wahrscheinlich erachtete Lernvermögen, man könnte sagen Kraftreserven des Lernens, die durch entsprechende Methoden geweckt und verfügbar gemacht werden müssen, als auch die bereits verfügbaren und jederzeit aktualisierbaren Kräfte des Lernens.

Es gehört zum didaktischen Auftrag des Lehrenden, sich über die Lernpotenz seiner Schüler Klarheit zu verschaffen und durch → Differenzierung der Lernangebote einer Über- bzw. Unterforderung der gegebenen Lernpotenz entgegenzuwirken. K

Lernprogramm

Das Lernprogramm steht anstelle des Unterrichts oder wird in diesen mit einbezogen. Es stellt ein auf den Lerninhalt und das Alter der Schüler abgestimmtes Programm (→ programmierte Instruktion) zum Zweck eines folgerichtig aufgebauten Kenntniserwerbs dar. Es wird z. B. im → Medienverbundsystem eingeplant. O

Lernprozeß

Jeder Lernprozeß stellt ein → Lernen dar, das in seinen Ablauf Erkennen, Entwickeln, Festhalten einbezieht und Verhaltensänderungen verursacht, die nicht allein durch angeborene Merkmale erklärt werden können. Der reine Wissenserwerb wird durch einen Erkenntnisprozeß ergänzt.
Bei Kindern und Lernenden vor allem im Bereich der Schule, in der es sich grundsätzlich um organisierte und institutionalisierte Lernprozesse handelt, die durch → Lernziele festgelegt sind, werden Lernprozesse unter Annahme bestimmter Normen solange gesteuert, bis die lernenden Personen auf Grund entsprechender Hilfen (→ Lernhilfen) in der Lage sind, selbständige, begründete Urteile über Normen entwickeln und eigene Entscheidungen treffen zu können.
Friedrich Schlieper (1956) unterscheidet zwei Arten von Lernprozessen:
1. den vorwiegend motorischen Lernprozeß, der auf den Erwerb von körperlichen Fertigkeiten und Verhaltensweisen gerichtet ist und
2. den vorwiegend geistigen Lernprozeß, der dem Erwerb von Wissen und Erkenntnissen dient.

Als dritte wesentliche Art der Lernprozesse wird in der modernen Pädagogik der soziale Lernprozeß herausgestellt, der auf die Einübung sozialer Verhaltensweisen abzielt.
Der natürliche geistige Lernprozeß vollzieht sich bei Schlieper in der Regel in den drei Phasen der Problemfindung, dem Lern- und dem Übungsstadium. Das Stadium der Problemfindung befaßt sich mit der Vorbereitung des Lernprozesses und initiiert das Lernenwollen, das Lernstadium dient dem Kennen- und Verstehenlernen und führt zum Verstehen. Das Gestaltungs- und Übungsstadium hat die Aufgabe, das Gelernte zu sichern und soll das Können bewirken.
Der Verlauf des Lernprozesses wird von Schlieper für den Schüler wie folgt dargestellt:

Durch Wundern, Staunen, Fragen gelangt der Schüler zum Suchen. Durch Wahrnehmen, Anschauen, Untersuchen kommt er zum Kennen der Sache. Vergleichen, Beziehen, Denken bewirken das Verstehen. Sammeln, Ordnen, Darstellen bzw. Betätigen, Anwenden, Üben führen zum Können.

→ Unterricht → Unterrichtsformen O

Lernprozeßorientierte Didaktik

Während in der gegenstandsorientierten → Didaktik die Theorie der Bildungsinhalte und Fragen der → Methodik im Zentrum der Überlegungen standen, liegt neuerdings der Akzent mehr auf der Erforschung der psychischen Vorgänge beim Lernprozeß und auf der Erhellung der Bedingungen des Informationsumsatzes. Didaktik als die Wissenschaft vom → Lernen und Lehren hat somit die Aufgabe, Lernen in optimaler Weise zu organisieren, indem

- die → Lernziele (Fähigkeiten, Kenntnisse, Fertigkeiten) durch umfassende Kooperation von Fachleuten präzise definiert werden,
- die den Lernzielen zugeordneten Lerninhalte in logischer Abfolge beschrieben und differenziert werden,
- die den Lernzielen und Lerninhalten adäquaten Unterrichtsverfahren nach lernpsychologischen und sachlogischen Gesichtspunkten bestimmt und
- geeignete Maßnahmen zur Erfolgssicherung und Erfolgskontrolle getroffen werden.

→ Curriculum → Lerntheoretische Didaktik → Strukturmodelle der Didaktik K

Lernpsychologie

faßt als Wissenschaft vom Verhalten des Menschen in Lernsituationen entsprechende Forschungsergebnisse aller psychologischen Disziplinen und ihrer Nachbarwissenschaften zusammen. Bei eigenen Forschungsvorhaben bedient sie sich der in der → Psychologie allgemein üblichen empirischen Methoden.

Aebli u. a. 1975; Bergius 1971; Cermak 1975; Correll 1976[15]; Correll/Schwarze 1975[6]; Ennenbach 1970; Foppa 1975; Fuchs 1974; Haseloff/Jorswieck 1970; Hilgard/Bower 1971[2]; Horton/Turnage 1976; Köck 1973; Lunzer/Morris 1972; Mednick u. a. 1977; Parreren 1972; Selg 1972; Skinner 1971; Strom 1976; Thorndike 1932

→ Lernen → Lerntheorien K

Lernschritt

Im Ablauf eines Lernprozesses, durch den ein gesetztes → Lernziel erreicht werden soll, ist eine Anzahl von Lernschritten einzufügen, die aus Information, Problemstellung, Reaktion, Rückmeldung bestehen, und die das Begreifen, Erkennen und Behalten erleichtern sollen. Durch systematisch geplante, aneinander anknüpfende Schritte in Form von zielgerichteten Fragen, Antworten, Übungs- und Anwendungsbeispielen soll der Schüler zu positiven Lernreaktionen veranlaßt werden, die ihn dem Lernziel bewußt näherbringen. In → Lehr- und → Lernprogrammen werden Unterrichtsstoffe in kleinste aufeinander aufbauende Lernschritte (Steps) aufgegliedert und geordnet. Die geistige Leistung beim Übergang von einer Frage zur anderen, von einem Programmschritt zum anderen, wird als Lernschritt, häufig als programmierter Lernschritt bezeichnet.

→ Phaseneinheiten → Lernen   O

Lernsequenz → Lehrsequenz

Lernstörungen
werden als „Erwartungsabweichungen" oder als „normabweichende Fehl- oder Minderleistungen", als partielles (z. B. → Legasthenie) oder totales Versagen bei schulischen Lernanforderungen definiert. Diese Definition wirft die hier nicht zu diskutierende aber entscheidende Frage auf, was als → Norm bzw. als Soll-Wert im → Regelkreissystem des Lehrens und Lernens gilt und wer nach welchen Kriterien diese Normen, Soll-Werte, Erwartungen bestimmt und formuliert.
Lernstörungen werden meist von Folgeerscheinungen begleitet, welche die gesamte Persönlichkeit des Betroffenen erfassen, z. B. von Ängsten, Verhaltensstörungen, von Resignation aufgrund andauernder → Frustration z. B. durch Dauerüberforderung bzw. Unterforderung oder enttäuschte Erfolgserwartungen (nicht korrigierte Hausaufgaben, Aufsätze ohne Leser usw.). Weitere Folgen sind Mißerfolgsängstlichkeit oder soziale Isolierung, z. B. als der „Dumme". K. Aschersleben nennt als häufigste Lernstörungen (Lexikon der Pädagogik, Band 3, Seite 96. Freiburg 1971):
„1. Begabungsstörungen: totale (Intelligenzniveau reicht nicht für gewählte Schulart aus) und partielle (Legasthenie, Ausfälle in einzelnen Lernbereichen).
2. Entwicklungsstörungen (Schulunreife, Pubertätskrisen).
3. Sonstige Persönlichkeitsstörungen (mangelnde Leistungsmotivation, Angst, Konzentrationsschwächen).
4. Umweltstörungen (Milieuschädigung, elterliche Fehlerziehung, schulbedingte Störungen wie Vorurteile des Lehrers, mangelnder Kontakt zu Mitschülern usw.)
5. Somatogene Störungen (Zerebralschädigung, Unfallfolgen, Schwerhörigkeit, hormonelle Störungen)."

Zwischen diesen Lernstörungen besteht meist als erschwerender Faktor eine wechselseitige komplexe Bedingtheit. Die nach Einzelfähigkeiten differenzierende Diagnose, die sich von globalen IQ-Tests absetzt, kann nur im Team (Pädagogen, Psychologen, Mediziner, Erziehungsberater) unter realistischer Einschätzung der jeweiligen fachlichen Kompetenzen verantwortlich geleistet werden.
Die Therapie darf sich je nach diagnostischem Material nicht auf schulorganisatorische Maßnahmen wie Schulart- oder Klassenwechsel, Sonderförderung, → Differenzierung, Sitzenbleiben beschränken. Es muß vielmehr ein individueller Therapieplan entworfen werden, der die Gesamtpersönlichkeit

erfaßt, wozu z. B. auch individuelle Beratung, genau auf die Defizite abgestellte Förderprogramme, Arbeit am Selbstwertgefühl des Betroffenen zählen.

Correll 1976[10]; Cruickshank/Hallahan 1975; Friedman 1973; Hallahan/Cruickshank 1973; Johnson/Myklebust 1971; Köck 1976 und 1977; Ortner 1977; Schenk-Danzinger 1976; Strobel 1975; Tiedemann 1978

→ Schulangst K

Lernsystem

Es verbindet traditionelle Methoden der Stoffvermittlung mit planmäßig in den Lernablauf eingegliederten Programmen unter Verwendung entsprechend geeigneter Medien (→ Medienverbundsystem).
Diese auch als „integriertes Lernsystem" bezeichnete Arbeitsform läßt sich leicht und gezielt in bestehende Ausbildungssysteme einfügen, motiviert den Lernenden zur aktiven Mitarbeit und erhält das Lerninteresse länger als enge, verbale, sich über zu lange Zeit hinziehende Schritt-für-Schritt-Programme.
Im Rahmen kybernetischer Betrachtungsweise, z. B. im kybernetischen Lernmodell ist unter Lernsystem der Lernende zu verstehen. Das Lernsystem Schüler nimmt auf, verarbeitet, lernt und ändert sein Verhalten entsprechend dem Einfluß des → Lehrsystems und der Rückkoppelungseffekte. O

Lerntheoretische Didaktik

Das Konzept der lerntheoretischen Didaktik geht auf die Berliner Schule (Heimann, Schulz, Otto u. a.) zurück. Es ist streng empirisch und ideologiekritisch (→ Ideologiekritik) orientiert. Es fordert die wissenschaftliche Analyse und Kontrolle aller an Lehr- und Lernprozessen beteiligten Faktoren.
Das Strukturmodell der lerntheoretischen Didaktik unterscheidet zwischen Bedingungsfeldern und Entscheidungsfeldern, deren sechs Bereiche (vgl. Skizze!) formal konstant, inhaltlich jedoch variabel sind:

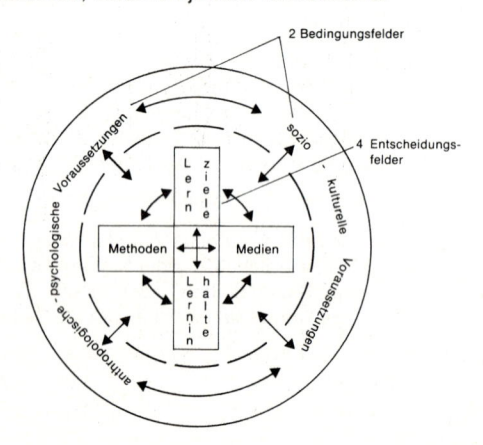

Hinsichtlich der Methoden ist der lerntheoretischen Didaktik eine klare Unterscheidung von → Methodenkonzeptionen, → Artikulations-Schemata, → Sozialformen, → Aktionsformen und → Urteilsformen zu verdanken.
Heimann 1976; Heimann u. a. 1975
→ Didaktik → Strukturmodelle der Didaktik   K

Lerntheorien

Als Lerntheorien werden die Erklärungsversuche verschiedener psychologischer Schulen für Entstehung, Bedingungen und Verlaufsformen des → Lernens und für förderliche und hemmende Einflüsse bei Lernprozessen bezeichnet. Sie sind je nach der zugrundeliegenden wissenschaftlichen Richtung spekulativ, phänomenologisch oder empirisch orientiert.

Hauptrichtungen:

1. Für die am → Behaviorismus orientierten Lerntheoretiker (Reiz-Reaktions-Theoretiker) gelten nur solche Aussagen über Lernvorgänge, die aufgrund objektivierter → Beobachtung gewonnen sind, und die deshalb auch überprüfbar und meßbar sind. Intrasubjektive Lernprozesse treten in der Forschung zugunsten umweltbedingter Lernprozesse als nicht eindeutig faßbar zurück.
Die trotz mancher Einseitigkeit im Ansatz bedeutsamsten Erkenntnisse sind folgenden Forschern zu verdanken:
   - I. P. Pawlow: Lernen durch → Konditionierung und → Verstärkung,
   - E. R. Guthrie: → Kontiguitätsgesetz,
   - E. L. Thorndike: → Erfolgsgesetz, → Versuch-Irrtum-Lernen, Übungsübertragung und → Generalisation und weitere untergeordnete Lerngesetze,
   - C. L. Hull: Theorie des mechanischen Einprägens zum Zweck des Aufbaus einer Hierarchie zielbezogener Gewohnheiten,
   - E. C. Tolman: Obwohl dem Behaviorismus verhaftet, löste sich Tolman mit seiner Zeichenlernen-Theorie oder Erwartungstheorie teilweise von den Reiz-Reaktions-Theoretikern. Seiner Meinung nach ist das menschliche Verhalten immer zielgerichtet, zweckorientiert und durch die Art und Weise des Werkzeug- und Methodengebrauchs zur Erreichung des Zieles auch kognitiv. Dem Prinzip des kleinsten Aufwandes folgend orientiert sich der Organismus auf dem Weg zu einem bestimmten Ziel an einem beherrschten Verhaltensplan, indem er Beziehungen zwischen Zeichen und Bezeichnetem wie in einer kognitiven Landkarte lesen kann, bzw. von Erwartungen oder Hypothesen vorangetrieben wird. Tolman erteilt also der Verstärkungstheorie der Reiz-Reaktions-Theoretiker eine Absage.
   - B. F. Skinner stellte mit der operanten → Konditionierung gerade wieder die → Verstärkung in den Mittelpunkt seiner lerntheoretischen Überlegungen, womit er zum anerkannt bedeutendsten Theoretiker der → programmierten Instruktion wurde.

2. Die kognitiven Lerntheoretiker (M. Wertheimer, W. Köhler, W. Koffka, K. Dunckor, W. Metzger, J. Piaget, Ausubel, Bruner u. a.) berufen sich vor allem auf die Organisationsgesetze der → Gestaltpsychologie und die →

Feldtheorie K. Lewins. Als entscheidende Vorgänge des Lernens beschreiben sie die bewußten Prozesse wie Einsicht, Verstehen, Erfassen der Situation, Aufdecken und Inanspruchnahme von Beziehungen zwischen Lernstrategien, Denken, Problemlösen.
3. Am Beginn erfolgversprechender Forschungen stehen die mathematischen Lerntheorien, die v. a. mit der Methode der Wahrscheinlichkeitsrechnung den Verlauf von Lernprozessen ermitteln wollen, und die Informationspsychologie, die Lernen und Verhalten unter dem Gesichtspunkt der Informationsverarbeitung mit Methoden und Modellen der → Kybernetik (→ Kybernetische Pädagogik) betrachtet. K

Bandura 1976; Bruner 1971; Fichtner 1977; Galperin 1974; Heiland 1973; Hilgard/Bower 1971; Köck 1973; Lompscher 1973; Lunzer 1974; Ruprecht 1974; Skowronek 1972; Zeier 1976

Lernübertragung → Transfer

Lernziel

Lernziele lassen sich den → kognitiven, → affektiven und → psychomotorischen Lernzielbereichen oder Lernzieldimensionen zuordnen. Sie beschreiben Verhaltensweisen, die am Ende erfolgreicher Lernprozesse erreicht sein sollen. Die Lernzielformulierung kann in abstrakter und konkreter Form erfolgen. Während Leitziele den höchsten Abstraktionsgrad in der Formulierung aufweisen, sind Feinziele möglichst konkret abzufassen (→ Operationalisierung). Beabsichtigte Wirkungen auf das Verhalten der Lernenden und Studierenden sind deutlich und klar im → Curriculum zum Ausdruck zu bringen.

Lernziele haben immer einen Inhaltsaspekt und einen Verhaltensaspekt. Z. B.: Demokratische Staatsformen (Inhaltsaspekt) in Referaten darstellen können (Verhaltensaspekt).

Grundsätzlich sind folgende Lernziele im Rahmen der obengenannten Lernzielbereiche zu berücksichtigen:
- Leitziele
- Richtziele
- Grobziele
- Feinziele
- Fächergruppenspezifische Lernziele
- Fachspezifische Lernziele
- Fachspezifische allgemeine Lernziele

Leitziele, auch als „oberste Bildungsziele" oder „Globalziele" bekannt, skizzieren durch ihre Festlegungen die allgemeine oder anzustrebende Tendenz im Bildungswesen. Sie zielen fächerübergreifend auf den obersten Bereich der pädagogischen Absichten und Aufgaben ab.
Beispiele: der demokratische Mensch; der emanzipierte Mensch; der mündige Mensch.
Richtziele beziehen sich auf Zielbereiche, in denen Aufgaben und Absichten realisiert werden sollen. Sie liegen im höheren Abstraktionsbereich und sind teils fachübergreifend, teils fachbezogen.
Beispiele: Fähigkeit zur Unterscheidung zwischen den bestehenden Wirtschaftssystemen; Entscheidungsbereitschaft in bezug auf verschiedene Wertsysteme.

Grobziele lassen sich in kleinste Lernschritt-Einheiten, in Feinziele, auffächern. Grobziele beschreiben die Ziele bzw. Dispositionen, die innerhalb eines Faches erreicht werden sollen, klar und eindeutig, jedoch nicht bis ins Detail gehend.
Beispiele: Beherrschung der wesentlichen grammatikalischen Strukturen der englischen Sprache; Fähigkeit, gelesene Informationen selbständig zu erschließen und festzuhalten.
Feinziele unterteilen die durch Grobziele angestrebten Verhaltensweisen und Dispositionen. Sie untergliedern den Unterricht in kleinste Ziel-Einheiten, in Teil-Lernziele oder Einzelziele. Durch diese Feinzielangaben bietet sich die Möglichkeit der eindeutigen Überprüfung von Lernergebnissen.
Beispiele: Der Schüler hat die richtige Anwendung des ,,Present Perfect" in der englischen Sprache zu erkennen; er hat auf Grund eines vorgegebenen englischen Textes diese Zeitform zu unterstreichen, herauszugreifen und festzustellen, welche Übersetzung geeignet wäre und diese von der Struktur her mit seiner Muttersprache zu vergleichen.
Die genaue Arbeitsweise des Ottomotors kennen.
Fächergruppenspezifische Lernziele beziehen sich auf eine Fächergruppe, z. B. die musische oder naturwissenschaftliche Fächergruppe.
Beispiele:,,Wertung von Kunstwerken" als Lernziel der Fächergruppen musische Bildung und Sprachen; ,,Fähigkeit zur Auswertung von Statistiken" als Lernziel der Fächergruppen Wirtschaftswissenschaften und Naturwissenschaften.
Fachspezifische Lernziele, auch als fachliche Lernziele bezeichnet, sind vom Inhalt her bestimmte Ziele, die sich auf ein Fach beziehen.
Beispiele: Erlernen von Kürzeln in der Stenographie; Schreiben von Kadenzen in der Musik;
Neben den fachlich-inhaltlichen Zielen bestehen die fachlich-prozessualen Ziele → Prozeßziele.
Fachspezifisches allgemeines Lernziel
Es kann in einem Fach bei verschiedenen Themen, Unterrichtsgegenständen usw. angestrebt werden.
Beispiele: Quelleninterpretation im Geographieunterricht; Auffinden von Synonymen im Englischunterricht. O

Edelmann/Moller 1976; Keck 1975; Klauer 1974; Peterßen 1975; Thiel 1973; Westphalen 1978

Lernzieldimension → Lernziel

Lernzielfindung
Im Rahmen jeder Curriculumerstellung und Lernzieldiskussion sind Entscheidungen in bezug auf die angestrebten notwendigen → Lernziele und deren gegenseitige Abhängigkeiten zu finden. Ein Curriculummodell wird grundsätzlich am Verfahren der legitimierten Lernzielfindung gemessen. Nach Westphalen schälen sich bei der Curriculumforschung drei zentrale Fragen heraus:
,,– Wie finde und legitimiere ich fachbezogene Lernziele?
– Wie finde und legitimiere ich allgemeine, fachübergreifende, gesellschaftliche Lernziele?
– Wie verknüpfe ich beide?"

Lernzielhierarchisierung

Grundsätzlich ist die Lernzielfindung von vielen → Faktoren und Kriterien abhängig, wie z. B. von den Mitgliedern der jeweiligen Curriculumkommission, Stoffinhalt und Stoffstruktur des Faches, Adressatenkreis, Bildungsinstitution, Ideologie, Staatsgefüge und Verfahrensweisen.

→ Curriculum   O

Lernzielhierarchisierung
Die Lernzielhierarchie errichtet eine Rangordnung unter ausgewählten validierten → Lernzielen nach bestimmten Kriterien wie z. B. Schwierigkeitsgrad oder Wichtigkeit. Sie ordnet Lernziele bzw. Lernzieldefinitionen in theoretisch begründete und empirisch überprüfte Schemata ein.

→ Curriculum   O

Lernzielkontrolle
Die Lernzielkontrolle bezieht sich in erster Linie nicht auf die Überprüfung und Kontrolle eines Lernergebnisses, und sie ist überhaupt nicht mit Leistungsmessung und Benotung gleichzusetzen. Sie versucht vielmehr mit Hilfe fach-, alters- und lernprozeßspezifischer Verfahrensweisen festzustellen, inwieweit das durch einen Lernprozeß beabsichtigte Endverhalten eines Lernenden mit dem gesteckten → Lernziel übereinstimmt. In den Überprüfungsvorgang ist deshalb auch die kritische Wertung der Bedingungsfaktoren des aktuellen Lernprozesses mit eingeschlossen. So könnte die Verfehlung eines Lernzieles durch den Lernenden z. B. durch individuelle Überforderung bzw. Unterforderung, durch eine dem Lerngegenstand oder dem Schüler nicht angemessene Methode oder durch ein unklar formuliertes Lernziel verursacht sein.
Lernzielkontrollen sind an dem formulierten Anspruchsniveau der im vorangegangenen Lernprozeß verfolgten Lernziele und an den ebenfalls festgesetzten → Lernzielstufen zu orientieren. Lernzielkontrollen können mit Hilfe schriftlicher und mündlicher Aufgabenstellung und praktischer Übungs- und Arbeitsformen durchgeführt werden. Für Lernzielkontrollen eignen sich z. B. → Diskussionen, → Gruppenarbeit, Vertiefungs- oder → Wiederholungsprogramme, → Fallstudien, → Planspiele, Tests (→ Leistungstests) oder Arbeit an einem → Projekt. Als **Kurzformen** am Ende einer Unterrichtsstunde kommen z. B. in Frage: Verbalisieren einer graphischen Darstellung, Vervollständigung eines Schaubildes, Lückentext, Versuchsbeschreibung in Stichworten, Anpassungsübungen (Grammatik), Kurzzusammenfassungen, Kurzdiktat, Beschriftung einer Karte, Quiz, Ausfüllen eines Arbeitsbogens oder von Vordrucken (z. B. Scheck) u. v. a. m.
Im Sinne curricularer Planung von Lernprozessen sollte jede Unterrichtsstunde mit einer Lernzielkontrolle enden, die wegen ihres wichtigen Rückmeldeeffekts nicht in die Hausaufgabe abgeschoben werden darf.

Fuchs 1974; Potthoff 1974

→ Lernzielstufen   K

Lernzielorientierter Test
Zur → Leistungskontrolle in der Schule und zur möglichst objektiven Erfassung von Intelligenzleistungen werden immer häufiger lernziel- bzw. kriterienorientierte Tests eingesetzt. Sie werden an den im → Curriculum vorgesehenen → Lernzielen ausgerichtet unter Berücksichtigung der entsprechenden → Taxonomie.

→ Leistung → Lernzielkontrolle → Lernzielstufen → Test → Testprogramm
→ Intelligenztest O

Lernzielorientierung
In jedem Unterrichtsablauf werden Ziele angestrebt. Auf Grund von → Lehrplänen oder → Curricula haben sich die Lehrkräfte an ihnen zu orientieren. Durch die Curriculumentwicklung wird der lernzielorientierte Unterricht stärker betont. Der Unterricht wird dadurch eher versachlicht und für den Lernenden objektiver und gerechter gestaltet.
Die Lernzielorientierung des Curriculums soll dem Lehrer die Unterrichtsplanung erleichtern und auch zu einer Objektivierung der → Leistungskontrolle führen.

→ Leistung → Lernziel → Unterricht O

Lernzielstufen
bezeichnen das jeweilige Anspruchsniveau an die Lernleistung der Lernenden in bezug auf exakt operationalisierte → Lernziele.
Die → Normenbücher unterscheiden die Lernzielstufen (mit wachsender Anforderung) Wissen, Anwenden, Urteilen. Die heute noch weithin praktizierten Lernzielstufen nach der Formulierung von H. Roth werden im folgenden ausführlich vorgestellt. Die Beispiele aus dem Unterrichtsfach Ethik entstammen teilweise durchgeführten Leistungsmessungen, welche Teilnehmer an einem vom Autor geleiteten Fortbildungslehrgang zur Diskussion stellten.

1. Lernzielstufe: Reproduktion von Gelerntem
Auf dieser Lernzielstufe kann die bloße gedächtnismäßige Wiedergabe von Daten, Namen, Begriffen, Sachzusammenhängen, zusammenfassend von Informationen im weitesten Sinne erwartet werden. Dem entsprechen Sach- und Wissensfragen.

Beispiele:
a) Nennen Sie das einzige Gesetz der formalen Ethik! (Name, Wortlaut)
   Erwartete Antwort: Kategorischer Imperativ: „Handle so, daß die Maxime deines Willens jederzeit zugleich als Prinzip einer allgemeinen Gesetzgebung gelten könne."
b) Frage mit Mehrfachwahlantworten: Die Einflüsse der Vergangenheit werden nach S. Freud repräsentiert durch das
   ○ Es
   ○ Ich
   ○ Über-Ich
   Erwartete Antwort: Ankreuzen von ⊗ Über-Ich

Lernzielzeitleiste

2. Lernzielstufe: Reorganisation des Gelernten
Hier wird die selbständige Anordnung und Gliederung von Gelerntem auf eine entsprechende Zielfrage hin erwartet.
Beispiel: Stellen Sie die Zusammenhänge zwischen Umwelteinflüssen und Kriminalität im Detail in einer Graphik dar und begründen Sie die einzelnen Beziehungen in ihrer Graphik!
3. Lernzielstufe: Transfer
Transfer erfordert die Anwendung und Übertragung prinzipieller Erkenntnisse aus einem Lernvorgang auf Sachverhalte, die von denselben Erkenntnissen her erschlossen werden können. (Es ist oft schwierig, Reorganisation und Transfer auseinanderzuhalten, da sich die erwarteten Leistungen zweifellos überschneiden.)
Beispiel: Freud mißt der Sprachfähigkeit des Menschen im Rahmen des psychischen Apparates besondere Bedeutung zu. Läßt sich seine Aussage in Richtung auf einen Freiheitsraum des Menschen in diesem Bereich interpretieren? – Begründung!
4. Lernzielstufe: Problemlösendes Denken
Es ist eine selbständige schöpferische Leistung zu erbringen, indem in vorgegebenen problemhaltigen Sachverhalten das Problem erkannt und formuliert wird und mit Hilfe selbst arrangierter Strategien und Methoden gelöst wird.
Beispiele:
a) Erörtern Sie (+ und −) an **einem** der folgenden Werte die Behauptung, daß die Versabsolutierung **eines** Wertes als höchstem über allen anderen Werten mit der Verhaltensfolge, ihn immer und unbedingt anzustreben, zu einer Wert-Tyrannei und zu Inhumanität führt.
   – Gerechtigkeit – Wahrheit – Leistung
b) Weshalb läßt sich diese Behauptung auf Werte wie Liebe, Humanität (Mitmenschlichkeit) faktisch kaum anwenden?
5. Lernzielstufe: Problemfindendes Denken
Diese den Lernzielstufen Roths vom Autor hinzugefügte Lernzielstufe beschreibt im Unterschied zur vorausgehenden den Vorgang, Probleme in der Umwelt ohne vermittelndes Arrangement (z. B. des Lehrers) selbständig auffinden und bearbeiten zu können.
Beispiel: Aus einem abgegrenzten Teil einer Tageszeitung oder aus der gemeinsam betrachteten – auf Videoband gespeicherten – Tagesschau vom Vortage ist durch die Schüler ein ethisch relevanter Sachzusammenhang herauszufinden, auf seine Problemhaltigkeit hin zu erörtern und Lösungsmöglichkeiten anzudeuten und zu begründen.
Der hohe Anspruch an die Leistung der Schüler wird diese Lernzielstufe kaum im Rahmen von Lernzielkontrollen oder Leistungsmessungen Verwendung finden lassen. Sie stellen aber den idealen Einstieg z. B. für Projekte dar.

→ Lernzielkontrolle K

Lernzielzeitleiste → Pilotfach

Lernzuwachs

Durch → Leistungsmessung und → Lernkontrolle in Form verschiedener Testverfahren ist es möglich, den vom Lernenden gemachten Zugewinn an Wissen und Fertigkeiten, den er innerhalb einer bestimmten Zeitspanne erreicht hat, festzustellen. Der Lernzuwachs kann z. B. im Rahmen von Testprogrammen, gemessen am Vortest und den unmittelbar der Programmarbeit folgenden Nachtests oder an der nach mehreren Unterrichtsstunden folgenden gezielten Schularbeit untersucht werden.

Die Ermittlung der Effekte eines Programms oder Unterrichts läßt sich auf die Probleme reduzieren, mit deren Hilfe festgestellt werden kann, was der Lernende nach Benutzung des Programms oder nach Abschluß der → Unterrichtseinheit im Hinblick auf die Beherrschung von Verhaltensformen und Verhaltenstendenzen leistet, im Vergleich zu dem, was er ohne das Programm oder ohne die vorherige unterrichtliche Unterweisung an → Leistung erbracht hätte.

→ Lehrprogramm → Lernen → Lernerfolg → Kriterienprogrammierung → Unterricht O

Lese- und Rechtschreibschwäche → Legasthenie

Lexem

Der Begriff Lexem kann sich auf eine Wortschatzeinheit in einem Wörterbuch beziehen. Im System der Sprache stellt es ein morphologisch (ein in einem Zusammenhang zugeordnetes) festgelegtes Sprachzeichen dar. Die Bedeutung des Lexems ist durch den **semantischen** (inhaltsbestimmenden) Wortkern zu erkennen. So besteht z. B. das Wort Heizung aus dem Lexem „Heiz" und dem **Morphem** (kleinste bedeutungstragende Einheit einer Sprache z. B. ein Buchstabe oder eine Silbe) „ung"; „heizen" aus dem Lexem „heiz" und dem Morphem „en".

→ Linguistik → Phonem O

Libido

S. Freud bezeichnet mit Libido die „Energie der Sexualtriebe", die in der → oralen, → analen und → genitalen Phase in jeweils verschiedenen Erscheinungsformen auftritt. Die Libido ist primär die treibende Kraft für Lustgewinn, sie gilt darüber hinaus aber als allgemein aufbauende Kraft im Dienst der Daseinserhaltung und der Befriedigung auch nicht unmittelbar sexueller Bedürfnisse. Hemmungen und Störungen der Libido können zu neurotischen Verhaltensweisen führen. K

Bigras 1975; Freud 1978; Jung 1952; Nagera 1969

Life-long Learning

Auf Grund der sich rasch ändernden Gegebenheiten und Strukturen in der Gesellschaft und der stets wachsenden Kompliziertheit und eintretenden Wandlungen und Neuerungen in Wirtschaft, Technik und Verwaltung reicht eine verbesserte Schul- und Berufsausbildung in Kindheit und Jugend nicht mehr für das ganze Leben aus. Der Erwachsene ist den sich erweiternden

und verändernden Anforderungen des Lebens nur dann gewachsen, wenn er sein ganzes Leben hinzulernt und zur Einsicht in die Notwendigkeit des life-long learning, des ‚lebenslangen Lernens' gelangt.
→ Weiterbildung → Fortbildung → Erwachsenenbildung O

Limbisches System
ist die Bezeichnung für eine Regung des Großhirns. Nach neuerer Forschung kann die bisherige Annahme verstärkt werden, daß das limbische System auf Grund seiner Verzweigungen zu anderen Hirnregionen der emotionalen Bewertung von Sinneseindrücken dient. Diese können durch das limbische System auf ihren Inhalt in bezug auf das Interesse des Betroffenen oder evtl. auch auf seine Existenzbedrohung hin überprüft und analysiert werden. O
Reykowski 1973

Lineares Programm → Programmierte Instruktion → Lehrprogramm

Linguistik
Als moderne Richtung der Sprachwissenschaft untersucht die Linguistik Sprech- und Sprachvorgänge und die beim Sprechen entstehenden Gebilde z. B. in Form von Wörtern und Sätzen. Sie befaßt sich mit allen gesprochenen Sprachen und Sprachgruppen, mit deren Entwicklung und Aufbau und hat die Aufgabe, Sprachen wissenschaftlich zu betrachten, zu beschreiben, zu analysieren, zu klassifizieren und mit anderen Sprachen oder Sprachgruppen in Vergleich zu setzen.
→ Lexem → Phonem O

Linkshändigkeit
bezeichnet den bevorzugten Gebrauch der linken Hand. Sie ist auf die Dominanz der rechten Hirnhälfte zurückzuführen. Bei Rechtshändern dominiert im Gegensatz dazu die linke Hirnhälfte. In den meisten Fällen ist Linkshändigkeit vererbt, selten ist sie erworben, z. B. durch Hirnhautentzündung. Eine zwangsweise Rechtsdressur von Linkshändern kann zu schweren psychischen Störungen (z. B. Stottern, allgemeine Unsicherheit, → Legasthenie) führen. K
Binas 1974; Gramm 1977; Rett u. a. 1973

Listening-Comprehension Practice
Diese Unterweisungsform erstreckt sich auf ‚Hör-Verstehensübungen', die in erster Linie beim Lernen von Sprachen und mitunter beim Unterrichten von Behindertengruppen angewendet werden. Die Aufnahme der Sprache, bzw. des Lehrstoffes erfolgt nur durch das Ohr. Der Schüler hört zu und versucht zu verstehen, was er hört. Der Versuch einer Übersetzung z. B. aus der Fremdsprache in die Muttersprache wird daher vermieden. Es sind andere Möglichkeiten anzuwenden, die nachprüfen, ob das Gesprochene verstanden wurde, z. B. durch Erklärung von Begriffen, Zusammenhängen oder Beantwortung von Fragen in der jeweiligen Sprache. Als Antwortform

zu den gestellten Fragen wird, wenn diese schriftlich zu bestätigen sind, durchwegs die Multiple-Choice-Answer (→ Multiple-Choice-System), die Mehrfachwahlantwort verwendet. Zu Hör-Verstehensübungen gehören z. B.: Situationsdialog, Erzählung, Geschichte, Quiz, Frage-Antwortspiel.

→ Sprachlabor → Lehrprogramm → Phaseneinheiten   O

Logische Analyse → Analyse

Logopädie
bezeichnet die Theorie und Praxis der Behandlung von Sprachstörungen, z. B. Stottern, Stammeln, Lispeln.

Aschenbrenner 1975; Becker/Sovak 1975; Orthmann 1969; Trübswetter 1973; Weinert 1955; Wurst 1973

→ Aphasie, → Agrammatismus   K

logotrop
bedeutet der Wissenschaft zugewandt. Es wird z. B. vom logotropen Selbstverständnis oder von einem logotropen Lehrerbild gesprochen. Der Gegensatz zu logotrop ist → paidotrop.   O

Lokomotion
und → Kohäsion beruhen auf den beiden Verhaltensmustern → action flexibility und → social sensibility und sind Grundaufgaben der Gruppenführung. Die Lokomotion sieht in diesem Bereich ihre Aufgabe darin, das vorgegebene Ziel mit der Gruppe zu erreichen und beschreibt den sachlichen und innovatorischen Aspekt der Führung.
In der Entwicklungs- und Persönlichkeitspsychologie bedeutet Lokomotion Fortbewegung. Für das Kleinkind ist sie als Eroberung des Umweltraumes von großer Bedeutung (Oerter 1977). Auch jede Veränderung und jeder Wechsel einer Person von einem Lebensraum in einen anderen, von einer Region in eine andere wird als Lokomotion verstanden (Roth 1972). Im allgemeinen geschehen Lokomotionen innerhalb der Umwelt einer Person als reale Lokomotion in Form körperlicher, psychischer, intellektueller, sozialer Zu- oder Abwendungen (Correll 1970). K. Lewin kennt neben den realen auch imaginäre Lokomotionen mit Zwischenstufen. So handelt es sich bei der Anmeldung eines Reiseinteressenten zu einer Studienreise, die er auch durchführt, um eine reale Lokomotion, bei einem, der nur von einer Reise schwärmt und träumt, um eine imaginäre Lokomotion, bei jemandem, der den Plan zum Verreisen faßte und Vorbereitungen getroffen hat, um eine Stufe, die zwischen realer und imaginärer Lokomotion liegt.   O

Lustprinzip → Ich-Es-Überich → Psychoanalyse → Perversion

Macht

ist an → Position oder → Status in einer → Gruppe gebunden. Die Tragweite der Macht wird vor allem durch die Ausprägung der Abhängigkeit der Gruppenmitglieder vom Machtträger und von der Wirksamkeit der Machtmittel (Strafen und Belohnungen) bestimmt, die der Machtträger zur Durchsetzung seines Willens zur Verfügung hat.
Macht und → Autorität sollten sich decken. Machtausübung erscheint um so problematischer, je weniger sie von echter Autorität getragen bzw. legitimiert ist. K

Arendt 1971; Bergstraesser 1965; Clegg 1975; Burckhardt 1972; Guardini 1965; Kipnis 1976; Korda 1976; Luhmann 1975; MacClelland 1975; Massermann 1972; Schneider 1978; Weizsäcker 1978

Macroeinheit → Einheit

Mäeutik

Die auf Sokrates zurückgehende Kunst, durch geschicktes, wohlüberlegtes und gezieltes Fragen die im Lernenden, im Mitmenschen schlummernden, ihm aber vielleicht unbewußten, richtigen Antworten durch Erkenntnisse hervorzuholen bzw. diese durch Zusatzfragen zu entwickeln, bezeichnet man als Mäeutik, als geistige „Hebammenkunst". Die sokratische Unterrichtsstrategie versucht den Schüler durch ein altersgerecht aufbereitetes und in sich abgestimmtes **Fragensystem** zu ermutigen und zu Erfolgserlebnissen zu führen. Sie entspricht in ihren Vorstellung und Zielen der → entwickelnden Lehrform und der modernen Lehre vom → entdeckenden Lernen. O

Magisches Denken → Denken

Makrobiotik

versteht sich als eine Art praktischer Lebensphilosophie, die einen in jeder Hinsicht möglichst natürlichen Lebensstil empfiehlt. Dazu zählt z. B. der biologisch dynamische, naturbelassene (= Vermeidung chemischer Mittel wie Kunstdünger, chemische Schädlingsbekämpfungsmittel) Anbau von Getreide- und Gemüsearten, überwiegend vegetarische, an Zellulose reiche Ernährung und ein ausgeglichener meditativer und kommunikativer Lebensstil. Um der Gefahr des Eiweiß- und Kalziummangels bei einseitig vegetarischer Ernährung entgegenzutreten, raten gemäßigte Vertreter der Makrobiotik zu einer ergänzenden Ernährung durch tierische Produkte, wobei allerdings die biologisch dynamische Ernährung dieser Tiere gewährleistet sein sollte. K

Makroökonomie

betrachtet gesamtwirtschaftliche Größen (z. B. Geldwertprobleme wie Aufwertung oder Abwertung), die sich auf die Volkswirtschaft als Ganzes beziehen.
→ Mikroökonomie O

Manipulation

Makroprojektion
bezeichnet einen Vorgang der → Medientechnik, bei dem Demonstrationsmaterial (z. B. Folien, Karten, Texte, Präparate, Meßskalen, aber auch Lebendmaterial) über eine Fernsehkamera für alle Mitglieder einer Lerngruppe gleichzeitig sichtbar auf den Bildschirm eines Fernsehgerätes übertragen wird. Um eine ruhige Bildführung zu erreichen, wird die Fernsehkamera an einem allseitig verstellbaren Kurbelstativ befestigt. Sie ist ferner mit einem Makroobjekt auszurüsten. Die vergrößernde Projektion von Ausschnitten aus dem Demonstrationsmaterial wird mit Hilfe der Zoom-Einrichtung (Fernsehlupe) bewerkstelligt.
Um den Bereich der **Mikroprojektion** einbeziehen zu können, ist lediglich das Objektiv der Fernsehkamera gegen ein Mikroskop auszutauschen. Auf diese Weise werden Mikropräparate wiederum für alle Mitglieder einer Lerngruppe gleichzeitig zugänglich. Das zeitraubende und die Betrachtung des Objekts nur kurze Zeit ermöglichende Vorbeigehen der Lernenden am Mikroskop entfällt.
Sowohl bei der Makroprojektion als auch bei der Mikroprojektion ist gleichzeitig mit der Übertragung auf das Fernsehgerät eine Aufzeichnung auf Videoband möglich, was den wiederholten Einsatz des Materials vereinfacht.
→ Videowagen K

Manie
Die Manie ist als psychische Krankheit den endogenen → Psychosen einzugliedern. Ihre Ursachen sind weder körperlicher Natur noch lassen sie sich durch traumatische Erlebnisse oder Konflikte erklären. Da sich bei den Patienten neben einer Anzahl von psychischen Symptomen beachtliche Störungen in ihrem Sozialkontakt und Verhalten zu den Mitmenschen zeigt, ist die Manie auch als ein Ergebnis sozialer Faktoren zu betrachten. Sie wird gekennzeichnet durch ein gesteigertes Lebensgefühl, ein plötzliches Hochgefühl, unnatürlich gehobene Stimmung und im Gegensatz zur → Depression durch eine Antriebssteigerung, die das Selbstgefühl erhöht und leicht zur Selbstüberschätzung führt.
Auch affektive und motorische Überregbarkeit, gesteigerte Betriebsamkeit und allgemeine Enthemmung sind Kennzeichen einer Manie.
Nicht selten auftretende Formen der Manie sind Ideenflucht, unrealistisches Verhalten und unkontrolliertes Nachgeben bestimmter Handlungstendenzen. Als Beispiel sei die **Kleptomanie** angeführt, die einen intensiven, überwältigenden, unkontrollierbaren Drang zum Stehlen darstellt. Mit der Manie befassen sich → Psychiatrie und → Sozialpsychiatrie. O
Bräutigam 1969[2]; Kranefeld 1956; Remschmidt 1972

Manipulation
Der Begriff Manipulation ist hier nicht im Sinne der wörtlichen Übersetzung als Hand- oder Kunstgriff zu verstehen, sondern als gezielte Steuerung und Lenkung.
Manipulation als Handhabung und Lenkung ist gegeben, wenn der Mensch

durch geschickt vorgeplante Formen der Beeinflussung als Mittel für von ihm ursprünglich nicht gewollte, fremde, utopische wissenschaftliche, soziale, ideologische oder politische Ziele und Zwecke verwendet und eventuell mißbraucht wird. Im Bildungsbereich ist Vorsicht geboten, daß der Lernende nicht zu ungunsten der Gesellschaft und seiner selbst z. B. durch Erziehungs- und → Lernziele oder durch entsprechende → Reiz/Reaktionsschemata manipuliert wird.

→ Lerntheorie O

Marathon-Training

Im Marathon-Training werden 12 bis 24 Teilnehmer einer konzentrierten → Gruppenerfahrung über eine Zeitspanne von 24 Stunden und länger bei wenig Schlaf ausgesetzt.
Verbale und nonverbale Übungen, die vom Trainer stark strukturierend angeboten und demonstriert werden, wechseln sich ab. Als Schwerpunkt des Trainings wird der ungetarnte Umgang mit → Konflikten, → Aggressionen und Intimität geübt, was bei den Teilnehmern die Bereitschaft zu → Spontaneität, → Empathie und Gefühlsoffenheit voraussetzt oder als Übungsziel vorsieht.

→ Trainingsmethoden, gruppendynamische K

Masochismus

bezeichnet sexuelles Lustgefühl, das empfunden wird, wenn sich jemand selbst Schmerz bereitet oder durch einen Sexualpartner Schmerz z. B. durch Schlagen, Fesseln, Quälen zufügen läßt. Der Begriff wird im übertragenen Sinne auch als Bezeichnung seelischer Quälereien (seelischer Masochismus) verwendet.

→ Perversion O

Masse

Nach Battegay (1971) ist die Masse „eine niedrig organisierte Anhäufung... von Menschen", die durch folgende Merkmale gekennzeichnet ist:
1. „Unbestimmte bzw. große Zahl von Menschen",
2. nur zeitweise und nicht stabile Verbundenheit,
3. gefühlsmäßige und triebhafte Gleichschaltung der Mitglieder,
4. ebenso gefühlsmäßig und triebhaft begründete Übereinstimmung im Handeln,
5. totale → Identifikation der Mitglieder der Masse mit einem Führer oder einem Geschehen (z. B. Fußballspiel),
6. „keine Differenz in einzelne Funktionen mit Ausnahme derjenigen des Führers und der Geführten".

Canetti 1973; Giner 1976; Hofstätter 1976; Lederer 1967; Mitscherlich 1972; Ortega y Gasset 1962; Perroux 1972; Riesman 1956; Willmuth 1976

→ Gruppe, → Menge K

Massenkommunikationsmittel → Massenmedien

Massenmedien

oder Massenkommunikationsmittel sind v. a. dadurch gekennzeichnet, daß sie in der Lage sind, relativ gleichzeitig einer großen Anzahl von Empfängern gleiche Informationen zu übermitteln. Sie dienen der ,,Unterrichtung, der Unterhaltung, der Belehrung, der Werbung, der Beeinflussung oder der Manipulation breiter Empfängerkreise''.
Zu den Massenmedien zählen z. B. Presse, Rundfunk, Fernsehen, Film und Schallplatte. ,,Die Massenmedien unterscheiden sich in dreifacher Hinsicht:
1. durch ihre Technologie und ihr technisches System;
2. durch die daraus folgende Art der → Kommunikation (Lesen, Hören, Sehen, Hören und Sehen);
3. durch ihre raumzeitliche Präsenz (die Zeitung ist zu jeder beliebigen Zeit, aber nicht an jedem beliebigen Ort greifbar; das Fernsehen muß nach einem zeitlich gebundenen Programm innerhalb eines bestimmten Raumes empfangen werden usw.).

Daraus folgt: Der Kommunikator wird seine Aussage immer im Hinblick auf das Medium gestalten, dessen er sich bedienen will; der Kommunikand begegnet jedem Medium in einer spezifischen Erwartungshaltung.'' (Zielinski 1971) K

Agee u. a. 1976; Amiot-Priso 1974; Baacke 1973 und 1974; Berrigan 1977; Böckelmann 1975; Davison u. a. 1976; Fauconnier 1975; Feldmann 1972; Friese 1976; Hoffmann 1976; Holzer 1973; Köck 1975 und 1977; Maletzke 1963, 1975, 1976; McQuail 1973; Menke-Glückert 1978; Silbermann 1973; Wasem 1969

Mastery Learning

kann nicht wörtlich übersetzt werden. Es ist eine durch die amerikanische Instruktionspsychologie entwickelte Vorstellung, das Lehrerverhalten und die Lernorganisation so zu überdenken und zu gestalten, daß etwa 80% bis 90% der Schüler die jeweiligen Lehrziele erreichen. Da die → Ausgangslagen bei Schülern einer neugebildeten Gruppe immer sehr unterschiedlich sind, läßt sich ein durch Lehrziele angestrebtes Kenntnisniveau kaum oder gar nicht erreichen, wenn nicht ein höheres Maß an Differenzierung und Individualisierung vor allem in bezug auf die Dauer der Lernzeit und die → Vermittlungsvariablen in der Schule angeboten wird. Durch die Anwendung der Methode des ,,Mastery Learning'', das eine → personenbezogene Erfolgsmessung und eine → lehr- und lernzielbezogene Ergebnismessung berücksichtigt, verspricht man sich ,,Lernerfolge für alle'' und eine größere Chancengerechtigkeit.

Bloom 1971; Eigler/Straka 1978; Einsiedler 1974; Feldmann 1974; Kunert 1976

→ Chancengleichheit → Eingangskönnen → Eingangsverhalten → Leistung
→ Schulstreß O

Masturbation

Die noch häufig verwendete, veraltete und nicht richtig interpretierte Bezeichnung → Onanie wird synonym zur Masturbation verwendet. Der Begriff Masturbation bedeutet geschlechtliche Selbstbefriedigung. Sie tritt bereits als unbewußte Triebhandlung im Kindesalter auf. Während der → Vorpubertät und → Pubertät ist sie bei fast allen Jungen und auch bei einer großen Zahl der Mädchen zu finden und als ein normales Durchgangsstadium in der Entwicklung des Menschen anzusehen. J. H. Schultz, der Begründer des → Autogenen Trainings, behauptet sogar: ,,Kinder und Jugendliche normaler Art onanieren ausnahmslos, so daß man das wirkliche Fehlen solcher Betätigung in diesen Jahren als ein ernstes Krankheitszeichen ansehen kann" (Schultz 1952). Auf Grund von Forschungsergebnissen steht jedenfalls fest, daß die Masturbation ebenso wenig schädlich ist wie der normale Geschlechtsverkehr. Kinder und Jugendliche, die masturbieren, dürfen deswegen nicht bestraft werden, und die Masturbation sollte ihnen gegenüber von Eltern und Erwachsenen nicht als Laster gebrandmarkt werden. In diesem Zusammenhang führen Verbote und Strafen beim Kind und Pubertierenden zu verhängnisvollen Schuldgefühlen und ziehen verheerende psychische und physische Folgen nach sich. Dem in der Vorpubertät und Pubertätszeit verunsicherten Jugendlichen sollte durch eine Versachlichung dieses Problems, durch entsprechende Aufklärung und Anleitung geholfen werden, den Geschlechtstrieb allmählich zu beherrschen, um ihn schließlich seiner Persönlichkeit einzuordnen. O

Materiale Bildung → Formale Bildung

Mathematisch-naturwissenschaftliches Gymnasium → Gymnasium

Matriarchat
Die matriarchalische Gesellschaftsform gründet sich auf die mutterrechtliche Familie, in der die Kinder als zur Familie der Mutter gehörend betrachtet werden. Der nächste Verwandte der Kinder ist der Bruder der Mutter, der auch von diesen beerbt wird. An der Spitze der **Mutterrechtsfamilie** steht die älteste Familienmutter. Diese Form der Familienorganisation wird aus der Zeit der Promiskuität im Sinne der Ehelosigkeit hergeleitet und ist grundsätzlich nicht mit der Gynäkokratie (Frauenherrschaft) verknüpft. O

Medien
Im weitesten Sinne bezeichnet ein Medium jegliche Quelle der Informationsübermittlung, womit über die Intensität der Absicht bei der Informationsausgabe und ihrer Verwertung durch den Adressaten noch nichts ausgesagt ist. Medien dieser Art sind z. B. auch → Trivial- und Alltagsmedien und → Massenmedien.
Unter einem gezielt auf Lernprozesse gerichteten Medium dagegen haben wir ,,die Quelle der Information für den Adressaten während des didaktischen Informationsumsatzes – im Sinne von Lernsteuerung oder Lernregelung –" zu verstehen (Frank 1969).
Unterrichtlich relevante Medien sind nach einer Übersicht von H. Frank (1971):

Medien

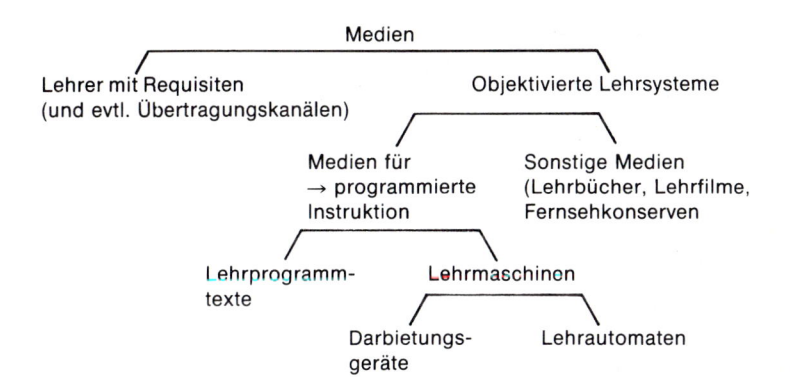

```
                          Medien
              ┌─────────────┴──────────────┐
  Lehrer mit Requisiten          Objektivierte Lehrsysteme
  (und evtl. Übertragungskanälen)    ┌──────┴──────┐
                              Medien für        Sonstige Medien
                           → programmierte    (Lehrbücher, Lehrfilme,
                              Instruktion      Fernsehkonserven)
                           ┌──────┴──────┐
                    Lehrprogramm-      Lehrmaschinen
                       texte         ┌──────┴──────┐
                              Darbietungs-      Lehrautomaten
                                geräte
```

Ambros Brucker (1977) schlägt folgende Einteilung der Medien vor:

Die Medien als Vermittler zwischen der Wirklichkeit und dem Empfänger

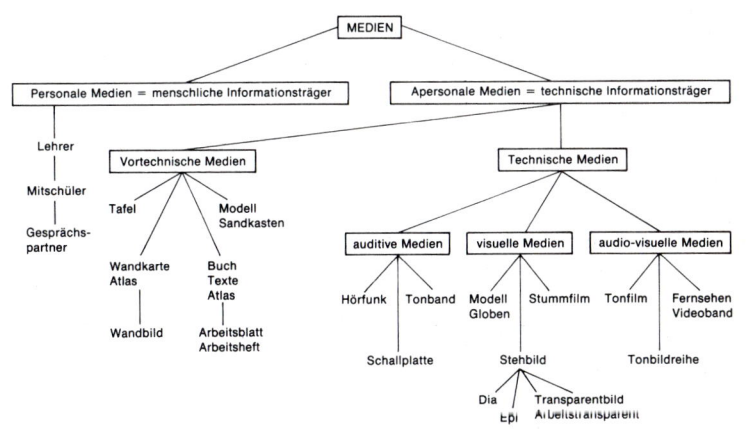

```
                              MEDIEN
                    ┌───────────┴────────────┐
     Personale Medien = menschliche      Apersonale Medien = technische
         Informationsträger                 Informationsträger

  Lehrer                                      Technische Medien
    │      Vortechnische Medien       ┌──────────┼──────────┐
  Mitschüler   ┌───┴────┐
    │        Tafel    Modell                auditive    visuelle    audio-visuelle
  Gesprächs-         Sandkasten              Medien      Medien        Medien
   partner                              ┌──────┴──┐   ┌────┴────┐   ┌────┴────┐
          Wandkarte   Buch            Hörfunk Tonband Modell Stummfilm Tonfilm Fernsehen
          Atlas      Texte                            Globen                    Videoband
                     Atlas
          Wandbild  Arbeitsblatt      Schallplatte  Stehbild        Tonbildreihe
                    Arbeitsheft                   Dia │ Transparentbild
                                                   Epi  Arbeitstransparent
```

Heinrichs 1972; Köck 1975 und 1977[2]; Muth 1974

→ Audio-visuelle Medien, → Mediendidaktik, → Medienerziehung, → Medienforschung, → Medienpädagogik   K

Medien, technische → Medien

Medienauswahl, Kriterien der
Bei der Auswahl eines Medienangebotes für einen Lernprozeß muß überprüft werden, ob und inwieweit es den nachfolgenden Kriterien entspricht:
- Lernzielangemessenheit (→ Lernziel, → Lernzielorientierung, → Lernzielstufen)
- Wissenschaftliche Zuverlässigkeit
- Schülerangepaßtheit
- Objektivierung
- Ökonomieprinzip (→ Lernökonomie, → Unterrichtsökonomie)
- → Differenzierung und → Individualisierung
- Bildungs- und Humangemäßheit
- Mediengemäßheit K

Köck 1977[2] und 1978[3]

Mediendidaktik
kann als eine Sonderform der allgemeinen Didaktik definiert werden. Sie ist zu verstehen als Wissenschaft vom Lernen und Lehren unter dem Aspekt der Organisation von Lernprozessen mit Hilfe technischer Medien auf der Grundlage lernpsychologischer Erkenntnisse. Die jeweilige Lernzielkontrolle dient als Korrektiv und als Beurteilungsmaßstab für die Feststellung der didaktischen Wertigkeit der verwendeten Medien.

Dichanz 1974; Heidt 1977; Issing 1976; Kerstiens 1976; Köck 1977[2]; Ostertag/Spiering 1975; Protzner 1977; Schnitzer 1977; Wasem 1974; Wittern 1975

→ Didaktik, → Medien, → Medienerziehung, → Medienpädagogik K

Medienerziehung
erhält ihre Zielbestimmung von der → Medienpädagogik. Als Ziel wird in der Literatur meist der „kritische Rezipient" genannt. Vordringliche Aufgabe der Medienerziehung ist also die systematische Einübung des Medienkonsumenten in den kritischen Umgang mit dem Medienangebot. Wenn die Medienerziehung eine echte Chance haben soll, muß sie im Sinne eines kontinuierlichen Erziehungsvorganges im frühpädagogischen Bereich einsetzen. Ein → Curriculum der Medienerziehung ist längst überfällig.

→ Medien → Mediendidaktik K

Medienforschung
orientiert sich heute meistens am medienspezifischen Ablauf von Kommunikationsprozessen, also z. B. an folgenden Fragen:
Was leistet ein bestimmtes Medium für einen bestimmten Kommunikationsablauf?
Welche Auswirkungen hat es auf diesen?
Welches → erkenntnisleitende Interesse steht hinter einem bestimmten Medienangebot?
Welche psychologischen Konsequenzen ergeben sich aus einer → Kommunikation über und mit technischen → Medien? usw.

Bisky 1976; Fauconnier 1975; Maletzke 1975; Prokop 1972; Pross 1972; Renckstorf 1977; Schenk 1978

→ Mediendidaktik, → Medienerziehung, → Medienpädagogik K

Medienfrustration

ergibt sich aus der nicht reflektierenden lethargischen Konsumhaltung ebenso wie aus einem ängstlichen Kapitulieren vor medialen Angeboten. Beide Haltungen werden hervorgerufen durch den Anschein des Perfektionismus von Medien im Sinne manipulierenden Besserwissens und durch die Anonymität der Aussage, welche wohl am augenfälligsten den → Massenmedien zu eigen sind. K

Medieninnovation

Medieninnovationen meinen Neuerungen auf dem Markt der → Hardware und auf dem Gebiet des gezielten Medieneinsatzes im öffentlichen wie im privaten, im schulischen wie im außerschulischen Bereich. K

Medienkunde

Gegenstand der Medienkunde ist die systematische Einführung in die Handhabung technischer → Medien, darüber hinaus aber auch der Blick hinter die Kulissen der Produktion von Medienangeboten und die Anleitung zur eigenen Gestaltung von → Software. Die desillusionierende Wirkung des Blicks hinter die Kulissen z. B. eines Fernsehstudios und der produktive Umgang mit Medien (z. B. Fotografie, → schulinternes Fernsehen) leisten einen wesentlichen Beitrag im Rahmen der → Medienerziehung.
→ Mediendidaktik → Medienpädagogik K

Medienpädagogik

„im engeren Sinne bezeichnet . . . die Theorie der Erziehung, die den Menschen zur sachgerechten Teilnahme an der öffentlichen medialen Kommunikation befähigen soll."
Ihre Aufgabenbereiche sind nach Ludwig Kerstiens (1971):
1. Aufarbeitung und Auswertung der „Ergebnisse der Kommunikations- und Medienwissenschaft einerseits und der soziologischen, psychologischen und erziehungswissenschaftlichen, v. a. lerntheoretischen Aussagen über menschliche Kommunikation andererseits".
2. Untersuchung, „unter welchen Bedingungen und in welcher Auswahl das Medienangebot angenommen wird, wie es erlebt wird, wie es auf die Entwicklung des Menschen wirkt und welche Verhaltensänderungen es im kindlichen Leben veranlaßt. Ebenso ist der Erfolg medienpädagogischer Maßnahmen zu prüfen. Bei den Forschungen hat sich gezeigt, daß die Wirkungen und erzieherischen Erfolge nur unvollkommen beschreibbar sind, da sie von zuviel Variablen abhängig und in größere Wirkungskomplexe verwoben sind."
3. Zielbestimmung für die → Medienerziehung
4. Entwicklung einer Didaktik und Methodik des medienkundlichen Unterrichts
5. Die Medienpädagogik muß „die besonderen Probleme reflektieren, die sich aus den medienspezifischen Interpretationsstrukturen und Erlebniswelsen ergeben. Aus diesem Grunde wird es auch weiterhin eine Theorie der Film- und Fernseherziehung geben, obwohl die Entwicklung

in diesen zunächst selbständigen Arbeitsfeldern zur integrierenden Medienpädagogik geführt hat.
6. Einen besonderen Beitrag leistet die Medienpädagogik für die Planung kinder- und jugendgeeigneter Produktionen sowie ihrer eigenen Unterrichtsmittel. Deren eigentliche Gestaltung überschreitet jedoch ihre Möglichkeiten."

Hüther/Knoll 1976

→ Kommunikation, → Medien, → Medienforschung K

Medienschrank → Audiovisuelle Blöcke

Medientechnik

umfaßt das gesamte technische Wissen, das in der Praxis von Sendung und Empfang von Informationen über technische Mittler (auditive, visuelle und auditiv-visuelle) eingesetzt wird, und zwar sowohl bezüglich der Geräte und ihrer Bedienung (z. B. Kamera, Regiepult, Videorecorder, Technik der Informationsübertragung) als auch bezüglich der erzielbaren technischen Effekte.

→ Mediendidaktik, → Medienkunde K

Medienverbundsystem

ist die integrative Kombination verschiedener → Medien und Verfahrensweisen nach didaktischen Prinzipien zur Bewältigung lernzielorientierter Lernprozesse. Der Einsatz verschiedener Medien in einem Lernprozeß ermöglicht die von lernpsychologischen Erkenntnissen und von der jeweiligen Fachdidaktik bestimmte und nachweisbar optimale Zuordnung von Medien zu Teilschritten des Lernproblems. Im Medienverbundsystem ist das didaktische Konzept – durch Testläufe überprüft und revidiert – vorgegeben, wobei in konsequenter Verwirklichung der Lehrobjektivierung einem Medium, evt. auch im Wechsel mit einem anderen, die → Leitfunktion des Lernprozesses übertragen wird. K

Medienzentren

In Medienzentren sind → Medien fächerorientiert oder fächerübergreifend zusammengefaßt. Ein fächerorientiertes Medienzentrum ist z. B. das → Sprachlabor oder der Physik- und Chemiesaal mit seinen Experimentiergeräten. Von fächerübergreifenden Medienzentren ist zu sprechen, wenn in einem oder besser mehreren Räumen alle für einen mediengesteuerten Lernprozeß nötigen und gängigen technischen Mittler konzentriert sind. Bei dieser Anordnung der Medien besteht jederzeit die Möglichkeit, daß etwa Parallelklassen gemeinsam einen Film, eine Diaserie oder eine Fernsehsendung sehen, wobei sich gelegentlich vielleicht auch → Teamteaching und lerngruppenübergreifender Erfahrungsaustausch anschließen können. Eine Steigerung in der Organisation ist möglich, wenn solche Medienzentren in Räumen mit variabler Größe und um eine Zentrale als Steuerungsraum gruppiert sind, eine Lösung, die sich meist nur bei Schulneubauten verwirklichen läßt. Der Vorteil einer solchen Anordnung liegt in dem möglichen schnellen Wechsel der Lerngruppen von Medium zu Medium, wenn nicht alle im selben Raum installiert sind (zweifellos die bessere, aber sehr aufwendige Lösung), und in der Möglichkeit, die Steuerungselemente aller Medien in einem Zentralraum unterzubringen, von dem aus jeder der umliegenden Medienräume mit jedem medialen Angebot versorgt werden kann.

→ Studioraum K

Mediothek

Die Mediothek enthält sämtliche Medienangebote einer Bildungseinrichtung, katalogisiert und jederzeit abrufbereit. Die Mediothek umfaßt also alle gedruckten und nicht gedruckten Medien einer Schule, d. h. → Schülerbücherei, Lehrerbücherei, näherhin nach Unterrichtsfächern geordnete Sachbücher, Atlanten, Zeitschriften, Zeitungen, Dias, Folien, Filme, Experimentier- und Bausätze, Spiele usw. In angeschlossenen Studio- oder Regieräumen bieten Medienträger aller Art die Möglichkeit der vorbereitenden Sichtung einer gelagerten oder auch ausgeliehenen → Software, des Mitschnitts von Rundfunk- und Fernsehsendungen, der eigenen Produktion von Software und der Übertragung von Software in die Klassenzimmer. Alle Medien stehen während der Unterrichtszeit den Lehrenden und Lernenden als Arbeitsmittel zur Verfügung. Zum bloßen Vermittlungseffekt tritt bei diesem Konzept der Mediothek der medienerzieherische Aspekt des selbständigen sachgerechten und themengerechten Umgangs der Lernenden mit Informationen und Informationsträgern. Moderne Mediotheken haben also die Funktion von Informations- und Wissenszentren, von Materialzentren, von Lesezentren und Freizeitzentren (Schulreport 1/1977). Die bereits geplante medientechnische Zukunft in den Schulen wird es angezeigt sein lassen, bei finanziell und technisch derart aufwendigen Systemen die Verbindung von Schule zu Schule zu suchen, um v. a. bei der Anlage der Software-Lager für technische Medien ökonomisch zu verfahren. Darüber hinaus kann in manchen Fällen sogar eine Kombination von Schulbibliothek und öffentlicher Bibliothek angezeigt sein. Beratend beim Aufbau von Mediotheken wirkt u. a. das Projekt „Beratungsstelle für Schulbibliotheken" bei der Arbeitsstelle für das Bibliothekswesen (AfB), Fehrbelliner Platz 3, 1000 Berlin 31.

(Vgl. z. B. Theorie, Organisation und Praxis der Schulbibliothek. Ein Diskussionsbeitrag. Berlin: Deutscher Bibliotheksverband 1975 (AfB-Materialien 14)
„schulbibliothek aktuell". Zeitschrift. Redaktion hat die oben genannte Beratungsstelle.
Institut für Jugendbuchforschung der Universität Frankfurt/Main unter Leitung von Prof. Klaus Doderer: Die moderne Schulbibliothek. Hamburg 1970).

→ Audiothek → Videothek K

Meditation

Die wörtliche Übersetzung des lateinischen meditatio ist Nachdenken; Vorbereitung, Vorübung.
In der therapeutischen und religiösen Praxis umfaßt die Meditation Vorgänge unterschiedlicher Qualität, z. B. das intensive und ungeteilte Betrachten eines wirklichen oder vorgestellten Gegenstandes; das Nachsinnen über

einen Gedanken, eine Lehrmeinung; das: Sich-Versenken in religiöse Gehalte; das Schauen des Person gewordenen Göttlichen; die totale Konzentration auf sich selbst, welche alle Einflüsse von außen ausschaltet. Neben der christlichen Form der Meditation (vor allem in Exerzitien) werden heute bei uns in zunehmendem Maße auch fernöstliche Meditationspraktiken geübt (z. B. solche des Zen-Buddhismus und Yoga-Praktiken).

→ Bildmeditation → Schreibmeditation K

Mehrfachwahlfrage → multiple choice system → Lehrprogramm

Menarche
bezeichnet den Zeitpunkt der ersten Regelblutung beim pubertierenden Mädchen. Sie ereignet sich in unserem Kulturkreis durchschnittlich im 13. Lebensjahr. K

Menge
Nach Battegay (1971) ist eine Menge „eine unorganisierte und zufällige Anhäufung... von Menschen", die durch folgende Merkmale gekennzeichnet ist:
1. „Unbestimmte bzw. große Anzahl von Menschen",
2. „weder gefühlsmäßige noch intellektuelle Verbindung",
3. „Nebeneinander" von Individuen,
4. als Gemeinsamkeit kommt „höchstens etwa ein äußerer Wahrnehmungsgegenstand" in Frage.
→ Gruppe, → Masse K

Meritokratie
bezeichnet die gesellschaftliche Vorherrschaft einer Gruppe von Personen, die sich durch besondere Leistungen und Verdienste für die Gesellschaft ausgezeichnet hat. O

Merkmal
Merkmale beschreiben konkrete, objektiv beobachtbare Verhaltensweisen und Zuständlichkeiten. → Merkmalsystem O

Merkmalsystem
Im Rahmen der systematischen Verhaltensbeobachtung stellen das Merkmalsystem und das → Kategoriensystem Ansätze zur Verhaltensregistrierung dar. Beim Merkmalsystem werden mehrere besondere Verhaltensäußerungen oder Verhaltensmerkmale, die sich während eines begrenzten Beobachtungsablaufes ergeben können, im voraus aufgestellt. Die wirklich auftretenden Merkmale des später ablaufenden Beobachtungsabschnittes werden in ihrer Art und Häufigkeit festgestellt und mit den vorher gedachten und geplanten verglichen und in Beziehung gesetzt.
→ Beobachtung → Merkmal O

Merkmalszuschreibung

Nach K. Mollenhauer (1976[3]) ist die Erziehungswirklichkeit als „System von definierten Situationen" zu bezeichnen mit dem Zweck, sich selbst möglichst unverändert immer wieder zu produzieren. Es ist also m. a. W. die Aufgabe der Erziehungswirklichkeit, die nachwachsende Generation mit Hilfe von überkommenen und genau definierten Verhaltensweisen in erzieherischen → Situationen zur Übereinstimmung mit eben dieser Erziehungswirklichkeit zu bringen. Das Mittel hierzu ist die Merkmalszuschreibung, mit der dem Kind oder Jugendlichen durch Lob/Anerkennung oder Tadel/ Ablehnung angezeigt wird, daß es (er) Merkmale der Übereinstimmung (brav, unauffällig, angepaßt) bzw. der Nichtübereinstimmung (auffällig, unangepaßt, Sand im Getriebe) besitzt. K

Messung

Messen ist nach Campbell die Zuordnung von Zahlen zu Gegenständen oder Ereignissen nach bestimmten Regeln. Auch für die psychologische Messung gelten u. a. die Kriterien der → Reliabilität (Zuverlässigkeit), → Validität (Gültigkeit) und Objektivität. K

Blalock 1974; Campbell 1957; Cicourel 1970; Nippert 1972

Metakommunikation

bezeichnet die → Kommunikation über die Kommunikation, also den Vorgang gemeinsamen Reflektierens zweier oder mehrerer Individuen über Verlauf, Eigenart, Schwierigkeiten der Kommunikation zwischen ihnen. Die Kommunikation selbst wird zum Lerngegenstand. Metakommunikation setzt einen gewissen Grad an Sensitivität (= Gespür, Feinfühligkeit) voraus, der durch gruppendynamische → Trainingsmethoden gesteigert werden kann. Als spezielle Methoden der Metakommunikation haben sich bewährt:
1. Stimmungsbarometer oder Atmosphäretests, worunter informelle Test zur Feststellung der augenblicklichen emotionalen Befindlichkeit kommunizierender Individuen zu verstehen sind.
2. Gelegenheit zum → Feedback in eigenen „Ventilstunden", besser aber als integrierter Bestandteil der Kommunikation selbst. Die schrittweise Einübung der Beteiligten in die → Feedbackregeln ist für eine erfolgreiche Anwendung dieser „Technik" unverzichtbar.
3. Rollenspiele, die Beziehungen und Kommunikationsstrukturen in einer Gruppe bewußt und transparent machen können.
4. Prozeß- und Situationsanalysen, die neben einer allgemeinen Reflexion über Kommunikationsprozesse auch gezielt bestimmte Fragen bearbeiten können,
z. B.
 – Erleben wir uns (die Schüler, die Kollegen) als Rivalen?
 – Sind wir darauf aus, beim Lehrer Punkte zu sammeln?
 – Fühle ich mich unsicher, unterdrückt, gehemmt? Warum?
 – Muß ich mich verstellen, wenn ich das Klaßzimmer/das Lehrerzimmer betrete?
 – Welche Kommunikationsmuster herrschen in unserer Gruppe vor? K

Metapher
ist ein bildhafter Ausdruck mit übertragener Bedeutung, der durch einen Vergleich zustande kommt. Der Metapher bedienen sich z. B. Metapherfragen zur Situationsanalyse in einer Lerngruppe: Lehrer sind wie...; unsere Gruppe erscheint mir wie... usw. K

Metaunterricht
als besondere Form der → Metakommunikation bezeichnet das reflektierende Gespräch der Lehrenden und Lernenden zusammen über Zielsetzungen, Inhalte, Methoden und Normen des erlebten Unterrichts und des Schulbetriebes überhaupt. Bei der Verwirklichung des Metaunterrichts muß das berechtigte Interesse der Lernenden berücksichtigt werden, daß hier Reflexion nicht um ihrer selbst willen, sondern mit der Möglichkeit der Veränderung von Schulwirklichkeit betrieben wird.
→ Schülerorientierter Unterricht K

Methode
Der Begriff Methode wird in allen Wissenschaftsbereichen verwendet und dient zur Bezeichnung kunstgemäßer, geregelter Verfahren, erprobter, durchdachter Forschungs-, Untersuchungs-, Behandlungs- und Herstellungsweisen, geplanten Vorgehens und zielgerecht ausgerichteter Unterrichtsverfahren. Die Methoden des Unterrichts sind Verfahrensweisen zur Ausrichtung und Planung von unterrichtlichen → Lernprozessen, auf die bei → Unterrichtsmethoden hingewiesen wird.
Im Bereich der Pädagogischen → Verhaltenspsychologie unterscheidet Correll drei verschiedene Untersuchungspläne: das → Experiment, die Gruppenuntersuchung und die → Fallstudie.
In der → Psychologie gehören zu den bedeutendsten Methoden z. B. die Verhaltensbeobachtung, das Experiment, Testverfahren und diagnostische Verfahren.
→ Beobachtung → Lehrverfahren → Unterricht → Gruppe → Test O

Methode der Komplexanwendung → Sprachlabor

Methode der Partialanwendung → Sprachlabor

Methode der Reformbewegung → Fremdsprachenmethodik

Methode der unmittelbaren Verknüpfung → Fremdsprachenunterricht

Methodenkonzeptionen des Unterrichts
werden grundsätzliche methodische Entscheidungen genannt, die eine ganze Unterrichtsstunde oder einen Lehrgang bestimmen. Die Berliner Schule (→ Lerntheoretische Didaktik) unterscheidet vier Arten von Methodenkonzeptionen des Unterrichts:
„1. **Ganzheitlich-analytische Verfahren** gehen von einem (oft diffusen) Gesamteindruck aus, von einem Filmerlebnis z. B. oder von einer Ex-

kursion der Klasse, um ihn in seinen Aspekten zu klären und so zu einem präzisierten und differenzierten Gesamtbild zu verhelfen.
2. **Elementenhaft-synthetische Verfahren** bauen aus Wissenselementen Wissenszusammenhänge auf, wie eine umstrittene Leselernmethode aus Buchstaben Worte und schließlich Sätze zusammenfügen läßt.
3. **Projektverfahren** gehen... von Zielsetzungen aus, die auf Schülerinitiative zurückgehen oder jedenfalls nicht allein auf Lehrerinitiative, und suchen sie in gemeinsamer Arbeit zu planen, arbeitsteilig zu lösen und dann der Kritik zu unterwerfen. Als Projektziel wird in der Regel nur ein „Werk" anerkannt, die Objektivierung des Lernfortschritts in einer Theateraufführung z. B., in einer Ausstellung, in einem selbstgebauten Fahrradschuppen, einer Reiseplanung, dem renovierten Klassenraum.
4. Ein **fachgruppenspezifisches Verfahren** mit Konzeptionscharakter ist etwa die Direkte Methode im Unterricht der neueren Fremdsprachen." K

Heimann/Otto/Schulz 1975

Methodenpluralismus → Pluralismus

Methodik

beinhaltet als Sammelbegriff die → Unterrichtsmethoden, die anzuwendenden → Lehrverfahren. Sie befaßt sich mit → Medien, den → Lehr-, Lern- und Arbeitsmitteln und den Organisationsformen der Unterrichtsgestaltung.
→ Didaktik → Fremdsprachenmethodik → Sprachlabor → Unterricht → Unterrichtsformen → Unterrichtsmethodik O

Microeinheit → Einheit

Microfiche → **Mikrofiche**

Microteaching

Das Microteaching bereitet als intensives Trainingsverfahren auf eine zweckmäßige, schülergerechte Unterrichtserteilung vor und dient der Überprüfung lehrer- und schülereigener Verhaltensweisen während des unterrichtlichen Geschehens. Es befaßt sich mit Lehr- und Lernsituationen, die auf Videoband aufgezeichnet werden und je nach durchzuführender Aufgabe und vorgegebenem Ziel 5 bis höchstens 20 Minuten dauern können. Die jeweils betroffene Schülergruppe sollte entsprechend der Länge und dem Zweck der Lehr- und Lerneinheit nicht weniger als vier und nicht mehr als 10 Schüler umfassen.
Das Microteaching trainiert nicht nur einfache ‚teaching skills', Unterrichtstechniken, einzelne Handlungstechniken und die Verbesserung einzelner Verhaltensweisen in Kleinstgruppen durch Nachahmen von Teilbereichen in stark verkürzten Unterrichtseinheiten. Es schließt an diese Phasen vielmehr Lehr- und Lerneinheiten an, die der Beobachtung sich aneinanderreihender, zusammengehörender Lehrerverhaltensweisen unter Einbeziehung der durch die Curricula geforderten Zielvorstellungen dienen.
In der letzten Phase des eine längere Einheit umfassenden Microteachings

sind unter Berücksichtigung curricularer Gegebenheiten genaue Überlegungen anzustellen über:
- die Zusammensetzung des zu lehrenden Adressatenkreises,
- die vorgesehenen Lernziele,
- die Stoffinhalte, die für das Erreichen der Lernziele von Bedeutung sind,
- Methoden, die anzuwenden sind, um das Lernziel zu erreichen, unter Überprüfung eines schüler- und stoffgerechten Medienverbunds,
- Möglichkeiten der Evaluation in Verbindung mit Vertiefung und Messung des Lehr- und Lernerfolgs mit objektivierten Verfahren.

Nach der Videobandaufzeichnung eines Erstversuchs diskutiert und beurteilt die Trainingsgruppe nach vorher aufgestellten Kriterien die Verhaltensweisen des Lehrenden, der als Gruppenmitglied mit seinem eigenen Lehrverhalten konfrontiert wird. Die Gruppe kann in der Diskussion Alternativen entwickeln oder auch für einen Zweitversuch plädieren, der mit dem ersten in Vergleich gesetzt wird.

Richtig angewendetes Microteaching kann ein hervorragendes Instrument sein zur Selbstbeobachtung und Selbstbeurteilung des Lehrers, zum besseren Kennenlernen der Schüler und zur erfolgreicheren und gezielteren Stoffvermittlung. O

Migration
heißt wörtlich Wanderung.
Die Migrationstheorie von F. Ratzel (†1904) beschäftigt sich mit dem Nachweis der Wanderung von Kulturen oder einzelnen Kulturelementen zwischen den Völkern. Gerade die heutigentags hohe Mobilität zwischen Völkern und Bevölkerungsgruppen bringt zwangsläufig bedeutungsvolle Veränderungen im jeweiligen kulturellen Bestand (z. B. Brauchtum) mit sich. K

Mikrofiche
Texte, Daten, Dokumente, Bilder usw. werden nicht nur in kleinster Form auf Mikrofilmen in Rollen gespeichert, sondern auch auf Filmblättern, die eine beachtlich umfangreiche Anzahl von verkleinerten Daten neben- und untereinander aufnehmen können. Solche Filmbänder werden als **Fiches** oder **Mikrofiches** bezeichnet. So werden z. B. besonders für Archive und Großbüchereien sog. COM-Kataloge (COM → Computer-output microfilm) in postkartengroßen Fiches erstellt, die 50 000 und mehr Titel oder Hinweise beinhalten. O

Mikrofiche-Betrachtungsgerät
Es dient dazu, auf Mikrofilmen, Mikrostrips oder Mikrochips (zerschnittene Filme bzw. Filmschnitte) und auf → Fiches oder → Mikrofiches festgehaltene Texte, Übersichten, Gliederungen, Dokumente oder Bilder, die stark verkleinert und auf verhältnismäßig kleinem Raum untergebracht sind, rasch und sicher aufzufinden und lesen zu können.
Mikrofiche-Geräte werden z. B. eingesetzt im Bereich der Fahndung, im Bibliothekswesen und bei Banken.

Neben einfachen Betrachtungsgeräten ermöglichen die für besondere Zwecke erstellten Mikrofiche-Geräte das Ablichten, das Duplieren und auch die umgehende Anfertigung von Reproduktionen der aus dem Mikrofilm oder Mikrofiche heraus abgelichteten Unterlagen oder Dokumente, sogar in Original. O

Löbel/Müller/Schmid 1969[4]

Mikroökonomie

untersucht Zusammenhänge von Größen (z. B. Anzahl der Beschäftigten, Betriebsmittel, Produktwerbung), die sich auf die einzelnen Unternehmungen, Betriebe und Haushalte beziehen.

→ Makroökonomie O

Mikroprojektion → Makroprojektion

Mikrozensus → Zensus

Milieu

Als Milieu gilt der Teil der Umwelt eines Individuums, der auf dessen Entwicklung, Verhalten, Lebensführung unmittelbar und mittelbar Einfluß nimmt.

Die Milieutheorie vertritt im Gegensatz zur Vererbungstheorie den Standpunkt, daß die Umweltgegebenheiten ausschließlich oder zumindest überwiegend über Lernprozesse die Entwicklung des Menschen bestimmen.

Unter pädagogischer Sicht werden fünf Arten des Milieus unterschieden:

1. Reales Milieu: Es ist die jeweilige, sich stets ändernde Umgebung, die sich durch Ortswechsel des einzelnen ergibt. Es ist immer vorhanden, z. B. Landschaft, Schulzimmer.
2. Geistiges Milieu: Es ist im Kulturstand der Familie begründet und dehnt sich auf die im Laufe der Zeit in dieses Milieu einbezogenen kulturellen Objekte und Einrichtungen aus, z. B. Lexika, Bücher, Schule, Museen.
3. Persönliches Milieu: Hierfür ist die Abstammung ausschlaggebend, z. B. Kind aus Künstlerfamilie, Fabriksiedlung, Beruf der Eltern.
4. Soziales Milieu: Es umfaßt den gesamten Sozialraum, die umgebende Gemeinschaft des einzelnen in seinen Verhaltensarten, z. B. Leben in der Familie, in der Gruppe, in der Land- oder Stadtschule.
5. Wirtschaftliches Milieu: Es nimmt bezug auf die Lebensmöglichkeit auf Grund materieller Mittel und deren Einsatz für das Leben und kann schichtenbezogen sein, z. B. Mittelstandskinder, Beamtenkinder.

→ Präformationstheorie → Tabula-rasa-Theorie OK

Milieusoziogramm

bezeichnet ein von O. Engelmayer (1972[b]) konzipiertes Hilfsmittel zur Erfassung und Analyse von Umweltfaktoren, die sich nachweislich belastend auf Leistung und Verhalten der Schüler auswirken. Für die Datenerhebung bei den einzelnen Schülern schlägt Engelmayer folgenden Merkmalskatalog vor:

„1. Gestörte Familie
Defektformen: a) Verwaisung (vater-, mutterwais); b) uneheliches Kind; c) ‚Scheidungswaise'
Ersatzformen: d) Stief- und Adoptionsverhältnis; e) Großelternerziehung; f) Pflegekind; g) Heimerziehung
Auflösungsformen (Beurteilung nach Schätzung: unauffällig – erkennbare Mängel – ausgesprochen ungünstig: h) unordentliche Familie; loser Zusammenhalt, ‚Onkelehe'; i) unharmonische Ehe; k) Entfamilisierung eines Elternteiles
2. Abnorme Familienstruktur: a) Einkindfamilie; b) Großfamilie (mit mehr als 4 Kindern)

Geschwisterposition:

1	2	3	4	5	6	7	8
m	w	m	m				

zu lesen: 3. Kind (m) unter 4 Kindern
(3 Jungen, 1 Mädchen)

3. Berufs- bzw. Arbeitsverhältnisse der Eltern: a) Vater arbeitslos oder dauernd arbeitsunfähig; b) ganztägige Berufstätigkeit der Mutter
4. Abnorme Wirtschaftslage (nach Schätzurteilen: unauffällig – erkennbare Schwierigkeiten – betont ungünstig: a) Armutssituation; b) Wohnarmut (Wohnenge: Zahl der Personen zur Zahl der Räume; Wohnhygiene, Barackenwohnung, Kellerwohnung); c) Mitsorge und Mitverdienen der Kinder
5. Abnormes Erziehungsmilieu (nach Schätzung: unauffällig – erkennbare Mängel – betont ungünstig: a) Überbehütung, Verwöhnung; b) verhärtende Erziehung, Strafpraxis! c) ungemäße Erziehung, autoritäre Forderungspädagogik; d) Erziehungswirrwarr (inkonsequente Erziehung: ‚Wechselbad'); e) Erziehungsunfähigkeit, Schulfeindlichkeit; f) anregungslose Umwelt, Sich-Überlassensein
6. Pflegestand, Vernachlässigung (nach Schätzung: unauffällig – erkennbare Mängel – betont ungünstig: a) Körper-, Kleiderunsauberkeit; b) allgemeine Versorgung (Kleider – Ernährung u. a.); c) Versorgung mit Schulbedarf."

Die Zusammenstellung der Einzelergebnisse ergibt „die soziographische Karte der Klasse", z. B. folgende:

Milieusoziogramm

Die soziographische Karte der Klasse (SK 1)

Klasse 4–8 in O. Klaßlehrer
Schülerzahl: 33 (Mädchen 18, Jungen 15)
Wann aufgenommen? 15. Mai 1954

$BIQ = \frac{31}{33} = 0,94$

Mittlere Häufung der Symptome (MH):

$MH = \frac{88}{31} = 2,8$

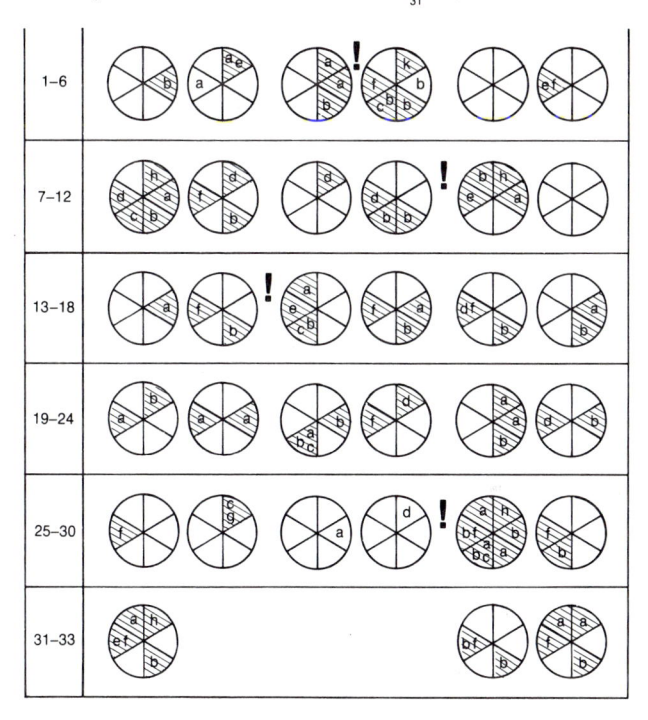

Zeile	
1–6	
7–12	
13–18	
19–24	
25–30	
31–33	

SCHLÜSSEL

Die Zahlen in den 6 Sektoren beziehen sich auf die 6 Merkmalsgruppen des Stichwortkatalogs

Sozialer Status der Eltern (nach der Berufszugehörigkeit)

Sozialschicht	Zahl der Schüler	%
O_1	–	–
O_2	–	–
o. Mi	6	18
u. Mi	16	49
U	11	33
	33	100

Das Ausrufezeichen bedeutet Auffälligkeit unter erschwerenden Umständen

Durch Anordnung der Einzelergebnisse auf konzentrischen Kreisen kann die Milieuerhebung mit evtl. Ergebnissen aus einem → Soziogramm kombiniert werden.　　　　　　　　　　　　　　　　　　K

Milieutheorie → Milieu

Mimicry – Memorization Practice
Diese Form des Lernens befaßt sich mit dem Einprägen von Unterrichtsstoffen durch Nachsprechen in → Lehrprogrammen, die durchwegs für das → Sprachlabor erstellt sind. In der Anzahl der Wiederholungen, der Phaseneinheiten und in seinem Aufbau ist das Programm auf das jeweilige Schüleralter abzustellen. Außerdem ist zu beachten, ob Lehrstoffe aufbereitet werden, die bekannt sind, die in ein → Begleitprogramm gefaßt als Ergänzung zum normal ablaufenden Unterricht dienen oder ob es sich um vollkommen neue Lehrstoffe handelt, die der Schüler zu erfassen hat. Die Sätze sind grundsätzlich kurz zu halten und in der Fremdsprache in geeignete Sprechtakte aufzugliedern. Längere Sätze fremdsprachlicher Texte werden nach der Mimicry-Memorization Practice in sinnvollen Abschnitten von sog. ‚wachsender Länge' im Rahmen des Programms dargestellt. Einfaches Beispiel: Yesterday we went to the beach but then it began to rain. 1. Schritt – Aufgliederung vom Satzende her: It began to rain. 2. Schritt: Then it began to rain. 3. Schritt: But then it began to rain. 4. Schritt: We went to the beach but then it began to rain. 5. Schritt: Yesterday we went to the beach but then it began to rain.
→ Phaseneinheiten O

Mimikry
bezeichnet bei wehrlosen bzw. unterlegenen Tieren die Tarnung durch Farbe oder Zeichnung bzw. die Nachahmung bedrohender Verhaltensweisen, um lebensgefährdende Tierarten abzuschrecken. K

Minderwertigkeitskomplex
Ein Minderwertigkeitskomplex ergibt sich als fixierter tatsächlicher oder eingebildeter Tatbestand aus einem andauernden, bedrohlichen, durch die Vernunft nicht mehr kontrollierbaren Minderwertigkeits**gefühl**. Dieses läßt eigene Minderwertigkeit im Vergleich zu einer bestimmten → Norm erleben, z. B. aufgrund von Behinderung, normabweichenden Verhaltensweisen, vermeintlichen Schönheitsdefiziten, Imagekrisen, Unzufriedenheit mit einer bestimmten Position oder auch mit der eigenen Persönlichkeitsausformung. In der Schule sind Minderwertigkeitskomplexe oft durch gehäufte Mißerfolge verursacht, die zu resignierender Mißerfolgsängstlichkeit bei den betroffenen Kindern führen können. Auch Ironie, Herabsetzung, dauernde Nichtbeachtung, ein übertriebenes Ausspielen des Autoritätsgefälles leisten der Entwicklung von Minderwertigkeitskomplexen Vorschub.
Brachfeld 1953; Meyer 1932; Zeddies 1941
→ Aversiver Stimulus, → Komplex K

Mindeststudiendauer (Mindeststudienzeit)
Sie ist die Zeitdauer, die aufgrund empirischer Untersuchungen in bezug auf zu studierende abgegrenzte wissenschaftliche Fachbereiche als Mindestzeit festgelegt wird, während der ein fachwissenschaftlicher Studiengang an

einer Universität, Hochschule oder anderen entsprechenden Ausbildungsinstitution abgeschlossen werden kann. In der Lehrerbildung ist die Mindeststudiendauer in engster Verbindung mit einer stufenbezogenen Ausbildung, dem ‚Studium eines Faches' und dem ‚vertieften Studium eines Faches' zu sehen. Das ‚Studium eines Faches' vermittelt die Befähigung zur Unterrichtserteilung bis zur Sekundarstufe I, das ‚vertiefte Studium eines Faches' berechtigt zur Unterrichtserteilung in der → Sekundarstufe II, da es ein weitreicheneres und vertieftes Fachwissen für das 1. Staatsexamen verlangt. Die ‚Mindeststudiendauer' ist auf Grund der zu bewältigenden stofflichen Inhalte unterschiedlich anzusetzen. In mehreren Bundesländern hat man sich deswegen für sog. ‚abgestufte Mindeststudienzeiten' im Rahmen einer differenzierten → Lehrerbildung ausgesprochen. So werden für die Lehrämter der → Primarstufe und → Sekundarstufe I ‚Mindeststudienzeiten' von 6 Semestern, für das Lehramt der Sekundarstufe II und die erweiterten Lehrämter der Primarstufe und Sekundarstufe I von 8 Semestern und für das erweiterte Lehramt der Sekundarstufe II von 10 Semestern vorgesehen.

→ Lehrerausbildung O

Mitbestimmung

Mitglieder eines demokratischen, sozialen Systems erörtern die Ziele ihres Handelns, Wege und Mittel, mit denen sie die von ihnen gesetzten Ziele erreichen könnten. Mitbestimmung bezeichnet nach Franz Wellendorf „den Inbegriff aller Handlungen, durch die die Mitglieder eines sozialen Systems Einfluß auf die Ziele ihres Handelns und die Bedingungen ihrer Realisierung nehmen". Im Bereich der Schule bestehen Möglichkeiten der Mitbestimmung z. B. durch den → Elternbeirat, → die Schülermitverantwortung und das → Schulforum. O

Mittelbarer Schluß → Schluß

Mittlerer Bildungsabschluß

Ein mittlerer Bildungsabschluß kann im allgemeinbildenden Schulwesen und im berufsbezogenen Bildungswesen erworben werden und bietet die Möglichkeit zum Besuch einer auf der 10. Klasse aufbauenden weiterführenden Schule oder der Oberstufe des Gymnasiums. Mittlerer Bildungsabschluß steht als umfassender Ausdruck anstelle von Begriffen wie mittlerer Schulabschluß, Wirtschaftsschulabschluß, Realschulabschluß, sog. Mittlere Reife, Oberstufenreife, → Fachschulreife.
Mittlere Bildungsabschlüsse im allgemeinbildenden Schulwesen werden z. B. erworben an Realschulen und Gymnasien. Die sog. Oberstufenreife beinhaltet die sog. Mittlere Reife und zusätzlich eine zweite Fremdsprache, womit sie zum direkten Eintritt in die 11. Klasse eines Gymnasiums berechtigt. Im berufsbezogenen Bildungswesen können Mittlere Bildungsabschlüsse z. B. erreicht werden an Berufsfachschulen, Abendrealschulen, Berufsaufbauschulen, wobei durch → Fachschulreifeprüfung wiederum die sog. Mittlere Reife voll einschließt und den direkten Zugang zu → Berufsoberschulen, → Kollegs, → Fach- und → Berufsakademien und zur 2. Klasse (12. Jahrgangsstufe) der → Fachoberschule ermöglicht. O

Mittlere Reife → **Mittlerer Bildungsabschluß**

Mittlerer Schulabschluß → **Mittlerer Bildungsabschluß**

Mneme
bezeichnet Gedächtnis und Erinnerung und bezieht sich sowohl auf erworbene Eigenschaften und Fähigkeiten als auch auf die durch → Engramme vererbten.
→ Mnemotechnik   O

Mnemotechnics → **Mnemotechnik**

Mnemotechnik
bietet assoziative Merkstützen in Form von Buchstaben, Zahlen, Bildern, Versen, Reimen und anderen Hilfsmitteln an, um ein dauerhafteres → Einprägen von schwer merkbaren Stoffen zu erleichtern und die → Reproduktion von Gelerntem zu sichern.
Beispiele: Zunehmender Mond – Mondsichel nach rechts gewölbt – Merkbuchstabe $\mathfrak{z}$, Abnehmender Mond – Mondsichel nach links gewölbt – Merkbuchstabe α;
Folge der Adverbien im Englischen (Art und Weise, Grund, Ort, Zeit) – Merkkombination AGOZ.
Lochner 1964; Müller-Freienfels 1941; Kröber 1950
→ Engramm → Mneme   O

Mobilisierender Streßeffekt
→ Schulstreß → Streß

Mobilität, soziale
Es werden zwei Formen sozialer Mobilität unterschieden:
1. Die **vertikale soziale Mobilität** bezieht sich auf den Auf- bzw. Abstieg innerhalb einer Generation bzw. über mehrere Generationen, und zwar im Hinblick auf schichtspezifische Berufsgruppen. Sie wird wesentlich beeinflußt von der Schichtzugehörigkeit, den ökonomischen Möglichkeiten, den Bildungschancen.
2. Die **horizontale soziale Mobilität** bezeichnet den Berufswechsel ohne nennenswerte Veränderung der benötigten Fähigkeiten, wie er z. B. bei ungelernten Arbeitern sehr häufig ist.
In der modernen hochindustrialisierten Gesellschaft dürfte die horizontale soziale Mobilität auch bei Fachkräften häufiger nötig werden, da bestimmte Berufe in kürzester Zeit überflüssig werden können bzw. in weit geringerem Maße als bisher gefragt sein können.   K

Modell
Der Begriff Modell wird in verwirrend unterschiedlicher Bedeutung verwendet: So sprechen wir von einem Fotomodell, einem Modellkleid, einem Modellflugzeug, vom Modell des Malers und einem Modell als Vorbild.

Das Modellflugzeug trifft den Sachverhalt des **ikonischen** (Ikon = Bild, Abbild) **Modells,** welches Wirklichkeit (meist maßstabsgerecht) kopiert. Das **Analogiemodell** dient zur Erklärung eines gänzlich oder teilweise unerforschten Gegenstandsbereichs durch die Gesetzmäßigkeiten eines erforschten Gegenstandsbereichs, wobei gleiche Aufbaugesetze unterstellt werden.
Verbale und graphische Modelle werden zur Darstellung oder Veranschaulichung von Erkenntniszusammenhängen und Theorien verwendet. Im graphischen Modell kommt es im Unterschied zum ikonischen Modell nicht auf objekttreue Darstellung an, sondern auf die Herausarbeitung wesentlicher Strukturen und Zusammenhänge (vgl. Kommunikationsmodell bei → Kommunikation).
Beim **Gedankenmodell bzw. theoretischen oder mathematischen Modell** handelt es sich um Theorien, von denen man weiß, daß sie die Verhältnisse in der Wirklichkeit nicht voll treffen, also auch nur für annähernde, vorläufige Erklärungen brauchbar sind bzw. im Fall der mathematischen Modelle einen vereinfachten (weil formelhaften) Umgang mit der Wirklichkeit gestatten. K
Stegmüller 1969

Modellkindergarten

In einem Modellkindergarten werden didaktische Konzepte der → Elementarerziehung meist mit finanzieller Unterstützung von seiten des Staates und unter wissenschaftlicher Betreuung erprobt. Hauptprobleme der Erprobung sind altersgemäß geeignete kompensatorische Maßnahmen zur Behebung von Verhaltens- und Lerndefiziten der Kinder und Maßnahmen zur Vorbereitung der Kinder auf einen bruchlosen Übergang vom Elementarbereich in die Grundschule. Der Modellkindergarten bewahrt seine organisatorische Eigenständigkeit gegenüber der Schule. In den Modellgruppen sind altersgemischt 3–6jährige Kinder zusammengefaßt, die mit kindergartenspezifischen Methoden des spielerischen Lernens gefördert werden. Die Verfechter einer gezielten Förderung der Fünf- und Sechsjährigen im Elementarbereich weisen vor allem auf die Chancen des Modell-Lernens für die Drei- und Vierjährigen und auf den entwicklungspsychologisch angeratenen Aufschub einer verfrühten Förderung der Fünf- und Sechsjährigen mit spezifisch schulischen Methoden hin. Ein Gelingen der beschriebenen Förderung setzt eine gründliche Ausbildung der Erzieherinnen in der Didaktik der Elementarerziehung voraus.
→ Eingangsstufe → Kindergarten → Vorschule K

Modell-Lernen

Beim Lernen am Modell ahmt der Lernende aufgrund der Beobachtung eines Vorbildes Verhaltensweisen desselben bewußt oder unbewußt nach (Imitation) und macht sie sich zu eigen. Die Auswirkungen des Modell-Lernens dürfen gerade im schulischen Bereich nicht unterschätzt werden. Der Verhaltensaufbau über das Modell-Lernen orientiert sich gleicherweise an Verhaltensweisen der Eltern, der Mitschüler und des Lehrenden wie an symbolischen Vorbildern (Vorbilder aus Lektüre, Film, Fernsehen). Im Rollenspiel lassen Kinder erkennen, welche Modelle sie gerade in besonderer Weise anziehen. Da Nachahmung (Imitation) nicht angeboren ist, sondern erlernt wird, können das Nachahmungsverhalten und damit das Modell-Lernen auch durch direkte (Belohnung) oder stellvertretende (eine andere beobachtbare Person wird für bestimmte Verhaltensweisen belohnt) → Verstärkung gefördert werden. K

Zumkley-Münkel 1976

Modellversuch → Pilotprojekt

Moderation

Der Begriff der Moderation bedeutet ursprünglich Mäßigung und wird heute im Sinne der Gesprächsführung und verbalen Überleitung von Gesprächssequenzen zu Darbietungssequenzen wie Film, Vortrag usw. verwendet. Vor allem im Bereich des Rundfunks und Fernsehens tritt der Ausdruck häufig auf, wobei man hier unter Moderation versteht, eine Sendung mit entsprechend passenden einleitenden, verbindenden, den Ablauf der Sendung ergänzenden und erklärenden Worten zu versehen.

→ Moderator O

Moderator

Im Unterhaltungs- und Bildungsbereich wird derjenige, der in einer Veranstaltung oder in einer Sendung über Rundfunk und Fernsehen vorgegebene Informationen oder geplante Programmabläufe darbietet, erläutert bzw. interpretiert, als Moderator bezeichnet.

→ Moderation O

Modifikation

bedeutet Abwandlung, Abänderung, Umstellung und Einschränkung. Sie bezieht sich speziell auf die durch äußere Faktoren bedingte nichterbliche Änderung bei Lebewesen und Pflanzen. O

Modul → Baukastensystem → Modultraining

Modultraining

Es bietet in der → Erwachsenenbildung und in der organisierten → Weiter- und → Fortbildung, insbesondere im beruflichen Bereich einzelne aufeinander aufbauende Lehrgänge und Kurse an, die Zwischenabschlüsse ermöglichen und mit ihrem Abschlußlehrgang zu einem Zertifikat führen. Die häufig in Form eines gestuften Kompaktstudiums angebotenen Einzellehrgänge werden als Moduln bezeichnet und sind grundsätzlich miteinander kombinierbar im Rahmen eines geplanten → Baukastensystems.

→ Kontaktstudium O

Monogamie

bezeichnet die religiös verankerte und/oder rechtlich gesicherte Einehe. Im Gegensatz dazu bedeutet **Polygamie** die Lebensform der Vielehe, die auch heute noch gelegentlich in extrem patriarchalisch (= vaterrechtlich) organisierten Gesellschaften vor allem in der Form der Vielweiberei (= **Polygynie**) praktiziert wird.

Polyandrie heißt wörtlich übersetzt Vielmännerei, in eheähnlicher Form in einigen wenigen extrem matriarchalisch (= mutterrechtlich) organisierten Gesellschaften, v. a. Naturvölkern, vollzogen. K

Mongolismus

auch Down-Syndrom nach M. Langdon-Down genannt, stellt eine → Trisomie des autosomen Chromosoms 21 dar. Normalerweise besitzt der Mensch 22 Autosomenpaare und 2 Geschlechtschromosomen (XX oder XY). Mongolismus tritt gehäuft bei Kindern älterer Mütter aufgrund der Überalterung der Eizellen auf. Das äußere Erscheinungsbild des Mongoloiden ist durch breites Gesicht, schräg gestellte Augen und schmale Lidspalten, stumpfe Finger, einen meist offenen Mund und verstärkten Speichelfluß gekennzeichnet. Die geistige Entwicklung bleibt etwa auf der Stufe eines 7jährigen Kindes stehen. Mongoloide sind meist sehr anhänglich. Durch frühzeitig eingeleitete sonderpädagogische Maßnahmen können sie durchaus im Bereich lebenspraktischer Tätigkeiten mit Erfolg gefördert werden.

Gustavson 1964; Koch/Cruz 1975; König 1959; Rett 1977; Wolff 1964; Wunderlich 1970

→ Chromosomen → Genommutation K

Monolog

Unter Monolog ist im allgemeinen ein von einer Person geführtes längeres Selbstgespräch zu verstehen. Unterschieden werden vier Monologarten:
- der Gebärden- oder innere Monolog
- der Gedanken- oder reflektierende Monolog
- der epische oder erzählende bzw. beschreibende Monolog
- der Konfliktmonolog.

→ Dialogisches Verfahren → Monologischer Unterricht O

Monologischer Unterricht

Die monologische ›Lehrform kann lehrer-, schüler- oder mediengeleitet sein. Steuerung, Aktivität, Methode und Stoffvermittlung liegen damit vorwiegend entweder beim Lehrenden (Vorlesung), beim Lernenden (Schülervortrag) oder beim Medium (Lehrprogramm im Sprachlabor).

→ Unterricht → Frontalunterricht → Monolog O

Moro-Klammerreflex

heißt ein Primitivreflex beim Säugling, der bei plötzlichen lauten Geräuschen und starken Erschütterungen klammerartige Bewegungen mit Armen und Beinen ausführt.

→ Darwinsche Reflexe → Palma-Reflex K

Morphem → Lexem

Motiv
bedeutet Beweggrund, Antriebselement, Leitgedanke für ein Wollen, ein Handeln, ein Ablaufgeschehen. In Unterricht und Erziehung werden Leitgedanken und Ziele gesetzt und Gefühle geweckt, die zu Motiven des Tuns und Handelns außerhalb und innerhalb der Schule werden können und das Verhalten des Lernenden beeinflussen.
→ Motivation O

Motivation
ist die allgemeine Bezeichnung für alle das Verhalten beeinflussenden und steuernden Faktoren, die nicht unmittelbar von äußeren Reizen, sondern in erster Linie von Emotionen beim Lernenden abhängig sind (→ affektiver Lernbereich).
Als primäre Motivationen werden Antriebskräfte, Gefühle usw. bezeichnet, die z. B. aus Triebbedürfnissen wie Hunger, Durst, Kälte entstehen. Durch die Befriedigung dieser Bedürfnisse ergibt sich eine Triebreduktion. Hieraus läßt sich folgender durch die Motivation veranlaßter Ablauf erkennen: Primäre Motivation (Durst) – Reaktion (Trinken und Löschen des Durstes) – Triebreduktion (kein weiteres Durstgefühl → Erfolgserlebnis) – Erkennen des richtigen Verhaltens (welche Getränke führen dazu, das Durstgefühl zu reduzieren oder vollkommen auszuschalten). Dieser Ablauf läßt sich ohne weiteres auf den Bereich der sekundären Motivationen übertragen. Solche sind z. B. Interesse am dargebotenen Stoff, Konkurrenzsituation unter den Schülern, Hoffnung auf Erfolg, Bedürfnis nach Anerkennung und Geltung, Erreichen des Klassenziels, Identifikation mit einem Vorbild, Numerus Clausus u. a.

Holzkamp-Osterkamp 1975; Schiefele 1974

→ Extrinsische Motivation → Intrinsische Motivation O

Motivinitiierung
Sie stellt den Versuch dar, einen oder mehrere Schüler bzw. Mitmenschen in eine bestimmte Richtung zu motivieren.
→ Motivation O

Motor Behavior → Motorik

Motorik
ist eine umfassende Bezeichnung für alle Formen von Bewegungsabläufen des menschlichen Körpers und befaßt sich mit Ursachen, Entwicklungen, Folgen, Notwendigkeiten und Gesetzmäßigkeiten von Bewegungsverhalten und mit der Lehre von Bewegungsfunktionen. Die motorische Entwicklung des menschlichen Körpers steht in engem Zusammenhang mit Funktionen wie z. B. der Sprache, dem Denken und Fühlen. Sie läßt sich durch entsprechende erzieherische Maßnahmen fördernd beeinflussen und ist für die gesamte Entwicklung des Kindes von beachtlicher Bedeutung. Bereits

die Psychologie des Kleinkindes erachtet es als wichtig, die Motorik des Säuglings nicht unnötig und unnatürlich einzuengen. So hemmt z. B. zu enge Kleidung den Säugling in seinen Aktionsbedürfnissen und gibt Anlaß zu psychischen Störungen. ,,Nach neopsychoanalytischer Auffassung beruht die Entwicklung einer zwangsneurotischen Persönlichkeit weitgehend auf einer Einengung der frühkindlichen Motorik, wobei eine angeborene Hypermotorik als besonders gefährdend angesehen wird." (Brandt 1975) Die **Hypermotorik**, die als Überfunktion der Motorik zu betrachten ist und sich mit übermäßig häufigen, zu rasch wiederkehrenden Bewegungsabläufen befaßt, wird nach neopsychoanalytischer Auffassung ebenfalls als neurosenbegünstigende Anlage angesehen.

Durch Bewegung, durch motorisch-expansive Möglichkeiten gewinnt das Kind Eigenwert-, Eigenmacht- und Selbsteinschätzungsgefühle, gelangt zu größerer Selbständigkeit und erahnt eine künftige Freiheit früher als Kinder, die in ihren motorischen Bewegungen und Aktivitäten eingeschränkt werden. ,,Je mehr expansive Motorik hier gebremst wird (enge Wohnverhältnisse, restriktive Erziehung), um so mehr Aggressionspotential staut sich im seelischen Erlebnisbereich auf. Triebaffekte wie Wut, Haß, Zerstörungslust und Sadismus gehen zu einem großen Teil zu Lasten eines fehlenden Ventils normalen körperlich-motorischen Aggressionsspielraumes." (Elhardt, S. 81, 1978[6])

Bei der Motorik ergeben sich stets enge Beziehungen und Wechselwirkungen zwischen Entwicklungen im Bewegungs- und Reaktionsverhalten einerseits und der Wahrnehmung, der Intelligenz und dem Denken, dem emotional-motivationalen und dem sozialen Verhalten andererseits. Aus der nachfolgenden Übersicht, in der die Entwicklung der ersten 10 Lebensjahre berücksichtigt wird, sind diese ersichtlich:

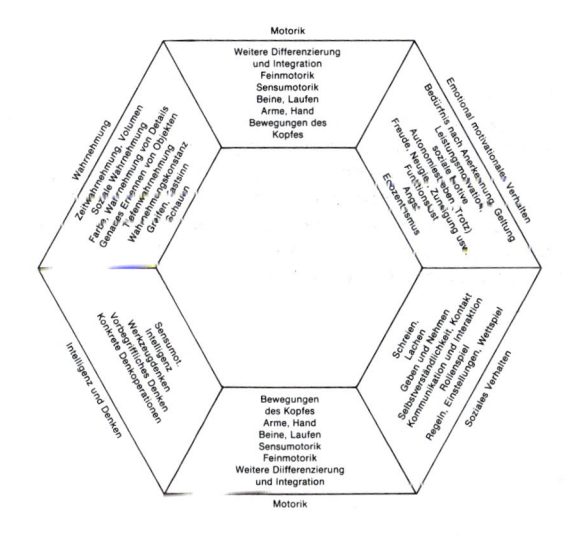

(Novak/Finster/Heidenreich/Keller, Seite 79, 1977)

Multifaktorielle Genese

Im Rahmen des Lehrens und Lernens ist es von größter Bedeutung, die sich ergebenden und notwendigen motorischen Wechselwirkungen beim einzelnen Schüler zu erkennen und zu verdeutlichen. Sogenannte motorische Typen lernen, erfassen und begreifen über Selbsterfahrung, Eigenbewegung und Bewegungssimulierung rascher und leichter. Das bedeutet, daß z. B. ein Schüler, der für Fremdsprachen anscheinend nicht begabt ist und Texte in einer Fremdsprache kaum oder nur sehr mühevoll aufnimmt, diese hören, lesen, sprechen und schreiben muß. Durch die unterschiedlichen Arbeitsformen zum Erwerb ein und desselben Stoffes ergeben sich motorische Wechselwirkungen, die das Erlernen und Behalten beim Schüler erleichtern und sichern. O

Aschmoneit 1974

Multifaktorielle Genese → Genese

Multimediasystem → Medienverbundsystem

Multiple choice system
Es findet v. a. bei der → Programmierten Instruktion und bei → Lernzielkontrollen Anwendung, wo im „Mehrfachwahlsystem" der Lernende unter mehreren zu einem Problem vorgegebenen Antworten die richtige auszuwählen hat. Die Auswahl kann in Form eines Ankreuzens der richtigen Antwort (durch Computer auswertbar) erfolgen, sie kann aber auch in der Entscheidung für einen von mehreren vorgeschlagenen Lösungswegen für die Bewältigung eines komplexeren mathematischen Problems oder eines beliebigen anderen Denkprozesses bestehen.
→ Lehrprogramm → wash-ahead → wash-back K

Multiple Diskrimination → Diskriminationslernen

Multiple Group System
Das multiple Gruppensystem oder Mehrfach-Gruppensystem läßt mehrere Gruppen nebeneinander mit unterschiedlichen Themen in einem Fach oder in verschiedenen Fächern arbeiten. Der Begriff taucht häufig bei der Sprachlaborarbeit auf. Im → Sprachlabor – in erster Linie beim HSA-System – wird die Flexibilität der Lernprozesse dadurch erhöht, daß für zwei oder drei im Sprachlabor arbeitende Gruppen entsprechende gruppenorientierte Programme vom Lehrerpult aus übertragen werden können.
→ Differenzierung O

Multiplikator

Im Bildungsbereich ist unter Multiplikator eine Person zu verstehen, die in Studium und Schulung angeeignetes Wissen bewußt und geplant an vorgesehene, bestimmte Zielgruppen weitergibt. Die multiplikative Wirkung hängt vom Multiplikator, vom Schwierigkeitsgrad des Stoffes, von Qualität und Größe der Adressatengruppen und von Ort und Zeit der Stoffweitergabe ab. Im Rahmen der → Lehrerfortbildung werden Multiplikatoren nicht nur fort-, sondern auch ausgebildet, um entsprechende Adressatengruppen in neuen Stoffbereichen und schulischen Innovationen gezielt unterweisen zu können. So werden z. B. qualifizierte Lehrkräfte zu Multiplikatoren für die → regionale Lehrerfortbildung zur Durchführung von Unterweisungstagen von Kollegen, die in der Kollegstufe und der Orientierungsstufe unterrichten, ausgebildet. Diese für Zwecke der regionalen Lehrerfortbildung geschulten Multiplikatoren werden als Fortbildungsreferenten bezeichnet. In die Gruppe der Multiplikatoren sind weiterhin z. B. einzureihen: Direktoren, Ministerialbeauftragte, Schulräte, Seminarleiter, Seminarlehrer, Betreuungslehrer, Rektoren, die bei Regierungen beschäftigten Beamten, die für das Schulwesen zuständig sind und sog. → Quartarstufenlehrer   O

Musisches Gymnasium → Gymnasium

Mutation → Evolution

Mutismus

bezeichnet die Sprechverweigerung von Kindern. Der Mutismus kann total sein oder nur in bestimmten Situationen (z. B. im Kindergarten oder in der Schule) oder bestimmten Personen gegenüber auftreten. Er wird meist verursacht
- durch falschen, evtl. beängstigenden Umgang,
- durch andauernde Überforderung,
- durch → Neurosen, z. B. Verhaltensstörungen.   K

Mutterherrschaft → Matriarchat

Mutterrecht → Matriarchat

Münzverstärkungssystem

wird ein System positiver → Verstärkung genannt, in welchem die eigentliche meist aufwendige Belohnung (z. B. ein Zoobesuch, eine Bergtour) durch eine vereinbarte Menge kleinerer Leistungen erreicht wird. Die erwarteten Leistungen werden jeweils mit Wertmarken (engl. = tokens) verstärkt.
Die Anwendung eines Münzverstärkungssystems kann bei schwerwiegenden unerwünschten Verhaltensabweichungen oder bei Unzugänglichkeit für die üblichen sozialen Verstärker (Zuwendung, Lob, Anerkennung) kurzfristig durchaus erwogen werden. Es sollte aber die Rückkehr zu den

sozialen Verstärkern so schnell wie nach den vorliegenden Umständen möglich im Auge behalten werden.

Auf alle Fälle kann ein Münzverstärkungssystem nur zum Erfolg führen, wenn in einem Verhaltensvertrag
- die erwarteten Verhaltensweisen unmißverständlich geklärt sind,
- die Vergabe der Wertmarken eindeutig geregelt ist,
- das Umtauschverhältnis der Wertmarken in die eigentliche größere Belohnung festgelegt ist und
- eine unparteiische Schiedsstelle eingerichtet ist.

Entsprechende Versuche lassen auch Möglichkeiten des Einsatzes von Münzverstärkungssystemen über Selbstregulierung und Regulierung durch Gleichaltrige erkennen.

Ayllon/Robert 1974; Bolstadt/Johnsohn 1977; Homme u. a. 1974; Jehle 1978; MacMillan 1975; Rost u. a. 1975; Solomon/Wahler 1977

→ Verhaltensmodifikation K

Narzißmus

bedeutet allgemein die Hinwendung zur eigenen Person, Selbstliebe. In diesem allgemeinen Sinn ist das Verhalten eines jeden Menschen von einem gewissen Ausmaß an Narzißmus mitbestimmt. Nach S. Freud ist das hauptsächliche Kennzeichen des Narzißmus der Vorgang, daß der eigene Körper bzw. das Selbst zum Liebesobjekt wird, d. h. daß die → Libido statt auf Umweltobjekte auf das Ich bezogen wird. Krankhaft übersteigerter Narzißmus kann zur Ursache narzißtischer → Neurosen (z. B. Schizophrenie) werden.

Battegay 1977; Caruso 1976; Chessick 1977; Federn 1952; Gordon 1971; Henseler 1974; Kernberg 1975; Kohut 1973; Oraison 1973; Stuart 1956

→ Autoerotik K

Nativismus

bezeichnet die Theorie, daß alles Verhalten bzw. bestimmte Fähigkeiten (z. B. Wahrnehmungsfunktionen) des Menschen vererbt sind. K

Negative Erziehung

wird als Bezeichnung für jene pädagogischen Konzepte verwendet, die Erziehung nicht als direkte erzieherische Einflußnahme auf das Kind bzw. den Jugendlichen verstehen, sondern als anregende Gestaltung der Umwelt des jungen Menschen. Hinweise für eine angemessene Umweltgestaltung gewinnt der Erzieher aus der aufmerksamen Beobachtung der Entwicklung, der Bedürfnisse und der Fähigkeiten der Kinder bzw. Jugendlichen. Diese Bedeutung kommt dem Begriff negative Erziehung bereits bei Rousseau zu, der ihn erstmals verwendete. Da die beschriebene Umweltgestaltung sehr wohl eine positive Grundeinstellung zum Erziehungsgeschehen und umsichtig planendes Engagement beim Erzieher voraussetzt, ist der Begriff negative Erziehung seiner Wortbedeutung nach irreführend. K

Netzplantechnik

Negativer Transfer → Transfer

Netzplandisposition → Lehrdisposition → Netzplantechnik

Netzplantechnik (NPT)
wurde in den USA zunächst für militärische Zwecke entwickelt und im Laufe der Zeit auf Wirtschaft, Verwaltung und auch Schule übertragen. Die Netzplantechnik bietet ein Verfahren zur Terminplanung und Terminüberwachung. Ihre wichtigsten Methoden sind die Critical Path Method (CPM) und die Program Evaluation and Review Technique (PERT). In deutschen Schulen werden die Prinzipien der Netzplantechnik bisher nur in geringem Maße berücksichtigt. Die Netzplandisposition, die eine Art der → Lehrdisposition darstellt, ist nach Grundsätzen der NPT aufgebaut. Sie fordert vom Lehrer die Zeiteinteilung einer Lektion, einen geplanten gut vorbereiteten Unterricht und genaue Überlegungen über den Einsatz von → Lehrformen, → Lehrverfahren, → Medien usw. Der Einsatz der Netzplandisposition ist dann zweckmäßig, wenn Tätigkeiten von mehreren Personen parallellaufend durchgeführt werden und in einem Ziel, das eine oder mehrere Lösungen bringen kann, enden sollen. Dies trifft vor allem dann zu, wenn Lehrformen wie z. B. → Gruppenunterricht, → Team-Teaching, → Fallstudie, → Planspiel zur Anwendung gelangen. Die Aktualisierung wird an einem sehr einfachen Beispiel dargestellt. In der Abschlußklasse einer → Hauptschule ist von den Schülern eine Bewerbung anzufertigen. Aus der Klasse mit 20 Schülern werden in der 1. Phase vier Gruppen mit je fünf Schülern gebildet. Die Gruppen eins und zwei erhalten z. B. die Aufgabe, zwei entsprechende Stellenangebote aus mitgebrachten Zeitungen herauszusuchen und zu analysieren, die Gruppen drei und vier befassen sich zwischenzeitlich mit Form und allgemeinem Inhalt des Briefes. Nach dieser Phase tragen die konkurrierenden Gruppen ihre Ergebnisse vor. Nach dem ersten Teilergebnis erhalten die vier konkurrierenden Gruppen den Auftrag, auf Grund der bisherigen Auswertungen und Resultate je einen Brief, der alle besprochenen Kriterien berücksichtigt, anzufertigen. Nach Fertigstellung wird dieser zur Diskussion, Kritik oder Verbesserung vorgelegt. Diese einfache Art einer Netzplandisposition läßt sich schematisch wie folgt darstellen:

Netzplantechnik 374

Netzplandisposition
Ablaufzeit: 90 Min.

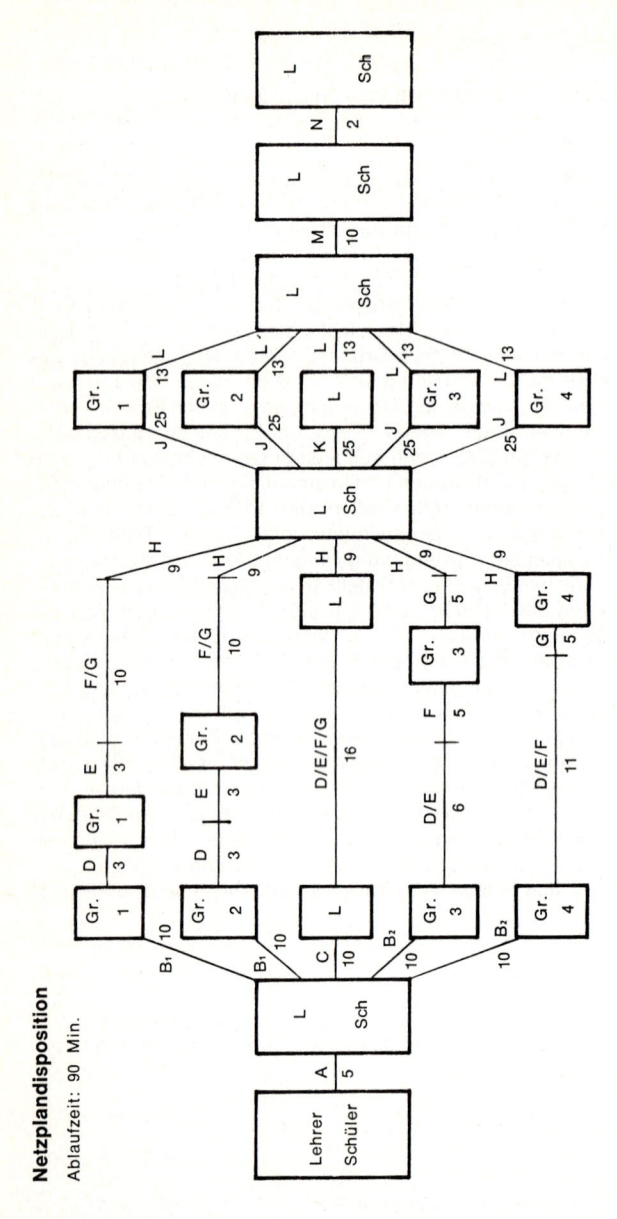

A — H: 40 Min.
J — L: 38 Min.
M — N: 12 Min.

Neurose

Erklärungen zum Ablauf:
A: Einführung in den Ablauf der → Unterrichtseinheit und Verteilung der Arbeitsunterlagen
B1: Die Gruppen 1 und 2 suchen entsprechende Stellenangebote aus und formulieren ihre Begründung – konkurrierende Gruppen
B2: Die Gruppen 3 und 4 stellen Form und allgemeinen Inhalt einer Bewerbung zusammen – konkurrierende Gruppen
C: 1. Lehrer hilft und kontrolliert
   2. Bereitstellung notwendiger Medien
   3. Lehrer überprüft Zeitablauf
D/E/F/G: Vortrag, Begründung durch Gruppen; Punktartige Aufgliederung
H: Gemeinsame Diskussion der Ergebnisse; Vergleich, Festhalten des Wesentlichen; Aufgabenstellung für weitere Gruppenarbeit
J: Anfertigen einer Bewerbung je Gruppe auf Grund des bisher Erarbeiteten
K: Unterstützung der Gruppen durch den Lehrer
L: Vorlesen der Briefe, Vergleich, Auswahl, Diskussion usw.
M: Zusammenfassung – Besprechung des ausgewählten Briefes, evtl. Verbesserungen usw.
N: Hausaufgabe

Der Ablauf entspricht den drei Phasen eines Netzplanes:
1. Strukturanalyse: das Aufstellen eines Netzplanes, aus dem das Zusammenspiel der einzelnen Vorgänge graphisch ersichtlich wird
2. Zeitanalyse: Einfügen der einzelnen Tätigkeiten in vorgesehene Zeiteinheiten und spätester Endtermin, der mit Beendigung der Unterrichtseinheit zusammenfällt.
3. Kontrolle: Sie hat darauf zu achten, daß zeitliche Ist- und Sollzeiten ohne Beeinträchtigung der gewünschten Qualität möglichst übereinstimmen. Kontrolle und Beratung im Unterrichtsprozeß werden grundsätzlich vom Lehrer übernommen.

→ Gruppenarbeit → Lernen → Unterricht   O

Neuropathologie
bezeichnet Forschung und Lehre der Nervenkrankheiten.   O

Neuropsychologie
ist eine Forschungsrichtung der Psychologie, welche die Zusammenhänge und Wechselwirkungen zwischen psychischen und den sie tragenden biologischen Vorgängen untersucht. Die Neuropsychologie interessieren z. B. im Bereich der Emotionen oder des Lernens die damit verbundenen auslösenden, hemmenden und erhaltenden biologischen Prozesse und ihre Ortung im Organismus.   K

Guttmann 1973; Haider 1971; Marshall 1977; Pincus 1974; Pribram 1971

Neurose
ist eine Funktionsstörung im Erleben und Verhalten eines Menschen, unter Umständen verbunden mit körperlichen Symptomen wie Gleichgewichtsstörungen, Ekelgefühlen, Berührungsempfindlichkeit. Sie hat keine organi-

schen Ursachen, sie entsteht vielmehr durch stark affektgeladene Konflikte mit der Umwelt bzw. durch intrapersonale Konflikte wie gehemmte oder gestörte Triebbefriedigung oder Angst als dem Hauptmerkmal der Neurose. S. Freud führte die Neurosen in einem ersten Ansatz generell auf Sexualkonflikte zurück, später auf traumatische Erlebnisse in der Kindheit. In seiner letzten Klassifikation unterschied er zwischen Übertragungs-Neurosen (Hysterie, Zwangs-Neurosen) und narzißtischen Neurosen (Schizophrenie, Depression).
Pawlow erzeugte um 1900 erstmals experimentelle Neurosen, indem er gefangene Tiere gleichzeitig zwei unvereinbaren starken Reizen aussetzte, z. B. zu fressen bzw. das Fressen wegen möglicher schmerzhafter Bestrafung zu vermeiden. Die Folge waren neurotische Reaktionen, v. a. Angst, bei den Versuchstieren, die sich auch ohne die spezielle Reizsituation allein in der bekannten Umgebung immer wieder einstellten. Solche experimentelle Neurosen erwiesen sich gegen → Extinktion (= Auslöschung) als sehr widerstandsfähig, letztlich nur durch → Verhaltenstherapie aufhebbar. Die Verhaltenstherapie ist auch in der → klinischen Psychologie heute die gebräuchlichste und erfolgversprechendste Behandlungsmethode bei Neurosen. K

Bally 1972; Battegay 1971; Dührssen 1954; Eysenck 1978; Frankl 1956; Frankl u. a. 1957; Helm u. a. 1976; Horney 1973 und 1975; Lempp 1972; Lenné 1978; Leonhard 1965; Polli 1976; Richter 1969; Rudolf 1977; Schultz 1971; Schwabe 1969; Schwarz/Sedlmayr 1973; Wiesenhütter 1969

Neurotische Depression → Depression

Neusprachliches Gymnasium → Gymnasium

Nichtdirektive Gesprächsführung → Gesprächsführung, nichtdirektive

Niveaugruppierung → Niveaukurs → Setting

Niveaukurs

Im Rahmen der → Differenzierung des Schulwesens werden für Schüler fächerbezogene Kurse oder Klassen errichtet, die dem Kenntnis- und Wissensstand, der Begabung und der Lernbereitschaft angepaßt sind und den einzelnen entsprechend seinen Anlagen besser berücksichtigen als dies bei heterogenen Klassen- und Kursbildungen der Fall ist. Das Niveau der → Adressaten wird beachtet.

→ Individualisierung O

Norm

ist eine Regel bzw. eine Verhaltenserwartung einer → Gruppe oder der → Gesellschaft zum Nutzen der Gruppe oder der Gesellschaft. Normen gewährleisten den Bestand und das geregelte Funktionieren sozialer Gebilde. Sie erleichtern konkret z. B. Entscheidungsfindungsprozesse und das Verhalten in Handlungssituationen. Üblicherweise wird zwischen **statistischen Normen** (aufgrund der Übereinkunft der Mehrzahl der Individuen eines

sozialen Gebildes anerkannt), **Idealnormen** (z. B. durch Religionsstifter oder → Ideologien gesetzt) und **persönlichen Normen** (Verhaltenserwartung eines Individuums an sich selbst) unterschieden.
Positive und negative → Sanktionen sorgen für die Einhaltung der Normen. Allerdings sollten diese Sanktionen ihrerseits hinterfragbar und gegebenenfalls auch veränderbar sein, wenn sie der aktuellen Situation nicht mehr angemessen oder nicht begründbar sind (vgl. z. B. Sanktionen gegenüber unehelichen Kindern). K

Kambartel/Mittelstraß 1973; Korff 1973; Lautmann 1971; Portmann/Ritsema 1977

Normabweichendes Verhalten → Devianz, → Verhalten

Normative Didaktik
Die normative Didaktik leitet alle Erziehungs- und Bildungsziele durch Deduktion von weltanschaulichen oder ideologischen Vorgaben ab. Einem ideologiekritischen Ansatz (→ Ideologiekritik) kann sie folgerichtig keinen Platz einräumen.
→ Didaktik → Strukturmodelle der Didaktik K

Normativer Kontext → Kontext

Normenbuch
Normenbücher wurden für die Fächer der gymnasialen Oberstufe, für die → Kollegstufe entwickelt. Sie enthalten die Gewichtungen und Bewertungsmaßstäbe, die von allen in der Oberstufe unterrichtenden Lehrkräften bei Prüfungen anzuwenden sind. Die → KMK hat auf Grund der Vereinheitlichung und der eingeleiteten Neugestaltung der gymnasialen Oberstufe folgende Vereinbarung beschlossen, die im Normenbuch berücksichtigt ist:
§ 1
Einheitliche Prüfungsanforderungen für die Abiturprüfung in der neugestalteten gymnasialen Oberstufe, die von Fachkommissionen erarbeitet und von der Kultusministerkonferenz beschlossen worden sind, werden in den Ländern an den Schulen mit neugestalteter gymnasialer Oberstufe erprobt. Die Länder führen entsprechend den bei ihnen gegebenen Voraussetzungen die einzelnen Fachvorlagen zur Erprobung ein.
§ 2
Die einheitlichen Prüfungsanforderungen werden aufgrund der Erfahrungen in den Ländern überprüft. Diese Prüfung erstreckt sich insbesondere auch auf die Gesichtspunkte der fächerübergreifenden Vereinheitlichung und der Angemessenheit der Beurteilungsverfahren einschließlich der Verwendung von Bewertungseinheiten. O

Note → Leistungsbewertung → Leistung

NPT → Netzplantechnik

Null-Transfer → Transfer

Numerus Clausus

stellt eine Zulassungsbeschränkung zur Hochschule für Abiturienten dar. Stehen für ein Fach, z. B. für Biologie, Medizin oder Psychologie nicht genügend Studienplätze für Abiturienten zur Verfügung, so wird die Zulassung an gewisse Voraussetzungen geknüpft, wie z. B. das Erreichen eines bestimmten Notendurchschnitts. Somit erfolgt eine Studienplatzbeschränkung.

→ Abitur → Gymnasium → Hochschule O

Oberstes Bildungsziel → Lernziel

Oberstufenreife → Mittlerer Bildungsabschluß

Objektivierung des Unterrichts
bedeutet das Bemühen, einen einseitig oder überwiegend lehrerzentrierten Unterricht abzubauen zugunsten vielfältiger, evtl. auch kontroverser Informationsübermittlung vor allem über → Medien. Die Vielfalt der Informationsquellen ermöglicht erst eine Freisetzung der Schüler zu selbstgesteuerten produktiven und kreativen Lernphasen. Für den Einsatz von Medien im Sinne der Objektivierung des Unterrichts sprechen folgende Leistungen:
1. Sie haben für sich gegenüber dem Lehrer die Chance der **größeren Kompetenz** in der Aufbereitung von Lerninhalten.
2. Sie garantieren die **Aktualität der Lerninhalte,** wenn wir davon ausgehen, daß veraltete Medienangebote grundsätzlich nicht in einem Unterricht von heute verantwortet werden können.
3. Es können durch sie **gestalterische und methodische Möglichkeiten** ausgeschöpft werden, die der einzelne Lehrer aus Zeit- und Materialmangel nicht aufbieten kann.
4. Sie ermöglichen die **Unabhängigkeit des Lernenden** im unmittelbaren Informationsprozeß vom Lehrer.
5. Sie konfrontieren **jeden einzelnen Schüler einer Lerngruppe** zur gleichen Zeit und mit derselben Intensität mit einem Lerninhalt.
6. Mediengesteuerter Unterricht kann eine → Individualisierung des Lernens auf ökonomische Weise, verbunden mit optimalen Lehrstrategien, garantieren.

Es ist allerdings zu bedenken, daß einer totalen Objektivierung von Lernprozessen unüberwindbare Grenzen gesetzt sind, denn selbst bei einer Life-Dokumentation des Fernsehens entscheidet der Kamerablickwinkel und die Regie über die „Sichtweise" des Geschehens. Ihre pädagogische Grenze erfährt die Lehrobjektivierung als mediengesteuerte Individualisierung von Lernprozessen an der Gefahr der kommunikativen Isolierung des Schülers, der durch ausgewogene Angebote von Sozialphasen des Lernens zu begegnen ist. K

Objektivität

kennzeichnet das Bemühen, ausschließlich am gegebenen Sachverhalt selbst orientiert und d. h. vor allem unter Ausschluß subjektiver Einflüsse zu forschen und Aussagen zu formulieren. Gegenüber dieser herkömmlichen idealistischen Beschreibung bescheiden sich Mollenhauer/Rittelmeyer (1977) mit der Feststellung:
„Die Objektivierung ermöglicht anderen den gedanklichen oder materiellen Nachvollzug behaupteter Sachverhalte . . . (Seite 117)
„Insofern wissenschaftliche Beobachtungsverfahren aufgrund explizierter (= ausdrücklich genannter; Köck) Verfahrensregeln eindeutig reproduziert (= nachvollzogen, wiederholt; Köck) werden können, nennen wir sie objektiv." (Seite 118) Objektivität ist neben → Validität, → Reliabilität und Bedeutsamkeit (→ Relevanz) unverzichtbares Kriterium wissenschaftlicher Forschung K

Obstruktion

bedeutet allgemein den Vorgang, einen Geschehensablauf zu behindern bzw. Widerstand gegen seine Fortführung zu leisten. Obstruktion als Verzögerungstaktik ist z. B. bei parlamentarischen Auseinandersetzungen üblich, wobei in der Regel eine Minderheit den Versuch unternimmt, die Meinung der Mehrheit zu unterlaufen oder zu spalten. K

Oddity-Problem

Als Oddity-Problem wird ein Test bezeichnet, bei dem aus drei Reizen, wie z. B. Wörtern, Zahlen, Figuren der Reiz herauszufinden ist, der mit den beiden anderen nicht im Zusammenhang steht oder nicht übereinstimmt. Es ist jeweils das Ungerade bzw. Unpassende (odd = ungerade, unpassend, seltsam) von drei vorgegebenen Größen herauszunehmen, z. B. bei der Feststellung von Primzahlen sind gegeben: 3, 9, 11 – herauszunehmen ist 9, bei der Überprüfung des Partizips der Vergangenheit sind gegeben: gesehen, gewunken, gehört – herauszunehmen ist gewunken. O

Ödipuskomplex

bezeichnet nach S. Freud die besondere Art der Beziehung des Kindes, genauer des Jungen, zu seinen Eltern in der prägenitalen Entwicklungsphase (etwa zwischen dem 3. und 6. Lebensjahr). Der Junge rivalisiert mit dem Vater um die Gunst seiner Mutter, bis er sich schließlich in Bewältigung des Ödipuskomplexes mit dem Vater identifiziert. Ebenso rivalisiert das Mädchen (Elektrakomplex) mit der Mutter um die Gunst des Vaters bis zur → Identifikation mit der Mutter.
Die Emotionen, die in dieser Phase nach Freud eine Rolle spielen, reichen von Eifersucht und allgemeiner Feindseligkeit bis zu Beseitigungswünschen und speziell beim Jungen gelegentlich auch zu Kastrationsphantasien. K

Dirlmeier 1964; Granoff 1975; Le Guen 1974; Nagera 1975; Schnidbauer 1970

Öffentliche Schulen

Öffentliche Schulen
sind Schulen, die vom Staat, von Gemeinden oder anderen Körperschaften des öffentlichen Rechts getragen werden.
→ Kommunale Schulen → Privatschulen → Schule → Staatliche Schulen O

Ökonomie des Lehrens und Lernens, des Unterrichts
→ Lernökonomie → Unterrichtsökonomie

Ökotrophologie
befaßt sich mit Haushalts- und Ernährungswissenschaften. Ein wissenschaftliches Studium in diesem Bereich kann an → Universitäten und Technischen Universitäten oder → Hochschulen absolviert werden, dauert mindestens acht Semester und setzt für den Diplomabschluß (Diplomökotrophologe) ein Berufspraktikum von sechs Monaten und für die Staatsprüfung des Höheren Lehramtes zwölf Monate Berufspraktikum voraus. Im Grundstudium werden Vorlesungen, Übungen und Praktika z. B. in Mathematik, Statistik, Physik, Chemie, Biologie, Ernährungswissenschaft, Hygiene, Soziologie, Volkswirtschaftslehre und Wirtschaftslehre des Haushalts angeboten. Im Hauptstudium erfolgt eine Schwerpunktbildung in Ernährungs- oder Haushaltswissenschaften. An → Fachhochschulen wird in acht Semestern, einschließlich zweier Praxissemester, der graduierte Ingenieur für Haushalts- und Ernährungstechnik ausgebildet. In der Fachhochschule ist im Hauptstudium Schwerpunktbildung möglich, wobei im Mittelpunkt das jeweilig Fachspezifische wie z. B. Ernährungslehre, Technologie der Nahrungsmittelverarbeitung oder Technik im Haushalt und hauswirtschaftliche Betriebs- und Arbeitslehre zu finden ist.
Außerhalb des Lehrerberufes mit achtsemestriger wissenschaftlicher Hochschulausbildung kann der Ökotrophologe in der Forschung, im Gesundheitswesen, in einschlägigen Zweigen der Industrie und Verwaltung, in Marktforschung, Verbänden, Handel und Großhaushalten tätig werden. O

Offener Vortrag → Vortrag

Oligarchie
bezeichnet allgemein die Herrschaft einer kleinen Gruppe aufgrund bestimmter Privilegien. Während sich die Oligarchie im Bereich der Politik auf adelige Herkunft und/oder geschickte Handhabung des vorgegebenen politischen Machtinstrumentariums und der Produktionsmittel stützt, durch welche die Mehrheit der Beherrschten in Abhängigkeit gehalten wird, bedient sich die Oligarchie z. B. im Bereich der Wissenschaft jeweils eigener Fachsprachen, die dem Laien den Zugang verwehren und ihn in ehrfurchtsvolle Wissenschaftsgläubigkeit drängen. K

Omega-Typ → Soziodynamische Grundformel

Onanie

Der Begriff Onanie, der gleichbedeutend mit → Masturbation ist, geht auf die biblische Gestalt Onan (Altes Testament, 1. Mos: 38.1–11) zurück und wird fälschlicherweise mit Selbstbefriedigung wiedergegeben. Onan, ein Sohn Judas, entzog sich der ihm vom Gesetz vorgeschriebenen Pflicht, der Frau seines toten Bruders einen Erben zu zeugen, durch Unterbrechung des Zeugungsvorganges. Für dieses Vergehen soll er von Gott mit einem vorzeitigen Tod bestraft worden sein. O

Ontogenese

bezeichnet die Entwicklung des Einzelwesens von der befruchteten Eizelle bis zur Geschlechtsreife. Im Unterschied dazu bezieht sich die Phylogenese auf die Entwicklungsgeschichte einer Art von Lebewesen. Nach E. Haeckels biogenetischem Grundgesetz stellt die Ontogenese eine geraffte Wiederholung der Phylogenese dar, was für die Gültigkeit der Abstammungslehre (Deszendenztheorie) Ch. Darwins spricht. Darwin stellte nämlich die Hypothese auf, daß sich der Mensch und alle Tier- und Pflanzenarten aus primitiveren Organismen entwickelt haben. K

Clara 1967[6]; Condrau/Hicklin 1977; Ferner 1963[7]; Goodson 1973; Grosser 1970[7]; Plesse 1967; Rensch 1977; Smit 1961

Open University

Als „offene", für alle zugängliche Universität will sie all denen eine Chance zur Durchführung eines Studiums im → Medienverbund über Fernsehen und Funk anbieten, die keine Möglichkeit hatten, über das herkömmliche Bildungssystem akademische Grade zu erwerben.

→ Fernuniversität → Lehrerkolleg → Teleberuf → Telekolleg O

Operation

Der Begriff der Operation bezieht sich im pädagogisch-didaktischen Bereich auf einen Arbeits- und Lernvorgang, einen Handlungsablauf, auf die → Leistung selbst. Auch das Ergebnis eines Handlungsablaufes, eines entsprechenden didaktischen oder pädagogischen Vorgangs, durch das neue Beziehungen ermittelt oder Zusammenhänge gefunden wurden, wird als Operation bezeichnet. Der Begriff Meßoperation, mit dem ein beobachtbares Element einer vorgesehenen Verhaltensänderung des Lernenden erfaßt werden soll, wird im Rahmen der → Operationalisierung von → Lernzielen verwendet. Als Meßoperationen kommen die in der empirischen Sozial- und Unterrichtsforschung erarbeiteten Methoden der → Schulleistungsmessung in Frage wie z. B. → Tests, Anwendung des → Multiple-Choice-System oder → Beobachtung der Verhaltensänderungen während des → Unterrichts. – Operation im psychologischen Sprachgebrauch → Denken, in psychologischer Sicht → Lernzielkontrolle. O

Operationale Definition

Sie ist die Bezeichnung für die Definition eines → hypothetischen Konstrukts (eines angenommenen Vorgangs) bzw. eines empirisch faßbaren Sachverhalts. So ist z. B. Hunger, wenn jemand eine bestimmte Zeit nichts

Operationalisiertes Lernziel

gegessen hat oder ein Individuum längere Zeit unter Nahrungsentzug stand, operational, d. h. auf Grund des Vorgangs ermittelbar, nachweisbar, erfaßbar. Für jedes Konstrukt sind mehrere → Operationalisierungen möglich. Ein Konstrukt ein Begriff wird um so genauer erfaßt, je mehr Operationalisierungen (Überprüfungen, Ableitungen) vorgenommen werden können. O

Operationalisiertes Lernziel

Ein → Lernziel ist operationalisierbar (= in konkreten Handlungen beschreibbar und überprüfbar), wenn die Lernzielformulierung einen hohen Grad an Eindeutigkeit und Präzision nachweist und möglichst keine Alternativen im Verständnis zuläßt. Das bedeutet, daß → Leit- und → Richtziele nicht, → Grobziele fast immer und Feinziele stets operationalisierbar sind. Operationalisierbare Grobziele sind z. B. ,,Fähigkeit zur Berechnung der Flächen von Drei- und Vierecken" oder ,,Beherrschung der richtigen Anwendung des Present-Perfect im Gegensatz zum Preterite". Zu den präzisierten Lernzielen sind die entsprechenden Meßoperationen, wie z. B. Testverfahren, Lösung von Aufgaben in Arbeitsgruppen, Fallstudie u. a., anzubieten. Ein operationalisiertes Lernziel kann zunächst auf hypothetischer Grundlage mit dem Ziel empirischer → Evaluation oder allgemein als realisierbar erachtetes verbindliches Lernziel erstellt werden. Es bezeichnet jedoch auch ein bereits konkret überprüftes Lernziel. Für die Testkonstruktion ist eine exakte Definition von Lernzielen unerläßlich, da operationalisierte Feinziele grundsätzlich mit → Testitems identisch sind.

Bei der Operationalisierung von Lernzielen sind nach R. F. Mager (1977) (soweit nach der Art der Lernziele möglich und zulässig) folgende drei **Kriterien** zu beachten:
1. Die erwarteten Handlungen der Lernenden müssen exakt, d. h. eindeutig und konkret beschrieben werden, so daß die Lernenden ohne zusätzliche Erläuterungen sicher wissen, was sie zu tun haben.
2. Es müssen im einzelnen die Bedingungen und Mittel genannt sein, unter denen bzw. mit deren Hilfe die Lernenden arbeiten sollen.
3. Es muß der Beurteilungsmaßstab genannt sein, mit welchem festgestellt wird, ob der Lernende das Lernziel erreicht hat oder nicht.

Beispiel für ein operationalisiertes Feinziel:
Der Schüler soll unter Zuhilfenahme der entsprechenden Karten im Atlas drei Gründe feststellen, warum die Schiffahrt vor der Regulierung des Oberrheins Behinderungen ausgesetzt war.
→ Operationalisierung → Curriculum OK

Operationalisierung

Der Begriff Operationalisierung wird in der Curriculumsprache im Sinne der Realisierbarkeit und Überprüfbarkeit von Lernzielen verwendet. Lernzieloperationalisierung im weiteren Sinne fordert möglichst eindeutige Angaben über die beobachtbaren Elemente der gewünschten Veränderungen des Schülerverhaltens, die durch → operationalisierte Lernziele angestrebt werden. Im engeren Sinne bezieht sich die Lernzieloperationalisierung auf

Operationalisierung

Empfehlungen und Festlegungen von Meßoperationen, mit denen beobachtbare Aktivitäten und Handlungen gewünschter Veränderungen des Lernenden erfaßt werden können. Für die einzelnen Operationen im Ablauf des Lehr- und Lernprozesses werden präzise Handlungsanweisungen wie z. B. Hinweise auf zu verwendende → Lehrformen und Testverfahren gegeben, mit deren Unterstützung der Lehrende feststellt, inwieweit sich das durch das Lernziel vorgesehene Verhalten ergeben hat. Zur Anwendung können hierbei alle in der Sozial- und Unterrichtsforschung entwickelten Methoden der Messung von Schülerleistungen kommen.
Operationalisierung, → Validierung und → Evalution werden häufig nebeneinander und nicht selten synonym gebraucht. Es sei versucht, die sich ergänzenden Begriffe im folgenden knappen Ablaufschema in ihren Funktionen nebeneinander- und aufeinanderwirkend darzustellen.

Die Graphik ist von unten nach oben zu lesen.

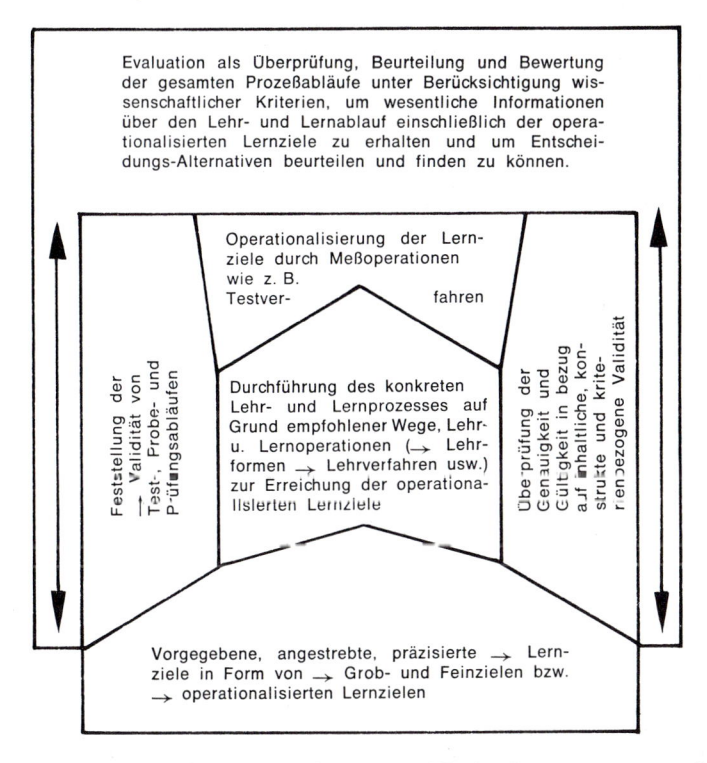

Evaluation als Überprüfung, Beurteilung und Bewertung der gesamten Prozeßabläufe unter Berücksichtigung wissenschaftlicher Kriterien, um wesentliche Informationen über den Lehr- und Lernablauf einschließlich der operationalisierten Lernziele zu erhalten und um Entscheidungs-Alternativen beurteilen und finden zu können.

Operationalisierung der Lernziele durch Meßoperationen wie z. B. Testverfahren

Feststellung der Validität von Test-, Probe- und Prüfungsabläufen

Durchführung des konkreten Lehr- und Lernprozesses auf Grund empfohlener Wege, Lehr- u. Lernoperationen (→ Lehrformen → Lehrverfahren usw.) zur Erreichung der operationalisierten Lernziele

Überprüfung der Genauigkeit und Gültigkeit in bezug auf inhaltliche, konstrukte und kriterienbezogene Validität

Vorgegebene, angestrebte, präzisierte → Lernziele in Form von → Grob- und Feinzielen bzw. → operationalisierten Lernzielen

---

Alle Validitäts-, Operationalisierungs- und Evaluationsprozesse unterliegen einer stetigen Revision.
→ Curriculum → Curriculumrevision   O

Orale Phase
Nach S. Freuds Auffassung ist die orale Phase die erste Entwicklungsphase des Kindes. Sie umfaßt das erste Lebensjahr. In der oralen Phase werden Lustgewinn und Erfahrung vor allem über die Mundregion erzielt (Saugen, alle greifbaren Gegenstände werden in den Mund gesteckt = „sehen", erfahren mit dem Mund). Etwa vom sechsten Lebensmonat an baut das Kind seine Beziehung zu seiner ständigen Bezugsperson, in der Regel der Mutter, auf. Ein längerer Entzug dieser Bezugsperson nach der Fixierung auf sie führt zu irreversiblen (= nicht umkehrbaren) psychischen Schäden (→ Hospitalismus). K

Organisation
Unter Organisation ist ein zweckmäßiges, auf bestimmte Vorgänge und Ziele gerichtetes, entsprechend sozialstrategisch aufgebautes entweder hierarchisch-vertikales oder genossenschaftlich-horizontales sinnvolles Gebilde zu verstehen, das durch die sich aus den jeweiligen gesellschaftsbestimmenden Strukturen ergebenden Ordnungsprinzipien reguliert wird. Im allgemeinen Sprachgebrauch werden unter Organisation sowohl Vorgänge und Abläufe des Ordnens, Zusammenfügens, Schematisierens und Organisierens als auch Ergebnisse, entstehende und fertige Strukturen, Gebilde und Schemata verstanden. Formen und Systeme der Organisation sind z. B. Parteien, Gewerkschaften, Institutionen aller Art einschließlich der Erziehungsorganisationen wie → Schulen und Fernlehrinstitute und die Bürokratie.
→ Schule → Unterrichtsorganisation O

Organisationslaboratorium
Zweck des Organisationslaboratoriums als einer Form gruppendynamischer → Trainingsmethoden ist es, „. . . Lernsituationen bereitzustellen, in denen die Teilnehmer lernen, die soziale Kompetenz ihres durch System- und Organisationsfaktoren bedingten Verhaltens zu erhöhen. Dabei geht es um eine Abstimmung zwischen den Rollenanforderungen der sozialen Systeme einerseits und je individuellen Möglichkeiten der Rollenausübung andererseits." K
(Däumling 1974)

Orientierung
beschreibt den Vorgang, in welchem ein Individuum sich vor allem ungewohnten bzw. neuen Situationen oder Anforderungen der Umwelt gegenüber zurechtzufinden versucht, d. h. das Begegnende in Beziehung setzt zu seinen Erfahrungen, Fähigkeiten, Kenntnissen, Einstellungen usw.
Orientierungsreaktionen, nach Pawlow auch Orientierungsreflexe genannt, bezeichnen sensitive, motorische und vegetative Reaktionen eines Individuums als Folge einer plötzlich auftretenden neuen Reizsituation. Da die Orientierungsreaktion mit erhöhter Aufmerksamkeit (Neugier) und Handlungsbereitschaft gekoppelt ist, gilt sie als Voraussetzung für Lernprozes-

se. Das wiederholte Auftreten derselben Reizsituation (z. B. im Unterricht methodische Monotonie) führt zu einem Absinken und schließlich zum Erlöschen (→ Extinktion) der Orientierungsreaktion. Die → Gruppendynamik spricht von einer Orientierung nach einer Mitte, womit die aktive Ausrichtung der Gruppenmitglieder nach den Gemeinsamkeiten der Gruppe (Wertvorstellungen, Normen, Ziele, Aktivitäten) gemeint ist.
Diese Orientierung nach einer Mitte ist unerläßlich für den Bestand einer Gruppe. K

Orientierungsreaktion → Orientierung

Orientierungsphase → Orientierungsstufe

Orientierungsstufe
Dem Unterricht in der Mittelstufe soll im 5. und 6. Schuljahr eine Orientierungs- und Beobachtungszeit vorausgehen. Auf Grund der in der Orientierungsstufe über das Kind gesammelten Erfahrungen werden schulische Weiterführungsmöglichkeiten vorgeschlagen. Die Eltern erhalten in Form eines pädagogisch-psychologischen Gutachtens eine Empfehlung, die eine Entscheidung über den künftigen Bildungsweg erleichtern soll und Hinweise gibt, wie der einzelne Schüler den ihm gemäßen Weg finden kann.
Während der zweijährigen Orientierungszeit sollen Begabungen und Neigungen gezielt entwickelt und gefördert werden. Lehrer verschiedener Schulformen sollen in der Orientierungsstufe besonders eng zusammenarbeiten. Der Deutsche Bildungsrat legt nahe, in der Orientierungsstufe auf eine äußere Differenzierung grundsätzlich zu verzichten. Das bedeutet, daß die Organisation der Orientierungsstufe und die curricularen Angebote einheitlich und schulformunabhängig sein müßten. Der Bund und die Länder Berlin, Bremen, Hamburg, Hessen, Niedersachsen, Nordrhein-Westfalen vertreten die Auffassung, daß die Orientierungsstufe schulformunabhängig gestaltet werden müsse. Die Länder Baden-Württemberg, Bayern, Rheinland-Pfalz, Saarland und Schleswig Holstein hingegen behielten sich durch ein besonderes Votum vor, daß die Orientierungsstufe organisatorisch auch den verschiedenen Schulformen wie Hauptschule, Gymnasium und sechsjähriger Realschule zugeordnet werden kann. Anstatt einer modernen Fremdsprache soll in diesen Ländern weiterhin die Möglichkeit gegeben sein, auch Latein als erste Fremdsprache anzubieten. Bei evtl Differenzierungen ist darauf zu achten, daß ein Wechsel zwischen den Kursen möglich ist.
Die Einführung der Orientierungsphase bedeutet eine für die Schüler vorteilhafte → Individualisierung und vermeidet den Zwang zu einer vorzeitigen Festlegung auf bestimmte Bildungsgänge. O

Output → Input

Overhead Projector
Als Arbeitsprojektor kann der Overhead Projector in allen Schulfächern eingesetzt werden. Er stellt keinen Ersatz für die Tafel dar, sondern ergänzt sie. Mit ihm können auf Grund seiner starken Lichtquelle auch in hell

Overlay

erleuchteten Räumen bedruckte oder beschriebene einfache Klarsichtfolien, Overlays (übereinanderliegende Folien, die schichtweise Daten ergänzen) und transparente Gegenstände projiziert werden. Die Schrift, das Bild, die Flow Chart usw. wird über den Lehrenden hinweg oder an ihm vorbei an die Rückwand oder eine besonders für die Projektion vorgesehene Fläche geworfen, so daß sich der Lehrer nicht von der Klassen abzuwenden braucht. Während der Projektion kann die Folie beschriftet oder durch hineinzeichnen und hineinschreiben ergänzt werden. Andere Bezeichnungen für Overhead Projector sind: Prokischreiber, Tageslichtprojektor, Hellraumprojektor, Tageslichtschreiber, Schreibprojektor usw.

→ Medien → Transparenttechnik O

Overlay → Transparenttechnik → Overhead Projector

Overprotection → Überbehütung

Overt Response
Jede Antwort, die vom Schüler eine zu erbringende physische Aktivität verlangt, wie z. B. das Niederschreiben einer Antwort, das Schalten eines Hebels oder Drücken eines Knopfes ist ein overt response.

→ Response O

Pädagogie

Der Begriff Pädagogie, der sich in der Erziehungswissenschaft bis heute nicht allgemein durchsetzen konnte, bezeichnet die Praxis der Erziehung im Sinne intentionaler erzieherischer Maßnahmen und Prozesse in Abhebung von der → Pädagogik als der Theorie der Erziehung. K

Pädagogik

ist ihrer Wortbedeutung nach die Wissenschaft von der Erziehung. In der einschlägigen Literatur wird heute gelegentlich zwischen Pädagogik und → Erziehungswissenschaft unterschieden, wobei allerdings m. E. eine eindeutige Abgrenzung nur aufgrund von Vereinbarung oder willkürlicher Setzung möglich ist. Die Bevorzugung der Bezeichnung Erziehungswissenschaft gegenüber Pädagogik will vor allem die Orientierung an empirischer Forschung und gleichzeitig damit die Absetzung von spekulativen Methoden früherer Pädagogik auch in der Namensgebung betonen.
Die **Erziehungslehre** dagegen ist ausdrücklich als Sammlung praktisch erprobter Erziehungsregeln, als unmittelbare Handreichung für die erzieherische Praxis aufzufassen. Sehr verschiedene Auffassungen in der wissenschaftlichen Diskussion über die Aufgabenbestimmungen der Pädagogik lassen deutlich erkennen, daß die zeitweise vertretene ausschließliche Geltung empirisch nachweisbarer und gesicherter Ergebnisse den spezifischen Anforderungen im pädagogischen Bereich offensichtlich nicht gerecht werden kann. Dementsprechend reichen die Aufgabenbeschreibungen von eindeutiger Beschränkung auf den technischen Aspekt von Lernprozessen bis hin zu philosophisch orientierter Sinnermittlung.
Für B. Möller (1966, Seite 183) z. B. ist Pädagogik „ein Sammelbegriff für

angewandte Wissenschaften, die sich mit der Veränderung von Verhaltensweisen beschäftigen".
H. Frank (1969, Band 1, Seite X) bezieht den Bereich der Sinn- und Zielermittlung ausdrücklich mit- ein, wenn er Pädagogik folgendermaßen definiert: „Pädagogik ist die Theorie, Axiologie (d. h. normative Ideologie) und Technik der Bewirkung von Lernprozessen in Teilsystemen von Nachrichtenverarbeitungssystemen." Der normative Aspekt der Pädagogik wird hier als sinn- und zielgebend für die technische Seite der Pädagogik gesehen, der es um die „praktische Bewältigung der mit dem didaktischen Informationsumsatz (= Lehr- und Lernprozeß; Köck) in der Industriegesellschaft zusammenhängenden Probleme" geht (a. a. O., Band 2, Seite 146).
F. v. Cube (1968, Seite 183) reduziert die Pädagogik als Wissenschaft kompromißlos auf den Lernbereich, wenn er sagt: „Der Gegenstandsbereich, um den es sich in den Disziplinen Pädagogik, Erziehungswissenschaft und Didaktik handelt, läßt sich ... folgendermaßen gliedern:
Lernziele (mit wissenschaftlichen Methoden nicht zu ermitteln; Köck), Lernorganisation (≙ Verfahrensoptimierung; Köck), Lernsystem (≙ der grundsätzlich veränderbare Mensch; Köck), Lernkontrolle (≙ Untersuchung des jeweiligen Kenntnis- und Leistungsstandes des Lernenden; Köck)."
Von dem Verständnis der Erziehung als „kommunikativem Handeln" (K. Mollenhauer, 1976[3]) ausgehend, bestimmt in ganz anderer Weise der → Symbolische Interaktionismus die Aufgaben der Pädagogik.
Die im → Rollenhandeln im pädagogischen Feld miteinander umgehenden Individuen sind in ihrer vielfältigen Wechselbeziehung und in ihrer Bedingtheit durch Gesellschaft und Tradition Gegenstand pädagogischer Forschung.
Üblicherweise wird Pädagogik in **Allgemeine Pädagogik, Geschichte der Pädagogik** und die Disziplinen der **Speziellen Pädagogik** eingeteilt. Letztere gliedern sich in Frühpädagogik (→ Elementarerziehung), → Schulpädagogik, Heil- und → Sonderpädagogik, → Sozialpädagogik, → Arbeits- und → Berufspädagogik, → Wirtschafts-, Industrie- und → Betriebspädagogik, Freizeitpädagogik (→ Freizeiterziehung), Friedenspädagogik (→ Friedenserziehung), → Andragogik.
Von unverzichtbarer Bedeutung sind für die Pädagogik die Kontakte zu ihren Nachbarwissenschaften, v. a. zur Soziologie (Pädagogische Soziologie: Theorie der → Sozialisation, → Gruppenpädagogik, → Gruppendynamik), → Psychologie (→ Pädagogische Psychologie mit den Schwerpunkten Lernpsychologie, → Motivationsforschung, Biologie (v. a. → Genetik und vergleichende → Verhaltensforschung), → Informationstheorie und Kybernetik (→ Kybernetische Pädagogik), Medizin, Philosophie, Theologie, Geschichts-, Rechts-, Wirtschafts- und Politikwissenschaft. K

Akademie der Päd. Wiss. der UdSSR 1973; Benner 1973; Bernfeld 1973; Böhm/Schriewer 1975; Brezinka 1978; Cube 1977; Driesch/Esterhues 1961; Flitner 1963; Fischer u. a. 1976; Funkkolleg 1970; Garin 1964; Giesecke 1974, 1975; Haller 1977; Hentig 1972; Herbart 1971; Jaspers 1977; Kant o. J.; König 1975; Langeveld 1973; Lassahn 1976; Mollenhauer 1976; Novak 1978; Robinsohn 1973; Russ 1965; Speck 1976; Wilhelm 1977; Wolf 1976; Wulf 1977

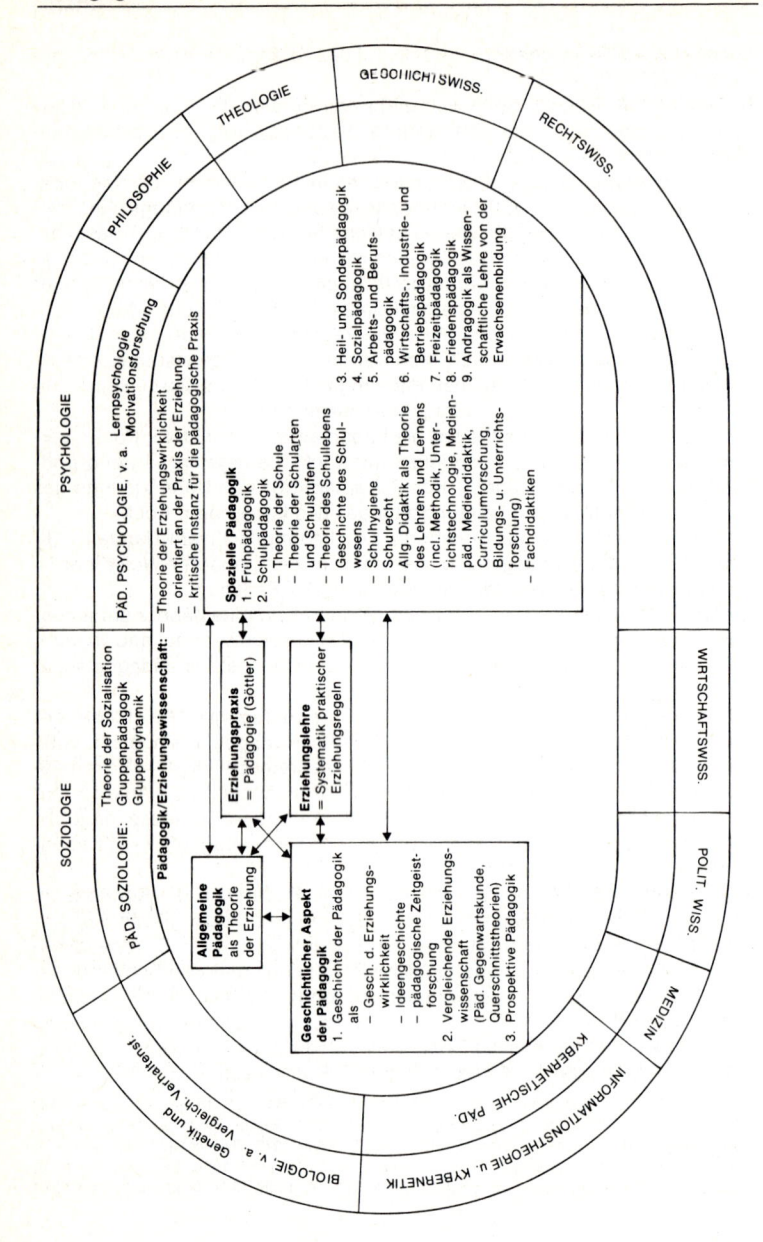

Pädagogik

Outer ring (clockwise from top): THEOLOGIE · GESCHICHTSWISS. · RECHTSWISS. · WIRTSCHAFTSWISS. · POLIT. WISS. · MEDIZIN · INFORMATIONSTHEORIE u. KYBERNETIK · BIOLOGIE, v. a. Genetik und Vergleich. Verhaltensf. · SOZIOLOGIE · PHILOSOPHIE

Inner ring:
- PÄD. SOZIOLOGIE: Theorie der Sozialisation, Gruppenpädagogik, Gruppendynamik
- PSYCHOLOGIE
- PÄD. PSYCHOLOGIE, v. a. Lernpsychologie, Motivationsforschung
- KYBERNETISCHE PÄD.

Pädagogik/Erziehungswissenschaft:
= Theorie der Erziehungswirklichkeit
– orientiert an der Praxis der Erziehung
– kritische Instanz für die pädagogische Praxis

Erziehungspraxis
= Pädagogie (Göttler)

Erziehungslehre
= Systematik praktischer Erziehungsregeln

Allgemeine Pädagogik
als Theorie der Erziehung

Geschichtlicher Aspekt der Pädagogik
1. Geschichte der Pädagogik als
   – Gesch. d. Erziehungswirklichkeit
   – Ideengeschichte
   – pädagogische Zeitgeistforschung
2. Vergleichende Erziehungswissenschaft (Päd. Gegenwartskunde, Querschnittstheorien)
3. Prospektive Pädagogik

Spezielle Pädagogik
1. Frühpädagogik
2. Schulpädagogik
   – Theorie der Schule
   – Theorie der Schularten und Schulstufen
   – Theorie des Schullebens
   – Geschichte des Schulwesens
   – Schulhygiene
   – Schulrecht
   – Allg. Didaktik als Theorie des Lehrens und Lernens (incl. Methodik, Unterrichtstechnologie, Mediapäd. Mediendidaktik, Curriculumforschung, Bildungs- u. Unterrichtsforschung)
   – Fachdidaktiken
3. Heil- und Sonderpädagogik
4. Sozialpädagogik
5. Arbeits- und Berufspädagogik
6. Wirtschafts-, Industrie- und Betriebspädagogik
7. Freizeitpädagogik
8. Friedenspädagogik
9. Andragogik als Wissenschaftliche Lehre von der Erwachsenenbildung

Pädagogische Anthropologie → Anthropologie, pädagogische

Pädagogische Atmosphäre → Atmosphäre, pädagogische

Pädagogische Feldforschung
ist die an der unmittelbaren Erfahrung orientierte Forschung in der konkreten Erziehungswirklichkeit, wobei sich der Forscher selbst in dieser Erziehungswirklichkeit (= pädagogisches Feld) befindet.
→ Feld, Feldforschung K

Pädagogische Hochschule → Hochschule

Pädagogische Provinz
Die Bezeichnung geht auf J. W. v. Goethe zurück, der seine Vorstellungen der idealen Erziehung in seinem Roman „Wilhelm Meisters Wanderjahre" (1829) niederlegte.
In Goethes Roman ist die pädagogische Provinz eine Landschaft, in der Kinder und Jugendliche in Gemeinschaft fernab von hemmenden oder schädlichen Umwelteinflüssen – allerdings auch realitätsfern und ohne die Möglichkeit der schrittweisen Einübung in die Realitätsbewältigung an dieser selbst – erzogen werden.
Bezüglich der heutigen Verwendung der Bezeichnung vgl. → Isolierung (2.). K
Hohmann 1976

Pädagogische Psychologie
ist eine Disziplin der → Angewandten Psychologie. Ihr Anliegen ist die Erforschung der Erziehungswirklichkeit von der psychologischen Seite her (A. Fischer) und mit psychologischen Methoden und die Anwendung der gewonnenen Erkenntnisse in der erzieherischen Praxis, vor allem im Bereich des Lernens und Lehrens, in der pädagogisch-psychologischen Diagnostik und in der → sonderpädagogischen Praxis. Im einzelnen untersucht sie z. B. die psychologischen Auswirkungen bestimmter → Erziehungsstile, bestimmter Methoden des Erziehens und Lehrens (z. D. Motivationsforschung), bestimmter Unterrichtsfächer, Bildungsinhalte, Lernziele auf die Schüler. Sie beschäftigt sich ferner mit Problemen der Informationsverarbeitung auf den verschiedenen Altersstufen, mit der Eigenart erzieherischer Kommunikationsprozesse, mit den Rückwirkungen von Institutionen (z. B. Schule) auf Lehrer und Schüler.
Die Pädagogische Psychologie verbinden wechselseitige Bezüge vor allem

mit der Allgemeinen Psychologie, der Sozial-, Entwicklungs- und Lernpsychologie und neuerdings mit der Informationspsychologie. K

Ausubel/Robinson 1969; Bruder 1976; Correll 1974; Dewey 1974; Dreikurs 1976; Edelstein/Hopf 1973; Engelmayer 1974; Funkkolleg 1974; Furth 1973; Gage/Berliner 1977; Heller/Nikkel 1976; Klausmeier/Ripple 1973; Metzger 1976; Mietzel 1975; Nickel/Langhorst 1973; Piaget 1975; Röhrs 1971; Schenk-Danzinger 1976; Skowronek 1968; Smith/Hudgins 1971; Tausch 1977; Travers 1975; Tumlirz 1966

Pädagogische Retentionsstörungen → Retention

Pädagogische Soziologie

In neueren Veröffentlichungen wird die Pädagogische Soziologie gelegentlich auch Soziologie der Erziehung genannt. Da sich Erziehung immer in einem sozialen Bezugsrahmen ereignet, besteht eine unverzichtbare Wechselbeziehung zwischen Pädagogik und Soziologie, wobei es als müßiger Streit anzusehen ist, welche der beiden Wissenschaften den Vorrang hat. Die Forschung der Pädagogischen Soziologie interessieren vor allem jene Bereiche der Erziehungswirklichkeit, die der besonderen Einflußnahme durch Erwartungen und Normen der Gesellschaft, von Institutionen oder Gruppen (z. B. Klasse, Interessengruppe, Familie) ausgesetzt sind. Ferner gehört es zu ihrer Aufgabe, soziologische Forschungsergebnisse, z. B. der → Gruppendynamik, in erzieherischen Situationen anzuwenden und auf ihre Bewährung in der Praxis hin zu prüfen. K

Bernstein 1977; Brookover/Erickson 1975; Hurrelmann 1974; Kippert 1970; Kob 1976; Musgrave 1972; Röhrs 1971; Ulich 1976; Weiß 1970

Pädagogischer Assistent

Der Pädagogische Assistent, der grundsätzlich dem im → Bildungsgesamtplan berücksichtigten → Schulassistenten entspricht, soll den Grund- und Hauptschullehrer in seinen schulischen Aufgaben unterstützen. Maßgebend für die Tätigkeit des Pädagogischen Assistenten, der zunächst in Bayern ausgebildet wird, ist § 1 der ‚Verordnung über den Vorbereitungsdienst der Pädagogischen Assistenten an Volksschulen' vom 29. August 1972 (Bayer. Gesetz- und Verordnungsblatt, S. 410): „Der Pädagogische Assistent soll den Lehrer an Volksschulen (Grund- und Hauptschulen) bei der Vorbereitung und Durchführung des Unterrichts unterstützen (Organisation, Hilfsmittel-Medieneinsatz, lernfördernde Maßnahmen) und durch die Arbeit mit Schülergruppen (Einprägen, Üben, Anwenden) zur Sicherung des Unterrichtserfolges beitragen. Ferner soll er besondere Aufgaben der Betreuung von Schülern und Schülergruppen wahrnehmen und bei Schulveranstaltungen und Verwaltungstätigkeiten mitwirken."

Auf Grund dieser Verordnung kann der Pädagogische Assistent in folgenden vier Aufgabenbereichen tätig werden:
– Hilfeleistung gegenüber Lehrer und Schülern während der unterrichtlichen Tätigkeit des Lehrers
– Mithilfe beim übenden Unterricht in der Gruppe
– Assistenz in überfachlichen Arbeitsbereichen
– Mitarbeit in der Schulverwaltung

Die Aufgabenbereiche des im Bildungsgesamtplan dargestellten Schulassistenten decken sich im allgemeinen mit denen des Pädagogischen Assistenten.
Der Bildungsgesamtplan sieht drei weitere Bereiche für den Schulassistenten vor:
- Aufgaben in der Verwaltung
- Aufgaben der technischen Hilfeleistung
- Aufgaben der pädagogischen Assistenz

Nach dem Bildungsgesamtplan sind auch Bildungsgänge denkbar, die nur einen der genannten Bereiche berücksichtigen oder schwerpunktmäßig behandeln.
Im Gegensatz zum in Bayern ausgebildeten Pädagogischen Assistenten wird der Schulassistent im Primar-, Sekundarbereich I und II einschließlich der Sonderschulen eingesetzt.
Schulassistenten und Pädagogische Assistenten werden nicht zur selbständigen Klassenführung oder zum selbständigen Unterricht herangezogen. O

Pädagogischer Bezug
bezeichnet das besondere Verhältnis zwischen Erzieher und zu Erziehendem. Er ist inhaltlich je nach der zugrundeliegenden pädagogischen Theorie bestimmt, z. B. als → dialogischer Bezug, als → Lebenshilfe, als Handbietung reichen zu seinsgemäßer Selbstverwirklichung, neuerdings vor allem als kommunikativer Prozeß unter dem Aspekt einer empanzipatorischen Pädagogik. K

Pädagogischer Takt
beschreibt eine wünschenswerte Verhaltensdeterminante des Erziehers. Sie bedeutet zunächst Sensibilität (= Feinfühligkeit, ,,Fingerspitzengefühl") für das Geschehen in erzieherischen Situationen und die Fähigkeit, dieses Geschehen in seiner Bedeutung und Tragweite realistisch einzuschätzen. Pädagogischer Takt beruht ferner auf → Empathie (= Einfühlungsvermögen) in Erlebnisweisen und das aktuelle Verhalten von Kindern und Jugendlichen, was wiederum fundierte pädagogische und psychologische Kenntnisse voraussetzt.
Pädagogischer Takt verwirklicht sich schließlich noch in einer abwartenden Haltung des Erziehers, die der Freiheit und Selbsttätigkeit des Kindes und Jugendlichen Raum gibt. Da es eine Grundvoraussetzung des pädagogischen Takts ist, das Kind und den Jugendlichen als Persönlichkeit voll ernst zu nehmen, sind Verletzungen der menschlichen Würde etwa aus falsch verstandener Überlegenheit (z. B. durch Ironie, Lächerlichmachen, Bloßstellen usw.) unvereinbar mit dem Rollenverständnis des Erziehers. K

Pädagogisches Feld
wird ein durch erzieherische und/oder unterrichtliche Absichten und Maßnahmen im weitesten Sinne gekennzeichneter Bereich genannt mit all seinen Faktoren, die in irgendeiner Weise auf die im Feld handelnden Personen Einfluß nehmen.

K. Mollenhauer (1976[3]) definiert das pädagogische Feld als „Sinnzusammenhang aus den Handlungen aller im Feld Interagierenden". Die im pädagogischen Feld Handelnden bestimmen ihre Wechselbeziehung vor allem
1. aufgrund ihrer jeweils ureigenen „Lebenswelten", die sie ins Feld mitbringen,
2. aufgrund der eingeübten „Situationsdefinitionen", die das Verhalten in gewisser Weise vorprogrammieren,
3. aufgrund ihrer wechselseitigen Erwartungen,
4. aufgrund ihrer Fähigkeiten zur → Kommunikation und → Metakommunikation (= → Diskurs) und
5. aufgrund der gemeinsam zu bewältigenden aktuellen (Lern-)Situation.

Das pädagogische Feld in der Übersicht:

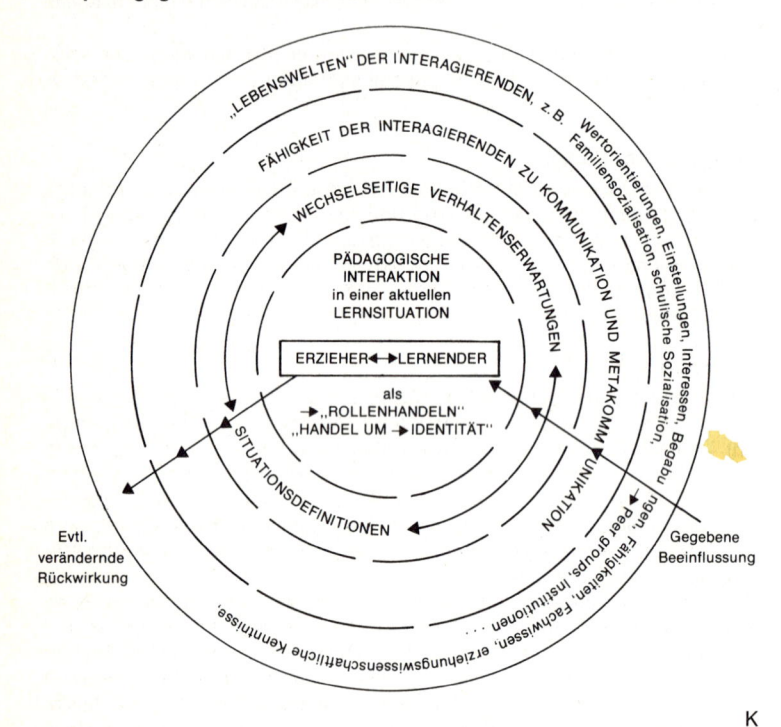

[Schematische Darstellung konzentrischer Kreise mit den Bezeichnungen: „LEBENSWELTEN" DER INTERAGIERENDEN, z.B. Wertorientierungen, Einstellungen, Interessen, Begabungen, Fähigkeiten, Fachwissen, erziehungswissenschaftliche Kenntnisse, Familiensozialisation, schulische Sozialisation, peer groups, Institutionen ...; FÄHIGKEIT DER INTERAGIERENDEN ZU KOMMUNIKATION UND METAKOMMUNIKATION; WECHSELSEITIGE VERHALTENSERWARTUNGEN; SITUATIONSDEFINITIONEN; im Zentrum: PÄDAGOGISCHE INTERAKTION in einer aktuellen LERNSITUATION, ERZIEHER ↔ LERNENDER als → „ROLLENHANDELN", „HANDEL UM → IDENTITÄT". Links: Evtl. verändernde Rückwirkung. Rechts: Gegebene Beeinflussung]

K
O
paidotrop
bedeutet dem Kinde zugewandt. → logotrop

Pairing
wörtlich Paarung, bezeichnet den Vollzug des Geschlechtsverkehrs. → Dating → Petting

K

Palma-Reflex

Der Palma-Reflex zählt zu den sog. → Darwinschen Reflexen. Wenn man die Handinnenfläche eines Säuglings berührt, schließt sich die Hand und zwar so fest, daß der Säugling sich frei hängend an den Fingern eines Erwachsenen oder an einer Stange mehrere Minuten lang halten kann. Der in der früheren Stammesgeschichte des Menschen vielleicht einmal nützliche Palma-Reflex verliert sich ab dem 3. Lebensmonat.
→ Moro-Klammerreflex   K

Paneluntersuchung

von Paneluntersuchung wird gesprochen, wenn eine Gruppe von Versuchspersonen, z. B. eine Schulklasse, nach empirischem Vorgehen (d. h. in regelmäßigen Zeitintervallen nach einem gleichbleibenden Untersuchungsstil mit gleichen Erhebungsinstrumenten) untersucht, befragt, beobachtet oder getestet wird. Hierbei sollen Verhaltensänderungen desselben Adressatenkreises ermittelt und festgehalten werden. Zeigen sich Änderungen im Reaktionsverhalten des befragten Personenkreises, die sich durch die regelmäßig wiederholten Untersuchungen selbst ergaben, so spricht man vom **Panel-Effekt**.   O

Pansexualismus

Der Begriff Pansexualismus ist eine kritische Bezeichnung für die Frühform der → Psychoanalyse S. Freuds, die grundsätzlich die Ursachen für jedes menschliche Verhalten in sexuellen Triebkräften sah.   O

Pantomime, Pantomimik

Pantomime bedeutet Ausdruck nur durch Gebärden, also unter Verzicht auf Sprache und Mienenspiel. Im vorschulischen und schulischen Bereich eignet sie sich hervorragend als Spielform zur gestischen Ausdrucksschulung und zur Sensibilisierung der Beobachtungsfunktionen der Zuschauer. Pantomimik wird als Bezeichnung für die Kunst der Pantomime verwendet.   K

Budenz 1959; Critchley 1975; Dorcy 1963; Hunt 1964; Simon 1960; Soubeyran 1963

Paradigma

heißt Musterbeispiel, mit dessen Hilfe z. B. ein komplexer Sachverhalt oder Vorgang erklärt wird. Ein Paradigma steht also immer stellvertretend für ein anderes. So ist z. B. das Kommunikationsmodell Sender – Kanal – Empfänger eines von vielen Paradigmen für die menschliche → Kommunikation.   K

Paralleltest → Test → Parallelformen

Paralleltestmethode

Entsprechend der → Test-Parallelform werden, um die → Reliabilität (Zuverlässigkeit) einer Messung zu überprüfen, einer Gruppe von Versuchspersonen zeitlich verschoben zwei streng vergleichbare Tests zur Bearbeitung gegeben. Die Ergebnisse werden verglichen und in Beziehung gesetzt.
→ Reliabilitätskoeffizient   O

Parameter
Eine charakteristische Konstante (gleichbleibende Größe), die zur Unterscheidung einzelner Funktionen in einer Gruppe gewählt wurde, ist ein Parameter. Als Kennwert z. B. in Form eines Mittelwertes oder einer Streuung bezieht er sich auf die Häufigkeitsverteilung der Beobachtungswerte in der → Population. O

Paraphrasieren → Gesprächsführung, partnerzentrierte

Part-Method (P-Method) → T-Methode

Partnerarbeit → Sozialformen des Unterrichts

Partnerschaftstraining
Schwerpunkte dieser jungen Form gruppendynamischer Trainingsmethoden (seit 1972) sind Intimität und → Aggression.
Das Partnerschaftstraining wird je nach Zielsetzung für (Ehe-) Paare, Einzelne oder gemischt für (Ehe-) Paare und Einzelne als Gruppentraining meistens in 5-Tage-Kursen durchgeführt.
Zur Bearbeitung bieten sich nach Däumling (1974) vor allem an
1. Kommunikationsformen,
2. Umgang mit neuen oder ungewohnten partnerschaftlichen Situationen bei gleichzeitiger Beobachtung und nachfolgendem → Feedback durch die Gruppe,
3. Bearbeitung früherer oder noch andauernder Partnererfahrungen,
4. Bezug zur Gruppe.

Die genannten Autoren erachten es als wichtig, den Paaren in verkraftbaren Kleinschritten Erfolgserlebnisse zu verschaffen, um ein Verharren in der Resignation oder einen Rückfall in sie auszuschließen. Selbstverständlich kann eine evtl. Trennung nicht ausgeschlossen werden, immerhin aber besteht die Chance, sie fair zu vollziehen.

Berlin 1975

→ Trainingsmethoden, gruppendynamische K

Partnerzentrierte Gesprächsführung → Gesprächsführung, partnerzentrierte

Passiv-sozial-integrativer Unterrichtsstil
→ Unterrichtsstil

Pathologie
ist die Lehre von den Krankheiten. Man unterscheidet grundsätzlich die allgemeine Pathologie, die Krankheitsursachen erforscht und die Wirkung der Krankheiten auf den Körper untersucht, von der speziellen Pathologie, die sich mit einzelnen Krankheiten befaßt und der experimentellen Pathologie, die den Tierversuch zur Klärung pathologischer Fragen heranzieht. O

pathologisch → Pathologie

Patriarchat

Im Gegensatz zum → Matriarchat (Mutterherrschaft) bedeutet Patriarchat die **Vaterherrschaft**, der eine Eheform zugrunde liegt, bei der das **Vaterrecht** im Vordergrund steht, und der Mann als Oberhaupt der Familie vorsteht. Die ausgeprägteste Form des Patriarchats ist die **patriarchalische Großfamilie**, bei der mehrere Generationen unter der Führung des Familienältesten zusammengefaßt werden. Die Berechnung und Festlegung der Abstammung der Kinder erfolgt beim Vaterrecht im Gegensatz zum → Mutterrecht in väterlicher Linie. – Im kirchlichen Bereich bezeichnet das Patriarchat die Würde und den Amtsbereich eines „kirchlichen Patriarchen". O

Pattern

sind Lernmuster oder Lernstrukturen, die beispielhaft zur Erleichterung des Lernfortschrittes gegeben werden.

→ Pattern Drill → Phaseneinheiten O

Pattern drill

Ein Beispiel wird als Lernmuster oder Lernsatz gegeben, der in zahlreichen gleichen und ähnlichen Zusammenhängen als Grundstruktur durch umfangreiches Üben einzuschleifen ist. Schwierige grammatikalische Strukturen werden z. B. durch Programme im → Sprachlabor in den entsprechenden → Phaseneinheiten eingeübt, in Buchprogrammen werden Muster vorgegeben, die in einer Anzahl von Transferübungen nachzuvollziehen sind.

→ Programmierte Instruktion → Lernzielstufen O

Peer-group

Peer-groups sind → Gruppen Jugendlicher etwa gleichen Alters. In dem Zwiespalt zwischen einer an der Erwachsenenwelt gemessenen hohen Leistungsanforderung in Schule und Berufsausbildung und Abhängigkeit und eingeschränkter Freiheit als eben noch nicht Erwachsene bilden sie zur Überwindung ihrer Orientierungsprobleme solche peer-groups, in denen sie eigene Formen des Zusammenlebens und der Realitätsbewältigung (Subkulturen) ausformen und praktizieren. Bei diesem Vorgang der Normenbildung kann es auch zu Widersprüchen mit den Normen und Erwartungen der übergeordneten Bezugsgesellschaft kommen. K

Solomon/Wahler 1977

perinatal

bedeutet nahe dem Geburtszeitpunkt. In der heutigen Medizin wird damit der Zeitraum des letzten Schwangerschaftsmonats und der ersten zwei Lebenswochen des Säuglings bezeichnet. 1975 wurde als Folge relativ hoher Säuglingssterblichkeit in der Bundesrepublik Deutschland erstmals die sog. Perinatal-Studie veröffentlicht. Neben einer Bestandsaufnahme legte die Studie vor allem Wert auf die Eingrenzung von Risikofaktoren um

peristostabil

den Geburtszeitpunkt und auf die Erarbeitung von Entscheidungshilfen für die Überweisung von Risikoschwangeren in Schwerpunktabteilungen der Kliniken. Die statistisch für das Jahr 1978 errechnete Säuglingssterblichkeit ist der nachfolgenden Übersicht aus der Tagespresse (Januar 1979) zu entnehmen: K

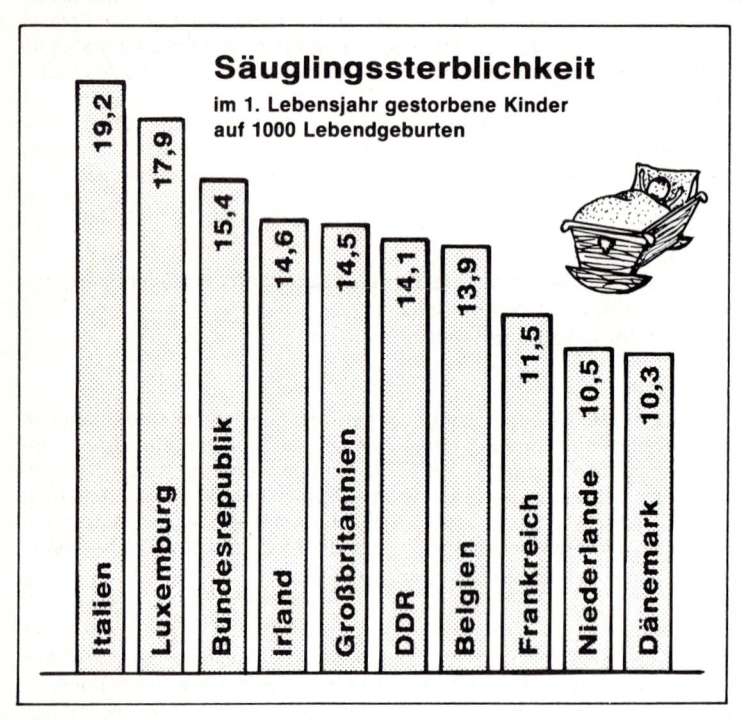

Säuglingssterblichkeit
im 1. Lebensjahr gestorbene Kinder auf 1000 Lebendgeburten

Italien	19,2
Luxemburg	17,9
Bundesrepublik	15,4
Irland	14,6
Großbritannien	14,5
DDR	14,1
Belgien	13,9
Frankreich	11,5
Niederlande	10,5
Dänemark	10,3

peristostabil
bedeutet umweltunabhängig, von der Umwelt nur schwer oder gar nicht beeinflußbar. O

Permeabilität
heißt Durchlässigkeit, z. B. von Membranen (= dünne Scheidewände). Neuerdings wird der Begriff auch als Bezeichnung für die Durchlässigkeit zwischen verschiedenen Schulformen verwendet. Damit ist das Ausmaß an Möglichkeiten gemeint, die einem Schüler für den Wechsel in eine andere Schulform zur Verfügung stehen, z. B. von der Volksschule zum Gymnasium oder von der Realschule ins Gymnasium. Die Idee der Gesamtschule verfolgt u. a. das Ziel, eine möglichst hohe Permeabilität zu erreichen, also die Fixierung auf einige wenige Übertrittsverfahren zu überwinden. K

Permissiorität

Der Begriff Permissiorität (Nachgeben, Gestatten, Zulassen) wurde ebenso wie → Direktivität aus dem amerikanischen Erziehungswesen in die Deutsche pädagogische Psychologie übernommen und bezieht sich auf den → Erziehungs- und Unterrichtsstil des Lehrers. Das permissive Verhalten des Lehrers gestattet den Schülern größtmögliche Entscheidungsfreiheit. Der permissive Stil ist in etwa dem passiv-sozial-integrativen Unterrichtsstil gleichzusetzen. Er ist nur in Klassen mit geringer Schülerzahl und in der Kleingruppe anwendbar.

→ Lehrerpersönlichkeit → Lehrerrolle → Lehrertypen   O

Perseveration

bezeichnet das unwillkürliche hartnäckige Erinnern bestimmter Erlebnisinhalte und das stereotype Beharren auf bestimmten Handlungsvollzügen. Sie ist oft bei Menschen mit schweren psychischen Störungen oder hirnorganischen Schädigungen zu beobachten, aber auch als Folge besonders emotional geladener Erlebnisse oder auch als vorübergehend bevorzugte Art des Lernens bei Kindern (Herunterleiern von Abzählreimen, Versen usw.).

→ Rigidität   K

Person

Die inhaltliche Bestimmung von Person wurde Jahrhunderte hindurch von Theologie und Philosophie geleistet, weshalb der Begriff in der modernen empirisch orientierten Pädagogik und Psychologie zögernd Verwendung findet. Person ist durch zwei wechselseitig sich bedingende Aspekte gekennzeichnet:
1. Person bedeutet Subjektivität als → Individuum, dessen Wesensmerkmale philosophisch interpretiert unteilbare Einheit, Einmaligkeit und vernunftbegabte Handlungsfähigkeit sind, und Subjektivität als in sich selbst gründende und mit Selbstbewußtsein ausgestattete → Persönlichkeit.
2. Person verwirklicht sich aber letztlich in der → Interaktion mit Umwelt und Mitwelt. Sie ist geschichtlich und in Wechselbeziehung zur Gesellschaft geworden und bestimmt, Zeit und Gesellschaft ihrerseits mitgestaltend und verändernd, ständig Konflikten, auch dem Scheitern ausgesetzt auf dem Weg zu mündiger, ihren sozialen Bezügen verantwortlicher Selbstbestimmung.   K

Arnold 1957; Fletcher 1975; Lersch 1962; Lidz 1976; Picard 1958

Personaler Kontext → Kontext

Personalisation

bezeichnet jene Lernprozesse, die dem Menschen sein Personsein (→ Person) in Entwicklung und Bestand ermöglichen. Sie vollzieht sich durch die Prozesse der → Sozialisation und → Enkulturation, sie erreicht ihr eigentliches Ziel des Person-seins aber erst, wenn sie über bloße Anpassung und

Fremdbestimmung hinaus zur Selbstbestimmung im Sinne kritischer Distanz, eigener Entscheidungsfähigkeit und Verantwortlichkeit für Um und Mitwelt führt. K

Personenbezogene Erfolgsmessung

orientiert sich am persönlichen Lernfortschritt des einzelnen Schülers. Nicht der Klassendurchschnitt entscheidet, sondern die Lernergebnisse und Lernerfolge des einzelnen in Form seines Lernzugewinns sind Maßstab einer personenbezogenen Erfolgsmessung.

→ Lehr- und lernzielbezogene Ergebnismessung → Lernzielkontrolle → Lernzielstufen → Schulstreß → Schulleistungsmessung O

Persönlichkeit

G. W. Allport stellte 1937 50 unterschiedliche Definitionen über Persönlichkeit zusammen. Er selbst schlug folgende Beschreibung vor: „Persönlichkeit ist die dynamische Ordnung derjenigen psychophysischen Systeme im → Individuum, die seine einzigartigen Anpassungen an seine Umwelt bestimmen" (zit. nach Lexikon der Psychologie. Freiburg 1971, Band 2, Seite 748/9).

Gegenstand der Persönlichkeitsforschung als einer Disziplin der Differentiellen → Psychologie ist also der individuelle Aspekt des Erlebens und Verhaltens des Menschen. Persönlichkeit verwirklicht sich im Prozeß der → Personalisation. Der Vielfalt der Definitionen entspricht eine ebenso große Vielfalt von Persönlichkeitstheorien und methodischen Ansätzen in der Forschung, z. B. die Eigenschaftstheorie, der behaviouristische Ansatz in der Persönlichkeitsforschung, die an der Motivationspsychologie oder an der Sozialpsychologie orientierte Persönlichkeitsauffassung u. v. a.

Allport 1970 und 1974; Arnold 1957; Bales 1970; Bandura/Walters 1963; Dietrich 1966; Endleman 1967; Eysenck/Eysenck 1969; Gardner u. a. 1968; Guntrip 1961; Handbuch der Psychologie 1960; Lersch 1954; Lester 1974; Levy 1970; Le Vine 1973; Linton 1974; Lundin 1969; Mansfield 1975; Parsons 1968; Pervin 1975; Rorarius 1974; Russell 1967; Sarason 1972; Scharmann 1966; Sève 1972

→ Person K

Personalkonzentration → Konzentration

Perversion

Perversionen sind Fehlverhaltensweisen des Gefühls- und Trieblebens, insbesondere im Bereich der Sexualität. Über die Entstehung von Perversionen kennt die Wissenschaft bis heute nur Arbeitshypothesen, die beruhen auf der:

1. **psychosozialen Ursachentheorie,** nach der Perversionen in erster Linie das Ergebnis verfehlter → Sozialisation sind. Die psychoanalytische Sexualtheorie vermutet in jedem Menschen „perverse Partialtriebe". Diese kommen aber nur beim Sexuell-Abnormalen wie z. B. beim Voyeur oder Exhibitionisten zum Vorschein. Die Gründe zu diesem Verhalten sind nach Freud in frühkindlichen Erfahrungen zu suchen.

2. **biologischen Ursachentheorie**, nach der Perversionen wie die → Homosexualität auf frühzeitig auftretende hormonale Abweichungen zurückzuführen sind.

3. → **Konvergenztheorie**, nach der Perversionen auch durch erworbene und angeborene Erlebnis- und Verhaltensweisen in Verbindung mit besonderen auf den Menschen einwirkenden, das Sexualleben dominant bestimmenden Faktoren entstehen können. In den Kindheits- und Jugendjahren treten häufig sexuelle Abartigkeiten auf, ohne daß diese auf Dauer zur Perversität werden. Manche der früher als pervers bezeichneten Verhaltensweisen sind in unserer gegenwärtigen Gesellschaftsform Bestandteil des sogenannten normalen Sexualverhaltens geworden.
Perversionen liegen dann vor, wenn sexuelle Befriedigung durch eine der vielen Formen abweichenden Sexualverhaltens erzielt wird, wie z. B. → Sadismus, → Masochismus, → Sodomie, → Exhibitionismus, → Voyeurtum, → Fetischismus, → Transvestitismus. O

Perzeption → Apperzeption

Petting
ist die umfassende Bezeichnung für alle Praktiken des Liebesspiels. Der Geschlechtsverkehr ist beim Petting ausgeklammert. Es wird heutzutage vor allem von Jugendlichen als Form vorehelicher Sexualbeziehungen praktiziert. K

Phänomenologie
Phänomenologie bezeichnet die Methode, die von den Ereignissen, Erfahrungen und Vorgängen im Bewußtsein (Phänomene = Erscheinungsformen) ausgeht. Diese seien für das → Individuum als sinnhafte Ganze unmittelbar erlebbar und deutbar. Sie bestimmen das Verhalten und die Verhaltensänderungen des Individuums wesentlich mit.
Phänomenologisches Vorgehen zielt also über das tatsächlich Beobachtbare hinaus auf das Wesentliche eines Ereignisses oder einer Erfahrung. Die Phänomene sollen als Ganze von sich selbst her erschlossen werden und nicht wie beim hermeneutischen Verfahren (→ Hermeneutik) durch Vorgange des Interpretierens und Verstehens.
Aloys Fischer führte die phänomenologische Methode mit seiner „deskriptiven (= beschreibenden) Pädagogik" in die erziehungswissenschaftliche Forschung ein. K

Husserl 1958–1977, 1977; Röhrs 1968; Schuhmann 1973; Sokolowski 1976; Spiegelberg 1972; Strasser 1964

Phänotyp (Phänotypus)
Der Begriff Phänotyp stellt ebenso wie der von ihm zu unterscheidende → Genotyp eine hypothetische Bezeichnung dar. Er erfaßt alle tatsächlichen äußeren Erscheinungsformen eines Lebewesens, die durch Erbanlagen und Umwelteinflüsse geprägt sind. O

Phantasie

bedeutet allgemein Vorstellung, Vorstellungskraft, auch Einfallsreichtum als → Assoziation und Kombination von Vorstellungen. Von Phantasien spricht man jedoch auch bei Tag- und Nachtträumen und bei Halluzinationen (= Sinnestäuschungen). Wunsch- und Angstphantasien werden mit Regemäßigkeit als Projektionen in → Gruppen entwickelt. Beispiel: Ein Gruppenmitglied (in der Klasse, im Lehrerkollegium usw.), das oftmals schlechte Erfahrungen mit Vorgesetzten sammeln mußte, projiziert diese schlechten Erfahrungen als Angstphantasie in jeder neuen Gruppe, der es angehört, auf solche Gruppenmitglieder, die aufgrund ihrer Funktionen Autorität ausüben oder den Anspruch auf Autorität erheben. Das durch die Angstphantasie bestimmte, der wirklichen Situation aber nicht angemessene Verhalten der Gruppenmitglieder kann in einem Teufelskreis im Sinne einer sich selbst erfüllenden Prophezeiung genau das erwartete und befürchtete Verhalten im Partner auslösen, wenn nicht Methoden der → Metakommunikation für eine rechtzeitige Klärung des Sachverhalts sorgen. K

Ewert 1967; Fucke 1972; Haeberlin 1968; Klinger 1971; Lahrmann 1972; Richter/Merkel 1974; Singer 1973; Sutherland 1971; Winnicott 1971

Phaseneinheiten

Im Rahmen der Unterrichtsprogrammierung werden Tonbandprogramme für Sprachlabore (SL) in Phasen aufbereitet, die als Lernprogramme grundsätzlich in Drei- oder Vierphaseneinheiten erstellt werden.

Dreiphaseneinheit:

Lehrer	Schüler	Lehrer
(Vorsprechen)	(Nachsprechen)	(Wiederholung)
1. Phase	2. Phase	3. Phase

Vierphaseneinheit:

Aufgabe	Antwort	Richtige	Wiederholung der
(Lehrer)	(Schüler)	Antwort	richtigen Antwort
		(Lehrer)	(Schüler)

Dreiphasen- und Vierphaseneinheiten werden im Fremdsprachenunterricht entsprechend der Altersgruppe für Nachsprechübungen, Einschleifübungen von → Pattern Drills und Intonationsübungen verwendet. Vierphaseneinheiten dienen vor allem → Transfer- und Umwandlungsübungen. Der Schüler kann seine Antwort überprüfen und durch nochmaligen Bandablauf nicht richtige Antworten verbessern.
→ Self-Evaluation → Lehrprogramm O

Phasenprogramm → Phaseneinheiten → Kriterienprogrammierung

Phobie

Die Phobie stellt eine Neuroseform dar, bei der sich beim jeweils Betroffenen Ängste bei bestimmten Gelegenheiten, in gewissen Situationen und vor Objekten feststellen lassen. Solche Ängste sind z. B.:
- Angst auf der Straße, die Platzangst (Agoraphobie)
- Angst in geschlossenen Räumen, Verkehrsmitteln (Claustrophobie)
- Angst vor Erröten (Erythrophobie)
- Angst vor Krebserkrankung (Cancrophobie)
- Angst vor Geschlechtskrankheiten (Syphilitophobie).

Die ängstliche Beobachtung des eigenen Gesundheitszustandes und die Einbildung der Feststellung gewisser Krankheitsanzeichen an sich selbst wird als Hypochondrie bezeichnet.
Alle diese Ängste werden durch seelische Konflikte veranlaßt.

→ Neurose → Hysterie → Zwangsneurose   O

Phonem

bezeichnet das kleinste lautliche Wortunterscheidungszeichen, das ein Wort in ein anderes verändern und in derselben Stellung einen Bedeutungsunterschied hervorrufen kann, z. B. p in **P**ein im Unterschied zu b in **B**ein, k im Gegensatz zu g in **E**ck**e** – **E**gg**e**, Tisch – **F**isch. Von Phonemen wird auch dann gesprochen, wenn Laute in verschiedenen Längen, Stärken und Tonhöhen im selben Kontext vorkommen und zur Unterscheidung von Wörtern dienen, z. B. **R**uhm – **R**um, Fl**a**me – Fl**a**mme, B**a**hn – B**a**nn.

→ Linguistik → Lexem   O

Phonotypie

Sie stellt ein Medienverbundsystem dar, das die Möglichkeit bietet, auf Grund maschineller variabler Tonübertragung gegebene Texte und Diktate über Schreibmaschine oder andere schreibtechnische Geräte auf Papier oder anderes Material zu übertragen. Der Phonotypieunterricht löst den traditionellen Maschinenschreib- und Kurzschriftunterricht ab. Die Phonotypieanlage in der Schule besteht im allgemeinen aus
1. einem **Schülerarbeitsplatz** mit elektrischer Schreibmaschine, einem entsprechenden Kassettenrekorder oder Diktiergerät mit Kopfhörern, Fußtaste mit Vor- und Rücklauf, Lautstärkenregler, Programmwahler und sonstigem Einzelmobiliar.
2. einer **Steueranlage,** die vom Lehrenden bedient wird. Von hier aus wird der Übungsstoff auf die Schülerarbeitsplätze übertragen und kopiert.
In die Ausstattung können entsprechende Rückruf- und Kontrollanlagen bzw. Kontrollmonitore eingebaut werden. Die Arbeit im Phonotypieraum erfolgt entweder in Form des Einzel- oder Vielhörens.
Beim Einzelhören hat der Schüler die Möglichkeit, die Geräte auf seine individuelle Arbeitsgeschwindigkeit einzustellen und die auf ihnen befindlichen Unterrichtseinheiten und Übungsstoffe selbsttätig bis zum Begreifen und Erkennen durch Betätigung der Vor- und Rücklauftaste zu wiederholen. Bei der Methode des **Vielhörens** wird das Programm von außen gesteuert. Der Programmablauf kann vom Schüler nicht gestoppt oder wiederholt

werden. Jedoch bietet sich auch hier noch eine Differenzierung durch eine Schalterverstellung am Schülerarbeitsplatz auf eine niedrigere Geschwindigkeitsstufe. Bei der Steuerung vom Lehrertisch aus können beim Vielhören auch mehrere Programme parallel für verschiedene Gruppen auf die Schülerarbeitsplätze mit unterschiedlichen Geschwindigkeitsstufen eingespielt werden.

→ Lehrprogramm O

Phylogenese → Ontogenese

Pilotfach
wird dasjenige Unterrichtsfach aus einer Fächergruppe genannt, das in besonderem Maße die Voraussetzungen für die Einführung eines allgemeinen oder fächergruppen-spezifischen Lernzieles mitbringt. Es handelt sich dabei meistens um instrumentelle Lernziele, also z. B. um Fertigkeiten wie Erstellen und Vortragen eines Referates (Pilotfach Deutsch), Quelleninterpretation (Pilotfächer Geschichte, Ethik), Umgang mit Statistiken (Pilotfächer je nach Schulart Wirtschaft, Erdkunde u. a.).
Die für die jeweiligen Lernziele zuständigen Pilotfächer sind aus einer Zeitleiste zu ersehen. Durch Orientierung an der Zeitleiste kann sich also jeder Lehrer Klarheit darüber verschaffen, in welchem Schülerjahrgang und zu welchem Zeitpunkt ein dort vermerktes Lernziel durch ein bestimmtes Pilotfach angestrebt wird und von da an als bearbeitet bei den Schülern vorausgesetzt werden kann. Die Verteilung der systematischen Einübung in Fähigkeiten und Fertigkeiten auf jeweils besonders geeignete Pilotfächer bringt eine Entlastung für die einzelnen Unterrichtsfächer mit sich. Die Koordinierung der Pilotfächer in einer Zeitleiste soll unterrichtliche Fehlplanungen in bezug auf vorausgesetzte Fähigkeiten der Schüler vermeiden helfen. K

Pilot project → Pilotprojekt

Pilotprojekt
Der Begriff Pilotprojekt, zu dem Pilot Project, Pilotstudie, Pilot Study als Synonyme verwendet werden, bedeutet einen Modellversuch. Im Bereich des Schulwesens werden Pilotprojekte z. B. als Schulversuche für neu zu errichtende Schulformen oder schulische Umstrukturierungen für eine gewissen Zeitdauer durchgeführt, um die Notwendigkeit, Zweckmäßigkeit und Effizienz für eine zukünftige allgemeine Einführung überprüfen zu können. Der Modellversuch stellt Voruntersuchungen an, um Probleme zu erkennen, die für maßgebende Entscheidungen z. B. über eine Weiterführung, Ablehnung oder Bejahung eines Projekts von größter Bedeutung sein können. O

Pilotstudie → Pilotprojekt

Pilot Study → Pilotprojekt → Experiment

PL 1

ist die Abkürzung für Programming Language 1. PL 1 lehnt sich an die problem- bzw. verfahrensorientierten → Programmiersprachen → ALGOL → COBOL → FORTRAN an und ist für die Programmierung sowohl von Aufgaben, Abläufen und Problemen in Wirtschaft und Verwaltung als auch in Technik und Wissenschaft geeignet. O

Planspiel

Das Planspiel stellt einen Simulationsprozeß mit einer Anzahl sich aneinanderreihenden und ineinandergreifenden Entscheidungen dar. Es wird auf Grund der ständigen Entscheidungsforderungen im Gegensatz zur → Fallstudie, die manche Gemeinsamkeiten mit dem Planspiel hat, jedoch mehr oder weniger einphasig und statisch ist, als ein dynamisch ablaufender Prozeß betrachtet. Jedes Planspiel hat Modellcharakter, ist wirklichkeitsbezogen, baut auf vorher Gelerntem auf, ist in Spielperioden gegliedert, die mit Reflexionsphasen abwechseln, und muß innerhalb einer dem planbaren Ablauf entsprechenden Zeit zu einem Ergebnis führen. Konflikt- oder Problemsimulationen mit offener Lösung werden als **offene Planspiele** bezeichnet, solche dagegen, bei denen das Ziel gegeben und die notwendigen Entscheidungen auf dieses Ziel hin zu treffen sind, werden **geschlossene Planspiele** genannt. Ein Planspiel kann im Unterricht nur dann erfolgversprechend eingesetzt werden, wenn der Schüler für das zu bearbeitende Problem das notwendige Wissen und persönliche Erfahrungen mitbringt, das Ablaufmodell für ihn überschaubar und verständlich ist, und der Lehrer die Planspielmethode beherrscht, die Gruppenergebnisse auch tatsächlich auswertet und in bezug zur Praxis, zur Wirklichkeit bringt. Insbesonders setzt das Planspiel bei den Schülern die Beherrschung bestimmter Arbeitstechniken voraus, wie z. B. Diskussion, Statement, Debatte, Formen der Kooperation und Feedbacktechniken. Wie beim → Rollenspiel übernehmen die Teilnehmer im Planspiel in ihren Gruppen (Aktionsgruppen) Rollen, mit denen sie sich identifizieren. Dem Thema entsprechend umfaßt jede Aktionsgruppe 3 bis 5 Teilnehmer. Die Betreuung der Gruppen während des Spielablaufes, der in zeitlich festgelegte Perioden gegliedert ist, die mit Reflexionsphasen abwechseln, übernimmt der Lehrer als Spielleiter. Das für die Schüler modellhaft aufbereitete Problem muß auf wesentliche Strukturen und Merkmale reduziert werden. Es darf nicht verwirren. Bestimmte Bezüge, Gesetzmäßigkeiten oder Faktoren sind hervorzuheben. Bei komplizierten Sachverhalten und Themen ist die Transparenz der Stoffe zu wahren. Das angestrebte Ziel ist durch entsprechende Aspekte und Hinweise so vorzuzeichnen, daß die eigene Entscheidungs- und Handlungsfreiheit nicht zu stark eingeschränkt wird und das Ziel auf mehreren Wegen mit unterschiedlichen Ergebnissen erreicht werden kann. Für die Entwicklung des Schülers hat diese Methode z. B. folgende Vorzüge: Erleben der Konsequenzen seines Handelns und seiner Entscheidungen, das vorhandene Wissen wird im größeren Zusammenhang gesehen und erprobt, die → Simulation bringt ihn an die Lebenswirklichkeit heran, Förderung von Entscheidungsprozessen, Erziehung zur Kommunikationsfähig-

keit, Überlegungen zur Informationsbeschaffung, Bewußtwerden von Kenntnislücken und Möglichkeit der Anwendung gelernter Stoffe.
Das Planspiel, das zunächst bei der strategischen, militärischen Ausbildung, im Bereich der Wirtschaft und in der Erwachsenenbildung als Trainings- und Lehrmethode eingesetzt wurde, hat mittlerweile auch Eingang in die Schulen, vor allem in die beruflichen Schulen, gefunden. Geeignet erscheint die Planspielmethode in Fächern wie: Arbeitslehre, Sozialkunde, Volkswirtschaftslehre, Betriebswirtschaftslehre, Rechnungswesen, Arbeitswissenschaften, Psychologie, Ethik u. a.
Als Themen kommen beispielsweise in Frage:
- Besiedelungsplan, Flurbereinigung, Naherholungsraum, Altstadtsanierung, Alpenerschließungsplan u. a. in Geographie,
- soziale und ethische Problemsituationen wie Jugendarbeitslosigkeit, Altenversorgung, sexuelle Freizügigkeit und Ehe in Sozialkunde, Ethik und Religionslehre,
- aktuelle Problemsituationen der Schüler wie Konflikte untereinander, mit Lehrern oder Eltern.

(Vgl. unter dem Gesichtspunkt einer Themensammlung Tiemann, 1969.)
Wichtig ist, daß jede Phase des Planspiels und schließlich das Planspiel als Ganzes in Untergruppen und/oder im Plenum reflektiert werden.
Als Leitfragen bieten sich z. B. an:
- Was war unser Ziel, inwieweit haben wir es erreicht?
- Wer in unserer Gruppe hat zur Zielverwirklichung beigetragen, wer hat dominiert, wer blockiert usw.? (Konkrete Beispiele!)
- Welchen Weg sind wir in der Bewältigung des Problems gegangen?
- Welche Gruppen haben unsere eigene Arbeit fördernd bzw. hemmend beeinflußt? (Konkrete Beispiele!)
- Welchen Lerngewinn in bezug auf Realitätsbewältigung stellen wir fest?

OK

Reimann 1972

Planungsziele

bezeichnen die in einer Unterrichtsstunde oder Unterrichtseinheit zu erfüllenden → Feinlernziele.

→ Lernziel O

Pluralismus

bezeichnet das tatsächliche Nebeneinander nicht voneinander ableitbarer Weltanschauungen, ethischer Systeme, gesellschaftspolitischer Konzepte. Die pluralistische Gesellschaft ist demzufolge durch Gruppen mit verschiedenen Grundüberzeugungen und Interessen gekennzeichnet, die miteinander rivalisieren und konkurrieren, gelegentlich sich auch bekämpfen. Da gemeinsam den Grundprinzipien freiheitlicher Demokratie verpflichtet, stellt sich ihnen – gegenüber einseitiger Verhärtung – die Aufgabe, sich selbst ständig in Frage zu stellen (→ Ideologiekritik), gegenseitig zu korrigieren und aufgeschlossen, für Diskussion jederzeit offen und die Freiheit anderer Standpunkte tolerierend miteinander zu kooperieren.

Population

Unter Methodenpluralismus versteht man das gleichwertige Nebeneinander verschiedener Methoden zur Erschließung bzw. Bearbeitung wissenschaftlicher Fragestellungen. K
Bosl 1967; Fraenkl u. a. 1970; Galtung 1971; Gudrich/Fett 1974; Kožarov 1976; Kremendahl 1977; Monzel 1974; Spinner 1974

Pluralistische Gesellschaft → Pluralismus

Polaritätsprofil

Durch ein Polaritätsprofil, das nach der Technik der quantitativen Analyse arbeitet, kann die unterschiedliche Bedeutung von Begriffen bei verschiedenen Personen oder Personengruppen erfaßt werden. Der Adressatenkreis wird gebeten, Begriffe oder Erlebtes mit Hilfe von paarweise zusammengestellten Eigenschaftswörtern wie z. B. gut – schlecht, angenehm – unangenehm, schön – häßlich, die auf einer → Ratingskala in ihren Merkmalen in Ausprägungsgraden abgestuft sind, zu beschreiben. So könnte bei der Feststellung, ob ein Personenkreis mit dem Aufenthalt an einem bestimmten Ort zufrieden war, das Merkmal „Aufenthalt" in der Ratingskala folgendermaßen abgestuft zu beurteilen sein: sehr gut – gut – befriedigend – ausreichend – mangelhaft – schlecht – sehr schlecht. Die die Gegensätzlichkeit ausdrückenden Adjektivpaare stehen zu den jeweiligen Begriffen in emotionaler Beziehung. Die für einen Begriff auf mehreren Skalen gewählten Merkmale ergeben ein Polaritätsprofil. O

Polyandrie → Monogamie

Polygamie → Monogamie

Polygynie → Monogamie

Popularisierung

stellt den Versuch dar, wissenschaftliche Erkenntnisse allgemein verständlich, aber ohne verfälschende Vereinfachung im Sinne des Verlustes oder der Verkürzung wesentlicher Fakten darzustellen. Durch Popularisierung sollen also wissenschaftliche Erkenntnisse dem interessierten Laien ohne Forderung der Beherrschung von Fachsprachen aufgeschlossen werden. Dem Prinzip der Popularisierung folgen in unterschiedlicher Qualität z. B. die für Kinder und Jugendliche konzipierten Sachbücher. K

Population

Der Begriff Population wird in zwei Bedeutungen verwendet:
1. Als Population gilt die Gesamtheit aller Individuen, die in einem genau umgrenzten Wohnbezirk zu einer bestimmten Zeit leben, in der eine wissenschaftliche Untersuchung durchgeführt wird.
2. Population bezeichnet jene Gruppe von Individuen, die zu einer repräsentativen → Stichprobe z. B. bei Befragungen oder Experimenten herangezogen werden. K

Position, soziale

Eine soziale Position ist eine Stelle in einem sozialen Gebilde, z. B. in der Familie (Position des Vaters, der Mutter, des Kindes) oder in der Schulklasse (Position des Lehrers, des Schülers, des Klassensprechers), allgemein eine Stelle in einer → Gruppe (z. B. Gruppensprecher, Protokollführer, Kassenwart). Die soziale Position bzw. die mehr oder minder komplexe Positionsstruktur ist durch Verhaltenserwartungen zum Nutzen der Gruppenmitglieder und des gemeinsamen Zieles der Gruppe definiert (= Beschreibung der sozialen → Rolle, die ein Gruppenmitglied in einer bestimmten sozialen Position spielt). Werden diese Verhaltenserwartungen nicht oder schlecht erfüllt, zieht dies → Sanktionen für den Inhaber der sozialen Position nach sich, die im Extremfall in ihrem Entzug bestehen können, um das Funktionieren des sozialen Gebildes aufrechtzuerhalten.
Da jeder Mensch in verschiedenen sozialen Gebilden bestimmte Rollen zu übernehmen hat, nimmt er auch eine Vielzahl von sozialen Positionen ein, deren Anforderungen er durch sein Rollenverhalten gerecht werden muß.

→ Statussymbol   K

Positionsstruktur → Position, soziale

Positiver Transfer → Transfer

postnatal

bedeutet nachgeburtlich, die Zeit nach der Geburt betreffend.

→ Perinatal → pränatal   K

Postulat

Forderungen, Prinzipien, provisorische Annahmen oder Voraussetzungen von Systemen, die nicht oder noch nicht bewiesen, wissenschaftlich begründet und bestätigt werden können, jedoch auf Grund von tatsächlichen Gegebenheiten, aus systematischen oder praktischen Erwägungen heraus glaubhaft gemacht werden müssen und von denen entsprechende Schlußfolgerungen und Argumente abhängen, werden als Postulate bezeichnet. So sind z. B. Kants ,,Postulate der praktischen Vernunft": Freiheit des Willens, Unsterblichkeit der Seele, Gott.   O

Präformationstheorie

Die Präformationstheorie behauptet, daß das Lebewesen im Ei bzw. im Samen vollständig vorgeformt enthalten ist. Alle weitere Entwicklung wäre nach dieser Theorie bloßem Größenwachstum gleichzusetzen. In dieser Form wird die Präformationstheorie heute von niemandem mehr vertreten, als Lehre von der genetischen Vorherbestimmtheit und schicksalhaften Festgelegtheit des Menschen spielt sie aber im Anlage-Umwelt-Streit nach wie vor eine bedeutende Rolle.

→ Tabula-rasa-Theorie   K

Prägnanzgesetz

wird das wichtigste Gesetz der Gestalttheorie (→ Gestaltpsychologie) genannt, mit dessen Hilfe die Tendenz des Organismus erklärt wird, einen begegnenden Reizkomplex zu einer „guten Gestalt", also in einen klar strukturierten Reizzusammenhang umzuformen. (Vgl. die nach diesem Gesetz gesehenen Sternbilder am Sternenhimmel oder die Tendenz beim Menschen, Verhalten als Ursache-Wirkungszusammenhang wahrnehmbarer und evtl. auch eingebildeter Ereignisse aufzufassen. Unerkläfliches Verhalten verunsichert und drängt den Menschen in der Regel dazu, Erklärung und damit für sich wieder Ordnung und Sicherheit zu schaffen ≙ Prägnanz). Die Bewußtseinsinhalte werden in ihrer Unterschiedlichkeit klar erfaßt und gegeneinander abgehoben.
Bei der Suche nach Prägnanz (= Klarheit, Genauigkeit, Bedeutsamkeit) orientiert sich der Organismus an den Ordnungseigenschaften: Klare Gliederung, Regelmäßigkeit, Einfachheit, Sinnhaftigkeit, Vollständigkeit. Wo diese – auch teilweise – nicht gegeben sind, neigt der Organismus dazu, sie durch Verbesserungen des Reizzusammenhangs – gelegentlich sogar um den Preis von Wahrnehmungstäuschungen und Denkfehlern – zu schaffen.

Literaturhinweise bei → Gestaltpsychologie K

Prägung

bezeichnet die irreversible (= nicht umkehrbare) Beeinflussung der Handlungsrichtung während bestimmter sensibler, relativ kurzer Phasen der Entwicklung. Experimentelle Befunde zum Prägungsvorgang lieferte bisher vor allem die → Ethologie (= vergleichende Verhaltensforschung = Tierpsychologie), und zwar zur Objektprägung (Nachfolgereaktionen und Sexualverhalten) und zur motorischen Prägung (Prägung auf den Gesang artfremder Eltern). Besonders bekannt geworden sind die Prägungsversuche von K. Lorenz, der frisch geschlüpfte Grauganskücken durch seine dauernde Anwesenheit nach ihrer Geburt auf sich als „Muttertier" prägte. K

Prämisse → Schluß

pränatal

bedeutet vorgeburtlich. Die gesamte pränatale Entwicklung des Menschen wird in drei Stadien eingeteilt:
1. Das Germinalstadium (= Keimstadium) umfaßt die Zeit von der Befruchtung der Eizelle bis etwa 14 Tage danach.
2. Das Embryonalstadium (Embryo = das ungeborene Lebewesen mit noch nicht abgeschlossener Organentwicklung) reicht von der 2. Woche nach der Befruchtung bis zur 9. Woche.
3. Das Fötalstadium (Fötus = das ungeborene Lebewesen mit abgeschlossener Organentwicklung) beginnt in der 9. Woche nach der Befruchtung und endet mit der Geburt.
→ perinatal → postnatal K

pragmatisch
wird als Adjektiv in der Bedeutung sachlich, nutzlich, praktisch und zweckdienlich verwendet. O

Pragmatik → Semiotik

Praxisanleitung → Supervision

Praxisbegleitung → Supervision

Praxisberatung → Supervision

Praxisschock
wird die mehr oder weniger frustrierende Erfahrung z. B. von Junglehrern bzw. Referendaren genannt, nach der Ausbildungsphase der Wirklichkeit der Praxis nicht hinreichend gewachsen zu sein. Seine Ursachen hat der Praxisschock vornehmlich in folgenden Vorgängen:
1. Die **überwiegend theoretische** – und meist auch noch einseitig fachlich orientierte – **Ausbildung** vernachlässigt die schrittweise Einübung in die pädagogischen und didaktischen Erfordernisse im Praxisfeld Schule selbst und in entsprechenden Trainingsseminaren. Die **studienbegleitenden Praktika** – bei einigen Lehramtsausbildungsgängen überhaupt nicht vorhanden – müßten zur Behebung der Praxisdefizite erheblich ausgeweitet werden, so daß die noch in der Ausbildung zu leistende Umsetzung der Theorie in die Praxis möglich wäre.
   Für die seltene Durchführung von **Verhaltenstrainings** während der Ausbildung sind nicht nur fehlende Bereitschaft und mangelhaftes Können bei den Ausbildern verantwortlich zu machen, sondern auch das nach wie vor zahlenmäßig ungünstige Verhältnis von Lehrenden zu Lernenden. Verhaltenstrainings können sinnvoll nur mit Kleingruppen durchgeführt werden.
2. Die **konservierte Erinnerung** der Referendare an ihre eigene Schulzeit birgt die Tendenz in sich, Verhaltensweisen von Lehrern als Modelle zu nehmen, die aber weder den veränderten Verhältnissen noch den persönlichen Möglichkeiten Rechnung tragen können.
3. Teilweise auf den ersten Punkt weist eine bei den Referendaren feststellbare **Diskrepanz zwischen ihren erzieherischen Idealvorstellungen und der Erziehungswirklichkeit** zurück, zwischen welchen ausgleichend zu vermitteln sie mangels Kompetenz noch nicht in der Lage sind.
4. Die unbefangene Begegnung mit der Praxis wird sehr erschwert durch die **Erwartungshaltungen** von seiten der Schüler, der Eltern, der Vorgesetzten, die vom ersten Praxistag an voll auf den Referendaren lasten und die den **Prüfungsdruck,** der von der zweiten Staatsprüfung (z. B. von den Lehramts- oder Assessorenprüfungen) vorauswirkend ausgeht, mitverantworten. K

Arbeitsgruppe Aumeister 1976

Précis → Summary

Prestige
bedeutet Geltung bzw. → das soziale Ansehen, 'das einem Individuum aufgrund seiner sozialen → Position und nach Kriterien wie Abstammung, Lebensführung, Einkommen, besonderen Leistungen, Titel, Stellung in einer Autoritätshierarchie usw. zuerkannt wird.
Prestige und Prestigeverlust üben gewichtige Rückwirkungen auf die Selbsteinschätzung und das Verhalten des Betroffenen aus. K

Gulliksen 1972; Kluth 1957; Korff 1966; Veblen 1971

Primäre Motivation → Motivation

Primäre Triebe
sind angeboren im Unterschied zu sekundären bzw. erworbenen Trieben. Als primäre Triebe gelten z. B. der Nahrungs-, Arterhaltungs- und Brutpflegetrieb. K

Primärfähigkeiten
sind nach Thurstone folgende Grundfähigkeiten der → Intelligenz:
1. Sprachverständnis
2. Sprachflüssigkeit
3. Raumerfassung
4. Schlußfolgerndes Denken
5. Wahrnehmungsgeschwindigkeit
6. Zahlenverständnis
7. Gedächtnis, v. a. Kurzzeitgedächtnis

Zur Überprüfung der Primärfähigkeiten entwickelte Thurstone zwischen 1948 und 1953 die Testbatterien PMA (primary mental abilities) für die Altersgruppen 5–7, 7–11 und 11–17. K

Primarbereich → Primarstufe

Primärgruppe
ist eine meist kleine → Gruppe, in der sich die einzelnen Gruppenmitglieder von Angesicht zu Angesicht kennen, sich gemeinsamen Zielen verpflichtet fühlen, regelmäßigen Kontakt miteinander pflegen, gefühlsmäßig stark miteinander verbunden und bereit zur → Solidarität sind. Solche Primärgruppen sind z. B. Familien, Spielgruppen, Banden, Clubs. K

Williams 1975

Primarstufe
Die Primarstufe umfaßt grundsätzlich das erste bis vierte Schuljahr und entspricht der bisherigen Grundschule.
Vom → Elementarbereich, der vorschulischen Erziehung, werden gleitende Übergänge zum Primarbereich geschaffen, in dem eine allmähliche Hinführung zu den systematischen Formen des schulischen Arbeitens erfolgt und anschließend in die Sekundarstufe I ohne Schwierigkeiten überführen soll.
Das Studium zum Lehramt mit Schwerpunkt in der Primarstufe und einer

Mindeststudiendauer von sechs Semestern erfolgt an wissenschaftlichen Hochschulen bzw. Universitäten. Es umfaßt im allgemeinen das Studium der Didaktik der Primarstufe und das Studium eines Faches. Das Lehramt der Primarstufe kann stufenübergreifend durch ein zusätzliches Fach erweitert werden. O

Privatschule
Privatschulen ergänzen das öffentliche Schulwesen. Ihre Träger sind z. B. Kirchen, Religionsgemeinschaften, Schulvereine (z. B. → Waldorfschulen), Vereine, Firmen, Stiftungen, Privatpersonen. Private Schulen sind entweder → Ersatzschulen (entsprechen den bestehenden oder vorgesehenen öffentlichen Pflichtschulen) oder → Ergänzungsschulen (unterliegen nur der Anzeigepflicht bei der staatlichen Aufsichtsbehörde). Für die Schulträger von Privatschulen sind keine bestimmten Rechtsformen vorgeschrieben. Sie müssen jedoch ebenso wie die öffentlichen Schulen Bezeichnungen führen, aus denen der Schulträger, die Schulart und in besonderen Fällen auch Schulform, Schulzweig oder Ausbildungsrichtung ersichtlich sind. Die verwendeten Bezeichnungen müssen Verwechslungen mit öffentlichen Schulen ausschließen.
Private Volksschulen dürfen nur zugelassen werden, „wenn die Unterrichtsverwaltung ein besonderes pädagogisches Interesse anerkennt oder, auf Antrag von Erziehungsberechtigten, wenn sie als Gemeinschaftsschule, als Bekenntnis- oder Weltanschauungsschule errichtet werden soll und eine öffentliche Volksschule dieser Art in der Gemeinde nicht besteht (Art. 7 Abs. 5 GG; Art. 134 Abs. 3 BV; Art. 65 VoSchG)". (Amberg/Schiedermaier 1974).
Grundsätzlich haben Privatschulen ebenso wie kommunale Schulen den gesamten Aufwand für den Unterhalt und Betrieb der Schule zu tragen. Jedoch können vom Staat entsprechend der gesetzlichen Bestimmungen Zuschüsse gegeben werden zu Aufwendungen für Baumaßnahmen, Kosten des Sachaufwandes, den Personalkosten.
→ ASchO → Schule → Schulordnung O

Proaktive Hemmung → Gedächtnishemmungen

Problem
Eine neuartige, nicht ohne weiteres überblickbare Situation, mit der ein Individuum konfrontiert wird, ist ein Problem. Dieses kann nur durch eine der jeweiligen Situation entsprechende, vom Betroffenen zu findende Kombination von bisher gemachten Erfahrungen oder durch eine durch Überlegen gefundene → Synthese gelöst werden.
→ Problemlösender Unterricht → Denken, in psychologischer Sicht O

Problemanalyse → Validität

Problemlösen
bezeichnet den Vorgang, durch Denkarbeit Hindernisse zu überwinden, die einen psychischen Spannungszustand im Menschen verursacht haben. Die Voraussetzung für Problemlösungen z. B. im Unterricht ist also allemal die

Wahrnehmung eines Hindernisses bzw. das Staunen über Phänomene und Zusammenhänge, die mit dem bisherigen Wissen und Können nicht auf Anhieb durchschaut werden können.

Daucher hat bereits 1963 darauf hingewiesen, daß die Problemlösung in drei Schritten erfolgt:
1. **Materialanalyse:** Welche Fakten liegen vor, welche sind mir bekannt, welche unbekannt?
2. **Konfliktanalyse:** Worin besteht die Schwierigkeit, wo sind die Zusammenhänge für mich nicht durchschaubar?
3. **Zielanalyse:** Was genau ist gesucht?

Hilfreiche Denkmittel bei der Problemlösung sind Erinnerungs- und Erfahrungsdaten, Übertragung ähnlicher Kenntnisse (= → Transfer) auf den vorliegenden problematischen Sachverhalt und entdeckendes Vorgehen, evtl. auch kreativ-spielerischer Umgang mit dem Problem.

→ Denken, in psychologischer Sicht → Intelligenz → Problemlösender Unterricht K

Problemlösender Unterricht

Er entspricht dem Prinzip des → entdeckenden Unterrichts, berücksichtigt die → Gruppenarbeit und bezieht sich auf den jeweiligen Entwicklungs- und Kenntnisstand des Lernenden, den er durch entsprechende altersgerechte Unterrichtsmethoden zum Lösen von Problemen veranlassen möchte. Der Lehrer versucht, den Lernenden anzuregen, Bekanntes und Vorstellungen durch logische oder empirische Gesetzlichkeiten in Verbindung zu bringen und zu Lösungsketten zu gelangen, die in angestrebte Problemlösungen münden. Durch Kombination bisher erlernter Stoffe soll der Schüler neue Regeln und Gesetzmäßigkeiten entdecken und finden und diese dann verfügbaren Erkenntnisse koordinieren und anwenden. Die selbsttätige Auffindung der Lösung eines Problems vermittelt Einsichten in Zusammenhänge, motiviert zu selbständigem Weiterdenken und läßt Gelerntes zu dauerhaftem Besitz werden.

→ Unterricht → Problem → Denken, in psychologischer Sicht O

Problemlösendes Denken → Lernzielstufen → Denken, in psychologischer Sicht

Problemorientierter Unterricht → Here and Now Problems

Produktion

Die Herstellung und Bereitstellung von Gütern für den Konsum wird als Produktion bezeichnet. Dabei ist der Begriff Güter sowohl materiell (Waren, Sachgüter) als auch immateriell (Dienstleistungen, Informationen, Energie) zu verstehen. Somit beinhaltet der Begriff Produktion im weiteren Sinne auch die in Wissenschaft und Kunst erbrachten geistigen Leistungen. O

Produktionsschule

Hierunter sind Schulformen zu verstehen, die bereits den Schüler in einen wirtschaftlichen Produktionsprozeß eingliedern und Schulinstitutionen, die eigene Produktionsbereiche durch Arbeit ihrer Schüler aufrechterhalten. Die Vorläufer der Produktionsschulen waren die Industrieschulen Ende des 18. Jahrhunderts.

→ Produktivität → Waldorfschule, freie   O

Produktive Synthese → Synthese

Produktives Denken → Denken → Problem

Produktivität

Der Begriff der Produktivität, der im Sprachgebrauch der Wirtschaft die volkswirtschaftliche Ergiebigkeit, die gesamtwirtschaftlichen Erfolgskategorien und den Wirtschaftsmaßstab des sozialen Ganzen umfaßt, wurde bildungstheoretisch übernommen. Im Bereich des Lehrens und Lernens strebt die Produktivität das Optimum, die bestmögliche Leistung an, gemessen an Stofftiefe, Stoffbreite, gesetzten Lernzielen, zeitlich vorgesehenen Lernerträgen und stellt ein Verhältnis der Kleinstverhaltensweisen zu einer bestimmten Unterrichtsstunde dar. Durch gezielte didaktische Aufbereitung der Lehrstoffe unter Zuhilfenahme der jeweils zweckmäßigsten → Lehrformen und → Lehrverfahren wird der Lernende zur geistigen Produktivität angeleitet, wenn die Stofftiefe, das verweilende Eindringen in die Tiefe eines Stoffbereiches berücksichtigt wird. Der Lernende muß hierbei zur eigenen geistigen Erfahrung, zum Verstehen von Zusammenhängen, zum → Problemlösen geführt werden und zum Erlernen und Können gelangen. Die Stoffbreite sollte soweit wie möglich beachtet werden, ist jedoch nicht von primärer Bedeutung. Eine umfangreiche, abgerundete, nicht stufenweise aufgebaute Stoffdarbietung, die keine Rücksicht auf die beim Schüler vorhandene Erfahrung nimmt und diesen überfordert, ist unproduktiv. Lernökonomisch ist allein der den Lernenden zum Nachdenken, zum aktiven Mitarbeiten fordernde Unterricht. Friedrich Copéc prägte den Begriff der Produktivität des Unvollkommenen, den Reinhardt als Optimalfall wie folgt beschreibt: „Der Optimalfall produktiver Unvollkommenheit eines Lernstoffes ist dann gegeben, wenn der Stoff nicht nur für irgendwelche Lernhandlungen größtmögliche Gelegenheit bietet, sondern wenn der Stoff nach Maßgabe des verfügbaren Lernpotentials didaktisch jene Arbeiten offen läßt, also fordert, die unter allen an diesem Gegenstand möglichen Lernhandlungen die für den Lernenden ertragreichsten sind." (Reinhardt 1970)

Beim Ablauf eines → Lernprozesses, der gezielte → Leistung anstrebt, ist es von großer Bedeutung sinnvolle Pausen einzuplanen, damit durch den Verbrauch physischer und psychischer Energie kein zu hoher Leistungsverlust eintritt und die → Leistungskurve stetig nach unten tendiert. Der Lehrende sollte nach intensiver Arbeitsleistung im Abschwung der Lernleistung z. B. nach Lösung eines schwierigen Falles oder einer gewonnenen Erkenntnis dem Schüler eine kurze, angemessene Pause zugestehen, die nicht zu lange sein darf, damit der Erholungswert während der Pause nicht abnimmt. Optimal angelegte Pausen stellen produktive Pausen dar und sind ökonomisch für den weiteren Lernverlauf.

Produktivität wird im pädagogischen Bereich mitunter auch mit → Kreativität gleichgesetzt und produktives → Denken synonym zu schöpferischem Denken verwendet, das sich mit dem Auffinden neuer und origineller Problemlösungen befaßt.

→ Problem → Produktionsschule   O

Professionalisierung

Die Professionalisierung zielt in jedem Beruf darauf ab, den einzelnen für die jeweilig notwendigen und zu beherrschenden Techniken und Wissenschaften und für die durch den Arbeitsplatz, die Berufsrichtung oder das Berufsbild geforderten Tätigkeiten und Ablaufprozesse im höchstmöglichen Maße fachlich zu befähigen. Die Tendenz einer Professionalisierung beeinflußt auch die → Lehrerrolle, die sich sowieso in einem stetigen, dem jeweiligen Gesellschaftsgefüge anpassenden Wandlungsprozeß befindet. Der Lehrerberuf wird immer stärker durch Fachwissenschaft und Fachdidaktik charakterisiert, gelenkt und durch vorgegebene Lehr- und Lernziele gesteuert. Eine Politisierung und Ökonomisierung dieses Berufs birgt die Gefahr in sich, emotionale und pädagogische Aspekte zu vernachlässigen. Dem fachwissenschaftlich intensiv ausgebildeten und sich nüchtern an Sachaufgaben orientierenden, professionalisierten Lehrertyp wird in seine neue Rollenumschreibung das realistische Lehrerbild, das im Strukturplan für das Bildungswesen dargestellt ist, einzufügen sein, nämlich die Aufgaben: Lehren, Erziehen, Beurteilen, Beraten, Innovieren. O

Professionelle Sozialisation

bezeichnet den Vorgang der Aneignung von Einstellungen, Wertüberzeugungen, Kenntnissen und Fähigkeiten, welche die Verhaltensweisen in einem bestimmten Berufsfeld mitbestimmen. Das Ergebnis der professionellen Sozialisation tritt nach außen hin z. B. als der „typische" Lehrer, Manager, Offizier, Finanzbeamte usw. in Erscheinung. Wie bei jeder anderen Art von Sozialisation scheinen bei diesem Prozeß vor allem das Lernen am Modell und die Nachahmung tradierter Berufsbilder im Vordergrund zu stehen. K

Prognose

bezeichnet die auf gegebene Fakten gestützte Voraussage eines mutmaßlichen Entwicklungsverlaufs. Eine Prognose ist um so zuverlässiger, je sorgfältiger und umfassender die gegebenen Ausgangsdaten erhoben wurden und der Ist-Zustand beschrieben wurde (Diagnose) und je genauer die Bedingungen der zukünftigen Entwicklung bekannt sind. K

Programmierbarkeit

Bei Betrachtung der unterschiedlichen Fächer und der sehr verschiedenen Stoffinhalte stellt sich die Frage, ob alle Stoffe in allen Fächern programmierbar sind. Stoffbereiche, die eine soziale, eine ethische, religiöse oder

Programmiersprachen 414

politische individuelle Entscheidung verlangen, können in ihren Prozessen nicht objektiv erfaßt und auf der Basis → kognitiver Lernziele durchprogrammiert werden. Vorgegebene Programme für „entscheidungsfreie" Bereiche schränken die „Entscheidungsfreiheit" des einzelnen ein. Etwa 20% aller Stoffinhalte verschließen sich auf Grund dieser Tatsache einer Programmierung. Programmierbar sind etwa 80% aller Stoffe, von denen etwa 40% aus materiellen Voraussetzungen bestehen und das Gerüst bilden. Etwa weitere 40% stellen das sog. „Hintergrundmaterial" dar, das z. B. mit Hilfe von Begleitprogrammen aus der jeweiligen Fachliteratur erarbeitet werden kann.

→ Programmierte Instruktion O

Programmiersprachen

Während die → Unterrichtsprogrammierung (UP), → Lehrprogramme aller Art einschließlich derer für → Sprachlabore in allen Schulbereichen im Rahmen der Unterrichtserteilung Eingang fanden, werden Programmiersprachen und ihre Anwendung in erster Linie im → Sekundarbereich II, im → Tertiär- und → Quartärbereich gelehrt. Auf Grund der technischen Fortschritte im Bau von Datenverarbeitungsanlagen und Datenverarbeitungsgeräten können zur raschen Erledigung, Speicherung, Überprüfung oder Ausarbeitung von Aufgaben, Problemen, Berechnungen usw. eigene fach- und sachbezogene Programmiersprachen verwendet werden, die ein in die Datenverarbeitungsanlage eingefüttertes Programm in die Maschinensprache übersetzt.
Die Programmiersprachen werden unterteilt in 1. maschinenorientierte und 2. problem- oder verfahrensorientierte Sprachen. Die maschinenorientierten Programmiersprachen sind in erster Linie symbolische Sprachen, die sich eng an die Maschinensprache anlehnen.
Für den Lehr- und Unterrichtsbetrieb sind die problem- oder verfahrensorientierten Sprachen von Bedeutung. Mit ihnen werden z. B. Formulierungen für mathematische, technisch-wissenschaftliche oder wirtschaftliche Bereiche vorgenommen.
Solche Sprachen sind → ALGOL, → APT, → COBOL, → EXAPT, → FORTRAN, → PL 1.
Als Vorteile problemorientierter Programmiersprachen werden von Löbel/Müller/Schmid (1969[4], S. 498/99) angeführt:
„a) Bessere Überschaubarkeit im Vergleich zu Programmen in Maschinensprache (und auch in maschinenorientierten Programmiersprachen) durch Anweisungen, die der Umgangssprache oder einer Fachsprache (Formelsprache) näherstehen.
b) Geringer Zeitbedarf für die Programmierung.
c) In der Regel wesentlich geringerer Testzeitbedarf . . . als bei Programmen in einer maschinenorientierten Programmsprache.
d) Das Programmieren in einer problemorientierten Programmiersprache läßt sich zum Teil leichter erlernen als das Programmieren in Maschinensprache oder in einer maschinenorientierten Sprache." O

Programmierte Instruktion

oder „Programmierter Unterricht ist jene Form des intentional gesteuerten Lehrens und Lernens, die durch den Einsatz von Lernprogrammen in der Individualphase des Lernens individualisierten Unterricht realisiert und mit der integrativen Institutionalisierung der Sozialphase des Lernens einen Begegnungsunterricht neuer Art notwendig macht" (Zielinski, J., in: Heinrichs, H.: Lexikon der audiovisuellen Bildungsmittel, München 1971, S. 233). Bei der Programmierten Instruktion wird der Lerngegenstand dem Lernenden über eine solch große Anzahl von kleinen und kleinsten Lernschritten angeboten, daß er ihn selbständig, nötigenfalls mit Hilfe von Zusatzinformationen und/oder über Wiederholungs- und Übungsschleifen bewältigen kann. Durch sofortige Verstärkung seiner Leistung nach jedem Teilschritt des Lernprozesses hat der Lernende eine dauernde Kontrolle über seine Lernfortschritte.

Grundsätzlich werden lineare und verzweigende Programme unterschieden, wobei ein Teil der linearen Programme methodisch direktiv abläuft, während alle anderen wegangepaßt (= wegadaptiv) konstruiert sind, d. h. sich auf die Fähigkeiten und Schwierigkeiten des Lernenden durch alternative Problemlösungswege (Umweg-Programm) einstellen. Von der Form her werden Buchprogramme, Lehrmaschinen, Lehrautomaten und computergesteuerte Programme unterschieden.

Beiner 1972; Correll 1965, 1969; Cube 1976; Fischer 1969; Frank 1969; Fuchs 1969; Nicklis 1969; O'Day 1971; Pocztar 1972; Schiefele/Huber 1969; Schmidt 1973; Tulodziecki 1975; Zielinski 1971

→ Kriterienprogrammierung, → Lehrprogramm, → Lernhilfen, → Phaseneinheiten, → Sprachlabor   K

Programmierter Unterricht (PU) → Programmierte Instruktion

project method → Fallstudie

Projekt

C. R. Richards verwandte bereits zu Beginn des 20. Jahrhunderts den Begriff Projekt (Project) für den Werkunterricht und für solche Aufgaben im Rahmen der Werkstattpraxis, die sich die Schüler selbst stellten und nach einem von ihnen entwickelten Plan ausführten. Von Dewey und Kilpatrick wurde der Projektbegriff erweitert. So differenzierte z. B. Kilpatrick zwischen Gestaltungsprojekt, Lernprojekt, Problemprojekt und Vergnügungsprojekt. Anstelle des Wortes Projekt wird häufig das Synonym → Vorhaben verwendet. Im allgemeinen bedeutet Projekt die Planung und Durchführung eines umfangreichen Vorhabens und wird in diesem Sinne auch in Entwicklung und Forschung gebraucht.

Nelson Bossing definiert das Projekt oder Vorhaben in bezug auf die Schule wie folgt: „Das Projekt ist eine bedeutsame praktische Tätigkeit, die Aufgabencharakter hat, von den Schülern in natürlicher Weise geplant und ausgeführt wird, die Verwendung physischer Mittel (physical materials) in sich begreift und die Erfahrung bereichert."

→ Gesamtunterricht → Projektunterricht   O

Projektion

Im Vorgang der Projektion verlagert ein Individuum seine vor allem negativen Gefühle und peinlichen Eigenheiten in ein anderes Individuum, um sie – sozusagen als dessen Äußerung – mit gleicher Münze beantworten zu können. Es ist z. B. nicht selten, daß ein Lehrer, der den angemessenen Umgang mit Autorität nicht beherrscht, diesen Mangel in seinen Vorgesetzten projiziert und damit von vornherein die Entwicklung einer partnerschaftlichen beratenden Beziehung von sich aus blockiert. Die lauteren Motive des Gesprächspartners werden durch die Projektion verdeckt und haben somit auch keine Chance, zum Tragen zu kommen.

Grünewald 1962; Sami-'Ali 1972

→ Abwehrmechanismen K

Projektionstests

werden diagnostische Verfahren genannt, bei denen die Testpersonen mehrdeutige Bilder oder Situationen interpretieren oder unvollständige Bilder, Geschichten, Sätze ergänzen. Mit diesem Vorgehen, das freilich den strengen Anforderungen der empirischen Forschung nicht entsprechen kann, hofft man Rückschlüsse auf grundlegende Einstellungen und Motive ziehen zu können. Diese werden nach Ansicht der Verteidiger der projektiven Verfahren über → Projektionen durch die Testperson in die Deutung des offenen Materials eingebracht. Außerdem kann auch die Art der Reaktion selbst auf das vorgelegte Material gewürdigt werden.

→ Validität, → Reliabilität und Objektivität der projektiven Verfahren sind sehr umstritten. Es ist unübersehbar, daß sie eine hohe Anfälligkeit für Störgrößen besitzen wie z. B. Einstellung und Kenntnis der Testperson gegenüber bzw. vom Test, unmittelbar dem Test vorhergehende Erlebnisse, die Interaktion zwischen Testleiter und Versuchsperson u. v. a. m. Es ist nach dem heutigen Stand der diesbezüglichen Forschung wohl nur vertretbar, projektive Verfahren ergänzend zu anderen diagnostischen Verfahren wie → Beobachtung und standardisierte Befragung einzusetzen.

Bekannte projektive Verfahren sind neben vielen anderen z. B. das von H. Rorschach (10 durch Klecksographie entstandene Bildtafeln sind zu deuten, veröffentlicht 1922) und der Thematische Apperzeptions-Test (TAT, Morgan und Murray 1935 und Murray 1943: Zu 30 Bildtafeln sind – meist in Auswahl – Phantasiegeschichten zu erzählen).

Von der → Tiefenpsychologie beeinflußt ist der Sceno-Test für Kinder (G. v. Staabs 1939), die im Bauen mit dem Spielmaterial Aussagen über ihre meist familiären Konflikte machen. K

Frank 1948; Staabs 1964; Zubin u. a. 1965

Projektmethode → Projekt → Projektunterricht → Vorhaben → Fallstudie

Projektorientiertes Studium → Projektstudium

Projektstudium

Das projektorientierte Studium gewinnt an den Hochschulen vor allem in den Erziehungs- und Gesellschaftswissenschaften an Bedeutung. Es verfolgt fachdidaktische, interdisziplinäre Ausbildung, d. h. die Aufhebung der Trennung zwischen den Fachbereichen je nach Problemstellung, betont problembezogenes Arbeiten und berücksichtigt forschendes Lernen. Von Bedeutung für das Projektstudium sind außerdem die kooperative Planung, Durchführung und Reflexion der einzelnen → Projekte und der Theorie-Praxisbezug als Ausgangspunkt für Erkenntnisprozesse. So kann z. B. ein projektorientiertes Studium im Rahmen der → Lehrerausbildung bestehen aus:

„– dem Projektplenum, in dem die übergreifenden Fragestellungen erarbeitet werden, die organisatorische und inhaltliche Struktur des Projekts festgelegt und die Ergebnisse der einzelnen Projekt-Arbeitsvorhaben (AV) gesammelt und in die übergreifenden Fragestellungen einbezogen werden;
– den Arbeitsvorhaben (AV), in denen Teilprobleme aus dem Projekt-Themenkomplexe erarbeitet werden,
– den Praktika (Ausbildungssektor, Unterrichtspraktika), die in der Regel in der zweiten Hälfte der Laufzeit eines Projektes liegen, vom Projekt inhaltlich und organisatorisch betreut werden und jeweils 5 bis 6 Wochen dauern." (Kaiser 1974)

→ Fallstudie → Projekt → Projektunterricht → Vorhaben O

Projektunterricht

Nach Kilpatrik ist Projektunterricht „planvolles Handeln, aus ganzem Herzen, das in einer sozialen Umgebung stattfindet" (1935).
Die Projektmethode, die als Schöpfung der Reformpädagogik bis zu Beginn des 20. Jahrhunderts zurückreicht und in Amerika zunächst in der Landwirtschaft und Berufsarbeit ihre Anwendung fand, drang mit ihren Vorstellungen auch in den Unterrichtsbereich ein. Als Unterrichtsform verfolgt sie, die Lernenden in größere unterrichtliche Vorhaben, in die Bearbeitung fächerübergreifender Themen wie z. B. „Ursachen und Folgen der Umweltverschmutzung", „Unser Landkreis" usw. aktiv mit einzubeziehen. Die Schüler sind im Rahmen solcher Themenbereiche von der Planung an voll am Unterrichtsgeschehen beteiligt. Sie sind so selbständig und frei wie möglich in die das → Projekt betreffende schulische und außerschulische Arbeit in den ihnen entsprechenden Rollen einzusetzen. Damit erfolgt ein Abwenden vom lehrergeleiteten Unterricht. Die Isolierung von schulischem und außerschulischem Lernen und die Trennung der Fächer wird aufgehoben bzw. bedeutend reduziert. Ein lehr- und lernzielorientiertes und in seinem Aufbau und seiner Durchführung klar durchdachtes und gut ablaufendes Projekt ist lernpsychologisch zweifelsohne gesicherter als z. B. der → Frontalunterricht oder der → monologische Unterricht.
G. Otto (1974) nennt **7 Kriterien für den Projektunterricht,** von denen angesichts der nicht gerade projektfreundlichen augenblicklichen schulischen Realität so viele wie eben möglich erfüllt werden sollten:

Prompts

1. Bedürnisbezogenheit: Die Interessen und Bedürnisse der Schüler bestimmen die Auswahl des Projektthemas.
2. Situationsbezogenheit: Das Projekt bezieht sich auf eine tatsächliche, für die Schüler erfahrbare und aktuelle Situation.
3. Interdisziplinarität: Die komplexe Struktur der Projektthemen erfordert die überfachliche bzw. von verschiedenen fachlichen Aspekten ausgehende Bearbeitung, d. h. auch das Zusammenwirken der betroffenen Fachkollegen unter den Lehrern.
4. Selbstorganisation des Lehr-Lern-Prozesses durch die Schüler einschließlich der Beurteilung des Verlaufs und des Ergebnisses.
5. Produktorientierung: Das Projekt zielt auf ein „Werk" ab, z. B. eine Theateraufführung, eine Ausstellung, einen Nothilfsdienst, einen Bastelraum . . .
6. Kollektive Realisierung: Alle Mitglieder einer Lerngruppe tragen verantwortlich durch Bearbeitung bestimmter zugeteilter bzw. übernommener Aufgaben zum Gelingen des Projekts bei.
7. Gesellschaftliche Relevanz: Damit soll die Bedeutsamkeit des Projekts durch Orientierung an aktuellen Ereignissen unterstrichen werden. Außerdem sollte ein Projekt nicht um seiner selbst willen durchgeführt werden, sondern Nutzen für andere abwerfen.

Redaktion „betrifft: erziehung" 1976

→ Fallstudie → Gesamtunterricht → Schülerorientierter Unterricht → Unterricht → Unterrichtsform OK

Prompts

sind innerhalb von Programmschritten in einem Lernprogramm → Lernhilfen, um den Schülern den Weg zu den vorgesehenen Antworten zu erleichtern.

→ Programmierte Instruktion O

Pronoetika

Der Begriff ist identisch mit den Wissenschaften, die sich mit der Prognose (Vorhersage einer Entwicklung auf Grund kritischer Beurteilung des Gegenwärtigen) auseinandersetzen. Als Grundlagendisziplinen werden z. B. genannt: Medizin, Nationale Verteidigung, → Friedenserziehung und → Friedensforschung.

→ Zätetik → Zätetische Taxonomie O

Propädeutik

Sie bereitet durch Einführung in Vor- und Grundkenntnisse auf allgemeine Lebensabläufe und wissenschaftliche Studien vor. So stellt z. B. die philosophische Propädeutik eine Unterweisung dar, die in das philosophische Denken einführt. Propädeutische Aufgaben der Schule können sein: Hinführen zur Lebenswirklichkeit, Bekanntmachen mit dem Berufsleben und dessen Anforderungen. O

Prozeßanalyse

In der → Gruppendynamik kommt der Prozeßanalyse die Aufgabe zu, Entwicklung und Verlauf von Gruppenprozessen und deren Ursachen festzustellen. Die Ergebnisse der Prozeßanalyse bilden eine der tatsächlichen Situation der Gruppe entsprechende Grundlage für evtl. notwendige Konsequenzen, die für den weiteren Gruppenprozeß zu ziehen sind.

Als Methoden der Prozeßanalyse bieten sich beispielsweise an: → Feedbacksituationen, informelle → Tests zur Erfassung der Gruppenatmosphäre, sog. Stimmungsbarometer, Metapherübungen (z. B. „der Lehrer behandelt uns heute wie . . ."). In allgemeiner Weise bedeutet Prozeßanalyse das Zurückgehen eines eingeschlagenen Weges, um z. B. zu dem kritischen Punkt bei einer nichtbewältigten Hausaufgabe oder zu dem in der Beziehungsstruktur liegenden Auslöser eines Streits usw. zu gelangen, d. h. also über Symptome oder Fakten zurück zu den eigentlichen Ursachen vorzustoßen. K

Prozeßziel

Es bezieht sich in der Formulierung als psychomotorisches Lernziel (→ psychomotorischer Lernzielbereich) auf die Anwendung und Beherrschung von Verfahren, die in den jeweiligen Fächern zur Lösung von Aufgaben entwickelt und lehrbar gemacht worden sind, wie z. B.: wiegen, wägen, messen; sammeln, aufbereiten und auswerten von Material; beobachten, beschreiben, experimentieren.

Die Prozeßziele, auch als Verfahrens- oder Funktionsziele bekannt, sind fachspezifisch ausgerichtet, jedoch nicht eng an bestimmte Unterrichtsgegenstände und Unterrichtsinhalte gebunden.

→ Lernziel O

Prüfung → Schulaufgabe

Psychagogik

ist eine der → Psychotherapie verwandte Form der Behandlung vor allem von Kindern und Jugendlichen mit Verhaltens- oder Lernstörungen und in psychischen Krisensituationen. Wie bei der Psychotherapie muß meistens die unmittelbare Umwelt des zu Behandelnden als verhaltensbedingender und -auslösender Faktor in die Therapie mit einbezogen werden.
Spezielle Therapieformen der Psychagogik sind das Gespräch, die Spieltherapie, Entspannungs- und Konzentrationsübungen. K

Gareis 1971; Hischer u. a. 1972; Meves 1970; Neumann/Schirmer 1964

Psychiatrie

Sie ist ein Teilgebiet der medizinischen Wissenschaften zur Behandlung der als → endogen angenommenen psychischen Störungen.

Bauer u. a. 1973; Bericht über die Lage der Psychiatrie; Gleiss u. a. 1973; Kutter 1972

→ Neurose → Psychose → Psychopathologie O

Psychische Krankheiten
sind Abhängigkeiten und Erkrankungen seelischer Art, die auch physische Schädigungen verursachen können, wie z. B. Abhängigkeit von Alkohol und Drogen, → Neurosen, → Psychopathien, psychische Alterserscheinungen, → Psychosen.
→ Depression → Psychopath O

Psychoanalyse
wurde von ihrem Begründer S. Freud als wissenschaftliche Disziplin mit folgenden drei Aufgabenfeldern beschrieben: Sie ist
„1. eine Nachforschungsmethode, welche darauf abzielt, die unbewußte Bedeutung der Worte, der Handlungen, der Bildvorstellungen deutlich zu machen;
2. eine psychotherapeutische Methode, die auf dieser Forschung gründet und sich spezifischer Interventionsmittel bedient, wie der Deutung der geheimen Wünsche und der Widerstände, die ihrer freien Äußerung entgegengebracht werden;
3. ein System von psychologischen und psychopathologischen Theorien, das auf den von der Deutungsmethode und von der Therapie der Patienten gelieferten Daten aufbaut."
(Vgl. L. Ancona, Lexikon der Psychologie, Band 3, Seite 12/13, Freiburg-Basel-Wien 1972.)
In der Psychoanalyse als psychotherapeutischer Methode geht es um das Bewußtmachen verdrängter Erlebnisinhalte, und zwar mit Hilfe des **freien Assoziierens** (alles unkontrolliert aussprechen, was ihm einfällt) des Patienten und des **Deutens** von Äußerungen und von Trauminhalten durch den Therapeuten. Wichtig für den erfolgreichen Verlauf der Therapie ist es, daß der Vorgang der **Übertragung** gelingt, in dem sich Gefühle gegenüber Schlüsselfiguren in der frühen Kindheit (Vater, Mutter) auf den Therapeuten richten. Bei diesem Prozeß besteht fortwährend die Gefahr der Gegenübertragung, wenn der Therapeut die Gefühlsäußerungen des Patienten auf sich selbst bezogen interpretiert. Die Therapie gilt als abgeschlossen, wenn die Übertragung im Sinne des Bewußtmachens der verdrängten Erlebnisinhalte aufgelöst werden kann.

Adler 1972; Ammon 1973; Argelander 1972; Bally 1969; Behnke 1974; Cremerius 1975; Dreikurs 1971; Freud 1978; Heigl-Evers 1972; Loch 1967; Rehm 1971; Salzberger-Wittenberg 1973;
vgl. auch die Literaturhinweise bei → Übertragung!

→ Abwehrmechanismen → Ich-Es-Überich → Tiefenpsychologie → Übertragung K

Psychodiagnostik
faßt als Sammelbegriff alle Methoden zusammen, die der Feststellung psychologischer Merkmale einer Person dienen. Das Erhebungsfeld umfaßt das menschliche Individuum in allen denkbaren Situationen und Zuständen. Zum Diagnosebereich gehört also die Feststellung des → Intelligenzquotienten oder die umfassendere psychologische Untersuchung in der

Erziehungs- und Berufsberatung ebenso wie die Untersuchung bei normabweichenden Verhaltensweisen (z. B. neurotische oder psychosomatische Erkrankungen, kriminelles Verhalten). Das methodische Repertoire umfaßt sämtliche standardisierten psychologischen Tests (z. B. Leistungstests, Neigungs- und Interessentests), aber auch Anamneseschemata, → Projektionstests und andere Persönlichkeitstests.

Auf Grund der meist relativ geringen Zahl von Daten, die durch psychodiagnostische Verfahren erhoben werden, darf ihr Aussagewert nicht überschätzt werden. Er steigt mit der Anzahl und der Objektivität der verwendeten Testverfahren. Prognosen mit Hilfe psychodiagnostischer Verfahren sind allemal mit Vorsicht und – sofern alleinige Aussagequelle – mit Einschränkungen zu stellen. K

Brickenkamp 1975; Heiss 1964; Hopf; Meili 1965; Pauli/Arnold 1972; Schulte 1974

Psychoendokrinologie

ist die Lehre von der Wirkung endokriner Drüsen mit ihren Hormonen auf das psychosoziale Verhalten des Menschen.
→ Endokrinologie K

Psychogenese

bedeutet Entstehung und Entwicklung des Verhaltens und Erlebens des menschlichen Individuums. Sie ist somit Forschungsgegenstand der Entwicklungspsychologie. K

Psychogramm

ist die überschaubare, evtl. mit Hilfe graphischer Veranschaulichung (z. B. im Koordinatensystem) aufbereitete Darstellung aller psychologischen Daten einer Person, die durch → Anamnese, → Tests, → Beobachtungen gewonnen wurden. K

Psychohygiene

Als Teilgebiet der → Angewandten Psychologie bzw. der → Klinischen Psychologie leistet die Psychohygiene psychische Unterstützung und Hilfe, um den verschiedensten Formen von Fehlentwicklungen und Fehlanpassungen vorzubeugen und seelische Störungen beim Einzelnen zu vermeiden. Sie strebt durch geeignete Maßnahmen z. B. der Erziehungs-, Jugend-, Ehe- oder Krankenberatung an, die bestmögliche körperliche, seelische, geistige und soziale Gesundheit zu erhalten.
→ Psychologie → Psychiatrie O

Psychologie

Nach Drever/Fröhlich (1974) ist die Psychologie „ . . . die Wissenschaft vom Verhalten und Erleben unter Berücksichtigung der Entwicklung, Konstanz und Veränderung von Verhaltens- und Erlebnisweisen sowie der mitmenschlichen (sozialen) Umgebung und den relativ überdauernden und veränderlichen Gegebenheiten (ökonomische, politische, kulturelle Faktoren) der Lebenswelt". Die moderne Psychologie versteht sich als empirische Wissenschaft. In den meisten Veröffentlichungen wird die Psychologie heute in folgende Teilbereiche eingeteilt:

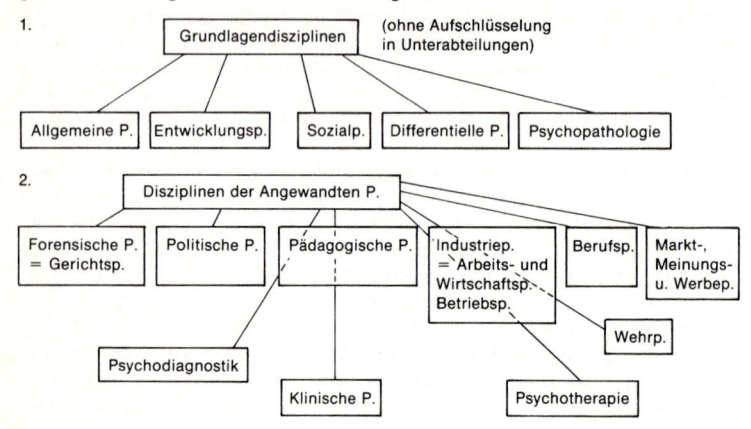

1. **Grundlagendisziplinen** (ohne Aufschlüsselung in Unterabteilungen)
   - Allgemeine P.
   - Entwicklungsp.
   - Sozialp.
   - Differentielle P.
   - Psychopathologie

2. **Disziplinen der Angewandten P.**
   - Forensische P. = Gerichtsp.
   - Politische P.
   - Pädagogische P.
   - Industriep. = Arbeits- und Wirtschaftsp. Betriebsp.
   - Berufsp.
   - Markt-, Meinungs- u. Werbep.
   - Wehrp.
   - Psychodiagnostik
   - Klinische P.
   - Psychotherapie

Die psychologische Forschung bedient sich als empirische Forschung vor allem folgender **Methoden**:
→ Beobachtung, → Exploration, → Anamnese, → Lebenslaufanalyse, → Experiment, → Test, Messung, statistische Methoden zur Ermittlung der → Signifikanz, Modellbildung und → Simulation.   K

Bondy 1967; Brecher 1972; Bühler 1962; Buggle 1974; Eberlein/Pieper 1976; Eysenck 1976, 1977; Grigat 1975; Handbuch der Psychologie 1970; Hemling 1974; Hilgard u. a. 1975; Krech/Crutchfield 1969; Laucken/Schick 1971; Legewie/Ehlers 1978; Neuhaus/Adolphs 1975; Novak u. a. 1978; Rohracher 1976; Schneewind 1975; Selg 1966; Toman 1973

Psychometrie
ist die zusammenfassende Bezeichnung für alle Meßmethoden zur quantitativen (= in Zahlen ausdrückbaren) Erfassung von Verhalten. Das Hauptgebiet der Psychometrie ist nach wie vor die Intelligenzmessung (→ Intelligenztest).   K

Gutjahr 1971; Handbook of mathematical psychology 1963; Hofstätter 1966; Kline 1973; Maloney/Ward 1976; Nunnally 1967; Payne/McMoris 1975; Sixtl 1967; Thorndike/Hagen 1969

Psychomotorischer Lernzielbereich
Psychomotorische Lernziele beziehen sich auf beeinflußbare, steuerbare und durch Bewegungsabläufe des menschlichen Körpers veranlaßte Fertigkeiten eines Schülers. Sie haben es mit manuellen und anderen körperlichen Fertigkeiten zu tun. Solche Lernziele werden z. B. wie folgt formuliert:
– Fähigkeit, 120 Silben pro Minute in Kurzschrift fehlerfrei niederzuschreiben und anschließend formgerecht und grammatikalisch richtig in Maschinenschrift zu übertragen
– Fähigkeit, im Brustschwimmen 100 m in korrekter Schwimmhaltung zu schwimmen.

→ Curriculum → Lernziel → Taxonomie   O

Psychomotorisches Lernziel → psychomotorischer Lernzielbereich

Psychopath

Die Bezeichnung Psychopath, gelegentlich synonym auch Soziopath, wird heute in zunehmendem Maße auf eine Verhaltensstörung eingeschränkt verwendet, die durch extrem normabweichende Verhaltensweisen in den sozialen Beziehungen gekennzeichnet ist. Geistesstörungen sind nach dieser Auffassung ausdrücklich ausgenommen (→ Psychosen). Für die Entwicklung der Psychopathie werden eine gefühlskalte und inkonsequente Erziehung, das Fehlen einer ständigen Bezugsperson, vor allem aber das Modell eines Psychopathen in der Familie (z. B. Vater) verantwortlich gemacht. Der Psychopath fällt auf durch den Ausfall von Angstempfindung, von Reue und Schuldbewußtsein, von Verantwortungsbewußtsein und Zuneigung, ferner durch rücksichtslose und übersteigert egozentrische Lust- bzw. Bedürfnisbefriedigung und durch die Neigung zum „Blender", der um eigener Vorteile willen jegliches erwünschte Verhalten vorzutäuschen bereit ist. Da der Psychopath von der Richtigkeit seiner Verhaltensweisen überzeugt ist, versprechen herkömmliche Therapieformen zur Verhaltensänderung kaum Erfolg. Am ehesten ist eine Verhaltensmodifikation noch durch langfristige Gruppentherapie zu erwarten. K

Aepli-Jomini/Peter-Lang 1975; Ausubel/Kirk 1977; Brandt 1968; Giese 1973; Glatzel 1977; Kiss 1976; Lempp 1972; Martin 1976; Maser/Seligman 1977; McMahon 1976; Müller 1973; Nissen 1977; Petrilowitsch 1968; Rattner 1976; Scharfetter 1976; Stockert 1967; Zulliger 1977

psychophysisch→ Psychosomatik

Psychopathologie

ist eine Disziplin der → Angewandten Psychologie. Sie untersucht die Entstehung, die Erscheinungsformen und den Verlauf von Geistesstörungen.

→ Psychosen → Psychopath K

Psychosen

sind Geisteskrankheiten, die durch den Zerfall der → Persönlichkeit als bewußt erlebter Einheit und durch den Verlust des Realitätsbezuges gekennzeichnet sind. Sie führen meistens zur Anstaltsverwahrung, da die Betroffenen zu einer selbständigen Lebensführung nicht fähig sind und in manchen Fällen gemeingefährlich werden können.

Übliche Klassifizierung der Psychosen:
1. Zu den endogenen Psychosen werden die Schizophrenie, das manisch-depressive Irresein und einige paranoide Krankheitsbilder gezählt.
2. Exogene Psychosen sind durch Hirnschädigungen verursacht.
3. Psychogene Psychosen werden auf außergewöhnlich große psychische Belastungen zurückgeführt.

Lorr unterscheidet bei den Psychosen Störungen des Denkens, des Gemüts und des Verhaltens, die in unterschiedlichen Kombinationen auftreten. Er beschreibt 12 psychotische → Syndrome, die verschieden gekoppelt in Erscheinung treten (Lexikon der Psychologie, Band 3, Freiburg 1972;

Seite 91): Erregungszustand, aggressive Streitsucht, Verfolgungswahn, Größenwahn, Wahrnehmungsstörungen, phobischer Zwang (→ Phobie), ängstliche Verstimmung, funktionale Schwäche, Verlangsamung, Desorientierung, motorische Störungen, Auffassungsstörung.
Als kombinierte Hauptsyndrome führt Lorr folgende Erscheinungsformen von Psychosen an:
- Schizophrene Zerrüttung (psychomotorische Verlangsamung und Apathie, Desorientierung und motorische Störungen, geringere Auffassungsstörungen),
- paranoider Prozeß (Verfolgungswahn, Wahrnehmungsstörungen, Größenwahn, fixe Ideen),
- aggressive Paranoia (aggressive Streitsucht, Verfolgungswahn),
- psychotische Depression (ängstliche Verstimmung, funktionale Schwäche, Zwangs- u. phobische Symptome),
- ungestörte Hyperaktivität (Erregungszustände, Auffassungs- und motorische Störungen, gelegentlich Größenwahn).

Ammon 1975; Crowcroft 1972; Kanner 1973; Laing 1974; Lempp 1973; Spiel 1961; Stumme 1975

→ Psychiatrie, → Psychopathologie K

Psychosexuelle Entwicklung

Die traditionelle psychoanalytische Entwicklungslehre sieht die gesamte psychische Entwicklung in engem Zusammenhang mit dem sexuellen Werden eines Menschen. Ihrer Auffassung nach werden von jedem Menschen mehrere voneinander unterschiedliche Entwicklungsphasen durchlaufen, die sich immer mit der Körperregion befassen und diese besonders bewußt werden lassen, auf die sich die sexuelle Erregung in der jeweiligen Entwicklungsphase primär konzentriert, wie z. B. die → anale Phase oder → orale Phase. Schwierigkeiten während dieser Entwicklungsphasen können Anlaß zu späteren Persönlichkeitsstörungen sein.

→ analer Charakter O

Psychosomatik

ist die Wissenschaft von der Leib-Seele-Einheit und den medizinisch-psychologischen Untersuchungs- und Behandlungsweisen für solche Erkrankungen, die primär auf psychisches Erleben zurückzuführen sind, wie z. B. nervöse Herzbeschwerden oder Asthma. Die Erkenntnisse der Psychosomatik bilden wesentliche Grundlagen für die → Psychotherapie, → Neurose, → Phobie, → Psychose. O

Alexander 1971

Psychostrukturmodell

heißt nach H. Frank „jedes nachrichtentechnisch realisierte physikalische und jedes für einen Rechner programmierbare mathematische Modell psychischen Geschehens". Die Konstruktion von Lernmaschinen z. B. macht sich das Psychostrukturmodell der Informationsverarbeitung des Menschen zunütze. K

Riedel 1967

Psychotherapie

Die Psychotherapie ist eine Disziplin der Angewandten → Psychologie. Sie gilt als zusammenfassende Bezeichnung für die Theorie und Praxis der Behandlung neurotischer (→ Neurose) und psychosomatischer Störungen.

Hauptsächliche Therapieformen:

1. Die von der → Psychoanalyse beeinflußte Psychotherapie zielt auf die Einsicht in die unbewußten Ursachen des Verhaltens ab, die sie durch Assoziation, Interpretation und Übertragung auf den Therapeuten zu erreichen sucht.
2. In der → Gruppentherapie kommt gegenüber der Einzeltherapie das Erleben der Schwierigkeiten der anderen Gruppenmitglieder und die gegenseitige helfende Einflußnahme aller Gruppenmitglieder hinzu.
3. Die bei Kindern angewandte Spieltherapie will die Möglichkeit der Veränderung bzw. des Neuaufbaus von Verhaltensweisen im Umgang mit dem Therapeuten anbieten.
4. Die → Verhaltenstherapie baut auf die Wirkung von → Konditionierung und Gegenkonditionierung.
5. Bei der nicht-direktiven Therapie verhält sich der Therapeut weitgehend passiv, um dem Patienten eine selbständige Bewältigung seiner Konflikte zu ermöglichen.
6. Zu den Entspannungstherapien zählt z. B. das → autogene Training.

Aepli-Jomini 1975; Ammon 1975; Argelander 1972; Bach/Molter 1976; Bachmann 1972; Bally 1972; Becker/Reiter 1977; Bergold 1973; Biermann 1969; Bordin 1974; Boszormenyi-Nagy/Framo 1965; Condrau 1974; Dührssen 1960; Frankl 1957, 1977; Freud 1971; Gesellschaft für wiss. Gesprächstherapie 1975; Haley 1969, 1978; Harbauer 1971; Heigl-Evers 1972; Kierman 1976; Langen 1973; Male 1976; Massermann 1972; Minsel 1974; North 1975; Ploeger 1972; Preuss 1966; Rattner 1974; Riemann 1974; Schmidbauer 1975; Schulte 1974; Schultz-Hencke 1970; Schutz 1971; Spiel 1976; Strotzka 1975

→ Psychosomatik K

Psychotische Depression → Depression

PU (Programmierter Unterricht) → Programmierte Instruktion

Pubertät

bezeichnet den Abschnitt in der Entwicklung des Menschen, während dessen sich die Ausbildung der sekundären Geschlechtsmerkmale ereignet und die Geschlechtsreife erreicht wird. Sie umfaßt bei Jungen in etwa das Alter von 12 bis 16 Jahren, bei Mädchen kann sie bis zu 2 Jahre früher zum Abschluß kommen. Die Pubertät ist bei Beginn durch verstärkte → Introversion der Jugendlichen gekennzeichnet, die später in eine Extraversion vor allem gegenüber Einflüssen von Gleichaltrigen umschlägt. Voraussetzung der Eigenorientierung des Pubertierenden ist die oft zu belastenden Konflikten führende Ablösung von den bisher dominierenden Einflüssen von seiten der Familie und der Schule. Als besonders starke und schwer zu behandelnde Krise tritt bei manchen Pubertierenden gelegentlich Pubertätomagersucht als Folge der sexuellen Reifung auf.

Ell 1975; Ratz 1976; Seelmann 1971

→ Adoleszenz, → Jugendalter K

Pubertätsmagersucht

wird ein psychisch bedingtes Krankheitsbild genannt, das vor allem bei Mädchen (Verhältnis Mädchen – Jungen 30:1) während der Pubertät beobachtet werden kann. Die betroffenen Mädchen lehnen unbewußt ihre sexuelle Reifung ab. Sie treten extreme Abmagerungskuren an, neigen oftmals zum Erbrechen, klagen über Völlegefühl und Magenschmerzen und empfinden Ekel vor bestimmten Nahrungsmitteln. Chronische Verstopfungen und das Ausbleiben der Monatsblutungen können sich als weitere Folgen einstellen. Rastloser Bewegungsdrang wird in fortgeschrittenem Stadium der Krankheit von Apathie abgelöst. Die mehrmonatige Therapie muß im Krankenhaus eingeleitet werden, da die Nahrunsverweigerung anfangs meist durch Zwangsernährung im Dauerschlaf unterlaufen werden muß. Die begleitenden psychotherapeutischen Maßnahmen führen erfreulicherweise heute meistens zur Überwindung der Krankheitsursachen. K

Thiemann 1957; Thomae 1961

Pygmalion-Effekt

ist die von Rosenthal und Jacobsen (1971) geprägte Bezeichnung für den Sachverhalt, daß eine ursprünglich aufgrund der gegebenen Verhältnisse unberechtigte Erwartungshaltung (z. B. des Lehrers gegenüber dem Schüler) Situationen schafft bzw. Ereignisse ermöglicht, die schließlich die Bestätigung der Erwartungshaltung zur Folge haben. (Der Name Pygmalion geht auf eine Geschichte des römischen Dichters Ovid zurück, wonach sich ein König von Kypros dieses Namens in die Statue einer Jungfrau verliebte, die er selbst geschaffen hatte. Nachdem die Göttin Aphrodite auf sein Bitten hin die Statue zum Leben erweckt hatte, heiratete er sie.)
Rosenthal und Jacobson informierten in ihrer Untersuchung die beteiligten Lehrer, daß 20% namentlich bezeichnete Schüler von allen Schülern der 1.–6. Jahrgangsstufe einer bestimmten Schule aufgrund entsprechender Tests in nächster Zeit besonders auffällige Intelligenzfortschritte erwarten ließen. In Wirklichkeit waren diese 20% rein zufällig ausgewählt worden. Die Untersuchung ergab einen teilweise bedeutsamen Anstieg des → Intelligenzquotienten, vor allem in der ersten und zweiten Jahrgangsstufe. Nach zahlreichen – zum Teil veränderten – Wiederholungen der Untersuchung durch andere Forscher kann heute festgehalten werden, daß die Erwartungshaltung des Lehrers zwar das Verhalten von Schülern im Sinne der beschriebenen Wechselwirkung beeinflussen kann, jedoch nicht als alleiniger Auslöser im Sinne eines Ursache-Wirkungs-Zusammenhangs gesehen werden darf.

Brophy/Good 1976 – engl. 1974

→ Hypothesen- oder Erwartungstheorie → Kausalattribuierungstheorie → Sich selbst erfüllende Prophezeiung K

Quadrivium → Septem artes liberales

Quaestives Lernen

eine von H. Zöpfl und O. Meißner in die Didaktik eingeführte Bezeichnung, beschreibt die Lernhaltung aufmerksamer und kritisch hinterfragender Neugier (lateinisch quaestio = Frage). Diese Lernhaltung ist unverzichtbare Voraussetzung für einen produktiven Umgang mit Welt.

Sie kann sowohl im Sinne eines → Unterrichtsprinzips als im Unterricht ständig geübte Haltung als auch schwerpunktmäßig in bestimmten Unterrichtssequenzen (→ Lehrsequenz, → Sequenz) gefördert werden. In besonderem Maße wird quaestives Lernen im → problemlösenden Unterricht verwirklicht (vgl. auch → Problemlösen). P. Köck beschreibt den Vorgang des quaestiven Lernens in Ausweitung der → Lernzielstufen H. Roths als problemfindendes Denken. K

Qualifikation

Im allgemeinen Sprachgebrauch wird der Begriff Qualifikation anstelle von Befähigung, Eignung, Befähigungsnachweis und Beurteilung verwendet. In der Curriculumforschung steht er im Sinne der Zielbestimmung erzieherischer Maßnahmen mitunter gleichbedeutend für → Lernziel. Das → Curriculum strebt eine genaue Beschreibung von sog. Teilqualifikationen an.
→ Operationalisierung O

Qualifizierender Hauptschulabschluß

In einigen Ländern der Bundesrepublik Deutschland wird die → Hauptschule in entsprechende schülergerechte Schwerpunktkurse A und B gegliedert. Schüler, die im anspruchsvolleren Kurs A sich im 9. Schuljahr in den Fächern Deutsch, Mathematik, Englisch oder Physik/Chemie bewährt haben, können den auch bereits von der Wirtschaft anerkannten ‚qualifizierenden Hauptschulabschluß' erwerben. Dieser qualifiziert sie für weiterführende berufsbezogene Bildungswege wie:
- → Berufsaufbauschule mit dem Abschluß der → Fachschulreife
- → Berufsfachschule mit Abschluß der Fachschulreife
- → Berufsschule mit → Telekolleg
- 10. Klasse der → Realschule bei einem Notendurchschnitt bis zu 2,0
- 10. Klasse der → Wirtschaftsoohule bei einem Nutendurchschnitt bis zu 2,0.

Ohne qualifizierenden Abschluß kann jeder nach dem 9. Schuljahr der Hauptschule eintreten in:
- die Berufsschule
- die Berufsfachschule ohne Fachschulreife O

Quantifizierung

bedeutet Messung als Zuordnung von Zahlen zu Merkmalen bzw. Eigenschaften nach bestimmten Regeln, wobei Qualitäten in Quantitäten (durch Zahlen erfaßbare Größen) umgewandelt werden müssen.
→ Psychometrie K

Quartarstufenlehrer

Die Bezeichnung des Quartarstufenlehrers wird mitunter anstelle des → Fortbildungsreferenten, der im Rahmen der zweiten und dritten Phase der Lehrerbildung eingesetzt wird und die Probleme der → Lehrerbildung kennt, verwendet. Er erteilt neben seiner hauptamtlichen Tätigkeit in Studienseminaren und in der Lehrerfort- und Lehrerweiterbildung weiterhin eigenen Unterricht an einer Schule, um mit der Praxis verbunden zu bleiben. O

Quartärbereich

Der ‚Quartäre Bereich' hat im Bildungssystem an Bedeutung gewonnen und umfaßt die gesamte ‚Höherbildung', die → Weiterbildung im weiteren Sinne, die gesamte → Erwachsenenbildung im sog. nachschulischen Bereich.
Folgende Übersicht versucht den Quartärbereich ins Bildungssystem einzugliedern:

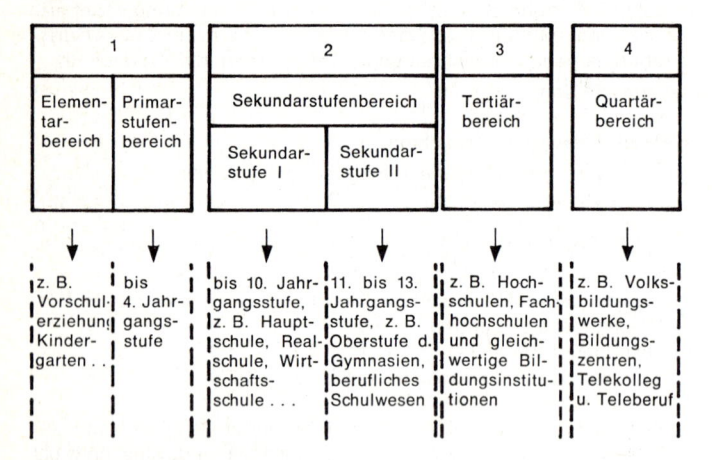

1		2		3	4
Elementarbereich	Primarstufenbereich	Sekundarstufenbereich		Tertiärbereich	Quartärbereich
		Sekundarstufe I	Sekundarstufe II		
↓	↓	↓	↓	↓	↓
z. B. Vorschulerziehung, Kindergarten...	bis 4. Jahrgangsstufe	bis 10. Jahrgangsstufe, z. B. Hauptschule, Realschule, Wirtschaftsschule...	11. bis 13. Jahrgangsstufe, z. B. Oberstufe d. Gymnasien, berufliches Schulwesen	z. B. Hochschulen, Fachhochschulen und gleichwertige Bildungsinstitutionen	z. B. Volksbildungswerke, Bildungszentren, Telekolleg u. Teleberuf

O

Querschnittuntersuchung

Gegenstand der Querschnittuntersuchung ist die Erforschung des Einflusses festgelegter und genau beschriebener Variablen (= veränderbarer Größen) auf mehrere Individuen zu einer bestimmten Zeit. Eine Querschnittuntersuchung problematisiert z. B. die Wirkung einer bestimmten Lehrmethode auf Schüler gleichen Alters, aber unterschiedlicher sozialer Herkunft. Oder es werden Querschnittuntersuchungen von der → Werbepsychologie zur Ermittlung des Verbraucherverhaltens durchgeführt.
→ Längsschnittuntersuchung K

Rahmenlehrplan

Er steckt einen stofflichen Rahmen ab und bietet Auswahlthemen an. Auf Grund des Rahmenplanes läßt sich ein → Stoffverteilungsplan erstellen. Ist der Rahmenlehrplan bereits bis in die Einzelthemen hinein detailliert, so schließt er meist eine präzise Stoffverteilung mit ein und macht Stoffverteilungspläne überflüssig.

→ Lehrplan O

Rangordnung, soziale

Jede → Gruppe weist eine soziale Rangordnung auf, die in der Phase der → Gruppenbildung unter den Gruppenmitgliedern erstmals festgesetzt wurde, später nur noch geringfügigen Veränderungen unterworfen ist.
Die soziale Rangordnung ist durch die sozialen → Positionen der Gruppenmitglieder bestimmt, sie beschreibt also den rangmäßig gestuften Ort, der einem Individuum in einer Gruppe zuerkannt wird mitsamt den daran geknüpften Leistungserwartungen und Machtbefugnissen. Während in einer an freiheitlicher Partnerschaft orientierten Gruppe die soziale Rangordnung der jederzeitigen Korrektur durch die Gruppenmitglieder überantwortet ist, sind die auf Amtsautorität (→ Autorität) gegründeten sozialen Rangordnungen durch Titel und institutionell gesicherte Positionen festgeschrieben, was dann zwangsläufig zu Konflikten führt, wenn der Inhaber einer bestimmten Position den Verhaltenserwartungen der übrigen Gruppenmitglieder nicht mehr gerecht wird. Die sich selbst regulierende soziale Rangordnung wird auf diese Weise oftmals zu einer von oben nach unten durchstrukturierten Hackordnung, die sich zur Aufrechterhaltung der einmal erreichten Positionen u. U. der Mittel der Befehlshierarchie, des Zwanges und der Unterdrückung bedienen muß. K

Randgruppe

In den meisten Gesellschaftssystemen können Gruppen festgestellt werden, die auf Grund bestimmter Merkmale wie z. B. ihrer Minderheitenposition, ihrer Rasse oder Hautfarbe, ihrer Religion eine Außenseiterrolle spielen. Sie werden von der jeweiligen gewachsenen Gesellschaftsstruktur nur langsam oder gar nicht integriert und können als benachteiligte Gruppen am ,,Rande der Gesellschaft'' stehen, mit der sie zusammenleben. Solche Gruppen sind z. B. Farbige in den USA, Gastarbeiter in der Bundesrepublik Deutschland, asiatische Flüchtlinge in Europa, aber auch Strafentlassene oder Obdachlose.

→ Gruppe → Gruppenbildung O

Rating scale → Ratingskala

Ratingskala

Unter Ratingskala versteht man eine Schätzskala zur Selbst- und Fremdbeurteilung. Die einzuschätzenden Merkmale sind in mehreren Stufen entweder mit Worten beschrieben oder durch Zahlen gekennzeichnet (z. B. Art der verbalen Äußerungen des Lehrers X in einer bestimmten Zeiteinheit:

autoritär |___|___|___|___| sozialintegrativ
oder   1   2   3   4   5

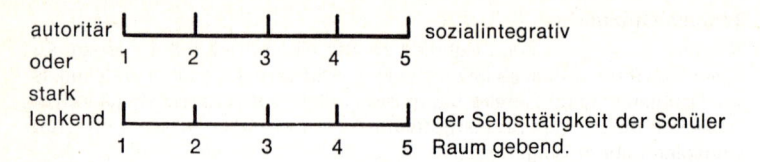

stark
lenkend |___|___|___|___| der Selbsttätigkeit der Schüler
        1   2   3   4   5 Raum gebend.

Eine Ratingskala ist um so zuverlässiger, je mehr in ihrer Anwendung geschulte Beobachter (z. B. bei Beurteilung des Lernverhaltens von Schülern, der Unterrichtsatmosphäre, des → Erziehungsstils des Lehrers usw.) gleiche bzw. nur geringfügig voneinander abweichende Wertungen geben.

→ Polaritätsprofil K

Rationalisierung

gelegentlich auch Intellektualisierung genannt, bezeichnet den Vorgang, der tatsächlichen Erklärung für eine peinliche oder frustrierende Situation oder ein Versagen auszuweichen, indem zwar plausible, der konkreten Situation aber nicht angemessene Erklärungen durch Theoretisieren über den Sachverhalt gesucht werden. So wehrt z. B. eine Mutter den ursächlichen Zusammenhang zwischen ihrem → Erziehungsstil und einer Verhaltensstörung ihres Kindes als für sie belastend ab, indem sie die allgemeinen entwicklungsbehindernden Einflüsse der Gesellschaft auf die junge Generation als eigentliche Ursache beschwört.

→ Abwehrmechanismen K

Reaktion

In der Verhaltens- und Lernpsychologie wird Reaktion (Synonym response [engl.] = Antwort) als übergeordneter zusammenfassender Begriff für jegliches antwortende Verhalten eines Individuums auf einen → Reiz (= Stimulus) verwendet. Im Unterschied zu den angeborenen und unwillkürlichen → Reflexen (z. B. Saugreflex, Lidreflex) werden Reaktionen im engeren Sinne gelernt, z. B. wenn Säuglinge das Lächeln der Mutter erwidern oder wenn ein Verkehrsteilnehmer sich mit verkehrsgerechtem Verhalten auf Ampeln einstellt. Für die Art des Ablaufs von Lernprozessen ist die Reaktionszeit bedeutsam, d. h. die Zeit, die zwischen Reiz und Reaktion verstreicht. Da sie von einer komplexen Vielfalt von Faktoren abhängt wie z. B. von der Stimmungslage, dem Neuigkeitsgrad des Reizes, der Art des Reizes (optisch, akustisch, kombiniert usw.), dem körperlichen Zustand des Betroffenen usw., kann sie in ein und derselben Reizsituation bei mehreren Individuen (z. B. Schüler in einer bestimmten Lernsituation) sehr unterschiedlich ausfallen.

→ Konditionierung, → Lerntheorie K

Reaktionszeit → Reaktion

Reaktive Hemmung → Gedächtnishemmungen

Reaktive Depression → Depression

Reaktiver Verstand
Der nicht willentlich kontrollierbare Verstand, der zeitweise Befehlsgewalt über Denken und Handeln des Menschen ausübt, wird als reaktiv bezeichnet.
→ Analytischer Verstand → Dianetics → Eknoia → Vernunft   O

Reaktives Lernen
dient der Umformung, der Änderung des Verhaltens ohne eigenes Zutun.
→ Lernen → Lerntheorien → Reaktion   O

Realgymnasium → **Gymnasium**

Realschulabschluß → **Mittlerer Bildungsabschluß**

Realschule
Die Realschule (früher Mittelschule) ist eine eigenständige vierjährige Schulform, in die Schüler aus der 6. und 7. Klasse einer Hauptschule oder eines Gymnasiums übertreten können. Neben den sog. allgemeinbildenden Pflichtfächern, zu denen eine Fremdsprache zählt, bietet die Realschule in den Klassen 8 bis 10 den individuellen Neigungen der Schüler entsprechend folgende drei auf Berufsrichtungen bezogene Wahlpflichtfächergruppen an, ohne daß der Schüler vorzeitig beruflich festgelegt wird:
Gruppe I: mathematisch-naturwissenschaftlich
– besondere Betreuung wird in diesem Zug auf Mathematik, Physik und Technisches Zeichnen gelegt
Gruppe II: wirtschaftswissenschaftlich
– Schwerpunkte in dieser Wahlpflichtfächergruppe sind Wirtschafts- und Rechtslehre, Rechnungswesen (früher Buchführung und Wirtschaftsrechnen); Kurzschrift, Maschinenschreiben und Mathematik
Gruppe III: musisch-sozialpflegerisch
– in diesem Zug wählt der Schüler zwei der nachstehenden Fächer: Kunsterziehung, Werken, Technisches Zeichnen, Musik, Textiles Gestalten, Haushalts- und Wirtschaftskunde (früher Hauswirtschaft), Sozialarbeit, Sport.
Neben den Pflicht- und Wahlpflichtfächern werden den Schülern aller Wahlpflichtgruppen auch Wahlfächer wie z. B. Französisch oder Instrumentalmusik angeboten.
Während Gruppe I sich vor allem an Schüler wendet, die technische Berufe anstreben und Gruppe II von Schülern besucht wird, die sich Berufen in Wirtschaft und Verwaltung zuwenden möchten, befinden sich in Gruppe III meist Schüler, die musisch-gestaltende handwerkliche Berufe oder Sozialberufe ergreifen wollen.
Der Realschulabschluß nach der 10. Klasse führt zum → Mittleren Bildungsabschluß und eröffnet den Absolventen die Möglichkeit des Besuchs ande-

rer weiterführender Schulen entweder in direktem Anschluß oder über eine Berufsausbildung.
Nach bestandener Prüfung kann unmittelbar besucht werden: → Fachoberschule, → Gymnasium (Übergangsklasse, Anschlußklasse, unmittelbarer Übertritt – die Art des Übertritts ist abhängig von den jeweiligen Noten), → Berufsfachschule. Über eine Berufsausbildung kann nach bestandenem Realschulabschluß besucht werden: → Berufsoberschule, → Fachakademie, → Kolleg, → Abendgymnasium.
Schüler, die auf Grund einer Behinderung in einer allgemeinen Realschule nicht unterrichtet werden können, haben die Möglichkeit, eine → weiterführende Sonderschule zu besuchen. Solche bestehen z. B. für Blinde, Sehbehinderte, Gehörlose, Schwerhörige, Körperbehinderte. O

Redundanz

Die Redundanztheorie befaßt sich mit den Problemen, die sich bezüglich der Anzahl von Informationen ergeben, die notwendig ist, um das Verstehen einer Mitteilung, einer Nachricht zu sichern. Die Redundanz (= Überinformation, Zusatzinformation, Weitschweifigkeit) stellt die über die mindeste zum Verstehen einer Mitteilung notwendige Informationsmenge hinausgehenden zusätzlichen Informationen dar, die evtl. zu einem besseren Verstehen führen, aber auch unnötig sein können.
Als kleinste Informationseinheit wird in der Redundanztheorie das → Bit zugrunde gelegt. Die in Zahlen ausgedrückte Redundanz gibt an, wieviel einer Information hätte eingespart werden können oder überflüssig war in bezug auf die kleinste Informationseinheit Bit. In der Schule hat der Lehrer auf Grund der Schwierigkeit des zu vermittelnden Stoffes und der Begabung der zu Unterweisenden herauszufinden, wie hoch die Redundanz sein darf, um den Schüler nicht zu langweilen oder zu unterfordern und wie hoch sie sein muß, um ein Verstehen und Sichern des Gelehrten und eine Kontrolle des jeweiligen Sachverhaltes durch den Lernenden zu garantieren.
Einfaches Beispiel zur Redundanz bei der Angabe eines Datums:
27. 10. 79: kleinste Informationseinheit „Bit"
27. 10. 1979: Redundanz: . 19 . . .
Samstag, 27. 10 1979: Redundanz: Samstag . . .19 . . .
Samstag, 27. Oktober 1979: Redundanz: Samstag . . .
Umwandlung 10. in Oktober . .19 . . .
Rolf Oerter (1971) setzt den Redundanzbegriff in enge Beziehung zu den Denkvorgängen (→ Denken, in psychologischer Sicht), indem er feststellt, daß Denken um so produktiver eingestuft werden könne je weniger redundante Züge es zu Beginn der Problemlösungsphase besitze, und ein Denkprozeß um so unproduktiver und mechanischer ablaufe je redundanter er sei. O

Redundanztheorie

Felix von Cube entwickelte im Rahmen der Informationspsychologie die Redundanztheorie des Lernens, welche die Probleme der → Redundanz besonders in den Vordergrund rückt. O

Referat

Der Begriff des Referats wird häufig in den oberen Jahrgangsstufen der → Schule, im → Tertiär- und → Quartärbereich verwendet. Das Referat vermittelt Wissen, Erfahrungen oder Überliefertes z. B. in einem Bericht, einer Kurzbesprechung oder Stellungnahme. Beim Referat geht es im Gegensatz zum → Vortrag in erster Linie um objektives Wiedergeben und weniger um originelles Geben und Darbieten. Das Referat selbst kennt verschiedene Formen wie z. B. das Kurzreferat, Einleitungsreferat, Koreferat, Schlußreferat und die Referatsreihe. Kurz- und Einleitungsreferate dienen grundsätzlich zum Anregen eines Gesprächs oder der Information, die zur Diskussion hinleitet. Koreferate können gegenteilige Thesen vertreten oder eine Ergänzung zu einem Referat sein, sie dürfen keinesfalls zum Hauptreferat werden.
Die Referatsreihe befaßt sich mit einem Themenbereich und seinen Grenzgebieten und läuft zeitlich gedrängt z. B. an einem Vormittag, Abend oder an einem Tage zusammenhängend ab, während sich eine Vortragsreihe über mehrere Wochen und Monate hinziehen kann.
Die Begriffe Referat und Vortrag sollten nicht synonym verwendet werden. Das Referat stellt im allgemeinen eine Kurzform des Vortrages dar. O

Referendarausbildung → Vorbereitungsdienst

Reflex

Der Reflex ist die unwillkürliche nach fest verankerten Gesetzmäßigkeiten ablaufende → Reaktion des Organismus auf bestimmte Arten von → Reizen (Lidreflex, Saugreflex, Moro-Klammer-Reflex, sekretorische Reaktionen von Drüsen usw.).
Der Auslöseweg eines Reflexes verläuft in der automatisch funktionierenden Bahn eines Reflexbogens, d. h. der eintreffende Reiz wird am Beginn des Reflexbogens in eine Nervenerregung umgesetzt, die über das Reflexzentrum als Schaltstelle zu dem Organ bzw. Muskel geleitet wird, der reagieren muß.
Viele der im Säuglingsalter beobachtbaren Reflexe werden im Laufe der Entwicklung durch Lernprozesse überformt und verlieren an Bedeutung K
Pawlow 1927

Reflexbogen → Reflex

Reformpädagogik

meint in der Geschichte der Pädagogik als zusammenfassende Bezeichnung alle auf Veränderung des Überkommenen ausgerichteten Maßnahmen, Pläne, Ideen, Theorien in bezug auf Erziehung und Unterricht, die vor allem in der Zeit von ca. 1900 bis 1930 die internationale pädagogische Diskussion und Praxis beherrschten und die mit ihren wesentlichen Ansätzen bis heute nachwirken.
Die Wurzeln der reformpädagogischen Bewegung waren vielgestaltig: Die Kulturkritik setzte sich mit der festgefahrenen bürgerlichen Kultur und

Bildung des ausklingenden 19. Jahrhunderts auseinander, die → Jugendbewegung verstand sich als Protest gegen die bestehende autoritäre Gesellschaftsordnung, in der schulischen Praxis wurde der Ruf nach Abkehr von den rigiden → Formalstufen aus der Schule Herbarts immer lauter.
Auf literarischem Gebiet lösten den reformerischen Aufbruch aus Ellen Key (1900) und Maria Montessori mit verschiedenen Schriften. In Theorie und Praxis wurden Unterricht und Erziehung „vom Kinde aus" proklamiert. An der natürlichen Entwicklung des Kindes orientiert, wurde dem spielerischen und kreativen Lernen – v. a. unter Einbezug der musischen Fächer – besondere Bedeutung beigemessen. In der Praxis schlug sich die Reformpädagogik in unterschiedlicher Schwerpunktsetzung nieder, z. B. in der Arbeitsschulbewegung (J. Dewey, G. Kerschensteiner, A. Ferrière, P. Blonski), in der Kunsterziehungsbewegung (A. Lichtwark, C. Götze, F. Gansberg, M. Luserke, W. Neubert, H. Wolgast u. a.), in den → Landerziehungsheimen (H. Lietz, G. Wyneken), in den freien → Waldorfschulen (R. Steiner), im → Dalton-Plan (H. Parkhurst), im Jena-Plan (P. Petersen), im Winnetka-Plan, in der Idee des → Projektunterrichts, in der Reform des Kindergartenbereichs (M. Montessori) und der Heimerziehung (A. S. Makarenko, E. J. Flanagan) und schließlich in der Einheitsschulbewegung, die → Koedukation und Abschaffung ständischer Privilegien in der Schule forderte.
Viele Ansätze der Reformpädagogik werden heutigentags durch die – an sich uralte – Idee des → schülerorientierten Unterrichts wieder aufgegriffen und weiterentwickelt. K

Flitner/Kudritzki 1961/1962 – Quellen; Scheibe 1971[2]

Refresher Course → Auffrischungslehrgang

Regelgröße → Regelkreis

Regelkreis

Der Begriff des Regelkreises stammt aus dem Sprachschatz der → kybernetischen Pädagogik, nach deren Konzept „die Erziehung ein zielansteurnder Prozeß in einem offenen System ist, d. h. also ein Regelungsprozeß (→ Kybernetik)" (F. v. Cube, in: Heinrichs, H.: Lexikon der audiovisuellen Bildungsmittel. München 1971, Seite 179).

Allgemein bekannt ist die selbststeuernde Wirkung eines Regelkreises z. B. bei dem Thermostaten eines Kühlschranks oder einer Raumheizung. Auf den Lernprozeß übertragen, besteht die Funktion des Regelkreises in der ständigen Überwachung und Angleichung der **Soll-Werte** und der **Ist-Werte**. Die Soll-Werte werden von der jeweiligen Gesellschaft gesetzt bzw. konkreter z. B. von den Teams der curricularen Lernzielplanung. Die Soll-Werte würden im zuletzt genannten Fall die Leit-, → Richt- und → Grobziele eines → Curriculums bezeichnen. Der Lehrer tritt nun als **Regler** auf, indem er unter Berücksichtigung der lernpsychologischen und soziokulturellen Voraussetzungen seiner Lerngruppe und der ihm zur Verfügung stehenden methodischen Möglichkeiten die für den aktuellen Lernprozeß optimale Strategie ermittelt. Das ebenfalls vom Lehrer klar definierte →

Lernziel (= **Stellgröße** = Feinziel), das für den Lernenden klar erkennbar und erreichbar sein muß, wird nunmehr den **Stellgliedern,** d. h. den lernprozeßsteuernden → Medien überantwortet. Die **Regelgrößen** bezeichnen die den Steuerungsvorgang und Lernprozeß abschließenden Verhaltensänderungen, die in ihrer Endform zusätzlich von mehr oder weniger stark eingreifenden **Störgrößen** geformt werden. Unter den **Meßfühlern** sind schließlich Maßnahmen der Effizienzkontrolle zu verstehen, wie Beobachten, Messen, Diagnostizieren des Verhaltens, die die **Ist-Werte** jeweils neu feststellen, bevor ein Vergleich mit dem ursprünglich gesetzten Soll-Wert vorgenommen und entsprechend dem Ergebnis dieses Vergleichs ein wiederholender, aufbauender oder ein anderer Lernprozeß eingeleitet werden kann.

→ Computerunterstützter Unterricht K

Regionale Lehrerfortbildung

Sie wird von Schulämtern, Regierungen, Ministerialbeauftragten in Zusammenarbeit und Koordinierung mit der zentralen → Lehrerfortbildung durchgeführt. Sie hat ihre Berechtigung vor allem dann, wenn Innovationen (Neuerungen) im Schulwesen rasch und unverzüglich an die Lehrkräfte herangebracht werden müssen. Die für die regionale Fortbildung im Bereich der → Kolleg- und → Orientierungsstufe notwendigen qualifizierten → Fortbildungsreferenten werden in den Instituten der zentralen Lehrerfortbildung ausgebildet. – Vor allem im beruflichen Schulwesen muß Lehrerfortbildung regional erfolgen, um in Zusammenarbeit mit geeigneten Firmen den für den Lehrer wesentlichen Praxisbezug zu erhalten.

→ Multiplikator O

Regler

Als Begriff der Regeltechnik bezeichnet Regler eine Vorrichtung, die eine kritische → Variable innerhalb eines Systems in den vorgeplanten Grenzen hält. Er wirkt selbstregulierend in einem System, das Soll- und Istwert miteinander vergleicht und bei Abweichungen des Istwertes das Verhalten der Soll-Konzeption annähert und anpaßt.

→ Feedback → Regelkreis O

Regression

bezeichnet ein Zurückschreiten zu früheren, meist frühkindlichen Verhaltensweisen. Sie kann ein einzelnes Individuum oder Gruppen betreffen. In Ergänzung der umgangssprachlichen Verwendung des Begriffes, wo er meist mit zerstörerischen Aktivitäten, Vandalismen, Blödeleien usw. verbunden wird, können der Regression durchaus auch positive Funktionen zugeschrieben werden:
1. In der Individual- und Gruppenpsychotherapie kommt der Regression therapeutische Funktion aus Zurückschreiten in der Entwicklung bis zu dem Punkt, wo z. B. eine Verhaltensstörung oder eine → Neurose erworben wurde. Nach der Klärung der Ursachen kann u. U. durch neue Progression (= Vorwärtsschreiten) ein verändertes Verhalten aufgebaut werden.

2. Erholungsfunktion der Regression: Sie ist um so häufiger und nötiger, je größer der alltägliche Streß, je höher die beruflichen Anforderungen an Disziplin usw. sind. Sie kann sich hier z. B. in eisenbahnspielenden Familienvätern, campierenden Großverdienern usw. äußern.
3. Im schulischen Bereich sind oft Regressionstendenzen zu beobachten, die auf mangelnder Forderung, auf Disziplinlosigkeit, auf permanenter Mißachtung der affektiven Bedürfnisse der Schüler, aber auch auf Vater-Lehrer-Analogien beruhen können. In solchen Fällen sind Regressionen unmittelbare Aufforderungen zur Veränderung von Lehrmethoden, der Unterrichtsatmosphäre oder zu gemeinsam mit den Eltern zu überlegenden Maßnahmen.

Balint 1970, 1972; Williams 1974

→ Abwehrmechanismen K

Reha-Berater, Rehabilitationsberater → **Rehabilitation**

Rehabilitand

ist eine Person, der die Wiedereingliederung ins gesellschaftliche und insbesondere ins berufliche Leben ermöglicht werden soll.

→ Rehabilitation O

Rehabilitation, Rehabilitierung

ist die zusammenfassende Bezeichnung für alle medizinischen, psychologischen, heilpädagogoischen, juristischen und materiellen Maßnahmen, die der gesundheitlichen Wiederherstellung Kranker oder Unfallgeschädigter und ihrer beruflichen Wiederverwendung, die ferner der Förderung körperlich oder geistig Behinderter und der sozialen Wiedereingliederung straffällig Gewordener dienen. Ziel all dieser Maßnahmen ist letztlich die größtmögliche Unabhängigkeit des Betreuten von fremder Hilfe im Sinne einer selbständigen Lebensführung.
Von großer Bedeutung ist die berufliche Rehabilitation, die den Zweck hat, allen aus irgendwelchen Gründen nicht mehr voll leistungsfähigen Menschen, durch entsprechende Maßnahmen die Möglichkeit zu geben, sich wieder in das Arbeitsgeschehen einzugliedern.
So erfolgt eine berufliche Rehabilitation z. B. bei Körperbehinderten, bei Gehör- und Sprachgeschädigten, bei Blinden und Sehschwachen und auch bei Krankheiten der inneren Organe, bei seelischen Krankheiten u. a.
Der → Rehabilitand kann sich durch Rehabilitationsberater (Reha-Berater) bei den Arbeitsämtern über die Wege und Möglichkeiten der beruflichen Rehabilitation, über die für ihn zweckmäßigsten Formen der → Umschulung aufklären lassen. OK

Gastager 1976; Jansen 1977; Jochheim u. a. 1974; Martikke 1978; Rosen u. a. 1977; Speck 1977; Weiß u. a. 1976

Reifeprüfung → Abitur

Reifezeit → Pubertät

Reifung

bezeichnet den genetisch (= durch Erbfaktoren) gesteuerten Anteil der vor- und nachgeburtlichen Entwicklung eines Organismus. Der Einfluß von Umweltfaktoren auf organismische Reifungsprozesse ist gering, bei einigen bestimmten Reifungsprozessen (z. B. Reifung des Sprachzentrums) beschränkt er sich darauf, Reizangebote für die Reifung zu liefern. Bei anderen Reifungsvorgängen können Umwelteinflüsse eine Beschleunigung verursachen (z. B. bei der Geschlechtsreifung), ohne jedoch in deren Steuerung durch Erbfaktoren eingreifen zu können. Erzieherische Maßnahmen, Lernangebote, Üben sind dort eher schädlich als nützlich, wo die organismische Reifung noch nicht weit genug vorangeschritten ist (z. B. Reinlichkeitserziehung nicht vor dem 18. Lebensmonat, da die Nervenbahnen zu den Schließmuskeln noch nicht entwickelt sind). K

Reinforcement → Verstärkung

Reiz

Ein Reiz ist ein äußeres oder inneres Ereignis, das über die Rezeptoren (Informationsempfänger und -umwandler) in eine für das menschliche Nervensystem bedeutsame Erregung umgewandelt wird. Jeder Reiz muß also zunächst einmal einen Rezeptor in Aktivität versetzen, d. h. in Stärke und Qualität innerhalb bestimmter → Reizschwellen liegen. Oftmals löst erst eine größere Anzahl gleicher Reize (Reizsummation) oder das Zusammentreffen verschiedener Reize (Reizkonstellation) auf eine ganz bestimmte Weise (Reizfiguration) die Aktivität eines Rezeptors aus. Umgekehrt führt eine allzu oftmalige Wiederholung gleicher Reize gelegentlich zu Reizabnutzung bzw. Reizgewöhnung.

In jeglicher Art von Lernprozessen sind also die Lernangebote im Sinne komplexer Reizkombinationen in Schwierigkeit und Interessantheit so aufzubereiten, daß sie den Lernenden innerhalb der erwähnten Reizschwellen treffen. K

Grundlach 1976

Reiz-Intensitäts-Modell → Stimulus Intensity Model

Reizkonfiguration → Reiz

Reizkonstellation → Reiz

Reiz-Reaktions-Theoretiker → Lerntheorie

Reizschwelle

Damit ein → Reiz überhaupt von den → Sinnesrezeptoren wahrgenommen wird, muß er nach Stärke (Intensität) und Eigenart (Qualität) innerhalb der Wahrnehmungsmöglichkeiten der Sinnesrezeptoren liegen (= absolute Reizschwelle) bzw. sich soviel von einer vorhergehenden Reizsituation abheben, daß der Unterschied wahrgenommen werden kann (= Unter-

schiedsschwelle). Die Reizschwelle kann auch durch allzu gehäuft auftretende gleichartige Reize oder die Aufnahmekapazität überfordernde verschiedenartige Reize überschritten werden (→ Reizüberflutung).
→ Reaktion K

Reizüberflutung
ergibt sich als psychologischer Sachverhalt aus einem Überangebot von Reizen oder Informationen, das die Aufnahme- und Verarbeitungskapazität des Reiz- oder Informationsempfängers übersteigt. Dieser vor allem die → Massenmedien kennzeichnende Effekt wird u. a. als Erklärung mannigfacher Aufnahmeschwierigkeiten, herabgesetzter und stark fluktuierender Aufmerksamkeit und oberflächlicher Verarbeitung bei Lernprozessen herangezogen. Gegenüber dem Faktum der Reizüberflutung sieht die → Medienerziehung ihre Aufgabe darin, den Reizempfänger zu kritischer Auswahl unter den angebotenen Reizen und zu gelegentlicher eigengesteuerter Reizabschirmung zu befähigen. K

Rekapitulation
bedeutet → Wiederholung und Zusammenfassung. Man unterscheidet die Rekapitulation als die **Zusammenfassende Wiederholung** von Vorgetragenem, Gesagtem und Erlebtem, das bereits längere Zeit zurückliegen kann, in einer anders gruppierten oder kombinierten Form von der **Einfachen Wiederholung** (Repitition), bei der ein gelehrter und gelernter Stoff auch in seiner Gliederung und Abfolge unverändert bleibt, und der **Immanenten Wiederholung,** bei der gelernte und geübte Stoffe wiederkehren wie z. B. im Rahmen der → Konzentrischen Kreise.
→ Rekapitulationstheorie O

Rekapitulationstheorie
Die Rekapitulationstheorie oder das Gesetz der Wiederholung (Wiederholungsgesetz) besagt, daß der Mensch bereits vor seiner Geburt einen Entwicklungsverlauf durchmache, der eine kurze, gedrängte Wiederholung der gesamten Stammesgeschichte des Lebewesens sei, und in seiner sich anschließenden Kindheit und Jugendzeit die bisher bekannten Kulturstufen durchlaufe. Diese Theorie wird vor allem im **Biogenetischen Grundgesetz** Haeckels zum Ausdruck gebracht, nach dem sich in der Entwicklung des Einzelnen (→ Ontogenese) die Entwicklung der Art (Phylogenese) wiederhole.
→ Rekapitulation O

Relevanz
heißt Bedeutsamkeit, Wichtigkeit. In der wissenschaftlichen Forschung ist die Relevanz einer Fragestellung für die gesellschaftlichen Belange allgemein oder für ein speziell formuliertes und in seiner Brauchbarkeit anerkanntes Forschungsziel ein wesentliches Kriterium neben → Objektivität, → Validität und → Reliabilität.

Forschung um ihrer selbst willen ohne erkennbaren Bezug zu gesellschaftlichen Notwendigkeiten wird unter dem Kriterium der Relevanz problematisch. K

Reliabilität

bedeutet Verläßlichkeit bzw. Zuverlässigkeit und macht eine Aussage darüber, ob ein Meßinstrument unter gleichen oder vergleichbaren Bedingungen zu demselben oder einem annähernd übereinstimmenden Ergebnis führt. Reliabilität ist eines der wichtigsten Gütekriterien für Meßmethoden und bezeichnet den statistisch ermittelbaren Genauigkeitsgrad eines Maßes oder Tests. Ein → Test z. B. kann dann als zuverlässig, als reliabel, angesehen werden, wenn er das zu bestimmende Merkmal so genau mißt, daß sich bei einer Wiederholung der Testung unter gleichen Voraussetzungen an denselben Gegenständen oder demselben Personenkreis das gleiche Resultat ergibt. Die Reliabilität kann durch ihren Genauigkeitsgrad zu einer Konsistenz (kurzfristige Zuverlässigkeit) oder Stabilität (langfristige Zuverlässigkeit) führen. Als methodische Verfahren zur Überprüfung der Zuverlässigkeit von Tests werden z. B. die → Testwiederholungsmethode, die → Paralleltestmethode oder die → Halbierungsmethode angewandt.

→ Leistungsbewertung → Reliabilitätskoeffizient O

Reliabilitätskoeffizient

ist das Maß der Genauigkeit bzw. Zuverlässigkeit. Er vergleicht und untersucht zwei gleiche oder gleichartige Messungen bzw. Tests. Die zweite Testung erfolgt häufig durch die → Paralleltestmethode, → Halbierungsoder → Testwiederholungsmethode.

→ Reliabilität → Test-Parallelform O

Rentabilität

ist das Verhältnis von erzieltem Reingewinn (Ertrag) zu eingesetztem Kapital. Im Bereich der Betriebswirtschaftslehre werden mehrere spezielle Arten der Rentabilität unterschieden. O

Reorganisation › Lornzielstufen

Repräsentanz → Validität

Repräsentativ-Erhebung → Repräsentativität

Repräsentativität

Repräsentativ sind solche Ergebnisse, Gegenstände oder Gruppen, die für alle anderen Personen oder Sachverhalte der Bereiche, in denen Untersuchungen angestellt wurden, stellvertretend stehen. Von Repräsentativ-Erhebung wird gesprochen, wenn eine Untersuchung an einer für eine gesamte → Population repräsentativen → Stichprobe durchgeführt wird.

→ Stereotyp O

Repression
wird allgemein mit Abwehr, Hemmung, Unterdrückung übersetzt. Im heutigen Sprachgebrauch bedeutet Repression vor allem den Auslöser von → Frustrationen als versagte Trieb- oder Motivbefriedigungen, im weitesten Sinne Ursache der Beschränkung individueller Freiheit. Gegenüber den manipulierenden Tendenzen einer autoritären Erziehung und von gesellschaftlichen Gegebenheiten, die auf vorbehaltlose Anpassung zielen, fordert die kritische Pädagogik – mit besonderem Nachdruck von der sog. Neuen Linken vertreten – eine repressionsfreie Erziehung, deren Leitziel → Emanzipation ist. K

Reproduktion → Lernzielstufen

Reproduktive Hemmung → Gedächtnishemmungen

Reproduktive Synthese → Synthese

resistent → Resistenz

Resistenz
bedeutet allgemein Widerstand, im besonderen ererbte Widerstandsfähigkeit z. B. gegen Infektionen. K

Resozialisierung
bezeichnet den Prozeß und das Ergebnis der Wiedereingliederung vor allem straffällig Gewordener in die Gesellschaft.
Deimling 1973; Döwe/Jurgeleit 1971; Ericson 1975; Hardy/Cull 1974; Rosenmayr u. a. 1968; Schüler-Springorum/Krokowski 1975; Winter/Winter 1974
→ Rehabilitation K

Response → Reaktion → Constructed Response → Overt Response

Ressourcen
sind Hilfsmittel oder Reserven. In der Curriculumsprache bezieht sich der Begriff auf Informationsquellen und Entscheidungsdeterminanten im Curriculumprozeß.
→ Curriculum O

Restriktion
bedeutet im allgemeinen Sprachgebrauch Einschränkung und Beschränkung. Restriktionen, die von Eltern und Erziehern vor allem dem Kleinkind oder Kind unbedacht oder aus Bequemlichkeit der Erziehenden auferlegt werden, führen zu seelischen Fehlentwicklungen und zu Verhaltensstörungen. Solche Restriktionen sind z. B. vorzeitige Einschränkung des kindlichen Spieltriebes, Beschränkung der Freiheit des Kindes durch übertriebe-

nes, rigoroses Ordnungs- und Reinlichkeitsverhalten der Mutter oder das absolute Verbot der Eltern dem Kinde gegenüber, bei Arbeiten im Hause oder im Garten mitzuhelfen. O

Retardierung, Retardation
bezeichnet in der Entwicklungspsychologie den verspäteten Beginn bzw. die Verzögerung eines Entwicklungsablaufs. Eine synchrone Retardierung liegt vor, wenn alle Teilbereiche der Entwicklung betroffen sind, von einer asynchronen Retardierung ist zu sprechen, wenn nur ein bestimmter Teilbereich, z. B. die Entwicklung der Intelligenzleistungen, betroffen ist. Die Retardierung kann ferner über einen längeren Entwicklungsabschnitt als in etwa immer gleichgroßer Abstand gegenüber der Altersnorm auftreten (= gleichbleibende Retardierung), der Abstand kann sich aber auch ständig vergrößern (= progressive Retardierung), was auf organische Störungen oder auf extrem ungünstige Umweltverhältnisse schließen läßt.
→ Akzeleration K

Retention
Behalten oder Retention befaßt sich mit Gedächtnisleistungen in bezug auf → Lernen, → Üben und → Wiederholen.
Im Bereich der Pädagogik werden unter dem Begriff „pädagogische Retentionsstörungen" Verstöße gegen diesbezügliche moderne pädagogische Grundsätze verstanden.
→ Behaltwert → Gedächtnis O

Retestmethode → Testwiederholungsmethode

Retroaktive Hemmung → Gedächtnishemmung

Reversibilität
bedeutet allgemein Umkehrbarkeit. Reinhard und Anne-Marie Tausch (1977) führten im pädagogischen Bereich den Begriff als soziale Reversibilität bei der inhaltlichen Bestimmung des sozialintegrativen → Erziehungsstils ein. Hier meint Reversibilität das durch → pädagogischen Takt gekennzeichnete vor allem verbale Verhalten des Lehrers gegenüber seinen Schulern, das diese ohne Abstriche (= umkehrbar) ebenso ihrem Lehrer gegenuber zeigen können.
Bei J. Piaget (1972, 1976) bezeichnet Reversibilität auf der Entwicklungsstufe der konkreten Denkoperationen (ab 7. Lebensjahr) neben Komposition, Assoziativität und Identität ein Merkmal des operatorischen Denkens. Reversibilität besagt hier, daß es für jede beliebige → Operation eine entgegengesetzte gibt, die diese wieder aufhebt, z. B. $2 + 6 = 8$ und $8 - 6 = 2$ oder alle Jungen + alle Mädchen = alle Kinder und alle Kinder − alle Mädchen = alle Jungen. Ebenso kennzeichnet z. B. Reversibilität Operationen des Multiplizierens und Dividierens. K

Richtziel→ Lernziel

Rigidität

bezeichnet im psychologischen Sprachgebrauch das hartnäckige Festhalten an Verhaltensweisen, Einstellungen und Gewohnheiten, selbst wenn die aktuelle Situation eine Änderung zwingend nahelegt. Dieses Beharren kann einerseits in der generellen Unfähigkeit gründen, Verhaltensweisen der Situation entsprechend flexibel zu ändern oder zu wechseln (→ Perseveration), in anderen Fällen ist sie auf die totale oder teilweise Unfähigkeit zurückzuführen, gewohnte Abläufe in → Wahrnehmung und → Denken zu verändern. K

Risiko → Risikofaktor

Risikofaktor

Risiko ergibt sich aus der unvollständigen Vorhersagbarkeit von Ereignissen oder Ereignisalternativen. Es steht in engem Zusammenhang mit der Ungewißheit und kann sich aus einer inneren oder äußeren Gefahr ergeben. Risiken können entstehen aus Umwelteinflüssen heraus, wie z. B. durch Überforderung in der Schule oder am Arbeitsplatz oder auch durch körperliche Fehleinschätzung wie z. B. durch zuviel Rauchen, zu hohen Drogengenuß oder übertriebenen Sport. Der Veranlasser, der Faktor, der etwas erzeugt, etwas „macht" (lat: facere) und ein evtl. dem Menschen gefahrbringendes Risiko einleitet, wird als Risikofaktor bezeichnet.

Schaefer (1978) unterscheidet folgende fünf Bereiche von Risikofaktoren:
1. Faktoren, die als physiologische oder biochemische Körperwerte gemessen werden können, wie z. B. Übergewicht oder erhöhter Blutdruck.
2. Faktoren, die im Verhalten der Menschen liegen, wie z. B. Fehlernährung, Bewegungsarmut oder falsches Freizeitverhalten.
3. Faktoren, die in der Lebensgeschichte der Menschen liegen, wie z. B. → Deprivation, Familienkonflikte oder Verlust wesentlicher Bezugspersonen.
4. Faktoren, die in der sozialen Umwelt liegen, wie z. B. Beruf, finanzielle Gefährdung oder unzumutbare Wohnverhältnisse.
5. Faktoren der emotionalen Spannung zwischen Mensch und Umwelt, wie z. B. → Frustration, → Angst oder Haß.

Schaefer 1974, 1978

→ Faktor → Streß   O

Rivalität

bedeutet Wettstreit, Wetteifer, in dem ein Individuum oder eine Gruppe seine bzw. ihre Leistungsanstrengungen an denen anderer orientiert in der Absicht, diese zu überbieten und damit ein Mehr an sozialem Ansehen zu erreichen. Rivalität kann potentielle Kräfte zur Erzielung individueller, auch für die Allgemeinheit nützlicher Leistungen und Höchstleistungen freisetzen, in ungehemmter und ungesteuerter Form stellt sie aber eine Gefahr für → Kooperation und → Kommunikation dar. In extremer Weise ausgespielt,

mündet Rivalität in Feindseligkeit mit der Tendenz, dem Gegenspieler zur Steigerung des eigenen Ansehens Schaden zuzufügen.
In der heutigen Schulsituation ist oftmals eine verhängnisvolle Kombination von Rivalität und Leistungsdruck beobachtbar. K

Role-Making → Rolle, soziale

Role-Taking → Rolle, soziale

Rolle, soziale
In der sozialen Rolle sind die Verhaltenserwartungen einer Gruppe oder der Gesellschaft gegenüber dem Inhaber einer sozialen → Position ausgedrückt. Je nachdem wie viele Positionen ein Mensch in formellen und informellen Gruppen innehat, kommt ihm die Ausübung einer mehr oder minder komplexen Vielfalt sozialer Rollen zu, die zusammen seinen individuellen Rollensatz (role set) ausmachen. Zweck der in einer sozialen Rolle beschriebenen Verhaltenserwartungen ist die Erhaltung der Funktionsfähigkeit sozialer Gebilde. Positive und negative → Sanktionen unterstützen die Erfüllung dieser Verhaltenserwartungen.
Rollenkonflikte ergeben sich (→ inter- oder → intrapersonal), wenn verschiedene unvereinbare Erwartungen an den Inhaber einer sozialen Position gestellt werden. Auf dem Weg zur → Ich-Identität und → Persönlichkeit sind im Umfang mit sozialen Rollen folgende Verhaltensweisen von Bedeutung:
1. Das role-taking (Mead) fordert im Prozeß der → Sozialisation die Übernahme vorgeformter sozialer Rollen, vor allem über Nachahmung (→ Modell-Lernen) und → Identifikation.
2. Im role-making ist der Einzelne zur Erprobung und Realisierung eigenentworfener Rollen aufgerufen.
3. Rollendistanz meint die der fraglosen Anpassung entgegenwirkende Fähigkeit zu kritischer Interpretation und Reflexion von → Normen und Rollen. Rollendistanz ist insofern die notwendige Voraussetzung für jegliche Veränderung des Zusammenlebens von Menschen.

Brothun 1977; Claessens 1974; Coburn-Staege 1973; Dahrendorf 1968; Goffman 1973; Grace 1973; Griese 1976; Griese u. a. 1977; Joas 1973; Lamousé 1974; Reitz 1974; Winter/Winter 1974; Wiswede 1977

→ Lehrerrolle K

Rolle, dysfunktionale → Rollenfunktionen in der Gruppe

Rollendiffusion
Ist eine → soziale Rolle nicht klar abgegrenzt und nicht umfeldgerecht definierbar, so spricht man von Rollendiffusion. Dies ist z. B. der Fall bei der → Lehrerrolle.
→ Rolle, soziale O

Rollendistanz → Rolle, soziale

Rollenflexibilität

bedeutet die bewegliche, der jeweiligen Situation angemessene Ausübung einer → Rolle. Die stets angepaßte, strikte Erfüllung der an eine Rolle geknüpften Verhaltenserwartungen der Umwelt gewährleistet für den Rolleninhaber in der Regel ein unangefochtenes Leben mit seiner Rolle und in der damit verbundenen sozialen → Position. Sinn und „buchstabengetreue" Ausübung der Rolle können aber je nach Situation mehr oder minder weit auseinanderrücken. Die unflexibel (= unbeweglich) ausgeübte Rolle neigt zur Erstarrung (der typische Lehrer, der Bürokrat). Rollenflexibilität fragt demgegenüber nach dem Sinn einer bestimmten Rolle und der an sie geknüpften Verhaltensweisen in der konkreten Situation. Solche Reflexion der Rolle kann gelegentlich zu Rollenkonflikten und in deren Gefolge auch zu negativen → Sanktionen führen, die inkaufzunehmen letztlich der individuellen Entscheidung des Betroffenen überlassen bleiben muß.

→ Rolle, soziale K

Rollenfunktion in der Gruppe

Die Rollen in einer Gruppe müssen nicht nur verteilt sein, sondern immer wieder neu bewußt gemacht und aktiviert werden. Dabei ist grundsätzlich festzuhalten, daß Rollenträger jederzeit wechseln können und daß ein und dasselbe Gruppenmitglied durchaus mehrere Rollen übernehmen kann. T. Brocher (1967) unterscheidet drei Hauptgruppen von Rollen:
1. Die **Aufgabenrollen** sind für die Auswahl und Durchführung einer Gruppenarbeit erforderlich. Solche Aufgabenrollen sind nach Brocher Initiative und Aktivität, Informationssuche, Meinungserkundung, Informationen geben, Meinung geben, Ausarbeiten, Koordinieren, Zusammenfassen, Ermutigung, Grenzen wahren, Regeln bilden, Folge leisten, Ausdruck der Gruppengefühle.
2. Die **Aufgaben- und Erhaltungsrollen** haben dafür zu sorgen, daß das Interesse und Engagement der Gruppenmitglieder für ein gemeinsames Ziel trotz aller Schwierigkeiten als gruppenfördernd gegenwärtig bleiben und durch die Aussicht auf die Bewältigung des Zieles aufrechterhalten werden. Als Aufgaben- und Erhaltungsrollen nennt Brocher das Auswerten, Diagnostizieren, Übereinstimmung prüfen, Vermitteln, Spannung vermindern.
3. In jeder Gruppe gibt es schließlich **dysfunktionale Rollen,** die gruppenstörend wirken, im Extremfall sogar zur Auflösung der Gruppe führen können. Diese Rollen äußern sich in destruktiv aggressivem Verhalten, im Blockieren, indem die Gruppe lediglich als Forum für Selbstgeständnisse benützt wird, im Rivalisieren, in der egoistischen Suche nach Sympathie, in Spezialplädoyers, in Clownerie, im dauernden Beachtung suchen und im Sichzurückziehen.

→ Gruppe, → Rolle, soziale K

Rollenhandeln

Ein zentraler Begriff des → symbolischen Interaktionismus, bezeichnet „alles Handeln in einem sozialen Kontext, in dem die Handelnden bestimmte → Positionen einnehmen und mit Hilfe gegenseitiger Verhaltenserwartungen interagieren." (Mollenhauer 1973[3], S. 56) „Erziehung sind danach diejenigen Prozesse zu nennen, in denen die Grundqualifikationen des Rollenhandelns erworben, erlernt werden." K

Rollenkonflikt → Rolle

Rollenmuster

Verhaltensregelmäßigkeiten von Personen lassen diese in ihrem sozialen Umfeld in einem entsprechenden ‚Rollenmuster' erscheinen.
Wird eine → Rolle, ein Rollenmuster simuliert, so erwartet man vom Rollenträger, daß dieser dem vorgegebenen norm- und wertbedingten Muster entspricht.
→ Rollenspiel O

Rollenprädisposition

bezeichnet die erhöhte Wahrscheinlichkeit, daß auf Grund entsprechender physischer, psychischer oder sozioökonomischer Merkmale und Faktoren bestimmte Rollen übernommen werden.
→ Rolle, soziale → Rollenspiel O

Rollenspiel

als soziales Rollenspiel im Unterricht bezeichnet das spielerische Sich-Hineinversetzen, das Sich-Hineinfühlen und Hineindenken in die Situation eines anderen und das dementsprechende Handeln im zugehörigen sozialen Umfeld. Das Rollenspiel stellt eine Methode des sozialen Lernens dar, versucht Lebenssituationen, tägliche Wirklichkeit im Berufsgeschehen vorempfinden, vorerleben oder nachvollziehen zu lassen. Das Rollenspiel als Lernstrategie kleidet Lernprozesse nicht nur in eine Art Spielform ein, sondern es fordert den Schüler auch zur Ernsthaftigkeit auf und verlangt von ihm, sich mit einer vorgegebenen Rolle zu identifizieren und dient als Motivationsfaktor.
Die **zentralen Funktionen** des Rollenspiels im Unterricht sind also,
- Lebenssituationen, und zwar selbst erlebte, literarisch verarbeitete, dokumentarisch vermittelte u. a. hier und jetzt wieder mit Leben zu füllen, dem tatsächlichen Erleben zugänglich zu machen,
- damit gleichzeitig bei allen Schülern eine gemeinsame Erfahrungsgrundlage zu schaffen, die nicht nur den Intellekt, sondern auch die Emotionen anspricht,
- unterschiedliche Verhaltensweisen zu ein und derselben Situation bewußt zu machen und auf ihre jeweiligen Motive hin zu hinterfragen,
- und durch das ganzheitliche Erleben und Reflektieren von Erfahrungen in konkreten simulierten Situationen möglicherweise eine Verhaltensänderung anzubahnen.

Seinen **didaktischen Ort** kann das Rollenspiel nahezu in jeder Phase des Unterrichts finden,
- in der Eröffnungsphase vor allem als Motivationshilfe und zur Bereitstellung eines gemeinsamen Erfahrungshintergrundes,
- in der Erarbeitungsphase z. B. als Mittel zur Beschaffung von Informationen oder zur Überwindung unproduktiver oder festgefahrener Positionen,
- in der Phase der Vertiefung als eine der erfolgversprechendsten Methoden zur Einübung in Verhaltensweisen.

Wie jeder Methode muß auch dem Rollenspiel die Chance der Einübung in seine Technik eingeräumt werden. Für diese Einübungsphase in die Technik des Rollenspiels muß der Lehrer um so mehr Geduld aufbringen, je älter seine Schüler sind, denen nicht zuletzt die Schule über Jahre hinweg die Fähigkeit zur spontanen spielerischen Auseinandersetzung mit Ernstsituationen der Umwelt ausgetrieben hat. In den meisten Fällen muß wohl sogar den Lehrern selbst eine Einübung in entsprechenden Fortbildungslehrgängen angeraten werden.

Auf welcher Jahrgangsstufe auch immer in das Rollenspiel eingeführt wird, am Anfang sollte jedenfalls eine Überforderung der Schüler durch zu komplexe Situationen oder zu schwierige Rollen vermieden werden, da die Hemmung, sich spontan in einer Rolle darzustellen, eher zu Verkrampfungen und zu Fluchttendenzen gegenüber der Methode führt.

Es empfiehlt sich deshalb, mit einfachen Aufgaben zu beginnen, z. B. mit der pantomimischen oder auch verbalen Darstellung typischer Rollen, die von den Beobachtern zu erraten sind. Für die ersten Mehr-Personen-Rollenspiele wird der Lehrer den Akteuren Personen, Ort und wichtige Umstände der Handlung beschreiben. In diesem Zusammenhang ist es wichtig, keinen Schüler in eine bestimmte Rolle zu zwingen. Es können immerhin gelegentlich hinter einer Weigerung unangenehme Erfahrungen verborgen sein, die ein Schüler mit einer bestimmten Rolle verknüpft und die ihm die Distanz verwehren, die er im Spiel der Rolle gegenüber aufrechterhalten muß. Wenn die Schüler an die Methode gewöhnt sind, kann ihnen auch die Vorbereitung des Rollenspiels, also Situations- und Personenbeschreibung, Auswahl der Akteure usw. übertragen werden. Da sich der Zweck des Rollenspiels nicht in der Gestaltung erschöpft, sondern durch die spielerische Auseinandersetzung mit Lebenssituationen, deren Hintergründe und Motive transparent gemacht sein sollen, sind die Zuschauer mit gezielten Beobachtungsaufträgen zum Thema, nicht zur Art des Spieles, auszustatten.

Der Lehrer sollte grundsätzlich nur in das Rollenspiel eingreifen, wenn es sich offensichtlich vom gestellten Thema entfernt bzw. wenn einzelne Akteure ihre Rolle verfehlen. K

Ancelin-Schützenberger 1976; Büttner 1977; Finke u. a. 1977; Hartung 1977; Kochan 1975; Lehmann/Protele 1976; Seidl/Pohl-Mayerhöfer 1976; Shaftel/Shaftel 1973; Silkenbeumer 1975; Stankewitz 1977; Wendlandt 1977

Rorschach-Test → Projektionstests

Rückgliederungslehrgang

Lehrkräfte, die längere Zeit ihren Beruf aus irgendwelchen Gründen nicht mehr ausübten oder mehrere Jahre als Auslandslehrer tätig waren, werden durch gezielte Fortbildungslehrgänge auf die Wiederaufnahme des Unterrichts und den in der Zwischenzeit eingetretenen Wandel in der Schulwirklichkeit vorbereitet.

→ Lehrerfortbildung → Lehrerweiterbildung O

Rückkopplung → Feed-back

Rückmeldung → Feedback

Rumpelstilzchen-Effekt

Die negative Reaktion einer Person oder Gruppe, deren Meinung, Anschauung, Pläne, Arbeiten, wie z. B. Forschungsergebnisse vorzeitig andere erfahren, erkannt oder festgestellt haben, wird als Rumpelstilzchen-Effekt bezeichnet. Er äußert sich in Zorn, Ärger, Trotz und Abneigung dem gegenüber, der das Geheimnis lüftete, die Idee hinterschaute oder einen vorgefaßten, geheimgehaltenen Plan eines anderen auf Grund seiner in Erfahrung gebrachten Kenntnisse verhinderte. O

Sachlicher Kontext → Kontext

Sadismus

Er stellt eine Form sexueller → Perversion dar. Sexuelle Befriedigung oder Erregung wird dann erreicht, wenn dem Partner Schmerz zugefügt wird. Als sadistisch werden auch alle Verhaltensweisen bezeichnet, die einem absichtlichen oder deutlichen aggressiven Impuls zugeschrieben werden können, wie z. B. Quälen, Schlagen, Fesseln, Erniedrigen oder herabsetzende Bemerkungen.

→ Masochismus O

Sanktion

Als Sanktionen werden Maßnahmen der Billigung von Verhaltensweisen (Zuwendung, Lob, Belohnungen aller Art = positive Sanktionen) bzw. der Mißbilligung von Verhaltensweisen (Spott, Ironie, Lächerlichmachen, Tadel, Strafen aller Art = negative Sanktionen) bezeichnet.
Sie verfolgen den Zweck, für die Erfüllung der an bestimmte soziale → Positionen geknüpften Verhaltenserwartungen zu sorgen, die eingeübten Verhaltensmuster stabil zu halten und unerwünschte Verhaltensweisen abzubauen. Sanktionen sind also letztlich als verhaltenskorrigierende Maßnahmen zur Aufrechterhaltung der stabilen Funktionstüchtigkeit sozialer Gebilde zu verstehen. Sie bedürfen von Fall zu Fall einer sorgfältigen Überprüfung auf Berechtigung und Angemessenheit, um der Gefahr ihrer willkürlichen Anwendung zu begegnen. K

Schuhmann 1968; Spittler 1967

Sceno-Test → Projektionstests

Schätzskala → Ratingskala

Schemata, kognitive

J. Piaget bezeichnet mit kognitiven Schemata Ordnungsstrukturen der Intelligenz, welche die Aufnahme und Einordnung von Umwelteindrücken und Erfahrungen in den Bestand des Wissens ermöglichen. Kognitive Schemata dienen z. B. der Klassifizierung, der Zuordnung von Begriffen zu Gegenständen, von Reaktionen zu Reizen. Mit Hilfe der Vorgänge der → Assimilation und → Akkommodation werden kognitive Schemata und Umwelt miteinander in Beziehung gesetzt und neue kognitive Schemata aufgebaut. Ein kognitives Schemata ist z. B. das Wauwau-Schema des Kleinkindes, mit dem es zunächst alle vierbeinigen Lebewesen erfaßt (= Prozeß der Assimilation: Die Umwelt wird einem vorhandenen kognitiven Schema eingepaßt). Erst die schrittweise Erkenntnis der Unterschiede bei den Vierbeinern führt zu einer differenzierten Veränderung des Wauwau-Schemas als Anpassung des kognitiven Schemas an die Umwelt (= Prozeß der Akkommodation). K

Schicht, soziale

Die Zugehörigkeit zu einer bestimmten sozialen Schicht ist abhängig von Kriterien wie dem sozioökonomischen Status, den ausgeübten sozialen → Positionen und dem damit verbundenen → Prestige, den Bildungschancen und Leistungsnachweisen, der Ausstattung mit Machtbefugnissen und dem Menschenbild des herrschenden Gesellschaftssystems.

Die leider immer noch gängige, stark vergröbernde Einteilung in drei soziale Schichten und damit verbunden die Beschreibung schichtspezifischer Verhaltensweisen spricht von einer Ober-, Mittel- und Unterschicht. Gehlert übernimmt in Anlehnung an G. Hartfiel eine differenziertere Einteilung (zit. in: Kleines sozialwissenschaftliches Wörterbuch für Pädagogen. Donauwörth 1974, S. 94): Oberschicht (Großunternehmer, Finanziers, Spitzenpolitiker) 1%; obere Mittelschicht (leitende Angestellte und Beamte, Professoren, freie Berufe) 8%; mittlere Mittelschicht (Lehrer, Ingenieure, Kaufleute) 15%; untere Mittelschicht (untere Angestellte und Beamte, mittlere Gewerbetreibende, Werkmeister) 30%; obere Unterschicht (Industriearbeiter, Kleinhändler, Handwerksgesellen) 28%; untere Unterschicht (ungelernte Arbeiter) 17%; sozial „Verachtete" (Handlanger, Gelegenheitsarbeiter) 4%;
Bernstein 1970; Oevermann 1972

→ Chancengleichheit, → Mobilität K

schichtspezifisch → Schicht, soziale

Schizophrenie

wird im allgemeinen Sprachgebrauch mit Spaltungsirresein, Bewußtseins- und Persönlichkeitsspaltung wiedergegeben. Sie bezeichnet eine Gruppe von Geisteskrankheiten, die besonders in einem Zerfall und einer Spaltung der emotionalen und intellektuellen Kräfte eines Individuums gesehen werden können. Die sich ergebende Persönlichkeitsspaltung kann sich in einer Reihe von Symptomen zeigen, wie z. B. Verlust der Kontaktfähigkeit, → Ambivalenz, Ich-Entfremdung, → Autismus, Wahnideen, Halluzinationen, motorische Symptome wie Starrezustand, Bewegungssturm, ständiges Grimassenschneiden u. a. Entsprechend der jeweils vorherrschenden Symptome läßt sich die Schizophrenie gliedern in: Einfache Schizophrenie (Primärsymptome wie Denkstörungen oder Verlust der Kontaktfähigkeit), Paranoia (Wahnideen, Halluzinationen), Hebephrenie (nicht berechenbares Verhalten), Katatonie (motorische Symptome, Krampfzustände der Muskulatur). Die Gefährdungsziffer liegt nach G. A. Brandt zwischen 0,4% und 1,5%. O

Bateson u. a. 1969; Bowen 1960

Schleifenprogramm → Lehrprogramm

Schließende Statistik

Im Gegensatz zur → beschreibenden Statistik stellt die schließende oder schlußfolgernde Statistik gewisse Ansprüche an das Urteilsvermögen und die zu verwendenden mathematischen Methoden. Sie befaßt sich mit Ableitungen von Schlüssen über die → Grundgesamtheit bzw. → statistische Masse aus den Daten der → Stichproben und verallgemeinert Aussagen über Kennwerte von Stichproben auf die → Parameter der → Population.
→ Schluß O

Schlüsselreiz

Als Schlüsselreize werden in der Verhaltensforschung → Reize bezeichnet, durch die über einen → angeborenen Auslösemechanismus (AAM) ein Instinktverhalten ausgelöst wird, z. B. das Anschleichen an eine Beute, Angriff, Flucht, Paarung. K

Schluß

Wer folgert oder schließt, sucht aus mehreren Urteilen einen Schluß abzuleiten und bedient sich damit der synthetischen Denkform.
Der **einfache Schluß**, auch unter dem Begriff Syllogismus bekannt, orgibt sich aus zwei → Urteilen, aus zwei für die Schlußfolgerung gegebenen Voraussetzungen oder Vordersätzen, die Prämissen genannt werden. Der aus den beiden Prämissen gefolgerte Schlußsatz, auch Konklusion genannt, ergibt ein neues Urteil.
Werden mehrere Reihen von → Begriffen und → Urteilen durchlaufen, aus denen durch Folgerung und Verknüpfung neue richtige Urteile gewonnen werden, so spricht man vom **mittelbaren Schluß** oder nur vom Schluß. Das neue Urteil ist somit eine logische Folge aus anderen, bereits bestehenden Urteilen.
→ Synthese O

Schlußfolgernde Statistik → Statistik

Schluß (-regeln)

Im Alltag wird meistens ein Schluß aus mehreren Urteilen gefolgert. Dabei geht es nicht um die Wahrheit der Aussage, sondern nur um ihre formale Struktur, was die folgenden überzeichnenden Beispiele von H. Frank (1969) und W. Stegmüller (1969) verdeutlichen können.
H. Frank führt folgende 3 Formen des Schlusses an:
1. **Conversio simplex** (= einfache Umkehrung):
    Als Formel: SeM → MeS (wobei e ≙ kein ... ist)
    Beispiel: „Kein Pädagoge ist ein Mensch mit logischem Denkvermögen";
    folglich: „Kein Mensch mit logischem Denkvermögen ist ein Pädagoge." (1969, Band 1, Seite 208)
2. **Conversio per accidens** (= Umkehrung mit Einschränkung):
    Als Formel: SaM → MiS (wobei a ≙ Alle ... sind, i ≙ manche ... sind)
    Beispiel: „Alle Hexen sind Frauen";
    folglich: „Manche Frauen sind Hexen". (Band 1, Seite 209)
3. **Syllogismus** (Einfacher Schluß meint den aus 3 Urteilen bestehenden Schluß vom Allgemeinen auf das Besondere, d. h. aus 2 Prämissen (= hier Vordersätzen) wird eine Konklusion (= Schlußsatz) gefolgert.
    Beispiel:
    1. Prämisse (Obersatz): Alle Erzieher sind Praktiker.
    2. Prämisse (Untersatz): Alle Lehrer sind Erzieher.
    Konklusion: Alle Lehrer sind Praktiker.

Neben dieser Form des **kategorischen Schlusses** (theoretisch grundgelegt durch Aristoteles) gibt es noch den **hypothetischen Schluß** (von den Stoikern entwickelt), der wiederum als konditionaler (= bedingungsweise geltend) Schluß oder als disjunktiver (= einander ausschließend) Schluß gebräuchlich ist.

Im **konditionalen Schluß** besteht die 1. Prämisse aus einem Bedingungssatz, als **Formel:** Wenn p, dann q; hier aber p; also q.
Beispiel: Wenn der Prüfling 50 Punkte erreicht, dann erhält er die Note 2.
Der Prüfling hat 50 Punkte erreicht.
Der Prüfling erhält die Note 2.

Im disjunktiven Schluß besteht die 1. Prämisse aus einem Entweder-oder-Satz, als **Formel:** Entweder p oder q; hier nicht p; also q.
Beispiel: Entweder bist du jetzt brav oder du gehst ins Bett.
Du bist nicht brav, also gehst du ins Bett.

Von einer **Schlußkette** spricht man, wenn der Schluß aus mehr als zwei Prämissen gewonnen wird. K

Schöpferisches Denken → Kreativität → Produktivität

Schooling

wird häufig im Sinne von Organisation des → Lernens und der → Schule verwendet. Der Begriff umfaßt die Tätigkeiten, Abläufe und Aktivitäten, die zur Funktionstüchtigkeit und zum ungehinderten Lehr- und Lernprozeß der Schule beitragen.
→ Lernen → Unterricht O

Schreibmeditation

Die Schreibmeditation stellt eine Möglichkeit dar, nonverbal zu vorgegebenen Begriffen Aussagen zu machen, wobei sich allerdings die Assoziationen im Verlauf der Übung nicht nur auf diese Begriffe, sondern auch antwortend und weiterführend auf die mittlerweile dargestellten Aussagen beziehen können.

Hinweise zur Durchführung:
- Jeweils 4–6 Schüler gruppieren sich um einen weißen Karton in Plakatgröße.
- Auf dem Karton können **ein** Begriff oder Symbol oder auch mehrere Begriffe oder Symbole, die in Beziehung zueinander stehen, vorgegeben sein. Z. B.:

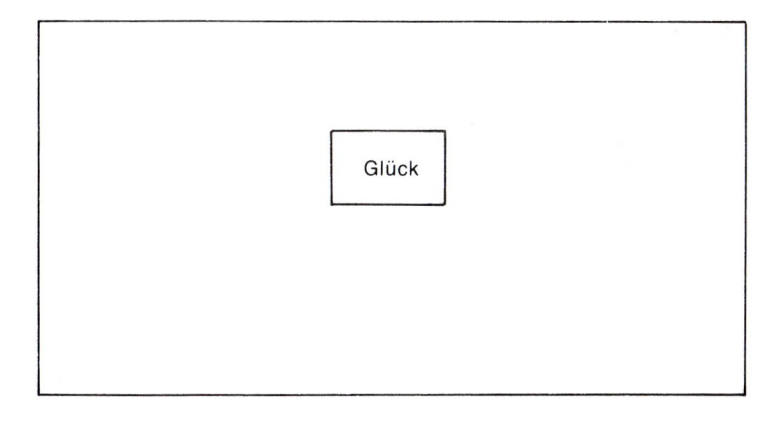

```
┌─────────────────────────────────────┐
│                                     │
│              ┌─────────┐            │
│              │  Glück  │            │
│              └─────────┘            │
│                                     │
└─────────────────────────────────────┘
```

oder

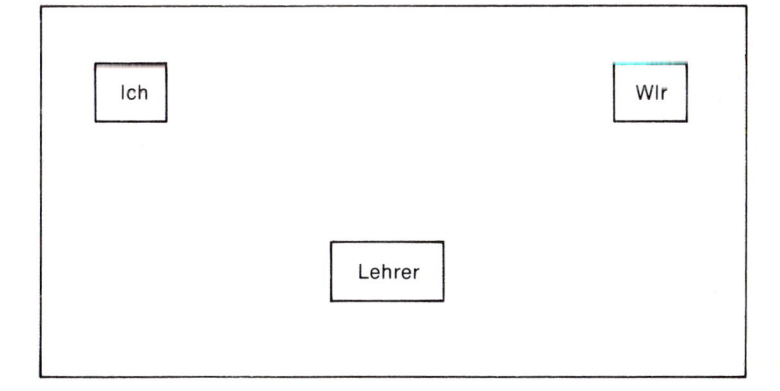

```
┌─────────────────────────────────────┐
│  ┌─────┐                   ┌─────┐  │
│  │ Ich │                   │ Wir │  │
│  └─────┘                   └─────┘  │
│                                     │
│           ┌─────────┐               │
│           │ Lehrer  │               │
│           └─────────┘               │
└─────────────────────────────────────┘
```

- Jeder Schüler der Gruppe kann jederzeit, also ohne Einhaltung einer Reihenfolge, Eintragungen auf der Arbeitsfläche machen.
- Für diese Eintragungen kommen Wörter, Sätze, Pfeile, Symbole usw. in Frage.
- Jeder Schüler der Gruppe sollte eine andere Farbe (am besten Filzschreiber) benützen.
- Die Schreibmeditation spricht durch den Einbezug von Antworten auf bereits Geäußertes meist für sich selbst, so daß sich nicht immer eine auswertende Diskussion, hier selbstverständlich in der Kleingruppe, anschließen muß.

→ Bildmeditation → Meditation K

Schülerausschuß → Schülervertretung

Schülerbeurteilung
bezieht sich als wertende Stellungnahme eines oder mehrerer Beurteiler auf Verhaltensweisen, Kenntnisse, Fähigkeiten und Fertigkeiten von Schülern. In die Schülerbeurteilung gehen sowohl subjektive langfristige Beobachtungen als auch einzelne hervorstechende Ereignisse (z. B. auffälliges Verhalten eines Schülers in einer einmaligen Situation), Ergebnisse von → Leistungsbewertungen und → Lernzielkontrollen ein. Zweck der Schülerbeurteilung ist vor allem die Auslese von Schülern in bezug auf die geeignete schulische bzw. berufliche Laufbahn.
Die Problematik der Schülerbeurteilung liegt im Mangel an objektiven Beurteilungskriterien und damit in der relativen Gültigkeit ihrer Aussagen. Einer Objektivierung der Schülerbeurteilung kommen standardisierte → Tests, geeichte → Ratingskalen und langfristige Beobachtungen durch mehrere Beurteiler entgegen.

Fend 1974; Ingenkamp 1975, 1976; Kleber u. a. 1976; Köck 1979; Kutscher 1977; Paedagogica Europaea 1973; Projektgruppe des Instituts für Schullaufbahnberatung 1973; Schwarzer/Schwarzer 1977; Stephan/Schmidt 1978; Ulich/Mertens 1974

→ Schulleistungsmessung K

Schülerbücherei
wird eine schulinterne Einrichtung genannt, bei der die Schüler Sachbücher und Unterhaltungsliteratur für ihre Freizeit entleihen können. Eine intensive, auch in den Unterrichtsbetrieb einbezogene Nutzung der Schülerbücherei ist mit ihrer Eingliederung in die → Mediothek gegeben. K

Schülerheim → Heime

Schülerkooperierender Unterricht
→ Entdeckender Unterricht → Lehrform

Schülermitverantwortung (SMV)

berechtigt Schüler im Rahmen entsprechender Rechtsverordnungen und → Schulordnungen in bestimmten Situationen und bei gewissen Anlässen der Schule verantwortlich mitzuwirken, mitzubestimmen und mitzuverwalten. Die wesentlichen Aufgaben der SMV sind:
- Gemeinschaftsaufgaben
- Mitwirkung bei Ordnungsaufgaben
- Wahrnehmung schulischer Interessen
- Mitwirkung bei der Lösung von Konfliktfällen.

Zur Vorbereitung und Durchführung gemeinsamer Aufgaben gehören z. B. die Schaffung und Führung von Arbeits- und Diskussionsgruppen in verschiedenen Bereichen, die Übernahme schulinterner Sozialaufgaben, das Ausgestalten von Feiern, die Mitwirkung bei der Planung von Theaterbesuchen, Schulfahrten und Sportveranstaltungen.

Die Übernahme von Ordnungsaufgaben kann sich z. B. auf Beteiligung oder Übertragung von Aufsichten im Schulbereich oder bei Veranstaltungen der Schule erstrecken.

Um schulische Interessen wahrnehmen und bei der Lösung von Konflikten mitwirken zu können, ist die SMV in allen sie betreffenden Angelegenheiten zu informieren. Ihre Wünsche, Anregungen, Vorschläge und Beschwerden sind zu überprüfen und zu berücksichtigen. Weiterhin hat die SMV z. B. auch das Recht bei der Aufstellung einer Hausordnung, bei der Gestaltung von Kursen und im → Schulforum mitzuwirken.

Die SMV ist die Angelegenheit aller Schüler. Durch sie soll der Schüler lernen, für die Gemeinschaft in einer Gruppe Verantwortung zu übernehmen und auszuüben. Direktoren, Lehrer und Eltern sollen die in der SMV tätigen Schüler bei der Ausübung ihrer Aufgaben unterstützen. Von seiten der Schulen sollte auch darauf geachtet werden, daß Aufgaben entsprechend altersgerecht vergeben und unter Rücksichtnahme auf die Mitschüler verantwortungsbewußt erfüllt werden. O

Bayerisches Staatsministerium für Unterricht und Kultus 1977

Schülerorientierter Unterricht

Mit der Forderung eines schülerorientierten Unterrichts wird heutigentags Gedankengut wieder aufgegriffen und weiterentwickelt, das aus der Geschichte der Pädagogik längst bekannt ist. Es sei auswahlweise nur an J. H. Pestalozzi, Fr. Fröbel, M. Montessori, E. Key und an die › Reformpädagogik erinnert. Im Spannungsfeld → Unterricht, das durch die Determinanten Gesellschaft, Fachwissenschaften, Schüler bestimmt ist, verfolgt der schülerorientierte Unterricht die Absicht, unterrichtliche Entscheidungen in erster Linie – und wann immer bei den gegebenen schulischen Verhältnissen möglich – am Lernenden auszurichten.

Dies bedeutet im einzelnen – immer mit der Einschränkung jeweiliger Realisierbarkeit –:
- Orientierung der unterrichtlichen Planung an Bedürfnissen, Interessen, Erwartungen der Schüler
- Einbezug der Schüler in die inhaltliche und methodische Planung des Unterrichts

- Anknüpfung an die Erfahrungswelt und die Eingangskenntnisse der Schüler
- Auswahl von Lernzielen und Lerninhalten unter dem Gesichtspunkt der für die Schüler einsichtigen Brauchbarkeit (= Problemorientierung)
- Vermittlung von Erfahrungen über Lernverhalten, Lerntyp, Lernwege usw.
- Thematisierung gruppendynamischer Gegebenheiten in der Lerngruppe
- → Metakommunikation und → Metaunterricht
- Bevorzugter Einsatz der entdecken-lassenden Unterrichtsformen und von Spielformen des Unterrichts
- Objektivierung des Unterrichts durch Medieneinsatz
- Verwirklichung von Differenzierung und Individualisierung im Unterricht
- Schaffung und Nutzung pädagogischer Freiräume

Dreikurs u. a. 1976; Köck 1977[2]; Rogers 1973, 1976; Schmaderer 1976; Wagner 1976

→ Feedbackregeln → Gruppendynamik K

Schülerpopulation

ist – bezogen auf eine Schule, Schulart, Schulform, einen Bezirk oder ein Land – die jeweils in diesem Bereich zu einem gegebenen Zeitpunkt der Beobachtung befindliche Gesamtheit der in Frage kommenden Schüler.

→ Population O

Schülersprecher → Schülervertretung

Schülervertretung

Einrichtungen der Schülervertretung, die Aufgaben der → Schülermitverantwortung (SMV) wahrnehmen, sind:
- die Klassensprecher oder Jahrgangsstufensprecher und ihre Stellvertreter
- die Klassensprecherversammlung
- die Schülersprecher
- der Schülerausschuß.

Als Schülervertretung für seine Klasse obliegen dem **Klassensprecher** die Aufgaben der SMV für seine Mitschüler, die er zur Mitarbeit in der Schülermitverantwortung anregen soll. **Jahrgangsstufensprecher** werden anstelle von Klassensprechern gewählt, wenn Schüler nicht in Klassen zusammengefaßt sind, z. B. in → Gesamtschulen. Auf Antrag der Jahrgangsstufensprecher und ihrer Stellvertreter können **Kurssprecher** hinzugewählt werden, um die besonderen Kursinteressen in den entsprechenden Bereichen zu vertreten.

Die **Klassensprecherversammlung** einer Schule setzt sich aus den Klassensprechern und ihren Stellvertretern zusammen. Sie befaßt sich mit Fragen und Aufgaben, die über den Klassenverband hinausreichen und für die gesamte Schülerschaft von Interesse sind. Außerdem wählt sie den **Schülerausschuß** und berät ihn.

Aus der Mitte der Klassensprecherversammlung werden drei Schülerspre-

cher (erster, zweiter, dritter Schülersprecher) gewählt, die aus verschiedenen Klassen und mindestens aus zwei Jahrgangsstufen sein müssen.
Die drei Schülersprecher bilden den Schülerausschuß, der ausführendes Organ der **Klassensprecherversammlung** ist. Der Schülerausschuß befaßt sich mit Aufgaben der SMV, die über Klassen- und Jahrgangsstufeninteressen hinausgehen und von besonderer Bedeutung sind.
Klassensprecherversammlung und Schülerausschuß können sich jeweils eine Geschäftsordnung geben. O

Schülervortrag
Im Ablauf des Unterrichtsgeschehens bedeutet der Schülervortrag in seinen vielfältigen Formen eine wesentliche Bereicherung. Er kann von der zusammenhängenden Erlebnisschilderung, der Darstellung eines Arbeitsvorganges, dem Bericht über eine → Gruppenarbeit bis zum logisch gegliederten → Vortrag reichen. Der Vortrag verlangt vom Schüler insbesondere Überlegung, Sammeln von Material, Einstellung auf Schüler und Lehrer, korrekte Ausdrucksweise, selbständiges Arbeiten, logisches Denken, Einsicht und Urteilsbildung.
→ Lehrervortrag → Referat O

Schülerzeitung
In Bayern ist nach § 67 Abs. 1 der Allgemeinen → Schulordnung „die Schülerzeitung eine Veranstaltung der Schule im Rahmen der → Schülermitverantwortung. Sie ist kein Organ der → Schülervertretung". M. Heger führt dazu in Schulreport, Heft 1, Donauwörth 1978, erläuternd aus: „Nach **allgemeinem** Sprachgebrauch sind Schülerzeitungen periodisch (wenn auch nicht immer regelmäßig) erscheinende Druckschriften, die von Schülern einer Schule gestaltet werden, sich in erster Linie an die Schüler derselben Schule richten und dazu bestimmt sind, innerhalb der Schulanlage verteilt oder vertrieben zu werden. Unter dem Dach dieser allgemeinen Definition haben sich im Schulrecht der insoweit souveränen Länder (Art. 30, 70 GG) zwei wesensmäßig verschiedene Formen von Schülerzeitungen herausgebildet:
1. Schülerzeitungen, die von den Schüler-Redakteuren selbständig, d. h. außerhalb der Verantwortung der Schule, herausgegeben werden;
2. Schülerzeitungen, die als schulische Veranstaltung unter Mitwirkung und Mitverantwortung der Schule herausgegeben werden."
Die unter 1. angesprochene außerschulische Pressearbeit der Schüler wird von der Allgemeinen Schulordnung nur insoweit eingeschränkt, „als dadurch nicht die Verwirklichung der Aufgabe der Schule gefährdet werden darf (§ 38 Abs. 1 Satz 3 ASchO) und außerschulische Druckerzeugnisse in der Schule grundsätzlich nicht verteilt oder vertrieben werden dürfen (§ 88 Abs. 1 ASchO).
Auch die unter 2. genannte Schülerzeitung, die als „Veranstaltung der Schule" bezeichnet wird, baut auf den Grundrechten der freien Meinungsäußerung und der Pressefreiheit auf (Art. 5 Abs. 1 GG, Art. 110 Abs. 1 und Art. 111 BV) unter Berücksichtigung der „Vorschriften der allgemeinen Ge-

setze" (Art. 5 Abs. 2 GG). Da die Schülerzeitung in diesem engeren Sinne nur innerhalb der Schule vertrieben werden darf, ist sie „nicht als Druckwerk im Sinne des § 6 Abs. 1 des Bayerischen Pressegesetzes anzusehen."
Auf dem Hintergrund der genannten gesetzlichen Bestimmungen gilt für die Schülerzeitung als „Veranstaltung der Schule" folgendes:
1. Die Schüler sollen durch die Gestaltung einer Schülerzeitung die Gelegenheit haben, journalistische und organisatorische Fähigkeiten zu entfalten und zu üben.
2. Die Schülerzeitung hat durchaus den Auftrag, meinungsbildend zu wirken.
3. Sie soll auf alle Jahrgänge einer Schule ausgerichtet sein.
4. Für „Inhalt und Gestaltung... trägt der Schulleiter" die Verantwortung. Damit soll immer wieder beobachteten Tendenzen der Enttabuisierung und Sexualisierung und des Terrors gegenüber Lehrern vorgebeugt werden.
5. Die Redaktion der Schülerzeitung ist durch die Schule zu unterstützen (Raum, Bürobedarf, Portokosten, Schreibmaschine, Beschaffung von Informationen, Einsicht in allgemein zugängliche Texte).

„Abgrenzung gegenüber anderen Publikationen.
Von Schülerzeitungen zu unterscheiden sind
- reine „Schulzeitungen", die von einzelnen Schulen für Beteiligte und Interessierte (Lehrer, Eltern, Schüler, ehemalige Schüler) herausgegeben werden, wobei die Schule die alleinige redaktionelle Verantwortung trägt, Schülermitverantwortung also nicht stattfindet;
- „jugendeigene Zeitungen", die von Jugendlichen ohne Mitwirkung einer Schule in alleiniger presse-, straf- und zivilrechtlicher Verantwortung herausgegeben werden;
- Jugendzeitschriften", die von Erwachsenen für Jugendliche außerhalb schulischer Verantwortung herausgegeben werden;
- Flugblätter, die sich in der Regel nur mit einem einzigen Thema befassen und sich mit einer Ausgabe erschöpfen."

→ Demokratisierung der Schule K

Schülerzentrierter-kooperierender Unterricht
→ Entdeckender Unterricht → Lehrform

Schulangst
ist ein durch neurotische Symptome (z. B. Sprechverweigerung, psychisch bedingtes Unwohlsein) gekennzeichnetes Verhalten, das vorwiegend in schulischen Situationen auftritt.
Sie kann ihre Ursache in Trennungsangst des Kindes von der Familie, insbesonders der Mutter, oder von einem bestimmten Lehrer haben, aber auch in Gegebenheiten der Schule, die vom Kind als bedrohlich empfunden werden (z. B. Überforderung mit nachfolgendem Mißerfolgserlebnis).

Andreas 1976; Fend/Knörzer 1977; Lißmann 1976; Meyer 1977; Rost 1972; Sarason u. a. 1971; Schwarzer 1975; Walter 1977

→ Neurose K

Schulart

bezeichnet als Sammelbegriff Schulen mit gleichen Bildungszielen. So stellen z. B. die Gymnasien eine eigene Schulart dar.
→ Schule   O

Schulassistent → Pädagogischer Assistent

Schulaufgabe

Schriftliche, zu benotende Aufgaben in der Schule dienen der → Leistungskontrolle, der → Leistungsmessung und → Leistungsbewertung der Schüler. Sie sollen in angemessenen Zeitabständen in den Unterricht eingeplant werden und einen Nachweis über den jeweiligen Leistungsstand der Lernenden erbringen. Die Anzahl der zu schreibenden Arbeiten in den verschiedenen Fächern für die einzelnen Schularten wird im allgemeinen vom zuständigen Ministerium festgelegt.
Schulaufgaben sind in möglichst gleichen Abständen über das ganze Schuljahr zu verteilen und spätestens eine Woche vorher anzukündigen. Während einer Woche sollen nicht mehr als zwei Schulaufgaben und an einem Tage darf nur eine Schulaufgabe abgehalten werden.
Neben die Schulaufgabe als schriftliche Leistung treten die Stegreifaufgaben, Praktische Leistungen und Prüfungen, aber auch andere schriftliche Aufgaben im Unterricht wie z. B. → Tests, Ausarbeitungen im Rahmen von → Gruppenarbeit, → Fallstudien oder → Planspiele.
Stegreifaufgaben, Extemporalien oder Kurzarbeiten werden wie mündliche Leistungen gewertet und beziehen sich in ihren Fragestellungen grundsätzlich auf den Lehrstoff der vorangegangenen Unterrichtsstunde. An Tagen, an denen bereits Schulaufgaben eingeplant sind, dürfen keine Extemporalien abverlangt werden.
Praktische Leistungsnachweise werden zusätzlich vor allem in Fächern wie Musik, Werken, Kunsterziehung, Chemie, Physik usw. gefordert. Im Sport tritt die praktische Leistung anstelle der schriftlichen.
Bei Zwischen- und Abschlußprüfungen handelt es sich um besonders umfangreiche Formen der Leistungskontrolle. Sie überprüfen das Ziel einer schulischen Ausbildung und verleihen nach Bestehen zumeist besondere Berechtigungen. Periodisch in den Unterrichtsbetrieb eingefügte schriftliche Arbeiten stellen jeweils Zäsuren dar, die Anlaß zum Überdenken, Ordnen, Zusammenfassen, Wiederholen und Vergleichen der durchgenommenen Stoffbereiche geben. Schulaufgaben oder Probearbeiten, Stegreifaufgaben oder Kurzarbeiten und Prüfungen dürfen nicht allein gelerntes Wissen prüfen und nur auf das auswendig Gelernte abstellen, sondern auf das Verständnis, das Können und die erkannten Zusammenhänge, die Erkenntnisse, die den Sinn des Lernens ausmachen. Die Prüfungsfragen sollten nicht auf ein isoliertes Lehrgut abzielen, sondern auf den Zuammenhang mit anderen Lehrgütern, in den es hineingehört. Außerdem sind sie klar, eindeutig zu stellen und übersichtlich zu gliedern.
Umfang und Schwierigkeitsgrad schriftlicher Arbeiten dürfen nicht überhöht sein und sind dem Schülerdurchschnitt anzupassen. Den Schülern ist auch in bezug auf durchzuführende schriftliche Schularbeiten zu zeigen,

wie man arbeitet, notiert, aufteilt, Stichworte festhält, vor dem Schreiben überlegt, Beispiele sucht, gliedert, Zusammenhänge herstellt und Gedanken verbindet. Nach der Korrektur jeder Schulaufgabe oder Stegreifaufgabe ist eine eingehende Besprechung vorzunehmen, die dem Schüler z. B. klarlegt, warum ihm Fehler angerechnet wurden und warum er eine andere Begründung hätte geben müssen.

→ Hausaufgabe O

Schulbeirat

An jeder öffentlichen → Berufsschule ist ein Berufsschulbeirat einzurichten. Kommunale Schulträger, die mehrere Berufsschulen unterhalten, haben einen gemeinsamen für alle diese Berufsschulen zuständigen Schulbeirat zu bilden.

Dem Schulbeirat gehören an: ein Vertreter des Schulaufwandträgers, der den Vorsitz führt, sechs Elternvertreter einschließlich mindestens eines Elternvertreters einer angegliederten → Berufsaufbauschule, je ein Vertreter der beteiligten Religionsgemeinschaften und der Berufsberatung, zwei hauptamtliche Lehrer, sechs Schülervertreter und der Leiter der Schule. An landwirtschaftlichen Berufsschulen erweitert sich der Schulbeirat um zwei Vertreter landwirtschaftlicher Berufsorganisationen und einen Vertreter des zuständigen Landwirtschaftsamtes. An den übrigen Berufsschulen sind für den Schulbeirat außerdem zu berücksichtigen:
je drei Vertreter der beteiligten Arbeitgeber und Arbeitnehmer und ein Vertreter der Gesellenausschüsse nach der Handwerksordnung.

Die Aufgaben des Schulbeirates, die sich nicht auf Schulaufsicht und Schulleitung erstrecken, sind:
- die Förderung der Beziehungen zwischen Berufsschule, Erziehungsberechtigten, Ausbildungsbetrieb und Wirtschaft,
- die Förderung aller Maßnahmen, die dem Wohle der Schule und der Schüler dienen (Art. 33 GbSch).

→ Elternbeirat O

Schulberater → Staatlicher Schulberater

Schulberatung

Die Beratung in der Schule und durch die Schule ist ein Teil der Erziehungsaufgabe. Sie soll dem Schüler behilflich sein, seine Anlagen zu erkennen, seine Fähigkeiten zu nutzen und die vorhandenen Bildungsangebote seiner Begabung und seinen Vorstellungen entsprechend wahrzunehmen. Klare, deutliche, umfangreiche Beratung ist Aufgabe jeder Schule und eines jeden Lehrers. Um den Anforderungen der Beratung bei der Vielfalt der Bildungswege und der zunehmenden Differenzierung in allen Bildungsbereichen gerecht werden zu können, ist es notwendig, an den Schulen → Beratungslehrer zu bestellen.

Aurin 1973; Byrne 1963; Heller 1975–1976; Martin 1974; Paedagogica Europaea 1973;

→ Erziehungsberatung → Berufsberatung → Berufsbildungsberatung → Schullaufbahnberatung → Schuljugendberater → Staatlicher Schulberater → Verbindungslehrer O

Schulbibliothek → Mediothek

Schule

Im allgemeinen Sprachgebrauch wird der Begriff Schule in verschiedenen Zusammenhängen und mit unterschiedlichen Inhalten verwendet. Zunächst lassen sich drei große Begriffsgruppen von Schule, die einer weiteren Untergliederung bedürfen, herausstellen:
1. Schulen, die eine geprägte Richtung vertreten in Kunst, Wissenschaft und Forschung, so sagt man z. B. er gehört der Schule Albrecht Dürers oder der Schule Einsteins an;
2. Das Schul- und Bildungswesen unter Aufsicht des Staates, z. B. staatliches → Gymnasium, kirchliche → Realschule, private → Wirtschaftsschule als → Ersatzschule;
3. Schul- und Bildungseinrichtungen, bei denen es sich nicht um Schulen im schulrechtlichen Sinne handelt, z. B. Tanzschule, Fahrschule, Segelschule;

Die Schule als Gesamtbegriff stellt grundsätzlich in Institutionen oder durch Institutionen geschaffene Interaktionsverhältnisse von Lehrenden und Lernenden dar zum Zwecke der Erziehung und der Durchführung von Lehr- und Lernmaßnahmen. Sie ist unter Berücksichtigung der Adressaten bestrebt, die allgemeinen und berufsbildenden Unterrichtsstoffe, die stets durch die jeweilige Gesellschaftsstruktur mit beeinflußt sind, lehr- und lernzielgerecht aufzubereiten, nach gemäßen und zweckmäßigen → Lehrformen und → Lehrverfahren darzubieten und bestimmte Bildungs- und Erziehungsziele zu verwirklichen.

Von besonderer Bedeutung sind für jede Gesellschaft die Schulen, die unter staatlicher Aufsicht stehen. Sie haben den verfassungsmäßigen Auftrag der Unterrichtung und Erziehung der Schüler zu erfüllen.

Die Schule in einem demokratischen Staatsgebilde, die unter den Aspekten der → Pädagogik, → Psychologie, → Soziologie, Ökonomie, Organisation und des Rechts zu sehen ist, hat insbesondere folgendes zu berücksichtigen:
- die Schule dient dem Wohle der Lernenden und fördert die natürliche Lernfreude und die → Fähigkeiten aller Schüler
- die Schule darf keine Einrichtung sein, in der zusätzliche Konflikte erzeugt und Ängste verstärkt werden
- die Schule ist ein Ort sozialen Lernens und sie hilft dem Schüler bei der Lebensorientierung
- musische Arbeit und kreatives Schaffen dürfen nicht vernachlässigt werden
- Vermittlung von → Wissen, → Fertigkeiten und Fähigkeiten ist zu gewährleisten
- durch Einrichtung entsprechend systematischer Lehrgänge oder Klassen sind unter optimaler Organisation von Lehren und Lernen nach operationalisierten → Lernzielen orientierte Stoffinhalte schülergerecht zu vermitteln
- altersgerechte Methoden und → Medien aller Art dienen zur Erleichterung des Lehrens und Lernens

- → Lernzielkontrollen sind durchzuführen, jedoch dürfen sie nicht in permanente → Leistungsmessung ausarten
- vor der Leistungsforderung hat die dem Schüler verständliche Erziehung zur Leistung zu stehen
- Befähigung zu selbständigem kritischen Urteil und Erziehung zu Freiheit und Demokratie, zu Toleranz, zur Achtung vor der Würde des anderen und zum Respekt vor anderen Überzeugungen
- Orientierung über die Bedingungen der Arbeitswelt
- Beratung usw.

Das gegenwärtige Schulwesen ist wie aus den beiden Übersichten auf den Seiten 461 und 462 zu erkennen ist, schulartbezogen bzw. schulstufenbezogen aufgebaut. Schularten sind z. B. → Volksschulen, → Gymnasien, → Realschulen, → Wirtschaftsschulen und die entsprechenden → beruflichen Schulen. Bei der Schulstufenbezogenheit gliedert man z. B. in → Elementarstufe, → Primarstufe → Sekundarbereich I und II, den → Tertiär- und den → Quartärbereich.

Bei der Errichtung von Schulen unterscheidet man je nach Schulträger → öffentliche Schulen und → Privatschulen. Öffentliche Schulen sind → staatliche und → kommunale Schulen. Privatschulen sind entweder Ersatz- oder → Ergänzungsschulen.

→ ASchO → Hausaufgabe → Schulangst → Schulaufgabe → Schulberatung → Schulentwicklungsplan → Schullandheim → Schullaufbahnberatung → Schulordnung → Schulpflicht → Schulreife → Schulstreß → Schulversagen → Unterricht O

Schulentwicklungsplan

Der Schulentwicklungsplan legt nach eingehender Prüfung fest, an welchen Orten staatliche Schulen bestimmter Schularten errichtet oder erweitert werden sollen. O

Schulfernsehen

bezeichnet die Bildungsprogramme, die von den öffentlichen Fernsehanstalten für den schulischen Unterricht konzipiert und ausgestrahlt werden. Von ihrer didaktischen Funktion her kann eine Schulfernsehsendung als Bereicherung, als Ergänzung oder als eigentlicher Träger einer Lerneinheit geplant sein. Im → Medienverbundsystem, das auch im Schulunterricht zunehmend an Bedeutung gewinnt, übernimmt das Schulfernsehen meist die → Leitfunktion. Gegenüber dem Schulfilm hat das Schulfernsehen – die Charakteristika des Massenmediums Fernsehen nützend – vor allem den Vorteil größerer Aktualität der vermittelten Inhalte. Außerdem besteht bei entsprechender Aufgeschlossenheit der Sendeanstalt die Möglichkeit, die pädagogische und didaktische Relevanz der Sendungen gemäß den neuesten lerntheoretischen Erkenntnissen und einer aktuellen sachstrukturellen Analyse des Lerngegenstandes durch Einbezug von Fachleuten in der Produktionsphase zu gewährleisten.

Schule

Schulstufenbezogene Gliederung des Schulwesens in der Bundesrepublik Deutschland

Künftiges Bildungssystem der Bundesrepublik Deutschland nach dem Bildungsgesamtplan

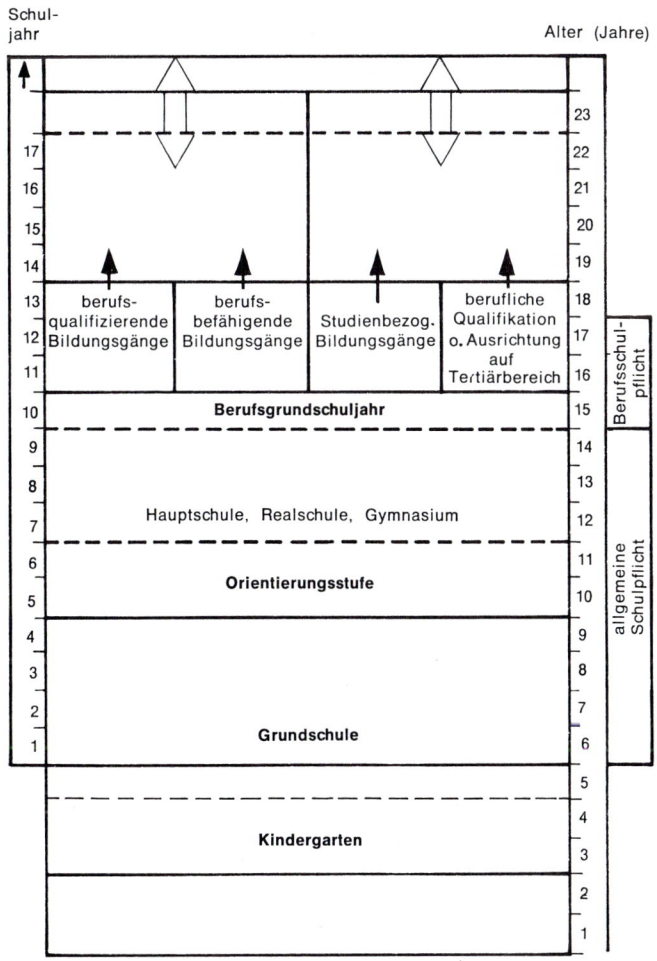

Schuljahr / Alter (Jahre)

Schuljahr		Alter
17		23, 22
16		21
15		20
14		19
13, 12, 11	berufsqualifizierende Bildungsgänge / berufsbefähigende Bildungsgänge / Studienbezog. Bildungsgänge / berufliche Qualifikation o. Ausrichtung auf Tertiärbereich	18, 17, 16 — Berufsschulpflicht
10	Berufsgrundschuljahr	15
9, 8, 7	Hauptschule, Realschule, Gymnasium	14, 13, 12
6, 5	Orientierungsstufe	11, 10
4, 3, 2, 1	Grundschule	9, 8, 7, 6 — allgemeine Schulpflicht
	Kindergarten	5, 4, 3
		2, 1

(Vgl.: Bildung + Ausbildung, herausg. Bayerische Landeszentrale für Politische Bildung, München)

Schule

Schulartbezogene Gliederung des Schulwesens in der Bundesrepublik Deutschland

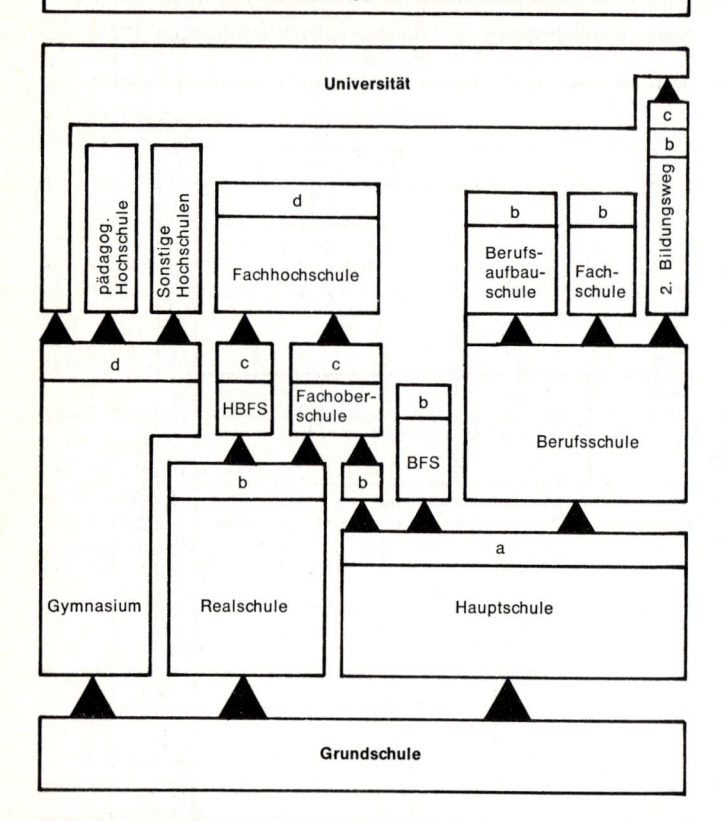

Universität

pädagog. Hochschule | Sonstige Hochschulen | Fachhochschule (d) | Berufsaufbauschule (b) | Fachschule (b) | 2. Bildungsweg (c, b)

HBFS (d) | Fachoberschule (c) | BFS (b) | Berufsschule

Gymnasium | Realschule | Hauptschule (a)

Grundschule

Kindergarten

Abkürzungen:
1. Schulformen: (H)BFS = (Höhere) Berufsfachschule
2. Abschlüsse:
a = Hauptschulabschluß;
b = Mittlerer Abschluß;
c = Fachhochschulreife;
d = Hochschulreife
Die Flächen sind nicht proportional den Quantitäten.
Quelle: Bericht zur Lage der Nation 1971, S. 190

(aus: Bildung + Ausbildung, herausg. Bayerische Landeszentrale für Politische Bildungsarbeit, München)

Die von festen Sendezeiten unabhängige jederzeitige Verfügbarkeit von Schulfernsehsendungen und die damit verbundene mögliche Individualisierung der Lernprozesse wurden durch die Einführung von → Videorecordern in die Schulen angebahnt und sie erleben gegenwärtig eine weitere Steigerung durch die Produktion von Sendungen in → Kassettenform. Felsberg/Klose 1977; Köck 1977²; Siepmann 1977; Tulodziecki 1976; Tulodziecki/Zimmermann 1976

→ Medien K

Schulforum

Das Schulforum, in dem sich drei von der Lehrerkonferenz gewählte Lehrer, der Vorsitzende und zwei weitere gewählte Mitglieder des → Elternbeirats und der → Schülerausschuß befinden, bildet ein Organ der Mitwirkung in der Schule und wird vom Leiter der jeweiligen Schule als Vorsitzendem ohne Stimmrecht in regelmäßigen Abständen einberufen, mindestens jedoch einmal in jedem Schulhalbjahr. Das Schulforum hat die Aufgabe, Fragen zu besprechen, die Schüler, Eltern, Lehrer gemeinsam angehen und Empfehlungen hierzu auszusprechen.
Gelegenheit zu vorherigen Stellungnahmen ist dem Schulforum in folgenden Fällen zu geben:
- zu wesentlichen Fragen der Schulorganisation, soweit nicht eine Mitwirkung der Erziehungsberechtigten oder des Elternbeirats vorgeschrieben ist,
- zu Fragen der Schulwegsicherung und der Unfallverhütung in Schulen,
- zu Baumaßnahmen im Bereich der Schule,
- zum Erlaß von Verhaltensregeln für den geordneten Ablauf des äußeren Schulbetriebs,
- zur Festlegung der Pausenordnung (vgl. Art. 77 Abs. 5 ASchO).

→ Schülermitverantwortung O

Schulfunk

Im Schulfunk werden von den öffentlichen Rundfunkanstalten Sendungen angeboten, die für den schulischen Unterricht konzipiert sind. Wie bei den › Schulfernsehsendungen kann die didaktische Funktion einer Schulfunksendung darin bestehen, den Unterricht zu bereichern, zu ergänzen oder einen Lernprozeß einzuleiten (→ Motivation) bzw. als Leitmedium (→ Leitfunktion im Medienverbundsystem) zu steuern. Der vermehrte Einbezug visueller und audiovisueller → Medien in den Unterricht bietet die Chance, den Schulfunk seiner spezifischen Leistungsfähigkeit entsprechend für Informationsübermittlungen vorzubehalten, welche in erster Linie die auditive (= über das Gehör erfolgende) Aufnahmefähigkeit beanspruchen bzw. im Sinne einer geplanten Hörerziehung schulen sollen. In der Gestaltung arbeitet der Schulfunk je nach der didaktischen Absicht einer Sendung mit allen Mitteln des Massenmediums Hörfunk (Reportage, Hörspielszene, Diskussion, Interview usw.), neuerdings mehren sich allerdings die Lernangebote über den Schulfunk, die gesicherten lerntheoretischen Erkenntnissen folgend in Lernschritten aufgebaut sind, durch Aktivitätswechsel einer einseitigen reproduktiven Konsumhaltung des Lernenden vorbeugen, Raum für eigene Lösungsversuche des Lernenden lassen usw. Dem Lehrenden fällt es darüber hinaus gerade beim Schulfunk leicht, deren Mitschnitt und evtl. durch Veränderung (Kürzung, Ergänzung) auf Tonband eine Sendung seinem eigenen didaktischen und methodischen Konzept einzupassen und sie adressatenspezifisch zu gestalten. K

Köck 1977[2]; Ponader 1977; Riedler 1976; Schmidbauer u. a. 1976

Schulhygiene

als Teilgebiet der Schulpädagogik befaßt sich mit folgenden Problemkreisen:
- **Schulhausbau und -ausstattung,** z. B. unter den Aspekten der Länge und Sicherheit der Schulwege, der Lärmbelästigung, der Lage zu Sportanlagen, der Lichtverhältnisse und Raumtemperatur im Schulhaus, der Farbgestaltung der Zimmer, haltungsgerechter Schulmöbel, ausreichender Belüftungsmöglichkeit, der Klassenzimmergröße und der Grundfläche je Kind.
- **Arbeitshygiene,** womit z. B. Probleme des Wechsels von Arbeits- und Erholungsphasen, des Unterrichtsbeginns und der Unterrichtsdauer, der Ermüdung, der Belastung durch Prüfungen und Hausaufgaben gemeint sind.
- Maßnahmen zur Erhaltung oder Wiederherstellung der **Gesundheit des Lehrers**
- **Gesundheitserziehung** als Unterrichtsprinzip
- Medizinische Überwachung der Schüler K

Goppel 1978; Kausen 1973[2]; Klimt 1975; Wegmann 1978

Schulinternes Fernsehen (SIF)

Während das öffentliche Fernsehen seine Sendungen überregional und an eine bestimmte Adressatengruppe einer Schulart oder Jahrgangsstufe gerichtet ausstrahlt, befaßt sich das SIF mit der Produktion und Wiedergabe eigener Fernsehaufnahmen innerhalb einer Schule bzw. in Zusammenarbeit mit benachbarten Schulen. Das SIF benötigt als technische Minimalausrüstung eine Fernsehkamera für Bildaufnahme, einen → Videorecorder zur Speicherung des Bildmaterials und einen Monitor (Fernsehgerät) zur Kontrolle bei der Aufnahme und zur Wiedergabe des gespeicherten Bildmaterials. Einen optimalen aber ebenso kostspieligen Einsatz des SIF garantiert die feste Installation der Aufnahme- und Steuerungsapparaturen in einem → Studioraum mit jederzeit verfügbaren Übertragungsanlagen in die Räume eines → Medienzentrums oder in die einzelnen Klassenzimmer.
Den Einsatzmöglichkeiten des SIF sind in der Unterrichtspraxis kaum Grenzen gesetzt: Sie reichen von der vergrößerten Aufnahme mikroskopischer Vorgänge über den Mitschnitt physikalischer und chemischer Versuche bis zur Aufzeichnung von Rollenspielen, Diskussionen usw., ganz zu schweigen von dem medienkundlichen und mediendidaktischen Effekt eines sicheren und kritischen Umgangs der Schüler mit dem Medium Fernsehen. K

Schuljugendberater

Im Bereich der Volksschule wurde die Schuljugendberatung als staatliche Einrichtung zur Förderung des Lernens, Lehrens und Erziehens geschaffen. Für jedes Schulamt soll ein Schuljugendberater tätig sein. Er arbeitet eng zusammen mit Erziehungsberechtigten, Erziehungsberatungsstellen, Sonderschulen, kirchlichen Stellen, Jugend- und Wohlfahrtsverbänden, sonstigen Einrichtungen der Jugendpflege, Jugendfürsorge und Familienfürsorge, dem Jugendamt, dem Schularzt und dem Gesundheitsamt, der Schul- und Berufsberatung.

Schuljugendberater unterstützen Schulen bei der Erfüllung ihres Erziehungs- und Bildungsauftrages mit Methoden und Erkenntnissen der → pädagogischen Psychologie und haben insbesondere bei folgenden Aufgaben mitzuwirken:
- Schulaufnahme, z. B. Feststellung der Schulfähigkeit
- Lenkung der Schullaufbahn, z. B. Überweisung in eine Sonderschule
- Hinführung zur Arbeitswelt, z. B. Feststellung der Berufsreife und Berufseignung
- Betreuung schwieriger Schüler, z. B. Verhaltens-, Charakter- und Sprachstörungen.

Sie können vom Schulamt auch zur Mitarbeit in pädagogischen und didaktischen Fragen herangezogen werden. In Fällen, für deren Ermittlungen die Polizei zuständig ist, darf der Schuljugendberater nicht eingreifen. Außerdem gehören auch psychopathologische und psychotherapeutische Behandlung nicht zu seinen Tätigkeiten.

Zur Ausbildung des Schuljugendberaters gehören Grundprobleme der schulischen Bildung und Erziehung aus der Sicht der → Allgemeinen Psychologie, → Entwicklungs- und Unterrichtspsychologie, Konfliktpsychologie und Beratungspsychologie; Einführung in die heilpädagogische Praxis; Praxis der Schuljugendberatung; Schulleistungs-, Intelligenz- und Entwicklungsdiagnostik.

→ Beratungslehrer → Schulberatung O

Schulkindergarten

Den Schulkindergarten, in einigen Bundesländern Vorklasse genannt, besuchen schulpflichtige Kinder, die wegen mangelnder → Schulreife nicht eingeschult werden konnten bzw. nach einer Probezeit in der ersten Grundschulklasse zurückgestellt wurden. Die Ursachen der mangelnden Schulreife können bei einer längeren Erkrankung des Kindes, bei mangelhafter Förderung durch seine unmittelbare Umwelt, bei einer verlangsamten Entwicklung oder bei extremer sozialer Unangepaßtheit liegen. Ziel der Förderungsmaßnahmen im Schulkindergarten ist der Abbau der Verhaltensdefizite der Kinder, um sie auf einen bruchlosen Übergang in die Grundschule vorzubereiten. Die Gruppenleiterinnen im Schulkindergarten bedürfen einer speziellen didaktischen und heilpädagogischen Ausbildung für ihre Aufgabe. Als Betreuer der höchstens 15 Kinder umfassenden Gruppen kommen Sozialpädagoginnen oder Erzieherinnen mit sonderpädagogischer Zusatzausbildung infrage.

Rechtlich gehört der Schulkindergarten in einigen Ländern zum Kindergartenbereich (z. B. in Bayern), in anderen zur Grundschule (z. B. in Nordrhein-Westfalen), sein Besuch ist freiwillig. Die Schulträger sind bei Bedarf zur Einrichtung von Schulkindergärten verpflichtet, wobei es ihnen z. B. in Bayern freigestellt ist, sie eigenständig oder innerhalb des → Kindergartens anzusiedeln; in anderen Ländern werden sie organisatorisch der Grundschule eingegliedert. K

Hebenstreit 1974

Schullandheim

Heime und Anwesen außerhalb der Städte, die eine oder mehrere Schulklassen bzw. Schulgruppen im Wechsel für eine längere Zeit, im allgemeinen von einer Woche bis vier Wochen, unter Leitung ihrer Lehrer aufnehmen, sind Schullandheime. Sie sind meist im Besitz kommunaler Schulträger. Als integrierte Bestandteile des öffentlichen Schulwesens haben sie primär eine pädagogische Funktion und stellen Ergänzungseinrichtungen zur Schule dar, in denen sich Unterricht und Erziehung in optimaler Weise verbinden lassen. Lehrer und Schüler leben für mehrere Tage in gleicher Umgebung zusammen. Dadurch, daß beide Gruppen zeitlich länger aufeinander angewiesen sind, wird intensive Kommunikation, Kooperation und Integration gefördert. Es eröffnet sich ein Übungsfeld sozialen Verhaltens und Lernens. Hierzu zählt auch die Bewältigung von Konfliktsituationen. Aufenthalte im Schullandheim ermöglichen somit nicht nur einen Milieu- und Ortswechsel für eine bestimmte Zeit, sondern geben auch besondere Impulse für die Entwicklung der → Kreativität im Individual- und Sozialbereich. Schullandheime sind von → Landschulheimen bzw. Landerziehungsheimen zu unterscheiden. O

Schullaufbahnberatung

Jeder Lehrer sollte fähig sein, Schüler über die Möglichkeiten im Schulwesen, über die einzelnen Schularten, Schulformen und deren Berechtigungen aufzuklären. Eine besondere Ausbildung hierfür erfahren → Beratungslehrer, → Schuljugendberater und → staatliche Schulberater.

→ Schulberatung O

Schulleistungsbeurteilung

→ Leistungsbewertung → Schülerbeurteilung → Schulleistungsmessung

Schulleistungsmessung

Sie stellt den Vorgang dar, der die Höhe und den Intensitätsgrad des → Lernerfolges ermittelt. In pädagogischen Entscheidungsprozessen dient die Schulleistungsmessung der Informationsfindung. Sie wird herangezogen zur Lenkung und Kontrolle von Abläufen (z. B. Unterricht), für Einstufungs- und Eingliederungsprozesse (Schulberatung, Schullaufbahnberatung), zur → Evaluation und → Operationalisierung (Curricula, Reformprozesse), für Entscheidungen im Berechtigungswesen und zur Diagnose von Lernschwierigkeiten.

Fricke 1974; Heller 1975; Herbig 1976

→ Leistung, → Leistungsbewertung, → Schülerbeurteilung O

Schulleistungstest

Schulleistungstests sind standardisierte Meßverfahren zur Ermittlung des Standes von Kenntnissen, Fähigkeiten und Fertigkeiten von Schülern, den diese durch schulisch organisierte Lernprozesse erreicht haben sollen, und zwar in einem bestimmten Fach (besonderer Schulleistungstest) oder das gesamte auf einer bestimmten Schulstufe erwartete Leistungsvermögen betreffend (allgemeiner Schulleistungstest). Trotz der durch die Standardisierung gewährleisteten hohen Gültigkeit und Zuverlässigkeit der Schulleistungstests sollte ihr Aussagewert wegen der den → Tests allgemein zuzuschreibenden Fehlerquellen (z. B. Einmaligkeit der Testsituation, Künstlichkeit der Testsituation, mangelnde Berücksichtigung des individuellen Arbeitstempos) nicht überschätzt werden. K

Beltz-Test 1975; Birkel/Ingenkamp 1976; Gronlund 1974; Rapp 1975; Strittmatter 1973

Schulmanagement

befaßt sich mit der zielgerichteten Leitung und Führung einer Schule oder anderer gleichartiger Bildungsinstitutionen.

Managementverfahren, die für Wirtschaftsunternehmen entwickelt wurden, können nur teilweise als Instrumente im Rahmen des Schulmanagements Anwendung finden. Sie müssen entsprechend den Besonderheiten der jeweiligen Bildungsinstitution sorgfältig angepaßt werden.

Als Institution stellt die ‚Schule' in der heutigen Gesellschaft den größten ‚Dienstleistungsbetrieb' dar, der ständig grundlegenden und entscheidenden Veränderungen unterworfen ist. Das Management in dieser Institution wendet sich an alle Personen, die in einer ‚Schule' leitende Aufgaben erfüllen.

Als Funktion umfaßt das Schulmanagement alle Aufgaben, die die Führung einer ‚Schule' mit sich bringt, wobei das Kind, der Jugendliche, der zu Erziehende, der Studierende bei allen Maßnahmen des Schulmanagements primär zu berücksichtigen ist. Ebenso wenig dürfen die Aufgaben des Lehrens, Erziehens, Beurteilens, Beratens und Innovierens außer acht gelassen werden.

Die Führung des Schulmanagements darf keine autoritäre → Linienorganisation, sondern soll eine dem → Regelkreis ähnliche Form der Zusammenarbeit sein.

Zu den wesentlichsten Faktoren des Schulmanagements gehören: Erstellen und Festlegen von Zielen; Planung, Entscheidung und Durchführung; Organisation; Information; Rationalisierung und Technologie; Kontrollvorgänge; → Kommunikation.

Darüber hinaus ist eine zweckmäßige Zusammenarbeit mit schulinternen Gruppen, mit Verbänden, Behörden, Vereinigungen usw. anzustreben und die sich stets im Wandel befindliche Bildungspolitik und das Spannungsverhältnis von Gegenwart und Zukunft zu berücksichtigen. O

Deutscher Bildungsrat 1973

Schulmotivation

Die Schulmotivation wurde nach der von Frymier entwickelten Methode JMI (→ Junior Motivation Index) von 1961 bis 1964 untersucht und gemessen.

Frymier interessierte dabei besonders, inwieweit Lernerfolge und Schulerfolge → Verstärker für einen Lernenden darstellen und wie der Grad der Leistungsmotivation durch verschiedenartige Lehr-, Lernmittel, Verfahren und Methoden beeinflußbar ist.

→ Motivation O

Schulordnung

Schulordnungen treten nicht an die Stelle von Gesetzen oder Schulverfassungen. Sie können Ordnungsbestimmungen einzelner Schulorganisationen und Schularten oder durch Länderverordnungen zentral eingeführte Regelungen sein. Die Schulordnung soll die Sicherheit geben, daß die → Schule den ihr gestellten Auftrag erfüllt, und die Schüler entsprechend der Verfassung unterrichtet und erzogen werden. Der Freistaat Bayern hat auf Grund der Erkenntnis der Gleichwertigkeit der Schularten für alle Schulen eine Allgemeine Schulordnung (ASchO) erlassen, die von der Vielfalt des gegliederten Schulwesens ausgeht und besonders nachstehende Ziele verfolgt:
1. Ausbau von Einrichtungen, die das vertrauensvolle Zusammenwirken zwischen Eltern, Lehrern und Schülern ermöglichen,
2. Betonung der Gleichwertigkeit aller Schularten,
3. Vereinheitlichung unterschiedlicher Regelungen,
4. Schaffung größerer Rechtssicherheit, indem eine Vielzahl von Erlassen und Entschließungen durch allgemeine Normen ersetzt werden,
5. Verwaltungsvereinfachung

Der Inhalt der Allgemeinen Schulordnung befaßt sich im wesentlichen mit:
– Aufnahme, Schulwechsel, Austritt,
– Klassen und anderen Unterrichtsgruppen, Unterrichtsfächern, Stundentafeln, Lehrplänen, Lernmitteln, Unterrichts- und Ferienzeiten,
– die Teilnahme am Unterricht und an sonstigen Schulveranstaltungen,
– Unterrichtsbetrieb, Vorrücken und Zeugnissen,
– Abschlußprüfungen,
– der Stellung des Schülers in der Schule,
– Schulleiter und Lehrerkonferenz,
– Einrichtungen zur Mitgestaltung des schulischen Lebens, dem → Elternbeirat und → Schulforum,
– Schule und Erziehungsberechtigten,
– Veranstaltungen und Tätigkeiten nicht zur Schule gehöriger Personen sowie Erhebungen und Umfragen in der Schule,
– Haftung, Rechtsschutz und Versicherungen.

Durch entsprechende Ergänzungsbestimmungen zur Allgemeinen Schulordnung wird den unterschiedlichen Aufgaben der Schularten Rechnung getragen.

Schulordnungen sollen klare, dem Wohle des Schülers dienende Bestimmungen beinhalten, zugleich aber auch den notwendigen Spielraum für das pädagogische Ermessen und die Möglichkeit zur erzieherischen Arbeit durch den Lehrer garantieren O

Schulpädagogik

Der Begriff Schulpädagogik wurde erstmals 1922 von G. Simmel als Titel einer Veröffentlichung verwendet. Nach Simmels Auffassung war es die Aufgabe der Schulpädagogik, vor allem „die praktischen Probleme von Erziehung und Unterricht zu behandeln".

Von diesem Verständnis einer „Meisterlehre" oder „Unterrichtslehre" hat sich die Schulpädagogik mittlerweile distanziert. Sie sieht heute ihre Aufgabe in der **Theoriebildung** über Schule und Unterricht, womit „Schule in der ganzen Vielfalt ihrer Bedingungen und Erscheinungen" (W. Kramp 1973) gemeint ist. Schulpädagogik versteht sich an den wissenschaftlichen Hochschulen als grundwissenschaftliches Studienfach in der Lehrerbildung, welches theoretisch fundierte Anleitung für die schulische Praxis zu vermitteln hat. Als Disziplin der Erziehungswissenschaften befaßt sich die Schulpädagogik in Forschung und Lehre im einzelnen mit folgenden Problemfeldern schulischer Erziehung und Unterrichtung: Theorie der Schule, Theorie der Schularten und Schulstufen, Theorie des Schullebens, Geschichte des Schulwesens, Schulhygiene, Schulrecht, Allgemeine Didaktik als Theorie des Lehrens und Lernens (einschließlich Methodik, Unterrichtstechnologie, Medienpädagogik, Mediendidaktik, Curriculumforschung, Bildungs- und Unterrichtsforschung).

Ausubel/Robinson 1969; Bernstein 1977; Brinkmann 1974; Charlton u. a. 1975; Comenius o. J.; Debl 1974; Dietrich/Kaiser 1975; Döring/Kupffer 1972; Edelstein/Hopf 1973; Eigler 1971; Geißler 1973; Groddeck 1977; Hentig 1972; Makarenko 1976; Meißner/Zöpfl 1973; Potthoff 1975; Steindorf 1972; Stöcker 1970

→ Erziehungswissenschaft → Pädagogik K

Schulpflicht

So wie jedes Kind, jeder Jugendliche und Heranwachsende ein Recht auf Unterricht und Erziehung hat, so besteht für alle ab dem sechsten Lebensjahr eine zwölfjährige Schulpflicht. Eingeschlossen sind hierbei auch die in der Bundesrepublik Deutschland wohnhaften oder auszubildenden Kinder von Ausländern und Staatenlosen. Das Gesetz unterscheidet zwischen → Volksschulpflicht, → Berufsschulpflicht und → Sonderschulpflicht. Der Schulpflichtige hat auf Grund des Schulpflichtgesetzes den Unterricht pünktlich und regelmäßig zu besuchen und an den übrigen als verbindlich erklärten schulischen Veranstaltungen teilzunehmen. Eine Befreiung vom Unterricht ist in begründeten Ausnahmefällen möglich, aber nur auf Antrag der Erziehungsberechtigten oder des bereits volljährigen Schülers.

Das Schulverhältnis des Schülers wird durch sein Ausscheiden aus der Schule in folgenden Fällen beendet:
- an den öffentlichen Pflichtschulen mit Beendigung der Schulpflicht, wobei eine Verlängerung der → Volks- und → Sonderschulpflicht bis zu zwei Schuljahren möglich ist,
- bei Erreichung des Bildungsziels einer entsprechenden weiterführenden Schule, in der Regel nach Bestehen der Abschlußprüfung und Aushändigung des Abschlußzeugnisses,
- an sonstigen öffentlichen Schulen freiwillig durch Austritt oder zwangsweise, wenn die Voraussetzungen für einen weiteren Besuch der Schule

nach bestehenden schulrechtlichen Bestimmungen nicht mehr gegeben sind. Erfolgt ein freiwilliger Schulaustritt durch Schüler aus einer weiterführenden Schule, die ihrer Schulpflicht noch nicht genügten, so haben sie diese an anderen für die Erfüllung der Schulpflicht vorgesehenen Schulen abzuleisten. O

Schulpsychologe

Der Tätigkeitsbereich des Schulpsychologen ist meist in größeren Schulen, Schulzentren, in für die Beratung zusammengefaßten Schuleinheiten oder in Schulberatungsstellen zu finden. Die Aufgaben eines Schulpsychologen sind insbesondere:
- Zusammenarbeit mit anderen Beratungsdiensten, z. B. → Schuljugendberater, → Beratungslehrer,
- Beratung von Schülern und Lehrern, z. B. bei der Objektivierung von Beurteilungsverfahren unter vorwiegend psychologischen Gesichtspunkten,
- Schullaufbahnberatung unter dem Aspekt der Eignung für bestimmte Bildungsgänge, z. B. durch Testverfahren,
- individualpsychologische Beratung, z. B. Beratung lern- und verhaltensgestörter Schüler auf Grund psychologischer Diagnoseverfahren.

Der Schulpsychologe muß ein volles wissenschaftliches Studium (Diplompsychologe) der Psychologie mit Schwerpunkt der pädagogischen Psychologie absolviert haben. Erteilt er Unterricht in einem Fach, so hat er in diesem eine volle fachwissenschaftliche und didaktische Ausbildung nachzuweisen.

Arnhold 1975; Zeuch/Lemcke 1975

→ Schulberatung O

Schulreform → Innovation

Schulreife

Die Schulreife, heute bevorzugt Schulbereitschaft oder Schulfähigkeit genannt, wird ermittelt
1. durch eine medizinische → Anamnese, evtl. auch durch eine Untersuchung durch den Schularzt (= körperliche Schulreife),
2. durch eine Befragung der Eltern zur sozialen Eingliederungsfähigkeit des Kindes, gelegentlich durch → Tests ergänzt (= soziale Schulreife),
3. durch eine Untersuchung der kognitiven und motorischen Fähigkeiten des Kindes mit Hilfe von Schulreifetests, die sich vor allem auf die Entwicklung der Gliederungsfähigkeit, der Mengenauffassung, der Sprachbeherrschung und der Gedächtnisleistung beziehen (= kognitive und motorische Schulreife).

Die Gültigkeit und Zuverlässigkeit der Schulreifetests und darüber hinaus der gesamten heute üblichen Schulreifeuntersuchung ist in der Literatur umstritten. Bildungspolitisch zeichnet sich die Tendenz ab, ein für alle Fünfjährigen verpflichtendes Vorschuljahr einzurichten, das zuverlässigen und langfristigen diagnostischen Verfahren Raum gibt und die Möglichkeit zur vielfältig differenzierenden Förderung der Kinder im Hinblick auf ihre Schulfähigkeit bietet.

Brem-Gräser 1968; Ell 1967; Kern 1970, 1971; Krapp/Mandl 1971; Löschenkohl 1976; Mandl 1970; Nickel 1976; Rüdiger u. a. 1976; Schüttler-Janikulla 1968

→ Eingangsstufe, → Modellkindergarten K

Schulreifetests → Schulreife

Schulsprengel
Schüler müssen ihre → Schulpflicht grundsätzlich in dem Stadtbezirk oder Wohnbezirk erfüllen, der als ihr Schulsprengel durch Gesetz oder Verordnung vorgeschrieben ist. Aus zwingenden persönlichen Gründen, z. B. wegen Krankheit, kann auf Antrag der Erziehungsberechtigten der Besuch einer nicht im zuständigen Schulsprengel liegenden Schule durch das Schulamt gestattet werden. Die → Berufsschulpflicht ist in der → Berufsschule zu erfüllen, in deren Sprengel der Beschäftigungsort des Jugendlichen liegt. Jugendliche ohne Beschäftigungsverhältnis besuchen die am Wohnort befindliche Berufsschule. Ist der Beschäftigungsort oder der Wohnort zweifelhaft, dann entscheidet die jeweilige Schulaufsichtsbehörde, welche Berufsschule zu besuchen ist. Im Einvernehmen mit den Schulträgern kann die zuständige Schulaufsichtsbehörde auch Schulsprengel bzw. → Fachsprengel für einzelne Berufe und Berufsgruppen bilden. O

Schulstreß
Die Ursachen von Überbelastungen und Überforderungen von Schülern die zum sog. → Streß in der Schule führen, sind in der Institution Schule und im Umfeld der Schule zu finden, wie z. B. in Fehlformen häuslicher Erziehung, in streßfördernden gesellschaftlichen Grundströmungen, in der Angst, im Konkurrenzkampf später nicht zu bestehen oder den numerus clausus nicht zu erreichen.
Die Schule fördert den Streß dadurch, daß das erzieherische Moment zugunsten anderer Aufgaben und Forderungen zu stark in den Hintergrund gedrängt wird. Gründe hierfür gibt Lohrer (1978) an:
„– stoffliche Überfrachtung der Lehrpläne und damit curricular legitimierter Schulstreß
– Dominanz kognitiver Lornziolo und damit Unterrepräsentation affektiver oder emotionaler Unterrichtsvorhaben
– Verabsolutierung der Lernzielkontrollen als Instrumente permanenter Leistungsmessung und damit erziehungsfeindliche Konkurrenzsituationen
– das Fehlen erzieherischer Bezugspersonen durch ein Auswuchern des Fachlehrersystem und damit Probleme im Identitätsprozeß der Schüler
– ein lediglich professionelles Rollenverständnis gewisser Teile der Lehrerschaft und damit die Verminderung pädag. Wirksamkeit
– die jahrelang festzustellende Wertliberalisierung und damit eine Art „Wegwerfkultur" (Mahnung der deutschen Bischofskonferenz: „Werte gehen wie Gegenstände in unserer „Wegwerfkultur über Bord")

— ein falsch definierter Wertpluralismus und damit ein höchst beklagenswerter Mangel an Wertorientierung, Wertvermittlung und Wertverwirklichung."
Neben den weiteren Gründen, die den Streß in der Schule begünstigen, wie z. B. Unausgewogenheit des Fächer- und Stoffangebots, zu häufiger Fächerwechsel, Frustrationen durch ständigen Tadel, zu schwierige Hausaufgaben, konzentrierter Frontalunterricht über den Vormittag hinaus, Klassenräume mit künstlicher Klimatisierung und ungünstige Verkehrsverbindungen wird als wesentlicher Streßfaktor, überhöhte Leistungsforderung mit gruppenbezogener Leistungsmessung unter Zeitdruck angesehen.

Bei der Feststellungsuntersuchung einer Volksschuloberklasse über Leistungsergebnisse fand Bartmann (1963) heraus, daß Leistung, die unter Zeitdruck zu erbringen war, beachtlich an Leistungsniveau verlor. Ängstliche Schüler waren von der Streßsituation besonders stark betroffen. Schüler und Studenten haben jedoch ihre besten Denkleistungen unter Prüfungsbedingungen zu erbringen, die für die meisten mit Angst (→ Schulangst) und sachfremden Spannungen behaftet sind.

„Zwei Möglichkeiten gibt es, dieser offenbar systematischen Beeinträchtigung des Denkens zu entrinnen. Erstens, man versucht die Probleme sowohl für Schüler als auch für Berufstätige in Situationen zu betten, die mit möglichst wenig sachfremden Spannungen behaftet sind. Zweitens, man trainiert den Denkenden dahin, daß er trotz des gesteigerten Aktivierungsniveaus zu guten Denkleistungen kommt. Bekanntlich gibt es eine Reihe von Menschen, denen es glückt, gerade in solchen spannungsträchtigen Situationen Probleme zu lösen. Das sind die in unserer Gesellschaft Erfolgreichen. Sie haben einen kognitiven Stil entwickelt, der es ihnen gestattet, sich auf den kognitiven Konflikt, den das betreffende Problem ausmacht, zu konzentrieren. Emotional Stabile sind sicherlich in diesem Punkt den Labilen überlegen." (Oerter 1971)

Bei Untersuchungen im militärischen Bereich wurde festgestellt, daß Führungskräfte, die vor schwierige und unerwartete Situationen gestellt wurden, größtenteils eine ungestörte, in manchen Fällen sogar eine erhöhte intellektuelle Leistungsfähigkeit aufwiesen. Vorgänge dieser Art werden als **mobilisierender Streßeffekt** bezeichnet. (Reykowski 1966)

Ebert (1978, S. 19) fordert, um den Schulstreß abzubauen, als Grundlage des Schullebens ein pädagogisches Leistungsverständnis. Er führt hierzu aus:

„— Gegenstand der Leistungsmessung ist der individuelle Lerngewinn, nicht die pro Zeiteinheit erbrachte blinde Leistung;
— nicht das Lern- und Leistungsergebnis allein, auch die Bedingungen, unter denen Leistungen erbracht werden, sind zu berücksichtigen;
— nicht für Rangplatzzuordnung und Selektion wird Leistung beurteilt, sondern zur Unterstützung der pädagogischen Aufgaben des Lehrers, für die optimale Gestaltung des Unterrichts und die beste individuelle Betreuung."

Die einseitig gruppenbezogene Konkurrenzmessung, die nicht pädagogischen, sondern eher verwaltungstechnischen außerschulischenAnsprü-

chen gerecht wird, sollte ersetzt werden durch drei sich gegenseitig ergänzende Bewertungsformen:
1. eine → personenbezogene Erfolgsmessung
2. eine → lehr- und lernzielbezogene Ergebnismessung
3. eine → vergleichende Bezugsmessung.

Der VBE (Verband Bildung und Erziehung, 1977, S. 39) empfiehlt, die Schule humaner zu gestalten und hierbei folgendes zu berücksichtigen:
„– Förderung des pädagogischen Bezugs durch die Entwicklung der persönlichen Beziehungen zwischen Lehrer und Schüler,
– Verringerung der Klassenmeßzahlen,
– Reduzierung der durch Schülertransport entstehenden psychischen und physischen Belastung der Kinder auf ein vertretbares Maß,
– Festlegung der Stundenzahl und Pausenordnung entsprechend der kindlichen Leistungskurve der unterschiedlichen Leistungsfähigkeit in den einzelnen Altersstufen,
– Vermeidung einer Überforderung von Schülern und Lehrern im Unterricht durch richtige Auswahl der Lernziele, der Anspruchshöhe und des stofflichen Umfanges der Lehrpläne,
– Minderung von Leistungsdruck durch pädagogische sachgerechtere Verfahren der Leistungsfeststellungen,
– Vermeidung besonderer Belastungen der Schüler und auch ihrer Familien durch sorgfältig abgewogene Hausaufgaben,
– kontinuierliche Verständigung und Abstimmung zwischen Elternhaus und Schule,
– Ausbau der Beratungsangebote für Eltern und Lehrer durch Ausbau und Koordination der Beratungsdienste, wie Schullaufbahnberatung, Schulpsychologischer Dienst und Berufsberatung,
– Förderung der interdisziplinären Forschung und Lehre in den Grenzbereichen von Erziehungswissenschaft, Humanbiologie und Medizin über die Belastungen der Kinder in der Schule sowie die Voraussetzungen für Leistungen und Wohlbefinden in der Schule,
– Verbesserung der Lehrerbildung durch stufenbezogene Ausbildung und Verstärkung des erziehungswissenschaftlichen Anteils am Studium,
– Möglichkeiten extracurricularer Aktivitäten in von Leistungsforderungen entbundenen Freiräumen."

→ Depression → Familienerziehung → Hausaufgabe → Leistung → Leistungsbewertung → Leistungsdruck → Leistungskontrolle → Leistungskurve → Schule   O

Schulversagen

bezeichnet den Sachverhalt, daß ein Schüler den für sein Alter üblicherweise erwarteten schulischen Mindestanforderungen in einem, mehreren oder allen Unterrichtsfächern nicht gerecht werden kann. Als Hauptursachen kommen → Lernstörungen und Anpassungsschwierigkeiten infrage, die ihrerseits auf unangemessene didaktische und methodische Maßnahmen, auf erzieherisches Fehlverhalten, auf gruppendynamisch ungünstige Konstellationen, auf körperliche oder geistige Behinderungen, auf ungenügende Förderung oder auf lernhemmende äußere Umstände (z. B. kalte Klassenzimmeratmosphäre, beengte Wohnverhältnisse) zurückzuführen sind. Es ist wichtig, vorschnelle an Symptomen orientierte festschreibende Urteile über einem Schulversager und in ihrem Gefolge ungerechtfertigte weitreichende Entscheidungen über die schulische und berufliche Laufbahn zu vermeiden. Gefordert ist die umfassende Diagnose durch den Fachmann, um mit therapeutischen Maßnahmen an den wirklichen Ursachen des Schulversagens ansetzen zu können.

Höhn 1973; Kemmler 1967, 1976; Kleber u. a. 1977; Lempp 1971; Löwe 1971; Lohmann/Minsel 1978; Mann 1977; Pinkert 1972; Schleifer 1971; Sigrell 1971; Tiedemann 1978; Wittoch 1976

→ Schulangst K

Schulzentrum → **berufliches Schulzentrum**

Schwererziehbarkeit
ist die zusammenfassende Bezeichnung für vielfältig verursachte Verhaltensstörungen von Kindern und Jugendlichen, die sich vor allem in der Ablehnung pädagogischer Einflußnahme und vorgegebener Ordnungen (Spielregeln des Zusammenlebens, Normen) und durch soziale Unangepaßtheit äußern. Erfolgversprechende therapeutische Maßnahmen setzen eine komplexe Diagnose zur Erhebung der Ursachen einer bestimmten Verhaltensstörung und die Ausarbeitung eines spezifischen Therapieplanes voraus. Der Umgang mit Schwererziehbaren verlangt vom Erzieher vor allem ein hohes Maß an Selbstbeherrschung, Geduld und Konsequenz. Erfahrungsgemäß üben die Vorbildwirkung und der partnerschaftliche → Erziehungsstil des Erziehers den nachhaltigsten Einfluß auf eine Verhaltensänderung des Kindes oder Jugendlichen aus.

Jochum 1975; Kluge 1973; Linschoten 1970; Redl 1971; Röhrs 1969; Züblin 1967

→ Deprivation → Kriminalität → Verwahrlosung K

Scientology
befaßt sich als angewandte religiöse Philosophie mit dem Studium des Wissens. Sie wurde entwickelt um wünschenswerte Veränderungen der Lebensbedingungen des einzelnen und der Gesellschaft vorzunehmen und verwendet Methoden, mit deren Hilfe der Mensch befähigt werden soll, einen höheren Seinszustand durch Anwendung von Persönlichkeitsverfahren zu erreichen.

→ Dianetics → Persönlichkeit O

Seelische Krankheiten → psychische Krankheiten

Sekundäre Motivation → Motivation

Sekundäre Systeme
Im Bildungsbereich umfassen die sekundären Systeme all jene Methoden der Informationsübermittlung, die im Unterschied zur direkten Begegnung mit der Realität die indirekte Begegnung über → Medien ermöglichen. K

Sekundärgruppe

In Sekundärgruppen sind die Gruppenmitglieder zur Verfolgung bestimmter gemeinsamer Interessen miteinander verbunden (z. B. Schulklasse). Sekundärgruppen orientieren sich also zuvörderst am Zweck des Gruppenzusammenschlusses und an der Zweckdienlichkeit der einzelnen Gruppenmitglieder, nicht an emotionalen Bindungen wie die → Primärgruppe. K

Sekundarbereich

Der Sekundarbereich baut auf der → Primarstufe auf und gliedert sich in die Sekundarstufe I, die in der Regel die Bildungsgänge vom fünften bis zum zehnten Schuljahr umfaßt, und in die Sekundarstufe II, zu der alle Bildungsgänge gehören, die auf der Sekundarstufe I aufbauen. Nach oben hin wird die Sekundarstufe II durch den → Tertiären Bereich begrenzt.

Die Sekundarstufe I bietet den Schülern während der beiden ersten Schuljahre in Form der → Orientierungsstufe (Orientierungsphase) durch besondere Differenzierung und Individualisierung im Bildungsangebot eine Entscheidungshilfe für ihren weiteren Schulbesuch. Auf Grund curricularer Angeobte und organisatorischer Reformen ist jeder Schüler gemäß seinen Neigungen und Fähigkeiten bestmöglich zu motivieren und zu fördern. Sie vermittelt eine für alle verbindliche gemeinsame Grundbildung und bereitet durch spezielle Stoffdifferenzierung auf die allgemeinen und beruflichen Bildungsgänge der Sekundarstufe II vor und trägt denen Rechnung, die nach Abschluß der Sekundarstufe I ins Berufsleben eintreten.

Durch den qualifizierten Abschluß nach der Sekundarstufe I (→ Mittlerer Bildungsabschluß) werden entsprechende Bildungsgänge der Sekundarstufe II eröffnet.

Qualifizierte Abschlüsse werden grundsätzlich erworben nach Abschluß:
- der 10. Klasse eines → Gymnasiums
- der → Realschule
- bestimmter Formen des 10. Schuljahres an → Hauptschulen (nicht in allen Bundesländern)
- bestimmter Formen → beruflicher Schulen meist in Verbindung mit beruflichen Ausbildungsgängen oder Abschlüssen (z. B. → Wirtschaftsschulen in Bayern, → Berufsaufbauschulen)
- zweijähriger Berufsfachschulen im allgemeinen nach dem 11. Schuljahr Der Besuch solcher Berufsfachschulen baut meist auf dem → qualifizierenden Abschluß des 9. Schuljahres der Hauptschule auf
- einer 10. Klasse einer kooperativen oder integrierten → Gesamtschule.

Der Übergang in die Sekundarstufe II erfolgt im allgemeinen mit dem 16. Lebensjahr. Die Bildungsgänge in ihr sind vielfach differenziert. Auch diejenigen, die als berufliche Erstausbildung unmittelbar auf dem ‚Mittleren Bildungsabschluß' aufbauen und nicht zum Hochschulbereich zählen, werden ihr zugerechnet.

Nach dem → Bildungsgesamtplan umfaßt der Sekundarbereich II all die nachfolgenden Bildungsgänge, die auf dem Sekundarbereich I aufbauen:
- Berufsqualifizierende Bildungsgänge
- Studienbezogene Bildungsgänge

- Bildungsgänge, die mit einer beruflichen Qualifikation oder Ausrichtung auch Bildungsgänge im Tertiären Bereich eröffnen
- Berufsbefähigende Bildungsgänge

Der Abschluß der Sekundarstufe II schließt die allgemeine Hochschulreife (Abitur), die fachgebundene Hochschulreife (Fachabitur, Fakultätsreife), die Fachhochschulreife und die berufsqualifizierenden Abschlüsse mit ein. Für die Verleihung der Studienberechtigung ist grundsätzlich weiterhin die jeweilige Schule zuständig.

Obwohl sich die Sekundarstufe II zunächst auf die Schuljahre 11 bis 13 bezieht, kann ihr Ende wegen der unterschiedlichen Dauer der Bildungsgänge altersmäßig nicht festgelegt werden.

Auch die Grenze zum Bereich der → Weiterbildung ist nicht klar zu ziehen, weil mehrere Bildungsinstitutionen der Sekundarstufe II auch Funktionen der Weiterbildung übernehmen können.

Die im Sekundarbereich unterrichtenden Lehrkräfte haben mindestens ein sechs- oder achtsemestriges Studium in ihren Fachbereichen an einer wissenschaftlichen Hochschule nachzuweisen.

Deutscher Bildungsrat 1974

→ Lehrerbildung O

Sekundarstufe I und II → Sekundarbereich

Selbstbeurteilung → Self-Evaluation Practice

Selbsterfahrungsgruppe → Trainingsmethoden, gruppendynamische (v. a. → Sensitivity-Training)

Selbstevaluation
→ Self-Evaluation Practice → Evaluation

Selbsttätigkeit
Der Begriff Selbsttätigkeit findet in der Literatur keine klare, eindeutig gezielte Definition. Er wird mit → Operation, äußerer und verinnerlichter Aktivität, mit einem Tun und Handeln, das von der jeweiligen Person getragen ist, erklärt, wobei darauf hingewiesen wird, daß Selbsttätigkeit als Erziehungsprinzip für die freie, ungehinderte Entwicklung und Entfaltung der kindlichen Persönlichkeit von Bedeutung ist. Entsprechend der vorgesehenen Zielrichtung und bildungspolitischen Interessen kann Selbsttätigkeit sehr unterschiedlich interpretiert werden. Bernhard Rathmayer beschreibt Selbsttätigkeit „als in konkreten Erziehungs- und Unterrichtsprozessen anhand gesellschaftlich relevanter und durch die Mitbestimmung der Beteiligten legitimierter Inhalte und Zielsetzungen verwirklichte Alternative zu einem weitgehend bürokratisch organisierten Erziehungs- und Bildungssystem..., die Schülern (Jugendlichen, Kindern) und Lehrern einen möglichst großen Spielraum zur Verwirklichung ihrer Interessen, zur Entfaltung eigener Initiativen, zur Beeinflussung des Unterrichts (der Erzie-

hung) offenläßt". Ferdinand Kopp gliedert die schulischen Felder der Selbsttätigkeit in:
- Selbsttätigkeit als Produktion wirtschaftlicher Werte,
- Selbsttätigkeit als Handarbeit,
- Selbsttätigkeit als geistige Arbeit,
- Selbsttätigkeit als musisches Schöpfertum,
- Selbsttätigkeit als sittliche Taterziehung

(vgl. Ferdinand Kopp, Didaktik in Leitgedanken, Donauwörth). Im Unterrichtsgeschehen wird der Schüler zur Selbsttätigkeit z. B. durch bereitgestellte, aufgesuchte und erlebte Wirklichkeit wie → Betriebsbesichtigung oder → Betriebserkundung, das Bild, den Film oder das Fernsehen und entsprechende aktive Methoden wie → Planspiel, → Fallstudie usw. angeregt.

→ Beobachtung → Lehrformen → Unterricht O

Selbstverstärkung

Die als Handlungsmotiv wirkende Fremdverstärkung (Belohnung, Bestrafung) muß im Laufe der Entwicklung des Menschen durch die Selbstverstärkung abgelöst bzw. ergänzt werden, wenn das pädagogische Ziel der höchstmöglichen Selbstbestimmung des Menschen nicht verfehlt werden soll. Selbstverstärkung ergibt sich aus dem Erleben von Erfolg und Leistung, aus dem befriedigenden Umgang mit Anforderungen der Umwelt.

→ Extrinsische Motivation → intrinsische Motivation → Verstärkung K

Selektive Wahrnehmung → Wahrnehmung

Self-Evaluation Practice

Die Übung zur Selbstbeurteilung zielt durch konzentriertes Überdenken, Überarbeiten, Nachbereiten und Nachsprechen auf das Entdecken der eigenen Fehler und auf eine Selbstkorrektur ab. Vor allem bei der Sprachlaborarbeit gibt die Self-Evaluation Practice dem Lernenden Gelegenheit, seine Sprechgewohnheiten mit dem vorgegebenen Mustersatz zu vergleichen. Eine echte Selbstbeurteilung ergibt sich jedoch erst dann, wenn der Lernende genügend Zeit und Möglichkeiten hatte, das Problem zu überdenken, in der Fremdsprache mit dem Sprachmaterial in entsprechenden Phasen konfrontiert wurde und am Ende der Übung eine echte Problemlösung, die der Selbstbeurteilung dient, zu finden ist. Die Selbstbeurteilung oder Selbstevaluation, die eine Selbstbeobachtung und Selbsterkenntnis mit einschließt, ist für den → Lernerfolg von entscheidender Bedeutung, da sie stets zum Ausgangspunkt von Korrekturen und Verbesserungen werden kann. O

Semantik

Die Wissenschaft vom Sinngehalt oder der Bedeutung von Zeichen einschließlich der sprachwissenschaftlichen Wortbedeutungslehre und der logischen Analyse von Zeichen und Bedeutung wird als Semantik bezeichnet. Sie wird als Teilgebiet der → Semiotik betrachtet.

→ Linguistik O

Semantisches Differential

stellt eine Methode dar, um die konnotative Bedeutung eines Wortes oder Ausdrucks festzustellen und zu messen. Die „konnotative Bedeutung" beinhaltet die mit der Grundbedeutung eines Wortes in Zusammenhang stehenden und sich ergebenden Assoziationen, Gefühle, Vorstellungen und Wertungen.
→ Konnotation ○

Semantische Kodierung

befaßt sich mit der Umsetzung von Vorstellungen in Inhalte des sprachlichen Ausdrucks und Verstehens.
→ Semantik ○

Seminarschule

Seminarschulen sind ausgewählte Schulen mit qualifizierten Lehrern, einem im allgemeinen gut funktionierenden Organisationsablauf, einer den Unterrichtsanforderungen gerecht werdenden Medienausstattung in Großstädten oder im Einzugsgebiet größerer Städte, an denen Lehrer in der ‚2. Phase', im → Vorbereitungsdienst, ausgebildet werden. An den Seminarschulen erfahren die Referendare ihre schulpraktische, fachdidaktische Einführung durch Seminarlehrer. Die Studienreferendare hospitieren in erster Linie in den von ihnen studierten Fächern, orientieren sich an der Schulwirklichkeit und gestalten an der Seminarschule ihre ersten Lehrversuche. Ein zusammenhängender Unterricht ist im allgemeinen erst ab dem 2. Monat mit wenigen Studen (6–10 Unterrichtsstunden) in den Prüfungsfächern der Studienreferendare möglich.
→ Lehrerbildung → Lehrerausbildung ○

Semiotik

ist die Theorie von den Zeichen und Zeichensystemen sprachlicher und nichtsprachlicher Art. Sie bezieht in ihre Forschung alle in der Realität vorkommenden Kommunikationsbereiche (menschliche, tierische, technische) ein. Nach heutiger Auffassung wird die Semiotik nicht mehr als Einzeldisziplin, sondern innerhalb einer umfassenden Kommunikationstheorie angesiedelt gesehen. Sie ist immer in Metasprache formuliert.
Seit Ch. W. Morris (1973) wird die Semiotik in drei Bereiche eingeteilt:
Die → **Semantik** befaßt sich mit der Bedeutung der Zeichen, d. h. mit ihrer Beziehung zu den Objekten, welche sie bezeichnen.
Die **Syntaktik** thematisiert „die Beziehung der Zeichen untereinander in einem Zeichensystem" (z. B. in einer bestimmten Umgangssprache).
Die **Pragmatik** schließlich untersucht den konkreten Gebrauch der Zeichen und der Zeichensysteme durch die Zeichenbenutzer, also durch Sender und Empfänger.
Als heute noch gültige Grundlage der Semiotik gilt die von Ch. S. Peirce 1867 formulierte und heutigentags vor allem von M. Bense und E. Walther (1973) weiterentwickelte „triadische (= dreifache) Beziehung" von Zei-

chen. Danach ist „ein Zeichen eine triadische Relation Z_R zwischen einem Interpretanten I, der ein Mittel M einem Objekt O als Zeichen Z zuordnet: Z = Z_R (M, O, I)".

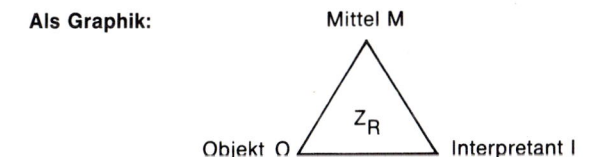

Als Graphik:

Mittel M

Objekt O — Z_R — Interpretant I

S. Maser (1971) gibt hierfür folgende Beispiele an:
„Ich" – der Interpretant I, ordne meinem „Hund" – dem Objekt O, den Namen „Pflop" – das Mittel M, als Zeichen zu. Durch die „Straßenverkehrsordnung" (I) wird dem Sachverhalt „Halt an der Kreuzung" (O) das Mittel „rotes Licht der Ampel" (M) als Zeichen zugeordnet. Im „Deutschen" (I) ordnet man einem Gegenstand dieser Art ▷ (O) die Buchstabenfolge „Dreieck" (M) als Zeichen zu.
Neben vielen anderen Entwicklungen in der Semiotik führte z. B. Ch. W. Morris durch Analyse und Beschreibung der unterschiedlichen Bedeutungsarten von Zeichen je nach dem Umfeld, in dem sie Verwendung finden, zur Verhaltenssemiotik weiter. In diesem Zusammenhang stellte er insgesamt 16 verschiedene Redeformen auf. K

Eco 1972; Peirce 1931–1935; Schober, O. 1976; Walther 1974.

Sensibilisierung

Das Empfindlichmachen, das Bereitmachen und Aufschließen zur Aufnahme bestimmter → Reize oder Reizklassen wird als Sensibilisierung bezeichnet.
→ Sensibilität O

Sensibilität

bezeichnet die Empfänglichkeit, Empfindlichkeit und Aufgeschlossenheit gogenübor ontoprcohondcn ↠ Rcizcn.
→ Sensibilisierung → sensible Phase O

Sensible Phase

Zeiträume bzw. Phasen in der Entwicklung des Menschen, in denen Erlebnisse, besondere Umwelterfahrungen oder Geschehnisse eine nachhaltige, prägende Wirkung hinterlassen, werden als kritische oder sensible Phasen angesehen.
→ Entwicklungspsychologie → Sensibilität O

Sensitivität

bezeichnet die besondere Empfindsamkeit, Feinfühligkeit vor allem gegenüber Signalen in der zwischenmenschlichen Begegnung.
→ Sensitivity-Training K

Sensitivity-Training
A. M. Däumling (1974) bezeichnet das Sensitivity-Training als „eine Methode, eigene und fremde Verhaltensweisen subtil aufeinander abzustimmen". Diesem Ziel dienen vor allem eine gesteigerte Selbst- und Fremdwahrnehmung auf dem Boden der Gruppenerfahrung.
Schwerpunkte des Sensitivity-Trainings sind nach Däumling
1. Reifung durch Selbstkonfrontierung,
2. Verbesserung der Sozialwahrnehmung,
3. Fundierung der Kooperation,
4. Neubegründung von Autorität.
Das Training verläuft weitgehend unstrukturiert und überwiegend verbal. Die Trainer verhalten sich je nach individueller methodischer Vorliebe total inaktiv oder sie greifen gelegentlich interpretierend ein oder sie nehmen von vornherein aktiv am Gruppenprozeß teil.

Appley/Winder 1973; Golembieweski/Blumberg 1973; Lakin 1972; Schmidbauer 1973; Shaffer/Galinsky 1977; Wormser 1978

→ Trainingsmethoden, gruppendynamische K

Sensumotorik, Sensomotorik
ist die Bezeichnung für Vorgänge der Verbindung von Sinneswahrnehmungen aller Art mit Bewegungsabläufen (z. B. Koordination von Sehen und Greifen). Bei J. Piaget stellt die sensumotorische Intelligenz die erste Stufe in der Entwicklung der allgemeinen → Intelligenz dar. Sie entfaltet sich in sechs Entwicklungsabschnitten bis etwa zum 20. Lebensmonat. K

Haase 1976; Ungerer 1977

Septem artes liberales
(= die 7 freien Künste) bezeichneten in der pädagogischen Praxis des Mittelalters die 7 Disziplinen, die im Anschluß an den 3–4jährigen **Elementarunterricht** und zur Vorbereitung auf das Studium der Theologie unterrichtet wurden.
Die septem artes liberales waren unterteilt in das **Trivium**, das Grammatik, Rhetorik und Dialektik (als philosophische Disziplin zur Schulung des logischen Denkens) umfaßte und in das **Quadrivium**, in welchem die höheren Disziplinen Arithmetik, Geometrie, Astronomie, Musik gelehrt wurden. Als Lehrbücher wurden römische und christliche Schriftsteller verwendet, die Unterrichtssprache war – ausgenommen der Elementarunterricht – Latein, Träger der Schulen waren zumeist Dom- und Klosterschulen, für das Quadrivium und die Theologie in zunehmendem Maße auch die seit dem 11. Jahrhundert entstehenden Universitäten. K

Sequenz
Eine Sequenz ist die Abfolge, die Aufeinanderfolge von Lehr- und Lerneinheiten bzw. Lernschritten, die in bezug z. B. auf Lernziele oder Lernprozesse optimal angeordnet sind.
→ Einheit → Lehrsequenz O

Sequenzierung

Im Rahmen der Erstellung von Sequenzen, der Sequenzierung, ist die sachlogische Struktur und die Lernstruktur zu beachten. Für die Anordnung von Lernzielen ist hierbei von Bedeutung, daß neue Lernziele erst dann zu erstellen sind, wenn alle sachlichen Voraussetzungen gegeben sind, und daß höhere → Leistungen erst dann gefordert werden können, wenn das vorausgehende Leistungsniveau erreicht worden ist.

→ Einheit → Lehrsequenz → Lernschritt O

Seriation

bezeichnet die Fähigkeit, Personen oder Gegenstände in einer Reihe nach Merkmalen wie größer-kleiner, dicker-dünner, höher-niedriger usw. zu ordnen. K

Set

bezeichnet im allgemeinen zusammengehörende, aufeinander abgestimmte Programmeinheiten, Programm- oder Lernschritte, die vom Lernenden in einer Übungseinheit bewältigt werden können.

→ Einheit → Programmierte Instruktion → Lehrprogramm O

Setting

bedeutet als Form der Leistungsdifferenzierung die gruppenmäßige Zusammenfassung von Lernenden nach ihren verschiedenen fachspezifischen Leistungen. Dabei können die Schüler ihrer jeweiligen Leistung entsprechend von Fach zu Fach **verschiedenen** Niveaugruppen angehören. Die heute vor allem geläufigen Formen des Setting sind die Differenzierung nach **Fachleistungskursen** und die → **flexible Differenzierung**.
Im Unterschied zum Setting werden bei der Differenzierungsform des **Streaming** die Schüler nach Leistung fächerübergreifend eingeteilt. Sie sind also in allen differenzierenden Fächern in derselben Niveaugruppe. Wegen der Nichtberücksichtigung unterschiedlicher Begabungen, Leistungen und Neigungen in bezug auf die verschiedenen Fächer tritt das Streaming in der schulischen Praxis mehr und mehr zurück.

→ Differenzierung K

Sexualerziehung

Der Umgang mit Sexualität ist Teil des Sozialisationsprozesses als Übernahme und Verwirklichung der Normen, Werte und Verhaltenserwartungen der Gesellschaft. Die Sexualerziehung der Vergangenheit trug eindeutig repressiven Charakter, der je nach der zugrundeliegenden weltanschaulichen Konzeption des Erziehers auch heute noch mehr oder minder stark vorherrscht. Dies bedeutet weitgehende Tabuisierung der Sexualität im Kindes- und Jugendalter. Besondere Probleme sind damit für den pubertierenden Jugendlichen gegeben, von dem einerseits trotz höchster sexueller Potenz Enthaltsamkeit erwartet wird, der andererseits aber als Erwachsener zu einem auch sexuell erfüllten Eheleben befähigt sein soll, ohne die Möglichkeit einer Lernphase gehabt zu haben. Diese und andere Konsequenzen einer repressiven Sexualerziehung versucht die moderne Sexualerziehung zu überwinden durch grundsätzliche Bejahung kindlicher und Jugendlicher Sexualität, konkret z. B. durch die Bejahung sexueller Praktiken wie → Masturbation, → Petting, → vorehelicher Geschlechtsverkehr unter bestimmten Bedingungen. Eine Entkrampfung der sexuellen Realität erhoffte man sich durch die Einführung der Sexualerziehung in den Schulen. Eine Sonderstellung in der modernen Sexualerziehung nehmen die Praktiken der antiautoritären → Kinderläden ein, die totale sexuelle Freizügigkeit bereits für Kinder im Vorschulalter fordern und provozieren, da sie die sexuelle Repression als wesentliches Machtinstrument zur Aufrechterhaltung der bestehenden Herrschaftsverhältnisse betrachten. Sexualerziehung wird hier also zu einem Teil der politischen Bildung.

Brocher/Friedeburg 1972; Eggers/Steinbacher 1976; Fischer 1971; Fricker/Lerch 1976; Gamm/Koch 1977; Gebhardt 1975; Härtter 1973; Hamann 1972; Hartmann 1976; Kentler 1970, 1971; Kerscher 1977; Kluge 1976; Koch 1971; Kutzleb 1977; Leist 1970; Schuh-Gademann 1972; Seelmann 1973; Smidt/Smidt 1974; Stenger 1971; Weiss 1974

→ Jugendalter K

Sich selbst erfüllende Prophezeiung

R. K. Merton (1948) beschreibt mit dem Phänomen der sich selbst erfüllenden Prophezeiung den Vorgang, daß fixierte positive oder negative Erwartungshaltungen an sich selbst oder an andere sozusagen zwangsläufig das erwartete Verhalten nach sich ziehen. Wenn z. B. ein Schüler in seiner Erfolgserwartung bezüglich der Bewältigung einer bestimmten mathematischen Anforderung erschüttert ist, drängt ihn die damit verbundene Mißerfolgsängstlichkeit in Verhaltensweisen, die zum weiteren Versagen führen müssen. Entweder setzt der Mißerfolgsängstliche das Niveau weiterer Leistungsanforderungen an sich selbst unerreichbar hoch an, um sich ein Alibi für das sich neu einstellende Leistungsversagen zu verschaffen oder er unterfordert sich permanent, womit er den Anschluß an die Leistungsanforderungen vollends verliert oder er ergreift von vornherein die Flucht vor der geforderten Leistung, indem er versichert, daß er sie ja doch nicht erbringen könne.

→ Hypothesen- und Erwartungstheorie → Kausalattribuierungstheorie → Pygmalion-Effekt K

Signal

Ein Signal gilt allgemein als ein Zeichen, dem durch Übereinkunft eine bestimmte Bedeutung beigemessen wird (z. B. Wörter, Ziffern, Programmiersprachen) bzw. das im Zusammenhang mit einer konkreten Situation zum Bedeutungsträger wird (z. B. Gesten, Mienenspiel). Signale dienen also immer der Übertragung von → Informationen.

→ Reiz K

signifikant

Als statistisch bedeutsam oder signifikant wird ein Forschungsergebnis dann bezeichnet, wenn die Irrtumswahrscheinlichkeit für dieses sehr niedrig liegt und die Signifikanzgrenze im allgemeinen weniger als 5% bzw. als 1% beträgt.

→ signifikante Beziehung → Signifikanz O

Signifikante Beziehung

Sie befaßt sich mit dem Zusammenhang zwischen zwei → Variablen, der entsprechend dem gewählten Signifikanzniveau bedeutsam und nicht zufällig ist. Das Signifikanzniveau gibt die jeweilige Höhe der bei der Prüfung der → Signifikanz in Kauf genommenen Irrtumswahrscheinlichkeit an.

→ signifikant O

Signifikanz

Signifikanz, allgemein Bedeutung, Sinn, bezeichnet in der → Statistik die Bedeutsamkeit von Unterschieden, Abweichungen und Übereinstimmungen von Testergebnissen.

Aumann 1954; Bredenkamp 1972; Cohen 1971; Goddard/Routley 1973; Morrison/Henkel 1970

→ signifikant → signifikante Beziehung K

Signifikanzniveau → Signifikante Beziehung

Simulation

Simulationen werden mit Hilfe von Modellen, die dem Original gleich sind oder zumindest in den bedeutendsten Wesensmerkmalen entsprechen sollen, durchgeführt, indem man ein einziges Element oder mehrere Elemente oder die Abhängigkeiten zwischen den Elementen verändert. So wird z. B. im Verkehrsunterricht ein Unfall simuliert, um festzuhalten, welche Vorsichtsmaßnahmen berücksichtigt hätten werden müssen oder welche Folgen leichtsinniges Verhalten nach sich zieht.

→ Simulator O

Simulator

Simulatoren sind technische Geräte, die auf künstliche Weise die Einübung von Verhaltensweisen für Realsituationen ermöglichen. Im Verkehrsunterricht werden beispielsweise Monitore (Fernsehgeräte) verwendet, über die Verkehrssituationen mit Gefahrenmomenten abgespielt werden, auf die der Übende durch Bedienung von Hebeln und Knöpfen richtig reagieren muß. In diesem Falle liegt der Hauptakzent der Schulung auf der → Sensibilisierung der Wahrnehmung und auf der Steigerung der Reaktionsgeschwindigkeit.
Der Ausweitung der Sprachkompetenz dient das → Sprachlabor als Simulator, indem häufige Gesprächssituationen simuliert werden.

Lehmann/Portete 1976; Lehmann u. a. 1977; Tansey 1971; Taylor/Walford 1974; Williams 1976

→ Simulation K

Sinnesrezeptor
ist eine an die Sinne gebundene Aufnahme- und Transformationsfunktion, durch die ein → Reiz bzw. ein physikalisch definiertes und meßbares Ereignis in eine für das Nervensystem spezifische Erregung umgewandelt wird. K

Situation, erzieherische
Die erzieherische Situation ist abhängig von der konkreten sozialen Situation, die sämtliche Faktoren umfaßt, welche die Befindlichkeit und Aktivität eines Individuums beeinflussen. Solche Faktoren sind im einzelnen physische, emotionale, soziale Einwirkungen, Normen, Erwartungshaltungen von Bezugspersonen, eigene Motiviertheit und Handlungsbereitschaft und eigene grundsätzliche Einstellungen und Überzeugungen. Die erzieherische Situation kann also nicht als Sonderform menschlicher Beziehung losgelöst von der sozialen Situation verstanden werden, vielmehr sind erzieherische Absichten um so mehr legitimiert, je unmittelbarer sie auf die tatsächlich gegebene soziale Situation bezogen sind. Ein besonderes Problem der erzieherischen Situation im Schulbereich besteht folglich darin, z. B. die Mitglieder einer Lerngruppe aus ihrer from-home-Situation (außerschulischer Bereich) abzuholen, sie an diese anknüpfend zur Bewältigung einer Lernaufgabe zu sammeln und ihnen ebenso die Gelegenheit zu schaffen, das in der Gruppe Erfahrene in ihre back-home-Situation zu übertragen.

Darüber hinaus ist nach K. Mollenhauer (1976[3]) grundsätzlich davon auszugehen, daß jeder an der pädagogischen Situation Beteiligte dieselbe auf seine Weise definiert, und zwar in Beziehung zu den Situationsdefinitionen aller anderen Beteiligten und in Beziehung zur aktuellen Situation selbst. Dieser Vorgang beinhaltet jederzeit auch die Möglichkeit, daß dabei die ursprünglich gegebene Situation umstrukturiert wird.

Beispiel: Schüler Karl wird vom Lehrer Huber zum Zweck mündlicher Leistungsmessung zu einer mündlichen Befragung vor der Klasse aufgerufen, – eine alltägliche Situation zumindest an den weiterführenden Schulen. Diese Situation ist vordergründig auf alle Fälle vom Zweck der Leistungsmessung, vom abgefragten Lerninhalt und von Karls Kenntnisstand bestimmt. Verlauf und Ergebnis der Situation werden aber daneben – meistens sogar entscheidend – von der Einstellung bestimmt, mit der sich die Beteiligten in dieselbe hineinbegeben. Definiert z. B. Karl die Abfragesituation vor der Klasse als angstbesetzt, Gedächtnislücken auslösend, auf Mißerfolg programmiert? Definieren die Mitschüler dieselbe Situation als eine, die das Einsagen herausfordert oder Gelegenheit zur Schadenfreude verspricht? Definiert schließlich der Lehrer die Situation als notwendiges Übel oder als Macht- und Disziplinierungsmittel oder als Chance, gemeinsam mit dem Schüler Lernprobleme aufzudecken und Lösungen zu deren Beseitigung zu suchen?
Ferner ist die Situation auf allen Seiten durch Verhaltensweisen bestimmt, die einer solchen Situation traditionellerweise eben zukommen, wie z. B. Überlegenheit des Lehrers und Unterwürfigkeit des Schülers.
Die einzige Möglichkeit, solche – oftmals belastenden – Situationen in den Griff zu bekommen, ist der → Diskurs (vgl. auch → Metakommunikation).
→ Pädagogisches Feld K

Situation, soziale → Situation, erzieherische

Situationsanalyse
ist eine vor allem bei gruppendynamischen Trainingsformen (→ Trainingsmethoden, gruppendynamische) praktizierte Methode, den augenblicklichen Zustand der sozialen und emotionalen Beziehungen in einer Gruppe verbal oder nonverbal (z. B. graphisch oder durch Übungen des Abstandnehmens bzw. des Nähesuchens) auszudrücken. Die Situationsanalyse erweist sich auch z. B. in Schulklassen als brauchbares Instrument, schnell verläßliche Aussagen über die → Gruppenatmosphäre zu gewinnen. K

Situativer Kontext → Kontext

Skill
wird häufig synonym zu → Geschicklichkeit verwendet. Der Begriff bedeutet aber auch Grundfertigkeiten z. B. im Sinne der 3 Rs (= Lesen, Schreiben, Rechnen) und die Beherrschung einer Arbeitstechnik, die geeignet ist, andere Tätigkeiten in ihrer Durchführung und ihrem Ablauf zu erleichtern. So besteht auch das unterrichtsbezogene Gesamtverhalten des Lehrers aus Skills, d. h. aus Teilfertigkeiten, die je nach Aufgabenstellung in unterschiedlicher Intensität und Kombination eingesetzt werden. Solche Grund- bzw. Teilfertigkeiten z. B. des Unterrichtens, Beobachtens, Beurteilens können durch entsprechende Übungsformen geschult werden.
→ Fertigkeiten → Skill-Training OK

Skill-Training
Das 1947 erstmals von Benne, Bradford, Lippitt u. a. durchgeführte Skill-Training zielt vor allem auf die Übung sozialer Fertigkeiten in berufshomogenen Trainingsgruppen ab (z. B. Schulräte, Erzieher, Sozialarbeiter, Richter). Jedes Gruppenmitglied weiß sich verpflichtet, den anderen Teilnehmern am Training Helfer bei der Einübung, gegebenenfalls bei der Veränderung bestimmter sozialer Verhaltensweisen zu sein. Ein Beobachter gibt Hinweise für die → Situations- und → Prozeßanalysen. Gruppenleiter und Beobachter nehmen Positionen ein, die reihum von den Gruppenmitgliedern wahrgenommen werden. Schwerpunkte des Skill-Trainings sind nach Daumling u. a. (1974)
1. Sozialverhalten (Diagnose, Einblick in die Auswirkungen bestimmter Verhaltensweisen)
2. Führungsstil
3. Schwierige Beratungssituationen
4. Ermöglichung der → Kooperation unter schwierigen Umständen.
→ Trainingsmethoden, gruppendynamische K

SL → Sprachlabor

SMV → Schülermitverantwortung

Social group → Gruppe

Social Sensibility

oder soziale → Sensibilität befaßt sich mit der Erkenntnis und dem Verständnis des Verhaltens von Einzelpersonen und Gruppen in ihrer Wechselwirkung.
→ Kohäsion   O

Sodomie

ist die sexuelle Beziehung zu Tieren. Der Sexualverkehr zwischen Mensch und Tier wird auch als Zoophilie bezeichnet.
→ Perversion   O

Software

ist der Sammelbegriff für jegliche Art von vorgefertigten bzw. im Unterricht entstehenden → Lehr- und Lernmitteln, insbesondere bezogen auf technische → Medien. Es zählen dazu z. B. Folien, Schallplatten, Ton- und Videobänder, Filme, Diaserien usw.   K

Sokratische Methode → Mäeutik

Solidarität

bezeichnet das Zusammengehörigkeitsgefühl und die Übereinstimmung von Individuen in Zielen, Normen, Handlungen, vor allem zu dem Zweck, gemeinsame Interessen wirkungsvoll vertreten zu können (z. B. Streik, moralischer Druck durch solidarische Sympathiebekundungen, Abwehr von Sanktionen).   K
Richter 1974

Sollwert → Regelkreis

Sonderberufsschule

Die Sonderberufsschulen, die meist als Anstaltsberufsschulen kirchlicher, gemeinnütziger Einrichtungen, aber auch als Schulen des Staates und der Kommunen geführt werden, nehmen sich insbesondere körperlich und geistig behinderter Jugendlicher im berufsschulpflichtigen Alter an. Daneben bestehen an den Berufsschulen entsprechende Sonderschulklassen.
→ Sonderschule   O

Sonderpädagogik

Die Sonderpädagogik, früher unter dem Namen Heilpädagogik geläufig, ist ein Spezialbereich der → Pädagogischen Psychologie. Ihr Gegenstand ist Forschung und Lehre in Bezug auf die Erziehung gestörter oder behinderter Kinder. Je nach der Eigenart der vorliegenden Störung oder Behinderung stehen in der Theorie und Praxis der Sonderpädagogik pädagogische, psychologische, soziologische oder medizinische Aspekte oder eine jeweils wieder unterschiedliche Kombination dieser Aspekte im Vordergrund.
Als spezielle Aufgaben stellen sich der Sonderpädagogik z. B. die Entwicklung für die verschiedenen Behinderungsarten geeigneter diagnostischer Verfahren, die Entwicklung und Anwendung besonderer therapeutischer

Maßnahmen wie Spiel-, Bewegungs-, → Verhaltens-, → Gruppen- und Leistungstherapie, der Entwurf spezieller → Curricula und die Entwicklung von → Lehr- und Lernmitteln und von → Medien, die unter Berücksichtigung der gegebenen Störungen und Behinderungen optimale Lernprozesse ermöglichen.

Die Praxis der Sonderpädagogik bestätigt, daß eine möglichst frühzeitige Erfassung der betroffenen Kinder und ihre gezielte sonderpädagogische Förderung (z. B. in Sonderkindergärten) die echte Chance weitgehender, bei den meisten sogar vollständiger → Rehabilitation in sich birgt. Ihren vielen Zielgruppen entsprechend gliedert sich die Sonderpädagogik in folgende Teilbereiche, denen jeweils auch eigene Sonderschularten zugehören: Pädagogik der Gehörlosen, der Blinden, der Geistigbehinderten, der Körperbehinderten, der Lernbehinderten, der Schwerhörigen, der Sehbehinderten, der Sprachbehinderten, der Verhaltensgestörten und der chronisch Kranken (vgl. auch die Empfehlung zur Ordnung des Sonderschulwesens der Ständigen Konferenz der Kultusminister der Länder der BRD vom 16. März 1972).

Altstaedt u. a. 1974; Aschmoneit 1974; Bach 1975, 1976–; Bettelheim 1970, 1973; Blasig u. a. 1975; Deutscher Bildungsrat 1973; Egg 1972; Furth 1972, 1977; Iben 1975; Jantzen 1974; Kanter/Langenohl 1975; Kanter/Speck 1976–; Kasztantowicz 1966; Klauer/Reinartz 1978; Klauer 1975; Kleber 1976; Kluge/Patschke 1976; Kobi 1977; Osdol/Perryman 1974; Sander 1976; Speck 1977; Wedell 1975; Wendeler 1976; Werner 1973

→ Sonderschule K

Sonderschulpflicht

Für die Sonderschulpflicht, die an die Stelle der → Volksschul- und → Berufsschulpflicht tritt, gelten die Vorschriften über die → Schulpflicht entsprechend. Nur für Gehörlose besteht eine um ein Jahr längere Volksschulpflicht. Alle Schulpflichtigen, die wegen einer körperlichen oder geistigen Behinderung oder wegen Schwererziehbarkeit am Unterricht der Volks- oder Berufsschule nicht mit genügendem Erfolg teilhaben können, werden durch die Schulaufsichtsbehörde im Benehmen mit dem Gesundheitsamt auf Antrag der Erziehungsberechtigten oder des Schulleiters der entsprechenden Sonderschule zugewiesen. Die Sonderschulen gliedern sich in Schulen für: Körperbehinderte, Sehbehinderte, Blinde, Schwerhörige, Gehörlose, Sprachbehinderte, Lernbehinderte, Geistigbehinderte und Erziehungsschwierige. Stellt sich bei Sonderschülern die Fähigkeit ein, am Unterricht der Volks-, Berufs- oder einer weiterführenden Schule mit Erfolg teilzunehmen, so können sie an die ihnen gemäßen Schulen überwiesen werden. Sonderschulpflichtige können aber auch von der Schulpflicht befreit werden, wenn für sie keine schulmäßige Bildung mehr Aussicht auf Erfolg verspricht. O

Sondervolksschule

Sondervolksschulen fördern behinderte Kinder und Erziehungsschwierige im schulpflichtigen Alter.

→ Sonderschule O

Soziabilisierung

bezeichnet den Vorgang, den Menschen, insbesondere das Kind, in die jeweilige Gesellschaft hineinzuerziehen und ihm ein Verständnis für den Mitmenschen zu erschließen. Es werden Grundeinstellungen zu sich selbst und zur Umwelt vermittelt wie z. B. die Entwicklung des Urvertrauens beim Kleinkind.

→ Familie → Familienerziehung → Familientherapie   O

Sozialarbeit

und → Sozialpädagogik werden grundsätzlich als ein einheitliches Funktionssystem gesellschaftlicher Hilfen gesehen. Eine klare Abgrenzung der Sozialarbeit vom Begriff Sozialpädagogik konnte bisher nicht gefunden werden.
„Den Streit um die Abgrenzung von Sozialpädagogik und Sozialarbeit sucht G. Iben dadurch zu lösen, daß er letztere als begrifflich umfassender bezeichnet, obwohl sozialpädagogische und fürsorgerische Aspekte in allen entsprechenden Bereichen vorkommen und deshalb nur als jeweilige Akzentuierung verstanden werden sollten." (Wolf 1977) Herbert Lattke (1962) hingegen stellt fest: „Wer Sozialarbeit einfach als Sozialpädagogik bezeichnet, verkennt das Wesen beider." Im allgemeinen bezieht sich der Terminus Sozialpädagogik im weiteren Sinne der Sozialen Arbeit auf die Erziehung junger Menschen. Der im Bereich der Sozialen Hilfe und Sozialen Arbeit Tätige ist der an → Fachhochschulen ausgebildete Sozialarbeiter (grad). Seine Tätigkeitsbereiche und Arbeitsfelder finden sich in der sozialen Administration und sozialen Beratung (z. B. Altenarbeit, Sozialämter, Familienfürsorge), der Resozialisierung (z. B. Strafentlassene, Heime, Bewährungshilfe), der Rehabilitation (z. B. Lernbehinderte, Suchtabhängige, beschützende Werkstätten), der Sozialen Planung und Organisation, der Jugend- und Erwachsenenbildung, der Vorschulerziehung und Erziehung im Elementarbereich. In den beiden letztgenannten Erziehungsbereichen wird auch der Sozialpädagoge (grad), dessen Ausbildung ebenfalls an der Fachhochschule stattfindet, schwerpunktmäßig eingesetzt.

<small>Arbeitsgruppe Kinderschutz 1975; Bartlett 1976; Bellebaum/Baum 1974; Bittner u. a. 1975; Blinkert u. a. 1976; Button 1976; Kuhnen 1972; Kutter 1974; Laturner/Schön 1976; Marzahn u. a. 1975; Otto/Schneider 1975; Salzberger-Wittenberg 1973; Scherpner 1966; vgl. auch die Literaturhinweise bei Jugendhilfe!</small>

→ Familienerziehung → Jugendhilfe → Jugendstrafvollzug   O

Sozialanthropologie

wird oft gleichbedeutend mit → Kulturanthropologie verwendet.   O

Soziale Abhängigkeit → Abhängigkeit, soziale

Soziale Ablehnung → Ablehnung, soziale

Soziale Anerkennung → Anerkennung, soziale

Soziale Anpassung → Anpassung, soziale

Soziale Deprivation → Deprivation, soziale

Soziale Distanz → Distanz, soziale

Soziale Integration → Integration, soziale

Soziale Interaktion → Interaktion, soziale

Soziale Intervention → Intervention, soziale

Soziale Klasse → Klasse, soziale

Soziale Kontrolle → Kontrolle, soziale

Soziale Mobilität → Mobilität, soziale

Soziale Objekte → Stereotyp

Soziale Position → Position, soziale

Soziale Rangordnung → Rangordnung, soziale

Soziale Rolle → Rolle, soziale

Soziale Schicht → Schicht, soziale

Soziale Wahrnehmung
bezeichnet 1. die nachweisbare Tatsache, daß → Wahrnehmung in ihrem Ergebnis durch soziale Umweltfaktoren und durch Erfahrungen, die in Sozialkontakten erworben wurden, im Sinne einer subjektiv auswählenden Filterwirkung beeinflußt wird.
2. Der Begriff wird auch für Wahrnehmungsvorgänge verwendet, die speziell auf zwischenmenschliche Beziehungen, z. B. auf das Kräftespiel in Gruppen (→ Gruppendynamik) gerichtet sind. In dieser Bedeutung bezeichnet soziale Wahrnehmung also eine Fähigkeit, die zur notwendigen Ausstattung des Menschen als eines Sozialwesens zählt. Soziale Wahrnehmung in diesem Sinne kann trainiert werden (→ Trainingsmethoden, gruppendynamische).   K

Sozialer Kontext → Kontext

Sozialer Status → Position, soziale

Sozialer Wandel
Unter sozialem Wandel bzw. sozio-kulturellem Wandel ist die Gesamtheit aller Strukturveränderungen einer Gesellschaft zu verstehen, die innerhalb eines Zeitabschnittes erfolgten. Der Begriff sozialer Wandel beinhaltet im Gegensatz zu Aussagen wie sozialer Fortschritt, sozialer Rückgang oder

soziale Entwicklung keine Angaben über die Richtung, in der sich der Wandel vollzog. O

Soziales Lernen

wird im Sinne pädagogischer Zielsetzungen und als Prozeß verstanden. Als Prozeß meint soziales Lernen solche Lernphasen, in denen zwei oder mehrere Schüler bei der Bearbeitung eines Problems zusammenwirken (vgl. → Sozialformen des Lernens). Im Sinne **pädagogischer Zielsetzungen** strebt soziales Lernen die Befähigung zum situationsgerechten und humanen Umgang miteinander an. In diese allgemeine Zielsetzung fließen gleicherweise Akte gesteigerter eigener Bewußtwerdung und Selbstbestimmung und notwendiger Anpassung ein. Jedenfalls setzen Ziele wie aufeinander hören, aufeinander eingehen, kooperativ arbeiten, gemeinsam spielen usw. unverzichtbar die Entfaltung und Vertretung eigener Personalität voraus. Andernfalls würde Sozialverhalten zur bloßen unreflektierten Anwendung sozialer Techniken degenerieren. Dementsprechend nennt z. B. G. Iben (1974, Seite 538 ff.) folgende Ziele des sozialen Lernens: „Sich selbst kennenlernen", „Bewußtsein der eigenen Lebenssituation", „Entwicklung von Kommunikationsfähigkeit", „Steigerung der Interaktionsfähigkeit und Handlungskompetenz".

Bernhardt 1974; Bornemann/Mann-Tiechler 1963; de Fries/Häußler 1976; Fend 1970, 1971, 1975; Grundke 1975; Gudjohns 1978; Hundertmarck 1975; Klippstein 1978; Patterson 1975; Prior 1976; Tillmann 1976

→ Sozialisation K

Soziales System → System, soziales

Sozialformen des Unterrichts

bezeichnen die nach sozialen Gesichtspunkten orientierten Formen, Lernprozesse zu organisieren und zu bewältigen. Zu ihnen zählen → Frontalunterricht, Einzelarbeit (v. a. in der Form der → Programmierten Instruktion), Partnerarbeit, → Gruppenarbeit, Großgruppenunterricht, Rundgespräch, → Teamteaching. Die Wahl der jeweils geeigneten Sozialform des Unterrichts richtet sich nach dem Lernproblem, dem Eingangskönnen der Schüler, den geforderten individuellen Leistungen und den beherrschten Arbeitstechniken der Schüler und nach der gegebenen Gruppenstruktur. Den gruppenbezogenen Sozialformen des Unterrichts kommt in einer Zeit des überzogenen Leistungsindividualismus, der Kontaktarmut und mangelnder Fähigkeit zur konstruktiven Konfliktbewältigung gesteigerte Bedeutung zu. Sie bedürfen allerdings einer systematischen, oftmals langwierigen Einführung.

Kösel 1973

→ Soziales Lernen → Sozialisation K

Sozial-integrativer Unterrichtsstil

→ Unterrichtsstil → Erziehungsstil

Sozialisation

ist die umfassende Bezeichnung für den Prozeß, in dessen Verlauf ein

Individuum auf dem Wege wechselseitiger Beeinflussung in die umgebende Gesellschaftsordnung und in die selbstregulierte Verwirklichung der Werte, Normen und Verhaltenserwartungen der Gesellschaft hineinwächst. Wenn auch der Sozialisation in der frühen Kindheit besonders große Tragweite zukommt (= primäre Sozialisation), ist sie dennoch als lebenslanger Prozeß zu verstehen, der mit der Einübung in jede neue soziale → Rolle seine Fortsetzung findet (= sekundäre Sozialisation). Sozialisation ereignet sich durch jegliche Art von Lernen, also z. B. durch → Imitation, → Modell-Lernen, → Konditionierung, Lernen am Erfolg, durch → trial and error learning, durch Lernen über Einsicht

Baldwin 1974; Bargel u. a. 1975; Biermann u. a. 1975; Brinkmann u. a. 1974; Bürmann/Bargel 1977; Busch 1977; Butschkau/Tillmann 1972; Danziger 1974; Fechner-Mahn 1973; Fend 1974; Griese 1976; Hurrelmann 1975; Kamper 1974; Keller 1977; Lorenzer 1973; Meinhold/Hollstein 1975; Melzer 1976; Müller 1977; Neidhardt 1975; Rolff 1972; Simons 1971; Steinert 1972; Ulich 1976; Walter 1973–; Wellendorf 1974; Wurzbacher 1977; Zinnecker 1975

→ Enkulturation, → Personalisation   K

Sozialpädagogik

Gegenstand der Sozialpädagogik ist das pädagogische Feld der Jugendhilfe, der Sozialarbeit und der außerschulischen und außerfamiliären Jugendarbeit (z. B. Kindergarten, Heim, Erziehungsberatung, Jugendschutz, Jugendstrafvollzug). Nach K. Mollenhauer hat die Sozialpädagogik nicht nur familien- und schulergänzende Funktionen, sie repräsentiert vielmehr einen unverzichtbar notwendigen und eigenständigen pädagogischen Bereich in der modernen Industriegesellschaft, der zur Überwindung der speziellen erzieherischen Probleme dieser Gesellschaft beizutragen versucht, nicht zuletzt durch die Weckung eines gesellschaftskritischen Bewußtseins bei der Jugend.   K

Baacke 1976; Böttcher 1975; Giesecke 1973; Hederer 1975; Hundertmarck 1975; Khella 1974–; Lukas 1977; Mollenhauer 1968, 1976; Natorp 1974; Röhrs 1968; Schmaus/Schörl 1978; Stauch 1977; Tillmann 1976; Wolf 1977

Sozialphasen des Lernens

Jeder nach lernpsychologischen Gesichtspunkten organisierte Lernprozeß ist durch einen ausgewogenen Wechsel von individuellen und sozialen Phasen des → Lernens gekennzeichnet. Während die Individualphase des Lernens unter dem Aspekt der Objektivierung der Lernprozesse dem problemlosenden und übenden Durchdringen und Bewältigen des Lerngegenstandes, meist mit Hilfe der → Medien, gewidmet ist, bietet die Sozialphase des Lernens in gruppeninterner → Kommunikation die Gelegenheit, die individuellen Lernergebnisse im Sinne der → Lernzielkontrolle zu sichten, zu werten und zu koordinieren, individuelle Schwierigkeiten mit dem Lerngegenstand durch partnerschaftliche Hilfe zu überwinden und die Überlegungen der Lerngruppe zum weiteren Lernweg einzubringen. Welche Art der Lernphase zu verwirklichen ist, entscheidet also die Art der Aktivität, welche die Situation vom Schüler unter dem Aspekt seines optimalen Lernfortschrittes fordert. Gerade die zunehmende Organisation von Lernprozessen über Medien verlangt vom Lehrer ein waches Gespür, der Gefahr eines allzu isolierten individuellen Lernens durch rechtzeitige Einplanung von sozialen Lernphasen entgegenzuwirken und dem Gedankenaustausch

über sachliche und emotionale Probleme Platz zu verschaffen. Der →
Gruppendynamik ist der Nachweis zu verdanken, daß kognitive Lernanstrengungen bei Mißachtung der emotionalen und sozialen Komponenten des Lernprozesses erheblich an Effektivität einbüßen bzw. bisweilen sogar völlig abgebrochen werden. K

Sozialpsychiatrie

Sie hat sich die Koordinierung verschiedener Disziplinen zur Erforschung psychischer Störungen und Erkrankungen einschließlich deren Therapie als Aufgabe gestellt. Solche Disziplinen sind z. B. Psychiatrie, Soziologie, Sozialpsychologie, Klinische Psychologie, Sozialmedizin. O

Sozialpsychologie

Gegenstand der Sozialpsychologie ist das Verhalten und Erleben des Menschen unter dem besonderen Aspekt seiner Abhängigkeit von der Umwelt und seiner wechselseitigen Beziehungen zur Umwelt. Die Forschung der Sozialpsychologie beherrschen heute vorrangig Probleme der → Gruppendynamik und → Kommunikation, ferner Entstehung und Veränderung von → Einstellungen und → Vorurteilen, der Prozeß der → Sozialisation und die Entstehungsbedingungen und Beeinflussungsmöglichkeiten von → Konflikten in Kleingruppen und auf internationaler Ebene (→ Friedens- und Konfliktforschung). Ein wechselseitig sehr ertragreicher Kontakt verbindet die Sozialpsychologie vor allem mit der Soziologie. K

Baus/Jacoby 1976; Becker/Müller 1976; Bergius 1976; Berkowitz 1976; Deutsch/Krauss 1976; Herkner 1975; Hofstätter 1966; Irle 1975, 1978; Israel 1976; Lindesmith/Strauss 1974/75; Lindgren 1974; Mertens/Fuchs 1978; Müller 1977; Parsons 1968; Secord/Backman 1976; Timaeus/Lück 1976

Sozialstatus → Statussymbol → Position, soziale

Sozialstruktur

bezeichnet die Gesamtheit aller in einem sozialen Gebilde (Gruppe, Familie, Unternehmen, Nation) gegebenen und verwirklichten sozialen Beziehungen formeller und informeller Art, die den Umgang der einzelnen Mitglieder dieses sozialen Gebildes miteinander und die Verhaltensweisen und Handlungen des Einzelnen gegenüber dem Ganzen des sozialen Gebildes regeln. K

Sozialwissenschaftliches Gymnasium → Gymnasium

Soziogenese

Soziodynamische Grundformel

Für die Beobachtung und die wünschenswerte gelegentliche Reflexion der Rollenstruktur einer → Gruppe kann die gründliche

Soziodynamische Grundformel (Raul Schindler)

Sprecher der Gruppe
Die Position kann geteilt sein in:
α_1 = Beliebtester
α_2 = Tüchtigster
α_3 = Vermittler usw.

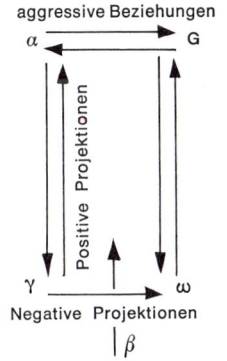

aggressive Beziehungen
$\alpha \longrightarrow G$

Positive Projektionen

$\gamma \longrightarrow \omega$
Negative Projektionen
$\mid \beta$

Gegner, Opponent

Mehrheit
die Gruppe, die sich in der Regel mit α identifiziert, der seinerseits aus ihrer Mitte hervorgegangen ist. Alle positiven Projektionen von γ gehen in Richtung α (Ideal), die negativen Projektionen betreffen in der Regel ω.

Der Fachmann:
Er verkörpert das Realitätsprinzip in der Gruppe. Er kann zum Konkurrenten für α werden (der beste Mathematiker in einer Schulklasse, der Schulpsychologe . . .)

Angstträger
der Gruppe, die von γ mit dem Opponenten identifiziert werden, Sündenbock der Gruppe, Komikertyp, Außenseiter, der oft als ängstlicher Versager oder Querulant in Erscheinung tritt.

Alle diese Rollen sind nicht statisch, sondern dynamisch aufzufassen. Sie wechseln je nach Aufgabe, Leistung, emotionaler Bindung usw. Kenntnis der soziodynamischen Grundformel von Raul Schindler eine Hilfe sein, insofern sie die Ermittlungen bezüglich der Hauptpositionen in einer Gruppe erleichtert. Die Absicht der soziodynamischen Grundformel wäre aber verfehlt, wenn sie als einziges Klassifikationsschema für die Einteilung aller → Rollen, die in Gruppen vorkommen, verwendet würde.   K

Soziogenese

bezeichnet die Entstehung und Entfaltung des Sozialverhaltens und beschreibt Vorgänge und Geschehnisse, die durch gesellschaftliche Verhältnisse und durch Sozialisationsprozesse verursacht werden. Soziogenese von Krankheiten befaßt sich mit der Entstehung von Krankheiten, die durch die Umwelt, durch das Leben in der Gesellschaft ausgelöst und gefördert werden.

→ Familientherapie → psychische Krankheiten → Soziales Lernen → Sozialisation   OK

Soziogramm

Das Soziogramm hält das Ergebnis eines soziometrischen Tests (→ Soziometrie) graphisch fest, in dem die Mitglieder einer Gruppe nach ihren gewünschten und nicht gewünschten Beziehungen (z. B. welchen Klassenkameraden hättest du am liebsten als Banknachbarn?) bzw. nach der Häufigkeit ihrer → Interaktionen gefragt werden. Im Soziogramm geben verschieden lange Verbindungslinien zwischen den Gruppenmitgliedern Aufschluß über ihre emotionale Nähe oder Distanz. Pfeile geben Hinweise auf die Richtung der Wahl. Das Soziogramm kann als Momentaufnahme der Integrationsdichte und der Sozialbeziehungen in einer Gruppe, z. B. die Besetzung bestimmter → Positionen bewußt machen (Führer, Mitläufer, Außenseiter; Paar- oder Cliquenbildung).
Im schulischen Bereich sehr beliebt darf der Aussagewert des Soziogramms gerade hier nicht überschätzt werden, vor allem wenn es nur selten durchgeführt wird, da die Sozialbeziehungen bei Kindern und Jugendlichen einem raschen Wandel unterliegen. Außerdem bergen vor allem negative Wahlfragen die Tendenz der Verfestigung von Augenblicksentscheidungen in sich. Als ein Mittel neben anderen (z. B. → Feedback, → Stimmungsbarometer) leistet das Soziogramm aber für die → Situationsanalyse einer Gruppe wertvolle Dienste.　　K

Engelmayer 1972; Höhn/Seidel 1976

→ Milieusoziogramm

Sozio-kultureller Wandel → Sozialer Wandel

Soziologie

Die Soziologie ist als die Grundwissenschaft der Sozialwissenschaften zu betrachten und wird als selbständige Einzelwissenschaft aufgefaßt. Sie hat als ,,die Lehre vom Sozialen" d. h. von den Einwirkungen der Menschen aufeinander ihre eigene Ebene, die sich mit keiner der anderen Sozialwissenschaften deckt, aber gleichsam durch sie hindurchführt. Die allgemeine Soziologie, die soziale Prozesse in jeder Provinz des zwischenmenschlichen Lebens studiert und die Mensch-Mensch-Beziehung erforscht, ist von den speziellen Soziologien zu unterscheiden, die sich der sozialen Prozesse auf den einzelnen Kulturgebieten annehmen, sie in Verbindung zum sachlichen Zweckzusammenhang bringen und damit eine Mensch-Mensch-Sach-Relation schaffen.

Bolte 1963; Dahrendorf 1968; Diederich/Wolf 1977; Erikson 1971; Friedrichs 1973; Habermas 1973; Hammerich 1975; Hopper 1975; Kreutz 1974; Mannheim/Stewart 1973; Parsons 1964; Popper 1957; Shipman 1974; Zapf 1969

→ Unterrichtssoziologie　　O

Soziometrie

bezeichnet zusammenfassend quantitative Meßmethoden, mit deren Hilfe vor allem die emotionalen Beziehungen in einer Gruppe durch gegenseitige Wahlen nach den Kriterien der Zuneigung und Ablehnung erfaßt werden können.

Die durch Tests ermittelten Daten werden im → Soziogramm graphisch dargestellt. K

Bastin 1967; Cicourel 1970; Dollase 1976; Galtung 1967; Kreppner 1975; Krüger 1976; Miller 1970; Moreno 1967

Sozioökonomie

Aufgabe der Sozioökonomie ist es, die Zusammenhänge und Wandlungsprozesse, die sich zwischen der ökonomischen Basis einer Gesellschaft und den sich darauf aufbauenden und daraus entstehenden sozialen Verhältnissen und Verhaltensweisen ergeben, zu untersuchen. O

Sozioökonomischer Status → Statussymbol → Position, soziale

Soziotherapie

befaßt sich mit Behandlungskonzepten zur Wiedererlangung sozialer Fähigkeiten. Die Soziotherapie, die den Patienten in die Gestaltung der Behandlung mit einzubeziehen versucht und diesem größtmögliche persönliche Freiheitsräume bietet, erfolgt grundsätzlich in Form der → Gruppentherapie. Sie fördert die → Sozialisation, gibt Anregungen zur Kontaktaufnahme, zur Lebens- und Freizeitgestaltung.

→ Kommunikation → Kommunikationstechnologie → Psychoanalyse → Therapie O

Spezialisierungslehrgang

Diese Lehrgangsform bietet die Möglichkeit zum Erwerb weiterer Qualifikationen. So kann sich z. B. ein Lehrer zusätzlich Wissen und Fähigkeiten in Bereichen aneignen, in denen er bisher nicht ausgebildet worden war. In Lehrgängen dieser Art, die in → Kontaktstudienform über längere Zeit stattfinden, spezialisiert und konzentriert sich der Lehrer auf ein Fach, auf einen Bereich, in dem er auch ein → Erweiterungsstudium absolvieren kann.

→ Lehrerausbildung → Lehrerfortbildung → Lehrerweiterbildung O

Spiel

Naoh J. Huizinga (1950) ist das Spiel ein den Menschen kennzeichnendes Urphänomen von eminent kulturschaffender Bedeutung. Nicht von ungefähr kam der Schule im griechischen Kulturbereich die Bedeutung von freier Zeit, Muße, Zeit zum Spielen zu. In einer Zeit überzogener intellektualistischer Interpretation des Leistungsbegriffs bei gleichzeitigem Verlust von Kontaktfähigkeit vermag diese Auffassung von Schule ebenso zum Nachdenken anzuregen wie folgender Ausspruch von Fr. Schiller: ,,Der Mensch spielt nur, wo er in vollem Umfang des Wortes Mensch ist, und er ist nur da ganz Mensch, wo er spielt" (1795).

,,Die **klassischen Spieltheorien** interpretieren das Spiel als Wiederholung der → Phylogenese (→ Rekapitulations- oder Atavismustheorie, St. Hall, W. Wundt), als Folge überschüssiger Energie (Kraftüberschußtheorie, H. Spencer), in seiner Erholungsfunktion bei partieller Ermüdung (J. Schaller), als Ventil zur Abreaktion von Instinkten, Impulsen oder Gefühlen (Katharsistheorie, H. Carr), als Vorübung und zur Selbstausbildung unfertiger Anlagen

und Instinkte (Vorübungstheorie, K. Groos)." (Lex. der Päd., Bd. 4, Seite 137, Freiburg-Basel-Wien 1971)
Dem Spiel sind folgende **Merkmale** zu eigen: Zweckfreiheit (verstanden als Freiheit vom Erfolgs- oder Ergebniszwang), Freiwilligkeit, Gegenwärtigkeit, Symbolhaftigkeit (es ist nicht an die Realität gebunden), Dynamik und Aktivität, Spannung. An **Spielarten** werden unterschieden: Das **Funktionsspiel**, das von Geburt an von großer Bedeutung für die Entwicklung der Körperfunktionen (Beherrschen der Gliedmaßen) und für den Umgang mit Materialien ist. In den **Fiktions- oder Illusionsspielen** etwa ab der Mitte des 2. Lebensjahres verleiht das Kind Gegenständen oder sich selbst Rollen, in denen es eigene Erlebnisse nachvollzieht und die Umwelt nachahmt. Gleichzeitig setzen die **Rezeptionsspiele** (Geschichten und Märchen hören, Bilderbuch betrachten) und die **Konstruktionsspiele** (Bauen mit Klötzen, Sand, Ton usw.) ein. Im Zusammenhang mit der → Sozialisation kommt vor allem im Alter von 3 bis 6 Jahren den → **Rollenspielen** große Bedeutung zu; in ihnen verarbeitet das Kind durch Imitation und → Identifikation seine Erfahrungen mit der sozialen Umwelt. Im Kindergartenalter wendet sich das Kind ferner den **Regelspielen** zu, die seine entwickelte Fähigkeit voraussetzen, sich an fest vereinbarte Regeln zu halten und sich ihnen unterzuordnen.
Alle erwähnten Spielarten bleiben in verfeinerter Form – freilich mit wechselnden Schwerpunkten – den Kindern während ihrer weiteren Entwicklung und auch den Erwachsenen erhalten.   K

Bruner/Jolly 1976; Chateau 1969; Claus 1973; Daublebsky 1975; Flitner 1972; Fröbel 1967; Frommberger/Freyhoff/Spies 1976; Hetzer 1971, 1976; Pausewang 1975; Scheuerl 1969, 1975; Warns 1976; Winnicott 1971, 1973

Spieltherapie → Psychotherapie

Spielzeug
ist eigens zum Spielen produziertes Material, das je nach Alter des angesprochenen Kindes bestimmte Kriterien erfüllen sollte. Für jedes Spielzeug gilt die Forderung, daß es unter dem Gesichtspunkt der kindlichen Interessen brauchbar, ferner haltbar und farb- und formschön ist. Darüber hinaus verfolgt jedes Spielzeug die Absicht, das Kind seiner Entwicklung entsprechend in der Ausbildung von Fähigkeiten und Fertigkeiten und beim Erwerb von Kenntnissen zu unterstützen. Die unter dem Aspekt des spielerischen Lernens hochgespielte Unterscheidung der einschlägigen Industrie zwischen Spielzeug und **didaktischem Material** ist deshalb unberechtigt.
Jedes Spielzeug kann – einer bestimmten didaktischen Absicht folgend – zum didaktischen Material werden und es ist ein solches meistens auch ohne das Zutun des Erziehers. Nicht jedes auf dem Markt angebotene didaktische Material aber ist als Spielzeug geeignet. Vorgefertigtes **technisches Spielzeug** schränkt häufig die Phantasie und Kreativität der Kinder ein, weil der Eigenaktivität kein oder wenig Spielraum bleibt. Anregungen für die richtige Spielzeugwahl gibt z. B. „Gutes Spielzeug". Kleines Handbuch für die richtige Wahl, herausgegeben vom Arbeitsausschuß Gutes Spielzeug.

Gantner/Hartmann 1975; Hetzer 1976; Mieskes 1974

→ Spiel   K

Spiralprinzip

Nach dem Spiralprinzip werden Kenntnisse entsprechend den Entwicklungsphasen oder Entwicklungsstufen des Menschen vermittelt. Mit zunehmender Reife eines Schülers wird z. B. dasselbe Thema bzw. derselbe Lehrstoff auf jeweils höherer Warte, auf höherem Abstraktionsniveau erschlossen. So wie bei der Stoffvermittlung in → konzentrischen Kreisen soll in einem Wissensbereich auf bereits Bekanntem und früher Gelerntem aufgebaut und unter Berücksichtigung neuer Stoffinhalte in einem kontinuierlichen sich im Schwierigkeitsgrad erhöhenden Lernprozeß fortgefahren werden. Bruners Spiralcurriculum sieht die Entwicklung des Kindes parallel zu den zu vermittelnden Kenntnissen. Obwohl ein sog. spiraliger Aufbau curricularer Lehrpläne nicht in allen Fächern möglich ist, ergeben sich durch das Spiralprinzip andere Aspekte für die Anordnung und Bestimmung von Lernzielen und Lerninhalten.

→ Curriculum → Entwicklungspsychologie → Konzentrische Kreise →
Lernziel O

Split-half Methode → Halbierungsmethode

Splitterberuf

Ausbildungsberufe, in denen die Zahl der Auszubildenden bzw. Berufsschüler beachtlich zurückgegangen ist, werden als Splitterberufe bezeichnet. Die in Splitterberufen Auszubildenden werden in Fachklassen innerhalb großer → Fachsprengel zusammengefaßt. O

Spontaneität

Durch sie wird die → Selbsttätigkeit, das Handeln aus eigenem Antrieb und mit eigener Zielsetzung ausgedrückt. Sie kann zum systematisch erzeugten Moment pädagogischer → Interaktion werden und sollte als Element pädagogischer Prozesse gesehen werden. Je mehr die Spontaneität, die freudige, plötzliche, natürliche Hinwendung und Aktivität des Schülers in Erziehungs- und Unterrichtsvorgänge einbezogen wird, desto fruchtbarer und erfolgreicher können diese im allgemeinen gestaltet werden. → Unterricht, der als Handlung verstanden wird, sollte offen sein für Spontaneität und → Kreativität. O

Sprachbarrieren

Durch nicht bekannte Wörter und Ausdrücke, Mangel an Wortschatz, nicht geläufige Sprache und falsche Interpretation von Sprachstrukturen bauen sich Barrieren gegenüber anderen auf. Diese durch fehlendes Sprachverständnis und Nichtverfügbarkeit an Wörtern entstehenden Behinderungen können sich auf die verschiedensten Bereiche auswirken, z. B. auf → Kommunikation, → Interaktion, Anerkennung durch Mitmenschen oder auf → kognitive Fähigkeiten und Prozesse. Auf Grund empirischer Untersuchungen hat sich gezeigt, daß durch schichtenspezifische Formen des Sprachverhaltens vor allem für die sog. Unterschichtsangehörigen Sprachbarrieren zunächst zu beachtlichen Lernbarrieren werden können, und daß

das sprachsymbolische Verhalten und Verständnis, das Gesellschaftsbild von Kindern, Jugendlichen und Heranwachsenden durch die sprachlich strukturierte Kultur derjenigen Sozialschicht geprägt werden, aus der sie hervorgehen. O
Bernstein 1970, 1976; Kochan 1976; Oevermann 1972; Schlee 1973

Sprachbehinderung

setzt sich gegenwärtig in der → Sonderpädagogik als Oberbegriff für Sprachstörungen, Sprachschädigungen und Sprachbeeinträchtigungen durch.
Sprachbehinderungen bezeichnen vor allem folgende Gegebenheiten:
1. Die teilweise oder totale Unfähigkeit, Sprache zu erwerben wegen Schädigungen der Sprachzentren im Zentralnervensystem bzw. wegen schwerwiegender Schädigungen der Sprechorgane oder der Muskeln und Nerven der Sprechorgane (z. B. Hasenscharte, Zungenlähmung).
2. Die teilweise oder totale Unfähigkeit, Sprache zu verwirklichen aufgrund psychisch verursachter neurotischer Zustände wie z. B. bei Angst (Stottern, Stammeln, Poltern) oder bei tiefgreifenden Persönlichkeitsveränderungen. K

Sprachheilpädagogik → Logopädie

Sprachlabor

„Ein Sprachlabor ist eine elektronische Anlage, die aus untereinander verkabelten Geräten zur Wiedergabe und Aufnahme gesprochener Sprache besteht. Jedes Sprachlabor besteht aus einem Steuerpult (Lehrertisch) und beliebig vielen Schülerplätzen; als Norm für die Zahl der Schülerplätze gilt die Anzahl der Schüler einer Klasse bzw. eines Kurses. Vom Steuerpult aus werden programmierte Lehr- und Übungsmaterialien an die Schülerplätze überspielt und dort individuell bearbeitet. Das Sprachlabor wird vornehmlich im Fremdsprachenunterricht eingesetzt." (Heinrichs 1971) Es kann aber auch für jedes andere Unterrichtsfach bei entsprechender Programmierung des Lernstoffes in Dienst genommen werden.
Gemäß ihrer Verwendungsmöglichkeiten werden H-Labors (= Hör-Labors, auch „elektronische Klassenzimmer" genannt), H-S-Labors (= Hör-Sprech-Labors), H-S-A-Labors (= Hör-Sprech-Aufnahme-Labors) und H-S-A-H-Labors (= Hör-Sprech-Aufnahme-Hör-Labors) unterschieden.
Das Sprachlabor (SL) verweist den Sprachunterricht in eine Phase vollkommener Neuausrichtung. Es löst die traditionelle Form des Fremdsprachenunterrichtes ab und verlangt vom Lehrer größere Zucht und Ordnung in Vorbereitung und logischem Aufbau des Unterrichtsstoffes. Der Lehrende hat sich mit dem → PU und dessen Voraussetzungen, Möglichkeiten und Wirkungen auf den Schüler auseinanderzusetzen.
Im SL steht der mechanistische Drill im Vordergrund. Pädagogische Versuche, wie sie z. B. Wolfgang Ratke (1571–1619) durchführte und von Comenius, Locke, Rousseau, Basedow, Pestalozzi und anderen bis auf unsere Zeit herauf in Abwandlungen wiederholt wurden, findet man in durch

die Technik veränderter Form auch im SL wieder. Im Vergleich zu vergangenen Zeiten wird der → Drill jedoch individualisiert.
Im allgemeinen dient das SL der Erlernung, Vertiefung und Wiederholung der Sprache in zwei Formen, die
,,1. als Methode der Komplexanwendung und
2. als Methode der Partialanwendung''
bezeichnet werden sollen.

1. Methode der Komplexanwendung

Mit dieser Methode, die das SL rationell ausbeutet und den bisherigen Klassenunterricht rigoros ausschaltet, wurden in Sprachinstituten, in privaten und militärischen Bereichen und an Universitäten im Ausland bereits gute und rasche Erfolge erzielt. Hingewiesen sei hierbei auf das bekannte Experiment von F. Rand Morton an der Harvard University, durch das Studenten in einem einsemestrigen spanischen Kurs ein höheres Fertigkeitsniveau in der Fremdsprache erreichten, als ihre Kommilitonen, die drei bis vier Jahre nach traditionellen Methoden unterrichtet worden waren. Dr. H. Walz schreibt in einem Artikel ,,Zur Revolution im Unterricht moderner Sprachen'' in der Zeitschrift ,,Lebende Sprachen'' Nr. 6, 1962 auf Seite 181 hierzu folgendes: ,,Morton hat in seinem Musterlehrgang für Spanisch feststellen können, daß die Ausschaltung all dieser Hindernisse (1. Das Erlernen grammatischer Regeln. 2. Das Erlernen ihrer zahlreichen Ausnahmen. 3. Die Technik der Manipulation sowohl der Regeln wie ihrer Ausnahmen. 4. Die Technik, diese Regeln [und ihre Ausnahmen] als Bestandteile komplizierter grammatischer Systeme und ihrer Technologie richtig zu plazieren. 5. Die besonders verhängnisvolle ständige, bewußte oder unbewußte Bezugnahme auf die Muttersprache, deren Struktur, grammatisches System, Phonemik usw., die allzuoft in störendem Gegensatz zur Lehrsprache stehen. 6. Die Notwendigkeit eines zuverlässigen, ständig paraten und immer wachen Gedächtnisses.) und die Verwendung systematisch und sorgfältig angesetzter Gewohnheitsfaktoren nicht nur eine gewaltige Zeitersparnis, sondern eine viel höhere Leistung erreichte.
Er entwickelte seinen Kurs in sechs Stufen, für die je nach Eignung der Studenten insgesamt zwischen 249 und 415 Stunden erforderlich wurden. Auf der ersten, 28 bis 56 Stunden dauernden Stufe, wurde das Ohr des Studenten auf spanische Phoneme hin konditioniert. 26 spanische Grundlaute wurden über Tonband ständig wiederholt, und zwar entweder allein oder in Gegenüberstellung zu nichtspanischen Phonemen. Hier, wie auf allen anderen Stufen, mit Ausnahme der letzten, wurde weder gelesen noch geschrieben. Ebensowenig wurde auf den beiden ersten Stufen irgendeine Bedeutungsinterpretation der Laute oder Wörter gegeben.
In der ersten Phase hörte der Student jeden der 26 Grundlaute mindestens 700mal, die wichtigsten mindestens 3000mal und absorbierte gleichzeitig phonetisch etwa 500 Grundvokabeln, in die die Phoneme eingekleidet waren.
Erst auf der zweiten Stufe, das heißt nach mehr als zweiwöchiger reiner Hörarbeit, begann die Lautwiedergabe, wobei in etwa 105 Musterstrukturgruppen Phoneme und Wortgruppen wiederholt wurden. Hier fand Morton,

Sprachlabor

daß es am Schluß dieser Phase oft unmöglich war, auf dem Tonband zu unterscheiden, ob Schüler oder spanischer Lehrer sprachen — die akzentfreie Aussprache war nach drei Wochen erreicht! ...
Morton bewies mit seinem Versuch, daß das Erlernen einer Sprache, deren Stoffbereiche in kleinen konsequenten Stufen aufgebaut sind, durch entsprechenden intensiven „Drill" zu haftenden Sprechgewohnheiten führt. Eine rapide Spracherlernung dieser Art in kurzer Zeit kann im SL nur dann erreicht werden, wenn man dem Studierenden neben der Sprache, in der er geschult wird, kein anderes Fach zumutet. ...

2. Methode der Partialanwendung
Diese Methode stellt nicht ein Fach für eine entsprechende Periode in den Mittelpunkt des Lerngeschehens. Sie eliminiert aus der für die jeweilige Klasse oder das jeweilige Semester vorgeschriebenen Stundentafel einen Unterrichtsgegenstand, in diesem Falle das Fach Englisch, und ordnet innerhalb des Stundenplanes die vorhandenen Unterrichtsstunden teilweise dem SL und teilweise dem orthodoxen Unterricht zu. Bei dieser Kombination sind traditioneller Unterricht und Laborunterricht exakt aufeinander abzustimmen. Versteht es die Lehrkraft nicht, eine gute Verbindung zwischen der Unterrichtsführung im Klassenzimmer und im Labor zu finden, so entsprechen die Ergebnisse den Erwartungen meistens nicht, und Mißerfolge werden dann häufig dem SL zugeschrieben.
Für eine Erfolg zeitigende Arbeit bei der Methode der Partialanwendung sollte der Lehrer folgendes beachten:
1. Die Unterrichtslektionen sind genauestens vorzubereiten.
2. Der Lehrer muß wissen, was er seiner Klasse zumuten darf.
3. Der Unterricht ist so auszurichten, daß die vertiefende Übung ins Labor verlegt werden kann.
4. Es sollte möglichst kein neuer Stoff im Labor dargeboten werden.
5. Stoffbereiche, die für den Schüler neu sind, müssen eine Verbindung zum vorausgegangenen Stoff herstellen, oder dem bereits durchgenommenen ähnlich sein und dürfen nur in minuziösen Schritten weiterführen.
6. Der Lehrer hat vor Verwendung eines Programmes dieses genau nach Inhalt, Schwierigkeitsgrad und Länge zu prüfen und darauf zu achten, daß es nicht zu weit außerhalb der vorgezeichneten Stoffgebiete liegt.
7. Findet sich kein akzeptables Programm, so muß die Lehrkraft fähig sein, selbst ein Programm zu erstellen, das in den Ablauf des Unterrichts einbezogen werden kann, stofflich entspricht und zweckorientiert ist.

Beim Wechsel zwischen der Arbeit im SL und der Arbeit im Schulzimmer bahnt sich nur bei sehr guter Vorausplanung und richtigem ökonomischem Einsatz des SL ein dauernder Erfolg an." (Hanns Ott 1967)
Umfang und Niveau eines im SL verwendeten Programms sind dem Alter, dem Kenntnisstand, der Auffassungsgabe und der Konzentrationsfähigkeit der Schüler oder Studenten anzugleichen. Jede Übung hat eine systematische Sprachübung zu gewährleisten und Sprachgewohnheiten im Lernenden zu etablieren. Bei der Programmierung für das SL sollten, wie Helma Ott (1967) ausführt, „Zehn Gebote des Programmierens" befolgt werden:
1. Der Programmierer (P) muß sich auf den Lernenden einstellen.
2. Der P. muß seinen Stoff sorgfältig auswählen.

3. Der P. muß sich über das Lehrziel im klaren sein.
4. Der P. muß sich über den Aufbau seines Programmes klar werden.
5. Nach Festlegung der allgemeinen Struktur muß der P. seine Übungen sehr sorgfältig ausarbeiten.
6. Der P. muß seinem Programm einen kleinen Kontrolltest anfügen.
7. Jeder P. muß sein Programm testen.
8. Der P. muß die bei der ersten Erprobung gemachten Fehler sorgfältig analysieren.
9. Jedes Programm muß sorgfältig vorgetragen werden.
10. Jedes Programm muß durch Vor- und Nachbereitung in den normalen Klassenunterricht eingegliedert werden.

Die Arten der Programmübungen, die grundsätzlich verwendet werden, sind: Aussprache- und Intonationsübungen, Analogieübungen; Umwandlungsübungen; Verbindungsübungen; Einübung idiomatischer Wendungen; Wiederholungs- und Vertiefungsübungen; Einsetz- und Übersetzungsübungen.

Andersson 1974; Dakin 1976; Lamérand 1971; Olechowski 1970; Roeske 1972; Schwartzenberger 1972

→ Medien → Programmierte Instruktion → Übung → Unterrichtsmethode OK

Sprachlicher Kontext → Kontext

Sprachstörungen → Sprachbehinderung

Sprungprogramm → Lehrprogramm

SQ3R-Methode

In den USA wurde von F. Robinson eine 5-Punkte-Methode entwickelt, die helfen soll, Texte schneller, genauer und intensiver lesen und erfassen zu können. Die SQ3R-Methode soll bei richtiger Anwendung Vorteile mehrerer Lesearten vereinigen.
Die Buchstaben SQRRR stehen für folgende fünf verschiedene Wörter bzw. Schritte, die beim Lesen zu berücksichtigen sind:
Survey: Durchsehen, Überschauen, Überblick gewinnen
Question: Fragen, Erkunden
Read: Lesen
Recite: Anfragen, Vertiefung der Aufgabe, sich erinnern und vergegenwärtigen
Review: Wiederholung und nochmaliges Durchsehen.   O

S-R-Theorie

Die S-R-Theorie oder das S-R-Gesetz, wobei S die Abkürzung für → Stimulus und R für → Response ist, befaßt sich mit regelmäßigen und wiederholbaren Beziehungen zwischen Reiz- und Reaktionsverhalten. Es wird davon ausgegangen, daß zwischen der Auslösung eines → Reizes und der sich daraus ergebenden → Reaktion gesetzmäßige, erkundbare und immer wieder auftretende Verhaltensweisen bestehen und sich somit die Reaktion R als eine Funktion des Reizes S darstellt: $R = F(S)$.

Sowohl in den USA als auch in Rußland wurden auf Grund der S-R-Theorie eine Anzahl von Tierexperimenten durchgeführt. Beckterew und Pawlow beschrieben nach den Versuchen mit Hunden den Assoziationseffekt, der besagt, daß ein Reiz im Organismus dann eine Reaktion, eine bestimmte Verhaltensweise, eine Bewegung auszulösen beginnt, wenn vorher bei entsprechend häufigen Wiederholungen der Reizeinfluß mit dieser Verhaltensweise oder Bewegung gekoppelt worden ist. Die Reiz-Reaktionstheorie ist von ihrem Prinzip her nicht der modernen Physiologie, Psychologie oder Pädagogik zu verdanken, sondern wurde bereits vor Christus durch Herophilus vorbereitet. Sie hat große Bedeutung für die → Lerntheorie.   O

Staatliche Schule

Staatliche und → kommunale Schulen sind → öffentliche Schulen. Bei staatlichen Schulen ist der Dienstherr des Lehrers der Staat selbst. Sie werden durch Rechtsverordnung des jeweiligen zuständigen Staatsministeriums errichtet, aufgelöst, erweitert oder verkleinert.
Der Staat übernimmt Kosten für:
- Lehr- und Verwaltungspersonal
- Schulanlagen einschließlich der gesamten Ausstattung
- → Schülerheime
- Lehr- und → Lernmittel
- Schülerübungen und Schulveranstaltung
- → Elternbeirat und → Berufsschulbeirat
- Schulbusse und andere notwendige Beförderungsmittel für Schüler
Für staatliche Schulen werden → Schulordnungen erlassen.
→ ASchO → Ergänzungsschule → Ersatzschule → Privatschule → Schule   O

Staatlicher Schulberater

Die staatlichen Schulberater erfüllen in Bayern die Aufgaben zentraler Beratungs- und Organisationsstellen in den jeweiligen Regierungsbezirken und sind gegenwärtig den Dienststellen der Ministerialbeauftragten für die Gymnasien zugeordnet. Zu ihren besonderen Aufgaben gehören:
- Beratung der Bevölkerung in allen Fragen, die den Besuch weiterführender Schulen betreffen,
- Einzelberatung in schwierigen Fragen der Schullaufbahnen,
- Fachliche Betreuung von → Beratungslehrern und → Schuljugendberatern,
- Kontaktpflege mit allen die Aus-, Fort- und Weiterbildung betreffenden Behörden,
- Auskunftserteilung an Schulen und Behörden, bei entsprechenden Veranstaltungen und Mitwirkung bei Maßnahmen der Begabtenwerbung und Begabtenlenkung,
- Informationspflicht über alle sich im Schulwesen ergebenden Änderungen.

→ Schulberatung → Schulpsychologe   O

Stastsinstitut für Schulpädagogik

Das Staatsinstitut für Schulpädagogik (ISP) wurde am 1. Sept. 1971 in Bayern gegründet und ging aus dem ehemaligen Staatsinstitut für Gymnasialpädagogik (IGP), das 1966 eingerichtet worden war, hervor.
Seine Aufgaben, die sich auf alle Schularten erstrecken, sind:
- Reform der Lehrpläne: Erstellung → Curricularer Lehrpläne (CuLp) und deren Revision
- pädagogische Betreuung und wissenschaftliche Begleitung von Schulversuchen
- inhaltliche Planung der Lehrerfortbildung in Zusammenarbeit mit der → Akademie für Lehrerfortbildung und dem Kultusministerium.

→ Curriculum O

Ständige Konferenz der Kultusminister (KMK)

Aus dem Zonenerziehungsrat und der Abteilung Kulturpolitik des Länderrates wurde 1948 die Ständige Konferenz der Kultusminister geschaffen. Sie hat als länderübergreifendes Koordinationsgremium die Aufgabe, sich mit allen Fragen und Angelegenheiten der Schul- und Kulturpolitik, soweit diese von überregionaler Bedeutung sind, zu befassen und zu versuchen, zu einer gemeinsamen Meinungs- und Willensbildung zu gelangen, gemeinsame Anliegen zu vertreten, Beschlüsse zu fassen und Empfehlungen an die einzelnen Bundesländer zu geben. Seit Bestehen der KMK wurden von ihr fast zu allen Bereichen des Erziehungs- und Bildungswesens Anregungen gegeben und Beschlüsse gefaßt, die beachtlichen Einfluß auf die bildungspolitische Entwicklung in der Bundesrepublik ausübten.
Die KMK ist organisatorisch wie folgt aufgebaut:
Das Plenum besteht aus den Kultusministern bzw. Kultussenatoren oder Unterrichtsministern der Länder. Sie fassen Beschlüsse mit Einstimmigkeit, die für die Länder Empfehlungen darstellen.
Das Plenum wählt aus seiner Mitte ein Präsidium, das aus einem Präsidenten und zwei Vizepräsidenten besteht. Darüber hinaus werden zur Vorbereitung der Entscheidungen und Beschlüsse im Plenum Ausschüsse für entsprechende Sachgebiete wie z. B. ein Hochschulausschuß oder ein Ausschuß für das Auslandsschulwesen gebildet. In die durch das Plenum genehmigten Ausschüsse entsendet jedes Land der Bundesrepublik einen Vertreter. Die Ausschüsse können sich in Unterausschüsse, Arbeitsgruppen oder Beratungsgremien untergliedern. O

Standardisierung

bedeutet eine Vereinheitlichung nach Vorgegebenem bzw. nach Mustern. Im Rahmen der Testerstellung ist unter Standardisierung oder Eichung eines → Tests die Festlegung von → Normen zu verstehen, mit deren Hilfe alle weiteren Untersuchungen auf Grund des Standardtests bewertet werden. Die später als Vergleichszahlen für die Testergebnisse dienenden Normen werden durch Testung einer repräsentativen → Stichprobe der Personen gewonnen, die als Zielgruppe dieses Tests bestimmt sind. O

Statement
bedeutet Angabe, Feststellung, Behauptung, Erklärung, Darlegung. O

Statistik
ist eine methodische Wissenschaft zur zahlenmäßigen Untersuchung von Massenerscheinungen. Sie befaßt sich mit der Sammlung, Analyse und Interpretation empirischer Daten. Die statistische Methode beginnt mit der Erhebung und Verzeichnung von Massentatsachen, die geordnet, kategorisiert, in Zusammenhang gebracht, ausgearbeitet und dargestellt werden müssen. Häufig verwendete Grundbegriffe der Statistik sind: statistische Einheiten, statistische Masse, Bestandsmassen, Bewegungsmassen, Grundgesamtheit, Stichprobe, Zufallsstichprobe.
Statistische Einheiten sind gleichartige Einzeltatsachen, die in ihrer Gesamtheit eine statistische Masse bilden z. B. in Form der → Population. Der Begriff Grundgesamtheit, der die Gesamtheit aller tatsächlichen oder vorstellbaren Objekte einer bestimmten Masse oder Menge, die Gegenstand der Untersuchung ist, kennzeichnet, wird synonym zu statistische Masse verwendet. Diese wird als Bestandsmasse bezeichnet, wenn sich die Objekte, die statistischen Einheiten über einen Zeitraum erstrecken, z. B. Schulbauten, lebende Menschen. Zeitlich nacheinander sich ergebende Geschehnisse sind Bewegungsmassen, wie z. B. Zuwanderung von Ausländern, Geburten. Diese sind im Gegensatz zu den Bestandsmassen laufend zu erfassen. Während die → Stichprobe als eine entsprechende Anzahl aus der statistischen Masse bzw. Grundgesamtheit ausgewählt wird, geschieht die Auswahl bei der → Zufallsstichprobe in der Form, daß jedes Objekt, jede statistische Einheit der Grundgesamtheit die gleiche Chance hat, in die Stichprobe zu gelangen.
Der Zweig der Statistik, der die gesetzmäßigen Zusammenhänge untersucht, die zwischen statistischen Massen bzw. Grundgesamtheiten und Stichproben bestehen, ist die mathematische Statistik, deren Ergebnisse als Modelle zur Lösung praktischer Probleme im Rahmen angewandter Statistik zur Anwendung gelangen.
Grundsätzlich unterscheidet man die → beschreibende Statistik und die → schließende oder schlußfolgernde Statistik. Ihre auf Messungen oder Beobachtungen beruhenden Ergebnisse, die Komplexe von Daten repräsentieren, werden häufig in übersichtlichen, gut vergleichbaren graphischen Darstellungen festgehalten.

Clauß/Ebner 1972; Diederich/Wolf 1977; McCollough/Atta 1974

→ Signifikanz O

Statistische Masse → Statistik

Status, sozialer → Position, soziale → Statussymbol

Statussymbol
ist das Sinnbild, das äußere Zeichen für einen Vermögensstand oder eine gesellschaftliche Schichtenzugehörigkeit bzw. Einstufung. Auch in den modernen komplexen Gesellschaften, die durch eine Vielzahl von innerge-

sellschaftlichen Rangordnungen oder Schichtungssystemen gekennzeichnet sind, gibt es Statussymbole, **Statusmerkmale,** die den sog. **Sozialstatus** einer Person zum Ausdruck bringen. Der gesellschaftliche Rang wird einer Person formell oder informell von der zu ihr gehörenden Gruppe und von außerhalb der Gruppe Befindlichen zuerkannt. Symbole bzw. Merkmale, die wesentlich zum Sozialstatus beitragen, sind z. B. Bildungsgrad, Berufsbezeichnung, Wohnviertel und bei einigen Personen Name und Besitz, wobei materielle Statussymbole raschen Wandlungen unterworfen sind. Für die Bezeichnung Sozialstatus wird der Begriff **sozioökonomischer Status** synonym verwendet.

→ Position, soziale → Prestige○

Stegreifaufgabe → Schulaufgabe

Stellglied

Als Instanz eines sich selbst regulierenden Systems realisiert das Stellglied den → Sollwert und führt bei Eingreifen des → Reglers die notwendigen Veränderungen im System durch.

→ Regelkreis○

Step

bedeutet einen → Lernschritt, den Weg zwischen zwei Programmeinheiten. Er bezeichnet auch die geistige Leistung, die nötig ist, um zum nächsten Programmschritt zu gelangen.

→ Programmierte Instruktion → Lehrprogramm○

Stereotyp

bezeichnet etwas Feststehendes, Unveränderliches und starre, festgelegte Vorstellungen in bezug auf soziale Objekte. Unter **sozialen Objekten** oder **Einstellungsobjekten** sind Einzelpersonen (z. B. Bürgermeister), Personengruppen (z. B. Professoren, Arbeiter), Gegenstände (z. B. Flugzeug, Auto), ein Sachverhalt (z. B. Manöver, Versammlung), eine Ideologie oder Idee (z. B. Sozialismus, Freiheit) zu verstehen.

Stereotype der öffentlichen Meinung können z. B. entstehen durch Werbung, durch Gerüchte, Tatsachen oder Ereignisse. So ist in Deutschland z. B. ein weitverbreitetes Stereotyp, daß der bedeutendste Feldherr des 2. Weltkrieges auf deutscher Seite Rommel war. Andere Stereotype sind, daß Schwaben sehr sparsam und Schotten geizig sind oder daß Italiener Spaghetti und Rotwein bevorzugen und Amerikaner Whisky und Russen Wodka trinken.

→ Repräsentativität → Rollenflexibilität○

Stichprobe

Eine Stichprobe bezeichnet die nach einem bestimmten Merkmal ermittelte repräsentative Teilmenge aus der tatsächlichen oder möglichen Gesamtmenge von Individuen, Vorgängen, Situationen usw., die alle das gleiche Merkmal aufweisen. Die Stichprobe wird entweder nach dem Zufallsprinzip oder durch bewußte Auswahl mit Hilfe unterschiedlicher spezieller Verfahren zusammengestellt. Als **Stichprobenfehler** bezeichnet man solche Fehler, die sich im Verlauf einer Untersuchung daraus ergeben, daß die Auswahl der Stichprobe nicht repräsentativ war.

Cochran 1972; Menges 1959; Schwarz 1975; Slonim 1969; Stenger 1971; Vollenweider 1975; Warwick/Lininger 1975

→ Statistik → Zufallsstichprobe K

Stigmatisierungseffekt

Der Begriff Stigmatisierungseffekt entstammt dem Sprachgebrauch der → Sozialpädagogik. Er bezeichnet dort die relative Festgelegtheit z. B. von straffällig Gewordenen in der Beurteilung der übrigen Angehörigen einer Gesellschaft, die ihnen kaum eine echte Chance vorurteilsfreier Wiedereingliederung in die Gesellschaft läßt. Der Stigmatisierungseffekt trägt damit wesentlich zum Teufelskreis wiederholter Rückfälligkeit straffällig Gewordener bei.
In Übertragung wirkt sich der Stigmatisierungseffekt z. B. auch bei Kindern unterprivilegierter Schichten (→ Schicht, soziale) aus, die durch die Orientierung der Schulanforderungen an der sogenannten Mittelschicht unverhältnismäßig große Schwierigkeiten haben, die Nachteile ihrer sozialen Herkunft zu überwinden.

Brusten/Hohmeier 1975

→ Chancengleichheit K

Stillarbeit

beruht auf → Selbsttätigkeit des Schülers und ist denkbar als schöpferisches, reproduzierendes und motorisches Handeln und Tun. Die Begriffe → Alleinarbeit und → Alleinunterricht werden mitunter synonym zu Stillarbeit bzw. Stillbeschäftigung verwendet. O

Stimmungsbarometer

verfolgen den Zweck, die augenblickliche emotionale Gestimmtheit der Gruppenmitglieder und die Art der Sozialbeziehungen in der Gruppe bewußt zu machen und evtl. einem klärenden Gespräch zuzuführen.
Die Beurteilung der Stimmungslage in Gruppen (z. B. Schulklasse, Arbeitsteam) wird meistens vernachlässigt, obwohl sich ihre Dringlichkeit aus dem nachgewiesenen Zusammenhang von emotionaler Stimmung, Interaktionsfreudigkeit, Aktivitätsintensität und Produktivität in einer Gruppe eindeutig ergibt. Stimmungsbarometer halten – oft graphisch – das Ergebnis → informeller Tests oder von Feedbackaustausch zur Gruppenatmosphäre fest. Als informelle Tests zur Ermittlung von Daten für das Stimmungsbarometer eignen sich u. a. Wertungen, die klaren differenzierten Fragestellungen in einem Koordinatensystem zuzuordnen sind. (z. B. wie fühle ich mich in der Arbeitsgruppe?) oder Methaperübungen (z. B. der Lehrer behandelte uns heute wie ...) oder bestimmte vereinbarte Gesten oder Symbole als Zeichen guter oder schlechter Stimmung.

→ Feedback → Feedbackregeln → Situationsanalyse K

Stimulus → Reiz

Stimulus Intensity Model
Das Reiz-Intensitäts-Modell sieht in der Reizstärke die mögliche Quelle von → Motivationen. Als Maß für die Motivstärke wird beim Lernablauf der erreichte → Lernerfolg betrachtet. Aus dem Lernerfolg versucht man die Motivstärke zu erschließen. Hiermit gewinnt das Reiz-Intensitäts-Modell Bedeutung für die Pädagogik.
→ Reiz O

Stoffkonzentration → Konzentration

Stoffverteilungsplan
Er geht in seiner Aufgliederung über die allgemeinen Aufgaben des → Rahmenlehrplanes hinaus, differenziert die Einzelbereiche, gibt Hinweise und schreibt den Unterrichtsstoff bis zum einzelnen Stundenthema vor. Stoffverteilungspläne, die dem Lehrer verbindlich vorschreiben, an welchem Tag, zu welcher Stunde welches Thema mit welchen Schülern zu bearbeiten ist, stehen im Widerspruch zur pädagogischen und didaktischen Freiheit des Lehrers.
→ Lehrplan → Curriculum O

Strafe
Nach E. Magmer und H. J. Ipfling (1973) wird unter Strafen „das Zufügen eines seelischen oder (bzw. und) körperlichen Leidens bzw. der Entzug eines Gutes verstanden."
In einer empirischen Vorstudie derselben Autoren wurden in Bestätigung anderer Untersuchungen folgende Abhängigkeiten der Strafpraxis von der sozialen Schicht der Eltern festgestellt:
1. In der unteren Schicht (Befragte mit Volksschulabschluß) wird erheblich mehr gestraft als in der oberen Schicht (Befragte mit Abitur).
2. In der unteren Schicht wird die körperliche Strafe doppelt sooft als Reaktion auf die vorgelegten Fälle angewendet wie in der oberen Schicht.
3. In der unteren Schicht wird mit der Strafe meistens keine oder eine unzureichende Begründung mitgeliefert.
Als häufig eingesetzte Mittel der Strafe nennen Schwäbisch/Siems (1974) neben der körperlichen Züchtigung
„ein schlechtes Gewissen machen,
verletzen
auslachen
anklagen
ironisieren
herabsetzen
drohen
gehässig kritisieren
triumphierend provozieren
jammern und klagen
Vorwürfe machen
ausschimpfen
ein leidendes Gesicht machen
sich zurückziehen."

Strafe

Auch über die Wirksamkeit der Strafe liegen eine Anzahl von Untersuchungen vor, die zum Ausdruck bringen, daß Strafe im allgemeinen ungeeignet ist, eine Verhaltensform zur → Extinktion (zum Verlöschen) zu bringen. Strafe ist zwar ein Mittel, eine unerwünschte nicht gewollte Verhaltensform kurzfristig durch → aversive Stimuli zu unterdrücken, aber sie vermag sie nicht auf Dauer zu unterbinden oder auszulöschen. Eine Revanchepolitik darf mit der Strafe auf keinen Fall verfolgt werden. Sie bewirkt aggressives Verhalten, Abneigung, Groll, Mißtrauen, Haß, Rebellionsneigung und hätte damit ihren Zweck gewünschter Verhaltensänderung bzw. der Besserung vollständig verfehlt, da die Strafe auf Grund falschen Verhaltens des Erziehenden nicht angenommen wurde.

Strafpraktiken sind grundsätzlich mit folgenden Schwächen behaftet:
- Strafen sagen meist nichts über die Form der notwendigen Verhaltensänderung aus und geben kein Vorbild oder Beispiel zum Andersmachen, es fehlt das Merkmal der Richtungsangabe. Eine Strafe ist nur dann sinnvoll, wenn sie vom Bestraften angenommen wird, d. h. wenn eingesehen wird, daß die Strafe berechtigt und verdient ist, daß das Strafmaß angemessen ist, die Strafe als gerecht erachtet wird und nicht als eine der Laune des Erziehers entsprungene Bestrafung empfunden wird. Wichtig für das Akzeptieren der Strafe ist weiterhin, daß diese in engem thematischen Zusammenhang mit dem Fehlverhalten steht und zeitlich von ihm nicht zu weit entfernt ist und nicht zu spät gegeben wird.

Der inhaltliche Bezug zum Fehlverhalten kann in der Strafe auf zweierlei Weise hergestellt werden: durch Wiedergutmachung und durch sog. logische Folgen. (Domke 1973)

Die Wiedergutmachung, die der natürlichen Strafe gleichkommt, kann sich auf materiellen Schaden beziehen (z. B. Bezahlen einer eingeworfenen Fensterscheibe vom eigenen Taschengeld), „die logischen Folgen eines Vergehens sollen für den Schuldigen den Charakter des negativen Nacheffekts haben und ihn im Sinne des Vermeidungslernens zu einer Änderung des Verhaltens bewegen" (z. B. Schuleschwänzen kostet Freizeit durch Nachschreiben und Nachlernen versäumter Stoffe).

Vom Erziehenden verlangt das angemessene Strafen psychologische und pädagogische Kenntnisse und Selbstbeherrschung, um feststellen zu können, ob und in welchem Maße eine nicht entsprechende Verhaltensweise oder Handlung strafwürdig ist.

- Kinder und Jugendliche, die immer wieder und evtl. immer stärker bestraft werden, erhalten falsche Verstärkungen und werden in eine Frustrations-Aggressions-Kette hineingedrängt, aus der sie nur schwer wieder auszugliedern sind.
- Bei häufigen und strengen Strafen ergeben sich immer emotionale Nebenwirkungen, die auf lange Sicht der Persönlichkeitsentwicklung des Menschen abträglich sein können. Es entwickeln sich Umwegverhalten und Abweichverhalten, um eine Strafe zu umgehen. Sie können z. B. zum Lügen, Schwindeln, Schuleschwänzen, zu dem bekannten „Radfahrer", im Extremfall selbst zur Kriminalität führen und hinterlassen beim einzelnen zumindest Angst, Unsicherheit und Minderwertigkeitsgefühle, wenn vom Erziehenden

nicht die Möglichkeit eingeräumt wird, das bestrafte Fehlverhalten allmählich zu ändern. OK

Fend 1970; Neidhardt 1968; Rückriem 1970

Strategie

Als Strategie wird das planmäßige Verfahren bezeichnet, mit dessen Hilfe Methoden ermittelt werden, die zur Bewältigung einer Aufgabe geeignet sind. Im pädagogischen Sprachgebrauch ist mit Strategie in den Wortverbindungen Lernstrategie, Lehrstrategie, Unterrichtsstrategie das Lern- oder Lehrverfahren selbst gemeint, das zur Problembewältigung eingesetzt wird. In diesem Sinne ist also Strategie gleichbedeutend mit Lern- bzw. Lehrmethode oder Unterrichtsverfahren. K

Streaming → Setting

Streetworker → Handlungsforschung

Streß

Im allgemeinen Sprachgebrauch bezeichnet Streß das Erlebnis der Folgen physischer und/oder psychischer belastender Situationen und Anforderungen (z. B. Kreislaufstörungen, erhöhter Blutdruck, Schweißausbrüche, Nervosität, Gereiztheit). Präziser gefaßt bedeutet Streß die Störung des Gleichgewichtssystems des Organismus durch Einflüsse wie Infektion, extreme Hitze oder Kälte, permanente Überbeanspruchung, Konflikt, tiefgreifende Frustration oder Angst (= Stressoren). Der Organismus versucht durch Aufbietung aller Abwehrkräfte die → Stressoren abzuwenden bzw. durch weitgehende Anpassung an sie sein Gleichgewicht wiederherzustellen. Steht jemand unter ständiger, starker unablässiger Spannung, Beanspruchung und Überbelastung, so wird es früher oder später zu einem seelischen, geistigen bzw. körperlichen Zusammenbruch kommen, wobei bei den Betroffenen Toleranzunterschiede dem Streß gegenüber zu erkennen sind. Die von Mensch zu Mensch sehr unterschiedlichen Toleranzgrenzen werden in bezug auf ihre kognitiven und motivationalen Mechanismen nach Feststellungen von McGhie (1973[6]) vermutlich durch das jeweilige Erbgut mitbestimmt.

Biermann 1977; Birkenbihl 1977; Correll 1974[5]; Eiff 1976; Lindemann 1974; Miller 1975[9]; Müller 1976; Schmidt 1975; Selye 1974; Vester 1976

→ Schulstreß → Stressoren OK

Stressoren

sind → Reize oder → Impulse, die im menschlichen Organismus Streß-Reaktionen auslösen können. Solche sind z. B. starke Kälte, große Hitze, Föhn, Unfälle, Verletzungen, übermäßiger Lärm.

→ Streß O

Streuung

ist ein in der → Statistik gebräuchlicher Begriff, der den Sachverhalt der Abweichung z. B. von Meßwerten von einem Mittelwert bezeichnet. K

Struktur → Strukturmodelle der Didaktik

Strukturmodelle der Didaktik

Struktur bezeichnet allgemein den Sachverhalt eines geordneten Aufbaues und eines geordneten sinnvollen Zusammenhangs von Einzelteilen in einem Ganzen (z. B. im Erlebnis, im Atommodell, in der Ordnung eines Gemeinwesens).

Strukturmodelle der Didaktik sind anschauliche Darstellungen (in Text, Bild, Graphik) der inneren Zusammenhänge der Unterrichtswirklichkeit.

Es werden heute unterschieden die Strukturmodelle der → Didaktik als Theorie der Lehr- bzw. Bildungsinhalte, der → Kybernetischen Didaktik, der → Lerntheoretischen Didaktik, der → Kommunikationstheoretischen Didaktik, der → Normativen Didaktik.

Blankertz 1977; Borowski u. a. 1976; König/Riedel 1976; Ruprecht u. a. 1976

→ Didaktik K

Studioraum

Im allgemeinen Sprachgebrauch bezeichnet das Studio den Arbeitsraum des Künstlers bzw. den Probe- und Aufnahmeraum bei der Film- und Tonträgerindustrie, bei Rundfunk und Fernsehen.

Im schulischen Bereich dient der Studioraum sowohl als zentraler Steuerungsraum für die direkte Übertragung von Medienangeboten in Klaßzimmern oder → Medienzentren als auch als Aufnahmeraum für mediale Fremd- und Eigenproduktionen und für das Kopieren, Überspielen und die verändernde Aufbereitung von → Software. Der Studioraum ist für diese vielfältigen Aufgaben mit allen heute gebräuchlichen → Medien und mit Steuerungs- und Mischpultanlagen ausgestattet. K

Stützkurs → Förderungsmaßnahmen

Stufenausbildung

In mehreren Berufen ist eine Stufenausbildung möglich. Sie stellt eine nach zweckmäßigen, sachlichen und zeitlichen Gesichtspunkten gegliederte, aufbauende Berufsausbildung dar. Nach den einzelnen Stufen ist sowohl ein Ausbildungsabschluß als auch die Fortsetzung der Berufsausbildung in weiteren Stufen möglich. So kann z. B. nach der zweijährigen Ausbildung zur Verkäuferin bzw. zum Verkäufer durch ein weiteres Jahr Berufsausbildung und Berufsschulbesuch die Ausbildung zum Einzelhandelskaufmann angeschlossen werden. O

Subjektivität

bedeutet den Zustand des bei sich selbst Seins einer Person und den Vorgang der Selbstverwirklichung einer Person aus dem Selbst heraus. Eine einseitige

Betonung der Subjektivität des Personseins birgt die Gefahr der Vernachlässigung des dialogischen, kommunikativen Aspekts des Personseins in sich. K

Ebeling 1976; Lübbe 1972; Orban 1976; Ritter 1974; Tamm 1974

Subkultur

Der Gesamtbereich der Kultur einer Gesellschaft läßt sich in Teilkulturen, sog. Subkulturen gliedern. Sie bezeichnen gesellschaftliche Gruppen, die durch besondere kulturelle Merkmale gekennzeichnet sind, weitgehend gleiche oder ähnliche Lebensgewohnheiten, Lebensbedingungen, Verhaltensmuster und ihnen entsprechende → Normen entwickelt haben. Eine Subkultur zeigt sich z. B. in Gruppen gleichaltriger Jugendlicher, die sich außerhalb von Elternhaus und Schule und oftmals in Protest gegen dieselben zu Banden, Gangs, Cliquen, Clubs zusammenschließen. Das beherrschende Wir-Gefühl bringt neben dem Erlebnis von Geborgenheit und der Verwirklichung gruppenspezifischer Gewohnheiten, Verhaltensweisen und Normen gelegentlich auch die Gefahr überspitzter Gleichförmigkeit (→ Konformität) und feindseliger bis zerstörerischer Aktivitäten gegenüber der Erwachsenenwelt mit sich. Von den → Gruppennormen abweichende Verhaltensweisen werden meist mit schweren → Sanktionen (z. B. Ausschluß, Verpflichtung zu „Mutproben") verfolgt.

Adler 1972; Baacke 1972; Berke 1969; Dietz 1975; Kaiser 1969; Kerbs 1970; Landy 1971; Musgrave 1974; Reese 1970; Roszak 1973; Sander/Christians 1969; Schwendter 1971; Stickney 1971

→ Peer-group   OK

Sublimierung

In der → Psychoanalyse bezeichnet Sublimierung den Vorgang, ursprünglich sexuelle Energien in die Bewältigung nicht sexueller Anforderungen einzuleiten. Die Sublimierung spielt als → Abwehrmechanismus eine Rolle, weil sie für die Umwandlung sozial geringgeachteter oder abgelehnter Beweggründe in sozial geachtete Handlungsmotive sorgt. K

Andreae 1974; Roveda 1974

Subsidiarität

ist ein Grundprinzip der katholischen Sozialehre und bedeutet den Schutz gemeinnütziger Aktivitäten Einzelner und gesellschaftlicher Gruppierungen (z. B. Verbände, Kirchen) vor dem kollektivistischen und zentralistischen, u. U. auch totalitären Zugriff des Staates. Nach dem Subsidiaritätsprinzip unterhalten freie Träger z. B. Kindergärten und Schulen und betreuen alte, kranke und sonstige hilfsbedürftige Menschen. K

Nell-Breuning 1961; Utz 1956; Zimmermann 1969

Sucht

bezeichnet im weitesten Sinne das zwanghafte, der Selbstkontrolle weitgehend oder total entzogene Verlangen nach Lustgewinn, das im engeren Sinne des Verständnisses von Sucht durch Genußmittel und Drogen befriedigt wird. Die physische Abhängigkeit vom Suchtmittel ist als Reaktion des Organismus zu verstehen, den durch Gewöhnung an das Suchtmittel erreichten veränder-

ten Gleichgewichtszustand aufrechtzuerhalten. Der Entzug des Suchtmittels führt deshalb zunächst auch zu einer schwerwiegenden Störung des Gleichgewichtszustandes (= Abstinenz-Syndrom).
Suchtfolgen sind neben vielfältigen körperlichen Krankheitssymptomen vor allem herabgesetzte Willensstärke, Aktivitätsschwund, allgemeines Desinteresse, soziale Isolierung, in schweren Fällen eine fortschreitende Zerstörung der → Persönlichkeit. In der Therapie treten neuerdings neben direkte Entwöhnungsversuche in größerem Umfang Verfahren der Gruppenpsychotherapie (→ Psychotherapie).

Bundesminister für Jugend, Familie und Gesundheit o. J.;
Laubenthal 1964; Schenk 1976; Spandl 1971

→ Toxikologie K

Suggestion

bezeichnet die verbale oder nonverbale, an Emotionen anknüpfende Beeinflussung von Meinungen, Einstellungen und Verhaltensweisen einer Person, der durch die Art der Beeinflussung die Möglichkeit eines kritischen Hinterfragens ganz oder weitgehend genommen ist. Die Suggestionskraft von Werbung und Propaganda ist hinreichend bekannt. Der Suggestion bedienen sich aber auch psychotherapeutische Techniken wie die Hypnose oder das → autogene Training (Autosuggestion). Eine besondere Form der Suggestion stellt die Massensuggestion dar, die vor allem im Zusammenhang mit Demagogie von nicht zu unterschätzender Bedeutung ist. K

Baudouin 1972; Cubisch 1961; Korff 1954; Unestahl 1974

Summary

Das ‚Summary' stellt eine schriftliche Zusammenfassung eines vorgegebenen Textes, einer Geschichte, eines Geschehnisses dar. Es tritt entweder als eigenständige Arbeits- bzw. Prüfungsform auf oder ist Teil eines → Comprehension.

Durch das summary werden Erfassungsgabe, Fähigkeit der Interpretation, Verstehen des Inhalts eines Textes, Stil und Ausdrucksweise in der Sprache geprüft.

Das ‚summary' kann in unterschiedlichen Formen, die grundsätzlich nach denselben Prinzipien aufgebaut sind, erstellt werden. Die am häufigsten verwendete Art ist das précis, in dem der Lernende einen Text erhält, den er in eigenen Worten auf die wesentlichen Grundgedanken, ohne den Inhalt zu verändern, reduzieren muß. Hierbei ist eine gezielte, klare, kurze, verständliche Wortwahl zu berücksichtigen.

Die Länge dieser schriftlichen Test- und Prüfungsform hängt von festgelegten Vorgaben in bezug auf die Anzahl der für das summary zu verwendenden Wörter ab. So wird ein précis z. B. auf eine Wörterzahl von 80–100 Wörtern, von nicht mehr als 100 Wörtern oder auf ein Drittel des Originaltextes beschränkt. Die vorgegebenen Angaben müssen exakt eingehalten werden, da sonst Bewertungspunkte abgezogen werden. O

Summative Evaluation

Während sich die → formative Evaluation kontinuierlich auf die Zwischen- und Einzelergebnisse eines Reformprozesses bezieht, befaßt sich die summative Evaluation mit einer abschließenden Beschreibung und Bewertung, mitunter auch mit einer Zwischenbeurteilung des gesamten Reformprojektes. Summative Evaluationen fordert die Öffentlichkeit von Institutionen wie z. B. von Ministerien, um den Wert der evtl. Einführung eines Reformprojektes abschätzen zu können.

→ Evaluation O

Superierung → Superzeichen

Supervision

faßt als Oberbegriff die Vorgänge der Praxisanleitung, Praxisberatung und Praxisbegleitung zusammen. Als **Praxisanleitung** verfolgt die Supervision den Zweck, Studenten vor allem der pädagogischen und sozialpädagogischen Berufsfelder (Sozialarbeiter, Erzieher, Heimerzieher, Heilpädagogen, Lehrer usw.) während ihrer Ausbildung in die Erfordernisse und Aufgaben ihrer Berufspraxis durch Berufspraktika einzuführen. Supervision als **Praxisbegleitung** vermittelt Laien, die im pädagogischen oder speziell sozialpädagogischen Feld arbeiten, Unterstützung und Rat durch Fachleute.
Als **Praxisberatung** bezeichnet Supervision die Beratung des ausgebildeten Fachpersonals, z. B. die Beratung des Lehrers in seinem Unterrichtsvollzug durch den Schulrat. Der Supervision in diesem Sinne liegt an einer Schwerpunktverlagerung im Beratungsvorgang vom Besserwissen zum Ergänzen und zur Beschreibung von Alternativen, von der feststellenden Kritik zur Beschreibung des tatsächlich wahrnehmbaren beruflichen Engagements und seiner Auswirkungen, zum Aufzeigen positiver Tendenzen und von gangbaren Wegen für die Weiterentwicklung beruflicher Strategien. Eine Beratung verspricht am ehesten Erfolg, wenn die Erkenntnis veränderungsbedürftiger Maßnahmen und Verhaltensweisen und Veränderungsvorschläge nicht ex cathreda des Beraters erfolgen, sondern wenn sie aus dem gemeinsamen Bemühen aller am Beratungsgespräch Beteiligten erwachsen. K

Huppertz 1975; Kadushin 1976; Siegers 1974

Superzeichen

sind nach F. v. Cube (1968) Methoden, Strukturen, Gestalten, Formen, Gesetzmäßigkeiten, die entweder durch „Geflechtbildung bzw. Komplexbildung" (Frank 1969, Seite 74); d. h. also durch Gruppieren, Gliedern, Ordnen, oder durch „Klassenbildung bzw. Invariantenbildung" (Frank 1969, Seite 74) zustandekommen (→ Klassifikation).
Superzeichenbildung bzw. Superierung bezeichnet die „Fähigkeit, Elemente des Repertoires zu kombinieren und aus diesen Kombinationen neue Informationseinheiten (= Superzeichen; auch Informationseinheiten höherer Ordnung; Köck) zu bilden" (Cube 1968, Seite 168).
Superzeichenbildung stellt eine Form des Lernens dar neben dem Annähe-

Superzeichenbildung

rungslernen (→ Akkomodation, informationelle) und dem Lernen über Speicherung (Üben, Wiederholen, Auswendiglernen).
Superzeichenbildung scheint die einzige Möglichkeit zu sein, den ständigen quantitativen Wissenszuwachs und die Aneignung immer komplexerer Fähigkeiten bewältigen zu können. Ein Superzeichen liegt z. B. vor, wenn jemand ein Buch strukturierend liest, also das Wesentliche durch Unterstreichen hervorhebt oder ein Exzerpt anfertigt. Ein Superzeichen höherer Ordnung läge vor, wenn der Leser die Kernaussagen des Buches in einer Graphik mit Über- und Unterordnungen und wechselseitigen Querverbindungen zusammenfaßt. Andererseits wird ein vorgegebenes Superzeichen wie z. B. das Verkehrsschild kurvenreiche Straße erst wirksam, wenn der betroffene Autofahrer es zu lesen versteht, d. h. die elementaren Zeichen kennt, die dem Superzeichen zugrundeliegen, hier gefährliche Kurve, vermindertes Tempo, Schleudergefahr, Kurventechnik usw.
An diesem Beispiel wird deutlich, daß das ganzheitliche sofortige Reagieren auf das Superzeichen selbst, das nicht mehr auf seine Auflösung in die elementaren Zeichen angewiesen ist, lebenswichtig sein kann. K

Superzeichenbildung → Superzeichen

Surrogat
bezeichnet in der Psychologie einen Ersatz in Form eines Ersatzobjektes oder einer Ersatzperson. Surrogate bilden sich oder werden notwendig auf Grund von → Verdrängungen oder → Verschiebungen von emotionalen Besetzungen. So bilden sich z. B. Ersatzobjekte in Träumen. Ersatzpersonen können in der Erziehung als Bezugspersonen notwendig werden, wenn z. B. die Mutter eines Kleinkindes stirbt (Surrogatmutter).
→ Psychoanalyse → Substitut → Traum O

Syllabus → Lehrplan

Syllogismus → Schluß

Symbolischer Interaktionismus
heißt die von G. H. Mead gegründete Richtung, welche die menschliche → Interaktion auf dem Hintergrund von Zeichen- und Rollentheorie zu sehen versucht. Folgende Aspekte sind für den Symbolischen Interaktionismus vor allem bedeutsam:
1. Interaktion setzt die allgemeingültige Anerkennung bestimmter Symbole (z. B. sprachlicher Zeichen) voraus, damit gemeinsame Situationen (z. B. von Lehrer und Schüler) überhaupt auf gleiche Weise definiert werden können.
2. Für jede Situation existieren bereits „signifikante Symbole", d. h. durch Übereinkunft gesicherte, bekannte und hinlänglich geübte Symbole des Verhaltens. F. Wellendorf (1973) z. B. spricht in diesem Zusammenhang sogar von einer Ritualisierung des Unterrichts. Die signifikanten Symbole

sorgen für einen reibungslosen, sozusagen eingespielten Ablauf des Unterrichts, weil die Beteiligten ihr gegenseitiges Verhaltensrepertoire kennen.

3. → Kommunikation wird wesentlich bestimmt durch die wechselseitigen Erwartungshaltungen der Beteiligten, d. h. jeder Kommunikationspartner bringt bereits Vorstellungen über die Reaktionen der anderen in die Kommunikation ein, die sein Verhalten bereits bei seiner ersten Aktion beeinflussen. K

Arbeitsgruppe Bielefelder Soziologen 1973; Argyle 1972; Auwärter u. a. 1976; Blumer 1969, 1973; Brumlik 1973; Cicourel 1974; Danziger 1976; Goffman 1969, 1970, 1971, 1973, 1974; Hargreaves 1976; Heinze 1976; Lauer/Handel 1977; Manis/Meltzer 1978; McCall/Simmons 1974; Mead 1968, 1969; Meltzer u. a. 1975; Minsel/Roth 1978; Parow 1973; Piontkowski 1973, 1976; Projektgruppe Soziale Interaktion 1975; Sader u. a. 1976; Saterdag 1975; Steinert 1973; Strauss 1968; Ulich 1976

Symptom

Ein Symptom wird im allgemeinen Sprachgebrauch mit Anzeichen, Warnzeichen, Vorbote, Kennzeichen, Merkmal oder vorübergehender Eigentümlichkeit wiedergegeben. In psychologischer und medizinischer Sicht spricht man von Symptom, wenn es sich um abnorme Verhaltensweisen oder abnorme Organfunktionen bzw. Kennzeichen von Krankheiten handelt. So kann z. B. → Enuresis (Blasenentleerung ohne Kontrolle der Blasenschließmuskulatur) entweder ein Symptom für eine organische Blasenerkrankung sein oder bei Kindern in vielen Fällen ein Symptom für ein gestörtes Mutter-Kind-Verhältnis.

→ Syndrom O

Syndrom

bezeichnet allgemein das gleichzeitige, komplexe Auftreten verschiedener → Symptome. Der Begriff wird meist im Zusammenhang mit Krankheiten verwendet, die durch mehrere typische Symptome in Erscheinung treten, wie z. B. das → Klinefelter-Syndrom, das → Turner-Syndrom, das Down-Syndrom (→ Mongolismus). K

Dehmel 1975; Leiber/Olbrich 1957

Synektische Methode

Sie versucht das Bewußtsein, das Interesse für bisher unbekannte, für neuartige, für aktuelle Probleme zu wecken. Die zugrundeliegenden Ursachen und Umstände sollen erschlossen und Einsicht in das jeweilige Problem dadurch gewonnen werden, daß das Neue, das Fremdartige erkundet, erforscht und vertraut gemacht bzw. das Bekannte und Vertraute verfremdet wird.

→ Unterrichtsformen O

Syntaktik → Semiotik

Synthese

Überall dort wo ein reales Verständnis angestrebt und vermittelt wird, sind der analytische und synthetische Weg von Bedeutung. Am vollständigsten und häufigsten treten → Analyse und Synthese im Rahmen der → Unterrichtsformen im → entwickelnden und → darstellenden Unterricht auf. Während die Analyse einen Gesamtkomplex auf seine Elemente zurückführt, schreitet die Synthese vom einzelnen durch Verknüpfung, Verbindung und Zusammenschau von Gliedern, Teilen, Einzelelementen zum Ganzen, zur Regel, zum Gesetz. Das synthetische Voranschreiten beim Lehren und Lernen im Unterricht ermöglicht ein stufenweise aufbauendes, gründliches, baukastenmäßiges Vorgehen und trägt zum klaren Begreifen und raschen Erreichen der gesetzten → Lernziele bei. Durch Synthese ergibt sich Erweiterung des Wissens, Fortschreiten im Wissen und Konstruktion neuer Geistesinhalte. Im logischen Bereiche entspricht sie der → induktiven Unterrichtsmethode. Im allgemeinen werden drei Arten der Synthese unterschieden:
1. **Konstruktive Synthese:**
Ungleichartige Elemente werden verbunden oder in Beziehung gesetzt und führen zu neuen Ergebnissen. Dies geschieht z. B. bei der Vorbereitung und Gestaltung eines Aufsatzes oder der Erstellung einer wissenschaftlichen Abhandlung.
2. **Produktive Synthese:**
Gleichartige Elemente werden verglichen, zusammengesetzt, in anderer oder in neuer Weise verbunden. Sie tritt z. B. auf in statistischen Bereichen oder in der Buchführung, wenn Bestände in der Bilanz zusammengefaßt werden.
3. **Reproduktive Synthese:**
Sie wird mitunter auch als Umkehrung der Analyse bezeichnet und tritt auf, wenn Elemente, welche die Analyse ergaben, zusammengesetzt werden, z. B. bei der Probe auf eine Rechenoperation.
→ Schluß O

Synthetische Methode → Synthese

Synthetisch-konstruktive Methode
→ Fremdsprachenmethodik

System, soziales

Das soziale System bezeichnet das Ganze eines sozialen Gebildes, dessen Bestand durch Übereinkunft seiner Mitglieder über gemeinsame Normen, Ziele, Funktionen der Einzelnen, Verhaltensmuster und Arten des Handelns relativ überdauernd gesichert ist. Bei den meisten sozialen Gebilden wie z. B. auch der Schulklasse muß beachtet werden, daß das soziale System selten geschlossen, eindeutig definierbar und kalkulierbar ist. Die meisten sozialen Gebilde sind vielmehr durch ein offenes soziales System gekennzeichnet, in dem die bestimmenden Faktoren fortwährender Veränderung ausgesetzt sind und innerhalb dessen formelle und informelle Gruppierungen gewichtige verändernde Einflüsse ausüben. Die formelle Seite des sozialen Systems Schulklasse ist z. B. durch die Allgemeine Schulordnung, vielleicht durch selbstformulierte Klassengesetze und durch verbindliche Lernziele bestimmt. Seine informelle Seite äußert sich durch Gruppierungen von Cliquen, in denen andere Verhaltensmuster gelten und andere Interessen verfolgt werden wie im formellen Gruppenverband Klasse. K

Gilles 1974; Rupp 1976

Systematische Beobachtung

Eine systematische → Beobachtung z. B. von Verhaltensweisen erfolgt im allgemeinen über eine längere Zeitspanne unter möglichst überschaubaren Bedingungen mit Hilfe systematischer Kategorien. Sie wird nach eindeutigen Beobachtungsweisen und genau vorgegebenen Fragestellungen durchgeführt. O

Systematische Pädagogik → Pädagogik

Systems Approach

bezeichnet eine Methode des Medienausbaus und Gerätebaus, nach dem das Gerät zunächst nur eine bestimmte Funktion erfüllt, aber zur Übernahme mehrerer Funktionen erweitert werden kann.

→ Baukastensystem O

Szientismus

Der Szientismus vertritt eine auf Wissen und Wissenschaft gegründete Haltung, schreibt alle Erkenntnisse wissenschaftlichen Methoden zu und läßt die Philosophie mehr oder weniger in der Wissenschaft aufgehen. Der Begriff wird häufig auch abwertend für die Überbetonung der Wissenschaft und übertriebene Wissenschaftlichkeit verwendet. O

T-Gruppe

= Trainingsgruppe → Trainingsmethoden, gruppendynamische

T-Methode (Teil-Methode)

Sie befaßt sich mit einer Form des Auswendiglernens, die darauf abzielt, längere Reaktions- oder Bewegungsabläufe systematisch Abschnitt für Abschnitt bis zur vollständigen Beherrschung zu lernen. Die erlernten Teile werden abschnittsweise zusammengefügt und ergeben das angestrebte Ganze, z. B. ein Gedicht. Diese Form des Lernens wird häufiger verwendet als die → G-Methode. Personen, die mit Hilfe der T-Methode lernen, werden auch als Teillerner bezeichnet.

→ Lernen O

Tabu

bezeichnet das unberührbare Etwas und das durch die jeweilige Gesellschaft Verpönte und Verbotene. Tabus sind zum großen Teil auf irgendei-

nen magischen Ritus zurückzuführen und lehnen es ab, sich mit bestimmten Dingen zu befassen, gewisse Handlungs- und Verhaltensweisen anzuerkennen, obwohl sie durch Gesetz im allgemeinen nicht untersagt sind.
Die Tabus spielen nicht nur im Zusammenleben primitiver Völker eine wesentliche Rolle, sondern auch in der modernen Gesellschaft in Form der sozialen Tabus, die alle im jeweiligen sozialen Umfeld nicht üblichen, von der Gruppe oder Gesellschaft als nicht ins Gesellschaftsgefüge passenden und mit direkter oder indirekter Androhung des Gruppenausschlusses verbundenen Handlungen einschließlich sprachlicher Äußerungen umfassen. O

Tabula-rasa-Theorie

Sie geht von der Überzeugung aus, daß das Kind bei seiner Geburt in keiner Weise durch Erbanlagen vorbestimmt ist. Es wird vielmehr mit einer unbeschriebenen, blanken Tafel (= tabula rasa) verglichen. Seine Entwicklung wird nach dieser Theorie ausschließlich durch Umwelteinflüsse bestimmt.

→ Präformationstheorie K

Tagesheimschule

ist eine schulische Einrichtung, welche eine ganztägige Betreuung der Schüler anbietet. Allerdings bleiben die meisten Angebote am Nachmittag (z. B. zusätzliche Sport- und Spielstunden, Übungsstunden, Hausaufgabenbetreuung) dem freiwilligen Gebrauch durch die Schüler vorbehalten.

→ Ganztagsschule K

Tageslichtprojektor → Overhead-Projector

TAT (Thematischer Apperzeptions-Test) → Projektionstest

Taxonomie der Lernziele

Sie stellt ein Differenzierungs- und Klassifizierungsschema von Lernzielen oder Lernzielbereichen dar unter Berücksichtigung der Ansprechbarkeit und der Verhaltensweisen der Lernenden oder Studierenden. Taxonomien sollen die Möglichkeit bieten, anzustrebende Ziele oder festgelegte komplexe Ziele in Teil-, Zwischen- oder Stufenziele so zu zerlegen, daß sie nach entsprechenden Aufbauprinzipien geordnet werden können.
Nach der Taxonomie von Bloom unterscheidet man → kognitive, → affektive und psychomotorische Lernzielbereiche.

Krathwohl u. a. 1975

→ Lernziel → Taxonomie der Medien O

Taxonomie der Medien

In der curricularen Lernzieltheorie bezeichnet der Begriff Taxonomie ein Klassifikationsschema, um Lernziele zum einen nach ihrer Zugehörigkeit zum kognitiven, affektiven und instrumentalen Lernzielbereich, zum anderen nach der Intensität des erwarteten Endverhaltens zu ordnen. Im Bereich

des Wissens muß also ein Lernziel genau danach bestimmt werden, ob der Lernende lediglich einen Einblick in einen Sachverhalt gewinnen soll, ob er einen Überblick oder gar eine genaue Kenntnis über ein Wissensgebiet erlangen soll, oder ob er zur Stufe der Vertrautheit mit einem Sachverhalt vorstoßen soll.
Die Taxonomie der Medien bedeutet die systematische Beschreibung und Ordnung der Medien entsprechend ihrer lerneffektiven Leistung und unter dem Gesichtspunkt der Ökonomie von Lernprozessen, aber auch unter dem Aspekt ihrer Anforderungen an die Aufmerksamkeit des Schülers, an sein technisches Verständnis und seine altersspezifische Leistungsfähigkeit.

→ Lernziel K

Teamarbeit
Die gemeinsame Zusammenarbeit in → Gruppen, Ausschüssen und Kommissionen zur Erreichung eines angestrebten Zieles, zur Bearbeitung eines Programms oder zur Lösung einer Aufgabe wird als Teamarbeit bezeichnet. Im schulischen Bereich tritt sie z. B. bei der Erarbeitung von Curricula und Stoffplänen auf oder bei der von mehreren Lehrern geleisteten gemeinsamen Abstimmung, Vorbereitung und Durchführung von Unterrichtsstoffen und Unterrichtseinheiten.

→ Teamteaching O

Teamteaching
ist eine Unterrichtsform, bei der zwei oder mehrere Lehrer eine Unterrichtsstunde oder Unterrichtseinheit gemeinsam vorbereiten, durchführen, auswerten und evtl. im Sinne des → Regelkreises des Lehrens und Lernens weiterführen. Das Teamteaching entfaltet seine Vorteile vor allem dort, wo Lerninhalte mit unterschiedlichen fachlichen Aspekten vermittelt oder → Projekte verwirklicht werden sollen, welche die sachliche Kompetenz verschiedener Fachleute erfordern.
Der Verlauf eines Unterrichts im Teamteaching ist gekennzeichnet durch den Wechsel von Informationsphasen im Großgruppenunterricht, die Schüler einer Jahrgangsklasse oder mehrerer Jahrgangsklassen gleichzeitig ansprechen, und von Erarbeitungs-, Übungs- oder Anwendungsphasen in differenzierter Form (→ Differenzierung), die unter Anleitung oder beratender Betreuung der am Unterricht beteiligten Lehrer besonderen Interessenschwerpunkten bzw. der Aufarbeitung von Verständnisschwierigkeiten der Schüler entgegenkommen. Die Anknüpfung an das fachliche Interesse und auch an persongebundene Vorlieben der Schüler zeitigt beim Teamteaching ohne Zwang einen von der Bearbeitung eines begrenzten Problemfeldes ausgehenden Übertragungseffekt auf andere Bereiche des Projekts oder Lerninhaltes.
Besondere Bedeutung kommt beim Teamteaching den → Medien zu, die aufgrund detaillierter Vorausplanung und sorgfältiger didaktischer Analyse eine weitgehende → Lehrobjektivierung ermöglichen sollen.

Brinkmann 1973; Dechert 1972; Freeman 1969; Glaser 1968; Winkel 1974

→ Unterrichtsformen → Sozialformen des Unterrichts K

Technische Oberschule
Schüler mit der → Fachschulreife der gewerblich-technischen Fachrichtung und Schüler mit dem → Mittleren Bildungsabschluß und einem Lehrabschluß bzw. dem Nachweis eines zweijährigen Praktikums einschlägiger Fachrichtung können über die zweijährige Technische Oberschule zur → fachgebundenen Hochschulreife gelangen. Nach Bestehen des ersten Jahres vermittelt die Technische Oberschule die → Fachhochschulreife. Durch das Ablegen einer Zusatzprüfung in einer zweiten Fremdsprache kann die fachgebundene zur → allgemeinen Hochschulreife erweitert werden.
→ Berufsoberschule → Berufliches Gymnasium O

Technischer Assistent
Die medienorientierte Schule fordert den Technischen Assistenten als unverzichtbares Mitglied des Lehrerkollegiums. Sein Aufgabenbereich umfaßt vor allem die Wartung, die Verwaltung und den Einsatz der gesamten → Hardware und → Software einer Schule. Neben technischem Verständnis für die modernen → Medien muß vom Technischen Assistenten aber auch mediendidaktisches Können gefordert werden, da er im Auftrag der Fachlehrkräfte und in Zusammenarbeit mit ihnen Medienangebote aufzunehmen bzw. zu produzieren bzw. aufzubereiten und in laufende Lernprozesse einzubringen hat.
→ Pädagogischer Assistent K

Technisches Gymnasium → Berufliches Gymnasium

Technokratie
Das Ziel der Technokratie, einer aus Nordamerika stammenden geistigen Bewegung, ist die Herrschaft der Technik über Politik und Wirtschaft und die Organisation der Gesellschaft nach den Gesetzen und Regeln der Technik. Im Bereich der Schulorganisation und der Unterrichtsfächer finden sich z. B. technokratische Ansätze in mechanistischen, materialistischen Auffassungen von Schulverwaltungen und technokratischen Konzeptionen bei der Betrachtung von Schulfächern in der Curriculumentwicklung. Eine technokratische Arbeitslehre z. B. wird ihre Stoffbereiche schwerpunktmäßig unter dem Aspekt der Mechanismen von Technik und Wirtschaft betrachten und ihre Grundannahmen auf die Verwissenschaftlichung von Gesellschaft und Arbeit stützen. Durch Anwendung technokratischer Methoden auf das Schulische werden das Erzieherische, die Bedeutung des Seelischen und die Möglichkeiten schulischer und unterrichtlicher Differenzierungen sowie die im schulischen Bereich notwendigen Freiheitsgrade beachtlich eingeschränkt, verringert und teilweise unmöglich gemacht. O

Teillerner → T-Methode

Teil-Lernziel → Lernziel

Teilzeitschule → Teilzeitunterricht

Teilzeitunterricht

Der Teilzeitunterricht stellt in stundenweiser Unterweisung die theoretische Ergänzung im allgemeinen und berufsbildenden Bereich zu einer praktischen Ausbildung dar.

→ Duales System → Berufsschule → berufsbegleitende Schule   O

Teleberuf

Beim Bayerischen Fernsehen wurde im Frühjahr 1968 die Programmgruppe ‚Berufsausbildung und Berufsfortbildung' gegründet, der Vertreter der Arbeitgeberverbände, des Deutschen Gewerkschaftsbundes, der Deutschen Angestelltengewerkschaft, der Industrie- und Handelskammern, der Handwerkskammern, betrieblicher Ausbilder und Pädagogen beruflicher Schulen angehörten. Dieser Arbeitskreis trug dazu bei, die Sendereihe Teleberuf zu entwickeln.

Teleberuf sendet in grundsätzlich halbstündigen Fernsehlektionen:
- Wissensbereiche, die sowohl für Auszubildende in gewerblichen und kaufmännischen Berufen gleichermaßen interessant sind, und einen wesentlichen und notwendigen Einblick in Betrieb, Arbeitswelt und Volkswirtschaft vermitteln
- Produktionen mit erweitertem allgemeinem, wirtschaftlichem und technischem Grundwissen im Hinblick auf eine gewisse Branchenbezogenheit
- Fallbezogene Projekte zur Volkswirtschafts- und Betriebswirtschaftslehre
- Praxisbezogene Produktionen, die Rücksicht auf spezifische Belange kaufmännischer und gewerblicher Berufsausbildung nehmen.

Die Sendungen für Teleberuf sind in teledidaktischer (Teledidaktik) Form aufbereitet, d. h. zu jeder Fernsehlektion wird schriftliches Begleitmaterial nach didaktischen Gesichtspunkten entwickelt, das den Teilnehmern zur Verfügung gestellt wird.

Ähnliche Projekte werden auch in anderen Ländern durchgeführt. So strahlt z. B. der Hessische Rundfunk ein Berufsschulfernsehprogramm seit 1969 aus. Ein dem Berufsschulfernsehen ähnliches Projekt gibt es seit 1966 in Belgien. Interessante berufskundliche Sendungen bietet eine Programmreihe der BBC unter dem Titel ‚Going to Work' an. Das französische Fernsehen gestaltet ein stark berufsbezogenes Programm unter dem Titel ‚Télé-Promotion Rurale'.   O

Tolokolleg

Seit Januar 1967 besteht die Sendereihe Telekolleg in Bayern, die als kombiniertes Unterrichtssystem, in dem das Fernsehen das Leitmedium darstellt, im allgemeinen die → Fachschulreife und auch die → Fachhochschulreife vermittelt.

Das Telekolleg wendet sich an alle Bevölkerungskreise und bietet die Möglichkeit an, im → Medienverbundsystem Leistungszertifikate in Form staatlicher Zeugnisse zu erwerben.

Die durch die Sendungen vermittelten Lehrstoffe sind die der → Berufsaufbauschule und → Fachoberschule.

teleologisch

Das Multi-Media-System im Telekolleg umfaßt:
- Fernsehsendungen
- Schriftliches Lern- und Begleitmaterial
- Gruppenarbeit und Gedankenaustausch der Teilnehmer unter sachkundiger Betreuung

Das Lehrangebot des Telekollegs kann auch ähnlich wie das des → Teleberufs teilweise für Umschulungsmaßnahmen und für die → Weiterbildung mit herangezogen werden.
Verschiedene Länder der Bundesrepublik Deutschland und des deutschsprechenden Auslandes haben Sendereihen des Telekollegs in ihre Programme übernommen. O

teleologisch
werden Aussagen genannt, die von einem Ziel oder Zweck her bestimmt sind. K

Tele-processing
befaßt sich mit der Datenfernübertragung, die z. B. in der Datenverarbeitung mittels Fernschreiber vom Lochstreifen erfolgt. Als Ausgabe erscheint beim Empfänger grundsätzlich der gedruckte Text. O

Tenazität
bedeutet Beharrlichkeit, Hartnäckigkeit und Ausdauer. Durch die Tenazität wird zum Ausdruck gebracht, mit welcher Zähigkeit, Ausdauer und Kraft der Zustand der → Aufmerksamkeit erhalten oder eine einzelne Vorstellung unverändert festgehalten werden kann. Der Grad der Tenazität ist grundsätzlich vom Typ abhängig. So zeigt z. B. der motorische Typ eine geringe, der akustische eine mittlere und der visuelle eine große Tenazität.
→ Begabung → Distribution → Konzentration O

Terminal
Ein Terminal ist ein Computer, mit dessen Hilfe von einer zentralen → Datenbank dort gespeicherte Informationen auf eine ganz bestimmte Fragestellung hin abgerufen werden können. Beispiel: Über ein in der Akademie für Lehrerfortbildung in Dillingen installiertes Terminal kann in wenigen Sekunden die im Kultusministerium in München befindliche Datenbank befragt werden, wieviele aller weiblichen Primarschullehrer Bayerns während eines bestimmten Fortbildungshalbjahres eine staatliche Fortbildungsveranstaltung besucht haben. Voraussetzung für eine zuverlässige Auskunft der Datenbank ist selbstverständlich, daß alle fraglichen Daten fortlaufend in die Datenbank eingespeist werden. K

Tertiärbereich → Quartärbereich

Test

Ein Test ist ein Meßverfahren zur Diagnose von Verhalten und zur Prognose der weiteren Verhaltensentwicklung. Durch Tests können nur Aussagen über Persönlichkeitsmerkmale gewonnen werden, die meßbar, also quantitativ erfaßbar sind, z. B. bestimmte Leistungen (Wahrnehmung, Konzentration, Motorik), Intelligenzhöhe, Interessen, Einstellung. Ein formeller Test muß folgende Kriterien erfüllen:
1. Standardisierung (die Testsituation ist eindeutig definiert, die einzige veränderliche Größe ist das individuelle Verhalten des Probanden).
2. Normierung (es muß ein Vergleichsmaßstab zur Qualifikation des Testergebnisses ermittelt sein).
3. Objektivität (sie ist um so größer, je mehr Untersucher bei der Auswertung des Tests zum selben Ergebnis kommen).
4. → Reliabilität (= Zuverlässigkeit, d. h. Genauigkeit der Messung).
5. → Validität (= Gültigkeit in bezug auf das gemessene Merkmal).

Im Unterschied zum formellen bzw. standardisierten Test verfolgen **informelle Tests** zwar denselben beschriebenen allgemeinen Zweck, sie erfüllen aber die genannten Kriterien nur bedingt, da sie nicht mit Hilfe wissenschaftlicher Kontrolle erstellt sind.

Anastasi 1954; Brem-Gräser 1970; Brickenkamp 1975; Chauncey/Dobbin 1970; Cronbach 1965[2]; Fischer; Hartmann 1973; Heiss 1964; Hiltmann 1960; Ingenkamp 1976; Lienert 1967[2], 1969; Michel 1964; Schmidtchen 1975

→ Stimmungsbarometer   K

Testbatterie → Intelligenztest → Entwicklungstest

Testkonstruktion

Sie vermittelt Einsicht in das Werden und den Aufbau verschiedener Tests, wie z. B. informeller, standardisierter, lernzielorientierter oder normorientierter Testformen.

→ Test → Leistungsbewertung   O

Test-Parallelform

Hierunter sind Tests zu verstehen, die inhaltlich nicht gleich zu sein brauchen, jedoch im Schwierigkeitsgrad und in der Konstruktion zumindest gleichwertig sein müssen. Sie dienen der Messung gleicher Merkmale und können z. B. bei koordinierter → Leistungsmessung mehrerer Klassen derselben Jahrgangsstufe eingesetzt werden.

→ Leistungsbewertung → Reliabilität → Test   O

Testprofil → Intelligenztest

Testprogramm
→ Kontrollprogramm → Kriterienprogramm → Lehrprogramm

Testreihe → Testbatterie → Intelligenztest

Testwiederholungsmethode

Bei der Retest- oder Testwiederholungsmethode wird zur Überprüfung der → Reliabilität demselben Personenkreis – zeitlich verschoben – zweimal derselbe Test gegeben und die → Korrelation der beiden Ergebnisreihen ermittelt.

→ Reliabilitätskoeffizient → Test-Parallelform   O

Thematische Lernhilfe → Lernhilfen

Themenzentrierte interaktionelle Methode

Die von Ruth Cohn entwickelte gruppendynamische → Trainingsmethode will ein „lebendiges Lernen in Gruppen" ermöglichen. Dazu ist es nötig, die im Modell dargestellten Interessen des Themas (Es), der einzelnen Gruppenmitglieder (Ich) und der Gruppe (Wir) unter Berücksichtigung der vielfältigen wechselseitigen Beziehungen zur Umwelt in der Balance zu halten.

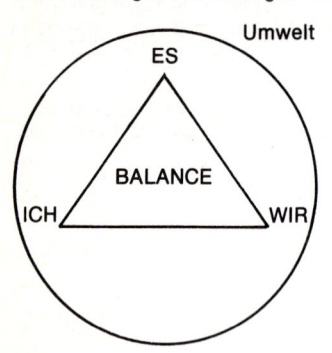

Diese Balance erfordert Strukturierung durch den Gruppenleiter, im Voranschreiten des Trainings mehr und mehr durch die Gruppe selbst. Die Methode bezieht je nach Bedürfnis nonverbale Übungen, → Rollenspiele, Entspannungsübungen, Kreativitätsübungen usw. mit ein, besonderes Gewicht liegt allerdings bei der Einübung in die Feedbacktechnik (→ Feedback, → Feedback-Regeln).

Folgende Hilfsregeln beim Training in Anlehnung an R. Cohn erweisen sich als nützlich:
1. Sei dein eigener Chairman!, d. h. du allein bestimmst, wann und was du sagen willst und wann du schweigen willst.
2. Störungen haben Vorrang, d. h. unterbrich das Gespräch, wenn du nicht mehr folgen kannst, dich etwas ärgert usw.!
3. Sprich nicht per „man" oder „wir", sondern per „ich", denn du kannst dich in deinen Aussagen nur selbst vertreten.
4. Wenn du eine Frage stellst, sage, warum du fragst und was deine Frage für dich bedeutet. Sage dich selbst aus und vermeide das Interview!
5. Interpretiere und moralisiere nicht, sondern beschreibe, was du siehst und empfindest!
6. Es kann immer nur einer sprechen.
7. „Versuche, in dieser Sitzung das zu geben und zu empfangen, was du selbst geben und empfangen möchtest."   K

Cohn 1975; Köck/Rohner 1975; Kroeger 1973; Neumann/Stiehl 1976

Theorem

ist ein beweisbarer Satz, ein Lehrsatz, „der durch endlich oftmalige Anwendung der Ableitungsregeln aus den → Axiomen gewonnen wurde" (Stegmüller 1969, Seite 35). Theoreme „beinhalten objektsprachliche Wahrheiten" (Seite 32), d. h. richtige Feststellungen in bezug auf die Sprache selbst als Untersuchungsgegenstand.　　　　　　　　　　　　　　　　　K

Theorie

bezeichnet die systematisierte, geordnete Verknüpfung von Erkenntnissen und gesetzmäßigen Aussagen, die durch → Induktion, → Deduktion oder Spekulation gewonnen wurden. Eine Theorie im Sinne empirischer Wissenschaft muß in jeder ihrer Aussagen an der Erfahrung überprüfbar und in der Beziehung ihrer Aussagen untereinander widerspruchsfrei sein. Nach neuerer Auffassung (z. B. Popper) dienen Theorien solange unbegründet der Problemlösung, als sie dieser Funktion gerecht werden können; andernfalls werden sie aufgegeben.　　　　　　　　　　　　　　　　　K

Dubin 1969; Gottwald/Kraiker 1976; Habermas 1963; Körner 1966; Leinfellner 1966; Mittelstrass 1972; Oelkers 1976

Therapie

bezeichnet die Behandlung von Krankheiten unterschiedlichster Art mit besonderen, gezielten Maßnahmen und Methoden, wie z. B. therapieorientierte Untersuchungen mit objektiven Tests.

Drever/Fröhlich 1972[6]; Schmidt 1975

→ Psychotherapie → Verhaltenstherapie　　　　　　　　　　　　　　O

thetisch-definitiv

bedeutet endgültig behauptend, etwa im Sinne einer dogmatischen Aussage.　　　　　　　　　　　　　　　　　　　　　　　　　　　　　　K

Tiefenpsychologie

Gegenstand der Tiefenpsychologie ist die Beschreibung unbewußter Beweggründe und Konflikte. Üblicherweise wird Tiefenpsychologie als Sammelbegriff für die Arbeiten von S. Freud, C. G. Jung, A. Adler, E. Fromm u. a. verwendet. Bedeutsame Forschungsmethoden der Tiefenpsychologie sind nach T. R. Miles

1. das therapeutische Interview einschließlich der Interpretation von Verhaltensweisen durch den Therapeuten,
2. projektive Tests, die unbewußte Wünsche und Einstellungen aufdecken sollen,
3. die Überprüfung der tieferen Bedeutung von Bemerkungen und emotionalen Äußerungen,
4. die Methode der systematischen Tonbandaufzeichnung,
5. die Übertragung klinischer Methoden auf Alltagssituationen.

(Vgl. Lexikon der Psychologie, Band 3, Seite 555–560. Freiburg-Basel-Wien 1972).

Dienelt 1973; Elhardt 1978; Fischer-Fabian 1966; Frey-Rohn 1969; Fromm 1968; Graber 1975–; Heiss 1972; Heyer 1964; Jung 1971–; Pflüger 1977; Pokorny 1977; Rattner 1974; Sandschulte 1960; Schlegel 1972–; Schraml 1968; Stern 1959; Wiesenhütter 1969; Wyss 1972

→ Psychoanalyse K

Time-sampling

kann mit Zeitstichprobe oder Zeitstichproben-Technik übersetzt werden. Es stellt eine statistische Sonderform der → Stichprobe dar, die vor allem bei der Beobachtung von Kindern Bedeutung erlangte und in regelmäßigen oder entsprechend vorgesehenen Zeitabständen als systematische Verhaltensbeobachtung in erster Linie zur Erstellung von Statistiken im Rahmen der Verhaltensforschung eingesetzt wird.

→ Beobachtung → Statistik O

Timing

Die präzise, genaue, geregelte zeitliche Steuerung, Regulierung und Vorbereitung von Aktionen, Veranstaltungen, Konferenzen, Geschehnissen und anderen vorher überlegten Abläufen, die oft minuziös bis ins kleinste Detail hinein geplant sind, wird als Timing bezeichnet. O

Tokensystem → Münzverstärkungssystem (syn.)

Toleranz

bezeichnet die Verhaltensweise eines Individuums, eine von der eigenen Meinung abweichende oder ihr widersprechende Meinung zu dulden, insbesondere den Andersdenkenden nicht seiner Überzeugung wegen zu diffamieren oder zu bekämpfen. Toleranz schließt jedoch die Konfrontation von Meinungen und die humane Auseinandersetzung um der Wahrheit bzw. der Realitätsverbesserung willen nicht aus. K

King 1976; Mercier 1977; Schultz 1974; Tinder 1976; Wolff u. a. 1969

Tonband im Unterricht

Das Tonband findet vor allem folgende unterrichtsbezogene Verwendungen:
- Zur Speicherung und Wiedergabe von Hörfunksendungen und von Hörbildern, die Lehrer oder/und Schüler selbst produziert haben,
- zur Wiedergabe von Aufzeichnungen von → Hörspielen, Musikwerken, Dokumentaraufnahmen, die von Landes- und Stadtbildstellen entliehen werden können,
- zur Kontrolle der Sprechtechnik im muttersprachlichen und im Fremdsprachenunterricht,
- als Kontrollinstrument für den formalen Ablauf und die Sicherung der inhaltlichen Ergebnisse einer Diskussionsrunde oder eines Gesprächs,
- zur Aufzeichnung von Interviews (Reporterauftrag),

- zur Kontrolle des Kommunikationsstils und
- zur Überprüfung des verbalen Schüler- und Lehrerverhaltens.

Köck 1977[2]
→ Hörspiel K

Tonbildschau

bezeichnet einen Lichtbildervortrag, bei dem der erläuternde Kommentar zu den einzelnen Bildern (Dias) und evtl. untermalende Musik von einem Tonbandgerät abgespielt werden. Die Parallelschaltung von Bild und dazugehörigem Ton erfolgt von Hand oder bei entsprechend ausgestatteten Geräten über Impulse, die auf dem Tonband gespeichert sind und über eine Verkabelung den Bilderwechsel im automatischen → Diaprojektor auslösen. K

TOTE-Einheit

ist die Abkürzung für Test-Operations-Test-Exit-Einheit. Miller, Galanter und Pribram (1970) versuchen damit den wechselseitigen und ineinandergreifenden Zusammenhang von inhaltlichen und ablaufbezogenen Bestandteilen bei Informationsverarbeitung zu erfassen. K

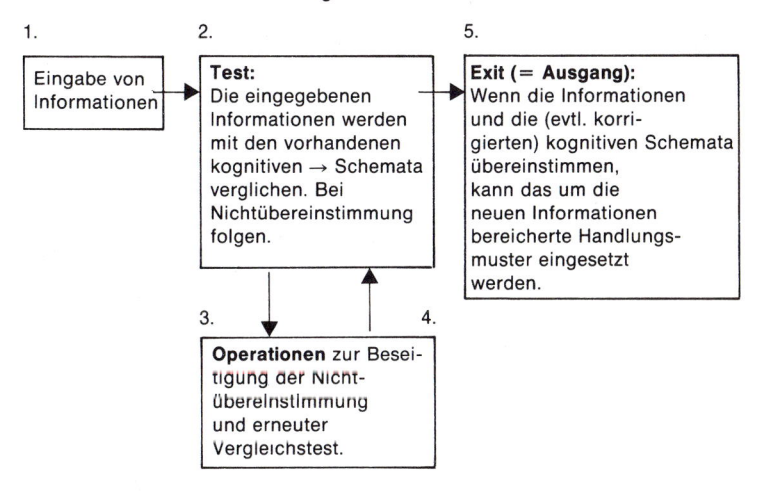

1.
Eingabe von Informationen

2.
Test: Die eingegebenen Informationen werden mit den vorhandenen kognitiven → Schemata verglichen. Bei Nichtübereinstimmung folgen.

3.
Operationen zur Beseitigung der Nichtübereinstimmung und erneuter Vergleichstest.

5.
Exit (= Ausgang): Wenn die Informationen und die (evtl. korrigierten) kognitiven Schemata übereinstimmen, kann das um die neuen Informationen bereicherte Handlungsmuster eingesetzt werden.

Toxikologie

Sie ist die Lehre von den Giften und ihren Wirkungen, den Vergiftungen. Toxische (giftige) Wirkungen auf den Körper haben z. B. zu großer Alkoholgenuß, Rauschgifte u. a.
→ Sucht O

Trainingsmethoden, gruppendynamische

Sie haben sich durch Unterscheidungen in Details zu großer Vielfalt entwickelt. Die folgende Auflistung nach Däumling (1974) weist solche gruppendynamische Trainingsmethoden auf, die sich in Ansatz und Zielsetzung trotz mancher Überschneidungen wesentlich unterscheiden. Die genannten Trainingsmethoden sind in eigenen Abschnitten genauer beschrieben.
1. Skill-Training (Training sozialer Fertigkeiten)
2. Human-Relations-Training (Training zur Verbesserung zwischenmenschlicher Beziehungen)
3. Sensitivity-Training (Selbstwahrnehmung und -erfahrung durch Gruppenerfahrung)
4. Encounter-Training (Begegnungsgruppen)
5. Marathon-Training (konzentrierte Gruppenaktivität)
6. Partnerschaftstraining (Intimität und Aggression)
7. Themenzentrierte interaktionelle Methode (Lebendiges Lernen in Gruppen)
8. Organisationslaboratorien
9. Effizienz-Training (Soziale Kompetenz in Institutionen) K

Bradford u. a. 1972; Yablonsky 1978

Transfer

Wenn Lernen sinnvoll sein soll, muß das Gelernte anwendbar und übertragbar sein und das Erlernen ähnlicher, gleichartiger und auch schwierigerer – auf der vorhergehenden Lernstufe aufbauender – Verhaltensformen erleichtern. Dieses Lernübertragen in Form der Übertragung von Lernergebnissen und Erkenntniswerten von einer Situation auf eine andere bezeichnet man als Transfer. Erfolgt eine Übertragung in die Breite und auf eine Anzahl ähnlicher, jedoch anders gelagerter Situationen, so spricht man von **lateralem** oder **horizontalem Transfer**. Werden jedoch stufenweise anspruchsvollere Voraussetzungen, z. B. Begriffe, Regeln und Gesetze, benötigt, um höhere, komplexere Bereiche und Operationen erfassen zu können, so wird dies als **vertikaler Transfer** bezeichnet.
Jeder Transfer, ob lateral oder vertikal, bewirkt Verhaltensänderungen und kann positiv oder negativ sein. Wirken sich früher erworbene Verhaltensformen und Lernerfahrungen auf nachfolgende zu erbringende Leistungen erleichternd und fördernd aus, so ergibt sich ein **positiver Transfer**, z. B. das Lernen des Multiplizierens mit einem zweistelligen Multiplikator erleichtert die Durchführung mit einem vier- oder fünfstelligen. Handelt es sich um eine Beeinträchtigung der nachfolgenden Lernleistung, und wird das Lernen einer Verhaltensform durch eine vorhergehende nicht gefördert, sondern behindert, so erwächst hieraus ein **negativer Transfer**. Das Lernen lateinischer Grammatik kann z. B. das Lernen englischer Grammatik störend beeinflussen und umgekehrt. Von **Null-Transfer** spricht man, wenn sich weder eine Beeinträchtigung noch eine Erleichterung, sondern eine neutrale Auswirkung auf die nachherige Lernsituation ergibt.

→ Lernzielstufen O

Transparenttechnik

umfaßt das gesamte praxisbezogene Wissen bezüglich der Herstellung und Verwendung von Transparenten für → Tageslichtprojektoren. Transparente für Unterrichtszwecke werden durch Lehrmittelfirmen oder vom Lehrer hergestellt. Neben den Klarsichtfolien sind **Spezialtransparente** mit vorgedruckter Einteilung (z. B. Schreib-, Notenlinien, Millimetereinteilung) auf dem Markt. Als passendes Zubehör sind durchsichtige **Arbeitsgeräte** wie Lineal, Winkelmesser, Geodreieck greifbar. Eine vielseitig verwendbare Form der Transparenttechnik ist mit der **Overlay-Technik** gegeben. Von einem Overlay spricht man, wenn über ein Basistransparent weitere, evtl. auch verschiedenfarbige Transparente gelegt werden. Diese Technik eignet sich für die Darstellung der wesentlichen Etappen von Entwicklungs- oder Arbeitsverläufen in der Form fortschreitender Ergänzung. Für zusätzliche handschriftliche Einträge während des Einsatzes des Overlay-Transparents wird über das vorbereitete Transparent eine Klarsichtfolie gelegt. Um die verschiedenen Overlays gegen ein Verschieben zu sichern, empfiehlt es sich, das Basistransparent auf einen Transparentrahmen aufzubringen und die Overlays am selben Rahmen mit Klebstoff oder Klammern zu befestigen. K

Transvestitismus

Transvestiten empfinden Lustgefühle, wenn sie Kleider des anderen Geschlechts tragen. Sie sind grundsätzlich nicht homosexuell.
→ Perversion O

Traum

Träume unterscheiden sich in ihrer Intensität und kommen vom realistischen Traumerleben mit starkem Wirklichkeitsbewußtsein bis zum Traum in halbwachem oder wachem Zustand vor. Mitunter sind Übergänge zu ungesteuerter Phantasietätigkeit möglich. Je nach Intensitätsgrad des Traumes können Erregungszustände, erhöhter Pulsschlag, Schweißausbrüche usw. auftreten.
Die unbewußt seelischen Vorgänge und halluzinationsartigen Empfindungen und Vorstellungen während des Schlafes, die häufig durch körperliche Reize, durch Erinnerungsreste oder durch im Wachzustand zurückgedrängte oder kontrollierte Triebregungen, Ängste, Wünsche usw. hervorgerufen werden, sind von S. Freud zum erstenmal beschrieben worden.
Die psycho-physiologische Traumforschung hat mit dem EEG (Elektro-Enzephalogramm), das die Messung der Aktionsströme der nervösen Hirnzentren nachweist, festgestellt, daß jeder Mensch träumt.
Durch experimentelle künstliche Verhinderung des Traumes treten seelische Störungen auf.
In der → Psychotherapie wird der Traum als wesentliches Hilfsmittel zum Erkennen unbewußt psychischer Regungen herangezogen.
→ Psychoanalyse O

Trauma

Der Begriff Trauma bezieht sich im medizinischen Bereich auf Wunden, durch äußere Gewalteinwirkung entstandene Körperverletzungen und auf die damit verbundenen Schädigungen. Bei einem schweren Unfall z. B. erleidet der Betroffene nicht selten einen Unfallschock. In der Psychologie steht die Bezeichnung Trauma für eine starke seelische Erschütterung mit nachhaltiger Wirkung wie z. B. Angst, Schreck oder Enttäuschung. O

Treffermethode

Die Treffermethode wird zur Überprüfung der Gedächtnisleistung eingesetzt. Das in Paaren angeordnete Lernmaterial (Wörter, Silben) wird in mehreren Durchgängen eingeprägt. Die Versuchsperson hat in einem weiteren, evtl. in der Reihenfolge veränderten Durchgang den jeweils zweiten Teil der Paare zum genannten ersten aus dem Gedächtnis zu ergänzen. Die Anzahl der Treffer stellt das Maß der Behaltensleistung dar.

→ Gedächtnis K

Trennschärfe

Die Genauigkeit und das Ausmaß, nach dem ein → Test Personen, die sich durch ein bestimmtes Merkmal unterscheiden, voneinander differenziert, ergibt seine Trennschärfe. O

Trial-and-Error-Learning → Versuch-Irrtum-Lernen

Trieb

bezeichnet eine allgemeine, den Organismus antreibende Kraft, deren Ziel je nach Situation die Befriedigung bestimmter Bedürfnisse ist. Je nach wissenschaftlichem Ansatz wird Trieb auf physiologisch grundgelegte Kräfte beschränkt oder auf erlernte Handlungsenergien ausgedehnt. In neuerer Zeit ist das Triebkonzept überhaupt in seiner Gültigkeit umstritten. K

Gründel 1972; Holt 1976; Marcuse 1965; Wiedemann 1974

Triebreduktion

bezeichnet den Vorgang des Abbaus von Spannungen im Organismus, die mit unbefriedigten Bedürfnissen verbunden sind. Der Triebreduktion dienen unmittelbare Bedürfnisbefriedigung und Maßnahmen der → Verstärkung.

→ Motivation K

Trigger-Film

ist nach einem Tagungsbericht von O. Zuber (1978) „ein kurzer Film (z. B. 1–3 Minuten), der dazu dienen soll, eine Diskussion auszulösen und anzuregen; der Name bezieht sich auf das englische Wort „to trigger" für anregen, provozieren".
Um seinen Zweck nicht zu verfehlen, muß ein Trigger-Film einige Kriterien erfüllen:

1. Die dargestellte Lernsituation muß im „Kenntnis- und Erfahrungsbereich des Betrachters" liegen.
2. Der Trigger-Film soll „provokativ und kontrovers" sein, also zum Widerspruch und zur Auseinandersetzung anreizen.
3. Er fordert produktive Denkleistungen (→ Problemlösen).
4. Zur Darstellung eignen sich „positive Modellfälle", offensichtliche Negativbeispiele „oder eine Gegenüberstellung von beiden Fällen".

Der Trigger-Film erweist sich als geeignetes Medium für → schüler- bzw. studentenorientierten Unterricht, in dem der Lehrende von seiner Vermittlerfunktion entlastet wird. Der Lehrende setzt den Trigger-Film im Sinne eines → Impulses ein. Die Auswertung kann unstrukturiert durch selbsttätigen Umgang der Lernenden mit dem angebotenen Material oder durch gezielte Leitfragen strukturiert erfolgen.

O. Zuber erinnert daran, daß es neben dem Trigger-Film noch andere Diskussionsanreger gibt wie z. B. „Bilder und Bilderserien (→ Bild als Unterrichtsmedium), Tonbandaufnahmen (→ Tonband im Unterricht), provokative Fragen oder Statements, → Fallstudien und → Rollenspiele, → Simulationen und Videoselbstkonfrontationen, Dokumente, die Betroffenheit hervorrufen, Multiple-choice-Fragen (→ Multiple-Choice-System), deren Antworten Identifikation mit bestimmten Situationen erfordern".

O. Zuber führt u. a. folgendes Beispiel für einen Trigger-Film an: „Eine Patientin wird ins Sprechzimmer geführt. Der Arzt ist damit beschäftigt, zu schreiben und sieht nicht auf. (Probleme: Ärzte sind oft überbeansprucht – Patienten wollen individuell behandelt werden)." K

Trisomie

bezeichnet eine Chromosomenaberration im Sinne einer Überzahl von → Chromosomen. Sie ergibt sich durch Non-disjunction, d. h., daß zwei gleichartige Chromosomen, die bei der Teilung zu entgegengesetzten Polen wandern sollten, beieinanderbleiben.

→ Genommutation → Klinefelter-Syndrom → Mongolismus K

Trivial- und Alltagsmedien

Unter Trivial- und Alltagsmedien faßt F Wacom (1974) neben den → Massenmedien Gestaltungsformen und Erzeugnisse des Pop, des Kitsch, der Mode und sog. Abfallmaterials, ferner sorgfältig vorbereitete Ausstellungen aller Art mit erläuterndem Begleitmaterial, Sammlungen selbstgefertigter Musikinstrumente u. a., Ausschlachträume, Spielzeug und Tauschaktionen für mannigfache, auch ausgefallene Objekte, Kunst in und an der Schule durch die Hand der Schüler usw. zusammen. K

Trivium → Septem artes liberales

Trotz

äußert sich im frühkindlichen Verhalten, gehäuft im 3. und 4. Lebensjahr (= Trotzalter), v. a. als kurzzeitiger Wutanfall oder als bockiges Sichverschließen. Ursache des Trotzes ist das Erlebnis des Kindes, der Bewältigung

eigener Vorhaben nicht gewachsen zu sein, in seinem Umwelteroberungsdrang auf die Schranken von Geboten und Verboten zu stoßen (z. B. bestimmte Schubläden zu untersuchen) und seine Aktivität durch Erwachsene beeinträchtigt zu sehen (z. B. Abbruch eines Spieles, eines Zoobesuches usw.). Das Trotzverhalten wird durch unangemessene autoritäre Reaktionen der Erwachsenen (z. B. → Strafen) verstärkt und fixiert, während notwendige Konsequenz, Ignorieren des Trotzausbruchs und Maßnahmen zur Erweiterung der kindlichen → Frustrationstoleranz zu seiner Überwindung beitragen. K
Ell 1967; Trier-Samuel 1975; Wieland 1969

Trotzalter → Trotz

True-False-Test
ist eine Testform, die als Antwort vom Lernenden die Entscheidung „richtig" oder „falsch" fordert.
→ Test → Leistungsbewertung O

Turner-Syndrom
bezeichnet eine Chromosomenaberration der Monosomie (Minderzahl an → Chromosomen gegenüber der normalen Anzahl 46), meist in der Form XO statt XY oder XX bei den Geschlechtschromosomen. Der → Phänotyp ist weiblich, durch unreife Entwicklung und vielerlei Anomalien körperlicher und geistiger Art gekennzeichnet.
→ Genommutation K

Tutor
Frei nach B. Eckstein (in: Deutsche Universitätszeitung, Heft 4, 1975) ist ein Tutor eine Lehrperson, die meist mit kleinen Gruppen von Lernenden arbeitet, weder Vorlesungen hält noch Prüfungen abnimmt, sondern Hilfestellung bei Lernprozessen bietet. Da den Tutor ein deutlicher, aber nicht zu großer Informations- und Erfahrungsvorsprung vor seiner Lerngruppe kennzeichnet, umfaßt seine Stellung sowohl Aspekte des Lehrens wie des Mitlernens.
Als Tutor wird im allgemeinen bezeichnet:
1. Ein Privatlehrer, der einen einzelnen Schüler oder eine Gruppe von Schülern unterweist und evtl. auch als Lehrer und Erzieher in der Familie des Lernenden wohnt,
2. Lehrer an einer → Hochschule, die Studenten in ihrer Studienarbeit beraten und mit ihnen fachwissenschaftlich arbeiten,
3. Schüler oder Studenten, die ihr erworbenes Wissen an Mitschüler oder Kommilitonen weitervermitteln.
Vor allem im Hochschulbereich werden neuerdings Tutoren (vgl. Punkt 3) verstärkt eingesetzt. Dort kommen dem Tutor folgende Aufgaben zu:
– Hilfestellung bei der Einigung der Studentengruppe über die Art der Zusammenarbeit

- Hilfestellung zur Überwindung kognitiver Schwierigkeiten
- Anleitung zur Bearbeitung emotionaler Gegebenheiten, die den Lernfortschritt blockieren
- Angebot möglicher Arbeits- und Übungsmethoden
- Funktion als „Blitzableiter" (Eckstein), der „als Sündenbock der Gruppe aktuelles Versagen auf sich nimmt, Frustrationen auf sich ablenkt und so die Gruppe auch bei Schwierigkeiten arbeitsfähig erhält."
- Eher Moderator als Informator: „Der Tutor ist nicht da, um für die Gruppe Lösungen zu wissen, sondern um der Gruppe bei der Suche nach Lösungen zu assistieren!"
- Koordinator: Die Gruppe im Lernfeld halten, dominante Mitglieder bremsen, zurückhaltende verstärken usw.

Diese Tätigkeiten setzen beim Tutor die ständige Reflexion des eigenen Verhaltens und Einübung und gelegentliche Überprüfung der angemessenen Verhaltensweisen in Trainingsseminaren voraus (→ Trainingsmethoden, gruppendynamische). OK

Branahl u. a. 1977; Diepold/Ritter 1975; Eckstein 1978; Hochschuldidaktische Materialien 1977; Marburger Autorenkollektiv; Meyer-Althoff 1974

Tutorensystem → Helfersystem → Tutor

Typologie

Die Typologie, eine Disziplin der Differentiellen Psychologie, verfolgt als Lehre von den Typen die Absicht, die Vielfalt individueller Persönlichkeitsausprägung durch Ordnung in Gruppen übersichtlich zu machen. Die in der klassischen Typologie übliche einseitige Zuordnung von Individuen zu bestimmten Typen wird in der neueren Typenforschung durch eine dimensionale Sichtweise abgelöst, die sich vor allem der Methode der → Faktorenanalyse zur Gewinnung von Merkmalsklassen bedient.

→ Lehrertypen K

Überbehütung

Häufige Ursachen der Überbehütung als einer Fehlform der Erziehung sind Ängstlichkeit, Herrschsucht und der Zwang zur Aufopferung. Als schwerwiegende Folgen mit vielfältigen Sekundärwirkungen ergeben sich beim überbehüteten Kind mangelnde → Frustrationstoleranz, Anpassungsschwierigkeiten, Unselbständigkeit, Unfähigkeit, Konflikte zu ertragen und auszutragen und Schwierigkeiten bei der Kontaktaufnahme.
Um eine Form der Überbehütung handelt es sich auch, wenn Lehrer oder Erzieher mißerfolgsängstliche Kinder mit Aufgaben verschonen, statt durch angemessene, differenzierende Anforderungen die Mißerfolgsängstlichkeit abzubauen. K

Überfachlicher Unterricht

ergibt sich als fächerauflösender, fächerübergreifender Unterricht z. B. durch den → Gesamtunterricht, durch bestimmte → Unterrichtsformen und → Unterrichtsfächer. O

Überforderung → Leistungsdruck → Leistungsschule

Überich → Ich – Es – Überich

Überkompensation

bezeichnet eine aufgrund organischer Defekte bzw. körperlicher Benachteiligung und/oder von Minderwertigkeitsgefühlen erbrachte Leistung, die über das Maß des normalerweise Erwarteten hinausgeht. K

Überlernen

Um Gelerntes zu erhalten und gegen Vergessensprozesse zu sichern, ist ein stetiges Überlernen, ein immerwährendes Üben, eine immanente und systematische → Wiederholung notwendig. Heinrich Roth weist besonders auf die Bedeutung des Überlernens hin und was seiner Meinung nach „vom Leben in Gebrauch genommen wird, ist technisch gesprochen ‚überlernt' und sitzt besonders gründlich". Man unterscheidet demnach das sich durch den täglichen Lebensablauf ergebende „unbewußte Überlernen" und das mit dem Zweck des längeren Behaltens „bewußte Überlernen". Schreiben, Sprechen oder Autofahren, Handlungen, die wir ständig vornehmen, werden „unbewußt überlernt". Für das „bewußte Überlernen" bereits gelernter und wiederholter Stoffbereiche eignen sich besonders die zahlreichen Möglichkeiten programmierter Unterweisung, die → Kriterienprogrammierung und verschiedene → Lernhilfen.

→ Einprägendes Lernen → Lernprogramm → Lernprozeß → Lerntheorien → Listening-Comprehension Practice → Programmierte Instruktion → Übung O

Überstimulierung

Leistungen jeglicher Art, insbesondere auch Schulleistungen, die die Verarbeitung komplexer Regeln und Abläufe verlangen, können mit entsprechender, zunehmender Stimulierung (→ Stimulus) angeregt und erhöht werden, bis sie bei der jeweiligen Person ein gleichbleibendes Maximum erreichen. Wird jedoch die Stimulierung übermäßig durchgeführt, so ergibt sich durch diese Überstimulierung ein merklicher, teilweise sogar drastischer Abfall der psychischen Leistungsfähigkeit.

Gagné 1973[3]; Reinhardt 1970

→ Leistung → Leistungskurve → Schulstreß O

Übertragung

bezeichnet nach psychoanalytischer Auffassung die Verlagerung eines positiven oder negativen Affektbezuges in der psychoanalytischen Situation von einer Bezugsperson in der frühen Kindheit (v. a. in der ödipalen Phase → Ödipuskomplex) auf den Therapeuten. „Als Übertragung bezeichnen wir eine besondere Art der Beziehung zu einer Person; sie ist ein besonderer Typus von Objektbeziehung. Das Hauptmerkmal ist das Erleben von Gefühlen einer Person gegenüber, die zu dieser Person gar nicht passen und die sich in Wirklichkeit auf eine andere Person beziehen. Im wesentlichen wird auf eine Person in der Gegenwart so reagiert, als sei sie eine Person in der Vergangenheit. Übertragung ist eine Wiederholung, eine Neuauflage einer alten Objektbeziehung . . . ein Irrtum in der Zeit." (Greenson, R. R. 1973). Nach Greenson sind die allgemeinen Kennzeichen von Übertragungsreaktionen Unangemessenheit, Intensität, Ambivalenz, Launenhaftigkeit und Zähigkeit.

Die Übertragung im streng psychoanalytischen Sinn beruht auf der besonderen Rollenverteilung zwischen Analytiker und Patient, also auf der Chance des freien, offenen Assoziierens des Patienten und der distanziert-kritischen Haltung des Analytikers.

Von **Gegenübertragung** wird gesprochen, wenn der Analytiker die auf ihn projizierten Affekte des Patienten als auf seine Person zielend aufnimmt, dadurch seine distanziert-kritische Haltung verläßt und sich in seiner Deutung des Patientenverhaltens von eben diesen Gefühlen beeinflussen läßt.

Übertragungen im weiteren Sinne spielen auch außerhalb der psychoanalytischen Situation in zwischenmenschlichen Beziehungen eine große Rolle, insofern in jede neue Begegnung Erfahrungen aus früheren Begegnungen eingebracht werden.

Aichhorn 1974; Beckmann 1974; Bittner 1970; Blomeyer 1976; Brenner 1972; Freud 1972 a/b; Frijling-Schreuder 1969; Laplanche/Pontalis 1973; Meng 1969

→ Psychoanalyse K

Überzeugungswert – Matrix

bezeichnet in E. C. Tolmans → Lerntheorie jene erworbenen und verfügbaren Erwartungen und Werturteile, welche die Verhaltensweisen eines Individuums in jeder Situation mitbestimmen. K

Übung

„Das Üben dient der Automatisierung psychischer Funktionen. Übung ist daher überall dort nötig, wo geistige Akte nicht nur einseitig durchdrungen, sondern bis zur Sicherheit und Geläufigkeit eingeschliffen werden müssen." (Engelmayer 1960[5]) Die Übung dient der Steigerung körperlicher und geistiger Leistungen und dem Erwerb besonderer Kenntnisse und Fertigkeiten. Durch die → Wiederholung, das stetige Üben werden bestimmte Verhaltensweisen erlernt, gesichert und stabilisiert. Diese erleichtern durch ） Transfer den → Lernprozeß. Da Übung eine Vertiefung, eine Intensivierung, ein Festigen von Wissen und Verhaltensformen mit sich bringt, erhält sich im allgemeinen von einer Übungsstufe zur anderen ein Übungsgewinn, der in einer → Leistungskurve festgehalten werden kann. Durch die → Leistungskontrolle als → Feedback läßt sich der jeweilige Übungserfolg feststellen.

Die Übungsfähigkeit ist individuell verschieden und abhängig von geistiger, körperlicher Veranlagung, Umwelteinflüssen aller Art und der psychischen Verfassung. Anlässe zur Übung bieten sich im Schulischen z. B. durch entsprechende › Unterrichtsformen, wie → Fallstudie, → Gruppenunterricht oder → Planspiel, durch → Hausaufgaben, → Schulaufgaben und → Sozialformen des → Unterrichts. Der Begriff Übung bezieht sich bei der klassischen → Konditionierung (Signallernen) auf die Gegebenheit, daß eine → Reiz-Reaktions-Verbindung und bei der instrumentellen Konditionierung eine **verstärkte, bekräftigte** Reiz-Reaktions-Verbindung in der Lernphase mehrmals auftritt.

→ Lernen → Leistung → Signal → Sprachlabor O

Übungskontor → Bürowirtschaftliches Zentrum

Übungsprogramm

Das Übungsprogramm wird im fortschreitenden Lernprozeß in erster Linie zur Sicherung angestrebter und erreichter → Lernziele eingesetzt. Es vertieft durch entsprechende Programme und → Pattern Drills durchgenommene und besprochene Unterrichtsstoffe. Eingesetzt wird es vor allem in Fächern, in denen viel Übung erforderlich ist, wie z. B. in Fremdsprachen.

→ Kriterienprogrammierung → Lehrprogramm → Phaseneinheiten → Sprachlabor O

Umbildung → Umschulung

Umschulung

Der Begriff der Umschulung bezieht sich primär auf die berufliche Umschulung, er wird mitunter auch dann verwendet, wenn ein Schüler von einer Schulart in eine andere Schulart überwechselt, z. B. von der Realschule in das Gymnasium.

Die Ursachen für eine berufliche Umschulung, das Erlernen eines anderen Berufes, können sein: persönliche Berufswünsche, betriebliche Veränderungen, produktionstechnische Umstellungen, strukturelle Wandlungen in Wirtschaftszweigen; Krankheiten und Unfälle, die es verbieten, den bisherigen Beruf weiterhin auszuüben.

Die berufliche Umschulung kann in hierfür anerkannten Betrieben oder überbetrieblichen Einrichtungen, z. B. in privaten Lehranstalten oder Handwerkskammern erfolgen.

Die Dauer der Umschulung ist in der Regel kürzer als eine vergleichbare Lehrausbildung. Die Kosten des Lebensunterhalts und die Ausbildungskosten werden in allen begründeten Fällen für die Dauer der Umschulung vom Staat übernommen.

→ Weiterbildung → Lehrerfortbildung O

Umwegprogramm → Lehrprogramm → Programmierte Instruktion

Umwelt

bezeichnet die Gesamtheit aller äußeren Einflüsse, denen ein Individuum vom Augenblick seiner Zeugung an in je eigener Weise und in bedingendem und veränderndem Wechselbezug ausgesetzt ist. Die Aufgabe erzieherischer Einflußnahme kann nur darin bestehen, an den tatsächlich gegebenen Kind-Umwelt-Bezug anknüpfend dem Kind Hilfen anzubieten, Umweltein-

flüsse und Selbstverwirklichung durch Umweltgestaltung und -veränderung angemessen in Übereinstimmung zu bringen. K
Canter/Stringer 1975; Ehrlich u. a. 1975; Hellbrügge 1964; Montagu 1974; Yarrow u. a. 1975

Unbewußte, das

Das Unbewußte bezeichnet nach psychoanalytischer Auffassung einen Persönlichkeitsbereich, dessen Inhalte – dem Bewußtsein nicht unmittelbar zugänglich – das Erleben und Handeln eines Individuums mitbestimmen. Die im Unbewußten wirkenden Bedürfnisse, Motive, Wünsche usw. gelangen dorthin auf dem Wege der → Verdrängung oder weil sie als bestimmte, nicht auslebbare Ansprüche des → Es durch die Kontrollinstanz des → Ich gehindert wurden, ins Bewußtsein zu gelangen. Es ist Aufgabe des Psychotherapeuten, solche unbewußten Impulse, die bei geschwächter Kontrollinstanz, z. B. bei psychischer Erkrankung, in existentiellen Ausnahmezuständen, in → Träumen und Phantasievorstellungen in ihrer Wirkung offenkundig werden, zu interpretieren und dem Patienten zu helfen, sie in sein Bewußtsein zu heben und zu bearbeiten. Die Bearbeitung des bewußt gewordenen Unbewußten besteht darin, es auszuleben oder angemessene Ersatzbefriedigung zu schaffen oder bewußt auf seine Verwirklichung zu verzichten.

Aeppli 1947; Bassin 1970; Groddeck 1972; Hill 1971; Jung 1950, 1950[5]; Leclaire 1971; MacIntyre 1968; Schur 1973

→ Psychoanalyse K

Underachiever

Der Begriff Underachiever taucht im Bereich der Schulleistungsmessung auf. Er wird für Lernende verwendet, deren Leistungen während ihrer Schul- oder Studienzeit im Vergleich mit dem von ihnen vorher abgelegten umfangreichen Intelligenztest oder Eingangstest auffallend schlechter sind. O

Unifikation

schlägt P. R. Hofstätter (1976) als Bezeichnung für Urteilstäuschungen vor, bei denen im Sinne eines Abwehrmechanismus eine unbestritten gleichsinnige Meinung in einer Gruppe zu bestimmten Problemen nach außen hin unterstellt wird. Unifikation verleiht dem einzelnen Gruppenmitglied also ein Gefühl der Sicherheit und Geborgenheit gegenüber der Gefahr der Vereinsamung mit einer abweichenden Meinung. K

Universität → Hochschule

Unterbewußte, das

Das Unterbewußte wird meist gleichbedeutend dem Vorbewußten verstanden. Es umfaßt alle Vorstellungen, Gedanken, Erfahrungen, Motive usw., die augenblicklich zur aktuellen Daseins- und Problembewältigung nicht benötigt werden und zur Entlastung des Bewußtseins unterhalb der Bewußtseinsschwelle liegen, die aber im Bedarfsfalle jederzeit ins Bewußtsein gehoben und aktiviert werden können. K

Murphy 1973

Unterricht

Unterricht im weiteren Sinne umfaßt Lern-, Kommunikations- und Sozialisationsprozesse, die durch andragogische oder pädagogische → Intentionalität ausgerichtet werden. Er befaßt sich mit jeglicher Übermittlung von Wissen, Können und Fertigkeiten. Wo Unterricht zum gesellschaftlichen Bedürfnis und zur Systemnotwendigkeit geworden ist, wird er institutionalisiert und in → Schulen bzw. Bildungsinstitutionen mit unterschiedlichen Bildungsangeboten durchgeführt. In einer pluralistischen, auf wirtschaftliche und technische Mehrleistung bedachten Gesellschaft, die bestrebt ist, bisheriges Kulturgut zu wahren und auf dieses aufbauend neues zu entwickeln, ist der Schulunterricht ein wesentliches Instrumentarium zur → Erziehung und planmäßigen Bildung des Menschen. Er beabsichtigt: ein nach curricularen Lernzielen ausgerichtetes, für eine entsprechende Zeit vorgesehenes, geplantes, ziel-, zweck- und zukunftsorientiertes, gesteuertes, durch seine Differenzierung die Fähigkeiten des einzelnen und die gesellschaftlichen Notwendigkeiten berücksichtigendes Lehren, Lernen und Erziehen. Der Lehrer hat den Schüler zur Erreichung der unterrichtlichen Ziele zu unterstützen, er hat ihm → Lernhilfen anzubieten, seinen Unterricht didaktisch altersgerecht zu planen und den Schüler zur → Selbsttätigkeit, zum Erkennen von Zusammenhängen usw. zu erziehen und den Weg zur Selbsterziehung zu weisen. Bei der Unterrichtserteilung sind Unterricht und → Erziehung grundsätzlich nicht als getrennte Pflichten dahingehend zu erachten, daß mit Unterricht die „Wissensvermittlung" und mit Erziehung die „Förderung positiver und die Abschwächung negativer Eigenschaften und Einflüsse" zu verstehen seien. „Unterricht und Erziehung bedeuten, daß der Schüler nicht nur die Möglichkeit haben soll, Wissen zu sammeln, sondern daß er dieses Wissen auch in Beziehung setzen kann zu den ihn bewegenden Lebensfragen. Er soll sich dabei selber besser erkennen sowie Anlagen, Eigenschaften und Neigungen. . . . Ziel von Unterricht und Erziehung ist es, den Schüler aus der Führung durch die Lehrer in die Mündigkeit, Selbstverantwortung und Selbstbeherrschung zu entlassen, ihn in die Lage zu versetzen, selbst entscheiden zu können." (Amberg/Schiedermair)
→ Alleinunterricht → Akroamatische Lehrform → Arbeitsunterricht → Darstellender Unterricht → Dialogisches Verfahren → Entdeckender Unterricht → Entwickelnder Unterricht → Epochalunterricht → Erarbeitender Unterricht → Eromatische Lehrform → Exemplarisches Lehren und Lernen → Genetische Methode → Gesamtunterricht → Lehrverfahren → Monologischer Unterricht → Projektunterricht → Unterrichtsformen → Unterrichtsgespräch → Unterrichtsmethode → Unterrichtsplanung → Unterrichtsstil O

Unterrichtsadaption (-adaptierung)

Sie befaßt sich mit der → Anpassung des → Unterrichts an die Besonderheiten (z. B. Alter, Geschlecht, Vorkenntnisse, Begabung) der Lernenden.
→ Adaption O

Unterrichtsanalyse

Sie untersucht und gliedert den Unterrichtsablauf, setzt ihn in Bezug zur → Unterrichtsplanung, zu den Unterrichtsinhalten, den Adressaten, der didaktischen Aufbereitung einschließlich der verwendeten → Unterrichtsformen und den tatsächlich erreichten Lernzielen als Ist-Zustand im Vergleich zum Soll-Zustand. Die Analyse läßt auch Rückschlüsse auf didaktische Stilarten und dahinter liegende Ideologien zu. So wird z. B. in einer Erst- oder Grobanalyse der Unterrichtsablauf so auf das Wesentliche reduziert, daß er leicht überschaubar wird. Hierbei werden didaktische Strukturen wie: Gegenständlichkeit, Aktualität und Modalität herausgearbeitet. Die „Gegenständlichkeit" des in Phasen gegliederten Unterrichtsablaufs kann z. B. durch die Stoffdarbietung des Lehrers, Unterrichtsdialoge, Schülerantworten und -fragen, eingesetzte → Unterrichtsmedien und → Lernhilfen aufgezeigt werden und den Verlauf erkennbar machen. Im Rahmen der „Aktualität" wird festgestellt, welcher Intensitätsgrad durch Anschauungs- und Veranschaulichungshilfen erreicht worden ist. Die „Modalität" untersucht z. B. Denkarten, Kommunikationsgeschehen, die aus dem Unterrichtsgespräch entstandenen Meinungen und Gesprächsbeiträge. Die sich aus „Gegenständlichkeit, Aktualität und Modalität" ergebenden Kenntnisse werden zueinander in Beziehung gebracht unter Berücksichtigung des jeweiligen Lehrerverhaltens. Nach dieser Erstanalyse folgen im allgemeinen weitere auf ihr aufbauende verfeinerte Analysedurchgänge, die auf Grund von → Quer- und → Längsschnittsuntersuchungen der einzelnen didaktischen Phasen den Unterrichtsverlauf voll transparent machen und ziemlich klare Interpretationen zulassen.

Bachmair 1977; Himmerich 1976

→ Didaktische Analyse → Unterricht → Unterrichtsdokumente   O

Unterrichtsdokumente

In Unterrichtsdokumenten wird der äußere, also beobachtbare Ablauf von schulischen Lernprozessen mit Hilfe von Bild- und Tonaufzeichnungsgeräten, meist Fernsehkameras, festgehalten. Die Unterrichtsdokumente ermöglichen als objektives Beobachtungsmaterial Analysen der Unterrichtsverläufe unter ganz bestimmten Aspekten, z. B. unter dem Aspekt des Lehrerverhaltens, der Häufigkeit von Schülerantworten, der verwendeten → Sozialformen des → Unterrichts, der Art der Kooperation einer Lerngruppe. Sie erlauben aber auch einen jederzeit wiederholbaren Einblick in den Gesamtverlauf einer Unterrichtseinheit bzw. in methodische Details wie Motivation, Impuls- und Fragetechnik, Verwendung von Medien usw. Unterrichtsdokumente erweisen sich insofern als ausgezeichnetes Material für die empirische Unterrichtsforschung, für die Aus- und Fortbildung von Lehrern, für die Unterrichtskontrolle vor Ort, also für die Reflexion des Unterrichts durch den ausführenden Lehrer selbst und seine Klasse und für jegliche kritisch wertende Beurteilung von Unterricht.

Deschler 1974; Hoof 1972

→ Unterrichtsanalyse   K

Unterrichtseinheit

Die Planung einer Unterrichtseinheit, die zeitlich nicht unbedingt einer Unterrichtsstunde entsprechen muß, bezieht sich auf einen durch → Lernziele festgelegten Unterrichtsstoff eines Faches, der entsprechend der verfügbaren Zeit didaktisch adressatengerecht begreifbar aufzubereiten ist. Zur Vorbereitung einer Unterrichtseinheit ist es nicht nur notwendig, pädagogische Kenntnisse, sondern auch Kenntnisse der → Didaktik, der → Unterrichtsform, → -prinzipien, → -medien, → Lernhilfen usw. zu besitzen. Das Erstellen einer Unterrichtseinheit steht in engem Zusammenhang mit → Unterrichtsplanung und → Unterrichtsanalyse. Der im → Vorbereitungsdienst befindliche Lehrer hat den Ablauf seiner ersten Unterrichtseinheiten und → Lehrproben an → Lehrdispositionen, → Lehrskizzen oder → Lehrdarstellungen nachzuweisen.

→ Unterricht O

Unterrichtsfassung → Unterrichtsformen

Unterrichtsfeld

Als topologischer Begriff umschreibt er z. B. formale, inhaltliche und zeitliche Phänomene des → Unterrichts und der damit verbundenen Probleme des Lehrens, Lernens und Erziehens.

→ Feldtheorie → Lernen → Erziehung → Kategoriale Didaktik O

Unterrichtsfilm

Der Unterrichtsfilm hat gegenüber dem → Schulfernsehen oftmals den Vorteil perfekter Machart für sich, vor allem dann, wenn er Ereignisse, Vorgänge und Abläufe mit dokumentarischem Charakter aufgreift. Bei Themen, die in Inhalt oder Darstellung auf Aktualität bezogen sind, kann er mit dem Fernsehen nicht konkurrieren, zumal seit dem Einzug der → Videorecorder in die Schulen Fernsehsendungen gespeichert werden können. Die aufwendigere Filmproduktion ist also dort gerechtfertigt, wo es um die Darstellung aktualitätsunabhängiger Themen geht (z. B. historische Dokumentation, Darstellung physikalischer Abläufe, Spielhandlungen). Neuerdings zeichnet sich die Tendenz ab, als ob der meist zu lang geratene 16 mm Unterrichtsfilm durch den Single-Film (Lernkurzfilm, Super 8) abgelöst würde.
Von ihrer Verwendung her sind Unterrichtsfilme und Fernsehmitschnitte gleicherweise sehr vielfältig einsetzbar, z. B. als motivierender Einstieg, als zentrales lernprozeßsteuerndes (evtl. sogar arbeitsteilig auszuwertendes) Arbeitsmittel, als Zusammenfassung, Exkurs, Demonstrationsmaterial, informierende Quelle.

Die methodische Variabilität von Film und Fernsehen weist H. Heinrichs (1972) eindrucksvoll nach durch einen schlagwortartigen Katalog von Einsatzarten und Auswertungsmöglichkeiten, den er bei der Behandlung des Fernsehens anbietet, der jedoch gleicherweise für den Film gültig ist:
– ,,Unterrichtsgespräch als Herausstellen des Wesentlichen
– Diskussion über aufgetretene Probleme (auch als Podiumsdiskussion)

- Zeichnerische Darstellung einer Szene oder eines Kernbereichs
- Erweiterung oder Vertiefung der Information durch Multimedia-System (z. B. Lernkurzfilm, Transparente, Tonband, Schallplatte, Lernprogramm, Anschauungsmittel u. a.)
- Ergänzungslektüre (Literatur, Zeitung, Illustrierte, Berichte u. a.)
- Studium einer Karte im Atlas oder über Overheadprojektion
- Arbeit am Sandkasten
- Ausführen einer in der Sendung angebotenen Arbeitsanweisung (z. B. Werken, Kunsterziehung)
- Schülerexperiment im Anschluß an die auf dem Bildschirm erschienene Experimentaldemonstration
- Darstellendes Spiel als Gestaltung des Kernproblems oder von Teilproblemen
- Gruppenunterrichtliche (arbeitsgleiche oder arbeitsteilige) Erarbeitung des Fernsehthemas
- Partnerschaftliche Übungen
- Wortschatzübungen
- Kurzaufsatz mit Erzählkern
- Durcharbeiten der von den Schülern während der Sendung angefertigten Notizen
- Schülerreferat zum Sendethema
- Analyse der Sendung auf Rollfolie des Overheadprojektors
- Thematische Exkursion."

Film und Fernsehen bergen wie kaum ein anderes Medium die Gefahr in sich, die Lernaktivität der Schüler auf bloßes Konsumieren und Reproduzieren einzuschränken. Es muß deshalb gelingen, die mit Film und Fernsehen auch gegebene Chance der Einübung in optimale und umfassende Anschauung, an der alle geistigen Fähigkeiten des Lernenden aufnehmend beteiligt sind, mit einer Aktivierung derselben geistigen Fähigkeiten zu produktiven und kreativen Lernakten zu verbinden. Es geht ferner darum, die manipulierende, aber unumgängliche Sekundärerfahrung über Medien kritisch zu hinterfragen zu lernen.

Heinrichs schlägt zur Entfaltung der Selbsttätigkeit der Schüler folgende Maßnahmen vor:

„Der Schüler sollte
- das Bildschirmangebot selbsttätig ordnen
- den weiteren Unterrichtsweg selbst bestimmen
- die daraus folgenden Arbeitsziele selbst vorschlagen
- selbst Kontrollen einbauen
- in Gruppen-, Partner- oder Einzelarbeit manuelle und geistige Vorhaben zur Vertiefung des Sendethemas selbst entwerfen und durchführen."

Für Lerngruppen, die mit Medien vertraut sind und die gewohnt sind, sich mit Medienangeboten kritisch auseinanderzusetzen, könnte die Vorschlagliste noch erweitert werden:
- Die Schüler werden in die didaktische Analyse zur Auswahl der geeigneten Software einbezogen,
- sie unterstützen den Lehrer bei der Zurüstung der Software für einen klar definierten Lernprozeß oder übernehmen dieselbe in eigene Regie (Teamarbeit),

Unterrichtsformen

- sie kümmern sich in eigener Verantwortung um Mitschnitt von Hörfunk- und Fernsehsendungen, um rechtzeitige Bestellung von Hardware und Software bei der Mediothek der Schule bzw. bei den öffentlichen Verleihstellen und um die Organisation einsatzbereiter technischer Voraussetzungen,
- sie koordinieren verschiedenartige Medienangebote, die Ergebnisse arbeitsteiligen Lernverfahrens und den Meinungsaustausch in Sozialphasen des Lernens.

Eine derartige Aktivität der Schüler kann als Hochform medienorientierten Lernens bezeichnet werden, die nur mit viel Geduld und schrittweiser Einübung in medienspezifische Arbeitstechniken zu erreichen ist. K

Köck 1977[2]

Unterrichtsformen

gehören in den Bereich der Methodik und bezeichnen den organisatorischen Rahmen einer Lerneinheit oder Unterrichtsstunde, der von den gegebenen Lernbedingungen wie Art der → Lernziele, Struktur des → Lerninhalts, beherrschte Lehr- und Lernstrategien und der vorhandenen → Unterrichtstechnologie bestimmt wird. Je nach Betonung der Lehrer- oder Schüleraktivität im Unterricht ergibt sich folgende Übersicht über die Unterrichtsformen (URF):

Übersicht über die Unterrichtsformen (URF)

Darstellende URF	Erarbeitende URF	Entdecken-lassende URF
darbietend	a) entwickelnd	a) kurzphasiges schüler-kooperierendes Verfahren
	b) Impuls-UR	b) langphasiges schüler-kooperierendes Verfahren
	c) aufgebend	c) dialogisches Verfahren

Lehreraktivität ◄——— wechselseitige Bedingtheit ———► Schüleraktivität

◄——————————————————————

◄————————— Schüler —————————

Tendenz zu
- Re-zeptivität
- Re-produktion
- Re-aktivität

Tendenz zu
- Produktivität
- Kreativität

Erläuterung:
Je weiter nach links eine URF auf dem Kontinuum Lehrer-Schüler-Aktivität angeordnet ist, desto mehr dominiert der Lehrer im Unterricht, und desto mehr befinden die Schüler sich in aufnehmenden Lernhaltungen. Umgekehrt tritt z. B. bei schülerkooperierenden Verfahren der Lehrer teilweise oder völlig zurück und entläßt die Schüler – selbstverständlich mit der nötigen Ausrüstung an Material und Arbeitstechniken – in die selbsttätige Bearbeitung eines Problems.
In der Unterrichtspraxis treten meistens mehrere Unterrichtsformen kombiniert in einer Lerneinheit oder Unterrichtsstunde auf, z. B. die darbietende URF, die in die aufgebende URF übergeht, oder die → Impuls-URF, die in die kurzphasige schülerkooperierende URF mündet usw. Die Wahl der jeweiligen URF darf nicht durch Zufall oder unter dem alleinigen Gesichtspunkt des methodischen Wechsels erfolgen. Es muß vielmehr jene URF gewählt werden, die unter den Planungskriterien Lernziele, Lerninhalt, Methoden, Medien, Schüler und → Unterrichtsökonomie möglich und angemessen erscheint.
Als synonyme Bezeichnungen für Unterrichtsform werden z. B. verwendet: Lehr- und Lernform, Lehrgestalt, Lehrfassung, Lehrrahmen, Unterrichtsfassung, Unterrichtsrahmen.
Demgegenüber sind die URF sorgfältig abzugrenzen gegen die Lehr- und Lernstufen (→ Artikulationsschemata des Unterrichts), gegen Unterrichtsverfahren im Sinne methodischer Einzelakte und gegen → Sozialformen des Unterrichts. Gerade letztere werden in Lehre und Literatur oftmals fälschlich mit den URF vermengt dargeboten, während sie eigentlich die Organisation von Lernprozessen unter sozialen Gesichtspunkten bezeichnen, insofern also innerhalb des Rahmens einer gewählten URF verwirklicht werden.

Vogel 1974

→ Unterricht K

Unterrichtsgespräch

Der → Arbeitsunterricht hat das Unterrichtsgespräch zu neuer Geltung gebracht. Es werden drei Formen des Unterrichtsgespräches unterschieden:
– das freie vom Schüler geleitete Unterrichtsgespräch, bei dem der Lehrer vollkommen zurücktritt und auch nicht als gleichberechtigter Diskussionspartner auftritt
– das freie, vom Lehrenden mitgesteuerte Unterrichtsgespräch, an dem der Lehrer als gleichberechtigter Partner teilnimmt und auch Leerläufe, Oberflächlichkeit und Fehlleitungen im Gespräch zu vermeiden sucht
– das gebundene Unterrichtsgespräch, das der Lehrer selbst leitet und führt
Das Unterrichtsgespräch kann spontan innerhalb jeder Form des Unterrichtsablaufes, insbesondere der Stufe der Stofferarbeitung auftreten und zu neuen → Impulsen und → Stimuli Anlaß sein. Das Gelingen von Unterrichtsgesprächen hängt von verschiedenen Voraussetzungen ab. Einige wesentliche sind: der Schüler sollte auf die Durchführung von Unterrichtsgesprächen vorbereitet und für sie soweit möglich rhetorisch geschult sein; die

Unterrichtsgrundsatz 544

Themenstellung darf sich nicht mit vollkommen fremder Materie befassen, eine verständliche, selbständige Meinungsbildung ist anzustreben; Temperament und Typen der Schüler sind beim Ablauf der Diskussion zu berücksichtigen; der Lehrer hat mit Umsicht zu leiten, auszugleichen und zu regulieren; die Schülerzahl sollte nicht über 25 liegen.
Eine Anzahl von Lehrformen, wie z. B. die → Fallmethode, das → Planspiel, der → Gruppenunterricht veranlassen, daß die gefundenen, erarbeiteten Gruppenergebnisse im Unterrichtsgespräch gegenübergestellt werden und die Lösungswege und Ergebnisse allen Lernenden zugänglich gemacht werden.

→ Unterricht → Unterrichtsplanung O

Unterrichtsgrundsatz → Unterrichtsprinzip

Unterrichtshygiene → Schulhygiene

Unterrichtslehre
Als die Lehre vom Unterricht behandelt sie als allgemeine Unterrichtslehre, → Didaktik, die Gesamtheit der → Lehrverfahren, → Unterrichtsformen, → Unterrichtstechnologie, Aufgaben, Bedingungen und faktorielle Beeinflussung des Unterrichtsgeschehens. Als besondere oder spezielle Unterrichtslehre, → Fachdidaktik, befaßt sie sich mit den in den einzelnen Fächern zu setzenden → Lernzielen und all den das Einzelfach betreffenden Faktoren in bezug auf den Unterrichtsablauf.

→ Unterricht → Unterrichtsplanung O

Unterrichtsmedium
Unterrichtsmittel und Unterrichtsmedium werden häufig sinngleich verwandt. Es dient als traditionelles oder modernes technisches Unterrichtsmittel als Vermittler und Informationsträger zur Veranschaulichung, Bereicherung und Ergänzung des → Unterrichts und wird zur Erreichung angestrebter → Lernziele und zur Vermittlung von → Lerninhalten benötigt. Traditionelle Unterrichtsmedien sind z. B.: Tafel, Lehrbuch, Landkarten, Schaubilder, Modelle, Dokumente. Moderne technische Unterrichtsmedien sind z. B. Dia-Projektor, Sprachlabor, Band- und Plattengeräte und die dazugehörige → Software.

→ Lehrprogramm → Medien → Mediendidaktik → Lernhilfe → Lehrmittel O

Unterrichtsmethode
bezeichnet ein geregeltes Verfahren, nach dem Unterrichtsstoffe unter Berücksichtigung aller didaktischen Faktoren schülergerecht in Unterrichtseinheiten gegliedert werden, und eine Verfahrensweise, mit der die unterrichtlichen Lernprozesse auf Grund vorgesehener → Lernziele und → Unterrichtsprinzipien beeinflußt werden.
Peter Menck stellt fest, daß sich die Unterrichtsmethoden auf verschiedenen Ebenen didaktischer Entscheidungen identifizieren lassen als:

- Makroorganisation von Lernprozessen, z. B. → Leistungsbewertung, Abschlüsse; all das, was durch eine öffentliche Schulorganisation festgelegt ist
- Lehrmethoden, → Unterrichtsformen
- Unterrichtliche Techniken.

Wolfgang Klafki stellt zusammengefaßt folgende Schwerpunkte für die Unterrichtsmethode heraus:
Abhängigkeit von Zielsetzung (→ Lernzielen) und Thematik; Großgliederung (Rahmenplanung) des Unterrichts; Gliederung einer Unterrichtseinheit; Sozialformen des Unterrichts; Aktionsformen des Lehrens und → Lernens; technisch-organisatorische Voraussetzungen des Unterrichts; → Medien des Unterrichts.

→ Formalstufen → Unterricht → Unterrichtsplanung → Lehrverfahren → Sprachlabor O

Unterrichtsmethodik

Sie ist eine Teildisziplin der → Erziehungswissenschaften, die sich mit den Formen der → Unterrichtsmethoden auseinandersetzt.

→ Unterricht → Unterrichtsplanung → Unterrichtsgespräch O

Unterrichtsmitschau

ermöglicht mit Hilfe technischer Systeme (Film- bzw. Fernsehtechnik) die Aufzeichnung von Unterrichtsverläufen bzw. ihre Übertragung in andere Räume, z. B. Hörsäle. Sie arbeitet mit beweglichen oder/und fest installierten Aufzeichnungsgeräten, wobei den letzteren wegen des geringeren Störeffekts für die Lerngruppe der Vorzug zu geben ist.
Die Unterrichtsmitschau dient vor allem der Produktion von → Unterrichtsdokumenten für die empirische Unterrichtsforschung und für die → Aus- und → Fortbildung der Lehrer. Als Life-Übertragung bietet sie einer beliebig großen Zuschauerzahl die Gelegenheit beobachtender Teilnahme an einem aktuellen Unterrichtsgeschehen. Die dabei heute fast immer übliche Magnetbildaufzeichnung mit dem → Videorecorder erlaubt eine jederzeit wiederholbare Betrachtung des Unterrichtsprozesses im Ganzen oder in Details für eine kritische Reflexion.

→ Unterricht K

Unterrichtsmittel → Lehrmittel → Unterricht → Unterrichtsmedium

Unterrichtsmodell

Ein Unterrichtsmodell umfaßt den Ablauf einer Unterrichtsstunde bzw. einer → Unterrichtseinheit oder → Lehrsequenz. Es kann als Vergleichsmodell oder konkretes Modell erstellt werden und sich schwerpunktmäßig an entsprechende → Unterrichtsstile (autokratischer-, dominativer-, sozial-integrativer Unterrichtsstil) anlehnen. Das Modell ist von den zu berücksichtigenden Lernzielen, den verwendeten → Unterrichtsformen, → Lehrverfahren, → Medien und anderen Faktoren abhängig. Während des Vorbereitungsdienstes werden Modelle in Form von → Lehrdispositionen, → Lehrskizzen und → Lehrdarstellungen erarbeitet.

→ Unterricht → Unterrichtsplanung O

Unterrichtsökonomie

Allgemein formuliert ist es das Anliegen der Unterrichtsökonomie, durch die überlegte Organisation von Lernprozessen einen größtmöglichen Lernerfolg bei geringstem Aufwand zu erzielen. Ein Lernprozeß kann also als ökonomisch bezeichnet werden, wenn er nach dem Aufwand an Lernzeit, didaktischem Material und Geforderheit des Lehrenden mit feststellbarem Effekt dem Aufbau von Qualifikationen, d. h. von Fähigkeiten, Fertigkeiten, Einsichten, Kenntnissen usw. dient. Für die Auswahl des Lerninhaltes ist bestimmend sein exemplarischer Charakter, der ihn legitimiert als Grundwissen, als Aufhänger oder Angelpunkt, als Material für die intensive Einübung einer Fähigkeit für Lerninhalte gleicher oder ähnlicher Art zu stehen, die dem Lernenden in Eigenverantwortung zur selbständigen Bewältigung überlassen werden müssen.

Die beschriebene, durch die Gewichtigkeit des jeweiligen Lerninhalts bedingte Ökonomie von Lernprozessen muß der Lehrende auch beim Einsatz eines Mediums als Überlegung in seine didaktischen Entscheidungen mit einbeziehen. Damit ist aber erst eine Seite eines ökonomischen Mediengebrauchs bedacht, nämlich die der individuellen Lerneffizienz des einzelnen Lernenden hinsichtlich eines ganz bestimmten Lerninhaltes. Die Medien müssen zu ihrer Legitimation darüber hinaus aber noch mehr an ökonomischen Vorteilen einbringen. Im wesentlichen müssen sie zusätzlich auf zwei Fragen eine befriedigende Antwort geben:
– auf die Frage nach der dem Lerninhalt angemessenen und d. h. eben auch ökonomischen Methode
– und auf die Frage nach dem tatsächlichen Grad ihrer entlastenden Leistungen für den Lehrenden.

→ Unterricht → Medien K

Unterrichtsorganisation

ist der vom Lehrenden, auch in Verbindung mit dem Lernenden, möglichst präzis geplante Unterrichtsprozeß in → Lehr- und → Lernsequenzen bzw. in Lernphasen oder → Unterrichtseinheiten nach verschiedenen didaktischen Konzepten unter Einbeziehung der nach dem jeweiligen → Curriculum zu berücksichtigenden → Lernziele.

→ Unterrichtsplanung → Unterricht O

Unterrichtspathologie

Sie befaßt sich mit Sinnverfehlungen und Abnormitäten des Unterrichtsgeschehens.

→ Unterricht O

Unterrichtsplanung

Unterrichtsvorbereitung und Unterrichtsplanung werden häufig als synonyme Begriffe verwendet. Jedoch sollte bei der Unterrichtsplanung die Rahmenplanung und Phasenplanung unterschieden werden. Die **Rahmenplanung** orientiert sich über längere Zeiträume hinweg (Halbjahr, Semester oder auch Schuljahr), berücksichtigt die Entwicklung des Schülers von der

Unterrichtsplanung

Vergangenheit her, befaßt sich mit dem Jahresstoffplan, dem für das jeweilige Schuljahr vorgegebenen → Curriculum, den vorzusehenden schriftlichen Prüfungen, → Tests, Besichtigungen, Erkundungen; Medien, die rechtzeitig zu beschaffen sind, mit der Eingliederung der Unterrichtsfächer in den Stundenplan unter Berücksichtigung der Fächerprioritäten, der Ermüdungswerte der Schüler usw. Sie bezieht von den bisher bekannten schulischen Erfahrungswerten über Vorbereitung, Unterrichtsdurchführung einschließlich didaktischer Faktoren und Unterrichtskontrolle mit → Leistungsbewertung alle für einen positiven Schulablauf notwendigen Überlegungen bis zur Nachbereitung und Reflexion mit ein. Die **Phasenplanung,** die in kürzeren Zeitabschnitten (Woche, Monat) disponiert, setzt z. B. Zäsuren im durchzunehmenden Unterrichtsstoff, legt feste Termine für Schulaufgaben und für längere Zeit in Anspruch nehmende Hausaufgaben fest, plant fächer- und klassenübergreifenden Unterricht durch Verfahren wie → „Team-teaching" oder sieht die Koordinierung von Unterrichtsstoffen in Klassen der gleichen Jahrgangsstufe vor, um zu einem im voraus bestimmten Zeitpunkt koordinierte Schulaufgaben zu stellen und die Grundlage zu einer vergleichenden Leistungsmessung und → Leistungsbewertung zu schaffen.

Die **Unterrichtsvorbereitung** selbst hat sich intensiv mit den Faktoren des Lernfeldes, insbesondere mit der Subjekt-Objekt-Bezogenheit und -Begegnung zu befassen. Faktoren des Lernfeldes sind z. B. → Unterrichtsform, → Lehrverfahren, → Medien, Zeit, Raum, Lehrer, Schüler, Sozialformierungen, Rückwirkung des Lernaktes. Noch immer kann und wird eine Reduktion der Unterrichtsvorbereitung auf die beiden Fragen vorgenommen: „**Was** soll erreicht werden und mit welchem Stoff?" „Wie bringt man die Sache vor den Schüler und mit welchen Hilfen?" Der Lehrer hat sich bei der Vorbereitung auf eine → Unterrichtseinheit über den Stoff zu informieren und muß die im → Curriculum vorgesehenen → Lernziele (→ kognitiver, affektiver, psychomotorischer Bereich) berücksichtigen, er hat über Teilzielabgrenzungen, Vertiefungs- und Übungsmöglichkeiten z. B. durch Tests, über den entsprechenden Medieneinsatz zur Veranschaulichung oder Anschauung, über evtl. technische Vorbereitungen und über das von den Schülern benötigte Arbeitsmaterial nachzudenken. Er wird sich bei der Wahl der Unterrichtsform und des Lernverfahrens und der gezielten Aufgliederung des Stoffes auch Gedanken machen über die Sozialformierung, das vorhandene Schülerwissen, den Leistungsstand, das Aufnahmevermögen der Schüler und über die altersgerechte didaktische Aufbereitung.

Um Planung und Vorbereitung fach- und sachgerecht in einen logischen Ablauf bringen und Aufgaben und Ziele transparent machen zu können, bedarf es der schriftlichen Unterrichtsvorbereitung. Sie kennt heute folgende Möglichkeiten, die je nach Situation, Anforderung und Bedürfnis zu verwenden sind: die → Lehrdisposition, die → Lehr- oder Unterrichtsskizze, die → Lehrdarstellung und das eine Unterrichtseinheit umfassende Programm.

Edelmann/Möller 1976; Eigler u. a. 1977; Fuchs 1974; Keck 1975; Messer u. a. 1974; Meyer 1973; Peterßen 1975

→ Didaktische Analyse → Lehrprogramm → Strukturmodelle der Didaktik → Unterricht O

Unterrichtsprinzip

Prinzipien sind grundsätzlich etwas Vorgegebenes, Übergeordnetes und stellen als Unterrichtsprinzipien allgemeine wesentliche Grundsätze dar, die für das Lehren, das Unterrichten und Lernen als einflußnehmende Faktoren gelten. Unterrichtsprinzip und Unterrichtsgrundsatz werden heute synonym gebraucht. Die deutsche Sprache stellt z. B. ebenso ein in andere Fächer zu integrierendes Unterrichtsprinzip dar wie auch die ständig zu berücksichtigende Anschaulichkeit bei Erklärungen im Unterrichtsverlauf. Weitere Unterrichtsprinzipien sind z. B. Lebensnähe, Praxisnähe, Toleranz, Transparenz, Berufsbezogenheit, Umwelterziehung.

Brunnhuber 1972

→ Lernfeld → Unterricht → Unterrichtsziel O

Unterrichtsrahmen → Unterrichtsformen

Unterrichtssequenz → Lehrsequenz → Sequenz

Unterrichtsskizze → Lehrskizze

Unterrichtssoziologie

Sie kümmert sich um die in der Lehr-, Unterrichts- und Lernsphäre aufweisbaren zwischenmenschlichen Prozesse und stellt bezogen auf den Gesamtbereich → Unterricht und Unterrichtsgeschehen eine Mensch-Mensch-Sach-Relation her.

→ Soziologie O

Unterrichtsstil

Grundsätzlich werden folgende Unterrichtsstile unterschieden:
1. autokratischer Unterrichtsstil
2. dominativer Unterrichtsstil
3. sozial-integrierter Unterrichtsstil

1. Der **autokratische Unterrichtsstil** veranlaßt ein Verhalten, das durch ein durch den Lehrenden oder Gruppenleiter vorgezeichnetes, mit Anordnungen versehenes Programm bestimmt ist und dem Lernenden keine Möglichkeit gibt, eigene Wünsche oder Vorschläge zu äußern.
2. Der **dominative Unterrichtsstil,** auch **dominanter Erziehungs- bzw. Unterrichtsstil** genannt, kommt dem autoritären Führungsstil gleich. Er ist durch ein großes Ausmaß an Lenkung und Kontrolle des Lernenden durch den Lehrer gekennzeichnet. Der Lernende erhält ein Minimum an Information für die jeweils folgenden Handlungsschritte und -techniken.
3. Der **sozial-integrative** Unterrichtsstil läßt sich untergliedern in den **aktiv-sozial-integrativen** Verhaltensstil, dem der **demokratische oder kooperative** Führungsstil gleichgesetzt werden kann, und in den **passiv-sozial-integrativen Verhaltensstil,** dem der sog. **Laissez-faire-Stil** entspricht.
Der **aktiv-sozial-integrative** Unterrichtsstil bezieht den Lernenden in den

Ablauf des Unterrichts aktiv mit ein und ermöglicht ihm, mitzuplanen, Entscheidungen im Rahmen des unterrichtlichen Geschehens, z. B. im Gruppenunterricht oder → Planspiel zu treffen. Der Lehrer fungiert bei der Gruppenarbeit als Gruppenmitglied und beschränkt seine Anordnungen auf ein Mindestmaß. Beim **passiv-sozial-integrativen** Unterrichtsstil reagiert der Lehrer oder Gruppenleiter nur, wenn er von den Gruppenmitgliedern angesprochen wird. Gruppen- und Eigeninitiative stehen hier im Vordergrund. Der Lehrende hat lediglich eine Hilfsfunktion zu erfüllen.

→ Erziehung → Erziehungsstile → Unterricht   O

Unterrichtsstufen → Lehrverfahren

Unterrichtstechnologie

Sie ist ein Teilbereich der → Bildungstechnologie. Ihrem speziellen Aufgabenbereich entsprechend befaßt sie sich mit geplanten Lernprozessen für einen bestimmten Adressatenkreis (z. B. Geschichts- oder Mathematikunterricht für Schüler der 5. Jahrgangsstufe), insofern diese Lernprozesse durch technische → Medien angereichert (Enrichment-Funktion) oder gesteuert (Medien als ,,Funktionsträger'') sind.

Dresing 1972–; Flechsig 1969; Frank 1969, 1975; Freund 1973; Holstein 1974; Issing/Knigge-Illner 1976; Köck 1977[2]; Schöler 1971–; Teschner 1973

→ Bildung → Unterricht → Unterrichtsplanung   K

Unterrischtsverfahren

Zu den Unterrichtsverfahren gehören im Rahmen des Curricularen Lehrplanes die → Lernorganisation, die → Methodik, die → Medien und die für den Unterrichtsablauf notwendige Zeitplanung.

→ Lehrverfahren → Unterricht   O

Unterrichtsvorbereitung → Unterricht → Unterrichtsplanung

Unterrichtsziel

Es ist die Beschreibung eines erreichten oder angestrebten Endverhaltens, das durch → Unterricht und → Erziehung kurzfristig oder langfristig erzielt und überprüfbar gemacht werden soll. Schlieper (1956) geht davon aus, daß die Erreichung des Unterrichtsziels durch die Beachtung folgender Prinzipien der Unterrichtsarbeit garantiert wird:
Stoffbeherrschung, Kraftentfaltung und Persönlichkeitsformung.
Hieraus bietet sich die Untergliederung des ganzheitlichen Unterrichtszieles in drei Teilziele an:
das materiale (abgeleitet vom Prinzip der Stoffbeherrschung), das formale (. . . Kraftentfaltung), das ethische (. . . Persönlichkeitsformung) Unterrichtsziel. Nach den modernen Curriculumtheorien entsprechen Unterrichtsziele → Lernzielen (z. B. Leitziel oder Globalziel, Richtziel, Grob- und Feinziele)

→ Erziehungsziel   O

Unterscheidungslernen → Diskriminationslernen

Unvollständige Familie
Von unvollständigen Familien oder Unvollständigkeit einer Familie spricht man, wenn Eltern getrennt leben oder geschieden sind, ein Elternteil verstorben ist, eine grundsätzlich nicht heilbare Erkrankung eines Familienmitgliedes vorliegt und dieses auf Dauer von seinen Angehörigen getrennt leben muß, wenn die Mutter nicht verheiratet ist oder der Vater alleine für das Kind zu sorgen hat. Häufig sind Kinder aus unvollständigen Familien sozial benachteiligt. Ihre seelische, geistige, mitunter auch körperliche Entwicklung ist meist problemreich und verläuft langsamer.

→ Familie → Familienerziehung → Familientherapie O

Urteil
Das Urteil ist die Behauptung einer Beziehung, eines Verhältnisses zwischen Begriffen. Es zerlegt einen Gedanken in seine begrifflichen Bestandteile und kann als Hauptform des analytischen Denkens angesehen werden.

→ Analyse → Schluß O

Urteilsformen im Unterricht
bezeichnen jene alltäglichen Vorgänge in der Unterrichtspraxis, bei denen der Lehrende versteckt oder offen, bewußt oder unbewußt Urteile den Schülern gegenüber zum Ausdruck bringt.
Als Urteilsformen kommen z. B. in Betracht:
- Der → Erziehungsstil des Lehrers, der seine grundsätzliche Einstellung gegenüber den Schülern als Personen erkennen läßt und der sich z. B. in Wertschätzung und Mitspracherecht, aber auch in Nichternstnehmen und Ironie niederschlägt.
- Die Art und Weise der → Verstärkungen von seiten des Lehrers, also z. B. Lob, Tadel, Ignorieren, Abwerten usw.
- → Reversibilität (= Umkehrbarkeit) und → Irreversibilität (= Nichtumkehrbarkeit) der Lehrersprache.

Es ist längst erwiesen, daß die dargestellten Urteilsformen Atmosphäre und Verlauf des Unterrichts wesentlich beeinflussen. Ebenso ist längst bekannt, daß der Lehrer seine diesbezüglichen Verhaltensweisen durch → Trainingsformen aufbauen und gegebenenfalls auch ändern kann. K

Grell 1976[6]; Heimann u. a. 1975

Valenz
Sie stellt eine Bewertung, eine Wertigkeit oder Wertung dar und wird auch im gleichen Sinne wie der Begriff Aufforderungscharakter verwendet. Nach K. Lewin ist die Valenz die Bezeichnung für die Gewichtigkeit von Wahrnehmungsgegenständen, die vorhandene gewollte Bedürfnisse anspricht und dadurch zu entsprechenden Verhaltensweisen anregt. O

Validierung → Validität

Validität

1. Validität, wörtlich übersetzt Gültigkeit, gilt neben → Relevanz, → Objektivität und → Reliabilität als unverzichtbares Gütekriterium für Forschungsverfahren und der mit ihnen erzielten Ergebnisse. Validität fragt z. B. danach, ob das gewählte Verfahren dem Zweck des Forschungsvorhabens überhaupt angemessen ist und gültige Ergebnisse bringen kann. Nach Campbell (1957) wird zwischen der internen und externen Validität unterschieden:
   - Die **interne Validität** prüft die Gültigkeit der ausgewählten Verfahren in bezug auf das aktuelle, vorliegende Forschungsvorhaben. Dabei sind wiederum drei Aspekte zu beachten:
     a) Die Inhaltsvalidierung bezieht sich auf ,,die inhaltliche Überprüfung des Verfahrens selbst" (Mollenhauer/Rittelmeyer 1977).
     b) In der außenkriterienbezogenen Validierung wird das Verfahren z. B. durch einen Test auf seine Tauglichkeit überprüft.
     c) Die Konstruktvalidierung fordert die Überprüfung des Verfahrens in bezug auf sein theoretisches Konzept.
   - Die **externe Validierung** fragt danach, inwieweit die gewählten Verfahren über die aktuelle Forschungssituation hinaus auch für andere Forschungssituationen gültig sind. Es geht also hier um die Problematik der Repräsentanz und der → Generalisierung von Verfahren und Forschungsergebnissen. Da sich z. B. nach Mollenhauer/Rittelmeyer (1977) keine zwei sozialen Situationen gleichen, kann es dabei allemal nur um die Übertragung wesentlicher Merkmale gehen. Nach K. Holzkamp (1964) wird bezüglich der Repräsentanz unterschieden zwischen **Subjekt-Repräsentanz** (= Übertragbarkeit von Forschungsergebnissen auf andere Personen oder Gruppen außerhalb der ursprünglichen Forschungssituation), **Umgebungs-Repräsentanz** (= **Übereinstimmung in den Gegebenheiten der Umgebung zwischen der Untersuchungssituation und der externen Anwendungssituation) und Handlungs- bzw. Erlebnisrepräsentanz** (= Entsprechung im Handeln und Erleben in der Forschungssituation und den Situationen außerhalb des Forschungsfeldes).
2. Validität im Bereich der Organisation von Lehr- und Lernprozessen bezeichnet die Genauigkeit, Zweckmäßigkeit und Richtigkeit eines in einer Einheit an den Lernenden herangebrachten Lehrstoffes. Sie überprüft den Ablauf und mißt nach entsprechenden Verfahren das, was z. B. von einer lernzielorientierten Unterrichtseinheit oder einem Test erwartet wird und gefordert werden soll. Die Validierungskriterien sind weitreichend und unterschiedlich. Sie beziehen z. B. mit ein: Überprüfung der Fachleistungen, der verwendeten Tests, Leistungskontrollen, Methoden und sonstiger didaktischer Möglichkeiten, der inhaltlichen Validität → content validity, der Adressaten und evtl. entsprechender gesellschaftlicher Belange. Das folgende Schema zeigt eine Möglichkeit der Validierung eines Testprogramms in Form einer Problemanalyse.

```
         Problemanalyse
         ╱         ╲
Präzisierung      Definition der
der Zielsetzung   Adressaten
         ╲         ╱
    Festlegung der Erfolgskriterien
    und Auswahl des Kernmaterials
              │
              ▼
         Erarbeitung
              │
              ▼
         Testung ──────┐
              ╲        Überarbeitete
               ╲       Verbesserung
                ▼       ▼
              Validierung
```

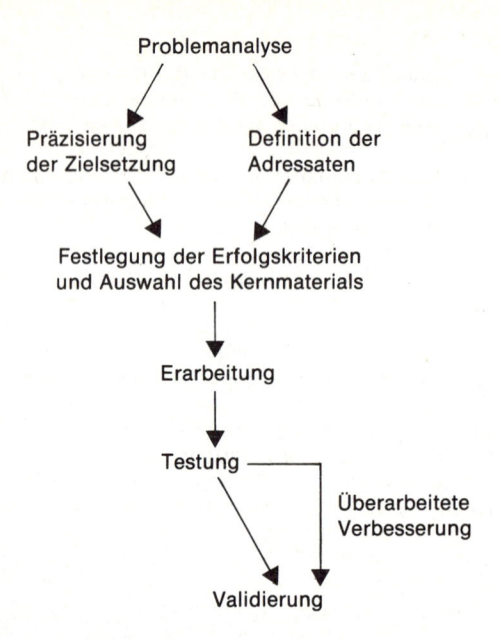

Die Validität stellt ein sehr bedeutendes und schwierig zu sicherndes Kriterium dar. Die Ergebnisse der Validierung dienen den Untersuchungen für die Feststellung der → Operationalisierung und werden für Evaluationsuntersuchungen mit herangezogen.

Gademe 1976; Smith 1972

→ Evaluation OK

Vandalismus

bedeutet in der Psychologie geplante oder ungeplante Zerstörung durch Kinder und Jugendliche, nur in seltenen Fällen auch durch Erwachsene, die im allgemeinen mit dem Gesellschaftssystem, in dem sie leben, aus irgendwelchen Gründen nicht zufrieden sind. Die zerstörten Objekte sind meist Gegenstände, die für eine Gesellschaftsgruppe oder eine Einzelperson von besonderer Bedeutung sind. Dieser Vandalismus hat häufig seine Ursache in geistiger Überforderung und Demütigung von Jugendlichen durch Erwachsene. Er wendet sich gegen den vom Jugendlichen empfundenen Druck der Gesellschaft und die fordernde Erwachsenenwelt. O

Vanishing

Hiermit wird die absichtliche stufenweise Verringerung von → Lernhilfen in einem Unterrichtsprogramm angesprochen. Die Antwortfindung durch den Lernenden wird damit allmählich unabhängiger von Programmhinweisen.

→ Lehrprogramm → Phaseneinheiten → Programmierte Instruktion O

Variable

Variablen sind veränderliche Größen, die bei der Verhaltensbeobachtung und bei psychologischen Meßverfahren von grundlegender Bedeutung sind. Ihrer Herkunft entsprechend werden Reiz-, Reaktions- und Personvariablen unterschieden. Nach ihren Beziehungen untereinander werden unabhängige (in der Beobachtungssituation oder im Experiment vorab gesetzte, klar beschriebene Bedingungen), von diesen abhängige und → intervenierende (nicht kontrollierbare oder erfaßbare) Variablen unterschieden.

→ Hypothetisches Konstrukt → Vermittlungsvariable   K

Vaterherrschaft → Patriarchat

Vaterrecht → Patriarchat

VCR → Video-Cassetten-Recorder

Vegetative Störungen → Vegetatives Nervensystem

Vegetatives Nervensystem

Das vegetative oder autonome Nervensystem stellt ein Teilsystem des Nervensystems (Gesamtheit aller Nervenzellen und Nervenleitungen bzw. aus Nervengewebe bestehender Organismusstrukturen) dar. Es unterliegt nicht der willentlichen Entscheidung des einzelnen und regelt in erster Linie die unbewußten körperlichen Vorgänge, wie z. B. Stoffwechsel, Blutzirkulation, Herztätigkeit, Eingeweide- und Drüsenaktivität.
Eine **vegetative Störung** (synonym vegetative Dysregulation) beschreibt Harnack (1977) als eine „Reaktionsweise, die gekennzeichnet ist durch einen Mangel an Stabilität unter wechselnden Umweltbedingungen, durch eine Hyperreagibilität schon bei Reizen geringer Stärke, die gemeinhin nicht zu einer Gleichgewichtsverschiebung im Organismus führen". Als häufig vorkommende Symptome für vegetative Störungen im Kindesalter nennt Harnack zusammenfassend:
1. Allgemeinsymptome:
 Erhöhte nervöse Erregbarkeit, rasche Ermüdbarkeit, Konzentrationsschwäche, Leistungsminderung, Schlafstörungen.
2. Magen-Darm-Trakt:
 Rezidivierende (— in Abständen wiederkehrende — Kolik) Leibschmerzen, Übelkeit, Erbrechen, Darmlabilität
3. Nervensystem:
 Rezidivierende Kopfschmerzen, Schwindel, Ohnmachtsneigung
4. Herz-Kreislauf-System:
 Herzklopfen, Herzstiche, Herzbeklemmung, Orthostatismus
5. Atemapparat:
 Atembeklemmung u. a.
„Wie systematische Untersuchungen bewiesen haben, sind insbesondere Präpubertät und → Pubertät eine Zeit erhöhter vegetativer Labilität."
Nachdrücklich weist Harnack darauf hin, daß Medikamente bestenfalls einer

vorübergehenden Symptombehandlung dienen. Eine nachhaltige Therapie müsse auf eine „leistungsadäquate Beanspruchung" abzielen, d. h. eine „aufbauende, der jeweiligen Lage angepaßte Belastung und damit zunehmendes Training bisher unzureichender Funktionen" anstreben, bei gleichzeitiger Einplanung „sinnvoller Ruhepausen". OK

Verbal Interaction Category System (VICS)
ist ein Kategoriensystem zur Erfassung der sprachlichen Interaktion im Unterricht, das von E. J. Amidon und E. Hunter 1967 vorgelegt wurde. Es umfaßt folgende Kategorien:

Vom Lehrer angeregtes Gespräch	1. vermittelt Information oder Meinung 2. gibt Anweisungen 3. stellt enggefaßte Fragen 4. stellt weitgefaßte Fragen

Antwort des Lehrers	5. akzeptiert
	  a) Ideen
	  b) Verhalten
	  c) Gefühle
	6. weist zurück
	  a) Ideen
	  b) Verhalten
	  c) Gefühle

Antwort des Schülers	7. antwortet dem Lehrer
	  a) vorhersagbar
	  b) nicht vorhersagbar
	8. antwortet einem anderen Schüler

Vom Schüler angeregtes Gespräch	9. regt ein Gespräch mit dem Lehrer an 10. regt ein Gespräch mit einem anderen Schüler an 11. Ruhe
Sonstiges	Z. Durcheinander (Z darf nur angewendet werden, wenn mehr Durcheinander herrscht als sprachliches Verhalten oder es darf gleichzeitig mit einer anderen Kategorie angewendet werden, um störende Unterbrechungen anzudeuten, während jemand spricht: z. B. 1 Z, 1 Z, 3 Z, 7aZ)

→ Interaktion, soziale

Verbindungslehrer
Im Rahmen der → Schülermitverantwortung beteiligen sich Schüler an Gemeinschafts- und Ordnungsaufgaben der Schule. Sie versuchen ihre Anregungen und Vorstellungen in Entscheidungsprozesse der Schule mit einzubringen und wenden sich mit zahlreichen fachlichen und persönlichen Problemen an ihre Lehrer. Von seiten der Schule bedarf es weitreichender Transparenz, erhöhter Information, intensiver Beratung und eines stärkeren Eingehens auf den einzelnen Schüler. Diese beratenden, vermittelnden und verbindenden Tätigkeiten gehören mit zu den unterrichtlichen und erzieherischen Tätigkeiten der Lehrer. Um der Bedeutung dieser Aufgaben gerecht zu werden, wurden Ämter geschaffen wie die des → Beratungslehrers, Verbindungs- bzw. Vertrauenslehrers. Der Verbindungslehrer, dem vermittelnde Tätigkeiten innerhalb einer Schule als spezielle Aufgabe obliegen, wird entweder von allen Schülern oder den → Klassensprechern einer Schule gewählt. Nimmt ein Lehrer die Wahl zum Verbindungslehrer an, so zählen die mit dem Amt verbundenen Tätigkeiten zu seinen Dienstaufgaben. Seine besonderen Aufgaben sind:
– den Schülern zu helfen, ihre Rechte und Aufgaben zu erkennen und verantwortlich zu handeln,
– notwendige Maßnahmen verständlich zu machen und zu begründen,
– bei Konflikten zwischen Schülern und Lehrern oder Schulleitung zu vermitteln,
– Einholung von Informationen bei Eltern, Lehrern und Schülern, soweit sie für seine Aufgaben von Bedeutung sind,
– Teilnahme an Klassensprecherversammlungen,
– Kontaktpflege mit Schulleitung und Schulgremien,
– soweit möglich Teilnahme an den Sitzungen des → Schulforums.
Wurde ein Verbindungslehrer in Schülerangelegenheiten eingeschaltet, so sollten endgültige Maßnahmen erst nach Rücksprache mit dem Verbindungslehrer getroffen werden.
→ Schulbeirat → Schulberatung   O

Verdrängung
bezeichnet den Vorgang, unerfüllbare, unerlaubte oder peinliche Triebansprüche, Wünsche, Erlebnisse und Handlungen aus dem → Bewußtsein ins → Unbewußte zu verlagern. Von hier aus können sie in Ersatzhandlungen wirksam werden, sofern der Verzicht auf sie nicht endgültig, d. h. ohne Auslösung von Konflikten gelingt.
Kunze 1972; Madison 1961
→ Psychoanalyse   K

Vererbung → Genetik

Verfahrensziel → Prozeßziel

Vergessen

bezeichnet die Tatsache, daß sich ein Individuum an Gelerntes nicht vollständig oder überhaupt nicht mehr erinnern kann. Die Vergessenskurve von Ebbinghaus besagt, daß in der Zeit unmittelbar nach einem Lernvorgang am meisten vom Gelernten vergessen wird, während der weitere Verlauf des Vergessens langsamer vor sich geht bzw. der verbliebene Rest des Gelernten relativ lange behalten wird. Das Vergessen hängt in seiner Eigenart und in seinem Ausmaß zweifellos von den Lernbedingungen und vom Lerninhalt (interesseweckend, für den Lernenden brauchbar, durchschaubar usw.) ab, es werden aber auch physiologische Ursachen des Vergessens vermutet.

Vester 1975; vgl. auch die Literaturhinweise bei Lernen und Lernpsychologie!

→ Gedächtnis → Gedächtnishemmungen K

Vergessenskurve → Vergessen

Vergleichende Bezugsmessung

auch als gruppenbezogene Konkurrenzmessung bezeichnet, sollte allein dazu dienen, das eigene Können zu bestimmten Zeiten im Vergleich zu anderen realistisch einzuschätzen. Dies ist aus pädagogischen Gründen notwendig, um den Eltern und vor allem den Schülern Einsicht in den Stand ihres Wissens zu geben und ihnen zu zeigen, auf welchem Niveau sich ihre Leistungen vergleichsweise zu anderen Schülern bewegen.

→ Lehr- und lernzielbezogene Ergebnismessung → Lernzielkontrolle → Lernzielstufen → Personenbezogene Erfolgsmessung → Schulleistungsmessung → Schulstreß O

Vergleichende Psychologie → Allgemeine Psychologie

Vergleichende Verhaltensforschung → Verhaltensforschung

Verhalten

Als Verhalten wird jegliche Art von → Reaktionen, Bewegungen und Handlungen bezeichnet, die direkt beobachtbar oder indirekt (z. B. über ihre Auswirkungen oder durch spezielle Meßgeräte) erschließbar ist. Der Klassifizierung v. a. zur Verwendung bei gezielten Beobachtungen dient die Einteilung des Verhaltens in angeborenes und gelerntes, in motorisches, kognitives, emotionales und soziales Verhalten, in normentsprechendes und normabweichendes Verhalten usw. Für die Formulierung des jeweiligen Beobachtungsauftrages ist es allerdings unerläßlich, das zu beobachtende Verhalten über die genannte grobe Klassifizierung hinaus in Form z. B. konkreter Handlungsvollzüge zu beschreiben. Von **Verhaltensmustern** wird gesprochen, wenn verschiedene Verhaltensweisen regelmäßig miteinander auftreten. Um **konsistente Verhaltensmuster** handelt es sich, wenn die gekoppelten Verhaltensweisen gegen Veränderungen relativ beständig sind. **Verhaltensgewohnheiten** liegen vor, wenn diese verschiedenen Verhaltensweisen immer in derselben Reihenfolge auftreten.

Autrum 1976; Benninghaus 1976; Goffman 1971; Haseloff 1970; Hassenstein 1973; Heckhausen 1965; Karen 1974; Kreitler 1976; Laucken 1974; Lorenz 1974; Lunzer 1974; Miller u. a. 1973; Morris 1970, 1978; Skinner 1973; Watzlawick u. a. 1974

→ Rollenmuster K

Verhaltensänderung
Lernvorgänge aller Art erzeugen Verhaltensänderungen. Im allgemeinen ergeben sie sich entweder durch entsprechende passive oder aktive Anpassung.

→ Akkomodation → Assimilation → Lernkontrolle → Verhalten O

Verhaltensbeobachtung → Beobachtung

Verhaltensdimension
bezeichnet einen komplexen Verhaltensbereich im Unterschied zu einzeln beschreibbaren Verhaltensweisen. In der Persönlichkeitspsychologie löst der Begriff als mit Einschränkungen meßbare Größe die überkommene, inhaltlich schwer bestimmbare Bezeichnung Eigenschaft ab.

→ Verhalten K

Verhaltensdisposition
Die Möglichkeit, auf Veranlassung bestimmter Gegebenheiten und Anregungsbedingungen → Fähigkeiten, → Fertigkeiten, → Reaktionen und → Einstellungen bereit zu haben, um in vorgesehenen oder unvorhergesehenen Lebenslagen situationsgerecht zu reagieren oder eine gestellte Aufgabe bewältigen zu können, ist unter Verhaltensdisposition zu verstehen. O

Verhaltensforschung
Die Verhaltensforschung hat Eingang in alle Bereiche der psychologischen Forschung gefunden, wobei sie sich in Anlehnung an den → Behaviorismus ausschließlich auf → Beobachtung und → Experiment stützt.
Die **vergleichende Verhaltensforschung** widmet sich der Untersuchung lernbezogener Verhaltensweisen bei Tieren. Von den dabei ermittelten Gesetzmäßigkeiten des Verhaltens wird behauptet, daß sie unter vergleichbaren experimentellen Voraussetzungen auch für das menschliche Lernverhalten Geltung haben. K

Correll 1974; Erckenbrecht 1975; Heymer 1977; Holland/Skinner 1971; Immelmann 1975, 1978; Meyer 1976; Ploog/Gottwald 1974; Portmann 1964, 1965; Tembrock 1968; Wickler 1974; Wieser 1976

Verhaltensgewohnheit → Verhalten

Verhaltensmodifikation
bezeichnet Vorgang und Ergebnis von Verhaltensänderungen. Nach J. Grell (1976[6]) werden folgende Techniken der Verhaltensmodifikation eingesetzt: Positive und negative → Verstärkung, → Extinktion (= Löschung von

Verhaltensmuster

Verhalten durch Nicht-Verstärkung und Ignorieren), → Gegenkonditionierung, → Desensibilisierung, → Modell-Lernen, → Rollenspiel, → Simulation, → Restriktion, Exklusion (= Ausschluß der ein Verhalten bedingenden Umstände), Verhaltensverträge, Inhibition (= Verbot) und Unterbrechung (des unerwünschten Verhaltens) und kognitive Techniken wie Planen oder Konfrontation. Ferner sind noch die vielfältigen Möglichkeiten der Verhaltensmodifikation durch gruppendynamische → Trainingsmethoden mit einzubeziehen.

Adameit 1978; Ammer 1976; Bandura 1969; Belschner u. a. 1973; Engelin u. a. 1975; Gräff u. a. 1976; Hocke/Stöckel 1976; Meyer/Chesser 1971; Patterson 1971; Rost u. a. 1975

→ Verhaltenstherapie K

Verhaltensmuster → Verhalten

Verhaltenspsychologie

ist die Bezeichnung für eine Richtung in der Psychologie, die sich stark am → Behaviorismus orientiert. In der Literatur geläufiger ist die gleichbedeutende Bezeichnung → Verhaltensforschung. K

Verhaltensstil

In jeder Gruppe werden Verhaltensstile geprägt und ausgespielt, die in anderen Gruppen erworben wurden. Solche sind nach Bion:
1. Kampf
2. Flucht
   Diese beiden treten meistens gemeinsam auf, oft auch in ein- und derselben Person gekoppelt.
3. Abhängigkeit und Gegenabhängigkeit, die v. a. im Zusammenhang mit → Autorität ein Generalproblem darstellen.
4. Paarbildung und Bildung von Untergruppen wie Fraktionen, Koalitionen, Cliquen.

→ Gruppe → Gruppenbildung → Verhalten K

Verhaltensstörung

wird eine Abweichung von den Verhaltenserwartungen einer Gesellschaft oder einer Gruppe genannt, die ihr soziales Umfeld erheblich störend beeinträchtigt. Verhaltensstörungen können nicht vom „störenden" Individuum allein her erklärt werden, sondern müssen im Zusammenhang mit der herrschenden Gesellschaft, den geltenden Normen, den gegebenen Sozialisationsbedingungen und den Veranlagungen des Betreffenden gesehen werden. Entsprechend sind korrigierende bzw. therapeutische Maßnahmen je nach konkreter Situation auch auf die genannten Bedingungsfaktoren auszudehnen. K

Bettelheim 1970, 1973; Florin/Tunner 1970; Frese 1977; Gardner 1974; Harnack 1958; Heese/Reinartz 1973; Herbert 1974; Kloehn 1977; Keupp 1972, 1974 (2×); Kluge/Oversberg 1976; Meves 1971; Müller 1976; Pietrowicz 1974; Pinkert 1972; Rachmann/Teasdale 1975; Reinert 1976; Schäfer 1976; Schenk-Danzinger 1976; Schepping 1976; Schmidbauer 1973; Schmidt 1977; Schücking 1971; Schumacher 1971, 1975; Shephard 1973; Stott u. a. 1975; Thalmann 1974; Tharp/Wetzel 1975; Trappmann u. a. 1970; Wolff 1971

Verhaltenstherapie

Ziel der Verhaltenstherapie ist es, ineffiziente, störende oder krankhafte Verhaltensweisen auf die erwünschte Form hin zu korrigieren. Eine **Modifikation des Verhaltens** ist bereits gegeben, wenn z. B. der Lehrer aus dem größeren Verhaltensrepertoire des außerschulischen Bereichs einige Verhaltensweisen der Schüler, die den sozialen Verhältnissen einer Lerngruppe und dem individuellen Lernverhalten förderlich sind, durch Belohnungen (Lob, Zuwendung usw.) verstärkt, so daß diese verstärkten Verhaltensweisen mit immer größerer Wahrscheinlichkeit auftreten als andere nicht erwünschte.

Die **Verhaltenstherapie** geht davon aus, daß Verhalten erworben, gelernt ist und daß deshalb störende, krankhafte Verhaltensweisen auch wieder gelöscht, verlernt werden können, um neue, dem Individuum und der Gesellschaft förderliche Verhaltensweisen aufbauen zu können.

Als erfolgreiche therapeutische Techniken haben sich die systematische Desensitivierung, die Aversionstherapie, das operante Konditionieren, das Beobachtungslernen und die Methode der Selbstregulierung z. B. mit Hilfe von Videoaufnahmen erwiesen.

<small>Blackham/Silbermann 1975; Feldman/Broadhurst 1976; Florin/Tunner 1970; Hartig 1974; Innerhofer 1977; Jehu u. a. 1977; Kanfer/Phillips 1975; Karen 1974; Kraiker 1975; Kuhlen 1977; Lazarus 1976; Leitenberg 1976; Mandel, A. u. a. 1971; Merzbach 1975; Meyer/Chesser 1971; Redlin 1977; Schröder 1977; Schwarz/Sedlmayr 1973; Süllwold 1977; Zeier 1976; Zulliger 1970</small>

→ Psychotherapie K

Verhaltenstraining

In Anlehnung an den Vorgang der kontinuierlichen Verhaltensänderung in Gruppenprozessen, wie er von Miles (1965) beschrieben wurde, sind beim Verhaltenstraining folgende Stadien zu durchlaufen:

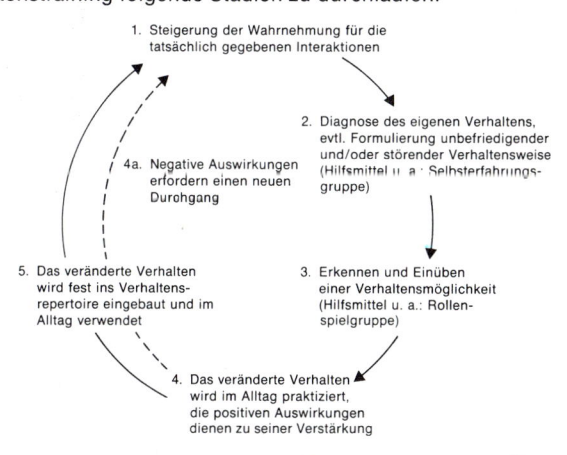

1. Steigerung der Wahrnehmung für die tatsächlich gegebenen Interaktionen

2. Diagnose des eigenen Verhaltens, evtl. Formulierung unbefriedigender und/oder störender Verhaltensweise (Hilfsmittel u. a.: Selbsterfahrungsgruppe)

3. Erkennen und Einüben einer Verhaltensmöglichkeit (Hilfsmittel u. a.: Rollenspielgruppe)

4. Das veränderte Verhalten wird im Alltag praktiziert, die positiven Auswirkungen dienen zu seiner Verstärkung

4a. Negative Auswirkungen erfordern einen neuen Durchgang

5. Das veränderte Verhalten wird fest ins Verhaltensrepertoire eingebaut und im Alltag verwendet

<small>Fittkau u. a. 1977; Goldfried 1973; Hartig 1973, 1974; Klausnitzer 1975; Mandel u. a. 1971; Minsel u. a. 1976; Perrez u. a. 1974; Singer 1977; Teegen u. a. 1975; Thoresen/Mahoney 1974; Watson/Tharp 1975</small>

→ Kategorienschemata → Microteaching → Planspiel → Rollenspiel → Simulation → Trainingsformen, gruppendynamische K

Verhaltensvarianz
bedeutet das Ausmaß an Veränderlichkeit von Verhaltensweisen in konkreten Erlebnis- oder Handlungssituationen.
→ Verhalten K

Verifikation
bezeichnet den Vorgang der Bestätigung z. B. einer Vermutung oder einer Hypothese durch empirische Überprüfung oder durch logische Schlußfolgerung. Voraussetzung der Verifikation ist also die grundsätzliche Verifizierbarkeit (= Nachprüfbarkeit) dessen, was Bestätigung erfahren soll. Im Gegensatz zur Verifikation führt die Falsifikation zur Verwerfung einer Theorie, einer Vermutung oder einer Hypothese. K

Verifizierbarkeit, verifizierbar → Verifikation

Vermeidungsreaktion
Durch die Vermeidungsreaktion versucht ein Organismus schädlichen oder schmerzhaften Reizen, deren wahrscheinliches Auftreten durch Angstzustände angezeigt wird, zu entgehen, indem er vor diesen Reizen die Flucht ergreift bzw. ihnen ausweicht. Da mit der geglückten Vermeidungsreaktion für den Betroffenen gleichzeitig Angstabbau verbunden ist, wird sie – als subjektiv angenehm empfunden – schnell gelernt und nur gegen heftigen Widerstand aufgegeben (vgl. Vermeidungsreaktionen mißerfolgsängstlicher Schüler gegenüber bestimmten Lerninhalten, Unterrichtsfächern, Leistungsmessungen, Lehrern usw.). K
Schulz/Heuer 1976

Vermittelnde Methode → Fremdsprachenmethodik

Vermittlungsvariable (VV)
Vermittlungsvariable sind → Medien, die im Rahmen des → Lehrens und → Lernens als → Lernhilfen eingesetzt werden und versuchen, das Spannungsverhältnis zwischen den unterschiedlichen → Ausgangslagen der Lernenden auf dem Wege zu den zu erreichenden Lernzielen zu lockern, zu verringern und letztlich verschwinden zu lassen. Als Vermittlungsvariable werden jedoch nur solche Medien bzw. Lernhilfen bezeichnet, die geeignet sind, Lehrerfunktionen zu objektivieren. Solche sind z. B. → Lehrprogramme, → Tests, Funk- und Fernsehsendungen.
→ Chancengleichheit (Chancengerechtigkeit) → Lernziel → Programmierte Instruktion → Unterricht → Variable O

Vernunft
bedeutet die Fähigkeit des Menschen zur Sinnerfassung und zur tieferen Einsicht in die Realität und ihre Sinnzusammenhänge bei fortschreitender Aufdeckung von Irrtümern. Demgegenüber bezeichnet **Verstand** die Fähigkeit des Menschen zu abstraktem, analysierendem und zweckorientiertem Denken im Unterschied zur sinnlichen Wahrnehmung. K
Dearden u. a 1972; Horkheimer 1952, 1970

Verschiebung
bezeichnet im psychoanalytischen Sprachgebrauch den Vorgang, daß ein Affekt vom tatsächlichen Bezugsobjekt auf ein anderes verlagert wird, das nicht das geringste mit der affektbesetzten Situation zu tun hat. So wendet z. B. der durch den Vorgesetzten frustrierte Arbeitnehmer seinen Zorn gegen seine Ehefrau, da er ihn am Vorgesetzten nicht ohne unangenehme Folgen auslassen kann. Für Verschiebungen werden bevorzugt Objekte ausgewählt, die sich gegen die Affektentladung aufgrund von Unterlegenheit oder Abhängigkeit nicht wehren können.

→ Psychoanalyse → Abwehrmechanismen   K

Verstärkung, Verstärker
ist ein zentraler Begriff in den → Lerntheorien der Reiz-Reaktions-Theoretiker. Er wird dort als Maßnahme zur Lösung von Trieb- und Bedürfnisspannungen verstanden. Bezieht sich die Verstärkung auf einen primären Trieb (z. B. Futtergabe bei Hunger), spricht man von einem **primären Verstärker**. Auf primäre Verstärker reagiert jedes Lebewesen einer bestimmten Art ohne vorausgegangene Lernprozesse. Die **sekundäre oder konditionierte Verstärkung** ist dagegen erworben, d. h. sie verdankt ihre Wirkung einem Lernprozeß aufgrund einer zeitweisen früheren Verbindung mit einem primären Verstärker. Solche sekundäre Verstärker sind z. B. die vielfältigen Arten von Lob, Tadel, Erfolg und Mißerfolg bei der Auseinandersetzung mit Lernproblemen.
Als **positiv** bezeichnet man einen Verstärker, der durch sein Auftreten zur Beibehaltung der augenblicklichen Verhaltensweise bzw. zu einer Bedürfnisreduktion anhält, z. B. Lob, Zuwendung, soziale Anerkennung. Eine **negative Verstärkung** liegt vor, wenn das Aufhören eines als negativ empfundenen Reizes den beschriebenen Effekt zeitigt, z. B. die Einstellung von Tadel, Ironie, Sarkasmus, Mißachtung usw.
In systematischer Weise arbeiten die → Programmierte Instruktion, die → Verhaltenstherapie und auch Tierdressuren mit Verstärkungen. Je nach Verfahren wird hierbei unterschieden zwischen **konstanter bzw. differentieller Verstärkung,** die sich bei jeder richtigen Reaktion im Lernprozeß einstellt, und **intermittierender bzw. partieller Verstärkung,** die nach einem festgelegten Verstärkungsplan jeweils nach mehreren richtigen Reaktionen – auch in unregelmäßiger Folge – auftritt.

Glaser 1971; McGinnies/Ferster 1971; Schoenfeld 1970, Skinner 1974

→ Konditionierung   K

Verstand → Vernunft

Versuch-Irrtum-Lernen
Der von Morgan und Thorndike geprägte Begriff „trial-and-error-learning" ging als Versuch-Irrtum-Lernen in die deutsche psychologische und pädagogische Literatur ein. Er bezieht sich auf mehrere aufeinanderfolgende Reaktionen und Lernprozesse, die dazu dienen, eine Problemsituation zu bewältigen und neue Erfahrungswerte zu schaffen. Es stellt zunächst ein

Lernen durch Probieren, durch Nachahmen dar, wie es auch im Tierreich anzutreffen ist. So konditioniert sich z. B. das Kleinkind bereits durch Versuche im Lallen, im Sprechen, korrigiert seine Irrtümer und gelangt allmählich zur richtigen Artikulation der Laute und Wörter. Ein Lernen nach Versuch und Irrtum geht so lange vonstatten, bis das angestrebte Ergebnis erreicht wird. An die Stelle des planlosen Probierens treten mit zunehmender Reife Denkvorgänge, es bilden sich Erfahrungsreaktionen und Problemlösungsabläufe, die später bei ähnlichen oder gleichen Situationen und Problemlagen angewandt werden und stets zu neuen Erfahrungswerten führen. Durch das Versuch-Irrtum-Lernen ergeben sich bei erfolgreichen Handlungen günstige Einflüsse auf das Merken, das Behalten und Erkennen einer Situation, bei Mißerfolgen bzw. erfahrenen Irrtümern bauen sich Sperren auf, die gefundene positive Verhaltensäußerungen verstärken. O

Vertikaler Transfer → Transfer

Vertrauenslehrer → Verbindungslehrer

Verwahrlosung
bezeichnet den Prozeß einer erheblichen Verhaltensfehlentwicklung bzw. den jeweiligen Zustand des fehlentwickelten Verhaltens bei Kindern und Jugendlichen. Hauptursache der Verwahrlosung ist die teilweise oder totale erzieherische Vernachlässigung bezüglich der Entwicklung sozialer Fähigkeiten und der Persönlichkeitsentwicklung (z. B. Orientierung an Werten und Normen, Aufbau einer der Realität angemessenen Frustrationstoleranz). Unter den Verwahrlosten finden sich sowohl → Psychopathen als auch eine große Anzahl von Jugendlichen, die in ihrer charakterlichen Struktur nichts Abnormes zeigen. Die Verwahrlosung von Kindern und Jugendlichen erhält ein besonderes Gepräge dadurch, daß sich diese noch in der Entwicklung befinden und somit anderen psychologischen Gesetzen unterworfen sind als Erwachsene.
Neben vielen Ursachen, die zur Verwahrlosung führen, sehen H. Bissonier (1950) und L. Kunz (1950) wesentliche Ursachen zur Jugendverwahrlosung in der Schule, da die gesunde Entwicklung der Gefühls- und Empfindungswelt des Kindes beim Nur-Unterrichten in der Mehrzahl der Fälle nicht gesichert sei. Die gegen die Schule erhobenen Vorwürfe sind:
Einseitiger Intellektualismus; Lebens- und Jugendferne; einseitige autoritative Disziplin.
Verwahrlosung äußert sich z. B. in Schulversagen, Schulschwänzen, Streunen, Vagabundieren, Bandenbildung, Stehlen, Betteln, frühzeitigem Genußmittel- und Drogenkonsum, in einem vernachlässigten äußeren Erscheinungsbild, in der Neigung zu kriminellen Handlungen, in asozialem Verhalten, vor allem bei Mädchen auch in sexueller Verwilderung.

Aich 1976; Brandt 1975; Cohen 1961; Dechêne 1975; Dworschak 1969; Eberhard/Kohlmetz 1973; Hartmann 1977; Künzel 1968; Kurzeja 1973; Opitz 1959; Ott 1956; Satura 1972; Schneider 1950; Schwarzmann 1971; Spranger 1932

→ Assozialität → Deprivation → Kriminalität → Schwererziehbarkeit OK

# Videowagen

Verzweigtes Programm → Lehrprogramm → Programmierte Instruktion

VICS → Verbal Interaction Category System

Videoband
ist ein Magnetband von ¼ bis 2 Zoll Breite für Bild- und Tonaufzeichnungen.
→ Videorecorder → Video-Cassetten-Recorder O

Video-Cassetten-Recorder (VCR)
Der VCR gehört nicht zu den → Videorecordern mit Bandspulen. Das VCR-System arbeitet mit Kassetten, benutzt jedoch ebenfalls Magnetbänder für die Aufzeichnung von Signalen. VCR-Kassetten gestatten **schwarzweiße und farbige** Eigenaufzeichnungen und Mitschnitte von Fernsehsendungen. O

Videorecorder
Der Videorecorder ist ein Magnetbildaufzeichnungsgerät zum Mitschnitt von Sendungen der öffentlichen Fernsehanstalten bzw. in Verbindung mit einer Fernsehkamera zur Konservierung von Produktionen der → Unterrichtsmitschau oder des → schulinternen Fernsehens. Die Wiedergabe des aufgezeichneten Materials erfolgt über ein Fernsehgerät. Bei der Verwendung des Videorecorders ist in Ermangelung international genormter Bandbreiten darauf zu achten, daß Geräte und Bandmaterial aufeinander abgestimmt sind (→ Kompatibilität). K

Video tape recorder (VTR) → Videorecorder

Videotechnik
Vgl. eingeschränkt auf visuelle und kombiniert auditiv-visuelle Informationsübertragung → Medientechnik. K

Heinrichs 1972; Schulz 1972; Zink 1976

Videowagen
heißt eine fahrbare Fernsehgeräteeinheit, die nach einem Praxisbericht von H. Grill in Schulreport Heft 6/1976 z. B. aus folgenden Teilen besteht.

Vier-Phasen-Drill

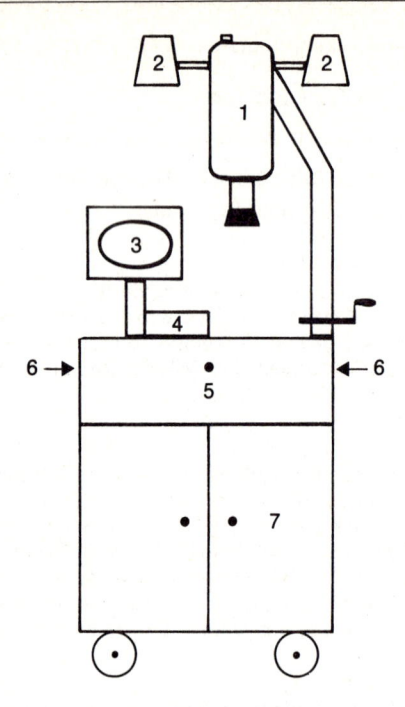

1 = Eine Kompakt-Fernsehkamera auf einem in der Höhe verstell-, schwenk- und beliebig neigbaren Kurbelstativ
2 = Beleuchtungssystem mit stufenloser Richtungseinstellung
3 = Drehbarer Kontrollmonitor (für den Lehrer)
4 = Bedienungsgerät (Steckerfeld)
5 = Kastenaufbau mit → Video-Kassettenrecorder (VCR)
6 = Vier Steckdosen zum Anschluß weiterer Verbraucher am Kastenaufbau (z. B. Mikroskop, Bildwiedergabegerät)
7 = Abschließbarer Schrank zur Aufbewahrung von Bandmaterial, Objektiven und anderem Zubehör
+ Bildwiedergabegerät (Schwarz-Weiß-Monitor mit höherer Bildqualität bzw. herkömmlicher Fernsehempfänger)
→ Makroprojektion K

Vier-Phasen-Drill → Lehrprogramm → Phaseneinheiten

Vitalität

bezeichnet die Stärke der aller Aktivität eines Menschen zugrundeliegenden Lebensenergie. Sie kann durch körperliche Behinderungen, Krankheiten oder umweltbedingte übermäßige Belastungen stark beeinträchtigt werden mit der Folge nachlassender Lern- und Leistungsbereitschaft und verminderter Bereitschaft zur Realitätsbewältigung. K

Volksbildungswerk → Volkshochschule

Volkshochschule
Sie gehört zu den Bildungsinstitutionen des → Quartärbereiches, dient der → Erwachsenenbildung und bietet didaktisch erwachsenengerecht ausgerichtete Lehrgänge, Kurse, Seminare, Arbeitsgemeinschaften usw. in allen relevanten, insbesondere berufsbezogenen Fachbereichen an. Während die Ziele der ehemaligen Abendvolkshochschule grundsätzlich die Förderung geistigen und künstlerischen Schaffens in der Freizeit und die Erweiterung und Vertiefung des geistigen Daseins waren, haben diese sich auf Grund des steten Wandels in der Gesellschaft bedeutend erweitert. Vor allem dort, wo mehrere Erwachsenenbildungsinstitutionen wie z. B. Volkshochschulen gezielt zu größeren Organisationseinheiten wie Volksbildungswerken oder Bildungszentren sich vereinigten, wurden häufig Fachabteilungen gebildet und Fachgebiete dem Bedarf der Adressatenkreise entsprechend lernzielorientiert in die Programme aufgenommen. Die Notwendigkeit des → lifelong learning hat die „Volksbildungswerke" erkennen lassen, daß im Quartärbereich auch Zertifikatskurse in mehreren Fächern und unterschiedlichen didaktischen Formen angeboten werden müssen. Somit dienen die Volksbildungswerke nicht allein der Freizeitbildung, sondern auch der gezielten → Weiter-, → Fortbildung und evtl. beruflichen Umorientierung.
→ Baukastensystem → Modultraining O

Volksschule
Die Volksschule ist Pflichtschule und muß grundsäztlich von jedem Kind besucht werden. Sie gliedert sich in die Grundschule, Jahrgangsstufe 1–4, und in die Hauptschule, Jahrgangsstufe 5–9 bzw 10. Die Grundschule gehört dem → Primarbereich, die Hauptschule dem → Sekundarbereich I an. Die → Schulpflicht im Sekundarbereich I kann auch an weiterführenden Schulen außerhalb der Hauptschule abgeleistet werden.
→ Volksschulpflicht O

Volksschulpflicht
Soweit das Gesetz nichts anderes vorschreibt, dauert die Schulpflicht zwolf Jahre. Zum Besuch der → Volksschule und → Berufsschule sind alle Bürger verpflichtet. Im allgemeinen ist die Volksschulpflicht an einer Volksschule zu erfüllen, die im gleichen → Schulsprengel liegt, in dem das schulpflichtige Kind wohnt. Eine Zulassung an eine private Volksschule ist nach Genehmigung durch die zuständige Schulbehörde möglich. Die Volksschulpflicht kann nach der Grundschule statt an der Hauptschule auch an → weiterführenden Schulen abgeleistet werden. Sie endet grundsätzlich nach neun Schuljahren und kann um zwei Jahre verlängert werden, wenn das Ziel der Hauptschule oder ein gleichwertiges Ziel an einer weiterführenden Schule nicht erreicht worden ist. Das Überspringen eines Schülerjahrganges an der Volksschule ist für Begabte möglich, jedoch nur einmal zulässig.
→ Schulpflicht → Berufsschulpflicht O

Vollzeitschule

Die Vollzeitschule nimmt durch den täglichen Unterricht, an den sich entsprechende Hausaufgaben anschließen, den Lernenden voll in Anspruch. Dem Schüler ist es nicht möglich, auf Grund des Vollzeitunterrichts, der vormittags und nachmittags stattfinden kann, in einem Beruf tätig zu sein oder ein Ausbildungsverhältnis einzugehen. Vollzeitschulen sind z. B. alle Gymnasien, ausgenommen das Abendgymnasium und → berufsvorbereitende Schulen.
→ Berufsfachschulen O

Vollzeitunterricht → Vollzeitschule

Vorbereitungsdienst

Der Vorbereitungsdienst bzw. die Referendarausbildung als 2. Phase der Lehrerbildung richtet sich nach von den einzelnen Bundesländern erlassenen Ausbildungsordnungen, die nicht in allen Punkten gleich sind. So ist z. B. die Ausbildungsdauer, bezogen auf Schularten oder Zuständigkeitsbereiche für die Ausbildung in der 2. Phase, nicht landeseinheitlich geregelt. Während z. B. in Schleswig-Holstein die Referendarausbildung dem → IPTS (Landesinstitut für Praxis und Theorie der Schule) übertragen wurde, wird sie in anderen Bundesländern durch sog. ‚Pädagogische Seminare', die sich an Seminarschulen befinden, oder durch staatliche Zentraleinrichtungen, die von einem hauptamtlichen Seminarvorstand geleitet werden, durchgeführt. Grundsätzlich ist jeweils ein **Seminarvorstand** für die Ausbildung der Referendare in seinem Seminar verantwortlich. Ihm sind **Seminarleiter,** die mit Koordinierungsaufgaben insbesondere innerhalb von Fachbereichen betraut sind, **Seminarlehrer,** die im wesentlichen für die unterrichtspraktische, fachdidaktische Ausbildung der Referendare in Fachseminaren verantwortlich sind, beigegeben. **Betreuungslehrer** kümmern sich um den Studienreferendar, wenn er außerhalb seiner → Seminarschule mit selbständigem Unterricht an einer sog. → Zweigschule eingesetzt ist.
Die Formen der Ausbildung in der 2. Phase umfassen schwerpunktmäßig: → Hospitationen in eigenen und anderen Fächern an der Seminarschule und anderen Schulen, Lehrversuche, selbständig erteilten zusammenhängenden Unterricht, Fachseminare der Seminarlehrer, Seminartage des Seminarvorstandes, Fachsitzungen, Praktika und Übungen. Im allgemeinen ist der Vorbereitungsdienst in zwei Abschnitte gegliedert, den → Seminarschuleinsatz und den → Zweigschuleinsatz. Die 2. Staatsprüfung, Assessorenprüfung, stellt den Schularten und Bundesländern entsprechend unterschiedliche Anforderungen. Verlangt werden in den meisten Bundesländern: Schriftliche Hausarbeit als Zulassungsarbeit, Lehrproben, mündliche Prüfung. In manchen Ländern kommt noch eine schriftliche Klausur hinzu.
Nach dem neuen Grundkonzept der → Lehrerbildung soll der Vorbereitungsdienst für alle Lehrämter an besonderen Ausbildungsinstitutionen erfolgen. Er wird mindestens 18 Monate betragen. Seine Aufgaben sind die theoretisch fundierte schulpraktische Ausbildung für ein Lehramt und selbständige Unterrichtstätigkeit in begrenztem Umfang. Die 2. Phase wird mit der zweiten Staatsprüfung abgeschlossen, mit deren Bestehen die Befähigung zu einem Lehramt erworben wird. O

Vorbewußte, das → Unterbewußte, das

Vorbild
Der Mensch benötigt von der frühesten Kindheit an eine → Bezugsperson. Vor allem in der Phase der → Vorpubertät sucht er nach Geborgenheit bei einer von ihm anerkannten Erwachsenenautorität und will am konkreten Beispiel erleben und nachahmen können. Er sucht ein Vorbild, das Normen und Werte vorlebt. Ein Vorbild ist nichts anderes als eine Modellperson, die in ihrem aktuellen Verhalten zeigt, wie sie empfindet, denkt, was sie anstrebt und leistet. Dadurch wirkt sie indirekt auf den jungen Menschen ein. Kinder und Jugendliche erwählen sich Vorbilder entweder aus ihrem engeren oder aus ihrem weiteren Erfahrungsraum, die sie direkt oder indirekt motivieren und durch die sie Verstärkungen erfahren haben.

→ Bezugsgruppe → Idol → Leitbild → Verhalten   O

Vorhaben
Die von O. Haase entwickelte Unterrichtsform ,,Vorhaben" beinhaltet Vorstellungen der Projektmethode. Die Klasse oder Schülergruppen führen eine gemeinsame Aufgabe, ein Arbeitsvorhaben durch. Die zu bearbeitende Thematik zielt auf eine Zentralaufgabe hin und ist nicht auf ein Fach begrenzt. Das Wort Vorhaben wird auch synonym zu → Projekt verwendet.

→ Fallstudie → Gesamtunterricht → Projektunterricht   O

Vorklasse → Schulkindergarten

Vorlesung
Sie dient in erster Linie der Wissensweitergabe an Studierende im → Tertiär- und → Quartärbereich und stellt eine nach wissenschaftlichen Gesichtspunkten gegliederte, zusammenhängende, mündliche Darlegung von Gedanken, Forschungsergebnissen, Erfahrungen, → Erkenntnissen, → Urteilen, → Schlüssen, Vergleichen und eine Zusammenschau von Stoffen in einem fachwissenschaftlichen Bereich dar. Praktische Vorlesungen beziehen neben der theoretischen Darlegung z. B. das Experiment mit ein. Die Vorlesung verlangt vom Zuhörenden auf Grund ihres wissenschaftlichen Niveaus größte → Aufmerksamkeit und → Konzontration. Methodisch orientiert sie sich an der Fachwissenschaft.

→ Referat → Vortrag   O

Vorprogramm
Das Vorprogramm nimmt zu lernende, zur Erreichung eines → Lernzieles notwendige Stoffinhalte voraus und versucht Schlüsse und Erkenntnisse ziehen zu lassen. Im Bereich des Individuallernens ermöglicht es dem einzelnen, sich notwendige Voraussetzungen und Vorkenntnisse selbst zu erarbeiten.

→ Kriterienprogrammierung → Lehrprogramm → Programmierte Instruktion   O

Vorpubertät

heißt der Abschnitt in der Entwicklung des Menschen, der in etwa das Jahr vor Beginn der → Pubertät umfaßt. Auffallende Verhaltensweisen in der Vorpubertät sind → Introversion, beginnende Absetzung vom Familienverband und „trotzendes" Aufbegehren. Körperlich ist ein deutlicher Wachstumsschub festzustellen. K

Muchow 1950; Thornburg 1974

Vorschule

bezeichnet den institutionalisierten Bildungsbereich der 3- bis 5jährigen im Vorfeld der Grundschule, wobei wiederum die gezielten Förderungsmaßnahmen schwerpunktmäßig den Fünfjährigen gelten. In Modelleinrichtungen wird gegenwärtig erprobt, welche Form vorschulischer Erziehung den Kindern unter entwicklungspsychologischen und lernpsychologischen Gesichtspunkten am meisten entspricht. In Bayern konkurrieren z. B. die Modellversuche „Förderung von Fünfjährigen im Elementarbereich" (→ Modellkindergarten) und → „Eingangsstufe" miteinander. Während ersterer die Fünfjährigen in altersgemischten Gruppen zusammen mit Drei- und Vierjährigen innerhalb des → Kindergartens betreut, verspricht sich die „Eingangsstufe" intensive Förderung der Fünfjährigen in altershomogenen Gruppen, die organisatorisch der zuständigen Schule zugeordnet sind.

In Ablehnung umstrittener Versuche mit einseitig kognitiven Förderungsprogrammen (z. B. → Frühlesen) verfolgen heute alle Modelleinrichtungen das Ziel, die Kinder in allen Verhaltensbereichen gleicherweise im Sinne des Aufbaus elementarer Fähigkeiten wie Aufnahmebereitschaft, Interesse, Konzentration, Ausdauer, repressionsfreies Konfliktlösungsverhalten, Freude am Lernen usw. zu fördern. Diese allgemeinen Förderungsmaßnahmen werden durch kompensatorische Maßnahmen zur Behebung von Verhaltensdefiziten der Kinder ergänzt, um ihnen insgesamt einen bruchlosen Übergang zur Grundschule zu ermöglichen. K

Literatur vgl. auch Elementarerziehung, Kindergarten! Arbeitsgruppe Vorschulerziehung 1974; Autorengruppe Osdorfer Born 1975; Baumgartner/Geulen 1975; Heinsohn 1974; Projektgruppe Vorschulische Erziehung 1975; Stendler-Lavatelli 1977; Wörterbuch der Vorschulerziehung 1976

Vorstellung

bezeichnet den Vorgang und das Ergebnis absichtlich vollzogener Erinnerung von Erlebnissen, Wahrnehmungen, Situationen usw. und zwar unabhängig von sinnlich gegebenen Reizen. K

Casey 1976; Hannay 1971

Vortrag

Unter Vortrag ist das Bemühen zu verstehen, ein Thema oder einen Themenbereich in adressatengerechter Gliederung, Darstellung und Ausdrucksform innerhalb einer den Hörern zumutbaren Zeit in zusammenhängenden, verständlichen Äußerungen durch einen einzelnen oder mehrere Sprecher so abzuhandeln, daß der Zuhörer positiv motiviert wird und sich für ihn ein Bildungsgewinn ergibt. Der Vortragende sollte daran denken, daß der Zuhörer beim Vortrag grundsätzlich nicht aktiv, sondern nur rezeptiv-aktiv teilhaben kann und er daher verpflichtet ist, ihn für sein Thema, seine Gedankengänge zu interessieren. Er hat zu versuchen, einen sozialen Bezug und ein Interaktionsverhältnis zwischen Zuhörenden und Vortragendem, zwischen Lernenden und Lehrendem herzustellen.

Im allgemeinen sind von der didaktischen Konzeption her zwei Arten des Vortrages zu unterscheiden:
- der geschlossene Vortrag und
- der offene Vortrag.

Der geschlossene Vortrag ist in sich wohl gegliedert, behandelt ein Thema im Zusammenhang und gestattet während der Darbietung keine Diskussion. Diese kann sich nach Beendigung des Vortrages in kurzer, gelenkter Form anschließen.

Der offene Vortrag, der ebenfalls einen Themenbereich klar gegliedert und dem Zuhörer verständlich vorstellt, ist strukturell so aufgebaut, daß nach gedanklich zusammenfaßbaren Abschnitten Teilziele angestrebt werden, die kurze Wiederholungen des Schwierigen und vorher Unbekannten einbeziehen, und daß eine Zäsur gesetzt wird, die den Zuhörer zu einer reinen Sachdiskussion anregen soll, um sachliche Klarheit sowohl von der verwendeten Terminologie als auch von den Gedankengängen her zu schaffen und zu garantieren. Erst am Ende des Referates wird nach einer kurzen Pause die Problemdiskussion eingeleitet, deren wesentliche Ergebnisse in einem Protokoll festgehalten werden sollten. In Lehrgängen kann sich an den offenen Vortrag, der z. B. ein Basisreferat sein kann, freie oder geplante Gruppenarbeit anschließen.

Sowohl der geschlossene als auch der offene Vortrag kann vom Inhalt und Ablauf her gesehen ein sog. vollkommener oder fragmentarischer Vortrag sein. Die vollkommene Form des Vortrages ist thematisch und inhaltlich so angelegt, daß selbst bei komplizierten und problemreichen Themen sich beim Zuhörer keine Fragen ergeben. Der Vortragende hat das Schwierige vereinfacht, Antworten auf zu erwartende Fragen und Lösungen zu auftauchenden Problemen bereits während des Vortrages selbst gegeben. Die fragmentarische Form hingegen läßt absichtlich Fragen offen, es werden Entscheidungsmodelle angeboten und der Zuhörer wird mitunter durch provozierende Fragestellungen zu Einwänden und zur Diskussion geradezu herausgefordert. Durch einen gezielten, gut überlegten Aufbau eines fragmentarischen Vortrages wird der Hörer eher zum Überlegen, Mitdenken, Urteilen und Entscheiden angeregt als durch die vollkommene Form des Vortrags.

Franz Pöggeler (1964) unterscheidet folgende Vortragsformen:
1. den vordenkenden Vortrag
2. den gestaltenden Vortrag
3. den entwickelnden Vortrag
4. den erklärenden Vortrag
5. den mitteilenden, informierenden Vortrag
6. das → Referat
7. die Rede
8. die Erzählung

Für die methodische Gestaltung des Vortrags schlägt er vor, folgendes zu berücksichtigen:
„1. Vorbereitung
   a) Stoffsammlung
   b) Themaformulierung – Übereinkunft zwischen Veranstalter und Sprecher
   c) Faktorenklärung
   d) Manuskripterarbeitung
   e) ‚Feilen' des Manuskripts – geistige Einprägung
   f) Textmeditation vor Vortragsbeginn
   g) Orientierung im Vortragsraum
   h) Vorgespräche vor Vortragsbeginn
   i) Vortragsvorbereitung der Hörer
2. Einstimmung
   a) Geistig-persönliches Alibi des Sprechers
   b) Persönliche Kontaktnahme mit den Hörern
3. Problemeinführung
   a) Begründung des Themas
   b) Startfrage und Vortragsziel
   c) Anknüpfung an Vorerfahrung und Vorkenntnis der Hörer
   d) Begriffsklärungen
   e) Evtl.: Thesenartige Vorwegnahme der Ergebnisse
4. Thematische Entfaltung
   a) Ausweitung des Problems
   b) Problemverwicklung
5. Problemerhellung und -klärung
   a) Kernproblem und ‚springender Punkt'
   b) Retardierende Momente – Wiederholung
   c) Zweifelsfragen gegen bisherige Ergebnisse
6. Problementscheidung
   a) Entscheidung
   b) Vorsätze – Entschlüsse
7. Zusammenfassung
   a) Stoffzusammenhang
   b) Beantwortung der Startfrage
   c) Persönliches Schlußwort
8. Nachbereitung der Hörer und des Sprechers."

In der → Schule wird der → Lehrer- und → Schülervortrag fast in allen Jahrgangsstufen ins Unterrichtsgeschehen mit einbezogen. O

Vorurteil

Vom anthropologischen Standpunkt aus kennzeichnet das Vorurteil die Tatsache der grundsätzlichen Offenheit, Unperfektheit und jederzeitigen Korrekturbedürftigkeit menschlichen Meinens und Urteilens. Da es letztgültige Urteile nicht gibt und somit alle Urteile mögliche Vor-Urteile enthalten, gilt als erzieherisches Ziel, den jungen Menschen für die Vorläufigkeit seiner

Urteile zu sensibilisieren und ihn zu befähigen, in kritischer Offenheit seine Urteile jederzeit zu revidieren.
Vorurteile treten aber auch im Sinne von Voreingenommenheit auf, also als Ansichten, die – der Kritik verschlossen und emotional verankert – festgelegt sind. Der Aufbau solcher Vorurteile vollzieht sich schwerpunktmäßig in der frühen Kindheit. Allport konnte feststellen, daß 69% dieser Vorurteile auf elterliche Einflüsse zurückzuführen sind. Adorno u. a. wiesen nach, daß das Vorurteil als Voreingenommenheit ein konstitutives Merkmal der autoritären Persönlichkeit ist, die damit ihre eigenen Schwächen, Unsicherheiten, Ängste deckt.
Vorurteile resultieren aber auch aus voreiligen oder überzogenen Verallgemeinerungen vereinzelter Beobachtungen oder sie werden als Schutz gegen das drohend Unbekannte (z. B. Fremdgruppen) oder zur Rechtfertigung für Aggressionen gegen Sündenböcke aufgebaut. Gelegentlich sind sie auch das Ergebnis von → Projektionen eigener Schwächen in andere.   K

Allport 1971; Barres 1974; Bergler 1976; Bönsch/Silkenbeumer 1972; Bracken 1976; Brown 1972; Hartmann 1975; Horkheimer 1963; Karsten 1978; Kidder/Stewart 1976; Körner 1976; Markefka 1974; Metzger 1976; Ostermann/Nicklas 1976; Rattner 1971; Sacher 1976 (2×)

Vorurteilsforschung
ist die Bezeichnung für eine sozialpsychologische Forschungsrichtung, die sich speziell mit Entstehung, Erscheinungsformen und Auswirkungen von → Vorurteilen befaßt.   K

Voyeurtum
Voyeure suchen ihre sexuelle Befriedigung darin, indem sie andere bei sexueller Betätigung beobachten und Liebespaare belauschen.
→ Perversion   O

Wahrnehmung
bezeichnet den Vorgang der Informationsaufnahme aufgrund äußerer → Reize (= äußere Wahrnehmung) oder intrapsychischer Reize (= innere Wahrnehmung).
Im Wahrnehmungsvorgang wird der objektiv gegebene Reizgegenstand über die Filterwirkung der → Sinnesrezeptoren, der Empfindungen (z. B. Bedürfnisse, Motive, augenblickliche emotionale Gestimmtheit) und der auswählenden bewußten Zuwendung des Wahrnehmenden (= selektive Funktion der Wahrnehmung) zum subjektiv erlebten Wahrnehmungsgegenstand. Die vom Reiz ausgehende Information ist auf diesem Wege zusätzlich Wahrnehmungstäuschungen (z. B. → Autokinetisches Phänomen, geometrisch-optische Täuschungen, Halluzinationen), verfälschenden Korrekturen z. B. aufgrund früherer Wahrnehmungen, äußeren und intrapsychischen Störungen und → Vorurteilen ausgesetzt.
Für die **Wahrnehmungsinhalte** gibt H. Frank (1969, Band 1, Seite 70) folgende Klassifikation:

Wahrnehmungstäuschungen

```
                         W.-Inhalt
          verweist auf              verweist nicht auf
          anderes                   anderes
            ZEICHEN                    OBJEKT
          verweist auf
     Ursache            Bedeutung
  ANZEICHEN           REPRÄSENTATIONSZEICHEN
  (Zeichen von ...)   (Zeichen für ...)
                   bewußt erzeugt      nicht bewußt erzeugt
                     BEZEICHNUNG           REALINDIZ
                     (soziokult. Zeichen)
                          Bedeutung
              codierend              darstellend
              SYMBOL                   IKON
```

K

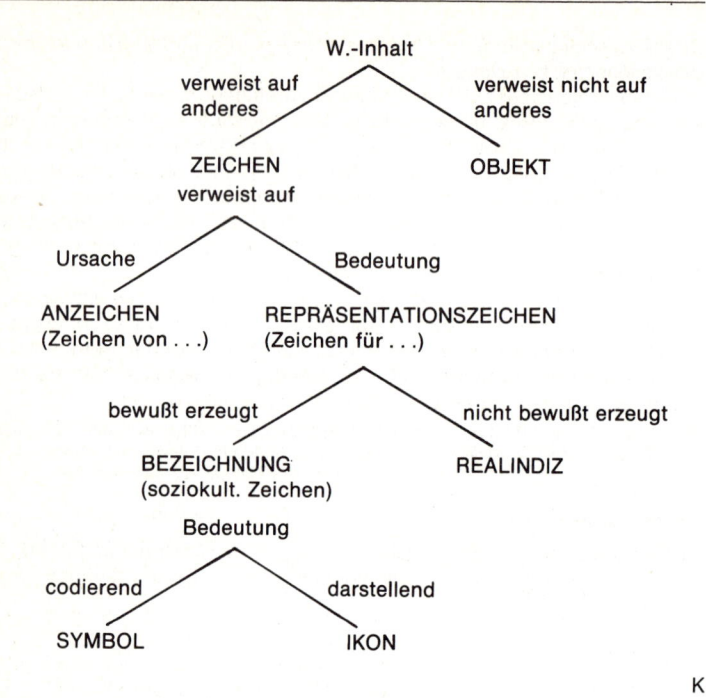

Carterette/Friedman 1973–; Gibson 1973; Graumann 1966; Hochberg 1977; Holzkamp 1973; Laing u. a. 1973; Oerter 1976; Stadler u. a. 1975; Ulmann 1975; Vernon 1977; Wittling 1976

Wahrnehmungstäuschungen → Wahrnehmung

Waldorfschule, freie

Der von R. Steiner geschaffene Schultyp in freier Trägerschaft erhielt den Namen von seiner ersten Verwirklichung 1919 als werkseigene Schule der Waldorf-Astoria-Zigarettenfabrik für die Kinder ihrer Arbeiter. Die Schüler verblieben ohne Aufgliederung nach Schulformen 12 Jahre in der freien Waldorfschule. In einem weiteren Jahr werden die dafür geeigneten Schüler auf das staatliche Abitur vorbereitet.

Die freien Waldorfschulen legen großen Wert auf eine allseitige und die speziellen Fähigkeiten der Schüler berücksichtigende Förderung. Die handwerkliche und musische Bildung stehen gleichwertig neben mehr kognitiv orientierten Bildungsgängen. K

Erziehung zur Freiheit 1972; Leber 1974; Lindenberg 1975; Schrey 1968; Steiner 1977; Vasquez/Oury 1976; Waldorfpädagogik 1976

Wandervogel

Die Wandervogelbewegung geht auf eine 1896 am Steglitzer Gymnasium von Karl Fischer gegründete Schülerwandergruppe zurück, die sich 1901 in Berlin-Steglitz als „Wandervogel, Ausschuß für Schülerfahrten" konstituierte. Der Wandervogel verbreitete sich rasch in mehrern Bünden, er nahm auch bald Mädchen in seine Reihen auf und gestaltete ein Programm mit dem Lebensstil der damaligen Jugend mit Volkstanz, Volkslied, Laienspiel usw. Er stellte die erste Gruppenbildung der deutschen → Jugendbewegung dar. O

wash-ahead

Das → Umwegprogramm oder verzweigte Programm bietet nach jeder Frage oder jedem Lernschritt dem Schüler im Mehrfachwahlsystem (→ Multiple Choice System) mehrere Antworten zur Entscheidung an. Wird die richtige Antwort gewählt, so gelangt der Lernende in die vorwärtsweisende Verzweigung und wird zum folgenden Lernschritt weitergeführt oder er überspringt Programmschritte, deren Inhalt er bereits beherrscht. Dieses vorwärtsführende Verfahren und die Technik des Überspringens (Sprungprogramm) im Programmablauf wird als „wash-ahead" bezeichnet.

→ wash-back → Lehrprogramm → Programmierte Instruktion O

wash-back

Im → Umwegprogramm oder verzweigten Programm spricht man von einem wash-back, wenn der Lernende, der im fortschreitenden Programmablauf zu lernende Stoffinhalte, Begriffe oder Zusammenhänge nicht versteht und falsche Auswahlantworten gibt, einen oder mehrere Lernschritte zurückverwiesen wird. Der Schüler, der falsche Antworten wählt, wird durch das Programm auf Umwegen, durch sog. rückweisende Verzweigungen, solange zu Wiederholungsschritten gezwungen, bis er sich das notwendige Wissen angeeignet hat und im Hauptprogramm weiterarbeiten kann.

→ Lehrprogramm → Multiple Choice System → wash-ahead O

Wegadaptivität

Die Wegadaptivität ermöglicht im Sinne der methodischen Anpassung eines Lernvorganges an das individuelle Leistungsvermögen und den Wissensstand des Lernenden eine echte innere → Differenzierung von Lernprozessen, ohne das gleiche → Lernziel für alle Schüler einer Lerngruppe aus dem Auge zu verlieren. Seine Hochform beim heutigen Stand der Entwicklung erreicht die Wegadaptivität beim → Computerunterstützten Unterricht und bei den verzweigenden Formen der → Programmierten Instruktion. K

Wegmodell → Lehrverfahren

Weiterbildung

Nach dem ‚Strukturplan für das Bildungswesen', den die Bildungskommission des Deutschen Bildungsrates am 13. Februar 1970 verabschiedete, wird die Weiterbildung im Rahmen des gesamten Bildungsaufbaues als übergeordneter Begriff für den nachschulischen Bildungsbereich verwendet. Es heißt im Strukturplan: „Weiterbildung wird hier als Fortsetzung oder Wiederaufnahme organisierten Lernens nach Abschluß einer unterschiedlich ausgedehnten ersten Bildungsphase bestimmt. Das Ende der ersten Bildungsphase... ist in der Regel durch den Eintritt in die volle Erwerbstätigkeit gekennzeichnet." Weiterbildung wird hier als Oberbegriff für → Fortbildung, → Umschulung und → Erwachsenenbildung genannt. Sie soll sowohl berufliche Fortbildung als auch das Nachholen von Qualifikationen der ersten Bildungsphase und allgemeine Weiterbildung ermöglichen. Nach dem Prinzip des Baukastensystems und der ständigen Weiterbildung soll die Möglichkeit des Erwerbs zusätzlicher Qualifikation nach Ablegen und Bestehen von Prüfungen geschaffen werden. Das Wort Weiterbildung nach dem Strukturplan ist als allgemeine Aussage zum Oberbegriff für den quartären Bereich (→ Quartärbereich) im weiteren Sinne geworden und schließt somit die Weiterbildung im engeren Sinne und die Fortbildung für die einzelnen Fach- und Berufsbereiche mit ein. Sie ist als Begriff im weiteren Sinne für Maßnahmen jeglicher Höherbildung zu verstehen. Weiterbildung im engeren Sinne umfaßt im Gegensatz zur Fortbildung alle Bildungsmaßnahmen, die außerhalb der studierten Fachgebiete, des erlernten Berufes oder einer auf Grund von Prüfungen erworbenen Ausbildung liegen und zu weiteren und zusätzlichen Qualifikationen führen. Ein Lehrer z. B., der Englisch und Deutsch studierte und in diesen Fächern seine Lehrbefähigungen erwarb, bildet sich weiter, wenn er im Fach Französisch ein → Erweiterungsstudium absolviert. Träger von Weiterbildungseinrichtungen können sein: Staat, Kommune, Verbände und Vereine aller Art; Universitäten, Hochschulen und andere Bildungsinstitutionen; Kirchen; Kammern; Betriebe, Gewerkschaften; Rundfunk- und Fernsehanstalten.

→ Lehrerfortbildung → Lehrerweiterbildung → Telekolleg → Teleberuf O

Weiterführende Schulen

Alle Bildungsgänge, die frühestens nach der 4. Klasse der → Volksschule (Grundschule) außerhalb der Volksschule weiterführenden und nach ihrer Konzeption mindestens die allgemeinbildenden Stoffgebiete in einem über das Ziel der Pflichtschule hinausgehenden Umfange vermitteln, können zu den weiterführenden Schulen gezählt werden. Hierzu gehören → Gymnasien, → Realschulen, → Wirtschaftsschulen und weitere Schulen des → beruflichen Schulsystems. O

Weiterführende Sonderschulen

Sie eröffnen behinderten Jugendlichen zusätzliche Bildungschancen. Es bestehen z. B. Gymnasien, Realschulen und Handels- bzw. Wirtschaftsschulen, die Blinden, Gehörlosen, Schwerhörigen und Körperbehinderten die Teilnahme am Unterricht ermöglichen.

→ Sonderpädagogik → Sonderschulen O

Welleneffekt

Als Welleneffekt bezeichnet J. Kounin (1970) die gelegentlich sich einstellende Auswirkung einer Lehreraktivität, die eigentlich nur einem Schüler galt, auf die ganze Lerngruppe. Kounin beobachtete diesen Effekt erstmals bewußt bei einer eigenen Vorlesung, in der er einen Zeitung lesenden

Studenten verärgert zur Mitarbeit aufforderte. Er bemerkte, daß daraufhin auch die nicht angesprochenen Studenten ruhiger wurden, Seitengespräche einstellten und Aufmerksamkeitsverhalten zeigten. Kounin nahm dieses Erlebnis zum Anlaß für ein Forschungsprojekt, in dessen Verlauf der Welleneffekt als Forschungsgegenstand in den Hintergrund rückte. Dafür arbeitete er mit Hilfe von → Unterrichtsdokumenten Lehreraktivitäten heraus, die entscheidenden Einfluß auf das Unterrichtsgeschehen haben: Dabeisein (den Überblick über alle Geschehnisse in der Klasse behalten), Überlappen (mehrere Tätigkeiten nebeneinander ausführen wie Hefte durchsehen und eine Lesegruppe verfolgen), Zügigkeit und Flüssigkeit der Unterrichtsführung, Gruppenaktivierung und Überprüfung, Sachmotivierung und Abwechslung.

Vgl. den Bericht über Kounins Forschungen von Heckhausen 1974, Seite 549 ff.

→ Interaktion, soziale K

Werbepsychologie

Sie nutzt die Erkenntnisse der → Allgemeinen Psychologie und untersucht als Teil der → Angewandten Psychologie und Marktpsychologie den Gesamtbereich der Konsum- und Produktwerbung und deren Motivation auf die Käufer und das Käuferverhalten, z. B. Erhöhung der Kauflust für bestimmte Güter und deren Veranlassungsfaktoren oder Möglichkeiten werbepsychologischer Einflußnahmen auf bestimmte Alters- und Bevölkerungsgruppen. O

Werkberufsschule

In der Werkberufsschule werden von den Ausbildenden der Unterricht und die Berufsausbildung der Auszubildenden übernommen, während in den übrigen Berufsschulen die schulische Ausbildung getrennt von der betrieblichen Ausbildung erfolgt.

→ Berufliches Schulwesen → Schule O

Werte

werden als Eigenschaften von Gegenständen und Situationen erfahren. Durch gehäufte Erfahrung und erfolgreiche Anwendung werden sie zu Überzeugungen und → Einstellungen, die ein Individuum oder ein soziales Gebilde (z. B. Familie, → peergroup, soziale → Schicht) für die Begegnung mit der Realität bzw. zu ihrer Bewältigung als in besonderer Weise angemessen und deshalb erstrebenswert betrachtet. Wenn solche Werte als verbindlich anerkannt und gelebt werden, erhalten sie den Charakter von → Normen. Die Gesamtheit aller verbindlich anerkannten Werte bestimmt die Werthaltung eines Individuums, welche wiederum sein konkretes → Verhalten entscheidend mitbestimmt. **Werterziehung** ist ein wesentlicher Bestandteil des Erziehungsauftrags der Schule. Sie wird verwirklicht, indem den Schülern Gelegenheiten für Werterfahrung, Wertorientierung, Erweiterung des Wertwissens und Aufbau von Werthaltungen angeboten werden. Werterziehung ereignet sich als Unterrichtsprinzip fächerübergreifend je

Werthaltung

nach aktueller Anforderung, sie hat aber auch fachbezogen ihre Chance, v. a. in Unterrichtsfächern wie Religionslehre, Ethikunterricht, Deutschunterricht, Geschichts- und Sozialkundeunterricht, im politischen Unterricht u. a.

Gorschenek 1977; Kay 1975; Kutschera 1973; Löw 1977; Maier 1973; Mauermann/Weber 1978; Oerter 1970; Piaget 1973; Raths u. a. 1976; Tröger 1976[2]; Weber 1974[2]

→ Diskurs → Metaunterricht K

Werthaltung → Werte

Wertschätzung

gilt als wesentliches Kriterium des sozialintegrativen → Erziehungsstils. Sie erwächst aus einer positiven erzieherischen Grundeinstellung, die das Kind bzw. den Jugendlichen als Person und Partner voll ernst nimmt, auch und gerade in seiner jeweiligen emotionalen Befindlichkeit. Wertschätzung muß der Bezugspartner spüren, Lippenbekenntnisse allein nützen ihm nichts, mangelnde Echtheit des Erziehers läßt sie unglaubwürdig werden. Wertvolle Informationen über die Beurteilung seiner Wertschätzung z. B. durch die betroffenen Schüler erhält der Lehrer u. a. durch regelmäßige → Feedbackgelegenheiten, durch informelle Tests zur Stimmung und Atmosphäre in der Lerngruppe und durch Metapherfragen wie „Der Lehrer behandelte mich heute wie . . ." oder „Ich empfand den Lehrer heute als . . ." K

Werterziehung → Werte

Whole-Method (W-Method) → G-Methode

Wiederholung

→ Übung und Wiederholung stehen in engem Zusammenhang. Die Wiederholung ist wesentlicher Bestandteil des → Lernens. Sie ist als eine Lernphase des Unterrichts zu betrachten, deren Ziel in der Vergegenwärtigung von früher Erlerntem und von sachlichen Zusammenhängen liegt. Sie sollte jeweils unter veränderten Aspekten oder Situationen erfolgen und entsprechend motiviert werden. Die Anzahl der Übungen richtet sich nach dem Adressatenkreis und dem Inhalt und Schwierigkeitsgrad des zu lernenden Stoffes. Im allgemeinen unterscheidet man zwischen **immanenter Wiederholung,** die den Lehrstoff in immer neuen und evtl. anderen Zusammenhängen wiederkehren läßt, und **systematischer Wiederholung,** die einen bestimmten Lehrstoff als Ganzes sieht und ins → Gedächtnis ruft. Um das Behalten von gelehrten und gelernten Stoffen zu sichern, werden verschiedene Einprägeformen im Rahmen der Wiederholungen verwendet. Solche sind z. B. Teilwiederholungen nach einer Lehr- oder Lernphase, Zusammenfassungen, Gesamtwiederholungen am Ende einer Schulstunde oder → Unterrichtseinheit, die übergreifende Wiederholung nach mehreren Schulstunden oder Unterrichtseinheiten, die eine Zäsur setzen, wiederholendes Einprägen durch Hausaufgaben, Medien wie z. B. Kassettenrekorder, → Tests, → Referate u. a.

Durch handlungsbezogene, strukturierende und motivierende Wiederholungen wird die Behaltenssicherung und der Übungseffekt erhöht und erweitert.

→ Einprägendes Lernen → Lehrprogramm → Programmierte Instruktion → Rekapitulation → Unterricht O

Wiederholungsgesetz → Rekapitulationstheorie → Ontogenese

Wiederholungsprogramm
Es dient der Auffrischung gelernten Stoffes und der konzentrierten gerafften Stofferinnerung und -vertiefung.

→ Kriterienprogrammierung → Lehrprogramm O

Wille, Willensbildung, Willensschwäche
Wille bezeichnet die Fähigkeit des Menschen, sich bewußt für eine bestimmte Handlung zu entscheiden und diese Handlung auch gegen Widerstände und Störfaktoren auszuführen. Die wesentlichen Determinanten von Willensakten sind also → Motivation und Steuerung. Von **Willensschwäche** ist zu sprechen, wenn Motivation und/oder Steuerung durch hirnorganische Schäden oder durch permanent unter- bzw. überfordernde Umwelteinflüsse nicht entwickelt oder gehemmt werden. Die Therapie besteht in solchen Fällen in einer individuell angemessenen, also differenzierenden Motivation, in der Vermittlung von Erfolgserlebnissen, in der langsam gesteigerten Übung von Konzentration und Ausdauer und in der Einübung in Situationen, die – mit steigenden Anforderungen – voll und ganz der individuellen Entscheidungsfreiheit überantwortet sind. Die gleichen Maßnahmen erweisen sich auch für die grundsätzliche **Willensbildung** als geeignet, bei der als zusätzliches Aufgabengebiet die Kenntnis und Anerkennung der Grenzen willentlicher Akte zu bedenken ist.

Danner 1977; Fischel 1971; Gehlen 1965; Katholische Akademie 1966; Keiler 1970; Keller 1954, 1965; Mierke 1955; Mortimore 1971; Rohner 1964; Rorarius 1974; Scholz 1968

→ Frustrationstoleranz K

Winnetka-Plan
Der Winnetka-Plan bezeichnet eine Form der Realisierung reformpädagogischer Ideen, wie sie Anfang des 20. Jahrhunderts in Winnetka bei Chikago (USA) durchgeführt wurde. Wie andere pädagogische Reformpläne dieser Zeit (→ Dalton-Plan, → Jenaplan) knüpfte der Winnetka-Plan an die tragenden Kerngedanken der Reformpädagogik an, die vor allem die Kritik der überkommenen Bildung und ihrer Einrichtungen und die „Erziehung vom Kinde aus" forderten, welch letztere sich an der Individualität und Freiheit des Kindes orientiert.
Als Besonderheiten des Winnetka-Plans fallen auf:
- Individualisierung der Lernprozesse durch Lernaufgaben mit Anweisungen, die in individuellem Lerntempo bearbeitet werden können,
- → Projekte, die von den Schülern in Gruppenarbeit selbsttätig bewältigt werden,

Wirtschaftserziehung

- Schülerselbstregierung,
- weitgehendes Zurücktreten des Lehrers in die Position des Organisators von Lernprozessen. K

Wirtschaftserziehung
Kinder, Jugendliche und Erwachsene werden durch altersadäquate und geeignete Maßnahmen in den sinnvollen Umgang mit Werten (Geldwerte, Wertpapiere usw.), in wirtschaftliche Grundkenntnisse und in wirtschaftliches Denken eingeführt. Im Rahmen der Wirtschaftserziehung wird in besonderem Maße auch auf vernünftiges Konsumenten- bzw. Verbraucherverhalten hingewiesen. Banken und Sparkassen helfen bei der Wirtschaftserziehung durch das ,,Schulsparen", die ,,Jugendsparerziehung" und andere Maßnahmen mit. O

Wirtschaftsgymnasium → Gymnasium → Berufliches Gymnasium

Wirtschaftspädagogik
Wirtschaftspädagogisches Gedankengut ist überall im Altertum dort bereits zu finden, wo Wirtschaft geplant und organisiert wurde und Menschen zur Handhabung von Handwerk, Gewerbe und Handel aus- und weitergebildet worden sind. Mit dem Auf- und Ausbau von Klöstern und der Ausbildung von Kaufleuten im Mittelalter ergab sich eine enge Wechselbeziehung zwischen Erziehung, Ausbildung und wirtschaftlichem Geschehen. Der Ausdruck ,,Wirtschaftspädagogik" entstand erst etwa vor 70 Jahren.
Er stellt den umfassenden Begriff für alle Erziehungs- und Bildungsbemühungen dar, die sich mit sozialökonomischen und wirtschaftsberuflichen Bereichen befassen, und wird gegenwärtig als eine Forschungsrichtung im arbeitsteiligen System der Erziehungswissenschaften gesehen. Als ihre Grundlagenwissenschaft kann die Wissenschaftstheorie und als Determinanten können Sozial-, Politik-, Geschichts-, Arbeits-, Erziehungswissenschaften, Philosophie und Psychologie verstanden werden, deren jeweilige Forschungsergebnisse sie zu berücksichtigen hat.
Sie sieht ihre Aufgaben in der Berufsforschung, der Untersuchung der sich stets wandelnden Berufsbilder wirtschaftlicher Berufe, in den sich ändernden Bezugnahmen zur Berufsauffassung, den Spezialisierungstendenzen beruflicher Qualifikationen usw. Bedeutend ist für die Wirtschaftspädagogik außerdem die Interdependenz von Institutionen wie Schule und Betrieb und die curriculare Lehrplanentwicklung, die die Interessen beider berücksichtigt. Ferner verfolgt sie die Entwicklung einer gesamtdidaktischen Konzeption in ihrem Bereich, die Schaffung von Bildungsmodellen auf der Ebene Wirtschaft – Schule – Mensch – Einflußfaktoren (z. B. Ideologien) und beeinflußt die Ausbildung, → Fort- und → Weiterbildung in den wirtschaftswissenschaftlichen Fächern.
Als Berufswissenschaft ist die Wirtschaftspädagogik von Bedeutung in der Ausbildung zum Diplom-Handelslehrer. Sie erfüllt hier eine Integrationsfunktion in bezug auf die Verknüpfung von wirtschaftswissenschaftlichen Theorien, Inhalten mehrerer Studienfächer, betrieblicher Wirklichkeit mit

wirtschaftsdidaktischen und pädagogischen Erwägungen der beruflichen Aus-, Fort- und Weiterbildung. Die Ausbildung des Diplom-Handelslehrers befaßt sich im allgemeinen mit folgenden wirtschaftspädagogischen Problemkreisen:
,,- Grundfragen und Grundbegriffe wirtschaftsberuflicher Erziehung einschließlich der wissenschaftstheoretischen Grundlegung...
- sozioökonomische Bedingungen wirtschaftlicher Erziehung...
- anthropogene Bedingungen wirtschaftlicher Erziehung...
- Ziele und Inhalte wirtschaftlicher Erziehung...
- Methoden und Medien wirtschaftlicher Erziehung...
- Planung, Durchführung und Kontrolle von Prozessen wirtschaftlicher Erziehung..."
(Hierdeis 1978)
Als Zusatz- oder Wahlfach kann die Wirtschaftspädagogik auch studiert werden vom Diplom-Kaufmann, Diplom-Volkswirt und Diplom-Sozialwirt. O

Abraham 1966[2]; Berke 1975, 1979; Pleiß 1973; Voigt 1975

Wirtschaftsschulabschluß → Mittlerer Bildungsabschluß

Wirtschaftsschule

Die früheren Handels- und Wirtschaftsaufbauschulen wurden in Bayern in Wirtschaftsschulen umbenannt (GbSch vom 15. Juni 1972). Die Wirtschaftsschule, die an die 6. oder 7. Klasse der Hauptschule anschließt, zählt als berufsvorbereitende Schule zur Gruppe der → Berufsfachschulen. Sie umfaßt die Schülerjahrgänge 7 bis 10 und führt zum Mittleren Bildungsabschluß. Die Wirtschaftsschule bietet zwei Wahlpflichtfächergruppen an:
1. den Zug H (Handelsschulzug), der in erster Linie die wirtschaftlichen Bereiche betont und für die Schüler bestimmt ist, die einen gehobenen Beruf in Wirtschaft oder Verwaltung anstreben.
2. den Zug M (mathematisch-naturwissenschaftlicher Zug), der höhere Anforderungen in den mathematisch naturwissenschaftlichen Fächern stellt und eine breitere Grundlage für die Fortsetzung schulischer Bildungswege schafft.
Nach Erwerb des Wirtschaftsschulabschlusses besteht die Möglichkeit des Besuchs anderer weiterführender Schulen, wie z. B. der → Fachoberschule, → des Gymnasiums (insbes. wirtschaftlicher Fachrichtung – in Bayern: Wirtschaftswissenschaftliches Gymnasium), anderer → Berufsfachschulen und nach Abschluß eines Ausbildungsverhältnisses oder einer einschlägigen Praktikantentätigkeit der → Berufsoberschule, → des Kollegs, → Abendgymnasiums oder einer → Fachakademie. O

Siekaup 1972, 1973, 1978[3]

Wirtschaftswissenschaftliches Gymnasium → Gymnasium

Wissen

Alle Erfahrungen, → Einsichten, Kenntnisse, → Erkenntnisse und durch → Lernen, → Üben und Wiederholen erworbenen Verhaltensweisen und damit die jederzeit reproduzierbaren Denkinhalte anschaulicher und unanschaulicher Art, die subjektiv und objektiv gewiß sind, und aus denen Urteile und Schlüsse gebildet werden können, stellen das jeweilige Wissen dar. Nach M. Scheler dient Wissen als **Leistungswissen** der äußeren Daseinsgestaltung, den technischen, beruflichen und lebenspraktischen Zwecken, als **Bildungswissen** der Formung der Persönlichkeitsstruktur und der Schaffung eines engen Verhältnisses zu kulturellen Werten, als **Heils-** oder **Erlösungswissen** dem Verständnis und der Begrüdung religiöser Existenz.

Der Wert des Wissens, auch des Schulwissens, ist um so größer, je weniger es isoliert steht und je stärker und inniger es in Zusammenhänge eingebunden wird, und es sich der Gesamtpersönlichkeit einfügt. Westphalen (1976) unterscheidet im Rahmen seiner Lernzielbeschreibungen für das Wissen folgende vier Stufen:

„a) Die erste Stufe des Wissens ist der (flüchtige) Einblick, der aus einer ersten Begegnung mit dem Wissensgebiet erwächst . . .

b) Die zweite Stufe ist der systematische Überblick, den sich der Schüler erst verschaffen kann, wenn er in mehrere Teilbereiche des Wissensgebietes Einblick gewonnen hat . . .

c) Die dritte Stufe ist die genaue Kenntnis eines Sachverhalts oder eines Wissensgebietes. Kenntnis setzt den Überblick voraus, fordert aber zusätzlich detailliertes Wissen und einen Grad gedächtnismäßiger Verankerung, der zu einer zutreffenden Beschreibung befähigt . . .

d) Die vierte (höchste) Stufe wird mit Vertrautheit bezeichnet. Vertrautheit bedeutet, daß der Lernende erweiterte und vertiefte Kenntnisse über einen Sachverhalt oder ein Wissensgebiet besitzt und über diese geläufig verfügen kann . . ."

O

Wissenschaftsdidaktik → Hochschuldidaktik

Wissenschaftstheorie

behandelt nach W. Stegmüller (1969) „philosophische Fragen, welche unmittelbar die einzelwissenschaftliche Erkenntnis betreffen". (Seite XXII) Ihre „Diskussion und evtl. Lösung hat ganz unabhängig davon Bestand, ob diese Diskussionen für die Spezialforschung von Nutzen sind, diese verbessert, auf ein höheres Niveau hebt und dgl." (Seite XXIII) Trotz der möglichen Auswirkungen auf die einzelwissenschaftliche Forschung kann also aus diesem Auftrag der Philosophie nicht ihre Unterordnung unter die einzelwissenschaftliche Erkenntnis abgeleitet werden. Empirische Wissenschaftstheorie versteht sich vielmehr als „Metatheorie der Erfahrungserkenntnis". Sie versucht, für die Argumentation im einzelwissenschaftlichen Bereich das exakte und logisch einwandfreie Instrumentarium zu liefern. Gegenstand der wissenschaftstheoretischen Diskussion sind z. B. Funktion und exakter Gebrauch von Kausalgesetzen, von Vorgängen wie Beschreibung und Erklärung, von modellhaften Systemen, von Metasprachen u. a. m.

K

Adorno u. a. 1972[2]; Albert 1969[2]; Apel 1973[2]; Bubner u. a. 1970; Carnap 1959; Kambartel 1974; Kamlah/Lorenzen 1967; Mittelstraß 1975; Opp 1976; Pannenberg 1973; Popper 1971[4]; Schwemmer 1971; Sohn-Rethel 1970

Wolfskinder

verdanken ihren Namen ungesicherten Berichten, wonach Kinder im Dschungel Indiens ausgesetzt wurden und in der Wildnis heranwuchsen. Ein ähnlicher Fall wurde in Frankreich nach der französischen Revolution bekannt. Alle diese Kinder erlernten nicht oder sehr unvollkommen die Sprache und starben in jungen Jahren. K

Singh 1964

Würzburger Schule

Die Würzburger Schule vertritt eine Richtung der Denkpsychologie, die von O. Külpe begründet wurde. Sie wandte sich mit Hilfe der systematisch experimentierenden → Introspektion gegen die Lehre der Assoziationspsychologie, wonach Denken ausschließlich als Verbindung von → Vorstellungen erklärt wird. Demgegenüber stellte die Würzburger Schule die bestimmende Zielgerichtetheit der Denk- und Willensakte heraus.

Külpe 1914, 1915, 1922, 1928; Ronco 1963

→ Wille K

Xenologie

bezeichnet die Lehre vom Geheimen und Verborgenen. Der Begriff, der auch synonym zu Okkultismus verwendet wird, befaßt sich mit Tatsachen der Natur und des Seelenlebens, die nicht ohne weiteres in eine wissenschaftliche Systematik eingegliedert werden können, wie z. B. Hellsehen, Voraussehen, **Telepathie** (Gedanken- und Gefühlsübertragung) oder die **Psychokinese** (Bezeichnung für mechanisch-physikalische Einwirkungen des Menschen auf die ihn umgebenden Objekte, wie z. B. selbständige Bewegung von Gegenständen in Anwesenheit einer bestimmten Person).

→ Autokinetisches Phänomen O

Youth Movement

Der Begriff, der nur bedingt mit „Jugendbewegung" im Sinne der gleichen deutschen Bezeichnung übersetzt werden kann, bezieht sich auf die britischen Jugendverbände und Jugendpflegeorganisationen. Im Youth Movement sind vorwiegend Pfadfinder und clubmäßige Gruppen zusammengeschlossen.

→ Jugendbewegung → Wandervogel O

Zätetik

Sie ist die Wissenschaft der schöpferischen Tat auf Grund von Forschung und künstlerischer Aktivität, sie will den Beitrag zur Erkenntnisgewinnung. Unter Wissenschaft ist in diesem Zusammenhang die Summe systematischer Kenntnisse über einen Sachverhalt zu verstehen. J. T. Tykociner entwickelte auf der Basis der Zätetik eine → zätetische Taxonomie. O

Zätetische Taxonomie

J. T. Tykociner erstellte eine ‚zätetische' → Taxonomie unter dem Gesichtspunkt der → Zätetik und gliederte sie in zwölf ‚areas of knowledge' (Kenntnisbereiche), denen ein einheitliches Unterscheidungskriterium, das als „Beitrag zur Erkenntnisgewinnung" charakterisiert werden kann, zugrunde liegt. Die einzelnen bereiche sind: Die Künste; Symbole der → Information; → Hylenergetika; Biologischer Bereich; Psychologischer Bereich; Soziologischer Bereich; → Exeligmologie; → Pronoetika; Regulativer Bereich; Disseminativer Bereich; Zätetischer Bereich; Integrativer Bereich.
→ Dissemination → Psychologie → Soziologie → Zätetik   O

Zeichen → Semiotik

Zeitadaptivität

bezeichnet die Anpassung eines Lernprozesses an das individuelle Arbeitstempo des Lernenden. In der Regel bedeutet diese Möglichkeit für den Schüler Zeitgewinn beim Lernprozeß, da er durch die zeitliche Anpassung der Lernaufgaben an sein Leistungsniveau dauernd aktiviert bleibt und nicht durch zu rasch aufeinander folgende Lernschritte überrollt oder durch Unterforderung gelangweilt aufgibt. Die Zeitadaptivität ist neben der → Wegadaptivität (= Weganpassung) v. a. wesentliches Kennzeichen des → Computerunterstützten Unterrichts und der → Programmierten Instruktion. Es sei in diesem Zusammenhang nicht die Gefahr verschwiegen, daß die Möglichkeit der Bestimmung des eigenen Arbeitstempos z. B. in der Programmierten Instruktion den Schüler gelegentlich zum Bummeln verführen kann oder ihn zumindest hinter dem ihm möglichen Lerntempo zurückbleiben läßt. Dieser Gefahr könnte eine kontinuierliche Auswertung des Lern- und Problemlöseverhaltens des Schülers entgegenwirken.   K

Zeiteinheit → Einheit

Zensus

Die in der altrömischen Zeit durch Beamte (Zensoren) vorgenommene Schätzung der Bürger nach ihrem Vermögen wurde Zensus genannt. In der heutigen Zeit befaßt sich ein Zensus im Sinne einer Erhebung oder Befragung mit allen Daten, die sich auf die Bevölkerung einer Nation oder eines Landes beziehen. Durch einen staatlichen Zensus, der die Mehrzahl aller Bürger erfaßt, sollen z. B. wesentliche demographische, soziale und wirtschaftliche Tatbestände und ihre Veränderungen festgestellt werden. Da eine Erhebung, die alle Bürger befragt (Zensus), sehr kostenaufwendig ist, wird, um bestimmte Tatbestände kontinuierlich überprüfen zu können, das Verfahren des **Mikrozensus** angewendet. Das bedeutet, es werden Teilerhebungen über dasselbe Problem mehrmals jährlich an etwa 1% der Bevölkerung durchgeführt.
Mit Hilfe des Mikrozensus, der jeweils einen repräsentativen Bevölkerungskreis anspricht, werden Kosten gespart, häufigere Untersuchungen vorgenommen und Ergebnisse und Veränderungen rascher fortgeschrieben.   O

Zentralisation → Differenzierung (2.)

Zentralstelle für Fernunterricht
Fernunterricht und → Fernstudium werden von verschiedenen Rechtsträgern durchgeführt. Schulaufsichtliche Einflußmöglichkeiten auf fachliche Inhalte, Umfang, Ziel und pädagogisch-didaktische Ausrichtung der Lehrgänge sind gering. Um eine Übersicht und Kontrollmöglichkeit über die auf dem Markt angebotenen Lehrgänge zu erhalten, errichteten die Bundesländer mit Staatsvertrag vom 30. Oktober 1969 eine Zentralstelle für Fernunterricht in Köln. Dort kann jedes Fernlehrinstitut die Überprüfung seiner Lehrgänge auf Inhalte, Lernziele, didaktische Abläufe, Art der Fernbetreuung und die Eignung zur Vorbereitung auf staatlich anerkannte Abschlüsse vornehmen lassen.
→ Deutsches Institut für Fernstudien → Erwachsenenbildung → Fernuniversität → Weiterbildung O

Zieldiskrepanz
Sie bezieht sich auf eine Nicht-Übereinstimmung, auf ein Diskrepanzverhältnis. In der Leistungsmotivationsforschung bedeutet Zieldiskrepanz die Differenz zwischen angestrebtem ‚Soll-Wert' und ‚Ist-Wert', die Abweichung der → Leistung von einem gesetzten Leistungsziel. Liegt die erbrachte Leistung oberhalb der zur Erreichung des Leistungszieles festgelegten mittleren Zielsetzungshöhe, so spricht man von einer **positiven Zieldiskrepanz,** liegt sie darunter, von einer **negativen Zieldiskrepanz.** O

Zielidentifikation
Ein Ziel ist als der erstrebenswerte Bezugspunkt für Aktivitäten eines Organismus zu verstehen. Um als Aktivität auslösender → Reiz wirksam werden zu können, muß z. B. das Ziel eines Lernprozesses als brauchbar und erreichbar identifiziert sein, d. h. eindeutig und für den Lernenden durchschaubar geklärt sein. K

Zirkelschluß
Im Zirkelschluß wird das, was bewiesen werden soll, als Beweisargument verwendet. Ein Zirkelschluß liegt z. B. vor, wenn übertriebenes Anpassungsverhalten auf bestimmte erzieherische Einflüsse zurückgeführt wird, die ihrerseits Ergebnis eines überangepaßten Verhaltens des Erziehers sind. K

Zögling
ist die veraltete Bezeichnung für den Bezugspartner im erzieherischen Feld (Kind, Jugendlicher), auf den erzieherische Maßnahmen gerichtet sind. Wegen der Nähe zu pädagogischen Konzepten, welche die Einflüsse der Erziehung allzu hoch einschätzen bzw. von einem überzogenen Gefälle zwischen Erzieher und Kind ausgehen, wird die Bezeichnung in der neueren Literatur kaum verwendet. K

Zoophilie → Sodomie

Zufallsexperiment → Zufallsstichprobe

Zufallsstichprobe
In diesem Bereich ist die → Statistik auf die Wahrscheinlichkeitstheorie und deren mathematische Methoden angewiesen, insofern Schlußfolgerungen (= Inferenzen) aufgrund unbewiesener Behauptungen oder Hypothesen unter Einbezug ihrer möglichen Folgen gezogen werden sollen (Inferenzstatistik) bzw. eine Hypothese mit Hilfe statistischer Tests (= Signifikanztests) zufallskritisch überprüft werden soll.

Literatur vgl. bei Signifikanz!

→ Signifikanz → Stichprobe K

Zurückstellung vom Schulbesuch → Einschulung → Schulreife

Zusammenfassende Wiederholung → Rekapitulation

Zuverlässigkeit → Reliabilität

Zwangsaggregat
Der Begriff des Zwangsaggregates, bezogen auf die Schule, bedeutet, daß z. B. Schüler nach zufälligen Kriterien wie gleiches Alter, gleiche Konfession, gleicher Wohnort in gemeinsamen Klassen zusammengefaßt werden. Sie unterliegen einer Zwangsmacht, die determinierend wirkt und die Verhaltensweisen durch von außen kommende Einflüsse (z. B. behördliche Bestimmungen) zwingend festlegt. O

Zwangsmacht → Zwangsaggregat

Zwangsneurose
Die Neurosentheorie nimmt an, daß → Neurosen auf innere Konflikte, auf Fehlverhalten und Fehlanpassungen an die Erfordernisse der sozialen → Umwelt zurückzuführen sind. Auf Grund der Symptome und Ursachen unterscheidet man verschiedene Neuroseformen, von denen die **Zwangsneurose** eine ist. Bei ihr unterliegt der Kranke Zwängen, von denen er geleitet wird, und die ihn zu Zwangsvorstellungen und Zwangshandlungen veranlassen, wie z. B. Waschzwang, übertriebener Ordnungszwang, obwohl er deren Unsinnigkeit und Unrichtigkeit einsieht. Er führt die Zwangshandlungen jedoch durch, um evtl. Angstzuständen vorzubeugen oder solche zu beseitigen. Zwangsneurotische Personen konnten entsprechend der Psychoanalyse im 2. und 3. Lebensjahr ihr → Ich nicht ausreichend entwickeln. Das Ich wird durch das → Überich, das mit Verboten und Geboten der Erziehenden beladen ist, erdrückt. Das Ich wird überlagert und zu stark in Abhängigkeit von Überich und → Es gebracht. Das geschwächte und sich bedroht fühlende Ich entwickelt ein überhöhtes und gesteigertes Bedürfnis nach Absicherung und Sicherheit. Eine solche zwangsneurotische Persönlichkeit" kann nicht mit Selbstbewußtsein, Initiative oder Mut auf die Anforderungen ihrer Umwelt reagieren und sie empfindet vor allen an sie herankommenden Problemen Angst. Sie versucht die Welt in ein festes

Vorstellungs- und Gedankenschema zu pressen, ihre Unsicherheit durch Ersatzhandlungen auszugleichen und bemüht sich, durch künstlich konstruierte Vorstellungen den Schwierigkeiten und unangenehmen Aufgaben des Lebens aus dem Weg zu gehen. Der Zwangsneurotiker handelt im allgemeinen nicht, sondern grübelt und sucht nach möglichen Ersatzhandlungen.

→ Psychoanalyse O

Zwangsneurotische Persönlichkeit → Zwangsneurose

Zweigschule

Im Rahmen der 2. Phase der Lehrerbildung, dem Vorbereitungsdienst, wird als Zweigschule diejenige Schule bezeichnet, an der ein Studienreferendar nach dem ersten praktischen Einsatz an einer → Seminarschule erstmals selbständig Unterricht erteilt. Die Stundenzahl ist auf etwa 12 Wochenstunden begrenzt. Ein Betreuungslehrer steht ihm während dieser Zeit beratend zur Seite.

→ Lehrerausbildung → Lehrerbildung → Vorbereitungsdienst O

Zwei-Komponenten-Theorie

Sie untersucht den theoretischen Ansatz, der den → Unterricht als → Interaktion der beiden Komponenten Basisschicht und didaktische Überformung sieht.

→ Basisfaktoren O

Zweiter Bildungsweg → Berufsbezogener Bildungsweg

Zwillingsforschung

Die Zwillingsforschung ist eine Methode der → Genetik. Der klassische Ansatz der Zwillingsforschung ist der Vergleich des Verhaltens zweieiiger (ZZ) und eineiiger (EZ) Zwillinge in gleichen Situationen. Währen ZZ genetisch zwei verschiedene Individuen sind, ist die Erbanlage der EZ völlig identisch (eine Eizelle wird von einem Samenfaden befruchtet). Der Zweck des Verhaltensvergleichs zwischen ZZ und EZ ist der, den Anteil der Vererbung an der Entwicklung psychischer und körperlicher Eigenschaften und Merkmale (z. B. Intelligenz, Konstitution, Wachstum) festzustellen. Auf A. Gesell geht der Ansatz in der Zwillingsforschung zurück, nach dem Einfluß erzieherischer Maßnahmen auf Reifungsprozesse zu fragen. Gesell setzte einen Zwilling von EZ einem Intensivtraining im Treppensteigen aus, während der andere Zwilling (= Kontrollzwilling) nicht eigens trainiert wurde. Als Befund ergab sich, daß der Kontrollzwilling den gewonnenen Vorsprung seines Zwillingspartners durch nicht eigens geförderte → Reifung mit der Zeit wieder aufholte. Ferner stellte sich heraus, daß auch bei EZ der Reifungsvorgang insgesamt nicht völlig gleich verläuft.
R. Zazzo führte wiederum eine neue Fragestellung in die Zwillingsforschung ein, nämlich die Frage nach dem wechselseitigen Einfluß der Paar-Existenz von EZ und der individuellen Persönlichkeitsentwicklung der einzelnen Zwillingspartner. K

Husén 1959–; Koch 1966; Loehlin/Nichols 1976; Siemens 1966; Zazzo 1968–1977

Literatur

Abels, H. / Keller, B.: Obdachlose. Wiesbaden 1974
Abraham, K.: Wirtschaftspädagogik – Grundfragen wirtschaftlicher Erziehung. Heidelberg 1966[2]
Abromeit, W.: Informationstheorie und Informationsverarbeitung im Nervensystem. München 1973
Ach, N.: Über die Willenstätigkeit und das Denken. 1905
Achtenhagen, F. / Meyer, H. L. (Hrsg.): Curriculumrevision – Möglichkeiten und Grenzen. München 1975[4]
Adam, G.: Überlegungen zum Invarianzproblem. Theoretische und experimentelle Kritik an Piaget's Lehre zur Invarianzgenese. Weinheim/Basel 1977
Adameit / Heidrich / Möller / Sommer: Grundkurs Verhaltensmodifikation. Ein handlungsorientiertes einführendes Übungsbuch für Lehrer und Erzieher. Weinheim/Basel 1978
Adler, A.: Über den nervösen Charakter. München 1912
Adler, A.: Studie über Minderwertigkeit von Organen. Darmstadt 1965
Adler, A.: Individualpsychologie. Zürich 1972
Adler, N.: The underground stream. New life styles and the antinomian personality. New York 1972
Adorno, Th.: Zum Bildungsbegriff der Gegenwart. Frankfurt (M.)/München 1967
Adorno, Th. W.: Jargon der Eigentlichkeit. Frankfurt 1970[5]
Adorno, Th. W.: Kritik. Kleine Schriften zur Gesellschaft. Frankfurt/M. 1971
Adorno, Th. W.: Gesammelte Schriften. Frankfurt (M.) 1972
Adorno, Th. W. / Dahrendorf, R. / Pilot, H. / Albert, H. / Habermas, J. / Popper, K. R.: Der Positivismusstreit in der deutschen Soziologie. Darmstadt/Neuwied 1972[2]
Aebli, H.: Über die geistige Entwicklung des Kindes. Stuttgart 1963, 1975[4]
Aebli, H. /Montada, L. / Schneider, U.: Über den Egozentrismus des Kindes. Stuttgart 1968
Aebli, H.: Psychologische Didaktik. Stuttgart 1970[4]
Aebli, H.: Grundformen des Lehrens. Stuttgart 1974[8]
Aebli, H. / Montada, L. / Steiner, G.: Erkennen, Lernen, Wachsen. Stuttgart 1975
Aepli-Jomini, A.-M. / Peter-Lang, H.: Psychosoziale Störungen beim Kind. Stuttgart 1975
Aeppli, E.: Psychologie des Bewußten und Unbewußten. Zürich 1947
Agee, W. K. / Ault, Ph. H. /Emery, E.: Introduction to mass communications. New York 1976
Aich, P. (Hrsg.): Da weitere Verwahrlosung droht ... Fürsorgeerziehung und Verwaltung. 10 Sozialbiographien aus Behördenakten. Reinbek 1976[3]
Aichhorn, A.: Erziehungsberatung und Erziehungshilfen. Reinbek 1972
Aichhorn, A.: Psychoanalyse und Erziehungsberatung. Frankfurt (M.) 1974
Akademie der Pädagogischen Wissenschaften der UdSSR (Hrsg.): Allgemeine Grundlagen der marxistischen Pädagogik. Stuttgart 1973
Akademie für Lehrerfortbildung (Hrsg.): Fortbildung von Lehrern aller Schularten zu Beratungslehrern. Ein Modellversuch. Donauwörth 1977
Albert, H.: Traktat über kritische Vernunft. Tübingen 1969[2]
Alexander, F.: Psychosomatische Medizin. Berlin/New York 1971
Allport, C. W.: Personality and Social Encounter. 1960
Allport, G. W.: Gestalt und Wachstum der Persönlichkeit. Meisenheim 1970
Allport, G. W.: Die Natur des Vorurteils. Köln 1971
Allport, G. W.: Werden der Persönlichkeit. München 1974
Altstaedt, I. u. a.: Theorie und Praxis der Behindertenpädagogik. Gießen 1974
Amberg / Schiedermair: Bayerisches Schulrecht. Donauwörth 1974

Amidon, E. J. / Hunter, E.: Verbal interaction in classroom: The Verbal Interaction Category System. In: Amidon, E. J. / Hough, J. B.: Interaction analysis: Theory, research and application. Reading. Massachusetts 1967
Amin, J.: Assoziationspsychologie und Gestaltpsychologie. Eine problemgeschichtliche Studie mit besonderer Berücksichtigung der Berliner Schule. Bern/Frankfurt (M.) 1973
Amiot-Priso, D. u. a.: Medienforschung. Berlin 1974
Ammer, Ch. / Buggle, F. / Wetzel, H. / Wilhelm, M.: Veränderung von Schülerverhalten. München 1976
Ammon, G.: Psychoanalytische Gruppentherapie. Indikation und Praxis. Berlin 1969
Ammon, G. (Hrsg.): Psychoanalytische Pädagogik. Hamburg 1973
Ammon, G.: Gruppendynamik der Aggression. München 1973
Ammon, G.: Psychotherapie der Psychosen. München 1975
Ammon, G.: Gruppenpsychotherapie. München 1976
Anastasi, A.: Psychological testing. New York 1954
Anastasi, A.: Differentielle Psychologie. Weinheim/Basel 1976
Ancelin-Schützenberger, A.: Einführung in das Rollenspiel. Stuttgart 1976
Andersson, A.: Sprachlaborpraxis. München 1974
Andreae, St.: Pastoraltheologische Aspekte der Lehre Sigmund Freuds von der Sublimierung der Sexualität. Kevelaer 1974
Andreas, R. / Bartl, H. / Bartl-Dönhoff, G. / Hopf, W.: Angst in der Schule. München 1976
Anger, H.: Befragung und Erhebung. In: Graumann, C. F. (Hrsg.): Handbuch der Psychologie, Bd. 9. Göttingen 1969
Angermaier, M. (Hrsg.): Legasthenie. Frankfurt/M. 1976
Angermeier, W. F. / Peters, M.: Grundlagen und Beziehungen zur Psychosomatik und Verhaltensmodifikation. Berlin/Heidelberg 1973
Angermaier, M.: Legasthenie, pro und contra. Die Kritik am Legastheniekonzept und ihre fatalen Folgen. Weinheim/Basel 1977
Antonoff, R.: Methoden der Image-Gestaltung für Unternehmen und Organisationen. Essen 1975
Antons, K.: Praxis der Gruppendynamik. Göttingen 1973
Apel, K. O.: Hermeneutik und Ideologiekritik. Frankfurt (M.) 1973[2]
Appley, D. G. / Winder, A. E.: T – groups and therapy groups in a changing society. San Francisco 1973
Arbeitsgruppe Aumeister: Der Praxisschock. München 1976
Arbeitsgruppe Bielefelder Soziologen (Hrsg.): Alltagswissen, Interaktion und gesellschaftliche Wirklichkeit. Symbolischer Interaktionismus und Ethnomethodologie Bd. 1. Reinbek bei Hamburg 1973
Arbeitsgruppe Kinderschutz (Hrsg.): Gewalt gegen Kinder. Kindesmißhandlungen und ihre Ursachen. Reinbek 1975
Arbeitsgruppe Vorschulerziehung: Vorschulische Erziehung in der Bundesrepublik. Eine Bestandsaufnahme zur Curriculumentwicklung. München 1974
Arbeitsgruppe Vorschulerziehung des Deutschen Jugendinstituts: Anregungen I: Zur pädagogischen Arbeit im Kindergarten. München 1974[3]
Arbeitsgruppe Vorschulerziehung des Deutschen Jugendinstituts: Anregungen II: Zur Ausstattung des Kindergartens. München 1974[2]
Arbeitsgruppe Vorschulerziehung des Deutschen Jugendinstituts: Anregungen III: Lernen für Lebenssituationen. Didaktische Einheiten im Kindergarten. München 1975/76
Arendt, H.: Macht und Gewalt. München 1971
Argelander, H.: Gruppenprozesse. Wege zur Anwendung der Psychoanalyse, in Behandlung, Lehre und Forschung. Reinbek 1972
Argyle, M.: Soziale Interaktion. Köln 1972
Argyris, Ch.: Intervention theory and Method. A behavioral science view. Reading/Mass. 1970

Arnhold, W. (Hrsg.): Texte zur Schulpsychologie und Bildungsberatung. Braunschweig 1975
Arnold, W.: Person, Charakter, Persönlichkeit. Göttingen 1957
Aschenbrenner, H.: Sprachheilpädagogik. Eine Übersicht. Wien/München 1975
Ascherleben, K.: Einführung in die Unterrichtsmethodik. Stuttgart 1974
Aschmoneit, W.: Motorik und ihre Behinderungen im Kindes- und Jugendalter. Dornburg/Frickhofen 1974
Atteslander, P.: Methoden der empirischen Sozialforschung. Berlin 1969
Auchter, Th.: Zur Kritik der antiautoritären Erziehung. Freiburg 1973
Aumann, G.: Der mathematische Begriff der Signifikanz. München 1954
Aurin, K. / Gaude P. / Zimmermann K. (Hrsg.): Bildungsberatung. Perspektiven ihrer Entwicklung in der Bundesrepublik Deutschland. Frankfurt 1973
Ausubel, D. P. / Robinson, F. G.: School learning. New York 1969
Ausubel, D. P. / Sullivan, E. V.: Das Kindesalter. München 1974
Ausubel, D. P.: Das Jugendalter. München 1974[4]
Ausubel, D. P. / Kirk, D.: Ego psychology a mental disorder. A development approach to psychopathology. New York 1977
Autorengruppe Osdorfer Born: Das Vorschulbuch. Hamburg 1975
Autrum, H.: Menschliches Verhalten als biologisches Problem. München 1976
Auwärter, M. /Kirsch, E. / Schröter, K.: Kommunikation, Interaktion, Identität. Frankfurt (M.) 1976
Ayllon, R. / Robert, M. D.: Eliminating discipline problems by strengthening academic performance. In: Journal of Applied Behavior Analysis, 7. 1974

Baacke, D.: Jugend und Subkultur. München 1972
Baacke, D. (Hrsg.): Mediendidaktische Modelle. München 1973
Baacke, D. (Hrsg.): Kritische Medientheorien. München 1974
Baacke, D.: Kommunikation und Kompetenz. Grundlegung einer Didaktik der Kommunikation und ihrer Medien. München 1975
Baacke, D.: Kommunikation und Kompetenz. Grundlegung einer Didaktik der Kommunikation und ihrer Medien. München 1975
Baacke, D.: Die 13- bis 18jährigen. Einführung in Probleme des Jugendalters. München 1976
Baacke, D.: Einführung in die außerschulische Pädagogik. München 1976
Bach, G. R. / Molter, H.: Psychoboom. Abwege moderner Psychotherapie. Düsseldorf/Köln 1976
Bach, H.: Die Unterrichtsvorbereitung. 1967[7]
Bach, H.: Sonderpädagogik im Grundriß. Berlin 1975
Bach, H u a (Hrsg.): Handbuch der Sonderpädagogik. 11 Bde. Berlin 1976
Bachmair, G.: Unterrichtsanalyse. Weinheim/Basel 1977[3]
Bachmann, C. H. (Hrsg.): Psychoanalyse und Verhaltenstherapie. Frankfurt (M.) 1972
Backman, C. W. / Secord, P. F.: Sozialpsychologie der Schule. Weinheim/Basel 1972
Baden, H. J.: Der Aufstand des Einzelnen. Abkehr vom Kollektiv. Hamburg 1973
Bader, K. / Otte, G. / Stoklassa, D.: Handbuch für Kindertagesstätten. Reinbek 1977
Badura, B. / Gloy, K. (Hrsg.): Soziologie der Kommunikation. Stuttgart 1972
Bäuerle, W. / Markmann, J. (Hrsg.): Reform der Heimerziehung. Materialien und Dokumente. Weinheim/Basel 1976[2]
Baggaley, A. R.: Intermediate correlationed methods. New York 1964
Baier, H. (Hrsg.): Unterricht in der Schule für Lernbehinderte. Donauwörth 1979
Bailey, St. K.: The purposes of education. Bloomington/Ind. 1976
Baldwin, A. L.: Theorien primärer Sozialisationsprozesse. 2 Bde. Weinheim/Basel 1974
Bales, R. F.: Personality and interpersonal behavior. New York 1970
Balint, M.: Therapeutische Aspekte der Regression. Stuttgart 1970
Balint, M.: Angstlust und Regression. Reinbek 1972
Balint, M.: Der Arzt, sein Patient und die Krankheit. Stuttgart 1965[3]

Ballauf, Th.: Die Grundstruktur der Bildung. Weinheim 1953
Bally, G.: Einführung in die Psychoanalyse Sigmund Freuds. Reinbek 1969
Bally, G. u. a.: Grundzüge der Neurosenlehre. 2 Bde. München 1972
Balmer, H. H.: Die Archetypentheorie von C. G. Jung. Eine Kritik. Berlin 1972
Bandura, A. / Walters, R. H.: Social learning and personality development. New York 1963
Bandura, A.: Principles of Behavior Modification. London/New York 1969
Bandura, A. u. a.: Lernen am Modell. Stuttgart 1976
Barclay, J. R.: Foundations of Counseling Strategies. New York/London/Sidney/Toronto 1971
Bargel, T. u. a. (Hrsg.): Sozialisation in der Hauptschule. Hamburg 1975
Barion, J.: Was ist Ideologie? Studie zu Begriff und Problematik. Bonn 1971
Barker, L. L. / Wiseman G.: A model of intrapersonal communication. In: Journal of communication 16, 1966
Barker, L. L. / Kibler, R. J. (Hrsg.): Speech, communication, behavior. Perspectives and principles. Englewood Clifts 1971
Barres, E.: Das Vorurteil in Theorie und Wirklichkeit. Ein didaktischer Leitfaden für Sozialkundeunterricht und politische Bildungsarbeit. Opladen 1974
Barsig, W. / Berkmüller, H. / Sauter, H.: Erziehung im Lern- und Lebensbereich Schule. Donauwörth 1978
Barthel, K. / Büthe, W. / Schultze, A. / Vieth, U. / Wagenschein M. / Wocke, M. F.: Exemplarisches Lehren. Hannover 1968[3]
Bartlett, H. M.: Grundlagen beruflicher Sozialarbeit. Freiburg 1976
Bass, B. H.: Organizational Psychology. Boston 1965
Bass, B. M. / Barrett, G. V.: Man, work and organizations. Boston 1972
Bassin, F. W. u. a.: Bewußtsein und Unbewußtes. Leipzig 1970
Bastin, G.: Die zoziometrischen Methoden. Bern/Stuttgart 1967
Bastine, R.: Forschungsmethoden in der klinischen Psychologie. Bern 1970
Bateson, G. / Jackson, D. D. / Lidz, T. / Searles, H. F. / Wynne, L. C. u. a.: Schizophrenie und Familie. Frankfurt (M.) 1969
Bath, H.: Emanzipation als Erziehungsziel? Überlegungen zum Gebrauch und zur Herkunft eines Begriffes. Bad Heilbrunn 1974
Battegay, R.: Gruppenpsychotherapie und klinische Psychiatrie. Basel/New York 1963
Battegay, R.: Der Mensch in der Gruppe. Bde. I–III. Stuttgart/Wien 1967, 1971[3]
Battegay, R.: Psychoanalytische Neurosenlehre. Bern/Stuttgart 1971
Battegay, R.: Narzißmus und Objektbeziehungen. Bern/Stuttgart 1977
Baudouin, Ch.: Suggestion und Autosuggestion. Basel/Stuttgart 1972
Bauer, H. F. u. a.: Fachgemäße Arbeitsweisen in der Grundschule. Bad Heilbrunn/Obb. 1971
Bauer, H. G. / Berg, R. / Kuhlen, V.: Forschung zu Problemen der Jugendhilfe. Bestandsaufnahme und Analyse. München 1976
Bauer, M. u. a.: Psychiatrie. Eine Einführung. Stuttgart 1973
Baumgartner, A. / Geulen, D. (Hrsg.): Vorschulische Erziehung. 2 Bde. Weinheim/Basel 1975
Baumhauer, O.: Das Vor-Urteil des Gewissens. Limburg 1970
Baus, M. / Jacoby, K.: Sozialpsychologie der Schulklasse. Bochum 1976
Bayerisches Kindergartengesetz vom 25. Juli 1972 mit Durchführungsverordnungen. München 1976[3]
Bayerisches Staatsministerium für Unterricht und Kultus: Allgemeine Schulordnung. München 1973
Bayerisches Staatsministerium für Unterricht und Kultus: Schülermitverantwortung und Schülervertretung. Donauwörth 1977
Bayerisches Staatsministerium für Arbeit und Sozialordnung: Sozialfibel für den Bürger. Ein Lexikon über soziale Hilfen, Leistungen und Rechte. München 1978

Becker, A. M. / Reiter, L. (Hrsg.): Psychotherapie als Denken und Handeln. Methodenvielfalt und Brücken zu Nachbardisziplinen. München 1977
Becker, D.-E. / Müller, K.-P.: Aspekte der Sozialpsychologie. Eine Einführung. Frankfurt (M.)/München 1976
Becker E. / Hagenbusch, A. M. / Weber, M.: Der Hort zwischen Familie, Schule und Freizeitraum. Donauwörth 1979
Becker, G. E. / Dietrich, B. / Kaier, E.: Konfliktbewältigung im Unterricht. Situationsbeschreibungen und Trainingsunterlagen. Bad Heilbrunn 1976
Becker, H.: Bildungsforschung und Bildungsplanung. Frankfurt (M.) 1971
Becker, H. / Haller, H. D. / Stubenrauch, H. / Wilkending, G.: Das Curriculum. Praxis, Wissenschaft und Politik. München 1977[3]
Becker, H. S.: Außenseiter. Zur Soziologie abweichenden Verhaltens. Frankfurt (M.) 1973
Becker, K.-P. / Sovák, M.: Lehrbuch der Logopädie. Köln 1975
Becker, P. E. (Hrsg.): Humangenetik. Ein kurzes Handbuch in 5 Bänden. Stuttgart 1974
Becker, W.: Kleines Handbuch des Jugendschutzes. Berlin 1958
Beckmann, D.: Der Analytiker und sein Patient. Bern/Stuttgart/Wien 1974
Beer, U. / Erl, W.: Entfaltung der Kreativität. Tübingen 1972
Beeretz, F. L.: Autorität. Eine systematische Untersuchung. In: Deutsche Universitätszeitung, Heft 1. 1975
Behnke, B.: Psychoanalyse in der Erziehung, München 1974
Behrendt, I. F.: Das Individuum im technischen Zeitalter. Zürich 1973
Beiner, F.: Zur Individualisierung des Lernprozesses. Düsseldorf 1972
Beinke, L.: Das Betriebspraktikum. Bad Heilbrunn 1977
Beisbart, O. / Dobnig-Jülch, E. / Eroms, H. W. / Kloß, C.: Textlinguistik und ihre Didaktik. Donauwörth 1976
Bellebaum, A. / Baum, H. (Hrsg.): Reader Soziale Probleme I und II. Frankfurt (M.) 1974
Bellebaum, A.: Soziologie der modernen Gesellschaft. Hamburg 1977
Belschner, W. u. a.: Verhaltenstherapie in Erziehung und Unterricht. Stuttgart 1973
Beltz – Test. Gesamtverzeichnis. Weinheim 1975
Benda, C. E.: Gewissen und Schuld. Stuttgart/New York 1970
Benden, M.: Zur Zielproblematik in der Pädagogik. Bad Heilbrunn 1977 (Quellentexte)
Brenner, D.: Hauptströmungen der Erziehungswissenschaft. München 1973
Benner, F.: Hauptströmungen der Erziehungswissenschaft. München 1973
Bennett, R. L.: Careers through cooperative work experience. New York 1977
Benninghaus, H.: Ergebnisse und Perspektiven der Einstellungs-Verhaltens-Forschung. Meisenheim 1976
Bennwitz, H. / Weinert, F. E.: Ein Förderungsprogramm zur Elementarerziehung und seine wissenschaftlichen Voraussetzungen. Göttingen 1973
Bense, M. / Walther, E.: Wörterbuch der Semiotik. Köln 1973
Berg, Ch. / Gaebe, B. /Keim, W. / Koch, L. / Kracht, H. J. / Röhrig, P.: Einführung in die Erziehungswissenschaft. Köln 1976
Bergius, R.: Psychologie des Lernens. Stuttgart 1971
Bergius, R.: Sozialpsychologie. Hamburg 1976
Bergler, R.: Vorurteile, erkennen, verstehen, korrigieren. Köln/Frankfurt (M.) 1976
Bergold, J. (Hrsg.): Psychotherapie. München 1973
Bergmann, K. / Frank, G. (Hrsg.): Bildungsarbeit mit Erwachsenen. Handbuch für selbstbestimmtes Lernen. Reinbek 1977
Bergstraesser, A.: Die Nacht als Mythos und als Wirklichkeit. Eine Untersuchung. Freiburg 1965
Bericht über die Lage der Psychiatrie in der Bundesrepublik Deutschland. Zur psychiatrischen und psychotherapeutisch/psychosomatischen Versorgung der Bevölkerung. Deutscher Bundestag. Drucksache 7/4200 und 7/4201
Berke, J. (Hrsg.): Counter Culture. London 1969

Berke, R.: Ausbildung für datenverarbeitende Berufe – Bestandsaufnahme und Problemlage in der Bundesrepublik Deutschland. Biel 1967
Berke, R. (Hrsg.) Aspekte beruflicher Bildung. Bad Homburg 1970
Berke, R.: Das Studium der Wirtschaftspädagogik, Teil I – Studienorientierung und Einführung in Struktur und Probleme des Bildungssystems in der Bundesrepublik Deutschland. Nürnberg 1975
Berke, R. / Hertel, H. D.: Berufliche Bildung im Betrieb. Paderborn 1979
Berker, P. de: Interaction. Human groups in community and institution. Oxford 1969
Berkowitz, L.: Grundriß der Sozialpsychologie. München 1976
Berlin, J.: Das offene Gespräch. Paare lernen Kommunikation. München 1975
Bernard, H. W. / Fullmer, D. W.: Principles of Guidance: a basic text. Scranton/Pennsylvania 1969
Bernfeld, S.: Antiautoritäre Erziehung und Psychoanalyse. Frankfurt (M.) 1970
Bernfeld, S.: Sisyphos oder die Grenzen der Erziehung. Frankfurt (M.) 1973
Bernhardt, M. u. a.: Soziales Lernen in der Gesamtschule. Eine empirische Studie. München 1974, 1976[2]
Bernstein, G.: Soziale Struktur, Sozialisation und Sprachverhalten. Amsterdam 1970
Bernstein, B.: Studien zur sprachlichen Sozialisation. Düsseldorf 1976[4]
Bernstein, B.: Beiträge zu einer Theorie des pädagogischen Prozesses. Frankfurt (M.) 1977
Berrigan, F. J.: A manual on mass media in population and development. Paris 1977
Bettelheim, B.: Liebe allein genügt nicht. Die Erziehung emotional gestörter Kinder. Stuttgart 1970
Bettelheim, B.: So können sie nicht leben. Die Rehabilitierung emotional gestörter Kinder. Stuttgart 1973
Bettelheim, B.: Die Geburt des Selbst. Erfolgreiche Therapie autistischer Kinder. München 1977
Biermann, G. (Hrsg.): Handbuch der Kinderpsychotherapie. 2 Bde. München 1969, 1976[4] und Erg. Bd. 1976
Biermann, G. (Hrsg.): Kinder im Schulstreß. München/Basel 1975
Biermann, G.: Autogenes Training mit Kindern und Jugendlichen. München/Basel 1975
Biermann, G. u. a.: Kindliche Sozialisation und Sozialentwicklung. München 1975
Biermann, G.: Die psychosoziale Entwicklung des Kindes in unserer Zeit. München/ Basel 1975[2]
Biggs, J. B.: Lernprozeß und Kybernetik. Stuttgart 1974
Biggs, N.: Interaction models. Cambridge 1977
Bigras, J.: Gute Mutter, böse Mutter. Das Bild des Kindes von der Mutter. München 1975
Bila, H. v.: Gerontologie. Bestandaufnahme zur Situation der Altersforschung in der Bundesrepublik Deutschland. Göttingen 1974
Bilderbuch und Comic, in: Kritisches Lexikon der Erziehungswissenschaft und Bildungspolitik, rororo-Tb 6190, Reinbek 1976[2]
Bisna, D. u. a.: Unser Kind ist Linkshänder. Was sollen wir tun? Braunschweig 1974
Bion, W. R.: Erfahrungen in Gruppen. Stuttgart 1971
Birbaumer, N.: Physiologische Psychologie. Berlin/Heidelberg 1975
Birbaumer, N. (Hrsg.) Psychophysiologie der Angst. München 1977
Birke, P. u. a.: Jugendhilfeforschung. München 1975
Birkel, P. / Ingenkamp, K.: Hilfen zur Auswahl von Schultests. Mainz 1976
Birkenbihl, V.-F.: Streß im Griff. München 1977
Bisky, L.: Zur Kritik der bürgerlichen Massenkommunikationsforschung. Berlin 1976
Bissonier, H.: Die äußeren Ursachen der Jugendverwahrlosung. In: Die Jugendverwahrlosung und ihre Bekämpfung. Linz 1950
Bittner, G.: Psychoanalyse und soziale Erziehung. München 1970[2]
Bittner, G. / Schäfer, G. / Strobel, H.: Spielgruppen als soziale Lernfelder. Pädagogische und therapeutische Aspekte. München 1975[2]

Blackham, G. J. / Silberman, A.: Grundlagen und Methoden der Verhaltensmodifikation bei Kindern. Weinheim-Basel 1975
Blalock, H. M. (Hrsg.): Measurement in the social sciences. Theories and strategies. Chicago 1974
Blankertz, H.: Theorien und Modelle der Didaktik. München 1977[10]
Blasig, W. / Jansen, G. W. / Schmidt, M. H. (Hrsg.): Die Körperbehindertenschule. Berlin 1975[2]
Blass, Th. (Hrsg.): Personality Variables in social behavior. Hillsdale 1977
Bledjian, F. /Stosberg, K.: Analyse der Massenkommunikation. Wirkungen. Düsseldorf 1972
Blinkert, B. / Huppertz, N. / Kluge, M. / Mellert, T. / Schwall, H. / Weidner, D. / Zimmer, M.: Berufskrisen in der Sozialarbeit. Weinheim/Basel 1976
Bloch, K. H.: Der Streit um die Lehrerfrage im Unterricht in der Pädagogik der Neuzeit. Wuppertal 1969
Blomeyer, R.: Übertragung und Gegenübertragung in der Kinderpsychotherapie unter Gesichtspunkten der Analytischen Psychologie. In: Handbuch der Kinderpsychotherapie. Hrsg. von Gerd Biermann. München 1976. Erg. Bd.
Bloom, B. S.: Stability and Change in Human Characteristics. New York/London/Sidney 1964
Bloom, B. S.: Stabilität und Veränderung menschlicher Merkmale. Weinheim 1971
Bloom, B. S.: Taxonomie von Lernzielen im kognitiven Bereich. Weinheim/Basel 1972, 1976[5]
Bloom, B. S.: Human characteristics and school learning. New York/Düsseldorf 1976
Blos, P.: Adoleszenz. Eine psychoanalytische Interpretation. Stuttgart 1973
Blühdorn, J.: Das Gewissen in der Diskussion. Darmstadt 1976
Blumer, H.: Symbolic interactionism. Englewood Cliffs/N. J. 1969
Blumer, H.: Der methodologische Standort des symbolischen Interaktionismus. In: Arbeitsgruppe Bielefelder Soziologen (Hrsg.): Alltagswissen, Interaktion und gesellschaftliche Wirklichkeit. 1. Reinbek 1973
Bodmer, W. F. / Cavalli-Sforza, L. L.: Genetics, evolution, and man. San Francisco 1976
Böckelmann, F.: Theorie der Massenkommunikation. Frankfurt (M.) 1975
Böhlau, V. (Hrsg.): Wege zur Erforschung des Alterns. Darmstadt 1973
Böhm, W. / Schriewer, J. (Hrsg.): Geschichte der Pädagogik und systematische Erziehungswissenschaft. Stuttgart 1975
Böhme, G.: Die philosophischen Grundlagen des Bildungsbegriffs. Eine Propädeutik. Saarbrücken 1976
Böhme, H. u. a. (Hrsg.): Beiträge zur Genetik und Abstammungslehre. Berlin 1976
Böhnisch, L. (Hrsg.): Jugendarbeit in der Diskussion. München 1973
Bönsch, M. / Silkenbeumer, R.: Soziales Lernen und Vorurteile. Hannover 1972
Bönsch, M.: Differenzierung des Unterrichts. Methodische Aspekte. München 1972[2]
Boesch, E. E. / Eckensberger, L. H.: Methodische Probleme des interkulturellen Vergleichs. In: Graumann, C. F.: Handbuch der Psychologie, Band 7/1. Göttingen 1969
Böttcher, H.: Sozialpädagogik im Überblick. Versuch einer systematischen Agogik. Freiburg 1975
Böttcher, W. / Zielinski, J.: Diskussionstechnik (Ein Lernprogramm) Düsseldorf 1974
Bohman, S.: Analyses of consciousness.Uppsala/Stockholm 1977
Bohnsack, R.: Handlungskompetenz und Jugendkriminalität. Neuwied 1973
Bohusch, O.: Lexikon der grammatischen Terminologie. Donauwörth 1972
Bokelmann, H.: Die ökonomisch-sozialethische Bildung. Problem und Entwurf einer didaktischen Theorie für die gymnasiale Oberstufe. Heidelberg 1964
Bollnow, O. F.: Existenzphilosophie und Pädagogik. Stuttgart 1965
Bolstadt, O. D. / Johnson, S. M.: Selbstkontrolle bei der Modifikation störenden Verhaltens im Unterricht. In: U. Mees / H. Selg (Hrsg.) 1977

Bolke, K. M. / Aschenbrenner, K.: Die gesellschaftliche Situation der Gegenwart. Opladen 1963
Bolte, K. M.: Der Achte Sinn. Gesellschaftsprobleme der Gegenwart. Bad Harzburg 1971
Bondy, C.: Einführung in die Psychologie. Frankfurt (M.) 1967[7]
Bonstedt, Ch.: Organisierte Verfestigung abweichenden Verhaltens. München 1977[3]
Bordin, E. S.: Research strategies in psychotherapy. New York 1974
Bornemann, E.: Erziehungsberatung. Ein Weg zur Überwindung der Erziehungsnot. München 1963
Bornemann, E. / Mann-Tiechler, G. von (Hrsg.): Handbuch der Sozialerziehung, Bd. 1–3. Freiburg 1963-1964
Borowski, G. / Hielscher, H. / Schwab, M.: Unterricht: Prinzipien und Modelle. Heidelberg 1976
Borowski, G. / Hielscher, H. / Schwab, M.: Einführung in die Allgemeine Didaktik. Heidelberg 1976[2]
Bosch, D. (Hrsg.): Aktuelle Lernprobleme der Grundschule. Bochum 1973
Bosl, K.: Pluralismus und pluralistische Gesellschaft. Bauprinzip, Zerfallserscheinungen, Mode. München/Salzburg 1967
Bosl, K. / Weis, E.: Die Gesellschaft in Deutschland. München 1976
Boszormenyi-Nagy, J. / Framo, U. L. (Hrsg.): Intensive family therapy. New York 1965
Bott, C. (Hrsg.): Erziehung zum Ungehorsam. Kinderläden berichten aus der Praxis der autiautoritären Erziehung. Frankfurt (M.) 1971
Bottenberg, E. H.: Emotionspsychologie. München 1972
Bottomore, T. B.: Die sozialen Klassen in der modernen Gesellschaft. München 1967
Bowen, M.: A family concept of schizophrenia. New York 1960
Boyes, D.: Autogenes Yoga. Weilheim 1976
Brachfeld, O.: Minderwertigkeitsgefühle beim Einzelnen und in der Gemeinschaft. Stuttgart 1953
Bracken, H. v.: Entwicklungsgestörte Jugendliche. München 1965
Bracken, H. v.: Vorurteile gegen behinderte Kinder, ihre Familien und Schulen. Berlin 1976
Bradford, L. P. / Gibb, J. R. / Benne, K. D. (Hrsg.): Gruppentraining. T-Gruppentheorie und Laboratoriumsmethode. Stuttgart 1972
Bräutigam, W.: Reaktionen, Neurosen, Psychopathien. Stuttgart 1969[2]
Branahl, U. / Reinisch, H. / Zechlin, L.: Tutorien im Rahmen von Studienreformprojekten. Hamburg 1977
Brandt, G. A.: Probleme und Erfolge der Erziehungsberatung, Weinheim 1967
Brandt, G. A.: Psychologie und Psychopathologie für soziale Berufe. Neuwied a. Rh./Berlin 1968
Brandt, G. A.: Pädagogik und soziale Arbeit. Darmstadt 1974
Braun, W.: Emanzipation als pädagogisches Problem. Saarbrücken 1977
Braun, W.: Bildung, Erziehung, Demokratie. Kiel 1974
Bredenkamp, J.: Experiment und Feldexperiment. In: Graumann, C. F.: Handbuch der Psychologie, Band 7/1. Göttingen 1969
Bredenkamp, J.: Der Signifikanztest in der psychologischen Forschung. Frankfurt (M.) 1972
Brehm, J. W. / Cohen, A. R.: Explorations in cognitive dissonance. New York/London 1962
Brem-Gräser, L.: Hilfen für das unkonzentrierte Kind. München 1967
Brem-Gräser, L.: Erziehung zur Schulfähigkeit. München 1968
Brem-Gräser, L.: Familie in Tieren. München/Basel 1970
Brendel, A. / Brack v. Wins, J. / Schmitz, V.: Textanalysen II München 1977
Brenner, C.: Grundzüge der Psychoanalyse, Frankfurt (M.) 1972[7]
Bresch, C. / Hausmann, R.: Klassische und molekulare Genetik. Berlin 1970
Brezinka, W.: Über Erziehungsbegriffe – Eine kritische Analyse und Explikationsvorschlag. Zeitschrift für Pädagogik 17 (1971)

Brezinka, W.: Die Pädagogik der Neuen Linken. Stuttgart 1972
Brezinka, W.: Erziehung und Kulturrevolution. Die Pädagogik der Neuen Linken. München/Basel 1976
Brezinka, W.: Metatheorie der Erziehung. München/Basel 1978
Brickenkamp, R.: Handbuch psychologischer und pädagogischer Tests. Göttingen 1975
Brinkmann, C.: Team teaching. Erfahrungen, Modelle, praktische Beispiele. Ratingen 1973
Brinkmann, G. u. a. (Hrsg.): Theorie der Schule Bd. 1 u. 2. Kronberg 1974
Brinkmann, G. u. a.: Die soziale Entwicklung des Kindes. München 1974
Brocher, T.: Gruppendynamik und Erwachsenenbildung. Zum Problem der Entwicklung von Konformismus oder Autonomie in Arbeitsgruppen. Braunschweig 1967
Brocher, T.: Das unbekannte Ich. Reinbek 1972
Brocher, T. / Friedeburg, L. v. (Hrsg.): Lexikon der Sexualerziehung. Stuttgart/Berlin 1972
Brockert, S.: Konzentriert lernen, konzentriert arbeiten. Ein optimales Programm mit 12 Übungen. München 1972
Brody, S. / Axelrad, S.: Angst und Ich-Bildung in der Kindheit. Stuttgart 1974
Brody, E. B. / Brody, N.: Intelligence, Nature, determinants, and consequences. New York 1976
Bronfenbrenner, U.: Wie wirksam ist die kompensatorische Erziehung? Stuttgart 1974
Brookover, W. B. / Erickson, E. L.: Sociology of education. Homewood/Ill. 1975
Brophy, J. E. / Good, T. L.: Die Lehrer-Schüler-Interaktion. München 1976 – engl. 1974
Brothun, M.: Bedeutung der Berufstätigkeit von Frauen. Konfliktmanagement in komplexen Rollenkonfigurationen. Opladen 1977
Brown, A. R.: Prejudice in children. Springfield/Ill. 1972
Brown, G. I. (Hrsg.): The live Classroom. Innovation through confluent education and gestalt. New York 1975
Brown, G. / Cherrington, D. H. / Cohen, L.: Experiments in the social sciences. London 1975
Brown, J.: Recall and recognition. London 1976
Brucker, A.: Unterrichtsmedien. In: Konkrete Didaktik der Geographie. Braunschweig 1977, S. 215
Bruder, X.-J. u. a.: Kritik der pädagogischen Psychologie. Falsche Theorien einer falschen Praxis. Reinbek 1976
Brügelmann, H.: Strategien zur Curriculumreform. Tübingen 1975
Brugger, W. (Hrsg.): Philosophisches Wörterbuch. Freiburg 1976
Brumlik, M.: Der symbolische Interaktionismus und seine pädagogische Bedeutung. Frankfurt (M.) 1973
Bruner, J. S.: Der Prozeß der Erziehung. Düsseldorf 1973[7]
Bruner, J. S.: Entwurf einer Unterrichtstheorie. Cambridge/Mass. 1971 (engl.), Düsseldorf 1974
Bruner, J. S. / Jolly, A. / Sylva, K.: Play. Its role in development and evolution. Harmondsworth 1976
Brunnhuber, P.: Prinzipien effektiver Unterrichtsgestaltung. Donauwörth 1972
Brunnhuber, P. / Czinczoll, B.: Lernen durch Entdecken. Donauwörth 1974[2]
Brunnhuber, P. / Zöpfl, H.: Erziehungsziele konkret. Donauwörth 1975[2]
Bruslinskij, A. V. / Tichomirov, O. K.: Zur Psychologie des Denkens. Berlin 1975
Brusten, M. / Hohmeier, J. (Hrsg.): Stigmatisierung. Zur Produktion gesellschaftlicher Randgruppen. Neuwied/Darmstadt 1975
Brusten, M. / Hurrelmann, K.: Abweichendes Verhalten in der Schule München 1973, 1976[3]
Buber, M.: Ich und Du. In: Werke, Bd. 1, Schriften zur Philosophie. München/Heidelberg 1962

Buber, M.: Reden über Erziehung. Heidelberg 1964
Bubner, R. / Kramer, K. /Wiehl, R.: Hermeneutik und Dialektik. Tübingen 1970
Buchinger, K. u. a.: Gruppe und Bildung. Berlin/New York 1975
Budenz, T.: Das Pantomimenbuch. Für Jugendspiel und Amateurtheater. München 1959
Büchner, P. (Hrsg.): Die Eltern und die Schule. Zwischen Konfrontation und Kooperation. München 1976
Bühler, Ch.: Der menschliche Lebenslauf als psychologisches Problem. Göttingen 1959[2]
Bühler, Ch.: Psychologie im Leben unserer Zeit. München/Zürich 1962
Bühler, K.: Das Gestaltprinzip im Leben der Menschen und der Tiere. Bern/Stuttgart 1960
Bürmann, J. / Bargel, T. (Hrsg.): Hochschulsozialisation. Hannover 1977
Büscher, K.: Berufs- und Arbeitspädagogik. Stuttgart 1973
Büttner, Chr.: Spiele gegen Streit, Angst und Not. Spielpädagogik und soziales Lernen. Wiesbaden 1977
Buggle, F.: Psychologie. Gegenstand, Methodik, soziale Rahmenbedingungen. Darmstadt 1974
Bundesanstalt für Arbeit (Hrsg.): Step. Programm zur systematischen Vorbereitung der Berufswahl. Nürnberg 1973
Bundesanstalt für Arbeit: Blätter zur Berufskunde – Band 2. Sozialpädagoge (grad.) Sozialarbeiter (grad.). Bielefeld 1978[4]
Bundesminister für Bildung und Wissenschaft: Fernunterrichtsschutzgesetz. Bonn 1976
Bundesminister für Jugend, Familie und Gesundheit: Informationen zum Drogen-Problem. Bonn o. J.
Bund-Länder-Kommission für Bildungsplanung: Bildungsgesamtplan Bd. I u. II. Stuttgart 1973
Bunk, C. P.: Erziehung und Industriearbeit. Modelle betrieblichen Lernens und Arbeitens Erwachsener. Weinheim/Basel 1972
Burckhardt, C. J.: Zum Begriff der Macht. Zürich 1972
Burzer, Th. u. a.: Innere Differenzierung. Regensburg 1976
Busch, Fr. u. a.: Familie und Gesellschaft. Wilhelmshaven 1977
Butschkau, U. / Tillmann, K.-J.: Politische Sozialisation in der Gesamtschule, Ziele, schulpäd. Fakten, Strategien. München 1972
Button, L.: Gruppenarbeit mit Jugendlichen. München 1976
Byrne, R. H.: The School Counselor. Boston 1963

Caesar, B.: Autorität in der Familie. Reinbek 1976[6]
Campbell, D. T.: Factors relevant to the validity of experiments in social settings. In: Psychologisches Bulletin 1957, 55
Campbell, N. R.: Foundations of science. The philosophy of theory and experiment. New York 1957
Canetti, E.: Masse und Macht. München 1973
Cannon, W. B.: Wut, Hunger, Angst und Schmerz. Eine Physiologie der Emotionen. München 1975
Canter, D. V. / Stringer, P.: Environment Interaction. Psychological approaches to our physical surroundings. London 1975
Cappel, W.: Das Kind in der Schulklasse. Weinheim 1971[5]
Carnap, R.: Induktive Logik und Wahrscheinlichkeit. Wien 1959
Carterette, E. C. / Friedman, M. P.: Handbook of perception. New York/London 1973
Casey, E. S.: Imagining. A phenomenological study. Bloomington/London 1976
Caruso, I. A.: Narzißmus und Sozialisation. Stuttgart 1976
Carver, J. N. / Carver, N. E.: The family of the retarded child. Syracuse 1972
Casriel, D.: Die Wiederentdeckung des Gefühls. München 1975

Cattell, R. B. / Scheier, J. H.: The meaning und measurement of neuroticism and anxiety. New York 1961
Cattell, R. B.: Real base true zero factor analysis. Fort Worth 1972
Cermak, L. S.: Human memory. Research and theory. New York 1972
Cermak, L. S.: Psychology of learning. Research and theory. New York 1975
Chadwick, H.: Betrachtungen über das Gewissen in der griechischen, jüdischen und christlichen Tradition. Opladen 1974
Charlton, M. / Dauber, H. / Preuß, O. / Scheilke, Chr. Th.: Innovation im Schulalltag. Reinbek 1975
Chateau, J.: Das Spiel des Kindes. Paderborn 1969
Chauncey, H. / Dobbin, J. E.: Der Test im modernen Bildungswesen. Stuttgart 1970
Chessick, R. D.: Intensive psychotherapy of the borderline patient. New York 1977
Chisman, F. P.: Attitude psychology and the study of public opinion. London 1976
Cicourel, A. V.: Methode und Messung in der Soziologie. Frankfurt (M.) 1970
Cicourel, A. V.: Cognitive sociology. Language and meaning in social interaction. New York 1974
Cicourel, A. V.: Sprache in der sozialen Interaktion. München 1975
Claessens, D. /Milhoffer, P. (Hrsg.): Familiensoziologie. Frankfurt (M.) 1973
Claessens, D.: Rolle und Macht. München 1974
Clara, M.: Entwicklungsgeschichte des Menschen. Heidelberg 1967[6]
Clarizio, H. F.: Toward positive classroom discipline. New York 1976
Clark, R. E.: Reference group theory and delinquency. New York 1972
Claus, J. / Heckmann, W. / Schmidt-Ott, J.: Spiel im Vorschulalter. Frankfurt (M.)/Köln 1973
Clauß, G. / Ebner, H.: Grundlagen der Statistik für Psychologen, Pädagogen und Soziologen. Frankfurt (M.) 1972
Clegg, S.: Power, rule and domination. London/Boston 1975
Coburn-Staege, U.: Der Rollenbegriff. Heidelberg 1973
Cochran, W. G.: Stichprobenverfahren. Berlin/New York 1972
Cofer, Ch. N.: Motivation und Emotion. München 1975
Cohen, A. K.: Kriminelle Jugend. Zur Soziologie jugendlichen Bandenwesens. Reinbek 1961
Cohen, A. K.: Abweichung und Kontrolle. München 1975[4]
Cohn, R. C.: Von der Psychoanalyse zur themenzentrierten Interaktion. Von der Behandlung einzelner zu einer Pädagogik für alle. Stuttgart 1975
Cohen, J.: Statistical power analysis for the behavioral sciences. New York/London 1971
Cohen, R.: Zum Begriff der Angst in der Differentiellen Psychologie. Konstanz 1971
Colberg-Schrader, H. / Krug, M.: Arbeitsfeld Kindergarten. Planung, Praxisgestaltung, Teamarbeit. München 1977
Coleman, M. (Hrsg.): The autistic Syndromes. Amsterdam/Oxford/New York 1976
Combe, A. / Petzold, H. J.: Bildungsökonomie. Eine Einführung. Köln 1977
Comenius, J. A.: Die Erneuerung der Schulen. Bochum o. J.
Condrau, G.: Einführung in die Psychotherapie. Geschichte, Schulen und Methoden. München 1974
Condrau, G. / Hicklin, A.: Das Werden des Menschen. Bern 1977
Copel, F.: Der fruchtbare Moment im Bildungsprozeß. Heidelberg 1965[8]
Correll, W.: Programmiertes Lernen und Lehrmaschinen. Braunschweig 1965
Correll, W.: Unterrichtsdifferenzierung und Schulorganisation. Hannover 1969
Correll, W.: Zur Theorie und Praxis des programmierten Lernens. Darmstadt 1969
Correll, W.: Lernen und Verhalten. Grundlagen der Optimierung von Lernen und Lehren. Frankfurt (M.) 1972
Correll, W.: Einführung in die pädagogische Psychologie. Donauwörth 1974[6] a
Correll, W.: Lernpsychologie. Donauwörth 1974[14] b

Correll, W.: Pädagogische Verhaltenspsychologie. München/Basel 1974[5] c
Correll, W. / Schwarze, H.: Lernpsychologie programmiert. Donauwörth 1975[6]
Correll, W.: Persönlichkeitspsychologie. Donauwörth 1976
Correll, W.: Lernstörungen beim Schulkind. Donauwörth 1976[10]
Correll, W.: Lernpsychologie. Grundfragen und pädagogische Konsequenzen. Donauwörth 1976[15]
Cremerius, J. (Hrsg.): Psychoanalyse und Erziehungspraxis. Frankfurt (M.) 1975[4]
Critchley, M.: Silent language. London 1975
Cronbach, L. J.: Essentials of psychological testing. New York 1965[2]
Crowcroft, A.: Der Psychotiker. Frankfurt (M.) 1972
Cruickshank, W. M. / Hallahan, D. P. (Hrsg.): Perceptual and learning Disabilities in children. 2 Bde. Syracuse 1975
Cube, F. v.: Kybernetische Grundlagen des Lernens und Lehrens. Stuttgart 1968[2]/1971[3]
Cube, F. v.: Ausbildung zwischen Automation und Kommunikation. Bochum 1976
Cube, F. v.: Erziehungswissenschaft. Stuttgart 1977
Cubisch, W.: Hellseher, Scharlatane, Demagogen? Eine experimentelle Untersuchung zum Problem der außersinnlichen Wahrnehmung und der suggestiven Beeinflussung einzelner Menschen und Menschenmassen. München/Basel 1961
Cunningham, L. M. /Peters, H. J.: Counseling Theories. Columbus (Ohio) 1973
Czemper, K. A. / Boswau, H.: Unterricht und Computer. München 1965
Czycholl, R.: Vergleichende Wirtschaftspädagogik. Möglichkeit und Grenzen einer vergleichenden erziehungswissenschaftlichen Disziplin. Trier 1971

Däumling, A. M.: Die Aufgaben des Psychologen im sozialpsychologischen Strafvollzug, in: Zeitschrift für Strafvollzug. Jahrgang 2, 1951
Däumling, A. M. u. a.: Angewandte Gruppendynamik. Stuttgart 1974
Dahlberg, I.: Grundlagen universaler Wissensordnung. Probleme und Möglichkeiten eines universalen Klassifikationssystems des Wissens. Pullach 1974
Dahrendorf, R.: Soziale Klassen und Klassenkonflikt in der industriellen Gesellschaft. Stuttgart 1957
Dahrendorf, R.: Homo Sociologicus. Ein Versuch zur Geschichte, Bedeutung und Kritik der Kategorie der sozialen Rolle. Köln/Opladen 1968
Dakin, J.: The language laboratory and language learning. London 1976
Damm, D.: Politische Jugendarbeit – Grundlagen, Methoden, Projekte. München 1975
Dann, H.-D.: Aggression und Leistung. Stuttgart 1972
Danner, M.: Gibt es einen freien Willen? Eine psychologische Studie. Heidelberg 1977[4]
Danziger, K.: Sozialisation. Düsseldorf 1974
Danziger, K.: Interpersonal communication. New York/Braunschweig 1976
Danzinger, K.: Soziologie. Konzeptionelle Probleme, Methodologie und Ergebnisse. Düsseldorf 1974
Daublebsky, B.: Spielen in der Schule. Stuttgart 1975
Daucher, K.: Zur Psychologie des produktiven Denkens. Berlin 1963
Dauenhauer, E.: Kategoriale Didaktik. Rinteln 1970[2]
Dauenhauer, E.: Wissenschaftstheorie – Wirtschaftspädagogik – Arbeitslehre. Bad Homburg/Berlin/Zürich 1973
Davydov, J. N.: Freiheit und Entfremdung. Berlin 1964
Davison, W. Ph. /Boylan, J. / Yu F. T. C.: Mass media. Systems and effects. New York 1976
Dearden, R. F. / Hirst, P. H. / Peters, R. S.: Education and the development of reason. London/Boston 1972
Debl, H.: Schulpädagogik. Eine Einführung in ihre Kategorien und Grundfragen. München 1974
Dechêne, H. Ch.: Verwahrlosung und Delinquenz. Profil einer Kriminalpsychologie. München 1975
Dechert, H.-W.: Team teaching in der Schule. München 1972

de Fries, A. / Häußler, H.: Soziales Training durch Rollenspiel. Frankfurt (M.)/Köln 1976
Dehmel, H.: Das Syndrom. Gräfelfing 1975
Deimling, G.: Theorie und Praxis des Jugendstrafvollzugs in pädagogischer Sicht. Darmstadt/Berlin 1969
Deimling, G. (Hrsg.): Sozialisierung und Rehabilitierung sozial Gefährdeter und Behinderter. Neuwied/Berlin 1973
Deimling, G. / Lenzen, H. (Hrsg.): Straffälligenpädagogik und Delinquenzprophylaxe. Neuwied 1974
Deißler, H. H.: Verschulter Kindergarten? Wege und Irrwege der heutigen Vorschulpädagogik. Freiburg 1973
Denker, R.: Angst und Aggression. Stuttgart 1974
Denzel, F.: Methodik des Erstunterrichts. München 1960
Der Hessische Kultusminister (Hrsg.): Zum Problem der Unterrichtsdifferenzierung in der Mittelstufe. Wiesbaden 1976
Derschatta, E.: Frei? Zeit? Heim? München 1974
Derschau, D. von: Die Erzieherausbildung. München 1974
Deschler, H.-P.: Theorie und Technik der Unterrichtsdokumentation. München 1974
Deutsch, M.: Konfliktregelung. Konstruktive und destruktive Prozesse. München/Basel 1976
Deutsch, M. / Krauss, R. M.: Theorien der Sozialpsychologie. Frankfurt (M.) 1976
Deutscher Bibliotheksverband 1975: AfB-Materialien 14: Theorie, Organisation und Praxis der Schulbibliothek. Ein Diskussionsbeitrag.
Deutscher Bildungsrat: Gutachten und Studien der Bildungskommission, Begabung und Lernen. Stuttgart 1971
Deutscher Bildungsrat – Empfehlungen der Bildungskommission: Strukturplan für das Bildungswesen. Stuttgart 1972
Deutscher Bildungsrat (Hrsg.): Zur pädagogischen Förderung behinderter und von Behinderung bedrohter Kinder und Jugendlicher. Stuttgart 1973
Deutscher Bildungsrat – Empfehlungen der Bildungskommission: Zur Reform von Organisation und Verwaltung im Bildungswesen, Teil I. Verstärkte Selbständigkeit der Schule und Partizipation der Lehrer, Schüler und Eltern, Stuttgart 1973
Deutscher Bildungsrat: Bildungsurlaub als Teil der Weiterbildung. Materialien. Gutachten und Studien der Bildungskommission 28. Stuttgart 1973
Deutscher Bildungsrat-Empfehlungen der Bildungskommission: Zur Neuordnung der Sekundarstufe II. Konzept für eine Verbindung von allgemeinem und beruflichem Lernen, verabschiedet am 13./14. Februar 1974
Deutsches Institut für Fernstudien: Fernstudium im Medienverbund. Tübingen 1978
Deutsches Institut für Fernstudien: Programmschwerpunkte des DJFF. Tübingen 1978
Deutsches Jugendinstitut: Zur Reform der Jugendhilfe. Analysen und Alternativen. München 1973
Dewey, J.: Demokratie und Erziehung. Braunschweig 1959
Dewey, J.: Psychologische Grundfragen der Erziehung. München/Basel 1974
Dichanz, H. u. a.: Medien im Unterrichtsprozeß. München 1974
Diederich, J. / Wolf, W.: Einführung in die Methoden der empirischen sozialwissenschaftlichen Forschung und der Statistik. Kronberg (Ts.) 1977
Diederichsen, U.: Einführung in das wissenschaftliche Denken. Düsseldorf 1970
Die Frankfurter Schule im Lichte des Marxismus. Zur Kritik der Philosophie und Soziologie von Horkheimer, Adorno, Marcuse und Habermas. Berlin 1971
Dienelt, K.: Von der Psychoanalyse zur Logotherapie. Tiefenpsychologie und Pädagogik. München/Basel 1973
Diepold, P. / Ritter, J. (Hrsg.): Gruppenarbeit und Tutorenausbildung. Hamburg 1975
Dietrich, G.: Entwicklungsstand und Persönlichkeitsverfassung. München/Basel 1966
Dietrich, G. / Walter, H.: Grundbegriffe der psychologischen Fachsprache. München 1970

Dietrich, G.: Unterrichtspsychologie der Sekundarstufe. Donauwörth 1972
Dietrich, G. u. a.: Kooperatives Lernen in der Schule. Donauwörth 1974
Dietrich, Th. / Kaiser, F.-J.: Brennpunkte der Schulpädagogik. Bad Heilbrunn (Obb.) 1975
Dietz, H.: Schule und Subkultur. Stuttgart 1975
Dirlmeier, F.: Der Mythos von König Oedipus. Mainz/Berlin 1964
Ditfurth, H. v. (Hrsg.): Aspekte der Angst. München 1977
Dittert, K. / Ritz, H. / Schlereth, A.: Das Gewissen, die fragwürdige Instanz. München 1970
Doderer, K. / Müller, H. (Hrsg.): Das Bilderbuch. Geschichte und Entwicklung. Weinheim 1973
Döbert, R. / Nunner-Winkler, G.: Adoleszenzkrise und Identitätsbildung. Frankfurt (M.) 1975
Döbert, R. / Habermas, J. /Nunner-Winkler, G.: Entwicklung des Ichs. Köln 1977
Döring, X. W. / Kupffer, H.: Die eindimensionale Schule Schulpädagogik als Ideologiekritik. Weinheim/Basel 1972
Döring, K. W.: Lehrerverhalten und Lehrerberuf. Weinheim/Basel 1977[7]
Dörschel, A.: Betriebspädagogik. Berlin 1975
Döwe, E. / Jurgeleit, B. (Hrsg.): Sozialisation statt Strafe. Berlin 1971
Dohmen, G.: Bildung und Schule. Die Entstehung des deutschen Bildungsbegriffs und die Entwicklung seines Verhältnisses zur Schule. Weinheim 1964
Dohmen, G. / Maurer, F. (Hrsg.): Unterricht. Aufbau und Kritik. München 1976[6]
Dohmen, G.: 10 Jahre DIFF – 10 Jahre Fernstudienentwicklung. In: Deutsche Universitätszeitung, Heft 12, 1977
Dolch, J.: Lehrplan des Abendlandes. Kastellaun 1974[4]
Dollard u. a.: Frustration und Aggression. Weinheim/Basel 1939, 1973[5]
Dollase, R.: Soziometrische Techniken. Weinheim/Basel 1976
Domke, H.: Lehrer und abweichendes Schülerverhalten. Donauwörth 1973
Domke, H.: Erziehungsmethoden. Donauwörth 1973
Dorcy, J.: Pantomime. Lausanne 1963
Dreikurs, R.: Grundbegriffe in der Individualpsychologie. Stuttgart 1971
Dreikurs, R. / Cassel, P.: Disziplin ohne Strafe. Ravensburg 1975
Dreikurs, R.: Psychologie im Klassenzimmer. Stuttgart 1976[8]
Dreikurs, R. / Grundwald, B. / Pepper, F.: Schülern gerecht werden. München 1976
Dresing, H. (Hrsg.): Handbuch der pädagogischen Technologie. Köln/Braunsfeld 1972
Drever, J. / Fröhlich, W. D.: Wörterbuch zur Psychologie. München 1972[6], 1974[8]
Drews, S. / Brecht, K.: Psychoanalytische Ich-Psychologie. Grundlagen und Entwicklung. Frankfurt (M.) 1975
Driesch, J. von den / Esterhues, J.: Geschichte der Erziehung und Bildung. 2 Bde. Paderborn 1961[5]
Dröge, F. / Weißenborn, R. / Haft, H.: Wirkungen der Massenkommunikation. Münster 1969
Dubiel, H.: Identität und Institution. Düsseldorf 1973
Dubin, R.: Theory building. New York 1969
DuBois-Reymond, M.: Verkehrsformen zwischen Elternhaus und Schule. Frankfurt (M.) 1977
DuBrin, A. J.: The practice of managerial psychology. New York/Braunschweig 1972
Dührssen, A.: Psychogene Erkrankungen bei Kindern und Jugendlichen. Göttingen 1954, 1976[11]
Dührssen, A.: Psychotherapie bei Kindern und Jugendlichen. Göttingen 1960
Dührssen, A.: Analytische Psychotherapie in Theorie, Praxis und Ergebnissen. Göttingen 1972
Dummer, L.: Die Diagnose der Legasthenie in der Schulklasse. Bad Heilbrunn (Obb.) 1977

Dunham, H. W.: Sociological Theory and Mental Disorder. Detroit 1959
Dworschak, R.: Der Verwahrloste und seine Helfer. Aus der Praxis der Sozialarbeit. München/Basel 1969
Ebeling, H.: Subjektivität und Selbsterhaltung. Beitrag zur Diagnose der Moderne. Frankfurt (M.) 1976
Eberhard, K. / Kohlmetz, G.: Verwahrlosung und Gesellschaft. Göttingen 1973
Eberlein, G. / Pieper, R. (Hrsg.): Psychologie, Wissenschaft ohne Gegenstand? Frankfurt (M.)/New York 1976
Ebert, W.: Für eine demokratische Erziehungsschule. Augsburg 1978
Eberwein, W.-D. / Reichel, P.: Friedens- und Konfliktforschung. München 1976
Eckstein, B.: Einmaleins der Hochschullehre. Praktische Einführung in die Grundlagen und Methoden. München 1978
Eckstein, B. / Hrabowski, P.: Gruppendynamische Arbeit an der Hochschule. Heidelberg 1973
Eco, U.: Einführung in die Semiotik. München 1972
Edding, F.: Auf dem Wege zur Bildungsplanung. Braunschweig 1970
Edelmann, G. / Möller, Ch.: Grundkurs Lernplanung. Weinheim/Basel 1976
Edelstein, W. / Hopf, D. (Hrsg.): Bedingungen des Bildungsprozesses. Stuttgart 1973
Eder, K.: Die Entstehung von Klassengesellschaften. Frankfurt (M.) 1973
Egg, M.: Die Entwicklung des geistig behinderten Kindes. Ravensburg 1972
Eggers, Ph. / Steinbacher, F. J. (Hrsg.): Sexualpädagogik. Bad Heilbrunn (Obb.) 1976
Eggersdorfer, F. X.: Jugenderziehung. München 1962
Ehlers, H. E. / Füchsle, M. / Kiotsouki, S. / Stürmer, W.: Erfahrungen mit der Methode der Beratung in der Jugendhilfe – dargestellt am Modell einer sozialpädagogischen Beratungsstelle. Bonn 1970
Ehrenstein, W.: Einführung in die Ganzheitspsychologie. Leipzig 1934
Ehrhardt, J.: Antiautoritäre Erziehung. Hannover 1973
Ehrlich, P. R. / Ehrlich, A. H. /Holdren, J. B.: Humanökologie. Der Mensch im Zentrum einer neuen Wissenschaft. Berlin 1975
Eidt, M. M.: Behandlung jugendlicher Straftäter in Freiheit. Göttingen 1973
Eiff, A. W.: Seelische und körperliche Störungen durch Streß. Stuttgart/New York 1976
Eigler, G.: Bildsamkeit und Lernen. Weinheim/Berlin 1967
Eigler, G.: Auf dem Weg zu einer audio-visuellen Schule. München 1971
Eigler, G. /Krumm, V.: Zur Problematik der Hausaufgaben. Über die Mitarbeit der Eltern bei Hausaufgaben. Ergebnisse einer Befragung von Eltern von Gymnasiasten der Klassen 5 bis 8 und einer Befragung von Gymnasialdirektoren. Weinheim/Basel 1972
Eigler, G. / Judith, H. /Künzel, M. / Schönwälder, A · Grundkurs Lehren und Lernen. Weinheim/Basel 1977[3]
Eigler, G. / Straka, G. A.: Mastery learning, Lernerfolg für jeden? München 1978
Einsiedler, W.: Schulpädagogik – Bd. 1: Schulpädagogischer Grundkurs. Donauwörth 1974
Eisele, G. / Lindner, R.: Ich brauche Hilfe! Umgang mit Menschen in seelischer Not. München 1975
Elhardt, S.: Tiefenpsychologie. Eine Einführung. Stuttgart 1978[6]
Eliade, B.: Offener Unterricht. Weinheim/Basel 1975
Ell, E.: Trotz, Auflehnung, Widerstand in Elternhaus und Schule. München 1967
Ell, E.: Ist unser Kind schulreif? München/Basel 1967
Ell. E: Flegelalter. Jungen und Mädchen in der Pubertät. München 1975
Ellis, A. B.: The use und misuse of computer in education. New York/Düsseldorf 1974
Endleman, R.: Personality and social life. New York 1967
Engelieu, G.: Der Begriff der Klassifikation. Hamburg 1971
Engelin, R. / Knutson, J. / Laughy, L. / Garlington, W.: Techniken der Verhaltensmodifikation in der Familie – eine Fallstudie. Weinheim 1975

Engelmayer, O.: Psychologie für den schulischen Alltag. München 1960[5]
Engelmayer, O. u. a.: Gewissen und Gewissensbildung. Donauwörth 1970[2]
Engelmayer, O.: Das Soziogramm in der modernen Schule. München 1972[6]
Engelmayer, O. (Hrsg.): Die Antiautoritätsdiskussion in der Pädagogik. Quellentexte, Kommentare, Analysen. Neuburgweier/Karlsruhe 1973
Engelmayer, O.: Pädagogische Psychologie für Schule und Unterricht. München 1974[6]
Ennenbach, W.: Prototypen des Lernens und Unterrichtens. München/Basel 1970
Entralgo, P. L.: Arzt und Patient. Zwischenmenschliche Beziehungen in der Geschichte der Medizin. München 1969
Eppert, F.: Lexikon des Fremdsprachenunterrichts. Bochum 1973
Erckenbrecht, U.: Mensch, du Affe. Kritische Thesen zur Anthropologie und Verhaltensforschung. Lampertheim 1975
Ericson, R. V.: Young offenders and their social work. Farnborough 1975
Erikson, E. H.: Kindheit und Gesellschaft. Stuttgart 1971[4]
Erikson, E. H.: Identität und Lebenszyklus. Frankfurt (M.) 1974
Erikson, E. H.: Dimensionen einer neuen Identität. Frankfurt (M.) 1975
Erikson, E. H.: Toys and reasons. New York 1977
Ernsperger, B.: Gruppendynamik und Didaktik der Erwachsenenbildung. Stuttgart 1973
Ertel, S. / Kemmler, L. / Stadler, M. (Hrsg.): Gestalttheorie in der modernen Psychologie. Wolfgang Metzger zum 75. Geburtstag. Darmstadt 1975
Ertle, Chr.: Erziehungsberatung. Aufbau, Mitarbeiter, Beratungsgeschehen. Stuttgart 1971
Erziehung zur Freiheit: Die Pädagogik Rudolf Steiners. Stuttgart 1972
Escarpit, R.: Théorie générale de l'information et de la communication. Paris 1976
Esser, J.: Kritische Friedenstheorie und Möglichkeiten zur Friedenspraxis. Bern/Frankfurt (M.)/München 1976
Ewert, O. M.: Phantasie und Intelligenz bei Jugendlichen. Weinheim/Berlin 1967
Eyferth, K. u. a.: Computer im Unterricht. Formen, Erfolge und Grenzen einer Lerntechnologie in der Schule. Stuttgart 1974
Eysenck, H. J. /Eysenck, S. B. G.: Personality structure and measurement. London 1969
Eysenck, H. J.: Readings in extraversion-introversion. London 1970
Eysenck, H. J.: The measurement of intelligence. Lancaster 1973
Eysenck, H. J.: Vom Sinn und Unsinn der Psychologie. München 1976
Eysenck, H. J.: Die Zukunft der Psychologie. München 1977
Eysenck, H. J.: Neurose ist heilbar. München 1978

Fabian, G.: Diskutieren, debattieren. Ein Werkbuch der Gesprächsformen. München 1977[7]
Fagan, J. / Shepherd, I. L.: Gestalt Therapy now. Theory, techniques, applications. Palo alto (Calif.) 1970
Faris, R. E. L. / Dunham, H. W.: Mental Disorders in Urban Areas. New York 1939
Farnworth, W.: Approaches to collage. New York 1976
Fauconnier, G.: Mass media and society. Leuven 1975
Fechner-Mahn, A.: Sozialisation des Kleinkindes. Tübingen 1973
Federn, P.: Ego psychology and the psychoses. New York 1972
Feldman, M. Ph. / Broadhurst, A.: Theoretical and experimental Bases of the behavior therapies. London 1976
Feldmann, E.: Theorie der Massenmedien. München/Basel 1972
Feldmann, P.: Lerntraining. München 1974
Felsberg, R. / Klose, W.: Schule – Fernsehen. Kiel 1977
Fend, H.: Sozialisierung und Erziehung. 1970, 1976[8]
Fend, H.: Konformität und Selbstbestimmung. Weinheim 1971
Fend, H.: Gesellschaftliche Bedingungen schulischer Sozialisation. Weinheim/Basel 1974

Fend, H.: Schülerbericht. Ergebnisse der Fragebogenuntersuchung vom Herbst 1973.
Konstanz: Forschungsgruppe Schulische Sozialisation 1974
Fend, H.: Perspektiven der Forschung zum sozialen Lernen im Kontext der Schule.
Stuttgart 1975
Fend, H. / Knörzer, W.: Beanspruchung von Schüler. Aspekte der schulischen Sozialisation. Bonn 1977
Fend, H. / Knörzer, W.: Beanspruchung von Schülern. Aspekte der schulischen Sozialisation Bonn. 1977
Ferner, H.: Grundriß der Entwicklungsgeschichte des Menschen. München/Basel 1963[7]
Festinger, L. / Schachter, S. / Back, K.: Social Pressures in Informal Groups. New York 1950
Festinger, L. A.: A theory of cognitive dissonance. London 1962
Feuer, L. S.: Ideology and the ideologists. Oxford 1975
Fey, P.: Informationstheorie. Berlin 1968
Fichtner, B.: Der Zusammenhang von Wissensstruktur und Lernstruktur als ein Grundproblem der Didaktik. Kastellaun 1977
Fietkau, H.-J.: Zur Methodologie des Experimentierens in der Psychologie. Meisenheim a. Glan 1973
Finke, U. / Hübner, R. / Rohrer, F.: Spielstücke für Gruppen. München 1977
Finn, D. J.: Expectations and the educational environment. Review of Educational Research. 1972, 42, 387–410
Finzen, A. (Hrsg.): Hospitalisierungsschäden in psychiatrischen Krankenhäusern. München 1974
Fischel, W.: Der Wille in psychologischer und philosophischer Betrachtung. Berlin 1971
Fischer, G. H.: Einführung in die Theorie psychologischer Tests. Grundlagen und Anwendungen. Bern/Stuttgart 1974
Fischer, M.: Wege zur inneren Differenzierung des Unterrichts durch programmierte Arbeitsmittel. Weinheim 1969
Fischer, M.: Die innere Differenzierung des Unterrichts in Volksschulen. Weinheim 1971
Fischer, M. /Michael, B.: Differenzierung im Schulunterricht. Weinheim/Basel 1973
Fischer, W. (Hrsg.): Normenprobleme in der Sexualpädagogik. Heidelberg 1971
Fischer, W. / Löwisch, D.-J. / Ruhloff, J. (Hrsg.): Arbeitsbuch Pädagogik. 4 Bde. Düsseldorf 1976
Fischer-Fabian, S.: Das Rätsel in dir. Die Welt der Triebe, Träume und Komplexe. Frankfurt (M.)/Berlin 1966
Fittkau, B. / Müller-Wolf, H. M. / Schulz von Thun, F.: Kommunikations- und Verhaltenstraining für Erziehung, Unterricht und Ausbildung. München 1977[2]
Flader, D.: Kommunikation. In: Stocker, K. (Hrsg.): Taschenlexikon der Literatur- und Sprachdidaktik. Kronberg/Frankfurt (M.) 1976
Flavell, J. H.: Rollenübernahme und Kommunikation bei Kindern. Weinheim 1975
Flechsig, K.-H.: Die technologische Wendung in der Didaktik. Konstanz 1969
Flechsig, K.-H. / Haller, H.-D.: Einführung in didaktisches Handeln. Stuttgart 1975
Flechtner, H. J.: Gesteuert durch Hormone. Berlin 1968
Fletcher, C.: The person in the sight of sociology. Londong/Boston 1975
Fliess, R.: Ego and body ego. Contributions to their psychoanalytic psychology. New York 1972
Flitner, A.: Spielen – Lernen. München 1972
Flitner, A. /Scheuerl, H. (Hrsg.): Einführung in Pädagogisches Sehen und Denken. München 1974[8]
Flitner, W. / Kudritzki, G. (Hrsg.): Die deutsche Reformpädagogik. 2 Bde. Quellen. 1961/1962
Flitner, W.: Allgemeine Pädagogik. Stuttgart 1963[9]
Flößner, W. (Hrsg.): Praxis: Oberstufe. Organisation und Didaktik der neugestalteten gymnasialen Oberstufe. Braunschweig 1975

Florin, I. / Tunner, W.: Behandlung kindlicher Verhaltensstörungen. München 1970
Flückinger, M.-L.: Introversion und Schulerfolg. Freiburg/Schweiz 1975
Flügge, J.: Die Entfaltung der Anschauungskraft. Ein Beitrag zur pädagogischen Anthropologie. Heidelberg 1963
Foltz, Ch. I.: Lehrmaschinen. Geräte, Programme, Anwendungsbereiche. Weinheim 1965
Foppa, K.: Lernen, Gedächtnis, Verhalten. Köln 1975
Fordham, M.: The self and autism. London 1976
Forsberg, B. / Meyer, E. (Hrsg.): Einführung in die Praxis der schulischen Gruppenarbeit. Heidelberg 1976[2]
Fraenkel, E. / Sontheimer, K. / Crick, B.: Beiträge zu Theorie und Kritik der pluralistischen Demokratie. Bonn 1970
Frank, H.: Kybernetische Grundlagen der Pädagogik. Baden-Baden 1969
Frank, H.: In: Lexikon der Psychologie. Freiburg/Basel/Wien 1971
Frank, H.: In: Lehren und Lernen nach 1970. Werkhefte für technische Unterrichtsmittel. Heft 5. München 1971
Frank, H.: Neue Bildungsmedien und -technologien in der Schul- und Berufsausbildung. Göttingen 1975
Frank, K. L.: Projective methods. 1948
Franke, M.: Die medizinischen Probleme des Gesundheitsbegriffs. Heidelberg 1976
Frankl, V. E.: Theorie und Therapie der Neurosen. Wien 1956
Frankl, V. E. / Gebsattel, V. E. von / Schultz, J. H. (Hrsg.): Handbuch der Neurosenlehre und Psychotherapie. München 1957
Frankl, V. E.: Das Leiden am sinnlosen Leben. Psychotherapie für heute. Freiburg 1977[2]
Freeman, J.: Team teaching in Britain. London 1969
Freibichler, H. u. a.: Computerunterstützter Unterricht. Erfahrungen und Perspektiven. Hannover 1974
Freire, Paolo: Pädagogik der Unterdrückten. Stuttgart 1972[2]
Freire, P.: Erziehung als Praxis der Freiheit. Stuttgart/Berlin 1974
Frese, H.: Erwachsenenbildung, eine Praxistheorie. Freiburg 1976
Frese, M.: Psychische Störungen bei Arbeitern. Salzburg 1977
Freud, A.: Das Ich und die Abwehrmechanismen. München 1968
Freud, A.: Wege und Irrwege in der Kinderentwicklung. Bern/Stuttgart 1971
Freud, S.: Die Übertragung. In: Gesammelte Werke Bd. XI, 27. Vorlesung. Frankfurt (M.) 1972a
Freud, S.: Zur Dynamik der Übertragung. In: Gesammelte Werke, Bd. VIII. Frankfurt (M.) 1972b
Freud, S.: Werkausgabe in 2 Bänden. Frankfurt (M.) 1978
Freund, K. P.: Unterrichtstechnologie. Würzburg 1973
Frey, K. (Hrsg.): Curriculum-Handbuch. 3 Bde. München o. J.
Frey-Rohn, L.: Von Freud zu Jung. Eine vergleichende Studie zur Psychologie des Unbewußten. Zürich/Stuttgart 1969
Frey, K.: Theorien des Curriculums. Weinheim 1972
Freyer, W.: Der Betrieb als Erziehungssystem. Darmstadt 1974
Fricke, R.: Kriteriumsorientierte Leistungsmessung. Stuttgart 1974
Fricker, R. / Lerch, J.: Zur Theorie der Sexualität und der Sexualerziehung. Weinheim/Basel 1976
Friebel, H.: Aggressivität und Gewalt. Wuppertal 1976
Friedl, A.: Demokratisierung der Schule – eine Utopie? Frankfurt (M.) 1971
Friedman, R. (Hrsg.): Family Roots of school learning and behavior disorders. Springfield/III. 1973
Friedrich, H.: Psychosoziale Konflikte und schulpsychologische Beratung. Ansätze zu einem Forschungsprogramm. In: Deutscher Bildungsrat. Gutachten und Studien der Bildungskommission, Bd. 51. Stuttgart 1975

Friedrichs, J.: Methoden empirischer Sozialforschung. Reinbek 1973
Friedrichs, J. (Hrsg.): Teilnehmende Beobachtung abweichenden Verhaltens. Stuttgart 1973
Friedrichs, J. / Lüdtke, H.: Teilnehmende Beobachtung. Weinheim/Basel 1973
Friese, H.: Massenmedien in Familie und Kindergarten. Donauwörth 1976
Frijling-Schreuder, E.: Übertragung und Gegenübertragung in der psychoanalytischen Kindertherapie. In: Handbuch der Kinderpsychotherapie. Hrsg. von Gerd Biermann. Bd. I. München 1969
Fritz, J.: Gruppendynamik und Jugendarbeit. München 1973
Fritz, J.: Emanzipatorische Gruppendynamik. Erkenntnistheoretische und methodologische Überlegungen. München 1974
Fritz, J.: Gruppendynamisches Training in der Schule. Heidelberg 1975
Fritz, J. u. a.: Interaktionspädagogik. Methoden und Modelle. München 1975
Fröbel, Fr.: Theorie des Spiels. 3 Bde. 1967[4]
Fromm, E.: Das Menschliche in uns. Die Wahl zwischen gut und böse. Konstanz 1968
Fromm, E.: Anatomie der menschlichen Destruktivität. Stuttgart 1974
Frommberger, H. / Freyhoff, U. / Spies, W. (Hrsg.): Lernendes Spielen, spielendes Lernen. Hannover 1976
Frye, I. B. M.: Fremde unter uns. Autisten, ihre Erziehung, ihr Lebenslauf, Meppel 1968
Fuchs, R. (Hrsg.): Unterrichtsplanung, Unterrichtskontrolle. München 1974
Fuchs, R.: Lernpsychologische Grundlagen der Unterrichtsgestaltung. München 1974
Fuchs, W. R.: Knaurs Buch vom neuen Lernen. München/Zürich 1969
Fuchs, W. R.: Knaurs Buch der Denkmaschinen. Informationstheorie und Kybernetik. München/Zürich 1972
Fucke, E.: Die Bedeutung der Phantasie für Emanzipation und Autonomie des Menschen. Stuttgart 1972
Führ, Ch.: Das Schulwesen in der Bundesrepublik Deutschland. Weinheim 1973
Funke, M: Friedensforschung. Entscheidungshilfe gegen Gewalt. Bonn 1975
Funkkolleg Beratung in der Erziehung, hrgg. vom Deutschen Institut für Fernstudien an der Universität Tübingen. Weinheim/Basel 1975
Funkkolleg Erziehungswissenschaft. 3 Bde. Frankfurt (M.) 1970
Funk-Kolleg: Pädagogische Psychologie. 2 Bde. Frankfurt (M.) 1974
Furck, C. L.: Aufgaben der Erziehung im Bereich der Familie. 1964
Furck, C.-L.: Das Leistungsbild der Jugend in Schule und Beruf. München 1966[2]
Furth, H. G.: Denkprozesse ohne Sprache. Düsseldorf 1972
Furth, H. G.: Piaget für Lehrer. Düsseldorf 1973
Furth, H. G.: Lernen ohne Sprache. Weinheim/Basel 1977

Gadamer, V.: Die Gültigkeit psychologischer Untersuchungen. Stuttgart 1976
Gage, N. L. / Berliner, D. C.: Pädagogische Psychologie. München 1977
Gagné, R. M.: Die Bedingungen des menschlichen Lernens. Hannover 1970/1973[3]
Galperin, P. J. u. a.: Probleme der Lerntheorie. Berlin 1974
Galtung, J.: Theory and methods of social research. Oslo 1967
Galtung, J.: Pluralism and the future of human society. Antwerpen 1971
Galtung, J.: Essays in peace research. Copenhagen 1975
Gamm, H.-J.: Aggression und Friedensfähigkeit in Deutschland. München 1968
Gamm, H.-J.: Einführung in das Studium der Erziehungswissenschaft. München 1974
Gamm, H.-J.: Umgang mit sich selbst. München 1977
Gamm, H.-J. / Koch, Fr. (Hrsg.): Bilanz der Sexualpädagogik. Frankfurt (M.)/New York 1977
Gantner, Th. / Hartmann, W.: Das Spielzeugbuch. Frankfurt (M.) 1975
Gardner, R. W. / Jackson, D. N. / Messick, S. J.: Personality organization in cognitive controls and intellectual abilities. New York 1960
Gardner, W. I.: Children with learning and behavior problems. Boston 1974

Gareis, B.: Psychagogik im Strafvollzug. München 1971
Garin, Eu.: Geschichte und Dokumente der abendländischen Pädagogik. Reinbek 1964
Gastager, H.: Heilen ohne zu entwerten. Stuttgart 1976
Gebhardt, G.: Nach der sexuellen Revolution. Geschlechtserziehung in Familie, Kindergarten und Schule. Frankfurt (M.) 1975
Gehlen, A.: Anthropologische Forschung. Reinbek 1961 rde 138
Gehlen, A.: Der Mensch, Seine Natur und Stellung in der Welt. Frankfurt (M.)/Bonn 1962
Gehlen, A.: Studien zur Anthropologie und Soziologie. Neuwied/Berlin 1963
Gehlen, A.: Theorie der Willensfreiheit und frühe philosophische Schriften. Neuwied/Berlin 1965
Geißler, E. E.: Analyse des Unterrichts. Bochum 1973
Geißler, E. E.: Erziehungsmittel. Bad Heilbrunn (Obb.) 1976[5]
Geissner, H.: Rhetorik und politische Bildung. Kronsberg 1975
Georg, D. / Hellmuth, W.: Grundbegriffe der psychologischen Fachsprache. München 1972
Geppert, K. / Preuß, E.: Differenzierter Unterricht konkret. Analyse, Planung und Gestaltung. Ein Modell zur Reform des Primarbereichs. Bad Heilbrunn (Obb.) 1978
Gerlach, A.: Die Intervention. Versuch einer Definition. Frankfurt (M.)/Berlin 1967
Gerner, B.: Begegnung. Ein anthropologisches pädagogisches Grundereignis. Darmstadt 1969
Gerner, B.: Erziehungsstile und Lehrerverhalten in der neueren deutschen Forschung. Darmstadt 1976
Gerstenmaier, J.: Urteile von Schülern über Lehrer. Weinheim/Basel 1975
Gesellschaft für wiss. Gesprächstherapie (Hrsg.): Die klientenzentrierte Gesprächspsychotherapie. Reihe „Geist und Psyche" Bd. 2149. München 1975
Gibbard, G. S. / Hartmann, J. J. / Mann, R. D.: Analysis of groups. San Francisco 1974
Gibson, I. J.: Die Sinne und der Prozeß der Wahrnehmung. Bern/Stuttgart 1973
Giddens, A.: The class structure of the advanced societies. London 1973
Giese, H.: Zur Psychopathologie der Sexualität. München 1973
Giesecke, H.: Offensive Sozialpädagogik. Göttingen 1973
Giesecke, H.: Anleitung zum pädagogischen Studium. München 1974
Giesecke, H.: Die Jugendarbeit. München 1975[3]
Giesecke, H.: Einführung in die Pädagogik. München 1975[7]
Gilles, E.-D.: Struktur und Dynamik soziologischer Systeme. München/Wien 1974
Giner, S.: Mass society. London 1976
Ginet, C.: Knowledge, perception and memory. Dordrecht/Boston 1975
Glaser, H. (Hrsg.): Team teaching. Schulversuche auf dem Weg zum Beweglichen Unterricht. Freiburg 1968
Glaser, R. (Hrsg.): The nature of reinforcement. A symposium. New York/London 1971
Glatzel, J.: Das psychisch Abnorme. Kritische Ansätze zu einer Psychopathologie. München 1977
Gleiss, I. / Seidel, R. / Abholz, H.: Soziale Psychiatrie. Frankfurt (M.) 1973
Glogauer, W. (Hrsg.): Neue Konzeptionen für individualisierendes Lehren und Lernen. Bad Heilbrunn (Obb.) 1976
Gmelin, O. F.: Böses kommt aus Kinderbüchern. Die verpaßten Möglichkeiten kindlicher Bewußtseinsbildung. München 1972
Goddard, L. /Routhley, R.: The logic of significance and context. Edinburgh/London 1973
Göllnitz, G. / Schulz-Wulf, G.: Rhythmisch-psychomotorische Musiktherapie. Eine gezielte Behandlung entwicklungsgeschädigter Kinder und Jugendlicher. Jena 1973
Gönner, K.: Gesetzestexte für Wirtschafts-, Rechts- und Sozialkunde. Berlin/Zürich 1971
Göppert, H.: Das Ich. Grundlagen der psychoanalytischen Ich-Lehre. München 1968
Götze, B. / Hahnemann, R. (Hrsg.): Grundschulpädagogik im Überblick. Bad Heilbrunn (Obb.) 1975

Goffman, E.: Wir alle spielen Theater. Die Selbstdarstellung im Alltag. München 1969
Goffman, E.: Stigma. Über Techniken der Bewältigung beschädigter Identität. Frankfurt 1970
Goffman, E.: Interaktionsrituale. Frankfurt (M.) 1971
Goffman, E.: Interaktion: Spaß am Spiel. Rollendistanz. München 1973
Goffman, E.: Das Individuum im öffentlichen Austausch. Frankfurt (M.) 1974
Gold, V. u. a.: Kinder spielen Konflikte. Zur Problematik von Simulationsverfahren für soziales Lernen. Neuwied/Berlin 1973
Goldbrunner, J.: Individuation. Die Tiefenpsychologie von C. G. Jung. Krailling v. München 1949
Goldfried, M. R. / Merbaum, M. (Hrsg.): Behavior change trough self-controll, New York 1973
Golembiewski, R. T. / Blumberg, A.: Sensitivitytraining and the laboratory approach. Itasca/Ill. 1973
Goode, W. J.: Soziologie der Familie. München 1976[6]
Goodson, F. E.: The evolutionary foundations of psychology. A unified theory. New York 1973
Goppel, Th.: Schulhygiene und gesunder Schulalltag aus pädagogischer Sicht. In: Westermanns Pädagogische Beiträge, Heft 2. Braunschweig 1978
Gordon, D. C.: Liebe ohne Partner nebst einer Theorie der Einswerdung. Wiesbaden 1971
Gordon, Th.: Familienkonferenz. Hamburg 1972
Gorman, G.: Der Autismus in früher Kindheit. München/Basel 1976
Gorschenek, G. (Hrsg.): Grundwerte in Staat und Gesellschaft. München 1977
Gorsuch, R. L.: Factor analysis. Philadelphia 1974
Gottschalk, W.: Allgemeine Genetik. München 1978
Gottwald, P. / Kraiker, Chr. (Hrsg.): Zum Verhältnis von Theorie und Praxis in der Psychologie. München 1976
Graber, G. H.: Gesammelte Schriften. München 1975
Grace, G. R.: Der Lehrer im Rollenkonflikt. Düsseldorf 1973
Gräff, P. / Fucks, W. /Pelz, G.: Praxis der Verhaltensmodifikation in Sonder-, Grund- und Hauptschulen. Berlin 1976
Graf, O. / Rutenfranz, J.: Zur Frage der Belastung von Jugendlichen. Köln/Opladen 1958
Gramm, D.: Probleme der Linkshändigkeit. Donauwörth 1977
Granoff, W.: Filiations. L'avenier du complexe d'Oedipe. Paris 1975
Graumann, C. F. (Hrsg.): Denken. Köln/Berlin 1965
Graumann, C.F.: Nicht-sinnliche Bedingungen des Wahrnehmens. In: W. Metzger (Hrsg.) Handbuch der Psychologie, Band 1. Göttingen 1966
Graumann, C. F.: Interaktion und Kommunikation. In: Graumann, C. F. (Hrsg.). Handbuch der Psychologie, Bd. 7. Göttingen 1972
Graumann, C. F. / Hofer, M.: Lehrerverhalten und Schülerverhalten. In: Funk-Kolleg Pädagogische Psychologie 1, Fischer-lb 6115. Frankfurt 1974, 3. 521–545
Greene, R.: Steuerungsvorgänge im menschlichen Organismus. München 1970
Greenson, R. R.: Technik und Praxis der Psychoanalyse. Stuttgart 1973
Grell, J.: Techniken des Lehrerverhaltens. Weinheim und Basel 1976[6]
Griese, H.: Erwachsenensozialisation. Minden 1976
Griese, H. M.: Rollentheorie und Anthropologie. Duisburg 1976
Griese, H. M. / Nikles, B. W. / Rülcker, Chr.: Soziale Rolle. Opladen 1977
Grigat, R.: Psychologie für Erzieher. München 1975
Groddeck, G.: Das Buch vom Es. München 1972
Groddeck, N.: Theorie schulisch organisierter Lernprozesse. Weinheim/Basel 1977
Groschel, H. (Hrsg.): Die erzieherische Wirksamkeit kooperativen Arbeitens. München 1973
Gronlund, N. E.: Die Anlage von Leistungstexts. Frankfurt (M.)/München 1974

Grosser, O.: Grundriß der Entwicklungsgeschichte des Menschen. Berlin 1970[7]
Grossmann, K. E. / Winkel, R.: Angst und Lernen. München 1977. Kindler-Tb. 2181
Grossmann, W.: Vorschulerziehung. Historische Entwicklung und alternative Modelle. Köln 1974
Groth, G. / Lemke, J. G. / Werner, P.: Betriebspraktikum für Schüler. Weinheim 1971
Gruber, A.: Jugend im Ringen und Reifen. Freiburg/Basel/Wien 1961
Gründel, J. (Hrsg,): Triebsteuerung. Für und wider die Askese. München 1972
Gründel, J.: Entfaltung des kindlichen Gewissens. München/Luzern 1975
Grünewald, E.: Die personale Projektion. München/Basel 1962
Grundke, P.: Interaktionserziehung in der Schule. Modell eines therapeutischen Unterrichts. München 1975
Grundke, P. u. a.: Soziale Interaktion im Unterricht. München 1975
Grundsatzentscheidungen zum Jugendmedienschutz. Bonn, Bundesprüfstelle für Jugendgefährdende Schriften 1972
Grzesik, J.: Die Steuerung von Lernprozessen im Unterricht. Heidelberg 1976
Guardini, R. / Bollnow, O. F.: Begegnung und Bildung. Würzburg 1956
Guardini, R.: Die Nacht. Versuch einer Wegweisung. Würzburg 1965
Gudjohns, H.: Praxis der Interaktionserziehung. Bad Heilbrunn (Obb.) 1978
Gudrich, H. / Fett, S.: Die pluralistische Gesellschaftstheorie. Stuttgart 1974
Günther, E.: Grundriß der Genetik. Stuttgart 1969
Güntheroth, G. (Hrsg.): Probleme der Erwachsenenbildung. Hannover/Frankfurt/Paderborn 1973
Guettler, K.: Concepts covered by the terms „ego", „id", and „superego". As applied today in psycho-analytic theory. Malmö 1971
Guilford, J. P.: The nature of human intelligence. New York 1967
Guilford, J. P. / Hoepfner, R.: Analyse der Intelligenz. Weinheim/Basel 1974
Gulliksen, H. / Gulliksen, D. P.: Attitudes of different groups toward work, aims, goals and activities. Fort Worth 1972
Gundlach, H.: Reiz. Zur Verwendung eines Begriffes in der Psychologie. Bern/Stuttgart 1976
Guntrip, H.: Personality structure and human interaction. London 1961
Gunzenhäuser, R. (Hrsg.): Nicht-numerische Informationsverarbeitung. Wien/New York 1968
Guss, K. (Hrsg.): Gestalttheorie und Erziehung. Darmstadt 1975
Guss, K. (Hrsg.): Gestalttheorie und Fachdidaktik. Darmstadt 1977
Gustavson, K.-H.: Down's syndrome. A clinical and cytogenetical investigation. Uppsala 1964
Gutjahr, W.: Die Messung psychischer Eigenschaften. Berlin 1971
Guttmann, G.: Einführung in die Neuropsychologie. Bern/Stuttgart 1973
Guyer, W.: Wie lernen wir? 1960

Haag, F. u. a.: Aktionsforschung. München 1972
Haase, J. u. a.: Sensomotorik. München 1976
Habermas, J.: Theorie und Praxis. Neuwied/Berlin 1963
Habermas, J.: Erkenntnis und Interesse. Frankfurt (M.) 1968
Habermas, J.: Arbeit, Erkenntnis, Fortschritt. Aufsätze 1954–1970. Amsterdam 1970
Habermas, J. / Luhmann, N. (Hrsg.): Theorie der Gesellschaft oder Sozialtechnologie. Frankfurt (M.) 1971
Habermas, Jürgen: Legitimationsprobleme im Spätkapitalismus. Frankfurt (M.) 1973
Habermas, J.: Zur Logik des theoretischen und praktischen Diskurses. In: Riedel, M. (Hrsg.): Rehabilitierung der praktischen Philosophie. Freiburg 1974
Hacker, H.: Schulpädagogik – Eine Einführung. Donauwörth 1979
Haeberlin, U.: Die Phantasie in Erziehung und Heilerziehung. Bern/Stuttgart 1968
Hänsel, D.: Die Anpassung des Lehrers. Weinheim/Basel 1976[2]

Härtter, R.: Das kleine Elternbuch zur Sexualerziehung. München 1973
Hafenegger, B. / Kesselgruber, K. (Hrsg.): Bildungsurlaub in der Bundesrepublik. Gießen 1976
Haferkamp, H.: Kriminelle Karrieren. Reinbek 1975
Haft, H. / Hameyer, U. (Hrsg.): Curriculumplanung — Theorie und Praxis. München 1975
Hager, F. / Haberland, H. / Paris, R.: Soziologie und Linguistik. Stuttgart 1973
Haider, M. (Hrsg.): Neuropsychologie. Aktuelle Probleme. Bern/Stuttgart 1971
Halbfas, H. / Maurer, F. / Popp, W. (Hrsg.): Neuorientierung des Primarbereichs. Band 1: Entwicklung der Lernfähigkeit. Stuttgart 1972
Haley, J.: Strategies of Psychotherapy, New York 1969
Haley, J.: Gemeinsamer Nenner Interaktion. München 1978
Hallahan, D. P. /Cruickshank, W. M.: Psychoeducational foundations of learning disabilities. Englewood Cliffs (N. J.) 1973
Haller, H.-D.: Examen in Pädagogik. Erfahrungen und Ratschläge. Stuttgart 1977
Haller, von / Glaser, R.: Handbuch der modernen Betriebspsychologie. München 1969
Hamann, B.: Sexualerziehung in der Schule von heute. Ein Beitrag zu Inhalt und Methode. Bad Heilbrunn (Obb.) 1977
Hammel, W.: Bildsamkeit und Begabung. Hannover 1970
Hammel, W.: Wandel der Bildung. Die Aufhebung der Humanitätspädagogik. Studien zur modernen Bildungstheorie. Wuppertal/Ratingen 1970
Hammerich, K.: Aspekte einer Soziologie der Schule. Düsseldorf 1975
Handbook of mathematical psychology. New York 1963
Handbuch der Psychologie: Persönlichkeitsforschung und Persönlichkeitstheorie. Göttingen 1960
Handbuch der Psychologie. 12 Bde. Göttingen 1970
Handlungsforschung. In: Kritisches Lexikon der Erziehungswissenschaft und Bildungspolitik. Reinbek 1976[2]
Handwerkstag, Baden-Württembergischer (Hrsg.): Ratgeber für die Berufswah. Stuttgart 1975
Hanke, B. / Mandl, H.: Erwartungseffekte in der Schule. In: Lehrer- und Schülerverhalten in wechselseitiger Bezogenheit. Donauwörth 1976
Hanke, B. / Mandl, H. / Prell, S.: Soziale Interaktion im Unterricht. München 1974
Hanke, W.: Hormone. Berlin 1969[3]
Hannay, A.: Mental images. A defence. London/New York 1971
Hansen, J. C. / Warner, R. W. / Smith, E. M.: Group counseling. Theory and process. Chicago 1976
Harbauer, H. / Lempp, R. / Nissen, G. /Strunk, R.: Lehrbuch der speziellen Kinder- und Jugendpsychiatrie. Berlin/Heidelberg/New York 1971
Hardy, R. E. / Cull, J. G. (Hrsg.): Psychological and vocational Rehabilitation of the youthful delinquent. Springfield/Ill. 1974
Hardy, R. E. / Cull, J. G. (Hrsg.): Group Counseling and therapy techniques in special settings. Springfield/Ill.1974
Hargreaves, D. H.: Interaktion und Erziehung. Wien/Köln 1976
Harman, H. H.: Modern factor analysis, Chicago/London 1976
Harnack, G.-A. von: Nervöse Verhaltensstörungen beim Schulkind. Stuttgart 1958
Harnack, G.-A. von: Vegetative Störungen. In: Schulschwierigkeiten aus ärztlicher und pädagogischer Sicht. Bremen 1977
Harrer, F.: Jugendwohlfahrtskunde. Darmstadt 1977[7]
Harrington, J.: Aims of education. Early 20. century. New York 1974
Harris, G. G.: The group Treatment of human problems. A social learning approach. New York 1977
Hartfiel, G.: Emanzipation, ideologischer Fetisch oder reale Chance? Opladen 1975
Hartford, M. E.: Groups in social work. New York/London 1971
Hartig, M. (Hrsg.): Selbstkontrolle. München 1973

Hartig, M.: Die Anwendung von Techniken der Selbstkontrolle in der Verhaltenstherapie. München 1974
Hartmann, H.: Ich-Psychologie. Studien zur psychoanalytischen Theorie. Stuttgart 1972
Hartmann, H.: Psychologische Diagnostik. Stuttgart 1973
Hartmann, K. D.: Vorurteile, Ängste, Aggressionen. Frankfurt (M.)/Köln 1975
Hartmann, K.: Theoretische und empirische Beiträge zur Verwahrlosungsforschung. Berlin 1977
Hartmann, N. (Hrsg.): Beiträge zur Sexualpädagogik. Wiesbaden 1976
Hartung, J.: Verhaltensänderung durch Rollenspiel. Düsseldorf 1977
Haseloff, O. W. (Hrsg.): Struktur und Dynamik des menschlichen Verhaltens. Zum Stand der modernen Psychologie. Stuttgart 1970
Haseloff, O. W. / Jorswieck, E.: Psychologie des Lernens. Berlin 1970
Hassenstein, B.: Verhaltensbiologie des Kindes. München/Zürich 1973
Hausmann, G.: Didaktik als Dramaturgie des Unterrichts. 1959
Hebb, D. O.: A Textbook of Psychology. Philadelphia 1958
Hebenstreit, S.: Schulkindergarten, Modell ausgleichender Erziehung? Kronsberg 1974
Heckel, H. / Seipp, P.: Schulrechtskunde. Darmstadt 1976[5]
Heckhausen, H. (Hrsg.): Biologische und kulturelle Grundlagen des Verhaltens. Göttingen 1965
Heckhausen, H.: Leistungsmotivation. In: Thomae, H. (Hrsg.): Handbuch der Psychologie, Bd. 2. Göttingen 1965
Heckhausen, H.: Förderung der Lernmotivierung und der intellektuellen Tüchtigkeit. In: Gutachten und Studien der Bildungskommission. Band Begabung und Lernen. Stuttgart 1968
Heckhausen, H.: Lehrer-Schüler-Interaktion. In: Funk-Kolleg Pädagogische Psychologie 1. Frankfurt (M.) 1974
Heckhausen, H.: Motivationsanalysen. Heidelberg 1974
Hederer, J. (Hrsg.): Handbuch für Erzieher in Hort und Heim. München 1967
Hederer, J. (Hrsg.): Handbuch für Kindergärtnerinnen und Erzieher. München 1968[3]
Hederer, J.: Evolution der Sozialpädagogik. Quellen und Kommentare. München 1975
Hederer, J. (Hrsg.): Freizeitstätte Hort. Anregungen für die Praxis. München 1978
Heer, Fr.: Werthers Weg in den Underground. Die Geschichte der Jugendbewegung. München 1974
Heese, G. / Reinartz, A. (Hrsg.): Aktuelle Beiträge zur Sozialpädagogik und Verhaltensgestörtenpädagogik. Berlin 1973
Hehlmann, W.: Wörterbuch der Pädagogik. Stuttgart 1953[4]
Heidegger, M.: Zur Sache des Denkens. Tübingen 1969
Heidt, E. U.: Medien und Lernprozesse. Weinheim/Basel 1977[2]
Heigl-Evers, A. (Hrsg.): Psychoanalyse und Gruppe. Göttingen 1971
Heigel-Evers, A.: Konzepte der analytischen Gruppenpsychotherapie. Göttingen 1972
Heigl, F.: Indikation und Prognose in Psychoanalyse und Psychotherapie. Göttingen 1970
Heiland, H.: Didaktik und Lerntheorie. Bad Heilbrunn (Obb.) 1973[2]
Heimann, P.: Didaktik als Unterrichtswissenschaft. Stuttgart 1976
Heimann, P. / Otto, G. / Schulz, W.: Unterricht- Analyse und Planung. Hannover 1975, 1976[8]
Heinen, W.: Das Gewissen, sein Werden und Wirken zur Freiheit. Würzburg 1971
Heinrichs, N.: Brennpunkte neuzeitlicher Didaktik. Bochum o. J.
Heinrichs, H.: Lexikon der audio-visuellen Bildungsmittel. München 1971
Heinrichs, H.: Lehr- und Lernmittel. Grundausstattungen für Schulen. Deutscher Lehrmittel-Verband, Schlüchtern 1972
Heinrichs, H.: Audio-visuelle Praxis in Wort und Bild. München 1972
Heinsohn, G.: Vorschulerziehung in der bürgerlichen Gesellschaft. Geschichte, Funktion, aktuelle Lage. Frankfurt (M.) 1974

Heinsohn, G. / Knieper, B. M. C.: Theorie des Kindergartens und der Spielpädagogik. Frankfurt (M.) 1975
Heinz, W. / Korn, S.: Sozialtherapie als Alibi? Materialien zur Strafvollzugsreform. Frankfurt (M.) 1973
Heinze, Th. / Müller, E. / Stickelmann, B. / Zinnecker, J.: Handlungsforschung im pädagogischen Feld. München 1975
Heinze, Th.: Unterricht als soziale Situation. Zur Interaktion von Schülern und Lehrern. München 1976
Heiss, R. (Hrsg.): Handbuch der Psychologie. Bd. 6: Psychologische Diagnostik. Göttingen 1964
Heiss, R.: Allgemeine Tiefenpsychologie. Methoden, Probleme und Ergebnisse. München 1972
Heitkämper, P.: Friedenserziehung als Lernprozeß. Bad Heilbrunn (Obb.) 1976
Helbock, M. / Roth, E. /Sauer, J.: Leistungsdifferenzierung und Schulreform. Wien 1976
Held, K.: Kommunikationsforschung – Wissenschaft oder Ideologie? München 1973
Hellbrügge, Th. / Lange, J. / Rutenfranz, J.: Schlafen und Wachen in der kindlichen Entwicklung. Stuttgart 1959
Hellbrügge, Th. / Rutenfranz, J. / Graf, O.: Gesundheit und Leistungsfähigkeit im Kindes- und Jugendalter. Stuttgart 1960
Hellbrügge, Th. / Lange, J. / Rutenfranz, J. / Stehr, K.: Über das Entstehen einer 24-Stunden-Periodik physiologischer Funktionen im Säuglingsalter. Fortschr. Med. 81, 1963
Hellbrügge, Th.: Kindliche Entwicklung und Sozialumwelt. München 1964
Heller, K. /Rosemann, B. / Gaedike, A.-K.: Planung und Auswertung empirischer Untersuchungen. Stuttgart 1974
Heller, K. (Hrsg.): Leistungsbeurteilung in der Schule. Heidelberg 1975[2]
Heller, K. (Hrsg.): Handbuch der Bildungsberatung Bd. 1–3. Stuttgart 1975–1976
Heller, K. / Nickel, H. (Hrsg.): Psychologie in der Erziehungswissenschaft. 2 Bde. Stuttgart 1976
Heller, K.: Intelligenz und Begabung. München/Basel 1976
Hellmer, J.: Jugendkriminalität in unserer Zeit. Frankfurt (M.) 1966
Helm, J. u. a. (Hrsg.): Neurosenpsychologie. Berlin 1976
Hemling, H.: Taschenbuch der Psychologie. München 1974
Hemmer, F. D.: Tagesstätten für Kinder. München 1967
Henke, F. u. a.: Mein Kind ist lese-rechtschreibschwach. Wie kann ich helfen? Braunschweig 1976
Henle, M. (Hrsg.): Documents of Gestaltpsychology. Berkeley, Los Angeles 1961
Henseler, H.: Narzißtische Krisen. Zur Psychodynamik des Selbstmords. Reinbek 1974
Henseler, R.. Imagepolitik in Botrioben des mittelständischen Facheinzelhandels. Göttingen 1978
Hentig, H. v.: Spielraum und Ernstfall. Stuttgart 1969
Hentig, Hartmut v.: Cuornavaca oder: Alternativen zur Schule? Stuttgart/München 1972
Herb, A.: Elementare Musikerziehung in der Grundschule. Donauwörth 1975
Herbart, J. F.: Allgemeine Pädagogik. Bochum 1971[4]
Herbert, M.: Emotional problems of development in children. London/New York 1974
Herbig, M.: Praxis lernzielorientierter Tests. Düsseldorf 1976
Herkner, W.: Einführung in die Sozialpsychologie. Bern/Stuttgart 1975
Herrmann, Th. (Hrsg.): Psychologie der Erziehungsstile. Göttingen 1967
Herrnstadt, R.: Die Entdeckung der Klasse. Die Geschichte des Begriffs Klasse von den Anfängen bis zum Vorabend der Pariser Julirevolution 1830. Berlin 1965
Hetzer, H.: Kind und Jugendlicher in der Entwicklung. Hannover 1970[12]
Hetzer, H · Spielen lernen – spielen lehren. München 1971
Hetzer, H.: Spiel und Spielzeug für jedes Alter. München 1976[15]

Heuß, A.: Ideologiekritik. Ihre theoretischen und praktischen Aspekte. Berlin/New York 1975
Heusser, H.: Instinkte und Archetypen im Verhalten der Tiere und im Erleben des Menschen. Darmstadt 1976
Heyer, G. R.: Vom Kraftfeld der Seele. München 1964
Heymer, A.: Ethologisches Wörterbuch. Berlin/Hamburg 1977
Hierdeis, H. (Hrsg.): Taschenbuch der Pädagogik, Teil 2. Baltmannsweiler 1978
Hilgard, E. R. / Bower, G. H.: Theorien des Lernens. 2 Bde. Stuttgart 1971
Hilgard, E. R. / Atkinson, R. C. / Atkinson, R. L.: Introduction to psychology. New York 1975
Hill, J. C.: Teaching and the unconscious mind. New York 1971
Hillinger, F.: Introversion und Extraversion und Stellung in der Geschwisterreihe. Wien 1971
Hiltmann, H.: Kompendium der psychodiagnostischen Tests. Bern/Stuttgart 1960
Himmerich, W.: Unterrichtsplanung und Unterrichtsanalyse – ein didaktisches Modell. 2 Bde. Stuttgart 1976
Hinkel, H.: Wie betrachten Kinder Bilder? Steinbach/Gießen 1972
Hischer, E.: Kriminalpsychologische Untersuchungen zum Problem der Notzucht (Dissertation). 1956
Hischer, E.: Der Jugendstrafvollzug, in: Kurt Brem (Hrsg.): Pädagogische Psychologie der Bildungsinstitutionen, Band 1. München/Basel 1968
Hischer, E.: Resozialisierung junger Rechtsbrecher durch Strafvollzug. München/Basel 1970
Hischer, E. / Lettner, H. / Zimmer, J.: Kriminalpsychagogische Beiträge zur Reform des Jugendstrafvollzugs. München/Basel 1972
Hischer, E.: Das Kind im Krankenhaus. Eine Herausforderung der Sozialpädagogik. München 1979
Hoch, P. H. /Zubin, J. (Hrsg.): Depression. New York 1954
Hochberg, J. E. Wahrnehmung. Wiesbaden 1977
Hochschuldidaktische Materialien zur Tutorenausbildung. Bremen 1977
Hocke, D. / Stöckel, H.: Erziehen und Lehren als Verhaltensbeeinflussung. Donauwörth 1976
Hockett, Ch. F.: A Course in Modern Linguistics. New York 1960[3]
Höhn, E.: Der schlechte Schüler. Sozialpsychologische Untersuchungen über das Bild des Schulversagers. München 1973[5]
Höhn, E. / Seidel, G.: Das Soziogramm. Göttingen 1976[4]
Höltershinken, D. (Hrsg.) Frühkindliche Erziehung und Kindergartenpädagogik. Eine Zwischenbilanz. Freiburg 1977
Hoffmann, H.-J.: Psychologie und Massenkommunikation. Berlin/New York 1976
Hofmann, Th.: Jugend im Gefängnis, pädagogische Untersuchungen über den Strafvollzug an Jugendlichen. München 1967
Hofmann, W.: Wissenschaft und Ideologie. In: Universität, Ideologie, Gesellschaft. Frankfurt 1969, S. 49–81.
Hofmeier, J. (Hrsg.): Erziehung zu Offenheit und Verantwortung. Gewissensbildung im Kindergarten. Donauwörth 1977
Hofstätter, P. R.: Einführung in die quantitativen Methoden der Psychologie. München 1966
Hofstätter, P. R.: Einführung in die Sozialpsychologie. Stuttgart 1966[4]
Hofstätter, P. R.: Differenzielle Psychologie. Stuttgart 1971
Hofstätter, P. R.: Individuum und Gesellschaft. Frankfurt (M.) 1973
Hofstätter, P. R.: Gruppendynamik. rde 38. Hamburg 1976
Hohmann, M.: Die pädagogische Insel. Untersuchungen zur Idee einer Eigenwelt der Erziehung bei Fichte und Goethe, Wyneken und Geheeb. Ratingen 1976
Hohmeier, J.: Aufsicht und Resozialisierung. Empirische Untersuchung der Einstellungen von Aufsichtsbeamten und Insassen im Strafvollzug. Stuttgart 1973

Holland, J. G. / Skinner, B. F.: Analyse des Verhaltens. München 1971
Holstein, H.: Arbeitsmittel im Unterricht. Bochum o. J.
Holstein, H.: Medienpädagogische und mediendidaktische Grundprobleme. Neuere Entwicklungen in der Unterrichtstechnologie. Düsseldorf 1974
Holt, E. B.: Animal drive and the learning process. New York 1976
Holzer, H.: Kommunikationssoziologie. Reinbek 1973
Holzkamp, K.: Theorie und Experiment in der Psychologie. Berlin 1964
Holzkamp, K.: Sinnliche Erkenntnis. Frankfurt (M.) 1973
Holzkamp-Osterkamp, U.: Grundlagen der psychischen Motivationsforschung 2 Bde. Frankfurt (M.) 1975
Holzner, F.: Schulproblem Lese-Rechtschreibschwäche. Wege der Diagnostik und Hilfen für die Behandlung. München/Ansbach 1977
Homfeldt, H. G.: Stigma und Schule. Abweichendes Verhalten bei Lehrern und Schülern. Düsseldorf 1974
Homme, L. / Csangi, A. P. /Gonzales, M. A. / Rechs, J. R.: Verhaltensmodifikation in der Schule. Weinheim 1974
Hoof, D. u. a.: Unterrichtsstudien. Ergebnisse didaktischer Untersuchungen mit Videoaufzeichnungen. Hannover 1972
Hopf, D.: Forschungsstand, Forschungsschwerpunkte und Institutionalisierung der pädagogischen Diagnostik. Stuttgart 1975
Hopf, D.: Differenzierung in der Schule. Stuttgart 1976[2]
Hopper, E.: Soziologische Theorie und Erziehungssysteme. Düsseldorf 1975
Horkheimer, M.: Zum Begriff der Vernunft. Frankfurt (M.) 1952
Horkheimer, M.: Über das Vorurteil. Köln/Opladen 1963
Horkheimer, M.: Vernunft und Selbsterhaltung. Frankfurt (M.) 1970
Horkheimer, M.: Verwaltete Welt. Zürich 1970
Horkheimer, M. / Adorno, Th. W.: Dialektik der Aufklärung. Frankfurt (M.) 1970
Horkheimer, M.: Gesellschaft im Übergang. Frankfurt (M.) 1972
Horkheimer, M.: Die gesellschaftliche Funktion der Philosophie. Ausgewählte Essays. Frankfurt (M.) 1974
Horner, A. / Klebel, H.: Die Betriebserkundung im Unterricht der Hauptschule. Donauwörth 1972
Horney, K.: Der neurotische Mensch in unserer Zeit. München 1964
Horney, K.: Unsere inneren Konflikte. Neurosen in unserer Zeit, Entstehung, Entwicklung, Lösung. München 1973
Horney, K.: Neurose und menschliches Wachstum. München 1975
Hornstein, H.: Bildsamkeit und Freiheit. Ein Grundproblem des Erziehungsdenkens bei Kant und Herbart. Düsseldorf 1959
Hornotoin, W.: Aspekte und Dimensionen erziehungswissenschaftlicher Theorien zum Jugendalter. München 1972[2]
Hornstein, W. /Schefold, W. / Schmeiser, G. / Stackebrandt, J.: Lernen im Jugendalter. Ergebnisse, Fragestellungen, und Probleme sozialwissenschaftlicher Forschung. Gutachten erstellt im Auftrag der Bildungskommission des Deutschen Bildungsrats. Stuttgart 1975
Horton, D. L. /Turnage, Th. W.: Human learning. Englewood Cliffs (N. J.) 1976
Howe, M. J. A. (Hrsg.): Adult Learning. Psychological research and applications. London 1977
Hubbard Lafayette, R.: The Creation of Human Ability.
Hubbard Lafayette, R.: Dianetics, The Modern Science of Health.
Hubbard Lafayette, R.: Dianetics: The Original Thesis.
Huber, E.: Bezugsgruppen und politische Sozialisation. Zürich 1973
Huber, F.: Allgemeine Unterrichtslehre. Bad Heilbrunn (Obb.) 1972[11]
Huber, G. L.: Selbstbestimmung und Fremdbestimmung in Lernprozessen. München 1976

Huber, J. (Hrsg.): Gruppendynamik und Gruppenpädagogik. Wien/München 1976
Huber, L.: In: Herz, O. / Huber, L. / Walther, M. (Hrsg.): Organisationsmodelle der Hochschuldidaktik. Hamburg 1970
Huebener, T.: Audio-visual Techniques in Teaching Foreign Languages. New York 1960
Hüfner, K. /Naumann, J.: Bildungsplanung. Ansätze, Modelle, Probleme. Stuttgart 1971
Hüther, J. / Knoll, J. H.: Medienpädagogik. München 1976
Humble, J. W.: Praxis des Management by Objectives. München 1972
Hummell, H. J. / Ziegler, R.: Korrelation und Kausalität. Bd. 1. Stuttgart 1976
Hundertmarck, G.: Soziale Erziehung im Kindergarten. Stuttgart 1975[8]
Hundertmarck, G. / Ulshöfer, H.: Kleinkindererziehung, 3 Bde. München 1971
Hunt, D.: Pantomime, the silent theater. New York 1964
Hunt, J. M. V.: Intelligence and experience. New York 1961
Huizinga, J.: Homo ludens. rde 21 Reinbek 1958
Huppertz, N.: Supervision. Analyse eines problematischen Kapitels der Sozialarbeit. Neuwied/Darmstadt 1975
Hurrelmann, K.: Unterrichtsorganisation und schulische Sozialisation. Eine empirische Untersuchung zur Rolle der „Leistungsdifferenzierung" im schulischen Selektionsprozeß. Weinheim 1971
Hurrelmann, K.: Soziologie der Erziehung. Weinheim/Basel 1974
Hurrelmann, K.: Erziehungssystem und Gesellschaft. Reinbek 1975
Hurrelmann, K.: Sozialisation und Lebenslauf. Empirie und Methodik sozialwissenschaftlicher Persönlichkeitsforschung. Reinbeck 1976
Husén, T.: Psychological twin research. Stockholm 1959
Husserl, E.: Husserliana. Gesammelte Werke. Haag 1958
Husserl, E.: Erfahrung und Urteil. Untersuchung zur Genealogie der Logik. Hamburg 1972
Husserl, E.: Die Krisis der europäischen Wissenschaften und die transzendentale Phänomenologie. Hamburg 1977
Husserl, E.: Cartesianische Meditationen. Eine Einleitung in die Phänomenologie. Hamburg 1977

Iben, G.: Die Sozialpädagogik und ihre Theorie in: Zeitschrift für Pädagogik. 1969
Iben, G.: Sozialerziehung – soziales Lernen. In: Wulf, Chr. (Hrsg.): Wörterbuch der Erziehung. München 1974
Iben, G. u. a.: Randgruppen der Gesellschaft. Untersuchungen über Sozialstatus und Erziehungsverhalten obdachloser Familien. München 1974[3]
Iben, G. (Hrsg.): Heil- und Sonderpädagogik. Einführung in Problembereiche und Studium. Kronberg 1975
Illies, J.: Zoologie des Menschen. Entwurf einer Anthropologie. München 1971
Immelmann, K.: Wörterbuch der Verhaltensforschung. München 1975
Immelmann, K. (Hrsg.): Verhaltensforschung. München/Zürich 1978
Ingenkamp, K. (Hrsg.): Handbuch der Unterrichtsforschung. Weinheim 1970
Ingenkamp, K.: Pädagogische Diagnostik. Ein Forschungsbericht über Schülerbeurteilung in Europa. Weinheim/Basel 1975
Ingenkamp, K. (Hrsg.): Tests in der Schulpraxis. Weinheim/Basel 1976[5]
Ingenkamp, K. (Hrsg.): Die Fragwürdigkeit der Zensurengebung. Weinheim/Basel 1976[6]
Innerhofer, P.: Das Münchner Trainingsmodell. Beobachtung, Interaktionsanalyse, Verhaltensänderung. Berlin 1977
Institut für Jugendbuchforschung der Universität Frankfurt (M.) unter Leitung von Prof. Klaus Doderer: Die moderne Schulbibliothek. Hamburg 1970
Ipfling, H.-J. (Hrsg.): Die emotionale Dimension in Unterricht und Erziehung. München 1974
Ipfling, H. J.: Grundbegriffe der pädagogischen Fachsprache. München 1974
Ipfling, H.-J. (Hrsg.): Disziplin ohne Zwang. München 1976

Irle, M.: Lehrbuch der Sozialpsychologie. Göttingen 1975
Irle, M. (Hrsg.): Kursus der Sozialpsychologie. 3 Bde. Darmstadt 1978
Isbert, O.-A.: Konzentration und schöpferisches Denken, Praktische Übungswege. München 1972
ISP (Institut für Schulpädagogik) (Hrsg.): Curriculumarbeit in Bayern – eine Zwischenbilanz. München 1971
Israel, J.: Der Begriff Entfremdung. (Von Marx bis zur Gegenwart). Reinbek 1972
Israel, J.: Sozialpsychologie. Stuttgart 1976
Issing, L. J. / Knigge-Illner, H. (Hrsg.): Unterrichtstechnologie und Mediendidaktik. Weinheim/Basel 1976
Jacob, F.: Die Logik des Lebenden. Von der Urzeugung zum genetischen Code. Frankfurt (M.) 1972
Jacobi, J.: Komplex, Archetypus, Symbol in der Psychologie C. G. Jungs. Zürich/Stuttgart 1957
Jacobi, J.: Der Weg zur Individuation. Zürich/Stuttgart 1965
Jahn, W. / Vahle, H.: Die Faktorenanalyse und ihre Anwendung. Berlin 1970
Janis, J. L.: Psychological Stress. New York 1968
Jans, K. / Müller, E.: Kindergärten, Horte, Kindertagesstätten, Kinderspielplätze. Köln 1979
Jansen, G. W. (Hrsg.): Sozialwissenschaftliche Aspekte der Rehabilitation. Rheinstetten 1977
Jantzen, H.: Namen und Werke. Biographien und Beiträge zur Soziologie der Jugendbewegung. Frankfurt (M.) 1972
Jantzen, W. (Hrsg.): Theorie und Praxis der Behindertenpädagogik. Gießen 1974
Jaspers, K.: Was ist Erziehung? Ein Lesebuch. München/Zürich 1977
Jehle, P.: Trainingskurs: Verhaltenstheorie I/II. Grundlagen und Anwendung im Unterricht. Düsseldorf 1978
Jehu, D. u. a.: Verhaltensmodifikation in der Sozialarbeit, Sozialpädagogik. Freiburg 1977
Jerney, W.: Das Spielgelände im Kindergarten. Donauwörth 1977
Joas, H.: Die gegenwärtige Lage der soziologischen Rollentheorie. Frankfurt (M.) 1973
Jochheim, K. A. / Moleski-Müller, M. / Siebrecht, V. (Hrsg.): Wege zur Chancengleichheit der Behinderten. Kongreßbericht. Heidelberg 1974
Jochum, M.: Sozialpädagogische Aspekte der Heimerziehung bei Erziehungsschwierigen und Dissozialen. Wien 1975
Joergen, K.: Einführung in die Lernpsychologie. Freiburg 1976
Johnson, D. J. / Myklebust, H. R.: Lernschwächen. Stuttgart 1971
Jordan, E. (Hrsg.): Jugendhilfe. Weinheim/Basel 1975
Josef, K. / Josef, Kath.: Früherziehung bei geistig behinderten und entwicklungsverzögerten Kindern. Berlin 1971
Jouhy, E.: Zum Begriff der emanzipatorischen Erziehung. In: Gesellschaft, Staat, Erziehung. 17. Jg., Heft 3. 1972
Jugendschutzgesetze, Textausgabe mit Stichwortverzeichnis. Kronach 1961
Jugendwohnkollektive (ein Reader): Band 5 der Materialien zur Jugend- und Sozialarbeit. Frankfurt (M.) 1973
Jung, C. G.: Gestaltungen des Unbewußten. Zürich 1950
Jung, C. G.: Die Beziehungen zwischen dem Ich und dem Unbewußten. Zürich 1950^5
Jung, C. G.: Symbole der Wandlung. Zürich 1952^4
Jung, C. G.: Von den Wurzeln des Bewußtseins. Studien über den Archetypus. Zürich 1954
Jung, C. G.: Werke. Olten-Freiburg 1971
Junker, H.: Das Beratungsgespräch. München 1973
Junker, H.: Konfliktberatung in der Schule. München 1976

Kabel, R.: Friedensforschung. Bonn 1971
Kadelbach, G. (Hrsg.): Leben heißt Lernen. Konzepte der Erwachsenenbildung. Ravensburg 1975
Kadushin, A.: Supervision in social work. New York/London 1976
Kaiser, F.-J.: Arbeitslehre. Bad Heilbrunn 1974
Kaiser, G.: Jugendkriminalität. Weinheim/Basel 1977
Kaiser, R.-U.: Underground? Pop? Nein! Gegenkultur: Eine Buchcollage. Köln/Berlin 1969
Kalmus, H.: Genetik. Ein Grundriß. Stuttgart 1966
Kambartel, Fr. /Mittelstraß, J. (Hrsg.): Zum normativen Fundament der Wissenschaft. Frankfurt (M.) 1973
Kambartel, Fr. (Hrsg.): Praktische Philosophie und konstruktive Wissenschaftstheorie. Frankfurt (M.) 1974
Kamlah, W. / Lorenzen, P.: Logische Propädeutik. Vorschule des vernünftigen Redens. Mannheim 1967
Kamper, D. (Hrsg.): Studienführer Sozialisationstheorie. Freiburg 1974
Kampmüller, O.: Lernen mit Erfolg. Wien/München 1977
Kanfer, F. H. / Phillips, J. S.: Lerntheoretische Grundlagen der Verhaltenstherapie. München 1975
Kanner, L.: Childhood psychosis. Initial studies and new insights. Washington/D.-C.-New York 1973
Kant, I.: Über Pädagogik. Bochum o. J.
Kanter, G. O. / Langenohl, H. (Hrsg.): Unterrichtstheorie und Unterrichtsplanung. Berlin 1975
Kanter, G. O. / Speck, O. (Hrsg.): Pädagogik der Lernbehinderten. Berlin 1976
Kanz, H.: Ideologiekritik in der Erziehungswissenschaft. Frankfurt (M.) 1972
Kanz, H. (Hrsg.): Lernpraktische Ideologiekritik. Stuttgart 1974
Kaplan, M. A.: Alienation and identification. New York 1976
Karen, R. L.: An introduction to behavior theory and its applications. New York 1974
Karl, W.: Jugend, Gesellschaft und Politik im Zeitraum des 1. Weltkrieges. München 1973
Karsten, A.: Vorurteil. Ergebnisse psychologischer und sozial-psychologischer Forschung. Darmstadt 1978
Kaschik, G.: Konflikte, vermeiden oder lösen. Meitingen/Freising 1977
Kasper, H. (Hrsg.): Differenzierungsmodelle für die Grundschule. Stuttgart 1974
Kasztantowicz, U.: Erziehen und heilen. Erziehungs- und bildungsschwierige Kinder in Familie, Schule und Heim. Donauwörth 1966
Katholische Akademie in Bayern, Freiheit und Determination. Würzburg 1966
Katz, D.: Gestaltpsychologie. Basel 1948[2]
Kausen, R.: Abriß der Schulhygiene. Bad Heilbrunn 1973[2]
Kay, W.: Die moralische Entwicklung des Kindes. Düsseldorf 1975
Keck, R. W.: Zielorientierte Unterrichtsplanung. Bochum 1975
Keckeisen, W.: Die gesellschaftliche Definition abweichenden Verhaltens. Perspektiven und Grenzen des labeling approach. München 1976[2]
Keeton, M. T.: Experiential learning. San Francisco 1976
Keiler, P.: Wollen und Wert. Versuch der systematischen Grundlegung einer psychologischen Motivationslehre. Berlin 1970
Kehrer, H. E. (Hrsg.): Kindlicher Autismus. Basel/München 1978
Keil, W.: Kommunikation und Rezeption. Untersuchungen zur wissenschaftlichen Diskussion im Hochschulunterricht. Münster 1975
Keim, W. (Hrsg.): Gesamtschule. Bilanz ihrer Praxis. Hamburg 1973
Kell, S. (Hrsg.): Familien- und Lebensberatung – ein Handbuch. Stuttgart 1975
Keller, W.: Psychologie und Philosophie des Wollens. München/Basel 1954
Keller, W.: Das Problem der Willensfreiheit. Bern/München 1965

Keller, W.: Schule und Gesellschaft. Freiburg/Würzburg 1977
Kemmler, L.: Die Anamnese in der Erziehungsberatung. Bern/Stuttgart 1965
Kemmler, L.: Erfolg und Versagen in der Grundschule. Empirische Untersuchungen. Göttingen 1967
Kemmler, R.: Autogenes Training für Kinder, Jugendliche und Eltern. München 1975
Kemmler, L.: Schulerfolg und Schulversagen. Göttingen 1976
Kentler, H.: Sexualerziehung. Reinbek 1970
Kentler, H. u. a.: Für eine Revision der Sexualpädagogik. München 1971
Kerbs, D. (Hrsg.): Die hedonistische Linke. Beiträge zur Subkultur-Debatte. Neuwied/Berlin 1970
Kern, A.: Die Schulreife in pädagogischer und psychologischer Sicht. Frankfurt (M.) 1970
Kern, A.: Der Grundleistungstest zur Ermittlung der Schulreife. München 1971
Kernberg, O. F.: Boderline conditions and pathological narcissism. New York 1975
Kerschensteiner, G.: Betrachtungen zur Theorie des Lehrplans. München 1901[2]
Kerschensteiner, G.: Begriff der Arbeitsschule. München/Düsseldorf/Stuttgart 1964[15]
Kerscher, I.: Sozialwissenschaftliche Kriminalitätstheorien. Weinheim/Basel 1977
Kerscher, I. (Hrsg.): Konfliktfeld Sexualität. Neuwied/Darmstadt 1977
Kerstiens, L.: Stichwort Medienpädagogik. In: Heinrichs, H.: Lexikon der audio-visuellen Bildungsmittel. München 1971
Kerstiens, L.: Modelle emanzipatorischer Erziehung. Bad Heilbrunn (Obb.) 1975[2]
Kerstiens, L.: Unterrichtsthema: Massenkommunikation. Bad Heilbrunn (Obb.) 1976
Kerstiens, L.: Erziehungsziele, neu befragt. Bad Heilbrunn (Obb.) 1978
Keupp, H.: Psychische Störungen als abweichendes Verhalten. München/Berlin/Wien 1972
Keupp, H.: Modellvorstellungen von Verhaltensstörungen: „Medizinisches Modell" und mögliche Alternativen. In: Kraiker, Ch. (Hrsg.): Handbuch der Verhaltenstherapie. München 1974
Keupp, H.: Verhaltensstörungen und Sozialstruktur. Epidemiologie: Empirie, Theorie, Praxis. München 1974
Khella, K.: Theorie und Praxis der Sozialarbeit und Sozialpädagogik. Gießen 1974
Kidder, L. H. / Stewart, V. M.: Vorurteile. Zur Sozialpsychologie von Gruppenbeziehungen. Weinheim/Basel 1976
Kiernan, Th.: Psychotherapie. Kritischer Führer durch Theorien und Praktiken. Frankfurt (M.) 1976
Killermann, W.: Biologieunterricht heute. Donauwörth 1974
Kilpatrik. W. H. / Dewey, J.: Der Projektplan. Grundlegung und Praxis. Weimar 1935
Kindt, W.: Dokumentation der Jugendbewegung. Düsseldorf/Köln 1963–1975
King, P.: Toleration. London 1976
King, R. Ch.: Handbook of genetics. New York/London 1974
Kipnis, D.: The powerholders. Chicago/London 1976
Kippert, K. (Hrsg.): Einführung in die Soziologie der Erziehung. Freiburg 1970
Kirchhoff, H. / Pietrowicz, B. (Hrsg.): Kontaktgestörte Kinder. Basel/New York 1961
Kiss, P. G.: Erfahrungen über kinderklinische Psychopathologie. Budapest 1976
Klafki, W.: Das pädagogische Problem des Elementaren und die Theorie der kategorialen Bildung. Weinheim 1959, 1964[4]
Klafki, W.: Erziehungswissenschaft als kritische Theorie. In: Funk-Kolleg Erziehungswissenschaft. 3. Band. Frankfurt (M.) 1971
Klafki, W.: Handlungsforschung im Schulfeld. In: Zeitschrift für Pädagogik, Heft 4. 1973
Klafki, W.: Studien zur Bildungstheorie und Didaktik. Weinheim 1974
Klatt, H.: Jugendschutzbestimmungen in Europa. Starnberg 1968
Klauer, K. J.: Revision des Erziehungsbegriffs. Düsseldorf 1973
Klauer, K. J.: Das Experiment in der pädagogischen Forschung. Düsseldorf 1973
Klauer, K. J.: Methodik der Lehrzieldefinition und Lehrstoffanalyse. Düsseldorf 1974

Klauer, K. J.: Lernbehindertenpädagogik. Berlin 1975[4]
Klauer, K. J. / Reinartz, A. (Hrsg.): Sonderpädagogik in allgemeinen Schulen. Berlin 1978
Klaus, G.: Kybernetik in philosophischer Sicht. Berlin 1961
Klausmeier, H. J. / Ripple, R. E.: Moderne Unterrichtspsychologie. Stuttgart 1973
Klausnitzer, J. E.: Ego-Drive-Training. Der Weg zum dynamischen Ich. München 1975
Kleber, E. W.: Grundlagen sonderpädagogischer Diagnostik. Berlin 1976[2]
Kleber, E. W. / Meister, H. / Schwarzer, Ch. /Schwarzer, R.: Beurteilung und Beurteilungsprobleme. Weinheim/Basel 1976
Kleber, E. W. u. a.: Lernvoraussetzungen und Unterricht. Weinheim/Basel 1977
Klein, M.: Das Seelenleben des Kindes. Stuttgart 1976[2]
Kleitmann, N. / Engelmann, Th. G.: Sleep characteristics of infants. J. appl. Physiol. 6. 1953
Kleitmann, N.: Sleep and wakefulness. Chicago 1963
Klement, H.-W.: Bewußtsein. Ein Zentralproblem der Wissenschaft. Baden-Baden 1975
Klemm, O. /Volkelt, H. / Dürckheim-Montmartin, K. Graf von (Hrsg.): Ganzheit und Struktur. Festschrift zum 60. Geburtstag Felix Kruegers. München 1934
Klimt, F.: Unterrichtsmedizin oder Hygiene des Unterrichts. In: Bayerische Schule, Heft 20. 1975
Kline, P. (Hrsg.): New Approaches in psychological measurement. London 1973
Klingberg, L.: Einführung in die Allgemeine Didaktik. Kronsberg (Ts.) 1973
Klinger, E.: Structure and functions of fantasy. New York 1971
Klippstein, E. / Klippstein, H.: Soziale Erziehung mit kooperativen Spielen. Bad Heilbrunn (Obb.) 1978
Kloehn, E.: Verhaltensstörungen, eine neue Kinderkrankheit? Ursachen, Symptome, Therapien. München 1977
Klose, W.: Hörspielversuche mit Kindern. In: Rother, E. Fr.: Audio-visuelle Mittel im Unterricht. Stuttgart 1968
Kluge, K. J.: Pädagogik der Schwererziehbaren. Berlin 1973[2]
Kluge, K.-J. / Patschke, U.: Spielen, Spielmittel und Spielprogramme zur Förderung behinderter Kinder und Jugendlicher. Ravensburg 1976
Kluge, K. J. / Oversberg, M. (Hrsg.): Soziale Problematik. Leitbegriffe, Verhaltensformen, Pädagogik, Therapie und Prognosen. Rheinstetten 1976
Kluge, N.: Sexualerziehung als Unterrichtsprinzip. Darmstadt 1976
Kluge, N. (Hrsg.): Sexualunterricht. Beispiele, Erfahrungen, Perspektiven. Bad Heilbrunn (Obb.) 1976
Kluth, H.: Sozialprestige und sozialer Status. Stuttgart 1957
Knehr, E. / Krüger, K.: Konzentrationsstörungen bei Kindern. Verhütung und Überwindung. Stuttgart 1976
Knöchel, W.: Grundlagenprobleme der Pädagogik in kybernetischer Sicht. Berlin 1966
Knörzer, W.: Lernmotivation. Weinheim/Basel 1976
Knoll, J. H. (Hrsg.): Lebenslanges Lernen. Erwachsenenbildung in Theorie und Praxis. Hamburg 1974
Knoll, J.: Gruppentherapie und pädagogische Praxis. Bad Heilbrunn (Obb.) 1977
Kob, J.: Soziologische Theorie der Erziehung. Stuttgart 1976
Kobi, E. E.: Heilpädagogik im Abriß. München/Basel 1977[3]
Koch, Fr.: Negative und positive Sexualerziehung. Eine Analyse katholischer, evangelischer und überkonfessioneller Aufklärungsschriften. Heidelberg 1971
Koch, G. /Neuhäuser, G.: Das Klinefelter – Syndrom und seine Varianten XXY – XXXXY. Erlangen 1978
Koch, H. L.: Twins and twin relations. Chicago/London 1966
Koch, R. / Cruz, F. de la (Hrsg.): Down's syndrome. Research, prevention and management. New York 1975

Kochan, B. (Hrsg.): Rollenspiel als Methode sprachlichen und sozialen Lernens. Kronberg 1975, 1976[3]
Kochan, D. C.: Sprache und kommunikative Kompetenz. Stuttgart 1976[2]
Köck, P. (Hrsg.): Friedenserziehung als Aufgabe des Geschichtsunterrichts. Schriftenreihe der Akademie für Lehrerfortbildung. Dillingen 1971
Köck, P.: Moderne Unterrichtsführung durch Impuls und Appell. Donauwörth 1972
Köck, P.: Prinzipien der Lernpsychologie zur Gestaltung eines effektiven Unterrichts. In: Kopp, F. (Hrsg.): Effektives Lehren und Lernen. Donauwörth 1973
Köck, P. / Rohner, P.: Der Einzelne in der Gruppe. Beiträge zur Praxis personaler Bildung in der Schule. Schriftenreihe der Akademie für Lehrerfortbildung. Dillingen 1975
Köck, P.: Medien – Manipulation ohne Alternative? In: Erziehung hat Zukunft. Donauwörth 1975 und in: Pädagogische Welt, Heft 3. Donauwörth 1977
Köck, P.: Verhaltensgestörte Kinder im Elementarbereich. In: Sozialpädagogische Blätter, Heft 1 und 2. Heidelberg 1976
Köck, P.: Verhaltensstörungen als Zentralproblem der Schulpraxis. In: Schriftenreihe der Gemeinschaft evangelischer Erzieher in Bayern, Heft 2, 1976 und in: Pädagogische Welt, Heft 7. Donauwörth 1977
Köck, P.: Didaktik der Medien. Donauwörth 1977[2]
Köck, P.: Gruppendynamik. In: Handwörterbuch der Schulleitung. München 1977
Köck, P.: Gruppendynamische Trainingsformen. In: Handwörterbuch der Schulleitung. München 1977
Köck, P.: Konflikt und Konfliktlösung. In: Handwörterbuch der Schulleitung. München 1977
Köck, P.: Kommunikation. In: Handwörterbuch der Schulleitung. München 1977
Köck, P.: Medien im Sachunterricht der Hauptschule. In: Sauter, H. (Hrsg.): Sachunterricht in der Hauptschule. Donauwörth 1978[3]
Köck, P.: Praxis der Beobachtung. Donauwörth 1979
Köhler, W.: Werte und Tatsachen. Berlin 1968
Köhler, W.: Die Aufgabe der Gestaltpsychologie. Berlin/New York 1971
König, E.: Theorie der Erziehungswissenschaft. München 1975.
König, E. / Riedel, H.: Systemtheoretische Didaktik. Weinheim/Basel 1976[3]
König, K.: Der Mongolismus. Stuttgart 1959
König, R. (Hrsg.): Beobachtung und Experiment in der Sozialforschung. Köln 1975[8]
Körner, J.: Vorurteilsbereitschaft und autoritäres Verhalten. Stuttgart 1976
Körner, S.: Experience and theory. New York 1966
Kösel, E.: Sozialformen des Unterrichts. Workshop Schulpädagogik. Ravensburg 1973
Koffka, K.: Principles of Gestalt psychology. London 1936
Kohl, H. R.: Antiautoritärer Unterricht in der Schule von heute. Reinbek 1971. rororo Sachbuch 6699
Kohlberg, L.: Zur Kognitiven Entwicklung des Kindes. Frankfurt 1974
Kohut, H.: Narzißmus. Eine Theorie der psychoanalytischen Behandlung narzißtischer Persönlichkeitsstörungen. Frankfurt (M.) 1973
Kollmann, A.: Einführung in die Genetik. Frankfurt (M)/München 1977
Kopp, F.: Didaktik in Leitgedanken. Donauwörth 1974[5]
Korda, M.: Macht und wie man mit ihr umgeht. München 1976
Korff, E.: Suggestion und Autosuggestion in ihrer Bedeutung für das praktische Leben. Bad Homburg 1954
Korff, W.: Ehre, Prestige, Gewissen. Köln 1966
Korff, W.: Norm und Sittlichkeit. Mainz 1973
Korn, E. / Suppert, O. / Vogt, K.: Die Jugendbewegung, Welt und Wirkung. Düsseldorf/Köln 1963
Kounin, J. S.: Discipline and group management in classroom. New York 1970
Kowarik, O.: Legasthenikerbetreuung in Gruppen und Kursen. Wien/München 1977

Kozarov, A.: Monismus und Pluralismus in Ideologie und Politik. Berlin 1976
Kozdon, B.: Grundzüge entdeckenden Lernens. München 1977
Kraiker, Chr.: Handbuch der Verhaltenstherapie. München 1975
Krambeck, J. / Lorenzer, A.: Verstehen, Hermeneutik und falsches Verständigtsein. Bern/Stuttgart/Wien 1974
Kramp, W.: Studien zur Theorie der Schule. München 1973
Kramp, W. / Klafki, W. / Kley, E. / Lichtenstein-Rother, I.: Didaktische Analyse. Hannover 1974[11]
Kranefeld, W. N.: Therapeutische Psychologie. Berlin 1956
Krapf, G.: Autogenes Training aus der Praxis. Ein Gruppenkurs. München 1976
Krapp, A. / Mandl, H.: Schulreifetests und Schulerfolg. München 1971
Krapp, A.: Bedingungen des Schulerfolgs. München 1973
Krappmann, L.: Soziologische Dimensionen der Identität. Stuttgart 1973, 1975[4]
Krathwohl, D. R. / Bloom, B. S. / Masia, B. B.: Taxonomie von Lernzielen im affektiven Bereich. Weinheim/Basel 1975
Krech, D. / Crutchfield, R. S.: Grundlagen der Psychologie. 2 Bde. Weinheim 1969
Kreckl, F.: Pädagogische Psychologie für Gruppenleiter. München 1973[5]
Kreeger, L. C. (Hrsg.): Die Großgruppe. Stuttgart 1977
Kreitler, H. / Kreitler, S.: Cognitive orientation and behavior. New York 1976
Kremendahl, H.: Pluralismustheorie in Deutschland. Entstehung, Kritik, Perspektiven. Leverkusen 1977
Kreppner, K.: Zur Problematik des Messens in den Sozialwissenschaften. Stuttgart 1975
Kreutz, H.: Soziologie der Jugend. München 1974
Krippendorff, E. (Hrsg.): Friedensforschung. Köln/Berlin 1968
Krippendorf, K.: Models of messages: Three prototypes. In: Gerbner, G. u. a.: The analysis of communication content. New York u. a. 1969
Kröber, W.: Kunst und Technik der geistigen Arbeit. 1950
Kroeger, M.: Themenzentrierte Seelsorge. Stuttgart 1973
Krohne, H. W.: Angst und Angstverarbeitung. Stuttgart 1975
Krueger, F.: Zur Philosophie und Psychologie der Ganzheit. Schriften aus den Jahren 1918–1940. Berlin 1953
Krüger, H.-P.: Soziometrie in der Schule. Weinheim/Basel 1976
Külpe, O.: Die Philosophie der Gegenwart in Deutschland. Leipzig 1914[6]
Külpe, O.: Zur Kategorienlehre. München 1915
Külpe, O.: Vorlesungen über Psychologie. Leipzig 1922[2]
Külpe, O.: Einleitung in die Philosophie. Leipzig 1928[12]
Künzel, E.: Jugendkriminalität und Verwahrlosung. Ihre Entstehung und Therapie in tiefenpsychologischer Sicht. Göttingen 1968, 1976[5]
Kugemann, W. F.: Kopfarbeit mit Köpfchen. Moderne Lerntechnik. München 1974
Kuhlen, V.: Verhaltenstherapie im Kindesalter: Grundlagen, Methoden und Forschungsergebnisse. München 1977
Kuhlenkamp, D. u. a.: Didaktische Modelle für den Bildungsurlaub. Grafenau 1975
Kuhn, H.: Begegnung mit dem Sein. Meditationen zur Metaphysik des Gewissens. Tübingen 1954
Kuhnen, J.: Sozialarbeit an der Gesamtschule. Essen 1972
Kuhnen, J.: Erfahrungen mit der Gesamtschule. Lampertheim 1977
Kuiper, P. C.: Die seelischen Krankheiten des Menschen. Bern 1968
Kulenkampff, C. / Picard, W.: Gemeindenahe Psychiatrie. Köln 1975
Kunert, K.: Einführung in die curriculare Unterrichtsplanung. München 1976
Kunz, L.: Verwandlung der Schule von der Unterrichts- in die Erziehungsanstalt. In: Die Jugendverwahrlosung und ihre Bekämpfung. Linz 1950
Kunze, H.: Soziologische Theorie und Psychoanalyse. Freuds Begriff der Verdrängung und seine Rezeption durch Parsons. München 1972
Kuper, E.: Demokratisierung von Schule und Schulverwaltung. München 1977

Kupffer, H. (Hrsg.): Einführung in Theorie und Praxis der Heimerziehung. Heidelberg 1977
Kurzeja, D.: Jugendkriminalität und Verwahrlosung. Gießen 1973
Kutscher, J. (Hrsg.): Beurteilen oder verurteilen. München 1977
Kutschera, F. v.: Einführung in die Logik der Normen, Werte und Entscheidungen. München 1973
Kutter, P.: Psychiatrie. Eine Einführung für Laien. Stuttgart 1972
Kutter, P.: Sozialarbeit und Psychoanalyse. Göttingen 1974
Kutter, P. / Roskamp, H.: Psychologie des Ich. Psychoanalytische Ich-Psychologie und ihre Anwendungen. Darmstadt 1974
Kutzleb, U. u. a.: Zeit für zärtliches Spiel. Übungen für Liebe und Partnerschaft. Wuppertal/München 1977
Kuypers, H. W.: Unterricht mit Erwachsenen. Planung und Durchführung. Stuttgart 1975
Kwant, R. C.: Soziale und personale Existenz. Wien/Freiburg 1967

Laing, R. D. / Phillipson, H. / Lee, A. R.: Interpersonelle Wahrnehmung. Frankfurt (M.) 1973
Laing, R. D.: Das geteilte Selbst. Köln 1974
Lahrmann, L.: Phantasie und elementares Lernen. Paderborn 1972
Lakin, M.: Interpersonal encounter. New York/Düsseldorf 1972
Laliberté, N. / Mogelon, A.: Collage, montage, assemblage. History and contemporary techniques. New York 1971
Lamérand, R.: Programmierter Unterricht und Sprachlabor. Theorien und Methoden. München 1971
Lamousé, A.: Die Rollenstruktur der Familie. Berlin 1974
Lamprecht, W.: Früherziehung. Stuttgart 1976
Landan, E.: Psychologie der Kreativität. München/Basel 1969
Landesinstitut für Schulpädagogische Bildung, Nordrhein-Westfalen (Hrsg.): Einrichtungen staatlicher Lehrerfort- und -weiterbildung in den Ländern der Bundesrepublik Deutschland. Düsseldorf 1976
Landesinstitut für Schulpädagogische Bildung, Nordrhein-Westfalen (Hrsg.): Lehrerfort- und Lehrerweiterbildung – Eine Bibliographie deutschsprachiger Literatur von 1945 bis 1974 – zusammengestellt von Detlef Friberg. Düsseldorf 1976
Landy, E. E.: The underground dictionary. New York 1971
Lange, E. / Büschges, G.: Aspekte der Berufswahl in der modernen Gesellschaft. Frankfurt (M.) 1975
Lange, O. / Raapke, H. D. (Hrsg.): Weiterbildung der Erwachsenen. Bad Heilbrunn (Obb.) 1976
Langen, D.: Psychotherapie. Kompendium für Studierende und Ärzte. München 1973[3]
Langer, D.: Informationstheorie und Psychologie. Göttingen 1962
Langovold, M. J.: Einführung in die theoretische Pädagogik. Stuttgart 1973[8]
Langmeier, J. / Matejcek, Z.: Psychological deprivation in childhood. New York/Toronto 1975
Langner, Th. S. / Michael, St. T.: Life Stress and Mental Health. London 1963
Laplanche, J. / Pontalis, J.-B.: Das Vokabular der Psychoanalyse, Band 1, Band 2. Frankfurt (M.) 1973
Lassahn, R.: Einführung in die Pädagogik. Stuttgart 1976[2]
Lattke, H.: Soziale Arbeit und Erziehung. Freiburg (i. Br.) 1955
Lattke, H.: Sozialpädagogische Gruppenarbeit. Freiburg (i. Br.) 1952
Laturner, S. / Schön, B. (Hrsg.): Jugendarbeitslosigkeit. Materialien und Analysen zu einem neuen Problem. Reinbek 1976[4]
Laubenthal, F.: Sucht und Mißbrauch. Ein kurzgefaßtes Handbuch für Ärzte, Juristen, Pädagogen. Stuttgart 1964

Laucken, U. / Schick, A.: Einführung in das Studium der Psychologie. Stuttgart 1971
Laucken, U.: Naive Verhaltenstheorie. Stuttgart 1974
Lauer, R. H. / Handel, W. H.: Social psychology. The theory and application of symbolic interactionism. Boston 1977
Laufer, H.: Der sozialisierte Mensch. Stuttgart 1977
Launer, J. (Hrsg.): Kollektiverziehung im Kindergarten. Berlin 1962
Lautmann, R.: Wert und Norm. Begriffsanalysen für die Soziologie. Opladen 1971
Lawton, D.: Social class, language and education. London 1968
Lazarus, A.: Angewandte Verhaltenstherapie. Stuttgart 1976
Leber, S.: Die Sozialgestalt der Waldorfschule. Stuttgart 1974
Leclaire, S.: Der psychoanalytische Prozeß. Ein Versuch über das Unbewußte und den Aufbau einer buchstäblichen Ordnung. Olten/Freiburg 1971
Lederer, E.: State of the masses. New York 1967
Lefebvre, V. A.: The structure of awareness. Beverly Hills/London 1977
Legewie, H. / Ehlers, W.: Knaurs moderne Psychologie. München/Zürich 1978
Le Guen, C.: L'Oedipe originaire. Paris 1974
Lehmann, J. (Hrsg.): Simulations- und Planspiele in der Schule. Bad Homburg 1977
Lehmann, H. / Protele, G. (Hrsg.): Simulationsspiele in der Erziehung. Weinheim/Basel 1976
Leiber, B. /Olbrich, G.: Wörterbuch der klinischen Syndrome. München/Berlin 1957
Leinenbach, I. / Helstin, E.: Aufgaben und Probleme der Einzelfallhilfe. Stuttgart 1975
Leinfellner, W.: Die Entstehung der Theorie. Eine Analyse des kritischen Denkens in der Antike. Freiburg/München 1966
Leisinger, F.: Elemente des neusprachlichen Unterrichts. Stuttgart 1971
Leist, M.: Neue Wege der geschlechtlichen Erziehung. München 1970
Leitenberg, H.: Handbook of behavior modification and behavior therapy. Englewood Cliffs/N. J. 1976
Lempert, W. / Franzke, R. Die Berufserziehung. München 1976
Lempp, R.: Lernerfolg und Schulversagen. München 1971
Lempp, R.: Frühkindliche Hirnschädigung und Neurose. Bern/Stuttgart 1972
Lempp, R.: Eine Pathologie der psychischen Entwicklung. Bern/Stuttgart 1972
Lempp, R.: Psychosen im Kindes- und Jugendalter, eine Störung des Realitätsbezuges. Bern/Stuttgart 1973
Lenhart, V. (Hrsg.): Demokratisierung der Schule. Frankfurt (M.) 1972
Lenné, R.: Notsignal Neurose. Neues Verständnis und moderne Therapie. München 1978
Lenneberg, E. H.: Biologische Grundlagen der Sprache. Frankfurt (M.) 1972
Lenz, W. / Kellner, H.: Die körperliche Akzeleration. München 1965
Leonhard, K.: Kinderneurosen und Kinderpersönlichkeiten. Berlin 1965[2]
Leont'ev, A. N.: Tätigkeit Bewußtsein, Persönlichkeit. Stuttgart 1977
Lerg, W. B.: Das Gespräch. Theorie und Praxis der unvermittelten Kommunikation. Düsseldorf 1970
Lersch, Ph.: Aufbau der Person. München 1962
Lester, D.: A physiological basis for personality traits. A new theory of personality. Springfield (Ill.) 1974
Levi, L. / Andersson L.: Psychological Stress: Population, Environment and Quality of Life. New York 1975
Le Vine, R. A.: Culture, behavior and personality. London 1973
Levine, R. P.: Genetik. München 1966
Levitt, E.: Die Psychologie der Angst. Stuttgart 1971
Levy, L. H.: Conceptions of personality. Theories and research. New York 1970
Lewin, K.: Prinicples of topological psychology. New York 1936
Lewin, K.: Die Lösung sozialer Konflikte. Bad Nauheim 1953
Lewin, K.: Feldtheorie in den Sozialwissenschaften. Bern/Stuttgart 1963

Lichtheim, G.: Das Konzept der Ideologie. Frankfurt (M.) 1973
Lidz, Th.: The person. His and her development troughout of life cycle. New York 1976
Liebel, H. / Swoboda, H.: Jugendwohnkollektive. München 1972
Lieber, H.-J.: Ideologie, Wissenschaft, Gesellschaft. Darmstadt 1976
Liebermann, D. A.: Learning and the control of behavior. Some principles, theories and applications of classical and operant conditioning. New York 1974
Liegle, L.: Familie und Kollektiv im Kibbutz. Weinheim/Basel 1977[4]
Lienert, G. A.: Testaufbau und Testanalyse. Weinheim/Basel 1969[3]
Lindemann, H.: Anti-Streß-Programm. München 1974
Lindemann, H.: Überleben im Streß. Autogenes Training. München 1977
Lindenberg, Chr.: Waldorfschulen, angstfrei lernen, selbstbewußt handeln. Praxis eines verkannten Schulmodells. Reinbek 1975
Lindesmith, A. R. / Strauss, A.: Symbolische Bedingungen der Sozialisation. Eine Sozialpsychologie. 2 Bde. Düsseldorf 1974/1975
Lindgren, H. C.: Einführung in die Sozialpsychologie. Weinheim/Basel 1974[2]
Link, J.: Theorie der Gesellschaft. Starnberg 1973
Linschoten, J.: Erziehungshilfe für Problemkinder. München/Basel 1970
Linton, R.: Gesellschaft, Kultur und Individuum. Frankfurt (M.) 1974
Lions-Informationsblatt 2: Die ersten Jahre entscheiden. Beiträge zum Thema Kind, Familie, Gesellschaft. Wiesbaden 1975
Lißmann, U.: Schulleistung und Schulangst. Weinheim/Basel 1976
Lisop, J. / Seubert, R. / Markert, W.: Berufs- und Wirtschaftspädagogik. Kronberg 1976
Liungman, C. G.: Der Intelligenzkult. Eine Kritik des Intelligenzbegriffs und der IQ-Messung. Reinbek 1973
Lobner, M. R.: Zur Grundlegung der Friedenserziehung. München 1970
Loch, W. (Hrsg.): Die Krankheitslehre der Psychoanalyse. Stuttgart 1967
Lochner, H.: Methodik des kaufmännisch-wirtschaftlichen Unterrichts. München 1964
Löbel, G. / Müller, P. / Schmid, H.: Lexikon der Datenverarbeitung. München 1969[5]
Loehlin, J. C. / Nichols, R. C.: Heredity, environment, personality: a study of 850 sets of twins. Austin/London 1976
Löschenkohl, E.: Über den prognostischen Wert von Schulreifetests. Stuttgart 1975
Loevinger, J.: Ego development. San Francisco 1976
Löw, K.: Die Grundrechte. Dokumentation. München 1977
Löwe, H.: Probleme des Leistungsversagens in der Schule. Berlin 1971
Löwisch, D.-J.: Erziehung und Kritische Theorie. München 1974
Loftus, G. R. / Loftus, E. F.: Human memory. Hillsdale/New York 1976
Lohmann, J. / Minsel, B. (Hrsg.): Störungen im Schulalltag. München 1978
Lohrer, K.: Gedanken zur Didaktik und Methode der Lehrerfortbildung in Bayern. In: Welt der Schule. Zeitschrift für das Kollegium. München 1976
Lohrer, K.: Verfassungsauftrag und Curriculum: Achtung vor der Würde des Menschen, in: Blätter für Lehrerfortbildung 30. Jg./Heft 7/8. München 1978
Lompscher, J. (Hrsg.): Sowjetische Beiträge zur Lerntheorie. Die Schule von P. J. Galperin. Köln 1973
Lorenz, K.: Über tierisches und menschliches Verhalten. Vom Weltbild des Verhaltensforschers. München 1974
Lorenzer, A.: Zur Begründung einer materialistischen Sozialisationstherapie. Frankfurt (M.) 1973
Loth, H.: Interventionen. Zur imperialistischen Interventionspolitik der Gegenwart. Berlin 1966
Louis, B.: Unterrichtliche Friktionen. In: Lehrer- und Schülerverhalten in wechselseitiger Bezogenheit. Sammelband. Donauwörth 1976
Lübbe, H.: Bewußtsein in Geschichten. Studien zur Phänomenologie der Subjektivität. Freiburg 1972
Lückert, H.-R.: Handbuch der Erziehungsberatung. München/Basel 1964

Lüderssen, K. / Sack, F. (Hrsg.): Seminar: Abweichendes Verhalten. Bd. 1: Die Selektiven Normen der Gesellschaft. Bd. 2: Die gesellschaftliche Reaktion auf Kriminalität. Frankfurt (M.) 1975
Lüdtke, H.: Jugendliche in organisierter Freizeit. Weinheim 1972
Lüer, G.: Gesetzmäßige Denkabläufe beim Problemlösen. Weinheim/Basel 1973
Luft, J.: Einführung in die Gruppendynamik. Stuttgart 1972
Luhmann, N.: Macht. Stuttgart 1975
Lukas, H. (Hrsg.): Sozialpädagogik, Sozialarbeit. Eine Einführung. Zur Praxis, Forschung und Theorie. Berlin 1977
Lukesch, H.: Erziehungsstile. Pädagogische und psychologische Konzepte. Stuttgart 1975
Lukesch, H.: Auswirkungen elterlicher Erziehungsstile. Göttingen 1975
Lukesch, H.: Elterliche Erziehungsstile. Psychologische und soziologische Bedingungen. Stuttgart 1976
Lundin, R. W.: Personality. A behavioral analysis. New York 1969
Lunzer, E. A. / Morris J. F. (Hrsg.): Entwicklung und Lernen. Stuttgart 1972
Lunzer, F. A. (Hrsg.): Gesetze des Verhaltens. Stuttgart 1974
Luria, A. R.: Higher cortical functions in man. New York 1966
Luria, A. R.: Traumatic aphasia. Den Haag 1970
Lutz, M. / Ronellenfitsch, W.: Gruppendynamisches Training in der Lehrerbildung. Ulm 1973

MacClelland, D. C.: Power. The inner experience. New York 1975
MacIntyre, A. C.: Das Unbewußte. Eine Begriffsanalyse. Frankfurt (M.) 1968
MacMillan, D. L.: Verhaltensmodifikation. Eine Einführung für Lehrer und Erzieher. München 1975
Mader, W. / Weymann, A.: Erwachsenenbildung. Bad Heilbrunn (Obb.) 1975
Madison, P.: Freud's concept of repression and defense, its theoretical and observational language. Minneapolis 1961
Mager, R. F.: Motivation und Lernerfolg. Weinheim 1970, 1977[7]
Mager, R. R.: Lernziele und Unterricht. Weinheim/Basel 1977
Magmer, E. /Ipfling, H. J.: Strafe und soziale Schicht. In: Scientia Paedagogica Experimentalis. Genf 1973
Mahler, M. S. / Pine, F. / Bergman, A.: The psychological birth of the human infant. Symbiosis and individuation. London 1975
Maier, H. / Zöller, M. (Hrsg.): Die andere Bildungskatastrophe. Hochschulgesetz statt Hochschulreform. Köln 1970
Maier, H.: Zwischenrufe zur Bildungspolitik. Osnabrück 1973[2]
Maier, H.: Die Grundrechte des Menschen im modernen Staat. Osnabrück 1973
Maier, H.: Die Zukunft unserer Bildung. Köln 1976
Maier, H.: Anstöße. Stuttgart 1978
Maier-Diewald, J.: Jugendkriminalität und Jugendschutz. München 1966
Maisonneuve, G.: Gruppendynamik. Stuttgart 1974
Makarenko, A. S.: Pädagogische Texte. Paderborn 1976
Male, P.: Psychotherapie bei Jugendlichen. München 1976
Maletzke, G.: Psychologie der Massenkommunikation. Theorie und Systematik. Hamburg 1963
Maletzke, G.: Einführung in die Massenkommunikationsforschung. Berlin 1975
Maletzke, G.: Ziele und Wirkungen der Massenkommunikation. Hamburg 1976
Malewski, A.: Verhalten und Interaktion. Tübingen 1967
Malmquist, E. / Valtin, R.: Förderung legasthenischer Kinder in der Schule. Weinheim/Basel 1974
Maloney, M. P. /Ward, M. P.: Psychological assessment. A conceptual approach. New York 1976

Mandel, A. u. a.: Einübung in Partnerschaft durch Kommunikationstherapie und Verhaltenstherapie. München 1971
Mandel, E. / Novack, G.: The Marxist theory of alienation. New York 1973
Mandl, H.: Kompendium deutschsprachiger Schulreifetests. München 1970
Mandler, G.: Mind and emotion. New York 1975
Manis, J. G. / Meltzer, B. N.: Symbolic interactionism. A reader in social psychology. Boston 1978
Mann, I.: Schlechte Schüler gibt es nicht. Initiativen für die Grundschule. München 1977
Mann, R. u. a.: The college classroom. Conflict, change, and learning. New York 1970
Mannheim, K. / Stewart, W. A. C.: Einführung in die Soziologie der Erziehung. Düsseldorf 1973
Mannschatz, E.: Entwurf zu einer Methodik der Kollektiverziehung. Berlin 1960
Mansfield, J. M.: Selfscape. London 1975
Marburger Autorenkollektiv: Leitfaden für die Tutorenarbeit. Didaktische Materialien für die Arbeit in studentischen Kleingruppen. Hamburg 1977
Marcuse, H.: Triebstruktur und Gesellschaft. Frankfurt (M.) 1965
Markefka, M.: Vorurteile, Minderheiten, Diskriminierungen. Neuwied/Berlin 1974
Marshall, W.: Immunologic psychology and psychiatry. University Alabama 1977
Martikke, H.-J.: Die Rehabilitation der Verhaltensgestörten. München/Basel 1978
Martin, B.: Psychopathologie. München 1976
Martin, L. R.: Bildungsberatung in der Schule. Bad Heilbrunn 1974
Marzahn, Chr. / Schütte, Chr. / Kamp, H.: Konflikt im Jugendhaus. Fortbildung für Sozialarbeiter, Sozialpädagogen, Lehrer. Arbeitsmaterialien und Handlungsmodelle. Reinbek 1975
Maschewsky, W.: Das Experiment in der Psychologie. Frankfurt (M.)/New York 1977
Maser, J. D. / Seligman, M. E. P. (Hrsg.): Psychopathology. Experimental models. San Francisco 1977
Maser, S.: Grundlagen der allgemeinen Kommunikationstheorie. Stuttgart 1971
Masserman, J. H.: Handbook of psychiatric therapies. New York 1972
Masserman, J. H. (Hrsg.): The Dynamics of power. New York/London 1972
Mastmann, H.: Differenzierung und Individualisierung in der Gesamtschule. Erwartungen, Erfahrungen, Möglichkeiten. Schwalbach 1971
Mauermann, L. / Weber, E. (Hrsg.): Der Erziehungsauftrag der Schule. Donauwörth 1978
Maurer, B. / Lockfisch, A.: Wer interessiert sich für den Hort? In: Kindergarten heute 1/1979
Mayer, A. / Herwig B. (Hrsg.): Betriebspsychologie. Handbuch der Psychologie. Göttingen 1970
McCall, G. J. /Simmons, J. L.: Identität und Interaktion. Düsseldorf 1974
McCollough, C. / Atta, L. van: Statistik programmiert. Weinheim/Basel 1974[4]
McChie, A.: Psychology as Applied to Nursing. Edinburgh/London/New York 1973[6]
McGinnies, F. / Ferster, C. B.: The reinforcement of social behavior. Boston 1971
McGuigan, F. J. / Lumsden, D. B. (Hrsg.): Contemporary Approaches to conditioning and learning. Washington 1973
McGuigan, F. J. / Schoonover, R. A. (Hrsg.): The Psychophysiology of thinking. New York/London 1973
McKusick, V. A.: Humangenetik. Stuttgart 1968
McLeish, J. / Matheson, W. / Park, J.: Lernprozesse in Gruppen. Ulm 1975
McMahon, F. B.: Abnormal behavior. Englewood Cliffs/N. J. 1976
McQuail, D.: Soziologie der Massenkommunikation. Berlin 1973
Mead, G. H.: Geist, Identität und Gesellschaft aus der Sicht des Sozialbehaviorismus. Frankfurt (M.) 1968
Mead, G. H.: Philosophie der Sozialität. Theorie 1. Frankfurt (M.) 1969
Medawar, P. B.: Die Einmaligkeit des Individuums. Frankfurt (M.) 1969
Mednick, S. A. / Pollio, H. R. / Loftus, E. F.: Psychologie des Lernens. München 1977

Meili, R.: Lehrbuch der psychologischen Diagnostik. Bern 1965[5]
Meinefeld, W.: Einstellung und soziales Handeln. Reinbek 1977
Meinhold, M. / Hollstein, W.: Erziehung und Veränderung. Entwurf einer handlungsbezogenen Sozialisationstheorie. Neuwied/Darmstadt 1975
Meissner, K.: Erwachsenenbildung als kulturelle Aufgabe. Braunschweig 1976
Meißner, O. / Zöpfl, H. (Hrsg.): Handbuch der Unterrichtspraxis. 3 Bde. München 1973
Meister, H.: Förderung schulischer Lernmotivation. Düsseldorf 1977
Melsen, A. G. van: Evolution and philosophy. Pittsburgh/Pa. 1965
Meltzer, B. N. / Petras, J. W. / Reynolds, L. Th.: Symbolic interactionism. Genesis, varieties and criticism. London/Boston 1975
Melzer, G.: Sozialisation in der Schule. Freiburg 1976
Meng, H.: Pädagogik und Psychoanalyse. In: Handbuch der Kinderpsychotherapie. Hrsg. von Gerd Biermann. München 1969, Bd. I.
Menges, G.: Stichproben aus endlichen Gesamtheiten. Theorie und Technik. Frankfurt (M.) 1959
Menke-Glückert, P.: Der Medienmarkt im Umbruch. Frankfurt (M.) 1978
Mensing, K.-M. / Ubbens, W.: Literaturverzeichnis Massenkommunikation. (Mit einer Auswahlbibliographie zum Thema Bildungstechnologie.) Berlin 1975
Mercier, A. (Hrsg.): Aggression und Toleranz. Wesen und Unwesen schulischen Verhaltens. Bern/Frankfurt (M.) 1977
Merkle, S.: Die innere Differenzierung des Unterrichts in der Grundschule. Donauwörth 1972
Merkle, S.: Theorie und Praxis der inneren Differenzierung in der Hauptschule. Donauwörth 1973
Merten, K.: Kommunikation. Eine Begriffs- und Prozeßanalyse. Opladen 1977
Mertens, W.: Erziehung zur Konfliktfähigkeit. München 1974
Mertens, W.: Sozialpsychologie des Experiments. Hamburg 1975
Mertens, W. / Fuchs, G.: Krise der Sozialpsychologie? München 1978
Merton, R. K.: The self-fulfilling prophecy. In: Autioch Review 1948
Merzbach, U.: Verhaltensmodifikation in einer Gruppe verhaltensauffälliger Kinder. Dortmund 1975
Messer, A. / Schneider, J. / Spiering, Th.: Planungsaufgabe Unterricht. Workshop Schulpädagogik. Ravensburg 1974
Metraux, A. / Graumann, C. F.: Versuche über Erfahrung. Bern/Stuttgart 1975
Metzger, J.: ABC der Kinderbücher. Berlin 1971
Metzger, W.: Psychologie in der Erziehung. Bochum 1976[3]
Metzger, W.: Vom Vorurteil zur Toleranz. Darmstadt 1976
Meves, Chr.: Mut zum Erziehen. Erfahrungen aus der psychagogischen Praxis. Hamburg 1970
Meves, Chr.: Verhaltensstörungen bei Kindern. München 1971
Meyer, E. (Hrsg.): Gruppenpädagogik zwischen Moskau und New York. Heidelberg 1972
Meyer, E.: Unterrichtsvorbereitung in Beispielen. Bochum 1973[16]
Meyer, E. (Hrsg.): Handbuch Gruppenpädagogik und Gruppendynamik. Heidelberg 1977
Meyer, E. (Hrsg.): Angstbewältigung als pädagogische Aufgabe. Wien 1977
Meyer, F.: Demokratie in der Schule. (Aktuelle Dokumente, Anthologie). Berlin/New York 1973
Meyer, G.: Kybernetik und Unterrichtsprozeß. Berlin 1966
Meyer, H.: Minderwertigkeitskomplex. München 1932
Meyer, H. L.: Einführung in die Curriculum-Methodologie. München 1972
Meyer, P.: Taschenlexikon der Verhaltenskunde. Paderborn 1976
Meyer, V. / Chesser, E. S.: Verhaltenstherapie in der klinischen Psychiatrie. Stuttgart 1971

Meyer, W.-U.: Leistungsmotiv und Ursachenerklärung von Erfolg und Mißerfolg. Stuttgart 1973
Meyer-Althoff, M.: Tutorentätigkeit und Tutorenausbildung. Hamburg 1974
Meyer-Eppler, W.: Grundlagen und Anwendungen der Informationstheorie. Berlin 1969[2]
Michel, L.: Allgemeine Grundlagen psychometrischer Tests. In: Heiß, R. (Hrsg.): Handbuch der Psychologie, Band 6. Göttingen 1964
Mierke, K.: Wille und Leistung. Göttingen 1955
Mierke, K.: Konzentrationsfähigkeit und Konzentrationsschwäche. Bern/Stuttgart 1957
Mierke, K.: Begabung, Bildung, Bildsamkeit. Bern/Stuttgart 1973
Mieskes, H.: Spielmittel recht verstanden, richtig gewählt, gut genutzt. Augsburg 1974
Mietzel, G.: Pädagogische Psychologie. Göttingen 1975[2]
Miller, D. C.: Handbook of research design and social measurement. New York 1970
Miller, G. A. / Galanter, R. / Pribram, K. A.: Plans and the structure of behavior. London 1970
Miller, G. A. / Galanter, E. / Pribram, K. A.: Strategien des Handelns. Pläne und Strukturen des Verhaltens. Stuttgart 1973
Miller, G. A.: Psychology – The Science of Mental Life. London 1975[9]
Mills, Th. M.: Soziologie der Gruppe. München 1974[4]
Miles, M. B.: Learning to work in groups. New York 1965
Minsel, W.-R. / Kaatz, S. / Minsel, B.: Lehrerverhalten I und II. München 1976
Minsel, B. /Roth, K.: Soziale Interaktion in der Schule. München 1978
Minsel, W.-R.: Theorie und Praxis der Gesprächspsychotherapie. Wien 1974
Mitscherlich, A.: Auf dem Weg zur vaterlosen Gesellschaft. München 1963
Mitscherlich, A.: Massenpsychologie ohne Ressentiment. Frankfurt (M.) 1972
Mittelstrass, J.: Das praktische Fundament der Wissenschaft und die Aufgaben der Philosophie. Konstanz 1972
Mittelstraß, J. (Hrsg.): Methodologische Probleme einer normativ-kritischen Gesellschaftstheorie. Frankfurt (M.) 1975
Mittenecker, E.: Planung und statistische Auswertung von Experimenten. Wien 1958
Möhlig, K.: Die Intuition. Eine Untersuchung der Quellen unseres Wissens. Wuppertal/ Vohwinkel 1965
Möller, B.: Analytische Unterrichtsmodelle. München 1966
Möller, H.: Was ist Didaktik? Kamps pädagogische Taschenbücher. Bochum 1971[9]
Moeller-Andresen, U.: Das erste Schuljahr. Unterrichtsmodelle. Stuttgart 1974[2]
Mollenhauer, K. / Müller, C. W.: „Führung" und „Beratung" in pädagogischer Sicht. Heidelberg 1965
Mollenhauer, K.: Erziehung und Emanzipation. München 1968
Mollenhauer, K.: Familienerziehung in: Wörterbuch der Erziehung. München 1974
Mollenhauer, K. /Brumlik, M. / Wudtke, H.: Die Familienerziehung. München 1975
Mollenhauer, K.: Theorien zum Erziehungsprozeß. München 1976[3]
Mollenhauer, K · Einführung in die Sozialpädagogik. Weinheim/Basel 1968[4], 1976[6]
Mollenhauer, K. / Rittelmeyer, Chr.: Methoden der Erziehungswissenschaft. Munchen 1977
Montagu, A.: Culture and human development. Englewood Cliffs/N. J. 1974
Montessori, M.: Frieden und Erziehung. Freiburg 1973
Montpellier, G. de: Qu'est – ce que l'intelligence? Bruxelles 1977
Monzel, N.: Christlicher Glaube und weltanschaulicher Pluralismus. Köln/Bonn 1974
Moog, W. / Moog, E. S.: Die entwicklungspsychologische Bedeutung von Umweltbedingungen im Säuglings- und Kleinkindalter. Berlin 1973
Moore, J. M.: Law and civil war in the modern world. Baltimore/London 1974
Moreno, J. L. (Hrsg.): Group Psychotherapy. Journal of sociopsychopathology and sociatry. 1951
Moreno, J. L.: Gruppenpsychotherapie und Psychodrama. Stuttgart 1959

Moreno, J. L.: Die Grundlagen der Soziometrie. Köln/Opladen 1967
Morris, J. F. / Lunzer, E. A. (Hrsg.): Das Lernen in der Schule. Stuttgart 1972
Morris, Ch. W.: Zeichen, Sprache und Verhalten. Düsseldorf 1973
Morris, D.: Der nackte Affe. München/Zürich 1970
Morris, D.: Der Mensch, mit dem wir leben. Ein Handbuch unseres Verhaltens. München/Zürich 1978
Morrison, D. E. / Henkel, R. E.: The significance test controversy. A reader. Chicago 1970
Morrow, W. R. / Wilson, R. C.: Family Relations of Bright High-Achieving and Under-Achieving High-School Boys. 1961
Mortimore, G.: Weakness of will. London 1971
Moser, B.: Die Sache mit dem Schicksal. 16 Kapitel, das Leben besser zu verstehen. München 1976
Moser, T. / Künzel, E.: Gespräche mit Eingeschlossenen. Gruppenprotokolle aus einer Jugendstrafanstalt. Frankfurt 1970
Moser, T.: Jugendkriminalität und Gesellschaftsstruktur. Frankfurt (M.) 1976
Mucchielli, R.: Das nicht-direktive Beratungsgespräch. Salzburg o. J.
Muchow, H.-H.: Flegeljahre. Beiträge zur Psychologie und Pädagogik der Vorpubertät. Ravensburg 1950
Mühlfeld, C.: Familiensoziologie. Hamburg 1976
Müller, Chr. (Hrsg.): Lexikon der Psychiatrie. Berlin 1973
Müller, C. W. (Hrsg.): Gruppenpädagogik. Auswahl aus Schriften und Dokumenten. Weinheim 1970
Müller, C. W. (Hrsg.): Sozialpädagogische Arbeitsplätze. 8 Beispiele von Diplompädagogen im Beruf. Weinheim/Basel 1977
Müller, H.: Schulkinder unter Streß. Basel/München 1976
Müller, H.: Sozialisation und Individualität. München 1977
Müller, H.: Sozialpsychologie. Zugänge, Brennpunkte, Aufgaben. München 1977
Müller, M.: Erfahrung und Geschichte. Grundzüge einer Philosophie der Freiheit als transzendentale Erfahrung. Freiburg/München 1971
Müller, M.: Philosophische Anthropologie. Hrsg. von W. Vossenkuhl. Freiburg/München 1974
Müller, R. G. F.: Verhaltensstörungen bei Schulkindern. München/Basel 1976
Müller, P.: Leseschwäche, Leseversagen, Legasthenie. Bd. 1 und 2. Weinheim/Basel 1974
Müller, R.: Gruppenarbeit mit Vorschulkindern. Therapeutische Hilfen und kompensatorische Erziehung. Tübingen 1976
Müller-Armack, A.: Religion und Wirtschaft. Geistesgeschichtliche Hintergründe unserer europäischen Lebensform. Stuttgart 1959
Müller-Bader, P.: Betriebspsychologie. München 1977
Müller-Freienfels: Gedächtnisschulung. 1941[4]
Münch, R.: Gesellschaftstheorie und Ideologiekritik. Hamburg 1973
Mulaik, St. A.: The foundations of factor analysis. New York/Düsseldorf 1972
Munitz, M. K.: Identity and individuation. New York 1971
Murdock, B. B.: Human memory. Theory and data. Potomac/New York 1974
Murken, J.-D.: The XYY-Syndrome and Klinefelter's syndrome. Stuttgart 1973
Murphy, G.: An Introduction to Psychology. New York 1951
Murphy, J.: Die Macht Ihres Unterbewußtseins. München 1973
Musgrave, P. W.: The sociology of education. London 1972
Musgrave, F.: Ecstasy and holiness. Counter culture and the open society. London 1974
Muss, B.: Gestörte Sozialisation. Psychoanalytische Grundlagen therapeutischer Heimerziehung. München 1975[2]
Mussen, P.: Einführung in die Entwicklungspsychologie. München 1974
Mussen, P. H. / Conger, J. J. / Kagan, J.: Lehrbuch der Kinderpsychologie. Stuttgart 1976

Muth, J. (Hrsg.): Der Sachunterricht und das Grundschulpaket. Ein Handbuch für den optimalen Einsatz von Geräten, Materialien und weiteren Medien. Düsseldorf 1974
Muuss, R. E.: Adoleszenz. Stuttgart 1971
Nähring, H.: Friedenserziehung. Hamburg 1977
Nagera, H.: Basic psychoanalytic concepts on the libido theory. London 1969
Nagera, H.: Female sexuality and the Oedipus complex. New York 1975
Nahrstedt, W.: Freizeitpädagogik in der nachindustriellen Gesellschaft. 2 Bde. Neuwied 1974
Natorp, P.: Sozialpädagogik. Paderborn 1974
Nave-Herz, R / Hurrelmann, K, / Weber, A. / Mollenhauer, K. / Götz, B. /Frister, E. / Steinkamp, G.: Freiheit und Zwang der Lehrerrolle. Hannover 1975
Neber, H. (Hrsg.): Entdeckendes Lernen. Weinheim/Basel 1975[2]
Neidhardt, F.: Schichtspezifische Elterneinflüsse im Sozialisationsprozeß. In: Wurzbacher, G. (Hrsg.): Die Familie als Sozialisationsfaktor. 1968
Neidhardt, F.: Die Familie in Deutschland. Gesellschaftliche Stellung, Struktur und Funktionen. in: Struktur und Wandel der Gesellschaft. Opladen 1971[3]
Neidhardt, F. (Hrsg.): Frühkindliche Sozialisation. Stuttgart 1975
Neidhardt, P.: Informationstheorie und automatische Informationsverarbeitung. Stuttgart 1964
Neill, A. S.: Theorie und Praxis der antiautoritären Erziehung. Reinbek 1969
Neisser, U.: Cognitive Psychology. New York 1967
Nell-Breuning, O. von / Prinz, F.: Hilfreicher Beistand. Das Subsidiaritätsprinzip. München 1961
Neubauer, W. F.: Selbstkonzept und Identität im Kindes- und Jugendalter. München/ Basel 1976
Neuberger, O.: Organisation und Führung. Stuttgart 1977
Neuburger, E.: Kommunikation der Gruppe. Ein Beitrag zur Informationstheorie. München/Wien 1970
Neuhäusler, A.: Autorität, antiautoritär, humanitär. Erziehung zwischen den Extremen. München 1972
Neuhaus, I. S. / Adolphs, D.: Basiswissen Psychologie. Eine praxisbezogene Einführung mit Fallbeispielen. München 1975
Neumann, G. /Stiehl, H.: Unterricht als kommunikatives Handeln. Entwicklung eines themenzentrierten interaktionellen Beobachtungssystems zur Bestimmung der sozialen Relevanz von Unterrichtsarrangements. Hannover 1976
Neumann, U. / Schirmer, W. (Hrsg.): Kinder und Eltern brauchen Hilfe. Beiträge aus der psychagogischen Praxis. Göttingen 1964
Nickel, H. /Langhorst, E. (Hrsg.). Drennpunkte der pädagogischen Psychologie. Bern/Stuttgart 1973
Nickel, H.: Entwicklungsstand und Schulfähigkeit. München/Basel 1976
Nicklis, W. S.: Kybernetik und Erziehungswissenschaft. Bad Heilbrunn 1967
Nicklis, W. S.: Programmiertes Lernen. Bad Heilbrunn (Obb.) 1969
Nicklis, W. S. / Wehrmeyer, H.: Erziehungswissenschaftliche Forschungsmethoden. Bad Heilbrunn (Obb.) 1976
Niggemann, W.: Praxis der Erwachsenenbildung. Freiburg 1975
Nigon, V.: Vererbung. Stuttgart 1976
Nikles, B. / Weiß, J. (Hrsg.): Gesellschaft. Organismus, Totalität, System. Hamburg 1975
Nippert, R.: Quantifizierung der sozialen Realität. Düsseldorf 1972
Nissen, G.: Psychopathologie des Kindesalters. Darmstadt 1977
Norman, D. A.: Aufmerksamkeit und Gedächtnis. Weinheim/Basel 1973
North, M.: Mythos und Wirklichkeit der Psychotherapie. München/Berlin/Wien 1975
Novak, F. / Finster, H. / Schneider, K.-H.: Psychologie. München 1978
Novak, F. u. a.: Pädagogik. München 1978

Nowey, W.: Strukturmodelle zur allgemeinen und vorberuflichen Bildung. München 1978
Nunberg, H.: Allgemeine Neurosenlehre. Bern 1959
Nunnally, J. C.: Psychometric theory. New York 1967
O'Day, E. F.: Programmed instruction. Techniques and trends. New York 1971
Odenbach, K.: Studien zur Didaktik der Gegenwart. Braunschweig 1970
Odenbach, K.: Lexikon der Schulpädagogik. Braunschweig 1974
Oelkers, J.: Die Vermittlung zwischen Theorie und Praxis in der Pädagogik. München 1976
Oerter, R.: Struktur und Wandlung von Werthaltungen. München 1970
Oerter, R.: Psychologie des Denkens. Donauwörth 1974[4]
Oerter, R. / Weber, E.: Der Aspekt des Emotionalen in Unterricht und Erziehung. Donauwörth 1975[2]
Oerter, R.: Moderne Entwicklungspsychologie. Donauwörth 1976[16]
Oerter, R.: Entwicklung und Sozialisation. Donauwörth 1977
Oevermann, U.: Sprache und soziale Herkunft. Frankfurt 1972
Oldendorff, A.: Sozialpsychologie im Industriebetrieb. Köln 1970
Olechowski, R.: Das Sprachlabor. Theorie, Methoden, Effektivität. Wien/Freiburg 1970
Opaschowski, H. W. (Hrsg.): Freizeitpädagogik in der Leistungsgesellschaft. Bad Heilbrunn (Obb.) 1973
Opaschowski, H. W.: Pädagogik der Freizeit. Grundlegung für Wissenschaft und Praxis. Bad Heilbrunn (Obb.) 1976
Opaschowski, H. W.: Freizeitforschung. In: Deutsche Universitätszeitung, Heft 7. Bonn/Bad Godesberg 1977
Opitz, E.: Verwahrlosung im Kindesalter. Göttingen 1959
Opp, K.-D.: Abweichendes Verhalten und Gesellschaftsstruktur. Neuwied 1974
Opp, K.-D.: Methodologie der Sozialwissenschaften. Hamburg 1976
Oppolzer, S. (Hrsg.): Denkformen und Forschungsmethoden der Erziehungswissenschaft. 2 Bde. München 1974
Oraison, M.: Überwindung der Angst. Frankfurt (M.) 1973
Orban, P.: Subjektivität. Über die Produktion von Subjektivität und den Prozeß ihrer Zerstörung. Wiesbaden 1976
Orme, J. F.: Einführung in die klinische und abnormale Psychologie. Köln 1975
Ornstein, R. E.: Die Psychologie des Bewußtseins. Köln 1974
Ortega y Gasset, J.: Der Aufstand der Massen. Reinbek 1962
Orthmann, W.: Zur Struktur der Sprachgeschädigtenpädagogik. Berlin 1969
Ortner, R.: Lernbehinderungen und Lernstörungen bei Grundschulkindern. Donauwörth 1977
Osdol, B. / Perryman, P.: Special education, A new look. New York 1974
Oser, F.: Das Gewissen lernen. Olten/Freiburg 1976
Ostermann, Ä. / Nicklas, H.: Vorurteile und Feindbilder. München 1976
Ostertag, H. P. / Spiering, T.: Unterrichtsmedien. Technologie und Didaktik. Ravensburg 1975
Ott, H.: Fürsorgeerziehung unter besonderer Berücksichtigung des Raumes Nürnberg. Nürnberg 1956
Ott, H.: Schwererziehbarkeit – Verwahrlosung – Kriminalität. In: Wirtschaft und Erziehung – Monatsschrift des Verbandes Deutscher Diplom-Handelslehrer, Nr. 9. Wolfenbüttel 1962
Ott, H.: Grammatik im Englischunterricht an Berufsaufbauschulen (BAS). In: Winklers Flügelstift. Darmstadt 1965
Ott, H.: Betriebsbesichtigung durch eine Schulklasse. In: Winklers Flügelstift. Darmstadt 1966

Ott, H.: Das Sprachlabor im Zweiten Bildungsgang. In: Das Sprachlabor in der Unterrichtspraxis. Freiburg (i. Br.) 1967
Ott, H.: Arbeitsprogramm der Akademie für Lehrerfortbildung. In: Schulreport 4. München 1971
Ott, H.: Lehrerfort- und Lehrerweiterbildung. In: Das Kaufmännische Bildungswesen in Bayern (Siekaup, W.) Rinteln/München 1972
Ott, H.: Dillinger Zwischenbilanz. In: Schulreport 4. München 1973
Ott, H.: Berufliches Schulwesen. In: Lexikon zur Arbeits- und Soziallehre. Donauwörth 1976
Ott, H.: Zur Programmierung von Laborübungen. In: Das Sprachlabor in der Unterrichtspraxis. Freiburg (i. Br.) 1967
Otto, G.: Das Projekt. Merkmale und Realisierungsschwierigkeiten einer Lehr-Lern-Form. In: Frey, K. / Blänsdorf, K. (Hrsg.): Integriertes Curriculum Naturwissenschaft der Sekundarstufe I: Projekte und Innovationsstrategien. Weinheim 1974
Otto, H. / Schneider, S.: Gesellschaftliche Perspektiven der Sozialarbeit. 2 Bde. Neuwied 1975[3]

Paedagogica Europaea VIII, 1973: Schülerberatung und Schülerbeurteilung im europäischen Erziehungswesen. Braunschweig 1973
Paedagogica Europaea. 9,2: Compensatory Education. L'enseignement compensatoire. Kompensatorische Erziehung. Hertogenbosch/Braunschweig 1974
Paffrath, F. H.: Das Ende der antiautoritären Erziehung? Eine Konfrontation mit der Schulwirklichkeit. Bad Heilbrunn (Obb.) 1972
Pannenberg, W.: Wissenschaftstheorie und Theologie. Frankfurt 1973
Parow, E.: Die Dialektik des symbolischen Austauschs. Versuch einer kritischen Interaktionstheorie. Frankfurt (M.) 1973
Parreren, C. F. van: Lernprozeß und Lernerfolg. Braunschweig 1972
Parsons, T.: Beiträge zur soziologischen Theorie. Neuwied/Berlin 1964
Parsons, T.: Sozialstruktur und Persönlichkeit. Frankfurt (M.) 1968
Parsons, T.: Gesellschaften. Evolutionäre und komparative Perspektiven. Frankfurt (M.) 1975
Pask, G.: Conversation, cognition and learning. A cybernetic theory and methology. Amsterdam 1975
Patterson, G. R.: Behavioral Intervention Procedures in the Classroom and in the Home. London 1971
Patterson, G.: Soziales Lernen in der Familie. Psychologische Hilfen für Eltern und Kinder. München 1975
Pauli, R. / Arnold. W.: Psychologisches Praktikum, Band 2. Stuttgart 1972[7]
Pawlow, I. P.: Conditioned Reflexex. London 1927
Pausewang, E.: 100 Spiele zur Förderung der Kreativität im Vorschulalter. München 1975
Payne, D. A. / McMoris, R. F.: Educational and psychological measurement. Morristown/N. J. 1975
Peege, J.: Das wirtschaftspädagogische Studienseminar. Darmstadt 1967
Peirce, Ch. S.: Collected papers I–VI. Cambridge, Mass. 1931–1935
Penland, P. R.: Communication science and technology. New York 1974
Pepinsky, H. B. / Patton, M. J.: The psychological Experiment. A practical acomplishment. New York/Braunschweig 1971
Perls, F. S.: Ego, hunger and aggression. The beginning of Gestalt therapy. New York 1969
Perls, F. S. / Hefferline, R. F. / Goodman, P.: Gestalt therapy. Excitement and growth in the human personality. London 1972
Perls, F. S.: The gestalt approach and Eye witness to therapy. Den Lomond (Calif.) 1973
Perls, F.: Gestalttherapie in Aktion. Stuttgart 1974

Perls, F. S.: Grundlagen der Gestalt-Therapie. Einführung und Sitzungsprotokolle. München 1976
Perrez, M. / Minsel, B. / Wimmer, H.: Elternverhaltenstraining. Salzburg 1974
Perroux, F.: Masse et classe. Paris 1972
Perry, J.: Personal identity. Berkeley 1975
Pervin, L. A.: Personality. Theory, assessment and research. New York 1975
Petermann, B.: Die Wertheimer-Koffka-Köhlersche Gestalttheorie und Gestaltproblem. Leipzig 1929
Petermann, F. / Schmook, C.: Grundlagentexte der klinischen Psychologie. Bd. 1. Bern/Stuttgart 1977
Peters, J.: Einführung in die allgemeine Informationstheorie. Berlin 1967
Petersen, J. / Erdmann, H. W.: Strukturen empirischer Forschungsprozesse. 2 Bde. Kastellaun 1976
Petersen, P.: Der Jena-Plan einer freien allgemeinen Volksschule. Langensalza 1927
Petersen, P.: Der Kleine Jena-Plan. Braunschweig 1952, 1972[53]
Peterßen, W. H.: Grundlagen und Praxis des lernzielorientierten Unterrichts. Ravensburg 1975[2]
Petter, G.: Die geistige Entwicklung des Kindes im Werk von Jean Piaget. Bern/Stuttgart 1966
Petrilowitsch, N.: Psychologie der abnormen Persönlichkeiten. Darmstadt 1968
Petzelt, A.: Der Begriff der Anschauung. Eine Untersuchung zur Theorie pädagogischen Verhaltens. Leipzig 1933
Petzelt, A.: Von der Frage, Eine Studie zum Begriff der Bildung. Freiburg 1957
Petzold, H. G.: Gestalttherapie und Psychodrama. Kassel 1973
Peukert, R.: Konformität. Erscheinungsformen, Ursachen, Wirkungen. Stuttgart 1975
Pfister, H. / Wolf, R.: Friedenspädagogik heute. Waldkirch 1972
Pflüger, P. M (Hrsg.): Tiefenpsychologie und Pädagogik. Kongreßbericht. Stuttgart 1977
Pfürtner, S.: Politik und Gewissen, Gewissen und Politik. Zürich/Köln 1976
Piaget, J.: Six études de psychologie. Genève 1964
Piaget, J.: Die Entwicklung des Erkennens. Stuttgart 1972
Piaget, J.: Urteil und Denkprozeß des Kindes. Düsseldorf 1972
Piaget, J.: Das moralische Urteil beim Kinde. Frankfurt (M.) 1973
Piaget, J. / Inhelder, B.: Gedächtnis und Intelligenz. Olten/Freiburg 1974
Piaget, J.: Biologische Anpassung und Psychologie der Intelligenz. Stuttgart 1975
Piaget, J.: Theorien und Methoden der modernen Erziehung. Wien/München 1975
Piaget, J.: Psychologie der Intelligenz. München 1976[6]
Piaget, J.: Probleme der Entwicklungspsychologie. Frankfurt (M.) 1976
Piaget, J.: Die Äguilibration der kognitiven Strukturen. Stuttgart 1976
Picard, M.: Die Atomisierung der Person. Hamburg 1958
Picht, G. / Huber, W.: Was heißt Friedensforschung? Stuttgart/München 1971
Picht, G. u. a.: Leitlinien der Erwachsenenbildung. Braunschweig 1972
Pietrowicz, B.: Auffällige Kinder. Bochum 1974[11]
Pincus, J. H. / Tucker, G. J.: Behavioral neurology. London 1974
Pinkert, E. Schulversagen und Verhaltensstörungen in der Leistungsgesellschaft. Neuwied/Berlin 1972
Piontkowski, U.: Interaktion und Wahrnehmung in Unterrichtsgruppen. Münster 1973
Piontkowski, U.: Psychologie der Interaktion. München 1976
Plake, K.: Familie und Schulanpassung. Düsseldorf 1975
Pleines, J.-E.: Bildung. Grundlegung und Kritik eines pädagogischen Begriffs. Heidelberg 1971
Pleiß, U.: Wirtschaftslehrerbildung und Wirtschaftspädagogik. Die wirtschaftspädagogische Disziplinenbildung an deutschsprachigen wissenschaftlichen Hochschulen. Göttingen 1973

Plesse, W.: Philosophische Probleme der ontogenetischen Entwicklung. Jena 1967
Ploeger, A.: Die therapeutische Gemeinschaft in der Psychotherapie und Sozialpsychiatrie. Stuttgart 1972
Ploog, D.: Kommunikation in Affengesellschaften und deren Bedeutung für die Verständigungsweisen des Menschen. In: Gadamer, H.-G. / Vogel, P.: Neue Anthropologie, Bd. 2, Biologische Anthropologie, 2. Teil. Stuttgart 1972
Ploog, D. / Gottwald, P.: Verhaltensforschung. Instinkt, Lernen, Hirnfunktion. München 1974
Pocztar, J.: The theory and practice of programmed instruction. A guide for teachers. Paris 1972
Pöggeler, F.: Methoden der Erwachsenenbildung. Freiburg 1964
Pöggeler, F. (Hrsg.): Handbuch der Erwachsenenbildung. Stuttgart 1974a
Pöggeler, F.: Erwachsenenbildung. Einführung in die Andragogik. Stuttgart 1974 b
Pokorny, R. R.: Grundzüge der Tiefenpsychologie. S. Freud, A. Adler, C. G. Jung. München 1977[2]
Polli, E.: Psychotherapie der Neurosen. München 1976
Polster, E. /Polster, M.: Gestalttherapie. Theorie und Praxis der integrativen Gestalttherapie. München 1975
Ponader, H.: Projekt Off we go. Lernbedingungen und Lernerfolg beim Einsatz von Schulfernsehen und Schulfunk im englischen Anfangs-Unterricht. München 1977
Pongratz, L. J.: Lehrbuch der Klinischen Psychologie. Göttingen 1975[2]
Pongratz, L. J. (Hrsg.): Klinische Psychologie. Halbband 1. Göttingen 1977
Popp, W. (Hrsg.): Kommunikative Didaktik. Weinheim/Basel 1976
Popper, K. R.: Die offene Gesellschaft und ihre Feinde. 1. Der Zauber Platons. Bern 1957
Popper, K. R.: Die offene Gesellschaft und ihre Feinde. 2. Falsche Propheten. Hegel, Marx und ihre Folgen. Bern/München 1970
Popper, K.: Logik der Forschung. Tübingen 1971[4]
Portmann, A.: Das Tier als soziales Wesen. Freiburg/Basel/Wien 1964
Portmann, A.: Die Tiergestalt. Freiburg/Basel/Wien 1965
Portmann, A.: Entläßt die Natur den Menschen? Gesammelte Aufsätze zur Biologie und Anthropologie. München 1970
Portmann, A. /Ritsema, R. (Hrsg.): Normen im Wandel der Zeit. Leiden 1977
Postmeyer, B.: Jugend hilft sich selbst. Würzburg 1975
Potrykus, G.: Jugendschutzgesetze. München 1971
Potthoff, W.: Curriculum-Entwicklung. Modelle und Strategien. Workshop Schulpädagogik. Ravensburg 1973
Potthoff, W.: Erfolgskontrolle, Workshop Schulpädagogik. Ravensburg 1974
Potthoff, W. (Hrsg.): Schulpädagogik. Freiburg 1975
Präsident des Bundesinstituts für Berufsbildungsforschung (Hrsg.): Schlüsselwörter zur Berufsbildung. Weinheim/Basel 1977
Prell, S. / Schiefele, H. / Ulrich, D.: Leistungsdifferenzierung und individuelle Förderung. München 1972
Prell, S.: Problem und Methode der Erfolgsfeststellung von Orientierungsstufen unter besonderer Berücksichtigung der Schulversuche in Bayern (Kurzfassung). München 1976
Preul, R.: Kategoriale Bildung im Religionsunterricht. Heidelberg 1973
Preuß, E. (Hrsg.): Zum Problem der inneren Differenzierung. Bad Heilbrunn (Obb.) 1976
Preuss, H. G. (Hrsg.): Analytische Gruppenpsychotherapie. München/Berlin/Wien 1966
Preyer, K.: Berufs- und Betriebspädagogik. München/Basel 1978
Pribram, K. H.: Languages of the brain. Englewood Cliffs/N. J. 1971
Prior, H.: Gruppendynamik in der Seminararbeit. Hamburg 1970
Prior, H. (Hrsg.): Soziales Lernen. Düsseldorf 1976
Projektgruppe des Instituts für Schullaufbahnberatung: Diagnostik in der Schule. München 1973

Projektgruppe Soziale Interaktion in der Gesamtschule: Soziale Interaktion in der Gesamtschule. Erfahrungen und Perspektiven der Gesamtschulpraxis. Hannover 1975
Projektgruppe Vorschulische Erziehung im Ausland: Elemente vorschulischer Erziehung. München 1975
Prokop, D. (Hrsg.): Massenkommunikationsforschung. Frankfurt (M.) 1972
Prokop, E.: Erziehungswissenschaft und Erwachsenenbildung. Braunschweig 1973
Prokop, E. / Geißler, K. H.: Erwachsenenbildung. Modelle und Methoden. München/Basel 1974
Pross, H.: Medienforschung. Film, Funk, Presse, Fernsehen. Darmstadt 1972
Protzner, W.: Zur Medientheorie des Unterrichts. Bad Heilbrunn (Obb.) 1977
Pütt, H.: Stufenausbildung. Anspruch und Wirklichkeit einer beruflichen Ausbildungsform. Essen 1976
Pulantzas, N.: Zum marxistischen Klassenbegriff. Berlin 1973

Rachmann, S. / Teasdale, J.: Verhaltensstörungen und Aversionstherapie. Frankfurt (M.) 1975
Radford, J. / Burton, A.: Thinking, its nature and development. London 1974
Raisbeck, G.: Informationstheorie. Eine Einführung für Naturwissenschaftler und Ingenieure. München/Wien 1970
Rang, A. / Schulz, W. (Hrsg.): Die differenzierte Gesamtschule. Zur Diskussion einer neuen Schulform. München 1969
Rapaport, A.: Kämpfe, Spiele und Debatten. 3 Konfliktmodelle. Darmstadt 1976
Rapaport, D.: Gefühl und Erinnerung. Stuttgart 1977
Rapp, G.: Messung und Evaluierung von Lernergebnissen in der Schule. Bad Heilbrunn (Obb.) 1975
Rappen, E.: Hort – eine sozialpädagogische Antwort auf die psychosoziale Lage des Schulkindes. In: Theorie und Praxis der Sozialpädagogik, Nr. 2–4, 1977
Raths, L. E. / Harmin, M. / Simon, S. B.: Werte und Ziele. Methoden zur Sinnfindung im Unterricht. München 1976
Rattner, J.: Psychologie des Vorurteils. Zürich/Stuttgart 1971
Rattner, J.: Gruppentherapie. Bergisch Gladbach 1972
Rattner, J.: Neue Psychoanalyse und intensive Psychotherapie. Frankfurt (M.) 1974
Rattner, J.: Psychologie und Pathologie des Liebeslebens. Eine Einführung. München 1976
Ratz, K.: Pubertät als Sinnkrise. Wien 1976
Read, K. H.: Handbuch des Kindergartens. Organisation, Curriculum, Lehrmethoden. Ravensburg, 1975[2]
Redaktion „betrifft: erziehung" (Hrsg.): Projektorientierter Unterricht. Weinheim/Basel 1976
Redaktion „betrifft: erziehung" (Hrsg.): Familienerziehung, Sozialschicht und Schulerfolg. Weinheim/Basel 1976[5]
Redl, F.: Erziehung schwieriger Kinder. München 1971
Redl, F. / Wineman, D.: Steuerung des aggressiven Verhaltens beim Kind. München 1976
Redl, F.: Erziehungsprobleme, Erziehungsberatung. Hrsg. von R. Fatke. München 1978
Redlin, W.: Verhaltenstherapie. Möglichkeiten und Grenzen ihrer Anwendung. Bern/Stuttgart 1977
Reenpää, Yrjö: Wahrnehmen, beobachten, konstituieren. Phänomenologie und Begriffsbestimmung der ersten Erkenntnisakte. Frankfurt (M.) 1967
Reese, K. (Hrsg.): Neue Bewußtseinsmodelle. Frankfurt (M.) 1970
Rehm, W.: Die psychoanalytische Erziehungslehre. München 1971[2]
Reimann, H.: Kommunikationssysteme. Tübingen 1968
Reimann, H. L.: Das Planspiel im pädagogischen Arbeitsbereich. Bonn 1972

Reinert, H. R.: Children in conflict. Saint Louis 1976
Reinhardt, E.: Ökonomische Aspekte des Lehrens und Lernens. Darmstadt 1970
Reinhardt, W.: Unterrichtsökonomie. Darmstadt 1974²
Reisman, J. M: A history of clinical psychology. New York 1976
Reitz, G.: Die Rolle der Frau und die Lebensplanung der Mädchen. München 1974
Remplein, H.: Die seelische Entwicklung des Menschen im Kindes- und Jugendalter. München/Basel 1958¹¹
Remschmidt, H.: Psychologie für das Krankenpflegepersonal. Stuttgart 1972
Renckstorf, K.: Neue Perspektiven in der Massenkommunikationsforschung. Berlin 1977
Rensch, B.: Das universale Weltbild. Evolution und Naturphilosophie. Frankfurt (M.) 1977
Resnick, S.: Gestalt-Therapie. In: psychologie heute 2. 1975
Rett, A. / Kohlmann Th. / Strauch, G.: Linkshänder. Analyse einer Minderheit. Wien/München 1973
Rett, A.: Mongolismus. Biologische, erzieherische und soziale Aspekte. Bern/Stuttgart 1977
Reulecke, W. (Hrsg.): Strukturelles Lernen. Hamburg 1977
Reykowski, J.: Das Funktionieren der Persönlichkeit unter psychischem Streß. Warschau 1966
Reykowski, J.: Psychologie der Emotionen. Donauwörth 1973
Rice, A. K.: Führung und Gruppe. Stuttgart 1971
Richter, D. / Merkel, J.: Märchen, Phantasie und soziales Lernen. Berlin 1974
Richter, H. E.: Eltern-Kind-Neurose. rororo-Taschenbuch. Reinbek 1969
Richter, H. E.: Patient Familie. Hamburg 1970
Richter, H. E.: Die Gruppe. Reinbek 1972
Richter, H. E.: Lernziel Solidarität. Reinbek 1974
Richter, H. E. u. a.: Familie und seelische Krankheit. Reinbek 1976
Riedel, J.: Einführung in die Arbeitspädagogik. Braunschweig 1967
Riedel, H.: Psychostruktur. Psychostruktur und Lernprogrammierung. Quickborn 1967
Riedel, K.: Lernhilfen zum entdeckenden Lernen. Hannover 1973
Riedler, R.: Schulfunk und Schulpraxis. München 1976
Riemann, F.: Grundformen der Angst. München 1965
Riemann, F.: Grundformen helfender Partnerschaft. München 1974
Riesmann, D.: Die einsame Masse. Darmstadt/Berlin/Neuwied 1956
Ritsert, J.: Wissenschaftsanalyse als Ideologiekritik. Frankfurt (M.)/New York 1975
Ritsert, J. / Stracke, E. / Heider, F.: Grundzüge der Varianz- und Faktorenanalyse. Frankfurt (M.)/New York 1976
Rittelmeyer, Chr. / Wartenberg, G.: Verständigung und Interaktion. Zur politischen Dimension der Gruppendynamik. München 1975
Ritter, J.: Subjektivität. 6 Aufsätze. Frankfurt (M.) 1974
Rittor, R.: Schulsystem und Sozialstruktur. München 1971
Ritz-Fröhlich, G.: Verbale Interaktionsstrategien im Unterricht. Impuls – Denkanstoß – Frage. Ravensburg 1973
Rivera, J. de: A structural theory of the emotions. New York 1977
Robertson, J.: Kinder im Krankenhaus. München/Basel 1976
Robinsohn, S. B.: Bildungsreform als Revision des Curriculum. Berlin 1967/1975⁵
Robinsohn, S. B.: Erziehung als Wissenschaft. Stuttgart 1973
Robinsohn, S. (Hrsg.): Curriculumentwicklung in der Diskussion. Düsseldorf 1974²
Robson, C.: Experiment, design and statistics in psychology. Harmondsworth (Mddx.) 1974
Röhrs, H. (Hrsg.): Die Wirtschaftspädagogik – eine erziehungswissenschaftliche Disziplin? Frankfurt (M.) 1967
Röhrs, H.: Die Sozialpädagogik und ihre Theorie. Frankfurt (M.) 1968

Röhrs, H.: Die Disziplin in ihrem Verhältnis zu Lohn und Strafe. Frankfurt (M.) 1968
Röhrs, H.: Forschungsmethoden in der Erziehungswissenschaft. Stuttgart 1968
Röhrs, H. (Hrsg.): Das schwererziehbare Kind. Frankfurt (M.) 1969
Röhrs, H.: Friedenspädagogik. Frankfurt (M.) 1970
Röhrs, H. (Hrsg.): Der Aufgabenkreis der pädagogischen Psychologie. Frankfurt (M.) 1971
Röhrs, H. (Hrsg.): Der Aufgabenkreis der pädagogischen Soziologie. Frankfurt (M.) 1971
Röhrs, H.: Kindergarten, Vorschule, Elternhaus in Kooperation. München/Basel 1976
Rösel, M.: Pädagogische Dimensionen der Dialektik von Individuum und Gesellschaft. Essen 1972
Roeske, E. (Hrsg.): Probleme und Möglichkeiten des Sprachlabors. Dortmund 1972
Rössner, L.: Handbuch für Elternabende. Frankfurt (M.)/München 1967
Rössner, L.: Gespräch, Diskussion und Debatte im Unterricht der Grund- und Hauptschule. Frankfurt (M.) 1967
Roff, M. / Ricks, D. F.: Life history Research in Psychopathology. Minneapolis 1970
Rogers, C. R.: Die nicht-direktive Beratung. München 1972
Rogers, C. R.: Die klient-bezogene Gesprächstherapie. München 1973
Rogers, C. R.: Encounter-Gruppen. München 1974
Rogers, C. R.: Lernen in Freiheit. München 1974
Rogers, C. R.: Entwicklung der Persönlichkeit. Stuttgart 1976
Rohner, P.: Das Phänomen des Wollens. Ergebnisse der empirischen Psychologie und ihre philosophische Bedeutung. Bern/Stuttgart 1964
Rohracher, H.: Die Arbeitsweise des Gehirns und die psychischen Vorgänge. München 1953[3]/1967
Rohracher, H.: Einführung in die Psychologie. München 1976
Rohrmoser, G.: Das Elend der kritischen Theorie. Freiburg 1970
Rohrmoser, G.: Emanzipation und Freiheit. München 1970
Rolff, H.-G.: Sozialisation und Auslese durch die Schule. Heidelberg 1972[5]
Rolff, H.-G. u. a.: Strategisches Lernen in der Gesamtschule. Reinbek 1975[2]
Ronco, A.: La scuola di Würzburg. Zürich 1963
Ronneberger, F. (Hrsg.): Sozialisation und Massenkommunikation. Stuttgart 1971
Rorarius, W.: Persönlichkeit und Wille. München 1974
Rosen, B. C. / D'Andrade, R.: The Psychosocial Origins of Achievement Modivation. 1959
Rosen, M. / Clark, G. R. / Kivitz, M. S.: Habilitation of the handicaped. Baltimore 1977
Rosenbaum, M. / Snadowsky, A.: The intensive group experience. New York/London 1976
Rosenbusch, H. S.: Die deutsche Jugendbewegung in ihren pädagogischen Formen und Wirkungen. Frankfurt (M.) 1973
Rosenmayr, L. / Strotzka, H. / Firnberg, H. (Hrsg.): Gefährdung und Resozialisierung Jugendlicher. Wien 1968
Rosenthal, R. / Jacobson, L.: Pygmalion im Unterricht. Weinheim 1971
Rosnay, J. de: Das Makroskop. Neues Weltverständnis durch Biologie, Ökologie und Kybernetik. Stuttgart 1977
Rost, D. H. / Grunow, P. / Oechsle, D. (Hrsg.): Pädagogische Verhaltensmodifikation. Weinheim 1975
Rost, D. H.: Läßt sich (Schul-) Angst im Klassenzimmer durch Modell- bzw. Bekräftigungslernen reduzieren? Nürnberg 1977
Roszak, Th.: Gegenkultur. Gedanken über die technokratische Gesellschaft und die Opposition der Jugend. München 1973
Roth, E.: Einstellung als Determination individuellen Verhaltens. Göttingen 1967
Roth, E.: Persönlichkeitspsychologie. Stuttgart 1972
Roth, E. / Oswald, W. D. / Daumenlang, K.: Intelligenz. Aspekte, Probleme, Perspektiven. Stuttgart 1972

Roth, H.: Pädagogische Psychologie des Lehrens und Lernens. Hannover 1967
Roth, H.: Pädagogische Anthropologie. Hannover 1968[2]
Roth, H. (Hrsg.): Begabung und Lernen. Gutachten und Studien der Bildungskommission. Band 4. Stuttgart 1970[5], 1976[10]
Roth, H. / Friedrich, D.: Bildungsforschung. Deutscher Bildungsrat. Gutachten und Studien der Bildungskommission. Stuttgart 1975
Roth, H.-G.: Bildung und Ausbildung. München 1975
Roth, H.-G.: Demokratisierung der Schule. Mainz 1976
Roth, K. F.: Erziehung zur Völkerverständigung und zum Friedensdenken. Donauwörth 1967
Roth, R. J.: Person and community. New York 1975
Rothacker, E. / Thyssen, J.: Intuition und Begriff. Ein Gespräch. Bonn 1963
Rothschuh, K. E. (Hrsg.): Was ist Krankheit? Erscheinung, Erklärung, Sinngebung. Darmstadt 1975
Roveda, P.: Sublimazione ed educazione. Roma 1974
Rubington, E. / Weinberg, M. S.: Deviance. The Interactionist perspective. London 1968
Ruch, F. L. / Zimbardo, P. G.: Lehrbuch der Psychologie. Berlin 1974
Rudolf, G.: Krankheiten im Grenzbereich zwischen Neurose und Psychose. Göttingen 1977
Rückriem, G.: Die Abhängigkeit der Sozialisation von der sozialen Schicht. 1970
Rückriem, N.: Disziplin in der Schule. Freiburg 1975
Rüdiger, D. / Kormann, A. / Peez, H.: Schuleintritt und Schulfähigkeit. München/Basel 1976
Rülcker, T.: Bildung, Gesellschaft, Wissenschaft. Eine Einführung in die Grundfragen der deutschen Curriculumdiskussion. Stuttgart 1976
Rüttenauer, I.: Persönlichkeit, Kollektiv, Gesellschaft. Aufsätze aus der UdSSR. Mühlheim 1972
Ruge, H. (Hrsg.): Der Aphasiker und fachpädagogische Rehabilitation. Stuttgart 1978
Ruitenbeek, H. M.: Die neuen Gruppentherapien. Stuttgart 1974
Rumpf, H.: Unterricht und Identität. Perspektiven für ein humanes Lernen. München 1976
Rupp, E.: „Soziale Systeme" in der Technologieplanung. Beitrag zu einer soziotechnischen Systemanalyse. Erlangen 1976
Ruprecht, H.: Theorien der Lernens in erziehungswissenschaftlicher Sicht. München 1974
Ruprecht, H. / Beckmann, H.-K. / Cube, F. v. / Schulz, W.: Modelle grundlegender didaktischer Theorien. Hannover 1975[2]
Russ, W.: Geschichte der Pädagogik. Bad Heilbrunn (Obb.) 1965[7]
Russell, B.: Macht und Persönlichkeit. Stuttgart 1967
Rutenfranz, J. / Hellbrügge, Th.: Über Tagesschwankungen der Rechengeschwindigkeit bei elfjährigen Kindern. Zeitschrift Kinderheilkunde 80. 1957
Rutenfranz, J · Der Biorhythmus des Kindes. Bremen 1977
Sacher, W. (Hrsg.): Pädagogik und Vorurteil. Saarbrücken 1976
Sacher, W.: Urteilsbildung oder Emanzipation? Zur Anthropologie und Pädagogik des Vorurteils. Freiburg 1976
Sader, M. / Schäuble, W. / Theis, W.: Verbesserung von Interaktion durch Gruppendynamik. Münster 1976
Sager, C. J. / Kaplan, H. S.: Handbuch der Ehe-, Familien- und Gruppentherapie. München 1973
Salamun, K.: Ideologie, Wissenschaft, Politik. Graz/Köln 1975
Sallwürk, E.: Die didaktischen Normalformen. Frankfurt 1920
Salzberger-Wittenberg, I.: Die Psychoanalyse in der Sozialarbeit. Stuttgart 1973
Salzmann, Chr.: Impuls, Denkanstoß, Lehrertrage. Essen 1977[4]
Sami – 'Ali: De la projection. Une étude psychoanalytique. Paris 1972

Sander, A. (Hrsg.): Sonderpädagogik in der Regelschule. Berlin 1976
Sander, F. / Volkelt, H.: Ganzheitspsychologie. Grundlagen, Ergebnisse, Anwendungen. München 1967
Sander, H. / Christians, U. (Hrsg.): Subkultur Berlin. Selbstdarstellung. Text-, Ton-, Bilddokumente, Esoterik der Kommunen, Rocker, subversiven Gruppen. Darmstadt 1969
Sandschulte, M.: Tiefenpsychologie und heilpädagogische Praxis. Luzern 1960
Sarason, S. B. / Davidson, K. S. / Lighthall, F. F. / Watte, R. R. / Ruebush, B. K.: Angst bei Schulkindern. Ein Forschungsbericht. Stuttgart 1971
Sarason, J. G.: Personality. An objective approach. New York 1972
Saß, H. W. (Hrsg.): Antiautoritäre Erziehung oder die Erziehung der Erzieher. Soziales Lernen in Erwachsenengruppen. Stuttgart 1972
Saterdag, H.: Gruppenwahrnehmung in der Interaktion zwischen Professoren, Assistenten und Studenten. Heidelberg 1975
Satura, V. (Hrsg.): Jugend im Konflikt. Probleme der Verwahrlosung und Kriminalität. Innsbruck/München 1972
Sbandi, P.: Gruppenpsychologie. München 1975
Sbandi, P. / Vogl, A. (Hrsg.): Lebenselement Gruppe. München 1978
Schaefer, H. (Hrsg.): Folgen der Zivilisation – Therapie oder Untergang? Frankfurt 1974
Schaefer, H.: Umwelt und Gesundheit in: Funkkolleg – Umwelt und Gesundheit – Aspekte einer sozialen Medizin. Weinheim/Basel 1978
Schaefer, H. / Blohmke, M.: Sozialmedizin. Stuttgart 1978[2]
Schäfer, K.-H. / Schaller, K.: Kritische Erziehungswissenschaft und kommunikative Didaktik. Heidelberg, 1971, 1976[3]
Schäfer, M.: Musiktherapie als Heilpädagogik bei verhaltensauffälligen Kindern. Frankfurt (M.) 1976
Schafer, R.: Aspects of internalization. New York 1968
Schaff, A.: Marxismus und das menschliche Individuum. Reinbek 1970
Scharfeller, Chr.: Allgemeine Psychopathologie. Stuttgart 1976
Scharmann, Th.: Persönlichkeit und Gesellschaft. Göttingen 1966
Scheibe, W.: Die Reformpädagogische Bewegung 1900–1932. 1971[2], 1976[5]
Scheler, M.: Bildung und Wissen. Frankfurt (M.) 1947[3]
Schenk, H. (Hrsg.): Drogenkonsum und Drogenabhängigkeit bei Jugendlichen. Ulm 1976
Schenk, M.: Publikums- und Wirkungsforschung. Tübingen 1978
Schenk-Danzinger, L.: Entwicklungspsychologie. Wien/München 1969
Schenk-Danzinger, L.: Legasthenie und Linkshändigkeit. Wien/München 1974
Schenk-Danzinger, L.: Mögliche Verursachungen von Lern- und Verhaltensstörungen. Wien/München 1976
Schenk-Danzinger, L.: Pädagogische Psychologie. Wien 1976[3]
Schepping, J.: Verhaltensstörungen im Kindergarten. Ursachen und Therapiemöglichkeiten. Donauwörth 1976
Scherer, K.: Non-verbale Kommunikation. Hamburg 1970
Scherpner, H.: Geschichte der Jugendfürsorge. Göttingen 1966
Scheuerl, H.: Das Spiel. Weinheim 1969[6]
Scheuerl, H. (Hrsg.): Theorien des Spiels. Weinheim/Basel 1975[10]
Schiefele, H. / Huber, G.: Programmierte Unterweisung – programmiert. München 1969
Schiefele, H.: Schule und Begabung. München 1971
Schiefele, H. / Krapp, A.: Grundzüge einer empirisch-pädagogischen Begabungslehre. Studienhefte zur Erziehungswissenschaft 1. München 1973
Schiefele, H.: Lernmotivation und Motivlernen. München 1974
Schiefele, H. / Krapp, A.: Entwicklung und Erziehung. München 1974
Schiek, G.: Emanzipation in der Erziehung. Pullach 1975
Schierholz, H.: Friedensforschung und politische Didaktik. Opladen 1977

Schiffler, H.: Fragen zur Kreativität. Workshop Schulpädagogik. Ravensburg 1973
Schiller, H.: Gruppenpädagogik. „social group work" als Methode der Sozialarbeit. Wiesbaden/Biebrich 1963
Schipperges, H.: Moderne Medizin im Spiegel der Geschichte. Stuttgart 1970
Schlee, J.: Sozialisation und Sprachverständnis. Düsseldorf 1973
Schlee, J.: Legasthenieforschung am Ende? München 1976
Schlegel, L.: Grundriß der Tiefenpsychologie unter besonderer Berücksichtigung der Neurosenlehre und Psychotherapie. München 1972
Schleicher, K. (Hrsg.): Elternmitsprache und Elternbildung. Düsseldorf 1973
Schleifer, H.: Zur Diagnose von Schulversagern. Stuttgart 1971
Schlieper, F.: Allgemeine Unterrichtslehre für Wirtschaftsschulen. Freiburg (i. Br.) 1956
Schmaderer, F. O. (Hrsg.): Die Bedeutung eines schülerorientierten Untorrichts. München 1976
Schmalohr, E.: Den Kindern eine Chance. Aufgaben der Vorschulerziehung. München 1975[4]
Schmaus, M. / Schörl, M.: Sozialpädagogische Arbeit im Kindergarten. München 1978[5]
Schmid, P. F.: Das beratende Gespräch – Methode und Praxis der Gesprächsführung. Freiburg 1973
Schmid, R. (Hrsg.): Intelligenzforschung und pädagogische Praxis. München 1978
Schmidbauer, M. / Löhr, P. / Riedler, R.: Unterrichtstechnologie in der Praxis. Der Schulfunk. München 1976
Schmidbauer, W.: Mythos und Psychologie. Methodische Probleme, aufgezeigt an der Ödipus-Sage. München/Basel 1970
Schmidbauer, W.: Verwundbare Kindheit. Planegg vor München 1973
Schmidbauer, W.: Sensitivitätstraining und analytische Gruppendynamik. München 1973
Schmidbauer, W.: Heilungschancen durch Psychotherapie. München 1975
Schmidt, A.: Die kritische Theorie als Geschichtsphilosophie. München/Wien 1976
Schmidt, G. R.: Autorität in der Erziehung. Freiburg 1975
Schmidt, H. D.: Allgemeine Entwicklungspsychologie. Berlin 1972
Schmidt, H.: Materialien zum programmierten Lernen und zum Einsatz schulbezogener Arbeitsmittel. Bücher, Bibliographie, Sammelwerke. Weinheim/Basel 1973
Schmidt, H.: Angst und Aggression im menschlichen Sozialverhalten. Achenbach 1975
Schmidt, K. O.: Mehr Macht über Leib und Leben. München 1970
Schmidt, K. O.: Wie konzentriere ich mich? Engelberg (Schweiz)/München 1977
Schmidt, L. R.: Objektive Persönlichkeitsmessung in diagnostischer und klinischer Psychologie. Weinheim/Basel 1975
Schmidt L. R. / Keßler, B. H.: Anamnese. Methodische Probleme, Erhebungsstrategien und Cohomata. Weinheim/Basel 1976
Schmidt, M. H.: Verhaltensstörungen bei Kindern mit sehr hoher Intelligenz. Bern 1977
Schmidt, W.: Aspekte des Lernens. München 1977
Schmidt-Mummendey, A.: Bedingungen aggressiven Verhaltens. Bern 1972
Schmidt-Mummendey, A. / Schmidt. H. D. (Hrsg.): Aggressives Verhalten. München 1976[4]
Schmidtchen, G.: Soziologie der Geschlechterrollen. In: zur debatte. Themen der Katholischen Akademie in Bayern. 8. Jg., Nr. 5. München 1968
Schmidtchen, E.: Psychologische Tests für Kinder und Jugendliche. Göttingen 1975
Schmidtke, H.: Die Ermüdung. Stuttgart 1965
Schmiel, M.: Berufspädagogik. Trier 1976
Schmitt, G.: Beruf und Rolle des Lehrers. Workshop Schulpädagogik. Ravensburg 1973
Schmitt-Wenkebach, B.: Kindergarten und Elternarbeit. Hannover 1976
Schnabl, H.: Sprache und Gehirn – Elemente der Kommunikation. München 1972
Schneewind, K. A.: Psychologie, was ist das? Trier 1975
Schnieder, F.: Die Jugendverwahrlosung und ihre Bekämpfung. Linz 1950

Schneider, F.: Benachteiligte Kinder. Freiburg (i. Br.) 1953
Schneider, H.-D.: Sozialpsychologie der Machtbeziehungen. Stuttgart 1978
Schneider, H. J.: Jugendkriminalität im Sozialprozeß. Göttingen 1974
Schneider, H. J.: Kriminologie. Berlin 1977[2]
Schnitzer, A. (Hrsg.): Medien im Unterricht. München 1977
Schnuer, G.: Studieren oder nicht? Aspekte der Berufswahl für Studenten. München 1977
Schober, O.: Stichwort Semiotik. In: Stocker, K. (Hrsg.): Taschenlexikon der Literatur- und Sprachdidaktik. Kronsberg (Ts.) 1976
Schoenfeld, W. N.: The Theory of reinforcement schedules. New York 1970
Schöler, W. (Hrsg.): Pädagogische Technologie. Frankfurt (M.) 1971
Schofnegger, J. / Zöpfl, H.: Unterrichtsplanung und Erziehungsziele. München 1977
Scholl, R.: Eine empirische Untersuchung zur Faktorenstruktur der Intelligenz. Hamburg 1976
Scholz, E.: Willenstraining und Gedächtnispflege. Mit praktischen Übungen. Möhrendorf (über Erlangen) 1968
Schraml, W. J.: Einführung in die Tiefenpsychologie für Pädagogen und Sozialpädagogen. Stuttgart 1968
Schraml, W. J.: Abriß der klinischen Psychologie. Stuttgart 1969
Schraml, W. J.: Klinische Psychologie. Ein Lehrbuch für Psychologen, Ärzte, Heilpädagogen und Studierende. Bern/Stuttgart 1970
Schraml, W.: Einführung in die moderne Entwicklungspsychologie. Stuttgart 1972
Schraml, W. J. / Baumann, U.: Klinische Psychologie. Bern/Stuttgart 1974
Schrey, H.: Waldorfpädagogik. Kritische Beschreibung und Versuch eines Gesprächs. Bad Godesberg 1968
Schrey, H.-H.: Entfremdung. Darmstadt 1975
Schröder, G.: Verhaltenstherapie mit Kindern und Jugendlichen. Erfahrungen und Hinweise aus der Praxis. München 1977
Schubert, G. / Schubert, U.: Informieren – Delegieren (Programmierte Unterweisung). Stuttgart 1970
Schücking, B.: Wir machen unsere Kinder krank. Aus der Sicht eines Familienarztes. München 1971
Schüler – Springorum, H. / Krokowski, G. (Hrsg.): Jugendkriminalität und Resozialisierung. Kongreßbericht. Stuttgart 1975
Schüttler-Janikulla, K.: Einschulungsalter und Vorklassenbetreuung. München/Basel 1968
Schuh-Gademann, L.: Erziehung zur Liebesfähigkeit. Heidelberg 1972
Schuhmann, K. F.: Zeichen der Unfreiheit. Zur Theorie und Messung sozialer Sanktionen. Freiburg 1968
Schuhmann, K.: Die Dialektik der Phänomenologie. Den Haag 1973
Schulke, E.: Der Kinderhort aus rechtlicher Sicht. In: Rundbrief 1977 des Bayerischen Landesverbandes kath. Kindertagesstätten e. V. München
Schulte, D.: Diagnostik in der Verhaltenstherapie. München 1974
Schultz, J.: Seelische Krankenbehandlung. Stuttgart 1952[6]
Schultz, J. H.: Das autogene Training. Stuttgart 1966[12]
Schultz, J. H.: Grundfragen der Neurosenlehre. München 1971
Schultz, U. (Hrsg.): Toleranz. Die Krise der demokratischen Tugend und 16 Vorschläge zu ihrer Überwindung. Reinbek 1974
Schultz-Hencke, H.: Der gehemmte Mensch. Lehrbuch der analytischen Psychotherapie. Stuttgart 1947, 1970 u. 1972
Schultz-Wild, L.: Berufe. Der neue Ratgeber zur Ausbildungs- und Berufswahl. München 1975
Schultze, E.: Einführung in die mathematischen Grundlagen der Informationstheorie. Berlin 1969

Schulz, H.-J.: Der Außenseiter in der Volksschule. Schulisch bedingte Ursachen seiner Position. München 1976
Schulz, U. / Heuer, H.: Ein Modell zum Vermeidungslernen. Marburg 1976
Schulz, W.: Das kleine Video-Praktikum. München 1972
Schulz von Thun, F. / Langer, J. / Tausch, R.: Trainingsprogramm für Pädagogen zur Förderung der Verständlichkeit bei der Wissensvermittlung. Kiel 1972
Schumacher, G.: Verhaltensgestörte Schüler. Bonn/Bad Godesberg 1971
Schumacher, G.: Neues Lernen mit Verhaltensgestörten und Lernbehinderten. Der durchstrukturierte Klassenraum. Berlin 1975
Schur, M.: Das Es und die Regulationsprinzipien des psychischen Geschehens. Frankfurt (M.) 1973
Schur, E. M.: Abweichendes Verhalten und Soziale Kontrolle. Etikettierung und gesellschaftliche Reaktionen. Frankfurt/New York 1974
Schutz, W. C.: Freude. Abschied von der Angst durch Psychotherapie. Reinbek 1971
Schwabe, Ch.: Musiktherapie bei Neurosen und funktionellen Störungen. Jena 1969
Schwäbisch, L. / Siems, M.: Anleitung zum sozialen Lernen. Hamburg 1977[8]
Schwartzenberger, A.: Sprachlehranlagen. 2 Bde. München 1972
Schwarz, D. / Sedlmayr, E.: Befreiung von der Neurose. Die neuen Methoden der Verhaltenstherapie. Düsseldorf/Köln 1973
Schwarz, G. (Hrsg.): Gruppendynamik in der Schule. Wien/München 1974
Schwarz, H.: Stichprobenverfahren. Ein Leitfaden zur Anwendung statistischer Schätzverfahren. München/Wien 1975
Schwarz, U.: Abkehr von der Gewalt. Konfrontation und Intervention in der modernen Welt. Düsseldorf/Wien 1971
Schwarzer, Chr. / Schwarzer, R.: Praxis der Schülerbeurteilung. München 1977
Schwarzer, R.: Schulangst und Lernerfolg. Düsseldorf 1975
Schwarzmann, J.: Die Verwahrlosung der weiblichen Jugendlichen. Entstehung und Behandlungsmöglichkeiten. München/Basel 1971
Schwemmer, O.: Philosophie der Praxis. Frankfurt (M.) 1971
Schwendter, R.: Theorie der Subkultur. Köln/Berlin 1971
Schwerdt, D.: Vorschulerziehung. Grundlagen, Ziel, Förderungsbereiche. Paderborn 1975
Schwidder, W.: Depression, Zwang und Hysterie. Berlin 1951
Schwidder, W.: Neopsychoanalyse im Handbuch der Neurosenlehre und Psychotherapie, Band 3. München 1959
Scott, D. F.: The psychology of work. London 1970
Secord, P. F. / Backman, C. W.: Sozialpsychologie. Frankfurt (M.) 1976
Seelmann, K.: Zwischen 15 und 19. München/Basel 1971
Seelmann, K.: Kind, Sexualität und Erziehung. München/Basel 1973
Seidel, B. /Jonknor, S.: Klassenbildung und Sozialschichtung. Darmstadt 1968
Seidelmann, K.: Die deutsche Jugendbewegung. Bad Heilbrunn (Obb.) 1966
Seidelmann, K.: Gruppenpädagogik im Schulunterricht. München 1975
Seidl, E. / Hüffner, U.: Modelle des Anschauungsunterrichts. München 1967, 1970[2]
Seidl, E. / Pohl-Mayerhöfer, R.: Rollenspiele für Grundschule und Kindergruppen. 100 Modelle aus der Praxis. München 1976
Seiffert, J. E.: Pädagogik der Sensitivierung. Lampertheim 1975
Seiffert, H.: Einführung in die Wissenschaftstheorie, Teil 1. München 1969
Seiss, R.: Beratung und Therapie im Raum der Schule. Praxis der Einzelfallhilfe im Bereich der Lern- und Verhaltensstörungen. Bad Heilbrunn 1976
Selg, H.: Einführung in die experimentelle Psychologie. Stuttgart 1966
Selg, H.: Entwicklung und Lernen. Braunschweig 1972
Seller, H.: Sozialphysiologie I in: Funkkolleg – Umwelt und Gesundheit – Aspekte einer sozialen Medizin. Tübingen 1978
Selye, H.: Einführung in die Lehre vom Adaptationssyndrom.

Selye, H.: Streß. Bewältigung und Lebensgewinn. München/Zürich 1974
Selz, O.: Über die Gesetze des geordneten Denkverlaufs. Stuttgart 1973
Semen, R.: Die Mneme als erhaltendes Prinzip im Wechsel des organischen Geschehens. 1920[5]
Senghaas, D.: Aggressivität und kollektive Gewalt. Stuttgart 1971
Senghaas, D. (Hrsg.): Kritische Friedensforschung. Frankfurt (M.) 1971
Senghaas, D.: Gewalt, Konflikt, Frieden. Essays zur Friedensforschung. Hamburg 1974
Senzky, K.: Systemorientierung der Erwachsenenbildung. Theoretische Aspekte formaler Organisation. Stuttgart 1977
Sève, L.: Marxismus und Theorie der Persönlichkeit. Frankfurt (M.) 1972
Shaffer, J. B. P. / Galinsky, M. D.: Handbuch der Gruppenmodelle. Gelnhausen/Berlin 1977
Shaftel, F. R. / Shaftel, G.: Rollenspiel als soziales Entscheidungstraining. München 1973
Shannon, C. E. / Weaver, W.: Mathematische Grundlagen der Informationstheorie. Urbana 1949 und München/Wien 1976
Shapiro, K. J. / Irving, E. A.: The experience of introversion. Durham 1975
Shepherd, M. / Oppenheim, B. / Mitchell, S.: Auffälliges Verhalten bei Kindern – Verbreitung und Verlauf. Göttingen 1973
Sherif, C. W. / Sherif, M. / Nebergall, R. E.: Attitude and attitude change. The social judgment-involvement approach. Philadelphia/London 1965
Shipman, M. D.: Soziologie der Schule. Düsseldorf 1974
Siebert, H. (Hrsg.): Bildungsurlaub. Eine Zwischenbilanz. Düsseldorf 1972
Siebert, H. (Hrsg.): Praxis und Forschung in der Erwachsenenbildung. Opladen 1977
Siebert, H. / Gerl, H.: Lehr- und Lernverhalten bei Erwachsenen. Braunschweig 1975
Siegers, F. M. J.: Praxisberatung in der Diskussion. Formen, Ziele, Einsatzfelder. Freiburg 1974
Siegfried, K.: Erziehungsberatung und Schulpsychologie. Bern/Stuttgart 1969
Siekaup, W.: Das kaufmännische Bildungswesen in Bayern. Rinteln 1972
Siekaup, W.: Der Schüler der Wirtschaftsschule: seine Einstiegs- und Lernbedingungen. Donauwörth 1973
Siekaup, W.: Die Wirtschaftsschulen in Bayern – Materialien und Thesen. Nürnberg 1978[3]
Siemens, H. W.: Zur Entstehungsgeschichte der Zwillingsforschung. Leiden 1966
Siepmann, K. E. (Hrsg.): Medium Schulfernsehen. Kastellaun 1977
Sigrell, B.: Problemkinder in der Schule. Weinheim/Berlin/Basel 1971
Silberer, G.: Einführung in die Grundschulpädagogik. Bochum 1976
Silbermann, A.: Mediensoziologie. Düsseldorf/Wien 1973
Silkenbeumer, R. / Datta, A.: Rollenspiel und Planspiel. Hannover 1975
Simon, K. G.: Pantomime. Ursprung, Wesen, Möglichkeiten. München 1960
Simons, H.: Sozialisation durch die Hauptschule. Hamburg 1971
Singer, J. L.: The child's world of make-believe. New York 1973
Signer, R.: Verhaltenstraining für Lehrer. Weinheim/Basel 1977
Singh, J. A. L.: Die Wolfskinder von Midnapore. Tagebuch des Missionars. Heidelberg 1964
Sinz. R.: Lernen und Gedächtnis. Stuttgart 1976
Sixtl, Fr.: Meßmethoden der Psychologie. Weinheim 1967
Skinner, B. F.: The technology of teaching. New York 1968
Skinner, B. F.: Erziehung als Verhaltensforschung. München 1971
Skinner, B. F.: Jenseits von Freiheit und Würde. Reinbek 1973
Skinner, B. F.: Wissenschaft und menschliches Verhalten. München 1973
Skinner, B. F.: About behaviourism. London 1974
Skinner, B. F.: Die Funktion der Verstärkung in der Verhaltenswissenschaft. München 1974

Skowronek, H.: Psychologische Grundlagen einer Didaktik der Denkerziehung. Hannover 1968
Skowronek, H.: Lernen und Lernfähigkeit. München 1969/1972
Skowronek, H. (Hrsg.): Umwelt und Begabung. Stuttgart 1973
Skowronek, H. / Schmied, D. (Hrsg.): Forschungstypen und Forschungsstrategien in der Erziehungswissenschaft. Hamburg 1977
Slater, Ph.: Origin and significance of the Frankfurt School. A Marxist perspective. London 1977
Sloane, H. N.: Classroom management. Remediation and prevention. New York 1976
Slonim, M. J.: Stichprobentheorie. Leicht verständlich dargestellt. München 1969
Smidt, E. / Smidt, Th.: Sexualerziehung in der Grundschule. Starnberg 1974
Smirnov, A. A.: Problems of the psychology of memory. New York/London 1973
Smit, P.: Ontogenesis and phylogenesis. Their interrelation and their interpretation. Leiden 1961
Smith, L. M. / Hudgins, B. B.: Pädagogische Psychologie. 2 Bde. Stuttgart 1971
Smith, M.: The relationship between item validity and test validity. New York 1972
Sodeur, W.: Empirische Verfahren zur Klassifikation. Stuttgart 1974
Soergel, D.: Klassifikationssysteme und Thesauri. Frankfurt (M.) 1969
Sohn-Rethel, A.: Geistige und körperliche Arbeit. Frankfurt (M.) 1970
Sokolowski, R. u. a.: Die Phänomenologie und die Wissenschaften. Freiburg/München 1976
Solomon, R. W. /Wahler, G.: Peers als Verstärkende bei der Kontrolle von Problemverhalten im Unterricht. In: Mees, U. / Selg, H. (Hrsg.): Verhaltensbeobachtung und Verhaltensmodifikation. Stuttgart 1977
Soubeyran, J.: Die wortlose Sprache. Lehrbuch der Pantomime. Velber bei Hannover 1963
Sowinski, B.: Deutsche Stilistik. Frankfurt 1973
Sowinski, B.: Fachdidaktik Deutsch. Köln 1975
Spandl, O. P.: Rauschdrogenmißbrauch durch Jugendliche. Donauwörth 1971
Spandl, O. P.: Lernen im Schulalter. München 1972
Spandl, O. P.: Instinkte. München 1972
Spangenberg, K.: Chancen der Gruppenpädagogik. Weinheim/Basel 1974[5]
Specht, F.: Sozialpsychiatrische Gegenwartsprobleme der Jugendverwahrlosung. Stuttgart 1967
Speck, J. (Hrsg.): Problemgeschichte der neueren Pädagogik. 3 Bde. Stuttgart 1976
Speck, O.: Frühförderung entwicklungsgefährdeter Kinder. München/Basel 1977
Speck, O.: Die Rehabilitation der Geistigbehinderten. München/Basel 1977
Speer, E.: Die Liebesfähigkeit. München 1965[3]
Spiegelborg, H.: Phenomenology in psychology and psychiatry. Evanston 1972
Spiel, W · Die endogenen Psychosen des Kindes- und Jugendalters. Basel/New York 1961
Spiel, W.: Therapie in der Kinder- und Jugendpsychiatrie. Stuttgart 1976
Spinner, H. F.: Pluralismus als Erkenntnismodell. Frankfurt (M.) 1974
Spittler, G.: Norm und Sanktion. Untersuchungen zum Sanktionsmechanismus. Olten/Freiburg 1967
Spitz, R. A.: Vom Säugling zum Kleinkind – Naturgeschichte der Mutter-Kind-Beziehung im ersten Lebensjahr. Stuttgart 1967
Spranger, E.: Psychologie des Jugendalters. Tübingen 1955
Staabs, G. von: Sceno-Test. Bern 1964
Staatsinstitut für Schulpädagogik (Hrsg.): Handreichung zur inneren Differenzierung der Grundschule. Donauwörth 1976
Staatsministerium für Unterricht und Kultus (Hrsg.): Das berufliche Schulwesen in Bayern. München 1972

Stachiw, A. / Spiel, G.: Entwicklung der Aggression bei Kindern. Eine Untersuchung am Beispiel des Fernsehens. München 1976
Stachowiak, H.: Denken und Erkennen im kybernetischen Modell. Wien/New York 1969
Stadler, M. / Seeger, F. / Raeithel, A.: Psychologie der Wahrnehmung. München 1975
Stäcker, K. H.: Frustration. Stuttgart 1977
Staehr, G. v.: Kritische Theorie und politische Didaktik. Bonn 1973
Stankewitz, W.: Szenisches Spiel als Lernsituation. München 1977
Stapf, K. H. u. a.: Psychologie des elterlichen Erziehungsstils. Bern/Stuttgart 1972
Stauch, U.: Der Kinderhort und seine sozialpädagogischen Aufgaben in der Gegenwart. Donauwörth 1977
Steffen, R. (Hrsg.): Jugend-Medien-Schutz. Bonn 1974
Steffen, R.: Massenmedien und Jugendschutz. Bonn 1976
Stefflre, B. / Grant, W. H.: Theories of Counseling. New York 1972
Stegmüller, W.: Probleme und Resultate der Wissenschaftstheorie und Analytischen Philosophie. Berlin/Heidelberg/New York 1969
Steindorf, G.: Einführung in die Schulpädagogik. Bad Heilbrunn (Obb.) 1972
Steiner, R.: Aspekte der Waldorfpädagogik. München 1977
Steinert, H.: Die Strategien sozialen Handelns. Zur Soziologie der Persönlichkeit und der Sozialisation. München 1972
Steinert, H. (Hrsg.): Symbolische Interaktion. Stuttgart 1973
Steinmetz, R.: Der didaktische Bezug der Landes- (Heimat-) und Volkskunde. In: Pädagogische Welt, Heft 5. Donauwörth 1977
Stendler-Lavatelli, C.: Früherziehung nach Piaget. München/Basel 1977
Stenger, H.: Stichprobentheorie. Würzburg/Wien 1971
Stenger, H. u. a.: Gesellschaft, Geschlecht, Erziehung. Studien zur pädagogischen Praxis. München 1971
Stephan, E. / Schmidt, W. (Hrsg.): Messen und Beurteilen von Schülerleistungen. München 1978
Stern, C.: Grundlagen der Humangenetik. Stuttgart 1968
Stern, E.: Tiefenpsychologie und Erziehung. München/Basel 1959
Stern, W.: Allgemeine Psychologie auf personalistischer Grundlage. Haag 1950^2
Stevens, J. O.: Die Kunst der Wahrnehmung. Übungen der Gestalt-Therapie. München 1975
Stevens, P. H.: Es gibt immer einen Ausweg. Bern/München 1970
Stickney, J.: Streets, actions, alternatives, raps. New York 1971
Stifterverband für die Deutsche Wissenschaft (Hrsg.): Schulreform durch Curriculumrevision. Stuttgart 1972
Stippel, F.: Aspekte der Bildung. Donauwörth 1966
Stocker, K. (Hrsg.): Taschenlexikon der Literatur- und Sprachdidaktik. Kronberg (Ts.)/Frankfurt (M.) 1976
Stockert, F. G. v.: Einführung in die Psychopathologie des Kindesalters. München 1967
Stöcker, K.: Neuzeitliche Unterrichtsgestaltung. München 1970^{14}
Stone, S. C. / Shertzer, B. (Hrsg.): Counseling and Guidance Monograph Series. New York 1968
Stosberg, M.: Analyse der Massenkommunikation. Einstellungen. Düsseldorf 1972
Stott, D. H. / Marston, N. C. / Neill, S. J.: Taxonomy of behaviour desturbance. London 1975
Strasser, S.: Phänomenologie und Erfahrungswissenschaft vom Menschen. Berlin 1964
Stratmann, K.: Quellen zur Geschichte der Berufserziehung. Kastellaun 1970
Stratmann, K. / Bartel, W.: Berufspädagogik. Köln 1975
Straumann, P. R.: Neue Konzepte der Bildungsplanung. Reinbek 1974
Strauss, A.: Spiegel und Masken. Die Suche nach Identität. Frankfurt (M.) 1968
Strittmatter, P. (Hrsg.): Lernzielorientierte Leistungsmessung. Weinheim/Basel 1973

Strobel, H.: Lern- und Leistungsstörungen. Genese, Therapie und Prophylaxe. Stuttgart 1975
Strom, R. D.: Lehrer und Lernprozeß. Der Unterricht und seine Voraussetzungen. München 1976
Strongman, K. T.: The psychology of emotion. London 1973
Strotzka, H.: Einführung in die Sozialpsychiatrie.
Strotzka, H. (Hrsg.): Charakter, Neurose, soziale Umwelt. München 1972
Strotzka, H. (Hrsg.): Psychotherapeutische Grundlagen, Verfahren, Indikationen. München 1975
Stuart, G.: Narcissus. A psychological study of selflove. London 1956
Stüttgen, A.: Kriterien einer Ideologiekritik. Mainz 1972
Stumme, W.: Psychische Erkrankungen im Urteil der Bevölkerung. München/Berlin/Wien 1975
Suchodolski, B.: Einführung in die marxistische Erziehungstheorie. Köln 1972
Süllwold, F.: Begabung und Leistung. Hamburg 1976
Süllwold, L.: Verhaltenstherapie in Klinik, Beratung und Pädagogik. Darmstadt 1977
Sutherland, M. B.: Everyday imagining and education. London 1971

Tamm, J.: Angst und Subjektivität. Bern/Stuttgart 1974
Tanner, J. M.: Wachstum und Reifung des Menschen. Stuttgart 1962
Tansey, P. J. (Hrsg.): Educational Aspects of simulation. London/Düsseldorf 1971
Tar, Z.: The Frankfurt School. The critical theories of Max Horkheimer and Th. W. Adorno. New York 1977
Tartler, R.: Das Alter in der modernen Gesellschaft. Stuttgart 1961
Tausch, R. / Tausch, A.-M.: Erziehungspsychologie. Göttingen 1970[5], 1977[8]
Tausch, R.: Gesprächstherapie. Göttingen 1974
Taylor, J. L. / Walford, R.: Simulationsspiele im Unterricht. Ravensburg 1974
Teahan, J. E.: Parental Attitudes and College Success. 1963
Teegen, F. / Grundmann, A. / Röhrs, A.: Sich ändern lernen. Hamburg 1975
Tembrock, G.: Grundriß der Verhaltenswissenschaften. Stuttgart 1968
Teplow, L. P.: Grundriß der Kybernetik. Berlin
Teschner, W. (Hrsg.): Differenzierung und Individualisierung des Unterrichts. Göttingen 1971
Teschner, W.-P.: Unterrichtstechnologie und Didaktik. Hannover 1973
Teschner, W. / Minsel, B. / Lüders, E.: Untersuchung der Differenzierungsmodelle an den Gesamtschulen Schleswig-Holsteins. Untersuchungsplanung. Kiel 1975
Thalman, H. C.: Verhaltensstörungen bei Kindern im Grundschulalter. Stuttgart 1974[2]
Tharp, R. G. / Wetzel, R. J.: Verhaltensstörungen im gegebenen Sozialfeld. München 1975
Thellgaard, A. u. a.: A psychological-psychiatric Study of patients with Klinefelter's syndrome. Aarhus 1971
Theunissen, M.: Gesellschaft und Geschichte. Zur Kritik der kritischen Theorie. Berlin 1969
Thiel, S.: Lehr- und Lernziele. Workshop Schulpädagogik. Ravensburg 1973
Thiemann, E.: Die Pubertätsmagersucht als überwiegend psychisch bedingte Erkrankungen. Stuttgart 1957
Thomä, H.: Anorexia nervosa. Geschichte, Klinik – Theorien der Pubertätsmagersucht. Bern/Stuttgart 1961
Thomae, H.: Vorbilder und Leitbilder der Jugend. München 1965
Thomae, H.: Konflikt, Entscheidung, Verantwortung. Stuttgart 1974
Thomae, H.: Beobachtung und Beurteilung von Kindern und Jugendlichen. Basel/München 1076[12]
Thoresen, C. E. / Mahoney, M. J.: Behavioral self-control. New York 1974
Thornburg, H. D.: Preadolescent development. Tucson (Ariz.) 1974

Thorndike, E. L.: The Psychology of Learning. 1913
Thorndike, E. L.: The fundamentals of learning. New York 1932
Thorndike, E. L.: The psychology of wants, interests and attitudes. New York/London 1970 (Neuauflage)
Thorndike, R. L. / Hagen, E.: Measurement and evalution in psychology and education. New York 1969
Tiedemann, J.: Leistungsversagen in der Schule. München/Basel 1977, 1978[2]
Tiemann, K.: Planspiele für die Schule. Frankfurt (M.) 1969
Tillmann, K. J.: Unterricht als soziales Erfahrungsfeld. Soziales Lernen in der Institution Schule. Frankfurt (M.) 1976
Tillmann, K.-J.: Sozialpädagogik in der Schule. München 1976
Timaeus, E. / Lück, H.: Sozialpsychologie der Erziehung. Neuwied 1976
Tinbergen, N.: Instinktlehre. Vergleichende Erforschung angeborenen Verhaltens. Berlin/Hamburg 1972
Tinder, G.: Tolerance. Toward a new civility. Amherst 1976
Tönnies, F.: Gemeinschaft und Gesellschaft. Darmstadt 1972
Tolman, E. Ch.: Behavior and psychological man. Berkeley/Los Angeles 1958
Toman, W.: Dynamik der Motive. Eine Einführung in die Klinische Psychologie. Frankfurt (M.)/Wien 1954
Toman, W.: Einführung in die Allgemeine Psychologie. 2 Bände. Freiburg 1973
Tomkins, S. S. / Izard, C. E.: Affect, Cognition and Personality. London 1966
Torbert, W. R.: Learning from experience. New York/London 1972
Trapmann, H. / Liebetreu, G. / Rotthaus, W.: Auffälliges Verhalten im Kindesalter. Ursachen, Bedeutung, Korrektur. Dortmund 1970
Travers, R. M. W.: Einführung in die erziehungswissenschaftliche Forschung. München 1972
Travers, R. M. W.: Grundlagen des Lernens. München 1975
Triantes, H. Chr. / Triandis, H. C.: Einstellungen und Einstellungsveränderungen. Weinheim/Basel 1975
Triebe, J. K.: Das Interview im Kontext der Eignungsdiagnostik. Bern/Stuttgart 1976
Triebe, J. K. / Ulrich, E. (Hrsg.): Beiträge zur Eignungsdiagnostik. Bern/Stuttgart 1977
Trier-Samuel, A.: Das trotzende Kind. Eine psychologische Studie. München 1975
Tröger, W.: Erziehungsziele. München 1976[2]
Troschke, J. v.: Das Kind als Patient im Krankenhaus. München/Basel 1974
Trostorff, S. v.: Extraversion und Introversion sowie Kontaktfreudigkeit und Kontaktarmut bei normalen und präpsychotischen Persönlichkeiten. Jena 1970
Trübswetter, E.: Gehemmtes Sprechen. Wie man Sprechstörungen überwindet. München 1973
Tulodziecki, G.: Einführung in die Theorie und Praxis objektivierter Lehrverfahren. Stuttgart 1975
Tulodziecki, G. / Zimmermann, D.: Schulfernsehen und Unterrichtspraxis. Köln 1976
Tulodziecki, G.: Öffentliches Schulfernsehen als Unterrichtsmedium. Köln 1976
Tumlirz, O.: Pädagogische Psychologie im Abriß. Bad Heilbrunn (Obb.) 1966[5]
Tyler, L. E.: The psychology of human differences. New York 1956

Überla, K.: Faktorenanalyse. Eine systematische Einführung. Berlin 1968
Ulich, D.: Konflikt und Persönlichkeit. München 1971
Ulich, D. (Hrsg.): Theorie und Methode der Erziehungswissenschaft. Probleme einer sozialwissenschaftlichen Pädagogik. Weinheim/Basel 1974[2]
Ulich, D. / Mertens, W.: Urteile über Schüler. Zur Sozialpsychologie pädagogischer Diagnostik. Weinheim/Basel 1974
Ulich, D.: Gruppendynamik in der Schulklasse. München 1975
Ulich, D.: Pädagogische Interaktion. Theorien erzieherischen Handelns und sozialen Lernens. Weinheim/Basel 1976

Ulich, K.: Soziale Systeme als Bezugssysteme für soziales Handeln. Bern/Frankfurt (M.) 1972
Ulich, K.: Soziologie in der Schule. München 1976
Ulmann, G.: Kreativität. Weinheim/Berlin/Basel 1970
Ulmann, G.: Sprache und Wahrnehmung. Frankfurt (M.) 1975
Ullmann, D. (Hrsg.): Aggression und Schule. München 1974
Ulshöfer, R.: Grundzüge der Didaktik des kooperativen Unterrichts. Stuttgart 1971
Underwood, G.: Attention and memory. Oxford/Frankfurt (M.) 1976
Unesco: Empfehlung über die Erziehung zu internationaler Verständigung und Zusammenarbeit und zum Weltfrieden sowie die Erziehung im Hinblick auf die Menschenrechte und Grundfreiheiten. Köln 1975
Uneståhl, L.-E.: Hypnosis and posthypnotic suggestions. Uppsala 1974
Ungeheuer, G.: Sprache und Kommunikation. Hamburg 1972
Ungerer, D.: Zur Theorie des sensomotorischen Lernens. Schorndorf 1977
Urbach, D. / Winterhager, W. D.: Bildungsurlaub. Gesetze, Pläne, Kontroversen. Berlin/New York 1976
Utz, A.-F.: Formen und Grenzen des Subsidiaritätsprinzips. Heidelberg 1956

Valentine, C. W.: The Normal Child and Some of His Abnormalities. London 1956
Valtin, R.: Empirische Untersuchungen zur Legasthenie. Hannover 1972
Valtin, R. (Hrsg.): Einführung in die Legasthenieforschung. Weinheim/Basel 1973
Vasquez, A. / Oury, F. u. a.: Vorschläge für die Arbeit im Klassenzimmer. Die Freinet-Pädagogik. Reinbek 1976
VBE (Verband Bildung und Erziehung): Solidarität in der Bewährung, Dokumentation – Bundesvertreterversammlung. Bonn 1977
Veblen, Th.: Theorie der feinen Leute. München 1971
Venzmer, G.: Das Phänomen der Hormone. Düsseldorf/Wien 1971
Vernon, M. D.: Wahrnehmung und Erfahrung. München 1977
Vesey, G.: Personal identity. London 1974
Vester, F.: Denken, lernen, vergessen. Stuttgart 1975
Vester, F.: Phänomen Streß. Stuttgart 1976
Vettiger, H.: Gruppenunterricht. Düsseldorf 1977
Vinacke, W. E.: The psychology of thinking. New York/Düsseldorf 1974
Vincent, J.-M.: La théorie critique de l'Ecole de Francfort. Paris 1976
Vogel, A.: Artikulation des Unterrichts. Workshop Schulpädagogik. Ravensburg 1973
Vogel, A.: Unterrichtsformen I und II. Workshop Schulpädagogik. Ravensburg 1975
Voigt, W.: Einführung in die Berufs- und Wirtschaftspädagogik. München 1975
Vollenweider, P.: Stichprobentheorie in Publizistik und Kommunikationsforschung. Bern/Stuttgart 1975
Vopol, K. W. / Kirsten, R. E.: Kommunikation und Kooperation. München 1974

Waeldor, R.: Die Grundlagen der Psychoanalyse. Bern 1963
Wagenschein, M.: Verstehen lernen. Exemplarisch-sokratisch-genetisch. Weinheim/Basel 1977[6]
Wagner, A. u. a.: Schülerzentrierter Unterricht. München 1976
Walcher, K. P.: Eine psychologische Untersuchung der Begriffe Anschauung, Anschaulichkeit und Veranschaulichung. Meisenheim 1975
Waldorfpädagogik in öffentlichen Schulen. Versuche und Erfahrungen mit der Pädagogik Rudolf Steiners. Freiburg 1976
Walter, H. (Hrsg.): Sozialisationsforschung. 3 Bde. Stuttgart 1973/1975
Walter, H.: Angst bei Schülern. München 1977
Walter, H.-J.: Gestalttheorie und Psychotherapie. Darmstadt 1977
Walter, W. G.: Das lebende Gehirn. München 1963
Walther, E.: Allgemeine Zeichenlehre. Stuttgart 1974

Walther, H. / Schmidt, H. / Dietze, L.: Elternarbeit in der Grundschule. Ravensburg 1976
Warns, E.: Die spielende Klasse. Wuppertal 1976
Warwick, D. P. / Lininger, Ch. A.: The sample survey. Theorie and practice. New York/Düsseldorf 1975
Wasem, E.: Medien der Öffentlichkeit. Düsseldorf 1969
Wasem, E.: Medien in der Schulpraxis. Freiburg 1974
Watson, D. L. / Tharp, R. G.: Einübung in Selbstkontrolle. München 1975
Watson, J. B.: Behaviorismus. Köln/Berlin 1968
Watzlawick, P. / Beavin, J. H. / Jackson, D. D.: Menschliche Kommunikation. Bern 1974
Watzlawick, P.: Wie wirklich ist die Wirklichkeit? Wahn – Täuschung – Verstehen. München 1977
Weber, D.: Der frühkindliche Autismus unter dem Aspekt der Entwicklung. Bern/Stuttgart 1970
Weber, E.: Autorität im Wandel. Donauwörth 1974
Weber, E.: Erziehungsstile. Donauwörth 1974[5]
Weber, E. (Hrsg.): Zur moralischen Erziehung in Unterricht und Schule. Donauwörth 1974[2]
Weber, E.: Stichwort Demokratisierung. In: Weber E. / Domke, H. / Gehlert, S.: Kleines sozialwissenschaftliches Wörterbuch für Pädagogen. Donauwörth 1974
Weber, E.: Der Erziehungs- und Bildungsbegriff im 20. Jahrhundert. Bad Heilbrunn 1976[3]
Weber, W.: Wege zum helfenden Gespräch. München/Basel 1976
Wechsler, D.: The measurement of adult intelligence. Baltimore 1944
Wechsler, D.: Selected papers. New York/London 1974
Wedell, K. (Hrsg.): Orientations in special education. London 1975
Wegmann, R.: Macht unsere Schule die Kinder krank? In: Pädagogische Welt, Heft 8. Donauwörth 1978
Wehle, G.: Bildungsplanung. Begriff, Tendenzen, Methoden. Münster 1968
Weinacht, P.-L.: Bildungsforschung, Bildungsplanung, Bildungspolitik. München 1971[2]
Weiner, B. / Friese, J. / Kulka, A. / Reed, L. /Rosenbaum, R. M.: Perceiving the causes of success and failure. New York 1971
Weinert, H.: Die Bekämpfung von Sprechfehlern. Halle 1955
Weiß, C.: Pädagogische Soziologie. Bad Heilbrunn (Obb.) 1970[6]
Weiß, K.: Betriebspraktikum einer Sonderschule für Lernbehinderte. Frankfurt (M.)/München 1970
Weiss, R. (Hrsg.): Kritische Sexualpädagogik. Wien/München 1974
Weiß, W. /Jochheim, K. A. / Moleski-Müller, M. (Hrsg.): Freizeitaspekte bei der gesellschaftlichen Integration Behinderter. Kongreßbericht. Heidelberg 1976
Weizsäcker, C. F. von: Bedingungen des Friedens. Göttingen 1963
Weizsäcker, C. F. von: Theorie der Macht. Eine Rede. München 1978
Wellek, A.: Die genetische Ganzheitspsychologie. München 1954
Wellek, A.: Ganzheitspsychologie und Strukturtheorie. München/Bern 1969
Wellendorf, F.: Schule und Identität. In: betrifft: erziehung 6, Heft 5. 1973
Wellendorf, F.: Schulische Sozialisation und Identität. Weinheim 1973
Wellendorf, F.: Soziale Konflikte in der Schule. In: Weinert u. a.: Funk-Kolleg Pädagogische Psychologie, Bd. 1. Frankfurt (M.) 1974
Welte, W.: Moderne Linguistik. München 1974
Weltner, K.: Informationstheorie und Erziehungswissenschaft. Quickborn 1970
Wendeler, J.: Intelligenztests in Schulen. Weinheim/Basel 1974[4]
Wendeler, J.: Psychologische Analysen geistiger Behinderung. Weinheim/Basel 1976
Wendlandt, W. (Hrsg.): Rollenspiel in Erziehung und Unterricht. München/Basel 1977
Weniger, W.: Die Theorie der Bildungsinhalte und des Lehrplans. 1965[8]

Werder, L. v. (Hrsg.): Was kommt nach den Kinderläden? Erlebnisprotokolle. Berlin 1977
Werneck, T. / Ullmann, F.: Konzentrationstraining. München 1972
Werner, G.: Das behinderte Kind. Stuttgart 1973
Werner, H.: Einführung in die Entwicklungspsychologie. 1959[4]
Wertheimer, M.: Produktives Denken. Frankfurt (M.) 1957
Wescher, H.: Die Geschichte der Collage. Vom Kubismus bis zur Gegenwart. Köln 1974
Westphalen, K.: Praxisnahe Curriculumentwicklung. Donauwörth 1976, 1978
Wewetzer, K.-H.: Intelligenz und Intelligenzmessung. Ein kritischer Überblick über Theorie und Methodik. Darmstadt 1972
Wickler, W.: Antworten der Verhaltensforschung. München 1974
Wiedemann, F.: Die elementaren Gefühle und Bedürfnisse der Menschen. Stuttgart 1974
Wiederhold, K. A.: Differenzierung in Schule und Unterricht. Ratingen 1975
Wieland, A.: Wenn Kinder trotzen. München/Basel 1969
Wiener, N.: Kybernetik, Regelung und Nachrichtenübertragung in Lebewesen und Maschine. Reinbek 1968
Wiese, L. V.: Das Ich und das Kollektiv. Berlin 1967
Wiesenhütter, E.: Grundbegriffe der Tiefenpsychologie. Darmstadt 1969
Wiesenhütter, E.: Einführung in die Neurosenlehre. Stuttgart 1969
Wieser, W.: Konrad Lorenz und seine Kritiken. Zur Lage der Verhaltensforschung. München 1976
Wilhelm, Th.: Zum Begriff „Sozialpädagogik", in: Zeitschrift für Pädagogik, Heft 3. 1961
Wilhelm, Th.: Jenseits der Emanzipation. Pädagogische Alternativen zu einem magischen Freiheitsbegriff. Stuttgart 1975
Wilhelm, Th.: Pädagogik der Gegenwart. Stuttgart 1977[5]
Williams, J. D.: Regression analysis in educational research. New York 1974
Williams, J. G.: Simulation activities in library, communication and information science. New York/Basel 1976
Williams, T. R.: Socialisation and communication in primary groups. The Haque/Paris 1975
Willmann, O.: Didaktik als Bildungslehre. Freiburg 1957[6]
Willmann-Institut (Hrsg.): Der Lernprozeß. Freiburg 1969
Willmuth, S.: Mass society, social organization, and democracy. New York 1976
Wing, J. K. (Hrsg.): Frühkindlicher Autismus. Klinische, pädagogische und soziale Aspekte. Weinheim/Basel 1977[2]
Winkel, R.: Theorie und Praxis des Team Teaching. Braunschweig 1974
Winkeler, R.: Differenzierung. Workshop Schulpädagogik, Material 14. Ravensburg 1975
Winkler, K.: Emanzipation in der Familie. München 1976
Winnicott, D. W.: Playing and reality. London 1971
Winnicott, D. W.: Vom Spiel zur Kreativität. Stuttgart 1973
Winter, W. / Winter, G.: Bewährungshelfer im Rollenkonflikt. Zur Soziologie der Resozialisierung. Hamburg 1974
Winterhager, W. D.: Reform der Berufsbildung. Berlin 1974
Wiswede, G.: Soziologie konformen Verhaltens. Stuttgart 1976
Wiswede, G.: Rollentheorie. Stuttgart 1977
Wittern, J.: Mediendidaktik. Opladen 1975
Wittling, W.: Einführung in die Psychologie der Wahrnehmung. Hamburg 1976
Wittmann, H.: Elternhaus, Kindergarten und Grundschule, gemeinsame Erziehungsansätze. München 1977
Wittoch, M.: Unterricht mit Schulversagern. Köln 1976
Wöhler, Kh.: Unterrichtssoziologie. München 1977
Wörterbuch der Vorschulerziehung. Freiburg 1976

Wolf, A.: Brennpunkte moderner Erziehungswissenschaft. Donauwörth 1976[2]
Wolf, A.: Zur Geschichte der Sozialpädagogik. Donauwörth 1977
Wolff, E. de: Étude clinique de 134 mongoliens. Basel/New York 1964
Wolff, J.: Mit Problemen fertig werden. München 1972
Wolff, R. P. / Moore, B. / Marcuse, H.: A critique of pure tolerance. London 1969
Wolff, S.: Kinder in Bedrängnis. Stuttgart 1971
Wolman, B. B. (Hrsg.): Handbook of clinical psychology. New York 1965
Wormser, R. G.: Sensitiv-Spiele. München 1978
Wulf, Ch. (Hrsg.): Kritische Friedenserziehung. Frankfurt 1973
Wulf, Chr. (Hrsg.): Wörterbuch der Erziehung. München 1974
Wulf, Chr.: Theorien und Modelle der Erziehungswissenschaft. München 1977
Wunderlich, Ch.: Das mongoloide Kind. Stuttgart 1970
Wurst, E.: Autismus. Bern/Stuttgart 1976
Wurst, F.: Sprachentwicklungsstörungen und ihre Behandlung. Wien 1973
Wurzbacher, G. (Hrsg.): Die Familie als Sozialisationsfaktor. Stuttgart 1969, 1977
Wyrwicka, W.: The mechanism of conditioned behavior. Springfield (III.) 1972
Wyss, D.: Die tiefenpsychologischen Schulen von den Anfängen bis zur Gegenwart. Göttingen 1972[4]
Wyss, D.: Beziehung und Gestalt. Göttingen 1973

Yablonsky, L.: Psychodrama. Stuttgart 1978
Yalom, I. D.: Gruppenpsychotherapie. Grundlagen und Methoden. München 1974
Yarrow, L. J. / Rubenstein, J. L. / Pedersen, F. A.: Infant and environment. Washington 1975
Yates, A. J.: Frustration and Conflict. London 1962
Yates, A.: Lerngruppen und Differenzierung. Weinheim/Basel 1972
Young, J. F.: Einführung in die Informationstheorie. München/Wien 1975

Zankl, H. L.: Image und Wirklichkeit. Osnabrück 1971
Zapf, W. (Hrsg.): Theorien des sozialen Wandels. Köln 1969
Zazzo, R.: Conduites et conscience. Travaux et conférences. Neuchatel/Paris 1968, 1977
Zeddies, A.: Das Minderwertigkeitsgefühl und seine Überwindung. Bad Homburg 1941
Zeier, H.: Wörterbuch der Lerntheorien und der Verhaltenstherapie. München 1976
Zeitschrift: Gruppendynamik. Forschung und Praxis. Stuttgart 1970 ff.
Zeuch, W. / Lemcke, D.: Schulpsychologischer Dienst – Arzt für eine kranke Schule? München 1975
Zielinski, J.: Aspekte des programmierten Unterrichts. Frankfurt (M.) 1971
Zielinski, J.: Stichwort Massenmedien. In: Heinrichs, H.: Lexikon audio-visueller Bildungsmittel. München 1971
Zima, P. V.: L'école de Francfort. Paris 1974
Zimbardo, Ph. G.: The cognitive control of motivation. The consequences of choice and dissonance. Glenview (III.) 1969
Zimmer, D. E.: Der Streit um die Intelligenz. IQ, ererbt oder erworben? München/Wien 1975
Zimmer, J. (Hrsg.): Curriculumentwicklung im Vorschulbereich, 2 Bde. München 1973
Zimmermann, E.: Das Subsidiaritätsprinzip in Gesellschaft und Wirtschaft. Wien/München 1969
Zink, N. (Hrsg.): Zur Integration des Fernsehens in der Schule. Berichte, Analysen, Perspektiven. Kaiserslautern 1976
Zinker, J.: Creative process in Gestalt therapy. New York 1977
Zinnecker, H. (Hrsg.): Der heimliche Lehrplan. Weinheim/Basel 1975
Zinnecker, J. / Stickelmann, B. / Müller, E. / Heinze, Th.: Die Praxis von Handlungsforschung. München 1975

Zöchbauer, F. / Hoekstra, H.: Kommunikationstraining. Ein Erfahrungsbericht. Heidelberg 1974
Zöpfl, H. / Brunnhuber, P.: Grundgedanken einer „Erziehung zu kritischem Ja". In: Pädagogische Welt, Heft 7. Donauwörth 1974
Zöpfl, H. / Brunnhuber, P.: Erziehungsziele konkret. Donauwörth 1975
Zoll, R. / Binder, H.-J.: Die soziale Gruppe. Frankfurt (M.)/München 1970
Zuber, O.: Trigger-Filme als Diskussionsanreger. In: Deutsche Universitätszeitung, Nr. 23. Bonn/Bad Godesberg 1978
Zubin, J. / Eron, L. D. / Schumer, F.: An experimental approach to projective techniques. New York 1965
Züblin, W.: Das schwierige Kind. Stuttgart 1967
Zulliner, H.: Horde, Bande, Gemeinschaft. München o. J.
Zulliner, H.: Umgang mit dem kindlichen Gewissen. Stuttgart 1953
Zulliner, H.: Die Angst unserer Kinder. Stuttgart 1966
Zulliner, H.: Was weißt du vom Gewissen deines Kindes? München/Basel 1969
Zulliner, H.: Heilende Kräfte im kindlichen Spiel. Frankfurt (M.) 1970
Zulliner, H.: Aus der Werkstatt eines Lehrers. München/Basel 1977
Zumkley-Münkel, C.: Imitationslernen. Düsseldorf 1976
Zuppinger, K. u. a.: Klinefelter's Syndrome, a clinical and cytogenetic study in twenty-four cases. Copenhagen 1967